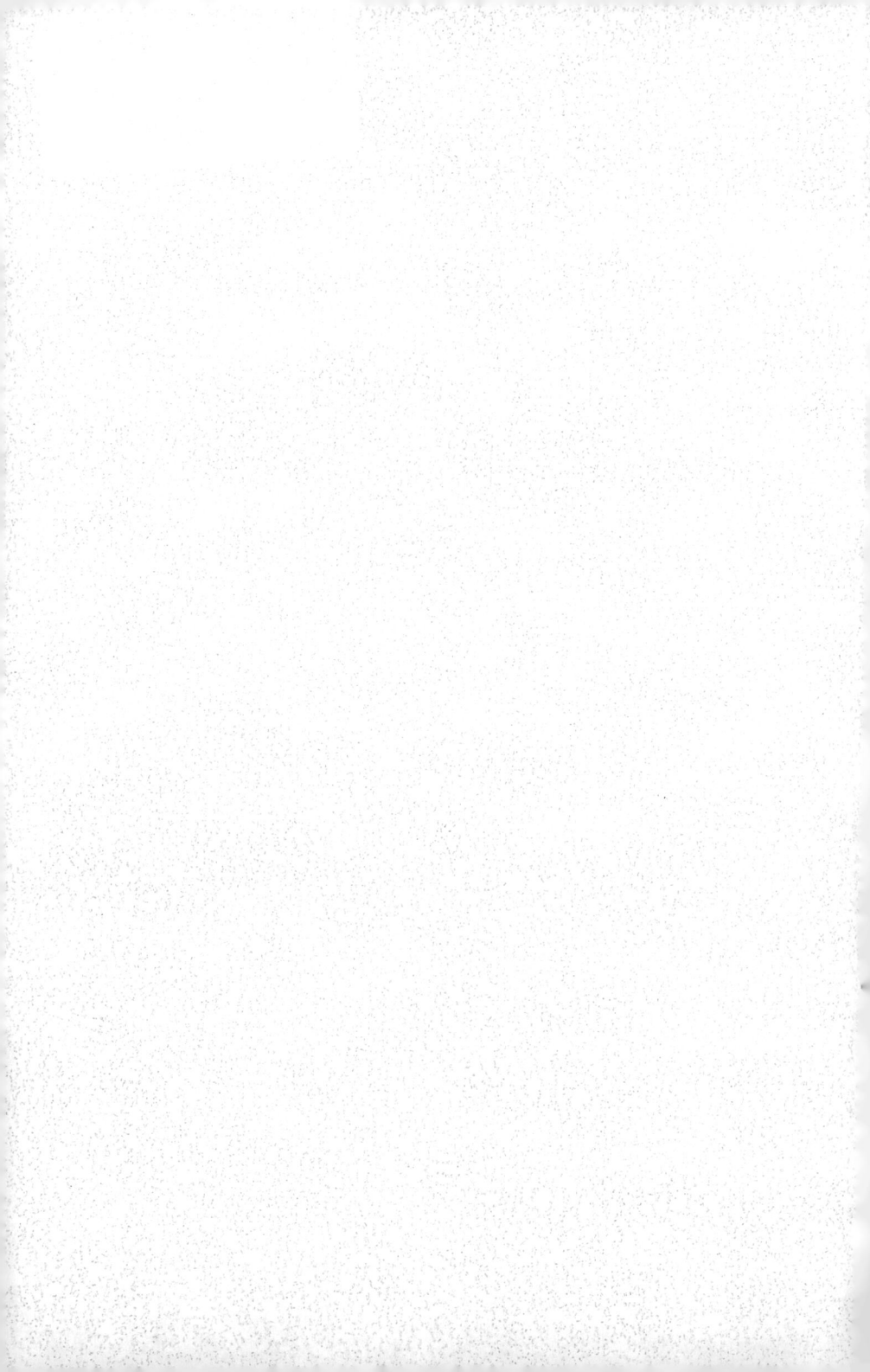

廣東文人年表

嶺南陳永正署

李君明 著

第二冊

南方出版传媒
廣東人民出版社
·廣州·

圖書在版編目（CIP）數據

廣東文人年表／李君明著. —廣州：廣東人民出版社，2020. 8
ISBN 978-7-218-09092-4

Ⅰ．①廣…　Ⅱ．①李…　Ⅲ．①文人—年表—廣東省—古代 ②文
人—年表—廣東省—近代　Ⅳ．①K825.4—62

中國版本圖書館 CIP 數據核字（2013）第 263251 號

ISBN 978-7-218-09092-4

GUANGDONG WENREN NIANBIAO

廣東文人年表

李君明　著

出 版 人：肖風華

封面題簽：陳永正
責任編輯：張賢明
裝幀設計：瀚文文化
責任技編：吳彥斌　周星奎

出版發行：廣東人民出版社
地　　址：廣州市海珠區新港西路 204 號 2 號樓（郵政編碼：510300）
電　　話：(020) 85716809（總編室）
傳　　真：(020) 85716872
網　　址：http://www.gdpph.com
印　　刷：廣州市浩誠印刷有限公司
開　　本：889mm×1194mm　1/32
印　　張：111.5　字　　數：3000 千
版　　次：2020 年 8 月第 1 版
印　　次：2020 年 8 月第 1 次印刷
定　　價：980.00 元（全四冊）

如發現印裝質量問題，影響閱讀，請與出版社（020—85716849）聯繫調換。
售書熱綫：(020) 85716826

明熹宗天啟元年　清太祖天命六年　辛酉　一六二一年

明熹宗始寵用太監魏忠賢。三月，後金取瀋陽、遼陽。四月，後金定都遼陽。（閻崇年《袁崇煥傳》附《袁崇煥年譜》）

春，張萱賦《辛酉春日舊寮王玄亭左轄下車行省取道羅浮時病困不能候謁以詩代書撫今追昔情見乎詞》七律二首。

正月，張萱賦《辛酉初春奉天啟登極恩詔用韻》詩云：

神孫御曆際昌辰，海嶽精靈正效珍。黃紙新恩三宥詔，白頭遺老五朝人。乾坤再奠金甌固，日月重開玉燭新。何事江湖懸魏闕，爲言黍谷已回春。

初一日，林熙春賦《辛酉元旦》詩云：

辛年瑞色耀天門，天啟熙朝正改元。萬國瞻依新日月，一朝旋轉舊乾坤。衣冠虎拜南山祝，九五龍飛北極尊。況以老臣鰲戴重，遙從海上答君恩。（林熙春《賜還草》）

同日，李孫宸賦《辛酉元日朝廻》詩云：

有道開天啟，龍飛又見春。鈎陳新法座，玉帛會臣隣。瑞雪三花爛，條風萬化均。朝廻花底坐，雲氣染衣巾。（李孫宸《建霞樓集》卷八）

同日，韓日纘賦《德安元日試筆》詩云：

昨夜春廻楚水偏，鑪峰裊裊自生煙。萬方冠帶瞻虞日，九道江流紀禹年。彩仗雲霄貪想像，山城風雪何連綿。便呼麹糵消寒色，醉眼春光仍四筵。

日纘又賦《舟中經月雨雪乍晴志喜》七律詩。（韓日纘《韓文恪公詩集》卷七）

十三日夜，鄧雲霄賦《辛酉元夕前二日小集觀燈次米君夢韻》詩云：

萬井煙燈簇火城，洗塵微雨正新晴。賢人滿座揚星彩，麗句投珠助月明。良夜喜逢文酒客，豐年偏稱賞遊情。爭春梅柳垂垂發，按曲宜停玉笛聲。時方國制禁樂，故云。

十五日夜，雲霄賦《辛酉元夕立春邀米君夢觀燈同賦》詩云：

青帝鑾輿此夕還，和風吹綠遍千山。輕盈客坐星橋里，爛漫花生火樹間。五夜追歡難盡興，百年沉醉得長閑。六鰲湧動蓬壺闕，願乞仙丹一駐顏。

雲霄又賦《賤生日米君夢社長贈詩次韻奉酬》、《送別米君夢歸石山隱居》、《祁劍城遙授廣文賦贈》、《張孟奇貽詩促羅浮之遊余以病臂弗果赴賦酬兼訂後約》、《壽曾見虞座師二首》、《黎玉濤過訪留宿》、《寄謝姚孟長太史二首　姚長洲人》、《賦得寒灰畫荻頌吳門姚太史節母》、《寄題曾璿石年兄施造永濟橋》、《陳永平表弟有佳荔名霞杯者摘以餉余兼示荔詩因邀飲荷池賦酬》、《讀張烈婦傳不覺雪涕風雨驟至感而賦之》（以上七律）。

同日夜，韓日纘又賦《元夕泊馬當》詩云：

寂寞春宵更可憐，雲汀雪舫轉悠然。幾家燈火明村市，何處笙歌隔暮煙。皓魄怯寒猶隱映，江光乘霽復相鮮。馬當山下驪龍窟，今夜應須抱月眠。（韓日纘《韓文恪公詩集》卷七）

二月，區大倫《天啟元年歌①》七絕詩十八首。（區大倫《區羅陽詩集》）

同月，張萱賦《庚申冬月舊寮楊崑林右轄粵東時久病未能展謁辛酉春二月以詩代書馳候》詩云：

六龍飛處五雲馳，抱膝停雲有所思。帝賚關西清白吏，人歌南國素絲詩。三司附驥曾驂乘，十載歸林尚繞枝。馬足遺簪君問否，青山白首正棲遲。

行吟惟悴老林丘，聲氣遙同二十秋。懷刺豈隨彈鋏客，受廛今喜撫塵遊。炎陬薇省名方岳，海國桓圭古右侯。咫尺朱門猶未

---

① 此組詩末，有"天啟元年仲春日書"八個字，應是據鈔本刻，而録其鈔年月。

掃，何辭吾道付滄洲。

三月，援遼總兵官陳策在遼東力戰後金兵而陣亡，鄧雲霄後賦《挽大總戎陳翼所先生死殉遼難六首》詩云：

漫道兵殘將自疑，疾風勁草有誰知。陣臨背水爭迎敵，食盡睢陽更誓師。星落黑雲沉鼓角，魂歸陰雨儼旌旗。英雄有血能成碧，馬革何須問裹屍。

西川才散犬羊群，平播當年屢建勛。飛檄徵兵書插羽，援遼出峽氣干雲。鋒催一旅甘同死，力抉重圍亦冠軍。想像沙場霜月冷，獨留遺劍閃星文。

將懦兵孱殺氣纏，殘遼城堡幾家全。一丸已失重關險，寸木難支大廈顛。命殞疆場霑赤血，身騎箕尾上青天。好將孤憤呼閶闔，佇看旄頭落電鞭。

挾纊投醪得士情，三軍恩重命全輕。揮戈自壯風雲陣，誓死寧驚草木兵。豈聽楚歌悲項羽，還如海客擁田橫。可憐部曲同時盡，大樹蕭蕭靜夜聲。

敗將紛紛各叛亡，哭君六月動飛霜。雄姿定入麒麟畫，俠骨長垂汗竹香。氣挾奔雷還出塞，魂驅厲鬼更擒王。古來壯士生還少，肯怨啼烏吊戰場。

苦月悲風夜正中，遙聞孤鶴返遼東。衣冠尺土虛埋玉，肝膽千秋尚貫虹。掩鏡愁聽齊婦哭，招魂誰繼楚人風。賓天二帝如朝謁，應捧龍髯抱墮弓。

同月，瀋陽之戰總兵東莞陳策獲馘四千級，尋疾戰死之，後尹守衡賦《輓陳翼所總戎　邑人陳策總兵援遼，天啟辛酉瀋陽之戰獲馘四千級，尋疾戰死之》詩云：

六師何日不張皇，一旅能來捍朔方。馘折四千雄虎賁，風傳草木盡鷹揚。孤忠豈乏封侯骨，九死寧銷烈士腸。漢壘雲連成底事，軍中獨有一陳湯。

曾殲關白入朝鮮，已斬楊酋定蜀川。猿臂昔嘗稱上將，龍頭今尚見長天。皇穹自長妖氛惡，國運仍多殺氣纏。遂使英雄盡塵士，又聞烽火照甘泉。

萱李家貔虎盡稱雄，燕頷曾推賀總戎。今日盡同囚首輩，何人得似美髯公。沈沙赤血應成碧，麗日丹衷直貫虹。我欲招魂何處覓，鶴歸華表月明中。

壯歲相從尚幾人，鬚眉長想舊精神。可憐燕市千金骨，化作龍堆一段塵。白草黃雲同慘淡，淒風苦雨共悲辛。君恩此日河山遠，莫道沙場不見春。（張其淦《東莞詩録》卷一六）

晦日，陳子壯與姚希孟、劉斯瑋、侯恪同訪何吾騶。①

閏三月，張萱賦《辛酉又二月以詩代書重訂寶安諸君子羅浮之遊倘能結伴尋春便當移舟候駕乘興勿如剡曲質言請以平原》七律四首。

萱又賦《李自得避水佛樓以詩見報用來韻卻答》、《楊鵬遥觀察雨中過訪小園粗糲未陳淹留竟日賦此奉謝》二首（以上七律）。

寒食節，萱賦《辛酉寒食苦雨》詩云：

彌月已苦雨，今朝仍禁煙。一蛇歌獨處，黑蜮躍重淵。舊火忽以改，冷灰何用然。艷陽覺虛擲，遮莫菜花妍。

閏餘百五節，陰曀兩三旬。綠暗花容靨，枝垂柳眼顰。更憐潑火雨，妒殺惜春人。怪底愁霖者，趨炎態日新。

又賦《李伯東方伯以西粵晋南同卿過榕溪話別因用少司空陳公韻賦贈》五律詩二首。

夏，鄧雲霄賦《暑夜起坐戲題竹夫人》詩云：

翠眉冰骨净纖塵，薦枕無媒亦自親。湛水幾時回素襪，湘妃猶恐是前身。只憐暑氣消寒玉，未覺春心動繡裀。仙夢不隨巫峽雨，肯同團扇怨秋晨。

又賦《小築鏡園池館將成夏日何敬宇尹冲玄洪約吾曾資銘移舟載酒集鄰仙樓得前字》七律。

---

① 何吾騶《元氣堂詩集》卷上《三月晦日姚孟長侯若樸陳集生劉西佩夜過共賦得未到曉鐘猶是春》。

五月初五日午時，張萱賦《辛酉天中節韓雲陸大參招同黃黃峴大參徐太冲林寄寰韓嵩少三明府余瞻明孝廉汎舟榕水》詩云：

錦纜牙檣拂柳磯，天中佳節淨朝暉。溶溶一水晴初汎，矯矯羣龍蟄不飛　時無競渡之戲。簾捲青山皆紫邏，尊開白髮半朱衣。賦成不是浮湘客，犯斗今宵奏少微。

秋，鄧雲霄重獲起用，任陝西兵備，明年初上路。（鄧雲霄《漱玉齋文集》卷二《西征集序》，《鄧氏詩選》卷八，阮元《廣東通志》卷二八二《鄧雲霄傳》）

秋日，張萱賦《辛酉秋日正甫先生招集日涉園用來韻賦謝》詩云：

往事鹿爲夢，時情駱聚丘。憐君懸一榻，好我共千秋。老不因人熱，歸嘗與婦謀。曾聞占紫氣，且復醉青州。

又賦《辛酉秋日寓五羊喜寅仲至》、《過蘇汝載同韓寅仲》、《辛酉秋日同蘇汝載韓寅仲過訪張文弱不遇》（以上五律）。（張萱《西園存稿》卷五）

七月，張萱賦《辛酉秋七月過五羊夜宿黃木灣寄懷寶安諸君子》詩云：

黃木灣頭日欲西，輕雷挾雨過前谿。懷人一水秋偏爽，有客孤蓬夢轉迷。漁笛忽驚遵渚鳥，鼉更遙促報潮雞。自憐室邇人猶遠，尺素空緘隔歲題。

萱又賦《辛酉秋日高正甫先生招同黎君璽君選集大忠祠之超然亭》七律。

八月十五日，萱賦《八月十五夜黃黃峴大參招同韓雲陸大參林寄寰明府宴集》七律詩二首。（張萱《西園存稿》卷八）

十六日，萱賦《八月十六夜吳覺生侍御招飲賦謝》詩云：

皓魄當空藹碧氛，欹輪渡漢綴流雲。共憐鵲影猶三匝，誰謂蟾光減一分。角耦呼盧頻剪燭，擊壺傾釀細論文。懸知夜夜高寒處，滿地□□不忍聞。

萱又賦《曾元陟廣文錦還偕黃若瓚韓叔捷兩參知載酒訪之時

兒光方婿於廣文竊自幸也》、《河源陳明府以便面詩見貽賦此奉答》二首、《黃子吉同人詔起西粵左轄過訪小園時□蜀交警獲讀子吉滇黔紀畧及行間文檄迺北望稽首而呼萬歲聖天子故劍之求不在一西粵也子吉索詩爲別因賦二律以壯其行爲異日淩煙閣中左券》、《奉壽不倚老人六十有一》、《奉壽鄧愛溪七十有一》、《寄虔州撫臺美承唐公》二首、《寄懷申念先司理》（以上七律）。（張萱《西園存稿》卷八）

冬，韓日纘、區懷瑞過李孫宸京城寓齋賞梅。（李孫宸《建霞樓集·詩集》卷十六《冬日韓緒仲先生同區啟圖過寓齋賞梅》）

區懷瑞（一五六九？～一六四五？），字啟圖。高明人。大相子。與弟懷年承家學。天啟七年（一六二七）舉人，知當陽縣，以憂去。尋補平山縣，不二年歸里，與陳子壯、黎遂球等復修南園詩社。國變後，與鄺露同赴南都。隆武帝立，復赴閩，途死於兵。著有《趨庭稿》、《廓然堂稿》等。陳伯陶《勝朝粵東遺民錄》卷三有傳。

鄧雲霄賦《冬日同李自得周貴諤載酒過綠水園分韻得十蒸有序》七律詩、《壽黎玉濤七秩又一　有序》七律。（鄧雲霄《鄧氏詩選·七言律二》）

伍瑞隆賦《辛酉冬奉謁始祖上柱國公祠感賦》七律詩。（伍瑞隆《臨雲集》卷四）

除夕，鄧雲霄賦《辛酉除夕余將有備兵秦中之役同李自得陳古民守歲》詩云：

天順斗柄轉天經，客座還看聚德星。卜夜漸分新舊歲，行人將問短長亭。四方浪跡從離合，百罰深杯混醉醒。送臘迎年意無限，河橋春柳爲誰青。（鄧雲霄《鄧氏詩選·七言律二》）

同日，林熙春賦《辛酉除夕》詩云：

昔年除夕喜振振，今夕還朝老同臣。幸以祖孫爲聚樂，轉於僮僕暫相親。長安依日皆君賜，四海爲家若我隣。況是賤生還七十，明朝又是一番春。（林熙春《賜還草》）

本年陳子壯奉旨回廣州奉祀南海神，何吾騶、李孫宸有詩送
之。① 子壯至廣州，敕封南海廣利洪聖大王於番禺。親撰碑文立
石，因使節之便，留廣州，續娶黃氏爲繼室。

本年黎遂球從業師梁亭表遊。②

本年鄺露年十八歲。郡北有白雲山，露時往留連，旬日不
返，所著詞賦日益富。久之，以帖括數應鄉試，不售，鬱鬱不得
志。於是任誕縱酒，或散髮徜徉市中，傲然不屑，以是頗爲禮法
之士所讎。（吳天任《鄺中秘湛若年譜》）

本年郭之奇十五歲，初爲詩。③

本年袁崇煥於邵武知縣任上，勤於任事：救民水火、平反冤
獄、關心遼事，並題“聚奎塔”額。（閻崇年《袁崇煥傳》附
《袁崇煥年譜》）

本年林熙春賦《聞貳禄勳》七律、《韔隍舟行紀事　二十韻》
七古長詩、《過蓬辣灘志喜四首》七絕、《程鄉公署用林楚石韻奉
謝林明府》七律、《程鄉公署古榕》、《二十年前屢過平遠一主大
柘林仰峯一主東石林玉山二人皆眥雄閭里以好客聞玉山有子三人
因兄弟相詰敗仰峯有子十一人不嫖不賭又中有青衿而亦以敗何也
仰峯以一人聚之子以十一人分之費且不節而亦以廢箸此耳辛酉應
召過而心傷爲賦二絕亦以勸爲人子者》七絕二首、《還朝面恩》、
《轉貳囧卿》、《送工垣韋都諫忤謫》、《送黃公郎下第請三代誥還
潮》二首、《送啟運弟之訓清遠》二首、《東巡紀事·順義道

───────────────

① 　何吾騶《元氣堂詩集》卷一《送陳集生奉使祀南海道入平湖省覲尊公因
將母及仲氏歸里》一首，其一云：“垂髫喧白社，歎息結忘年。自待承明詔，長
歌伐木篇。筆花逢睿賞，冠玉與誰傳。幾日違文酒，何堪望似仙。”據詩中第一
句所言，何吾騶與子壯幼年已相交。吾騶長於子壯，然二人同年中舉，同年進
士，以平輩相交。李孫宸《建霞樓詩集》卷十六有《送陳太史使還粵便道過浙覲
其尊人官舍》。

② 　黎遂球《祭業師梁無畸文》：“嗚呼！憶在天啟初，遂球之從吾師遊也，
實惟文爾，而師必誨之以行……”（黎遂球《蓮鬚閣集》卷二七）

③ 　《編年詩總序》云：“憶年十五，帖括之余，間學聲律。”

雪》、《次順義》、《次三河》、《三河數馬》（以上七律）、《次玉
田古風》五古、《竇抵（坻）道中盛雪》、《竇抵（坻）道中村
居》（以上五律）、《讀竇抵（坻）志銀魚説》五古、《讀武清志
河差》七古、《永清道渾河》、《次文安而任丘静海大城青縣悉
至》（以上七律 自注以上俱東巡）。（林熙春《賜還草》）

　　本年何吾騶賦《辛酉使道宿涿州飲趙漳侯宅　四首》五律
詩。（何吾騶《元氣堂集》卷上）

　　本年黎景義賦《辛酉歲》五古長詩。（黎景義《二九居集
選》卷二）

　　本年嚴耀初以恩貢授郎官之職。

　　嚴耀初，字啟元。高明人。天啟元年（一六二一）以恩貢授
郎官之職，任滿不仕。（道光《高明縣志》）

　　本年梁與臺擢蘇州都司。

　　梁與臺（？～一六五〇），字彥閣。番禺人。朝鐘季父。萬
曆間官廣州守備。天啟元年（一六二一）擢蘇州都司，遷濟寧遊
擊，晉參軍，攝閘河副將，轉應天都督同知。南明時歷仕福王、
唐王、桂王諸朝，憂傷成疾，順治七年（一六五〇）卒於軍。
（同治《番禺縣志》卷四二）

　　伍瑞隆、朱實蓮、高齋明、關捷先、陳是集於本年鄉試中舉
人，伍瑞隆爲該科解元。（阮元《廣東通志》卷七六《選舉表》）

　　朱實蓮（一六〇二～一六四七），字子潔。南海人。天啟元
年（一六二一）舉人。累官至戶部郎中。北都陷，陳子壯等起
兵，以實蓮攝高明縣事。城破殉難，賜諡烈潜。著有《冬春草》、
《積雪軒集》，未見。吳道鎔《廣東文徵作者考》卷六有傳。

　　高齋明，字孟良，一字康山，號見庵。順德人。天啟元年
（一六二一）舉人，二年進士。官至陝西道御史，旋以建言謫歸
里。與陳子壯、黎遂球等十二人復修南園詩社。李成棟反正，迎
永曆帝都肇慶，齋明奔行在，以李元胤薦，復官御史，後不知所
終。陳伯陶《勝朝粵東遺民錄》卷二有傳。

關捷先，字寧後，一字蓬石、子卿。南海（一說高明）人。天啟元年（一六二一）舉人，七年進士，歷官江西上饒、吉安、盧陵知縣，吏部文選司郎中。著有《錦亭》、《大社》、《青原》、《大社經正》、《錄竹樵合草》、《醉夢續吟》、《雲遊》、《雲隨》、《樵餘》諸草及《兩朝奏議》行世。陳伯陶《勝朝粵東遺民錄》續補遺有傳。

陳是集（一五九八～一六五二），字虛斯（一作期），號筠似，別號雙峰居士，晚曰忍辱道人。瓊山（一作文昌）（今屬海南）人。天啟元年（一六二一）舉人。崇禎九年（一六三六），授中書舍人，出使蜀、粵諸王。既復命，被人嫁禍而入獄，會赦得免。永曆元年（一六四七），遁居鄉里。清兵占瓊，絕粒而亡。著有《南溟詩集》、《中秘稿》。阮元《廣東通志》卷三〇二、道光《瓊州府志》卷三四有傳。

黎弘業於本年中舉人。

黎弘業（？～一六三五），字孟擴，號行俟。順德人。天啟元年（一六二一）舉人，官和州知州。會張獻忠入境，宏業與戰，敗績，母妻子女闔門自縊，宏業題詩於壁，遂上馬陷陣而死。事聞，贈太僕少卿。《明史》卷二九二有傳。

吳馴於本年中舉人。

吳馴，鶴山人。① 天啟元年（一六二一）舉人。崇禎時寓都門，爲駙馬王昺草奏請練京兵，上覽之嘉嘆。鼎革，甘貧自樂。年八十三卒。著有《野鳴集》。道光《肇慶府志》卷十八有傳。

梁崇廷於本年中舉人。

梁崇廷，字伯畾，順德人。天啟元年（一六二一）舉人，官至廣西左江道副使。唐王時靖江王亨嘉徵狼兵爲變，時守平樂，不爲屈。亂定，巡撫上其功，加二品服俸。旋以病歸，與弟在廷優遊林下，並八十二卒。康熙《順德縣志》卷八有傳。

---

① 一作新會人。

譚勝祖於本年中舉人。

譚勝祖，高要人。天啟元年（一六二一）舉人，官永州推官。事見宣統《高要縣志》卷十六。

洪錫祚於本年中舉人。

洪錫祚（？～一六五一），字藿蘩。東莞人。喜讀史。天啟元年（一六二一），隨叔父居廣西鄉試中式。崇禎元年（一六二八）選官知縣，歷龍遊等縣。丁艱歸，起補處州同知。升處州、溫州兵備道，升按察司僉事，留任。弘光元年（一六四五）五月，清陷南京，魯王監國紹興，錢肅樂起兵響應。肅樂薦爲太僕少卿，上疏辭。唐王即位福州，與魯監國勢同水火。清兵至溫州，錫祚接戰，不敵，兵潰，航海，輾轉海壇、福清間。順治三年（一六四六）八月，唐王被俘，錫祚潛返粵。七年，清兵再陷廣州，屠城，鬱鬱致疾，次年卒。宣統《東莞縣志》卷六三有傳。

梁羽翰於本年中舉人。

梁羽翰（？～一六四七），字鵲起。海康人。天啟元年（一六二一）舉人。崇禎十六年（一六四三）癸未進士。甲申國變，歸家杜門。丁亥，同年餘杭趙最守雷州，多方勸慰誘其出仕，拒之，是年卒。二子遇饑歲，遂相繼而亡。陳伯陶《勝朝粵東遺民錄》卷四有傳。

盧瑀於本年中舉人。

盧瑀，歸善人。天啟元年（一六二一）舉人。以弟早逝，兄卒於官，奉母不仕。著有《自知草》、《雁字詩集》。（乾隆《歸善縣志》卷十四）

劉挺萃於本年中舉人。

劉挺萃，歸善人。天啟元年（一六二一）舉人。著有《四書正音》、《書經正音》。（乾隆《歸善縣志》卷十四）

杜夢龍於本年中舉人。

杜夢龍，字禹門。番禺人。天啟元年（一六二一）舉人。崇

禎四年（一六三一）任安鄉令。官七載，政洽民懷，以疾卒於官。（《廣州府志》卷一二〇）

楊開於本年中舉人。

楊開（？～一六四三），字泰生，號符六。原籍大埔，遷海陽（今潮州）。天啟元年（一六二一）舉人。崇禎十年（一六三七）授四川合江令。丁艱，起補湖廣湘陰知縣。十六年秋，張獻忠破湘陰，募丁壯數百人與之相持，被執，投江死。（乾隆《潮州府志》卷二八）

陳鶴齡於本年中舉人。

陳鶴齡，字侗儒。博羅人。天啟元年（一六二一）舉人。署香山縣教諭，廉潔自持。升湖廣咸寧令，鄰境騷亂，修團練，扼險堵禦，一邑獨全。（光緒《惠州府志》卷三二）

鄭洪猷於本年中舉人。

鄭洪猷，號彝銘。惠州坊廓（今屬陸豐）人。嗜古好學，手不釋卷。天啟元年（一六二一）賢書，崇禎元年（一六二八）進士。令涇邑，釐別積弊，轉刑部主事。丁憂居喪，督子弟耕讀。郡聘修史，筆無誘詞。著有《蓮津匯藻》等書。（《陸豐縣志》、《惠州府志》）

蔡耀初於本年中舉人。

蔡耀初，號毓元。澄海人。天啟元年（一六二一）賢書，授貴州黎平府推官、池州府推官。崇禎九年（一六三六）分校南闈，多得才士。秩滿遷金華同知，以老致仕。家除圖書，別無餘物。（乾隆《潮州府志》卷二八）

廖道廣於本年中舉人。

廖道廣，樂昌人。天啟元年（一六二一）舉人，授蒲圻令，奉檄監軍廣信。凱旋，遷建昌同知。以執法不阿忤權貴，掛冠歸里。西城塌圮，捐金修補。（《樂昌縣志》卷十六）

李建勳於本年中武舉人。

李建勳，字建之，號燕銘。東莞人。天啟元年（一六二一）

武舉人。事見羅嘉蓉《寶安詩正續集》卷一。

湛濯之於本年第二次中武舉人。

湛濯之，字陽生。增城人。萬曆四十年（一六一二）中武舉人，天啟元年（一六二一）再中武舉人，官至京城五軍佐擊，竟以魏璫註誤敗官，卒於京。事見康熙《增城縣志》卷九。

陳大綸於本年成貢生。

陳大綸，順德人。天啟元年（一六二一）貢生，官至南雄府教授。事見康熙《順德縣志》卷六。

區懷年於本年成貢生。

區懷年（一五七一？～一六五八？），字叔永。高明人。大相仲子。明熹宗天啟元年（一六二一）貢生，任太學考通判。明思宗崇禎九年（一六三六）入都候選，以內艱回籍，後授翰林院孔目。歸臥雲石，學赤松遊，日以賡和撰述爲事。享壽約九十。著有《楚鄉亭》、《石洞遊》、《一嘯集》、《燕邸旅言》、《元超堂（藏）稿》、《擊筑吟》諸集。光緒《高明縣志》卷一三有傳。

何士域於本年成貢生。

何士域（一五八四～一六四二），字文起，號耿庵。熊祥子。新會人。天啟元年（一六二一）貢生，官湖廣新寧知縣。年五十八卒。著有《珠樹堂遺稿》、《煙霞清史》。顧嗣協《岡洲遺稿》卷六有傳。

饒建第於本年成貢生。

饒建第，開建（今屬封開）人。天啟元年（一六二一）貢生，未任官而卒。事見康熙《開建縣志》卷五。

鄧允燧於本年成貢生。

鄧允燧，字宵極。英德人。天啟元年（一六二一）貢生，任單縣知縣。道光《英德縣志》卷十一有傳。

葉維城生。

葉維城（一六二一～一六八三），字宗翼，號猶龍。歸善（今惠州）人。年十三襲錦衣衛指揮同知。以親老乞假歸里，明亡歸隱西湖，居沁園。嘗一百金得廓露綠綺臺琴，御琴也，釋澹歸、屈大均等爲賦長歌。樂善好施，捐金倡建永福寺、邏蘇閣、準提閣。（民國《惠州西湖志》）

釋今沼生。

釋今沼（一六二一～一六六五），字鐵機。番禺人。天然禪師族姪。原姓曾，名暉，字自昭。諸生。明桂王永曆十二年（一六五八）迎天然老人返雷峰。十四年開戒，與石鑒禪師同日受具，命司記室，尋升按雲堂。隨杖居東官芥菴，益自淬勵。一夕坐亡，卒年四十五。有全集行世。同治《番禺縣志》卷四九有傳。

方之孝生。

方之孝（一六二一～一六五七），字孺子。惠來人。鼎子。順治八年（一六五一）舉人，未仕卒。年三十七。著有《心遠堂集》。（雍正《惠來縣志》卷十四）

關鎮明殉國。

關鎮明（？～一六二一），字節所。東莞人。官鎮撫。隨陳策援遼，戰死渾河口。（嘉慶《廣東通志》卷二八四）

明熹宗天啓二年　清太祖天命七年　壬戌　一六二二年

天啓帝寵信太監魏忠賢及乳母客氏。忠賢通於客氏，內外擅權，政綱墮壞。後金入寇山海關。

春，梁朝鐘移居雙福齋，營結小閣妥藏家藏書籍。（梁朝鐘《喻園集》卷一《吼閣藏書自序》①）

正月，袁崇煥朝覲在都，御史侯恂請破格用之，遂擢兵部職方主事。無何，廣甯師潰，廷議扼山海關，崇煥即單騎出閱關內

① 據《吼閣藏書自序》，梁朝鐘家自曾祖士楚即建有藏書樓，藏書頗豐，祖、父亦喜蓄書，然曾被盜，至朝鐘時書已不多，朝鐘亦極愛藏書，自言"歲必增數帙，只恨囊中無錢，每闖入書肆，歸便神馳累日。"

外。（《明史》卷二五九《袁崇煥傳》）

韓上桂赴京城會試。①（韓上桂《韓節湣公遺稿》卷末附録《家傳》）

初一日，林熙春賦《壬戌元日》詩云：

聖主當陽又一春，況逢元正詔華新。門成皇極開周道，歲計群良飭漢臣。來享華彝瞻雉尾，中興日月映龍鱗。老臣幸有嵩呼祝，堯舜蘇來自有真。

熙春又賦《題左署雙栢次許繩齋韻》五言排律、《壽將樂廖澹屋七十時仲子文陛應恩選赴南宫書以寄之》二首、《黄元宇起粤西右轄爲寄一律以襄敏公勸駕是年舉英兒詩中及之》、《次韻答黄玉田》（以上七律）、《送年姪梁子判荆州五首末憶祝令門生》七絶、《壬戌誕日四首並得三字　此日綱存、景脩、六引枉過，末首及之》七律、《壽誥封淑人朱太母八十排律二十四韻》五言排律、《送景修之博興二首》五律、《題張忠烈册》七律二首、《壽總憲鄒南皋先生》七古、《恭和太師臺翁元旦詩四首》七律。（林熙春《賜還集》）

同日，張萱賦《壬戌元日試筆東里中同社諸君子並訂椒盤之約》五律詩三首。

萱又賦《仲師宗雅見過小園喜而賦贈》五律二首。（張萱《西園詩存》卷五）

十五夜，鄧雲霄賦《元夕舟泊佛山層雲而風客思淒然》詩云：

漫道良宵樂事多，問天今夕意如何。不將皓魄胡星使，卻遣浮雲鎖月娥。兩岸風聲喧荻葦，千門寒色静笙歌。臨江釃酒腸堪斷，遥寄鄉心逐逝波。

---

①　會討白蓮賊方熾，廷議欲得儒生知兵者往覘其勢，未有應也。韓上桂奮袂請行，首輔葉向高壯之，加國子博士、參謀克師事，忌者中以蜚語，遂不果，請假還里。尋以魏閹亂政不仕。

雲霄又賦《留別同社諸子二首》、《侍御曾東陽年兄出餞江干留別》、《朱惟四增置禹峽諸勝勒成新志貽詩索序序之賦酬此詩》、《阻風回岐》、《遊峽山登覽朱惟四增修諸勝同徐玄海陳夷庚集》、《遊禹峽贈曾文卿》、《贈別湛陽生會試請纓》、《牛皮塘苦雨守漲》、《宿乳源均豐館在五嶺最高處冱寒特甚春有積雪人呼爲小北京頂平敞四匝煙村然貧苦不堪言矣二首》、《過郴陽巡道舊署留宿撫衙前雙古松悵然有感》、《宿郴陽舊署與袁稚圭昆玉話舊》、《永興道中遇雨賦寄李果卿明府》、《過長沙宿晉八郡都督陶桓公祠陶公侃》、《散愁詩》、《過武昌城外趨程甚急寄段幻然給諫》、《過襄陽懷龐公孟子》（以上七律）。（鄧雲霄《鄧氏詩選‧七言律二》）

二月，袁崇煥授兵部職方司主事，旋擢僉事，監關內外軍。時熊廷弼聽勘在京，崇煥謁訪，相談甚得。尋監軍遼東，上《擢僉事監軍奏方略疏》，並駐守關內。（閻崇年《袁崇煥傳》附《袁崇煥年譜》）

三月，鄧雲霄（時任陝西兵備）遊華山，有七律《遊華山詩》十二首。（鄧雲霄《鄧氏詩選》卷六）

韓寅仲偕趙焞夫遊京師，某日與韓日纘、韓上桂訪李孫宸，縱談古今人才韻士之遭遇。後寅仲出《後書懷詩》十首，孫宸題於詩後。（李孫宸《建霞樓集‧文集》卷四《題韓寅仲都門後書懷十首詩後》）

加袁崇煥山東按察副使，備兵永平。（閻崇年《袁崇煥傳》附《袁崇煥年譜》）

清明，鄧雲霄賦《清明日南陽道中望漢光武帝鄉》詩云：

碑橫麥壟臥牛羊，故老猶傳漢帝鄉。佳氣可憐沉白水，近親誰復在南陽。野田塚墓人還祭，異代園陵草盡荒。寄語啼鵑莫悲咽，笑他元是蜀君王。

雲霄又賦《曉行葉縣經王喬葉公遺跡》、《沔池城外會盟臺下有澠水》、《登潼關城樓二首　時四方多難》、《謁西嶽廟　時余備兵秦臬有虜警》、《春晚浴驪山温泉懷古二首》（以上七律）。

四月，鄧雲霄賦《孟夏三原縣李園賞芍藥》詩云：

芳郊結駟踏平沙，載酒名園覽物華。拂座薰風徐度曲，入簾明月故窺花。梁塵夜動雙飛燕，簫鼓聲連一部蛙。信有餘閑兼吏隱，醉歸衣袖染紅霞。（鄧雲霄《鄧氏詩選·七言律二》）

同月，黃公輔任福建建寧府浦城縣尹，調興化府莆田縣尹，辛酉同考試官，六載任滿，歷俸四年七個月，行取考選南京山西道監察御史，有府屬誤干文網，公輔力爲昭雪，饋以醴，發之，金也，還其金而切責之。（黃貞元《春溥先生年譜》）

五月，遼東經略王在晋出關議守禦方略，袁崇焕有異議，將己見稟告首輔葉向高，向高不能臆決。（閻崇年《袁崇焕傳》附《袁崇焕年譜》）

同月，鄧雲霄賦《仲夏望夕藩臬僚長南樓玩月三首》詩云：

夜來清興在胡床，迢遞秦城北斗旁。塞外煙消天似水，樓頭風急月如霜。興亡舊恨千年夢，離別新愁九轉腸。好瀉清光澆塊礧，招攜同入曲生鄉。

持杯問月重含情，銀浦盈盈水自清。烏鵲一枝棲暫定，關山幾處影同明。蛾眉頻掩當空鏡，風雨常侵不夜城。圓缺陰晴難預料，卻疑靈藥得長生。

漢宮唐苑總成塵，往事消沉渭水濱。明月不隨陵谷變，勝遊翻與歲時新。笙歌已換梨園調，霓羽堪招桂闕人。莫訝巍樓干象緯，德星今夜聚西秦。

雲霄又賦《夏日新晴酌沈叔敷署中劉覲國同集》、《寄題鳴鶴堂爲賈孔瀾僚長賦》（以上七律）。

初五日，韓日纘賦《壬戌夏五予承乏樂安王封使會秦藩陳乞非例禮臣執争抗累十疏至新曆已頒舊封未遣幸上意轉圜於聖節前獲奉俞音廷遣就道恭紀》七律詩二首。

十五日，憨山德清於曹溪南華寺撰《刻圓覺經解後跋》。（釋德清《圓覺經直解》卷末）

六月，袁崇焕奉命移山海關外中前所，往前屯安置遼民流亡、失業者。

十五日，大學士孫承宗往山海關巡視。

二十六日，承宗抵山海關，集將吏議守關方略，袁崇焕主守寧遠衛。承宗率崇焕等策騎出關察看形勢。（閻崇年《袁崇焕傳》附《袁崇焕年譜》）

七月，黃聖年爲李雲龍詩稿作序。（李云龍《嘯樓詩集》卷首黃聖年撰《序李煙客詩稿》）

黃聖年，字逢永，號石傭。順德人。萬曆四十六年（一六一八）舉人，選授湖廣當陽教諭。尋以足疾告歸。嘗與陳子壯、子升、黎遂球等人修復南園舊社，世稱南園十二子。卒年六十二。著有《薜荔齋詩集》等。民國《龍山鄉志》卷十一有傳。

袁崇焕官擢監軍道兵備副使。（閻崇年《袁崇焕傳》附《袁崇焕年譜》）

初七日，鄧雲霄賦《七夕旅懷》詩云：

搔首空齋夜寂寥，流螢落葉冷蕭蕭。河橋此夕悲離合，雲雨誰家自暮朝。粵客思歸聞擣練，秦城懷古憶吹簫。銀河倒瀉南溟近，欲借仙槎到海潮。

鄧雲霄又賦《秦中早秋》七律、《劉觀國署後園亭客不可入開旁徑達之過酌留題》七律。

十五日，雲霄賦《中元日劉觀國攜生魚過小署對酌賦》詩云：

壬戌之秋，七月既望，偶與東坡賦合，令人有泛舟興。

床頭斗酒爲君留，良夜烹鮮小院幽。彈鋏久無堂下客，持竿空憶海邊舟。鄉心遥對青門月，時序還同赤壁秋。莫道銀鱗空玉碗，折葵燒筍足賡酬。

雲霄又賦《中元夕秦城感懷二首》、《秋夜聽雨旅思無聊戲作喜雨愁霖兩章覺悲喜由人非關雨也因之有悟》二首（以上七律）。（鄧雲霄《鄧氏詩選·七言律二》）

八月，孫承宗以原官督山海關諸處軍務。抵關，重用袁崇煥，整飭遼西邊備，採納崇煥等建議，奏報關外防守方略，修寧遠衛城，建關寧錦防線。崇煥任永平道。

十三日，承宗令崇煥等出關，歃血爲盟。

九月初二日，承宗視事山海關，調整指揮系統，命將任事，以監軍崇煥修營房。（閻崇年《袁崇煥傳》附《袁崇煥年譜》）

初九日，鄧雲霄賦《九日雨中同三司諸公集朱邸園池賞菊菊具黄紫二種》詩云：

登高已阻南山雨，把菊還傳北海觴。地似梁園兼鄴苑，花如魏紫並姚黄。風搖華燭輕吹帽，歌戛層雲急繞梁。座有山公多逸興，芳池還得號高陽。

初十日，雲霄賦《重陽後一日署中聽雨看菊二首》七律二首。

雲霄又賦《登雁塔》七律。

二十二日，明熹宗封皇弟由檢爲信王。（閻崇年《袁崇煥傳》附《袁崇煥年譜》）

冬，李雲龍溯桂林灘江而西。①

冬，韓日纘又賦《行次安肅冒寒臥病又值驄兒痘友人趙裕子爲治藥餌俱獲瘥賦此志謝》七律。

十月，鄧雲霄賦《孟冬同三司諸公遊伯聞宗侯頤園二首》七律二首。

冬至前一天，韓日纘賦《驄兒以己未小至日生壬戌舉阿弟安肅署中亦逢小至口占偶成》詩云：

驄兒昔初生，日方逢小至。乃茲誕彌月，兒生何恰值。時日偶不殊，行序亦相次。四鳥俱縠音，而汝叔與季。骸貌頗依稀，

①　李雲龍有《友人黄逢永嘗言晚下清溪望西厓諸峰如青紗帳中十數美人探頭窺客予酷愛其語壬戌冬溯灘江而西適與景會因賦》詩。（黄登《嶺南五朝詩選》下編卷六）

啼聲聊可試。嘗聞月令中，小至芳蘭蒔。豈繄大國香，庭階仍並蒂。阿爺不遑居，祇役從王事。汝生即四方，蓬弧從此始。

日纘又賦《驛兒痘留安肅署中浹旬再舉第四子又數日而就道途次有感》五言排律。（韓日纘《韓文恪公詩集》卷一）

冬至日，日纘又賦《至日留安肅署中》詩云：

爲問朝衣夜向晨，王程留滯動經旬。人間添線憐貧女，天上傳餐賜近臣。預遣荔生能應節，即防柳弱欲偷春。應知晴日無雲物，肅望分明見北辰。

日纘又賦《題趙州柏林寺古壁畫水》、《臨洺驛》、《題湯陰署中竹石亭亭前竹纔數竿石頗奇勝嵌空玲瓏巖壑備具北來所僅見也》、《汴梁對雪》、《朱儁廟》、《曉行》、《輅中即事》《途次遣懷》、《樊孟泰學憲客死黃梅余過之悽然有感》。（韓日纘《韓文恪公詩集》卷八）

冬至日，鄧雲霄賦《長至值家慈壽日》詩云：

朝來雲物待書祥，遊子瞻雲更望鄉。葭管先回南國暖，檻梅應照北堂觴。百年惟祝人難老，一線初添日漸長。夢到家筵供雪筍，燈前兒女列成行。

又賦《萬壽節》、《冬夜諸僚長過集小齋雄談竟夕》、《和程鹿蘋年兄望輞川憶藍橋二律》四首、《留別諸僚長　以下皆南還詩》、《留別劉覲國》、《留別程鹿蘋年兄三首》、《伯聞宗侯招餞即席賦別》。

十二月，鄧雲霄由陝西兵備改廣西兵備。（鄧雲霄《漱玉齋文集》卷二《西征集序》）

十八日，雲霄經華陰，賦《經華陰時當臘月十八日忽憶唐人臘盡促歸心行人及華陰之句字字湊合遂逐字成十絕》詩云：

淑氣欲迎年，朔風將送臘。征衫費增減，漸覺寒暄雜。

鄉思杳無端，客途何日盡。卻怪馬蹄輕，不及南飛隼。

殘曆餘幾日，坐嘆年光促。不須悲舊年，洗眼看新綠。

去從此路去，歸從此路歸。一官仍故步，回首十年非。

歲月更新舊，川途閱古今。往來車馬客，枉用百年心。

有意濯塵纓，河流伴客行。翻嫌河畔水，不似石泉清。

一過一回新，紛紛客子身。誰知嶽麓下，自有澄眠人。

西嶽好居停，重來霜雪澀。仙掌遠相招，遙遙不能及。

十丈紅蓮花，凌空生太華。仙人持作舟，直泛蓬瀛下。

村落盡瑤林，同雲日日深。豐年宜瑞雪，不用卜晴陰。

雲霄遊西嶽華山，賦《希夷先生睡巖前新鑿五龍池詩五首有序》五絕，序云：

太華之麓，希夷陳先生睡巖在焉。像側臥肖甚，幽意可掬。前覆小亭，與山蓀亭鄰。山泉潺潺，從太華諸巖洞來。環繞階下，時有琴筑聲。徑赴大壑，去作人間水矣。巖之前爲玉泉院，制小而幽，以泉得名。余於天啓壬戌歲，備兵秦臬，理屐太華。先謁希夷，瞻拜臥像。聽泉泠然，覺數十年塵土夢，頓爾大醒。惜茲泉急去人間，漸入惡濁。縱翻波湧濤，吞吐百川，何如山中高潔？照膽明心，濠泓不競有餘適也。爰捐薄俸，疏鑿小池，納諸眾泉，勸爲希夷少留。供榻前盥具，標日“五龍”，蓋取所傳睡法。義勒石池上，系以五絕句。自愧牽絲，不煩洗耳。東西南北人，置此爲雪中鴻爪。山靈共呵護片石，以待重來。（鄧雲霄《鄧氏詩選·五言絕句》）

二十三日，韓日纘又賦《小歲日行從》詩云：

塚家爆竹物華殷，客子驅馳不暫閒。道遠八千逢小歲，年過四十有衰顏。頌椒辭臘情偏嬾，踏草探春興未慳。節煖故園花信早，王程何日問刀環。

除夕，日纘又賦《壬戌除夕與趙裕子客署守歲》詩云：

藝苑當年爾擅名，他鄉就我此宵情。曾辭粤徼八千里，不受秦關十五城。袁監軍辟裕子軍中，不就。柏葉滿斟消客況，蘭缸共對數歸程。星河耿耿簷楹外，欲待春還坐到明。（韓日纘《韓文恪公詩集》卷八）

除夕日，張萱賦《壬戌除夕有感》詩云：

白頭何事獨悲辛，支枕燈前淚滿巾。婁尾共堂惟一啜，孫枝繞膝少三人。是歲，兒輩炳、勳、瑩皆殤一子。老懷今夕嗟非舊，物態明朝説更新。卻喜小園春更蚤，花曾獻笑柳舒顰。（張萱《西園存

稿》卷八）

林熙春賦《又和除夕》詩云：

兩歲三遷豈舍諸，新除一月適年除。當壚浮白遲翰史，刻燭生花歁秘書。此夕冬殘寒欲歛，明朝春到氣將舒。呼兒坐聽鍾聲動，未曙趨朝佩玉琚。（林熙春《賜還集》）

同日，鄧雲霄於洛陽，將遊嵩山，賦《洛陽除夕　時將遊嵩山》詩云：

素衣變盡歲仍除，京洛風塵感慨餘。三士功名今若此，千秋詞賦定何如。于時自乏縱橫□，憂國難陳痛哭書。明發乘春上中嶽，三花樹底問仙居。（鄧雲霄《鄧氏詩選·七言律二》）

去歲伍瑞隆舉鄉試，遂往京城應試，於二年中往返於燕、齊、魯、衛之間，本年歸後有《臨雲集》。時李孫宸以奉使假道歸鄉，遂爲作序。（李孫宸《建霞樓集·文集》卷四《伍國開〈臨雲集〉序》）

本年陳子壯回京供職史館。[①] 魏忠賢見子壯才鋒卓絶，使人關説，欲羅致之，子壯峻拒。

本年黎遂球父密終三年之喪，與長汀令蕭公偕遊閩，居長汀署一年餘。（黎遂球《蓮鬚閣集》卷二三《先高士行狀》）

本年知縣宋奎光詳舉余忠爲鄉飲賓。

余忠，字道清。龍川人。孝悌力田，三代同居者百二十餘人，望重於鄉邑。享壽九十二。（《龍川縣志》）

本年宣慰使安邦彦兵變逼城，陳王政困守經年。

---

① 陳子壯自登第，任史職已三年，一事不苟。自記云：“廷試之日，上一日遣中貴問内閣，狀元、榜眼、探花名議何解。輔臣第以相沿對。次日，值講諸公以考於予，予謂：榜眼、探花，唐曲江故事。當時雖黯稱之，尚可不必深辨。若狀元，則會典所載，不核實，何以副清望乎？蓋唐制有賜進士謝恩狀，以其居首，故曰元。今狀元猶有率諸進士謝恩表，其駢語與狀同體，特不曰表元，而曰狀元，此相沿之義也。不可不明。”（《本集》卷十一《家書三》）由此可見子壯之精密。

陳王政（？～一六二三），保昌（今南雄）人。以監生任貴州都使司都事。天啟二年（一六二二）宣慰使安邦彥兵變逼城，困守經年，隆冬枵腹，效死城上。特贈通判。（《南雄府志》卷十四）

本年澳門觀音堂創建，爲濠江較早之寺院。（姜伯勤《石濂大汕與澳門禪史》六○六頁）

高齎明於本年中進士。（阮元《廣東通志》卷六九《選舉表》）

蕭奕輔於本年中進士。

蕭奕輔，字冀猷。東莞麻涌人。天啟元年（一六二一）鄉試中舉，翌年中進士，被授爲福建省長汀縣令。爲官清廉，母死於官署竟無錢治喪，由紳士發動士民幫其料理，才運柩回鄉。守孝期滿後，被起用爲河南葉縣令，後歷任廣西道御史、太僕寺少卿、僉都御史、福建巡撫等職。任職福建時，有陳虎、關日奎、陳佳等起兵作亂，出奇兵擒日奎，迫使虎受招安，殺佳，又平定了陳倍贊、吳救貧之部屬，使福建得安。待人慈厚，樂於助人，被人稱爲蕭霖，因與權要不合，年老告歸，家居省城。清兵南侵，韶關、連縣告急，獻私蓄六百兩銀建銃臺，以抗清兵（所鑄大炮，今尚在香港九龍，後人慶章將一枚鐵炮子捐獻東莞市博物館）。年六十五卒。阮元《廣東通志》卷二八四有傳。

盧兆龍於本年中進士。

盧兆龍，字本潛。香山（今中山）人。天啟二年（一六二二）進士，官至吏科都給事。著有《桐封集》、《遊五嶽集》。事見阮元《廣東通志》卷六九。

黃錦於本年中進士。

梁元柱於本年中進士。

梁應材於本年中進士。

梁應材（一五九三、一五八七～一六六四、一六六○），字瑤石。新會人陽春學。萬曆四十年（一六二二）鄉薦，天啟二年

（一六二二）進士，官至吏部員外郎。鼎革後隱山。後二十年卒，年七十二。① 陳伯陶《勝朝粤東遺民錄》卷三有傳。

姚恭於本年中進士。

姚恭，字心翼，號心翌。海豐人。萬曆四十六年（一六一八）舉人，天啟二年（一六二二）進士。官山東按察使，奉敕監軍永平。乾隆《海豐縣志》卷七有傳。

莫與齊於本年中進士。

莫與齊（一五六○～一六二七），字元慎，號蒼屏。連州人。萬曆四十三年（一六一五）舉人，天啟二年（一六二二）進士，已六十三歲，初授太平府推官，引疾致仕。著有《曙先齋詩集》。同治《連州志》卷七有傳。

賴萬耀於本年中進士。

賴萬耀，字天熙，一字嵩葵。英德人。萬曆四十三年（一六一五）舉人，天啟二年（一六二二）進士，官至總理蘇、松等處漕務，卒於任。道光《英德縣志》卷十一有傳。

張元度於本年成貢生。

張元度，字侯裕。新會人。少能文，負笈從遊者眾。天啟二年（一六二二）恩貢，授浙江分水知縣，臺薦治行第一。（《新會縣志》）

郭之奇於本年補諸生。（郭天禎《家傳》，載《榕東郭氏族譜》）

明熹宗天啟三年　清太祖天命八年　癸亥　一六二三年

魏忠賢殺明光宗選侍趙氏，幽裕妃張氏於別宮殺之。十二月，忠賢提督東廠，權傾天下。

春，袁崇煥奉命撫蒙古喀爾沁部。督餉郎中楊呈秀侵克軍糧，副將徐漣激兵嘩變，圍崇煥署。滿桂與崇煥斬其首，兵變

---

① 一作七十六歲卒。

平。（閻崇年《袁崇煥傳》附《袁崇煥年譜》）

正月初一日，張萱賦《癸亥元日試筆》五律詩二首。

初二日，韓日纘賦《正月二日憩雙城驛》詩云：

何來覿面是青山，纔入停驂意便閒。驛舍元爲車馬地，煙嵐亦到戶庭間。南鴻北燕朝仍暮，臘意春容去復還。諸佛道場蒼翠裏，菩提無樹可能攀。

日纘又賦《黃梅山行望諸佛道場》七律、《癸亥春日再遊禺峽懷朱惟四》七律。（韓日纘《韓文恪公詩集》卷八）

初三日，鄧雲霄以陝西兵備改廣西兵備，故驅車南馳，遊嵩山，賦《遊嵩山詩　十二首，並序》七律詩，序云：

嵩高維嶽，東太室，西少室，距二十里許，合之皆名嵩，在登封縣北。二室穹窿端方，如形家所稱巨門土星者。土旺於中州，故號中岳。校室，則太尊而少卑；較梵字碑板，緇流則少喧而太寂。若少室秦槐封五品大夫，太室漢柏封三將軍，各大數十圍，其徑逾丈。信千秋古物，氣勢相敵。古跡志甚略。其近地景物，可附而麗於嵩者，不憚旁搜張嶽赤幟。時天啟癸亥歲首三之日，余由秦桌移粵西，驅車南邁，王程弛嚴，得枉道理展云。

雲霄又賦《宿少林寺訪雪居上人因訂曹溪之遊　前對少室如巨屏插天》、《題博望驛　並序》、《過新野遇吳門戚不磷山人言依馬太史卜居此地憶余作令定交越廿載矣窮途旅食相對泫然留贈三章永懷舊好》三首（以上七律）。（鄧雲霄《鄧氏詩選・七言律》）

立春先一日，韓日纘賦《癸亥立春先一日以冊封之役再過東林》五律詩二首。（韓日纘《韓文恪公詩集》卷四）

立春日，林熙春賦《又和立春》詩云：

春日天門四望開，長安春色賦臺萊。幸瞻帝里城中柳，轉憶吾鄉嶺上梅。廖韻連篇元老筆，宮花五色美人裁。紫霞薦罷天顏喜，願賜金莖長命杯。

初七日，熙春又賦《又和人日》詩云：

宦邸欣逢日是人，昨辰況復是春辰。人從越宿迎禧兩，春到題詩續韻頻。同籍弟兄今四十，自慚書劍老風塵。轉思帷幄紆籌者，幸有中興燮理臣。

熙春又賦《又和立春有事太廟》七律、《來鳳詩　有序》五言排律、《御園牡丹　閣試庶常題》七律二首、《元相葉臺翁誕辰同盧饒二年丈攜尊爲壽辱惠詩箋次韻奉答》、《賤生與葉臺翁同日辱賜詩大書次韻奉謝》、《李思準九月誕辰寄一律爲壽》（以上七律）、《題謝節母冊四首》七絕、《入虔聞奴陷遼陽》七律五首、《聞失廣寧志憤》七律四首。（林熙春《賜還草》）

同日，張萱賦《人日戲筆》詩云：

今日是人日，今年勝舊年。久晴花盡放，初暖柳爭妍。不作山中相，誰爲地上仙。一尊三小婦，相對亦欣然。

又賦《人日同人韓叔捷參知以詩見貽用來韻卻答》七絕。（張萱《西園存稿》卷十三）

初八日，萱賦《八日江行望白鶴峯柬黎倩》詩云：

一峯天外立，孤棹鏡中飛。白鶴不復返，金蓮何處歸。自憐牛馬走，應笑芰荷衣。有美東床客，端居戰勝肥。（張萱《西園存稿》卷五）

十三日，鄧雲霄賦《元夕前二日過隆中訪馬康莊太史九逵計部昆秀留酌別業》詩云：

隆中佳氣鬱菁蔥，勝地重來訪二龍。留客筵前邀寶月，清言堂上歇歌鐘。花生火樹芙蓉艷，春入金尊琥珀濃。得附名家稱伯仲，塤箎同調共嘽嘽。

十五日，雲霄賦《襄陽元夕懷馬康莊九逵昆季二首》七律。

又賦《習家池》、《西又西》（序云：余壬戌歲起田間，左遷關西，癸亥又移粵西，風雲力少，山水興長，西而又西）。（鄧雲霄《鄧氏詩選·七言律二》）

十五日，張萱賦《癸亥榕溪燈夕謠》七絕詩十二首。（張萱《西園存稿》卷十三）

二月，鄧雲霄以省親，暫歸東莞。（鄧雲霄《漱玉齋文集》

卷二《西徵集序》）

　　夏，鄧雲霄於桂林賦《桂郡逍遙樓和謝在杭司長　時苦旱炎甚》、《桂江舟中讀謝在杭集卻寄》、《夏日過來樂胡瞻明大參王天虞參戎招集郊外荷池亭上避暑時胡詩先成》（以上七律）。（鄧雲霄《鄧氏詩選·七言律二》）

　　秋，區懷瑞自京師歸粵。去年秋已欲歸粵，未行，本年始還。

　　秋，梁維棟賦《癸亥秋寄家兄弟》七律詩二首。（梁維棟《水閣詩鈔·入關稿》）

　　七月初七日，鄧雲霄於梧州賦《梧城七夕守道曾年兄招飲北樓》詩云：

　　燕京曾伴廣寒遊，還憶潯陽月下舟。桂籍弟兄元舊侶，梧城杯酒又新秋。風波失路誰青眼，歲月無情易白頭。休倚危欄羨牛女，客星今夕亦綢繆。

　　又賦《七夕醉歸感懷又賦》七律。

　　十五日，鄧雲霄賦《中元夕招守道曾年丈系龍洲泛月》詩云：

　　憶去歲中元，劉觀國大參行部咸陽歸，持生魚過小暑，余有“彈鋏久無堂下客，持竿空憶海門舟”之句，同寅誇爲異事，賦和數章。蓋秦中以龍視魚，今梧江卻饜魚。思往事如隔世矣，離合轉眼能無念乎？

　　粵水秦關隔幾重，閑雲一片似孤蹤。往時對酒憐彈鋏，此日烹魚更系龍。石激江聲喧急雨，月移杯影落群峰。預愁後會悲前事，痛飲宜聽曉寺鐘。

　　又賦《秋夜讀曹能始集卻寄兼懷謝在杭》七律。

　　八月十五日，雲霄賦《潯江中秋八首》（自注：署左江篆，行部舟中作）七律。

　　又賦《朗寧閱武》七律。（鄧雲霄《鄧氏詩選·七言律二》）

　　九月，孫承宗決守寧遠，命祖大壽興工營築，袁崇煥與滿桂駐守。（閻崇年《袁崇煥傳》附《袁崇煥年譜》）

初九日，鄧雲霄賦《朗寧署中九日》詩云：

時禄夷入犯龍、憑兩州，飛檄調兵策應，憶去歲在秦城防秋正急。

繚垣苔古樹蒼蒼，柏署寒生九日霜。蓬鬢盡隨遷客白，菊花猶似去年黃。烽煙人夢秦城暮，羽檄關心粵徼長。誰暇登臺看戲馬，直將鳴鏑落天狼。

又賦《調兵》（序云：馗纛營鄧督備陷陣，先登龍江。思明諸兵繼之，斬馘擒生，捷報疊至）、《烏蠻灘謁伏波廟》（以上七律）。

冬，鄧雲霄賦《遊勾漏洞》詩云：

距洞五十里許有鬼門關，時冬日行部作。

曾閃牙旗掃鬼門，又攜龍杖探真源。尋丹人憶仙中吏，抱朴書傳意外言。石乳滴床含霧冷，藥爐留火入冬溫。松間老鶴如人語，知是先生幾代孫。

又賦《壽岳丈海月趙翁八秩又一　二首》、《桂江冬雨舟中作》、《桂江舟中寄挽故粵西學憲樊孟泰二首》、《自笑》（序云：入粵西，但七月在署，餘月皆行役舟中）、《冬日微雨集逍遥樓看顏魯公碑二首》（序云：謝武林方伯、闕粵良學憲、曹尊生少參同賦，時余代庖左江，往禦交宼）。

冬至日，鄧雲霄賦《癸亥至日藤江舟中》詩云：

時報加銜少參，即九年前舊官也。曉起於沙坪望闕瞻拜。

燈火維舟倚急灘，孤臣西笑望長安。奔流後浪催前浪，拙宦新官是舊官。戀闕天邊紅日遠，書雲江上曉霜寒。岸容待臘如迎客，柳眼梅花悵獨看。

十一月，明熹宗生辰，鄧雲霄賦《萬壽節潯江遥拜二首》詩云：

時代庖左江，再往寧郡防禄宼，舟泊江干作。

錦石銀沙擁絳氈，聽雞遥拜瘴江邊。心懸北斗趨三殿，歌效南山祝萬年。曉月迥臨仙闕仗，明霞如接御爐煙。臨流不盡朝宗意，何日長依尺五天。

仙掌擎來玉露濃，稱觴歡動大明宮。舞干新奏虞庭樂，標柱休誇漢將功。水散百蠻終向海，天函萬國總呼嵩。憑高一望南溟氣，煙净波恬日正東。

又賦《彭貞元移酌書畫船與陳永平同賦》七律。（鄧雲霄《鄧氏詩選·七言律二》）

除夕，林熙春賦《癸亥除夕》詩云：

六十年週歲已彌，邸居相與惜流澌。老妻屢證還家日，廷尉新除致主時。竹葉一尊宵夜夢，燈花數熘報春曦。此宵何事鐘聲早，玉佩趨蹌拜赤墀。（林熙春《賜還草》）

本年林熙春賦《親郊恭紀》七絶詩三十首，序云：

郊禮費繁，難以數舉，只龍飛間一行之小臣忝竊奉常，得詳盛事，漫賦絶句三十首，第此舉在癸亥年，而弁於庚申之前者，以此係曠儀，不敢殿後也。詞多淺俚直書，亦僭附詩史之意耳。

本年陳子壯在史館。時父熙昌爲諫議，弟子升十歲，隨父兄在京城。後子升賦《雙鶴吟　並序》詩云：

天啟癸亥，予時十歲，隨先君諫議、先兄編修京邸中。有桃一株，鶴一雙，方置酒，兄呼予曰：“汝試即事爲詩句。”予應聲曰：“雙鶴桃根啄。”兄曰：“吾對以示汝則。”云：“三杯棣萼酬。”蓋今昔殊絶，斯況斯語，未或忘也。舉筆墮淚，足成四句，俾後生聞焉。

雙鶴桃根啄，三杯棣萼酬。參差人事異，空憶帝京遊。（陳子升《中洲草堂遺集》卷一七）

本年黎遂球父密復遊饒之樂平，歸爲遂球娶婦歐氏。[①]

本年鄺露與從兄湛之讀書於羅浮明福洞，湛之有扶風劉越石（劉琨）之志，露則性情放遠，負才不羈，又以怵於世變，乃兼習武藝，得高僧名師指授，劍刀騎射諸術皆精。（《事蹟紀略》）

───────────

①　《先高士行狀》云：“既終三年喪，乃因長汀令蕭公偕遊閩，居長汀署一年餘，令爲政善，且嚴敬君，凡所爲必入質之，以爲行否。既去汀，復遊饒之樂平，乃歸，爲遂球授室。”“遂球娶歐氏，生子男二，延祖、彭祖。”（黎遂球《蓮鬚閣集》卷二三）

湛之後以驃騎從袁督師崇煥死於邊。（鄺露《嶠雅・九日寄從兄湛之塞垣》詩小序）

本年黎景義賦《中山懷古　三首》七律詩三首，序云：

中山在鳳城中，有劉生遇靈香神女之事。癸亥，余讀書其間，遺蹤宛然，訝其遇之妖且奇，因竊高唐、雒神之意，漫成律體。中山爲余外祖別業，余幼從外祖，言如此。（黎景義《二九居集選》卷三）

本年金堡（釋澹歸）與兄戲爲詩文，父令學制藝。方子春見堡文，謂當以文名世，不僅取科第也。復從子春續學，業成，補諸生。（吳天任《澹歸禪師年譜》）

本年張萱賦《茅參戎孺嘉都閫瀘川　有序》七律詩二首，序云：

將軍諸父曰用白先生，與余同官西省，以文字爲金蘭，凡八年。海內交情，指不再屈，今墓門已宿矣。歲癸亥，將軍來參粵闈，建節鷲城。余幸以世誼，周旋鞭弭。豈惟數口之家，夜戶不閉；即五嶺之東，海波不揚。京觀已築，此豈班椽所能勒哉！今聖天子睠顧三巴，大司馬推轂將軍，復分瀘川之閫，蓋地以人重，非人以地重也。將軍不我退棄，見過小園爲別，因拈二律以代歌驪。西方好音，余日望之矣。（張萱《西園存稿》卷九）

本年張嗣綱賦《癸亥出行》詩云：

跨馬出郊坰，雕鞍向穗城。只披煙霧去，會見暖風生。射策心猶壯，彎弓眼復明。請纓如有路，海嶠自澄清。（張嗣綱《戈餘詩草》卷上）

本年李孫宸賦《癸亥生日》七律詩三首，其一首聯云：

四十頭顱又八年，衰容鏡裏已先傳。（李孫宸《建霞樓詩集》卷一六）

本年主席長壽之循智法楷和尚，斥資購置觀音堂（今澳門普濟禪院）後（本）山，創建此寺，成爲普濟第一代主持。（《澳門普濟禪院普同塔志》）

本年釋德清（憨山）圓寂於粵北韶州曹溪南華寺。其真身與唐僧六祖慧能、明僧丹田今猶並存於韶關曹溪南華寺真身殿。

潘頤於本年成貢生。

潘頤，新安（今深圳）人。天啟三年（一六二三）貢生，官
訓導。（康熙《新安縣志》）

李貴我生。

李貴我（一六二三～一七一七），保昌（今南雄）人。一生
樂善好施，喜以種蘭爲事。卒年九十五。（《南雄府志》卷十四）

張份生。

張份（一六二三～一六七四），字元均，號迷兩。東莞人。
一鳳子。崇禎十五年（一六四二）舉人，官福建莆田令，革除弊
政。丁艱歸，民遮道挽留。（《東莞張氏族譜》卷二六）

劉鳴泰生。

劉鳴泰（一六二三～一七二二），字大來。清遠人。順治九
年（一六五二）歲貢，以父母喪，侍奉祖母，潛心星相占卜之
學。著有《五行通氣》、《風水邑鑒》。（《清遠縣志》卷六）

明熹宗天啟四年　清太祖天命九年　甲子　一六二四年

六月，左副都御史楊漣劾權閹魏忠賢二十四大罪，不納。十
月，與左光斗同削籍歸。中官圍首輔葉向高第，後逐吏部尚書趙
南星等。東林黨首輔葉向高等去職，後閹黨顧秉謙秉政，忠賢奪
朝廷內外大權。本年荷蘭侵佔臺灣南部。（閻崇年《袁崇煥傳》
附《袁崇煥年譜》）

正月初一日，李孫宸賦《元旦①》五律詩六首。

林熙春賦《甲子元旦　是早雪免朝百官午門前行叩頭禮》七
律詩。

又賦《甲子請告絕句十二首中多綴以旨意亦葵藿之思》七
絕、《予告還里辱諸老贈詩用韻漫和》十一首、《次淮陽戀闕　迴
文》、《次安慶賤辰阻風》、《入里門志喜因示兒孫四首》（以上七
律）。（林熙春《賜還草》）

————————

① 題下抄本作“甲子”。（李孫宸《建霞樓詩集》卷九）

同日，何其偉賦《甲子元日宇亮孫入省枉集山館觀燈》詩云：

山館張燈夜，何來一俊人。金蓮初色艷，玉漏莫聲頻。社結枌榆舊，舟淩剡水新。平原歡聖酒，披豁任吾真。（《縠音集》）

何其偉（？～一六二五），字麗充，號玄洲。番禺人。明嘉靖至天啟時人。約卒於明熹宗天啟五年（一六二五），年七十二。曾在廣西陸川縣任官。

同日，張萱賦《甲子元日邑侯哀谷孫公枉駕投轄既貽珠玉復命棋枰留酌竟日喜而賦謝》七律詩二首。

萱又賦《楊鵬遙方伯赴粵西重過小園投詩見別未及留酌賦此呈謝》、《寄懷謝武林方伯》、《趙孺子見過小園留酌以詩見贈用來韻卻答》二首、《唯仲孝廉歸自蒼梧垂橐北上喜而賦之以侑行李》、《江門高子雲遊羅浮以詩見訪致何凝生公子書索餘軒集序賦此答之並答凝生戲什魚腹》、《新都孫子真別三十餘年越三千余里以詩見訪小園爲作園公小像雖慚土木形骸殊有山林風氣投轄半月輒爲寶安鄧觀察玄度迎去幸語觀察德機慎勿遽杜面孔不妨相向也因用子真來韻賦而贈之》（以上七律）。

上元節，張萱賦《正月十五夜奉迎邑侯雨中觀燈雅集歲癸亥余嘗爲榕溪燈夕詞十二章今采民謠復爲甲子燈夕詞十六章撫今追昔喜可知也》七絕詩。（張萱《西園存稿》卷十三）

二月，韓上桂所參訂族譜成，付之剞劂，作《續修族譜跋》以記之。（《韓節湣公遺稿》卷三）

三月，張穆遊羅浮山。旋至廣州，登白雲山，有《羅浮道中訪孔唐之不值留宿》、《登白雲寺逢陳嘉吉家長卿》五律詩。（《鐵橋集·補遺》頁九、頁十八）

夏，梁維棟賦《甲子夏得侄逢昌家報》詩云：

消息經年隔，愁心百鬱盤。八行書忽至，萬鎰金同看。雞肋予何味，鵬翀爾展翰。故園叢桂好，何日共同歡。（梁維棟《水閣詩鈔·入關稿》）

四月十五日，區懷瑞於廣州賦《閩艚行　羊城甲子四月十五日感事》七古詩。

又賦《瑞芝篇爲何贊侯》、《送淳公還三疊泉》（以上七古）、《玉鵉曲》七律、《月夜集帥少府從龍署中　同黃元卿鄺湛若二首》、《送章章甫赴永昌司理　二首》（以上五律）。

五月初六日，鄧雲霄賦《五月六日夏至彭貞元祁仲魚陳永平集鏡園賞荔時兇歲艱食》詩云：

節過泛蒲後，堂開曲港濱。白鷗元狎客，丹荔似佳人。夏盛一陰長，年荒三徑貧。宜乘晚潮至，擊水貸波臣。

十八日，雲霄賦《仲夏十八日彭貞元李爾明載酒鏡園玩月留宿鄰仙樓次貞元韻》詩云：

避地郊坰村自孤，閑依水竹敞清都。客來荒徑同鳴玉，月到寒塘正弄珠。碧海仙蹤天外遠，黃粱塵夢醉中無。連床睡熟憑誰喚，只許橫江獨鶴呼。

又賦《張孟奇過訪鄰仙樓投贈新詩次韻答之》七律。（鄧雲霄《鄧氏詩選·七言律二》）

六月十五日，陝西道御史梁元柱繼楊漣疏劾魏忠賢，忠賢銜之，削籍歸，隱廣州粤秀山。（康熙《順德縣志》卷八《梁元柱傳》，梁元柱《偶然堂遺稿》卷一《糾東廠逆監疏》）每花晨月夕，輒邀鄺露、陳子壯、黎遂球、李雲龍、梁繼善、趙焞夫等，飲酒高會，賦詩作畫。（《明史》及道光《廣東通志·梁元柱傳》，鄺志寧《海雪堂文獻集》）

鄧雲霄（時任廣西布政使司參議）以丁繼母憂歸東莞，遂不復出，嘯詠自娛。（鄧雲霄《漱玉齋文集》卷一鄧逢京《虛舟公傳》）

立秋前十日，鄧雲霄《甲子立秋前十日載酒李爾明洞天書屋玩月題贈》詩云：

閑房曲徑漫夷猶，花石陰森處處幽。地近玄亭堪載酒，雲開素月正迎秋。人間萬事杯中了，海上三山象外求。怪底園林藏洞府，知君心自有天遊。

又賦《挽蘇汝載》、《鏡園大堤新成季秋望後之夕陳抱一陳永平步月敲門過訪余方獨酌未眠共醉分賦》（以上七律）。（鄧雲霄《鄧氏詩選・七言律二》）

立秋日，李孫宸賦《早起聞鳥》詩云：

耽眠常晏起，鳥雀亂前楹。求友枝頭意，偷春舌底聲。群中疑噪聒，静里自分明。對汝堪終日，都無客送迎。

又賦《新寧劉明府元夜過訪村居》、《答何凝生　塚宰公孫也》、《甲子立秋》二首（以上五律）。（李孫宸《建霞樓詩集》卷九）

六月十八日，鄧雲霄賦《鏡池待月二首　季夏十八夜》詩云：

銀河清淺映銀塘，遥望東方吐瑞光。聞道素娥將對鏡，好交青鳥去催妝。冰輪欲動摇星珮，瓊闕徐開散桂香。試問池邊延佇者，荷衣能得似霓裳。

廣寒遊罷常疑夢，對酒臨風有所思。暑氣乍消神女雨，夜光將到影娥池。遥憐擁霧雲鬟濕，轉覺凌波玉步遲。何事寶妝今夕減，只應東海晚潮知。

又賦《並頭蓮》、《解語花》、《送黃子升》、《送山人李如初次元韻》（以上七律）。（鄧雲霄《鄧氏詩選・七言律二》）

秋，張萱賦《甲子秋日過孊庵訪用平同人過鄰仙臺訪鄧玄度觀察皆別三年遠矣》七律。

七月，首輔葉向高請辭，黃公輔慮錢象坤柄政，請留向高，詆象坤甚力。象坤遂辭去。（《明史》卷二五一《錢象坤傳》）

區懷年與諸彦談藝於憑虚閣中，有五古《集憑虚閣十二韻》。（區懷年《玄超堂藏稿・五言排律》）

同月，張萱賦《甲子秋七月入寶安訪温爾惇年丈於滋蘭閣招同尹用平年丈載酒鄧玄度鄰仙樓爾惇以善釀聞弟豪飲兼人諸同社皆避席出》七律詩。（張萱《西園存稿》卷八）

萱又賦《甲子秋七月入寶安過訪鄧玄度觀察鏡園同尹用平溫爾惇兩年丈飲鄰仙樓用杜少陵遊何將軍山林十詩四十韻》五律詩。

初七日，萱賦《甲子七夕雨中韓寅仲明府緒仲太史同新安孫子真攜兩姬過集》詩云：

霖霖連宵黯不開，何當巧夕更聞雷。秋新已覺晴常少，人老誰能巧得來。舞態歌聲空見妬，雲情雨意莫相猜。明年此夕知同否，醉不厭厭莫擬回。

七月十九日，張萱過訪鄧雲霄鏡園，同集者尹守衡、溫爾惇。（張萱《西園存稿》卷四）雲霄賦《甲子孟秋十九日西園公過訪鏡園步杜少陵遊何將軍山林十律韻投贈步元韻酬之同集者尹用平溫爾惇時溪橋初成　十首》五律。

又賦《四老吟和周貴諤　四首》、《香淡齋對梅讀何凝生寄懷詩賦酬》、《題大笑出門卷送李煙客　三首》。（鄧雲霄《鄧氏詩選·五言律》）

八月，張萱賦《甲子秋八月客五羊再晤□□周斗文有不遇之歎賦此別之》詩云：

年來自笑足三餘，不向明時賦子虛。白髮相逢皆按劍，青山歸去好藏書。探懷已散襦生刺，彈鋏空歌馮氏魚。知己一人原自足，王門何必曳長裾。

萱又賦《吳用潛侍御招飲西疇觀妓》、《鄧太素守連州一歲輒以忤當事求去余適入五羊與孫子真載酒過之得秋字》。（張萱《西園存稿》卷八）

同月，袁崇煥進寧前道參政。（閻崇年《袁崇煥傳》附《袁崇煥年譜》）

十四日，區懷瑞賦《甲子八月十四夜月食》詩云：

月食秋將半，埋光及曉鐘。潮停望舒御，桂盡吳剛鋒。掩抑悲銀兔，清輝付燭龍。何由厲枉矢，夭鳥在高墉。

十五日，懷瑞賦《十五夜病中望月》詩云：

朝來銷没意，那得采華流。强欲銜杯問，翻添伏枕愁。仙歌通夕幌，圖影遍芳洲。七寶真靈異，裝成宛及秋。

十五日夜，張萱賦《南園舊社國初嶺南五先生之舊社圮廢二百五十餘年今王太父太常虞石王公按粤時偕黄士明黄亮垣韓緒仲陳集生四太史陳抑之鄧玄度劉觀國三觀察高正甫太守梁幼寧韓寅仲二明府韓孟鬱黎孺旬黄逢永三孝廉及諸二三君子與不佞萱捐貲脩復者也甲子秋八月萱督課兒輩就試棘園以十五夜汛掃南園宴集同社諸君子請公小像爲萱所讚者懸社中禮而拜焉遂相與授簡以續甘棠之詠萱得九青凡十二韻先一夕月有食之因並及焉》七古。

又賦《王幼度明府爲今大宗伯云杜李本寧先生猶婿余以本寧先生獲交幼度蓋三十餘年筆研友也先數歲寶安同社諸君子欲爲余作特室於旗峯之陽且受廛矣甲子冬幼度以龍門令攝篆寶安喜而賦之得十六韻以先歌來暮者言非未同幸毋曰此饑鳥此陽鱎也》、《曹能始觀察以詩見懷賦此寄謝》（以上七古）。（張萱《西園存稿》卷十）

十五日，鄧雲霄賦《甲子中秋周斗文自四明訪余鏡園投贈新詩留酌賦答》詩云：

客來曾泛鏡湖舟，又對銀塘水鏡幽。烏鵲一枝經幾匝，驪珠千里向予投。杯傾五夜從沾露，月到中天始判秋。桂影婆娑低可掇，何人能作廣寒遊？時將科末場。（鄧雲霄《鄧氏詩選·七言律二》）

二十二日，袁崇焕得報父喪函。後報督撫，經撫院允準，還家治喪。

九月，崇焕築寧遠城工竣，晋兵備副使，再晋右參政，吏部列爲預儲巡撫。（閻崇年《袁崇焕傳》附《袁崇焕年譜》）

初九日，區懷瑞賦《九日王幼度黄元卿過集送韓孟鬱北上》詩云：

藥闌香露净無塵，病骨空驚墜葉新。駟馬欲留尋野迳，驪駒

歸去悵離津。茱房何用登高佩，桑落偏宜漉酒巾。解賦鴻聲與秋
色，渚蘋北望正愁人。（區懷瑞《琅玕巢稿》卷一）

同日，鄧雲霄賦《九日集尹冲玄枕流亭留題》

誰云溪小不容船，時有潮聲到枕邊。清凈一泓同穎水，逍遥
三徑是堯年。眠鷗傍砌通幽夢，密樹籠雲護醉仙。試問匡床菊叢
里，何如高立碧峰巔。

又賦《送馬父母入覲》、《送于太尊入覲》、《秋夜臥郊外鏡
園鄰仙樓有懷陳抑之卻寄》、《送韓孟鬱赴南宮試》、《四照軒同李
自得臨池賞梅用禁體》及《聽瞽女隔屏弦歌聲妙入神用李自得
韻》（以上七律）。（鄧雲霄《鄧氏詩選·七言律二》）

冬，何其偉賦《甲子冬寅陽卜居倉邊鄰左賦此貽之》詩云：

避地城隈日自斜，萑苻歷亂老年華。旅懷獨切三更漏，歸夢
虛隨八月槎。窮巷久抛荒桂渚，芳鄰近接話桑麻。翻憐萍梗愁孤
影，縮地於今正一家。（《瓠音集》）

冬夜，張萱賦《冬夜韓寅仲趙裕子見過留酌》詩云：

麴蘖粗能了，枯魚可共焚。瓶梅香灼灼，樓月白紛紛。不失
山林氣，言尋麋鹿羣。呼盧頻剪燭，傾釀且論文。

我愛韓康伯，能攜趙子柔。一尊同二妙，片語亦千秋。咄彼
猱升木，從他貉聚丘。青山憐我輩，白首共沉浮。（張萱《西園
存稿》卷五）

十月初二日，袁崇煥離任奔喪，比至豐潤，奉聖旨：“東事
殷殷，寧前重地，袁崇煥不準守制，著照舊供職。”（閻崇年《袁
崇煥傳》附《袁崇煥年譜》）

同日，鄧雲霄賦《孟冬二日彭貞元陳永平過訪小酌共拈七陽
與自得同賦》詩云：

白雪翻匙晚稻香，已移茶灶置糟床。百年幾度逢豐歲，一石
堪攜入醉鄉。野興淹留雞黍局，波光浮動水雲莊。諸君剩有詩中
畫，得似紅霞帶夕陽。

又賦《賦得銅柱風高珠池月朗二律祝明河家兄六十一壽時

旅寓合浦近茲勝跡云》、《劉覲國憲副自楚入祝萬壽聖節奉恩綸
南歸稱太夫人觸即返武昌賦別》、《贈詩奚黃懿卿謔來獻》、《何
凝生投贈新詩賦答》（以上七律）。（鄧雲霄《鄧氏詩選・七言
律二》）

十一月十二日，袁崇煥上《初乞終制疏》，不允。

十五日，上《再乞守制疏》，又不準；上《三乞給假疏》，奉
聖旨，仍不準。再上《遵旨回任兼陳時事疏》。（閻崇年《袁崇煥
傳》附《袁崇煥年譜》）

除夕前二日立春，何其偉賦《甲子除夕前二日立春》詩云：

臘殘二日迎春日，除夕先晨已報春。蓬島滄桑三過睫，昂藏
天地幾朝身。望鄉心逐年華轉，懷土情隨柳眼新。翹首彤雲瞻拜
迥，彩毫裁頌祝楓宸。（《穀音集》）

除夕日，張萱賦《甲子守歲》詩云：

一年蹤跡混樵漁，斗轉今宵日月除。喧櫟喜無新貴馬，親燈
猶有未完書。優遊卒歲閒偏健，潦倒逢人拙更疏。非惜殘更畏衰
老，欲留舊臘共躊躇。（張萱《西園存稿》卷九）

李孫宸賦《除夕》詩云：

萬里皇華使，君王予假歸。差便寬歲月，多恐負恩輝。獻節
條風暖，辭寒臘意微。朝來四十九，曾否解知非。（李孫宸《建
霞樓詩集》卷九）

除夕，林熙春賦《甲子除夕》詩云：

馳驅入里甫初冬，歲滿一尊三徑松。歸客昔年爲逐客，司農
今日喜明農。朝中局變心偏異，海上波恬睡轉濃。忽聽雞聲驚曉
夢，何妨少坐聽疎鐘。（林熙春《賜還草》）

本年陳子壯自翰林出典浙江鄉試，發策問歷代宦官之禍，並
自作策進呈。試畢還京陛見，歷陳東漢十常侍及唐甘露之變，語
極痛切。閹黨卿之。（李健兒《陳子壯年譜》）

本年張家玉幼嘗從諸同學登黃旗峰，獨造絕頂，語其師林洊

曰："我輩作人非第一流不可。"洊驚異之。①

林洊（一六〇一～一六四七），字習修。東莞人。諸生。門人張家玉創立武興營，授洊推官。清陷閩粵，家玉謀起兵，洊勉勵之。家玉引兵轉戰，洊徘徊里中，終爲清兵所執。在獄著《讀易》及《明夷草》，慷慨就義。著有《研露臺集》。阮元《廣東通志》卷二八五有傳。弟泗英，字文生。十二通五經，十八赴闕上書陳時事，授中書舍人。後死於抗清。（宣統《東莞縣志》卷六四）

本年黎遂球與里人羅賓王、陳學佺、梁朝鐘、張二果、曾起莘（釋函昰）、韓宗騋（釋函可）、李雲龍等於賓王之散木堂縱談當世務。（釋今辯《本師天然昰和尚行狀》、湯來賀《塔志銘》）

本年黃公輔在南京，禮闈監臨外場，旋奉勅巡按下江，紀綱肅然，而慈祥愷悌，沁人肺腑，縉紳靡不響慕之。公輔與張泰岩相會於南京。後十一年又遇於湖南常武。（黃貞元《春溥先生年譜》）

本年張嗣綱賦《甲子歸莊》詩云：

斗牛屏列鶴山朝，天繞莊居眷亦饒。一水東流環隴畝，孤峯西聳出雲霄。牛羊野食風頻旁，雞犬籬喧氣自驕。白酒連糟農禱社，不妨洽飲共逍遥。（張嗣綱《戈餘詩草》卷下）

本年戴錦賦《賦贈黃鼎臣北上》詩云：

喜上天官甲子年，驪歌聲徹五雲天。狀元峰上相期許，瓊苑看花入御筵。（道光《永安三志》卷之末附藝文）

本年何大勷暫回里。

何大勷，字贊侯，號日庵。香山人。諸生。移家佗城，天啟四年（一六二四）暫回里，適芝草生於別墅南漪館，開觴宴客，

---

① 屈大均《剿敕賜銀印捧御節便宜行事翰林院侍講兼兵科給事中加服俸一級贈資德大夫正治上卿太子太保東閣大學士吏部尚書加贈奉天翼運中興宣猷守正文臣特進光禄大夫左柱國少保兼太子太保武英殿大學士吏部尚書增城侯諡文烈張公行狀》，下文均簡稱爲屈大均《張公行狀》。

何吾騶爲撰記，李文介賦詩，在座黎君選、彭伯時皆一時名士。何天衢《欖溪何氏詩徵》卷一有傳。

吳士燿（一作耀）於本年中經魁。

吳士燿，字雄南。四會人。天啟四年（一六二四）中經魁，官至工部虞衡司主事。光緒《四會縣志》卷七下有傳。

曾宜高、韓如璜等於本年中舉人。（阮元《廣東通志》卷七六《選舉表》）

曾宜高，字清仲，別號天放。順德人。天啟四年（一六二四）舉人，官至江西萬載縣令。事見康熙《順德縣志》卷八。

韓如璜，字姬命。博羅人。天啟四年（一六二四）舉人。文名甚噪。順治四年（一六四七）與張家玉結鄉兵復東莞，籍前尚書李覺斯等家資以犒士，奉表明永曆帝，授兵部主事，弟如琰亦自惠州來會。無何兵敗，家玉走西鄉，如璜戰死。清賜謚烈湣。著有《文茲集》、《籌筆集》、《姬命集》、《韓文删》等。陳蘭芝《嶺南風雅》卷二有傳。

鄭廷檥於本年中舉人。

鄭廷檥，字文灣。澄海人。天啟四年（一六二四）中舉人，官至江南右布政。著有《文灣詩集》，已佚。阮元《廣東通志》卷二九四有傳。

陳善賡於本年中舉人。

陳善賡，字子載。順德人。天啟四年（一六二四）舉人。事見康熙《順德縣志》卷六。

黎象斗於本年中舉人。

黎象斗，字樞漢。順德人。天啟四年（一六二四）舉人，官高唐州知州。咸豐《順德縣志》卷二四有傳。

梁國棟於本年中舉人。

梁國棟（一五九一～一六六二），字景升。香山（今中山）人。天啟四年（一六二四）舉人，授彭澤令。後以母老告歸。廣州破，家居十二載，讀書自樂，年七十二（一）卒。陳伯陶《勝朝粵東遺民録》卷二有傳。

尹明翼於本年中舉人。

尹明翼（一七五九～一六三六），字美鄰。東莞人。天啟四年（一六二四）舉人，五年進士，除汝寧府推官。七年校浙闈，時內臣李實在浙爲魏忠賢立祠，强爲記，隱戒僕馬，甫撤闈即疾馳出境。擢御史，彈首輔周延儒，出爲河南知府。丁內艱歸，卒於家。阮元《廣東通志》卷二八四有傳。

鄭重於本年中舉人。

鄭重，惠來（一作潮陽）人。一作處士。天啟四年（一六二四）舉人。事見光緒《潮陽縣志》卷十五。

酈洪照於本年中舉人。

酈洪照，字遠臺。南海人。天啟四年（一六二四）舉人，官潮陽教授，升光山令，調溧水，設義倉，存活數萬。丁內艱歸，士民建祠祀之。甲申後杜門講學。年八十六卒。著有《易河圖解》十卷。陳伯陶《勝朝粵東遺民録》卷一有傳。

王宗昌於本年中舉人。

王宗昌，字諤士。揭陽人。天啟四年（一六二四）舉人，官至天津餉道參議。李自成陷北京，航海南歸。（乾隆《潮州府志》卷二八）

區熙於本年中舉人。

區熙（？～一六四四），字成熙，號若孩。番禺人。天啟四年（一六二四）舉人，官廣西南寧府宣化縣教諭，升吏部司務。明亡，北向罵賊，不食數日卒。（乾隆《潮州府志》卷二八）

莫矜於本年中薦舉舉人。

莫矜，連州（今連縣）人。副榜。天啟四年（一六二四）薦舉舉人。① 事見同治《連州志》卷四。妻李秀，亦連州人。順治四年（一六四七）避亂英德，時土寇行劫，疑其家富有，綁架矜

---

① 一作鄉試副榜。

及其二子松齡、宏齡。秀親至賊營，指賊大罵，遇害。後以烈婦棺葬，矜及其二子具獲釋。（乾隆《連州志》卷八）

吳士耀於本年中舉人。

吳士耀，字雄（治）南。四會人。天啟四年（一六二四）舉人。初任福建古田知縣，擢工部虞衡司主事，掌郎中印。著有《春秋決議》、《尚書捷覽》。（道光《肇慶府志》）

彭光遠於本年中舉人。

彭光遠，字秋鵬。惠州（今屬陸豐）人。天啟四年（一六二四）舉人。擢文昌教諭，升南雄教授致仕。著有《家訓》。（《陸豐縣志》）

簡廷輝於本年中舉人。

簡廷輝，字云拱。海陽人。天啟四年（一六二四）舉人。生平絕跡公門。（乾隆《潮州府志》卷二九）

袁臂於本年中武舉人。

袁臂，字帝肱，號元子。東莞人。天啟四年（一六二四）武舉人。事見張其淦《東莞詩錄》卷十九。

黃夢泮於本年成貢生。

黃夢泮，惠來人。天啟四年（一六二四）貢生，官至江西南安府教授。事見康熙《潮州府志》卷七。

關大度於本年成貢生。

關大度，永安（今紫金）人。天啟四年（一六二四）歲貢生，官南海教諭。（《永安三志》）

李時憲於本年成貢生。

李時憲，字拱章。普寧人。天啟四年（一六二四）歲貢生，官福建莆田縣丞，代理知縣事，秩滿擢長沙府經歷。年八十二卒。（乾隆《潮州府志》卷三〇）

李宗源於本年成貢生。

李宗源，字亦源。台山人。天啟四年（一六二四）歲貢生，授興化府訓導，升閩縣教諭。（《新寧縣志》）

謝獎於本年中副榜。

謝獎，字居載（最）。番禺人。餐霞子。弱冠爲諸生。萬曆四十年（一六一二）舉人，天啟四年（一六二四）甲子、崇禎六年（一六三三）癸酉、九年丙子三登進士副榜，問業者常數百人。後見紹武、永曆爭立，積憂成疾，不浹旬卒。陳伯陶《勝朝粵東遺民録》卷一有傳。

張祚恒生。

張祚恒（一六二四～一七〇九），字毓貞、念羞。東莞人。監生。買白木山地作義塚，置田供養族中窮學生。康熙十三年（一六九六）饑荒倡賑，全活甚衆。（宣統《東莞縣志》卷六七）

韓純玉生。（黃容《明遺民録》）

韓純玉（一六二四～一七〇二），字子蘧，晚號蘧廬。歸安人。諸生。甲申之變，遁跡棲賢山中。選《唐詩兼》、《明詩兼》，又選《近代詩兼》分四集。著有《德未暮齋詩》、《蘧廬集》。康熙四十一年（一七〇二）卒，年七十九。

釋元覺生。

釋元覺（一六二四～一六八一），字離幻。釋成鷲本師。晚居石洞，因以爲號。平陽本陳國法孫，雲門宗符禪師嫡嗣。順德簡氏子。從宗符智華（一作華知藏）剃度，禮鼎湖棲壑道丘受圓具，遍參諸方，往來吳越。既而歸覲，宗公示寂，遂繼席主法華林寺，大興雲門之道。後住循州，遊羅浮，經石洞，愛其巖壑幽勝，築室居焉。其徒釋成鷲從之遊，躬耕洞中，相與遊戲筆墨，以文字做佛事。著有《石洞遺書》、《咸陟洞前後集》。事見溫汝能《粵東詩海》卷九八。

明熹宗天啟五年　清太祖天命十年　乙丑　一六二五年

三月，逮楊漣、左光斗下獄；七月，死於獄。後金遷都沈陽，始建宮殿。（閻崇年《袁崇煥傳》附《袁崇煥年譜》）

正月，張萱賦《甲子秋日入鄧玄度鏡園得詩十章次杜少陵過

何氏山林韻乙丑春正月重入鏡園復次少陵重過何氏山林二十韻得詩五章》五律詩。（張萱《西園存稿》卷五）

初一日，李孫宸賦《乙丑元日》詩云：

歸來歲月已重移，林下春光又一時。地暖青陽司候早，天遙綵伏迓春遲。鬢絲不讓江梅放，鶯韻偏和野笛吹。敢向明時輕小草，祇憐衰病負恩私。（李孫宸《建霞樓詩集》卷一七）

同日，林熙春賦《乙丑元日》詩云：

頻年元日叩天門，此日無緣達至尊。祇率兒孫朝北斗，更傾葵藿向東暄。陶園氣轉筠為瑞，蔣徑春來草漸蕃。分罷屠蘇還再祝，椒花長此頌亨屯。

又賦《城隅小齋》、《小舟成泛江》、《小舟泊先隴前》（以上七律）。

同日，張萱賦《丁（乙）丑元日蠹閣試筆》詩云：

甲子重逢第二年，閒開小閣理陳編。山容繞檻依人舊，野色窺簾著意研。四坐孫曾喧絮數，一庭花木美芳鮮。莫言眼老看如霧，轉覺詩情湧似泉。

又賦《題嶺梅梁月卷贈林伯遇由粵入燕》七律。（張萱《西園存稿》卷九）

同日，何其偉賦《乙丑元日同寅陽賦》詩云：

聿轉初正候，柴門向曉開。柏尊誰為辦，椒頌爾先裁。景色三城媚，年華兩鬢催。履新應與日，遙睇祝天台。

又賦《春日過蘇廷襄宅畔池亭各賦一首》七律。

初三日，張萱賦《乙丑獻歲三日口號代柬迎里中同社君子》七言排律詩云：

天上招搖今指丑，人間遺老稱朋壽。人言舊歲不如新，我道新人不如舊。新人休說美韶華，舊人休嗟成老丑。曾見韶華易銷歇，若羞老丑非長久。小園寒褪花欲然，小院晴多春似畫。巧笑迎人洞口桃，柔條掃徑溪頭柳。為語乘春好杖藜，且去尋芳共攜手。請君莫棄舊時人，好我同傾新歲酒。（張萱《西園存稿》卷

三）

同日，張嗣綱賦《甘露　天啟五年正月初三日降甘露，豐年之兆也》詩云：

吾道何如老鶡冠，上書那得到長安。蕭條欲灑陵陽淚，蹭蹬堪憐范叔寒。一劍天成堪自惜，長纓欲請問誰干。只今懶作河東賦，見説風流道路難。（張嗣綱《戈餘詩草》卷下）

初七日，張萱賦《乙丑人日韓寅仲明府訂過蠹閣詩以迎之》詩云：

元日至人日，未有不晴時。來客已不速，行杯寧愬遲。柳含新意綠，花戀舊年枝。覓句酬春色，同君一解頤。（張萱《西園存稿》卷五）

初七日，鄧雲霄賦《人日鏡園社集賞桃花》詩云：

邀得青皇出郭東，幽溪錦浪小橋通。載來一石春郊酒，已過兩番花信風。入座客星增野興，占晴人日慶年豐。征歌不用招桃葉，看取紅妝水鏡中。

雲霄又賦《天旌節孝册爲新會梁文學母陳太君賦　二首》、《送袁青瑤掌科之南垣　二首》、《酬羊城黃元卿枉顧貽詩》（以上七律）。（鄧雲霄《鄧氏詩選·七言律二》）

初九日，何其偉賦《乙丑新正九日書懷　是日寵兒縣孤日時應試南宮》詩云：

漠漠曉煙楓樹林，開軒舒抱發清吟。老夫庭畔關情日，遊子天涯戀闕心。燕市樽醪誰共賦，雲霄冠蓋重相尋。忽聞簷外嘈嘈雀，驛使應馳報好音。（《縠音集》）

十五日夜，鄧雲霄避地鏡園，張萱自博羅來訪，拉同社諸人小集，雲霄賦《乙丑元夕余宅艱避地鏡園張孟奇至自博羅拉諸同社小集》詩云：

郊外垂楊已宿鴉，遥聞城市競春華。星橋不下葳蕤鎖，火樹爭開頃刻花。一夕醉鄉千日酒，六街遊騎七香車。誰憐愁病幽棲地，別有銀塘月浸沙。

雲霄又賦《陳孟長自新會過訪居停小園賦別》、《寄題新會伍邦直秘清居》、《槐陰深處爲新會陳孟長題　槐乃令先君手植云》（以上七律）。（鄧雲霄《鄧氏詩選·七言律二》）

同日，張萱賦《寶安王幼度明府以戈船見迎爲燈夕之會喜而從之得八十字並貽寶安同社諸君子》五律詩二首。（張萱《西園存稿》卷五）

十八日，何其偉賦《乙丑正月十八夜蘇廷襄宅燈宴》詩云：

詎謂燈闌夕，煙花集綺筵。千門仍火樹，九陌尚鈞弦。節去邀歡住，春明結社連。分題憐此會，刻燭爲誰燃。（《縠音集》）

二月，陳子壯刻成《陳太史子史經濟言》十二卷。子壯繼室黃夫人生子上延。奉旨管誥敕撰文。（李健兒《陳子壯年譜》）

十五日（花朝節），博羅張萱與諸人成立讀書社，作《讀書社約》。時萱已六十八歲。（張萱《西園存稿選集》）

梁元柱構園於廣州粵秀山麓，署曰“偶然堂”，與鄺露、黎遂球、李雲龍、歐必元、梁夢陽、梁繼善、趙焞夫等結訶林淨社，推陳子壯爲社長，常飲酒高會，賦詩作畫。（梁元柱《偶然堂遺稿》卷四《附錄·年譜》，康熙《順德縣志》卷八）

梁夢陽，字永雅。順德人。可瀾子。諸生。著有《飛仙草》。事見溫汝能《粵東詩海》卷五五。

二十四日，張萱賦《乙丑春二月二十有四日邑侯哀谷孫公有事羅浮同社諸君子偕集江上小堂舉酒相賀夫勸課農桑巡行阡陌闢草萊以正疆界蒐伏慝而餳干撤此循良實政開邑以來二百五十餘年所未有也遂相與繪圖授簡佟爲詩歌以副野史公復取道於先司徒東皋別業駐蹕於先仲第□子二石山房盍有謀野則獲之思焉萱乃攜子及孫炊脫粟釃茅柴以窺馬足公輒欣然班荊移陰而別時余以目眚不能從公於邁爲四百三十二君歸石候命第以一日之長狃主齊盟敢不悉索敝賦竊附中和樂職之誼遂鼓腹而歌凡得四章以博公一笑此亦謔然之遺音不識不知之壤父不能自藏其丑者也故從同社諸君子之請再拜捉筆以弁於簡》七律。（張萱《西園存稿》卷八）

三月，張穆同葉秀翀、歐伯梁遊羅浮，過石洞，登絕頂，上玉女峰，觀日出，有文紀之。①

同月，鄧云霄賦《暮春同周貴諤奠譚永明山人墓　二首》七律。（鄧雲霄《鄧氏詩選·七言律二》）

初十日，林熙春賦《三月初詣祖父母父母各墓所》七律四首（序云：焚黃是時天久旱，至初十日禮竣始雨，詩中及之）。

熙春又賦《送揭陽何明府告歸侍養》七絕三首、《送惠來楊明府行取》七律、《感時詩　有序》、《送如愚上人歸五子山》、《送尚璽曾九虛還朝》（以上七律）。

清明後九日，鄧雲霄賦《清明後九日謁心所陳先師墓》詩云：

> 花落啼鵑出遠林，洞門松檜鬱春陰。絳紗尚憶傳經日，白髮長懸立雪心。東郭人亡孤塚寂，西洲淚盡故情深。欲攜玉尺占佳氣，青紫峰前土似金。墓在黃旗之麓。

夏，鄺露、馮無文自廣州往東莞訪鄧雲霄。（鄧雲霄《鄧氏詩選》卷八《夏日羊城馮無文鄺湛若同顧小園留酌》）

孫承宗從袁崇煥議，遣將分據各城。寧遠至山海關二百里，寧遠至錦州又二百里，凡四百里，形成以寧遠爲中心之關寧錦防禦體系。明廷調各省軍駐山海關，官兵達十一萬餘人，馬五萬九千餘匹。關外形勢，頓有改觀。

四月，鄧雲霄賦《送別江右李伯開　並序》詩云：

> 玉華李翁，挾詩名遨遊海內。酷好丹術，到老彌篤，尋仙訪道，竟爾忘歸。辛酉歲顧余鏡園，下榻累月，論詩與談丹相半。哲嗣伯開能詩，有父

---

① 陳伯陶《浮山志》卷三《記從石洞登絕頂觀日出》云：“天啟乙丑……暮春，同葉秀翀、歐伯梁諸子遊羅浮。過石洞，攜脯酒茶具登絕頂。上玉女峰……次日，宿見日峰……”並見《鐵橋集·補遺》頁十、《廣東文徵》卷十八。

風，隨侍至圍。余時捧檄備兵關中，歧路中分。伯開勸翁歸休，不得。厥後，雲蹤飄然，四閱歲，杳無資訊。伯開彷徨遍覓，心折顏膲。行吟稿多作峽猿聲，良苦矣。乙丑首夏，重訪余，詢翁近耗，云逢方外僧，知在道州，想入九疑采藥耳。伯開急赴，把一臂而去，投詩留別，賦此送之。憶余昔別玉華君詩云："聞道神仙天上事，請君試摘鏡中花。"伯開見而翁，再理余前語，即當催歸，好鳥毋煩公行矣。

野鶴閑雲未易尋，思親憐爾淚沾襟。相逢正慰連床語，送別偏傷陟岵心。丹灶灰殘三島遠，青牛人去九疑深。因聲悵念忘歸客，且倩啼鵑寄好音。

又賦《和陳古民鏡里花二首》七律、《夏日羊城馮無文酈湛若同顧小園留酌》七律。

五月初五日，雲霄賦《五日鏡園賞荔觀荷》詩云：

長夏江村亂水通，蓮花荔子醉薰風。徘徊堤畔還池畔，可愛深紅與淺紅。乘興壺觴宜野外，關心時序又天中。休論蝦菜錢多少，久向磯頭狎釣翁。

六月十九日，雲霄賦《季夏十九日招羊城黃元卿偕里中同社集鄰仙樓得來字》詩云：

羅浮東望鬱崔嵬，樓閣平臨水鏡開。折簡正招三島客，有人先跨五羊來。佳期銀漢看應近，爽氣金天已暗催。向夕寒潮隨月上，南溟清淺可流杯。

七夕前三日，雲霄賦《七夕前三日立秋紫煙樓小酌聽雨》詩云：

小院陰森竹石幽，開尊延賞共登樓。城頭風送千山雨，檻外涼生一葉秋。簝落輕花侵酒冷，江翻高浪蘸天浮。河橋水沒愁烏鵲，欲駕扁舟渡女牛。

七夕前一日，雲霄賦《七夕前一日歐羽仲黃元卿小園觀漲打魚次元卿韻》詩云：

客至閑園豈問奇，為憐清景坐玻璃。秋潮驅潦來何急，河伯驕人正爾時。一鏡無塵風更掃，雙星有意月頻窺。打魚沽酒宜長夜，悵望歸舟向夕移。

　　雲霄又賦《賦得樓臺送暑催秋扇》、《老女吟和周毓庭　三首》、《陳永平表弟園花呈瑞李變白而紅菊變白而黃二妙易妝中含佳意投詩索和報以斯章》、《流觴曲水新成中秋邀客小酌》。（鄧雲霄《鄧氏詩選·七言律二》）

　　八月，林熙春賦《壽張惺初》詩云：

四十餘年已續貂，相看華髮老漁樵。弟兄弓掛雖逾月，次第筵開祇數朝。余七月晦，玉田八月初五，公初六斗。向秋中杓正轉，月當朒後景偏矯。玉釭酒養千年栢，焉問步兵酒更饒。（林熙春《賜還草》）

　　初八日，張萱賦《日昇霞舉詩爲邑侯哀谷孫公覽揆而賦也侯以壬戌秋八月分城南海以乙丑秋八月課績羅浮時都御史臺御史臺未獲交承故侯之最未上而璽書未報八之日則侯之覽揆也羅浮之父老子弟一則以喜矣吉祥善事巧於相值如此惟侯以文事飾吏治以美意行良法求之兩漢文苑循吏傳中業已前無古人不肖萱嘗以三曹抱關於侯之德里縞帶之歡蓋世講焉故侯式廬則停鑣輟軏問俗則解帶開襟東閣吟花有簡必授南樓對月無酒不同形骸盡捐肝膽相照蓋誼爲君民恩爲父子矣去歲是日侯方校士棘闈康爵未舉間者犬馬之辰侯輒先施珠玉以勖蒲柳而賁衡茅既非捐靡所能明報萱更自念西園高枕卒歲優遊非侯之賜不及此故嘗爲侯賦省耕詩及問水歌以副名山備採風者是役也敢復以瓦礫形穢自外乎乃鼓腹而歌從諸父老子弟之後若徵書一下則峴首之碑尚濡毫俟焉》七古，首句云：“八月八日秋正新，月雄酉仲長庚明。”（張萱《西園存稿》卷三）

　　晦日，鄧雲霄賦《八月晦日芳蓀亭小集流觴》詩云：

河朔初亭避暑杯，秋深酒興更相催。流觴宛轉花間出，鳴瀑奔騰石底來。海國涼風蒓菜候，醉鄉詞客竹林才。君看曲水仍歸沼，誰道東流去不回。

　　九月，雲霄賦《秋杪梁净友過訪鏡園忽易黃姓將入羅浮》詩云：

秋盡霜華入葛巾，別來節序幾回新。青瞳不改長爲客，丹藥行攜未是貧。蹤跡尚隨三島鶴，姓名初變五湖人。羅浮道侶如相問，黃野疑君即後身。

雲霄又賦《送李伯度歸京山》、《哭熙兒二首》（以上七律）。（鄧雲霄《鄧氏詩選·七言律二》）

同月，遼東總兵馬世龍遣將謀襲耀州，敗歿。關外士卒西奔，崇煥邀截使還。（閻崇年《袁崇煥傳》附《袁崇煥年譜》）

冬，陳子壯父子同日奪官南歸，始構鹽倉街新邸於廣州。（李健兒《陳子壯年譜》）

十月，孫承宗被罷，閹黨高第代之。第到關後，以兵敗爲由，下令棄關外城堡，盡撤關外戍兵，崇煥力爭。第堅意撤守，崇煥曰：寧前道當與寧前共存亡。（閻崇年《袁崇煥傳》附《袁崇煥年譜》）

仲冬望前一日，鄧雲霄賦《仲冬望前一日王幼度父母社集鏡園》詩云：

豐年禾稼滿江皋，紫蟹黃雞對濁醪。花縣弦歌迎玉烏，茅溪魚鳥識干旄。筵依冬日輕煙暖，筆灑晴霞片月高。詞賦登壇推茂宰，從來楚國擅風騷。幼度，郢人。

冬至日，云霄邀李雲龍、王鳴吉、杜亭甫小酌於紫煙樓看早梅①。鄧雲霄賦《長至日邀李煙客王鳴吉杜亭甫小酌紫煙樓看早梅》詩云：

一番花信一番風，試向梅梢問化工。嫩蕊才開三兩點，微陽應在有無中。舊愁總付東流水，新曆將催北去鴻。香雪霏霏邀作賦，舉杯先酹廣平公。（鄧雲霄《鄧氏詩選·七言律二》）

十二月，袁崇煥進按察使。（閻崇年《袁崇煥傳》附《袁崇煥年譜》）

---

①　鄧雲霄《鄧氏詩選》卷八《長至日李煙客王鳴吉杜亭甫小酌紫煙樓看早梅》

十二日，鄧雲霄賦《季冬十二日招同社諸子集朝爽臺送別王鳴吉》詩云：

> 望遠登臺禦朔風，離筵歲晏思無窮。路歧坐嘆東西水，節序偏傷來去鴻。羌管寒聲梅落後，楚關歸夢月明中。他時對酒遙相憶，此夕深杯莫放空。

雲霄又賦《送王紉度父母兼攝敝邑榮滿還龍門》七律。（鄧雲霄《鄧氏詩選·七言律二》）

本年番禺縣令張國維試士，拔梁朝鐘第一，深器重之。袖朝鐘文以質陳熙昌，熙昌稱朝鐘不輟，由是朝鐘名聞於嶺表。（王鳴雷《梁朝鐘傳》）

本年黃公輔在南京，時任南京山西道監察御史，上《權璫竊柄乞正典刑以伸國法疏》劾權璫魏忠賢、李實竊國威柄，乞正典刑以申國憲，言甚激切，觸旨削職回籍。（黃貞元《春渟先生年譜》）

本年鄺露踰嶺北遊，在京師時，目睹明室政治敗懷，奸宦僭權，操縱國事，深爲憂痛，因有《步出崇文門》、《漢家行》諸詩寄慨。（《事蹟紀略》）

本午曾起莘（釋函昰）知慕宗乘，其母因之素食。（釋今無《光宣臺集·智母師太塔銘》、釋函昰《瞎堂詩集》卷三《憶昔二首》）

梁士濟於本年中進士。

梁士濟，字遂良。南海人。天啟五年（一六二五）進士，授奉新令。尋擢御史，歷江西、浙江、雲南、四川、北直、河南諸道，俱有政聲。乞休歸，入西樵山，足不至城市。累薦不起。著有《矯臺》、《城臺》等集。事見阮元《廣東通志》卷六九、七五。

岑之豹於本年中進士。

岑之豹，字子文。西寧（今鬱南）人，一作順德人。天啟五年（一六二五）進士，官江陰知縣。著有《草堂集》、《麟經秘旨》。阮元《廣東通志》卷三〇三有傳。

吳元翰於本年中進士。

吳元翰，順德人。天啟五年（一六二五）進士，陝西參議。事見康熙《順德縣志》卷六。

羅奕儒於本年中進士。

羅奕儒，番禺人。天啟五年（一六二五）進士。事見同治《番禺縣志》卷十一。

尹明翼於本年中進士。

高魁於本年中進士。[1]

高魁，字斗仲。石城（今廉江）人。萬曆四十年（一六一二）舉人，天啟五年（一六二五）進士，任中書舍人。以忤魏忠賢謝病歸。光緒《高州府志》卷三七有傳。

黃遂於本年成貢生。

黃遂，字月璧。從化人。天啟五年（一六二五）貢生，考授宗人府經歷，三奉旨與同纂修玉牒，告成，特授史館中書，掌管敕事。著有《月璧集》。（清《從化縣志》）

梁憲生。（《無悶集》）

梁憲（一六二五～一六八三？），字緒仲。東莞人。崇禎間任推官，後棲隱羅浮。與陳恭尹、屈大均、張穆交遊，嘗得穆之竹石畫，答以詩。著有《梁無悶集》、《黃冠悶語》。事見張其淦《東莞詩錄》卷二二。

明熹宗天啟六年　清太祖天命十一年　丙寅　一六二六年

正月初一日，張萱賦《丙寅初春參知洪崖王公移鎮惠潮喜而賦之》詩云：

東方分鎮借長城，瑞靄羅浮福曜明。榮戟行春天上至，壺漿

---

[1] 李覺斯等七人進士及第之"乙丑進士"牌樓本爲廣州城四大牌樓之一，今獨此牌樓存，並屹立於國立中山大學南校區（原嶺南大學）校本部校園内。

就日夢中迎。曾披屍市鳩蚩鴈，笑擁麟符築巨鯨。不是金蘭憐縞帶，彝門誰復問侯嬴。

王春花信報江梅，人日恩光遍草萊。地控上游開兩府，人從中夜望三臺。科名蕊榜文章伯，政事薇垣鼎鉉才。好語鄒生緩吹律，一時黍谷已陽廻。（張萱《西園存稿》卷九）

十四日，後金汗（後清朝尊爲清太祖）努爾哈赤率傾國之兵六萬，號稱二十萬進攻明寧遠城（今遼寧興城）。

十七日，明連失八城堡，後金兵直奔寧遠。時袁崇煥駐寧遠孤城，城中士卒不滿兩萬。

二十三日，八旗軍兵薄寧遠城郊駐營。努爾哈赤勸降，崇煥嚴拒，命家人羅立等向城北後金軍大營施放西洋紅夷巨炮，“遂一炮奸虜數百”。

二十四日，後金軍攻城，崇煥率軍堅守。後金軍攻城自清晨至深夜，城幾陷。

二十五日，後金軍傾力攻城，城上施放炮火。

二月，崇煥祭奠覺華島陣亡官兵，作《祭覺華島陣亡兵將文》。

初二日，兵部尚書王永光上奏贊崇煥功績。

初九日，努爾哈赤敗歸瀋陽。

二十五日，崇煥疏辭升職，并請終制。

三月初九日，崇煥升右僉都御史，巡撫遼東、山海等處。

十六日，崇煥請餉銀四十五萬兩，不報。

二十日，崇煥上疏言六名内官監軍之禍。

二十六日，明廷明確崇煥職責在關外。（閻崇年《袁崇煥傳》附《袁崇煥年譜》）

四月，張萱賦《丙寅初夏苦旱得雨玄度社丈以詩見答並訂龍潭競渡之遊次來韻賦謝》詩云：

卅耦停蘆泣緑疇，飛來舊雨海西頭。雲霞忽報七襄錦，懷袖涼生五月秋。君向夢中頻下榻，我從天外亦登樓。欲尋河朔江邊酒，肯作山陰雪下舟。

又賦《學憲二無公以喜雨及登浴日亭二詩索和次來韻賦之》二首、《鄧玄度開府衡陽築天尺館於祝融峯上以書見招時奉母山居不能奔命詩以寄謝》、《贈黃士明少宰》、《劉廷翰將軍自碣石移閫郡屯走幣索詩賦贈》、《同人區季方以少司徒還里賦此訊之》、《韓寅仲以湘潭令解組還里賦贈》二首、《王憲度明府招飲時以目疾不能赴移席小寓詩以謝之》、《韓寅仲和余詩見貽介以酒資豈欲損有餘補不足耶賦此璧還兼訂桃源之約》（以上七律）。（張萱《西園存稿》卷九）

初五日，袁崇煥上《謝守城有功賞賜疏》。

初九日，命崇煥以右僉都御史巡撫遼東、山海等處。

十五日，崇煥疏言：畫分信地，逐步而前，戰則一城援一城，守則一節頂一節。

十六日，敘守寧遠功，崇煥進兵部侍郎。

二十七日，崇煥疏言：防備後金進攻軍事部署。

五月初八日，崇煥疏言：毛文龍宜近遼西，不宜近朝鮮。奏請移鎮滿桂。

初十日，崇煥疏言：請修城班軍再延兩月。

十九日，崇煥疏言：趙率教與滿桂不和，命暫準桂回府，率教調度關門內外。

六月，崇煥三次上疏請辭升蔭，明熹宗“優旨褒答”。

初十日，崇煥上《謝升蔭疏》。

十七日，崇煥疏言：“西款不壞，我得一意防奴。”上疏稱“體弱多病，乞允臣養病終制”。得旨：“倚任方殷，何得引疾求去！”

閏六月初六日，兵部尚書王永光集會，面議遼東督、撫去留。得旨：“即著關內、關外，分任責成。”

二十四日，崇煥疏言：“臣與督臣持論或左，原心則一。臣不敢恪遵畫地之明旨。”（閻崇年《袁崇煥傳》附《袁崇煥年

譜》）

秋，韓宗騋侍父日纘於南都署中。時木樨盛開，韓上桂率一時詞人賦詩其下。（韓上桂《韓節湣公遺稿》卷末附錄《軼事續編》）釋函可（韓宗騋）後於關外流地賦《寄陳公路若　有引》詩云：

> 丙寅秋，予侍先子南都署中。木樨盛開，月峰伯率一時詞人賦詩其下。予雖學語未成，竊喜得一一遍誦。及薙髮來南，與茂之相見，已不勝今昔之歎。今投荒又八年矣，赤公至，述長安護法首舉陳公，爲吾鄉人，即木樨花下賦詩人也。鄉國荒蕪，親朋凋謝，還思太平樂事，益增感愴。偶因便鴻，詩以代剳。

> 三十年前一小兒，木樨花下共題詩。於今老大投寒磧，獨向冰霜憶舊時。嶺徼親知無復在，石頭賓客更誰遺。聞人説道陳公好，灑淚空橔一問之。（釋函可《千山詩集》卷十二）

曾曰唯賦《送病　時在天啟丙寅秋日》詩云：

> 病人蠢如虱，稍能動與食。坐起項領曲，梳頭腰脊直。一茗三升汗，一飯十回息。隱几坐猶疲，偃臥眠不得。有時試伸步，扶杖倚牀立。心癢聊開卷，揭書指無力。撰著既不能，又好弄紙筆。心知荷扇香，嚏者見空碧。聞有客在門，倩人代欸揖。見説月夕佳，紙窗穴一隙。漏月在牀頭，又畏風入室。病中思所嗜，客身誰知癖。主人雖細詢，告之不敢悉。問藥與勘方，明明知無益。聊復嘗試之，幾幸萬之一。病乎歸去來，汝於我爲客。主既不汝留，胡爲君我即。吾未如之何，移文勸他適。（張煜南《續梅水詩傳》卷一）

七月初一日，袁崇煥疏言："今各捐去成心，隨督臣之後。"崇煥駐守寧遠，率諸將分信協守。後崇煥奏準祖大壽爲前鋒總兵官，駐錦州。（閻崇年《袁崇煥傳》附《袁崇煥年譜》）

七夕（初七日），黎遂球有《桐階副墨》，述鬥牌之戲。（黎遂球《蓮鬚閣集》卷二六）

中元日（十五日），遂球將歷試之文整理一過，有《歷試卷

目錄序》。（黎遂球《蓮鬚閣文鈔》卷九）

十七日，袁崇煥疏報：大雨爲灾，山海關內外城垣倒塌，兵馬壓傷。

八月初五日，朝鮮備邊司啟文：明遼東巡撫袁崇煥就毛文龍移鎮事宜諮文朝鮮。

十一日，努爾哈赤（清太祖）崩。（閻崇年《袁崇煥傳》附《袁崇煥年譜》）

十五日夜，張萱賦《丙寅八月十五夜集韓寅仲宅》詩云：

萬斛金波浸九垓，冰壺濯魄對含杯。十分輪滿秋今半，幾處砧寒漏更催。好語微雲休點綴，爲留清影共徘徊。一尊共覓千秋句，拾得秋光莫浪裁。

十六日夜，張萱賦《八月十六夜林寄寰韓寅仲二明府同姬命孝廉過集候月不至得春字》詩云：

凝雲斜漢澹蕭辰，角險耽佳擊鉢頻。燈下綵毫皆勍敵，尊前白髮盡遺臣。新奩未展縱山月，老木休爭黍穀春。時坐上有小草之謔。卻喜飛來黃絹句，應誇坐有綠衣人。孝廉年最少。

萱又賦《好音是懷卷奉贈司理金公榮擢乾州刺史乾州古西周也》七律。

十七日夜，萱賦《八月十七日壽韓寅仲宴集》詩云：

嘉客曾歌駒食場，多君千仞獨翶翔。箕裘嗣續冠裳滿，衡泌優遊歲月長。萬里孤臣曾獻賦，一堂遺老共稱觴。年年此日須同醉，何用王喬口授方。

萱又賦《秋日李潁玉少參招飲白鶴峯賦謝》二首、《朱未央以鄧玄度觀察書過訪小園訶林》、《修六上人參方潮陽過小園以吳用潛侍御書來曰上人欲敷座訶林爲眾生說法覺生居士業饒廣長舌續佛慧命矣西園公常自稱爲肉身菩薩慧業庵前菩提雙樹結果已自然成可無一言爲護法金湯余乃相視而笑遂拈筆得百十六字以當拈花上人其護之歸報侍御公咄咄韓昌黎從大顚遊矣第無量壽佛已念蒼梧帝子纍韆湘源道左合掌聰馬宰官身者久之幸分數索買山錢丐

上人成此一段無量功德又何以西園公之棒喝爲乎夫青蓮常生於火
宅鶩子不擇於鷄羣今公以出世想作用世法建名世業即西疇就荒朱
鎖異日者功成名遂令西園公日奉杖履襪被天鏡閣中一宿而覺即籬
間小草皆可作丈六金身矣慧業庵主人能不繞足三匝而白佛言》、
《田伯善少參登羅浮過飲小園留題四律次韻賦謝》（以上七律）。
（張萱《西園存稿》卷九）

　　十八日，袁崇焕疏言：“以遼人守遼土，且守且戰，且築且
屯，堅壁清野以爲體，乘間擊墮以爲用。”（閻崇年《袁崇煥傳》
附《袁崇煥年譜》）

　　九月，陳子壯於廣州刻成《陳太史昭代經濟言》十四卷，陳
鼎新爲之序。（《陳太史昭代經濟言》卷首）

　　子壯有兄順虎在廣州城東建有東臯別業，子壯與黎遂球、黃
聖年、黎邦瑊、徐菜、歐主遇、張萱、何吾騶等常飲宴其間，唱
酬甚密。

　　陳子履，字順虎。南海人。熙韶子，子壯從兄。官知縣，桂
王時授禮部主事。著有《東臯詩》。吳道鎔《廣東文徵作者考》
卷五有傳。

　　徐菜，字木之，後改名榮，號六出。南海人。諸生。陳子
壯、黎遂球等重修南園詩社，菜與焉。事見羅學鵬《廣東文獻》
卷四。

　　歐主遇，字嘉可，號壺公。順德人。必元從弟。天啟七年
（一六二七）中副榜，貢太學。永曆二年（一六四八）大饑，倡
賑。晚年薦秘書，以病辭免。曾與陳子壯、黎遂球等復修南園詩
社，爲南園十二子之一。亂後避地故鄉，讀書於燁弟園池。著有
《自耕軒集》、《西遊草》、《北遊草》及《醉吟草》。陳伯陶《勝
朝粵東遺民錄》卷二有傳。

　　初一日，皇太極（清太宗）即汗位，改瀋陽爲盛京，以明年
爲天聰元年。（閻崇年《袁崇煥傳》附《袁崇煥年譜》）

　　初九日，張萱賦《丙寅九日登百赤樓奉懷王洪岊田白園兩參

知》詩云：

紫微官閣夢中尋，落日空悲望水吟。五蹻東侯羡連璧，一臺
南美重雙金。西來秋色空天地，北去浮雲自古今。爲憶登高同作
賦，庾樓汎菊正開襟。

萱又賦《寄懷鄧玄度時玄度亦以書見訊》七律、《吳用潛侍
御特起觀察蒼梧以超和尚爲書郵見存賦此寄懷》七律。（張萱
《西園存稿》卷九）

二十八日，袁崇煥等疏報：“奴酋哈赤死於沈陽，四子與長
子爭繼未定。”

二十九日，崇煥奏報巡邊所見慘狀。（閻崇年《袁崇煥傳》
附解立紅《袁崇煥年譜》）

十月，張穆同葉金清、羅曙雲過王崇芳垂雲閣，夜話石洞楓
林之勝，有七律詩，遂訂釋十虛負琴尊從。識博羅人黃唐庭，爲
至老居泉石者，同遊居十餘日，有記。（《鐵橋集》頁三九《同羅
曙雲王崇芳垂雲閣夜話》、《浮山志》卷三《遊石洞記》）

初一日，遼東巡撫袁崇煥疏報：“修完關內外坍塌沖城。”

初十日，崇煥疏奏請發馬價銀。朝廷加崇煥嗣男原蔭錦衣衛
千户袁兆基世襲指揮僉事。

十三日，崇煥遣喇嘛釋鎖南等三十四人入沈陽，偵探其情
事，上聞，“上嘉其忠猷”。

十一月十五日，崇煥題稱：自東事以來，所調之兵不但不能
用，且爲遼擾。題請破除成議，撤回調兵，招募遼人，加以
補充。

十六日，皇太極遣明使李喇嘛桂，令方吉納等七人偕往，因
遺書崇煥。

二十六日，崇煥疏請屯田有“七便”，否則有“七不便”。

十二月初九日，崇煥疏言提出“選遼人、實遼伍、養遼人、
守遼地”之議。

十三日，崇煥所派使沈陽者還寧遠，奏報往還情形。得旨：

"朕甚嘉焉。"

二十二日，崇焕疏言："虜利野戰，惟有憑堅城以用大炮一著。"

二十七日，從崇焕請，敕監臣紀用等移巡山海關外。

二十八日，後金使自寧遠還瀋陽，述崇焕辭曰："大明國、大滿洲國字樣並寫，不便奏聞，故不遣使，亦無回書。"（閻崇年《袁崇焕傳》附解立紅《袁崇焕年譜》）

除夕，張萱賦《丙寅除夕守歲呈郡大父二初余公》詩云：

鼃肥酒熟樂無涯，欲買癡呆價未諧。産落非關虛耗鬼，魔降不用鍛磨齋。重來佛子鳩鴻鴈，余崇龜，宋淳熙中爲江州刺史，有善政，民呼爲佛子，時里中有"余佛重來天有眼"之謠。更囑儺翁逐虎豺。怪底西園醉長夜，頻添商陸煮茅柴。

萱又賦《又與塾師福唐林用籲同賦》七律。（張萱《西園存稿》卷九）

本年何吾騶得旨還朝，黎邦瑊同行，陳子壯、黎遂球有詩送之。[①]

本年陳邦彥娶妻彭氏。[②]

本年黃公輔以削職家居，自本年至崇禎七年凡九年。（黃貞元《春溥先生年譜》）

本年黎遂球補諸生。（查繼佐《明兵部職方司員外郎贈資政大夫兵部尚書諡忠湣美周黎公傳》）遂球賦《送何象岡太史還朝

---

① 黎遂球有《送何象岡太史還朝》詩（《蓮鬚閣集》卷八），詩題下自注"時天啟丙寅"。何吾騶有詩《秋意 丁卯入都作》（《元氣堂詩集》卷二）一首，吾騶本年得旨還朝，明年初方行。陳子壯有詩《送何龍友太史還朝》一首、《送黎君選同龍友北上》四首送之。子壯與吾騶同年進士，故詩題徑稱吾騶字，黎遂球爲弟子輩，詩題則稱吾騶別號。

② 《陳岩野先生集》卷三《九月晦日》詩云："憶昔丙寅歲，親命初受室。"

時天啟丙寅①》七古詩。（黎遂球《蓮鬚閣集》卷八）

本年薛始亨六歲，從其父遊福建武夷山，後賦《憶十歲時嘗從先子入武夷山》詩云：

小時如夢裏，官舫泊名山。弱葛緣霄路，陵苔拂珮環。峰殊三十六，水竟九重灣。手澤成龍杖，仙源渺莫攀。（薛始亨《南枝堂稿》）

鄺仲科於本年成貢生。

鄺仲科，永安（今紫金）人。天啟六年（一六二六）歲貢，曾任新會教諭。（《永安縣志》）

韓宗騋（釋函可）於本年補諸生。（汪宗衍《明末剩人和尚年譜》）。

李成憲生。

李成憲（一六二六～一六六二），一名正，字正甫，號零丁山人。番禺人。明末諸生。父卓卿，先故。廣州破，其母復及於難，乃髡首戴笠，自名今日僧，字雪琳，禮釋函昰。出遊江楚間，無所遇，客於新安，愛零丁山，居焉。後棄僧歸里，與張家珍善，時客其家，家珍有詩送之。家珍卒，哭極哀，逾年，病歿零丁山，年三十七。著有《零丁山詩集》。陳伯陶《勝朝粵東遺民錄》卷一有傳。

陳上川生。

陳上川（一六二六～一七一五），號義略。吳川南三都田頭村（今屬湛江）人。鄭成功部下，任高雷廉總兵，於欽州灣抗清。明亡，率兵往越南投順化阮氏政權，為開荒墾殖及拓土保疆。（《湛江文史資料》第八輯）

鄺鴻生。

鄺鴻（一六二六～一六四六），字劇孟。南海人。露子。年

---

① 題，迦陵集作《送何龍友先生還朝》，題下小注云"時天啟丙寅，先生載如夫人行"。

二十餘，能詩及擊劍。紹武元年（一六四六），率北山義旅與清軍戰於廣州東郊，死之，追贈錦衣千戶。事見《粵東詩海》卷五五。

釋元渠生。

釋元渠（一六二六～？），字契如。番禺人。俗姓蘇。六歲隨母齋居，十五歲入寺禮佛。順治六年（一六四九），禮訶林宗符和尚出家，後往鼎湖慶雲寺禮棲壑和尚。任華林寺主持，窮究律部。圓寂之日，眾請留偈，書一“元”字而逝。（《鼎湖山志》卷三）

明熹宗天啟七年　清太宗天聰元年　丁卯　一六二七年

正月，後金攻朝鮮。三月，訂盟班師，後金留兵守義州。夏，後金兵進圍錦州、甯遠，袁崇煥等擊退之，時稱甯錦大捷。七月，崇煥以忤魏忠賢，乞休歸鄉。（《明史》卷二五九《袁崇煥傳》）八月二十二日，明熹宗崩，年二十三，無嗣。（《明史》卷二十二《熹宗本紀》）二十四日，信王由檢即帝位，是爲思宗烈皇帝，明年改元崇禎。（《明史》卷二十三《莊烈帝本紀》一）

正月初一日，張萱賦《丁卯元日試筆呈郡大父余公》詩云：

相逢問歲自胡盧，七十行年尚故吾。竹下擘牋銘柏葉，花間拉伴醉屠蘇。縠絲已向前宵禱，牛馬聊從此日呼。《五行書》：元日門前呼牛馬，則六畜蕃息。見說神君今錫福，不煩仙木付神荼。

初三日，萱賦《三之日苦寒戲訊桃源主人相對如賓亦復入懷煖手否》詩云：

何事東風不自持，今番花信覺來遲。先庚先甲陰猶壯，乍雨乍晴春更癡。瀹茗小妻燒榾柮，擁爐稚子剝蹲鴟。知君不用肉爲障，閉戶應防十八姨。

萱又賦《贈林用籲還閩應舉》七律。（張萱《西園存稿》卷九）

初八日，皇太極遣使致書袁崇煥修好，命大貝勒阿敏征朝鮮。

初十日，兵部題覆崇煥疏。

十一日，以崇煥僅掌關內外。（閻崇年《袁崇煥傳》附解立紅《袁崇煥年譜》）

十五日，鄧雲霄賦《元夕行春爲邑侯李父母賦》詩云：

五夜星橋度福星，弦歌夾道喜相迎。誰移火樹栽花縣，又倩天孫制錦城。桂闕高懸鳧舄影，瑤琴細和鳳簫聲。更闌九陌香塵静，歸坐冰壺徹底清。（鄧雲霄《鄧氏詩選·七言律二》）

二十六日，袁崇煥奏報後金使來款，讓其回話：“易去年號，遵奉正朔。”（閻崇年《袁崇煥傳》附解立紅《袁崇煥年譜》）

二月，張萱賦《丁卯仲春入五羊黄元卿陳太素兩國學招集太素海上亭時太素欲爲余決東官卜築之策》詩云：

移家來自展旗峯，越秀東褊一徑通。繞檻池連珠海漲，窺簾山倩白雲封。多君好客頻投轄，老我尋春獨杖筇。安得千金買同里，詩盟酒社日從容。

萱又賦《陳集生太史招集令兄陳順虎東皋別業凡兩日夕》、《再用集生太史韻》、《贈陳集生太史》、《劉覲國方伯以密娛軒索詩賦贈》、《何龍友太史還朝以出山詩見示余既次韻答贈陳集生太史復即事賦別余又次韻同賦》二首、《舟次海珠寺即事寄懷寶安同社諸君子》（以上七律）。（張萱《西園存稿》卷九）

初二日，袁崇煥題言：“米糧久缺，軍士告饑，乞速賜接濟。”又題“奴酋求款事”。

初五日，崇煥上《乞歸終制襄葬疏》，不允。

初六日，吏、兵部會議，決定並得旨準崇煥等駐寧遠。

初七日，山海城壕工竣，崇煥進從二品服俸。

初九日，寧遠城修繕工竣，敘功不及崇煥。

十七日，寧遠缺糧，軍士枵腹待哺。

二十四日，崇煥疏辭重任，得旨不準。（閻崇年《袁崇煥傳》附解立紅《袁崇煥年譜》）

　　三月（上巳日），陳子壯因座師陸夢龍來粵任按察司按察使，欲乘舟往迎，又黃聖年應三水蔣縣令之聘往掌教職，故二人同舟往三水。在三水遇何吾騶乘舟還朝，訂峽山之遊。子壯在三水停舟數日，與蔣縣令飲，後至峽，與吾騶、黎邦瑊三人同遊峽作詩。夢龍來粵任按察使，上官建忠賢祠，列其名，亟遣使鏟去之。（阮元《廣東通志》卷二十《職官表》、卷二四四《宦跡錄·陸夢龍傳》）此組詩名《日薄遊草》，子壯有小引詳說緣由，其中《峽夜別何黎二子》一首，題下自注：「去歲已有行色，予亦稱詩送矣。」何吾騶於去年秋得還朝之旨，子壯、遂球均有詩送之，所言即此事，本年年初何吾騶方偕黎邦瑊北上。（李健兒《陳子壯年譜》）

　　初三日，張萱賦《丁卯褉日韓寅仲招同余士翹明府韓舜庭將軍汎集鷗社》詩云：

　　鷗羣狎客鏡中酣，曲曲晴波照蔚藍。具美主賓惟有四，芳春日月正逢三。亞枝壓岸紅千點，粉簿環橋綠半含。共喜青山容客傲，莫辭白髮對花慚。

　　萱又賦《題法曜秋高卷壽溫青霞侍御按楚》七律、《壽曾澤卿觀察內君陳恭人七十有一觀察兒默之婦翁也時觀察已捐舘矣》七律。

　　清明，張萱賦《清明日東還宿黃木灣》詩云：

　　爲市江魚薦巨羅，忽驚水鳥起盤渦。夜晴曉月窺人近，野潤寒星接地多。破浪帆懸船是馬，乘潮更報鼓爲鼉。到家候稚應同笑，冷節虛從客裏過。

　　萱又賦《王幼度明府黃元卿國學陳集生太史訂遊羅浮擬過小園詩以促之》七律二首。（張萱《西園存稿》卷九）

　　初三日，袁崇煥疏言：「東虜既圍鐵山，復同朝鮮舊國王往王京，臣發水兵應援東江。」

　　初四日，崇煥奏請：「修松山等處扼要城池，以四百里金湯，爲千萬年屏翰，所用班軍四萬，缺一不可。」後錦州城竣，後金騎兵進圍。

初五日，後金使偕寧遠使臣賚崇煥致皇太極、李喇嘛書還沈陽。

初六日，明熹宗行分責撫賞蒙古諸部：袁崇煥任關外，閻鳴泰任關內。

初九日，朝鮮冬至聖節使於京呈文兵部，請速發偏師，乘虛搗巢，可以復遼。

十八日，後金阿敏等與朝訂兄弟之盟後回軍。

二十四日，袁崇煥爲“接解江東官丁”事疏報。（閻崇年《袁崇煥傳》附解立紅《袁崇煥年譜》）

夏，韓上桂刻其集《蘧廬稿選》成，黃聖年爲其編選，薛岡爲作後序。（韓上桂《蘧廬稿選》卷末薛岡《蘧廬稿後序》）

何吾騶還朝，取道東遊，過揚州，至徐、淮、安慶一帶，因有封賞之事，由楚入洛。

張萱賦《丁卯夏偕郡侯徐公韶階入羅浮》詩云：

権木聽懸溜，褰裳涉古湫。梯雲兩仙令，時兩明府賈勇，共登泉源福地，漱石獨元侯。欲問蛟龍蟄，因攜鹿豕遊。酒闌頻浣濯，不是學巢由。（張萱《西園存稿》卷五）

麥而炫賦『丁卯夏夜與友人攜琴烹茗水月宮』詩云：

水石幽尋快夙緣，相逢何意盡高賢。數盃清茗烹涼月，一曲流徵弄晚煙。學古幾人能避世，談空無地不參禪。不知當日陶元亮，何事攢眉向白蓮。（崇禎《肇慶府志》卷四八）

四月，張萱賦《丁卯夏四月奉懷荊璞翁公祖》詩云：

長懸梁月憶攀轅，知己千秋獨感恩。日對峴碑空墮淚，時過弘謁更銷魂。袞衣章甫思無斁，子弟田疇詠不諼。爲訊東山高枕處，追鋒何日駕朱幡。

萱又賦《丁卯夏四月郡侯徐韶階攜同歸善龍川兩明府韓姬命孝廉入羅浮觀洗耳泉登水簾洞分韻賦別》、《韓寅仲築其先公祠成庭有雙棗不日植之結實繁碩此吉祥也詩以考焉屬余和之次韻賦賀》、《歸善王憲度明府有事羅浮夜還過小園幸獲停鑣愧未投轄以詩二章見贈次來韻賦謝》、《次日龍川宋元實明府隨過小園留酌竟日亦以二詩見贈次韻賦謝》（以上七律）。（張萱《西園存稿》卷九）

同月，鄧雲霄賦《首夏鏡園觀漲攜酒移舟訪陳古民溫敏之新居和古民作》詩云：

> 地近芳鄰笑語聞，青莎翠竹許平分。潮來驅潦浮天地，日落乘舟弄水雲。靜聽漁歌催進酒，更邀河伯共論文。閒身已署江湖長，剩有煙波可贈君。

雲霄又賦《送別龍門王紉度父母擢守涿郡便道還楚王公攝莞政半載》、《夏日邀洪約吾賞荔辭以病足投詩賦酬因遺絳衣一隊趣訂後期》、《夏日翊文載酒攜玉姬集湛碧唱余竹林小記新曲是夕翊文留玉宿森蘭堂賦以調之》、《陳古民表弟新居落成夏日攜歌者載酒慶之和古民作》、《馮無文重訪鏡園班荊道故交情彌篤憶昔曾與酈湛若偕來計三換歷矣湛若待秋試今弗克偕念舊傷離對酒惆悵賦贈無文兼寄湛若》、《馮無文重訪鏡園居停懸榻齋立秋後四日別歸省觀賦贈》（以上七律）。（鄧雲霄《鄧氏詩選·七言律二》）

初六日，"薊遼總督閻鳴泰以袁崇煥頌廠臣魏忠賢，請建祠於寧前，賜曰：'元坊'，一作'懋德'。"

初八日，袁崇煥使者還，皇太極遣使責崇煥修錦州諸城。

二十一日，崇煥奏言："聞虜十萬掠朝鮮，十萬居守，何所見而妄揣夷穴之虛乎？"

五月初三日，崇煥上奏言受氣候限制，不便進兵。

初六日，皇太極以明築城屯田。無議和誠意為藉口，親率數萬軍攻寧（遠）錦（州）。

十四日，崇煥移寧遠。

十五日，崇煥疏奏寧錦防守法："守為正著，戰為奇著，款為旁著。以實不以虛，以漸不以驟。"

十六日，崇煥給錦州紀用、趙率教信被後金截獲。

十九日，崇焕疏奏："十年以來，站立不定。今僅能辦一守字，責之赴戰，力所未能。"崇焕設奇兵四支援錦，然未見實效。

二十七日，後金兵分兩部：一部留圍錦州，一部由皇太極親率往攻寧遠。

二十八日黎明，後金兵分九營圍寧遠。崇焕軍出寧遠與之激戰，並發紅夷大炮。錦州明軍趁後金軍勢單，突然開城攻向後金大營，稍勝回城。

二十九日，皇太極率軍撤離寧遠，轉攻錦州。

六月初四日，皇太極督軍攻錦州，死傷眾多。

初五日，皇太極始從錦州撤軍。

初六日，崇焕上《錦州報捷疏》。

初八日，崇焕再上《錦州報捷疏》。（閻崇年《袁崇焕傳》附解立紅《袁崇焕年譜》）

秋，馮無文重訪鄧雲霄於東莞鏡園，雲霄賦詩兼寄懷鄺露①。

何吾騶賦《秋意　丁卯入都作》詩云：

幾年不見長安月，重見長安月色光。宮瓦碧滋新治第，冠簪華對舊爲郎。異時歡笑疏砧外，何處歌聲白雁鄉。爲買元膏晞短髮，清朝鵷鷺好相將。（何吾騶《元氣堂集》卷中）

李雲龍賦《丁卯感秋》詩云：

中丞鵲丘舊登壇，一劍霜飛絶漠寒。漢帥豈堪蕃將代，軍容爭遣內臣觀。居人夜傍長榆泣，胡馬秋嘶白草殘。道是令公今遠竄，憑誰免胄陣前看。（李雲龍《嘯樓詩自選後集》）

七月，黎遂球作《雲合大社序》。（黎遂球《蓮鬚閣文鈔》卷九）

初一日，袁崇焕上《乞休疏》，旨批"准其回籍調理"。（閻

①　鄧雲霄《鄧氏詩選》卷八《馮無文重訪鏡園班荊道故交情彌篤憶昔曾與鄺湛若偕來計三換曆矣湛若待秋試今弗克偕念舊傷離對酒惆悵賦贈無文兼寄湛若》

崇年《袁崇焕傳》附解立紅《袁崇焕年譜》）

初七日，鄧雲霄賦《七夕木蘭堂社集晚泛》詩云：

浩淼橫塘接漢津，輕風吹浪白如銀。登樓遙望穿針女，散髮誰憐賣拙人　余集有《賣拙歌》。五夜開尊無俗客，百年長醉有閒身。君看明月隨橈轉，已駕蘭舟到桂輪。

雲霄又賦《七夕閨怨》、《雨後午睡》、《送了然上人遊廬山兼寄枯庵主匡公》、《挽故少宰學士黃煇星先生三首　先生丁母艱未小祥而逝》、《贈別番禺張父母入覲》、《秋日酬周毓庭楚藩幕中寄懷之作　二首》（以上七律）。（鄧雲霄《鄧氏詩選·七言律二》）

十二日，皇太極敗回瀋陽。

十三日，敘錦州功，不及崇焕。

二十二日，崇焕還鄉。（閻崇年《袁崇焕傳》附解立紅《袁崇焕年譜》）李雲龍賦《送袁元素中丞乞終制南還》七古詩。（李雲龍《嘯樓詩自選後集》）

八月，林熙春賦《丁卯八月五色雲見潮東南》詩云：

卿雲五色現潮東，萬里浮光想亦同。鳳嘯山河瞻翼鳳，龍飛天地慶從龍。瑤華泛斗籠梧樹，瑞氣凝秋遠桂叢。已卜賢書應出類，定知廷對集群雄。

又賦《喜潮秋捷　得報二十有七人，又惠來占籍海豐者一人，共二十八。內孫婿二人，會中五人，詩中及之》七律。（林熙春《賜還草》）

初二日，兵部敘寧錦大捷功並獲准，袁崇焕僅“加銜一級、賞銀三十兩、大紅紵絲二表裏。”（閻崇年《袁崇焕傳》附解立紅《袁崇焕年譜》）

初四日，張萱賦《丁卯八月四日移家羊城督課兒輩省試因柬同社君子》詩云：

深宵桴鼓滿江干，故國猶歌行路難。作客惟求三徑益，投林欲覓一枝安。年衰豚犬掛懷抱，海闊鯤鵬羨擊搏。安得高陽長接壤，與君杯酒日團團。

萱又賦《移家羊城道路戒心帥府以帳下戈船來迎自榕水至珠海遂獲利涉賦而謝之》、《抵家示兒輩》、《上董長馭督學　有序》四首、《寄文文起太史》。（張萱《西園存稿》卷九）

十五日，鄧雲霄賦《丁卯中秋社集賦得攀桂仰天高爲文場多士作　以後請仙多和此詩步韻》詩云：

墨花飛霧彩毫新，東壁星移入桂輪。月姊分香邀上客，天孫摘錦贈才人。九霄紫府曾通籍，五夜朱衣自有神。更向花陰聽搗藥，杵聲敲醒利名身。

十八日，雲霄賦《丁卯中秋後三日鏡園請仙援筆賦詩同謝彭陳諸君步紫霞真人韻　以後請仙多步此韻》詩云：

秋高爽籟净寥天，星澹長河月在川。蓬島客歸仍故里，金爐丹伏自何年。遐心迥寄青冥外，佳句攜來碧落邊。幸接芳鄰更同調，可能乘興詠遊仙。

雲霄又賦《仲秋喜毓庭自楚歸過鏡園談湘中山水感我舊遊淒然增嘆得二首》、《秋日訪九十三歲祁葵陽長者隱居留酌題贈》、《挽故山東大方伯劉藘徑先生四律　先生卒於丁卯中秋前三日》、《賦得風入松和貞元作二首　此詩請仙皆和韻》、《端州文學謝步禹符請安期純陽王野紫霞四仙秋日同集鏡園鄰仙樓降長春援筆和余詩新天兩韻且呼余爲前生星使步韻奉酬　二首》、《酬列仙韻之次日陳古民於在藻軒請仙題甌白玉蟾適至降筆補和余新天兩韻詩另賦奉酬　二首》、《安期續到又步新字韻題贈余竹林小記再賦奉酬》、《送洪太府入覲》（以上七律）。（鄧雲霄《鄧氏詩選·七言律二》）

九月初九日，鄧雲霄賦《九日旗峰登高看放紙鳶聽酒婦和歌步周毓庭韻》詩云

峻嶒疊礛與天通，百粵山川指顧中。坐石一壺花壓帽，穿雲數紙鳥呼風。煙拖淡翠岩扉冷，霜落寒潮海市空。借問當壚歌笑者，何如楓葉染殘紅。

　　雲霄又賦《九日旗峰戲詠風箏　此詩請仙多和韻》、《喜端州
謝步禹過訪鏡園居停懸榻齋賦邀長駐》、《大司馬舒公六十年前令
莞有保障大功鼎新遺愛祠未竣嗣孝廉再航來莞瞻拜祠下題詩壁間
余見而悲之步元韻奉慰》、《步仙韻》、《題孝廉舒再航奇緣冊》、
《送桂林孝廉舒再航計偕北上》、《秋夜餞北上孝廉簡念蒙朱參和
陳群石謝六御羅翊文家姪若將共賦燭花》（以上七律）。（鄧雲霄
《鄧氏詩選‧七言律二》）

　　同日，李孫宸賦《重陽貽韓孟鬱》詩云：

　　重陽幾度罷登高，此日樓頭望轉勞。萬里獨揮羈客淚，八年
三見抱弓號。愁看塞雁橫煙戍，嬾採籬花混野蒿。正憶悲秋詞賦
客，肯因搖落廢持螯。（李孫宸《建霞樓詩集》卷一八）

　　李雲龍賦《丁卯九日集何太史齋中　時大行皇帝初升遐》
詩云：

　　鳴珂初下玉宸班，昨夜飛霜入漢關。紅樹卻如先客醉，黃花
真似稱官閒。風前聽雁思南國，籬下班荊話故山。莫上高臺望天
末，鼎湖龍去不堪扳。（李雲龍《嘯樓詩自選後集》）

　　冬，袁崇煥於東莞故里撰《重修三界廟疏文》。（解立紅《袁
崇煥年譜》）

　　黃錦賦《予爲孝廉遊南巖數十年往矣通籍後久客長安每思舊
勝如隔蓬壺丁卯冬奉命還家辱友人招飲於此見多改觀且及結綠先
兄欣賞之事悵然不勝今昔之感漫紀一律》詩云：

　　二十年前續勝遊，西湖歌舞幾更秋。乍疑紫氣來函谷，恍歷
星壇到帝丘。路轉千盤林壑窈，天鄰北斗瑞光浮。忽聽哀鴈風中
斷，把酒相看淚不收。（黃錦《筆畊堂詩集》）

　　十月，鄧雲霄賦《孟冬黃菊盛開羅列聽雨廊中酌賦效祝》
詩云：

　　浩浩橫塘泛玉觴，遲遲返照映金妝。歲闌未覺黃花仰，地僻
能邀白日長。葉灑空廊疑過寸，露沾疏鬢漸成霜。薜蘿門徑清如
水，石信人間有熱腸。（鄧雲霄《鄧氏詩選‧七言律二》）

十一月初一日，謫魏忠賢於安徽鳳陽，尋賜死，並懲其閹黨。

十九日，起升袁崇煥都察院右都御史、管兵部添注右侍郎。時崇煥回籍在鄉。

二十八日，崇煥世蔭錦衣衛指揮僉事。

十二月十六日，兵部尚書閻鳴泰疏言：寧錦之戰袁崇煥功最大，僅加一級，請補給升蔭。下部議。（閻崇年《袁崇煥傳》附解立紅《袁崇煥年譜》）

本年梁元柱賦《丁卯撤棘同典試張虞部小酌》詩云：

天上文昌羨使君，登壇拔駿懷空羣。風回五嶺材猶借，月霽三秋桂可分。自有彩毫于氣象，莫將幽會動星雯。一尊可是故人酒，似得從容細論文。（梁元柱《偶然堂遺集》卷二）

本年梁朝鐘嘗赴鄉闈，策論所言天經地理絕奧博，主司疑以爲老，出闈，乃英弱士，自恨失人，請相見，朝鐘弗見也。（屈大均《皇明四朝成仁録》卷九《梁朝鐘傳》）

朝鐘感懷代謝，俯仰閻浮，人生無常，生死事大，系心祖道，痛絕腥葷，與季父文學克載、同郡孝廉陳學銓、張二果、曾起莘（釋函昰）爲法門交。（王鳴雷《梁朝鐘傳》）

本年張穆讀書羅浮山石洞，時遨遊泉石之間，吟嘯自樂，有《記遊石洞》一文載石洞初冬之美景，識女道士羅素月。[1]

羅素月，博羅人，一作東莞人。入羅浮山爲女道士，嘗募種梅千本於梅花村，雅能詩。事見溫汝能《粵東詩海》卷一○○。

本年何吾騶賦《丁卯還朝取道東遊擬過揚州少駐既抵西江河間徐淮安慶一帶有事於桐封謝客應付遂就西行由楚入洛牛山交河間似佳氣先浮車幬者夙昔之懷意在斯乎偶拈二首》詩云：

---

[1] 《浮山志》卷三《記讀書石洞及素月師》云："天啟丁卯，道人讀書石洞。有女道士羅姓號素月師，原出大家，已入山二十年，不知有女子身，登陟颷然如禦風，於羅浮梅花村募種梅千本，以續勝事，泉石異人也。"並見《鐵橋集·補遺》頁十一。

國色名香耐可餐，曼情芍藥亦姍姍。來時擬向揚州過，卻送河南買牡丹。

魏紫姚黃舊苑開，羅浮香史覓新栽。傳來京汴饒奇種，得似吾家白玉杯。（何吾騶《元氣堂集》卷下）

本年釋道丘出嶺參博山無異元來，密受記莂。（《鼎湖山志·初代開山主法雲頂和尚年譜》）

博山無異元來（一五七五～一六三〇），字大艤，號無異，法名元來，俗姓沙。安徽舒城人。幼喪母，不食葷。十六歲出家，先從天台通和尚修止觀，從超華受具。詣黎川鵝峰從師無明慧經禪師，爲入室第一上座弟子。二十七歲得無明印可，嗣法曹洞宗。離師後至信州西岩祖印院，旋卓錫廣豐博山能仁寺，重建殿堂，開法傳徒。後往福建，先後住持建州董岩、仰山，天啟七年（一六二七）入主福州鼓山湧泉寺。鼓山寺火於嘉靖二十一年（一五四二）二月十三日，元來住後著手興復，草創之後交徒住持，復返博山，南北學人望風而至，歲以千計。後至金陵，居天界寺。因其出自中興曹洞宗之宗匠門下，歷坐名刹，已爲緇素宗仰，一時士大夫競與之交遊，縉紳禪侶雲集，禮足求戒者，動至數萬。博山宗風，遂擅天下。崇禎三年中夜召弟子首座智闇，書"歷歷分明"四字，示寂於博山。吳應賓撰《無異大師塔銘》，劉日杲作《博山和尚傳》。其弟子集其《語錄》、詩、文編成《無異元來禪師廣錄》三十五卷。（光緒《江西通志》；《廣信府志》；郭朋《明清佛教》）

劉士斗、黃奇遇、陳象明、區懷瑞於本年中舉人。（阮元《廣東通志》卷七六《選舉表》）

劉士斗（？～一六四四），字瞻甫。南海人。崇禎四年（一六三一）進士，知太倉州。忤上官，謫江南按察司知事。十六年（一六四三）薦爲建昌兵備僉事，明年城陷，被執不屈，遂闔門被殺。《明史》卷二九五有傳。

黃奇遇，字亨臣，號平齋。揭陽人。崇禎元年（一六二八）

進士，由縣令擢翰林，歷官左中允。永曆時官禮部尚書兼兵部尚書。卒年六十八。乾隆《潮州府志》卷二九有傳。

陳象明（一五九三～一六四七），字麗南，一字旭庵。東莞人。阿平祖。天啟七年（一六二七）舉人，崇禎元年（一六二八）成進士，授戶部主事。任職南京，入復社。三年榷稅淮安，免諸雜稅數萬兩。升湖廣司員外郎，轉陝西郎中，出爲南昌府，未赴任。六年（一六三三），改長沙府，多平冤獄。謫浙江鹽運副使。母卒守制，起補浙江鹽運同知，升江西饒州知府。十六年張獻忠陷長沙等地，升湖廣按察司副使。國變，歸家與父訣。十七年秋，至永州任所。隆武元年（一六四五），晉太僕寺正卿。明年桂王即位肇慶，廣州初陷。徵糧廣西，謁永曆帝，任兵部右侍郎兼都察院左都御史，總督兩粵軍務。調兵六萬，轉戰潯州，復梧州。十一月，陳邦傅敗遁，象明率兵迎敵，戰敗被俘。十二月初一日至榕樹潭投水死，年五十五。著有《兵略》卷一三〇、《塵外賞》。阮元《廣東通志》卷二八五有傳。

張二果於本年中舉人。（阮元《廣東通志》卷二八三《張二果傳》）

郭之奇於本年中舉人。（《家傳》）

黎遂球於本年中舉人。（查繼佐《明兵部職方司員外郎贈資政大夫兵部尚書諡忠湣美周黎公傳》）

何湛然於本年中舉人。

何湛然，高要人。天啟七年（一六二七）舉人。官禮部主事。事見宣統《高要縣志》卷十六。

黃兆成於本年中舉人。

黃兆成，原名紹繩，字虞六，號杯湖。番禺人。天啟七年（一六二七）舉人。能詩，與彭孟陽（日貞）交好，有和孟陽《惻惻行》。事見阮元《廣東通志》卷七六。

蘇宇元於本年中舉人。

蘇宇元，字爾坦。新興人。天啟七年（一六二七）舉人，官雲南鶴慶府通判。事見阮元《廣東通志》卷七六。

　　曾敬於本年中舉人。

　　曾敬，揭陽人。天啟七年（一六二七）舉人，官東鄉知縣。事見阮元《廣東通志》卷七六。

　　區懷素於本年中舉人。

　　區懷素，字元白。高明人。天啟七年（一六二七）舉人，官壽寧知縣。事見阮元《廣東通志》卷七六。

　　淩雲於本年中舉人。

　　淩雲（一五九五～一六七一），字澹臒，號十齋，晚號髭放。仁化人。天啟四年（一六二四）恩貢，七年（一六二七）舉人，崇禎十三年（一六四〇）副榜進士，授河南府推官。清初不仕。與釋今無、釋澹歸多文字交。康熙十年（一六七一）卒，享年七十七歲。著有《集陶集》、《樂此吟》。釋澹歸《徧行堂集》文之十二有傳。

　　易昌第於本年中舉人。

　　易昌第，南海人。天啟七年（一六二七）舉人，崇禎十年（一六三七）任和平縣教諭，後任雲南副使。事見阮元《廣東通志》卷七六。

　　梁奇顯於本年中舉人。

　　梁奇顯，字胐慶。新會人。天啟七年（一六二七）舉人，崇禎間任茂名教諭，遷工部司務，不就，歸而教授生徒。遭國變，足跡不涉公庭。年八十三卒。陳伯陶《勝朝粵東遺民錄》卷三有傳。

　　王學於本年中舉人。

　　王學，字學道，號道清。海陽人。天啟七年（一六二七）舉人。順治十年（一六五三）授三水教諭，修復學宮。年七十四致仕，七十七卒。（乾隆《潮州府志》卷三〇）

　　余薦卿於本年中舉人。

　　余薦卿，字宏甫。澄海人。天啟七年（一六二七）舉人。鄉

苦水患，捐金築堤。時海寇屢侵犯，又倡眾設堡守衛，鄉里賴安。（乾隆《潮州府志》卷二九）

林時潢於本年中舉人。

林時潢，字天屏。惠州人。天啟七年（一六二七）舉人。登科八年，家無絲毫之積。臨終歎曰：“莫使滿頂帆，常留轉身地。”言不及私而卒。（《惠州府志》）

歐光宸於本年中舉人。

歐光宸（？～一六五三），吳川人。天啟七年（一六二七）舉人。常聚生徒講學於茂山書院。順治四年（一六四七），信、茂、遂、吳諸縣義軍推爲盟主，反清復明，連破梅菉墟、吳川城，軍威大震，被明弘光帝授爲海南監軍道按察司副使。十年（一六五三），清尚可喜部血洗吳川，兵敗被俘不屈死。（《高雷文獻專輯》）

莫禦於本年中舉人。

莫禦，字擴如。高明人。天啟七年（一六二七）舉人。歷官山東清平知縣，浙江道御史。時值戰亂，饑民載道，捐俸賑濟。又修鶴山大道，贈學宮船隻，供士子鄉試、會試乘坐。（《高明縣志》）

黃應舉於本年中武舉人。

黃應舉，字慎玉。從化人。天啟七年（一六二七）武舉人。（清《從化縣志》）

謝應運於本年成貢生。

謝應運，字開崧，號青蓮。新安人。天啟七年（一六二七）貢生，官至四川重慶府教授。事見嘉慶《新安縣志》卷十五。

蕭俊文於本年成貢生。

蕭俊文，字去勝。始興人。天啟七年（一六二七）選貢生，官瓊州府教授。精書法。遭國變，不復出，優遊泉石，以詩文自娛。結屋竹林，題曰睡足軒。年八十七卒。陳伯陶《勝朝粵東遺民錄》卷三有傳。

譚沂於本年成貢生。

譚沂，始興人。天啟七年（一六二七）府貢生，歷任饒平縣訓導、合浦縣教諭、高州府教授。三地具樹碑頌其德澤。（民國《始興縣志》卷十二）

歐主遇於本年中副榜，貢太學。（陳伯陶《勝朝粵東遺民錄》卷二）

姚孫焜於本年中副榜。

姚孫焜，字昌熙。潮陽人。天啟七年（一六二七）鄉試中副車。有節操，交遊多海內名士，與臨川羅萬藻爲文字知己。性樂施予，家小康而周急賑饑無吝色。（乾隆《潮州府志》卷二九）

吳啟炫生。

吳啟炫（一六二七～一七〇四），字叔華，號實庵。先世由閩遷粵，居番禺蕭岡堡陳田村，再遷廣州繡衣坊，世稱繡衣吳氏。家富於財。明亡，無仕進意，乃營業自給。樂善好施，貧不能嫁娶、殮葬者，咸資助之。（張學華《吳氏家譜》）

郭天禎生。

郭天禎（一六二七～一六八七），字爾興，號二則。揭陽人。之奇子。康熙九年（一六七〇）歲貢，蔭尚寶司丞。能詩。著有《澹淼居詩集》。（《潮州志·藝文志》、饒宗頤《郭之奇年譜》）

程可則生。（《疑年偶錄》卷二）

程可則（一六二七～一六七六），字周量，一字彥揆，號（一說字）湟溱、石臞。南海人。明亡，曾禮釋函昰爲僧，法名今一，號萬間。後還俗，以不應清鄉試與父同下獄，乃與世委蛇，中順治八年（一六五一）舉人，九年會元，以磨勘不得與殿試。十七年（一六六〇）春，應閣試，授內閣撰文中書，累官至兵部職方郎中，出知桂林，會撤藩，百務紛挐，以敏幹稱，尋卒於任。與劉體仁、汪琬、王士禎並以大家稱，爲嶺南七子之一，又與宋琬、施閏章、王士祿、王士禎、陳廷敬、沈荃、曹爾堪合稱海內八家。著有《遙集樓草》、《萍花草》、《海日堂詩文集》

十卷。溫汝能《粤東詩海》卷五六有傳。

何絳生。（《不去廬集》卷首胡方撰《墓誌銘》）

何絳（一六二七～一七一二），字不偕，號孟門。順德人。布衣。好讀書，淹貫群籍。明末動亂，隱羅浮、西樵山。隆武二年（一六四六），聞張名振抗清，遂疾趨南京，至則事敗，乃已。永曆十二年（一六五八），與陳恭尹同渡銅鼓洋，訪遺臣於海外。又聞永曆帝在滇，復與恭尹北上，西濟湘沅，不得進，乃東遊長江，北過黃河，入太行，歷遊江浙及燕、齊、魯、趙、魏、秦間，終無所就。晚年歸鄉，隱跡北田。與其兄衡及陳恭尹、陶璜、梁樑，合稱"北田五子"。與屈大均、陳恭尹、梁佩蘭尤善。著有《不去廬集》十四卷。康熙《順德縣志》卷十三有傳。

岑徵生。

岑徵（一六二七～一六九九），字金紀，號霍山。南海人。明思宗崇禎諸生。年二十遭鼎革，棄諸生，與陳恭尹同隱西樵。滄桑事定，乃入粤西，與恭尹泛三湘，走金陵，復北遊燕趙間，屈大均送以詩，所至多憑吊寄懷之作。性方介，不受人憐，人亦罕憐之者。所與爲友者，惟高僧、野人及二三知己。坎壈以終。著有《選選樓集》。陳伯陶《勝朝粤東遺民錄》卷一有傳。

蔡㙫生。

蔡㙫（一六二七～一六五六），字艮若。順德人。幼以奇童稱，選縣庠。明亡棄諸生，同陳恭尹、葉世潁築室西樵爲終焉計。復與恭尹就何絳之鄉，結茅亭荷池中。性至孝。年三十卒。著有《杜若居稿》。陳伯陶《勝朝粤東遺民錄》卷二有傳。

劉裔炫生。

劉裔炫（一六二七～一六九八），字嗣昭，號綺園。陽春人。順治十七年（一六六〇）舉人。吳三桂陷粤，聞其名，強以職，堅拒之，困之圖圄，不改其志。康熙二十八年（一六八九）授山東濟陽令。著有《述古家訓》、《賞奇軒集》。（《陽春縣志》卷十）

明思宗崇禎元年　清太宗天聰二年　戊辰　一六二八年

　　春，郭之奇上進士第，殿試以孟夏一日。（《馬上集》）時總裁首相施鳳來、次輔張瑞圖、房師雷躍龍得之奇卷，驚歎以爲異才，與何吾騶同薦爲元卷。總裁以大英異，抑置之。（《家傳》）按，之奇戊辰會試策問。（《潮州耆舊集》三四）

　　選授之奇爲翰林院庶吉士。①

　　黎遂球會試不第，有《戊辰長安感述七首》。（黎遂球《蓮鬚閣集》卷七）南還。渡黃河，作《愓志賦》。（黎遂球《蓮鬚閣集》卷一）

　　鄺露悵惘南歸。（吳天任《鄺中秘湛若年譜》）

　　正月，詔起諸主事者。陳子壯起補原職，陞左春坊右諭德兼翰林院侍講。（李健兒《陳子壯年譜》）

　　初一日立春，林枝橋賦《戊辰元旦立春恭遇新皇御極改元喜賦效祝》詩云：

　　龍飛御極正逢辰，北斗迴杓泰運新。青帝青陽開左個，元年元旦應初春。冰山淨掃豺狼影，鳳詔重徵草莽臣。旭日紅雲三殿曉，坐看萬國盡來賓。（屈大均《廣東文選》卷九）

　　陳子壯賦《崇禎元年元日立春歌》詩云：

　　一統常逢第一編，春王正月繫元年。何如三朔班春候，累葉中興豈偶然。

　　拜舞今朝樂有餘，農耕堪試卜牛初。君王已自除璠虎，不比徒聞寬大書。

　　同日，林熙春賦《戊辰元旦》詩云：

　　元年元日爲春日，歲去歲來幸泰來。天自春陽開世運，人從

---

　　①　郭之奇《宛在堂文集》有《戊辰會闈作爲擬上御文華殿講讀畢召見部院諸臣諮詢時政俾各條陳職掌隨出御禮申誡大小臣工務修實事共佐平康群臣謝表》及《正人君子所深願文》；闈試有《條陳急切時宜疏》、《擬應詔陳言時政疏》；館課有《擬昭雪忤璫被蟄諸臣詔》上下及論四篇。

泰道慶臺萊。貞元復際三元曆，獻歲群稱萬歲杯。嶺外老臣翹首望，明良千載詠康哉。

熙春又賦《惺初約修禊事不赴》、《喜潮春捷》、《亦齋即事小舟名扁"晦翁真蹟"》二首、《姪元英遠訪廻羊城詩以送之兼致勉私》（以上七律）、《贈斗垣鄧君歸虔 君工畫，曾尉天台，其子青衿，有聲》七絕二首。（林熙春《賜還草》）

同日，鄧雲霄賦《戊辰元旦立春恭遇新皇御極改元喜賦效祝》詩云：

龍飛御極正逢辰，北斗回杓泰運新。青帝青陽開左個，元年元旦應初春。冰山净掃豺狼影，鳳詔重徵草莽臣。旭日紅雲三殿曉，坐看萬國盡來賓。

雲霄又賦《酬智海上人步元韻四首》、《挽洪約吾令尹》（以上七律）。（《鄧氏詩選·七言律二》

初七日，陳子壯賦《人日舊好諸君攜酒過》詩云：

草堂何日不幽清，朋好新年娛晚晴。三紀已憑雙眼過，一尊莫照二毛生。詩篇盡我隨君和，春洞飛梅帶雪聲。誰信論才非用世，逃虛無計謝時名。

子壯又賦《諸君再過》七律。

十五日，子壯賦《燈夕過區嘉霈》詩云：

春色高齋已十分，九衢車馬漫紛紛。燒燈有意留明月，度曲真成伴彩雲。寶樹崢嶸偏自愛，玉山傾倒爲誰醺。相過里閈尋常事，今夜何其一問君。（陳子壯《陳文忠公遺集》卷六《練要堂集》）

二月十五日，鄧雲霄賦《花朝聽鶯》詩云：

旭日明霞報曉晴，雙柑斗酒出東城。芳郊錦簇千林滿，好鳥音傳百囀清。玉管緩隨歌嗓滑，金衣斜度舞腰輕。從今厭聽平康曲，贏得青樓薄幸名。

雲霄又賦《送酈湛若》、《送朱未央出遊》、《問柳尋花和貞元作》、《挽京營遊擊將軍湛陽生 有引》、《洗竹詩 夏日苦旱同貞元作》、《李父母免觀題家譜循良冊》、《再題張孟奇壽冊》、《酬李父母投贈步元韻》、《和荷盤》、《酬陳抑之憲副寄懷之作次元韻　二首》、《壽倫封君九十》、《韓煦仲過鏡園泛舟玩月先已共賦六言十絕復投贈八律步元韻奉酬》（以上七律）。（《鄧氏詩選·七言律二》

夏，鄧雲霄賦《夏日羅翊文攜歌者鏡園泛舟》詩云：

銀塘搖錦浪，泛泛木蘭堂。釃酒魚皆醉，聽歌鳥亦狂。荔濃迎巧笑，蓮艷妒新妝。夏日長如歲，沿洄樂未央。

云霄又賦《泛舟次日翊文復攜四妓小演湛碧蓬時暑甚不雨來獻負約不至末句戲嘲之　二首》五律。

四月初一日，郭之奇殿試及第，賦《戊辰殿試後述懷二首是歲殿試以孟夏一日》詩云：

懷抱依三策，遭逢此一時。看花從馬背，釋褐向龍墀。事業無窮日，文章有用期。敢云通國體，亦自許先資。

螭頭天樂動，洗耳聽薰融。日月流初照，風雲及遠躬。幸無安飽志，時出淡寧衷。馬上西山色，朝朝入眼中。

初三日，朝廷命袁崇煥爲兵部尚書兼右副都御史，總督薊、遼、登萊、天津等處軍務，移駐山海關。（閻崇年《袁崇煥傳》附解立紅《袁崇煥年譜》）

袁崇煥重被起用爲薊遼總督，出關督師，陳子壯招集諸文士於廣州訶林淨社殷勤餞行志別，趙淳夫作圖，子壯題引首“膚功雅奏”。題詩者十九人，除鄺露與子壯外，有梁國棟、黎密、傅于亮、陶標、歐必元、鄧楨、吳邦佐、韓暖、戴柱、區懷年、彭昌翰、李膺、鄺露、呂非（一作飛）熊、釋超逸、釋通炯、釋通岸、梁稷等題詩於圖上，對崇煥復出寄予莫大期望。鄺露題七言律詩四首，不見於《嶠雅》。（該卷現藏廣州市美術館，《東莞袁崇煥督道餞別詩》、吳天任《鄺中秘湛若年譜》）

梁國棟賦《題膚功雅奏圖》七絕詩四首，歐必元賦七律詩二首，戴柱、李膺、彭昌翰、韓暖各賦七律詩一首，鄺露七律詩四

首，呂飛熊賦七言排律一首，陶標、釋超逸、釋通炯、釋通岸各賦七律詩一首。（以上均見林雅傑《廣東歷代書法圖録》一四〇頁）

陶標，字搖光。南海人。明末諸生。嘗結净社於廣州訶林、浮丘寺中。事見林雅傑《廣東歷代書法圖録》一四〇頁。

李膚，明思宗崇禎間人。事見林雅傑《廣東歷代書法圖録》一四〇頁。

彭昌翰，明思宗崇禎間人。事見林雅傑《廣東歷代書法圖録》一四〇頁。

傅于亮，字貞父，又作貞甫。廣州人。曾爲袁崇焕幕客。以詩名。

鄧槇，即鄧伯喬。曾與李孫宸、歐必元等修蓮社。崇焕二次督遼，與李雲龍同入幕中，後受崇焕之托，返廣東修羅浮名勝。事見歐必元《羅浮草·遊羅浮山記》。

韓暖（？～一六四四），博羅人。崇禎元年（一六二八）貢生，官至衢州同知。國變，殉難。著有《經緯昌言》。張友仁《惠州西湖志》卷八有傳。

戴柱，字安仲。南海人。明思宗崇禎間人。著有《閒遊詩草》。事見黃登《嶺南五朝詩選》下集卷六、溫汝能《粵東詩海》卷五五。

呂飛熊，字帝思。南海人。少有神童之目。明末貢生。事見溫汝能《粵東詩海》卷四五。

釋超逸（？～一六三五），字修六。三水何氏子。生於嘉靖時，隆慶五年（一五七一）受具。卒於崇禎八年乙亥。著有語録。光孝寺僧。憨山德清弟子。陳融《讀嶺南人詩絶句》卷十六有傳。

梁稷，字非馨。番禺（或南海人）。少與黎遂球交最密，數稱其詩。李雲龍、陳邦彦、陳子升、鄺露、韓宗騋（釋函可）俱從之遊。已，出塞居袁崇焕幕爲重客。崇焕死，稷思白其冤，遂留寓金陵。弘光帝立，陳邦彥入都上書，晤稷。南都破，稷入閩，以薦官主政，遂上疏白崇煥冤，卒得服爵賜葬。後歸里。陳伯陶《勝朝粵東遺民錄》卷四有傳。

陳子壯亦有《送袁自如少司馬還朝》詩云：

曾聞緩帶高談日，黃石兵籌在握奇。回紇傳呼惟郭令，召公受策自淮夷。追鋒北向趨三事，露布東征寵六師。此去中興麟閣待，燕然新勒更何辭。（陳子壯《陳文忠公遺集》卷六《練要堂集》）

五月，黎遂球遊龍井，有《遊龍井記》。（黎遂球《蓮鬚閣文鈔》卷六）遊杭州西湖，有詩《西湖二首》。（黎遂球《蓮鬚閣集》卷七）在杭州，遂球與嚴武順定交。[1]

夏至日，鄧雲霄賦《夏至日翊文攜兩小娃過鏡園賞荔酌在藻軒得十四鹽》詩云：

荔林紅若焰，莫助火雲炎。歲覺一陰長，人逢二妙兼。腰纖搖弱柳，歌細逗疏簾。何物能消暑，盤中絳雪甜。

六月，張穆歸東莞娶婦殷氏，羅素月貽以詩。[2]

初一日，陳子壯自廣州戎裝赴召。（李健兒《陳子壯年譜》）

初二日，袁崇煥疏辭寧錦加銜及世蔭錦衣衛指揮僉事，不允。

十四日，督師袁崇煥疏辭重任，不允。（閻崇年《袁崇煥傳》附解立紅《袁崇煥年譜》）

---

[1] 《百憶詩序》：「予初遊虎林，即得交忍公先生。……百憶詩，則其悼兄印持先生而作。」（黎遂球《蓮鬚閣集》卷十八）

[2] 殷氏少事佛，未幾，羅素月至茶山相訪，及歸羅浮，素月購諸色梅花名香以贈，並系以詩。《浮山志》卷三《記讀書石洞及素月師》云：「崇禎戊辰六月，道人歸娶。素月師貽以詩云：『仙郎昨到洞天時，花下閑拈筆一枝。收拾春山作圖障，豈應歸去畫蛾眉？』道人婦殷氏，少事佛，已，素月師至茶山，及歸羅浮，購諸色梅花名香以贈，謂茶山亦有韻人如殷氏者，復附詩戲之曰：『蛾眉纖月上仙山，坐聽天風過佩環。玉女麻姑都冷笑，杜蘭香去嫁人間。』」（《鐵橋集補遺》頁一二）

秋，女詩人張喬作《題畫蘭》。（汪兆鏞《嶺南畫徵略》卷十二）

七月初五夜，黎遂球生日宿凌江禪房，有《戊辰生日宿凌江上藥上人禪房七夕前二夜也》詩。（黎遂球《蓮鬚閣集》卷七）

初七日，黎彭齡賦《戊辰七夕美周兄初自燕歸取道西湖以詩見教客歲小除曾一劄寄余余時在皖城舟次》詩云：

憶別曾看萬里圖，皖城歸雁曉相呼。遥天獨寫離家夢，歧路誰還合浦珠。去日大姑山送黛，歸時西子鏡當湖。隔年杯酒酬今夕，莫問星橋事有無。（陳恭尹《番禺黎氏詩彙選》）

同日，鄧雲霄又賦《戊辰七夕社集木蘭堂晚泛步大復先生七夕韻》詩云：

啼罷莎雞暑漸收，醉鄉身世自悠悠。緱山想像回笙鶴，銀漢迢遥會女牛。倚棹相看星滿座，垂綸還倩月爲鈎。素心靜照寒塘鏡，不信悲秋有底愁。

雲霄又賦《新秋苦旱酷暑夜坐玩月作》、《題南浦新秋册送楚醫高子佩歸省》、《和毓庭秋日聽雨憶鏡園之作步元韻速之》、《鄰仙樓秋夜聽雨》（以上七律）。（《鄧氏詩選·七言律二》）

初九日夜，鄧雲霄賦《紀異詩》詩云：

戊辰七夕後二夜，旱暑甚，天無纖雲。有火星如炬，自西流東緩行。又有小星西流急於箭，直冲火星。咄咄怪事，劄憂不淺矣。

沉醉欲無醒，悲歌只自聽。彌天開火宅，半夜鬥妖星。粳稻空南畝，烽煙滿北庭。群仙方濯足，且莫竭滄溟。

雲霄又賦《酬二尹瞿爾錫父母過訪鏡園留題》詩云：

散衙生野興，飛蓋出芳郊。偶載詞人筆，留題逋客巢。水雲溪畔舫，雞黍竹間庖。不厭閑門冷，知君愛淡交。（鄧雲霄《鄧氏詩選·五言律》）

十四日，明思宗於紫禁城平臺召對朝臣與薊遼督師袁崇煥。帝先對崇煥示以慰勞，並諮以遼東方略。崇煥對曰；“方略已具疏中。臣受陛下特眷，願假以便宜，計五年，全遼可復。”

十六日，崇煥再上言，並請兵、戶、吏部予支持，帝應允，優詔慰答，賜崇煥蟒玉、銀幣，崇煥疏辭蟒玉，謙而不受。（閻崇年《袁崇煥傳》附解立紅《袁崇煥年譜》）

二十一日，崇煥上奏對，闡述了守土抗敵基本方針："以遼人守遼土，以遼土養遼人。"（《督師袁崇煥奏對》崇禎元年七月二十一日）

二十四日，賜薊遼督師袁崇煥尚方寶劍及蟒玉、金幣。

二十五日，寧遠兵變，遼東巡撫畢自肅自盡。

二十六日，準給崇煥十萬金資鼓鑄，仍發餉銀二十萬。

八月初二日，崇煥奏報寧遠兵變事。

初六日，崇煥至山海關。

初七日，崇煥單騎出關，馳往寧遠，未進衙署，直入兵營撫之，亂兵回營伍，懲辦首惡，其餘不問，遂平兵變。

初七日，崇煥詳奏兵變始末及處理善後事宜。

初八日，崇煥報聞，殺兵變首倡者十六人。

十五日，敕崇煥"悉心籌畫，一洗積弊，以寧邊患，紓朕宵旰之憂。"

二十八日，崇煥奏請趙率教以平遼將軍駐關門，祖大壽加都督同知掛征遼前鋒將軍印駐錦州，何可鋼加都督僉事銜兼署中軍駐寧遠，"此三臣當與臣始而終之"，從之。（閻崇年《袁崇煥傳》附解立紅《袁崇煥年譜》）

晦前三日，鄧雲霄賦《戊辰仲秋晦前三日羊城孝廉張庸修黎美周載酒攜二妓過鏡園流觴聽雨張孟奇馮無文及社中諸子同集用風字》詩云：

黃河九曲與天通，石澗鳴泉宛轉同。客至並攜中聖酒，雨晴雙掛美人虹。流觴細點花間蕊，歌扇輕搖竹下風。漫道薜蘿深處好，幽居疑在武夷中。

雲霄又賦《馮無文過訪居停棲霞閣攜令弟瞻初詩扇投贈步韻奉酬》七律。（《鄧氏詩選·七言律二》）

　　月底，黎遂球與張庸修載酒攜二妓過訪鄧雲霄，於雲霄之鏡園流觴聽雨，張萱、馮無文及同社諸人同集分賦①。

　　九月，遂球再訪雲霄於東莞鏡園，同集者凌澹兮、韓煦仲、周一士、彭洞虛、釋超逸，同賞芙蓉。後歸羊城，雲霄有詩送之。（鄧雲霄《鄧氏詩選》卷八《鏡園秋杪芙蓉盛開黎美周再攜酒過賞凌澹兮韓煦仲周石林彭洞虛修六上人共集流觴得霞字》）

　　周一士，字貴諤、困彥，號石林。東莞人。鬱孫。少有才名，被譽爲粵東第一奇士。萬曆間鄉試兩中副榜。生平有米芾之癖，篆隸正草皆工，世稱石林先生。著有《得素軒集》、《五老園稿》、《江干集》、《浪跡吟》、《山中雜吟》、《雲隱録》、《楚遊草》。事見温汝能《粵東詩海》卷五一。次子（一作三子）子顯，字仲謨，號芥杯。崇禎間徵辟，官至兵部主事，張家玉刻其詩稿，且爲序之。張其淦《東莞詩録》卷二二有傳。

　　初五日，袁崇焕請發關内外積欠銀等七十八萬兩，俱從之。

　　初六日，崇焕請辭蟒玉，允之。（閻崇年《袁崇焕傳》附解立紅《袁崇焕年譜》）

　　初七日，鄧雲霄賦《重陽前二日泛木蘭堂和黎美周作》詩云：

　　芙蓉紅袖列成行，秋色虛傳是淡妝。星月滿船浮緑酒，煙波隨處濯滄浪。蝶情未老宜花國，龍性難馴樂水鄉。明發登高攜勝侶，茱萸還比杜蘅香。

　　秋杪，雲霄又賦《鏡園秋杪芙蓉盛開黎美周再攜酒過賞凌澹兮韓煦仲周石林彭洞虛修六上人共集流觴得霞字》七律。

　　又賦《送別黎美周歸羊城步留別韻　二首》、《秋夜與修公談禪步投贈元韻酬答》、《秋杪不寐起與洞虛對酌共得長字》、《壽孝廉凌耀南祖八十一》、《題水南葉文學壽母册》、《送孝廉凌澹兮歸

---

　　①　鄧雲霄《鄧氏詩選》卷八《戊辰仲秋晦前三日羊城孝廉張庸修黎美周載酒攜二妓過鏡園流觴聽雨張孟奇馮無文及社中諸子同集用風字》。

仁化山居》（以上七律）。（《鄧氏詩選·七言律二》

十四日，命督師王象乾與袁崇煥共計撫賞蒙古。

十九日，袁崇煥宣諭哈喇慎三十六家。（閻崇年《袁崇煥傳》附解立紅《袁崇煥年譜》）

同日，陳子壯於北京陛見。二十日謝恩，疏陳父子註累之縣，爲父熙昌懇補京堂。（李健兒《陳子壯年譜》）

十月初一日，錦州軍嘩變。（閻崇年《袁崇煥傳》附解立紅《袁崇煥年譜》）

同日，陳子壯奉旨，於是熙昌遷吏科都給事中。疏下，熙昌已於八月初八日申刻卒於廣州仙湖街之三益堂。（李健兒《陳子壯年譜》）

初五日，袁崇煥疏言對哈喇慎三十六家等策略事，從之。（解立紅《袁崇煥年譜》）

十五日，鄧雲霄賦《孟冬望日社集賞菊同用遊字》詩云：

菊花催白幾人頭，節序驚心付拍浮。青女送霜何太晚，綠尊延爽似中秋。杜陵長作花溪主，元亮宜封酒國侯。向夕風搖波底月，不知身在廣寒遊。

又賦《舉第三孫酬韓煦仲詩扇金麟步元韻》、《頌言四章爲邑侯李虹梁父母奏最賦》、《挽袁正修將軍二首》（以上七律）。（鄧雲霄《鄧氏詩選·七言律二》）

十九日，陳子壯得家報，二十六日上疏請恤贈。（李健兒《陳子壯年譜》）

十一月初五日，袁崇煥上《謝御前發餉並陳兵馬餉數疏》。

初十日，崇煥請裁山海中協副將一員。（閻崇年《袁崇煥傳》附解立紅《袁崇煥年譜》）

廿一日，林熙春賦《戊辰十一月廿一日夜夢有令禁私宰余謂闔家久不啗牛肉遂拈一詩誦其事睡覺只憶起語二句枕上足之輒成一律》詩云：

元良御極重群生，堂下櫟椒牛也。恩亦並。郊社犧牲皆俎共，

乾坤風雨一犁耕。雖然歷世鞭箠苦，幸有明時愛護宏。自勘吾家原守戒，不忘夢寐續詩成。（林熙春《賜還草》）

十二月初十日，奉旨准贈陳子壯父熙昌中憲大夫太常寺少卿。（李健兒《陳子壯年譜》）

十九日，袁崇煥上《請更補將領祖大壽等五十員疏》，從之。（閻崇年《袁崇煥傳》附解立紅《袁崇煥年譜》）

除夕，何吾騶賦《戊辰除夕宮詹學士命下適內使捧賜上尊珍饌恭賦志感》詩云：

起草詞垣半隱存，適逢明主快孤騫。十年未謝諸生夢，除夕新題學士門。八講幾能披積愫。退思何自報深恩。大官日暮還傳饌，手捧黃封切素殽。（何吾騶《元氣堂集》卷中）

郭之奇賦《戊辰除夕同鄉人小集》詩云：

如何身世兩悠悠，日月相窮不自繇。欲入初春添一老，有懷今夕結千愁。客中酒債殘年送，夢里鄉心五夜收。且向諸君同暖熱，誰能萬里獨回頭。（郭之奇《宛在堂文集》卷十）

林熙春賦《戊辰除夕》詩云：

天假餘年逢七七，曾玄遞抱髮垂肩。雖邀湯餅堪頻集，敢望箕裘得幾傳。偶以萑苻填嶺海，頓今桑梓染風煙。即看宵遁寧人力，此夕何妨臥榻眠。（林熙春《賜還草》）

本年黎遂球於廣州送座師張國維入京。① 又於北京賦《戊辰長安感述七首》七律詩。（黎遂球《蓮鬚閣集》卷七）

本年梁朝鐘與曾起莘（釋函昰）、麥木公、叔梁家駿讀書楊景燁山房。（梁朝鐘《喻園集》卷一《楊杲生詩序》）

楊景燁（煜）（？～一六四七），字杲生。崇禎十五年（一六四二）武舉人，官至廣州後衛指揮僉事。師事陳邦彥。邦彥兵

---

① 黎遂球有七絕《送張玉笥邑父師入覲》二首。（黎遂球《蓮鬚閣集》卷一）其一首句云："五石羊亭列祖筵，神君原是玉堂仙。"知於廣州相送。張國維於本年晉刑科給事中。

起，景燁與楊可觀約爲廣州內應。事泄，佟養甲執其母，欲使降不可，笑而受刃。謚節潛。（《陳岩野先生集》卷四附錄、《勝朝殉節諸臣錄》）

本年郭之奇有《怒流草》。（《潮州耆舊集》三十四）

本年黃淳賦《戊辰歸來》詩云：

歸來多秋雨，竹雲屯不晴。空齋坐中夕，蟋蟀周簷鳴。何以覺家好，布衾寒夢清。文章千年事，誰更爲時名。離別無遠近，不見總勞情。安得洞天侶，採此露下英。（溫汝能《粵東詩海》卷三八）

本年張萱七十有一，賦《戊辰七十有一境內外諸名碩皆以佳章見壽賦此奉謝》七律詩四首。（張萱《西園存稿》卷九）

本年黃錦賦《戊辰奉差靖江南海祭告過通衢官梅閣步扁間韻》詩云：

羅浮春夢客中稀，此夕相逢醉落暉。閣上每留餘韻在，衢前且喜抗旌歸。花開歲晏堪玄賞，實可羹調別衆菲。景仰遺蹤懷往事，高山入望白雲飛。

二十年前此地過，相逢驛使更如何。梅增舊幹莓苔老，閣滿新編歲序多。幾度月明香撩亂，數聲笛奏影婆娑。我來正值深秋候，早晚寒芳上雪柯。（黃錦《筆畊堂詩集》）

本年許國佐生日，賦《戊辰生日時將入山去矣》詩云：

悠悠役造化，亦復到今年。解帶慚彭澤，從軍笑仲宣。誰將新月拜，自起散貂穿。採石相辭去，江流一釣舡。

負心二十載，解佩漫言歸。身既遂初服，年將半古稀。故鄉梅正發，塞上馬猶肥。收拾從來意，於今便息機。（溫廷敬《潮州詩萃》甲編卷一〇）

本年周覺獨告人曰："天心人事，其應在甲乙之間乎？"

周覺，字了玄。東莞人。妻亡不再娶。好測驗，精天文術數。崇禎初，海內方晏然，獨告人曰："天心人事，其應在甲乙之間乎？"嘗與張穆夜登臺，觀北極帝星，預爲杞憂。兩廣總制

熊文燦强之出，與語大悦。丁亥（一六四七）度嶺去，不知所
終。陳伯陶《勝朝粵東遺民錄》卷二有傳。

本年姚冠以明經高等授學正。

姚冠，字弗塵。平遠人。崇禎元年（一六二八）以明經高等
授學正。謝元汴《霜山集》作拜州守。隱居恬淡寡營，以聖賢之
學教生徒，遊其門者如坐春風，人稱文穆先生。謝元汴監軍平
遠，爲《粟里詩》贈之。著有《四書注解》及詩集。鄒魯《廣
東通志稿》有傳。

本年鎮平賊劫曾捷第家。

曾捷第，字聞奇。程鄉人。幼嗜學，長有智略。崇禎初，鎮
平賊劫其家，殺二叔，糾眾破賊巢，殺數百人，擒賊首黃一虎。
唐王立福州，何楷薦之，授連城知縣，隨罷歸。後隱於浮屠，年
八十二卒。陳伯陶《勝朝粵東遺民錄》卷四有傳。

本年李雲龍隨袁崇煥出塞，黎遂球賦《送李煙客出塞》二首
五律詩，張喬賦《送李山人煙客》七絶詩。（陳永正《嶺南歷代
詩選》二〇七、二七一頁）

本年章華國由明經選授光禄寺署丞。

章華國，字臣遇。海豐坊廓都赤坎鄉（今屬陸豐）人。崇禎
元年（一六二八）由明經選授光禄寺署丞。（《陸豐縣志》）

朱可貞於本年中武狀元。

朱可貞，字占遇。順德人。崇禎元年（一六二八）武狀元。
授中都副守司副副守。著有《丹松齋詩集》。康熙《順德縣志》
卷六有傳。

辜朝薦於本年中進士。（阮元《廣東通志》卷六九《選舉
表》）

辜朝薦（一五九九～一六六八），字端敬，號在公。海陽人。
崇禎元年（一六二八）進士，累官禮科都給事中，嘗疏劾温體
仁。甲申北都失守，慟哭歸里，著《桑浦行吟》。後仕桂王，至
太常寺少卿。順治十年（一六五三）癸巳，潮鎮郝尚久以城附桂

王。越五月敗，朝薦毀家避地，依鄭成功。戊辰卒於臺灣，年七十八。著有《疏草》四卷。吳道鎔《廣東文徵作者考》卷六有傳。弟朝採，字端章，號願小。於四香堂聚書萬卷，朝夕鍵戶披讀。明亡，拓荒海外十餘年。晚年歸里卒。（乾隆《潮州府志》卷三十）。

李士淳於本年中進士。

李士淳（一五八五～一六六五），字仲墨，號二何。程鄉（今梅州）松口洋坑鄉祥安圍人。明神宗萬曆三十七年（一六〇九）解元，思宗崇禎元年（一六二八）進士。授山西翼城知縣，調曲沃知縣。十一年（一六三八）以卓異召入對策，授翰林院編修，任東宮講讀。十六年任會試同考官。次年李自成陷北京，士淳被捕。清兵入關，李自成敗走，士淳趁機偕故太子慈烺脫歸。晚年歸隱靈光寺三柏軒，慈烺亦削髮爲僧。著有《三柏軒集》、《古今文范》、《詩藝》等。阮元《廣東通志》卷三〇五有傳。

陳象明於本年中進士。

巫三祝於本年中進士。

巫三祝，龍川人。天啟七年（一六二七）丁卯、崇禎元年（一六二八）連捷進士，官至戶部員外郎。清兵進逼龍川，聚衆抗清，敗死。著有《蘧園集》、《霍山志》、《天文地理箋注》。阮元《廣東通志》卷二九一有傳。

王應華於本年中進士。

王應華（？～一六五七？），字崇闇，號園長。東莞人。明思宗崇禎元年（一六二八）進士。十七年（一六四四）歸粵，輔永曆帝，拜東閣大學士。帝入桂後，與釋函昰同禮釋道獨，法名函諸。阮元《廣東通志》卷三二六有傳。

宋兆禴於本年中進士。

宋兆禴（一五九九、一五九八～一六四一、一六四〇），字爾孚，號喜公。揭陽人。明思宗崇禎元年（一六二八）進士。初授廣昌知縣，蒞任才十月，以父喪歸。服闋，補仁和知縣，在任五年，以清廉不能具常例，失饋使者歡，解綬歸里。卒年四十三。著有《舊耕堂稿（存草）》、《學言餘草》。康熙《潮州府志》卷九上有傳。

黃奇遇於本年中進士。

黃奇遇，字亨臣。揭陽人。明思宗崇禎元年（一六二八）進士。授固安知縣，捐資築城，修輯縣志。以薦卓異，對策稱旨，特擢翰林院編修，與修實錄。歷經筵講官，兼起居注。官至左中允。旋奔母喪。值亂被掠，後逃出。杜門鄉居，足跡不入城市，更號平齋，自署綠園居士。卒年六十八。康熙《潮州府志》卷九上有傳。

林銘球於本年中進士。

林銘球（一五八二、一五八八～一六四七），字彤石，號紫濤。先世爲福建漳浦人，後隸籍普寧。崇禎元年（一六二八）進士。對時事多直言疏劾，不避權貴。巡按宣大，移按湖廣。張獻忠僞降於谷城，銘球與左良玉等謀執之，因熊文燦不許，未果。劾岷藩長史等罪，反爲岷藩所訐毀。十二年（一六三九），降河南按察司幕僚，尋起補光祿寺監事，轉大理寺右寺副。十五年以母老乞歸。明亡，潮州軍亂起，銘球練鄉兵守普寧。順治三年（一六四六），清兵入潮，又與郭之奇謀起義兵。四年，積勞成疾，卒，年六十。著有《怡雲堂集》、《谷雲草》、《浮湘草》、《鐵岸集》、《監軍紀略》、《西合疏草》、《按楚奏疏》等十餘種。（《明史》卷二七六、卷三〇九，乾隆《潮州府志》卷二八，《潮州志·藝文志》）

梁衍泗於本年中進士。

梁衍泗，順德人。崇禎元年（一六二八）進士，官至禮部主事。事見阮元《廣東通志》卷六九。

梁應龍於本年中進士。

梁應龍，號霖海。饒平人，世居海陽（今潮州）。明思宗崇禎元年（一六二八）進士。授太平府推官，再補四川保寧府推官，預築梁山、土地二關以扼農民軍入川。蜀帥侯良柱冒功濫殺，眾大譁，應龍奉御史符戡平其亂。李自成破安龍、潼川等二十餘城，保寧震動，應龍已被內召，猶日與士大夫調度，戰守五閱月，圍始解。由兵部調戶部員外郎，陞福建福寧道。明亡，棄官歸里，時抱故國之悲，隱居林下三十餘年。享年八十一。康熙《潮州府志》卷九上、康熙《饒平縣志》卷八有傳。

黃鼎臣於本年中進士。

黃鼎臣，字爾調。永安人。文燦子。萬曆三十七年（一六○九）舉鄉薦，崇禎元年（一六二八）舉進士，知新建縣。因父難遇害。（《廣東通志》）

楊任斯於本年中進士。

楊任斯，字樂庵。饒平人。崇禎元年（一六二八）進士。事見光緒《饒平縣志》卷十二。

陳所獻於本年中進士。

陳所獻，字君賡。本海陽人，後入籍普寧。崇禎元年（一六二八）進士，除保定府推官，多昭雪枉獄。以行取入吏部曹。病卒。（乾隆《潮州府志》卷二八）

葉高標於本年中進士。

葉高標，字自根，號大木。惠州人。崇禎元年（一六二八）進士，授歙縣知縣。卒贈太常寺少卿。（《陸豐縣志》）

郭九鼎於本年中進士。

郭九鼎，字聖裹。東莞人。崇禎元年（一六二八）進士，任工科給事中，疏救選司吳羽文、侍郎陳子壯，請恤副將何可綱，劾東廠校尉魯國禮，建議節省內帑以救急。轉禮科右給事中，要求改正先朝實錄，以免賢奸倒置。卒於任。所著疏草，爲世人推重。（嘉慶《廣東通志》卷二八三、光緒《廣州府志》卷一二四、宣統《東莞縣志》卷六三）

李樟於本年成貢生。

李樟，號懷蓼。程鄉（今梅州）人。士淳長子。性篤孝友。

崇禎元年（一六二八）貢生，試御史。光緒《嘉應州志》卷二三
有傳。

伍啟泰於本年成貢生。

伍啟泰，新興人。崇禎元年（一六二八）貢生。乾隆《新興
縣志》卷二三有傳。

林堯徽於本年成貢生。

林堯徽，字啟人。新會人。崇禎元年（一六二八）貢生。枝
橋子。邑令卞某訪堯徽，爲言防盜、禁奸、拒佞、清蠹諸事，卞
力行之，凤弊頓革。與弟堯揆友愛，出必雁行。國變後，隱居不
仕，自號天紳居士。陳伯陶《勝朝粤東遺民錄》卷外有傳。

楊風翱於本年成貢生。

楊風翱，字超凡。陽春人。崇禎元年（一六二八）歲貢生。
初任福建崇安令，升山東東平州州同，多惠政。調鄆城知縣。
（《陽春縣志》卷十）

黃命臣於本年成貢生。

黃命臣，永安（今紫金）人。崇禎元年（一六二八）歲貢，
任三水訓導。（《永安縣志》）

黃河清於本年成貢生。

黃河清，清遠吉河鄉（今屬佛岡）人。崇禎元年（一六二
八）恩貢，任江西鄱陽縣主簿。（《佛岡廳志》）

尹源進生。

尹源進（一六二八～一六八六），字振民，人稱瀾柱先生。
東莞萬家租人。順治十二年（一六五五）進士。官至考功郎中。
康熙二年（一六六三）乞養歸，築東湖蘭陔別墅以娛親，一時名
士如梁佩蘭、屈大均、陳恭尹、王鳴雷、陶璜等，皆有賦詠。與
張家珍望衡對宇，封翁七十，有詩壽之。值三藩之亂，匿跡山
中。十七年（一六七八）復出，卒於太常寺少卿任。家有蘭垞
園。著有《易經衍義》、《愛日堂集》。陳融《讀嶺南人詩絶句》
卷五有傳。孫廷煦，字霽廷，號東陽。康熙間諸生。著有《蕉鹿

草堂稿》。張其淦《東莞詩録》卷三五有傳。

梁梿生。（陳恭尹《獨漉堂文集》卷十《梁寒塘墓誌銘》）

梁梿（一作槤）（一六二八～一六七三），字器圃（一作
甫），號寒塘居士，又號鐵船道人（一作鐵船遺老）。順德人。
明思宗崇禎諸生。遭國變，每思投袂而起。無所成，乃閉關北
田，結茅寒塘以隱，年四十六卒。北田五子之一。事見清梁善
長《廣東詩粹》卷一〇。弟楫，自號東邑山人。善蘭竹，不治
家人生産。性孤高，有乃兄風。汪兆鏞《嶺南畫徵略》卷二
有傳。

明思宗崇禎二年　清太宗天聰三年　己巳　一六二九年

十月，後金兵入大安口，十一月下遵化，直薄京師，京師戒
嚴，袁崇焕率兵赴援。帝中敵反間計，十二月，下崇焕於獄。
（《明史》卷二三《莊烈帝本紀》）

正月初一日，林熙春賦《己巳元旦》詩云：

九五龍飛今逾歲，八千里外戴堯天。三更鼓角催新籙，此日
融和勝舊年。頌啟椒花歸主聖，尊開栢葉集孫玄。自茲旦旦同聲
祝，天保南山壽不騫。（林熙春《賜還草》）

十三日，皇太極致袁崇焕書。（閻崇年《袁崇焕傳》附解立
紅《袁崇焕年譜》）

十五日，林熙春賦《上元雨》詩云：

元夕繹來星月輝，如何此夕轉霏微。蛟遊赤海猶翻浪，鷺伏
青山未解圍。天憫炎荒生雨露，人逢嗇運吝珠璣。更闌霄漢俄開
霽，歌舞踟躕不忍歸。

熙春又賦《俊士初試竟日雨》七律詩。（林熙春《賜還草》）

二月，陳子壯座師陸夢龍爲子壯《練要堂集》題詞，其時
《練要堂集》已成。（李健兒《陳子壯年譜》）

初二日，袁崇焕上《請偕愛塔同來對面商榷疏》，從之。

二十七日，崇焕“題因無穿衣食投奔南朝”和“犯搶高麗”。

（解立紅《袁崇煥年譜》）

三月，陳子壯居父喪，奉頒誥命。（李健兒《陳子壯年譜》）

初一日，時蒙古朵顔三衛大饑，袁崇煥許蒙古束不的開糶糧於前屯南臺堡。

初二日，崇煥題報"夷地荒旱，糧食無資，人俱相食，且將爲變。"

初三日，毛文龍見崇煥《策畫東江事宜疏》。

十一日，崇煥"題爲乘極先發制奴事"。

十九日，崇煥又"題爲乘極先發制奴事"。（解立紅《袁崇煥年譜》）

夏，何吾騶於北京賦《己巳夏日題於長安醉雪齋》詩云：

綠樹陰濃蔭板橋，鳴蛙十里草蕭蕭。諸生盡許皋夔侶，誰向前溪伴野樵。（何吾騶《元氣堂集》卷下）

四月十九日，毛文龍上《辯駁〈策畫東江事宜疏〉》，下所司。

閏四月初一日，崇煥疏言：三廠所造盔甲、器械不堪用。

初二日，崇煥復皇太極書稱："議和有議和之道，非一言能定之者也。"

十四日，崇煥邀文龍至旅順口議事之奏報得帝允准。

二十一日，崇煥請給皮島餉銀，獲發四萬金。

二十三日，崇煥"題爲妖案有名不敢隱匿事"。

二十五日，皇太極致崇煥書。

二十七日，敘拒敵東渡功，升崇煥一級，賞銀四十兩，賜蟒衣，蔭錦衣衛正千戶。（解立紅《袁崇煥年譜》）

五月，郭之奇給假歸省。[①] 之奇自京都至白門，有《紀行詩四十韻》。經由浙江、福建至家鄉潮州，有《百山行五十韻》

---

① 馮奉初撰傳云："崇禎戊辰成進士，選庶常。明年請假歸。"《視學報政集》："崇禎二年，給假省親。"

（《馬上集》）。①

十一日，督師袁崇煥"題乞汰冗官以紓國用等事"。

十二日，崇煥巡視東江，尋至雙島。時平遼將軍毛文龍在山東登州，聞訊馳還。

十五日，崇煥上"爲通審邊情早圖制勝事"疏。

十六日，崇煥以葬父事請歸。得旨："封疆重寄，自難圖歸。"

二十五日，崇煥自寧遠海上揚帆起行，著手整頓東江事務。

二十六日，崇煥泊舟中島。

二十八日，崇煥一行至雙島。

二十九日，崇煥賞島上官兵酒食。夜，毛文龍至，因夜未見。（解立紅《袁崇煥年譜》）

六月，陳子壯之黃夫人生子上圖。

陳上圖，字淑演。少從陳邦彥學，與邦彥子恭尹相得。父子壯殉節後，以蔭授錦衣衛指揮使。永曆帝入滇，乃挈妻何氏避山中，年及三十而卒。事見陳恭尹《獨漉堂文集》卷四《壽陳母何夫人序》。

初一日，毛文龍謁袁崇煥，進禮帖，設茶飯。崇煥拒收禮帖，同進膳。餐後，崇煥至文龍帳中，一起茶敘。夜，帳內飲酒，二更方散。

初二日，文龍請崇煥登島。崇煥上島後，受東江將官行禮畢，賞兵丁人銀一兩、米一石、布一匹。二人密語，三更方散。

初三日，文龍請崇煥登雙島赴宴。夜，崇煥傳副將汪翥密語，二更方出。

初四日，崇煥頒賞東江兵三千五百餘員，官人三兩至五兩、兵人一錢，又將餉銀十萬兩交卸東江。出行文：旅順以東行毛帥

————————

① 《馬上集》序云："驅車方夏仲，抵家而秋既老。"故知郭之奇抵家在秋後。

印信，以西行督師印信。文龍俱未遵依。

初五日，崇煥歷數文龍十二大罪，朝西叩頭請旨，命將文龍拿下，請上方劍，令旗牌官斬文龍於帳前，安撫東江各官，任用文龍部下，分賞東江官兵，埋葬文龍遺體，安撫各島軍民，釋放獄中無辜。

初九日，崇煥揚帆回寧遠。文龍死後，崇煥特上奏："文龍大帥，非臣所得擅誅。便宜專殺，席藁待罪。惟皇上斧鉞之，天下是非之。"

十八日，崇煥上《題恭報島帥逆形昭著極不容失便宜正法謹席藁待罪仰聽聖裁事》。又上《題島帥伏法略陳善後事宜仰懇聖裁事》。

十九日，明思宗諭： "具疏待罪，已奉明諭，仍著安心用事。"

二十日，皇太極致崇煥書。

二十一日，崇煥疏言副總兵陳繼盛暫攝東江事，從之。

二十七日，皇太極致崇煥書。（解立紅《袁崇煥年譜》）

秋，韓日纘賦《己巳秋病劇友人袁次立文士也兼攻醫每藥余輒中病病幸獲瘳賦此志謝》五律詩云：

一病幾逾月，瀕危獨仗君。枯羸資藥力，意氣借蘭芬。深洞六微理，還兼七發文。吾哀嗟日暮，猶得藉餘醺。

日纘又賦《病中偶成》五律詩四首。（韓日纘《韓文恪公詩集》卷四）

七月，梁元柱應崇禎帝召，將赴京師。至河間，時清兵圍京城甚急，觀望者眾，元柱毅然赴之。（梁元柱《偶然堂遺稿》卷二《己巳初秋將應環召友人招飲舟中口占》，卷四《附錄·行狀》）

初三日，袁崇煥致皇太極書。又回皇太極書，言"使臣來時我出海，是以久留，別無他事。"

初十日，皇太極致崇煥書兩封。

十六日，崇焕致皇太极书。（解立红《袁崇焕年谱》）

二十二日，林熙春赋《韶石谢公祖以三台荐晋宪长仍镇潮州七月廿一夜梦赋五言近体志喜醒只忆颈联二句枕上足之次早为开镇日也》诗云：

下车方数月，仗剑靖疆场。露布连三省，天章寄一方。劳君盟细柳，报主献长杨。此日辕门阒，苍生喜若狂。

熙春又赋《大司马申玄渚远讯次韵奉答》、《与梧守谢盖衷二首》（以上七律）、《读邸报愤奴警纪事》七古。（林熙春《赐还草》）

二十八日，袁崇焕送帖于朝鲜国王，通报毛文龙事。

八月初三日，袁崇焕请给步兵绵甲，许之。

初八日，崇焕谘文朝鲜。（解立红《袁崇焕年谱》）

十五日，梁元柱赋《己巳月夜留别次陈金城韵①》诗云：

一从螳臂误当轮，赢得罗浮几度春。何事平分秋色好，却怜惜别月华新。天涯一叶堪摇落，匣里双龙肯任尘。拚有半腔副知己，不须功业远图麟。

十八日，袁崇焕上《东江马步营分协统领疏》。

二十三日，崇焕上《定关宁营伍疏》。

九月初六日，朝鲜国王回帖予崇焕。（解立红《袁崇焕年谱》）

冬，郭之奇赋《刘司马輓歌　有序》七古诗，序云：

司马讳之纶，字元诚。戊辰吉士，于余同年友。其为人也，忠孝性生，经济心铸。偕读中秘，恒耻奔竞，而勇擔当，故虚名在后，而任事独先。己巳冬，值虏迫都畿，举朝束手，至尊拊髀。元诚以庶常请兵，擢右司马，诘戎简旅。愤勤王之师，观望不至，长驱至遵化。后兵不前，陷于虏，殒其身焉。其始也，长缨首请，中外有志之士咸皆肃情壮魄，额手相望。及闻其捐躯报国，识与不识，罔不泫然。余方食哽喧，感旧交而悲忠愤，矢歌为弔，

────────────

① 诗题，罗学鹏本作《己巳中秋夜留别》。梁元柱《偶然堂集》卷二）

情見乎詞。（郭之奇《宛在堂文集》卷七）

十月初二日，皇太極親率軍繞道蒙古，破牆入塞攻北京。

初六日，加兵部尚書、薊遼督師袁崇煥太子太保。（解立紅《袁崇煥年譜》）

二十一日，黎遂球父密病重，呼遂球語，語不能聽，則以手使遂球作字，遂球跪伏床前，書一"正"字於父掌中，父遂瞑矣。（黎遂球《蓮鬚閣集》卷二三《先高士行狀》）

二十九日，袁崇煥從寧遠往山海關途中得報後金軍破大安口，命趙率教馳救遵化。

三十日，崇煥又調祖大壽等接應。

十一月初一日，後金軍入龍井關，京師戒嚴。

初三日，祖大壽援兵抵達山海關。

初四日，趙率教率援兵至遵化，誤入後金軍埋伏，中箭亡。崇煥親率騎兵入援，親督祖大壽、何可綱帶兵自山海關出發。

初五日，崇煥至撫寧。

初七日，崇煥疏報入援極宜，率軍至沙河驛。

初九日，崇煥率鐵騎馳入薊州，帝令崇煥不得越薊州一步。

十二日，崇煥率援軍至薊州。

十五日，崇煥至河西務，議趨京師。同日，崇煥《揭帖》至兵部。

十六日夜，崇煥軍抵北京左安門外，僅率騎兵九千，寒冬饑餒，露宿紮營。

十七日，崇煥上疏引咎，得旨："務收全勝，不必引咎。"

十八日，崇煥上《分守方略疏》，受賜玉帶、彩幣。

十九日，崇煥所率軍凍餒兩日，一卒"擅取民家餅，當即梟示。"

二十日，崇煥、祖大壽率騎兵於廣渠門（沙窩門）迎擊後金軍，後金大貝勒莽古爾泰等率數萬撲向崇煥九千騎兵。崇煥令祖大壽於南，王承胤於西北，自率軍於西，結品字陣。崇煥中箭"兩肋如蝟，賴有重甲不透"。後金騎兵"刀及崇煥，材官袁升高格之獲免"。"賊直到沙窩門，袁軍門、祖總兵等，自午至酉，鏖戰十數合，至於中箭，幸而得捷。賊退奔三十餘里。"

二十二日，有旨促崇煥進兵。

二十三日，帝召見崇煥等於平臺。崇煥穿青衣、戴玄帽入朝，請所部兵進城稍事休整，補充給養，嚴詞不許。

二十五日，崇煥請如滿桂例於外城屯兵，並請輔臣出援。不許。

二十七日，袁軍於後金軍激戰左安門外，後金軍冲鋒，明遼軍抵禦，明軍獲捷。

二十九日，皇太極設反間計。高鴻中、鮑承先受命故縱楊、王二太監。楊等回紫禁城，將竊聽之高、鮑密談奏報帝。（解立紅《袁崇煥年譜》）

十二月，黎遂球奉父柩葬於邑之何村中心崗，距板橋三十里許。曾祖、祖兩世考妣皆葬於此。（黎遂球《蓮鬚閣集》卷二三《先高士行狀》）

因父之逝，遂球誓終身不復食肉，作《斷肉銘》。（黎遂球《蓮鬚閣文鈔》卷十五）

初一日，帝下袁崇煥於錦衣衛獄。崇煥被拿，"宣讀聖諭，三軍放聲大哭。"

初三日，祖大壽率入援遼軍東下。（解立紅《袁崇煥年譜》）

十二日，梁佩蘭生。

梁佩蘭（一六三〇～一七〇五），字芝五，號藥亭，別號漫溪翁、柴翁、二楞居士，晚號鬱洲。祖籍南海芙蓉村，世居廣州城西梁巷。順治十四年（一六五七）中解元後屢試不遇，歷遊京師齊魯吳越，與朝野名士交遊幾遍。康熙二十七年（一六八八）中會元，登進士，選翰林庶吉士。逾年乞假南歸，築室廣州仙湖。里居十四年，有詔令在外詞臣赴館供職，佩蘭遂復入都。未一年而歸，次年卒。友人私諡文介。佩蘭善詩文書畫，尤以詩聞，與屈大均、陳恭尹並稱嶺南三大家。著有《六瑩堂集》九卷、《二集》八卷。

十四日，兵部差人自獄中取得袁崇煥手書，孫承宗命即送祖大壽。使臣追至山海關外，出示崇煥手書，大壽下馬捧泣，一軍盡哭，遂回兵入關。（解立紅《袁崇煥年譜》）

年末，鄧雲霄酌別區懷瑞、白源昆季歸肇慶。（鄧雲霄《鄧氏詩選》卷八《歲暮酌別孝廉區啟圖白源昆季歸端州》）

除夕，郭之奇賦《己巳除夕有雨》詩云：

蕭蕭一室遡天涯，夜夢初依嶺外家。嘿數雞聲強破漏，閒看燈爐冷銷花。春方主帝催冬宿，天亦親人借雨加。自是皇仁東漸海，波臣萬里沐恩賒。（郭之奇《宛在堂文集》卷十）

又賦《己巳讀書佳山水王季重禹穴齋名也季重入都徵詩於余即以此意贈之山水果佳應知我言》五古長詩。

本年黎遂球與同社陳子壯擬於仲冬望在訶林舉無遮會。（黎遂球《蓮鬚閣集》卷二三《先高士行狀》）遂球有《崇禎己巳東陷遵化城永平節推增城何公死焉歌以識之》詩，有句云：“死難但有何天球，登陴大罵刃三酉。”（黎遂球《蓮鬚閣集》卷四）

何天球，增城人。萬曆三十四年（一六〇六）舉人，官永平府推官。崇禎二年（一六二九）清兵臨遵化，與巡撫王元雅、遵化知縣徐澤及先任知縣武起潛等憑城拒守。城破，死之。《明史》卷二九一有傳。

本年張穆寓羅浮石洞，有《羅浮雜詠》五絕十首。（《浮山志》卷四、《遺詩》頁二、《補遺》頁三、張其淦《東莞詩錄》卷二四）張穆賦《山中吟　己巳，《浮山志》卷四》詩云：

采芝暮言歸，紫雲生谷口。山空明月秋，倚石不知久。（清

抄本《鐵橋山人遺詩》）

　　本年郭之奇有《初瞻集》。① 又有《馬上集》。（序載《潮州耆舊集》三十四）賦詩如下：《爲王季重題讀書佳山水》五古（序云：季重以乙未進士坎壈家居，收湖山之勝，備詩酒之歡，有日矣。歲己巳，始入都待補。偶因索題，書此贈之。所云山水，即禹穴齋名也）、《姚孟長學士謬相獎掖感而有言》五律、《己巳南歸晚興見初月口占》五律（郭之奇《宛在堂文集》卷四）、《贈曹允大得假》、《過細柳營》、《過嘉興舟行夜眺》、《西湖舟中謁岳武穆廟並墓所》、《嚴州過灘》、《離舟》、《廣信早發》、《到家感喜》二首、《楊樂庵建慈云寺既成見招得胎字二首》、《爲林翁曰提題城南書室》（以上七律）。

　　本年韓宗騋（釋函可）倩寫生陳三官畫意中幻肖圖三十。（汪宗衍《明末剩人和尚年譜》，圖今存於韓氏後裔）

　　陳三官，博羅人。釋函可自遼陽給其寄詩。汪兆鏞《嶺南畫徵略》卷補有傳。

　　本年鄧雲霄賦《聽雨廊聞鷗鴣》詩云：

憶癸亥歲，羈官西粵，峽中聞鷗鴣，得句云："行路苦難歸未得，鷗鴣何意更相呼"。今投閒七年，再聞前聲，泠然自善，因綴一絕。

禽聲旅思共淒淒，猶憶戈船下五溪。今日園林閒縱步，鷗鴣從爾任情啼。（鄧雲霄《鄧氏詩選·七言絕句》）

　　本年邑大饑，葉珠捐穀六百石賑救飢民。

　　葉珠，號吉甫。歸善（今惠州）人。業儒。襟懷爽朗，睦族恤鄰。崇禎八年（一六三五）海寇逼犯，捐穀四百擔，駐練鄉兵，保護城池。（《陸豐縣志》）

　　本年陳其志任靈山縣訓導。

　　陳其志，東莞人。天啟貢生，後任高州府教授。事見張其淦

_____

　　① 《自序》略云："矢詩不多，強半家思，實淒且遠，言志遂歌，終不畔於'歸去來'之旨。"（《潮州耆舊集》）

《東莞詩錄》卷二十。

陳應元於本年成貢生。

陳應元，新寧人。崇禎二年（一六二九）貢生。官至陽春教
諭，攝陽春知縣篆。著有《廉遊》、《春遊》二集。事見光緒
《新寧縣志》卷五。

徐紹奏於本年成貢生。

徐紹奏，字九儀。程鄉（今梅縣）人。崇禎二年（一六二
九）貢生，授增城訓導。光緒《嘉應州志》卷二三有傳。

周達仁於本年成貢生。

周達仁，字兼宇。廣寧人。崇禎二年（一六二九）歲貢生。
躬行孝友，人多化之，祀鄉賢。著有《約旨格言》。阮元《廣東
通志》卷二九七有傳

黃邦鎮於本年成貢生。

黃邦鎮，字迺康。高要人。崇禎二年（一六二九）歲貢，任
雷州府訓導、信宜教諭，升荊州府松滋知縣。著有《平寇集》、
《醉翁集》，另有《和督學吳貞啟梅花詩》。（《廣東通志》、《高明
縣志》）

黎彭祖生。

黎彭祖（一六二九～？），字務光。番禺人。遂球次子。隆武
元年（一六四五）貢生。早有詩名，遭國變，與兄延祖俱隱。著
有《醇曜堂集》。陳伯陶《勝朝粵東遺民錄》卷一有傳。

明思宗崇禎三年　清太宗天聰四年　庚午　一六三〇年

五月，後金兵爲大學士孫承宗所扼，出冷口而歸。

正月，海賊犯城，郭之奇與諸紳議城守之法。時海賊舟八十
餘艘，用佛朗機大銃攻城。之奇與諸紳議分城戰守；另募壯丁百
四十餘人，殺一賊給銀二十兩。

初一日，郭之奇賦《元日仍雨試筆》詩云：

殘華忽改覓何因，夢換春光與歲新。猶憶衣冠隨從列，初爲

衫履慣閒身。香焚一室觀年力，花發清朝試曉神。卻怪天心勤轉序，密雲飛漢兩粼粼。

之奇又賦《虜儌烽傳步謝韶石廉憲韻》、《閱邸報有感》、《舟夜有所思》、《北上見露布感吟》（以上七律）。

十九日，開揭陽北門與戰，諸生范應龍、鄭祖紹與焉，賊退。

三月二十四日，郭之奇募壯丁擊退豐政賊。流賊自長樂入境。時豐政賊葉阿婆、張文斌等乘勢並入，劫藍、霖二都。之奇捐資募壯士，與知縣馮元飆率兵逐之。（《揭陽縣志·兵燹》）

清明，鄧雲霄賦《庚午清明日感時事作》七律詩二首，序云：

時報虜大入，殘破郡邑，直圍都城，將士紛逃，大臣屢易，邸報中斷者月餘。

雲霄又賦《酬姑蘇門人陳古白寄懷之作步來韻二首》七律。

四月二十八日，釋一機生。（釋一機《塗鴉集·雜錄》）

釋一機（一六三〇～一七〇八），字圓捷。番禺李氏子。先世以儒顯。會國變，決志出家。年二十，禮以霑長老，得剃度。旋入鼎湖，謁棲壑（釋道丘）受圓具。爲慶雲六代住持。生平持戒精嚴，諸方叢席奉爲龜鑒。晚營一室，顏曰芻盧。著有《塗鴉集》。事見《粵東詩海》卷九八。

五月初八日，鄧雲霄賦《戊午五月八日招博羅張孟奇尹冲玄洪約吾溫瑞明泛舟篁溪觀競渡余與陳美用同集笙歌士女之盛不減龍潭樂而共賦以落日放船好輕風生浪遲爲韻得六言十首》詩云：

虹垂遠浦初消，雨過新潮未落。問津人入桃源，解語花窺珠箔。

芳尊縱飲千場，佳節才過五日。試看龍戲成雙，好似鴛飛有四。

人如郭泰登仙，客異屈原既放。休歌捐珮哀詞，且奏採菱新唱。

　　碧樹千重籠幄，清溪九曲通船。恍惚隋堤楊柳，遨遊洛浦神仙。

　　陰晴麗景皆宜，絲肉新聲總好。近看畫舫朱簾，如隔十洲三島。

　　蘭槳萬人鼎沸，綺羅兩岸風輕。試問奪標擾擾，何如拾翠盈盈。

　　綠竹家家臨水，紅蕖處處翻風。煙淡青樓在畫，溪清彩鷁行空。

　　五月朱明勝景，三杯白眼浮生。莫遣笙歌作鬧，我愛冰壺獨行。

　　蘭汀似妒綠衣，荔浦更搖紅浪。輕舟江畔徐回，明月山頭正上。

　　月下壺觴樂甚，夜深燈火歸遲。爲報眠鷗宿鷺，休驚品竹彈絲。（鄧雲霄《鄧氏詩選·六言體》）

　　五月末，大水，鄧雲霄賦《哀水禍　二首》七律詩二首，序云：

　　庚午歲五月末，浹旬大雨，城郭什七陸沉，幾化歷陽之國。尋屍野哭，聽之腸斷，賦以吊之。

　　雲霄又賦《壽周石林七秩又一四首　誕中秋後一日》、《病足書懷二首》、《雨餘遣興》、《送李父母入覲兼歸省三首》、《送順德黃令公入覲》、《送新會黃令公入覲》、《酬李定夫過訪鏡園次韻》（以上七律）。（鄧雲霄《鄧氏詩選·七言律》）

　　秋，張穆在佛山，有《佛山宿陳録圖水閣》五律。（《本集》頁四十有“炎消水閣空”及“本年見秋早”句。《遺詩》頁二）

　　秋，鄧雲霄賦《賦得月華秋朗》詩云：

　　非煙非霧散祥光，瀲灩金波入玉觴。五石倩誰修月戶，七襄今夕見霓裳。慶雲拖錦籠丹桂，寶鏡團花捧素妝。對景正宜裁謝賦，吹灰休更學淮王。

　　雲霄又賦《秋日戲詠鐵馬四首》、《挽四川資陽學博簡念蒙會

兄　卒於官》、《郊園秋思》、《感舊》、《梁伯珩持陳太史書過鏡
園爲余寫照賦贈二首》、《秋日郊居戲作八音詩》、《郊居把釣步周
貴諤初度韻二首》、《感秋》（以上七律）。（鄧雲霄《鄧氏詩選·
六言體》）

七月二十九日巳時，曾琮（釋今摩）生。（《廬山今摩墓塔
銘》拓本）

曾琮（釋今摩）（一六三〇～一六九八），法名今摩，字訶
衍。番禺人。釋函昰俗子。諸生。少好黃老學。永曆四年（一六
五〇）冬窺内典，遂落髮受具雷峰。九年，遊匡廬。十二年（一
六五八），還粵。康熙三年（一六六四）四月初八日，付囑大法。
廬山鶴鳴峰舊有僧室，購而居之，不出山三十餘年。後歸雷峰。
三十七年秋示寂，世壽七十。事見宣統《番禺縣續志》卷二七。

八月初五日，崇禎帝謂："崇煥擅殺，逞私謀款，致敵欺藐君
父，失誤封疆"，限刑部五日內具奏。（解立紅《袁崇煥年譜》）

十五日，梁元柱賦《庚午中秋登燕闉明遠樓》詩云：

月色平分夜，清光鎖院秋。彩毫開象緯，壇幟敞層樓。霜肅
宜騫鴉，槎虛欲犯牛。荒煙重搖落，涕泗一凝眸。（梁元柱《偶
然堂遺集》卷二）

十六日未刻，帝御平臺，召輔臣等下殺袁崇煥之諭。磔崇煥
於北京西市，妻妾子女及同產兄弟流二千里外，籍其家。崇煥無
子，家亦無餘貲，天下冤之。（《明史》卷二五九《袁崇煥傳》）

後陳炅賦《輓袁自如大司馬》詩云：

一出關門任是非，忽來菙菲動天威。當時共喜平臺對，今日
翻從大理歸。本謂五年期雪耻，誰令六月見霜飛。長城萬里今何
在，聞道關山數被圍。

男子當爲天下奇，滿朝交讚聖明知。已忘白馬圖家計，直抵
黃龍誓自期。韓范在軍胡膽落，蘇張當國士心疑。千年幽恨還誰
似，讀罷金陀有所思。（張其淦《東莞詩録》卷二二）

張家玉賦《燕市吊袁督師》詩云：

黄沙白霧皂雕旗，獨賴孤臣兩臂揮。齧血作書招死士，裹瘡臨戰立重圍。遂令漢卒聞筋奮，共掃妖氛奏凱歸。勞苦功高誰得似，中山何事謗書飛。（張家玉《張文烈遺集》卷六）

黎遂球賦《湖上同胡小范夜飲坐中聽其家元戎敬仲與房都護占明盛談往事》，表達了對袁崇煥之仰慕。（陳永正《嶺南歷代詩選》二一〇頁）

九月，張萱賦《庚午季秋病困一月尹用平年兄以詩見懷因及潢池多警欲入居羅浮用來韻賦答》詩云：

自憐遊目愛三餘，卻恨初年不讀書。今已據梧親藥裹，誰同擊壤詠康衢。青編塵篋吾衰矣，白首玄亭意晏如。見説馮彝今佩犢，煩君同卜屈平居。

又賦《張忠叔以循州參軍假余邑司馬取急還剡東宫評卓爾宦橐蕭然次陶靖節歸去來詞韻見示時病困不能折柳枕上得五十六字力疾捉筆書以贈焉靖節曰雲無心而出岫忠叔念之西園公七十有三矣尚能隨竹馬迎舊衰也》七律、《病困兩月里中親友數四過存幸少有間賦此呈謝》七律。（張萱《西園存稿》卷九）

初五日，屈大均生於南海縣之西場。（汪宗衍《屈翁山年譜》）

屈大均（一六三〇～一六九六），字翁山，自號泠君、華夫等。番禺茭塘人。生於南海邵氏。年十六，以邵龍姓名補南海縣學生員，其父攜之歸沙亭，復姓屈氏，易名紹隆，字介子。十五歲能詩，從陳邦彥受學。永曆元年（一六四七）從邦彥起兵，獨當一隊。邦彥殉節死，大均遂棄諸生。赴肇慶行在，上《中興六大典書》，將官以中秘，會父疾遽歸。順治七年（一六五〇）冬削髮為僧，事釋函昰於番禺雷峰，名今種①，字一靈，又字騷餘。十四年（一六五七）秋，逾嶺北遊，至康熙元年（一六六二）始

----

① 因大均拜釋函昰為僧，依釋道獨所立"道函今古傳心法"傳法偈子，大均為今字輩，又依《大法廣佛華嚴經·凈行品》"紹隆佛種"句，故其法號為今種，又與曾用俗名"紹隆"相應。

南歸番禺。四年，復北上。三十二歲時還俗。十二年（一六七二）吳三桂叛清，大均往來楚、粵軍中，後知其無成，謝事歸。十八年，奉母避地江南，又欲留居於贛，入翠微山中，與易堂諸子相講習。十九年（一六八〇）秋歸粵。晚年居廣州，潛心著述。康熙三十五年病卒，年六十七，葬番禺沙亭。著有《翁山文鈔》、《翁山詩外》二十卷、《翁山文外》、《廣東新語》、《翁山易外》、《道援堂詩集》十二卷及《翁山詩略》四卷等。《清史稿》卷四八四、陳伯陶《勝朝粵東遺民錄》卷一有傳。

九月初九日，鄧雲霄賦《庚午九日病足愁坐貞元毓庭過酌二首》七律詩，序云：

時海寇劫渡，殺溺死者百餘人。頹城未修，憂心如搗，登高之興索矣。

雲霄又賦《霜降日砍膾作三首》、《秋杪聽雞夜坐》（序云：時報虜又入犯）（以上七律）。（鄧雲霄《鄧氏詩選・七言律二》）

十九日，曾曰唯賦《崇禎庚午九月十九日爲陳母八十佳辰其長君子含命某執筆而頌之》詩。（張煜南《續梅水詩傳》卷一）

曾曰唯，字道生，程鄉（今梅州梅縣）人。明末諸生。著有《紡授堂詩集》。事見《續梅水詩傳》卷二。

冬，李孫宸賦《送李司空　真跡金扇面石岐李仿陶藏》詩云：

白門亦京洛，差快少緇塵。以我宦情薄，得君多味真。眷知偏內簡，官未積前薪。政令將在子，誰當社稷臣。歉署似基命詞丈正按，韓如璜，字姬命，曾與公遊，未知是此老否。片扇爲公生於精到之作，缺之，不忍釋手也。庚午冬□謹記。（以上《建霞樓集》卷八）

郭之奇賦《庚午冬虜儌烽傳溯流金陵約同假曹方姚陳諸子北上俱以散館尚遙深居念獨行不可於辛未春遵洄而南而家扁舟不能自聊作紀懷詩十首》五古詩（郭之奇《宛在堂文集》卷五）、《家別慈闈　庚午冬北征作》五律（郭之奇《宛在堂文集》卷八）。

十月，鄧雲霄賦《陳直軒孟冬日過訪鏡園話舊》詩云：

室邇人遐嘆索居，相過發變十年餘。雄心未展屠龍手，往事徒看解夢書。燕市舊遊思擊筑，鏡園寒水對觀魚。交情歲晏深想念，殘菊還停長者車。

雲霄又賦《挽西席袁五慕》、《挽故茂才陳古民表弟》（以上七律）。（鄧雲霄《鄧氏詩選·七言律二》）

冬至日，李逢升賦《崇禎三年冬至日題三洲巖》詩云：

吾看三洲景，江山一望蘋。白雲村數點，蒶樹館真人。閑坐亭中石，靜觀洞裏春。青霄昂首近，竹杖欲飛塵。（光緒《德慶州志》卷一四）

李逢升，號含真。德慶人。伯震後。明思宗崇禎間監生。事見光緒《德慶州志》卷一四。

除夕，張萱賦《庚午守歲戲筆》七古長詩。（張萱《西園存稿》卷三）

同日，郭之奇賦《庚午除夕偕伯常兄吳城舟中二首》詩云：

歲暮湖頭兩弟兄，黃昏孤纜一江城。白雲千載煙波語，此地連床暖熱情。獨恨年華他國去，同憐春色故園生。祗應酌盡殘冬酒，莫使飄飛旅夢驚。

客鬢朝朝欲老來，流年不但遠嬰孩。湖心況逐殘冬隱，山色兼招暮雨催。忍向離顏萋岸草，孤將旅緒發江梅。時光奄迅一如此，安得昆明無刼灰。（郭之奇《宛在堂文集》卷一〇）

本年梁元柱監北京鄉試，巡青壩上。（梁元柱《偶然堂遺稿》卷四《附錄·行狀》）

本年韓上桂以南京國子監監丞降任照磨。浙江黃宗羲旅南京，從上桂習詩法。（《黃梨洲年譜》，轉引自《明清江蘇文人年表》）

本年陳子壯居憂哀毀，服闋不入官。（李健兒《陳子壯年譜》）

本年黎遂球克復舊宅。（黎遂球《蓮鬚閣集》卷二十《瑞井銘》）又賦《聶娘婉眉歌　並序》七古詩，序云：

　　崇禎庚午，賊出增江口，肆擄掠。有殊色矗五娘者，賊得之，大喜，因戲謂：“恨其眉未甚婉。”娘從容語曰：“女醮始掃眉，若欲婉，請假我刀。”刀得而刎。寶安李子定夫爲詩旌之，以寄黎子。黎子感其意，作《矗娘婉眉歌》和之。（黎遂球《蓮鬚閣集》卷四）

　　本年張穆與同鄉諸子居石洞，羅素月持雨前茶與穆試水，素月有《洗耳石》詩，穆爲勒諸石，並記。①

　　本年郭之奇家居。邑侯馮元飆聘修邑乘。《輯志舊指·凡例》云：“庚午前令馮公元飆申請修刻，之奇以省覲家食，函帶再至，力辭不可。”之奇後撰《馮元飆傳》。

　　是歲大祲。之奇父應試，罄廩藏以賑饑，遠近就食者以萬計。（《郭譜·年月志》）

　　本年譚勝祖爲弔唁抗清而死的羅瀛石作《哭羅瀛石司理》詩。②

　　本年區懷年落第，作《庚午落第述感》詩。（區懷年《玄超堂藏稿》）

　　本年何吾騶生辰，賦《庚午生日偶題》五古詩。（何吾騶《元氣堂集》卷上）

　　本年知縣蕭茂道曾旌李春高之閭。

　　李春高，龍川人。持躬接物以禮。（《龍川縣志》）

　　本年歲荒，郭應試盡出倉粟賑饑，遠近就食者數千計。

---

　　①　《浮山志》卷三《記讀書石洞及素月師》云：“庚午，道人復與諸子居石洞，山中人於雨前爭茶，素月師手制持就石洞試水。洗耳泉上有瀑布，從壁泄下，分流石畔，菖蒲細細生淺流中，兩崖高削，葉絅齋先生鑴‘穿雲絡石’四大字，藤蘿垂蔭，夏月生寒，素月師有詩：‘水疑天際來，聲自雲間起。耳根本無塵，對此何以洗。’愛其語爲勒於石。”並見《補遺》頁一三。
　　②　詩序云：“崇禎三年，奴犯永平，司理羅君請兵殺賊，士卒用命，遭叛臣迎降，城門失守，羅君死之。賊入永平，至羅君死所，相視不忍毀其遺骸，其門下得竊而瘞之郊外，私識其處。賊退，永平復完，盧龍令鄧君龍門訪其遺骸，易之以棺，將郵至故里，暫止都門外。予高鄧君之誼，而義羅君之死，拊棺而哭，繼之以詩。”（陸鏊崇禎《肇慶府志》卷四五）

郭應試，字國徵。揭陽人。爲人坦蕩，勇於爲義。（乾隆《潮州府志》卷二九）

陳際泰、梁若衡、羅萬傑、麥而炫於本年中舉人。（阮元《廣東通志》卷七六《選舉表》）

陳際泰（？～一六四六?），番禺人。崇禎三年（一六三〇）舉人。十三年特用進士。授平樂知縣，擢臨江知府，歷湖廣布政司參議兼僉事。會蘇觀生等擁立紹武帝，抗永曆帝，以際泰知兵，授爲監軍道，督師與桂王總督林佳鼎戰於三水，敗。復招海盜數萬，遣大將林察將，戰於河口，斬佳鼎。清兵入廣州，死於家。阮元《廣東通志》卷二八五有傳。

梁若衡（？～一六四七），字簡臣，一字包山。順德人。亭表子。崇禎三年（（一六三〇）庚午舉人，十三年（一六四〇）特賜進士，授永福令，以憂歸。清兵下廣州，與陳子壯謀舉兵，事泄，被執死。乾隆中賜諡節湣。阮元《廣東通志》卷二八五有傳。

麥而炫（？～一六四七），字章闇。高明人。崇禎四年（一六三一）進士，歷安肅知縣。隆武時擢御史。清兵入廣州，陳邦彥起義兵，而炫與同里譚相國、區懷炅等毀家以從。而炫爲內應，清遠衛指揮白嘗燦亦舉城迎邦彥，邦彥遂入清遠。後與陳子壯會師高明，攻據城內。李成棟破高明，而炫與子壯等俱被執，押至廣州，與陳子壯、區懷炅等同日受戮。博學工詩、書。著有《康山集》。《明史》卷二七八有傳。

許汝都於本年中舉人。

許汝都，字令喜。瓊山人。崇禎三年（一六三〇）舉人，官山西大同同知。事見阮元《廣東通志》卷七六。

胡霙於本年中舉人。

胡霙，字近光、即蜚，號瀛楚。興寧人。崇禎三年（一六三〇）舉人。講學城東問字草堂，從遊者眾。著有《問字草堂集》。胡曦《梅水匯靈集》卷一有傳。

易奇際於本年中舉人。

易奇際，字開五，號吾豫。鶴山（一作新會）人。崇禎三年（一六三〇）舉人。公車凡三上，歷齊魯燕趙，與豪儁交遊。十二年（一六三九）己卯，復赴北都，上書論邊防諸務。禮部試未畢，夢父疾亟，遽歸，父卒已逾月。甲申後與子訓避亂山間，後復徙蒼梧。歸，絕意進取，講學授徒。陳恭尹贈之以詩。年六十三卒。門人私謚文哲。著有《書詩傳解》、《逸記》、《吾豫漫筆》、《拂劍草》、《僑梧草》、《大易堂集》。陳伯陶《勝朝粵東遺民錄》卷三有傳。

李鍾穎於本年中舉人。

李鍾穎，三水人。崇禎三年（一六三〇）舉人，官廣西永福縣知縣。事見嘉慶《三水縣志》卷九。

單應期於本年中舉人。

單應期，字傑生。東莞人。崇禎三年（一六三〇）舉人。事見《寶安詩正續集》卷一。

潘雲衢於本年中舉人。

潘雲衢，字燕云。番禺人。崇禎三年（一六三〇）舉人。甲申後率弟諸生雲街入瀧州，隱靈陽雲際山中。祖梧，字太操。湛甘泉門人。潘楳元、譚瑩《廣州鄉賢傳》卷四有傳。

曾陳詩於本年中舉人。

曾陳詩，字命觀，號奇石。南海人。崇禎三年（一六三〇）舉人，歷官廣西新寧知州。著有《焚餘草》。朱次琦、朱宗琦《朱氏傳芳集》卷外有傳。

謝鏜於本年中舉人。

謝鏜，字天聲。陽春人。崇禎三年（一六三〇）舉人，再上春官不第，遭亂，遂高隱，日以課子為事，不入城市二十餘年。卒年六十六。陳伯陶《勝朝粵東遺民錄》卷三有傳。

陳禮於本年中舉人。

陳禮，電白人。年九歲，有文學劉維藩過之，出對曰"數枝荆棘爲衣架”，禮應聲曰“萬曆山河作浴盆”，劉即妻以女。崇禎三年（一六三〇）舉人。七年甲戌授刑部主事，升郎中，出守河南彰德府，守城有功，加按察司副使。致仕歸。國亡，不入城市十餘年。卒於家。陳伯陶《勝朝粵東遺民録》卷四有傳。

關家炳於本年中舉人。

關家炳，字堯文。南海人。崇禎三年（一六三〇）舉人，十三年庚辰賜特用出身，授南京户部司務，擢主事。方以艱歸，遭世變。著有《巢棲集》。陳伯陶《勝朝粵東遺民録》卷補有傳。

文光運於本年中舉人。

文光運，新安人。崇禎三年（一六三〇）舉人，授廣西藤縣教諭。（康熙《新安縣志》）

林崧於本年中舉人。

林崧，本名於曙，字蓮峰。潮陽人。幼孤貧，年十八始讀書。崇禎三年（一六三〇）舉人。鄉居三十年，蔽廬不蔽風雨，食物屢匱，而潛心經史，老而彌篤。著有《牽飴社課》、《北征草》、《蓮鶴山居偶集》。卒年八十六。（乾隆《潮州府志》卷三十、《潮州志·藝文志》）

林尚梗於本年中舉人。

林尚梗，字伯隆。東莞人。崇禎三年（一六三〇）舉人。順治間官廣東德慶州學正，有人犯法，賄以五百金，拒不接受。（宣統《東莞縣志》卷六五）

姚敬於本年中舉人。

姚敬，海豐人。崇禎三年（一六三〇）鄉薦，任霍山縣令，有政聲。（《惠州府志》）

錢夢蘭於本年中舉人。

錢夢蘭，字國馨。歸善（今惠州）人。崇禎三年（一六三〇）舉人，歷官東莞教諭、雲南曲靖通判、漢州牧。（光緒《惠州府志》卷三七）

何麟圖於本年中武舉人。

何麟圖，興寧人。崇禎三年（一六三〇）武舉人，授山海關總戎邊將。（一九八九年《興寧縣志》）

袁用雨於本年成貢生。

袁用雨，字辰用。東莞人。崇禎三年（一六三〇）舉人。十二年（一六三九）任文昌訓導、連平州學正。民國《東莞縣志》卷六三有傳。子良揆，貢生，官欽州學正。著有《談經發覆》。（《茶山鄉志》卷四）

劉坊於本年成貢生。

劉坊，字懷默。新會人。崇禎三年（一六三〇）拔貢，授撰文中書舍人。十六年癸未假歸。甲申國變，遂不復出。鄺露過之，贈之詩。丙戌（一六四六）、丁亥（一六四七）間，土寇兩犯邑城，與何士琨登城助守數月，城遂全。著有《燕遊集》、《瑶玉館稿》。陳伯陶《勝朝粵東遺民錄》卷三有傳。

李光升於本年成貢生。

李光升，字如初。從化人。師孟子。崇禎三年（一六三〇）拔貢生。隱處於家，搜集鄉賢行為為世可風者，續修縣志。（《從化縣志》）

何三復於本年中副榜。

何三復，字載繹。高明人。中崇禎三年（一六三〇）庚午副榜，由崇禎十六年（一六四三）癸未歲貢授貴州新貴縣尹。後忤當事，改安龍教授，署龍南稅司，遷雲南景東府判管同知。以老告歸。年逾八十，猶荷鋤灌汲。暇則作草篆，覽史籍。陳伯陶《勝朝粵東遺民錄》卷三有傳。

梁之棟於本年中副榜舉人。

梁之棟，字躍龍。高明人。崇禎三年（一六三〇）庚午副榜舉人。子炳宸為順治十一年（一六五四）甲午解元，常教其持躬清白。著有《易圖解說》。卒年七十四。（道光《高明縣志》）

屈士煌生。

屈士煌（一六三〇～一六八五），字泰士，一字鐵井。番禺人。士熿弟。貢生。明唐王隆武二年（一六四六）冬，廣州陷，士煌與兄士熿往來陳子壯等諸義軍中，以圖相爲犄角。事敗，潛歸奉母。及廣州再陷，乃遁西樵。明桂王永曆八年（一六五四），聞李定國率師復高、雷、廉州三府，士煌與兄微服往從不果，乃入化州。時靖氛將軍鄧耀屯龍門島，親迎之。後李定國護駕入滇，士煌乃賷表跋涉前往。既達，上書陳三大計六要務，且極陳孫可望之惡。授兵部司務，試職方司主事。清軍進逼，永曆帝走永昌，士煌兄弟晝夜追之不及，遂東還。抵家而所聘未娶之妻蘇氏已鬱悒以終，弟士煜亦死難四年矣。未幾，兄士熿、弟士灼、士熺具歿。士煌獨立奉母，後亦先母而卒。其詩今存八十餘首。陳伯陶《勝朝粵東遺民錄》卷一有傳。

明思宗崇禎四年　清太宗天聰五年　辛未　一六三一年

春，郭之奇賦《辛未春遡洄彭蠡曉望漫懷》七古詩。（郭之奇《宛在堂文集》卷七）

正月初一日，郭之奇賦《春日行　吳城舟中元日試筆》七古詩。

何吾騶賦《辛未元日》詩云：

聖主新開泰，龍興在四年。五雲同捧日，萬國共朝天。接踵夔龍後，賡歌舜禹前。講衣香氣滿，長挹御爐煙。（何吾騶《元氣堂集》卷中）

張萱賦《辛未元日戲筆》詩云：

年開節軟净朝暉，衡泌棲遲可樂飢。簡竹盈車青未刷，筆花入夢玉常霏。二三小婦陳椒頌，六七孫孩挽荔衣。共説春光遲五日，後園桃李已芳菲。

萱又賦《有欲尋讀書社舊盟者余因追悼陳景文及亡孫堪賦此答之》、《壽區季方年兄八十有一》、《年家董叔遠以詩見訊賦此答之》、《制府姚江王公疏薦地方人才謬以見及註曰原任貴州平越府知府張萱學窮二酉胸富五車嶺南開著述之宗天北起斗山之望即未

報聞第草莽之臣獲以姓名從諸名流入公夾袋亦感恩知己矣賦此寄謝》四首。（以上七律）（張萱《西園存稿》卷九）

十五日，郭之奇賦《夜坐吟　元夕》詩云：

除夕既除春夕饒，焚香高拱度春宵。風出江聲波發船，長歌顧影一凄然。歌已歌，轉悲吟。空有曲，孰關心。心不同，曲徒工。余此調，入江流。江流終相和①，知音錯向人間求。

夏，雪山道人來，黎遂球與夏子寄居遂球之東壁，後遂球有《雪山道人贊》。（黎遂球《蓮鬚閣文鈔》卷十三）

四月，張萱賦《辛未夏四月宛陵劉子真舘余江上小堂以六言五絕見投次來韻答之》。（張萱《西園存稿》卷十一）

夏至日，黎遂球母於井上作閣，以奉佛經，外露小臺，名曰蓮鬚臺閣，其下爲遂球讀書處。（黎遂球《蓮鬚閣集》卷二十《瑞井銘》）

八月十五日，李逢升賦《崇禎辛未仲秋日題三洲巖》詩云：

嵌石巉峯近水旁，坐看日月帶長滄。風清煙霧飄亭屋，雲淡斗星射館厢。四野耘田歌麥秀，五經勤誦奪文光。相看不盡飛揚意，欲做巖中白鬢郎。

又賦《崇禎四年秋月重葺三洲巖題壁》七律詩二首。（清光緒《德慶州志》卷一四）

九月二十五日，陳邦彥長子恭尹生於順德錦巖。②

陳恭尹（一六三一～一七〇〇），字元孝，初號（一説字）半峰，晚號獨漉子，又號羅浮布衣。順德龍山鄉人。順治四年（一六四七），父邦彥起兵抗清失敗，恭尹隻身逃出，隱居西樵。以父邦彥死節，襲南明永歷朝錦衣衛指揮僉事。順治八年（一六五一），鄭成功起兵海上，恭尹思就之，入閩不達，自贛出九江，

---

① 自"空有曲"句至此句，康熙本作"吟聲落，江水深。深江平，遠客情。情聲合，兩同流。同流終寡和"。（郭之奇《宛在堂文集》卷三）

② 陳恭尹《獨漉堂詩集》卷一《初遊集小序》云："余以崇禎辛未生於錦巖之東隅。"

順流至蘇杭，復往返杭州、寧國間，蓋密有結連。歷四年無成，乃歸娶。又四年，與何絳出厓門，渡銅鼓洋，收拾餘衆，又無成。十六年（一六五九），將入滇從桂王，道阻，因登南嶽、泛洞庭，順流江漢之間，寓蕪湖。時鄭成功圍攻金陵，張煌言進取徽寧，聲勢大振，恭尹與共策劃。旋成功敗走，煌言間道出海。恭尹乃濟江入汴，北渡黄河，徘徊太行山下，沿途觀察地形關隘，繪成九邊圖，冀有所爲。逾年歸，與陶璜、梁楗、何衡、何絳深相結納，世稱北田五子。康熙十七年（一六七八）以嫌疑下獄，明年事解。晚年寓居廣州城南，以詩文自娛。其詩激昂頓挫，爲"嶺南三大家"之一，又爲"嶺南七子"之一。兼精書法，行草、八分皆有法，腕力甚勁。著有《獨漉堂集》十五卷。《清史稿》卷四八四有傳。長子贛，字端木。南海籍增生。著有《弗如亭草》。陳融《讀嶺南人詩絶句》卷六有傳。孫華封，字祝三，號復齋。太學生。世居羊城育賢坊，以詩世其家，入粵者皆造門交。郡邑名流分曹結社，以其世居之晚成堂爲壇坫。著有《復齋詩鈔》、《三瀧詩選》。温汝能《粵東詩海》卷七八有傳。華封女賢，字仲嬀。乾隆間人。張暉良室，張如芝母。食貧早寡。著有《柔存堂詩草》、《秋香亭詩草》。陳融《讀嶺南人詩絶句》卷十五有傳。孫遇，字感遇，號碎琴。江寧僧。詩清澈澄澹，然句中間有不盡挺勁者。袁枚去官居金陵，主盟壇坫，碎琴獨與抵牾，議論不相中。陳融《讀嶺南人詩絶句》卷十六有傳。

秋盡，張萱賦《辛未秋盡黃花未有放者數飲止園頻問花信欲攜酒候之賦呈主人》詩云：

名園賓從日逶迤，我自巢林戀一枝。荒徑已尋彭澤賦，短筇惟赴尚書期。看山坐樹頻呼酒，倚竹臨池細和詩。爲報西園春小園新釀名已熟，寒花曾否滿東籬。

冬，釋道丘自廬山回廣州，應陳子壯（秋濤）、梁朝鐘（未央）等之請，住廣州白雲山蒲澗寺，直至崇禎九年（一六三六）去鼎湖山慶雲寺主法之前。（《鼎湖山志》卷二圓捷一機撰《開山

主棲老和尚行狀》）

　　冬閏，張萱賦《辛未冬閏寶安黎宗瀚先輩過訪西園留詩未及投轄用來韻答之》詩云：

　　　客渡雙流上，花迎一壑中。來看娟娟竹，遥呼點點峯。江湖懸闕北，身世避墻東。卻喜瓊瑶贈，何時尊酒同。（張萱《西園存稿》卷五）

　　十月初五日，張萱賦《園居六十章》七絶詩，序云：

　　　余園居二十餘年矣，僅得七言近體二十章，七言絶句二十五章。辛未冬十月五日，寅仲以《春日園居録》見貽，爲詩凡六十章，洋洋灑灑，廻環諷誦。起予者，寅仲也。竊次來韻，凡兩晝夜，亦得六十章。中有一二韻出入者，亦因寅仲而次之。

　　又賦《秋日園居口號六十章》七絶，序云：

　　　余既次韓寅仲《春日園居》絶句六十章，皆平聲也。寅仲復以《枝園志》及《自壽詩》見貽。措大詩魔，復勃勃地。因拈上去入三聲，凡三晝夜，復賦得六十章。亦以西園唐突桃源，再呈寅仲。非敢拋磚引玉，第欲寅仲披沙揀金云爾。（張萱《西園存稿》卷十三）

　　十一月，張萱賦《冬十一月止園黄花大放攜尊偕韓寅仲余士翹過之時寅仲七十有一因以爲壽》詩云：

　　　百遍相過去復來，玄扉更爲壽朋開。雲閒喜抱林邊石，月冷常留樓畔臺。看竹子猷仍看菊，停雲元亮不停杯。主人愛客坐常滿，把酒餐英日幾廻。

　　十二月初三日，彭日貞三十歲生日，張喬賦《貽彭孟陽三十初度　有序》詩云：

　　　臘之三日，彭子誕辰。余偕劉玉真、徐楚雲、歐瓊芝、汪裏雲、黄文燕、鄧羽卿、蔡端卿諸同好，載酒祝讌，兼呈以詩。彭子就席，賦答云："眠雲嘯月此身閑，三十知名未出山。聖主可能容野傲，佳人偏自狎癡頑。香羅簇簇花爲隊，綺席層層錦作關。一石醉沈仙子勸，丹砂何羨駐紅顏。"時同集黎美周、黄虞六、姚谷符諸詞客各有分賦。

　　　華年三十任時名，走馬章臺意氣橫。醉倒花間天月出，興來筆下海濤生。綺羅細膩知寒暖，壇坫風騷在品衡。世法俗緣都脱

落，惺惺聊復解多情。（張喬《蓮香集》卷四）

初九日，鄧雲霄卒於東莞，年六十六。（鄧雲霄《漱玉齋文集》卷一鄧逢京《虛舟公傳》）

殘臘，李之世賦《歲晏悼亡 有引》七律詩，序云：

余始就瓊璋，山妻梁以路塞不果從。比余公車便道抵家，欲再攜而彼已不逮矣。辛未殘臘於署中設奠，弔影孑然，倍增酸楚，廼爲悼亡四首焚之。（李之世《鶴汀詩集》卷四）

除夕，張萱賦《辛未歲除馮無文客止園貽詩饋食余分杖頭錢餽之用來韻對使賦答》詩云：

霧裏看花老病身，年來魚鳥轉相親。欲躡柴桑出門乞，授餐喜有食魚人。

懸毛兩目一閒身，性癖耽佳筆研親。室罄賣文聊餽歲，探囊分餉苦吟人。（張萱《西園存稿》卷十三）

萱又賦《辛未守歲》詩云：

窮年惟狎鹿麋羣，此夕辛盤賽典墳。已往隙駒空擲日，尚留健犢可耕雲。辟邪不用迎辰子，微福何須媚竈君。七十四年渾鼎鼎，自憐不負北山文。（張萱《西園存稿》卷九）

本年陳子壯以資深，起詹事府少詹，兼翰林院侍讀學士。子壯弟子升，與同里黎遂球、陳邦彥、歐必元，以文章聲氣遙應復社。（李健兒《陳子壯年譜》）

本年郭之奇家居，任邑志總纂。① 賦詩如下：《修邑志成有不察而齎怒者廼得謗又以有所譽來也感而賦之四首》七律、《榕城八景》七律八首、《題雙峯寺有懷石山禪師 寺舊在雙山宋末石山移此地》、《西園》、《雲島》、《孔有德倡援遼叛卒屠七邑破登城登撫孫元化按兵不動甘爲虜也志慨》、《感時》（以上七律）。（郭之奇《宛在堂文集》卷十一）

———————————

① 《輯志舊指》："歲辛未，署篆江公愈敏，據學呈報庠生王生陽春、謝生燾、袁生年、陳生仕清、黃生夢選，督之分纂，而以奇總其成。爲有疾，不能與聞。"

本年何吾騶六十一歲生辰，賦《六十有一初度　二首》七律詩。（何吾騶《元氣堂集》卷中）

本年羅萬傑落第南歸，賦《下第出都呈南歸諸友五首》七絕詩、《風雨篇四首　有引》七絕（序云：辛未被放南歸，舟中阻風雨者累日，偶讀東坡彭城詩"風雨蕭蕭已斷魂"之句，因憶幼時與家仲氏聯床風雨之夕，悵然有感，遂成四絕，題曰風雨篇）。（溫廷敬《潮州詩萃》甲編卷一一）

本年廖毓秀以貢選上高縣丞。

廖毓秀，字實孺。歸善（今惠州）人。崇禎四年（一六三一）以貢選上高縣丞，後轉茶陵州判。家居，平糶賑饑。（光緒《惠州府志》卷三二）

鄧務忠於本年中進士。

鄧務忠，字子良。南海人。明思宗崇禎四年（一六三一）進士，蒼梧知縣。仕至湖廣參議。著有《勳卿遺稿》。事見阮元《廣東通志》卷七六。

黎崇宣於本年中進士。

黎崇宣（？～一六四四），字孺旬，一字二來。番禺人。明思宗崇禎四年（一六三一）進士，廣德知州。會母病故，復聞國變，嘔血而卒。著有《貽清堂集》。阮元《廣東通志》卷二八三有傳。

劉士斗、麥而炫於本年中進士。（阮元《廣東通志》卷六九《選舉表》）

陳是集於本年中進士。①

鄒鎏於本年中進士。

鄒鎏，字石可。海陽人。明思宗崇禎四年（一六三一）進

---

① 陳是集中進士後丁父憂回鄉兩載，又丁母憂兩載。崇禎九年（一六三六）方上京銓選。其《滇南詩選》之成，在此幾年間。（《陳中秘稿》卷首《筍似公行狀》）

士，授戶部主事，轉員外郎，升四川司郎中。出知襄陽府，練兵籌餉以拒張獻忠，城得保全。署鄖襄監軍副使，以母老乞歸。著有《可園詩文稿（集）》。乾隆《潮州府志》卷二八有傳。

龍大維於本年中進士。

龍大維，字張卿。石城人。明思宗崇禎四年（一六三一）進士，太僕寺少卿。事見阮元《廣東通志》卷六九。

胡平運於本年中進士。

胡平運，字明卿，號南石。順德人。崇禎三年（一六三○）解元，四年（一六三一）進士，選翰林院庶吉士，改陝西道御史。巨寇劉香擾粵海，特疏糾彈，始易置將帥，寇乃息。巡撫雲南，片言釋兵。轉福建參議，未赴，轉廣西參議，馳疏乞休。丁外艱，哀毀成疾，年四十四卒。咸豐《順德縣志》卷二四有傳。

楊邦翰於本年中進士。

楊邦翰，南海人。崇禎四年（一六三一）進士，初任溧水令，擢工部郎中，授福州知府，遷廣西學使，以養辭歸。李成棟迎桂王都肇慶，邦翰赴行在，以李元胤薦，官太僕卿。桂王西奔，歸里卒。陳伯陶《勝朝粵東遺民錄》卷一有傳。

鄭瑜於本年中進士。

鄭瑜，東莞白沙人。少年家貧，隨兄嫂生活。崇禎四年（一六三一）進士，授吉安推官，太僕寺少卿。崇禎末回白沙，在村外大興土木，並拆村南數十里之烽火臺，將青磚運入營造城堡村廓，該建築規模宏大，城垣內置民宅十數座，配有兵房、馬廄、庭院、行宮，城周挖護城河。正門上，親書"聚定里閭"，人稱"水圍村"。旋清兵入莞，明遺臣張家玉舉義抗清。順治四年（一六四七），瑜降清為莞邑參事。五月，家玉自西鄉還師莞城，清知縣施景麟率部至白沙，瑜獻計並領眾協助清兵，拒義兵於赤崗門，血戰半月，使抗清義兵損失慘重。

區聯芳於本年中進士。

區聯芳，字元美。新會人。崇禎四年（一六三一）進士，授

泉州推官。十五年（一六四二）擢御史，巡按直隸、宣化、山西，兼攝學政。祀泉州名宦。（《廣州府志》卷一二六）

嚴學思於本年中進士。

嚴學思，字心印。高明人。崇禎四年（一六三一）進士，授北京行人司行人。九年任順天鄉試考官。後轉南京兵部武選司郎中，升光祿寺正卿。卒年八十。（道光《高明縣志》）

胡一魁於本年中進士。

胡一魁，字伯連。新會人。崇禎四年（一六三一）進士。淡泊自甘，家食常不給，每賦詩遣懷。年近六十，方授福建漳浦知縣。勤政事，興文學，不畏豪強，不受私謁。（清《新會縣志》）

黃淵於本年成貢生。

黃淵，原名一淵，字積水。大埔人。明思宗崇禎四年（一六三一）貢生。幼穎悟，篤學能文。與同里隱士藍嗣蘭、程鄉舉人李梴等為莫逆交，日以詩文相切磋。甲申鼎革，翌年南京復陷，全粵震動，淵與鄉人於各隘口設關，晨啟暮閉，以稽行路，鄉里得以保全。曾踰嶺涉江，跨匡衡泰岱，聯絡志士。胸中不平之氣，皆託之於詩。其文奇肆鬱勃，為明末嶺東諸家之冠。晚歲築樓亭於磐湖，抱節欲終老於此，人呼為黃處士。以任俠抱奇，戇直無忌諱，後竟為讎家所殺。民國《大埔縣志》卷一九有傳。

林應昌於本年成貢生。

林應昌，順德人。明思宗崇禎四年（一六三一）貢生。事見康熙《順德縣志》卷六。

何調元於本年成貢生。

何調元，順德人。明思宗崇禎四年（一六三一）貢生。事見康熙《順德縣志》卷六。

謝長文於本年成貢生。

謝長文（一五八八～？），字伯子，一字雪航，號花城。番禺人。明思宗崇禎四年（一六三一）貢生。素有文名，曾參與陳子壯所開南園詩社，又和黎遂球《黃牡丹詩》十章，名曰《南園花信詩》。八年（一六三五）任惠州府訓導，歷平遠縣、博羅縣教諭。由教職升湞陽知縣。廣州擁立，授戶部主事，歷仕戶部員外郎。明亡，不復出。晚年事釋函昰於雷峯，名今悟，字了閒。著有《乙巳詩稿》、《雪航稿》、《秋水稿》、《謝伯子遊草》。清李福泰修同治《番禺縣志》卷一一、清陳伯陶《勝朝粵東遺民錄》卷一有傳。

張家珍生。

張家珍（一六三一～一六六〇），字璩子。東莞人。家玉仲弟，祖明教、父兆龍俱布衣。永曆元年（一六四七）年十六，從家玉起兵抗清。常著小金冠，別率所部轉戰，號"小飛將"。家玉克連平、長寧，家珍功最多。家玉歿，與總兵陳鎮國擁殘卒數萬於龍門圖恢復，旋以兄蔭錦衣衛指揮使。廣州再陷，隱於鐵園，家居養父，折節讀書，善繪蘭石。通賓遊，客常數十人。年未及三十而卒。著有《寒木居詩鈔》一卷。陳伯陶《勝朝粵東遺民錄》卷二有傳。

趙乃賡生。

趙乃賡（一六三一～一七三五），潮陽人。性謹飭，樂施與。雍正四五年間（一七二六、一七二七）歲饑，以九十高齡捐煮粥以救饑者，多所存活，邑令旌之。享壽一百〇四歲。（乾隆《潮州府志》卷三十）

陳萬被誘殺。

陳萬（？～一六三一），連平（一說九連）人。從事植藍製藍葉，擁有藍房三百六十間。在各地農民起義推動下，與植藍製藍工人在九連起義，被推爲首領，於崇禎三四（一六三〇、一六三一）年間，率眾數千，與惠州義軍鍾靈秀部會合，又與其他義軍呼應，活動於九連山脈之龍南、定南、和平、河源、新豐、英德、龍門、從化、翁源等縣，相繼攻陷始興、樂昌、江西泰和等縣。崇禎四年（一六三一）三省會剿，被誘殺。（《連平人物志》）

明思宗崇禎五年　清太宗天聰六年　壬申　一六三二年

二月，熊文燦任兩廣總督，兼廣東巡撫。（《明史》卷二六〇）

春，郭之奇賦《壬申春曉西園即事五絕》七絕詩。

黎遂球賦《示兩弟　並序》五律詩四首，序云：

先高士於板橋先京兆蘷園築蓼水居，欲從羊城攜家偕隱，痛未逮也。遂球於壬申春日既釋禫，與仲遂璧畢婚，因令偕季遂琪將庶母還居焉。遂球且奉老母留家羊城，又當以公車遠出。憒先志之未成，恨同生之暫分，援筆爲詩，示仲季凡四首。（黎遂球《蓮鬚閣集》卷五）

正月初一日，張萱賦《壬申元日》詩云：

玄黙涒灘樂足湛，轉旋秘密少人參。從心自喜今餘五，不朽空慚未立三。笑看林花雲漠漠，時病目未開。戲簹幡勝雪毿毿。芸香閣上人高枕，可是琅函五色蟬。

十五日，萱賦《壬申元夕目眚未間時有庾嶺警報》詩云：

銀河五夜駕星橋，蓮焰蘭膏玉漏遙。攝目簹燈呼小婦，閉門留月度良宵。兒童喜報紫姑至，衰病□憐綵筆驕。爲問崑崙關外戍，捷書何事尚寥寥。狄武襄以元夕破儂智高於崑崙關。

十七日，萱又賦《壬申正月十七夜劉令公賜續元夕惠臨賦謝》詩云：

良宵已度月明孤，擲燭推毬尚可呼。共喜樂郊無碩鼠，何期永夜集仙鳧。續遊不用一錢買，錢越王進錢十萬於宋太祖，買十七、十八夜張燈，再續元宵。勝會休云五夜徂。草莽自難徼福曜，枯荄何日盡昭蘇。（張萱《西園存稿》卷九）

二月，熊文燦善釋道獨，梁朝鐘少師釋道獨，因識文燦，文燦延爲子師，一見歡若平生。朝鐘長揖軍門，角巾傲岸，時贊議機密，多見採用，文燦甚倚重之。（王鳴雷《梁朝鐘傳》，屈大均《皇明四朝成仁錄》卷九《梁朝鐘傳》）

三月初三日，張萱賦《壬申上巳脩禊小園以雨不果》詩云：

老去春來憶勝遊，欲將吾道付滄洲。驚濤夾岸時相蹴，宿漲迎潮不肯流。問水豈堪歌秉蕳，停雲誰復賦登樓。閉門覓句頻呼酒，小婦花前共唱酬。

二十三日，張萱賦《二十三日喜晴迎諸君子集蓼雲樓詩以肅之》詩云：

翩翩春服美遨遊，麗日晴薰杜若洲。漫說握蘭追上巳，遙思圈柳宴東流。鶯聲出谷樹邊樹，山色入簾樓上樓。爲報花刑今已緩，可容真率一相酬。花刑，詳《清異錄》。

入林閒作采真遊，共對青山綠水洲。沐雨煙鬟嬌欲語，迎晴嵐黛翠常流。何來佳客同看竹，可是仙人自好樓。共說春光留一日，新詩濁酒喜交酬。

萱又賦《阮璣衡以武科特起都閫東粵入賀賦贈》、《讀張元應詩草賦贈》、《陳集生太史以便面賞花及遊訶林二詩見貽用來韻賦答》、《太史書來殊有已而之歎賦此懷之》（以上七律）。

四月，張萱賦《壬申初夏槎江邑侯存初王公以課績考最振旅策勳喜而賦之得五十六字　有序》詩云：

公之令我槎江也，三年有成矣。治行卓異，冠於十邑，誠嶺以東二百五十餘年所未有者。載在口碑，列於薦剡，不具論。歲庚午，閩粵之疆事不然，嶺海交訌。其間，依草附木，佩犢揭竿，如陳萬、鍾靈秀輩，實繁有徒，以搖蕩我十邑滋蔓。辛未，遂狡焉啟疆於閩楚虔庾之交，破始興，躪樂昌，不可嚮邇，葦𦶎附注之。君子雖環四境，未聞有以一矢相加遺者。簡書赫怒，三鎮會師。九連之山，其走集也。蕞爾槎江，實逼處此。一時文武大吏，往往以槎江爲宣樹。幕府和門，皆鱗次焉。執文於邇，亦惟公之馬首是瞻。公輒躬親蘭錡，單騎以探虎穴，而櫛沐風雨，凡數月。於是三鎮之士賈公餘勇摩壘插羽，陳萬、鍾靈秀諸渠魁，相次面縛，九連始入版圖，十邑皆安釜鬲。策勳飲至，公實最焉。時公亦以三年最聞，勸駕追鋒，匪朝伊夕。萱，羅浮之壤父也。竊潤洪河，已非一日。犬馬誓報，燕雀賀成，能無一言以識履戴？稽首載筆，情見乎詞。

福曜高懸照一同，槎江紫氣滿天東。驊騮跮足旋丘垤，威鳳廻翔集棘叢。撫字催科書上考，歸俘獻馘策元功。山城久矣勞仙令，竚見飛鳧入漢宮。

萱又賦《奉贈埜翁神慈入覲》七律、《題永新劉封公賢祀録》七律。（張萱《西園存稿》卷九）

同月，張穆寫蘭石金扇，並題五絶詩。①

五月初五日，張萱賦《壬申五日小園獨泛》詩云：

颭颭香風送芰荷，琅玕兩岸水如梭。欲驅倀虎懸人艾，爲狎盟鷗去雀羅。舉目少年兢旗鼓，側身平地有風波。停橈不向湘江去，且聽滄浪濯足歌。

萱又賦《陳集生太史以其弟喬生白玉樓記傳奇索序詩以贈之》、《陳集生太史以竹下新詩便面見貽次來韻賦謝並貽歐嘉可》（以上七律）。

同日，萱賦《壬申夏五偕諸君子攜酒徵歌於二餘堂時主人以便面詩分貽即席次來韻賦謝》七律二首。

六月初七日，萱賦《非水居告成六月七日迎諸君子及諸歌姬同汎賦此代柬》詩云：

雙橈上下且從流，爲採芙蓉出蓼洲。奏伎喜同玄圃汎，時有女樂侍酒。尋源共續武陵遊。絳虹橋　西園橋　畔飛青雀，香玉　西園洞林前狎白鷗。已辦一尊聊避暑，□看榕水屋爲樓。

龜枕荷裳舊釣磯，東晴西雨問津稀。風雲江上堪娛老，蝦菜船中已盍歸。家釀欲傾河朔客，明璫曾解漢江妃。乘風載月常容與，百遍相過共樂饑。

萱又賦《閩友林允兼偕韓宗伯余明府徵歌同汎非水居允兼以便面詩見貽用來韻答之》七律。

月底，萱賦《夏杪陳集生太史以便面二律見懷歐嘉可國學亦同韻見懷一律用來韻賦答》七律二首。

萱又賦《黃逢永廣文病足還里以便面一律見懷次來韻賦答》、

---

①　番禺何曼庵藏本，題識云："九畹春風溥，三湘夜雨霏。江頭翻翠珮，款款兩姚妃。壬申四月，似文甫先生，張穆。"此扇爲張穆今存最早之畫本。

《止園主人以雙鶴詩三章見示用來韻奉酬病目命筆不足存也》（以上七律）。

七月二十五日，韓日纘賦《雨雹　壬申七月廿五日》詩云：

秋入南荒暑未清，乍聞雨雹拂階聲。豈緣陰協徵先見，漫擬陽愆氣積成。拋擲疑從蜥蜴吐，堅凝不讓水晶明。爲祥可以熙寧歲，豫告番戎指日平。（韓日纘《韓文恪公詩集》卷九）

八月十五日，張萱賦《壽澹屋老人八十有一》詩云：

老人，郡駕廖公之封君也，就禄郡署。秋八月十有五日，爲覽揆之辰，十邑紳縉舉兕觥，躋公堂，九頓上壽。詳具大宗伯韓公贈言。萱以受廛之民，爲通家之子，歡喜無量，勉短捉筆，以侑酌者。

清署秋中桂魄圓，羅浮仙樂奏華筵　羅浮有夜樂洞，賢人、福人至，則仙樂夜鳴。詳《博羅志》。白頭就禄方升日，紫誥承恩大耄年。百丈峯前天錫老，靈源洞裡地行仙。十城共效岡陵祝，遐算綿綿滿大千。

萱又賦《清漳鄭肇中文學昔者社友鄭輅思觀察之哲嗣也壬申秋九月以詩見訪投轄小園次來韻答之》、《雙壽詩爲碧月老人八十有一賦》（以上七律）。

同日，梁維棟賦《壬申中秋龍弟見寄和之》詩云：

處處飛觴待月明，一年好景此宵評。浮雲乍改須臾色，天地終留永夜清。蒲館師生稱賞集，梁園舊好恨難並。清輝頓有南來雁，能帶新詩問弟兄。（梁維棟《水閣詩鈔》）

冬，黎景義作七言歌行《嫦娥歎》。（黎景義《二匛居集選》卷二）

郭之奇家居，邑志成。①

十一月晦，之奇作邑志《凡例》。②

---

① 陳鼎新《揭陽志序略》："前令馮君，召已具儀幣請郭太史爲政，而偶未屬稿。新猥承馮君後，幸太史尚居邑中，即敦請其終事，閱數月而告竣。"

② 《輯志舊指》："歲壬申諸君稿成，錄呈今令陳公鼎新，始及見副稿。再承儀幣，督奇改正增輯；遜謝不獲命，起稿秋中，告成於仲冬之晦。"

同月，張萱賦《壬申冬韓宗伯止園賞梅花夜歸讀蘇文忠公十一月羅浮松風亭梅花詩次其韻再賦》七古詩。（張萱《西園存稿》卷三）

萱又賦《壬申冬十一月韓宗伯止園梅花大放招飲賦謝》七律二首。（張萱《西園存稿》卷九）

十二月初六日，郭之奇賦《阿子歌　十首》五絕，序云：

哭墜地亡女而作也。女產於壬申季冬六日之夜，離腹不育，而顏色如生。眉目髮膚，種種憐人。見者莫不痛惜，不獨余也。噫嘻！余自丁卯距今六載，再得一子，而竟女也，女而仍不育也。不育而復作種種憐人者，以刃余腸也。古有阿子汝聞不之歌，燈下揮淚成之。歌十發，而腸千絕矣。（郭之奇《宛在堂文集》卷一五）

之奇又賦《阿子歌九絕① 有序》五絕詩，序云：

念墜地亡女而作也。女產於壬申季冬六日之夜，側室謝氏出，離腹不育，而顏色如生。長宵永歎，心不怡之長久。其母嬋媛傷懷。霜風入抱，殘焰垂青，爰述古人“阿子汝聞不”之歌。此墜地者，何所聞？以定其母，且相廣意。（郭之奇《宛在堂詩·遂初三集》）

二十七日，張萱賦《壬申臘月廿七日立春邀韓宗伯余明府林太學同集》詩云：

臘向新春去，春從舊臘來。殘年留兩日，晴色滿三臺。象嶺餘霞散，驪峯宿霧開。籬頭紅吐槿，溪口綠含苔。三素雲初駕，八輿仙暫回。助天誕嘉種，脈土闢汙萊。綵勝金針巧，鈎強畫鼓催。老農驚問草，遊女競粧梅。菜剪凌霜葉，杯傾隔歲醅。笑迎作賦客，同醉曝書臺。（張萱《西園存稿》卷十）

除夕，張萱賦《壬申守歲》詩云：

銀漢初斜斗轉杓，尊開斐尾夜迢迢。迎新已得春三日，去故仍留臘半宵。階下孫孩喧爆竹，燈前小婦頌盤椒。古稀又六明朝是，磊塊還須柏酒澆。（張萱《西園存稿》卷九）

---

① 此題九首與《宛在堂文集》卷一五《阿子歌》十首文字不同。

本年郭之奇作《兵防七議》。

本年陳子壯纂玉牒告成。（李健兒《陳子壯年譜》）子壯居鄉幾年間，曾謀校訂嶺南歷代詩選，事未成。[①]

本年歐必元六十生辰，黎遂球賦《贈歐子建先生六十初度二首》詩云：

千秋原在許誰分，豈謂龍頭未致雲。南阮客來頻典褐，北山人去解移文。身長廩量侏儒粟，膝下蘭生騄駬筋。四十萬言知已誦，漢門金馬倘相聞。

君年三十我生時，三十年來事事知。張耳有金嘗結客，孔融當坐可呼兒。儒冠漸腐囊因澁，文價終昂貨莫欺。十分百年纔過六，且憑歡伯未須疑。（黎遂球《蓮鬚閣集》卷七）

本年張穆賦《秋林獨往　壬申，陳本》詩云：

閒園久閉生秋竹，坐石微吟愛幽獨。桐子初收歇衆芳，良月窺人皎如沐。撲窗殘月靜有聲，夜氣蕭條肅心目。臨溪行欲採芙蓉，何以遺之向空谷。（清抄本《鐵橋山人遺詩》）

本年澳門普濟禪院建普同塔。（《澳門普濟禪院普同塔志》）

本年何吾騶以詹事擢禮部右侍郎。（《明史》卷二五三）

詹露於本年成貢生。

詹露，香山人。崇禎五年（一六三二）貢生，訓導。事見阮元《廣東通志》卷三四。

饒立定於本年成貢生。

饒立定，程鄉（今梅州）人。崇禎五年（一六三二）貢生，官澄邁訓導。事見光緒《嘉應州志》卷二〇。

羅明圖於本年成貢生。

羅明圖，字泰階。永安（今紫金）人。十三歲進庠。崇禎五年（一六三二）歲貢生，初授建寧訓導，轉南安教諭，遷肇慶府

---

① 　陳是集《陳中秘稿》卷首《筠似公行狀》，郭之奇《聞陳集生學士編選粵詩贈詩三十韻》詩。

教授，升夏縣知縣，以老辭。壽至八十。（《永安次志》、《永安三志》）

陳廷策於本年補諸生。

張來曾生。

張來曾（一六三二～一六八六），字又沂，號石琴。東莞人。二果長子。好飲酒，喜交友。研究佛學，頗有心得。著有《石琴集》、《塵棒集》、《禪嚶集》。（《東莞張氏族譜》卷十一）

明思宗崇禎六年　清太宗天聰七年　癸酉　一六三三年

陳子壯雖在鄉里，仍憂朝事。（《本集》卷十一《家書十九》）

春，子壯單騎上京，婦並兒輩俱留廣州侍奉母。客途中有書與孔貞運，請幫補南京之官缺，以便就近養母。（《陳文忠公遺集》卷一《與孔玉橫少宗伯書一》）

曾曰唯賦《癸酉春送楊君雨人北上》五古長詩。（張煜南《續梅水詩傳》卷一）

春日，羅萬傑賦《癸酉春日偶成四首》五律詩四首。（羅萬傑《瞻六堂集》卷上）

正月十九日，郭之奇離家北行，後賦騷體詩《九歌　有序》九首，序云：

勞者自為歌，不必今擬古也。癸酉燕征，發夕於王正，纜舟於春季。棲遲白水，燕日與嶺雲兩膺背焉。約畧諸況，倣三間《九歌》之體為詞，成而弁以絕曰：“吳江載續楚歌詞，旅況三春一葦知。莫道波臣還客似，當年憂國我鄉思。”

之奇沿途又賦《出門　孟春十九日離家，至鳳江舟中之作也》、《惜別　鳳江舟中，至大埔登輿，別二人及諸親遠勝者之作也》、《回首　大埔驅車至瑞金，八日山行之作也》、《下灘　瑞金登舟，出上下十八灘，至萬安五雲驛之作也》、《感昔　自萬安至南昌，撫時地有感之作也》、《泛望　發南昌，出彭蠡，望匡廬之

作也》、《雨江　出九江，至白水，半旬雨風，稔遲滯之作也》、
《煙纜　春深泊白門，覽勝之作也》、《遠目　春暮望燕闕，計程
之作也》）。（郭之奇《宛在堂文集》卷二）

二月，黎遂球北上應試，南園諸子於東林僧舍送別，陳子壯
與弟子升、歐主遇、黃聖年、徐棻、謝長文、顧枞、李雲龍、馮
祖輝、張喬等十人賦詩相贈，書成長卷《南園諸子送黎美周北上
詩卷》。（該卷現藏廣州市美術館）海盜舟泊廣州城下，遂球因明
年要上京會試，恐路爲盜阻，母命其亟發，二月即離廣州。（黎
遂球《蓮鬚閣集》卷一《客吳賦　並序》）

十五日，黎彭齡賦《癸酉花朝之羊城與内子爲別》詩云：
芳垞煙深細雨霏，花前題字落紅稀。三更薄醉故園夢，二月
輕寒遊子衣。未必遠山憑彩筆，都將流水問金徽。春郊吟屐晴方
試，又逐原鴒著處飛。（陳恭尹《番禺黎氏詩彙選》）

三月，黎遂球過湞陽峽，有書與朱學熙。①

初三日，遂球過南禺峽妙高峰，爲學熙作《南禺妙高峰花阡
表》。（黎遂球《蓮鬚閣集》卷二四）

朱學熙（？～一六四七），幼名更生，字叔子。清遠人。士
諒子。諸生。師事陳邦彦，尚氣節。嘗治南禺諸勝，築軒轅二帝
子別業以祀二禺君，名曰山暉堂，一時士大夫舟經其下，輒就訪
之。邦彦起義戰敗，學熙與白指揮等迎保清遠。城陷，自縊死。
温汝能《粵東詩海》卷五五有傳。

遂球過南昌，投詩文數帖於徐世溥、萬時華、陳弘緒，未見
而去。（萬時華《溉園二集》卷二《與黎美周》）由鄱溪逆水至
懷玉山。（黎遂球《蓮須閣集》卷十六《懷玉道中記》）

清明，郭之奇賦《清明日雨望計春》詩云：
九旬春序六，萬里客程三。一水雲光濕，千山雨鬖毵。桃花

---

① 《湞陽峽記》云：“予於癸酉三月過此，因爲書以貽之（朱學熙）曰
……”。（黎遂球《蓮鬚閣集》卷十六）

紅未了，柳色綠相參。何處愁心數，驚時祇自慙。

之奇又賦《泊皖江走筆訊方藺之》、《有懷陸山甫》、《幽齋偶成》、《客路》（以上五律）。（郭之奇《宛在堂文集》卷一一）

夏，黃士俊招集何吾騶、李孫宸、陳子壯、韓孟鬱諸人集於北京定園。吾騶有詩紀之。①

陳子壯遷禮部右侍郎兼侍讀學士，充經筵日講，尋署本部事，部務皆理。（陳子壯《陳文忠公遺集》卷十《與黃逢永書》）

四月，黎遂球上懷玉陸道，過常山。（黎遂球《蓮鬚閣集》卷十六《懷玉道中記》）

同月，郭之奇賦《新暑》詩云：

炎帝司初令，高雲散碧端。恒暘方與助，新暑遂難寬。去鳥惟依樹，來人未解鞍。所愁芳草歇，誰念客途單。

之奇又賦《午車》、《雨意》、《鄒縢道中喜連日密雲細雨有序》、《雨後曉發夾溝驛》、《過桃山岳武穆祠憤感再成》（以上五律）、《過桃山岳武穆廟》七律、《自徐州渡河途中尋春即見有感》、《所思》、《見孟嘗養士及叔孫演禮故碑》、《日暮迷途賴初月得至新嘉》、《東平曉望》、《東阿曉望見雨後春色心目為之一開》、《雨宿》、《將至荏平見雷風大作》、《暮輈見歸鳥有感》、《哀東人三首　有序》、《見諸邑遍立粥廠高旗旗書撫院明文饑者之口果及粥乎否也》、《饑者斃於荒而有不盡以荒斃者催科撫字當並計矣二首》、《寂寂》、《野色》（以上五律）。

初二日，之奇再補客司，賦《四月二日再補客司二首》詩云：

將母來生事，惟寅夙夜心。常存非孝意，以著服官箴。寂寞

---

① 何吾騶有《黃玉命少宰招同李小灣宗伯陳秋濤宮詹韓月峰國子集定園》詩云：“偶然樂事到銜杯，淺淺輕波喜溯洄。故國山川同入夢，帝鄉雲物午登臺。蟬聲若爲朋簪好，花信如因笑語開。極目蒼煙看不盡，城南車騎夜深回。”詩題中稱子壯爲宮詹，子壯前年即遷詹事府少詹，本年方入京，旋升禮部右侍郎。此事在子壯升禮部右侍郎前。

時猶昨，艱虞道彌深。作忠求寸補，何地可浮沉。

莫道含香舊，依然束帶初。中原方羽檄，四海尚車書。典屬雖無似，和容庶有餘。聖朝收敝帚，猶詔錦窠居。（郭之奇《宛在堂文集》卷一一）

四月，黎遂球在杭州西湖，作《西湖雜記》。（黎遂球《蓮鬚閣集》卷十六）遂球經姑蘇，聞有中州之寇、江淮之水，寓白堤至八月。憂國思親，作《客吳賦　並序》。（黎遂球《蓮鬚閣集》卷一）

六月，郭之奇賦《季夏買舟白水將赴楚蘄阻雨未發卻寄仁和宋爾孚明府》詩云：

雨漲三山滯客津，吳江夜半越潮淪。遙知宋渡新來歲，再見蘇堤舊日春。身在峯飛觀折水，心如湖止任遊人。扁舟幾度思洄溯，無那秋風欲楚蘋。

之奇又賦《將至采石守風夜眺見江流四擁一纜悠然不禁煙波之感》七律。（郭之奇《宛在堂文集》卷一一）

秋，何吾騶賦《癸酉秋日賦菊　二首》詩云：

今歲餐英得，新晴滿院秋。玉搖書案潤，芳蔭石床幽。豈爲尋香草，還宜度酒樓。東籬舊朋好，行復寄鄉愁。

含氣開重九，流芳會此時。入餐方得理，欲摘未應私。白露誰爲法，青尊若與隨。平分桃李色，勿使豔陽知。（何吾騶《元氣堂集》卷中）

七月，釋道獨與張二果至杭州，黎遂球與同居西湖昭慶寺。[①]

初一日，郭之奇賦《孟秋之朔發金陵旬日始至蕪湖》詩云：

百里蕪湖十日程，退尋進尺較平生。與波上下非吾事，阻道流洄是客情。擊楫徒興當日舞，布帆難借此宵橫。永懷不寐飛江

---

① 《西湖雜記》：“癸酉七月，同年張子葂公以宗寶禪師至，同居昭慶。予嚴之於歌板酒厄，卻之如童子時秘弄具以對塾師也。而師與葂公顧不過督予於是，日夜相視笑語，較他人斷臂立雪尤爲親切。”（黎遂球《蓮鬚閣集》卷十六）按，宗寶禪師即釋道獨。

月，洗卻千愁照獨清。

十三日夜，之奇賦《舟夜守立秋　交節以十三夜亥二刻》詩云：

愁客思歸坐晚風，夢回秋色度江楓。吹來雁影澄波外，咽破蟬音碧樹中。斜月西藏飛爽露，行雲四斂肅高空。祇因一葉傷心見，搖落千年悲氣同。

立秋，郭之奇賦《立秋曉對》詩云：

朝看一葉下涼襟，昨夜商飈初動林。周史空懸三日令，楚臣已迫四時心。新來乳雁橫霄影，老盡鳴蟬咽露音。始覺朝清秋易肅，西郊不用更迎金。

之奇又賦《秋館讀書》、《賦得秋涼入郊墟　館課》二首、《渴愁》、《攬彎》、《方肅之得轉假附來使寄懷》、《陳子儀初入都相過小酌是刻得雨》、《封荊將就道子儀宜以詩祖余也而索余己巳贈行之作因復以詩答之》。（以上七律）

十五日，之奇賦《十五早得雨曉對諸山》詩云：

雨洗秋顏碧嶂重，江浮客意澹相宜。生平丘壑緣如素，遊倦煙霞望亦私。極目雲深採藥處，驚心露白溯洄時。遙憐故嶺千峯色，翻令伊人在水思。

之奇又賦《舟滯大通得同使宋今礎書知至廣濟相需多日》、《來剗有一葦恣泊江魚嘗新之語廼余舟中景則大不然也因移就小舟極夜之力至皖江擬即就道兼赴先以詩謝》、《捨棹兼程以不得即就今礎爲恨》、《今礎久寓廣濟相需筮諸關聖得此時賓主歡相得他日王侯卻並肩之語筮者方旋而余繼至相晤出此競歎靈奇因各詩以紀之》、《偶閱太白集因商李杜同異》、《與今礎至蘄春同話一署因及舊事州茂才袁道長兄弟翩然相顧各以詩章見贈走筆步韻答其一》（以上七律）。（郭之奇《宛在堂文集》卷一一）

二十五日，張喬以病卒於廣州，年僅十九歲。（張喬《蓮香集》卷一黎遂球《歌者張麗人墓誌銘》）卒前，喬賦《東洲病劇寄一箋與孟陽兼附以詩》詩云：

久薄青樓浪子名，斷腸芳信寄卿卿。悲歡共歷真如夢，新舊爲恩好認情。皎日只愁光別照，煙花那恨豔飄英。高天下地君同我，屏燭書燈各自明。（張喬《蓮香集》卷四）

又賦《東洲寄彭孟陽》詩云：

吞聲死別如何別，絕命迷離賦恨詩。題落妾襟和淚剪，終天遺此與君隨。（張喬《蓮香集》卷四）

張喬病卒，彭日貞（孟陽）爲作《惻惻吟　一百首有序》、《小懷仙　十首》、《和黎美周過張喬故居》（二首）、《幽芳記有序》（十六首）。（張喬《蓮香集》卷二）

張喬卒，王邦畿約於本年作《梅坳題石》（二首）悼之。（張喬《蓮香集》卷二）後又賦《挽張喬　並引》五律詩。

黃兆成賦《梅坳題石》七絕詩二首、《憶昔行》七律；李貞約於本年作《懷仙志》悼張喬（張喬《蓮香集》卷二）；張裔達賦《懷仙誌》五律詩（温汝能《粵東詩海》卷五五）；王應莘《懷仙誌》七律詩；伍雲賦《懷仙誌》七絕詩；蘇興祥①作《花塚弔張麗人》（張喬《蓮香集》卷二《雜詠》）；梁以壯約於本年作《花塚》詩悼張喬（梁以壯《蘭咠前集》卷四）；嚴而舒賦《梅坳題石》七律詩（張喬《蓮香集》卷二）；李雲龍賦《懷仙引和黎君獻》七絕詩四首（李雲龍《嘯樓詩初集》）；何穎②賦《懷仙誌》七絕、《墓上梨花》五絕；潘嗣英③賦《懷仙誌》七律、《墓上植百合花》七絕；蘇秩④賦《懷仙誌》七律詩；彭永⑤賦《懷仙誌》七律詩；楊兆鵬⑥賦《金陵陳都督席上遇温覺斯將

---

①　蘇興祥，字國兆。南海（一作番禺）人。貢生。事見《粵東詩海》卷五七。

②　何穎，字介卿，號石間。順德人。事見張喬《蓮香集》卷二。

③　潘嗣英，字積之。南海人。事見張喬《蓮香集》卷二。

④　蘇秩，字穉恭。順德人。事見張喬《蓮香集》卷二。

⑤　彭永，字千秋。順德人。事見張喬《蓮香集》卷二。

⑥　楊兆鵬，字張之。南海人。事見張喬《蓮香集》卷二。

歸五羊溫出遊時余曾與歌者張喬祖道比予行聞張喬已死於去秋因賦此贈溫并致感悼》五律、《懷仙誌》七絕、《憶昔行》七律、《憶昔篇》七古長詩；馬捷①賦《懷仙誌》五律詩；胡翼運賦《懷仙誌》七絕詩；徐良策②賦《懷仙誌》七律詩；周文豹賦《懷仙誌》七絕詩；陳子隨③賦《懷仙誌》七律詩；劉汝楫④賦《懷仙誌》七律詩；葉元凱⑤賦《懷仙誌》五律詩；楊之琦⑥賦《懷仙誌》七律詩；李士悅⑦賦《懷仙誌》五律詩；周官⑧賦《懷仙誌》七律詩；彭德盛⑨賦《懷仙誌》七律詩；何瀾泰⑩賦《懷仙誌》五律詩、《憶昔行》五絕；陳世紱⑪賦《懷仙誌》七律詩；彭廷贊⑫賦《懷仙誌》七律詩；方朔⑬賦《懷仙誌》七絕詩；蘇子楨⑭賦《懷仙誌》七絕詩；莊煜⑮賦《懷仙誌》七絕詩；姚啟璧⑯賦《懷仙誌》七絕詩；彭忠銘⑰賦《懷仙誌》七絕、《憶昔

---

① 馬捷，字瑞申，號景冲。南海人。事見張喬《蓮香集》卷二。
② 徐良策，字懸赤。東莞人。事見張喬《蓮香集》卷二。
③ 陳子隨，字嘉吉。南海人。事見張喬《蓮香集》卷二。
④ 劉汝楫，字濟甫。南海人。事見張喬《蓮香集》卷二。
⑤ 葉元凱，字賓穆。新會人。事見張喬《蓮香集》卷二。
⑥ 楊之琦，字奇玉。南海人。事見張喬《蓮香集》卷二。
⑦ 李士悅，字端球。番禺人。事見張喬《蓮香集》卷二。
⑧ 周官，字子儀。南海人。事見張喬《蓮香集》卷二。
⑨ 彭德盛，字于松，號挺霄。番禺人。事見張喬《蓮香集》卷二。
⑩ 何瀾泰，字景瑋。番禺人。事見張喬《蓮香集》卷二。
⑪ 陳世紱，字朱來。南海人。事見張喬《蓮香集》卷二。
⑫ 彭廷贊，字仲垣，號懺庵。番禺人。事見張喬《蓮香集》卷二。
⑬ 方朔，字三桃。番禺人。事見張喬《蓮香集》卷二。
⑭ 蘇子楨，字忍木。順德人。事見張喬《蓮香集》卷二。
⑮ 莊煜，字木生。南海人。事見張喬《蓮香集》卷二。
⑯ 姚啟璧，字谷符。南海人。事見張喬《蓮香集》卷二。
⑰ 彭忠銘，字紀常。番禺人。事見張喬《蓮香集》卷二。

行》七絶二首；區應槐①賦《懷仙誌》七律詩；曾暐②賦《憶昔行》雜言詩、《花塚》七絶、《寒食過墓》五律；盧若嵩③賦《懷仙誌》七律詩；池天琛④賦《懷仙誌》七絶詩；簡耀⑤賦《梅坳題石》七律詩二首；區謹⑥賦《梅坳題石》七言長詩；孔聞聖⑦賦《梅坳題石》七律詩；何日精⑧賦《梅坳題石》七律詩；陳士忠⑨賦《憶昔行》七絶詩二首；蘇興裔⑩賦《憶昔行》七古詩一首、七絶一首；黃晟元⑪賦《憶昔行》七絶詩；彭茲賦《憶昔行》七絶詩；方萬⑫賦《憶喬》七絶詩三首；黎本安⑬賦《病起夢張喬》七律詩；麥如章⑭賦《閱小喬詩畫》七絶詩；羅耀正《宿海曙樓有悼》七絶詩；岑爾孚⑮《集古挽喬仙 二首》七絶詩；梁培德⑯賦《過二喬墓》五律詩；容南英賦《梅坳晚眺》七絶詩；賴鏡⑰賦《懷仙志》七絶詩。（以上張喬《蓮香集》卷二）

　　張喬卒，女詩人徐婉卿亦賦《和美周黎先生過張二喬故居》

---

①　區應槐，字繼葉，號蓼莪。番禺人。事見張喬《蓮香集》卷二。

②　曾暐，字自（目）昭。從化（一作花縣）人。爲名諸生，得歲貢棄去，就食雷峰僧寺。益肆力經史詩歌古文，著述不一。有《毛詩疏義》。居雷峰十餘年，後出家爲僧，卒於東莞芥庵。（光緒重刊《花縣志》卷三）

③　盧若嵩，字維經，號鼎寰。番禺人。事見張喬《蓮香集》卷二。

④　池天琛，字崇耀。番禺人。事見張喬《蓮香集》卷二。

⑤　簡耀，字鬱文，號十岳。番禺人。事見張喬《蓮香集》卷二。

⑥　區謹，字秘子。南海人。事見張喬《蓮香集》卷二。

⑦　孔聞聖，字公時。番禺人。黃登《嶺南五朝詩選》卷八有傳。

⑧　何日精，字毓天。南海人。事見張喬《蓮香集》卷二。

⑨　陳士忠，字秉衡。南海人。工詩善畫。事見《留庵隨筆》。

⑩　蘇興裔，字裕宗。南海人。事見張喬《蓮香集》卷二。

⑪　黃晟元，字元節。南海人。事見張喬《蓮香集》卷二。

⑫　方萬，字約思，號虛舟。番禺人。事見張喬《蓮香集》卷二。

⑬　黎本安，字恭甫。從化人。事見張喬《蓮香集》卷二。

⑭　麥如章，字斐然。番禺人。事見張喬《蓮香集》卷二。

⑮　岑爾孚，字克昌。順德人。事見張喬《蓮香集》卷二。

⑯　梁培德，字懋修，號默庵。南海人。事見張喬《蓮香集》卷二。

⑰　賴鏡，字孟容，號白水山人。南海人。明末遭亂，逃禪萬壽寺，法名深度。著有《素庵詩鈔》。阮元《廣東通志》卷三二六有傳。

七律詩二首。（温汝能《粤東詩海》卷九六）

徐婉卿，番禺人。事見温汝能《粤東詩海》卷九六。

張喬妹玉喬亦賦《讀惻惻吟》七絶詩。（張喬《蓮香集》卷二《雜詠》）

秋末，黎遂球至蘇州，居虎丘，與師李模、譚元春偶逢於虎丘，相談終夜。（黎遂球《蓮鬚閣集》卷十六《虎丘雜記》）

冬，遂球至太倉州，拜會同鄉劉士斗，與張溥、張采、吳偉業、邵彌、孫淳等交遊。明年春爲遂球母蘇氏七十大壽，采作《黎母蘇太君壽序》，溥作《祝黎母蘇太君七十》詩祝之。（張采《知畏堂文存詩存·文存》卷四、張溥《七録齋詩文合集·詩稿》卷三）

十月十二日，麥兩岐立《玉蟾白真人贊①》詩石曰：

曾傳諶母煉丹訣，夜夜西山采明月。壺里滿盛烏兔精，劍尖尚帶蛟龍血。一自旌陽縣歸來，拔宅騰空入金闕。但留仵道八百年，未教他喫東華雪。（道光《南海縣志》卷一一）

麥兩岐，明思宗崇禎間人。事見道光《南海縣志》卷一一。

十一月，禮部侍郎何吾騶昇禮部尚書兼東閣大學士，預機務，與王應熊同入閣。（《明史》卷二三《崇禎本紀》）

十二月十八日，黎遂球與浙江舉子包會嘉同登泰山，有《登泰山記》。（黎遂球《蓮鬚閣集》卷十六）又有《登太山上天門作》（《蓮鬚閣集》卷三）、《臘月十八登泰山絶頂作》詩。（《蓮鬚閣集》卷七）。

殘臘，鄺露與陳子升、宋生同憑一几，看小李將軍山水。（吳天任《鄺中秘湛若年譜》）

本年張穆逾嶺北遊，思立功邊塞，有欲薦於山海關督師楊嗣昌者，或阻之。（宣統《東莞縣志》）穆過清遠登峽山，有《登

---

①　原注"楷書在像右"，末署"崇禎癸酉孟冬十二日弟子麥兩岐立石古端梁懋熙薰沐刻"。

飛來故址》、《大廟峽曉發》、《望觀音巘》等五律詩，似本年作。
穆至彭蠡湖，有《彭蠡阻風泊舟女兒港題胡壁》七絕。（張穆
《鐵橋集》）穆至黃岡縣，有《楚黃官河早發》七絕。又《黃岡
道上》七絕、《黃州避暑弘化庵》七律，似本年作。（張穆《鐵
橋集》）

本年郭之奇假滿，偕兄用章晉京。（《家傳·年月志》）坐失
權貴，散館左遷禮部主客清吏司主事、提督會同館。（《家傳》）
之奇賦《掛席過鄱陽　癸酉北征之作》五古詩（郭之奇《宛在堂
文集》卷六）、《癸酉北征車中二十日日與塵朝夕也歌以結之》七
古長詩（郭之奇《宛在堂文集》卷七）、《雨泊鰄魚村隔舟訊楊
承之　癸酉北征舟中作》、《晚望雷發》（以上五律）、《癸酉北征
二人偕至茶陽江帆迅速翻怪春風促予離也》、《舟中別諸親遠媵
者》、《過永定關》、《楊承之以謁虔州王文成祠詩見示用韻》、
《阻風晚泊五雲驛》、《既而暮雨蕭然別有遣予懷者》、《風泊洪都
何非鳴明府榼酒相貽走筆謝之》、《連朝如晦廿四早風平舟發披衣
起望山月隨人矣》、《因念澄江時得如此則來舫去刀兩俱莫逆固不
欲專丐南飆獨予帆迅也》、《過采石弔李白墓》、《恭謁孝陵二
首》、《雨日李小灣宗伯召飲寅齊暮辭風興口占為謝》、《將至滁州
途中得雨》、《曉發過關山　有感諸同年 有序》、《望闕》、《解柱
明中翰見招草橋山莊是日孫大器管泰階曹允大黃改庵劉胤平同其
弟拙存俱集》、《是日諸子肩輿余獨乘馬醉歸輒供笑謔詩以解嘲》。
（以上七律）（郭之奇《宛在堂文集》卷一一）

本年謝宗鍹作《癸酉下第》詩。（溫廷敬《潮州詩萃》甲編
卷十二）

謝宗鍹（？～一六五〇），字儒美，號菜嶼。澄海人。崇禎
十二年（一六三九）解元。性至孝，事兄克謹。國變後隱居不
仕。私謚貞穆先生。著有《觀古堂集》、《遁齋集》、《禦冷齋詩
集》。乾隆《潮州府志》卷二九有傳。

本年韓日纘賦《張孟奇先生種梅庾嶺尋疇昔之盟也余癸酉出

山載之而往因爲賦別》詩云：

　　香魂處處吐芳清，獨遣花神事遠征。月下何年曾入夢，嶺頭此日尚尋盟。一時宗老應無輩，予載風流得擅名。問我歸期堪索笑，花前綠醑許同傾。

　　又賦《癸酉出山》七律二首。（韓日纘《韓文恪公詩集》卷九）

　　本年曾曰唯賦《讀兩生藝　崇禎六年，客遊羊城，陳、方兩生以文來質，走筆書此》七古長詩。（張煜南《續梅水詩傳》卷一）

　　本年陳詩有京師之行，作《讀書齋記》。（陳詩《讀書齋記》）

　　本年釋道丘被相國何吾騶、翰林伍瑞隆邀至香山，講《金剛經》，曾有澳門之行。（《鼎湖山志》卷二《開山主法棲老和尚行狀》二五一頁，姜伯勤《石濂大汕與澳門禪史》四五一頁）二十年後伍瑞隆於岡州賦七律詩一首，詠及香山講經事。（《鼎湖山志》，第二五一頁，劉偉鏗《肇慶星湖石刻全錄》二八二頁）

　　本年肇慶鼎湖山麓迪村居士梁少川入山誅茅建蓮花庵，適新會朱子任（釋弘贊）發足參方，道出高峽，遂邀入同住，尋改蓮花庵爲慶雲庵。（《鼎湖山志》）

　　曾起莘（釋函昰）、霍師乾於本年中舉人，陳學佺中解元。三人歸，敬拜梁朝鐘母於龕外，時朝鐘母已卒。（阮元《廣東通志》卷七六《選舉表》，《喻園集》卷二《祭霍始生表弟文》）

　　曾開於本年中舉人。

　　曾開，字公實，號泰階。儋州（今屬海南）人。明思宗崇禎六年（一六三三）舉人第三名，時年十九歲。曾在中和鎮水井村建學堂（庠學），執鞭課徒，並著家書兩冊（失傳）。開生性聰穎，過目成誦，揮筆成章，尤工詩、聯句。早在孩童之時，出就儋州州試，試後閒遊州府，見府里花開似錦，伸手摘花，正值刺史高公外出，出句試云：“曾童生袖藏春色”，開對曰：“史太府目察秋毫"。刺史稱贊不絕，又云："曾童生中間加四點成爲魯國賢人"，開又回對曰："史太府頭上添一畫即稱吏部天官"。國亡不復出。編修韓廷苪目爲儋耳碩士，編《儋州志》三卷。陳伯陶《勝朝粵東遺民錄》卷四有傳。

黎民鐸於本年中舉人。

黎民鐸，字覺於。石城（今廉江）人。明思宗崇禎六年（一六三三）舉人。甲申後家居，以著書垂訓爲事。八十六歲卒。著有《汶塘詩集》。民國《石城縣志》卷七有傳。

陳詩於本年中舉人。

陳詩，字蔡俞。順德人。少讀詩書。崇禎六年（一六三三）舉人，任職禮部。後因不滿權貴，告假歸鄉。著有《知鴻堂文集》。事見阮元《廣東通志》卷七六。

姚子莊於本年中舉人。

姚子莊，字子瞻，一字六康。歸善人。瞻子。明思宗崇禎六年（一六三三）舉人。入清，應順治十五年（一六五八）科，得中副車（副貢生），康熙五年（一六六六）選石埭知縣。與釋澹歸、屈大均、王士禎相往還酬唱。時與程可則、梁佩蘭、廖文英①稱嶺南四家。著有《簡齋集》、《行路吟》、《祖香廚鶴陰詩選》、《西湖草》、《荔書》諸集。子璩，字耳臣。著有《災異錄》等。陳融《讀嶺南人詩絕句》卷五有傳。

鍾鼎臣於本年中舉人。

鍾鼎臣，字彝公。新會人。年十三舉茂才，王弘誨甚器重之。明思宗崇禎六年（一六三三）舉人，明年進士。官至嘉興知府。時海內鼎沸，郡縣多淪陷，與紳士沈輝辰等誓師死守，城破自縊。潘楳元、譚瑩《廣州鄉賢傳》卷四有傳。

朱伯蓮於本年中舉人。

---

① 廖文英，字百子，一字昆湖。連州人。官江西南康知府。著有《石林堂前後集》。溫汝能《粵東詩海》卷五七有傳。

朱伯蓮，字子敬，號净燠。南海人。明思宗崇禎六年（一六三三）舉人，七年乙榜進士，官至户科右給事中，兼兵科給事中。著有《鑒咿集》。朱次琦、朱宗琦《朱氏傳芳集》卷正有傳。

黎春曦於本年中舉人。

黎春曦，字梅映。南海人。明思宗崇禎六年（一六三三）舉人，十三年（一六四〇）庚辰特賜進士授武定知州。告歸，國亡不復出。著《九江鄉志》五卷。後卒於家。陳伯陶《勝朝粤東遺民録》卷一有傳。

曾士美於本年中舉人。

曾士美，儋州人。崇禎六年（一六三三）癸酉科舉人。

杜璜於本年中舉人。

杜璜，字石君。高要人。崇禎六年（一六三三）舉人。明亡，與同鄉副貢周之冕起義，欲復明室，夜襲清軍營盤於肇慶城郊蕉園。寡不敵眾，大敗，死於亂軍中。（宣統《高要縣志》卷十八）

趙必先於本年中舉人。

趙必先，字伯騰。潮陽人。崇禎六年（一六三三）舉人。樸直耿介，以古人自期，黃道周曾以詩褒之。鄉居六十年，足不履城市。年九十卒。（乾隆《潮州府志》卷三十）

姚士裒於本年中舉人。

姚士裒，字啟傳。澄海人。崇禎六年（一六三三）舉人。負氣節，重然諾。爲善於鄉。澄邑上中下莆三都田萬餘頃，藉堤爲防，士裒介眾修築，水患以除。崇禎末，士紳多自謀利盤剝鄉里，士裒清正自持，多興善舉，人皆推服。黃海如寇澄城，不擾其家，鄰人亦賴免禍。（乾隆《潮州府志》卷三十、嘉慶《澄海縣志》卷一九）

徐龍楨於本年中舉人。

徐龍楨，字騰九。花縣（今花都）人。崇禎六年（一六三三）舉人。初授福建福寧州知州，累官禮部儀制司員外。家貧力學，其妻湯氏紡織助其攻讀，爲人有志節。及辭官歸鄉，遇歲饑，設法賑濟鄉民，存活甚眾。終年六十七。（光緒《花縣志》卷三、民國《重修花縣志》卷九）

黃雲燦於本年中舉人。

黃雲燦，字光龍。東莞人。崇禎六年（一六三三）舉人。與同族諸生黃石印組織團練，修建營寨。（宣統《東莞縣志》卷六三）

廖吉人於本年中舉人。

廖吉人，字拜身。龍門人。崇禎六年（一六三三）舉人。江南黟縣知縣。辭官歸，康熙六年（一六六七）參修縣志。（咸豐《龍門縣志》卷十三）

陳守鑛於本年成貢生。

陳守鑛（一六一六～一六八九），字克棐，號繭齋。澄海人。邦奎子。明思宗崇禎六年（一六三三）貢生。鼎革後不出。著有《繭窩詩集》。嘉慶《澄海縣志》卷十九有傳。

巫子龍於本年成貢生。

巫子龍，英德人。明思宗崇禎六年（一六三三）貢生，連州訓導、高明教諭。父天衢，字子彥。諸生。著有《經書子史選粹》。弟子鳳，崇禎十四年（一六四一）貢生，歷官廣西桂林府訓導，署賀縣知縣。（《韶州府志》卷三四）

鄭朝明於本年成貢生。

鄭朝明，新安（今深圳）人。崇禎六年（一六三三）貢生，任訓導。（康熙《新安縣志》）

黃成元於本年成貢生。

黃成元，號立甫。和平人。崇禎六年（一六三三）通省撥貢，授知縣，以親老不仕。（《和平縣志》）

張家玉於本年補諸生。（屈大均《張公行狀》）

蔡文蘭於本年中副榜。

蔡文蘭，字免生。澄海人。從黃道周遊。年十五補諸生，中崇禎六年（一六三三）癸酉鄉試副榜。貧而介，授徒致束脩，悉均諸弟。甲申之變，更名守文，遁跡岩谷。未幾卒。著有《亂後草》、《海東旅人集》。陳伯陶《勝朝粵東遺民錄》卷四有傳。

郭天禔生。

郭天禔（一六三三～一七〇六），字爾肅，號屯園，又稱宓庵先生。揭陽人。之奇次子。明末清初隨父走荒城，入交趾。經戰陣每以身護父。及其父就義桂林，扶梓歸里，負土築塋而守之。工詩文，尤長於尺牘，喜談古禮。著有《屯園尺牘》、《溪堂詩集》。（乾隆《潮州府志》卷二九、《潮州志‧藝文志》）

釋今無生。

釋今無（一六三三～一六八一），字阿字。番禺人。本萬氏子。父為諸生，以株連系為禁卒。年十六，抵雷峰寺，依釋函昰得度。十七受《壇經》，聞貓聲大徹宗旨。監棲賢院務。十九隨師入廬山，中途寒疾垂死，夢神人授藥粒，覺乃甦，通三教。年二十二隻身走瀋陽，謁師叔釋函可，相與唱酬。三年渡遼海，涉瓊南而歸，再依雷峰。住海幢十二年。康熙十二年（一六七三）請藏入北，過山東，聞變，駐錫蕭府。十四年回海幢。著有《光宣臺全集》。陳伯陶《勝朝粵東遺民錄》卷四有傳。

釋大汕生。

釋大汕（一六三三～一七〇五），字廠翁，又字石蓮，號石濂。清遠飛來寺僧。俗姓徐，原籍江西九江，留寓浙江嘉興。明亡，其父殉國難。初依世交，後投釋道盛。受戒後於百祖、竹臺、水溪、廣福說法。招主五臺，刻釋道盛《傳燈正宗》。入粵，主廣州長壽院事。時飛來寺僧田散失，主持修峽中諸名勝，遂為中興祖師。工詩文，與屈大均、陳恭尹、吳偉業、王士禎等唱和。且善繪畫。著有《海外紀事》六卷、《離六堂詩集》十二卷、《燈詩百卷》等。《嶺南書徵》、《嶺南畫徵略》、《清遠縣志》卷八、卷十八有傳。

明思宗崇禎七年　清太宗天聰八年　甲戌　一六三四年

　　春，黎遂球在京城，梁稷從金陵來，居遂球寓中。（黎遂球《蓮鬚閣集》卷十八《王予安石室詩序》）

　　張穆遊蘇州、杭州，有《虎丘晚眺》七律、《白公堤弔五人墓》五絕、《錢唐泛月》七絕三首、《西湖上送秋林吳山人》七絕、《遊仙華山》七律。（《鐵橋集》）

　　正月初八日，張萱賦《甲戌正月八日立春呈陸岱瞻令公》詩云：

　　宜春寶字綹呻龍，蒼帝初乘列子風。鼉渚棠陰歌召父，驪峯藜杖候萊公。花前綵勝開雙篆，竹下雲翹舞兩同。仙令行春噓黍穀，陽和先滿兩花封。（張萱《西園存稿》卷九）

　　上元夕（正月十五日夜），鄺露與陳、潘諸少年跨馬遊廣州燈市，衝撞南海縣令黃恭庭前驅。侍御梁元柱與露友善，請釋不得，勸露遠遊以避之。露遂棄家西行，經漓湘赴粵西，入傜區，爲傜族執兵符者雲䃌娘掌書記，此行有《述征》五古詩十首紀之（序云：甲戌獻春，去親爲客，塗登百粵，水宿三湘，得詩十章，貽諸知好，用達所屆）。（鄺露《嶠雅》卷一）

　　二月，黎遂球賦《恭遇上耕籍田作詩八章　崇禎七年春仲》四言詩。（黎遂球《蓮鬚閣集》卷二）

　　三月，遂球會試不第，南還，何吾騶踐別遂球於西湖之堤。酒後，遂球與伍瑞隆偕遊北京西山，復遇譚元定，三人同遊西山，遂球有《西山遊記》（黎遂球《蓮鬚閣集》卷十六）、七絕《同伍國開譚元定遊西山雜詠二十首》（黎遂球《蓮鬚閣集》卷十）。後數日，伍瑞隆病，同鄉趙龍得補閩臬從事，即拉遂球同南歸。

　　趙龍，即趙進偕，字浴庵。番禺人。天啟七年（一六二七）舉人。崇禎四年（一六三一）進士，知興化縣，水患頻仍，民殣相望，請緩徵不得。即自拜疏上之，被劾落職。官至太常寺卿。

入清任平樂知府。光緒《廣州府志》卷一二〇有傳。

初七日，華亭董其昌、長洲文震孟爲郭之奇撰詩序。（郭之奇《宛在堂文集》卷首）

十七日，張萱賦《春三月十有七日岱瞻陸侯覽揆之辰也時侯以歸善令兼攝博羅不肖萱忝在世講復幸以文字交最歡最篤既從諸薦紳縫掖乞言椽筆以侑勺者再獻俚語二章以效岡陵之祝》七律詩。

萱又賦《弔朝雲墓用歸善陸令公韻》二首、《陸令公再過小園時余他出不及掃徑開尊賦此申謝》、《觀察洪公過訪小園留酌賦謝》二首、《壽陳梓白七十一》（以上七律）。（張萱《西園存稿》卷九）

夏，黎遂球與羅萬藻寓居杭州西湖昭慶寺，常棹舟入湖中游。（黎遂球《蓮鬚閣集》卷十六《西湖雜記》）

釋弘贊在幨禮釋道丘棲壑於白雲山蒲澗寺，剔染受具，服侍二年。（《鼎湖山志·第二代在幨和尚傳》第二八四頁）

四月初九日，黎遂球出京城。

望日（十五日），先是李孫宸以高價購得李公麟之《洛神圖》，此日題跋於其上。（李孫宸《建霞樓集·文集》卷四《跋龍眠洛神圖》）

二十二日，黎遂球至徐州，渡黃河。二十八日，憩江浦縣。由淮安至江浦，所坐一竹輿，前後二騾肩之，坐之似水船，因作《非水船記》。（黎遂球《蓮鬚閣集》卷十六）

遂球至金陵，居宗伯李孫宸、何仙矅、萍庵三處。居李孫宸處時，爲其賞鑒古玩字畫。[1] 在金陵，與同年劉士斗、趙龍、劉魯生、陳路若遊秦淮河。（黎遂球《蓮鬚閣集》卷十六《金陵雜

----

① 《金陵雜記》云："於是甲戌四月從京師出，至於金陵。至金陵亦不多日，居大宗伯李小灣先生之署者什六，何仙矅山人家者什一，萍庵什三。居宗伯署爲賞鑒古名跡也。"（黎遂球《蓮鬚閣集》卷十六）遂球有《至南都呈大宗伯李小灣先生》詩（黎遂球《蓮鬚閣集》卷八），題下自注："宗伯序先高士詩"。此詩當此時作。時李孫宸任南都禮部尚書，故稱宗伯。（黎遂球《蓮鬚閣文鈔》卷六《萍庵記》）

記》）

遂球在金陵，於陳都督席上遇同里溫玉振，時玉振將歸廣州，作詩以送之。（黎遂球《蓮鬚閣集》卷五《金陵陳都督席上遇溫覺斯將歸五羊賦贈》）

溫玉振（一五八〇～一六六六），字覺斯。順德人。諸生。自閩越吳楚齊魯燕趙，凡名山必登。愛金馬碧雞之奇，兩度入滇。遊金陵，陳子壯作詩送之。黎遂球亦客金陵，文酒之燕時形歌詠。明亡，不復出，康熙五年卒，年八十七。民國《龍山鄉志》卷十一有傳。

遂球在金陵與趙龍別，作《送趙進士由興化令謫補閩臬曹序》送之。（黎遂球《蓮鬚閣文鈔》卷四）遂球在金陵，與王思任交遊。（黎遂球《蓮鬚閣集》卷十六《金陵雜記》）

遂球至蘇州，聞劉士斗去官事，作《贈太倉州知州劉子序》致之。（黎遂球《蓮鬚閣集》卷十七）

四月初九日，郭之奇賦《封荊就道以仲夏九日》詩云：

征車曉夕似行雲，野色峯容近遠醺。出郭何心初一嘯，興懷隨地入孤聞。豈將詞賦銷長日，正想謌諏答聖君。此際悠悠思不禁，自憐朝野望中分。

之奇又賦《憶去歲北趨九歌之作感而有述》、《暑塵道中回首有感之作》、《岐路》、《秋心》、《入徐界望黃河》（以上七律）。

二十八日，郭之奇奉命冊封荊藩德安王並妃就道，賦《孟夏念八日奉命冊封荊藩德安王並妃就道計程之作》五言排律詩云：

寶玉分周室，威儀出漢宮。列星辭帝座，五色下層穹。拜命明章左，錫圭翼井東。龍虯飛六節，鷖鳳挾雙桐。儼若乘雲御，飄如帥電鞚。璽書光牡駟，旌采建雄虹。嘉德思炎土，清塵戒祝融。淑陽凔午氣，愛日度薰風。夕巘林煙滿，朝輿月霧朦。超氛宜上溢，觀世且停驄。隨地歌謠採，及時名譽通。駕言燕冀北，直向楚蘄中。原隰驅馳異，舟車夙夜同。路從霄漢迥，槎望斗牛窮。遙計包茅土，今懷湛露濃。秋湖明赤烏，夢澤表彤弓。文物

南藩盛，聲名荊服雄。客心觥古蹟，長嘯入江楓。極目雲山渺，
廻看象闕崇。永懷多不寐，默識自爲功。豈曰俱王事，所知獨匪
躬。諮諏無近遠，報答有微衷。

之奇又賦《感祖陵震驚矢憤》五言排律、《經池河紅心濠梁
道中目傷口繪三十韻》、《固鎮驛阻滯感述　有序》、《利國監曉
發》、《書情呈倪玉汝宮端》、《送何香山師相》（以上五言排律）。
（郭之奇《宛在堂文集》卷一三）

五月，郭之奇奉使册封荊藩（蘄州府德安王），便道歸覲。
（《家傳》）兄用章補武英殿中書舍人。（《年月志》）

之奇賦《封荊將就道別梁瑤石銓部適盧本潛給諫胡蘭石侍御
俱集小酌口號》、《簡點行箱》（《宛在堂文集》卷一七）、《夏日
奉命册荊藩車中計程之作》、《倦醉》、《晚至黃河阻渡》、《曉
渡》、《涼陰》、《風拂》、《露團》、《流聞》、《書懷》、《潛山道中
晚行懷方肅之四首　有引》、《夜行至曉》、《黃梅道中聽松風》、
《分署承今礎以二詩相招使者立促步韻答之》、《寓所有綠柳垂陰
拂雲簷落因復以此轉招今礎步其二之韻》、《州刺史唐伯閶以蘄州
志相貽》、《臥起》、《夜吟》（以上七絕）。

六月，張萱賦《甲戌夏六月目病自悼》七律詩三首。

萱又賦《九如三錫詩爲誥封中憲大夫陸太翁誥封恭人陸太母
雙壽偕封賦時太翁太母皆駕還當湖南海諸薦紳相率稱詩爲賀最後
萱乃得而讀之亦以二詩繼進自明響往情見乎詞》二首、《讀南欽
錄奉懷安石先生陸太翁非敢竊附於金蘭妄欲自同於臭味第知聞聲
而應安得撫塵而遊遥獻二詩自憐一映不辭穢陋以見歸依結想終生
披襟何日》二首、《讀旌柏堂錄爲陸貞姑七十壽賦貞姑今憲副廉
石陸公之姑也姑年十六歸同邑參知馮公皋謨之子曰春暘甫苐春暘
逝姑舉遺腹子五歲亦夭姑投繯觸棺誓殉地下左右力護視始免參知
公傷其志欲爲擇嗣無可擇者乃以幼女爲姑之女是貞姑以小姑爲女
亦爲子也蓋義起矣參知公曰小姑長唯婦擇婿婿之於是憲副公爲貞
姑之婿憲副公郎水部日輒疏貞姑之節以聞得報表閭稱貞姑云歲甲

戌姑年七十矣八月既望爲設帨之辰憲副公適以入賀過里乃索拙句爲壽不得辭敢以三章侑勺者》二首（以上七律）。（張萱《西園存稿》卷九）

二十九日，明崇禎帝御經筵，詔諸儒臣廷對便殿，給筆劄，令擬票疏。稱旨者九人，陳子壯居最上。（《陳文忠公遺集》卷十一《家書十三》）

夏末秋初，鄺露即再北遊。由蒼梧度桂嶺入抵衡陽，又浮湘而下，訪屈子、賈生遺跡。

秋，黎遂球在杭州西湖，示聞啟祥以《十不可銘》，啟祥爲之書於銘後。（黎遂球《蓮鬚閣文鈔》卷十五）遂球有《國風二集序》。（黎遂球《蓮鬚閣文鈔》卷九）

梁亭表賦《甲戌秋道經梁化謁蘇長公祠》詩云：

江頭萬仞削芙蓉，曾是孤臣此杖筇。遺廟柏森煙漠漠，豐湖秋淨水溶溶。夏時獨苦青苗法，避地偏宜白鶴峯。斷碣不隨荒草沒，似將留蹟寄山農。（康熙《埔陽志》卷五）

七月，張萱賦《甲戌孟秋觀察廉翁陸太公祖以詩箋見貽並分題索諸拙句未同幸辱投瑯獨契敢忘報李用來韻賦謝二首》詩云：

赫赫具瞻尹，洋洋大雅篇。右文逢聖主，陳枲借才仙。永譽兼三立，靈心徹九玄。依劉難縮地，御李想揚鞭。

倚相久不作，素臣誰與儔。君名懸日月，世業癖春秋。倒峽思常湧，掞天筆更遒。嚶鳴空寤寐，尺素莫沉浮。

又賦《邑佐潘侯偕鄉友移樽小園目廢已久不能趨侍賦此奉謝二首》五律。（張萱《西園存稿》卷五）

七夕，鄺露度洞庭湖，登岳陽樓。北至武昌，登黃鶴樓，望鸚鵡洲，識竟陵譚元春，與同賦萍詩，後沿江東下，自九江泛彭蠡，訪二孤山，出湖口，探石鐘山，過安徽之懷寧，抵桐城，略事勾留。時流寇紛起，大局日危，深以爲憂。露在皖，時阮大鍼以逆閹案，廢居皖城，露嘗訪之，稱門人，序其《詠懷堂集》並校之。大鍼亦於其《石巢詩話》中極譽鄺露詩。及皖中被寇，大

鍼避居金陵，延納遊俠才士，露至金陵，亦常爲座上客。（鄺露
《嶠雅》、《海雪堂文獻集》）

黎遂球在姑蘇與師李模告歸，模命多留近詩，因録古體詩爲
一類留呈，有《古體詩跋》。（黎遂球《蓮鬚閣文鈔》卷十六）
遂球過錢塘，有書與張采。①

同日，郭之奇賦《七夕江月　距立秋前有六日》詩云：

江遠搖涼月，影分天漢流。弦光低鵲渡，機石拂蟾鈎。巧向
何人得，槎因使客浮。祇憐歡夜短，此夕未爲秋。

十四日，之奇賦《十四夜泊繁昌舊縣鎮》詩云：

月自無而滿，風惟西與南。秋光時可掬，天意日難探。緑岸
同舟懶，青山對客憨。羈人甘寂寂，或恐使星慚。

又賦《漢川秋懷》五律。

十七日，之奇賦《十七早曉發虛江》詩云：

落月銜山白，歸帆出樹青。新涼煙抱石，欲曉影搖汀。醉夢
灘聲破，昏愁鳥語醒。披衣成獨對，雲水自泠泠。

之奇又賦《雩都山行》、《大寧曉發》《雨宿》二首（以上五
律）。（郭之奇《宛在堂文集》卷九）

二十八日，郭之奇賦《孟秋廿八日册封禮成恭紀》詩云：

帝命敦庸二禮郎，雙銜節册下蘄陽。南藩服壯雄三楚，翼井
星臨燦七襄。桐剪清秋新露渥，茅封廣漢舊流長。縣來寶玉分周
室，此日親親在一堂。

之奇又賦《荊王錫宴兼索詩篇應教啟謝》、《偕今礎謁樊山王
留酌清軒更有雨湖之約》、《是夕饒黃山侍御邀同今礎酌南樓共望
雨湖》（以上七律）。（郭之奇《宛在堂文集》卷一二）

八月初三日，之奇賦《仲秋三日送節馬上口占別今礎四首》
詩云：

---

① 黎遂球《蓮鬚閣集》卷十三《寄張受先》：“頃甲戌過錢塘，尚有片劄
付筆人，想當達覽。弟在湖上病虐，直還家，至新春乃已。”

六節翩翩指北翔，臣誼翻令友情長。星分楚野迷千岫，思入燕天共一方。

寒寒王臣各未家，客中離異倍傷嗟。秋深古道非前色，愁見堤荷作舊花。

魯粵猶然稱二東，八千里路在其中。與君此地舟車別，秋色平分近遠同。

蘄峯中斷馬頭分，古道離顏共白雲。交手再三揮手去，蕭淒長對楚關曛。

又賦《道經廬山憩東林寺僧人索句》、《車中望最高峯》、《過贛關見民舟阻隔有感》、《山峽見月》、《舟行偶成》、《捨陸就汀舟喜見家鄉在即三首》、《至大埔聞鄉音》。（以上七絕）（郭之奇《宛在堂文集》卷一八）

初四日，郭之奇賦《四日發蘄陽有感》詩云：

此地空懷屈宋音，無緣憑弔悵孤心。平原十日徒相款，咫尺三湘未可尋。遊遠依然同迫厄，悲秋何處問登臨。祇憐入楚多騷怨，況復鄉思動越吟。

之奇又賦《是夕泊壟坪鎮舟眺》、《見月落秋空雲斂波出悠然有感》、《廬山道中憩東林寺詢寺僧以遠公舊事》、《對廬山默約》。（以上七律）

初八日，郭之奇賦《西山秋水 初八日南浦登舟》詩云：

攜來吳楚百川秋，併入西江一水流。江水流秋秋欲半，秋江對客客多愁。蟬如有恨藏朝樹，鷗自無心出暮洲。莫道歸帆朝暮迫，月明江遠倍悠悠。

之奇又賦《急雨》、《臨流》、《窮川》（以上七律）。（郭之奇《宛在堂文集》卷一二）

十四日，郭之奇賦《中秋前一日有七閩督學之命》詩云：

雪峯初入望，旗鼓舊相扶。觀察當年相，考亭百代儒。一官仍已學，吾道未鄰孤。歎息高山在，誰能隔步趨。

之奇又賦《有感》五律詩。（郭之奇《宛在堂文集》卷八）

十五日夜，郭之奇賦《中秋夜泊界亭村雨望》詩云：

秋中孤纜一流灣，明月相愁閉遠山。落木疏枝雲黯淡，芳汀細草雨潺湲。獨憐團扇因寒置，忽憶浮槎自海還。何事蟾光終畏客，卻教螢火熠離顏。（郭之奇《宛在堂文集》卷一二）

同夜，張萱賦《甲戌八月十五夜先雨後月寄懷陸岱瞻明府》詩云：

庾樓賓從正徘徊，仙令憑欄雨色開。遙憶今霄揮綵筆，懸知明歲築高臺。鶴峯霜肅老狐拜，鼉渚波恬狎鳥來。曲奏紫雲飛匹練，與誰同駕玉橋囘。

絃管吹雲掛玉盤，囊傾盛露集金蘭。已知元獻招君玉，不用文簫駕綵鸞　時有梨園女樂之禁。棠蔭正思霑化雨，霜娥何事怨微寒。誰云室邇人常遠，一水盈盈喜共看。

閏八月十五日，張萱賦《甲戌閏中秋又寄懷陸明府》七律詩二首。

萱又賦《甲戌舊郡公詔階徐公督學以詩幣見寄賦此馳謝》二首、《豫章李太虛太史南還讀余玉山驛舍留題既賦二絕謬相獎借復以大椿堂佳集治書見貽獎借益隆余於太史未同真獨知之契也賦此馳謝》、《寄題沈乃功別駕暢園此有山》、《寶安舊令姑蘇李子木侍御讀禮里居遠貽書幣見索拙刻復爲張天如太史楊維斗解元紹介亦索拙刻即以拙刻尚力各致之賦此馳謝》二首、《張天如太史既寄聲於李子木侍御見索拙刻諸書復以書價附郡理吳公祖見貺不敢拜領即緘拙刻諸書致之並書價完璧賦此馳謝》、《以拙刻諸書尚力致楊維斗解元賦此並寄》（以上七律）。（張萱《西園存稿》卷九）

閏八月十五日，許國佐賦《閏中秋　甲戌潘玉函徵和》詩云：

何不人狂我亦狂，猶得三年置夜郎。供奉樂天應笑我，樓臺方才作雪光。無那拋心去學腐，腐得成時今已古。古今屈指有幾何，玉函且作班王主。爲君愛客重遊梁，於此亦勞君抑揚。生不逢辰猶逢月，何時共醉廣陵鄉。月明何事穿茲土，我儕何事芽茲語。有酒有客閏中秋，何必隨人説辛苦。大界都是消魂場，其間内外可相當。問君他日長林去，何處黃堂與琴堂。（民國温廷敬《潮州詩萃》甲編卷一〇）

八九月間，鄺露在某幕中。

九月，露賦《君子有所思行》五古詩，跋云：甲戌七月，客桐城，見世室之兼併，懼遊民之扇亂。八月，民變火城。九月，寇毀中都，遂不覺言之中也。（鄺露《嶠雅》卷一）

冬，露賦《苦寒行》五古詩，跋云：甲戌冬，流寇陷潛、宿。余時肇幕中，剟説騁詞，發曲突之謀，不能脱處囊之穎，爰賦斯作。（鄺露《嶠雅》卷一）

鄺露遊九華山，賦《登九子》五律詩。（陳永正《嶺南歷代詩選》二二六頁）露至九華時，李之世爲池州推官，露過訪，有《短歌行》四言詩贈之（箋曰：九子之山，徽池雄鎮，削若苕之華，青蓮更名九華，投詩贈崔秋浦，以識交燕。甲戌冬，予遊九華，里賢李長度爲池郡司理，文心妙賞，有類昔人，余載筆過之）。（鄺露《嶠雅》卷一）

露在皖識阮大鋮，事以師禮，有《霧靈謁樵川阮先生》詩贈之。大鋮極賞露詩，爲序其集。於皖口值區懷瑞出宰當陽，露有詩送之。

露旋過瑯玡出吳會（蘇州），與江南文士李如谷、模父子，及何次德、薛諧孟、陳定生、孫宏先等，詩酒唱酬，露賦《赤鸚鵡》詩十二律，一時傳誦，名動江南，與其後黎遂球於揚州賦黃牡丹詩拔置第一，先後膺"鄺鸚鵡"、"黎牡丹"之號。時露寓虎丘寺，李模奉其父如谷過訪，露有詩紀之。已而臥病寺中，孫灝如裹藥來探，露有詩酬之。

露自吳會上金陵，將作京師之遊，會袁羽人歸羅浮，露有詩送之。遇劉士斗、梁稷，有《莫愁湖贈劉瞻甫》、《莫愁湖酌酒與劉使君》、《留都贈梁非馨》詩贈之。露遂北上京師，經揚州稍留，憶往日在穗勝況，作《婆侯戲效宮體寄侍御梁仲玉》五言排律長詩，跋云：

> 甲戌上元，跨馬值黄令公行憊。梁侍御請罪，弗釋。予亦曳裾長安，留滯維揚。感曩粵之繁盛，潛今時之凋弊，逝同碩鼠，哀切蟋蟀，而終之以媚嫉，庶幾風人之旨云。（鄺露《嶠雅》卷一）

露洎至京師，終無所遇①，北遊以還，得詩等凡數百篇。（吳天任《鄺中秘湛若年譜》）

冬，梁朝鐘友人黎臣哉、黎彭齡兄弟卒。其時梁克載、曾起莘（釋函是）與朝鐘方從釋道獨學出世之學。（梁朝鐘《喻園集》卷二《祭黎臣哉頡孫兄弟文》）

黎彭齡（？～一六三四），字頡孫。番禺人。淳先次子。諸生。著有《芙航集》。事見黄登《嶺南五朝詩選》下册卷八。

十月，崇禎帝連御經筵，陳子壯爲日講，帝動容傾聽。（《陳文忠公遺集》卷十一《家書十三》）

子壯賦《直講紀詠　有序》七絶詩十二首，序云：

> 崇禎甲戌冬十月，上連御講筵，側聽繹雪朝不輟，傳以《春秋》，更《通鑑》進講。時講官臣子壯暨韓宗伯日纘、姜宗伯逢元、姜宮端曰廣、倪宮諭元璐、劉翰撰若宰，至是又補尚經文宮詹震孟，凡七人。蒙諭講書，不拘忌諱，親批閣揭春秋歸賜一段，正見當時朝政有失，所以當講後以此類推。臣子壯仰觀聖學，越度今古，非恆所擬，姑紀述一二，以志恩遇云爾。（陳子壯《陳文忠公集》卷六《練要堂集》）

十二月，何吾騶賦《甲戌齋宿祈雪南郊》五古詩。（何吾騶《元氣堂集》卷上）

年底黎遂球歸廣州，友蘇兆元以病卒於家，過而哭之。冬至前十日，作《祭蘇子文》祭拜。（黎遂球《蓮鬚閣文鈔》卷十七）

蘇兆元（？～一六二七），諸生。崇禎七年（一六二七）以

---

① 《秋胡行》詩後記云：“甲乙之交，余遊京師，元老無吐握之容，草臣抱憂天之涕，托興秋胡，志潔也。後十年，京師乃陷。”

病卒於家。

年初元宵時遂球在京城聞張喬去年秋以病卒於廣州，比年底歸廣州，爲張喬作《歌者張麗人墓誌銘》。（黎遂球《蓮鬚閣集》卷二四）

除夕，張萱賦《甲戌除夕》詩云：

竹爆休驚麋鹿羣，何來辰子祝慇懃。陽春已布寒應退，臘意仍餘煖未分。是歲臘月十八日立春。饑歲獨澆留歲酒，固窮不譔送窮文。亦知媚奧非吾事，司命寧須問竈君。（張萱《西園存稿》卷九）

本年會試黎遂球所作有《政教策》、《官人策》（黎遂球《蓮鬚閣集》卷十二）、《聖人法天以政養民論》（黎遂球《蓮鬚閣文鈔》卷一）、《屯田策》、《流寇策》、《禦夷策》（黎遂球《蓮鬚閣文鈔》卷三）。

本年李孫宸三疏乞骸歸，俱奉旨慰留。然還山念切，因賦《金陵歸思》百韻，遂卒於官，年五十九。（阮元《廣東通志》卷二八三）

本年郭之奇賦《甲戌奉使荆藩樊山王設舟邀同同使宋今礎泛雨湖是日連陰霖霂及登舟而明湖已開霽相迎矣》七古長詩（郭之奇《宛在堂文集》卷七）、《汶上阻雨　甲戌冊荆藩道中作》、《鄒邑道中雨過曉望》、《晚眺》（以上五律）、《滁州道中吊古　甲戌使荆藩之作》五古詩。（郭之奇《宛在堂文集》卷九）

本年陳子壯與大學士溫體仁生嫌隙。（《明季北略》卷十）

本年陳學佺、曾起莘（釋天然函昰）上京會試，不第。歸途中曾宿南京報恩塔院。歸家後，一夕學佺過梁朝鐘吼閣，朝鐘欲與語生死之事，須臾他客至，遂以他語易之，遲數月學佺以病卒（時已爲明年），年三十歲。（梁朝鐘《喻園集》卷二《祭霍始生表弟文》、《祭黎臣哉顥孫兄弟文》，民國《東莞縣志》卷六三《陳學佺傳》）

本年黃公輔起復原官，升湖廣布政司參議分巡湖北。自三水與親家劉某、何凝生同北上，所行自江門經三水、韶州、樂昌、宜章、衡州（今衡陽）、岳州（今岳陽）至武昌。於武昌登黃鶴樓，有詩紀之。① 在武昌，時聞流寇犯楚界，即奉命速往常德。大約寇警尋解除，又經公安，過袁宏道故居，有詩記之。再往荊門、承天。②

本年陳衍虞賦《何嶺　登此則九鯉湖在望矣》、《九鯉湖》、《祈九鯉仙夢以詩代疏問之》尾聯自注：“予年過三十。”（陳衍虞《蓮山詩集》卷九）

陳衍虞（一六〇四、一六〇三～一六八八、一六九三、一六九二），字伯宗，自號園公、玄公、園道人。海陽（今潮州）人。爲諸生時入復社。崇禎十五年（一六四二）舉人。明亡隱於鄉。清順治十二年（一六五五）出任番禺教諭，遷廣西平樂知縣。尋歸，居林下三十年，年八十五卒。著有《蔚園文稿》、《蓮山續文稿》、《還山文稿》、《昭潭集》、《爾爾草》、《蓮山詩集》、《禺山詩草》、《邑乘論》、《郡乘代言》、《鍾墨亭啟集》、《鍾墨亭尺牘》等。乾隆《潮州府志》卷二九有傳。子玨，字比之，號雙山。康雍間太學生。詩清麗淵雅。張尚瑗遊粵，舉與惠州葉適並稱。著有《研痕堂詩文集》、《過庭集》，又選編潮人詩爲《古瀛詩苑》。

---

① 黃公輔《北燕岩集》卷二有《奉命湖北簡裝示二子》、《同劉親家何凝生江門發舟步韻》、《舟過三水凝生韻》、《同劉親家何凝生諸子登飛來絕頂》二首、《余之官楚劉親家並舟北上臨別漫成兼懷李玄馭》、《觀音岩》（按，觀音岩在英德縣）、《樂昌阻雨劉親家韻》四首、《苦雨劉韻》、《喜晴劉韻》、《岳州從陸登舟順風過臨湘新堤市》、《衡州道中》、《宜章有懷》、《安鄉道中有感》、《登黃鶴樓》諸詩，可證公輔行程。

② 黃公輔《北燕岩集》卷二有《登黃鶴樓時聞流寇犯楚界速往常德》、《宿周家田莊》、《初至常德》、《寄石頭陳芬閣》、《過袁中郎故居有憶有修年兄長公宗道字伯修會元次宏道字中郎進士季中道字小修中郎子彭年進士小修子祈年孝廉》、《荊門道中》、《憶三兄　兄逝於九月》、《往承天見楚俗蒔田婦女多於丈夫每畝二三十成群丈夫二人擊鼓相催群婦互歌相答須臾而此田蒔畢又過別田矣詩以述之》諸詩，可證公輔行程。大概公輔所分巡爲荊西道，駐承天，即安陸府。（《明史》卷七五《職官志》）

（光緒《海陽縣志》卷三九）

本年末明年初，鄺露賦《秋胡行》五古詩九首，跋云：

甲乙之交，余遊京師，元老無吐握之容，草臣抱憂天之涕，托興秋胡，志潔也。後十年，京師乃陷。（鄺露《嶠雅》卷一）

本年曾起莘（釋函昰）下第歸，過金牛渡，病中冥感畢見，抵家屏人事，一意參究，脅不貼席彌月，得悟。（釋今無《光宣臺集》卷十《大日庵智母師太塔銘》）會試不第，還至吉州，臥病金牛寺，醫不下藥，起坐，禱一方佛，是夜感異夢，汗透重襟而病頓愈。還家後斷欲長齋，參究彌切，衣不解帶者兩月，大悟玄旨，嗣是闔門益篤信佛。與張二果談性宗，相得甚歡。受持《妙法蓮花經》。（釋今辯《行狀》、《天然昰禪師語錄》十二《書自書法華經後》）

本年張穆賦《錢塘泛月　甲戌，集本二首，陳本作《西湖泛月，容本據書畫冊三首，此補第二首》，詩云：

千峯欲夕紫霞催，碧水澄澄畫舫廻。簫鼓漸沉荷葉冷，勝情偏在月初來。（清抄本《鐵橋山人遺詩》）

本年施燦然隨從伯兄指揮使炯然奉檄解將軍大炮兵餉至山東、河南，與從五兄熜然以身殉職。

施燦然（？～一六三四），番禺人。煇然弟。崇禎七年（一六三四），隨從伯兄指揮使炯然奉檄解將軍大炮兵餉至山東、河南，與從五兄熜然以身殉職。（阮元《廣東通志》卷二八五）

本年縣役聚黨倡亂，黃夢選率鄉勇力擒之。

黃夢選（？～一六四六），號賓玉。揭陽人。崇禎初海寇逼城，夢選以儒生奮勇破之，加都司銜。七年（一六三四）縣役聚黨倡亂，率鄉勇擒之，授碣石水寨都司。任四年，以老乞歸。順治三年劉公顯破揭陽，不降死。（乾隆《潮州府志》卷二八）

本年謝長文任惠州府訓導。（陳伯陶《勝朝粵東遺民錄》卷一）

陳慧業於本年中會元。

陳慧業，字瑚仲。順德人。崇禎七年（一六三四）進士。官至行人司行人。康熙《順德縣志》卷八有傳。

關捷先於本年中進士。

羅萬傑於本年中進士。（乾隆《潮州府志》卷二八）

鄭同玄（元）於本年中進士。

鄭同玄，字黃中，號練水。潮陽人。明思宗崇禎七年（一六三四）進士。授六合知縣。以註誤待罪五載，論戍台州。官至太僕少卿。李自成攻佔北京，同玄遁跡梧州、桂林間。值容縣兵叛，同玄遇變不屈，與長子同日殉難。康熙《潮州府志》卷九上、阮元《廣東通志》卷二九四有傳。

李振聲於本年中進士。

李振聲，字美發。番禺人。崇禎七年（一六三四）進士。事見《明清進士題名碑錄索引》下。

吳翼於本年成貢生。

吳翼，順德人。崇禎七年（一六三四）貢生。事見康熙《順德縣志》卷六。

劉欽翼於本年成貢生。

劉欽翼，字允贊。東莞人。寄欽州學，崇禎七年（一六三四）貢生，官海豐訓導。事見宣統《東莞縣志》卷九。

何劍客生。

何劍客（一六三四～?），字廷亮。番禺人。十六歲補諸生。雍正十年（一七三二）九十九歲猶應院試，督學鍾岳壯之，給予優等。十三年奉旨建坊，時年百二。（同治《番禺縣志》卷五〇）

林有紀被殺。

林有紀（?～一六三四），字典三。惠來人。童髫時父客死處州，趨數千里扶櫬歸。崇禎七年（一六三四）母爲海寇擄，聞難，泣入海寇營，願以百金爲贖，自留爲人質而使釋母。逾期金不至，被殺。（乾隆《潮州府志》卷二九）

明思宗崇禎八年　清太宗天聰九年　乙亥　一六三五年

春，梁朝鐘入嵩臺，梁克載入曹溪，署中不獲，爲文哭黎臣哉、彭齡兩兄弟。（梁朝鐘《喻園集》卷二《祭黎臣哉頲孫兄弟文》）

年初鄺露客京師，時河南賊分三股，一趨鳳陽，一趨六安，一趨穎州，露蒿目成憂，鑒古規今，作《七哀》詩三首。露在京慕清遠朱學熙爲人，而未識面，因寄以詩，謂異日還家，必經峽山訪晤，相與把臂入林。留寓不久，約寒食時又返金陵，作《寒食吟》。在金陵邂逅何吾騶，招遊具區，又泛錢塘，有《與香山何師相邂逅白門招遊具區又泛錢塘獻別》詩。

黎遂球病方已，鬱鬱里居。①

正月，張獻忠、李自成等陷鳳陽，毀皇陵，殺軍民數萬。（《明史·崇禎帝紀》）廷臣欲狹小其事以奏，陳子壯爭之，上疏請下罪己詔，以感發忠義。又復條上事務十二事，帝詔行其十事。（《陳文忠公遺集》卷十《與劉西佩書一》）

初一日，張萱賦《乙亥元日》詩云：

稀齡余八未爲奇，雞骨年來尚可支。自喜一生無塊磊，不妨兩眼忽迷離。孫曾換抱笑常劇，妾婢扶肩情轉癡。綵勝宜春簪白髮，加餐努力百年期。

萱又賦《有以苕上沈中丞客五羊詞林社集詩見貽者用來韻賦此寄之》七律二首。（張萱《西園存稿》卷九）

三月，鄺露賦《陌上桑　有序》五言長詩，序云：

序曰：邯鄲秦氏女子，自名羅敷，女於邑人千乘王仁，仁爲趙王家令。羅敷出桑，趙王登臺見而說之。羅敷迺彈箏，作《陌上桑》，托使君以自明，不敢斥言也，其秉禮守義如此。余觀感風雲，矢金石，二三其德者衆

---

① 《寄張受先》書云：“頃甲戌過錢塘，尚有片劄付筆人，想當達覽。弟在湖上病虐，直還家，至新春乃已。鬱鬱里居。”（黎遂球《蓮鬚閣集》卷十三）

矣，故托此以風。乙亥鼉月作。（鄺露《嶠雅》卷一）

四月，黎景義賦《弔洪廉使　並序》七古長詩，序云：

紫雲洪公諱雲蒸，湖廣攸縣人，萬曆庚戌進士，天啟乙丑縣戶部郎來爲吾廣太守，考滿擢本省憲副兼參議，督兵入衛，回任晉參政，攝惠潮兩道監軍，征勦九連山寇陳萬、鍾凌秀等，平之，添設連平州，晉按察使，分守嶺東道，整飭伸威兵備。會洋賊劉香作亂，入寇海豐，督府檄公往撫之，爲賊所留，公以死自誓，嫚罵不屈。踰歲，官軍出討，賊咎公約兵。公曰：「吾恨兵來遲耳。」又遙呼我軍速戰，勿以我爲惜云，遂遇害，是日賊平，崇禎乙亥四月也。後數日，得屍水中，面如生，粵士民莫不思公德，感公烈，遂請臺憲奉公入祀名宦，多爲詩以弔焉。（黎景義《二九居集選》卷二）

重五日（五月初五日），何亮工邀鄺露泛桃葉渡，露有詩紀之。（鄺露《嶠雅》卷一）友人薛宷，爲露《赤雅》撰序。

同日，黃公輔賦《乙亥午日衙內與四兄小酌》詩云：

薰風晴日逗窗綃，鶗鴂新聲何處嬌。蒲酒漫同兄弟酌，荔枝猶隔粵山遙。天涯宦跡如萍聚，遊子鄉心似柳飄。晝永陰濃清院宇，欲歌蘭浴未成騷。（黃公輔《北燕巖集》卷二）

十八日，韓宗騋之父日纘卒於京邸，同官林季琡以聞，贈太子太保，予謚文恪，遣官護喪歸。宗騋自言：先君謝世，山僧奔赴途中，見得人間世，半點也靠不住，遂決意向此門求個下落。（釋函可《千山語錄》三、梁朝鐘《喻園集・文恪韓公神道碑》）

張穆南歸，有《瓜州訪李魁南先生》五律，遂自京口渡江。（《鐵橋集》頁十一、《遺詩》頁四）

秋，穆過江西，有《過豐城觀秋色》七絕、《鄱陽舟中寄仲木凱度》五古、《中秋宿滇陽峽》五律。（《鐵橋集》頁四五、頁五六、頁六十，《遺詩》頁四）

七月初七日，黃公輔賦《七夕有懷》詩云：

此夕縣來乞巧同，慚予抱拙對虛空。犢襣且把長竿曝，雲錦那須組織工。牛渚風高飄鵲羽，梅梢月冷逗房櫳。宦情爭似鄉情好，清夜憑欄望彩虹。

公輔又賦《德山前韻》七律詩。（黃公輔《北燕巖集》卷

二）

八月，梁朝鐘與曾起莘（釋函昰）束帛以哭兩兄弟。（梁朝鐘《喻園集》卷二《祭黎臣哉、顓孫兄弟文》）

十三日，黃公輔賦《中秋前二日榮王西園月夕宴》詩云：

秋到西園一洞開，更於何處覓蓬萊。池光蕩漾迎風入，亭敞清虛送月來。三匝青鳥棲得樹，幾枝香桂影浮杯。承恩恍坐寒宮里，領略霓裳醉後回。

又賦《顧常德請遊德山》七律。（黃公輔《北燕巖集》卷二）

十六日，張萱賦《奉讀陸令公重搆白鶴峯坡仙思無邪齋告成佳賦數百言見示時乙亥之秋八月既望也率爾裁謝》詩云：

白鶴峯頭日暮雲，忽驚秋色又平分。尊開誰共黃樓月，賦就前無赤壁文。欲攬煙霞歸筆底，更新楹楠照江濆。千古風流蘇學士，不知何以報神君。

萱又賦《題璽書寵召卷贈長樂張侯考績二章》七律。（張萱《西園存稿》卷九）

九月，郭之奇報命，再接館務。之奇目擊朝鮮館垣抵頹，逼邇居民，恐奸人乘機舞法，密地交通，自捐俸修築。（《家傳》）

初九日，黃公輔賦《九日》詩云：

細雨霏霏入暮斜，楚天秋色淡兼葭。塞鴻遠度三三節，籬菊初開九九花。勿問輕風欺短髮，且將樽酒酌閑衙。去年樹下登高處，湖水煙波幾渡賒。

公輔又賦《乙亥初度前二日篤望侄余內侄衙軒小酌》、《初度自述　是日府縣送壽屏，望家信久不至》、《喜余舅至衙家中兒孫寄來短衫龍眼等物》、《張泰巖別於留都十一載適遇於常武共談往事又見其兩孫雅致楚楚喜賦》、《和張泰岩謁伏波將軍廟志感之作時在滇招降普寇也》、《似熊侄衙歸》、《署中西番菊》、《贈陳司理毗封並之官乾州》、《賀兵道葉六桐父母生日》、《答華陽王》（以上七律）。

冬，公輔賦《署中梅初開》詩云：

誰催春意入官衙，忽見庭梅已放花。幾點如星疏有態，數枝
鬥雪澹無華。仙郎夢覺香風遠，宿鳥棲群瘦骨斜。路隔衡陽無驛
使，折來那得到仙家。

公輔賦《衙內對雪》、《迎春賦》（以上七律）。（黃公輔《北
燕巖集》卷二）

十月，朝鮮入貢。郭之奇又提督三閱月。（《家傳》）

同月，明思宗下詔罪己求賢，鄺露再次入京，以乏薦引，不
得自達，因作《長安夢》、《猛虎行》以見意。露又有《擬古》
二十首，下注“都中作”，疑亦此次在都感懷之作。

十一月，黎遂球編定《周易爻物當名》，自爲序。

大學士何吾騶、文震孟以忤首輔溫體仁而同日罷相。吾騶致
仕，震孟冠帶閑住回籍。（《明史》卷二三《崇禎本紀》，卷二五
一《文震孟傳》，《春明夢餘錄》卷二四）吾騶即出都回鄉，有
七律《出都》二首，又有《出都留別倪司成鴻寶》二首。倪鴻
寶，倪元璐也，與吾騶善。道經杭州，遊西湖，明年至家。（何
吾騶《元氣堂詩集》卷中《七律》）

十六日，陳子壯以宗材受職，僨事可虞，引祖例千餘言抗疏
固爭。宗藩引前代故事交構子壯，以爲非祖間親。

二十六日，奉旨刑部問擬。時正直諸臣多爲營救，而子壯已
幽於圜牆之中。（李健兒《陳子壯年譜》）

十二月，郭之奇轉本司員外郎。（饒宗頤《郭之奇年譜》）

立春日，黃公輔賦《立春》詩云：

令轉三陽雪勢降，煙花明媚捲旌幢。憑將弱柳舒青眼，度卻
和風到碧窗。遊踏香塵人兩兩，鳴流清韻鳥雙雙。鄉心忽覺隨花
發，謾把辛盤載酒缸。

除夕，公輔賦《除夕二首》詩云：

翻遍曆頭歲已闌，楚天膈盡尚餘寒。兒童乞寫宜春字，老僕
勤修守歲盤。自是玄工分乙丙，將於午夜轉支幹。梅花獨領春消

息，歲歲年年一夜看。

坐對青燈夜息闌，數聲鼓角送殘寒。每驚炮竹催年急，轉羨園林淑景寬。家計未能逋事了，客途那得夢魂安。回思昨歲團欒處，星斗寧堪兩地看。

公輔又賦《歲暮有感》七律詩。（黃公輔《北燕巖集》卷二）

除夕，張萱賦《乙亥守歲》詩云：

生天不問三千界，投老惟知四百峯。欲向新年問行樂，已從昨日領春風　時臘月廿九日立春。笑呼斗酒同留歲，細囑兒童莫送窮。卻喜明朝七十九，安眠健食白頭翁。（張萱《西園存稿》卷九）

本年張穆歸至故鄉，賦《抵家山故舊多死喪作詩自勵　乙亥，陳本，《東莞詩錄》卷二四》五古詩。（清抄本《鐵橋山人遺詩》）

本年陳是集守喪之餘，刪選奇甸諸詩，自宋迄於今，自玉蟾子以下，得三十家，賢媛羽流備載，題曰《滇南詩選》，共十卷。（《陳中秘稿》卷首《筠似公行狀》，《滇南詩選》卷首陳是集《序》）

本年黃公輔分巡湖北，駐常德府。（黃貞元《春溥先生年譜》）賦詩如下：《册封榮藩世子暨長寧王承榮殿下賜宴於青陽閣》、《別四兄歸粵　攜榼於府河驛》二首（以上七律）。（黃公輔《北燕巖集》卷二）

本年郭之奇賦《乙亥北征至分關卻望》、《兵事十首　有序》（以上五律），序云：

自流寇竊逞，初發源秦晉，放於豫楚，崩潰及江北，浸不知所止焉。八年爲日，三捷無時。惟算方殷，閫權繼出。匱國毒民，財與命交病。病非不醫，醫益病也。醫不審病，病在醫矣。抱杞憂者，懷始計而策終圖。相全形而嗟遺策，非敢謂烏雲在目，亦不禁鴻野愴心耳。（郭之奇《宛在堂文集》卷九）

本年陳學佺與梁堅德同受戒，賦《同梁堅德受戒椒園有述》七律詩三首。（徐作霖、黃蠹《海雲禪藻集》卷四）

本年鄺露客南北二京，賦《七哀》五古詩三首，序云：

> 七哀，謂痛而哀，義而哀，感而哀，怨而哀，耳目聞見而哀，口歎而哀，鼻酸而哀也。乙亥客二京，規今鑒古，沿遡曹王之業，以通哀思，論世者考焉。（鄺露《嶠雅》卷一）

本年末明年初，鄺露賦《美女篇》五古長詩（鄺露《嶠雅》卷一）、《長安夢　有序》七律，序云：

> 乙丙之交，中都焚毀，神京危於累卵，天子下詔求賢。余方胼胝長安，羈同范、蔡，援鮮金、張，撫化感時，爰造斯作。（鄺露《嶠雅》卷二）

本年黎天相以歲貢授江西鉛山訓導。

黎天相，字吉夫。高明人。崇禎八年（一六三五）以歲貢授江西鉛山訓導，崇尚陸九淵、陸九齡、朱熹、呂東萊之道，並以此課士。督修鵝湖書院，升廣西隆安教諭。（道光《高明縣志》）

洪生復於本年成貢生。

洪生復，字秀陵。東莞人。信子。年十九，崇禎八年（一六三五）貢生，考選府推官，旋卒。張其淦《東莞詩錄》卷二一有傳。

伍雲於本年成貢生。

伍雲，字非雲。香山人。崇禎八年（一六三五）貢生。事見張喬《蓮香集》卷二。

何士壎於本年成貢生。

何士壎，字文若，號朗水。新會人。士域弟。崇禎八年（一六三五）貢生，歷官大理寺評事。著有《古照堂集》、《小石渠集》。道光《新會縣志》卷九有傳。

楊明經於本年成貢生。

楊明經，字六笥。鎮平人。林際亨門人。崇禎八年（一六三五）拔貢生，任天長知縣、淮安同知。胡曦《梅水會靈集》卷二有傳。

湛粹於本年成貢生。

湛粹，字如玠。增城人。崇禎八年（一六三五）貢生。以薦入南都太學讀書，以父母老歸鄉里。粹與邦彥爲莫逆交，又爲親家。邦彥起事死，粹匿恭尹於壁中，得免。後以疾卒，年四十八。陳伯陶《勝朝粵東遺民錄》卷三有傳。

梁夢卜於本年成貢生。

梁夢卜，字貴良。三水人。崇禎八年（一六三五）以禮經拔第五名選貢生。任襄陽府判官、代理漢陽府篆。（嘉慶《三水縣志》）

江童茂生。

江童茂（一六三五～一七〇〇），五華人。由行伍升興寧營把總。康熙九年（一六七〇）調潮鎮右營。十六年隨平南將軍征剿吳三桂餘部，任右營中軍，被鎮南將軍莽依圖任爲後營參將。戰後因軍功卓著，加封都督僉事、左都督，記功六次。二十一年（一六八二）授四川提督。後兼廣西泗城營副將，坐鎮右江十三年，兩次被康熙帝召見，賜寶劍。三十六年（一六九七），母死，歸家守孝。孝滿任雲南提督兼中營副總兵。年老辭歸，卒於家。（《五華縣志》卷八）

黎弘業卒。

弘業卒前賦《題壁詩》云："爲官不負民，爲臣不負君。忠孝誠已盡，生死安足論"，上馬陷張獻忠軍陣而死。（溫汝能《粵東詩海》卷四五）

陳學佺卒。

釋超逸圓寂。

明思宗崇禎九年　清太宗崇德元年　丙子　一六三六年

四月，後金改國號曰清，改天聰十年爲崇德元年，皇太極改稱皇帝。六月，清兵入喜峰口。七月，清兵至居庸關，連陷昌平等十六城，逾月退走。明廷詔征諸鎮兵入援。

春，黃公輔賦《春間偶成》七絕、《辰陽署中賞荼薇》、《常德別意　時量轉江右》（以上七律）、《過建陽驛　流寇殘破處》七絕《北燕巖集》、《石首道中書所見》、《宿石首縣　譚親家作令於此，有去思碑》、《宿湘潭和壁韻》（以上七律）。（黃公輔《北燕巖集》卷二）

春，黎遂球爲李貞作《李定夫遊草序》。①

春間鄺露曾赴杭州，出甬東（今浙江定海、舟山等處）泛海。在西湖與香隱、柳茵、蟬枝諸女校書往還，諸女校書邀露修復琴社，露以倦遊，頗有歸思，已無聲歌之興。然露遊池陽時，見六門三土嚴逐妓，則出而祖之，有《池陽六門三土嚴逐妓余出祖之》詩云：

碧雲空濺淚，可以贈生離。自古非今日，朱顏不遇時。秦淮限桃葉，漢月擁文姬。一領陽關奏，殊慚輕薄兒。（鄺露《嶠雅》卷二）

露旋遊普陀山，乘桴泛海，覽東溟之勝，有《海覽》詩紀之。（鄺露《嶠雅》）

陳子壯在獄，鄰壁有《韓非子》、《太史公書》，太白、東坡諸詩文，隨手覆涉以自遣。餘則彈琴一曲，濁醪一杯，與總河劉榮嗣命一詩、總兵俞咨皋對一奕。（陳文忠公行狀）

正月初一日，郭之奇賦《　丙子年起 元日早朝》詩云：

千門淑氣向青陽，一望庭輝上紫光。自合風雲煙闕下，最浮蔥鬱瑞樓央。臣人率土同三祝，聖主深宮念八方　是日不御殿。殊錫上卿能虎拜，獨慚微賤點鵷行。

又賦《朝回自歎》七律。

----

① 其中云：“遊金陵，思獻策長安。聞香山何相公與文長洲一日同歸，吾師陳少宗伯又以言藩祿事得嚴旨，李子曰：‘凡此皆聖主所宜尊禮，爲之奈何？吾不可如賈生痛哭，老母在，胡不歸？’……候香山何相公於關前，附載而還。經羊城，與余蟬聯語者一日。”（黎遂球《蓮鬚閣文鈔》卷八）何吾騶罷相在崇禎八年十月（《明史·文震孟傳》），其歸至梅關，當在八年底或九年初。

張萱賦《丙子元日》詩云：

新年老態復何如，眸眊身閑不曳裾。餬口幸饒數瓶粟，添丁喜獲五明珠。尊開有客問奇字，酒罷呼兒讀古書。環薦辛盤喧賀歲，孫曾繞膝老眉舒。（張萱《西園存稿》卷九）

初一日，黄公輔賦《元旦拜聖節回》詩云：

畫角傳宣夜色纖，對揚清肅凜威嚴。歸來星斗猶橫漢，坐對香煙獨捲簾。淑氣晴光隨處好，旅情鄉念個中兼。故園倍占春光早，料是蘭芽漸發尖。

公輔又賦《元旦榮府朝賀》、《遣價歸》、《得豫兒生孫之報兼念堅孫》、《華陽王園梅雙異》、《答汪和邱年兄寄惠佳刻》（以上七律）。（黄公輔《北燕巖集》卷二）

初七日，郭之奇賦《人日鄒石可民部招同林紫濤侍御夜集》詩云：

天涯聚首是同鄉，人日因君盡一觴。且喜三星依日下，安知百事向人忙。鏤金剪綵誰誇勝，煮菜屠蘇亦共嘗。努力樽前深夜語，明年此會莫相忘。（郭之奇《宛在堂文集》卷一二）

同日，張萱賦《丙子人日》詩云：

百尺樓前花滿庭，穠陰麗日户常扃。忽聞物候爲人日，見説吾生是歲星。老去自憐眸已眊，客來何意眼猶青。鏤金人勝聊從俗，笑向西園帖畫屏。

兩眼迷離兩鬢華，落梅不問壽陽花。錦囊日探償詩債，烏寶時分入酒家。豐草長林同鹿豕，殘山剩水伴煙霞。閉門高枕無餘事，卻喜年衰歲月賒。（張萱《西園存稿》卷九）

初九日，御史徐之垣抗疏救陳子壯，先後申救者凡百餘人，帝下閣臣會議。（《陳文忠公行狀》）

十五日，張萱賦《丙子燈夕》詩云：

清歡永夜曝書臺，共向燈輪數舉盃。九陌香塵隨馬去，一天碧月駕鰲來。燒雲火樹千枝滿，姤月金蓮五夜開。好語兒童休卜蠶，且隨穠李去歌梅。

　　萱又賦《丙子元夕奉懷陸岱瞻明府》七律二首、《三廣文以燈夕見過留酌目廢不能侍飲賦此謝之》、《譚董二廣文遊羅浮賦此訊之》。（張萱《西園存稿》卷九）

　　同日，黃公輔賦《榮王元夜招飲看珠燈煙火》詩云：

　　邸第招邀入畫堂，日遲風暖屬春王。花燃火樹分梅豔，燈映明珠混月光。誰架虹橋來咫尺，恍從仙侶共相將。芳宵自是留人住，酣賞何辭夜未央。

　　公輔又賦《題楊修齡先生遺卷　公諱鶴，閣部嗣昌尊人也。任三邊總督，以流寇註累戍歸》七律、《和華陽宗室曙谷》五律。（黃公輔《北燕巖集》卷二）

　　十六日，張萱賦《正月十六夜是爲耗磨之辰昔人常有賦者夜闌不寐亦戲筆賦之》詩云：

　　前宵春色竟如何，駒隙光陰似擲梭。萬戶歌聲猶夜沸，六街燈火尚星羅。衰年自真能消遣，此夕何妨說耗磨。爲請花神同一醉，今宵春色較偏多。

　　萱又賦《贈郡相黃葵初暫還宜陽二章　有序》七律詩。

　　二月，張萱賦《仲春書懷》詩云：

　　竹徑柴扉日日開，鶯啼蝶舞共徘徊。溪頭垂釣石邊石，樹杪看山臺上臺。市酒小童攜月至，催詩微雨帶雲來。一年三百六十日，一日須教醉一廻。

　　萱又賦《壽韓扶初》詩云：

　　共向驪峯祝兕觥，湯湯卯水照長庚。開筵客醉逡巡酒，鼓腹餐加骨董羹。我亦漸爲家太祝，君今不愧左丘明。已留佳句傳千古，更喜脩齡比老彭。

　　三月，張萱賦《丙子季春邑侯金公偕歸善陸侯遊羅浮余以瞽目地主不能從侍賦此呈之以見響往》七律二首。

　　萱又賦《歸善陸侯遊羅浮淋雨不果以詩見貽次來韻賦謝》、《生日示兒輩》、《賀金邑侯壽誕》、《贈陸明府入覲時有知推入翰林之議》、《題車景卿外姪朝爽樓》（以上七律）。（張萱《西園存

稿》卷九）

同月，張萱賦《路行難丙子春三月寄懷陳集生宗伯》詩云：

難行路，路行難。荊榛荒穢已盈徑，豺虎咆哮今滿山。問君
胡爲乎，朝看壁，暮尋關，棲棲道路足蹣跚。風塵一墮自紛擾，
日月已逝難追攀。儀秦既悔日傳食，韓彭亦悔常登壇。何如眼前
一杯酒，使我日日開心顏。勸君回頭早裹足，吁嗟乎，難行路，
路行難。

初三日，張萱賦《丙子三月三日用杜少陵韻》七古。

萱又賦《丙子楚警解嚴用李長吉鴈門太守行韻》七律。（張
萱《西園存稿》卷三）

同日，歐主遇與諸人社集廣州東皋。（黃登《嶺南五朝詩選》
下編卷六歐主遇《三月三日社集東皋》詩）

初七日，刑部尚書馮英，左右侍郎朱大啟、蔡弈深奉旨鞫問
陳子壯。時工部侍郎劉宗周等又上疏爭之。刑部初擬杖，不允，
再擬徒，得旨，准配贖。

清明日，黃公輔賦《清明》詩云：

三春忽已二，旅邸又清明。草綠離離色，鶯啼處處聲。無窮
遊子意，莫展上邱情。回首梅花邈，亂雲空自橫。

公輔又賦《送余舅歸應試》五律、《丙子初度前一日與余內
侄輩酌於辰陽衙內紫微閣上薇花吐豔月上闌干諸僕爲壽也》、《辰
州後閣偶成　時聞荊州寇警，速返常武》、《又步擢清孫韻爲家人
上壽也》（以上七律）、《遊余仙洞　去桃源六十里太常龍君御習
靜處》、《再過桃源　時聞流寇夜行》（以上五律）、《移鎮辰陽楊
司馬餞於河洑寺》、《入桃源》、《桃源洞》、《宿民房早行　道有
四十八溪》、《耕夫》（以上七律）、《顧義仲訪余常德》七絕、
《辰陽道中賦得山溪如畫》七律、《玄從洞》五律。（黃公輔《北
燕巖集》卷二）

四月二十四日，陳子壯出獄，在獄凡五閱月。出獄後，復上
疏，表忠愛依戀之意，遂南歸。（《陳文忠公遺集》卷九《罪

言》）南歸途中，經清源、聊城，至浙遊金山寺，寓杭州吳允淳家，諷詠於西湖之上。數月始歸廣州。途中過南昌，子壯以待罪之身，不敢入城祭拜其師劉一燝，有書與其子斯瑋。（《陳文忠公遺集》卷一《與劉西佩書二》）

郭之奇主試河南，事竣，轉郎中。（《家傳》）王鐸有《送禮部主事郭菽子主試河南序》。（《擬山園集》卷十三）

五月，釋道丘主法慶雲寺。（《鼎湖山志·初代開山主法雲頂和尚年譜》）

同月，張萱生辰，賦《丙子夏五我生之初譚廣文以詩見壽用來韻賦謝》五言律詩二首。

又賦《抵家》六言律云：

不盡淒淒芳草，無端片片冥鴻。黃花漸新團露，白柳依舊吹風。且歸來乎長鋏，我心寫兮梧桐。入門莫嗟垂橐，問寢正喜高春。

初三日，張萱又賦《五月三日偕李自得韓寅仲羅謙之汎舟》詩云：

乍雨乍晴天氣，半舟半屋人家。汎汎一羣鷗鳥，飄飄幾點楊花。交甫江邊解珮，自得有受室之意。曼卿夢裏餐霞。問水但須捲白，時□□方急。浮湘何必懷沙。（張萱《西園存稿》卷五）

初五日，黃公輔賦《途中午日憶家前韻》詩云：

迢遙悵望嶺南雲，三度蒲觴兩地分。山色媚人行裏見，蟬聲噪午客邊聞。爲因馬足風塵苦，轉憶家園荔子芬。料得芳菲能待我，歸來樽酒話南薰。

公輔又賦《宿黃茅堡》五律、《衡山早行》五律、《衡山偶遇君常約遊衡山不果》、《望衡山步盧本潛壁間韻》、《又步先輩霍先生韻 諱震東》（以上七律）、《過衡陽聞競渡聲》五律、《將至永興》五律、《到宜章》七律、《宜章舟行》五律、《樂昌發舟》七律、《清溪舟行驟雨即晴》七絕、《龍頭營夜泊步唐韻》七絕。（黃公輔《北燕巖集》卷二）

夏秋之際，區懷瑞賦《官塘鬼哭行　有小序》七古長詩云：

沮漳東滏，地曰官壋。連落二十餘里，向稱蕃盛。崇禎甲戌，寇凡再掠，土寇飆起乘釁。余涖邑不半歲，皆剗除之。丙子夏秋，大寇數十萬復飲馬荆江之堧，往來悉蹂其地。官軍躡賊扼賊凡數壁，畏之如虎，埋鹿角，布渠答自固。賊去，反割賊所屠級以報功。余得鄉導塘報，每推案廢食，憤懣其事。至今煙落丘墟，掩胔之後，尚聞鬼哭。效長慶體，作《鬼哭行》。（區懷瑞《玉陽稿》卷二）

區懷年以推薦入京城候選。（陳伯陶《勝朝粤東遺民録》卷三）

秋，郭之奇賦《古歌　以下十四首，俱丙子秋于役天中作》詩云：

古今蕩蕩入相思，古不休，今不休。我生其時，何日自繇，轉眼白頭。節序肯饒人，雲物何悠悠。秋蟲暮入耳，霜鴻朝入視。蹀躞步郊原，愁坐不能起。

又賦《悲歌》、《戰城南》、《代淮南王》、《西門行》、《東門行》、《擬行路難》、《前題》（以上雜言）、《前題》七古、《有所思》雜言、《上邪》雜言、《續晋白紵舞歌詩》七古、《古詩》雜言、《前題》雜言。（郭之奇《宛在堂文集》卷三）

秋，郭之奇賦《良鄉道中　丙子秋于役天中，時值虜寇交儆》詩云：

澀路如披棘，停車自呫嚅。王事趣之去，原隰一征夫。途光荒夕照，所見但飛烏。飛烏鳴不已，客意愈躊躇。秣馬昏林下，孤村半有無。啼猱攀前轍，奔狼迫後驅。呼僕環刀劍，弓衣學短襦。自顧非行伍，束身似全誣。特以居行少，無人道我迂。私聞童僕語，作此誠區區。本爲觀文往，何廼武容粗。無多劍與矢，緩急安可需。汝輩安知此，我意豈全軀。先生威天下，新制重矢弧。積疊三軍衆，存名亦執殳。將求緩急用，於此未全殊。今古戈矛客，請率以臒儒。慎旃無復道，寄身在遠途。（郭之奇《宛在堂文集》卷六）

七月十二日，郭之奇母林太安人卒。（《年月志》）有疏乞假，亦見《耆舊集》。與兄用章痛哭回籍。（《年月志》）

十三日，清兵陷昌平，郭之奇賦《無衣篇　有序》七古詩，序云：

> 曉烽忽起，狂奴遂於十三日陷昌平，逼近畿。有同官李竹君者，渾涕相從，因偕往陳伯玉樞部寓所，則龔昔庵銓部、陳幾亭進士諸君子集焉，而馮鄴仙給諫聞之躍然起。余以于役期逼，因停策而歌無衣之篇。（郭之奇《宛在堂文集》卷一四）

八月，之奇賦《八月四章　丙子河南闈中作》詩云：

> 八月秋風，在河在嵩。我思之人，天中水中。之人未從，我心忡忡。彼何人兮，秋其可同。

> 秋風既清，葦秀績成。我思之人，如裳如纓。緇衣未迎，授衣有驚。豈曰無衣，與女同繭。

> 秋風既肅，壺斷棗剝。我思之人，如胸如腹。之人未谷，逝敢謀獨。豈曰無謀，惟心惟目。

> 秋風吹兮，秋日微兮。蒼蒼蒹葭，白露肥兮。我心傷悲，旦夕飛兮。蒹葭在水，秋未違兮。伊人在水，秋未歸兮。

十五日，黃公輔賦《中秋無月》詩云：

> 待月中庭月未明，且憑銀燭坐長更。開懷不減南樓興，得趣寧辭北海觥。爲問素娥何處去，應知皓魄定留情。殷勤訂與來宵約，早放寒光入夜清。

十六日，黃公輔賦《十六夜賞月》詩云：

> 昨宵雲暗此宵明，坐倚晴光漏已更。桂影婆娑香拂几，金波激灩皎浮觥。阮同南北他鄉話，露滴蕉梧異客情。賴有嬋娟猶未減，衙齋散步晚風清。

公輔又賦《賀容子寬表弟泮遊》五律、《區敬庭舅詩扇寄壽依韻答之》、《寄賀楊韻玉乃郎泮遊》、《別顧常德之官桂林道》、《送爾覺歸潮連　是歲乃翁七十一余亦六十一矣。故初聯及之》（以上七律）。（黃公輔《北燕巖集》卷二）

二十四日，郭之奇賦《鹿鳴三章　念四日紀事》四言長詩。（郭之奇《宛在堂文集》卷又三）

九月，薛始亨重謁釋弘贊於南海寶象林禪院，作《丙子秋九月重謁本師和尚於南海寶象林即事呈偈　由鼎湖外集補入》。（薛始亨《南枝堂稿》）

鄺露有南還意，賦《前歸興詩　丙子九月》詩云：

去年書劍返咸陽，廬岳登高一望鄉。不見秦城售趙璧，但聞豐獄棄干將。洪都蔓草牽衣帶，大庾梅花笑客裝。今日轓軒對奇字，一區塵滿讀書床。（鄺露《嶠雅》卷二）

黎遂球在廣州，戴國士攜萬時華書信與陳上善同來訪，爲二人之集作序。（黎遂球《蓮鬚閣文鈔》卷八《戴初士弄珠草序》、《陳元者詩序》）

晦前二日，郭之奇賦《言旋　以季秋晦前二日抵寓》詩云：

征車言旋，黃花在館。天末一兄，同罷相暖。聞問人文，及途安坦。陳盃發顏，深宵塵散。（郭之奇《宛在堂文集》卷又三）

冬，黎遂球上京會試，訪陳弘緒、徐世溥、萬時華於南昌，爲世溥《易系》作序。別後至廣信，有書與世溥。（陳弘緒《蓮須閣文集序》、黎遂球《蓮須閣集》卷十三《與徐巨源書一》、徐世溥《榆溪詩鈔》卷上《冬日閒居喜美周來訪》詩）

區懷年入都候選，作《赴都別伯兄啟圖》詩，在京作《送蔣夢范之延綏》等詩，後以內艱回籍。

曾起莘（釋函昰）北上與張二果同謁釋道獨於匡廬之黃巖，往返叩擊，針芥相投，便決意行腳。（釋今辯《行狀》、湯來賀《塔志銘》、釋道獨《長慶語錄》）

十一月初五日，梁元柱卒於廣州。（梁元柱《偶然堂遺稿》卷四《附錄·行狀》）

臘月，黎遂球於蘇州居李模別業桃花塢之竹圃，與模弟楷、子文中等相與爲飲射奕棋之樂，有五絕《竹圃遊宴詩六首　並序》。（黎遂球《蓮鬚閣集》卷九原詩小序）

除夕，遂球舟過毘陵（毘陵，武進縣治古稱），至劉逵羽家守歲。（黎遂球《蓮鬚閣文鈔》卷九《劉逵羽制義序》）

同日，張萱賦《丙子除夕》詩云：

年年生計付樵漁，爆竹聲中歲又除。小婦喜能扶杖履，童心自覺戀簪裾。生前欲了千秋債，夢裡常繙萬卷書。笑賦新詩獻新歲，新花新柳復何如。（張萱《西園存稿》卷九）

同日，黄公輔賦《丙子除夕》詩云：

天涯歲籥兩驚除，守歲聊憑一卷書。相對梅花如索笑，那知客况轉慵疏。非因王粲能裁賦，卻羡陶潛解愛廬。羲禦由來無駐策，欲尋高著在漁樵。（黄公輔《北燕巖集》卷二）

本年黄公輔駐常德。時閣臣楊嗣昌以丁父憂歸里，公輔題嗣昌父修齡公遺卷。約年中移鎮辰陽（即辰州府）。後聞寇警，又返常德。（黄貞元《春溥先生年譜》）

本年黄公輔賦《丙子署中自述擢清孫來衙兒曹有詩送之依其韻》七律、《宿桃源》五律、《閱大計報》五律、《寄陳平若年丈》七律。（黄公輔《北燕巖集》卷二）

本年粵饑，番禺縣令汪遊龍與書黎遂球，答以《答汪父母論平糶賑濟書》，爲其謀劃。遊龍用遂球議，活鄉數十萬人。①

本年陳是集攜家入京城謁選，明年得授中書舍人。（《陳中秘稿》卷首《筠似公行狀》，卷中《辨冤第一疏》）

本年梁朝鐘代人作韓日纘神道碑。（梁朝鐘《喻園集》卷二《太子太保榮禄大夫禮部尚書掌詹事府兼翰林院大學士文恪韓公神道碑》）

本年鄺露在京師裘敝刺滅，卒無所遇，遂南歸，抵金陵。時滁陽賊退，太僕寺卿李覺斯有干城之功，露有《滁陽寇退李太僕曉湘有干城之功卻寄》詩贈之：

① 查繼佐《明兵部職方司員外郎贈資政大夫兵部尚書謚忠湣美周黎公傳》，黎遂球《蓮鬚閣集》卷十三《答汪父母論平糶賑濟書》、《與陸別駕書二》。

臥閣何勞借重臣，中都熊衛逐黃巾。環滁擬築封鯨觀，扞圍終憐數馬人。洗甲雁嘶寒食雨，回鐃鶯詠落花塵。思君獨步臺城月，笑折金陵垂柳春。（鄺露《嶠雅》卷二）

本年頃，連州八排傜人起事，總兵陳謙徵張穆入幕，作《從陳大將軍征蠻》詩。（張穆《鐵橋集》）

本年韓宗騋（釋函可）扶父櫬歸，過蘇州閶門。抵里，閉戶絕交遊，悒悒無生人趣，聞梁朝鐘好道，力致爲諸弟受業，以此深知曾起莘（釋函昰）。（釋函可《千山詩集》附函昰撰《千山和尚塔銘》）

本年釋道丘應邀入主鼎湖山慶雲庵，歲臘登壇傳戒，有五色雲現於峰頂，遠近共睹，遂改庵爲寺，榜山門爲"雲頂"。（《鼎湖山志》）

葉著於本年中解元。

葉著，字絅中。程鄉（今梅縣）人。崇禎九年（一六三六）解元。著有《學一齋詩草》、《梅州詩傳》。光緒《程鄉志》卷二三有傳。

金堡於本年中舉人。時韓宗騋（釋函可）方爲居士，見其制義，擊節歎曰：此宗門種草也。（吳天任《澹歸禪師年譜》）

張家玉於本年中舉人。（屈大均《張公行狀》）

馬光龍於本年中舉人。

馬光龍，原名登龍，字受攀，晚號碻乎。順德人，潮陽籍。崇禎九年（一六三六）舉人。隆武帝時授中書舍人，然終無意世事，放歸，結廬中洲隱居。乾隆《潮州府志》卷二九有傳。

蕭遠於本年中舉人。

蕭遠，字槐徵、清伯。曲江人。崇禎九年（一六三六）舉人。通經史，工詩善畫。事見阮元《廣東通志》卷七六。

何仁隆於本年中舉人。

何仁隆（一六〇六～一六七九），字載生，一字效坤。順德人。崇禎九年（一六三六）舉人。鼎革後，築古照堂隱其中。交遊皆隱逸之士，魏禮、屈士燝、梁梿、陳恭尹皆有詩文畫爲壽。康熙十八年（一六七九）卒，年七十四。陳伯陶《勝朝粵東遺民錄》有傳。

陳鳴瑜於本年中舉人。

陳鳴瑜，字瑜之。東莞人。崇禎九年（一六三六）舉人。博學，曾爲張家玉師。順治間官高明教諭。辭官歸家，授徒講學，數百里外學子亦來請教。（宣統《東莞縣志》卷六五）

黎仕楚於本年中舉人。

黎仕楚，字蒲徵。高明人。崇禎九年（一六三六）舉人。順治三年（一六四六）丙戌天下紛亂，被人擄去山寨，鄉人重其德，用公款五十兩爲其贖身。（道光《高明縣志》）

湛會谷於本年成貢生。

湛會谷，增城人。崇禎九年（一六三六）貢生，官陵水縣教諭。著有《濯纓居草》。事見民國《增城縣志》卷十五。

李慎良於本年成貢生。

李慎良，字六如。從化人。崇禎九年（一六三六）貢生，官南雄府學訓導，擢高明教諭。薦擢廣西臨桂縣令，見時事日非，辭歸家居。（清《從化縣志》）

何斌於本年補諸生。

何斌，字鼎新，號元迪。香山小欖人。崇禎九年（一六三六）邑庠生。明亡，隱居於欖溪鳳山，不入城市。嘗從伍鐵山學畫，所作蘭竹牡丹，鐵山許爲時彥風流第一。（《欖溪畫人小傳》）

侯氏生。

侯氏（一六三六～一七三八），梅縣曾井人。葉楠玉妻。一百〇三歲壽婦。乾隆元年（一七三六），侯氏一百〇一歲時，鄉、縣遂級舉報，由知州轉撫憲向咨部請旌。按清例而給旌表，外加賞上等緞一匹，銀十兩，在鄉里建牌坊一座。（溫仲和《光緒嘉應州志》、《梅州葉氏族譜》卷一）

明思宗崇禎十年　清太宗崇德二年　丁丑　一六三七年

二月，清兵下朝鮮。國王李倧出降，與明絕，然忠明之心至清乾隆時猶存，文書中延稱清爲虜，明崇禎年號一再沿用至近世甲午戰爭之後，南韓衣冠服飾及文化習俗至今仍存大明遺風。

正月，梁維棟賦《甄邦聖爲兄鳴冤世所同義反坐十年神人共憤既而得釋天心見矣廿餘年來家道徐徐而起莫非天祐歲丁丑正月邦聖病篤夢一神披髮撫聖背曰義士也爲兄報仇賜汝一紀之壽覺而漸愈始知玄帝所賜也豈非天哉足以傳矣詩以紀之》七律詩二首、七絕五首。（梁維棟《水閣詩鈔・入關稿》）

初一日，張萱賦《丁丑元日》七律詩二首。（張萱《西園存稿》卷九）

何南鳳（牧原和尚）賦《丁丑元日》詩云：

歲旦渾如初夏天，風柔日暖慶新年。不知佛法新多少，齋罷閒行栢樹前。（何南鳳《訒堂遺稿》）

何吾騶賦《丁丑元日》詩云：

萬里宸光御鬱蔥，天高此日望重瞳。喬雲曉旭初呈馭，草莽孤臣仰祝嵩。（何吾騶《元氣堂集》卷下）

黃公輔賦《丁丑元旦》詩云：

條風一夜遍江濱，鳳曆初翻丁丑寅。人事看來仍是舊，化機環轉又更新。堪憐堤柳多情態，暗度春光似媚人。鶗鳥不知歲序急，枝頭猶自喚聲頻。

公輔又賦《初度爾攀孫寄壽依韻答之》七律、《聞四兄養病》五律。（黃公輔《北燕巖集》卷二）

上元日（正月十五日），曾起莘（釋函昰）寓鷲峰寺早朝。後作《憶崇禎丁丑寓鷲峰寺上元日早朝》詩。（釋函昰《瞎堂詩集》卷十三）旋自廬山還粵，韓宗騋（釋函可）聞梁朝鐘深知起莘，亟入廣州相見，起莘爲言向上事，宗騋自此始決意出家，且隨起莘入羅浮住止園兩月。制府熊文燦延請問道，待以師禮。時

值發南漢王塚，株連甚衆，有厚饋求轉懇免罪，起莘婉辭不納。（釋今辯《行狀》）

初春，黎遂球渡江北上前，分寄書與張溥、張采。又寄新著之《周易爻物當名》並友人黃聖年所著之《説圃》、《詩騷本草通》二種與溥，請就教。（黎遂球《蓮鬚閣集》卷十三《寄張受先》、《寄張天如》）

遂球會試不第，至是已三上公車而不中矣。得謝長文書，有《報謝伯子書》。（黎遂球《蓮鬚閣集》卷十三）

崇禎帝詔行保舉法，陳子壯時爲禮部侍郎，保舉遂球，以母在，辭。（查繼佐《明兵部職方司員外郎贈資政大夫兵部尚書諡忠湣美周黎公傳》）

二月，黃公輔賦《仲春懷華陽王函三國附寄》詩云：

黃鸝二月轉疏簾，桐華輝輝映石楠。鄴架芸翻車滿五，梁園春暖徑函三。和風皎月人相似，鮑逸庾新韻執參。賴有江河王百穀，蛩鳴也得佐玄談。

國棟如公也杞楠，十年謝屐古岡南。如何推轂蒲輪日，遂策乘雲駕鶴驂。貫索星懸誰可及，空憐春杵詎能堪。天涯絮酒和涕灑，衡嶽風淒望蔚藍。

公輔又賦《哭唐元樸老師》、《桂林道中古松甚盛每有土人燒砍》（以上七律）、《平樂至陽朔一帶俱是石峰嵯峨口占》七絶、《端州別兒侄輩取道粵西之湖北》、《平樂起岸》（以上五律）。（黃公輔《北燕巖集》卷二）

三月初三日，黎遂球出都，途中有《二驢舉籃輿南還記》（黎遂球《蓮鬚閣文鈔》卷六），七絶《丁丑南還道中雜述四首》（黎遂球《蓮鬚閣集》卷十）。

十三日，遂球至安德（山東境内）。二十六日，至宿遷（屬江蘇徐州府），買舟順流而下。（黎遂球《蓮鬚閣文鈔》卷六《二驢舉籃輿南還記》）

二十一日亥時，方顥愷（釋成鷲）出生於廣州府番禺縣韋涌

鄉，其母夢老僧入室而娩。（釋成鷲《紀夢編年》）

方顓愷（釋成鷲）（一六三七～一七一九、一七二二），俗姓方，名顓愷，字趾麟。出家後法名光鷲，字即山；後易名成鷲，字跡删，號東樵。番禺人。鼎湖慶雲寺七代主持。明舉人國驊子，殿元弟。年十三補諸生。以時世苦亂，於清聖祖康熙十六年（一六七七）自行落髮，二十年禀受十戒。曾住會同縣（今瓊海）多異山海潮巖靈泉寺、香山縣（今中山）東林庵、澳門普濟禪院、廣州河南大通寺、肇慶鼎湖山慶雲寺，爲當時名僧。工詩文，一時名卿巨公多與往還。論者謂其文源於《周易》，變化於《莊》《騷》，其詩在靈運、香山之間。年八十五圓寂於廣州。著有《楞嚴經直説》、《道德經直説》、《莊子内篇注》、《鼎湖山志》、《鹿湖近草》、《咸陟堂詩文集》等。阮元《廣東通志》卷三二八有傳。

四月，熊文燦因平閩、粵兩省海盗，拜兵部尚書兼右副都御史，總理南畿、河南、山西、陝西、湖廣、四川九省軍務，奉命討賊。（《明史》卷二六〇《熊文燦傳》）

熊文燦偕梁朝鐘出嶺，曾起莘（釋函昰）、張二果自廬山至漳江迎之，同至廬山黄岩謁釋道獨，論剿撫事。①

黎遂球至蘇州虎丘，與張溥、張采、周鑣相會。（黎遂球

① 王鳴雷《梁朝鐘傳》；梁朝鐘有《同熊心開楊海門張葯公曾宅師劉觀復入黄岩謁空和尚道開先寺寺石壁有吴道子鐫觀音像王伯安平宸濠紀功文》、《同熊總理心開舟師過漳江時張葯公曾宅師扁舟來自廬山》詩，知與熊文燦、曾宅師、張二果等同謁釋道獨（梁朝鐘《喻園集》卷四）；熊文燦總理九省師討賊，意主撫。因其官閩時，即以撫鄭芝龍而平閩海盗。其拜見釋道獨事，《明史》卷二六〇《熊文燦傳》記載甚詳：“文燦拜命，即請左良玉所將六千人爲己軍，而大募粵人及烏蠻精火器者一二千人以自護，弓刀甲胄甚整。次廬山，謁所善僧空隱，僧迎謂曰：‘公誤矣。’文燦屏人問故，僧曰：‘公自度所將兵足制賊死命乎？’曰：‘不能。’曰：‘諸將有可屬大事、當一面、不煩指揮而定者乎？’曰：‘未知何如也。’曰：‘二者既不能當賊，上特以名使公，厚責望，一不效，誅矣。’文燦卻立良久，曰：‘撫之何如？’僧曰：‘吾料公必撫。然流寇非海寇比，公其慎之！’”

《蓮鬚閣集》卷十六《遊焦山記》）

遂球過杭州，與嚴渡定交。（黎遂球《蓮鬚閣集》卷十八
《嚴印持先生詩集序》）

初夏，鄧逢京、逢年爲其亡父雲霄編選詩集《鄧氏詩選》
成，囑李貞爲序，貞序之，以爲雲霄詩雄渾高古，有北地之風。
（鄧雲霄《鄧氏詩選》卷首）

鄧逢京，號于都。東莞人。天啓諸生。雲霄子。張其淦《東
莞詩録》卷二十有傳。

陳子壯在廣州辟雲淙書院於城北白雲山中，集杜甫句榜於院
門曰：“天下何曾有山水，老夫不出長蓬蒿。”子壯母朱太夫人事
佛，子壯順其意，於山中構庵塑佛像，與緇流演講爲祈福。時居
山中甚適。（《陳文忠公遺集》卷十《與凌茗柯書》）弟子升有
《家兄雲淙落成》七律二首。（陳子升《中洲草堂遺集》卷十二）

六月，黃公輔賦《起程》詩云：

六月炎方酷，胡爲事遠征。緇塵猶未洗，行李又催程。爲語
園林長，暫爲松菊盟。孤芳原耐老，他日共餐英。

公輔又賦《五羊舟行》五律、《泊梧州》七絶、《赴任哭四
兄》七律、《祭先考妣墓因憶諸兄　時新轉憲副》七律、《祭三兄
墓》七絶、《楚歸初度　得四兄新喪》、《途中病起　星沙養病一
月》、《桂林道中》（以上七律）。（黃公輔《北燕巖集》卷二）

秋，陳子壯爲區懷年之詩集作《區仲子旅言敘》。（區懷年
《玄超堂稿》卷首）

七月，黎遂球過南昌，與徐世溥、陳弘緒、萬時華會晤，寓
世溥榆溪草堂。世溥爲遂球詩文集作序，以爲太白以來一人而
已，又爲遂球《周易爻物當名》一書作序。（黎遂球《蓮鬚閣
集》卷首、《周易爻物當名》卷首）

九月末，梁朝鍾與熊文燦入皖至安慶，文燦寄孥於此，留朝
鍾經濟其家。（王鳴雷《梁朝鍾傳》、梁朝鍾《喻園集》卷二
《與張玉笥老師撫臺書》）朝鍾出嶺，攜妻孥一家八口在安慶居阮

大鋮光禄第，得適志讀書，與史可法、馬士英、阮大鋮交遊。[①]

熊文燦決計招降，初抵安慶，即遣人招張獻忠、劉國能，二人聽命。（《明史》卷二六〇《熊文燦傳》）

黎遂球在南昌，爲萬時華、徐世溥作畫，有詩紀之。[②] 別前，遂球留書與陳弘緒、萬時華，即歸廣州。（黎遂球《蓮鬚閣集》卷十三《與陳士業》書、《與萬茂先》書）

冬至日，黃公輔賦《長至》詩云：

子半回陽日，天涯景物催。瑞香含雪蕊，梅萼占春開。好藉鳥啼去，呼將臘意來。免從寒枕里，夢不到庭陔。

公輔又賦《寄壽臺宇兄六十一》七律。（黃公輔《北燕巖集》卷二）

十二月，黎遂球自南昌至廣州歸途中，有書與徐世溥，時已近年關。（黎遂球《蓮鬚閣集》卷十三《報徐巨源書二》）

同月，黃公輔賦《臘月有感》詩云：

病後蹉跎又杪歲，不堪烽火警風煙。春光漸洩梅花候，寒色猶橫雪霽天。景物因時知節序，世途何處是安便。一邱一壑無營壘，閑讀蒙莊內外篇。

公輔又賦《迎送阮撫兩至白沙村》、《同陳軼今暨兒侄輩遊七星巖因雨先還》、《加銜湖北》（以上七律）。

除夕，公輔賦《丁丑與擢孫守歲》詩云：

衙齋相對戀年華，爆竹聲中吐燭花。未有滴涓酬聖主，只隨萍梗浪天涯。一簾輕卷春風入，兩歲將分斗柄斜。生計欲知何處好，故園有地可栽瓜。（黃公輔《北燕巖集》卷二）

本年黎遂球又賦《丁丑南還道中雜述四首》七絕詩。（黎遂球《蓮鬚閣集》卷十）

---

① 王鳴雷《梁朝鐘傳》、梁朝鐘《喻園集》卷二《與何象崗相公書》、《回張玉笥老師書》。

② 黎遂球《蓮鬚閣集》卷七《還過豫章同朱子美萬吉人茂先青渥次謙集齋頭》等三詩。

　　本年黃公輔升江西按察司副使分守饒南九江道，因赴江西任，便道歸里。（黃貞元《春溥先生年譜》）

　　本年何吾騶生辰，賦《丁丑生日　二首》詩云：

　　塵世悠悠歎聚漚，道人珍重此身留。尚存一息脩千劫，未論長生到十洲。曉沐篆煙隨境寂，午趺禪誦愛林幽。只饒一著憑先手，急水灘頭渡小舟。

　　攬鏡頻看晝掩關，歲華幾許度秋顏。人生遇合大都爾，半世勳名復夢間。玉露微微滋海樹，蟾光耿耿照河山。青沙白石煙霞骨，且喜祇林佛日閒。（何吾騶《元氣堂集》卷中）

　　本年薛始亨十歲，從其父入武疑山。後作詩《憶十歲時嘗從先子入武疑山》。（薛始亨《南枝堂稿》）

　　本年河源歲饑，鄺成祺煮粥賑濟。

　　鄺成祺，字爾修。河源人。由歲貢任饒平訓導，課士盡職。崇禎十年（一六三七），河源歲饑，煮粥賑濟。（《河源縣志》）

　　本年梁志勤以貢生授陵水訓導。

　　梁志勤，字勵修。東莞人。弱冠能文，試輒冠其曹。崇禎十年（一六三七）以貢生授陵水訓導，督勵諸生以禮讓爲先，次舉經史性理之說。遷廣西上林教諭，以親老不赴。鼎革後卒於家。祁正《三朝東莞遺民錄》卷下有傳。

　　本年易昌第任和平縣教諭。

　　本年梁國樹任鎮平縣訓導。

　　梁國樹，平遠人。明思宗崇禎十年（一六三七）任鎮平縣訓導。事見《廣東通志》卷三四。

　　吳士玭於本年以軍功由諸生保升福建龍巖知縣。

　　吳士玭，字搢臣。大埔人。事見康熙《埔陽志》卷四。

　　廖負暄於本年中進士。

　　廖負暄，順德人。崇禎十年（一六三七）進士，官無錫縣知縣。事見阮元《廣東通志》卷六九。

　　鄭一岳於本年中進士。

鄭一嶽，字於廩。香山（今中山）人。崇禎十年（一六三七）進士，歷官鎮江丹徒、山東單縣知縣。崇祀鄉賢。光緒《香山縣志》卷十三有傳。孫懿，字秉淵。增貢生。事母至孝，友于兄弟。余祖明《廣東歷代詩鈔》卷二有傳。

林逢春於本年中進士。

林逢春，字孟育，號木翁。海陽（一說南海）人。崇禎十年（一六三七）進士，官象山主簿，除會稽令，左遷汀州永定，擢常州。十六年（一六四三）癸未晉戶部主事，轉員外，遷池州知府，未赴，抱病歸。順治三年（一六四六）丙戌兵燹後，隱龍山鄉。門人復請講學，手不釋卷。年七十三卒。著有《家乘》、《識乘》、《蘭陵》、《觀江》諸集及醫書、詩韻等。陳伯陶《勝朝粵東遺民錄》卷一有傳。

譚正國於本年中進士。

譚正國，字康侯，號儀公。原籍新會，附籍羅定州東安縣學。崇禎九年丙子鄉薦、十年（一六三七）進士，授翰林院庶吉士、中書舍人，轉廣西道御史，巡按貴州監察御史。亂後歸，終老於家。乾隆《新會縣志》卷九有傳。子孫元，字赤相。諸生。生彌月而孤，母關氏抱跪泣於父正國木主前，剪髮矢志。學使惠士奇補列弟子員。著有《卷巖詩草》。言良鈺《續岡州遺稿》卷二有傳。

吳以連於本年中進士。

吳以連，字泰茹。南海人。明思宗崇禎十年（一六三七）進士。授戶部主事，督運山海關，轉戶部員外郎。以艱歸。永曆時以李元胤薦，官驗封司。國亡不出。卒年七十三。著有《西山四書鐸》八卷、《易經闡微》六卷。陳伯陶《勝朝粵東遺民錄》卷一有傳。

陳良弼於本年中進士。

陳良弼，號元扶。澄海人。明思宗崇禎十年（一六三七）進士，授行人。十二年，分校北闈，所得士多捷南宮，升南京河南道御史。十五年（一六四二）冬，巡視南京回城。時左良玉據武昌，將誓師東下，金陵洶洶。登陴按劍，嚴斥移家出城避者，人心始定。明亡，辭職歸。卒，年四十二。著有《太湖用兵紀略》。（乾隆《潮州府志》卷二六）

蕭時豐於本年中進士。

蕭時豐（？～一六四四），字稚德。澄海人。崇禎十年（一六三七）進士，授福建莆田知縣，旋改漳州府教授，轉國子監助教。歷升戶部郎中，督理糧餉。李自成入京，被執死之。（乾隆《潮州府志》卷二八、嘉慶《澄海縣志》卷十八）

廖攀龍於本年中進士。

廖攀龍，字于霖。保昌（今南雄）人。崇禎十年（一六三七）進士。授福建將樂知縣，調遵化。順治元年（一六四四）授御史，奉命巡視西城、陝西茶馬及巡按直隸順、永、保、河等處。（《南雄府志》卷十）

廖大章於本年成貢生。

廖大章，新安（今深圳）人。崇禎十年（一六三七）貢生，官廣西宣化訓導。（康熙《新安縣志》）

伍瑞隆於本年中副榜。

陶璜生。

陶璜（一六三七～一六八九），字握山，一字黼子，改名窳，字苦子。番禺人。諸生。廣州破，從父走鄉落，遇大風，覆舟，父溺死，璜自舵，後得出，乃更字苦子。棄諸生，奉母陳避地僧舍。嘗寓居北田，與何衡、何絳、陳恭尹、梁梿講論於寒塘草亭間，時稱“北田五子”。著有《慨獨齋詩集》二卷，佚。年五十三卒。陳伯陶《勝朝粵東遺民錄》卷一有傳。

尹之逵生。（朱彭壽《清代人物大事紀年》）

尹之逵（一六三七～一七三三），字爾任。東莞人。順治十四年（一六五七）舉人。官至浙江海鹽令。年九十赴鹿鳴重宴，九十七乃卒。尹氏為東莞望族，至今人丁興旺。著有《雪柏堂集》。温汝能《粤東詩海》卷六一有傳。

方殿元生。

方殿元（一六三七、一六三六～一六九七?），字蒙章，號九谷。番禺人。順治十一年（一六五四）舉人，康熙三年（一六六四）進士，初任江寧知縣，以憂去。後官剡城知縣，十九年不調不遷。後調江寧縣。僑寓蘇州。曾與屈大均、陳恭尹等同遊。著有《九谷集》六卷。張維屏《國朝詩人徵略》初編卷七有傳。長子還（一六七三～?），字甍朔，號靈洲。貢生。移居姑蘇。與弟東華學本庭訓，宗尚甚高。沈德潛未第時，即與交厚。著有《靈洲集》。次子朝（一六七五～一七三四），字東華，一字寄亭，號勺湖。太學生。不治舉業，詩以深遠古淡勝，與兄稱廣南二方。以僑寓於吳，亦稱吳中二方。晚號芬靈野人。著有《勺園集》。凌揚藻《國朝嶺海詩鈔》卷六有傳。女京，字彩林。番禺人。廣文金綖室。以子祖靜貴，封恭人。長洲沈文慤公曰："恭人承家教，古詩宗盛唐，故所著無宋元氣味。"其媳楊珮聲亦能詩，閨閫樂事，備於一門，世所罕覯。殿元另有女名潔，亦能詩。凌揚藻《國朝嶺海詩鈔》卷二四有傳。

明思宗崇禎十一年　清太宗崇德三年　戊寅　一六三八年

清兵入塞，京師戒嚴。春正月，清兵入濟南。二月，北歸。三月，出青山口。凡深入二千里，閱五月，下畿內、山東七十餘城，國勢危殆矣。（《明史》卷二四《莊烈帝紀》）

春，黎遂球買里北族子之餘室，飾之。後花朝與歐主遇、謝長文往香山訪何吾騶，同遊寶蓮寺。吾騶爲遂球室題名晴眉閣，遂球作《晴眉閣記》（黎遂球《蓮鬚閣集》卷十六）。①

————————

①　何吾騶亦有《己卯花朝有懷黎君選諸子》、《花朝寄懷歐嘉可謝伯子黎美周諸子言念去歲同遊寶蓮正今日也後晤何地可期》詩（《元氣堂詩集》卷中），此詩作於明年（己卯）。

正月，大將左良玉與總兵陳洪范大破張獻忠於鄖西，獻忠逸去，屯於穀城。（《明史》卷二七三《左良玉傳》）四月，僞降於穀城，熊文燦受之。（《明史》卷二四《莊烈帝紀》）

同月，黃公輔賦《家眷至衙　常德戊寅正月》詩云：

朗陵三度閱梅花，每覺鄉心感物華。老婦攜來孫與子，一堂相聚宦爲家。流鶯巧弄春風嫋，弱柳柔翻暖日斜。妻務焚香兒課讀，公庭無事早歸衙。

公輔又賦《齎捧啟行》、《舟行》、《乘風夜至蕪湖》（以上五律）、《小姑山》七律。（黃公輔《北燕巖集》卷二）

初一日，饒燈賦《戊寅元旦》詩云：

金雞唱徹啟重扉，銀燭搖光曙色微。獻歲又看新玉曆，還家無忝舊淄衣。杯添柏酒堪供醉，案簇辛盤可對揮。但得清閒常矍鑠，年年斑鬢伴春暉。（楊天培《潮雅拾存》）

黃公輔賦《戊寅元旦祝聖回》詩云：

鬱蔥佳氣藹雲霄，五夜鳴珂邸第朝。春信先憑梅柳度，陽和遍及海天遙。風翻仙仗騰騰舞，晨囀新鶯恰恰嬌。楚國每勤明主顧，蕩平應始自今朝。

公輔又賦《戊寅初度　時臨藍寇平》五律、《寄肖允叔》、《景白弟》、《劉浣玉》、《別陳軼今兄歸粵》、《別余舅》（以上七律）。（黃公輔《北燕巖集》卷二）

陳子升訪黎遂球於廣州，子升有《戊寅小歲和黎美周》詩（陳子升《中洲草堂遺集》卷十一），遂球亦有詩《新年喜陳喬生見過》（黎遂球《蓮鬚閣集》卷七）。

十五日，陳子壯爲弟子升之詩集作序。序末署“崇禎戊寅上元日兄子壯撰。”（陳子升《中洲草堂遺集》卷首附）

二月十五日（花朝節），陳子壯與弟子黎遂球、弟子升、友人歐主遇、必元、區懷瑞、懷年、黃聖年、季恒、黎邦城、徐菜、釋通岸等十二人復修南園舊社，世號南園十二子。其後吳越江楚閩中諸名流亦來入社。（歐主遇《自耕軒集·憶南園八子詩》，《陳文忠公行狀》）後黎延祖賦《南園故址　並序》詩云：

南園爲國初趙御史介、孫典籍蕡、王給事佐、李長史德、黃待制哲五先生結社地，後爲祠，祀文、陸、張三大忠，有司歲時祀之。崇禎戊寅，直指介菴葛公捐俸重修，先忠湣公與陳文忠公暨諸名公唱和於此，繼五先生風雅。變遷以來，祠屬丘墟，人騎箕尾，祀典雖存，望城東而莫祝。偶一過焉，唏噓愴懷，有感乎五先生之流風餘韻，三大忠之日月精忠，陳文忠與先忠湣之文章節義，皆不愧於天地，其庶幾有起而繼之者乎？聊成短章，以志慟焉。

斷橋芳草郭東渠，天上誰來享祀醑。五典舊聞從舜代，三仁方古見殷墟。魚鬢學士悲埋骨，馬革忠魂痛絕裾。空有行人知往跡，懷深重忍立躊躇。

又賦《南園故址》七律。（溫汝能《粵東詩海》卷六一）

聞山東失守，人從熊文燦帳下來，知張獻忠有反意，黎遂球憂之，與書何吾騶，勸其招集子弟護鄉衛國，剿滅流寇。（黎遂球《蓮鬚閣集》卷十三《答何相公書》）

三月，羅萬傑賦《新嘉驛署舊有會稽女子留題三絕悽婉動人予以戊寅暮春過宿其處則壁間之句已磨滅不可復識矣感慨之餘仍和韻弔之》詩云：

可是芳心化作塵，那能頻憶夢中身。生憎繡幙花間蝶，不逐東風戀暮春。

不須絕調與同遊，薄命終憐恨已悠。可惜堦前今夜月，無人空自上簾鉤。

墨跡歌殘知爲誰，未成短韻先成悲。數聲啼鴂怨芳草，不是閨人亦淚垂。（溫廷敬《潮州詩萃》甲編卷一一）

夏末，黎邦瑊、黎遂球、鄧伯喬、戴公綸、趙焞夫、徐棻、李振聲、歐天駒、陳中行自廣州至香山訪何吾騶，吾騶乃偕歐主遇及二子準道、鞏道宴接江上，諸人分字賦詩，何吾騶有《夏杪黎君選鄧伯喬戴公綸趙裕子徐木之黎美周李美發歐天駒陳中行自五羊過訪余偕歐嘉可暨兩兒宴接江上分得東字》詩。（何吾騶《元氣堂詩集》卷二）

何準道，字旦兼，號蕡園。香山（今中山）人。吾騶長子。崇禎十五年（一六四二）舉人。官至吏科給事中。清兵入粵，吾騶督師，準道從父軍中。明亡不出，與屈大均、高儼、謝長文、陳子升多酬和，並多方外交。著有《玄英閣稿》、《椶山詩集》。陳伯陶《勝朝粵東遺民錄》卷二有傳。子栻，字太占，號南塘漁父。貢生，候選理藩院知事。工草法。高隱南塘，日與屈大均、梁佩蘭、陳恭尹、吳文煒、王隼等唱和，開湖心詩社。卒年九十一。著有《南塘詩鈔》。何天衢《欖溪何氏詩徵》卷二有傳。

六月廿七日，梁朝鐘得其師張國維書，回書論討賊事。時國維爲江南巡撫。（《喻園集》卷二《回張玉笥老師書》）

秋，李雲龍作《嘯樓自選稿小序》。（李雲龍《嘯樓詩集》卷首）

黃士俊抵里晤諸親友，賦《戊寅秋抵里晤諸親友》詩云：

小草俄驚華髮翩，歸來松菊轉依然。才庸和鼎慚何補，身病抽簪喜獨先。水石餘生惟藥餌，關河搔首尚烽煙。皇恩賜賚親朋洽，共祝昇平億萬年。（康熙《順德縣志》卷一二）

何吾騶賦《戊寅山中秋思》詩云：

經看五十八廻秋，卻到於今始自繇。未用賓朋同翫月，有時吟賞獨登樓。腹如老鶴無多啄，質似靈槎信所浮。從此便教年百二，也隨天地一虛舟。（何吾騶《元氣堂詩集》卷中）

七夕，何吾騶同黎邦瑊、徐棻、傅元子、何伯承集香山松風閣分賦。①

十五日，吾騶賦《戊寅中秋　五首》詩云：

列醴千家玉甕香，不禁疏雨點衣裳。誰知夜半笙歌歇，徹骨清光月似霜。

------

① 何吾騶《元氣堂詩集》卷下《七絕》有《戊寅七夕同諸子酌松風閣分賦六首是月霖雨經旬》六首，卷中《七律》有《初秋雨夜同黎君選徐木之傅元子諸子從右文伯承集松風閣分賦》。

尋真煉藥事飛昇，當日何因月里行。多恐廣寒還有夢，濃雲疏雨不勝情。

盈掌寒光半翳無，四郊塵靜月明孤。至今兔搗緣何事，蕭瑟秋聲滿玉壺。

漏下遙聞空有聲，滿天鼙鼓事長征。千屯畫角吹歸思，願借銀河賦洗兵。

皎魄團團淡素秋，喜增光爽怨增愁。好隨蘆渚漁家樂，莫向長安問酒樓。（何吾騶《元氣堂詩集》卷下）

九月，熊文燦至襄陽，有雙溝之捷。（《明史》卷二六〇《熊文燦傳》）

同月，黃淵與韓宗驥行江岸，次年賦《戊寅九月博羅韓季閑以畢娶自潮歸舟中煩眩拉余岸行婢青青余素所稱善亦喜隨之弇中亂竹如箭茅戟列荊枳相牽留道陷黝高下足如簸怪石起伏如豺羊群而流泉香花亦數間之蓋所名黃竹磯也行三四里許出谷見江得酒家飲以相勞且待後舟次歲己卯余復在潮歸里風正帆行盼睞江岸見此惘然無與語者》詩云：

復過江頭黃竹磯，分明舍楫並行時。迷花水石爭人語，暗路荊篁罩玉肌。豁見江天嘩一笑，指言村酒應同醵。趙郎梅女歸何處，腸斷羅浮瓊蕊枝。（溫廷敬《潮州詩萃》甲編卷一二）

冬，郭之奇服除，補原職。（饒宗頤《郭之奇年譜》）

冬，黃公輔賦《梅花歌爲劉親家五十壽》七古。

公輔又賦《寄區敬亭》、《挽陳慈舟親家》、《楚歸篤觀侄請酒不往　四兄卒哭未久》、《憶綠崗翁　有引》、《寄鍾世宰五舅》、《與張融我憲副齋捧北上直奴警戒心朝暮相依雅愛真切兼承佳刻見教答之》（以上七律）、《署中聞臨兒衡州誕子　李氏祖母曾隨宦於此》（五律）。

十月，黃公輔與張耀憲副齋捧北上，經蕪湖、南京、郯城至京城，因上疏言流賊猖獗，勢將燎原，征討宜急等事。帝嘉納，賜宴優渥。京邸除夕，公輔自記云：“時虜情孔亟，禁民間火炮，臨兒依母在楚，豫兒在家。"①

十一月，羅汝才等率衆亦僞降於熊文燦，命處於鄖州、均州一帶。（《明史》卷二六〇《熊文燦傳》）梁朝鐘憂之，與書文燦，書詞隱約，意不主撫。（《喻園集》卷一《復熊心開理臺》）

冬至日，黄公輔賦《長至日阻風獨酌》詩云：

石尤太不情，偏閣客邊程。且把寂寥酒，來降脣發聲。三杯醺未醒，一枕夢難成。望望天邊去，心摇實似旌。

公輔又賦《過銅陵縣　先火人曾令此》五律、《至日舟中》七律、《去金陵十四載矣齋捧偶過昔日銅臺舊交無一在者感賦》七律、《南臺舊門役送過江》五律、《邵伯道上》五律、《過郯城縣步壁間韻》七律、《張山宿民房》七絶、《郯城道上》七律。（黄公輔《北燕巖集》卷二）

十二月初九日，陳子升賦《戊寅小歲和黎美周》詩云：

聲華街鼓急相聞，燭跋西園至夜分。作賦不曾逢武帝，彈琴猶復看文君。常時歌對吳閶月，奇服香連楚澤雲。何處新知最相樂，頡頏狂燕隔簾紋。（陳子升《中洲草堂遺集》卷十一）

除夕，李覺斯賦《戊寅除夕書懷》詩云：

輕風剪剪襲寒貂，獨酌椒觴客思遥。百歲浮生過半世，一年人事止今宵。中原戎馬紛蹂躪，故國音書久寂寥。已覺傷心懶回首，可堪重度歲華朝。（温汝能《粤東詩海》卷四五）

同日，黄公輔賦《京邸除夕　時虜情孔亟，禁民間火炮。臨兒依母在楚，豫兒在家》詩云：

---

① 黄公輔《北燕巖集》卷二《途中早起自歎》、《與張融我憲副齋捧北上直奴警戒心朝暮相依雅愛真切兼承佳刻見教答之》、《齋捧啟行》、《舟行》、《乘風夜至蕪湖》、《小姑山》、《長至日阻風獨酌》、《過銅陵縣　先大人曾令此》、《至日舟中》、《去金陵十四載矣齋捧偶過昔日銅臺舊交無一在者感賦》、《南臺舊門役送過江》、《邵伯道上》、《過郯城縣步壁間韻 古郯子國孔子問官地屬山東兗州府原是僻邑因寇警過京皆取道於此北至嶧縣一百六十里南至宿遷縣亦一百六十里應付甚苦》、《張山宿民房》、《郯城道上》、《京邸除夕 時虜情孔亟禁民間火炮臨兒依母在楚豫兒在家》，可證其行程。

別卻都城十六載，到來正值歲逢除。不聞爆竹催殘臘，只有青燈對索居。四載天涯憐節序，孤窗此夕更躊躇。起看斗柄移何處，楚粵雲天總攬予。（黃公輔《北燕巖集》卷二）

歲除，何吾騶賦《戊寅歲除示所親　二首》詩云：

晏景曾當除，年光入著書。憂天窺鳥度，愛日補衣疏。短髮嫌春淺，幽蹤媚谷虛。橫塘數竿竹，長好對耕鋤。

中原頻望氣，向夕意難明。得有爲漁樂，能蠲望闕情。中樞趨討賊，謀國又徵兵。聖主真堯舜，何時見太平。（何吾騶《元氣堂集》卷中）

本年廣東巡撫葛徵奇重修南園三大忠祠，南海知縣蔣萊重刻《南園五先生詩》，陳子壯爲作序。（《南園前五先生詩》卷首、屈大均《廣東文選》卷九《重刻南園五先生詩序》）黎遂球數奉面命，得述所聞，作《三大忠祠賦》以贊斯役。（黎遂球《蓮鬚閣集》卷一）

本年以陳子壯保舉故，郡邑催取部文起送赴部，黎遂球作《上郡邑懇寬限赴部書》。（黎遂球《蓮鬚閣集》卷四）遂球文集成，求序於何吾騶，吾騶爲序。（黎遂球《蓮鬚閣集》卷首）

本年梁朝鐘在安慶，所居曰石巢（《喻園集》卷四），朝鐘寄書與舅氏霍子衡（《喻園集》卷三《募建華首臺疏》）。朝鐘見一丈夫、父親皆爲流寇所殺之難婦田二姐，作長篇七言古詩《難婦述》詩哀之。（梁朝鐘《喻園集》卷四）

霍子衡（？～一六四六），字覺商。南海人。萬曆三十四年（一六〇六）舉人，由教諭累遷袁州知府，甲申國變，歸里杜門不出。紹武帝立廣州，召爲太僕寺卿。廣州破，與三子應蘭、應荃、應芷及婦等闔家九人赴池死。康熙《南海縣志》卷十二有傳。

本年東莞知縣汪運光、鄉紳張二果聘曾起莘（釋函昰）同修《東莞縣志》，直筆不阿，時稱信史。（康熙《東莞縣志》本傳、陳伯陶《東莞縣志》本傳引張志汪運光序）

本年釋道獨度嶺歸粵，移錫東莞雙柏林，韓宗騋（釋函可）與曾起莘（釋函昰）亦至相見。宗騋校刊其父文恪公詩文集三十二卷。（釋函昰《塔銘》、郝浴《塔碑銘》、《清代禁書知見錄》）

本年林應選膺歲貢授韶州訓導。

林應選，字五標。惠來人。崇禎十一年（一六三八）膺歲貢授韶州訓導，尋遷教諭。明亡掛冠歸里，年七十餘猶好學不倦。（雍正《惠來縣志》卷十四）

陳子升於本年補諸生。（《中洲草堂遺集》卷首薛始亨《陳喬生傳》）

釋今辯生。

釋今辯（一六三八～一六九七），字樂說。番禺麥氏季子。家貧，事母孝。嘗學帖括於梁之佩（海發禪師），導以內典梵行，忽有所省，至匡廬參釋函昰求薙染。永曆十四年（一六六〇），還雷峰受具。釋澹歸闢丹霞，助維甚力。康熙七年（一六六八）解夏付以大法，為第五法嗣，分座丹霞。二十四年（一六八五），釋函昰示寂，主海雲、海幢。未幾應西粵永寧之請，奉三世《語錄》入藏。會請繼釋道獨席從浙入閩。三十六年（一六九七），示寂長慶。編《海幢阿字禪師語錄》，著有《四會語錄》、《菩薩戒經註疏》。同治《番禺縣志》卷四九有傳。

明思宗崇禎十二年　清太宗崇德四年　己卯　一六三九年

春，梁朝鐘自安慶往襄陽，途中寄書與師張國維，由書可知朝鐘此時已憂文燦招撫之策，恐其日後敗，故赴襄陽與文燦別。（梁朝鐘《喻園集》卷二《與張玉笥老師撫臺書》）

正月初一日，梁朝鐘賦《安慶己卯元日》詩云：

去歲椒盤望太平，迢迢封樹雨春正。虜無一矢留三月，賊止千人繫九營。黃燭平明呼北極，白環兄弟祝西征。兒童未作百年慮，長日華林爆竹聲。（梁朝鐘《喻園集》）

同日，黃公輔賦《元旦朝賀》詩云：

乘權青帝自東升，國祚也隨歲月增。十二編年逢己卯，三千奏牘頌岡陵。垂裳高拱晴光靄，舞袖低翻淑氣凝。獨念郊原戎馬亟，欲舒宵旰愧無能。

公輔又賦《與李唐谷　別唐谷十四載，適齋捧入都，唐谷方列班行。得周旋敘闊，大快事也》七律。

立春日，黃公輔賦《京邸立春》詩云：

東皇乍渡玉河涯，河凍漸開是處皆。官道柳條初著眼，客途春色入誰懷。笑看短鋏塵盈匣，浪逐長安雪滿街。大抵浮蹤非我主，因時不必用安排。

公輔又賦《與李唐谷話舊》、《辭朝賜宴》、《齋捧事竣出京》（二首）、《途次懷唐谷》、《看歧陽劉司寇　以審犯不稱旨系獄》、《淮安道中》（以上七律）。（黃公輔《北燕巖集》卷二）

初十日，郭之奇家居，其元配林夫人卒，年三十三。[①]（《年月志》）

二月十五日，何吾騶賦《己卯花朝有懷黎君選諸子》詩云：

鶯聲交竹塢，意與曉雲深。宿雨天初霽，三春花滿林。痛歌時獨影，亮節想母音。釃酒知何處，憑床拂素琴。

吾騶又賦《同諸子集嘉顯堂》、《小金山既分賦後諸子謂望氣樓環翠亭二公遂爲茲山香火宜有專賦用志所懷遂篝燈各賦一首二首》、《次韻答黎縝之》（以上五律）。

三月，何吾騶賦《己卯春暮賦寄林次狂兼柬謝伯子》詩云：

輕雲疏雨岸花遲，欲別方舟共酒巵。新句林逋誰可和，邇來吾愛謝生詩。（何吾騶《元氣堂集》卷下）

十六日，吾騶賦《季春望後同諸社人泛舟分賦　二首》五律詩二首。

---

① 《編年詩總序》：“乃不幸，而有何時之哀。罷蓼居廬，繼而分荆，愴魄余掛傷魂。閱丁丑、戊寅、己卯詩，不能事百，總附秋思之末；然閉門一室，破涕爲歌。”據此，之奇是時仍家居也。

吾驥又賦《夜雨》五律。

清明日，黃公輔賦《清明道上》詩云：

又是逢寒食，禁煙何處過。自從客楚後，其若子情何。旅況
看春色，何心聽鳥歌。小梅芳草碧，飛夢到山阿。

公輔又賦《宿山口民房》五律、《宿藍橋村》、《過彭澤縣》、
《道上寫懷》、《九江道上》、《宿浴佛禪庵》、《陽臺晚望山在漢川
城外以候按臺駐》（以上七律）、《漢川候按君未至　時京回》
（七絶）。（黃公輔《北燕巖集》卷二）

三月末，黃公輔賦《送春》詩云：

何處送春酒一杯，風爲信使雨爲媒。有期難作攀留計，莫語
空登寂寞臺。蝶繞籬邊深繾綣，花浮水面重徘徊。相思直待梅花
發，又是東君一度來。

公輔又賦《劉親家隔宿東嶽寺》、《過應城縣被寇處》（以上
七絶）、《齎捧回任》、《內子六十一　途次作》、《哭臨兒》十首
（以上七律）（序云：予齎捧北還，至澧州蘭江駉，得兒字報病）、
《湘鄉署中夢臨兒》七絶。

夏，黃公輔在京城齎捧事峻，返楚。

四月，公輔返至常德。途經澧州蘭江駉，得長子臨兒書，知
其病重。由楚歸里，遇長男臨兒卒，有《哭臨兒》詩十首。即有
晉湖廣參政分守寶慶（今湖南邵陽）命，旋赴寶慶任，又往謁三
臺。（黃公輔《北燕巖集》卷二）

五月，張獻忠反於榖城，羅汝才會於房縣，於是九營俱反。
崇禎帝聞變，大驚，削熊文燦官，戴罪視事。（《明史》卷二六
〇《熊文燦傳》）

初四日，梁朝鐘在襄陽與文燦別，即登舟自漢水順流而下，
次日次承天，欲晤方孔炤，聞其在京山啟行回郢，遂不待，沿江
至漢口，登黃鶴樓，禮無影塔。

廿一日，至蘭谿，即到文燦府上，留三日。

廿四日，攜妻覓小船，擬歸廣州。（梁朝鐘《喻園集》卷二

《與熊心開理臺》）歸途中，朝鐘與張二果、李雲龍相會舟中，隨後二果、雲龍下彭蠡湖還匡山。

六月，釋道獨舉勘破婆子話，韓宗騋（釋函可）更豁然識古人長處，獨曰：“子今不疑也。”即隨入匡廬，過曹溪。

十八日，宗騋於曹溪南華寺禮六祖慧能真身，下髮於舟中出家，法名函可，字祖心。（釋函昰《塔銘》、郝浴《塔碑銘》）

秋，梁朝鐘過大庾嶺，小憩樹下，識秉冲，時秉冲出嶺往白下。冬，秉冲歸廣州，出篋中投贈詩，朝鐘爲作序。（梁朝鐘《喻園集》卷一《贈言冊小引》）朝鐘偕羅賓王省父母之墓，有詩。（梁朝鐘《喻園集》卷四《己卯秋歸自皖上偕羅季作省先考妣墓口占》）

七月，左良玉擊張獻忠，敗績。崇禎帝大怒，命楊嗣昌代熊文燦，嗣昌至襄陽，即遣使逮文燦下獄。（《明史》卷二六〇《熊文燦傳》）

初七日，黎遂球爲區懷年詩集作序。（黎遂球《蓮鬚閣集》卷十八）

八月十五日，何吾騶賦《己卯八月十五夜大風雨賦示諸生並兒姪　三首》詩云：

梧露槐霜漱桂枝，廣寒如洗澹妝眉。雷聲也似兒聲細，都謂蛟龍得雨時。

萬國同風十二年，馮夷吹向日南天。當場定有翻空手，出爲吾君洗毒煙。

文光百尺擁登壇，電影交旟照畫欄。願得司衡心似月，天河一浣轉芒寒。（何吾騶《元氣堂集》卷下）

九月初九日，何南鳳（牧原和尚）賦《己卯重陽用九日宿丞相峯原韻》詩云：

危峯峭嶺老休攀，祇在煙雲杳靄間。俗士侈談重九樂，僧家要得箇中閒。秋聲葉脫林無障，夜久風寒戶欲關。觸景勿懷往昔事，清宵弱冠寶山還。（何南鳳《訒堂遺稿》）

同日，李覺斯賦《己卯重九日御賜花糕志感》詩云：

敕使傳餐出尚方，微臣今又拜恩光。玉團蜜潤雲爲麗，膩粉花蒸雪作香。一食可能忘帝力，分來聊且佐黄觴。小人有母余皆食，獨念君羹未得嘗。（清鄧淳《寶安詩正》卷一）

冬，曾起莘（釋函昰）辭親北上，祝曰："此行當得官帽歸。"起莘曰："帽子到有一頂，只恐不是烏紗。"（釋今辯《行狀》、湯來賀《塔志銘》）

十月，黎遂球將上京應進士試，與黎邦瑊、謝長文、陳中行訪何吾騶於香山，與李代際、何伯承、明公及吾騶二子準道、鞏道等遊羅浮。①

遂球與朱學熙書，答謝以其父密之名位祀於名山。（黎遂球《蓮鬚閣集》卷十三《答朱叔子書》）

同月，何吾騶又賦《己卯孟冬黎美周將上公車偕黎君選謝伯子陳中行過訪海曲邀李代際顯國家從右文伯承侄明公陟遇暨兩兒載酒羅浮夢夜過寶蓮寺分賦四首》五律。（何吾騶《元氣堂集》卷中）

同月，張萱賦《奉和太史瀏陽趙老師遊羅浮詩六章》五律詩，序云：

歲己卯，師以翰林學士忤江陵相，左官嶺南臬副。同考棘試時，余以諸生第一人入試，爲師所賞識，即未獲雋，亦感恩知己矣。師遊羅浮，呼余以從。余獻羅浮一賦，凡萬餘言。因命余次其韻，時己卯冬十月也。（張萱《西園存稿》卷四）

十一月，梁朝鐘在廣州閱邸報，知熊文燦被逮下獄。（梁朝鐘《喻園集》卷二《上熊心開老居士書》）張二果卒於匡山，年

---

① 何吾騶有《己卯孟冬黎美周將上公車偕黎君選謝伯子陳中行過訪海曲邀李代際顯國家從右文伯承侄明公陟遇暨兩兒載酒羅浮夢夜過寶蓮寺分賦四首》、《黎美周將公車北上偕黎君選謝伯子陳躍潛過存延酌江上月夜》二詩。（何吾騶《元氣堂詩集》卷中）遂球有五律《何象崗老師招村居同歐嘉可謝伯子陳中行家叔君選連夜宴飲賦二首》，或即於此時作也。（黎遂球《蓮鬚閣集》卷五）

四十。朝鐘聞訃，如不欲生，作《祭張勃公師兄文》哭之。（梁朝鐘《喻園集》卷二）

十二月，郭之奇賦《己卯季冬北征就道舟中卻寄張公亮明府明府時以新詩索予小序二首》七律詩二首。

之奇又賦《宋爾孚攜斗酒及新詩追至三河同舟竟日夜而別酒醒卻望尋韻寄答》、《過汀嶺》、《樟樹鎮舟中守歲得雨》（以上七律）。（郭之奇《宛在堂文集》卷十）

歲杪，黃公輔又賦《途中早起自歎》詩云：

> 去歲十月齎捧往京，今夏返楚。繇楚而歸，旋赴寶慶之任。又往謁三臺，逐逐道塗，不覺歲杪矣，且丁丑歸鄉有四兄之變，此番有長兒之變，良苦哉。

> 輪蹄週歲擲流光，人事況逢重感傷。兩度還家雙淚眼，五年薄宦一湖湘。蕭然馹舍殘更夢，都向溪頭度嶺長。纔得安眠又曉發，寒風煙霧共蒼茫。（黃公輔《北燕巖集》卷二）

本年陳子壯在廣州，門人黎遂球事子壯極謹，子壯亦愛重之，師徒二人，往往於花朝月夜，杯酒之餘，論及時事，輒欷歔流涕。（李健兒《陳子壯年譜》）

本年黎遂球送吳偉業、邵彌往金陵，遂球有五律《送吳駿公之南都赴司業任》、《送邵僧彌同駿公之金陵》二詩。（黎遂球《蓮鬚閣集》卷五）

本年薛始亨受業陳邦彥門下，至乙酉（一六四五）止，授《周易》、《毛詩》。（薛始亨《贈兵部尚書陳岩野先生傳》）

本年鄺露出遊已五年，還至皖城，好事者競以上客禮之，會邑令某以賄敗，遂歸粵東。露詩名籍甚，又雅工詩，兩廣總督張鏡心先後平定諸羅赤狄及盤古徭連州徭亂，立碑記功，以重幣延露至肇慶崧臺館舍，求書碑記，待以異數，省大吏以下，咸改容折節。露談當世事，又使長子鴻學劍，時人莫測也。露在廣州花田餞別朱光夜，有詩，題末云："時余歸自都中"也。露又有《送朱光夜入越》詩扇。

　　朱光夜，字未央。南海人。善摹秦漢印章及於晶玉上作蠅頭真草，著有《印略》一書，伍瑞隆、張萱爲作序。與瑞隆、萱、鄧雲霄（玄度）等同時，約爲嘉靖至崇禎時人。冼玉清《冼玉清文集》上編有傳。

　　本年湯來賀任廣東按察司僉事，時已心儀曾起莘（釋函昰）。後復遊粵，訪於東莞芥庵，爲言儒佛異同之旨。有詔行保舉之法，起莘爲大司馬方伯特薦當授郡守，起莘調頭不顧。（釋函昰《塔銘》、郝浴《塔碑銘》）

　　本年黃士俊賦《老父庚午以百齡欽蒙存問余已卯復濫天恩恭紀》七律詩四首。（康熙《順德縣志》卷一二）

　　本年郭之奇賦《自吳城至馬當湖江八景　有序》七律詩八首，序云：

　　自吳城至馬當，三百餘里中，江湖之間氣皆白。匡廬九疊，煙雲爲冠。風日和則鬱紛澄霽，時而辟歷夜明，時而陰晦朝鬪，奇幻不可以迅舟紀矣。湖沙漠漠，往而連天。水忽得林麓，以位置樵漁。樵漁不陷於湖，寶之曰珠磯。既邅湖光明減，有若覆盂，乍高乍下，與波出没，曰星墩。所云星墜至地則石，河濟間時有墜星，湖亦然耶？東望紫煙，飛濺流沫，如一疋練，著蒼屏直下三千尺者，瀑布也。逶迤而行，魚鼈黿鼉。觀其所處，蒼蒼然躍而起者，遍觀之爲蝦蟇石。石可二丈餘，仰俯坐立，象誠然矣。稍進而微風嫋嫋，騁驁西皐。有淩波偕逝者，而大姑見。出此聽波濤洶湧之聲，金石鏗鏘。洗耳聞之，得石鐘焉。拊石得鏞，金水合節，蓋五行之始而八音之初也。繇是馮夷罷舞，參差可吹。跂予以望，宛在中央，昭昭有光者，小姑耶？所謂伊人，要渺獨立。非江之永，其孰能方之？若邅江既淫液，皓皓旰旰，蛟螭怒決，勢及斗牛。不有馬當離流絕坼，江不殫爲海其已哉！易曰："天莫如龍，地莫如馬。"馬乎馬乎，地得以寧，稱其力哉！繇前後而縱觀，此其犖犖可見者。余以乙亥春，溯流此地，約畧所見，爲四言八章。於今五年，合新舊記睹，整齊前言，比之於律，以至細若氣，微若情，莫不備焉。豈有多於山水，亦曰耳治而目治之，以俟後之作者。（郭之奇《宛在堂文集》卷一〇）

　　本年黎景義賦《己卯年偶然作二十韻》七古詩。（黎景義

《二九居集選》卷二）

本年袁用雨任連平州學正。（雍正《連平州志》卷六）

本年屈大均十歲，髮鬖而長，自能作好瞥。（屈大均《佚文二輯·瞥人説》）又賦《浮丘謠》詩。（屈大均《翁山詩外》卷十七）

謝宗鎧於本年中解元。

韓宗驎於本年中舉人。

韓宗驎，博羅人。釋函可仲弟。崇禎十二年（一六三九）舉人。

歐芬於本年中舉人。

歐芬，字嘉祝。順德人。崇禎十二年（一六三九）舉人。事見阮元《廣東通志》卷七六。

張琚於本年中舉人。

張琚，字居玉。程鄉（今梅縣）人。珆弟。崇禎十二年（一六三九）舉人。隱居不仕，結廬周溪，人稱旋溪先生。事見阮元《廣東通志》卷七六。

李楩於本年中舉人。

李楩，字其礎。程鄉（今梅縣）人。士淳子。崇禎十二年（一六三九）舉人。士淳爲山西翼城令，適遇秦寇入侵，楩帥壯士親自搏戰。甲申聞變，痛哭狂走。後士淳生還，抗節不仕，楩亦與張琚等四人偕隱。刻有《溪聲堂帖》，著有《函秘齋詩文集》。吳道鎔《廣東文徵作者考》卷六有傳。

梁佑逵於本年中舉人。

梁佑逵（？～一六四六），字漸子，別號紀石子。順德人。崇禎十二年（一六三九）舉人。與黎遂球相師友，偕陳子壯等十二人修復南園詩社。隆武二年（一六四六）廣州陷後祝髮爲僧，字喆喬，未幾卒。著有《綺園》、《蕉筒》等集及《史眉》。陳伯陶《勝朝粵東遺民錄》卷二有傳。

陸卿於本年中舉人。

陸卿，原名漾波，字青芷、滋東。饒平人。崇禎十二年（一六三九）舉人。著有《回風草堂集》、《諜圃集》、《吳遊百吟》、《夏草》、《放言》，陳衍虞作序。事見光緒《饒平縣志》卷七。

邢之顯於本年中舉人。

邢之顯，文昌人。祚昌子。崇禎十二年（一六三九）舉人。事見阮元《廣東通志》卷七六。

黃德燦於本年中舉人。

黃德燦，字賢仲，號霷雲。海豐人。明思宗崇禎十二年（一六三九）鄉試第二名舉人（經魁）。生平喜吟詠，善書隸草，道勁俊逸，世雅重之。晚年構伊園居別墅，讀書談道，時人稱伊園先生。著有《伊園集》。乾隆《海豐縣志》卷七有傳。

馮璡於本年中舉人。

馮璡，字靈若，一字宗彝。歸善人。崇禎十二年（一六三九）舉人，歷任福建漳浦令、康熙二年（一六六三）癸卯闈闈同考。講學惠州西湖，冀章、陳芳冑皆其高足。年六十二卒於官。私謚文恭先生。著有《四子尚書解義》、《春秋大成》、《石瀨堂集》。黃登《嶺南五朝詩選》卷六有傳。

駱鳴雷於本年中舉人。

駱鳴雷，字乃震，一字殷郎。歸善人。父斌，字祿元，通太極陰陽二氣之理。鳴雷性孝篤，中崇禎十二年（一六三九）舉人，由藤縣教諭歷中書舍人。遭國變，退而講學西湖之濱。順治三年（一六四六）丙戌春，叛將車任重與土寇攻惠州，破西湖堰以窺城，湖遂廢，鳴雷與葉維陽等爲之修復。康熙五年（一六六六）丙午，林必高死而蘇，云"冥中爲鳴雷建槐亭"，時鳴雷七十一矣。釋澹歸因爲作《駱先生傳》。子若孫，淳謹，恪守家學。年七十八卒，私謚文恭。陳伯陶《勝朝粵東遺民錄》卷三有傳。

趙夢獬於本年中舉人。

趙夢獬，字伯良。新會人。崇禎十二年（一六三九）舉人。後以事註誤，幾殆，久之得釋。自謂生與子瞻同日，下獄又同因，自號蘇生。著有《補室集》二卷、《讀史集》四卷、《試軺草》、《援軺草》、《掃磔草》《浪史》。言良鈺《續岡州遺稿》卷增有傳。

劉奎昌於本年中舉人。

劉奎昌，字中柱。興寧人。崇禎十二年（一六三九）舉人。爲諸生時劉忠毅招之勷修邑乘。子歲貢，名宗新。新孫遠馨，能醫。胡曦《梅水會靈集》卷一有傳。

譚相國於本年中舉人。

譚相國，字起臣。高明人。崇禎十二年（一六三九）舉人。陳邦彥起兵，使余龍戰於黃連。龍敗，邦彥收餘燼，出攻高明，相國與同里麥而炫、區懷炅皆毀家以從，軍聲大振。相國先率衆往新興，不知所終。

陳紹顏於本年中舉人。

陳紹顏，字愚發。吳川人。崇禎十二年（一六三九）舉人。國變後晦跡山林。久之，聞魯王依鄭成功於臺灣，往從之，至福建，以未剃髮，爲清官吏所殺。家人贖其首，函之歸。詔顏髮素長，累兩桌加椅其上，置首以理髮，髮猶委地云。陳伯陶《勝朝粵東遺民錄》卷四有傳。

潘毓珩於本年中舉人。

潘毓珩，字蒽石，號他山（人）。新興人。崇禎十二年（一六三九）舉人。① 刻成《國恩寺志》。著有《盧溪志》。余祖明《廣東歷代詩鈔》卷十一有傳。

李星一於本年中舉人。

李星一，字繼碩。新寧（今台山）人。崇禎十二年（一六三九）舉人，兵部主事，參修《新寧縣志》。隆武二年（一六四六）任江西監察御史。甲申之變，集兄弟起兵勤王，不知所終。（《粵東遺民錄》）

---

①　一作康熙三十八年（一六九九）秋闈亞元。

卓越於本年中舉人。

卓越，字上楚。五華人。由拔貢中崇禎十二年（一六三九）舉人。時長樂縣令黃景明甚器重之。後多次會試不售，明末率鄉勇捍衛家園。（《長樂縣志》）

黃棠於本年中舉人。

黃棠，字之華。澄海人。崇禎十二年（一六三九）舉人。順治九年（一六五二）會試中副榜。授本省增城教諭，遷蕪湖知縣。（嘉慶《澄海縣志》卷十八）

歐璞持於本年中舉人。

歐璞持，順德人。崇禎十二年（一六三九）特榜舉人。事見阮元《廣東通志》卷七六。

李騰於本年中武舉人。

李騰，四會人。崇禎十二年（一六三九）武舉人。事見阮元《廣東通志》卷七六。

樊起龍於本年中武舉人。

樊起龍，字曦墅。崇禎十二年（一六三九）武舉人，任廣海南頭京口提點禁尉副將事。事見《嶺南五朝詩選》卷六。

陳炅於本年中武舉人。

陳炅，原名于超，字明良，號朱陵。東莞人。崇禎十二年（一六三九）武舉人。能詩。張其淦《東莞詩錄》卷二二有傳。

姚喜臣於本年成貢生。

姚喜臣，字欽颺。潮陽人。崇禎十二年（一六三九）己卯拔貢生。鼎革後，廬先人墓側，日夕哀吟。與程可則往來唱和。康熙二十六年（一六八七）與修《潮陽縣志》。著有《溪雲廬詩集》。陳伯陶《勝朝粵東遺民錄》卷四有傳。

鄧仁洽於本年成貢生。

鄧仁洽，新安人。崇禎十二年（一六三九）貢生，韶州保昌訓導。（康熙《新安縣志》）

釋通炯圓寂。

明思宗崇禎十三年　清太宗崇德五年　庚辰　一六四○年

畿輔（今河北）、山東、河南、山西、陝西大饑，人相食。

春，何吾騶、黎邦瑊、歐主遇及吾騶諸兒侄等渡石門。（何吾騶《元氣堂詩集》卷中《五律・庚辰春日同黎君選歐嘉可諸從兒侄渡石門》二首）

正月初一日，郭之奇賦《庚辰元日溯流劍江》詩云：

元日光煙濕翠微，意中春在百峯飛。江流就我舒新色，劍氣冲牛發舊輝。澤鳥連羣喧水際，梅花疏影靜柴扉。陽和此歲知多少，獨向東風問瘦肥。

之奇又賦《是歲閏王正故首月春至稍遲》、《春日苦雪》、《皖江雪望》（以上七律）。（郭之奇《宛在堂文集》卷一○）

十五日，黃錦賦《庚辰元夕李二何三郎得雋李曉湘姚谷神都中得雄掛燈會館越夕再會慶燈伍鐵庵有詩步韻二律》七律詩。（黃錦《筆畊堂詩集》）

何吾騶賦《庚辰上元》詩云：

茫茫馳駿遂庚辰，花甲初週閏正春。最有閒看燈事好，不知年逐物華新。上珍飽食餘狂叟，海國芹甘媿野人。偶載朋尊乘夜出，碧天如洗絕纖塵。

吾騶又賦《梁未央讀友人梅花詩便爲驚絕詩以廣之》七律、《庚辰初度　二首》七律。（何吾騶《元氣堂詩集》卷下）

二月，陳是集（時在京師）爲同鄉奸人所陷入獄。（《陳中秘稿》卷首《筠似公行狀》，卷中《辨冤第一、二、三疏》）

初二日，郭之奇賦《二月二日入山東境》詩云：

八千潮路及東封，章水吳山凡幾重。北望方知天地遠，南車惟向斗樞從。丘園故夢經年阻，花木春情仲月逢。爲問飄飄何所似，嶺雲一片出幽峯。

之奇又賦《春分後入東土無日不與諸花共朝夕也》、《東阿道中稍見諸山逢迎然陵巒低淺殊不愜春望也》、《午後得雨塵沙稍退諸山作煙雲色微覺可人》（以上七律）。

初十日，之奇賦《初十早渡德州河是午至景州》詩云：

衣帶燕齊百事同，微差物候共塵風。春光有限難疏放，野色
無邊自塞充。四望獨疑山水盡，孤心雙繫日雲中。便勞煙景長爲
伴，同入金臺上苑東。

十一日，之奇賦《十一晚將至商家林漫望》詩云：

野日荒荒向夕斜，昏塵未肯厭疲車。春同北至還遲鈍，月自
東浮尚遠退。燕草微絲看易沒，商林晚色望難賒。欲知客舍隨新
柳，獨數煙條第幾家。

之奇又賦《北地風沙殊少春色春光懶困倍於人矣》、《雄邑道
中見易水憤胡馬之汙清流也》、《曉發新城喜見西山山色尚在明滅
間也》、《薄暮將至涿鹿諸峯片片可數明月忽自東相映矣》（以上
七律）。（郭之奇《宛在堂文集》卷一〇）

月末，梁朝鐘得熊文燦正月舟中書，回書慰之。（梁朝鐘
《喻園集》卷二《上熊心開老居士書》、《及閘人熊避木書一》）

三月，金堡（釋澹歸）中進士，廷試二甲第四十名。（《明清
進士題名録》）

初三日，黎遂球會試不第，李模集數人餞別於雙河庵。（黎
遂球《蓮鬚閣集》卷七《都門三月三日李灌溪老師招同顧端木陸
起頑徐孟溥簡伯葵集雙河庵即席起贈起頑》）遂球南歸，有五律
《庚辰出都二首》。（《蓮鬚閣集》卷五）

寒食，何吾騶賦《余生平頗有酒量嘗登燕市樓頭自謂無敵丙
子歸猶能偕二三友舊盡一石庚辰寒食山中廻遂不勝涓滴重有感焉
偶憶子瞻三不如一旦有之漫賦二首》詩云：

生來彌勒是前身，名乳千杯道轉親。漸老更如蘇學士，可憐
飲酒不如人。

不能唱曲不彈棋，尚笑東坡三不如。經歲渾無半蕉葉，始然
天地老迂儒。（何吾騶《元氣堂集》卷下）

春杪，盧上銘賦《庚辰春杪別園中諸友》詩云：

半載圜扉侍絳幃，離情相對更歔欷。三間去國難爲念，五柳歸田暫息機。蕉下未醒誰夢鹿，枕中贏得自輕肥。卻憐放逐恩如海，猶幸君王賜鐵衣。（張其淦《東莞詩録》卷二一）

盧上銘，字爾新，一字寄園。東莞人。瑛田子。官至工部主事，爲宦官所害，謫南寧，能詩文，喜著述。入清不仕。著有《辟雍紀事》、《幻遊草》、《西征草》等。事見宣統《東莞縣志》卷六〇。

夏，黄公輔在寶慶任上，陪巡長沙，請告致仕，不允。（黄貞元《春溥先生年譜》）

張穆畫《小鳥竹石圖》册頁。（順德何蒙夫藏本，題識："庚辰夏日寫，張穆"）

黎遂球至潤州，遊招隱寺，有《遊學林招隱記》（黎遂球《蓮鬚閣文鈔》卷六），五律《客潤州春余入夏留滯官舫憶家園花事之樂作詩五首》（《蓮鬚閣集》卷五）。

四月二十五日，有客持鄭元勳書信來，言萬時華在揚州，黎遂球復渡江相送。

五月初二日，遂球至揚州。（黎遂球《蓮鬚閣集》卷十九《萬茂先傳》、卷二五《祭萬茂先文》）

端午節，梁朝鐘與何吾騶於珠江觀競渡，吾騶有七絶《午日珠江雜詠》四首，詠屈原事，復感慨自身遭遇，朝鐘亦有所感焉。①

十六日，遂球賦《燈船曲四首　並序》七絶詩，序云：

庚辰五月既望，揚州不雨，咸修祈禱常儀。於是同社鄭超宗、梁飲光、姜開先、冒辟疆諸子，以予與陳旻昭、萬茂先、陳百史、康小范諸同人適集，因倣秦淮夜遊，爲燈船，載歌吹，以當雩舞。諸出觀者，傾城畢集，笙

---

① 何吾騶《元氣堂詩集》卷下《七絶》又有《余庚辰午日嘗有江上吟四首梁未央見而喜之辛巳夏午偕未央蕩舟江上亦各有感焉歸作七言絶句八首示予其詞惋惻寄託幽遠未可卒讀燈下再詠輒賦如其數匪能和之聊識其意耳》八首七絶詩。

簫互奏，香光絡繹。本以土龍之祝，翻如水嬉之張，人各製曲，以授歌者。（黎遂球《蓮鬚閣集》卷十）

黎遂球於揚州鄭元勳影園大集江南北同盟之人爲詩酒會，與會者有鄭元勳、陳丹衷、姜承宗、李之椿、程邃、萬時華、顧爾邁、梁于涘、王光魯等人。時園中黃牡丹盛開，在座者各賦黃牡丹七言近體詩十首，糊名，送虞山錢謙益評定，謙益推遂球爲第一，超宗鑴金罍爲贈，時號黃牡丹狀元，由是名聲大著。（查繼佐《傳》，黎遂球《蓮鬚閣集》卷十九《萬茂先傳》，《影園瑤華集》上）遂球所賦《揚州同諸公社集鄭超宗影園即席詠黃牡丹十首》詩云：

一朵巫雲夜色祥，三千叢里認君王。月華蘸露扶仙掌，粉汗更衣染御香。舞傍錦屏紛孔雀，睡搖金鎖對鴛鴦。何人見夢矜男寵，獨立應憐國后妝。

宮額亭亭廿四橋，披離新柳弄春朝。柘枝拍待鶯喉囀，杏子衫匀蝶翅消。酒半倚闌浮琥珀，風前騎鶴聽笙簫。姮娥桂殿堪同伴，貯豔頻勞覓阿嬌。

寵詔封泥第一枝，賜袍簾外拜恩時。春風律應清平調，夜雨香留絕妙詞。天上有機遙織譜，河陽無影望連漪。金罍玉瓚須攜醉，任是蜂狂總未知。

誰買長門作賦才，守宮砂盡故徘徊。燕銜落蕊成金屋，鳳蝕殘釵化寶胎。三月繁華春夢熟，六朝芳草暮霞堆。上尊合賜詞臣閣，邀賞還宜八駿來。

栀子同心綴纈斜，融融宵露濕塗鴉。潘郎傍署移新省，姚女明妝見舊家。解佩臨風疑橘柚，鬱輪凝碧怨琵琶。微瑕莫笑閒情賦，錯認秋容詠菊花。

掖庭昏靄怨春歸，疊帕匡床悵望稀。窺浴轉愁金照眼，割盟須記赭留衣。梳成墮馬泥拖障，夢破徵蘭粉較肥。誰借橘媒生羽翼，可能鴻鵠似高飛。

花陣縱橫紫翠重，木蘭金甲繡盤龍。團圓月照蓮心苦，廿四風圍柳帶鬆。涿鹿戰場雲結幟，穀城兵法怒蟠胸。嬌嬈亦有王侯骨，一笑功成學赤松。

誰寫春容出塞看，胡沙漠漠照衿寒。扶來更學靈妃步，睡起羞爲道士冠。瑣骨傳燈開五葉，鞠衣持繭獻三盤。相思莫誤朱成碧，燭淚盈盈蠟暈乾。

憔悴西風夢不成，娉婷相見在春城。歡場九錫傳花瑞，隱語雙文贈鳥名。寶鏡背懸交吐燄，索鈴初護盡無聲。看多怕有香塵上，出浴依然媚晚晴。

天寶何因便改元，尚憐芳影祕泉温。不聞金鑑留丞相，多恐玉環蒙至尊。朱紫故宜當日賤，衣裳能得幾時恩。揚州芍藥看前事，功業綸扉並爾存。（黎遂球《蓮鬚閣集》卷七）

既望（十六日），遂球與鄭元勳、萬時華、冒襄、姜承宗、陳名夏、丹衷、梁于涘、康范生等登燈船夜遊秦淮，有詩紀之。（《蓮鬚閣集》卷十《燈船曲四首　並序》）

六月初六日，郭之奇賦《季夏六日過徐九一小坐同集者爲方肅之周儀伯分得先字二首》七律。

之奇又賦《楊葵宸宮贊分桐晋府特上捕蝗之章詩以柬之》、《葵宸有相念之語復以詩答其意》、《會昌登陸山行即目》。（以上七律）（郭之奇《宛在堂文集》卷一〇）

初七日，影園大會後萬時華病劇，黎遂球作祈禱文告於神，祈其病癒。

十三日，萬時華卒於揚州鄭超宗（元勳）處，黎遂球與諸同社友經營其喪，作祭文哭之。（黎遂球《蓮鬚閣集》卷二五《祭萬茂先文》、卷二六《爲萬茂先祈禱文》）又有《哭萬茂先》七律詩。（黎遂球《蓮鬚閣集》卷七）

遂球因時華事久居揚州，與顧宸定交。時華卒，即與宸乘舟南渡，聞周鑣在焦山。

二十二日，遂球渡入京口，往見鑣於焦山水晶庵，因遊山，有《遊焦山記》。①

遂球自焦山還梁溪，泊於惠山寺前，明日與秦名皆、康范生等人宴集。酒罷遊惠山，有《遊惠山記》。（黎遂球《蓮鬚閣集》卷十六）

秋，黎遂球賦《奉寄總河張公　並序》五言排律詩，序云：

大中丞東陽張公頃宰番禺，時拔遂球冠童子科，教愛備至。既而公任應天巡撫，凡六年，特召入面對，陞任總河。庚辰之秋，遂球罷公車南還，見吳中人士以公去任爲思，不啻番禺人之思公。兩地甘棠，交切樂慕，不揣爲詩，附吳人士書以奉公，兼志愧感云爾。（黎遂球《蓮鬚閣集》卷三）

七月，何吾騶與黎邦瑊、徐蒪、羅耀正、吳孟濬、陳迪先及諸家從兄弟兒侄飲於濯魄臺，後諸人又於香山寶蓮寺賦別門人吳孟濬，吾騶賦《庚辰初秋日同黎君選徐六出羅子開家從兒侄賦別門人吳孟濬比部於寶蓮寺　二首》七律。（何吾騶《元氣堂集》卷中）

羅耀正，字子開。番禺人。事見張喬《蓮香集》卷二。

初七日，黎遂球至蘇州，草創《影園賦》（黎遂球《蓮鬚閣集》卷十三《與鄭超宗》），爲區懷瑞《二嶽遊稿》作序（黎遂球《蓮鬚閣文鈔》卷八《區啟圖二嶽遊稿序》）。

同日，李貞於廣州賦《庚辰廣州七夕》詩云：

露滴梧桐葉易殘，夜看河漢轉雕闌。如何天上成橋易，不似人間行路難。（張其淦《東莞詩錄》卷二三）

十一日，黎遂球有《題徐子能花鳥卷》。（黎遂球《蓮鬚閣文鈔》卷十六）

八月十五日，黃公輔賦《中秋》詩云：

皓魄澄空秋滿林，清樽何處不同斟。停杯無奈他鄉意，問月其如此夜心。露滴梧梢侵袖冷，風來牆腳弄花陰。驚看幾度憐三

———————

① 黎遂球《蓮鬚閣集》卷十八《顧修遠選庚辰房書序》、卷二五《祭萬茂先文》、卷十六《遊焦山記》。

五，虛負冰輪坐夜深。

公輔又賦《又步岷王韻》七律詩。（黃公輔《北燕巖集》卷三）

十六日，張穆畫《麻雀圖》册頁（廣州美術館藏本，題識："庚辰中秋後一日爲□□□，張穆。)

黎遂球與張溥會於虎丘，十餘日後，別於錢謙益齋中。（黎遂球《蓮鬚閣集》卷二五《祭張天如文》）

十七日，遂球與宋令申給諫同遊虎丘。①

九月，黃公輔賦《九月步吳道師壁間韻》七律二首。

公輔又賦《九月遇雨前韻》、《九月過綠鄉亭見黃菊盛開有感》、《和宗室送菊》（二首）、《奉祝陸老師八十壽（二首）》（以上七律）、《同陸周明四兄遊雙清亭承惠詩扇依韻答之》五律二首、《寄別王澹庵遷秩建南道》、《陸四兄雙清亭登高》、《余舅六十一　庚辰》、《請告致仕》、《請告不允時陪巡長沙歲近除矣》、《憶兄兼懷各侄孫　時在長沙》。（以上七律）（黃公輔《北燕巖集》卷三）

十三日，郭之奇賦《季秋十三日領勅恭紀》雜言詩。

之奇又賦《七哀章哭宋爾孚　有序》雜言詩七首、《自城岡策馬至平遠》雜言。（郭之奇《宛在堂文集》卷又七）

十月，熊文燦棄市於北京。（《明史》卷二六〇《熊文燦傳》）梁朝鐘後賦《憶檀谿》詩云：

初歸粵，與汪祥麟話。又明年，熊心開死矣。

半月襄城路，山川滿目迷。後聞都護語，知已渡檀谿。遥憶歸鞭處，微沙没馬蹄。叩門抱長慟，忍入邵陵西。（梁朝鐘《喻園集》）

廿三日，黎遂球舟過西湖，將歸，爲嚴調禦遺集作序、跋。

①　黎遂球《蓮鬚閣集》卷十三《虎丘雜記》、卷三《中秋十七夜宋令申給諫招同陳蕊亭吏部待月虎丘石上作》詩。

（黎遂球《蓮鬚閣集》卷十八《嚴印持先生詩集序》、卷二十一《琴述跋》）

遂球在杭州西湖，與喬苑風交，爲作《喬子筆蒐序》。（黎遂球《蓮鬚閣集》卷十八）

遂球在西湖復遇顧宸，爲其時文選作序。（黎遂球《蓮鬚閣集》卷十八《顧修遠選庚辰房書序》）

立春日，黄公輔賦《湘鄉道上立春》詩云：

青帝似將景物提，東風趁曉逐征蹄。晴暉乍放長林杪，暖氣初回舊草溪。千古春光原不改，諸般物態也難齊。青蒿黄韭憑誰薦，感慨踟躕驛路西。

公輔又賦《驛舍早行》五律。（黄公輔《北燕巖集》卷三）

十二月二十五日，何吾騶賦《庚辰季冬廿五夜是爲辛巳立春子初一刻長兒舉孫仞樓①》詩云：

黄閣歸來老是翁，每逢聖壽喜呼嵩。政當引子朝天日，報有生孫春夜中。似殿庚辰完歲德，特爲辛巳㘤元功。懸弧六十開重慶，且喜新祠萬福同。

吾騶又賦《大司農李葵孺以左侍郎起》七律。（何吾騶《元氣堂集》卷中）

除夕，黄公輔賦《庚辰除夕》詩云：

此夕六年楚水涯，坐看歲月度衡齋。匆匆去臘歸何處，戀戀殘年動客懷。爆竹角聲催鬥轉，梅花雪色逐風排。無心更把椒盤酌，惟祝二疏願早諧。

公輔又賦《又前韻憶家》七律。（黄公輔《北燕巖集》卷三）

本年陳邦彦至廣州，訪湛粹於湛若水故第，爲長子恭尹約爲婚姻。（陳恭尹《獨漉堂文集》卷十三《祭室人湛氏文》）

---

① 何仞樓，字繪閣。香山人。吾騶孫。明經。授電白教諭。黄登《嶺南五朝詩選》卷八有傳。

本年龍山鄉重修金紫閣諸神廟成，陳邦彥作《金紫閣記》紀之。（《陳巖野先生全集》卷二《金紫閣記》，民國《龍山鄉志》卷二《輿地略二·災祥附鄉事》）

本年郭之奇北上，後又曾返梓，張明弼作《讀郭菽子近詩時先生將視學閩中》。（《家傳》）

本年方顥愷（釋成鷲）四歲，甫能行走，便學長跪禮拜。其母崇信三寶，晨夕焚修，頂禮觀音大士。時見而效之，母拜亦拜，齋素從之。（釋成鷲《紀夢編年》）

本年曾起莘（釋函昰）公車，途經廬山，於歸宗寺禮釋道獨，祝髮受具，名函昰，字麗中，別字天然。熊文燦入京，與起莘道別於九江。起莘舟泊南康，值釋道獨移錫匡廬歸宗寺，詣求祝髮受具，與熊開元、黃端伯、金聲以禪悅相契。時起莘父本靜公惟望其子成進士，聞報，不勝悲憤，百方撓梗，其母陰阻之。（釋今無《光宣臺集》卷十《大日庵智母師太塔志銘》）

本年黃公輔賦《庚辰初度答何文學韻　蒲圻人，魏侍郎甥也》、《又步韻自述》（三首）、《秋初》、《黃澹巖中翰濂溪先生愛蓮池小酌　諱耳鼎》（以上七律）。

本年黃錦知貢舉，賦《庚辰知貢舉登明遠樓和監試二侍御韻》詩云：

巋巋招賢宮，明遠連雙闕。仰觀星可捫，遠矚神超忽。爽氣西山來，奎光相互發。巉嶪摩層霄，風雲何鬱浡。憶昔燕昭時，黃金市駿骨。隗也一先鳴，群驥爭馳突。鹿走崇臺荒，龍興天馬出。世代幾彫枯，弓旌寧間歇。我來同貢舉，闈門將皷揭。才短愧汲深，濟川歎無筏。登臨發浩歌，此身恐隕越。（黃錦《筆畊堂詩集》）

本年張穆賦《羅浮雲水寺晦杲禪師至茶山見過時方病呈以偈言　庚辰，陳本》七絕、《昔年黃州北郭遊古寺曾作偈言復舉似杲老人　庚辰，陳本》七絕。（清抄本《鐵橋山人遺詩》）

本年張旭主持修築惠來邑城。

張旭，字日初。惠來人。崇禎十三年（一六四〇），主持修築惠來邑城。十五年歲饑，倡議設賑。明亡潮亂，捐資禦寇。（乾隆《潮州府志》卷二九）

本年釋函可住匡廬歸宗寺，登寺後靠山金輪峰，入古松堂。（郝浴《塔碑銘》）

本年朱實蓮授德清知縣。

本年淩雲會試登副榜，授河南府推官。（阮元《廣東通志》卷七六）

本年何應聘任英德縣教諭。

何應聘，南海人。事見阮元《廣東通志》卷二八。

黃癸日於本年中進士。①

黃癸日，字獻君。南海人。崇禎十三年（一六四〇）進士，官大理寺評事。隆武帝立，張家玉疏薦癸日，促赴行在。及家玉起兵戰死，癸日挽以詩。永曆帝召爲兵科給事中，未幾憂憤卒。陳伯陶《勝朝粵東遺民錄》卷一有傳。

黃鶴仙於本年中進士。

黃鶴仙，字友松，一字煉（一作鍊）庵。其先福建人，萬曆間占籍番禺。崇禎三年（一六三〇）舉人、十三年（一六四〇）進士，官至雲南道御史。廣州破，妻投水死。國亡後，自稱柱下遺史。潘楳元作《廣州鄉賢傳》，鶴仙序之。著有《東園草堂稿》。事見阮元《廣東通志》卷六九。

李際明於本年中進士。

李際明，字伯章。順德人。崇禎十三年（一六四〇）進士，官建德令。累遷吏部、禮部郎中、浙江道御史。國亡後不復仕。

---

　　①　黎遂球作《將至五雲泊舟同黃獻君進士閒步劉須彌侍御園亭時侍御官楚中因賦》詩（黎遂球《蓮鬚閣集》卷五）。五雲在杭縣西南三十里，當爲兩人同從京城歸，道經五雲時所作。五雲山之最深處，有雲棲寺，明蓮池大師卓錫於此，遂球有五古《入雲棲山中禮蓮池大師塔作》詩（黎遂球《蓮鬚閣集》卷三），或即此次遊山所作。

著有《樵懷集》。吳道鎔《廣東文徵作者考》卷六有傳。

　　林士科於本年中進士。

　　林士科，字登明。饒平人，籍普寧。崇禎十三年（一六四〇）進士，官江西新城令。（乾隆《潮州府志》卷二八）

　　趙向宸於本年中進士。

　　趙向宸（？～一六四四），字靖衷。東莞人。崇禎十三年（一六四〇）進士，官湖廣通山知縣，組織團練，準備物資，得總督何騰蛟賞識，升湖廣監軍道員。聞北京陷落，於長沙投水死。（宣統《東莞縣志》卷六三）

　　梁若衡於本年中特賜進士。

　　何喬松於本年中特賜進士。

　　何喬松，順德人。崇禎六年（一六三三）舉人，十三年（一六四〇）特賜進士。事見阮元《廣東通志》卷七六。

　　嚴而舒於本年中特賜進士。

　　嚴而舒，字安性（一作倦庵）。順德人。崇禎十三年（一六四〇）特賜進士，官富陽知縣，一作四川慶符（今屬高縣）知縣。事見阮元《廣東通志》卷六九。

　　陳迪純於本年中特賜進士。

　　陳迪純，字子美。順德人。迪祥弟。明神宗萬曆四十七年（一六一九）舉人，思宗崇禎十三年（一六四〇）特賜進士，官主事。事見阮元《廣東通志》卷七五。

　　鍾鎮於本年中進士。

　　鍾鎮，花縣（今花都）人。崇禎十三年（一六四〇）進士，官刑部河南清吏司主事。（民國《重修花縣志》卷八）

　　黃周星於本年中進士。

　　黃周星（？～一六五三），字九煙。和平人。崇禎十三年（一六四〇）進士，欽授戶部主事，歷官左都御史。國變後遁跡湖州以終。有文集十種行世。（《和平縣志》）

　　蔡承瑚於本年中進士。

蔡承珝（？～一六四八），字華夫，號用缶。海陽（今潮州）人。崇禎十三年（一六四○）進士，授崑山知縣。十五年以巡撫黃又生請調，歸潮。明亡，潮州亂，練民兵以保鄉。敗黃海如，周圍一二十里避寇者皆歸之。憂心光復，盡瘁而死，永曆帝有追封詔。爲復社社員，郡中文人多宗之。著有《中庸藏》、《枕善居詩文集》。（顧錫疇《崑山遺愛碑》）

鍾洪於本年中武進士。

鍾洪，花縣（今花都）人。崇禎十三年（一六四○）武進士。官兩廣部院旗鼓都使司。（民國《重修花縣志》卷八）

洪夢棟生。

洪夢棟（一六四○～?），字仁升，號東木。海陽（今潮州）人。其家世以孝行稱。崇禎十三年（一六四○）進士，未受職歸。明亡仕於永曆朝，官吏科右給事。順治十年（一六五三），潮鎮郝尚文反清，夢棟破家助餉。事敗，憂鬱死。（光緒《海陽縣志》卷三八）

梁自適生。

梁自適（一六四○～一七四○），字性然。番禺人。生於明末，至乾隆四年（一七三九）已百歲。爲郡諸生，鄉試第一。上嘉其年邁好學，賜舉人。五年，百有一歲，郡守製屏爲壽，藩使王恕爲序。著有《北亭草》。（同治《番禺縣志》卷五○）

明思宗崇禎十四年　清太宗崇德六年　辛巳　一六四一年

正月，李自成陷河南府（今洛陽），殺福王常洵。二月，張獻忠陷襄陽，殺襄王翊銘、貴陽王常法。六月，自成三圍開封。十一月陷南陽，殺唐王聿鏌。

春，釋函昰偕函修出匡廬，歷江南北。旋隨其本師釋道獨還粵，住羅浮之華首臺，首衆立僧，耆宿敬憚。（《天然昰和尚語錄》函修序、釋今辯《本師天然昰和尚行狀》）釋函昰有《歸隱羅浮詩報老父　辛巳》詩云：

潦倒雲巖日惘然，聽泉時枕石頭眠。且非有意逃人世，那得閒情結俗緣。蓋代勳名都是夢，大家生死倩誰肩。年來老大心須歇，百劫光輝在目前。（釋函昰《瞎堂詩集》卷十）

正月初一日，陳邦彥賦《辛巳元日自題小像因懷鄧玉叔　四首》七絕詩。（陳邦彥《陳巖野先生全集》卷四）

張穆賦《辛巳元日》詩云：

中歲倦塵鞅，風流寄竹林。年深知道力，斗轉會天心。氣至花知律，情娛鳥自吟。胡爲慧男子，生死肯重任。（張穆《鐵橋集》）

黃公輔賦《辛巳元旦　署中有讀易堂》七律二首。

公輔又賦《落梅十首》詩云：

春雨霏霏爲洗妝，玉妃何事逐風狂。豈憐旅邸寒窗寂，故遣清芬撲酒忙。

素質爲誰點額妝，翩翩斜下拂欄狂。看來顏色疑飛雪，引動騷人閣筆忙。

淡淡芳姿不用妝，枝頭飄灑觸簷狂。香風陣陣侵書幌，影散階前月也忙。

雪里清標別樣妝，江城一曲入歌狂。春情脈脈憑誰語，縱是羅浮夢亦忙。

楚楚帶雲扮曉妝，無聲下徑鳥驚狂。花魁原是占春早，催得群芳趁雨忙。

不與李桃斫豔妝，淩空逐隊態何狂。雲臺縹紗餘香在，結實何肖粉蝶忙。

橫窗疏影月爲妝，乍覺輕盈舞地狂。好向鏡臺探消息，蓁蓁其詠未須忙。

寒齋五出懶新妝，一種風流斫雪狂。飛過牆東疏竹里，清香猶自著人忙。

無奈東風妒素妝，紛紛如霰點苔狂。愛春三兩多情鳥，衙上高枝喚侶忙。

砑光帽舞催寒妝，滿徑飄香晚更狂。綠葉成陰還有子，探春仍許馬蹄忙。

十五日，黃公輔賦《元宵雨雪》詩云：

譏道馳禁樂春城，陰霾經旬未放晴。燈月總歸寒悄息，管絃半入雨淋聲。滿腔春意都無韻，撲幾梅花頗有情。官舍蕭然圍楄柮，平章影物句難成。

公輔又賦《春憶家園》七律二首。（黃公輔《北燕巖集》卷三）

十五日，黎遂球歸至廣州。（黎遂球《蓮鬚閣集》卷十三《寄淩澹河年兄書》）遂球歸至廣州後，以奪狀元之黃牡丹詩示南園詩社諸人，子壯首和之，其後和者日衆，和成十首者爲陳子壯、曾道唯、高齎明、謝長文、黎邦瑊、區懷年、蘇興裔、梁佑逵八人，合遂球之詩編成《南園花信》一卷，刊印成書。遂球爲作《南園花信小引》。（同治《南園後五先生詩》二十五卷附《南園花信詩》一卷）

二十七日夜，陳邦彥賦《孟春廿七夜集寫葉山房賞燈奉和雲淙先生大韻　四首》七絕詩。（陳邦彥《陳巖野先生全集》卷四）

三月，羅賓王賦《辛巳三月寇陷襄陽殺襄藩逾旬破洛陽福藩死之兩郡居民屠戮不可勝紀》五古詩。（梁善長《廣東詩粹》卷七）

初九日，梁朝鐘表弟霍師乾下葬。

清明日，黃公輔賦《清明》詩云：

桃花結實柳花繁，寒氣初降曉日溫。隴上鵑傳三月語，枝頭風到幾花番。新煙燧改家家火，掃墓人歸處處村。周埜小梅青草長，杏錫麥粥悵黃昏。

公輔又賦《冒嵩少公祖見惠佳刻詩扇答謝》、《衙署觀桃》五首、《哭內　得壽六十三，與先慈同》、《哭余舅》、《哭五女》、《別徐蓬如郡守》、《初度寫懷　時新失內》、《別陸周明四奇》、

《徐懷岵侍御至攸縣有書寄答之　諱復陽，同年》、《壽吉藩承奉司黃濯陽》、《同黃餉科遊嶽麓看禹王碑謁孔聖廟》二首、《又尋朱考亭張南軒二先生講堂拜其遺趾》、《同黃餉科小酌水陸洲寺》、《挽李門生　時奉差出京，卒於浙江。在長沙聞訃》、《挽譚天侗親家》（以上七律）、《星沙回寶》五律、《和岷府長至韻　有詩扇、裘衣之錫》七律。（黃公輔《北燕巖集》卷三）

四月初四日，梁朝鐘作《祭霍始生表弟文》哭之。（梁朝鐘《喻園集》卷二）

五月端午節，朝鐘與何吾騶乘舟遊珠江，觀競渡，同觀者歐主遇、李代際、高沛卿及吾騶二子準道、鞏道。朝鐘歸作七言絕句八首，其詞惋惻，寄託幽遠，吾騶和之。（何吾騶《元氣堂詩集》卷中《七律·午日同歐嘉可李代際高沛卿家從兩兒觀競渡》二首）吾騶賦《余庚辰午日嘗有江上吟四首梁未央見而喜之辛巳夏午偕未央蕩舟江上亦各有感焉歸作七言絕句八首示予其詞惋惻寄託幽遠未可卒讀燈下再詠輒賦如其數匪能和之聊識其意耳》詩。（何吾騶《元氣堂詩集》卷下）

七月，何吾騶以黎遂球生日，致書並錫以漢玉觥。（黎遂球《蓮鬚閣集》卷十《謝何相公》）

十六日，黃錦賦《辛巳秋奉命偕成國新樂及禮臣同相孝陵值成國壽日排律言賀中元後一日》詩云：

暑退中元後，祥開嶽降初。月輪謙有受，川德盛方瀦。爽氣翔高宇，涼飆動六虛。槎浮凌蜃泛，藥擣傍蟾茹。阿母乘雲馭，群仙降玉除。爲傳青鳥信，言奉紫霞書。有饌多麒脯，無觴不露湑。連漪烽樹發，颸颸鳳笙嘘。舞奏霓裳嫋，歌賡桂棹徐。婆娑今半百，笑傲歷千餘。孝寢行將近，河流委以紆。皇皇欽簡命，赫赫戒衣茹。剔攘存楨幹，封培禁鑠鋤。龜螭增寶碣，金石炳玄廬。返斾朝丹階，承恩錫路車。南山歌樂只，北海慶華胥。帶礪永無極，岡陵同宴如。（黃錦《筆畊堂詩集》）

八月十二日，郭之奇賦《易小玉華爲獨清洞　有序》七律詩，序云：

> 小玉華去清漢五十里，其石高廣不及百尺，抑見者以其玲瓏屈詘，謂具玉華之體而微，而名之。雖寵之，實微之矣。余謂此石僻處清流，與峯巒雜處，而撐突自異；若廼虛中矗外，盡削脂韋，獨守廉劌，則人世波揚泥汩，舉無可相及，意世皆濁而石獨清歟？夫清者類多自喜，而俾之倚傍爲美。吁嗟嘿嘿，寧與賢者俱無名耳。其能屈抑情性，爲世人所寵所微哉！余故以此石居清流之清山，易之曰獨清洞。石之性情，大抵然矣。題而詠之，擊拊以諧，而風雨瀟然，若山鳴谷應者。余將令白雲永封副藏，則誌其年月，爲辛巳秋中前三日也。（郭之奇《宛在堂文集》卷又一二）

九月，區懷瑞北上任北直隸平山知縣，梁朝鐘有詩送之（梁朝鐘《喻園集》卷四《送區啟圖入京補官》五律二首）。黎遂球送懷瑞北上山水小幅（汪宗衍《廣東書畫征獻錄》），鄺露亦有送詩。

初九日，何吾騶賦《辛巳九日宴駝山四首》五律詩。（何吾騶《元氣堂集》卷中）

十六日，李自成決黃河堤，開封城被攻陷，彭士奇死之。

彭士奇（？～一六四一），高要人。崇禎舉人。官至開封府通判。十四年（一六四一）六月，李自成三圍開封。九月十六日城陷，死。（《明史》卷二九三）

冬，黃公輔回任寶慶。（黃公輔《北燕巖集》卷二《星沙回寶》）賦《別扶東倅歸粵》詩云：

> 濱水龍山歲月賒，三看梅萼綻寒衙。離情忽逐飛鴻耋，望眼其如嶺樹遮。歸去竹林穿靄暖，閒來苔徑踏雲斜。澗邊鷗鳥應懷我，何日尋盟作主家。

公輔又賦《和宗室鳳岐扇詩》五律。（黃公輔《北燕巖集》卷三）

十一月，陳是集出獄，明年歸瓊州，以詩書自娛。（《陳中秘稿》卷首《筠似公行狀》，卷中《辨冤第一、二、三疏》）

十二月，黎遂球聞張溥卒，作祭文哭之。（黎遂球《蓮鬚閣集》卷二五《祭張天如文》）

除夕日，黄公輔賦《辛巳除夕》詩云：

楚國悠悠八載淹，柏觴寥寂不成拈。孤燈依戀延殘臘，疏雨飄蕭拂畫簷。久指翔鴻思郭瑀，未能栽柳學陶潛。隔宵便作明年計，雪鬢沾塵也自嫌。（黄公輔《北燕巖集》卷三）

本年梁元柱後人刻元柱《偶然堂集》四卷成。（《偶然堂集遺稿》卷三末《梁廷柟跋》，卷四《附録・區龍正序》）

本年王思任評薛始亨詩文云：“讀佳什高文，如聞古洞幽琴，如撫懸崖神劍，情深法老，質古氣清，老夫當避數頭地矣。”（薛始亨《南枝堂稿》卷首載王思任評語）

本年陳子壯在廣州。先是子壯弟子升與順德陳邦彦友善，邦彦尚爲諸生，以文行負重名，年近四十，無所遇。一日子升介見子壯，子壯與語，驚異之，與訂爲兄弟，館之於邸內碩膚堂，使誨上延、上圖二子。其後邦彦長子恭尹，亦來伴讀。課誦之餘，子壯與縱談天下事，邦彦指陳形勢，條舉策畫確然，悉中當時利害，子壯益重之。（李健兒《陳子壯年譜》）

本年黎遂球代鄺族諸生作《爲襄陽府死難鄺推官懇給文引領棺回葬揭》、《爲襄陽府死難鄺推官題恤典揭》。（黎遂球《蓮鬚閣文鈔》卷四）

鄺日（曰）廣（？～一六四一），字居節。番禺人（《南海志》作祖籍南海）。崇禎九年（一六三六）舉人，十年（一六三七）進士，湖廣襄陽府推官。十四年二月獻忠焚襄陽府，日廣身先登陴，中流矢死，家人在署者皆被害。謚烈湣。阮元《廣東通志》卷二八五有傳。

本年黎遂球聞李自成陷洛陽、張獻忠陷襄陽，社集時同區懷瑞作《聞寇陷襄雒　社集同區啟圖作》。（黎遂球《蓮鬚閣集》卷三）

本年區懷瑞聞李自成陷洛陽，作《寇毀中都二首》。（區懷瑞《玉陽稿》卷一）

本年郭之奇升福建提督學政、布政使司右參議兼按察司僉

事。（《家傳》）

本年金堡（釋澹歸）與吳雲軺相見於臨清，後撰《書兩吳公傳志後》。（釋澹歸《徧行堂集》文之十七）。

本年黎粵俊參修增城縣志。

黎粵俊，字肩吾。增城人。明思宗崇禎諸生，十四年（一六四一）參修縣志。著有《綺樹叢稿》。事見清黃登《嶺南五朝詩選》卷四、清康熙《增城縣志》卷首曾受益《崇禎辛巳序》。

本年歲饑，邑令勸富户輸粟，無應者，張一明盡出脩脯所積穀以捐。

張一明，字愛泉。海陽人。寄籍普寧，以教書爲業。年八十猶講學不倦。（乾隆《潮州府志》卷二九）

本年釋函昰隨釋道獨自盧山還粵，駐錫羅浮之華首臺寺，梁朝鐘與張二果助營是寺，遂蔚爲大刹。（陳伯陶《羅浮志補》）朝鐘有《募建華首臺疏》，乃代舅氏霍子衡作。（梁朝鐘《喻園集》卷三）釋函昰等於還粵途中舟此萬安，賦《舟次萬安寄劉五文學辛巳》詩云：

覿面難逢昔日人，灘聲不斷偃溪聞。暫移鶴影羅浮瘦，卻有雲瓶蛋待君。（釋函昰《瞎堂詩集》卷十九）

本年釋函可禮壽昌塔。隨其本師釋道獨、師兄釋函昰還羅浮山華首臺，充都寺。金道人來華首臺相訪，盤桓月餘。（釋函可《千山詩集》卷十二《答金道人》）

本年釋十力隨其師釋道獨說法光孝寺。

釋十力（？～一六四三），釋道獨上座。能詩，工八分書。少遊西北邊關及滇黔秦蜀，與曹文詔、虎大威交厚。年五十皈依釋道獨，出家匡盧。崇禎十四年（一六四一）從師說法光孝寺，與二樵、薛起蛟同鄉舊識，梵修之暇，輒抵掌談四方兵將強弱與險要塞阨，預言李闖非得天下者。十六年八月初十日坐化於羅浮。阮元《廣東通志》卷三二八有傳。

李履祥生。

李履祥（一六四一～一七一五），字吉甫。化州人。康熙十一年（一六七一）舉人。任四川黔江知縣，有德政。升番州知州，署貴陽知府、四川同考官。（《化州縣志》）

葉自發生。

葉自發（一六四一～一六九九），字如軒，號擬園。歸善人。夢熊曾孫。尤精製藝。康熙十四年（一六四一）中舉人，授內閣中書。

明思宗崇禎十五年　清太宗崇德七年　壬午　一六四二年

清兵分道入塞，京師戒嚴，畿南郡邑多不守。二月，清兵破錦州；十月，入薊州，分兵南下。李自成圍開封久，九月決河，浮舟入城，大掠而去，士民死者數十萬人。

春，張穆至番禺大嶺，有《春曉同葉秀翀登七仙壇》五律二首、《赤岡望洋》七絕。（張穆《鐵橋集》）

春夜，何吾騶賦《壬午春夜》詩云：

樂遊春事憑顛狂，紅盡桃花綠盡楊。道眼頻看渾未見，松風山月靜焚香。

今年生事殊非舊，昨日仍非今日人。欲向東君問消息，西風不送隴頭春。

夜長布被夢還醒，五十年前十二齡。今日幾人共攜手，不禁合眼見平生。（何吾騶《元氣堂集》卷下）

正月初一日，陳邦彥賦《壬午元旦》詩云：

律轉春回候欲暄，自裁椒頌對芳尊。百年天地今強仕，一徑軒車尚席門。誰翦鯨鯢投北裔，頗聞鴻雁半中原。爲園敢謂東山似，雲物登臺且共論。（陳邦彥《陳巖野先生全集》卷三）

初一日，黃公輔賦《壬午元日　前壬午余初入學》詩云：

憶前壬午學之初，今又重逢覺夢如。世事乘除皆戲弈，生涯終始一琴書。先看春色爭強健，後得屠蘇任拙疏。最是庭梅堪著眼，隔年風韻更饒餘。

公輔又賦《元日懷諸父老子弟》七律、《和扶東倅途次寄回署中》五律、《寄壽耀爵倅六十一》七律。

十五日，公輔賦《元宵雨有感》詩云：

春色春情總不勝，雪深雲暗夜寒凝。如何佳節成虛度，賺卻遊人未可乘。數陣街頭撾悶鼓，一枝堂上照愁燈。昔年歡聚枌榆事，欲覓些兒也未能。

公輔又賦《衙內種桃》七絕、《似景倅二兒到衙》、《喜謝養元至署前韻》（以上七律）。（黃公輔《北燕巖集》卷四）

二月，陳子壯赴香山欖溪，爲大學士何吾騶之梁夫人祝壽。回廣州，延釋函是說法於光孝寺。（李健兒《陳子壯年譜》）

三月禊日（上巳日），黎遂球爲陳子升作《陳喬生制義稿序稿名》。（陳子升《中洲草堂遺集》卷末附）

五月，麥仲函病於廣州，梁朝鐘侍湯藥數日，以他事逾縣，比歸，知仲函已死，越四月社人咸就朝鐘商所以誄之，因作《祭麥仲函先生文》哭之。（梁朝鐘《喻園集》卷二）

鄺露爲張穆詩集作《張穆之詩序》，自謂平生之言，盡見於斯。（張穆《鐵橋集》卷首，鄺露《嶠雅》卷二）其後，露復寄書穆，並贈以詩。

初五日，黃公輔於寶慶衙署賦《寶署午日》詩云：

幾度乞骸未得歸，楚湖午日尚寒衣。鄉園久別虛蒼鬢，衙署猶慚對紫薇。偶望六亭凝宿霧，轉懷三徑逗清暉。雖然亦有承歡者，那似家常蟹蕨肥。

公輔又賦《寄劉親家》、《和岷王賜宴　以建坊齎敕至》、《和宗室幹錐　時起文換授》（以上七律）、《過南橋舖步壁韻　時督兵剿寇》七絕、《寄答陳平若同門　時請告得旨》、《贈平若乃弟》、《方束歸裝得陸周明世兄書有懷老師及諸兄因寄答》、《邵陵別意》七首、《寄歸永言兄》（以上七律）、《寄與區郎》五律、《過仙羊石》七絕、《寄歸耀爵倅》七絕。

六月二十四日，公輔再以疾請告，旋亦得旨允請，時尚督兵剿賊，駐紫陽驛。（黃貞元《春溥先生年譜》）公輔賦《得允請報告　時督兵剿賊，駐紫陽驛，壬午六月二十四日也》詩云：

提戈整旅靖鴟張，恩命欣承到紫陽。乞得閒身容老逸，免從塵鞅度炎涼。邯鄲幻夢迷初醒，江上秋風興正長。收拾擔簦歸舊里，白雲深處息勞韁。（黃公輔《北燕巖集》卷四）

秋，鄉邑父老募金延工裝飾佛像於延壽寺，請黎遂球爲《番禺茶園古延壽寺莊嚴佛像碑記》。（黎遂球《蓮鬚閣集》卷十五）

遂球上京會試，至彭蠡湖（鄱陽湖），遇番禺縣令盧兆熊以護喪歸鄉，作《別盧侯序》。（黎遂球《蓮鬚閣集》卷十七）

張穆至廣州，與區懷瑞、戴柱、何穎同登白雲山，遊陳子壯雲淙別業，有《同區啟圖戴安仲何石閭遊陳秋濤宗伯雲淙》七律。（張穆《鐵橋集》）

七月初七日雨，黃公輔賦《七夕雨　步韻》詩云：

雨洗炎氛秋色新，飄飄寒葉井梧頻。雲遮烏鵲虛宵月，星度銀河暗慶辰。天上譏言逢又別，人間每見屈還伸。阮咸犢鼻從吾拙，何事紛紛乞巧人。

公輔又賦《又莫啟瑤在坐因有感於乃侄承昊被虜未歸》、《寄趙親家》（以上七律）、《過清遠峽》五言排律、《和五羊蕭鷥廣老者》七律。（黃公輔《北燕巖集》卷四）

初九日，郭之奇賦《初秋九日發樵川薄暮至拿口驛》詩云：

三伏勞勞手萬篇，出門西望正瀟然。沉寥野色諸峯外，清淺秋光一水邊。樹石陵臨來素影，雨雲停蓄下輕煙。息心相對空明處，頗許新涼入暮天。

之奇又賦《薄暮發富屯月行二十里至順昌》七律、《繇白蓮至鐵嶺月行至將樂》七律。（郭之奇《宛在堂文集》卷又一二）

八月初三日，黃公輔出寶慶署衙，百姓擁集，上酒三杯，留靴，祝願頻頻，乃歸。（黃公輔《北燕巖集》卷三《歸田十首》、卷四《得允請報告》詩）公輔賦《歸田十首　出衙，百姓擁集，上酒三杯，留靴，有‘萬代公侯公子重來’之祝。八月初三日也》七律詩云：

連街童叟擁蹄輪，別酒三杯祝願頻。攜得民情隨馬足，勝於囊橐鬧衢塵。遙瞻越嶺懷鄉井，才出安門 寶慶有大安門 是野人。驛路長亭聞鳥語，聲聲如戀倦遊身。

不堪駑蹇逐征輪，鄉圃關心入夢頻。歸矣一灣新夜月，飄然兩袖拂風塵。辭將竿木場中侶，結伴煙霞物外人。家住深鄉城市迥，先人環堵可容身。

笑卻羲車不駐輪，客途歲籥幾驚頻。羞看華髮侵烏帽，惟羨青山遠俗塵。遮道漫勞憐去騎，飛雲正喜引歸人。魚肥沼里蓴蔬美，浪說季鷹稱後身。

畏從埃阪叱奔輪，指使餘年乞致頻。不羨錦衣甘野服，輕拋朱綬等浮塵。江山免笑為逋客，風月相邀作主人。世路故交如有問，深深薛荔穩藏身。

也曾塗抹學埋輪，敡歷於今變態頻。抽簪自是無嫌忌，制芰由來不染塵。碧水丹崖天賜我，月窗雲榻我同人。閒居賦就無非想，笑比圖南一覺身。

人間何必戀雕輪，得失那知寵辱頻。手板已辭三院長 楚有三院，故云， 腳頭不滾九衢塵。從他灩澦多狂浪，須識江湖有散人。料理平時栽荔圃，月來花影上閑身。

擬學尊生老斫輪，歸途喜聽馬蹄頻。先將草檄移花塢，早倩松風掃石塵。朋好不須新結社，鷗群應許舊盟人。輕舟已認回頭岸，不似從前浪梗新。

天邊縹緲耀紅輪，引望寧無感戀頻。祇以伐檀慚潦倒，遂憑叢桂隔炎塵。門前流水應歸我，隴上閑雲豈屬人。耕鑿猶然歌帝力，行藏總是主恩身。

每耽小睡思藤輪，況值秋聲入戶頻。彭澤歸來依綠柳，野堂飛不到紅塵。問誰許我為知己，除卻明農是故人。萬境都歸虛幻裏，倘來何物役吾身。

最是快心月一輪，幾回見月憶歸頻。聊憑一曲良坑水，洗卻八年世路塵。坐石投竿差得地，傍花隨柳更宜人。一條煙際漁樵徑，野老時過伴此身。

公輔又賦《全州舟行》七律。

八月十五日中秋，公輔之舟泊於廣西省城桂林，經平樂、梧州、肇慶歸至廣州，旋又北上。（黃公輔《北燕巖集》卷三有《全州舟行》、《桂林中秋舟泊訾家洲同似景佺賞月》四首等）公輔於桂林，舟泊訾家洲，同似景佺賞月，賦《桂林中秋舟泊訾家洲同似景佺賞月》詩云：

半月離衙舍，扁舟尚桂林。依涯看皓漾，憑枕酌更深。天水相涵影，河山各半陰。風來何處笛，千里關山心。

旅夕逢三五，維舟近卜林。山僧供素品，晚酌佐情深。夜寂風生袖，月移岸徙陰。亭杯不可問，此夕他鄉心。

清輝憐處處，何事訾洲林。載月舟來去，浮光水淺深。風聲飄枕細，檣影動波陰。鄰舫呼籌急，那知客裏心。

停棹高岩下，飛魂已茂林。冰輪江上滿，旅況話中深。遠渚凝煙碧，短衣逗樹陰。儘堪霞外賞，其奈倚蓬心。

公輔又賦《馬頭山晚泊似景韻》、《登無量寺　在金州高山》、《陽朔晚泊》（以上七律）。（黃公輔《北燕巖集》卷三）

九月初九日，李貞賦《壬午九日同盧乃來諸子登粵秀山》詩云：

九日黃花節，三秋白雁來。相攜百雉上，長嘯萬山開。木落呼鶯道，云生朝漢臺。羽書飛正急，城角暮吹哀。（張其淦《東莞詩錄》卷二三）

晦日，陳邦彥賦《九月晦日》詩云：

鄱陽秋水闊，鳴雁求其匹。嗟我糟糠婦，練祥俄已畢。我行在遠道，悲來難具述。憶昔丙寅歲，親命初受室。貧賤共黽勉，歷年十有七。子男四乳具，二女存其一。汝棄阿虞去，母子裁三日。臨危片語無，血腥染衣衵。譬彼藎臣節，盡瘁忽罹恤。子居無姑嫜，呱呱環繞膝。歲月漸云邈，入戶如有失。秋風動前林，萬里氣蕭瑟。咄哉杞人愚，憂國豈其質。跂余望故園，兒曹初即吉。扁舟日遷延，豈不懷親暱。會當蚤還歸，庭前戲梨栗。（陳邦彥《陳巖野先生全集》卷三）

冬，黎遂球至杭州，爲嚴子問、子觀兄弟所選時文集作序。（黎遂球《蓮鬚閣集》卷十八《壬午程墨昇冪》）

遂球在杭州以梗道歸。比知會試改期，以奉母故，不復往試。（黎遂球《蓮鬚閣集》卷十四《答嘉湖吳人撫》）

冬，陳子壯起復原官禮部右侍郎，同充會典副總裁。（李健兒《陳子壯年譜》）

釋道獨刻《華首語録》成，命其首座釋函昰爲序。（《天然昰禪師語録》十二）

釋函可禮博山塔。（郝浴《塔碑銘》）

冬日，函修和南撰《天然昰禪師語録》序。（《天然昰禪師語録》卷首）

十月初一朔日，釋函昰省親廣州，陳子壯率諸人延請開法訶林。越日，釋道獨命釋函可齎到拂子並傳法偈，撰有《語録》，函修爲作序。釋函昰以文人慧業深入真際，有叩則鳴，道聲由是遠播。（釋函昰《天然昰禪師語録》一、湯來賀《塔志銘》等）

釋函昰開法訶林，其母時年五十九歲，始與其媳頂心拜釋道獨爲尼受具，法名函福①，字智母。（釋今無《光宣臺集》卷十《大日庵智母師太塔銘》）

十一月初一日，陳子壯拜表遣家人入京齎奏，以親老辭不赴，疏留中未下，旋奉兵部馬士英差人催促起廢諸人就道，子壯

① 釋函福，字智母，廣州番禺官塘村林羅陽長女也。母郭氏。生明萬曆十二年（一五八四）甲申二月初八日，示寂於康熙元年（一六六二）壬寅七月二十日辰時，世壽七十有九，僧臘二十。三十二年（一六〇四）甲辰之歲，年及於笄，歸曾公昌位。曾公即本浄師太也。一子三女：子爲雷峰天然函昰和尚；長女適羅，蚤死；仲與季皆脱俗，來機再，其季也。（釋今無《光宣臺集》卷十《大日庵智母師太塔銘》）

亦與名。（李健兒《陳子壯年譜》）

閏十一月十四日，黃公輔行至英德，二十二日宿於南雄，又出梅關，經江西、杭州至北京，與李孫辰會於京城，時已爲明年初。（黃公輔《北燕巖集》卷三《二十二日寓南雄蕭子華持扇索詩其母貞節堂上有芝蘭詞陳省堂所作燈下立書之》、《二十四日南雄早行》、《過沙水珠璣村》、《過梅嶺》、《遊西湖》、《京師別李伯襄何卜熙》等）

同日，黃公輔賦《閏十一月十四日過望夫江》詩云：

悠悠江水去何長，昔日行人逗遠方。猿鶴幾回驚妾夢，望窮千里九迴腸。

次日，公輔又賦《十五日過觀音巖》詩云：

崒嵂倚天開，空中結妙臺。慈航留舊跡，石室迥塵埃。碧草凝寒露，玄芝厭綠苔。引眸朝氣爽，應擬小蓬萊。

十八日，公輔賦《十八日過牛頭石　其邊有一閣亭，扁曰“山高水長”，乃太守吳卿先生建也》詩云：

巍峨石壁障中流，深結亭樓小洞幽。屋傍千峰淩日月，門環一水互春秋。種松漸老龍鱗色，解綬時從栗里遊。一榻高懸誰可下，曲江廟界箸前籌。

二十二日，公輔賦《二十二日寓南雄蕭子華持扇索詩其母貞節堂上有芝蘭詞陳省堂所作燈下立書之》詩云：

梗跡憩行晚，相逢節義家。庭前戲彩袖，階畔長蘭芽。青壁重湖海，醇醪醉臉霞。那堪南浦去，月色照梅花。

二十四日，公輔賦《二十四日南雄早行》詩云：

披衣向曉行，鞭急馬蹄輕。擊轂長亭去，照鞍旭日升。遍皆霜草色，獨有岸松青。躧跡英雄隊，快瞻主聖明。

公輔又賦《過沙水珠璣村》七律、《過梅嶺》五律、《藍村舟中夜雨》、《泊舟贛橋》、《候關》（以上七絕）、《舟中憶椿萱》七律、《憶坤》五律、《北路值春懷諸兄並朱志曉容同年》七律。

二十七日，公輔賦《二十七日宿護城馹飲主家吳名揚》

詩云：

旅邸相逢伯玉高，雅談清夜醉醇醪。題門自是無凡鳥，池上快覩起鳳毛。

二十九日，公輔賦《二十九日途中偶成》詩云：

滿望煙霞望欲迷，橫天寒色正淒淒。家家爆竹送殘臘，處處村人歸舊蹊。獨有英雄催上道，偏隨新柳歷前堤。平夷不叱王尊馭，四面春風襯馬蹄。（黃公輔《北燕巖集》卷三）

十二月十三日，陳子壯拜疏陳情，退休益決，遂再遣家人入京封奏，後得旨："該部知道"。（《李健兒《陳子壯年譜》）

本年陳子升與薛始亨等人締社於廣州仙湖。（陳子升《中洲草堂遺集》卷首附薛始亨《中洲草堂詩刻序》）

本年長子陳恭尹隨其父邦彥，伴讀於陳子壯之碩膚堂。（陳恭尹《獨漉堂文集》卷四《壽陳母何夫人序》）恭尹母於本年卒。（陳恭尹《初遊集 小序》："十二而先慈捐背。"）

本年嚴九皋等亦讀書於陳子壯之碩膚堂，後陳恭尹賦《題嚴九皋行樂圖 三首》詩云：

傳經何處不登壇，三絕殘編老尚看。畫里鬚眉猶若此，莫將生事付嚴灘。

總角相親四十秋，仙湖穗石記前遊。當時賓主俱青史，吾輩如何不白頭。崇禎壬午，九皋偕其兩兄從先給諫讀書秋濤先生碩膚堂中。

天空不礙九皋鳴，風遞庭陰子和聲。千六百年形始定，祝君遐壽應嘉名。（陳恭尹《獨漉堂詩集》卷十一）

本年梁朝鐘鄉試中舉後，即赴京城，至南京，阻於虜寇，暫還，兩渡鄱陽湖。（梁朝鐘《喻園集》卷二《及聞人熊遯木書一》）

本年閩闈得人爲盛，郭之奇門下士中式五十餘人。（《家傳》）之奇賦《富沙較士即事》詩云：

棘院瀟然午漏沉，青青諸子見文心。篇中風雨看飛動，筆底波瀾問淺深。遙憶花磚同緩步，可堪鈴閣獨懷音。三三六六來清夢，能信余思第幾岑。

之奇又賦《懷富沙諸子》七古。（　郭之奇《宛在堂文集》卷又一二）

之奇聞清兵陷薊州，作《秋辨九首　有序》（郭之奇《宛在堂文集》卷又一二），區懷瑞作《虜陷昌平二首》。（區懷瑞《玉陽稿》卷二）

本年金堡（釋澹歸）初選州牧，出知山東臨清，摘發奸滑，安撫流亡，士民欣戴之。（《永曆實錄》二十一）

本年梁元柱賦《壽潘子遷　有序》詩云：

余舞象時，即耳食潘子遷先生詩名，蓋四十年所矣。先生交臂盡天下，吾竟未及一奉顏色。余顛躓仕途，奄忽歲月，近數年幽居林野，尤渴促塵。而先生又以艱步卻客，何良晤之難也！茲介壽七十又八矣，神交不啻披對，謹製七言排律十二句寄祝之。若夫先生行邁百年，相見未晚耳。

有客閒居欲白頭，憑將文雅足風流。瑾懷蘭握珠璣唾，雲珮霞瑞明月鈎。紅頰不隨丹鼎駐，清狂時與白鷗留。軃詩野性今逾癖，散帙閒情老更遒。七十餘年誇素業，五千何日問青牛。眼前世事只如此，我欲從君汗漫遊。

本年溫昉欲赴省試時不幸生病。

溫昉，五華人。十六歲至惠州赴考，遲到誤期，便自稱才子要求郡守補試，學道所出七藝題迅即做好，以爲奇才，補弟子員。崇禎十五年（一六四二）欲赴省試時不幸生病，言於友永安鍾丁先曰：“吾不幸病，解元定歸汝。”後丁先果中解元。昉旋卒。（《長樂縣志》）

本年黃鏤捐義田若干畝。

黃鏤，字騰漢。化州人。增生。賜七品冠帶。孝友睦族，好施與。崇禎十五年（一六四二）捐義田若干畝，每年入穀三百石，爲春秋丁祭及生員科舉盤纏需用。後又捐款修祠堂、建義倉。（《化州縣志》卷九）

本年釋函昰於博羅芷園賦《柳外新月示諸子　壬午博羅芷

圍》詩云：

初出銀蟾偏大千，尖時圓相尚依然。只今笑語垂楊下，多少清光在目前。（釋函昰《瞎堂詩集》卷十九）

本年伍瑞隆官河南兵巡道，故稱兵憲。（姜伯勤《石濂大汕與澳門禪史》四七七頁）

黃虞龍於本年中進士。

黃虞龍，字汝納。高要人。天啟四年（一六二四）鄉試第一，崇禎十五年（一六四二）進士，官至黃平州知府。時藍二攻陷州城，虞龍死節。乾隆四十年（一七七五）賜諡節湣，入忠義祠。（宣統《高要縣志》卷十八）

馮毓舜於本年中進士。

馮毓舜，字爾錫。南海人。崇禎十五年（一六四二）特賜進士。官工部主事，歸隱侍養。著有《逸言》、《南還集》。事見阮元《廣東通志》卷六九。長子迪瓚，字佩瑜。明經，授高涼教諭，歷莆田丞。著有《奚囊初集》。黃登《嶺南五朝詩選》卷七有傳。

尹建泰於本年中進士。

尹建泰，東莞人。崇禎十五年（一六四二）進士。官兵部職方司主事，善草書。（阮元《廣東通志》卷六九）

鍾丁先於本年中解元。

鍾丁先（一六一三～？），字後覺。永安（今紫金）人。崇禎十五年（一六四二）中鄉試解元。北上會試，遇流寇，不果行。甲申京師陷，破家起義，集民兵數千屯於永安凹山。永曆時，授監軍道，遷廣東按察副使。帝奔廣西，知事不可爲，乃散其軍，削髮爲僧，號懺雲，尋卒。著有《四書明微》、《鍾義士文集》。吳道鎔《廣東文徵作者考》卷六有傳。

湛子雲於本年中舉人。

湛子雲，字翰卿，一字漢度。增城人。與梁朝鐘、陳學伾齊名，爲陳子壯所知。崇禎十五年（一六四二）中舉人第二。鼎革後當道屢勸公車，辭不赴，日惟教授生徒。父喪，哀毀成疾，遂不起。康熙《增城縣志》卷九有傳。

馮珧於本年中舉人。

馮珧，原名夢兆，字儼若。南海人。崇禎十五年（一六四二）舉人，官教諭。著有《借山》、《學海》、《燕遊》諸草。事見阮元《廣東通志》卷五二。

何準道於本年中舉人。

郭輔畿於本年中舉人。

郭輔畿（一六一六～一六四八），原名京芳，字咨署（一說名咨署，字輔畿）。大埔人。父儼，明末舉人。輔畿中崇禎十五年（一六四二）舉人。下帷苦讀，寢食時廢，謂之坐書井。讀畢束起，謂之出書井。入閩勤王，途中遇害，年僅三十三。著有《洗硯堂文集》、《秋駕草》，《情譜》、《楚音集》、《菱青集》、《金檔集》、《閨怨詩百首》、《飲蘭紀鬱》、《落花吟和韻三十首》、《金墻集》、《洗硯堂輯鈔》兩卷等。民國《新修大埔縣志》卷十九有傳。

羅安國於本年中舉人。

羅安國，順德人。崇禎十五年（一六四二）舉人。事見阮元《廣東通志》卷七六。

韓如琰於本年中舉人。

韓如琰（？ ～一六四七），字閏季。博羅人。崇禎十五年（一六四二）舉人。甲申聞變，糾合百餘人爲復明計，與羅賓王共草《倡議勤王揭》。聞張家玉起兵東莞，率黃牛逕千人從之，遂復東莞。未幾戰敗，隨家玉走西鄉，得陳文豹眾三千人，再攻東莞，又敗。走鐵岡道，得眾數千，取龍門、博羅、連平、長寧，遂攻惠州，克歸善，還駐博羅。清兵環攻三日，鑿地道，以火藥爆城一角，如琰等皆戰死。明永曆帝追贈郎中，清諡烈潛。光緒《惠州府志》卷三六有傳。

龐建楫於本年中舉人。

龐建楫，字伯達。南海人。崇禎十五年（一六四二）舉人。鼎革後澹於仕祿。著有《綠香堂集》。事見阮元《廣東通志》卷七六。

彭賡皇於本年中舉人。

彭賡皇，一作變皇，海豐人。崇禎十五年（一六四二）舉人。事見乾隆《海豐縣志》卷五。

鄭茂蕙於本年中舉人。

鄭茂蕙，字日揚，號沙石、百崖。饒平人。崇禎十五年（一六四二）舉人。順治十二年（一六五五）乙未官端州開建教諭。卒年七十，門人私諡文介。著有《雪净齋（軒）集》。事見光緒《饒平縣志》卷七。

張應熙於本年中舉人。

張應熙，字明生。博羅人。崇禎十五年（一六四二）舉人。事見阮元《廣東通志》卷七六。

陳衍虞於本年中舉人。

洪泮洙於本年中舉人。

洪泮洙（一六一一～一七〇四），字獻統，號垂萬，又號化龍子。遂溪人。父化龍，諸生。崇禎十五年（一六四二）舉人。入清，中順治十五年（一六五八）進士，官休寧知縣。離任，舊郡縣志皆其手纂。道光《遂溪縣志》卷九有傳。

屈騭於本年中舉人。

屈騭，字右（友）石，號澹翁。番禺人。大均叔父。崇禎十五年（一六四二）舉人。入清，順治九年（一六五二）授信宜教諭，後遷國子監學正，不就，歸番禺沙亭村，築存耕堂，隱居不復出。著有《存耕堂集》。事見溫汝能《粵東詩海》卷五八。

劉胤初於本年中舉人。

劉胤初，字長孺。惠州龍川人。王瑤婿。明思宗崇禎十五年（一六四二）壬午舉人。廣州破，禮天然和尚，山名古意，字悟非。吟詠不輟，常居雷峰。陳融《讀嶺南人詩絶句》卷四有傳。

梁朝鐘於本年中舉人。（王鳴雷《梁朝鐘傳》）

胡天球於本年中舉人。（康熙《順德縣志》卷六《選舉》二）

胡天球，字瑞嘉。順德人。明思宗崇禎十五年（一六四二）壬午舉人。陳蘭芝《嶺南風雅》卷三有傳。

陸禧於本年中舉人。

陸禧，號迎侯。饒平人。明思宗崇禎十五年（一六四二）壬午舉人。順治初謁選淶水令，歷任九載，歸橐蕭然。建文峰塔，饒平秀氣益聚。壽八十一終。著有《觀花閣留花吟》、《琴言》、《淶水志》。阮元《廣東通志》卷二九五有傳。

王若水於本年中舉人。

王若水，字岸生。興寧人。明思宗崇禎十五年（一六四二）壬午舉人。順治三年（一六四六）丙戌惠州賊入寇，定謀決策，卒保城邑。十八年（一六六一）辛丑，流賊劫縣南，相戒不入其間。胡曦《梅水會靈集》卷一有傳。

吳龍禎於本年中舉人。

吳龍禎，字雲禦。南海人。受業於劉士斗，明思宗崇禎十五年（一六四二）壬午舉人。乙酉、丙戌（一六四五、一六四六）間，見士風怪誕，嘆之。會寇盜充斥，躬率鄉民為守禦。永曆三年（一六四九）己丑十二月，永曆帝開科取士，於錢秉鐙等八人並特賜進士，改庶吉士，旋授翰林院檢討。帝西奔，乃歸隱金苑，築勿庵，因以為號。屈大均曾以詩壽之。卒年八十。著有《泠音閣集》十卷、《勿庵史鈔》七卷。陳伯陶《勝朝粵東遺民錄》卷一有傳。

羅大賓於本年中舉人。

羅大賓，字敬叔。順德人。虞臣曾孫。崇禎十五年（一六四二）舉人。少從陳邦彥學。國變後隱羅浮。聞邦彥殉節死，為位哭之。大賓與恭尹採邦彥遺作彙刻而序之。未幾，以哭邦彥成疾，因不食卒，年三十三。著有《永懷堂詩集》一卷。陳伯陶

《勝朝粵東遺民錄》卷二有傳。

馮光璧於本年中舉人。

馮光璧，字子真。東安人。崇禎十五年（一六四二）舉人。四歲能誦古文辭。十六年癸未公車南還，隱居教授。丙戌、丁亥間，嶺海盜竊發，家居南海，二十四鄉推爲鄉正。年六十八卒。著有《春秋訂義》、《四書管豹》、《綱鑒貫珠錄》、《雪澗集》。陳伯陶《勝朝粵東遺民錄》卷三有傳。

孫耀祖於本年中舉人。

孫耀祖，號戒庵。揭陽人。弱冠與羅萬傑同遊泮。崇禎十五年（一六四二）舉人。公車北上，聞京師戒嚴，遂歸。國變後，絕意進取，築一畝之宮，長齋佛前。與萬傑志同道合，訂兒女姻。每過萬傑山中，輒留數晨夕，萬傑贈以詩。及卒，萬傑爲文哭之。陳伯陶《勝朝粵東遺民錄》卷補有傳。

張鉅璘於本年中舉人。

張鉅璘，字述明。開平人。崇禎十五年（一六四二）舉人。順治初與生員張朝鼎、許熙祥等多次上書建議設開平縣治。康熙六年（一六七七）授雲南蒙自縣令，革弊興學。（清、民國《開平縣志》）

陸應奎於本年中舉人。

陸應奎（？～一六五三），饒平人。崇禎十五年（一六四二）舉人。順治十年（一六五三）郝尚久反清，耿繼茂率清兵十萬屠潮州郡城，應奎死之。（乾隆《潮州府志》卷二九）

陳祖訓於本年中舉人。

陳祖訓，潮陽人。崇禎十五年（一六四二）舉人。生平甘淡泊，恥於干謁。精《尚書正義》，從遊者眾。（乾隆《潮州府志》卷二九）

林楠於本年中舉人。

林楠，東莞人。尚梗弟。崇禎十五年（一六四二）舉人。有文名。清初任博羅縣教諭，培養人才，備受稱讚。（宣統《東莞

縣志》卷六五）

　　周裕廷於本年中舉人。

　　周裕廷，一作珽，字待旗。廣寧人。崇禎十五年（一六四二）舉人。知山東荏平縣，吏治精明，升朝官行人司行人。著有《荏山草》、《四書一旨》等。（道光《肇慶府志》卷十八）

　　葉維陽於本年成貢生。

　　葉維陽，字必恭。海豐人。崇禎十五年（一六四二）貢生。事見乾隆《海豐縣志》卷五。

　　葉維陽於本年成貢生。

　　葉維陽，字必泰，號許山。歸善人。沁園主人維城同宗兄弟。崇禎十五年（一六四二）貢生，曾任廣西桂林府同知、南明中書舍人。明亡不仕，築兼園以居。捐巨資築平湖堤。釋澹歸、陳子升、屈大均、陳恭尹均爲兼園座上客。事見康熙《歸善縣志》卷二一。

　　盧鍛於本年成貢生。

　　盧鍛，字百鍊。陸豐人。崇禎十五年（一六四二）貢生，授兵部主事。乾隆《陸豐縣志》卷八有傳。

　　薛天瑛於本年成貢生。

　　薛天瑛，字季瑜。順德人。崇禎十五年（一六四二）貢生，授瓊山教諭，轉教諭。與族子始亨談治亂興廢。清兵渡瓊，棄官歸隱，年九十卒。陳伯陶《勝朝粵東遺民錄》卷二有傳。

　　梁偉棟於本年成貢生。

　　梁偉棟，字方來。西寧人。崇禎十五年（一六四二）薦明經。遭國變，隱居不仕。終身未嘗謁長吏之庭，累舉鄉飲，不就。年八十八卒。陳伯陶《勝朝粵東遺民錄》卷三有傳。

　　區光表於本年成貢生。

　　區光表，字炳茲。高明人。崇禎十五年（一六四二）歲貢生。善事後母。授貴州鎮遠縣令，遷雲南、廣西府通判，後調楚雄府、益州府，俱有政績。（光緒《高明縣志》）

楊從堯於本年成貢生。

楊從堯，字中郎。高明人。崇禎十五年（一六四二）歲貢生。十五歲以博學知名。工詩賦，善撰述，精楷書，爲世所重。著有《夢花窗集》。（《高明縣志》）

陳啟泰於本年成貢生。

陳啟泰，字子亭。和平人。崇禎十五年（一六四二）歲貢生。授保昌縣訓導，升合浦教諭。（《和平縣志》）

謝之棟於本年成副榜貢生。

謝之棟，陽春人。崇禎十五年（一六四二）副榜貢生。事見康熙《陽春縣志》卷八。

何國相於本年成副榜貢生。

何國相，字良哉。番禺人。明思宗崇禎十五年（一六四二）副貢。禮天然和尚，山名今趣，字淨德。徐作霖、黃蠡《海雲禪藻集》卷四有傳。

陳言圖於本年成貢生。

陳言圖（？～一六四七），字東繩。歸善人。明思宗崇禎十五年（一六四二）副貢。官定安教諭。國變，棄官歸，奉母韓避地博羅，丁亥城陷，同遇害。陳伯陶《勝朝粵東遺民錄》卷三有傳。

李之傑於本年中科舉副榜。

李之傑，字才湛。化州人。崇禎十五年（一六四二）科舉副榜。時鄉都有士女被掠，隻身入賊寨，以家中銀錢相抵，致傾家蕩產，蔬食終身。（《化州縣志》卷九）

歐必元卒。李雲龍賦《走哭歐子建尊人》詩云：

八年曾過清溪曲，一渡溪橋淚相續。風吹澹圃柴門開，芳徑無人鳥啼竹。憶昔曾隨杖履入，楓葉蘆花秋可即。長公觴客我公笑，醉歸同臥茅堂側。讀書堂前月滿簾，猶記當年奉顏色。方瞳鶴髮今何在，冥漠遊魂招不得。溪花亂落溪水東，夜臺自此無消

息。我今三年父不見，綿綿此恨方無極。孤兒惟下弔孤兒，淚眼相看天爲黑。（李雲龍《嘯樓詩初集》）

翟紹高卒。

翟紹高（？～一六四二），字翼明。歸善人。明思宗崇禎時應詔舉孝廉。著有《焚餘草》等。阮元《廣東通志》卷二九一有傳。

李橙卒。

李橙（～一六四二），字奕繁，號海雲。東莞莞城縣後坊人。覺斯父。卒於崇禎十五年（一六四二），享年七十八歲。子覺斯，字伯鋒，萬曆四十六年（一六一八）舉人，天啟五年（一六二五）乙丑進士，因守滁州有功，升工部侍郎，後又督京城有功，擢刑部尚書。橙卒，以子榮，誥封通議大夫、工部太僕郎而獲賜葬。覺斯循禮儀，按尚書禮制葬其父。

明思宗崇禎十六年　清太宗崇德八年　癸未　一六四三年

正月，李自成陷承天（今湖北鍾祥）。張獻忠陷蘄州，屠之。四月，進陷黃州（今湖北黃岡）；五月，陷武昌，殺楚王華奎，屠城，投屍於江，武昌魚幾不可食。八月，張獻忠陷湖南諸郡。同月，清皇太極（太宗）崩，其第九子福臨六齡接位，睿親王多爾袞、鄭親王濟爾哈朗輔政，以明年爲順治元年。十月，李自成陷西安；十一月，陷延安、鳳翔，屠之；北進陷榆林，東陷潼關。

春，陳子壯大賑饑於廣州，設區均濟，存活數千人。（李健兒《陳子壯年譜》）

正月初一日，黃公輔賦《癸未元旦》詩云：

解組歸來一角巾，山中歲月又逢春。初開玉曆看正朔，未許椒花笑老人。問柳猶憑雙屐舊，團爐聊摘幾蔬新。獨憐同侶晨星似，謾逐少年索酒頻。（黃公輔《北燕巖集》卷三）

羅萬傑賦《癸未元日》詩云：

多病逢元日，憂時歎逝年。徒聞寬大詔，不熄豕狼煙。世事
干戈里，生涯藥餌前。艱危無一補，腸斷蓼莪篇。（羅萬傑《瞻
六堂集》卷上）

同日，黃公輔賦《初一日同高戴韋龍乘六二同年並江西張墨
卿橋梓飲於東家》詩云：

旋途風雪不勝寒，賴有屠蘇對夕歡。縱飲不辭盧采劇，高歌
那覺漏更闌。萍蹤會擬五星聚，劍氣光騰萬里看。上苑風光春色
好，看花共約向長安。

初二日，公輔賦《正月初二日早行苦寒》詩云：

冰凝水面雪遍歧，鹽撒空中拂柳枝。寒午宿禽棲尚穩，履端
行客跡還稀。隴頭無使青梅樹，雪上何人披鶴衣。願借天邊紅日
麗，負暄乘暖到京畿。

公輔又賦《遊西湖》、《京師別李伯襄何卜熙》（以上七律）、
《英湘別四兄並陳東陽》五律、《出京》七絕。（黃公輔《北燕巖
集》卷三）

晦，黎遂球舟過南康，有《題賢女祠　並序》。（黎遂球《蓮
鬚閣集》卷七，南康，即江西南康府，治今星子縣，地近廬山）

二月，遂球南歸過禺峽，以附官舟不得，遊禺峽，索朱學熙
不遇，作《遊禺峽記》以貽。（黎遂球《蓮鬚閣集》卷十六《遊
禺峽記》）禺峽在廣州府清遠縣，爲北行要道。

同月，黃公輔賦《壽陸久矣》詩云：

二月春光媚，八旬弧矢辰。南山招結社，北海任娛賓。歲月
閒中得，風花物外親。雙星輝舞袖，不用守庚申。

公輔又賦《壽楊悅生親家》、《生日和香山姪孫》、《和水南
方恒姪見寄》二首、《李四尹》、《感堂表叔見訪》（以上七律）、
《荔圃亭成》五律、《龍榜看土鎮》二首、《似雅姪西莊野酌》四
首、《登高郭伯從韻》、《答陳芬閣》、《部院撥兵掃平土寇阮鄉兵
曾助堵截陳芬閣書來有義舉之譽答之》、《何琨瑤壺嶠長椿圖》

（以上七律）。（黃公輔《北燕巖集》卷三）

十五日，釋道忞於寧波天童寺以堂頭身份開堂説法。（黃介子《同門疏》）

三月，陳子壯於省垣建立牌坊紀世德。牌坊建於廣州歸德門外小市街。（李健兒《陳子壯年譜》）

夏，痢疫流行，方顗愷（釋成鷲）染疾殊劇，柴臥床席間，輾轉兩期月，僅得不死，痢下如故。其父計無復之，舁以往禱於城北漢壽亭侯關羽廟，卜得吉。既歸，久痢痊瘳。（釋成鷲《紀夢編年》）

孟夏，區懷瑞、懷年刻其父大相之詩集成，陳子壯爲作《區太史集序》。（區大相《區太史集》卷首附，屈大均《廣東文選》卷九）

五月初五日，黃公輔賦《端五懷諸兄弟》詩云：

五月扁舟滯異鄉，時逢佳節倍堪傷。遥知兄弟相談處，對酒薄樽少一觴。

公輔又賦《南雄沙水村別四兄諸侄》、《過梅關》、《賣花音》（以上七律）。（黃公輔《北燕巖集》卷三）

秋，傍海所在盜起，陳邦彥乞餉於富人，募鄉兵拒之。（陳恭尹、何絳《兵科給事中贈資政大夫兵部尚書先府君岩野公行狀》）

八月，梁朝鐘進京會試，中進士乙榜。觀當時情形，知京師單弱，憂形於色。（王鳴雷《梁朝鐘傳》，梁朝鐘《喻園集》卷二《及閘人熊避木書一》、《與何象岡相公書》）

會試後，與同中乙榜之同鄉梁殿華買舟南歸，鄰舟遇同科之王庭、朱一是、馬晉允三人，朝鐘爲述二人俱中乙榜之由。自滄州道中，二船朝行夕泊，諸人晤語浹旬，偶一日遂相失矣。（王庭《喻園集序》）

十五日，何吾騶賦《癸未中秋》詩云：

寒蟾生畫洗蒼蒼，兔杵泙空玉作裳。竟夜徹朝無片翳，翹看

直北盡如霜。（何吾騶《元氣堂集》卷下）

十五夜，黃公輔賦《十五夜麓庵賞月步韻》詩云：

看月正當月色移，月華人影共參差。也無底事牽塵慮，惟有清言泛酒巵。午覺侵衣風淡蕩，卻疑繞樹鵲相窺。醉餘散步花陰下，兔魄歌聲處處隨。

公輔又賦《初寒拜先考墓適君常佀攜茶榼至口占》七律（黃公輔《北燕巖集》卷四）。

九月，郭之奇平尤溪賊。（《潮州耆舊集》）

冬，梁朝鐘歸廣州。（梁朝鐘《喻園集》卷二《及聞人熊遜木書一》）

十一月初八日，流寇近袁、吉諸郡，益藩邑寧王亡國走閩；邵武樵川告急，全閩震動。郭之奇抵邵武，請於撫軍，提師扼於關，謁益藩，請歸國，建南賴安。（《督兵日錄》、《家傳》）

歲暮，何吾騶賦《癸未歲暮紀懷》詩云：

羅羅三萬路行多，晴臘凌霜歲又過。可歎誅求勞日月，願從宵旴奠山河。不知誰作仲山甫，卻憶當年馬伏波。好辦屠蘇趁村鼓，時清遙聽凱旋歌。（何吾騶《元氣堂集》卷中）

冬杪，蘇臺明作《癸未杪冬有感》。（張其淦《東莞詩錄》卷二三）

蘇臺明，字堯階，號梅賡。東莞蠔崗人。球子。諸生。明季欽授軍前監紀推官。張其淦《東莞詩錄》卷二十三有傳。

除夕，黃公輔又賦《守歲步何采侯年家韻》詩云：

但看鬚眉勿問年，曠觀世界有三千。且將心事隨飄瓦，縱遇奇數付老天。春上桃符應有腳，琴逢知己豈無弦。若非主德憐耆舊，未得相依椒頌傳。（黃公輔《北燕巖集》卷三）

公輔又賦《壽錦袍羅》、《和上人炤乘》、《壽甘愚兄七十一》（以上七律）、《代壽梁直生八十一》五律、《壽梁我泉九十一》、《添孫和韻》、《答區舅問病》、《歸初寄懷石藏孫》、《和郭伯從何木生添孫韻》、《陳芬閣過訪》（二首）（以上七律）、《贈楊金山

堪輿 黃金坑壇是其所卜》五律。（黃公輔《北燕巖集》卷四）

本年黎遂球有《劉以青詩草序》。（黎遂球《蓮鬚閣文鈔》卷八）

劉以青，士斗子。南海人。

遂球又爲釋古圓作塔銘。（黎遂球《蓮鬚閣集》卷二四《了宗大師塔銘》）

釋古圓（一五六八～一六三八），號了宗，俗姓湯，程鄉縣（今梅州）人。年十九入陰那山出家，後參雲棲蓮池和尚受具足戒，復參隱庵、月川法師。建匡頂寺於廬山。崇禎十一年（一六三八）忽升堂示衆曰："吾將以十三日辭世矣。"如期圓寂。阮元《廣東通志》卷三二八有傳。

江蘇宜興吳湛旅粵，與遂球交，歸，著有《粵遊日記》。（《迦陵文集》，轉引自《明清江蘇文人年表》）

本年陳邦彥置妾攝室。（《陳岩野先生集》卷三《清遠江上飲故人旅舍》）

本年黃公輔自京城歸鄉，築荔圃亭以居，時土寇縱橫，部院撥兵掃平，安南阮鄉兵曾助堵截，石頭陳芬閣有書來，有義舉之譽，詩以答之。（黃貞元《春溥先生年譜》）

本年寇氛益重，潼關、武昌與南北州郡相繼淪失，朝局岌岌可危。鄺露似未出遊，在粵觀變。而本年劉坊亦乞假南歸新會故里，遂不復出，露有詩贈之。

本年張穆往博羅，遊張萱故園，有七絕《過張九嶽先生西園》。（《鐵橋集》）穆過莞城東二十里之龍潭峽山，憶昔端陽後一日，諸水鄉盛飾龍舟會於峽，畫舫樓船，簫鼓沸耳，士女如雲，蒲節競渡，未有逾粵莞之盛。崇禎十六年（一六四三）癸未來兵荒洊至，豪華既灰，山川改色，憤然增盛衰之感。（宣統《東莞縣志》卷六《龍潭峽山記》，並見《補遺》頁一二至一三，題下有"崇禎十六年癸未"七字）

本年榜發，捷南宮者十八人，俱郭之奇門下士。（《家傳》、

羅萬傑《墓誌》）之奇轉副使，尋攝按察司使，又攝兵備事。（《忠逸傳》）

本年張穆賦《數年間白兔漸繁息詩以紀異　癸未，陳本》詩云：

我聞東海月，上有太陰精。一點庚星朵，千秋白玉名。乍同遼豕見，漸與羝羊爭。凛凛干戈日，憂時紀異徵。

穆又賦《故人葉金清治鼎不固殞詩以弔之　癸未，陳本》七律詩云：

高潔當如鶴在津，此來當是謫天人。涵虛笑返鴻蒙氣，混俗難窺静遠神。泉石絕無秋後約，乾坤空過夢中身。從今不悔知音少，修竹千年自結鄰。（清抄本《鐵橋山人遺詩》）

本年屈大均能文。（《翁山詩外》卷五《贈黄叟逸閒》）

本年陳衍虞赴秋闈，道阻金陵，作《秦淮即事　十首》，第八首：“皺浪輕陰放小舠，落花片片醉云汀。臨流誰唱烏飛曲，偏送天涯旅客聽　癸未赴秋闈，道阻。”（陳衍虞《蓮山詩集》卷十七）

衍虞滯留江南，與同郡蔡承瑚等入復社。本年成《旅心草》，吳應箕稱頌之。（吳應箕《序旅心草》）

本年方顓愷（釋成鷲）膂力過人，舉重負汲，能倍壯夫之任。時明祚式微，盜賊蜂起，里巷皆兵。顓愷率群兒效之，學布陣堂下。已而掃地布席，爲老僧跏趺之狀。（釋成鷲《紀夢編年》）

顓愷方七歲，坐其父國驊左膝聽其與人論道。後賦《壽黄興岐》詩，首句云：“先生先子之所畏，憶我爲兒始七歲。”（釋成鷲《咸陟堂詩集》卷之二）

本年釋函昰入閩，作《邵武道中憶華首老人》、《延平舟中三首　癸未》、《刻訶林語録謝諸檀越二首》、《還嶺南汀州道中憶老父》、《汀州道中憶老母》諸七絕詩。旋離邵武還羅浮，取道普慶，林德賓請遊獅子峰，同合寺大衆懇請説法，有語録。刻《訶

林語録》。（釋函昰《瞎堂詩集》卷十七）

楊允儒於本年進士排名第九。

楊允儒，字清一，號雨人。梅縣人。掌教，少宰、大學士顧賜疇旌以匾曰：“奎光嶺表”。崇禎十六年（一六四三）進士排名第九，選授福建汀州府同知。著有《悼釵吟集》。（《梅縣歷代鄉賢事略》）

張家玉於本年中進士。（屈大均《張公行狀》）

唐元楫於本年中進士。

唐元楫，字應運，號巖長。新會人。天啟四年（一六二四）舉人，崇禎十六年（一六四三）進士，官兵部職方司主事。值鼎革，被起用，堅辭不起。永曆帝都肇慶，與同里中書陳世傑奔赴行在，仍官職方。國亡後不復出。金堡（釋澹歸）爲僧丹霞，元楫贈之詩。清順治中巡撫疏薦，堅辭不起。卒年七十八，私諡文貞。著有《太極圖說》、《西銘發蒙辨解》、《初築集》。陳伯陶《勝朝粵東遺民録》卷三有傳。

謝元汴於本年中進士。

李梓於本年成貢生。

李梓，字其拔。士淳季子。程鄉（今梅州）人。崇禎十六年（一六四三）貢生。唐王時官兵部職方司主事。張家玉創立武興營，用爲監軍，疏稱其公忠端介。陳伯陶《勝朝粵東遺民録》卷四有傳。

盧弼於本年成貢生。

盧弼，字元英（一作安）。增城人。綸曾孫，應徵子。崇禎十六年（一六四三）由廩貢入太學，由太學生授推官，從唐王入閩，爲蘇觀生知。奉命徵湖南兵，何騰蛟亦器重之。尋以憂歸。桂王立肇慶，即家起用戶部主事，改監察御史，宣諭湖南諸鎮。會諸鎮將各逞其私，不得意歸。時李若璘已返里，遂結爲姻親。國亡後，放浪山水間，自號休庵。屢與修邑志。著有《紐蘭集》。陳伯陶《勝朝粵東遺民録》卷三有傳。

徐榮祖於本年成貢生。

徐榮祖，字君榮，號與耕。龍川人。崇禎十六年（一六四三）貢生，官廣西蒼梧（梧州）教諭，嘗與修縣志。著有《非病齋詩文集》。嘉慶《龍川縣志》卷三十六冊有傳。

陳鴻於本年成貢生。

陳鴻，封川（今屬封開）人。崇禎十六年（一六四三）貢生，授翰林院待詔。事見道光《封川縣志》卷六。

楊元儒於本年成貢生。

楊元儒，字雨人。程鄉（今梅縣）人。崇禎十六年（一六四三）拔貢生。明季世變，遂隱而不出。著有《悼釵吟集》。事見張煜南《續梅水詩傳》卷一。

彭焻於本年成貢生。（雍正《東莞縣志》卷八《選舉》三）

彭焻，字晉公。東莞人。崇禎十六年（一六四三）貢生。性聰穎，博極群書。雖盛暑，衣冠必肅。教授生徒常數十百人，不責脩脯。講學六十餘年，成就甚眾。張其淦《東莞詩錄》卷二二有傳。

陳子升於本年成貢生。子升《自悼詩》：“冉冉三十，始冠明經。”（《中洲草堂遺集》卷二）

楊晉於本年成貢生。

楊晉，字子畫。香山南門人。崇禎十六年（一六四三）歲貢生，特簡兵部司務，遷職方司主事。崇禎十七年（一六四四）帝自縊北京。南明諸帝立，史可法、黃道周、瞿式耜薦為朝官，具不就，上疏力陳時弊，不用。著書教子。順治八年（一六五二）詔舉遺逸，直指楊旬英舉出仕，托疾辭。十一年，復舉遺逸，李率泰薦之，獻詩言志，有“鐵崖久矣耽泉石，乞放閑身侶白鷗”句。嘗與張家玉、黎遂球、梁朝鐘結社白雲山寺，稱嶺南四子。著有《鑑史撮要》、《奏議》、《何慕臺遺稿》等。（光緒《香山縣志》）

清（一六四四～一九一一）

清世祖順治元年　明思宗崇禎十七年　甲申　一六四四年

三月，李自成陷北京。十九日昧爽，明思宗自縊萬歲山（今景山）海棠樹下，惟太監王承恩從死，明亡。（《明史》卷二十四《莊烈帝本紀》二）四月，清兵破李自成軍於山海關一片石，自成走還京，二十日稱帝於武英殿，當夜西走。清命明降將吳三桂追之。五月初三日，清兵入北京，睿親王多爾袞攝政。明兵部尚書史可法、鳳陽總督馬士英等已先於初一日迎福王監國於南京，十五日即皇帝位，是爲聖安皇帝，以明年爲弘光元年。九月，清順治帝入關進北京。十月朔，清順治帝於北京告祭天地宗社，再即帝位。

春，饑，陳邦彥乞粟以賑饘粥，百日食者三千人。（陳恭尹、何絳《兵科給事中贈資政大夫兵部尚書先府君岩野公行狀》）

初春，釋函昰避客歸龍，作絕句三首。釋函昰自遭國變，志切遠遁，以二親在，無可代養，就城東結宇，顏曰“小持船”，以便歸省。（釋函昰《瞎堂詩集》卷十七《初春避客歸龍三首》）釋函昰有《還小持船示諸子》詩云：

眼前一望黍離離，燕子忘機歸亦遲。當憶百年緣散處，莫隨頃刻念生時。黃粱未熟誰先覺，荷葉初開我已悲。幸自臨池多暇日，無生有訣慎相期。（釋函昰《瞎堂詩集》卷十）

年初，梁朝鐘寄書及閩人熊逬木，勸慰其不必爲家變過傷。（梁朝鐘《喻園集》卷二《及閩人熊逬木書一》）

郭之奇擢太僕寺少卿。（饒宗頤《郭之奇年譜》）

正月初一日，黃公輔賦《甲申元日早起示兒孫》詩云：

柳綴輕煙漸搴幢，條風淑氣共相撞。韶華乍覺更新甲，野老
依然是舊龐。浩蕩君恩何處報，艱難世事幾時降。聞雞喚起兒曹
輩，好個三涯在碧窗。

公輔又賦《瀛一侄母子夫婦三壽》七律。（黃公輔《北燕巖
集》卷四）

二月，鄺露賦《客西林聞警柬何人止　甲申二月》詩云：

客裡流光閱九春，西山鸞鶴自爲鄰。臥同干木非藩魏，笑卻
新垣欲帝秦。内地弄兵皆赤子，隔河專閫半清人。龍蛇歌罷愁無
賴，誰念飄零折角巾。（鄺露《嶠雅》卷二）

三月十九日，李自成陷京師，明思宗殉社稷。陳子壯於廣州
開學社於禺山書院，聞變，率黎遂球等縉紳千餘人爲位於廣州光
孝寺，成服哭臨。（黎遂球《蓮鬚閣集》卷十四《答嘉湖吳人
撫》）

聞京師陷，梁朝鐘悲憤幾絕，已而歷數朝紳某必死、某不必
死，後皆不爽。（王鳴雷《梁朝鐘傳》）

聞京師陷，韓上桂號泣，病數日，卒於建甯同知任上，年七
十三。上桂時督運邊餉於遼東寧遠城，巡撫方一藻、總兵祖大壽
等經紀其喪，次子駿超奉靈輀歸。（阮元《廣東通志》卷二八四
《韓上桂傳》）

郭之奇被擢之命甫下而北都陷，群議哭臨，而閩撫張肯堂猶
援常例，欲待哀詔至乃發喪。之奇力爭，帥閩士哭臨，始得成
祀。時閩士猶洶洶諷議，之奇示禁之，乃止，然以是忤巡撫意。
（羅萬傑《墓誌》、《家傳》、《忠逸傳》一）

聞國變，黎邦瑊以憂卒。（陳伯陶《勝朝粵東遺民錄》卷二）

時辜朝薦以禮科都給事中督餉粵中，聞北都陷，慟哭歸里。
（溫廷敬《明季潮州忠逸傳》卷二）

張穆聞國變，爲位哭於茶山雁塔寺。傳寺建於南朝梁武帝
時。（宣統《東莞縣志》）

李自成陷京師，張家玉被執。（屈大均《張公行狀》）

朝廷以陳象明知兵，擢湖廣按察司副使，未行而聞京師陷，望北慟哭，欲投鄱陽湖。州士民再四勸慰，乃止。便道趨家，與父決。（陳伯陶《東莞五忠傳·陳象明傳》）

釋道忞聞崇禎皇帝殉社稷，作《毅宗烈皇帝哀詞》七律。（釋道忞《布水臺集》卷一）

江上逢崇禎帝哀詔，陳邦彥賦《江上逢大行哀詔適歐嘉可惠寄詩箋伏枕無聊次韻奉答語於來贈不倫以誌感也》詩云：

噫歔欷，天南遺民此日抱烏號，迴風蕭蕭兮燕雲萬里望空勞。客子悲來病骨高，目隨縞素送輕舠。十有七年明聖主，一旦誰知身似羽。萬方聞變已經時，哀詔初來秋半去。九鼎凝禧再奠年，中興勳業仗羣賢。阿誰淹久皇華節，卻教紛籍恣訛傳。君不見昏迷天象羲和戮，況也陽曦掩炤歸濛谷。泄泄前車憯莫懲，誰與發憤爲雄佐光復。扣舷號慟一狂奴，欲趨南國忘南禺。憑將卻寄稱詩者，讀未成聲淚雙下。

邦彥又賦《聞變　十二首》七律。（陳邦彥《陳巖野先生全集》卷三）

鄺露賦《花田飲贈陶十一白郎》。（陳永正《嶺南歷代詩選》二三六頁）

十九日，京師陷，後屈大均賦《王夫人殉節詩　有序》五古詩，序云：

王夫人者，順天宛平人。錦衣衛指揮宗公某之女，永寧侯王公道化之介婦，左軍都督府都督同知王公籙之妻，誥封一品夫人。崇禎十七年三月十九日，賊陷京城，夫人聞皇帝皇后已崩，立召其子肇桓、肇極及二媳馬氏、鞏氏，第二第四兩女與男女幼孫六七人，同至後園井側，向北哭拜，諭之曰："吾王氏乃孝靖皇太后之外家，光宗、熹宗及今上皇帝皆所自出，吾君舅以親封永寧侯，吾夫以蔭官都督，於外戚中可謂極其貴盛矣。今者，皇帝、皇后慘罹大變，以身同殉廟社。吾家三朝啟聖，兩世蒙恩，肺附之私，誼同休戚。今者，闔門赴死，骨肉同沉，以報皇天后土，以殉皇家於恩義，方爲不負。汝曹一一聽我言。"皆拜而受命。夫人乃命肇極先送二媳、二女及諸男女幼孫悉入井，夫人乃同肇極入井，繼而二婢亦入。有家人闔者四人聞知，疾入井，先引其孫炳文、第四女及肇極、鞏氏以出，餘覓不見。賊汲水飲，水盡赤，使工淘之。其家人闔者應募，盡出諸屍井中，瘞之。四月晦，賊去。肇極匍匐改殮夫人及媳馬氏、第二女，顏色如生，乃祔葬於玉泉山祖兆。肇極乞予詩表章，予爲廣徵同人，而先爲五言古詩一篇以倡之。（屈大均《翁山詩外》卷二）

　　屈大均又賦《聞人述鹿馬山感賦　有序》五律詩，序云：

　　山在昌平州之南，乃田貴妃所葬。甲申三月，烈皇帝後崩。其遺臣某因啟貴妃塚而葬二梓宮其中。予嘗爲西山口攢宮七言詩三章，今復弔以五言一章云。（屈大均《翁山詩外》卷七）

　　大均師陳邦彥聞國變，憂憤，坐臥不寧，每歎曰："不報國，非夫也。"乃輟講業，罷生徒，閉戶草《中興政要書》一萬七千餘言共三十二策。（薛始亨《贈兵部尚書陳岩野先生傳》，陳恭尹、何絳《兵科給事中贈資政大夫兵部尚書先府君岩野公行狀》）

　　四月初五日，時陷於北京之張家玉致書李自成，欲自成賓禮之而不臣，題其門曰：明翰林庶吉士張先生之廬。不然，臨以刃鋸將形影相笑而樂蹈之。及見，長揖不跪，面斥自成十罪。自成怒，令懸撻之於五鳳樓，受刑七日不死。自成再使牛金星説降，家玉不爲動，乃義釋之。

　　十八日，李自成軍東出關，家玉乘間得脱歸里。（陳伯陶《東莞五忠傳·張家玉》）

　　五月，南都立，史可法、馬士英、阮大鍼三人用事，欲薦征梁朝鐘，辭不出。（王鳴雷《梁朝鐘傳》）

　　聞弘光帝立於南京，陳子壯捐資倡義，首助餉銀一千兩。（陳上圖《家乘》）

　　聞弘光帝立於南京，李雲龍賦《弘光恭紀》詩云：

　　楊柳啼鴉舊白門，高皇弓劍此猶存。鳳凰城闕臨三輔，龍虎山河壯九閽。白水真王新應兆，蒼梧帝子未歸魂。經綸草昧今伊

始，一代風雲豈易言。（李云龍《嘯樓詩自選後集》）

初五日，黃公輔於江門觀競渡，賦《甲申江門看競渡》詩云：

習習薰風逗舫窗，飛鳬白浪沸長江。莉花香撲霓裳調，山色晴侵艾虎缸。擊楫中流誰祖逖，吠刁半夜寢毛龍。無端漫逐少年隊，莫是癡心未肯降。

公輔又賦《云在樓爲浙江陳年文　名朝輔，字燮五》、《並頭蘭》（以上七律）、《和大雲上人》、《區敬庭舅荔圃話舊》二首、《訪容素子不遇承脒睨答之》、《順子召飲夜月間渡江干謾賦》、《訪容鼎子親家承雅款賦謝》、《賦贈容貞子因懷其先君舊約》、《登明子山亭憩五棱樹下》（以上五律）、《忍非館爲李扶乾表侄步韻》、《送先室余氏夫人葬》、《九如圖壽鄧抱真七十一》、《聞兒孫書聲因而勉之》、《壽鳳池侄八十一》、《寄卓藻兄》、《旅寓有感》、《寄延構叔》、《寄洪承疇①亨九同年　字彥演》、《送別趙叔良》（二首）（以上七律）。（黃公輔《北燕巖集》卷四）

六月，黎遂球作《討賊檄》。（黎遂球《蓮鬚閣集》卷十四）

秋，陳象明抵任，與總督何騰蛟及參議嚴起恒分治兵餉爲進取計。（陳伯陶《東莞五忠傳·陳象明傳》）

釋函可與薛始亨晤別。（薛始亨《南枝堂稿·懷祖心禪師》）

何吾騶作《秋悲》八首（存四首），慨歎國家淪亡。又有《賦寄史道鄰督》一首。史道鄰即史可法。（何吾騶《元氣堂詩集》卷中《七律》）

七月，黎遂球爲何叔鑒詩集作序（黎遂球《蓮鬚閣集》卷十八《南海詩序》），作《奉賀總督兩廣沈公壽序》（黎遂球《蓮鬚

---

① 洪承疇（一五九三～一六六五），字彥演，號亨九。福建南安人。萬曆進士。崇禎時官至兵部尚書、薊遼總督。十五年與清軍戰於松山，兵敗被俘投降。清初開國規制，多爲所定。官至武英殿大學士、七省經略。諡文襄。乾隆時修《貳臣傳》，列列其首。

閣集》卷十七）。

南都徵遂球，因母老不出。乃罄其生產，治鐵銃五百函並火器藥弩之屬，齎赴資軍。火器成，將行之日，作《蠲銃齋解啟行祝神文》，禱於神靈。①

同月，鄺露賦《過馮槐門話舊　甲申七月》詩云：

先朝遺事老馮唐，白髮移家寄上方。看竹每過留客井，種松偏近讀書床。鼎湖雲去金甌缺，瑤砌秋歸玉樹傷。今雨昔鹽俱是夢，幾宵禪月照空廊　槐門有西河之涕。（鄺露《嶠雅》卷二）

同月初，陳邦彥啟程赴南都，諸人送別，邦彥有詩賦別。（《陳岩野先生集》卷三《南上草自敘》、《舟發珠江承諸子攜酒餞送用前韻賦別》）

八月，陳邦彥至贛州，接陳子壯手書。（《陳岩野先生集》卷三《贛關接雲淙老師手書兼聞大疏》）

初三日，陳子壯奏上。

九月，黃公輔賦《甲申登高　時苦旱》詩云：

前山僻地也寬寬，與客相攜坐月歡。興劇但知憐晚翠，醉餘那問正誰冠。方貪秋色宜登眺，又覺松濤欲報寒。其奈桔槔隨處是，黍禾未並茱萸看。

公輔又賦《步盧省闈乃郎韻》、《省闈乃侄韻》、《代壽嶽丈景白弟》（以上七律）。（黃公輔《北燕巖集》卷四）

同月，郭之奇昇詹事府詹事，便道歸里。時誣訐百出，幸巡撫陸清源先以清廉卓異薦，宰相王鐸得書，遂揭薦於弘光帝，奉端品政績之旨，特昇詹事府詹事。（《家傳》）

初四日，陳邦彥至南昌，訪戴初士。（《陳岩野先生集》卷三《余以九月四日抵南州訪戴初士承惠尊人大圓先生集及渡青閣愛

---

① 查繼佐《明兵部職方司員外郎贈資政大夫兵部尚書諡忠潛美周黎公傳》，黎遂球《蓮鬚閣集》卷一四《上直指劉公》、卷十五《重修廣州府儒學大門碑記》、卷二六《蠲銃齋解啟行祝神文》。

盧諸刻次日取道西山別後卻寄》）

初九日重陽，黃公輔賦《九日有懷兩孫》詩云：

霜白雲晴秋滿籬，他鄉九日一期頤。白頭紅葉堪撩客，圃里黃花冷對誰。縱欲登高慚破帽，如何翻怏遣衰遲。疏砧幾處斜陽外，風帶餘音故故吹。

雁影橫斜海天寬，感時何處可相歡。幾年懶著登高屐，搔首更誰問正冠。石壁谷深煙霧紫，芙蓉秋老露華寒。山川不與秋容改，日射蒼崖拄杖看。

公輔又賦《旅中書懷》七律、《秋懷》七律、《寄和余自如內侄孤憤詩》五古、《寄歸余舅》五絶二首、《寄歸簡誦謙丈》五律。（黃公輔《北燕巖集》卷四）

月底，陳邦彥渡鄱陽湖。途中染病，更有波濤之阻。[1]

二十六日，廖燕生。（《二十七松堂集》卷四《廖處士墓誌銘》）

廖燕（一六四四～一七〇五），原名燕生，字人也，初號夢醒，後改號（一説字）柴舟。曲江人。諸生。郡守陳廷策躬禮其廬，相交款恰，更爲刻集行世。及廷策去職返京，偕燕北遊，舟次金陵，以病留。後聞廷策卒於京師，乃歸隱。善草書。康熙二十六年（一六八七）參與分纂郡邑志。四十四年卒，年六十二。著有《二十七松堂集》十六卷。另有雜劇《醉畫圖》、《訴琵琶》等四種傳世。張維屏《國朝詩人徵略》有傳。

秋冬間，鄺露與何士琨等，同遊新會圭峰之雲潭，有《雲潭記》詳言其勝。露詩有《遊圭峰偕故園諸弟　爾玉、爾瞻、爾千、妹弟爾旋》。

何士琨，字文玉。新會人。熊祥子。崇禎八年（一六三五）

---

① 《陳巖野先生集》卷三有《九月十五夜蘆潭限韻》、《遣懷》、《登回峰寺》、《感事》、《鄱陽湖》、《霧》、《渡湖日》、《九月晦日》，《本集》卷四《曉起》二首諸詩，均阻於鄱陽湖時作。

貢生，官南都刑部郎中。年四十餘解綬，優遊鄉里。與弟士壎力行善事，捐餉協守。甲申福王立，方里居，築演露堂成，鄺露過之，勸其出仕。丙戌（一六四六）冬，賊犯邑城，士琨與劉坊等相率登陴，把總司徒義因之斬賊首黃信。逾年春，賊復至，士琨復募鄉兵，城賴完。國亡後，不復出。圭峰山麓有玉臺寺，士琨隱於是間，引道青松皆其手植。陳伯陶《勝朝粵東遺民錄》卷三有傳。

冬，何吾騶賦《甲申冬漫占》詩云：

受命封疆死亦香，抱頭奔竄謂非忙。老生愛讀張巡傳，不識人間幾不妨。（何吾騶《元氣堂集》卷下）

十月，起陳子壯禮部尚書。（李健兒《陳子壯年譜》）

十五日（望日）夜，陳邦彥泊采石。（《陳岩野先生集》卷三《夜泊采石》）下旬，抵南京。舟次金陵途中，邂逅楊景燁指揮，與論古今多合，以忠義相許，賦《贈楊杲生》詩云：

矯矯南國代有雄。五先生觴詠南園，爲粵中詩祖。將軍高躅儼遺風。爲籌屯政因成帙，偶託閨詞亦復工。杲生視屯海上，有《欖溪草》、《別賦》、《妾薄命》諸篇爲顰草。墨壘幾人稱勁敵，書城如爾是元戎。好憑詩律當師律，勒取登壇第一功。（陳邦彥《陳岩野先生全集》卷三）後邦彥攻廣州，景燁爲內應，事泄，不屈死。（薛始亨《贈兵部尚書陳岩野先生傳》）在南京，晤梁稷。有《都門晤梁非馨別十七年矣今昔之感情見乎詩》詩二首（《陳岩野先生全集》卷三）。在南京，上書弘光帝，報聞而已。（薛始亨《贈兵部尚書陳岩野先生傳》）

十一月，陳子壯戎裝赴南京，第三子上圖從行。（陳上圖《家乘》）

十二月初七日，郭之奇輸金千兩助餉，疏云："臣於元年十二月初七日，爲罄產效涘，以盡臣悃。"（《耆舊集》）李世熊有《代郭宮詹助餉啟》（《寒支集》卷四）。

李自成陷北京，釋函可聞變悲慟形詞色，旋聞弘光帝立於南

京，十二月以請藏附官人舟北上。（《千山語録》三、釋函昰《塔銘》）

十八日，陳子壯將至大勝關，抵上河。二十日，謁陵。二十一日，進南都，陛見謝恩，晋子壯勳階從一品太子太保光禄大夫，給新誥命，追尊三代尚書銜，下蔭三代及嫡子上延爲官生。（陳上圖《家乘》）

歲除，釋函可寓南安，賦《甲申歲除寓南安》詩云：

梅花嶺下小溪邊，寒盡孤僧淚獨漣。衲底尚存慈母線，擔頭時展美人篇。先皇歲月餘今夕，故國風光憶去年。香冷夜深松火息，萬方從此静烽煙。（釋函可《千山詩集》卷九）

除夕，黃公輔賦《甲申守歲》詩云：

歸來歲事兩經闌，草野流光一釣竿。梅堤展舒新氣色，江山辭謝舊嚴寒。起看星斗移何處，雖轉干支豈自安。漫藉兒孫爲半壁，不勝煩惱入椒盤。

公輔又賦《甲申除日見荔圃桃開》詩云：

信是流光去似蛇，梅花開後又桃花。花因節序催殘臘，暖到枝頭竟茁芽。任卻玄英還造物，放開老眼閲年華。送年莫問誰醒醉，阮北阮南共一家。（黃公輔《北燕巖集》卷四）

本年流寇蹂躪湖湘間，吉藩避寇，自楚奔粵，道路相傳寇且至，黎遂球與巡撫方震孺謀劃設備。（查繼佐《明兵部職方司員外郎贈資政大夫兵部尚書諡忠湣美周黎公傳》、黎遂球《蓮鬚閣集》卷十三《答陸晚庵別駕書一》、卷十七《祭孩未方公文》）

本年張穆賦《同袁長伯公叔海客閒步觀漲懷羅曙雲盧升爵詩以招之　甲申，陳本》詩云：

爲憐秋水沙，浩浩湛清霄。匝鷺隨蘭舫，行魚過石橋。綠沉禪院畫，花落釣磯潮。願惜兵戈日，追尋敢厭遥。（清抄本《鐵橋山人遺詩》）

本年潮州府推官李毓新以平寇功，内召。行過廣州，爲書別

黎遂球，遂球答以《奉送潮州府司理李公內召序》書（黎遂球
《蓮鬚閣集》卷十七）；又有《與潮州李司理書》（《蓮鬚閣集》
卷十四》），其中言及張獻忠。遂球又為陳允衡詩集作序（黎遂球
《蓮鬚閣集》卷十八《陳伯璣詩序》）。

本年張獻忠陷貴陽，張耀不屈死，後屈大均賦《布政張公挽
歌　有序》詩云：

> 崇禎末，逆賊張獻忠犯貴陽，文武諸大吏聞風皆遁，布政使三原張公耀
> 獨率家僮守城。城陷，公猶手刃數賊。獻忠以禮請曰："公，吾秦人，吾甚
> 重公。公若降，當居宰相。"公奮罵不屈，賊械其妾媵三十人於前，曰：
> "降且免一家死。"公罵愈厲，賊割其舌，支解之，妾媵等皆死。

> 貴陽城崩誰巷戰，參政張公奮刀箭。手提銀印血模糊，冒陣
> 一呼天地變。賊憐神勇欲降公，泰山自擲鼎鑊中。奮罵一軍皆辟
> 易，舌如電光不敢食。丈夫羞與賊同生，妾媵歡然爭死敵。願為
> 良臣安可得，殺身成仁亦何益。腐肉如山魂袒裼，白晝城中猶湓
> 擊。（屈大均《翁山詩外》卷三）

本年黎遂球與書友人，以為當於湖南屯兵，方可保兩粵，安
南都。（黎遂球《蓮鬚閣集》卷十四《與友人論湖南屯兵書》）

本年陳邦彥有《南上草自敘》。（《陳岩野先生集》卷一）
《南上草》乃上南京途中所作詩之結集。

本年謝重華作《聞變》（二首）。（張其淦《東莞詩錄》卷二
三）

謝重華，字嘉有，號恬齋、香農。東莞人。諸生。崇禎間以
乙榜貢。國亡，杜門不入城市四十年。終年八十三。著有《化原
韻考》、《雲窩集》、《字鈔》。陳伯陶《勝朝粵東遺民錄》卷二
有傳。

本年廖衷赤賦《悲今昔》五言古詩。（溫汝能《粵東詩海》
卷四九）

本年屈大均十五歲，資性異人，釋函昰見而奇之，俾從陳邦
彥學於粵秀山，試輒冠軍。（《屈氏家譜》十一）大均又與同里諸

子立西園詩社。（《廣東新語》十七）

本年吏部尚書鄭三俊薦金堡（釋澹歸）才，未及用而北京陷，南還，丁内艱。（《越秀集》）

本年倪元璐死國難，後謝元汴賦《讀憶草弔倪鴻寶先生　死國難》五古詩。（謝元汴《霜山草堂詩集》）

本年區懷年賦《聞燕京變起志哀》詩云：

勾陳北極暗鸞旗，一夜欃槍越尾箕。金册孔惭周帶礪，玉班俄損漢威儀。雲愁鉅鹿披三輔，波委盧龍遁六師。聞説鼎湖弓欲折，攀髯天上幾人悲。

本年懷年送其兄懷瑞解餉入南京，又有《送家兄啟圖解餉入京》詩云：

天閽新恩焕紫綸，故人開閤待平津。供輸草莽皆臣事，迢遞關河半旅塵。官冷寸心猶報主，氣雄孤劍但隨身。知君奏對彤墀外，方及秦淮柳絮春。（區懷年《超玄堂藏稿》）

本年梁以壯賦《甲申自述》詩云：

有時獨立空長嘯，卻類無心一野僧。懶向山林事生産，愧將文字結良朋。曲衣沉醉東鄰酒，補屋常牽隔樹藤。每過人家便終日，不知誰愛與誰憎。（梁以壯《蘭扃前集》卷七）

本年明亡，姚子蓉歸隱。

姚子蓉，字梅長，號曉白。歸善人。官至兵部司務，明亡歸隱，築山莊於小榜山清醒泉畔，與葉猶龍、釋澹歸等遺民詩酒往還。修《惠州西湖志》，著有《醒泉山莊詩集》。事見《惠州西湖志》卷二。

本年區大緯遭亂後不仕。

區大緯，字文禹。香山人。貢生。天啟四年（一六二四）舉人，初任安吉州同知，領餉三十萬入都，路遇寇，力禦獲免。督榷北新關，尋遷中書舍人，升虞部主政，乞養歸，在都時與李雲龍、區懷瑞相唱和。遭亂後不復仕，自號五象山人，與伍瑞隆詩酒往還。著有《紀漫草》、《續漫草》。陳伯陶《勝朝粵東遺民錄》卷二有傳。

本年國變後易訓常往厓山，倚哀歌亭放聲大哭。

易訓，字宣人。新會人。奇際子。少天資卓異。從父遊京師，出語傾動一時。國變常往厓山，倚哀歌亭放聲大哭。屈大均有和其《吊厓山》詩。與諸名流重結南園詩社，陳恭尹極推之。後隨父適蒼梧謁興陵作詩。聞陽朔之勝，將居焉，尋得瘴疾卒，年二十八。著有《東樵遺集》。陳伯陶《勝朝粵東遺民錄》卷三有傳。

本年後張在瓌杜門不出。

張在瓌，字蕑度。順德人。希載孫。學宗白沙，家粗足而積書萬卷。足跡幾半天下，且輕財好客。甲申後不出，蘇觀生等擁立紹武帝，遣陳邦彥徵之，亦不起。嘗與友人登金紫峰作詩。著有《綠樹山房集》。陳伯陶《勝朝粵東遺民錄》卷二有傳。侍兒清郎、香奴均能詩。清郎名溫鴻，順德龍山人。年十四尚未識丁，然性慧悟，因教之讀，學爲韻語，數年功益深，由是以能詩稱。釋通岸嘗次其韻，命其字曰清郎。關中劉湘客、溫溥知，公安袁彭年爲題簽，關捷先尤雅重之，常與諸名流唱和。有《耕雲集》。冼玉清《廣東女子藝文考》有傳。

本年後羅謙晦跡龍溪，以布衣老。

羅謙，字仲牧。番禺人。善琴喜詩。國亡後晦跡龍溪，以布衣老，世稱龍溪高士。時同里布衣郝瑗亦隱龍溪與唱和，陳恭尹、屈大均、鄺日晉時與謙遊。晚移家東陂，恭尹送以詩。熊開元後爲僧，號檗庵和尚，嘗過禪山，謙訪之，贈以詩。著有《蔗餘稿》。

本年國亡後邱天民棄舉子業，專隱於畫。

邱天民，字獨醒。曲江人。諸生。博學工書畫，澹於名利。國亡後棄舉子業，專隱於畫。畫皆臃腫怪筆，尤善畫虎，其畫傳爲名筆。陳伯陶《勝朝粵東遺民錄》卷三有傳。弟半醒，畫有兄風，廖燕嘗爲立傳。汪兆鏞《嶺南畫徵略》卷二有傳。

本年淩民鑰遭國變，遂棄官歸。

淩民鑰，字兆平，一字點蒼。番禺人。貢生，官連平州學正，署州事。遭國變，遂棄官歸。後鬱悒終。著有《宦溪詩草》。陳伯陶《勝朝粵東遺民錄》卷一有傳。

本年國變，何壯英棄諸生。

何壯英，字茂生。新會人。明太保祥①曾孫。國變棄諸生，詩多感亂語，每作輒焚其稿。淩揚藻《國朝嶺海詩鈔》卷一有傳。

本年國亡，淩王弼棄諸生。

淩王弼，字藩之。番禺人。南海籍諸生，國亡後棄去，號太虛散人，學者稱濬玄先生。程可則自京貽書勸之仕，答詩謝之。陳伯陶《勝朝粵東遺民錄》卷一有傳。

本年甲申之變，方聲宏投筆請纓。

方聲宏（一六〇五～一六八八），字茹實。東莞人。甲申之變，投筆請纓，永曆時官拜明威將軍。國亡後棲息禪林，與釋澹歸多唱和。陳融《讀嶺南人詩絕句》卷四有傳。

本年何源澎遭國變，不願剃髮，黃冠道服。

何源澎，字潤萬。香山人，弱冠補諸生。會遭國變，不願剃髮，黃冠道服遁跡僧寺，易名正昌，號逸叟。自是蔬食布衣，足不出戶幾十年。康熙元年（一六六二）壬寅、三年甲辰遷界令下，命子弟計口授糧，鄉人德焉。年七十五卒。陳伯陶《勝朝粵東遺民錄》卷二有傳。

---

① 明太保何祥另有曾孫九淵，字澤泗，一字石人。新會人。工書畫，才抱經濟，志明淡泊，與陳元孝、僧石鑒遊。著有《彈鋏山房集》。言良鈺《續岡州遺稿》卷一有傳。子霖，字雨望，一字小山。胡方弟子。貢生。與兄樗、從叔九疇，俱爲顧嗣協邑令詩社中人。工書。著有《搗藥巖居集》，釋成鷲之。霖兄樗，字野望，一字大山。貢生。著有《涼踽堂集》。釋成與中書梁迪爲之序。言良鈺《續岡州遺稿》卷三有傳。

本年何如朼聞國變大慟。

何如朼，字柏友。東莞人。諸生。年二十始折節讀書。甲申聞國變大慟，專習孫吳兵法。唐王立，張家玉疏薦赴閩。家玉創武興營，授監紀推官。丁亥（一六四七）家玉起兵復東莞，與謀劃，授兵部武選司主事。桂王都肇慶，復招爲兵部司務。廣州再破，奉母隱居梅園。家玉弟家珍嘗答其詩。陳伯陶《勝朝粵東遺民録》卷二有傳。

本年鼎革，陳舜法掩關羅浮。

陳舜法，字予若，號將隱。東莞人。崇禎諸生。迨鼎革，掩關羅浮，以著述自娱。内行甚修，嘗讓田孀嫂，撫兩侄如己出。年八十餘，猶講學不倦。孫蘭益，亦諸生，能文。張其淦《東莞詩録》卷二三有傳。

本年國變後，袁立俊入閩居蘇觀生、陳際泰幕中。

袁立俊，字遜萬。東莞人。貢生。甲申國變後，入閩居蘇觀生、陳際泰幕中。永曆時授宣化教諭，遷太平府通判。時養利州爲交趾殘破，學正華白滋闖門遇害，州牧程某亦被戕。巡撫王菁特薦爲知州，境内始寧。御史廖應亨使滇道經州，檄取役夫，力陳困苦，不得已捐資雇役以應。流賊四起，有巨寇自署其巢曰團京，設僞官，立俊會剿，擒僞知府、總兵。敘功，加按察司僉事銜，丁父艱歸。時粵已歸清，立俊閉户讀書，足跡不入城市。年七十八卒。著有《四書正解》、《詩經補注》、《茶山鄉志》、《訥齋瑣録》。陳伯陶《勝朝粵東遺民録》卷二有傳。

本年國變，楊守清絶意進取。

楊守清，字清水，號五癡。香山人。諸生。晋同族。年二十折節讀書，好《左傳》。先祖大章有《厓山雜詠》詩，愛誦之。甲申國變，絶意進取。年九十餘卒。著有《五癡集》、《遊仙草》。二子：璿，字協周；璣，字協公。並好學，能詩文，隱居不試。陳伯陶《勝朝粵東遺民録》卷二有傳。

本年潘鳳升遭國變，棄儒冠。

潘鳳升，字允大。順德人。遭國變，棄儒冠，多宿寺觀，與僧侶遊。王士禎祭告南海，遊海幢，見鳳聲壁上詩云："珠海鐘聲日夜流，紅棉綠瓦幾經秋。錢王已去山僧在，更與誰吟十四州。"欲延見之，竟不往。陳伯陶《勝朝粵東遺民錄》卷二有傳。

本年國亡，吳而達棄舉業。

吳而達，字康侯。東莞人。國亡，棄舉業，隱居吟詠。性疏脫不羈，有女將嫁，先一日，遇遊羅浮者，即欣然隨往。然敦節義，不畏強禦。著有《康侯集古詩》、《破夢草》。陳伯陶《勝朝粵東遺民錄》卷二有傳。

本年鼎革後，林子珝棄諸生。

林子珝，順德人。天資敏悟，沉酣典籍。鼎革後，棄諸生，入西樵讀書，教鄉曲子弟。篆隸印刻，各極其工。陳伯陶《勝朝粵東遺民錄》卷二有傳。

本年鼎革後，李夢賦棄官歸。

李夢賦，字相巖。四會人。天啟七年（一六二七）副榜舉人。由副榜恩貢官山東茌平縣貳尹。攝縣事。善政上聞。值鼎革，棄官歸。嘗語人曰："遺金誤作生前計，種德應留後來人。"卒年六十五。陳伯陶《勝朝粵東遺民錄》卷三有傳。

本年國變，哀詔至，李長庚與官紳哭於明倫堂。

李長庚，字西白。保昌人。諸生。甲申國變，哀詔至，與官紳哭於明倫堂，焚衣冠於聖殿前，削髮爲僧。門人歲貢鄧之璽爲築雙麟庵於侯陂水口。陳伯陶《勝朝粵東遺民錄》卷三有傳。

本年莫以寅聞變痛哭。

莫以寅，字休倩。新會人。年十六補諸生。甲申聞變痛哭，爲書訣父，閉閣自經，其叔排闥救之得不死。遂棄儒冠，著道士服，與湯晉遂遊吳越。年三十二卒。其友張處仁葬於番禺畢村山麓。朱彝尊至粵，哀以詩。著有《明史綱》、《曬雲閣草》。陳伯陶《勝朝粵東遺民錄》卷三有傳。

　　本年國變後，叛酋馬蹬根等謀破定安，王昌言爲捍禦計。

　　王昌言，字如綸。定安人。弘誨孫。父汝鯤，思明府知府。昌言入太學肄業，拔工部屯田司差遣，授五品官，不就。甲申國變後，叛酋馬蹬根等謀破定安，爲捍禦計，自甲申至己丑，凡六年。順治六年（一六四九）己丑夏六月，馬蹬根結黨以數萬衆來攻，昌言率死士先登陷陣，多斬獲。既而中毒矢死，鄉人私謚忠潛。孤懋曾亦罵賊死。陳伯陶《勝朝粵東遺民錄》卷四有傳。

　　本年薛學參聞變痛哭，不復進取。

　　薛學參，字周魯。海陽人。究心濂洛，以聖賢自期。事親至孝，母患目疾，晨起以舌舐其眵，旋愈。崇禎年末，潮大亂，負母避東山。甲申聞變痛哭，不復進取。著有《三山古跡志》。

　　本年林希高遭亂後棄舉子業。

　　林希高，字廷選。文昌人。諸生。剛方有守，以養親不求仕進。遭亂後棄舉子業，擇雅淡七人爲七逸友，詠歌自適。陳伯陶《勝朝粵東遺民錄》卷四有傳。

　　本年劉傅暹遭國變，回籍隱居。

　　劉傅暹，化州人。諸生。崇禎時學使薦入京師。遭國變，回籍隱居，不仕。建曇雲寺於州北之青山嶂，悲歌慷慨，以終天年。傅暹行六，鄉人因呼爲六公嶂。陳伯陶《勝朝粵東遺民錄》卷四有傳。

　　本年國變後辜朝採棄諸生。

　　辜朝採，字端章，號願小。海陽人。朝薦弟。諸生。兄貴，不改寒素，聚書四香堂，朝夕鍵戶，雖至戚罕識其面。國變後棄諸生，遁跡海外十余年。晚歲歸里卒。陳伯陶《勝朝粵東遺民錄》卷四有傳。

　　本年陳者高遭鼎革，遂棄舉子業。

　　陳者高（？～一六四五），字心禱。諸生。以次將貢，遭鼎革，遂棄舉子業。順治二年（一六四五）乙酉寇變，自分必死，題其門曰：“世人皆無，吾那得獨有？世人皆亡，吾那得獨存？”遂餓而死。陳伯陶《勝朝粵東遺民錄》卷四有傳。

本年國變後，饒希燮舉鄉飲大賓，不就。

饒希燮，字彥粹，號和臣。燈從子。貢生。國變後，或高其行，舉鄉飲大賓，不就，作《梅花詩》百首以自況。著有《桂香隨筆》。陳伯陶《勝朝粵東遺民錄》卷四有傳。

本年國變後，嚴而慊獨隱。

嚴而慊，字有嚴。三水人。弱冠補諸生，明末選貢。國變後同選，咸出就督院李率泰，徵奏授職，而慊獨隱於楊梅之沙邊，與西樵山人何超之賦詩往還，終身不仕。陳伯陶《勝朝粵東遺民錄》卷補有傳。

本年黎日盛值國變，棄舉子業，日逍遙醉鄉。

黎日盛，字臺錫。南海人。好爲人解紛排難，鄉里有智囊之目。值國變，棄舉子業，日逍遙醉鄉，同里黎春曦目之爲酒隱。陳伯陶《勝朝粵東遺民錄》卷補有傳。

本年李鴻遇鼎革，棄去功名。

李鴻，字弋何。東莞人。覺斯子。少跅弛，晚折節爲詩，工行草。食餼邑庠，當貢，遇鼎革棄去，築將隱園，杜門不出。祁正《三朝東莞遺民錄》卷下有傳。

本年國變後潮郡盜賊遍地，黃一淵集鄉人守衛，賴以保存。

黃一淵，字積水。大埔人。歲貢生。國變後潮郡盜賊遍地，一淵集鄉人守衛，賴以保存。隆武時張家玉招之出山，未幾閩省陷，家玉起兵，尋殉難，遂不復出，人呼“黃處士”。與同里隱士藍嗣藍、程鄉孝廉李梗爲莫逆交。平日喜任俠，爲仇家所害。著有《遙峰閣集》。吳道鎔《廣東文徵作者考》卷六有傳。

本年潮郡大亂，男女被殺者眾，詹韶收眾屍，葬以大塚。

詹韶，字廣鳳。饒平人。順治元年（一六四四）拔貢生。崇禎末潮郡大亂，男女被殺者眾，收眾屍，葬以大塚，爲文哭而葬之。十年（一六五三）癸巳正月，郝尚久歸明，閭里無良乘勢殺掠，詔捐資築堡，招流亡相助守望。亂定後，年四十餘，遂棄舉業，結珠江社，日以著作自娛。著有《尚書發微》四卷。陳伯陶《勝朝粵東遺民錄》卷四有傳。

本年潘峋嶁等遭國變，偕隱不出。

潘峋嶁，番禺人。與兄秉彝、弟慶存、慶餘俱同母生，遭國變，偕隱不出。所居陂頭鄉，去沙亭二里許，屈大均嘗從遊，爲談隆慶、萬曆間事。桂王殂雲南，時秉彝九十二，峋嶁八十九，慶存八十七，慶餘八十一，族人以聞有司，表其閭曰“一門四皓”，世稱之曰“四潘翁”。已而，有司欲請爲壽官，聞之，掩耳走辭。大均以爲其高節漢四皓所不及，嘗贈之鶴頂杯，並祝以詩。其後秉彝九十八，峋嶁九十六，慶存八十九，慶餘八十八乃卒。陳伯陶《勝朝粵東遺民錄》卷一有傳。

本年國變後羅璟奉母避地。

羅璟，字嗣垣，號元公。南海人。十三補諸生。性孝友。國變後奉母避地，常正衣冠而居。遇時輩貴人，雖舊交，絕不往來。聞扶節死義諸士，欣然曰：丈夫當如是也。思有所奮發，以母老不敢決。母喪既除，而疾革，嘆息久之而歿。子顯，與陳恭尹遊。恭尹爲志其墓，稱曰“高士”。陳伯陶《勝朝粵東遺民錄》卷一有傳。

本年國變後，陳其秩作圃於扶寧山麓隱焉。

陳其秩，字採庸。順德人。諸生。貌奇偉，能爲古文，與人交，無城府。梁元柱以劾魏璫削籍歸，與之遊。國變後，作圃於扶寧山麓隱焉，自號菜傭，常與梁楝往來東西樵間。年六十五卒。著有《松菊集》。陳伯陶《勝朝粵東遺民錄》卷二有傳。

本年國難作，陳邦彦次答羅炳漢詩。

羅炳漢，字文昭。順德人。少與陳邦彦鄰，稱總角交。甲申國難作，邦彥次答炳漢詩，極推重之。邦彥殉節時，親友畏禍，炳漢獨走匿其旁，俟刑後，即出親抱其元與屍合殮，家本饒財以俠致落魄。嘗索邦彥子恭尹書，恭尹款稱"文昭先生"，炳漢閱畢徐曰："吾今當呼元孝後生矣。"年九十，子天，族人孫耀祝以詩。陳伯陶《勝朝粵東遺民錄》卷二有傳。

本年劉政遭鼎革，棄諸生。

劉政，字起喬。東莞人。鴻漸子。政有父風，性剛方，寡言笑，常偃居，經旬始出戶，在里巷六十年，人多不識。邃於《易》。晚遭鼎革，棄諸生，以吟詠自娛。尋卒。著有《河洛理數說》。陳伯陶《勝朝粵東遺民錄》卷二有傳。

本年黃逵卿遭變，棄舉業，與陳恭尹等隱西樵之寒瀑洞。

黃逵卿，字廣思，號香樵。香山人。諸生。六世祖瑜、七世祖纖、高祖佐，皆以著述名世。逵卿遭變棄舉業，與陳恭尹、從兄鵬卿隱西樵之寒瀑洞。世目爲拙，或曰懦夫，惟釋成鷲知之。年六十卒，釋成鷲挽以長歌。陳伯陶《勝朝粵東遺民錄》卷二有傳。

本年李麟祥遭國變，不復出。

李麟祥（一六〇九～一六九〇），字元聖。信宜人。父期然，諸生。麟祥由廩生舉賢良，任戶部主事。事嫡母羅以孝聞。居職日，曾以上書言事忤旨，執赴東市，將刑，神色不變。有達官異之，論救得免。遭國變，不復出。年八十二卒。著有《難儂詩集》二十卷、《文集》三十八卷。陳伯陶《勝朝粵東遺民錄》卷四有傳。

本年李常鮮被舉爲鄉賢。

李常鮮，化州人。萬曆間以明經高第，授天長知縣，多德政。歸里以禮自守，教其子孫。（《化州縣志》卷九）

本年黃海如亂，郡城募鄉勇五百人，設金城營，以龔蕭欽統之。

冀蕭欽，字宏偉。海陽（今潮安）人。崇禎甲申黄海如亂，郡城募鄉勇五百人，設金城營，以蕭欽統之，授都司職。海如衆數次困城，挺身力戰，城賴保全。清兵定潮，以原職隨軍平粤有功，升參將。（乾隆《潮州府志》卷二九）

本年國亡後釋無家以抗採薇之節，遂爲僧。

釋無家，本進士，國亡後以抗採薇之節，遂爲僧，名無家。遁跡茂名雲間山，辟茅庵居焉。涅槃時，留偈曰：“太極渾然，兩儀左右。四象八卦，弗冗弗漏。我發其藏，公諸宇宙。人傑地靈，二百年後。誰言者，支離叟。”陳伯陶《勝朝粤東遺民録》卷四有傳。

本年釋函可創建不是庵於廣州城東黄華塘①，以爲静修之所，黎遂球與釋函昰、丁邦楨、梁佑逵、李雲子、子雲諸人集，有詩紀之。（黎遂球《蓮鬚閣集》卷七《喜祖心師不是庵落成同麗中師丁善甫梁漸子李山農子云諸净侣過集》）

丁邦楨，字善甫。東莞人。好佛學，與梁朝鐘、曾起莘（釋函昰）、韓宗騋（釋函可）、梁佑逵、張二果最契。隆武二年（一六四六）乙酉舉人。翌年丙戌張家玉疏薦促其入閩，值廣州陷，未赴。以憂憤卒。陳伯陶《勝朝粤東遺民録》卷二有傳。

李雲子，字山農。番禺人。二嚴大師（李雲龍）長子。貢生。與弟龍子皆有文名。素持梵行，居俗時與釋函昰結净社。釋函昰出世，亦棄章縫隱故里，與其弟教授生徒。康熙五年（一六六六）薙染，名今從，字净起。典教授。陳伯陶《勝朝粤東遺民録》卷四有傳。

---

① 後稱黄華寺。梁永康《廣東佛教史》云：清初廣州有四大叢林，即黄華寺（今小北路、登峰路附近）、長壽寺（今長壽路）、海雲寺（番禺員崗南村）、海幢寺。海幢寺得平南王府佈施，尚可喜捐建天王殿，王福晋舒氏建大殿，總兵許爾顯建二殿及後閣，巡撫劉秉權建山門，海幢用瓦原爲王府所制，因懼越制，故贈海幢。（梁永康《廣東佛教史》第九五至九六頁）後釋函可法侄釋今無有《黄華寺重修緣引》。（釋今無《光宣臺集》卷六）

另李雲子父雲龍亦有《不是庵》詩云：

是庵即不是，亦不是非庵。北垞轉更北，南塘還復南。閒乘一葉去，如泛百花潭。煙水無多處，何勞五十三。（李雲龍《嘯樓詩初集》）

本年釋今無賦《唁知即　有序》五古詩云：

知即買木於相江，歸至英州，遇鼎革之變，中路阻絕，備嘗淒苦兩月。及抵肆水，爲大兵奪木，忍死走還五羊，營衛既亂，皮殼僅存，中夜病發，五日而死。眾曰："嗟哉，何速也？"予曰："遲也，非速也。英州已下，肆水已上，已久死矣。但其正念不忘，僧事遂畢，竟得歸而死。"歸時，予偶爲作長篇貽之，未及示，即焚以當吊草，更綴五言近體一章，有不勝悼之情也。

搆屋須良材，楚僧領此役。不畏北風寒，不避豺虎食。披蓁陟崇阿，兩足羅荊棘。得木放中流，倏忽天宇黑。陳橋既易王，各郡未捧檄。盜賊變路人，草木皆鋒鏑。一衲百結餘，竟與貂裘敵。四逢狄梁公，褫奪遭辟易。蚊虻咋肌膚，風濤嚙指骨。辛苦兩月來，生死換得失。依稀尾生信，髣髴盲龜值。將軍略地來，川陸皆羅織。不必問珠璣，粗豈遺木殖。嗟哉竟徒勞，抱病空嘆惜。（釋今無《光宣臺集》卷十五）

張玨於本年成貢生。

張玨（？～一六四七），字臺玉。程鄉（今梅州梅縣）人。祖父守約，化州學博。父一鴻，諸生。崇禎十七年（一六四四）貢生，官東莞學博。紹武元年（一六四六），清軍入粵。次年，張家玉糾眾會東莞，以玨攝縣篆拒守。戰敗，家玉登舟入滘。再戰，玨殉節死。著有《蒼蒼亭集》、《寓閩錄》。事見阮元《廣東通志》卷二二。弟玿，亦諸生，與兄玨、琚皆讀書有聲。聞玨難，往覓其屍，卒於道，屍不可返。琚乃招玿魂，葬於小密。陳伯陶《勝朝粵東遺民錄》卷四有傳。

陳國英於本年成貢生。

陳國英，字六輔。惠來人。崇禎十七年（一六四四）貢生。

師吳達彝被仇誣盜，力爲昭雪。後百花峰前有大石起立，行移七步，聞而往觀，因作賦。入清不仕。著有《青松居草》、《問禪篇》、《秋聲》三集。雍正《惠來縣志》卷十四有傳。

林儁胄於本年成貢生。

林儁胄，字介文，一字時山。普寧人。銘球子。崇禎十七年（一六四四）恩貢生。桂王時以郭之奇薦，官兵部職方司主事，謝病歸。國亡後，隱居崑山。順治八年（一六五一）辛卯以原官起用，不就。著有《時山集》、《西溪草堂詩集》。事見光緒《普寧縣志稿》第二〇七頁。

鄒衍中於本年成貢生。

鄒衍中，字希虞，號雲巖居士。英德人。崇禎十七年（一六四四）貢生。道光《英德縣志》卷十一有傳。

侯世勳於本年成貢生。

侯世勳，字漢國。開建（今封開）人。崇禎十七年（一六四四）貢生。適逢明季之亂，不仕，年七十卒。康熙《開建縣志》卷八有傳。

翟汝楫於本年成貢生。

翟汝楫，東莞人。崇禎十七年（一六四四）甲申明經，善諸體書，尤精大小戴《禮》、《周禮》、《儀禮》，聚徒講學。著《會雅》百三十卷，皆手錄。祁正《三朝東莞遺民錄》卷下有傳。

張大化於本年成貢生。

張大化，字龍見，號二老。河源人。幼年喪父，秉母教，入泮勤學。崇禎十七年（一六四四）貢生。無意仕進，在鄉奉親教弟子，遊其門者多成才。（《河源縣志》）

陳祝於本年成貢生。

陳祝，字華三。和平人。順治元年（一六四四）貢生。司高要訓導，升儋州學正、南雄教授。（《和平縣志》）

梁之鼎於本年中副榜。

梁之鼎，字梅庵。饒平人。崇禎十七年（一六四四）副榜。事見《潮州詩萃》甲編卷十二。

陳恭尹於本年補諸生。（陳恭尹《初遊集 小序》：“余以崇禎辛未生於錦岩之東隅。十二而先慈捐背。免喪，補諸生。”）

王隼生。

王隼（一六四四～一七〇〇），字蒲衣。番禺人。邦畿子。父没，棄家入丹霞山爲僧，法號古翼，字輔曇。後遊閩，復至廬山，居太乙峰六七年，始歸還俗，娶潘孟齊。孟齊通《史》、《漢》諸書，樂貧，偕隱於西山，康熙三十一年（一六九二）壬申孟齊謝世。與屈大均、陳恭尹、梁佩蘭輩交好唱酬，所爲詩多故國之思。著有《大樗堂初集》十二卷等，嘗編選《嶺南三大家詩選》，“嶺南三大家”之稱即起於此書。卒後友人私諡清逸先生。事見温汝能《粤東詩海》卷六三。室潘孟齊，廣州教授潘楳元女。陳融《讀嶺南人詩絶句》卷十五有傳。

張寵光生。

張寵光（一六四四～一七二八），字巨昭，號耐一。東莞人。康熙五年（一六六六）舉人。家居專心攻讀，不理外事，教書爲生。著有《易經、四書參解》。（《東莞張氏族譜》卷十六）

清世祖順治二年　明安宗（福王）弘光元年　明紹宗（唐王）隆武元年　乙酉　一六四五年

四月，清兵破揚州，屠戮八十餘萬人，明督師史可法等死之。五月初九日，清兵渡長江，十五日破南京，執明弘光帝，幽於南京。九月，送往北京殺之。六月，明禮部尚書黃道周、南安伯鄭芝龍等迎立唐王於福州，以本年七月初一日爲隆武元年。閏六月，兵部尚書張國維等奉魯王監國於紹興，以明年爲監國元年。清下剃髮令。八月，清兵陷江陰，屠戮十七萬人，典史閻應元、陳明遇等死之。

　　春，陳邦彥自南京歸至鄉里，以弘光帝登極，詔舉恩貢，以
第七人中舉。後隆武帝得邦彥《中興政要書》於蘇觀生，曰：
"奇才也。"有旨召見，未赴。特詔授監紀推官。（陳恭尹、何絳
《兵科給事中贈資政大夫兵部尚書先府君岩野公行狀》）

　　蘇觀生（一五九七～一六四六），字雨霖。東莞人。年三十
始爲諸生。崇禎六年（一六三三）拔貢。九年，由張一鳳保舉授
直隸無極知縣，得罪罷官。十五年（一六四二），明軍敗於松山、
錦州，退爲監紀贊官，重修寧遠等五城，僅得永平海防同知。明
年升黃州知府，改山東登萊道，兼管天津水師，官至户部員外
郎。甲申之變，脱身至南都，進郎中，催餉蘇州。南京破，走杭
州，會唐王聿鍵，聯舟入福建，與鄭芝龍、鴻逵兄弟擁立之，拜
東閣大學士。隆武二年（一六四六）任吏、兵部尚書、武英殿大
學士。二月，募兵贛州，得萬餘。三月二十四日，吉安陷，出援
兵。四月初六日，敗還，清兵圍贛州。六月十六日，解贛州圍。
十月初一日，退入廣州。與何吾騶、曾道唯、王應華諸人擁立唐
王弟爲帝，改元紹武。十二月清李成棟破廣州，遂被殺。[1]《明
史》卷二七八有傳。

　　張家玉至南京，有爲力辨者，得復原職。[2]

　　正月，朝命陳子壯以禮部尚書兼詹事府正詹事掌府事，兼翰
林院侍讀經筵日講。子壯上辭覃恩封贈疏。二十七日，上諭不
准。（《陳文忠公行狀》）

　　初一日，釋函可於金陵賦《乙酉元旦》詩云：

　　萬年新曆自今朝，兵氣都隨殘臘銷。龍虎山河開舊域，鳳凰
宫闕集群僚。波停海外來重譯，干舞階前格有苗。野老瓣香無別
祝，簞瓢處處聽歌堯。（釋函可《千山詩集》卷九）

　　黃公輔賦《乙酉元日前韻》詩云：

---

① 一說賦絕命詩後自殺。

② 張家玉《張文烈遺集》卷二下《泣血陳情疏》，屈大均《張公行狀》。

曙色蒼茫感歲賒，關情此日頌椒花。鳳書乍展初頒朔，蹊草驚看自發芽。增級舊臣歌帝力，重逢乙酉度春華。東階拜祝披文雀，袖拂和風野老家。

十五日，李雲龍賦《乙酉元夕辭弋何賞燈步韻》詩云：

綠林處處播烽煙，火樹何堪照綺筵。半壁山河勞鞅掌，一挑風月懶橫肩。花飛已悟春如夢，漏永翻憐夜似年。十二玉樓歌吹寂，銀蟾無語下西偏。（李雲龍《嘯樓詩自選後集》）

二月，陳子壯上疏助軍械。初十日奉旨。時弘光帝初御經筵，子壯爲日講官。子壯遵旨上疏自陳不職。（《陳文忠公行狀》）

阮大鋮以馬士英薦，復官於朝，累遷至兵部侍郎，進尚書。既得志，乃修舊怨，羅織東林復社諸賢，排擠善類，屢興大獄，酈露嘗師事之而以爲恥，貽書削籍絕交。其書侃侃千言，足與侯方域《壯悔堂集》一書媲美，惜失傳。

三月，酈露與區懷瑞將入南都，赴闕上書，露有《乙酉入都留別諸同社》詩云：

三月垂楊綠去津，黃鸝飛上柳塘春。中州豈借探丸客，上巳應逢捧劍人。王命論存知有漢，說難書在不干秦。悲歌且莫催離築，暫醉蘭亭曲水濱。

四月，露次始興，旅況之暇，拉區懷瑞、戴安仲、彭吕梁、鍾冰髯，與長子鴻等，遊揚歷岩（南雄西北），露有五古《遊揚歷巖》五古詩，序云：

乙酉仲夏之京，次始興。左鎮聲檄安儲，按兵窺運。旅況多暇，拉區啟圖、戴安仲、彭吕梁、鍾冰髯、鴻兒輩登揚歷巖。掛瀑百仞，韜樹千祀，上有龍潭，人跡罕闞。清都塵軼，各極其致云爾。（酈露《嶠雅》卷一）

露等出大庾，行至潯陽，南都（今南京）已失，慷慨流涕。（吳天任《酈中秘湛若年譜》）

揚州陷，錢烈女殉難，後屈大均賦《錢烈女哀詞　有序》五律詩三首，序云：

錢烈女淑賢，丹徒人，性聰警，知書。乙酉，年十六，隨父述古寓揚州。高傑等四鎮紛爭，委河淮不守，烈女憂之。揚州陷，烈女哭醳父母，投水，水淺不得死，以紙漬水掩口鼻，亦不死；持刀自刎，父母奪之，不得死。烈女跪請父母，卒再繼，乃死。死時告父母火之，無留骨穢地。揚人葬之於相國史公可法梅花嶺塚傍。南昌王猷定、關中王巖爲作傳銘，勒於墓石。予過而弔焉。（屈大均《翁山詩外》卷五）

五月，清兵破南京，張家玉走錢塘。（屈大均《張公行狀》）

同月，廣德知州趙景和不應馬士英，城破被殺。後屈大均賦《知州趙公殉難詩　有序》五古詩，序云：

乙酉夏五月，南京不守，賊臣馬士英獨擁殘兵千餘，馬七八百騎，號稱奉太后南幸。所過殺掠，不復用紀律。至廣德州，使丞嚴法駕具供張，兼獻庫中金萬緡。知州錢唐趙公景和知其詐，裂檄不應。士英攻圍三日夜，城陷，公奮罵不屈以死。（屈大均《翁山詩外》卷二）

十七日，趙之龍、錢謙益等出南京城降敵。二十一日，陳子壯出城南行。（陳上圖《家乘》）

六月，金堡（釋澹歸）遭父喪，甫襄窆歺，杭州陷，避地禹航，潛結鄉勇。（《嶺海焚餘》中《請覃恩應得誥命疏》）

張家玉於錢塘遇唐王，與同邑副使蘇觀生等護王入閩。復舉黃道周於王。①

鄺露南還，有《後歸興》及《浮海》詩見志。其《浮海時南都已失》詩云：

玉樹歌殘去淼然，齊州九點入荒煙。孤槎與客曾通漢，長劍懷人更倚天。曉日夜生圓嶠石，古魂春冷蜀山鵑。茫茫東海皆魚鱉，何處堪容魯仲連。

又賦《後歸興詩　乙酉六月》詩云：

南北神州竟（一作遂）陸沉，六龍潛幸楚江陰。三河十上頻炊玉，四壁無歸尚典琴。蹈海肯容高士節，望鄉終軫越人吟。臺關倘擬封泥事，回首梅花塞草深。（鄺露《嶠雅》卷二）

---

① 《張文烈遺集》卷二下《泣血陳情疏》："夏六月，臣果攀龍鱗，附鳳翼，遇五彩於錢塘。"

閏六月，隆武帝立，以鄺露爲中書舍人。露與梁稷合疏白袁崇焕冤，似於隆武朝崇焕因得復爵賜葬。露任中書舍人，甫三月引去。（吳天任《鄺中秘湛若年譜》）

唐王即位福州，擢張家玉侍講。黃道周薦家玉敢諫不阿，隆武帝令直起居注。（陳伯陶《東莞五忠傳・張家玉》）

黎遂球聞閩中隆武帝立，托友人張家玉上《中興十事書》。（黎遂球《蓮鬚閣集》卷十四）

金堡（釋澹歸）與姚志卓、方元章等起兵，欲復杭州。及江浙郡縣相繼瓦解，志卓走富陽，堡棄家渡江入越圖再舉。隆武帝既立，堡間關走福州，入朝陳志卓戰功，授志卓平原將軍。（吳天任《鄺中秘湛若年譜》）

二十二日，陳子壯抵家。（李健兒《陳子壯年譜》）

二十六日，彭日貞（孟陽）營葬張喬於白雲山麓之梅花坳，黎遂球、陳子升、梁祐逵、黃兆成、羅耀正、蘇子楨、姚啟璧、梁培德、蔡元友、何文荔、蕭繼六、胡沃宸、何景軷、楊行玉、吳悝蓮、彭聲木諸名士送者數十百人，下至緇黃，人各賦一詩，植花一本以表之，號百花塚。遂球爲作墓誌銘，孟陽（日貞）作誄文以祭之。後孟陽仿唐羅虬爲妓杜紅兒題《比紅詩》百首事，爲喬題《惻惻吟》百首，又哀集喬詩及諸人吊喬詩，合爲《蓮香集》刊印。謝長文、梁祐逵、胡平運、朱統、李廷芳爲序，黎遂球題辭，陳上善撰紀略，李明岳撰跋，曹開遠作短引。（張喬《蓮香集》卷一黎遂球《歌者張麗人墓誌銘》，彭孟陽《誄文》）

胡平運賦《懷仙誌》七律詩；李振聲賦《懷仙誌》五律詩。（張喬《蓮香集》卷二）

秋，陳邦彥應隆武乙酉鄉試，拜官數日而榜發，中第七名舉人，遂以推官冠服就鹿鳴宴，一時榮之。（陳恭尹、何絳《兵科給事中贈資政大夫兵部尚書先府君岩野公行狀》）

張穆入隆武帝行在建寧（福州），有《留別韓季閑耳叔林溶溪赴閩行在》七律。（張穆《鐵橋集》）

釋函可於金陵賦《秋囈八首　乙酉寓金陵作》詩云：

鐵騎飛傳海上音，彤雲靄靄幕秋陰。元戎已作檻中虎，黃閣空留井底金。半壁久添亡國恨，翠華難繫老臣心。獨憐白首商人婦，重撥琵琶淚滿襟。

日光暗淡鷓鴣寒，獨上牛車淚已湍。魏絳讀來成畫虎，文山到死願黃冠。鄉心未盡鼉聲急，陵樹先凋鶴夢殘。正擬招魂秋草里，疎鐘微月夜漫漫。

露下霜殘冷碧霄，鄉心處處長天驕。雲橫淮海三千筏，風定錢塘六月潮。石虎豈能消殺伐，盧敖無計慰飄搖。何時重問峰頭侶，夜半吹簫過鐵橋。

倚杖逢人塵偶揮，風流還説舊王畿。赭衣少婦能騎馬，白面書生學打圍。是處烽煙迷笠屐，年來藥碗失芳菲。芰荷葉老蟲聲切，惆悵家山未可歸。

美人家住白雲鄉，獨上高樓枉斷腸。丹荔剝餘蕉正熟，素馨開遍柚初香。人間何處尋黃鵠，夢里分明見石羊。莫向鳳凰臺上望，秋風秋雨正茫茫。

翹首長空動晚颸，蒼梧一去失歸期。啼魂欲擬三更月，續命先傳五色絲。天壽山前雲漠漠，石頭城上草離離。傷心玉葉凋零後，猶剩天南第一枝。

涼月團團照遠空，荻花如醉蓼花紅。江湖無復藏鷗跡，天地何曾享馬醯。已見斾頭沉贛水，又聞大斾出秦中。只今五嶺無消息，望斷長干數落鴻。

長松千尺野煙迷，別館蕭條日已西。廿載功名歸夢蝶，五更風雨聽潮鷄。曲池涼浸桐花影，復道塵封御墨題。燕子重來王謝改，庭前芳草馬空嘶。（釋函可《千山詩集》卷九）

七月，蘇觀生領儲賢館，招四方士，至者多庸流，隆武帝厭而罷。尋超拜觀生東閣大學士，參預機務。觀生力勸帝幸贛就楊廷麟，毋久留福州，鄭芝龍格其議。（《行朝錄》卷一，《歷代通鑑輯覽》卷一一七）觀生請隆武帝幸贛州，親率六軍以張達伐。

鄭氏方欲挾帝以自重，議久不決，觀生遂先赴南安，上親祖於殿門。（《行朝錄》卷一）

隆武帝下詔親征，分遣諸將，命永勝伯鄭彩出杉關，張家玉見政決於鄭氏，請出效死行間。（陳伯陶《東莞五忠傳·張家玉》）

陳子壯見粵督丁魁楚。隆武帝起子壯禮部尚書，遣官敦請赴閩。（陳上圖《家乘》，《陳文忠公行狀》稱，起太子太保兵部尚書）

八月，皇親王略賫桂王密諭，請陳子壯興兵勤王。蓋是時，靖江王聞南京破，集諸蠻起兵，稱監國於廣西。維時福京（今福州）亦遣使促裝，子壯上疏啟行，命子上圖奉朱太夫人赴南海九江寄居表叔朱微龕之念慈軒。子壯遂由廣州戎裝趨閩，弟子升、子上庸及朱子潔、梁邁臣諸人從行。（李健兒《陳子壯年譜》）

陳上庸（？～一六四七），字登甫。南海人。子壯子。明思宗崇禎諸生。從父起兵，負劍死難，贈太僕寺少卿。著有《仙湖草》。黃登《嶺南五朝詩選》卷六有傳。

九月，謝元汴至福州上《朋黨策》，授兵科給事中，尋上《六可憂》疏，與時局相鑿枘。十一月，奉使冊封二藩，便道奉母回潮。（溫廷敬《明季潮州忠逸傳》卷二《謝元汴傳》）

隆武帝立，黃錦起禮部右侍郎，尋晉禮部尚書。（溫廷敬《明季潮州忠逸傳》卷三）

初四日，張家玉出關。（陳伯陶《東莞五忠傳·張家玉》）

初六日，陳邦彥歸龍山，賦《九月六日歸龍山同黃秉昭夜泊江上》詩云：

渺渺鄉城一水懸，扁舟相約泛晴川。移家十載翻疑客，旅泊三更未解眠。名以龍山傳勝事，會當重九較居前。明朝共試登高展，寄語黃花著意妍。

秋末，張穆至鎮平（今蕉嶺），識賴其肖（《補遺》頁一五《與賴其肖書》）。謁同邑蘇觀生，以御史王化澄疏，敘穆爲靖江王亨嘉（畫家釋石濤元濟父）黨人，擯不録。曹學佺再薦，並資舟車送隆武帝行在，詔：著御營兵部試用。

賴其肖（一六一四～？），字未若，一字若夫。鎮平（今蕉嶺）人。諸生。甲申國變，練鄉兵自衛。隆武帝立，張穆赴閩，得交其肖。既而穆隨張家玉募兵惠、潮，以書招之。其肖因以兵附家玉，創武興營，題授職方司主事。會隆武帝敗，家玉歸東莞，其肖遂據鎮平。清兵破廣州，陳子壯、張家玉、陳邦彥同起義師，其肖將應之，後子壯敗死，其肖乃返鎮平，據險自固。既而清兵克鎮平，其肖不知所往。吳道鎔《廣東文徵作者考》卷六有傳。

冬，曹學佺生日，張穆以詩爲壽，學佺答詩深嘉之。（《鐵橋集》頁四一至四二《壽曹太史能始先生》五古）

十月，何吾騶自粵至福州，隆武帝用爲首輔，賜銀章曰“輔佐中興”。（《行朝録》卷一）

同月，金堡（釋澹歸）上中興大計疏，勸隆武帝出關進取。旋召對，帝雖有出關意，而兵皆掌於鄭芝龍。堡知閩事無可爲，會何騰蛟疏請移蹕湖南，乃勸帝棄閩幸楚。帝大喜，語廷臣曰：“朕見金堡，如獲至寶。”授堡兵科給事中、泉州知府，堡以服未終，力辭。堡既辭官，惟請敕印，聯絡江上義師，經略三吳，以禮科給事中兼職方員外郎，出監鄭遵謙軍。（《南疆逸史》二八、《小腆紀傳》三二、《永曆實録》二一）

初六日，張家玉至廣信，上疏言兵事，以爲當進取饒州、嚴州二府。請飭鄭彩由邵武至撫州，再分兩路，一以搗南昌，一以應饒州而上衢、嚴二府以襲徽州。隆武帝下詔切責彩，然終不進兵。（陳伯陶《東莞五忠傳·張家玉》）

二十五日，陳子壯進謁安仁、永明二王於端州（肇慶），遂溯流北上。行及雄州，接邸報，朝臣萬元吉一本，收拾兩廣密著事。（《陳文忠公行狀》）

十一月，清兵圍撫州，永甯王告急。

十一日，張家玉與衆將會許灣，設伏，旦，清兵至，四面突襲，大破清兵，十五日又設計破清兵，撫州圍解，論者以爲是役爲福州戰功第一。十六日又與永甯王部於千金坡夾擊清軍，大敗之。是時家玉以監軍行督師事，功勞出鄭彩上，彩畏惡其能。家玉言兵貴神速，宜乘敵大創並力復江西，數請彩出師，彩不從。（陳伯陶《東莞五忠傳・張家玉》）

十四日，陳子壯至雄州府（今南雄），奉隆武帝諭，加子壯東閣大學士，與粵、贛兩督同辦軍務，不必入覲。御旨一如邸報，又諭云：郭之奇或有薦其才名，或有非其行誼，宜令陳子壯衡以全器，使吏部知道。子壯遂留雄州府，命黎遂球赴贛州助萬元吉，以爲聲援。

十二月初八日，子壯疏懇辭東閣大學士銜。十五日，土賊數千圍攻雄州。子壯率衆登陴，晝夜防禦。後二日，賊以城堅他竄，雄州解嚴。子壯捐資募兵，得二千餘人，備預勤王。（李健兒《陳子壯年譜》）

除夕前三日，梁祐逵爲彭孟陽（日貞）所編張喬之《蓮香集》作序。（張喬《蓮香集》卷一《梁祐逵序》）。

冬杪，張穆於福京行在（今福州）賦《福州冬杪同錢塘孫大蘇飲陳君湖亭時疏柳黃花林巒映帶大蘇指點佳處云恍見家湖山斷橋也隔絕兵戈言念昔遊共爲感歎》詩云：

青山同是一般春，物候偏新感遠人。千樹紅梅飄不盡，尚留歌板繞文茵。（張穆《鐵橋集》）

郭外湖亭柳未芽，平堤春色逗梅花。遊人更擬西陵路，腸斷東風不到家。（清抄本《鐵橋山人遺詩》）

除夕，釋函可賦《乙酉除夕二首》詩云：

窮年于役笑狂夫，掩卻閒窗一事無。對佛不殊棲影鴿，懷人欲折渡江蘆。浮山夢裏梅難寄，鼙鼓聲中日易徂。今夕劇憐燈火冷，夜深空照幾僧孤。

小雨空濛罩遠天，愁心只在水雲邊。半生事業鬢間雪，萬里

音書嶺上煙。爆竹不煩驚旅夢，殘花留得伴枯禪。魚聲梵唄渾成淚，破衲蒙頭又一年。（釋函可《千山詩集》卷九）

本年友區懷瑞往閩中，黎遂球有書與之。（黎遂球《蓮鬚閣集》卷十四《與區啟圖書》）

本年隆武帝徵梁朝鐘，不出。（王鳴雷《梁朝鐘傳》，屈大均《皇明四朝成仁錄》卷九《梁朝鐘傳》：蘇觀生當國，亦徵朝鐘，又有特薦纂修國史者，並辭之）

本年郭之奇仍居揭陽，因與張肯堂、鄭芝龍有宿憾，遭讒去職。後以何楷、萬元吉、蔣德璟、黃景昭、陸清源、童天閎、張家玉等連章昭雪，起用經筵講官、詹事府詹事兼翰林院侍讀學士，家居未赴。（饒宗頤《郭之奇年譜》）

本年梁佩蘭與吳文煒同家塾，唱和日數十篇。（《獨漉堂文集》卷二《吳山帶詩序》，卷十《吳山帶行狀》）

吳文煒（一六三六、一六三七～一六九六、一六九九），字儀漢，後改名章，字山帶，一字虎泉。南海人。十歲能詩，初效長吉體。康熙三十二年（一六九三）舉人。著有《金茅山堂詩集》。張維屏《國朝詩人徵略》初編卷十六有傳。

本年陳衍虞平韻《落花詩》刊出，謝宗鍇爲作《落花詩題辭》。（曾楚楠《蓮山詩集點注·前言》）

本年王邦畿賦《上魯藩滋陽王　乙酉》詩云：

海嶽春風長綠條，蕊珠璚樹雪初消。三年報政隆開國，正月書王凜聖朝。殿閣日長爲善樂，和鸞晨入令儀昭。天潢彌篤親親誼，百福攸同世澤遥。（王邦畿《耳鳴集》卷十一）

又賦《寒雨　乙酉》詩云：

寒雨瀟瀟生暮煙，西風黃葉落無邊。昨宵關外飛書至，不是廷臣不與傳。（王邦畿《耳鳴集》卷一四）

本年王瑘徵召不赴。

王瑘，一作琅，字澹子。番禺人。黎遂球妹夫。約爲明崇禎間諸生。明福王弘光元年（一六四五）徵召不赴。與朱學熙善，及遂球、學熙殉節死，瑯作詩悼之。後禮函呈於雷峰，法名今葉，號開五居士。著有《蛙雨樓稿》、《野檽堂稿》。清陳伯陶編《勝朝粵東遺民錄》卷一有傳。

本年留都破，陳萬幾奔難於錢塘，遇蘇觀生、張家玉，同入閩。

陳萬幾，字伯燮，號長圍。東莞人。其琛子。喜談兵法，好遊，與同里林渶、何如栻等足跡幾遍天下。崇禎十二年（一六三九）年武舉人。乙酉（一六四五），留都破，奔難於錢塘，遇蘇觀生、張家玉，同入閩。唐王立，官中書舍人，擢兵部職方司主事。唐王師駐建寧，萬幾留福州，張家玉復薦萬幾才可大用，請置其軍中。工詩，與張穆相酬和。穆至閩時，亦主其家。汀州變起，歸里。廣州破，痛憤作詩，自是不復出。陳伯陶《勝朝粵東遺民錄》卷二有傳。

本年唐王立，蘇觀生薦張備爲監紀推官。

張備（一六〇〇～一六六六），字孟器，號介若。東莞人。諸生。一鳳子。少隨父宦遊，與張家玉讀書署中。唐王立，蘇觀生薦爲監紀推官。虔州告急，當事檄備赴援，既至，署南安理刑，尋擢戶部主事，兼督理兵餉。廣州擁戴，擢江西道御史，遷僉都御史。廣州破，中矢昏眩，人舁回家。丁亥（一六四七），與張家玉同謀起兵，家玉率到滘眾萬人攻城，備與弟仲、儐、似、份五人爲內應，城遂破。未幾家玉敗走，自是歸隱。桂王再都肇慶，召之不赴。康熙五年丙午，年六十四卒。陳伯陶《勝朝粵東遺民錄》卷二有傳。

本年唐王立，蘇觀生招劉繩武，辭不赴。

劉繩武，字明遇。東莞人。唐王立，蘇觀生招之，辭不赴。桂王都肇慶，復強起之，授參將。以轉運功，遷副總兵。因疏畫攻守不能用，即引病歸，杜門課子。陳伯陶《勝朝粵東遺民錄》卷二有傳。

本年樂儀授江西長寧守備。

樂儀，字丹鳳。龍川人。順治二年（一六四五）授江西長寧守備。康熙四年（一六六五）升廣東肇慶統五營水師加都督僉事。（《龍川縣志》）

本年福建海盜攻惠來，翁萬琮立柵堅守，退之。

翁萬琮，惠來人。監生。爲人剛正好義。順治二年（一六四五），福建海盜攻惠來，萬琮立柵堅守，退之。六年（一六四九），羅英聚眾圍城，高亮福等集兵擊之，萬琮捐千金爲糧草費。（乾隆《潮州府志》卷二九）

本年郡守辟賢良，梁瑗辭不就。

梁瑗，字元玉。茂名人。順治二年（一六四五）郡守辟賢良，辭不就，里居訓俗。享年九十四。（光緒《茂名縣志》）

本年方顒愷（釋成鷲）久病初起，請於父母，出就外傅受詩書家學。頗有夙慧，耳聞心解，過目成誦。甫一年，四子本經識得大意，下筆學爲童子科業。食肉，父顧而笑曰：兒破戒矣。長齋十月，以補前愆。侍其父側，聞與客談論甲申之變，聞而心憤之。（釋成鷲《紀夢編年》）

本年釋道忞約作《春葵扇》古詩，其詩前小序云：“乙酉之役，處士孫開遠舉義嘉禾，戰没孤城，詩以誄之。”（釋道忞《布水臺集》卷一）

本年釋函昰命屈大均受業陳邦彥門下，讀書於粵秀山，治《周易》、《毛詩》，並授以捭闔、陰謀、劍術、輿地之學。邦彥子恭尹與大均定交，兄事之，同學有薛始亨、程可則、龐嘉薴。（《翁山佚文輯》上《順德給事巏野陳公傳》、《獨漉堂集》二《贈别屈翁山》、《蕑綵館十一草·陳巏野傳》、《海日堂集·送屈翁山歸里》）

龐嘉薴，字祖如。南海人。貢生。陳邦彥門人。其所居弼唐，風土淳厚。甲申後諸遺黎多避亂其鄉，嘉薴爲之居停。邦彥起兵抗清殉國難後，子恭尹脱身走弼唐，嘉薴曾匿之。築易庵於弼唐，聚禪者清談。明亡，禮釋函昰爲居士，法名今悔（一作焰），號若雲居士（一作字若云）。陳融《讀嶺南人詩絕句》卷四有傳。

本年釋函昰有《送梁弼臣北上　乙酉》詩送梁殿華北上，其詩云：

天上只今已如此，丈夫出處倍相關。時危不可徒干祿，親老何妨暫住山。綠樹清泉身足隱，眠雲坐石道能閒。秘書未必赤松意，笑殺留侯空自還。（釋函昰《瞎堂詩集》卷十）

本年間釋函昰徙居白雲山。釋函可以江南復立新主，附官人舟入金陵請藏。五月南都破時黃端伯殉義，釋函昰悼以詩。徽州破，金聲殉義，復悼以詩。（釋函昰《瞎堂詩集》卷十七《金太史正希殉義》、《黃司李元公殉義》七絕）

本年釋函昰賦《楊覩者居士引其子來參二首　乙酉》、《示周聞湛居士》、《示周無隱居士》、《頂湖棲壑律師六十一》、《寄河源陳大受居士》、《題繡芙蓉石榴》（以上七絕）。（釋函昰《瞎堂詩集》卷十七）

本年釋函可入金陵，寓顧與治之樓。清兵渡江，弘光帝被殺，釋函可親見諸死事臣，某遇難，某自裁，紀爲《再變記》一書，復黯然形諸歌詠，時人多危之，爲之自若。隆武帝立於福州，叔弟韓宗騄、季弟宗驪赴閩行在，張穆賦《留別韓季閑耳叔林榕溪赴閩行在》詩云：

乾坤板蕩復何言，此日安危敢自憐。暮色滿江紅蓼外，秋聲孤雁白霜天。身名笑我終何事，肝膈如人未必然。聞道明良方勵治，敢私巖壑賦招賢。（張穆《鐵橋集》）

韓宗騄（？～一六五二），字耳叔。博羅人。釋函可俗弟。諸生。順治九年（一六五二），惠州鎮將黃應傑摭事殺之。

韓宗驪（？～一六四七），字季閑。宗騄弟。與兄宗騄同殉丁亥（一六四七年）博羅城陷之難。（汪宗衍《明末剩人和尚年譜》、汪宗衍、黃莎莉《張穆年譜》）

南北兩京失陷，岑徵賦《紀哀》詩云：

烽煙一夜潰重關，五鳳樓前白日寒。不見沙陀趨渭水，只聞回紇向長安。心傷磨室移燕鼎，腸斷西京變漢官。拒虎進狼那忍說，廿年基禍在三韓。

龍蟠虎踞舊陪京，誰遣神姦秉國成。三楚元戎馳露布，兩淮專閫散重英。霓裳莫挽延秋駕，花石難移五國城。回首鍾山佳氣歇，孝陵松柏起秋聲。（岑徵《選選樓遺詩》）

本年葉茂元捐資守城，無所吝。

葉茂元，字碩之。惠來人。滑父。少習學不就，遂業商。（雍正《惠來縣志》卷十四）

本年唐王立，張仲以薦授中書舍人。

張仲，字仲恪，號侯在。備弟。髫年補諸生。唐王時，以薦授中書舍人。桂王時，復授國子監學錄。雖蒙大難，猶日課子弟如恒時。陳伯陶《勝朝粵東遺民錄》卷二有傳。

本年張似授新安教諭。

張似（一六二〇～一六五〇），字季可，號睿亞。太學生。東莞人。備弟。隆武初，授新安教諭，升高州教授。國亡後，與諸兄並不仕。陳伯陶《勝朝粵東遺民錄》卷二有傳。

梁湛然於本年中解元。

梁湛然，字醒人。南海人。隆武元年（一六四五）解元。國亡後隱居講學，後以次子疑族人盜其嫂，手刃之，家遂破。陳伯陶《勝朝粵東遺民錄》卷二有傳。

梁朝鐘門人吳獻、程必煥、萬之泰、王鳴雷、張國紳五人於本年中式隆武乙酉科，朝鐘有《乙酉及門五子得雋　吳紉更獻程文先必煥萬畂年之泰王震生鳴雷張孟垂國紳》詩。（梁朝鐘《喻園集》卷四）

程必煥，字文先。順德人。隆武元年（一六四五）舉人。事見阮元《廣東通志》卷七六。

萬之泰，字畂年，一字介眉。東莞人。隆武元年（一六四五）舉人。事見阮元《廣東通志》卷七六。

王鳴雷，字震生，號東村。番禺人。邦畿從子。隆武元年（一六四五）舉人，授中書舍人。清兵陷廣州，與羅賓王同下獄。獲釋後，乃北遊燕趙，往來吳楚歸。著有《王中秘文集》、《空雪樓詩集》等。陳伯陶《勝朝粵東遺民錄》卷一有傳。

張國紳，字孟垂，一字挺生。西寧（今鬱南）人。後再中順治八年（一六五一）舉人。事見阮元《廣東通志》卷七六《選舉表·大清順治二年廣東偽隆武科》。

廖衷赤於本年中舉人。

廖衷赤，字薑孟。程鄉（今梅縣）人。隆武元年（一六四五）舉人。食貧力學，詩酒自娛。著有《五園集》等。光緒《程鄉志》卷二三有傳。

庾樓於本年中舉人。

庾樓，字木叔，一字筠倩。歸善（今惠陽）人。隆武元年（一六四五）舉人。明亡，隱居授徒。郡人建鶴峰書院，延爲經師。與張裔達同年，嘗次答其詩。著有《敦行堂集》十四卷、《西湖志》五卷。陳伯陶《勝朝粵東遺民錄》卷三有傳。

張裔達於本年中舉人。

張裔達，字伯洪。番禺人。隆武元年（一六四五）舉人。紹武時官禮部主事。或曰後逃於禪。事見陳融《讀嶺南人詩絕句》卷四。

伍如璧於本年中舉人。

伍如璧，字崑奇。新寧人。隆武元年（一六四五）舉人。事見光緒《新寧縣志》卷五。

屈士燝於本年中舉人。

屈士燝，字貢士，一字白園。番禺人。士煌兄。隆武元年（一六四五）舉人。官永曆朝中書、禮部員外郎。入清隱居不出。著有《食薇草》。阮元《廣東通志》卷二八五有傳。

林皐於本年中舉人。

林皐，字筠若，一字荃漪，又字應汇，號頑庵。新會人。諸生。隆武元年（一六四五）舉人。後棄去。閉戶十年，著成《通鑑綱目大成》六十卷。逾嶺自贛遍遊吳會，復西遊蒼梧，歷熊湘，厄於洞庭，作《洞庭春》三十韻。卒年六十三。著有《圭峰志》、《諸史雜著》、《訂定四書毛經》及《懿文堂詩草》。吳道鎔《廣東文徵作者考》卷六有傳。子隆卜，字磻侯。監生。著有《笑笑園稿》。言良鈺《需罔州遺稿》卷三有傳。

佘錦於本年中舉人。

佘錦，字似齡。順德人。隆武元年（一六四五）舉人。咸豐《順德縣志》卷二五有傳。

黎國衡於本年中舉人。

黎國衡，字方侯。廣州人。隆武元年（一六四五）舉人。事見阮元《廣東通志》卷七六。

李子樸於本年中舉人。

李子樸，字木生。順德人。隆武元年（一六四五）舉人。康熙《順德縣志》卷八有傳。

方國驊於本年中舉人。

方國驊（？～一六七一），字楚卿，號騎田。番禺人。顒愷（釋成鷲）父。隆武元年（一六四五）舉人。鼎革後，隱居授徒，世稱學守先生。著有《學守堂集》。事見阮元《廣東通志》卷七六。子顒臨，字定麐。茂才。著有《道樞詩集》。黃登《嶺南五朝詩選》卷九有傳。

洪穆霽於本年中舉人。

洪穆霽，字藥倩，號雪堂，又號碩果老人。東莞人。隆武元年（一六四五）舉人，永曆帝時官至工部主事。國亡不仕。陳伯陶《勝朝粵東遺民錄》卷二有傳。

翟祖佑於本年中舉人。

翟祖佑，字憲甲。歸善人。紹高子。隆武元年（一六四五）舉人。曾參修《惠州府志》。雍正《歸善縣志》卷五有傳。

林際亨於本年中舉人。

樊應元，字長文，番禺人。明唐王隆武元年乙酉舉人。禮天然和尚，山名今鷲，字月藏。徐作霖、黃蠡《海雲禪藻集》卷四有傳。

梁萬爵、彭釪、丁邦楨、陳邦彥於本年中舉人。（阮元《廣東通志》卷七六《選舉表十四》大清順治三年廣東僞隆武一科）

梁萬爵（？～一六五〇），字天若。番禺人。性沉著，寡言笑。待人重然諾而不輕取與。紹武元年（一六四六）授行人。清軍入廣東，番禺破，投水死。《古今圖書集成》氏族典卷三〇三有傳。

彭釪，字釪玉、崑正。番禺人。日貞（夢陽）子。年十七補諸生。中隆武元年（一六四五）乙酉舉人。鼎革後隱居教授，學以明達體用爲主。後禮釋函昰於雷峰，名今傳，字當來。年六十一卒，臨歿口占“紹尼山之心學，用舍隨時；悟蔥嶺之真銓，去來何著”而絕。著有《世紀史鈔》、《五傳匯鈔》、《諸史匯鈔》、《古今樂部》及《夢草堂文集》十一卷。陳伯陶《勝朝粵東遺民錄》卷一有傳。

崔千上於本年中舉人。

崔千上，南海人。紹高子。隆武元年（一六四五）舉人。國亡後，與王邦畿、吳巘隱於龍江。陳子升同薛始亨過千上江館，贈之詩。與陳邦彥同榜，邦彥子每父事之。不仕，授徒爲生。陳伯陶《勝朝粵東遺民錄》卷一有傳。

高有馮於本年中舉人。

高有馮，字仁長，號盤野。香山人。隆武元年（一六四五）舉人。遭變後隱居不仕，置園林於城東之河泊，爲教子息老之所。時方顓愷爲僧，名成鷲，過謁，愛其清靜，可禪隱，默許之。卒後，其子割其西偏與成鷲爲東林庵。陳伯陶《勝朝粵東遺民錄》卷二有傳。

張儐於本年中舉人。

張儐（一六一七～一六八二），字叔孺（儒），號直庵。東莞人。備弟。爲文沉鬱，與梁朝鐘、王鳴雷齊名。隆武元年（一六四五）舉人。晚年留心經傳。著有《書禮約旨》、《大全或問》。陳伯陶《勝朝粤東遺民錄》卷二有傳。

彭鈺於本年中舉人。

彭鈺，字席之，晚號巢雲。遂溪人。爲諸生時，勤於教授。隆武元年（一六四五）舉人。國亡後，不復出。著有《四書内說》、《尚書解義》、《讀史鑒法》。陳伯陶《勝朝粤東遺民錄》卷二有傳。

胡輝祖於本年中舉人。

胡輝祖，字朝翰。定安人。諸生。隆武元年（一六四五）舉人。國亡後，不復出。與屈士璟、陳邦彦同年，屈大均、陳恭尹均寄以詩。陳伯陶《勝朝粤東遺民錄》卷四有傳。

張子虯於本年中舉人。

張子虯，字康遇。番禺人。隆武元年（一六四五）舉人，授廣西博白教諭。永曆時授興業知縣，縣破殉節。（同治《番禺縣志》卷四二）

黎彭祖於本年成貢生。（陳恭尹《番禺黎氏詩彙選·生日夢先忠潛研淚述成》）

容南英於本年成貢生。

容南英，字明子。新會人。隆武元年（一六四五）貢生，官工部主事。事見道光《新會縣志》卷六。

韓履泰於本年成貢生。

韓履泰（一六二九～一七〇九），號十洲。博羅人。隆武元年（一六四五）選貢生。才識兼長，篤於孝友。兵燹之餘，負母謝逃亡，勤苦侍奉。奉縣令陶敬之命，輯成《博羅縣志》。國亡後，事釋道獨於華首，名函静，號五戒行人。卒年七十九。陳伯陶《勝朝粤東遺民錄》卷三有傳。

梁騑於本年成貢生。

梁騑，字燕雲。懷集人。方圖子。順治二年（一六四五）貢生，康熙二年（一六六三）舉人。二十七年任四川屏山知縣，曾參修《廣西通志》及《懷集縣志》。著有《真愚草》。（同治、民國《懷集縣志》）

李近霄於本年膺選拔。

李近霄，字彌高。樂昌人。父保和，博學多才。弘光元年（一六四五）選拔，適遭國變，隱居教授生徒。不枉交，獨與李三近友善。尤精《易經》。（《樂昌縣志》卷十六）

陳邦達於本年膺歲薦。

陳邦達，字預之。始興人。順治二年（一六四五）歲薦，歷任仁化訓導、封川教諭、廉州教授，升尉氏縣丞，未任而卒。（民國《始興縣志》卷十二）

屈大均與仲兄、士煌、族兄躍天，皆年十六，同補邑諸生。（《屈氏家譜》）

鍾寶生。

鍾寶（一六四五～一七〇四），字悅豪。香山（今中山）人。質樸而有勇略，爲邑宰姚啟聖所賞識。後啟聖征臺灣，招寶從軍，授把總。累功擢升千總。康熙十六年（一六七七）啟聖擢福建總督，寶隨入閩，十九年授遊擊。二十八年授陝西潼關參將，在任七年，兵民安輯。尋升固源鎮西路副將，統轄八路官兵，訓練有方，防衛甚嚴。四十三年以病卒於任，年六十。民德之，特在華陰城西建祠繪像以祀其功。（光緒《香山縣志》）

朱應選殉國。

朱應選（？～一六四五），字若擢。清遠人。貢生。官南京都司經歷。史可法守揚州，多所襄助。揚州破，被執不屈，與可法同殉國。（《清遠縣志》卷六）

清世祖順治三年　明紹宗隆武二年　明唐王紹武元年　明韓王定武元年　丙戌　一六四六年

二月，隆武帝走延平。六月，清兵入紹興，魯監國遁入海。

八月，清兵克建寧，越仙霞嶺。二十一日，隆武帝自延平奔汀州，清兵奄至，汀州陷，帝被執，至福州崩。十月，明兩廣總督丁魁楚、廣西巡撫瞿式耜等迎桂王監國肇慶。十一月，大學士蘇觀生迎立隆武帝弟唐王於廣州，改元紹武，桂王遂即帝位，是爲明昭宗，以明年爲永曆元年，穗、肇精兵内戰於三水，清兵乘虛於十二月十六日首陷廣州，屠城，蘇觀生及紹武帝均死難，梁朝鐘抗節死。（阮元《廣東通志》卷二八五梁朝鐘本傳）

正月初一日，釋函可於南京寓顧與治家樓，賦《丙戌元旦顧家樓》詩云：

多難還餘善病身，棲棲終不怨風塵。挈瓢戴雪逢遺老，著屐尋詩有故人。夜雨暫將山色改，年光又逐淚痕新。遥知鄉國東風早，花信憑吹薄海春。（釋函可《千山詩集》卷九）

初二日，陳子壯自雄州歸省朱太夫人於九江。（陳上圖《家乘》）

十六日，張家玉與鄭彩出兵硝石，聞敵至，彩即退兵，並盡撤新城兵，促家玉入關。家玉以新城爲要地，不可失，遂入新城，與新城知縣同守城。十七日，清兵攻新城，家玉率親兵百餘人出戰，中流矢，墜馬折臂。二十二日，援兵至，新城圍解。疏聞，招家玉扶傷入對。（陳伯陶《東莞五忠傳·張家玉》）

十八日，金堡（釋澹歸）至錢塘江忠義軍，鄭遵謙率諸將士拜詔，即擬迎駕。堡監軍，疏陳遵謙功。旋經台州至紹興，欲謁魯監國，上魯藩啟。堡走依黃鳴俊於衢州，因向隆武帝上先事陳情疏。（《嶺海焚餘》上《繳敕印疏》）

年初，黃夢麟寫信招降林際亨，際亨答書，服明衣冠投水死。（林際亨《答黃夢麟書》）

二月，皇子誕生，恩被大臣，陳子壯子上庸蔭授中書舍人。時隆武帝遣中書何吾騶齎敕召子壯赴福州，將俾以重任。（陳上圖《家乘》）

初九日，張家玉入對隆武帝，時帝在延平，將入贛。（《陳伯

陶《東莞五忠傳·張家玉》）

十三日，陳子壯自南海九江至廣州受詔，即上疏謝恩。（陳上圖《家乘》）

十五日，郭之奇奉旨，再捐銀一千五百兩，命義子天祉解赴軍前。廿一日，之奇奉旨。（《文集》）

三月，張家玉請募兵惠、潮二州，帝許之，賜營名武興，家玉爲總督總理。至潮州，時潮寇蔓延。（陳伯陶《東莞五忠傳·張家玉》）

隆武帝決意出汀州入贛，與湖南爲聲援。鄭芝龍不欲帝行，令軍民數萬人，遮道呼號，擁帝不得行，遂駐延平。（《小腆紀年》卷十二）

准禮部尚書黃錦，給假三月，往潮州與新撫臣商度機宜，然後乘勝出虔，以謝良有所募三千衆，聽其調用。未行清兵已陷閩，繼下潮廣，錦韜晦林下。（《思文大紀》卷五，《小腆紀年》卷十二）

張家玉募兵惠潮，抵潮，張穆助之募兵。時鎮平賴其肖爲衆擁攻澄鄉（今梅州），穆爲書招之，書達，其肖退兵十里以待，穆與家玉入其軍，乃飛疏題請定軍給，犒步伍，遣人之循州（今惠州）籌餉。（《鐵橋遺詩附錄》）

夏，金堡（釋澹歸）奉旨回閩行在。（《嶺海焚餘》上）

四月，清兵圍贛州。隆武帝授黎遂球兵部職方司主事，頒賜勑印，提督兩廣水陸義師應援贛州。（屈大均《皇明四朝成仁錄》卷九，查繼佐《明兵部職方司員外郎贈資政大夫兵部尚書謚忠愍美周黎公傳》）遂球賦《督師度嶺經飛來寺留題壁上　時奉命援虔，提督諸軍①，同吏部龔建木、參將弟遂琪、遊擊甥劉師雄星

---

① 此詩康熙本無，據清康熙三十三年陳恭尹選黎延祖校刊本《番禺黎氏存詩彙選·黎遂球》、道光本卷一〇補。提督，道光本作“統率”，今依《番禺黎氏存詩彙選》。

《馳度嶺》詩云：

提兵又過飛來寺，報國深慚似去年。但得文華人物在，人間何地不神仙。（黎遂球《蓮鬚閣集》卷一〇）

張家玉聞黃道周殉節，上疏請錄輔臣之後。（陳伯陶《東莞五忠傳·張家玉》）

五月，陳奫赤兵敗戰死赤岡山。

陳奫赤（？～一六四六），字文豹，號大豪。新安（今深圳）人。崇禎初庠生。素與里人黃應科、武士孔勝等友善，陰置甲兵糧餉以備事變。崇禎十七年（一六四四）鼎革，響應張家玉毀家紓難，組織義勇，佔領新安，數敗清軍。順治三年五月，清兵急攻南頭、西鄉，兵敗，戰死赤岡山。（《寶安文史》）

六月，張家玉招程鄉賊黃元吉降，後又招鎮平賴其肖萬餘人降。復用以寇攻寇策，降其眾十餘萬歸農。元吉復叛，使賊黨執殺之，潮、惠遂平。選精銳萬餘人分五營，疏營制以聞。（屈大均《張公行狀》，陳伯陶《東莞五忠傳·張家玉》）

初一日朔，清兵渡錢塘江，魯監國航海，金堡（釋澹歸）力請隆武帝出閩幸湘。（《嶺海焚餘》上）

黎遂球入贛州城內，督師閣部楊廷麟、督師部院萬元吉、監軍御史姚奇胤率總兵黃志忠、嚴遵誥、吳芝范、張憬、張安等援兵數萬，堅壁固守。遂球日夕偕其弟遂琪、劉師雄身冒矢石，督發鐵銃火器，目不及睫凡數閱月。（查繼佐《明兵部職方司員外郎贈資政大夫兵部尚書諡忠湣美周黎公傳》，同治《番禺縣志》卷四二《黎遂球傳》）

劉師雄，番禺人。明經。少有勇力，能敵數十人，喜《孫吳兵法》。以遊擊援贛州，授參將。城陷被執，不降，已而乘間脫歸，隱雷峰。卒年八十六。同治《番禺縣志》卷四二《黎遂球附傳》有傳。

同月，賴隆與蕭隆、朱良化、左貫一等率農民起事，攻河源縣城，九月失敗。

賴隆，河源人。（《河源人物志》）

七月，翰林院侍讀兼兵科給事中張家玉自閩回粵，募兵援贛，且與陳子壯通聲氣。

八月，贛州圍急，隆武帝詔令張家玉赴贛，以無餉不能行。聞汀州事急，往赴，遇清兵於赤山，家玉戮招降者四人，復誘敵入山谷中，斬獲十餘人，率部還鎮平。時糧盡，所部無固志，家玉思用東莞子弟，十一日祖父明教卒於家，遂抵家。（陳伯陶《東莞五忠傳·張家玉》，《小腆紀傳》卷三《隆武帝紀》）

金堡（釋澹歸）辭朝。二十八日，隆武帝遇害於汀州。全浙陷，堡不能歸，乃避地湖南，至全陽，遺何騰蛟書，蹙居辰、沅山中。（《嶺海焚餘》中《申敕督輔三令疏》引錄）

張穆於建寧行在賦《建寧行在感賦》詩云：

溪頭虎帳寂銜枚，城上千燈禁旅開。漫說貔貅雄細柳，不聞騏驥上高臺。霞關夜闋私傳警，象郡年來已賜裁。四顧更誰通臂指，調劑空負折肱來。（張穆《鐵橋集》）

清兵入汀州，隆武帝被殺，大學士熊開元[①]遂爲僧住齊雲山中，釋函昰寄以詩。（釋函昰《瞎堂詩集》卷十七《寄熊內閣齊雲山中》）未幾，釋函昰亦入齊雲山中（《入齊雲》）。

九月，曹學佺死節，張穆有《哭曹能始先生死節》詩哭之。（張穆《鐵橋集》）是時，張家玉以軍餉不繼，偕穆回東莞。（宣統《東莞縣志》卷六四）

十一日，九軍劉公顯[②]、吳元等陷揭陽城，殺黃夢選、許國

---

① 熊魚山（開元），楚人。天啟舉人，吳江知縣，由繼起和尚披剃，法號蘗庵。

② 劉公顯，揭陽人。武生。潮亂，聚兵建營塘山，號九軍，稱後漢，紀元大升，鑄印封官。後從鄭芝龍部將陳豹，依南明隆武朝。順治三年（一六四六）九月陷揭陽，殺鄉紳七十餘人，豹封公顯爲左軍都督、鎮國將軍，改揭陽爲都督府。六年，爲郝尚久所破，依鄭成功。次年降清，從尚可喜征肇慶。翌年遁歸，爲潮州總兵班志富所殺。（《潮州志·大事記》）

佐、黄三槐、郭之章等，諸生被殺者七十餘人，郭之奇及父應試
皆被擄。（《揭陽志·兵燹》）

初旬，陳子壯聞汀州陷，隆武帝被執，撫膺痛哭，乃遣人赴
端州奉表勸進。（李健兒《陳子壯年譜》）

先是，閩中隆武帝晉陳邦彥兵部職方司主事，命監粵兵援贛
州。（陳恭尹、何絳《兵科給事中贈資政大夫兵部尚書先府君岩
野公行狀》，薛始亨《贈兵部尚書陳岩野先生傳》）邦彥監狼粵兵
萬人出南安，時蘇觀生以樞輔督諸軍援贛州，邦彥數以策干之，
不聽。

十月朔，佟養甲、李成棟潛師東下，直抵省城，入郭如破
竹，唐王（紹武帝）身殉社稷。[①] 方顥愷（釋成鷲）隨父母避兵
亦園，三日不火，夜半還家，得少食而返，遇齋戒期，望空頂
禮，素食如常。（釋成鷲《紀夢編年》）

初四日，贛州陷，蘇觀生旋師入粵，陳邦彥請留一軍守南
安，不聽。至廣州，聞桂王監國肇慶，觀生遣邦彥奉箋勸進。
（陳恭尹、何絳《兵科給事中贈資政大夫兵部尚書先府君岩野公
行狀》）

清兵陷贛州，總督萬元吉及陳子壯門人兵部職方司主事黎遂
球等殉難，粵督丁魁楚敗還。子壯因以勸進端州事相告，魁楚即
偕子壯以兵赴端州，與廣西巡撫瞿式耜等，於十四日奉桂王稱監
國於肇慶，魁楚、式耜同輔政。會聞清兵陷贛州，監國爲司禮太
監王坤所挾，倉卒幸梧州。

二十九日，隆武帝弟唐王與大學士何吾騶自閩浮海至廣州
（《所知錄》卷二），關捷先、梁朝鐘首倡兄終弟及議，蘇觀生以
受隆武帝厚恩，遂與何吾騶、顧元鏡、王應華、曾道唯等以十一
月初二日擁立王，以明年爲紹武元年，就都司署爲行宮，即日封
觀生建明伯，掌兵部事，進吾騶等秩，擢捷先吏部尚書，旋與元

---

① 　廣州初陷一般記載爲十二月十五日，釋成鷲記載可備一説。

鏡、應華、道唯並拜東閣大學士，分掌諸部。（《行朝録》卷二，《明史》卷二七八《蘇觀生傳》）

廣州紹武帝立，授梁朝鐘翰林院檢討，立朝四十餘日，丰采嚴正，未嘗以倉卒廢典型也。兼兵科給事中，賜笏，尋授國子監祭酒。朝鐘疏辭，改授國子監司業。聞清兵破惠陽，與舅氏霍子衡約必死。（王鳴雷《梁朝鐘傳》）

紹武帝立於廣州，鄺露立朝，當仍任中書舍人，讀其呈給當朝宰相蘇觀生的《扈蹕臨廳歸自中書堂呈蘇相國一百韻》五言排律長詩可知：

象載翔交泰，龍文飛應乾。熒光河九潤，佳暈日初璿。有焕深衢室，無爲御講筵。升聞銅馬帝，寅亮玉堂賢。揆日乘黃屋，儀天構採椽。虞風開阜愠，湯澤布炎煇。黑水通南海，黄麾掃北寘。王章驅左服，天樂降柔牷。受籙逢玄女，披圖待偓佺。烏流玉屋瑞，鳥下講堂鱣。壓紐星虹繞，垂裳禮樂虔。三苗銜威羽，七萃引樓船。推轂青萍吼，揮戈赤日胘。甌珠棲月蚌，蠟玉拂郊蠑。神籙生山嶽，瑶光注海壖。穗城天鸛降，丹徼夏鵬騫。瑞相侔巖石，禎符滙大川。掞天胸次闊，定命指紋連。鼎足垂金鑒，台階應寶躔。蝌書鐫史籕，駿骨禮方甄。蘭省繙經富，蓬壺象帝先。金魚銜不借，玉燕夢初圓。窗瑣宮雲映，扉香島霧闐。銅仙披鶴氅，桂女釋麋紃。紅藥翻瑶砌，榑桑視錦磚。詞頭勤斧藻，國手讓蹄筌。綠字庖犧濣，青藜太乙燃。代工宸翰麗，啟沃祕書詮。曉入班升棘，宵歸燭賜蓮。聲華揚北斗，師表藉南詮。赤道量衡設，玄英水鑒研。璉瑚宗二代，桃李化三千。雲漢章逾倬，微垣望益堅。玄珠探罔象，蠹柬悟輪扁。王氣藏珠斗，華風變女嬋。金甌親獻冕，瓊筵葉筳籩。熊像圖椒寢，鴛縅出桂榜。三山齊捧日，五嶺獨擎天。納麓風雷壯，承明日月便。真儒才命世，貴相業無前。負扆題書謹，臨軒絶席專。苑花卿月逈，温樹相風妍。馴雉巢鷗吻，鳴騶副鶴軿。對揚資廟算，奉引亞宮鈿。少海陪先路，勾陳衛曲斿。起居新蹇蹇，書記舊翩翩。六曲遵周約，三章陋漢駢。明良琴瑟御，謨烈鼎彝聯。敬勝丹書冊，艱知七月篇。璽書欣拜手，袞服盡隨肩。辟路通寒素，攄誠格上玄。元龜自昆命，雕虎敢分權。玉帛齊天會，金華戢帝編。九疇陳雨霽，五石煉雲煙。作柱狂瀾砥，回枯湛露偏。歲裁金幣職，月損水衡錢。玉券三靈壽，瓛①圭九錫遄。衣冠瞻萬國，牙爪復三邊。白羽麾神策，陰符允罕开。隼邊降肅慎，雕外沒先零。仙仗駕鸞集，嵩呼鳳鳥傳。江山恢禹蹟，天地入堯年。搏石夔居舜，和羹說在殷。慶雲囷纚纚，釁氣暖延綿。斟酌天漿滿，招搖斗柄旋。平臺題玉貌，石室教璚仙。槐柳依行馬，簪裾繞附蟬。散騎伻鳳節，侍史熱龍涎。虹玉腰爲帶，泥金手作箋。閣甍交彩殿，溝水切朱弦。禮數人間絕，榮名天保全。霞尊致醽醁，雲堵奏韶淵。河馬呈簽軸，山龍備統綖。佩琚雙珩白，朝服四門鮮。籲俊尊三能，神奸鑄九埏。旂常銘法駕，金石振宮縣。吐握逢公旦，飄零許仲宣。賞音山水遇，感義髮膚捐。花授江郎筆，庭分謝朓氈。皇墳耽藻繪，騷賦竊丹鉛。擊筑遊燕趙，吹簫過市廛。自甘鯤墊臥，誰戀鳳池牽。帝室慚雕篆，天書愧錦韉。修蛾曾市妒，弱羽怯空弦。鳴雁愁供客，操豚笑祝田。畏途心屢折，泣路眼頻穿。璧刖終投楚，金兼未築燕。家徒四壁立，國步九丘遭。木石疲精衛，枋榆嚇腐鳶。失時悲市駿，飲恨化啼鵑。蹈海秦軍卻，憂天杞客悛。茱萸嘲穀食，喬木滯鶯遷。土偶行何適，匏瓜擊獨憐。曳裾趨建禮，珥筆奉甘泉。金鉉方持鼎，瑜衡念在璿。彈冠謝容飾，躍冶負陶甄。蘭露朝承飲，荷風晚自搴。有臺欣樂只，控地絕攀緣。西掖芳時晏，東皇歲序悛。絲綸雖五色，何自答埃涓。（鄺露《嶠雅》卷二）

李貞亦有《奉贈蘇宇霖相國》詩呈蘇觀生：

出門不返顧，遑問鐵衣寒。自覺捐軀易，那知行路難。燕山成絕域，江右是長安。爲問蕭丞相，誰登大將壇。（張其淦《東

─────────────

① 瓛，咸豐本作"桓"。

莞詩録》卷二三）

十一月初五日，陳邦彥至桂王行在梧州。

初九日夜，桂王遣使十餘人，迎入舟中，語以廣州事。邦彥
請急還肇慶正大位，以系人心。王大悅，擢邦彥兵科給事中，齎
敕還諭蘇觀生。（陳恭尹、何絳《兵科給事中贈資政大夫兵部尚
書先府君岩野公行狀》，《陳岩野先生集》卷二《梧還上蘇閣部
書》，《小腆紀傳》卷三《隆武帝紀附紹武帝》）

邦彥回至廣州，聞使臣彭燿、陳嘉謨爲蘇觀生所殺，止郊不
入，遣副使授觀生敕。

彭燿，順德人。崇禎舉人，官延川令。桂王監國，任給事
中，遣諭廣州紹武帝，以諸王禮見，備陳監國事，語甚至切，被
殺，贈大理寺卿。子睿瓘，字公吹，號竹本。痛父殉難，立父祠
於羊城，隱居不仕，自稱龍江村獠。工草法，又工畫蘭竹樹石。
余祖明《廣東歷代詩鈔》卷二有傳。

十八日，陳邦彥以書抵蘇觀生，曉以利害，責以大義。觀生
猶豫累日，欲議和。（陳恭尹、何絳《兵科給事中贈資政大夫兵
部尚書先府君岩野公行狀》，薛始亨《贈兵部尚書陳岩野先生
傳》，《陳岩野先生集》卷三《梧還上蘇閣部書二》）

同日，桂王即帝位於肇慶，是爲明昭宗，以明年爲永曆元
年。頒詔至廣州，紹武帝殺其使。廣肇構釁，遂發兵相攻。（《行
在陽秋》卷上）桂王即位，遙以郭之奇爲詹事府正詹事（《臺灣
外紀》六），李世熊有《丙戌與郭正夫老師書》。

李雲龍賦《聞今上駐蹕端州恭紀　原作》詩云：

銅柱珠崖日月光，彎弓東望盡扶桑。風雲本不遺屠釣，天地
何曾外犬羊。失在東隅非漢過，至於南海是周疆。兩都父老還跂
望，願得威加歸故鄉。

改一

水上黃龍出負舟，七星環拱待宸遊。短衣各自羞從虜，左袒
何人不爲劉。失在東隅何損漢，至於南海實興周。東方千騎如雲

簇，諸將承恩新拜侯。

改二

銅柱珠崖氛祲開，扶胥東望水瀠洄。風雲一旦生屠釣，天地從新闢草萊。永日復明義叔宅，南風重播九成臺。兩都父老齊回首，願上君王萬壽杯。（李雲龍《嘯樓詩自選後集》）

十二月，清將佟養甲、李成棟屠廣州，釋函昰有《樵山聞亂》詩（釋函昰《瞎堂詩集》卷十七），蓋已返粵矣。廣州破時，梁朝鐘、霍子衡父子俱死，釋函昰哭以詩（釋函昰《瞎堂詩集》卷七《梁未央死難二首》、《霍覺商父子四人死難二首》）。清兵入粵，明朝諸王孫多見疑被戮，屍橫於野，遍拾骸骨，別建塚以瘞之，不封不樹。後有議聞行在者，止之曰：“吾盡吾心耳，復何圖哉？”（釋今辯《行狀》）

臘月，王邦畿行年二十九，生子，賦《生子》詩云：

行年二十九，臘月始生兒。旱色含新雨，春風灌舊枝。閨人呼犬子，掌夢葉熊時。對此劬勞意，親恩無盡期。（王邦畿《耳鳴集》卷四）

初一日，郭之奇方脫虎口，依普甯林銘球家。之奇計在寇庭八十一日，有《九九》之序。（《家傳》）

初三日，廣州紹武帝總兵林察敗永曆帝總督林佳鼎於三水，佳鼎戰敗投水死，肇慶大震。永曆帝遣瞿式耜視師峽口，以王化澄代佳鼎督師（《行在陽秋》卷上，《歷代通鑑輯覽》卷一一八）。兩軍相持於高峽三水間，互有勝負。

初八日，薛始亨以避兵，奉母挈妻子自廣州還故山順德龍江鄉。（薛始亨《蒯緱館十一草·歸故園賦》、《山陞精舍記》）

十五日，清總兵佟養甲、副將李成棟率部破廣州，紹武帝被害，蘇觀生被執，不屈死。何吾騶、顧元鏡、王應華、曾道唯、伍瑞隆、關捷先等出降。（《小腆紀年》卷一三，《行在陽秋》卷上，《明史·蘇觀生傳》，陳伯陶《東莞五忠傳·蘇觀生》）

佟養甲素聞張家玉名，遣副使張元琳即其家召之。元琳與家

玉有故，至則家玉衣冠出見，責以大義。養甲飛書諭之，家玉終不受命。（陳伯陶《東莞五忠傳·張家玉》）

廣州城初陷，十六日梁朝鐘整冠帶，具香燭，北面成禮，復其祖居，拜辭家廟。城中人俱已剃髮，獨朝鐘峨冠博帶。友人與朝鐘勸其爲僧，不應。屏家人，赴池水，淺不能没，鄰人逾牆救之，朝鐘僕至，氣已絶。僕扶起於屋之東廊，覆以長被，少蘇。兵丁入室，叱朝鐘削髮，朝鐘大罵，被三刃而死。同時殉難者，大學士東莞蘇觀生自縊死，朝鐘舅氏太僕寺卿霍子衡與其子婦九人赴水死，孝廉南海梁天爵亦赴水死。（王鳴雷《梁朝鐘傳》）

清兵入粵，蘇胤適戰死.

蘇胤適，字景南，號粵溟。順德人。以行伍歷功陞黄岡營守備。清兵入粵，戰死。事見羅學鵬《廣東文獻·二集》卷二《贈參府粵溟蘇公墓志》。

清兵陷廣州，紹武帝自盡。是役，鄺露長子鴻奉父命率北山義旅千餘人在廣州東郊力抗清軍，以寡不敵衆戰死，年二十一，永曆帝追贈錦衣千户。

廣州陷後，屈大均父攜家自廣州返番禺沙亭，大均奉父命不仕。（《四松阡表》）

穗初陷，大均賦《哀麥氏諸烈　有序》五律詩二首，序云：

麥大娘者，番禺麥名世女。丙戌，廣州不守。兵抽刃脅之，大娘奮罵，延頸就刃，兵義而釋之。乃辭其母曰：“朔騎逼城，兒懼終不能免。死於兵，毋寧死於母。”母止之不得，遂偕其妹同投井。名世妾楊清以衣繫幼女繼入井，同里麥受年妻周氏與婢清吟聞之，亦投井死。

大均又賦《張節婦　有序》五律二首，序云：

張氏者，番禺諸生王家泰妻。丙戌，廣州不守，兵執張氏。張氏方負幼女，紿以徐之，兵喜，釋手。張氏疾走後園，赴池而死。其姒某氏亦被執，夫欲奪之以歸。兵斫其夫，某氏罵曰：“兇賊，何不並斫我？我死不辱。”兵亦殺之。（屈大均《翁山詩外》卷五）

大均又賦《戴家二姬　有序》五絶，序云：

二姬者，廣州諸生戴王言之妾也。丙戌冬，城陷，俱入井死。（屈大

均《翁山詩外》卷十二）

戴王言，字公綸。番禺人。明末貢生。著有《石磬山房稿》。清黃登《嶺南五朝詩選》卷七、清梁善長《廣東詩粹》卷九有傳。

大均又賦《湛烈女哀詞　有序》七絕四首，序云：

烈女，增城人，父翼卿，爲湛文簡公裔孫。女年及笄，受聘吳氏子。丙戌，廣州失守，女懼辱，投井中死。吳氏子欲迎喪以歸，族人不可。有李儒生者持議，乃得迎喪。一夕月明，李見一好女子身披濕衣，前拜曰：「妾湛氏女也，非君執（執）正，遊魂無依矣。請君賦詩志妾之死，以眉字爲韻。」言畢而滅。李素不能詩，是夕才思颯發，成七言律二十章弔之。余聞而和焉。

大均又賦《梁烈婦　有序》七絕二首，序云：

梁烈婦，南海人，同邑賴萬生之妻。丙戌，廣州破，萬生被害，兵欲犯梁，梁墮樓而死。

大均又賦《黃烈女　有序》七絕二首，序云：

黃烈女，南海九江堡人，父名錫球。丙戌，女年及笄，值賊至，將掠以行，女曰：「吾頭可斷。」持梃大呼，與賊力鬭而死。（屈大均《翁山詩外》卷十四）

二十五日，永曆帝得廣州陷報，乘舟出城，出奔梧州。（《行在陽秋》卷上）

陳邦彥追永曆帝行在不得，乃易名林居士，入高明山中。（陳恭尹、何絳《兵科給事中贈資政大夫兵部尚書先府君岩野公行狀》、薛始亨《贈兵部尚書陳岩野先生傳》）邦彥於山中賦《丙戌冬日山中感事　八首》七律詩。（陳邦彥《陳巖野先生全集》卷三）

臘末，王邦畿賦《丙戌臘末》詩云：

朔風瘦林木，長陌動煙塵。草野知今日，飄然愧古人。此心空有淚，對面向誰陳。厭著城邊柳，春來葉又新。（王邦畿《耳鳴集》卷六）

除夕，牧原和尚賦《丙戌除夕與懌仲升居士》詩云：

野老難忘憂國念，山童仍抱喜春心。年朝春節真難遇，雨夜融和僅見今。

亂世無家天地悲，達人情緒幾人知。老人離索朋來樂，不負春林百鳥啼。

除日春臨三十年，如今更值歲朝天。好師好友知何處，快得新盟白社賢。（何南鳳《訒堂遺稿》）

歲除，釋函昰《丙戌歲除厄亭同衣白雙白方魯諸子》詩云：

到處看山歲已徂，梅花點點怨江湖。南陽事業歸何地，東魯旌旗仰大儒。拜月盡瞻新面目，窺池不改舊頭顱。世間亦有聞於我，共向方亭伴結趺。（釋函昰《瞎堂詩集》卷九）

本年黎遂球、朱學熙殉國，後王琅賦《登樓北望憶黎美周朱叔子》詩。（溫汝能《粵東詩海》卷六三）

本年陳子升奉隆武帝命於粵東，往章貢一帶。（陳子升《中洲草堂遺集》卷一《西江歎逝賦》）子升於福京（今福州）賦《詔擬初唐應制　丙戌閩中行在祕省作》詩云：

萬里黍龍正御天，四方歸馬詔安邊。鐃歌昔奏之回曲，鎬燕新書卜雒年。袞色旦披臨玉帛，爐香風靜肅貂蟬。臣稱聖壽霑三爵，還向明堂綴五篇。

子升又賦《梁非馨歸至行在因贈》、《贈羅文止祠部》、《戲簡艾千子侍御》、《度虔州》（以上七律）。（陳子升《中洲草堂遺集》卷十一）

本年何絳趨金陵，明年溯江入楚，轉遊徐豫而還。（何絳《不去廬集》卷末胡方撰《墓誌銘》）

本年永曆帝加陳子壯中極殿大學士兼兵部尚書節制兩廣江西福建湖廣軍務。子壯與書瞿式耜，請興師東向，以靖唐藩（紹武帝）。（《小腆紀年》卷十三）

本年梁朝鐘殉國，張穆賦《哭梁未央先生》五古詩。（張穆《鐵橋集》）

本年蘇觀生於廣州城失守時自殺殉國，作《殉難題壁作》。

（張其淦《東莞詩録》卷二二）後陳炅有《輓蘇宇霖閣部》七律詩四首悼之。（張其淦《東莞詩録》卷二二）

　本年廣州擁立紹武帝，黄元祥以薦授推官。

　黄元祥，番禺人。崇禎貢生。廣州擁立，以薦授推官。桂王時復官中秘。亂後閉户不出，以經學教子孫。年七十餘，視聽不衰。日夕，與妻李諷詠古詩，圍棋彈琴相樂也。釋成鷥贈以詩。著有《碧山草堂文集》。陳伯陶《勝朝粤東遺民録》卷一有傳。

　本年廣州初破，馬應芳將死學官，其友勸之，隨從其師陳邦彦起義。

　馬應芳，字子龍。順德人。父義祥，官雲南鶴慶知府。應芳弱冠補諸生，師事陳邦彦。廣州破，將死學官，其友勸之，隨從邦彦往説余龍諸盗，龍率兵攻廣州，以城堅而退虎門。轉攻順德，大敗，或勸應芳亡，曰吾有母，遂就執，沉之伏波橋下，時年三十三。潘楳元、譚瑩《廣州鄉賢傳》卷續有傳。

　本年桂王監國肇慶，方曰瓊破産助餉。

　方曰瓊（一六二四～一六八五），一名龍見，字偉子。東莞人。少嗜學。桂王監國肇慶，破産助餉，詣行在，授金吾將軍。旋與張家玉戮力行間，雖間關百戰，唱和不輟。廣州再破，遁跡蒼梧。晚歸里，構池亭顔曰"渠園小隱"，與僧破浪遊，號別有居士。康熙二十四年（一六八五）乙丑，年六十二卒。著有《西遊草》、《渠園集》。陳伯陶《勝朝粤東遺民録》卷二有傳。

　本年後廣州數被兵，黄栻攜家居佛山。

　黄栻，字君球，號喬瞻。番禺人。生明季，習世務。唐、桂王時，儒士以言求進者，輒不次擢用，視之篾如。順治三年（一六四六）丙戌後，廣州數被兵，攜家居佛山。康熙十三年（一六七四），吳三桂據雲南反，尚之信密與通，毅然詣平南府上書，報資寺僧馳救得釋。自是杜門屏絶人事，講學課子以終。年六十四卒。同邑吕堅爲作傳。吳道鎔《廣東文徵作者考》卷七有傳。

　本年劉公顯亂，吳式亨集鄉民築圍桑浦山。

吴式亨（？～一六四六），號輝庵。揭陽人。崇禎間補兩營把總。順治三年（一六四六），劉公顯亂，集鄉民築圍桑浦山，戮力捍禦，士庶多保全。清兵定潮，授參將。十月，陳拔五攻鳳山，潮陽令陳之昂致牒請援，式亨抱病督兵往救，爲拔五所殺。（乾隆《潮州府志》卷二九）

本年李祈年遭亂，奉母隱於順德之龍江。

李祈年，善弈與詩。遭亂，奉母隱於順德之龍江，與陳恭尹、薛起蛟、釋成鷟等遊，恭尹贈以詩。常語人曰："棋不如琴，琴不如畫，畫不如書，書不如詩，詩不如文，文不如道。"聞者莫不稱善，惟成鷟不然其説，以爲道外技。陳伯陶《勝朝粵東遺民錄》卷四有傳。

本年黄海如亂，遊擊李明謀叛爲應，陳君諤以計殺之。

陳君諤，字替否。澄海人。諸生。順治三年（一六四六）黄海如亂，遊擊李明謀叛爲應，以計殺之，又集鄉勇出海擊破海如軍。林學賢率眾來犯，又截擊之，大勝，奪舟無數，以所獲置兵器、屯軍糧，周恤貧乏。積勞十載，保障一方。（乾隆《潮州府志》卷二九）

本年九軍陷揭陽，圍其鄉，林應世領族人力禦之，圍解。

林應世，字闇如。揭陽人。順治三年（一六四六）九軍陷揭陽，圍其鄉，應世領族人力禦之，圍解。十七年（一六六○）舉人，授知縣，未仕卒。（乾隆《潮州府志》卷二九）

本年劉公顯軍陷揭陽，率眾數萬攻喬林，兩月不下，反爲林鴻冕所破。

林鴻冕，字文度。揭陽人。諸生。沉毅有謀略。明末潮亂，糾集鄉勇保禦村寨。順治三年（一六四六）劉公顯軍陷揭陽，率眾數萬攻喬林，兩月不下，反爲鴻冕所破。鄭成功略潮地，襲執，留十餘日，鄉人以重資贖之，得生還。（乾隆《潮州府志》卷二九）

本年花山賊楊亞三剽劫，李氏挈子女出走。

曾升妻李氏（？～一六四六），從化人。順治三年（一六四六），花山賊楊亞三剽劫，李氏挈子女出走。賊追之，急呼子女潛遁，自以身阻賊；賊至，詈罵觸石而死。（《從化縣志》）

本年九軍破揭陽。謝名選母促其逃匿而不忍去，闔室被拘。

謝名選（？～一六四六），字欽甫。揭陽人。順治三年（一六四六）九軍破揭陽。名選母促其逃匿而不忍去，闔室被拘，母、妻、女皆自縊死，名選罵賊被殺。時人稱孝烈。（乾隆《潮州府志》卷二八、《潮州耆舊集》卷三五）

本年九軍劉公顯亂，林鴻冕起兵拒之，延薛然爲參謀。

薛然，字起蘩。揭陽人。順治初九軍劉公顯亂，林鴻冕起兵拒之，延然爲參謀。大亂之平與有力焉。博學多著述，輯《見聞錄》，詳記南明清初事。著有《輟耕匯纂》、《四書辨疑》等。（乾隆《潮州府志》卷二九）

本年海盜攻陷揭陽，積屍數萬，釋海德收瘞之，作同歸塚。順治十年（一六五三），郝尚久反清，清兵破潮州郡城，屍橫遍野，又與義士鍾萬成收遺骸十餘萬，爲作普同塔於葫蘆山。

釋海德，饒平人。俗姓蕭。明末出家於揭陽觀音堂。（乾隆《潮州府志》卷三〇）

本年釋函昰賦《書梁永祚扇頭二首　丙戌》、《題南院顒和尚真》、《復熊魚山內閣呈偈　諱開元，楚人》、《又復熊內閣》、《寄熊內閣齊雲山中》、《入齊雲》、《樵山聞亂》、《書烏石巖乞米册》、《贈金宇臧　浙江》、《金太史正希殉義　諱聲，南直人》、《黃司李元公殉義　諱端伯，江西人》、《悼丁普益居士二首》（以上七絕）。（釋函昰《瞎堂詩集》卷十七）

本年釋函可寓南京顧夢遊之樓，清兵入粵，梁朝鐘殉難，後補作詩悼之。（釋函可《千山詩集》卷九）

黎靜卿生。

黎靜卿（一六四六～一六七六），字綠眉。東莞人。海雲女。繼王華姜爲屈大均室。幼知書，能作五七言，教里中女士。及長，左圖書，右針纊不輟，又喜學禪，嘗贈大均詩。年三十一卒。著有《道香樓集》。陳融《讀嶺南人詩絶句》卷十五有傳。

邢之桂殉國。

邢之桂（？～一六四六），字仙友。揭陽人。天啟元年（一六二一）舉人。崇禎十五年（一六四二）授江西臨江府推官，攝安福縣事。明亡歸。順治三年，清兵破揭陽城，被執，不屈死。（乾隆《潮州府志》卷二八）

清世祖順治四年　明昭宗永曆元年　明韓王定武二年　丁亥　一六四七年

正月朔，明永曆帝在梧州。十六日清李成棟陷肇慶，帝奔桂林。二月，帝走桂林（明稱西京）。三月，走武岡，復走靖州、柳州、象州。十二月，返桂林。（《行在陽秋》卷上）

春，薛始亨撰成《歸故園賦》。（薛始亨《蒯緱館十一草·賦》）

清軍入潮州鎮平（今梅州蕉嶺），時鎮平民多築寨自保，林際亨居長潭口寨，尤險固，清所遣官以際亨爲鎮平宿望，得之則諸寨傳檄可定，先後致書招之。邑舉人湯應龍亦致書勸降。際亨復書力拒之。會母卒，慨然曰：“國亡母没，可以死矣。”遂投長潭石崖死。門人私諡爲文節先生。（溫廷敬《明季潮州忠逸傳》卷一《林際亨傳》）

江蘇邢昉在南京，作《讀祖心再變記》長詩，斥錢謙益等迎降。（《石臼後集》卷一）

明永曆帝由平樂、潯州走桂林，清李成棟盡鋭西向，破肇慶，遂圍桂林。陳邦彦思起兵攻廣州，行圍魏救趙計，解桂林圍。時大盜余龍衆數萬聚甘竹灘上，邦彦説之攻廣州。邦彦又至新會崖門，憑吊宋末三忠殉國之地，慷慨賦《崖門吊古》七律詩，明其志節。（陳恭尹、何絳《兵科給事中贈資政大夫兵部尚書先府君岩野公行狀》）

春，張穆賦《丁亥三山觀春》五古詩。（張穆《鐵橋集》）

正月，明永曆帝起黃公輔太僕寺少卿。聞廣州破，公輔與王興、蕭國龍起兵於新會，約陳子壯起兵九江村，陳邦彥起兵順德，張家玉起兵東莞，謀復廣州，而潮、惠賴其肖亦起兵，增城霍師連起兵三水，屈士燝集數千人來赴張家玉，互相犄角，邦彥走説甘竹灘盜余龍會合各兵圍廣州，邦彥又率高明兵由海道入珠江，與各軍合。會李成棟自桂林回救，攻廣州不克，復謀取順德，大戰於黃連龍江，軍敗殁，子壯奔高明，邦彥、師連入清遠，家玉走據增城，公輔亦卻歸。（黃貞元《春溥先生年譜》）

王興（？～一六五九），字電輝。短小精悍，人稱繡花針。新會水南（一説恩平）人。永曆元年（一六四六）清兵下廣州，明年與陳邦彥、張家玉、陳子壯、賴其肖等舉兵。永曆帝稱號肇慶，賜興府節，守新寧文村。未幾，邦彥等皆敗没，興勢獨張。鑄山煮海，聚兵糧、結豪英爲持久計。署爲虎賁將軍。永曆八年（一六五四）九月，李定國兵下高涼，興爲前鋒，從攻新會，先登。定國敗，興駐軍文安砦，築壘建倉廠。永曆帝於雲南，出入海上，詔使望來，以興爲東道主。興又數使侄茂公與黃鈺假道交阯，貢金銀布帛等。十二年（一六五八）尚可喜率清軍入其境，互有勝負。明年舉家自焚死。道光《新會縣志》卷九有傳。

蕭國龍，陽江人。王興部將。以功授驃騎將軍。李定國征粵，國龍請爲先鋒，力攻新會不克。既退，奉興令分駐永豐砦，與文安犄角，兵敗死。屈大均《皇明四朝成仁錄》卷十二有傳。

霍師連，字連生。南海人。韜玄孫。早年師事陳邦彥。隆武元年（一六四五）授副總兵，後詐降清，駐守三水。陳邦彥起兵後，轉隨邦彥攻廣州，被清將李成棟擊敗，墮水死。（阮元《廣東通志》卷二八五）

同月，王邦畿賦《丁亥初春重遊甘竹中途留宿岑六》詩云：

涉草露猶濕，開林風尚寒。依然前日路，春色不同看。隔岸江聲遠，荒村夕照殘。忙投故人宿，沽酒暫爲歡。（王邦畿《耳

鳴集》卷六）

初一日，釋函昰賦《丁亥元旦昧庵試筆》詩云：

每逢遺老即留連，病骨支離不記年。但有心胸還宇宙，更無眼目借人天。石頭幾度分鄉思，春色何曾到客邊。扶杖登樓閒一望，南山如舊涕空漣。（釋函昰《瞎堂詩集》卷九）

陳邦彥賦《丁亥元旦寓麟涌》詩云：

紫極南旋玉歷開，春光恰與歲俱回。已看宿雨陰霾盡，喜見新晴淑氣催。萬國謳吟懷祖德，中興勳業仗羣材。小臣浪跡江湖遠，翹首彤雲祝壽杯。（陳邦彥《陳巖野先生全集》卷三）

二月，陳邦彥說甘竹灘盜余龍攻廣州，清總督佟養甲閉城不出，飛騎召李成棟回。時張家玉聚眾入海，邦彥遺書家玉曰：“桂林累卵，但得牽制毋西。使潯平間可完葺，是我致力於此而收功於彼也。”家玉以爲然。使從弟有光復約陳子壯起兵。會東莞焦麗、到滘二鄉以被掠相攻擊，殺數百人，其渠何不凡、莫子元等迎家玉爲主，家玉申明約束。（陳伯陶《東莞五忠傳·張家玉》）

賴其肖起兵鎮平，出攻各州縣以應張家玉。（溫廷敬《明季潮州忠逸傳》卷二《賴其肖傳》）

陳邦彥自高明山中遁歸鄉園，準備乘時再圖恢復，賦《丁亥仲春余歸自嶺右暫憩鄉園讀杜工部秦州雜詠悵然感懷因次其韻二十首》五律詩。（陳恭尹《陳巖野先生全集》卷三）

初十日，余龍率舟數百從海道入，遇敵百餘舶於東莞，焚之，進薄廣州。陳邦彥起兵於高明，遣門人馬應芳以舟師攻順德。清總督佟養甲閉城不出，遣飛騎走桂林，李成棟得報，解桂林之圍而東，桂林由是得完。清兵揚言取甘竹灘，余龍等顧其家，圍廣州四日，掠城外而走。（陳恭尹、何絳《兵科給事中贈資政大夫兵部尚書先府君岩野公行狀》，屈大均《四朝成仁錄》卷十《順德起義臣傳》）

三月，永曆帝授陳子壯東閣大學士，兵、禮二部尚書總督四

省軍務之敕始至。子壯拜命，募兵興復。（陳上圖《家乘》）

王邦畿賦《丁亥莫春有懷》詩云：

一自煙塵後，親知音信稀。出門芳草綠，閉戶梨花飛。古道行人絕，長城飲馬肥。臨風倍惆悵，何處送春歸。（王邦畿《耳鳴集》卷六）

初四日，兵部侍郎張家玉起兵東莞，陳邦彥與家玉書，以爲成敗天定，故置勿計，家玉然之。（陳恭尹、何絳《兵科給事中贈資政大夫兵部尚書先府君岩野公行狀》、《陳岩野先生集》卷二《與張侍郎書》）

十四日，張家玉率軍揚帆至東莞，使兵部主事韓如琰、參將李乙木、族人張世爵、張光正等從陸助戰，鼓未伐而南門已開，遂入城。遣張元瑩、陳國瑞奉表永曆帝，帝晉家玉爲兵部尚書提督嶺東軍務右副都御史。

十五日，家玉還到滘治兵，爲攻廣州計。邑人原明尚書李覺斯、主事李夢日、總兵王應莘等請清兵來攻，家玉還軍金鰲洲，與清兵戰，不利。

十七日，清兵至城，東莞不守。李成棟復攻到滘，家玉血戰三日，殺千餘人，刀竭被陷，祖母陳氏、母黎氏、妹石寶赴水死，妻彭氏被執，不屈死。鄉人殲焉。家玉走西鄉，進克新安縣。（屈大均《張公行狀》，陳伯陶《東莞五忠傳·張家玉》）家玉賦《自舉師不克與二三同志怏怏不平賦此》七絕詩。（陳永正《嶺南歷代詩選》二七三頁）

夏，釋函可將南歸，顧夢遊有《送祖心師還嶺南》詩（鄧漢儀《天下名家詩觀初集》五），余懷有《送別剩人還羅浮》詩（魏憲《詩持二集》五）。歸日，行李過城門，守者檢篋笥有弘光帝答阮大鋮書稿及《再變記》一書，乃擒送軍前，當事疑有徒黨，拷掠至數百，夾木再折無二語，乃發營候鞠，項鐵至三繞，兩足重傷。（《塔銘》、《詩集》顧夢遊序、《粤東遺民錄》）時系承恩寺中。龔賢有《贈剩人系中》詩（《草香堂集》五言律），方文有《贈祖心師》詩（《嵞山集》五）。

四月，李成棟敗余龍於黃連，焚舟二百。陳邦彥下江門，收其燼餘，軍復振。佟養甲患之，使數十騎掩邦彥家於龍山，獲妾何氏，二子和尹、虞尹。遺書招邦彥，邦彥不答，後養甲卒殺之。（陳恭尹、何絳《兵科給事中贈資政大夫兵部尚書先府君岩野公行狀》）

初十日，清副使戚元弼攻西鄉，張家玉得其昆侖舶，遂遁去。家玉遣何不凡襲東莞，戰赤崗，殺數百人。（屈大均《張公行狀》）

五月十六日，何藻賦《瑞蓮詩　有序》七律詩。（清何天衢《欖溪何氏詩徵》卷一）

二十五日，張家玉復率軍攻東莞，不利，退保西鄉。（陳伯陶《東莞五忠傳·張家玉》）

六月初三日，陳邦傅自廣西密遣人以詔書檄文至南海九江，陳子壯因知帝在藤縣。

初六日，陳子壯答書訖，分遣諸路兵立漢威營旗號，傳檄諸鄉鎮。維時張家玉、陳邦彥、王興、賴其肖等先後起兵。子壯傳檄家玉、邦彥等，東西策應，令清遠指揮白嘗燦攻清遠，密諭廣州衛指揮使楊可觀、總兵楊景曄、守將王天錫、天授等為內應，相期水陸會攻廣州。子壯行牌曉諭諸鄉鎮。（陳上圖《家乘》）

十七日，李成棟陷新安縣，遂攻西鄉。張家玉用計，成棟大敗，死者千餘人，成棟棄舟走。數日，復盡銳來攻，戰二日，舟師敗。（《五忠傳》）家玉且戰且走，道經萬家租（今東莞萬江），見發其先壟，毀其家廟，盡滅其族，村市為墟，族人死者千餘人，家玉號哭而去。入龍門，安輯已，乃進兵連復博羅、連平、長寧。攻惠州三日不克，克歸善縣，還屯博羅。敵大舉來攻，堅守五十日，糧盡。（《明史》本傳，屈大均《張公行狀》，陳伯陶《東莞五忠傳·張家玉》）家玉賦《北上河源》七絕詩。（陳永正《嶺南歷代詩選》二七二頁）

七月初一日，陳子壯大會文武，誓師於南海九江，編配海上諸舟爲四營，各有所屬，得戰艦六千餘艘，盡張漢威營黃色旗幟，子壯居中軍。（陳上圖《家乘》）

初五日，子壯兵先期至廣州城下，事泄，楊可觀①、楊景燁暨花山三千人皆死。時李成棟方敗張家玉於新安，聞之趨歸，陳邦彥伏兵於禺珠。

初七日，成棟至禺珠，邦彥以火攻，焚舟數十。子壯軍未及辨旗，誤以爲盡敵軍也，遂潰。邦彥收兵攻城五日不克，率霍師連等轉攻三水、高明。（陳恭尹、何絳《兵科給事中贈資政大夫兵部尚書先府君巖野公行狀》）

八月初五日，陳子壯復率舟師圍攻廣州，數日不下。子壯復與邦彥謀攻戰方略，子壯用邦彥計。是日攻城，李成棟果還，邦彥以火舟沖之，焚敵船數十艘。成棟引兵西，邦彥逐之。會日暮，成棟回舟力戰，乘風順流，勢不可遏。子壯與邦彥兩軍皆潰。其間，邦彥賦《同雲淙相國夜泊　二首》詩云：

西望霓旌擁翠華，更聞鐵騎下星沙。黃龍千艘人猶在，肯遣孤城隱暮笳。

結客憑將報主恩，相看猶喜鬢毛存。覆巢破卵家何在，風雨孤舟度海門。時公二子一妾，爲敵所得，以書招公。公判書後曰：「妾辱之，子殺之，身死朝廷，義不私妻子也。」（陳邦彥《陳巖野先生全集》卷四）

初七日，戰於新會。（陳恭尹、何絳《兵科給事中贈資政大夫兵部尚書先府君巖野公行狀》）

中秋，陳邦彥兄以舊作《八駿圖》乞書款，張穆並題以詩。（廣東博物館藏本，另見《張穆集》頁廿三《畫馬題》之九）。

十九日，陳子壯督水師恢復高明。先是，探報王師臨肇慶，

---

① 楊可觀，字龍瑞。南海人。廣東東營指揮使。隆武時走天興，上書柳慶副總兵。廣州初陷，解甲僞降，陰結壯士以作陳邦彥攻城內應。家奴懼而自首，可觀被執死之。永曆帝贈都督，賜葬。入清，諡節潛。（《廣州府志》卷一一七）

子壯傳令水陸兩師前後接應。適御史麥而炫、兵部主事嚴學思、譚相國、中書區誌等，會師高明。遂進兵攻城，克之。子壯乃委戶部主事朱實蓮主城中，爲留後。（《陳文忠公行狀》）

二十日，清兵入高明。御史麥而炫爲內應，清遠衛指揮白譽燦亦舉城迎陳邦彥，遂率軍入清遠，聯絡韶州、連州、四會、懷集等縣，斷廣州咽喉。（陳恭尹、何絳《兵科給事中贈資政大夫兵部尚書先府君岩野公行狀》）

二十四日，清兵圍九江。（《陳文忠公行狀》）

二十五日，清兵猝襲九江，陳子壯長子上庸負劍死難，子壯遂屯兵九江。

二十八日，博羅城破，張家玉所署知縣李顯謨、教諭廖習梧及韓如琰等俱死。家玉以計得脫，走回龍門，募兵旬日，得萬餘人。家玉好擊劍任俠，多與草澤豪士遊，故所至歸附。乃分其眾爲龍、虎、犀、象四營，攻據增城。（屈大均《張公行狀》，《明史》本傳）

如琰（炎）賦《絕命辭》詩云：

丈夫肯向死前休，今古興亡不自由。半壁東南成墜甑，一家骨肉總填溝。天荒地老孤身在，國破家亡雙淚流。太祖高皇今在上，小臣一死復何求。

一門節義自天成，同日捐軀殉大明。赤膽忠臣魂冉冉，青閨烈婦血熒熒。絕無巡遠悲兒女，賴有夷齊作弟兄。可是阿元能罵賊，天津橋畔舌縱橫。（光緒《惠州府志》卷三六）

釋函可弟韓宗騄等全家死博羅之陷，後張穆賦《余友韓耳叔文恪公之仲子死於難托生劉兩成爲子劉亦余友也托生之前夢耳叔入室遂產及能言劉有姑戲之曰汝爲誰頓有悟曰我父爲官我兄爲和尚余爲人刃今五年不復記憶余喜續三生之緣詩寄兩成令示之》詩云：

流浪何無已，重來亦可悲。甯忘當日語，賴見再生時。夢幻真何定，恩仇且勿癡。吾慚空住世，尚是舊鬚眉。（張穆《鐵橋

集》）

九月，羅賓王父子、王鳴雷以見疑下獄。（黃登《嶺南五朝詩選》下編卷五《羅賓王傳》，陳伯陶《勝朝粵東遺民錄》卷一）

初七日，陳子壯進兵四會。（《陳文忠公行狀》）

初九重陽日，張家玉賦《丁亥重陽悼陣亡將士》詩云：

回首天涯憶故鄉，忽驚節候又重陽。斷腸何處啼猿月，警夢當階唳鶴霜。擊楫幾時清海浦，枕戈猶未掃欃槍。可憐多少英雄骨，空照黃花吐烈香。（張家玉《張文烈遺集》卷六）

同日，鄺露復出遊至金陵，有《九日登鳳凰臺》詩云：

瓦官上下登臨地，銅渾周遭氣序哀。古寺斜陽人獨到，高臺何日鳳飛來。九淮疏鑿通王氣，六代興亡問劫灰。故老只今西眷淚，明堂誰折漢京才。丁亥之秋，奸雄蜂起，滔天之勢已成，晉鄭之依靡托。乘輿南幸，據半壁以待中興。戰則法孝陵之謨裂，守則嚴晉宋之封圍，用托故老以風云。（鄺露《嶠雅》卷二）

梁殿華、龐嘉鼇迎釋函昰結期於南海之弼唐。（《天然昰禪師語錄》梁殿華序）

十一日夜，羅賓王賦《九月初九父子同日下獄十一夜傳有令勒余自裁守牢者將余嚴禁待命簧燈草囑並封所著古書付兒續一律》詩云：

傳是將軍令，重牢擊柝頻。暫時猶父子，今夜盡君臣。待命聽殘漏，封書謝古人。離魂將有去，珍重莫迷津。

後賓王賦《獄中同幾兒守歲》五律。（梁善長《廣東詩粹》卷七）

十九日，清遠城陷，釋性顯殉難，陳邦彥賦《清遠城陷題朱氏池亭　三首》詩云：

無拳無勇，無餉無兵。聯絡山海，矢佐中興。天命不佑，禍患是嬰。千秋而下，鑒此孤貞。

平生報國懷深，望斷西方好音。已共萇弘化碧，還同屈子俱沉。

戀闕孤懷盡，懸絲一命微。負傷如未覺，無淚不須揮。魚吮
鬞貞血，水爲賻襚衣。秖應魂氣在，長遶玉階飛。（陳邦彥《陳
巖野先生全集》卷四）

釋性顯，《四朝成仁錄》作忠顯，順德錦巖東庵僧，隨陳邦
彥起義抗清，殉難於清遠。陳融《讀嶺南人詩絕句》卷十六
有傳。

清兵破清遠，陳邦彥率數十人巷戰，肩受三刃，未死，被執
至廣州。（陳恭尹、何絳《兵科給事中贈資政大夫兵部尚書先府
君岩野公行狀》）獄中絕進食，誤聞張家玉犧牲，詩以吊之。
（《陳岩野先生集》卷三《獄中傳聞張芷園遇害歌以吊之》）

二十四日，李成棟率舟師攻九江，陳子壯擊走之。

二十五日，子壯以兵攻新會，北至海口，遇敵舟而止。（《陳
文忠公行狀》）

二十八日，陳邦彥被殺殉國，刑前賦《臨命歌》詩云：

天造兮多艱，臣也江之滸。書生謾談兵，時哉不我與。我後
兮何之，我躬兮獨苦。厓山多忠魂，後先炤千古。（陳邦彥《陳
巖野先生全集》卷四）又賦《獄中自述》七言律絕筆詩。（陳永
正《嶺南歷代詩選》二二一頁）

邦彥長子恭尹聞變，易服逃至南海之弼唐，依邦彥弟子龐嘉
鰲，後邦彥友湛粹遣舟迎至新塘。（溫肅《陳獨漉先生年譜》）

何絳賦《挽陳大夫》七律詩吊陳邦彥。（陳永正《嶺南歷代
詩選》二八五頁）

秋抄，薛始亨客寶安，遇施天覺，天覺取爲令昭潭以來所爲
詩視始亨，始亨爲作序。（薛始亨《蒯緱館十一草·序·施天覺
昭潭詩序》）

十月，李成棟援增城，以步騎萬餘人來擊，張家玉三分其
兵，掎角相救，倚深溪高崖自固，大戰十日。（《明史》本傳）

初七日，敵攻九江無功，解圍遁，陳子壯遣舟師追之，生擒

數十人，馬數匹。

初八日，子壯自九江率陸師攻新會，不克。歷三日，聞敵有外援，轉攻新興，亦不克，遂還軍高明。（《陳文忠公行狀》）

初十日，李成棟請戰，張家玉大敗，身中九矢，諸將欲掖之走，家玉曰：“大丈夫立天，常犯大難，事已至此，烏用徘徊不決以頸血濺敵手哉？”因起遍拜諸將，自投野塘中以死，時年三十三。（陳伯陶《東莞五忠傳·張家玉》）後黃葵日賦《輓張家玉》詩云：

天運靡常，帝道傾危。四海鼎沸，蹂躪東陲。誰哉守土，倒戈失旟。吁嗟哲人，陳抗六師。大廈將頹，隻手難支。灑血戰場，千古男兒。爾死有用，我生奚爲。（溫汝能《粵東詩海》卷四九）

張穆賦《哭家文烈》詩云：

昔當壯年萬事輕，身騎快馬橫東城。與兄意氣作兄弟，立身每勵爲人英。世悲叔季各出處，嘉爾獻策名崢嶸。文采風流曲江舊，墨瀋翻浪如長鯨。一朝羣鼠折地軸，兩京失陷無完城。身餘黃冠返故里，揭竿斬木隨死生。隻手獨出建旗鼓，虎豹復集如雷轟。呼天飲血誓報國，轉戰千里無援兵。層城復合得市衆，未覿大敵先呼驚。陣移不復泚水固，日暮猶聞鉦鼓聲。

又有《輓家文烈》詩云：

曾從百戰出重圍，隻手空思輓落暉。莫道孤忠有遺恨，睢陽如值信同歸。（張穆《鐵橋集》）

二十一日，清軍船泊九江，將犯高明。二十五日，清李成棟率陸路兵圍高明。明陳子壯親率將士，晝夜登城固守，命戶部主事朱實蓮分兵禦戰。清軍掘地道入城。

二十九日南城陷。子壯督將卒據西城力戰。實蓮戰死北城，敵遂屠城。生得子壯，輿至營中。（《陳文忠公行狀》）

十一月，明陳邦傅遣舟師將攻肇慶，遇清兵遊騎，輒驚潰。清兵泝流追擊，徑上梧州，邦傅急遁還潯州。陳象明戰敗被執。

（陳伯陶《東莞五忠傳·陳象明傳》）

同月，原明大臣、清九省經略洪承疇上奏清廷，言與釋函可有世誼，宜嫌罪情輕重，不敢擬議，將原給和尚牌文及函書帖封送內院，乞敕部察議。（《東華錄》）

初五日，陳子壯等被押入羊城。

初六日巳時，子壯殉國於廣州東郊，區懷炅、區宇甯、曾貫卿、陸言、麥而炫、王鼎衡等同時蒙難。（《陳文忠公行狀》）

區懷炅（？～一六四七），大相從子。天啟副貢生。永曆初官主事。及陳邦彥敗，麥而炫被執，不屈死，懷炅亦被害。陳伯陶《勝朝粵東遺民錄》卷三有傳。

陳子壯弟子升賦《薤露　丁亥十一月》詩云：

皇祖卜世久，所遺誰最忠。先帝昇鼎湖，數子攀厥龍。殉死乃無穴，號呼而且從。鼎缺於磨室，京畿置南邦。多見以不怪，棄之如轉蓬。家衰奮海隅，樹幟思得朋。力盡軀以捐，憤怨塞蒼穹。嗚呼復嗚呼，豈惟漢義公。（陳子升《中洲草堂遺集》卷三）

子升又賦《五逝嘆　有序》五古五首，序云：

五逝者，皆崇品雅懷，而於我乎知而歡焉者也。以宦來粵者，則方、姚、李其人也。書問莫逆者，則張。同里少習者，則黎其人也。義有師事比肩之次，情無命駕一室之別，憶兩年所後先化殂，予茲覯困，裴回緩急，淒其壹鬱，故有此作焉。

子升又賦《思舊詩》五古七首，序云：

思舊者，思黎太僕也。太僕名遂球，字美周，以樞曹殉難於虔州，得贈太僕。（陳子升《中洲草堂遺集》卷四）

子升又賦《哭云淙兄》悼其兄子壯：

取義先申報國勞，師行將克絕號咷。一生心事萇弘碧，百粵經營伍子濤。皆裂旄頭清露泣，身騎箕尾玉堂高。平生雁序曾師友，今日招魂尚讀騷。（陳子升《中洲草堂遺集》卷十一）

十二月，永曆帝入楚，六師乏糧，何騰蛟令陳象明征餉廣西，因往謁行在，命以兵部右侍郎兼都察院左僉都御史、總督兩廣軍務，同思恩侯陳邦傅連營。

釋函可於獄中初度，賦《繫中生日二首》詩云：

稽首牟尼古佛圖，今朝猶剩舊頭顱。縱經萬死知何恨，欲盡餘生亦是虛。破寺獨松撐日月，短牀閒夢到江湖。從他知罪渾無涉，納納乾坤一病夫。

三十七年事事非，兩行新淚點田衣。世間白日還容我，海上青山未許歸。天意每於窮極見，故人不爲病多稀。明朝好惡休須論，且共團圞話日暉。（釋函可《千山詩集補遺》）

初一日，陳象明被清兵執至梧州榕樹潭，投水死，年五十五。（陳伯陶《東莞五忠傳·陳象明傳》）

冬末，何吾騶感時憤世，有七絕《時於丁亥冬杪百物衰殘讀昔人七哀不禁嗚咽輒賦所感因物自傷不在乎數也》八首。（何吾騶《元氣堂詩集》卷下《七絕》）

除夕，釋函昰賦《丁亥臘盡臺設禪人乞詩》詩云：

寒夜月明雲外賞，枯椿紅綻臘前知。披衣穩坐三冬足，桃李成蹊應有時。（釋函昰《瞎堂詩集》卷十七）

本年四關姓女子因戰亂而亡，後屈大均賦《四關烈婦詩　有序》七絕詩七首詠之。（屈大均《翁山詩外》卷十四）

大均又有《二妃操　有序》詩云：

二妃者，一曰益陽王妃。丁亥春，王被害廣州。妃有殊色，蕃兵欲逼妻之。妃曰：「王，故夫也。亟具棺衿殮王，予將盡一哀以事汝。」兵從之。妃多縛小刀衣中，整刃外向。喪服哭泣，視殮含。既葬，兵欲犯妃，妃大罵。兵抱持益急，身數十處被創，血涔涔僕地。妃乃反刃自殺。

爲我殮王，送之北邙。誓將從汝，不惜新喪。王魂已歸土，同穴終何補。利刃懷滿身，欲切奴爲脯。奴血何淋灕，痛楚莫予侮。自到以報王，黃泉相鼓舞。

一曰滋陽王妃。王嘗與銅陵、興化、永豐、信陽、永寧五王客寓惠州。庚寅夏六月，廣州圍急，有奉化伯黃應傑者，與副使李士璉誘執王及五王，以惠州先降，既而悉殺之以媚敵，諸王子在繦褓及宗室女已嫁者皆死。滋陽王既薨，妃某氏色美，應傑將欲犯之。不從，褫其上衣，閉室中，妃乘間拆

下衣爲縷經死。（屈大均《翁山詩外》卷十五）

本年鄺露賦《負芻　丁亥作》詩云：

負芻長已矣，芻盡橐還空。八口閭閻下，孤臣市井中。離情觀道喪，無淚哭途窮。顧影時時笑，勞君西復東。（鄺露《嶠雅》卷二）

本年陳子升於奔走流離中手録近體詩一通寄業師歐主遇。十四年後即順治十七年（一六六〇）庚子，以此手劄刻成《城南詩集》，自序記之。（陳子升《中洲草堂遺集》卷末附《舊刻城南詩集自序》）

本年張穆移居橋西，有《新齋成》詩述懷。（《鐵橋集》頁三九，《鐵橋遺詩》題作《移居橋西》）

本年郭之奇居普寧，友人林銘球卒。之奇初與銘球謀起義兵，圖恢復。而銘球以積勞，悒悒逢疾，卒年六十。

本年陳邦彦起兵高明山中，一時義師四起，屈大均同懷忠憤，有捐軀報國之志，遂從邦彦獨當一隊，從兄士燝、士煌亦破産行軍。邦彦被執，不屈死，大均興屍拾髮齒而囊之。繼而張家玉、陳子壯相繼被執，不屈死。大均追隨三公，盡歷艱險，益堅志不仕。（汪宗衍《屈大均年譜》）

本年張家玉殉國，謝元汴賦《哭張芷園　名家玉，東莞人。予同年進士，丁亥死節》五古二首悼之。（謝元汴《霜山草堂詩集》）

本年王邦畿賦《燕　丁亥》詩云：

玄燕西飛入楚鄉，洞庭秋色起微霜。月明千里行人絶，楊柳蕭蕭江水長。（王邦畿《耳鳴集》卷一四）

本年林丹九賦絶命詩《龍潭寨》詩云：

負崖倚險聚蒼生，心與寒潭一樣清。任是史官編不到，山靈知道此孤貞。（清黄釗《石窟一徵》卷九《藝文》引《詩娛室詩話》）

本年鄺露賦《二臣詠　張侍郎家玉、陳閣部子壯》詩云：

供奉天廟姿，飛躍及犇馬。錐秦誤索韓，榮漢勤方賈。義聲振龍荒，號召遍區夏。逐日功詎虧，蹈海志乃寫。俠骨馨馬革，裂眥東城下。芷園文豪武俠，闖賊陷神京時，大節不屈。隆武中，徵兵閩粵。王師敗績，清兵乘勝入粵。公將歸命紹武，王師敗績，粵東又陷。公遂倡義羅浮，與九江、中宿、龍門爲犄角。增江之役，單騎入萬馬中，結纓而死。得其首者，懸之都門，七日顏色不變，秀眉如畫，怒髮欲指。當事者過之，雙瞳躍出，嚮東方飛去。子胥剟目，何以尚之。夫使救死扶傷，不敢合力西向以成帝業，芷園、云淙，其軍鋒之魁乎？

秩宗誕宏志，褰日走丹陸。蠖屈煥龍驤，冥量超倚伏。吞舟運蓬壺，渺然枯四瀆。金罤擘其鱗，烏鳶嚇其肉。遺卵何足云，噫噫傷獨鹿。雲淙有韜世之量，將略或有短長，然驅市人而戰，因糧於卒，難與最勝者爭鋒也。觀其從容就義，甘鼎鑊之如薺，視妻子而若浼，修髯玉立，風流文采，與謝康樂同，而臨刑之地又同。死辱一時痛，生辱萬古戚，於呼審矣。（以上《嶠雅》卷一）

本年蘇福崇祀鄉賢。

蘇福，潮州府惠來人。再歲而孤，五歲不能言。一日見道旁死蛙，訏曰：「此非出字乎？」自是矢口成章，下筆如有神助。北山驛丞遇之，戲曰：「拾穗與神童」，福應聲曰：「折梅逢驛使。」洪武中徵舉赴京陛見。上以其年稚，遣行人護送歸。未幾病卒，年十四。順治四年（一六四七）崇祀鄉賢。羅學鵬《廣東文獻》卷四有傳。

本年張家玉起兵，陳調糾合鄉兵爲響應。

陳調，字枚臣。東莞人，通脫喜任俠。張家玉起兵，糾合鄉兵，與爲響應。後隸家玉麾下，任參謀推官。家玉死，乃歸，與同里李貞悲歌痛飲。晚築樂皓齋，結隱而終。陳伯陶《勝朝粵東遺民錄》卷二有傳。

本年梁邦楨殉國。

梁邦楨（？～一六四七），字巨卿，號忠堂。東莞人。明季應詔勤王，功加守備。後隨張家玉圖恢復，轉戰行間，家玉敗走，邦楨戰死西鄉。永曆帝追恤死事，贈懷遠將軍。張其淦《東

莞詩録》卷二四有傳。弟邦集，字和卿，號仰西，從張家玉軍授
鴻臚寺序班，兄邦楨死節，乃終於遺逸，屈大均有答詩。陳融
《讀嶺南人詩絕句》卷四有傳。

　　本年災荒，方登庸將積存糧食悉賑饑。

　　方登庸，字華西。東莞人。任俠好義，借債者無力還，毀債
券，還抵押。順治四年（一六四七）災荒，將積存糧食悉賑饑。
（宣統《東莞縣志》卷六五）

　　本年金堡（釋澹歸）於辰、沅陷後匿黔陽山中，清辰沅道戴
國士馳書請相見，堡抗書答之。國士知不可屈，乃止。（《永曆實
録》二一）

　　本年兵馬蹂躪，方顓愷（釋成鷲）家隱城中四月，内有枉殺
短衿之禍，無辜受戮者數千人。其父國驊亦短其衿，在途聞變，
不知所以，逾垣避之，倖免於難。從此閉門，非有大故不敢出
入。顓愷伏處牖下，忍聲默誦，日夕不輟。（釋成鷲《紀夢編
年》）

　　本年釋函昰在廣州小持船，賦《示旋庵　丁亥小持船》詩予
釋今湛云：

　　眾生久流轉，迷於自心量。失所精了性，無覺覺所覺。分別
見有我，我立生有人。眾生及壽命，一時同具足。展轉生死中，
縛脱總迷悶。愚人隨業緣，住於不覺地。智者覺不覺，捨生而取
滅。空華陽燄里，顛倒徒捫目。晴空迥無有，觀者莫勞累。汝與
諸佛同，一切貪嗔癡。即是戒定慧，直下無有二。亦無無二想，
居然登祖位。慎勿下劣心，流轉不知止。一念自覺非，善哉旋庵
子。（釋函昰《瞎堂詩集》卷三）

　　本年袁彭年來見，後釋函昰有《悼袁特丘中丞四首　有引》
五律詩，序云：

　　特丘丁亥見予於廣州小持船，一晤便如宿好。嗣予徙訶林，入雷峰，音
問未嘗少間，每相見輒多勉勵。壬辰乞作優婆塞，漸知有向上事。明年入
匡，過陳邨，特丘始有出世意，會行急不能待。後特丘歸公安，予亦返雷

峰，相距四千里。凶聞忽傳，疑信間因語止言、潸歸："此公與老僧一段葛藤，應不止此。"及報確，甚慨因緣之錯過。嗚呼，吾實負特丘矣。（釋函昰《瞎堂詩集》卷八）

本年釋函昰旋挈家避亂西樵山中，有《西樵寫懷十首　丁亥》七律詩。（釋函昰《瞎堂詩集》卷十）

陳子壯、陳邦彥、張家玉以起義死，釋函昰哀之，作《廣州三首》七律。（釋函昰《瞎堂詩集》卷十一）

本年釋函昰於西樵山賦《樵山答冼文學二首　丁亥》、《樵山新篁吟贈同庵道者》、《樵山新篁吟寄若雲道者》、《答同庵上壽》、《示程雪池居士》、《贈童居士　浙江》、《示龐若雲居士二首》、《贈韓瓊山　揚州》、《復梁同庵龐若雲兩居士》、《示梁同庵居士》、《贈梁樸臣居士言結道緣》、《喆喬禪人之歿也欲弔不果詩以哀之　即梁漸子》（以上七絕）。（釋函昰《瞎堂詩集》卷十七）

本年陳子壯、張家玉、黎遂球、梁朝鐘等爲國就義，後釋函可於流放地遼東——賦詩遙祭：

遙哭秋濤

雲淙一出人皆望，天宇頻傾勢莫收。若水搗唇無二日，文龍指腹定千秋。忍將禮樂隨身去，盡把心肝報主休。自有容臺遺稿在，長偕正氣世間留。

遙哭玄子

龍髯一墜恨身存，萬里崎嶇哭主恩。鄧禹未能追鄴下，秀夫終合殉崖門。詞林尚吐文章氣，沙磧頻招忠義魂。從此千秋滄海上，風濤怒捲血猶渾。

遙哭美周

一身許國氣無前，貢水波漫熱血濺。菩薩道窮皈馬革，孝廉船覆失龍泉。家餘老母西方淚，夢遠孤僧北塞煙。節義文章渾泡影，蓮鬚重結後生緣。

遙哭未央

飛雲頂上憶同遊，風雨相期苦不休。自向虛空明節義，何妨平等泯恩仇。宰官忽現睢陽齒，祖道唯懸獅子頭。未了團圞他世事，白山黑水日悠悠。

遙哭巨源

方筇把贈大江濱，垂涕相看各愴神。我竄異方生亦死，君從前代鬼成人。西山雨過畫堂寂，南浦雲橫古道堙。嘆惜舊遊誰復在，獨留雙眼哭高旻。

遙哭千里

甘露曾聞飲鄭平，肯教弱水隔蓬瀛。雲煙淡淡眉間見，佛祖明明指上生。看盡桑田松閣冷，拋殘丹竈筆牀橫。三彭未絕身先死，點淚黃沙哭紫清。（釋函可《千山詩集》卷九）

張灝生。

張灝（一六四七～一六九二），字晴川。惠來人。經子。康熙十一年（一六七二）舉人，任化州學正，抵任捐俸修學宮。卒於官。著有《濯春堂集》。（乾隆《潮州府志》卷二九）

唐寬生。

唐寬（一六四七～一七一二），字敬五。惠來人。康熙四十一年（一七〇二）鄉試副榜，縣令聘修縣志。著有《覆瓿集》、《吹萬集》、《擬古集》、《吼雪集》。（雍正《惠來縣志》卷十四、《潮州志·藝文志》）

尹鋮殉國。

尹鋮（？～一六四七），原名朝鋮，字彥端。東莞人。貢生。崇禎末與弟率鄉人築寨自守，隨張家玉抗清，兵敗力戰死。（宣統《東莞縣志》卷六四）

葉如日殉國。

葉如日（？～一六四七），東莞人。率族人擊敗入境清軍，與張家玉聯合抗清，收復東莞縣城。任守備，在西鄉戰役中陣亡。（宣統《東莞縣志》卷六四）

白常燦殉國。

白常燦（？～一六四七），字燦玉。清遠人。善《毛詩》、《左傳》。以世蔭清遠衛指揮使，以功升韶州都指揮使。領兵勤王，兵敗走肇慶，委爲水陸勤王軍都統制等。永曆元年（一六四七）於清遠攖城固守，陣亡，贈太子太保左都督。（《明史》）

白常煇殉國。

白常煇（？～一六四七），字鎮玉。清遠人。常燦堂弟。明亡，以試俸百户隨兄反清。永曆元年（一六四七）二月及七月，兩次隨攻廣州，不克。退襲三水，署三水知縣。後赴行在，任户部主事、西北路參軍。當年冬戰死肇慶。三年，贈太僕寺正卿，謚忠壯。（《清遠縣志》卷六）

楊邦達殉國。

楊邦達（？～一六四七），東莞人。隨張家玉起兵抗清，因勇敢善戰任參將，於東莞望牛墩與清將李成棟血戰七晝夜，陣亡。（宣統《東莞縣志》卷六四）

張有光殉國。

張有光（？～一六四七），字以覲。東莞人。家玉堂弟。任張家玉軍都司，冒險爲陳子壯送軍書。兵敗被俘，不屈死。（宣統《東莞縣志》卷六四）

陳文殉國。

陳文（？～一六四七），字焕生。東莞人。散發家財，響應張家玉起兵抗清，率衆據險抵抗，兵敗被捕，不屈而死。（宣統《東莞縣志》卷六四）

釋通岸圓寂。

清世祖順治五年　明昭宗永曆二年　明韓王定武三年　戊子　一六四八年

二月，明永曆帝走南寧。三月（明閏三月），清提督李成棟以廣州反正歸明，復明衣冠正朔。八月，永曆帝返都肇慶。

春，兵亂之後，廣州大饑，斗米八百錢。（乾隆《番禺縣志》

卷十八）

薛始亨與諸子結社於龍江青雲臺，釀金爲長明燈，始亨因命爲旦社。有《龍江青雲臺旦社題辭》。（薛始亨《蒯緱館十一草·雜著》）

張穆居東莞城東郊，時大旱將亂，歸經里門，僦舟還新沙，載家口至浮橋畔，宿葉啟庸齋。（《浮山志》卷三，並見《補遺》頁十六至十八《故園茶山記》）

釋函昰受雷峰隆興寺主釋今湛請，始掩關寺中，並爲登具，賦《戊子春掩關雷峯諸道俗見訊示此》詩云：

四十年來彈指間，荷擔大道不知頑。無緣常恐法輪墜，多病偏憐夢幻慳。業識未乾迷悟假，垢心忘盡聖凡閒。於今剩有蒙頭衲，敢效高僧閉死關。（釋函昰《瞎堂詩集》卷十）

未幾返訶林，作《訶林春歸》詩。（釋函昰《瞎堂詩集》卷七）

正月，梁殿華（法名今轉）爲釋函昰撰語錄序。（《天然昰禪師語錄》卷首）

同月，清將尚可喜率兵西犯肇慶，明永曆帝奔梧州，吳萬雄督師死守肇慶。

吳萬雄（？~一六四八），字孝俊，號明英。豐順人。二十歲應京兆試，落第。史可法招奇才謀士，上萬言書，留軍中參與謀略，歷任左右都督、直隸真定、大名總兵，奉調鎮肇慶。後擁桂王監國肇慶，授左都督，掛平虜將軍印，晉太子少保。永曆二年（一六四八）正月，清平南王尚可喜率兵西犯肇慶，永曆帝奔梧州，督師死守肇慶，血戰月餘，因缺糧援絕，巷戰身亡。永曆帝追贈太子太保、特進榮祿大夫，賜諡忠烈。有十子，移居廣寧縣沙柵村。（民國《豐順縣志》）按：尚可喜時未至粵，此條應置後年（一六五〇）。

年初陳子升在蒼梧，後至行在肇慶，拜吏科給事中。（陳子升《中洲草堂遺集》卷十一《蒼梧懷古 戊子》、《至行在拜吏垣

感賦 戊子端州》，端州即肇慶。）又賦《野闊》七律詩。（陳永正
《嶺南歷代詩選》二六八頁）

初七人日，王邦畿賦《戊子人日》詩云：

社稷民爲貴，諸侯多寶之。前賢愛今日，天氣與人宜。細草
生春色，長楊綴綠絲。寄聲諸父老，飲酒不須辭。（王邦畿《耳
鳴集》卷六）

金聲桓反正歸明於江西，馳檄勸佟養甲、李成棟響應復明。

二月初六日，謝元汴賦《戊子二月六日郭正夫先輩招同陶社
和韻二律》詩云：

陽阿晞髮漫稱民，灑淚新亭已愧臣。劫火不燒商士蕨，桃花
可識秦時人。以吾孤詠濁音鼻，遇子同舟蟄角巾。埋照名山總市
譽，笑隨荷鍤眄天真。

焚蘭灼艾勿嗟時，攬茞紉芳幸及茲。惜逝畏居日月後，寒修
渺與水山期。慚從地下逢弘演，浪向人間誦楚辭。泉石自敦閒姓
字，首山離塚豈余欺。

三月，屈士燝走梧州，迎蹕至肇慶，上時務疏，授中書舍
人。（屈大均《翁山文外》卷七《伯兄白園先生墓表》）

薛始亨與諸人社集廣州南園。（薛始亨《南枝堂稿·七律·
暮春羊城社集 戊子》）

明永曆帝贈陳子壯東閣大學士忠烈侯，謚文忠，予祭葬，蔭
一子中書舍人錦衣衛世襲。贈張家玉少保太師武英殿大學士吏部
尚書增城侯，謚文烈，予祭葬，追封三代，蔭其弟家珍錦衣衛僉
事。（《行在陽秋》卷上）

阻兵饑饉，鄺露有《兒母牽衣啼》傷之。（鄺露《嶠雅》卷
一）

穀雨，王邦畿賦《戊子穀日》詩云：

今春逢穀日，歡喜拜皇天。壺酒賀新歲，豚蹄祝有年。匹夫
勞作止，八口賴安全。試望平田外，濛濛細雨煙。（王邦畿《耳
鳴集》卷六）

閏三月，辰州總兵姚啟虞以抗清戰死，由其弟啟唐代領其
眾，與諸將絕指誓天，感應風雹，與清兵二十餘戰，殲敵數千，
金堡（釋澹歸）作鐃歌十首勉之。後堡入朝，且疏請獎恤之。
（金堡《嶺海焚餘》中《獎賚義將疏》）

李成棟奪佟養甲兵權。十二日，佈告遵奉永曆正朔。十四
日，釋國事犯，陳子壯子上蘭、上延、上圖相將出獄。十五日，
李成棟反正，乃由其姜張氏屍諫激成。

二十五日，鄺露作《趙夫人歌　並序》七古詩，序云：

夫人神明之胤，食氏廣陵，敦說詩雅，明古今治亂之數，歌舞獨步一
時，非天朝將相，莫幣塞修。時督院李公鎮撫三吳，感夷吾白水之辨，雜珮
以要之，素琴以友之，不當青鳥翡翠之婉變矣。毋幾何，兩都淪陷，公胡服
受事，繫粵宅交，潛運忠謨，效狄梁公反周為唐故事。幾會輻輳，乃遣使迎
夫人。夫人至，脫珈捐珮，揚衡古烈，勸公迎駕邕宜，爲諸侯帥，言：「泛
長江、過彭蠡，謳吟思漢，不謀同聲，天下脫有微風，義旗將集君所矣。」
公籌畫已定，不肯少泄。翌日，設醴壽公，跽申前請，公懼壁間有人，叱
曰：「軍國大事出於司馬。牝雞之晨，將就磔矣。」夫人謝罪歸院，卒以屍
諫，血書藏於祖服：「浹旬之間，西迓乘輿。復我漢官，如運諸掌。」香山
何夫子傳記其事，命露作歌。蓋王化始於閨門，竢采風者擇焉。跋曰：永曆
二年閏三月十五日，東粵始復冠裳。廿有五日，過謁何夫子，見其述忠媛趙
夫人事甚悉，率爾漫賦。（鄺露《嶠雅》卷二）按：詩中趙氏即張
氏，彭孟陽校書張喬之妹，名玉喬，亦善詩，先爲陳子壯妾，後
歸李成棟。

夏，明定國公鄭鴻逵率舟師三千人，至潮陽港口，九軍附
之。郭之奇以九軍散故，回鄉里揭陽，仍里居。結陶社，與羅萬
傑等唱和以寄意。（《忠逸傳》二）

謝重華賦《戊子春旱入夏方雨山寇蠭起諸鄉不敢耕米價騰踴
每斗價至八錢餓莩載道予與家人惟日啜粥食百草此三百年來吾邑
未有之變也》詩云：

兵荒方洊至，不意我身逢。百畝皆空土，千家盡輟舂。食糜
同小范，嘗草似神農。辟穀憂無術，吾將問赤松。（張其淦《東

莞詩録》卷二三）

夏大饑，斗米千錢，人或相食。方顴愷（釋成鷟）家十餘口，日啖糠核，存亡不保。至是始廢學業，齋戒禮拜，未嘗廢也。時方危亂，文臣縮手，詞翰需人，父國驊蒙薦，詔授翰林庶常。顴愷從赴行在，知其不可，力勸返轍，其父亦以爲然，以母老辭，退修初服。既歸里，佃田數畝於東郊外黃花塘畔。顴愷雖總角，膂力過人，負粗饁餉，猶能乘閑讀書。（釋成鷟《紀夢編年》）

黎彭祖賦《戊子紀饑》五古長詩。（陳恭尹《番禺黎氏存詩彙選》）

王邦畿亦賦《戊子歌》四言詩述饑荒。（王邦畿《耳鳴集》卷一）

釋函昰阻饑於海雲，作《禪醉》十篇。（釋函昰《天然昰禪師語録》十一）

四月初一日，始殮陳子壯遺體，舉喪於光孝街邵宅。（李健兒《陳子壯年譜》）

二十八日，釋函可被清廷流放至瀋陽，焚修慈恩寺，凡七坐道場。（郝浴《塔碑銘》）

秋，張穆入肇慶行在，薛始亨有《除夕病起東張山人訂入西樵》詩。（薛始亨《南枝堂稿·五律》）

謝重華賦《戊子秋先嚴見背嬛嬛無倚憶雅詩出則銜恤入則靡至二語描寫真切一字一淚》詩云：

世亂無緣覓一官，區區菽水愧承歡。百年風木悲何極，夜夜皋魚泣未乾。

庭舍淒涼可若何，哀思不禁髮全皤。毛詩字字堪愁我，怪得王裒廢蓼莪。（張其淦《東莞詩録》卷二三）

秋夜，屈大均懷其先業師陳邦彥，賦《秋夜恭懷先業師贈兵部尚書巖野陳先生並寄恭尹　戊子》七古長詩。（屈大均《翁山詩外》卷四）

七月二十一日，謝元汴賦《前生德 戊子七月二十一事也　時脫悍帥之難》詩云：

天之於吾何爲乎，君之危兮臣羞矣。天之於世何爲乎，龍之亢弓鯨淩耳。女媧之腸何如共工之頭，不周山崩天地圮。麟騶同賢者避世，以兵毒人唯虎兕。蒼生肉腐不足食，截斷衣冠充俎几。嗟德之生以植良，不惟植良遹以理。不能使世之皆禹稷而無羿奡兮，雖德之生乃可恥。（謝元汴《霜山草堂詩集》）

二十四日，永曆帝命吏部左侍郎吳貞毓致祭陳子壯九壇。（李健兒《陳子壯年譜》）

八月（明七月），永曆帝幸肇慶。李成棟翊明大將軍，以其養子元胤爲錦衣衛指揮使。召大學士瞿式耜於桂林，辭不至。（《小腆紀年》卷十五）補陳世傑翰林學士、吳以連驗封司、李貞給事中、高齎明御史、王應華光祿卿、楊邦翰太僕卿、唐元楫職方司，諸人皆粵人，從李元胤薦也。（《行在陽秋》卷上）

時兩粵湖南盡歸明，郭之奇聞訊至惠州，以父喪未進。（《宛在堂文集》）

金堡（釋澹歸）服闋，自辰溪出山，至桂林，以瞿式耜薦，赴肇慶行在，以舊官授兵科給事中。（《西南紀事》七、《永曆實錄》二一）堡甫受職，上時政八失疏。疏上，遭嚴旨切責，令安定供職，然直聲大震。（《永曆實錄》二一）後又上中興四議疏。堡以劾陳邦傅、馬吉翔號虎牙，持論尤侃侃，又上申敕督輔三令疏。（《嶺海焚餘》中）

初一日，陳上圖赴闕謝恩。二十日，疏請恤典。（李健兒《陳子壯年譜》）

十五日，陳邦彥子恭尹詣肇慶行在，上《請恤疏》，爲父邦彥請恤，二十一日奉旨。科抄後即歸里發喪。永曆帝贈邦彥太僕寺卿，錄恭尹讀書國學。（陳恭尹《獨漉堂集·續編·請恤疏》、《書後》）

同日，王邦畿賦《戊子中秋奉和關蓬石吏部》詩云：

爲愛中秋勝去年，天香搖落暮雲邊。渴消僊露金盤近，光滿皇輿玉鏡懸。酒色遙分河漢影，雁聲輕散芰荷煙。庾公不遣南樓興，誰和西風白雪篇。（王邦畿《耳鳴集》卷十一）

九月，釋函昰再入廣州光孝寺，撰有語錄。（釋函昰《天然昰禪師語錄》一）

初九日，釋函昰賦《戊子九日》詩云：

去年此日亂離中，霜葉寒花今又逢。鴈羽不堪窮漠北，戍歌猶是大江東。煙銷衰草橫塘靜，日照疎林秋浦紅。潦倒莫辭朝落帽，夜猿聲急白蘋風。

又賦《九日洪少宰西巖袁都憲特丘放生小持船賦此卻寄》詩云：

聞道重陽白社開，德雲不在妙高臺。儘教魚躍鳶飛去，識得長天秋水來。貝葉肯和霜葉脫，曇花應傍菊花栽。金錢不買陶潛醉，別有醍醐露一杯。

同日憶梁朝鐘，賦《九日憶梁未央用臺設韻》詩云：

百年蹤跡客情慳，占得雷峯一日山。籬菊飲殘陶令酒，茱萸看盡杜卿顏。死生多故聞秋雁，老大無心臥竹關。爲語登臨但乘興，長江滾滾幾時還。（釋函昰《瞎堂詩集》卷十）

二十日，奉旨追封陳子壯太師上柱國特進光祿大夫中極殿大學士吏兵二部尚書忠烈侯，諡文忠，賜祭壇全葬，建祠昭報，追贈三代新銜誥命。朱太夫人著撫按官不時存問。時子壯弟子升奉母隱居。贈上庸太僕寺少卿，蔭上延尚寶司司丞，蔭上圖世襲錦衣衛指揮使，特授都督同知，授子升禮科給事中，上蘭分巡廣西桂平道按察使司僉事，蔭周贊中書舍人。（李健兒《陳子壯年譜》）

十月，黃公輔被擢通政司左通政侍經筵，時永曆帝回駐肇慶，以李成棟據廣東來歸，請帝赴廣州，瞿式耜慮爲所制，因駐此。（黃貞元《春溥先生年譜》）

錢澄之至肇慶，喜賦《喜達行在二十韻　永曆二年冬十月到

肇慶府》。（錢澄之《藏山閣文存》卷九《生還集》①）

十八日，郭之奇又上《潮事可憂有四等事疏》。（《宛在堂文集》）

以黃奇遇爲詹事、禮部左侍郎，充經筵講官。（《永曆實録》）

十一月，李成棟養子元胤殺佟養甲。先是，閣部陳子壯之死也，養甲投其骨於四郊，既歸明，朝臣輒以此相挫辱，養甲悔之，密令人齎表北行，爲元胤邏者所得，遣祭興陵，密敕主事陳純來殺之，並同降之巡按御史劉顯名。（《小腆紀年》卷十五）

同月，梁以壯賦《省先君子墓》詩云：

先君子，字次瑜，號石門。爲人無愁無怒，博學多謀，文似左史，詩近香山，章鑿秦漢，書法右軍，人爭慕之。戊子九月一日去世，越月，朱村故人潘龍颺於武闈後，猶遇先君子於番禺縣前，相語良久，邀往寓舍，醉出東門，謂入羅浮。是年十一月，協領申峴山葬母朱村，予與古岡區子益亭皆往，因同訪潘子，備述其事，皆以爲僊去。潘子時亦年七十矣，且作詩誌之，一時同人咸和焉。因序。

先人素瀟灑，魂體尚能全。不肯還家老，而爲伏虎仙。一丘空落日，萬恨在終天。春草無知物，青青年又年。（梁以壯《蘭扄前集》卷三）

初九日，郭之奇奉旨，著照原官另用。（《宛在堂文集》）

十二月，謝元汴謁永曆帝於肇慶，復授兵科給事中。（溫廷敬《明季潮州忠逸傳》卷二《謝元汴傳》）

冬臘，有龍出端江中，後屈大均賦《登閱江樓有感》詩云：

崧臺百尺俯滄波，上有飛樓復道多。萬嶂高從窗口出，千帆低向檻前過。山川此日無銅界，城闕當年滿玉珂。西望蒼梧煙雨暗，重華有淚在牂牁。

四樓合作一樓開，勢截牂牁萬里來。萬歲樹存惟桂樹，千秋臺起是崧臺。來朝玉輦黃龍出，去逐金筏白馬哀。御氣至今三峽

---

① 《生還集》收澄之入粵所作詩二十八首。

在，七星員屋即蓬萊。戊子冬臘，有龍出端江中。（屈大均《翁山詩外》卷一〇）

小除夜，梁以壯賦《戊子小除夜》詩云：

今年小除夜，安似去年時。不見老成父，兼無第五兒。對燈猶舊影，告竈是新醨。報說春消息，三更到海湄。（梁以壯《蘭扃前集》卷三）

先是隆武帝起黄奇遇爲少詹事，未赴。本年永曆帝召黄奇遇，擢詹事府詹事、禮部左侍郎掌部事，充經筵講官。（温廷敬《明季潮州忠逸傳》卷二《黄奇遇傳》）

本年李成棟反正，廣東全省重爲明永曆朝所有。帝贈張家玉太子太保、東閣大學士、吏部尚書，旋以皇太子生加贈太保兼太子太保、武英殿大學士、增城侯，謚文烈。家玉無子，以弟家珍蔭錦衣衛指揮使，父兆龍以子爵封之。（屈大均《張公行狀》，《明史》本傳）

本年鄺露復起爲中書舍人，時陳子升爲吏科給事中，遷兵科右給事中，露有《初拜官呈陳喬生黄門》詩。（陳子升《中洲草堂遺集》卷十一《憶鄺秘書》詩後附錄）

子升有《至行在拜史坦感賦　戊子端州》詩云：

五嶺光華復旦初，六龍停蹕詔新除。不堪海島從王事，遂向天垣讀父書。南國風輕岡上鳳，西江波動轍中魚。天顔咫尺青蒲地，采得忘憂寄倚間。

又賦《蒼梧懷古　戊子》詩云：

水緑三湘下九疑，海隅風動帝巡時。五絃惟託南薰奏，二女何孤北渚思。軒後衣冠同委蛻，楚臣椒桂獨陳詞。誰將百粤文身衆，會向簫韶學鳳儀。（陳子升《中洲草堂遺集》卷十一）

本年頃張穆以策干鎮將陳邦傅，不能用。（宣統《東莞縣志》卷六四）

本年大饑，伍佳郎捐所積。

伍佳郎，字拔千。雲孫。少補諸生，事父至孝。順治五年

（一六四八）戊子大饑，捐所積，倡有力者以賑鄉里，存活數百。足跡不履公庭，朝夕執經課子，築室雲沁山中，齋邊備林壑之趣。卒年七十八。學者稱孩祇先生。著有《浴蘭亭草》、《釣槎近草》、《寶蓮草》、《四書正解》。子仰旦，康熙十一年（一六七二）壬子舉人。阮元《廣東通志》卷二七四有傳。

本年屈大均束髮（《佚文二輯·訾人説》），賦《龍門健兒行》（屈大均《翁山詩外》卷三）、《送方瞳子　戊子》七古詩。（屈大均《翁山詩外》卷四）

本年歲大饑，衞冕捐資賑濟。

衞冕，番禺人。性剛直、勤儉。官經歷。順治五年（一六四八）歲饑，捐資賑濟，收救孤兒，多所存活。清兵入粵，避居順德平洲。回鄉祀祖，遇寇而死。子文英，原名昌祚。官中書舍人，師事釋函昰，法名古深，字自得。（阮元《廣東通志》卷二八三）

本年饑荒，李生光捐數百石糧食賑災。

李生光，字貞明。東莞人。以販賣食鹽爲業。（宣統《東莞縣志》卷六五）

本年饑荒，韓夢吉將家中數十斛糧分半與族人。

韓夢吉，字葉公。東莞人。順治五年（一六四八）饑荒，將家中數十斛糧分半與族人。又倡築堤壩以衞鄉里。十四年（一六五七）中舉，未仕而卒。（宣統《東莞縣志》卷六五）

本年蔡涇出穀數千石救濟飢民。

蔡涇，字元真。東莞人。順治五年（一六四八）出穀數千石救濟飢民，資助鉅款修東莞學宮、廣州光孝寺、惠州金門橋，且能以針灸使盲人復明。（宣統《東莞縣志》卷六五）

本年黎銓往賊營以身代被掠祖母。

黎銓（？～一六五八），字聖宣。東莞人。家貧，以商販爲生，夜晚勤奮讀書。順治十一年（一六五四）中舉。十五年參加會試，卒於京師。工詩。著有《宜春園詩草》。（嘉慶《廣東縣

志》卷二八六）

本年重修光孝寺殿宇，古蹟多所興復。（釋今辯《行狀》、顧光《光孝寺志》）

本年釋函可被械送北京，途次幾欲脱去，感觀自在大士甘露灌口，乃安忍如常。逮至，下刑部獄，傳律殊死，越月，奉旨宥送盛京（今瀋陽）焚修。[①]（釋函昰《塔銘》）釋函可有《初釋別同難諸子》詩云：

終歲愁連苦，生離且莫哀。問人顏尚在，見影意猶猜。佛道千秋重，湯仁一面開。明知予未死，好去勿徘徊。（釋函可《千山詩集》卷五）

---

① 釋今無《光宣臺集》卷九《與王子京》書信中透露了釋函可得以轉危爲安之部份玄機："海幢某頓首具書敬候子京居士足下：居士奇文亮節，爲世北斗，景仰有日矣。而某獨以居士於吾法叔剩人和尚之故，感激古道，懷之十七八年，未嘗一日去心。岷山粤水雖踰萬里，自度竹錫、草鞋未爲難到，而乞食之事竟能縛溺人如小兒、女子，不禁峰頭自笑也。某丙申、丁酉間尋剩和尚於塞外，一氣所激，九死爲輕，冰爐雪夜，共對寒廬，或長嘯高歌，或流涕覆面，事多嚼氊，情將化石，每於此時言及，居士未嘗不發之言詠，和尚言自白門難起，以竹杖一枝分送居士以爲永訣，欲賴居士以傳平生，此許分投契之誼至深、至切也。及羈北獄，而居士星輈出關，和尚三木殘魂無所依附，蓬跣蟣蝨，身羸氣短，一踦一僕，讞鞫未成，柴市路遠，乃爲饑渴所燒，自分必死，而於斯時忽有擔壺漿、攜衣服食之、衣之，莫知所從來，相繼而至，竟踰百日夕。及遣戍之日，馬首東向，黑風揚沙，跋踏悽惻，一僧紫轄，奔來送別，白鏹贈路，情致悲纏，僅能問名，即爾相背，乃知爲友滄師也，遂以意會，囊之所給，皆出斯人，一路投荒，遂鏤心版。此後友滄郵答，亦露其概。和尚既感肉骨之恩，亦奇僧俠之遇。及己亥間南歸金陵，諸故人口傳手寫，而後知事有大謬不然者。友滄所爲，皆出尊指，用人之金，受人之託，不露一言，事同貪夫。和尚感激深之又深，切之又切，竟未得知其故。今死生相隔，磧路如塵，知之者惟某而已。所謂不能去心者，此也。和尚一世奇偉坎壈，剉折而後令其以大道播之絶域，而居士陰爲生之，方得如是，古之石交，亦爲罕遘。今和尚死十一年矣，死時大笑，僧俗環立拱謝。坐寂一載啟龕，鬢髮皆長，指爪繞身，肉身錚然堅同金石，此非和尚之奇，適足以成居士之至德。獨惜和尚終不能爲居士賦《窮鳥》一篇，而坐化以死耳。今聞居士無意圭組，道巾野服，脩然雲外，何道岸之高，益令人有天際之想。鄭存夜辱交數年，因其告行，率附積私，雲山有緣，或乞於綠野堂前，亦未可知。小作數章奉教，臨楮不勝馳繫。"

自北京至瀋陽沿途有詩如下：《初發》、《至永平　舊孤竹國》、《宿山海關》、《初至瀋陽》、《初入慈恩寺》（以上五律）。（釋函可《千山詩集》卷五）

本年何南鳳（牧原和尚）再住神光，賦《戊子再住神光》詩云：

青山綠樹透神光，多少遊人墮渺茫。幾度掛瓢圖遠況，這回憑几夢幽香。閒名未謝遺身累，往事全忘得趣長。何必趙州年百二，但知住處免奔忙。（何南鳳《訒堂遺稿》）

本年釋今葂登具。

釋今葂，字妙峰。江南江浦縣人。族姓關，原名天放。清世祖順治初，從南海縣令高入粵，雅相器重。居亡何，令解官去。葂客寓訶林，一見天然老人，五體投地，求爲比丘。老人察其誠，明桂王永曆二年（一六四八）登具，偕入雷峰掩關。自侍寮歷典巨職，皆能以慈攝眾。潭山有許長者延請住靜二年，尋又應柏堂李子之請，所至婦孺俱化。毘尼嚴淨，數予闍黎之選，洵高行僧也。

本年饑荒，羅日章用米糖製成食品救濟災民，數月不輟。

羅日章，字淡茹。東莞人。族人負擔不起賦役而變賣祭田，日章出資贖回。（宣統《東莞縣志》卷六五）

黎允吉於本年成貢生。

黎允吉，字孚中。河源人。順治五年（一六四八）歲貢。遇事有膽略，清兵總帥將發兵血洗鄉民營寨，與其弟直造帥營，力爲說情，乃止，全寨得活著數百家。（《河源縣志》）

方紹佰卒。

方紹佰（？～一六四八），字燕祚。普寧人。歲貢生。參修《普寧縣志》。順治五年（一六四八）劉公顯攻普寧，登城守禦，城陷被殺。（乾隆《潮州府志》卷二八）

清世祖順治六年　明昭宗永曆三年　明韓王定武四年　己丑　一六四九年

正月朔，明永曆帝在肇慶。（《行在陽秋》卷上）**本年清平南王尚可喜等領其部眾入粵。**

春，張穆遊南海西樵山，有《同諸子遊翠巖》七絕詩。（張穆《鐵橋集》頁五六）

屈大均奉命赴肇慶行在，上《中興六大典書》，以大學士王化澄薦，將服官中秘，聞父寢疾歸。二十冠，名堂爲七人之堂，取字翁山。（《翁山文外》五《爲翁生更名説》）

釋今無年十六（或言年十七），抵雷峰，依釋函昰得度。（釋今無《光宣臺集》卷首釋古雲①《海幢阿字無禪師行狀》、卷十二《雷峰天老和尚七十示生頌 有序》）

正月，舊輔何吾騶奉詔入閣，鄺露嘗師事之，至是有《留別何夫子》詩贈別，又有《何夫子拜命元撲詩以趣裝》三首。②

清兵克南昌，金聲桓死之。（《小腆紀年》卷十六）

金堡（釋澹歸）遭陳邦傅兩疏攻，上疏應之。（《永曆實錄》、《南疆逸史》、《小腆紀年》、《紀傳》）

初一日（元旦），喇嘛率遼海王臣道俗稱佛出世，清法遣僧屬掌教，亦極力推轂釋函可，自普濟歷廣慈、大寧、永安、慈航、接引、向陽凡七坐大刹，會下五六百眾，江南同諦諸大老始以節義文章相慕重，後皆引爲法交。本年左懋泰謫戍瀋陽，釋函

---

① 釋古雲，字雲庵。增城人。舉人湛子。俗姓周。諸生。初，師事增城湛子雲。年三十六從今無出家，康熙四十四年（一七〇五）繼阿字主海幢寺。年八十八入寂。著有《金剛銛義》、《圓鏡經義》、《月鷺詩集》等。清同治《番禺縣志》卷四九有傳。

② 傳鄺露藏有唐釋懷素真跡，何吾騶見而愛之，欲露相贈，露既贈而悔，遽買舟赴香山閣老堂索還。時薛始亨亦同旅肇慶，春間歸羊城，有《崧臺留別鄺湛若 己丑》詩與露相別。始亨居羊城時，與露所居海雪堂爲鄰，時相過從，知露獨深，撰有《鄺中秘傳》。（吳天任《鄺中秘湛若年譜》）

可有《過北里讀徂徠集》、《雪中訪大翁》詩。（釋函可《千山詩集》卷五）

十三日，永曆帝罷大學士朱天麟，召黃士俊、何吾騶入閣。二十八日，二人乞罷，許之。（《行在陽秋》卷上，《小腆紀年》卷十六）

二月，清兵陷湘潭，督師武英殿大學士何騰蛟死之。大將軍李成棟兵潰於信豐，渡水溺死。（《小腆紀年》卷十六）

初八日，永曆帝復命行人司行人朱天鳳致祭成棟三壇。

十二日，黃公輔在永曆帝朝廷侍經筵，有《侍經筵　己丑二月十二日》詩云：

趨朝日日聚群英，三老班聯集五更。奎壁光颺輝帝座，典墳秘闢焕離明。既資講席敷文考，定酌端流净甲兵。宴頹酣餘歌起喜，歡騰閶闔醉春鶯。（黃公輔《北燕巖集》卷四）

公輔尋轉刑部左侍郎署尚書事。（黃貞元《春溥先生年譜》）

三月，監察御史饒元瑛上《請加恩疏》，以爲陳邦彥之功與陳子壯、張家玉同，而封贈遜之，請爲邦彥加恤典。（陳恭尹《獨漉堂集・續編・請恤疏》附《請加恩疏》、《吏部復疏》、《兵部復疏》，《書後》）

初七日，明以李成棟中軍將杜永和爲兩廣總督，代領成棟眾守廣州。（《小腆紀年》卷十六）

夏，有人上疏劾金堡（釋澹歸）論事把持，堡乃假歸杜門四十日，更疏請求去。而自春間諸將接連敗没，堡即出上疏論戰守之要。（《西南紀事》七）

四月，孫可望以雲南内附，求王封，金堡（釋澹歸）七疏力爭，乃罷封王議。

初六日，孫可望遣龔鼎、楊可任等六七人詣肇慶，求封秦王。（《行在陽秋》卷上）

二十二日，郭之奇上《外懼不足憂内治必操勝算疏》，又上《懇恩補給誥命疏》。（《文集》）

五月，清順治帝改封原明降將孔有德爲定南王，尚可喜爲平南王，耿仲明爲靖南王，命孔有德征廣西，耿仲明、尚可喜同征廣東，各挈家駐防。十一月，耿仲明卒於軍，子繼茂權領藩事。（《清史稿》卷四《世祖本紀》）

謝元汴以監軍募兵平遠，聯絡諸草澤爲援贛恢閩之策。（溫廷敬《明季潮州忠逸傳》卷二《謝元汴傳》）

六月，吏部尚書晏清復上疏，請加恤典。永曆帝下旨加贈邦彥兵部尚書，蔭子恭尹世襲錦衣衛指揮僉事。（陳恭尹《獨漉堂集·續編·請恤疏》附《請加恩疏》、《吏部復疏》、《兵部復疏》，《書後》）

督師堵胤錫入朝，金堡（釋澹歸）劾之，朝士多以爲過。又上《請覃恩應得誥命疏》。（《嶺海焚餘》中）

七月，陳恭尹又上《請誥命疏》，請給祖加贈誥敕，旨准。永曆帝授恭尹世襲錦衣衛指揮僉事，居肇慶。冬，假歸，與鄧潔林等八人倡“義正會”於順德龍山鄉。（溫肅《陳獨漉先生年譜》、陳恭尹《初遊集 小序》：“己丑之秋，執金吾於禁闥，其冬假歸。”）

陳邦傅部將胡執恭矯詔封孫可望爲秦王，金堡（釋澹歸）請斬執恭。（《南疆逸史》二八）堡對廷臣無不掊擊，一月章至六十上。堡掌兵科印務，再三求去而不得。（《嶺海焚餘》下《再辭印務疏》）

初七日，屈大均賦《七夕家舍人兄奉命歸娶賦贈　己丑舊作》詩云：

仙郎初校秘書回，帝賜乘龍夜宴開。銀燭光分鳷鵲殿，玉簫聲滿鳳凰臺。雙星亦向天河渡，五夜無令花漏催。京兆新眉如畫就，早將銀管入蓬萊。（屈大均《翁山詩外》卷九）

八月，陳恭尹又上《請加祭葬疏》，請更前太僕寺卿之祭葬之制，按二品職官之制祭葬邦彥。旨准。（陳恭尹《獨漉堂集·續編·請誥命疏》、附《吏部復疏》，《請加祭葬疏》附《禮部復

疏》、《工部諸文》,《書後》)

王化澄奏題原官起用,郭之奇遂奉召敦趨。(《家傳》)

何吾騶誕日奉上敕賜白金文綺,賦《己丑誕日奉上敕賜白金文綺恭紀》詩云:

炎歊滿座忽生春,五色金泥賜誕辰。拜捧君恩深漢帝,沽濡天澤愧臣鄰。七襄輯瑞分官錦,九轉還丹自鼎甄。安得世間仁壽者,與同嵩祝答鴻鈞。

又賦《端州文來閣偶筆》七律。

十五日,吾騶賦《己丑中秋》詩云:

歲歲秋風異卜居,今年秋色照霞裾。家庖內賜餘芻豢,海市初衣動佩魚。鈴柝夜聞梟鳥嘯,關山朝望虎賁疏。好音日傍蟾光滿,極目虔州有報書。(何吾騶《元氣堂集》卷中)

十月,何吾騶、王化澄相繼罷相,惟嚴起恒獨相。(《小腆紀年》卷十六)

同月,區懷年獨遊西樵山,有《遊樵山記》。(區懷年《玄超堂藏稿·遊樵山記》)

十五日,郭之奇上《遵召趨覲疏》,遂召見。(《文集》)

十一月,督師大學士堵胤錫卒於潯州。時胤錫每有奏請,五虎輒掣肘,發憤成疾,遂卒。遺疏以五虎等用事為憾。(《小腆紀年》卷十六)

郭之奇拜禮部右侍郎兼翰林院侍讀學士(加一級)。(《家傳》)

初六日,之奇於肇慶,召問,翌日又上疏(《耆舊集》三十三),帝不能用。蒙諭褒典,賜銀三十兩。(《家傳》)之奇與同邑黃奇遇不合,爭為館師。(《忠逸傳》)

十二月,閣臣嚴起恒、黃士俊奏請考選,而帝意特重科名,於是禮臣黃奇遇請仿唐宋開科取士。永曆帝臨軒親試,得劉菴等八人,授庶吉士。命送館教習,推禮詹大臣為館師。黃奇遇與同邑郭之奇為同年進士,時之奇亦官詹事兼禮部侍郎,二人分屬楚、吴二黨，嘗有小嫌。是時當並推之，而之奇詆奇遇，由推知考選，安知庶常典故，奇遇亦詆之奇，相爭久之。大學士黄士俊因請俟上點定。（《小腆紀年》卷十七，温廷敬《明季潮州忠逸傳》卷一《郭之奇傳》、卷二《黄奇遇傳》）

黄奇遇以禮部侍郎兼兵部尚書，王化澄畏奇遇之入直而軋己，與兵部侍郎萬翱等合謀逐奇遇益亟，奇遇遂三疏乞骸骨歸。後終身不復出。（温廷敬《明季潮州忠逸傳》卷二《黄奇遇傳》）

初十日，光孝寺範銅世尊象上座，時釋函昰在雷峰，當道侯性、袁彭年與鄉紳王應華、曾道唯等敦請復出訶林。臘月受新會人邑侯萬興明、總戎李公請，説法大雲山龍興寺，一時縉紳文學並集爲蓮社。（釋函昰《瞎堂詩集》卷六《文玉居士七十一歌》、阮元《廣東通志》卷四五、卷二二九）

十三日酉時，葬陳子壯於故鄉沙貝大坑山。帝復命兵部武庫司主事倫鳳翔董葬儀，並致祭焉。子壯著有《禮部存稿》及詩集留存於世。（李健兒《陳子壯年譜》）

本年何吾騶於肇慶仍爲永曆帝内閣大學士，有七律《已丑誕日奉上敕賜白金文綺恭紀》、《端州文來閣偶筆》、《已丑中秋》、五絶《聖壽賜文綺》諸詩。（何吾騶《元氣堂詩集》卷中《七律》、卷下《五絶》）

本年王庭隨清軍南來廣州，得見梁殿華，爲庭言梁朝鐘死無後，有著書兩卷，囑庭爲序。（王庭《喻園集序》）

本年以禮科給事中李用楫薦，永曆帝召授辜朝薦太常寺少卿，以與大學士何吾騶有隙，不出。後朝薦至廈門依鄭成功。（温廷敬《明季潮州忠逸傳》卷二《辜朝薦傳》）

本年王邦畿賦《曉漏　己丑》詩云：

白簡朱衣曉漏催，平明春色御門開。不知輦下承恩者，誰從鑾輿入楚來。（王邦畿《耳鳴集》卷一四）

本年陳恭尹書父邦彥行狀，述父歷官死事始末，請咨內閣擬諡，並咨史館編録。（陳恭尹、何絳《兵科給事中贈資政大夫兵

部尚書先府君岩野公行狀》）

　　本年陳恭尹、何絳《兵科給事中贈資政大夫兵部尚書先府君岩野公行狀》前注"門人何絳錄"，後注："不孝子恭尹泣血述"、"門人羅大賓填諱"，本年恭尹年十九歲，當是恭尹述，而二門人共成之。

　　本年張穆識錢澄之於廣州。① 穆在肇慶，有《同慧弓密印用彌三上人遊七星巖》、《花朝同高望公璵子弟賦》、《遊飛泉僧舍》、《遊三洲巖》等七律詩。（張穆《鐵橋集》）

　　釋開（一作傳）詷（一六三四～一六七六），字慧弓，號石箭。順德張氏子。年十七禮在翁（在犙弘贊）和尚於金龍精舍。二十受具，研究經律，多所發明。後赴粵西，歸至平樂卒。事見溫汝能《粵東詩海》卷九八。

　　本年屈大均以永曆錢一枚，繫以黃囊，懷之肘肱，示不忘君父。（《翁山文外》卷五《一錢説》）取孔子所稱隱者，録爲一編，名曰《論語高士傳》。其堂曰七人之堂，有記。（《翁山文外》一《七人之堂記》）又作《接輿傳》（《翁山文外》卷三）、《先考澹足公處士四松阡表》（《翁山文外》卷七）。大均又賦《遊會稽山懷古並酬陶生見贈　己丑》七古詩。（屈大均《翁山詩外》卷四）

　　本年薛始亨賦《崧臺留別鄺湛若　己丑》七律詩、《贈織造李受平　己丑作 李，山東人》七絶。（薛始亨《南枝堂稿》）

　　本年鄧崇弼率子光仞、孫際亨傾囊募工，與邑人王應華修復福隆堤，護九十餘鄉田地。

　　鄧崇弼，東莞人。（嘉慶《廣東通志》卷二八六）

　　本年朱子貴因前應貢諸生爲清察詿誤，乞大吏請於朝。

　　朱子貴，字天石。饒平人。順治六年（一六四九），前應貢

_____

　　① 本年錢澄之在兩粵作詩五十四題，收於其《藏山閣文存》卷十、十一《行朝集》。

諸生爲清察註誤，通省被議五百四十五人，乞大吏請於朝，格於部議。又赴京謀白其事，回平遠姚某官部郎，爲奏，得允一體開復。（乾隆《潮州府志》卷二九）

本年江龍投鄭成功。

江龍（？～一六五四），字禹門。大埔人。慣使丈八長矛，明末起兵占縣城。因絶糧，突圍攻打福建永定縣城，未成功，於永曆三年（一六四九）投鄭成功，命爲鎮將。八年攻打饒平，中炮身亡，歸葬鄉里。（《大埔縣志》）

本年鄭廷相集鄉勇與平揭陽軍亂，以功升遊擊。

鄭廷相，字泰會。海陽（今潮州）人。有將才，明季授都司僉事。順治六年（一六一九）集鄉勇與平揭陽軍亂，以功升遊擊。（乾隆《潮州府志》卷二九）

本年天旱，柳佳胤預測下雨時間頗准。

柳佳胤，字儁昭。東莞人。諸生。在水頭街爲塾師二十餘年。研究《周易》，旁及天文。順治六年《一六四九》天旱，預測下雨時間頗准。（宣統《東莞縣志》卷七四）

本年羅英嘯聚數千人圍惠來城，高亮福兄弟率鄉兵赴援，大破之，生擒英。

高亮福，惠來人。亮正兄。兄弟世居爐崗埠。順治六年（一六四九）羅英嘯聚數千人圍惠來城，兄弟率鄉兵赴援，大破之，生擒英。九年隨尚可喜討郝尚久，解鯉湖堡之圍，恢復普寧。康熙十三年（一六七四），亮正又隨可喜討伐劉進忠，制斑鳩炮，擊敗進忠軍，論功晉遊擊。（乾隆《潮州府志》卷二九）

本年羅英作亂，謝廷詔築寨湖崗山，爲縣犄角。

謝廷詔，字華笏。惠來人。七歲能文，年十四補弟子員。順治六年（一六四九），羅英作亂，廷詔築寨湖崗山，爲縣犄角。康熙二年（一六六三）舉人，授湖南新回知縣，請於上官，革稅畝積弊。以病歸，年七十一卒。（乾隆《潮州府志》卷二九）

本年釋函昰住光孝寺，有語錄。（《天然昰禪師語錄》一，

《光孝寺志》）賦《復風旛堂舊趾　己丑》詩云：

夢斷風旛不可尋，虛堂猶見古人心。一池春水臨高閣，十畝荒煙想故林。人事暗銷芳草盡，道情偏共亂雲深。月明此地知何限，薄影橫窗曾幾吟。

又賦《答商丘伯侯若孩　時風旛堂新復》七律。（釋函昰《瞎堂詩集》卷十）

本年釋今應出世受具，爲雷峰監院。

釋今應，字無方。番禺人。族姓許。永曆三年（一六四九）出世受具，爲雷峰監院。會建殿宇，審尺寸，量材大小，然後指麾匠石，皆中繩度，惜工未竣而逝。事見宣統《番禺縣續志》卷二七。

本年釋今盌募修光孝寺。

釋今盌，天然函昰弟子。順治六年（一六四九）募修光孝寺，畫筆古澹。事見汪兆鏞《嶺南畫徵略》卷二。

本年釋古卷剃落。

釋古卷，字破塵。從化人。族姓鄧，原名璁。諸生。弱冠有出世之志。永曆三年（一六四九）剃落，入雷峰。因求道過苦，寢食俱忘，脅不沾席者年餘，遂以病蛻。事見《海雲禪藻集》卷二。

劉聯芳於本年成貢生。

劉聯芳，字墀登。永安（今紫金）人。順治六年（一六四九）歲貢，授新興訓導，攝開平縣，升新會教諭，轉翰林院待詔。（《永安次志》）

方顥愷（釋成鷲）於本年補諸生。（釋成鷲《紀夢編年》）

林介烈生。

林介烈（一六四九～一七二二），名俊亮。揭陽人。生平究心中醫，尤精小兒麻科，著有《麻疹全書》。凡有問診，應時策驢至。貧困者不收診金，尤窘者復贈以藥。婦孺皆稱其德，呼爲"騎驢先生。"（《潮州志·藝文志》）

釋古遯生。

釋古遯（一六四九～？），字覺大。番禺羅氏子。童年出海幢，求釋今無剃染受具。釋函昰還雷峰，入侍丈室。洎再返棲賢，相從高隱。後奉命之福州長慶，暫充典客，與名士往來倡和，以病入涅。著有《閩中吟草》一卷。事見宣統《番禺縣續志》卷二七。

梁殿華卒。

梁殿華（？～一六四九），字弼臣。番禺人。崇禎十五年（一六四二）與梁朝鐘同中舉，十六年進士。平日與釋函可、釋函昰最契。南都立，北上，釋函昰諷以詩。明亡，禮釋函昰爲居士，法名今轉，屢徵不起。後渡嶺，欲往瀋陽訊釋函可，以病阻白門，不能赴，遂卒於白門。陳伯陶《勝朝粵東遺民錄》卷一有傳。

清世祖順治七年　明昭宗永曆四年　明韓王定武五年　庚寅　一六五〇年

正月，永曆帝走梧州。初六日，清兵陷韶州。二月，清兵圍廣州。十月初二日，廣州城再陷於清平南王尚可喜、靖南王耿繼茂，屠城，死者七十萬人，史稱"庚寅之劫"。[①] 十二月，永曆帝走南寧。

春，南雄失守，副總兵潘紹霖戰死，永曆帝車駕幸梧州，屈士煜拜表辭朝，與士煌遄歸，聯絡義師援省會，守將江寧伯杜永和忌之，分其兵守石門。（屈大均《翁山文外》卷七《伯兄白圉先生墓表》）

潘紹霖，番禺人。以副總兵守南雄。清平南、靖南二王至，力戰死。（同治《番禺縣志》卷四二）

謝重華賦《庚寅春興》七律詩二首。（張其淦《東莞詩錄》

---

① 穗再陷日各家記述不一，詳攷見前言，本表仍列各家異說以備考。

卷二三）

正月，鄧耀據龍門島。（《欽州志》）

鄧耀，高州人。明海康侯李明忠部將。耀領所部保牙山，走龍門島，獨存明衣冠正朔，人多附之。李定國敗，餘兵走島中，軍聲日振，治舟繕甲，煮海屯田為恢復計，封靖氛將軍。清兵至，以金帛結其麾下士，兵卒皆走，耀入安南，被捕，不屈死。

南雄、韶州陷後，金堡（釋澹歸）偕戎政尚書劉遠生宣諭廣州諸將，且上疏力論帝棄肇慶行在奔梧州之非計。（《小腆紀年》十七、《越秀集》、《西南紀事》七）

釋函昰在大雲山月林堂說法，有語錄，並作《與諸衲遊知園》、《遊圭峰》諸詩。（釋函昰《瞎堂詩集》卷七）

廣州內城中聞警憧惶，巡撫杜永和移家戰艦，將帆海南竄矣。越月，清兵未入境，復還據城。（釋成鷲《紀夢編年》）

初五日，南雄報不守，韶州亦失，黃公輔奉命與李元胤、馬吉祥防守三水，故有《與李總戎防守三水贈之》詩及《三水移舟》詩。十七日，永曆帝幸粵西，二十六日，至梧州。（黃貞元《春溥先生年譜》）

南雄破，守將閻可義死之，羅成耀在韶州聞警潛逃至廣州。會閣臣何吾騶齎餉赴肇慶，中途為成耀所劫。永曆帝密敕李元胤討之，元胤以失守封疆縱軍擄掠之罪，即席上斬之。

二十六日，黃士俊罷相。（《小腆紀年》卷十七）

二月，郭之奇與吳貞毓、李日煒等十二人合疏，論袁彭年、金堡（釋澹歸）、丁時魁、蒙正發、劉湘客五人把持朝政、岡上行私、朋黨誤國十大罪。永曆帝以袁彭年反正有功，免議，餘四人以罪下獄。清兵圍困廣州。時廣州守將為李成棟部將杜永和，成棟歿於信豐後代領其軍，永曆帝命守廣州。（《小腆紀年》卷十七）

同月，釋函昰賦《庚寅二月雷峯即事》詩云：

野寺疎鐘接晚笳，薊門殘雪嶺南花。十年征戰江雲斷，二月

風煙山日斜。古洞暮猿淒絕岸，荒原明月照誰家。越王臺上西風急，夜夜哀魂到海涯。（釋函昰《瞎堂詩集》卷十）

金堡（釋澹歸）於梧州詔獄中作詞數闋，方以智見而稱之。（釋澹歸《徧行堂集緣起》）

初七日，瞿式耜上《救劉湘客等五臣疏》。（《瞿忠宣集》）

郭之奇充經筵講官，掌詹事府禮部尚書事，兼翰林院學士。（《家傳》）

陳恭尹、岑徵避亂於西樵。（陳恭尹《初遊集 小序》：“庚寅避亂於西樵。”《勝朝粵東遺民錄》卷一《岑徵傳》）恭尹賦《西樵旅懷 五首》七律詩五首，序云：

> 二十之齡，客途強半。六年度歲，各在一方。感日苦多，浮生如寄。西山冬盡，風雨昏昏。追昔傷茲，悽然有作。（陳恭尹《獨漉堂詩集》卷一）

鄺露奉使還廣州，籌兵備。先移家屬避於鄉落，而身與次子閑還城，與諸將共守。城中將吏士夫，日夜籌議，主張紛紜，久莫能決。露振臂高呼，力主會合全城軍民，嬰城固守。總督杜永和是其議，決定守城策略。廣州東南距珠江，以舟師守之，西倚山麓，樹木爲城，疊石爲固，又重溝之，以通海潮。城中男子登城，女人饋餉，守志不懈。清兵麕集城外，多月不能逼，清將尚可喜、耿繼茂議將退兵。露在圍城中，王邦畿有詩寄懷。（王邦畿《耳鳴集》卷六《寄懷鄺湛若 時在圍城內》）

釋函昰父本净公自廣州至雷峰薙髮受具，時智母師太亦促居近寺。（釋函昰《瞎堂詩集》卷七、卷十）賦《雷峯夜雨 時老父初至自廣州》詩云：

> 細雨輕寒夢不成，蕭然一榻自生平。嚴城春夜近無夢，野寺雲溪漸有聲。林外不妨花落盡，籬邊猶愛筍初生。江山此夕同何夕，慙愧幽人空復情。

又賦《春晴望訶林諸衲》七律。

三月，釋函昰賦《雷峯三月三首》詩云：

浩劫江山足戰場，白雲歸處是家鄉。一簾夜雨澆殘夢，百囀流鶯過短牆。春色到門山犬睡，淡煙遮岸海鷗忙。乾坤有地藏癡拙，古木森森待日長。

遲遲春日醉松門，生趣翻從世外存。七十老翁初入寺，八年慈衲望孤村。風低弱柳拖煙色，雨過新潮長石痕。一上峰頭占海氣，越王臺畔黑雲屯。時老父新棄家爲僧，老母爲尼已八臘，亦促居近寺。

清簟疎簾鎮日眠，百年多病且隨緣。雁翎去盡潭無影，燕子歸來春可憐。淡淡野煙孤嶼暝，重重青靄遠山連。蕭條人事逢寒食，猶聽悲笳入暮天。（釋函昰《瞎堂詩集》卷十）

同月，釋今嚴賦《庚寅三月》（兩首）七律。（徐作霖、黃蠡《海雲禪藻集》卷二）

釋今嚴（？～一六五八？），字足兩。順德人。族姓羅，原名殿式，字君奭。諸生。弱冠從釋函昰，永曆三年（一六四九）脫白受具。十二年（一六五八）奉命往嘉興請藏，還至歸宗。病還雷峰，愛棲賢，居亡何，蛻於五乳峰。著有《西窗遺稿》一卷。兄釋今普，海雲寺僧，精篆刻。光緒《廣州府志》卷一四一有傳。

四月，郭之奇轉禮部尚書（《永曆實録》），加太子少保，賜"誠正儒臣"國書。（《家傳》）

六月，孫可望復遣使求封，大學士嚴起恒持不可，兵部侍郎楊鼎和、給事中劉堯珍等助之。（《通鑑輯覽》）郭之奇與文安之亦以爲不當許，疏論其事。（《耆舊集》）會颶風盪禦舟，求直言。之奇復言風變由滇封，議遂寢。（《忠逸傳》）

秋，張穆歸茶山，有《里門秋過有感　永曆四年　庚寅　集本一首　陳本作東歸二首　此據補第二首》二首。（張穆《鐵橋集補遺》）

八月中秋，穆在惠州城，有《中秋集葉金吾來鶴樓》五律詩。（《鐵橋集》）

九月初九日，釋函昰賦《九日雷峯登高》詩云：

萬方多難此登臺，今古興亡盡客杯。北郭白梨何地落，東籬黃菊滿園開。人歸野渡秋原晚，日入長江霜氣來。一領衲衣寒不到，百年猿狖爲誰哀。

次日再賦《十日再登峯頂》詩云：

珍重茱萸露一杯，與君今日更登臺。秋光未盡看如此，少長相攜笑幾回。林木亦同人事改，江山不共雁聲哀。休心閱世還憐我，潦倒長松薄暮堆。

十一日，三登峯頂，賦《十一日三登峯頂》詩云：

何時何地獨支藤，三上峯頭尚有僧。風起煙銷江練碧，雲寒霜重石牀冰。平原返犢笛聲遠，古木留人月色增。萬載清秋應共此，柴門深鎖佛前燈。（釋函昰《瞎堂詩集》卷十）

冬，釋函可住瀋陽普濟寺，召集左懋泰諸流人爲冰天詩社，撰《冰天社詩》序。（釋函可《千山詩集》卷二十）

屈大均禮釋函昰於番禺圓岡鄉雷峰山海雲寺爲僧，法名今種，字一靈，以所居曰死庵。（汪宗衍《屈大均年譜》）

王邦畿賦《庚寅冬夜宿訶林》詩云：

颯颯西風萬木平，微微古寺一燈明。虛堂獨坐聞寒雨，疑有孤魂泣夜聲。（王邦畿《耳鳴集》卷一四）

十月，鄭成功據南澳。（《小腆紀年》）

初二日，廣州城再陷，以拒命故，屠焉。男子之在城者，靡有孑遺。婦稚悉爲俘擄，監管取贖。七日止殺。（釋成鷲《紀夢編年》）

明軍范承恩部被調守廣州北門，乃於二十八日開門揖盜，清軍大舉入城。[①] 尚可喜、耿繼茂以城中固守逾十月，下令屠城，廣州城週四十里悉被圍，男丁一律殺死，婦女成俘踐辱，其投水或焚屋自盡，及潛匿六脈渠（城內小河），遇雨漲，溺死者難盡計，死者凡逾七十萬，全城戶口幾盡一空。（汪宗衍《鄺中秘湛

————————

① 廣州再陷月日各家記述不一，姑仍其舊。

若年譜》）

　　廣再陷，屈大均賦《趙門二節婦　有序》五律詩五首，序云：

　　朱氏者，石城王之孫，西寧知縣謀堡之女，輯寧侯趙千駟長子生員大奇之妻也。大奇死，朱氏寡居。庚寅，清兵再至，千駟仲子錦衣千戶大棐以朱氏有殊色，獻以媚敵。敵將犯之，朱氏奮罵，奪刀割髮，復割其鼻，敵遂殺之。其姒楊氏者，夫趙大勳縣武進士爲連州參將，城陷戰死。楊白舅姑，至水口哭祭。既殯，服命服、佩誥敕自沉。

　　大均又賦《周烈婦　有序》五律，序云：

　　周，廣州人。庚寅城破，兵執其夫黃玉書，殺之。將犯周，周拒戶慟哭，以刀斷髮，三日不食，縊以死。兵怒，棄其屍於野。

　　又賦《李烈婦　有序》詩云：

　　李，南海人，諸生黎馭之妻。庚寅，廣州破，李謂馭曰："君善事吾姑，吾懼賊汙，死矣。"遂投井。一婢年十五，從之。

　　皎皎良家子，烏桓不可求。月沉精衛海，花墮懊儂樓。阿母嗟無養，良人懼不仇。肯辭麻枲賤，去帶綺羅羞。（屈大均《翁山詩外》卷五）

　　十一月，廣州破，廣守杜永和奔瓊州。桂林破，留守瞿式耜死之，黃公輔扶疾奔入深山。警報至梧州，帝乘夜發，李元胤、馬吉祥追扈及於南寧。（黃貞元《春溥先生年譜》）

　　初二日，清平南王尚可喜、靖南王耿繼茂率清兵破廣州。（《小腆紀年》卷十七）圍城歷時十月，破城後屠殺廣州兵民七十萬，史稱"庚寅之劫"。（乾隆《番禺縣志》卷十八）

　　廣州破，清兵屠城，梁佩蘭年二十二歲，見清軍暴虐，憤而作《養馬行》七言歌行詩。復於戰亂中攜家輾轉逃難，作《自芙蓉移居三山復入平洲感賦》詩。（梁佩蘭《六瑩堂初集》卷二、卷八）

　　初三日，廣州再陷，屈士燝、士煌遁西樵不出。大均事釋函昰爲僧，法名今種，字一靈。

　　初四日，桂林陷，瞿式耜、張同敞被執，金堡（釋澹歸）遂

於茅坪草庵中爲僧，法名性因。(《西南紀事》七、徐乾學《憺園集·澹歸禪師塔銘》、《永曆實録》二一)

初九日，永曆帝自梧州倉卒赴潯，陳邦傅叛，遂奔南寧。(《小腆紀年》卷十七）時郭之奇隨王化澄走北流，暫寓白州（今博白)，會謀匡復。(《家傳》)

十二月初一日，廣州城破後，鄺露不食，幅巾白袍，抱所寶古琴，從容賦詩。露出城至歸德門，敵數騎以白刃擬之，露笑曰："此何物，可相戲耶?"騎亦失笑。徐還所居海雪堂，環列二古琴及寶劍、古器圖籍、釋懷素真跡於左右，衣冠嘯歌，以待騎入，遂殉焉。露次子閑，同與守城之役，城陷，亦戰死。露既抱绿綺臺殉節，其琴後歸葉猶龍①，釋澹歸於豐湖見之，爲作長歌紀之。(吴天任《鄺中秘湛若年譜》)屈大均聞此事而賦《绿綺琴歌 有序》七古長詩，序云：

琴爲武宗毅皇帝内府之器，其名绿綺，向藏於中書舍人鄺露家。庚寅冬，舍人殉難，朔方健兒得之，以鬻於市。金吾葉卿見而嘆曰："噫嘻，是御琴也。"解百金贖歸。暇日泛舟豐湖，命客一彈，再鼓，大均聞而流涕，乃作歌曰：

羅浮四月春泉决，流出千溪萬溪雪。豐湖浩渺連空天，鴛鴦鸂鶒紛明滅。主人漢代執金吾，歸築樓臺半在湖。桂棹湖南邀宋玉，銀箏湖北奏羅敷。顧謂雙鬟陳绿綺，一時賓客皆傾耳。言是中書鄺子琴，珠徽如月寒光起。梅花千片斷龍鱗，沉香一節燒鸞尾。製自唐朝武德年，隱隱金書御璽連。毅皇親向宫中選，賜與劉卿世世傳。中書乃自劉家得，似捧烏號淚沾臆。珍重君王手澤餘，大絃小絃日拂拭。時飛纖指理南風，彷彿重華見顔色。自從

① 葉猶龍，歸善人。夢熊孫。猶龍年十三，蔭官錦衣衛指揮同知，聯姻帝室，時以紅陽爲比。旋以親老乞假歸。遭國變，不復仕進，築沁園於西湖，與陳子升、屈大均、陳恭尹、梁佩蘭、何鞏道相遊宴，子升、佩蘭皆贈以詩。以百金贖鄺露所藏绿綺臺琴，招諸名流泛舟西湖，命客彈之，於是大均等皆流泣爲賦長歌。有姬名昭容，與偕隱，大均贈以詩。陳伯陶《勝朝粤東遺民録》卷三有傳。

朔騎圍三城，中書奉使歸籌兵。日與元戎親矢石，時將彩筆作戈
旌。雙闕恨屯回紇馬，六龍愁在亞夫營。城陷中書義不辱，抱琴
西向蒼梧哭。嵇康既絕太平引，伯喈亦斷清溪曲。一縷腸縈寡女
絲，三年血變鍾山玉。可憐此琴遂流落，龍脣鳳嗉歸沙漠。蔡女
胡笳相慘悽，王昭琵琶共蕭索。嘆君高義贖茲琴，黃金如山難比
心。我友忠魂今有託，先朝法物不同沉。我昔山東見翔鳳，翔鳳乃
威宗皇帝御琴。念是威皇手所弄，復從太常見賜琴，一朝開元舊供
奉。楊太常正經有二賜琴，一為唐開元年供奉樂器。背有崇禎玉璽留，五聲
亡角悲民流。楊太常嘗奉敕審定五音暨郊廟諸樂章，嘆曰："五聲乃亡角，民流至
耳。"太常為我一揮手，呼天搶地愁復愁。君是當年侍從者，出入
嘗陪八駿馬。十三官拜羽林郎，二十戰酣涿鹿野。一自龍髯不及
攀，豐湖一曲遂棲閒。樂器不同微子抱，淋鈴難見上皇還。此琴
寶惜宜加厚，列朝恩在宮商間。安得翔鳳入君手，更召太常至牕
牖。一奏當令白鵠翔，再彈會見神龍吼。（屈大均《翁山詩外》
卷三）

　　王邦畿後賦《憶酈舍人湛若　庚寅城陷死之》五律詩悼酈
露。（王邦畿《耳鳴集》卷六）

　　薛始亨賦《哭酈湛若中秘》詩云：

　　五色肝腸絕世姿，名花怪石膩憨癡。鼎銘筆陣功將告，書擬
文園稿已遺。白眼人猶憎阮籍，黃金誰為贖文姬。秋風古洞棲遲
地，禾黍油油故老悲。

　　又賦《哭酈無界》七律。（薛始亨《南枝堂稿》）

　　酈露殉國，張穆賦《哭酈中秘湛若》詩云：

　　三城凋落故人稀，憑吊忠魂杳不歸。散帙每從僧壁在，高懷
殊悵鳳巢非。雨沉殘燭癡僧夢，寒暗幽花尚見輝。記得酺醾同校
字，乾坤空老復何依。（張穆《鐵橋集》）

　　初九日，釋一機脫白出家。（釋一機《塗鴉集·雜錄》）

　　十七日（明閏十一月十七日），桂林留守瞿式耜、兵部尚書
張同敞殉明社稷而死。（《小腆紀年》卷十七）

　　瞿式耜、張同敞慷慨赴死，從容殉節於桂林，楊藝哭叩清定南王孔有德，請殮二骸。釋性因（釋澹歸）亦作《上定南王》書以是請。（釋澹歸《徧行堂集》尺牘之四）

　　除夕，薛始亨與溫玉振、吳獻在廣州花田守歲，分字賦詠。（薛始亨《南枝堂稿·七律·庚寅除夕與溫覺斯吳幼更守歲花田旅次得華字》）

　　同日，釋函昰賦《庚寅除夕》詩云：

　　一簾燈火坐殘更，百歲曾無此夕情。忍見新燐流大漠，不聞歸客向孤城。癡心且逐今宵盡，活計從他後日生。收拾罋頭黃葉亂，悔教身世賺浮名。（釋函昰《瞎堂詩集》卷十）

　　歲暮，釋函可於遼東賦《歲暮雪中》詩云：

　　四十風光一抹收，故鄉望斷歲如流。料因訶佛填冰獄，豈爲修文上玉樓。雪盡埋時偏得句，天當崩後更無憂。當年六載行難滿，殃及兒孫冷不休。（釋函可《千山詩集》卷九）

　　除夕，釋函可賦《除日大翁同薪夷過集》詩云：

　　如此年光去不辭，帀天陰霧約同支。因君父子團圞話，添我家山割絕悲。一樹梅花成異想，半壺冰水共交知。春風到底還來口，薄暮相看鬢已絲。

　　又賦《除夕別皈藏》詩云：

　　明曉相逢隔歲期，祇爭一宿惜分離。論交死地情加重，定罪寒邊老不疑。愁到盡頭寧再換，頑深徹骨更難移。眼看歸路消殘臘，眄眄春來未可知。

　　除夕夜，又賦《除夜》詩云：

　　又到邊庭歲盡時，孤燈空照兩莖眉。三年尚未餒豺虎，一息還將報我師。繞座諸山皆老宿，纔言大法已支離。歸堂穩臥不須守，榾柮燒殘冷自知。（釋函可《千山詩集》卷九）

　　本年何吾騶七十歲，賦《七十開帙　二首》詩云：

　　底事如煙歲漫增，于旄猶自拂鶼簪。七朝犬馬蒼生長，萬國衣冠午夜心。閱世久深蕉鹿夢，當歌誰領鳳鸞音。舊遊鮑庾新馮鄧，畫我鬚眉古復今。

道人身世本浮漚，七十來過苦未休。戀主自嘲同燕雀，服官何用沐獼猴。包胥淚盡邀秦援，王導憂來詫楚囚。白髮數行頻作計，長驅直北更何求。（何吾騶《元氣堂集》卷中）

本年薛始亨有《懷劉客生都憲》詩，劉客生，劉湘客也。爲永歷朝楚黨五虎之一，時遭貶謫戍桂林。（薛始亨《南枝堂稿·七律》）

本年黎景義作《庚寅生日》，首聯云："四十七年容易過，髀間其奈肉生何。"（黎景義《二九居集選》卷三）依此可逆推景義當生於一六〇四年。

本年錢澄之在兩粵作詩四十二題，收其《藏山閣文存》卷十二《行朝集》。又有詩六題收於《藏山閣文存》卷十三《失路吟》。

本年張家珍於廣州再陷後歸耕，賦《夢馬詩》詩云：

昔余軍中得一良馬，汗血權奇，陷陣潰圍者屢矣。不意死於龍門，埋之小坯已十年所。今歸臥蓬蒿，忽夜夢之，馳驅如前，悲鳴猶戀，覺而爲詩以吊之。

久失飛黃馬，空餘血戰衣。可憐橫草後，不得裹屍歸。力盡猶追敵，功高幾潰圍。年來生髀肉，夢爾淚頻揮。（張家珍《寒木居詩鈔》）

本年屈大均和《夢馬歌　有序》詩云：

予友張金吾家珍，少從其兄文烈公起義，軍中得良馬，絕愛之，騎之出戰，摧鋒陷陣，輒有奇功。馬死，金吾哭之慟，葬之於龍門山中。庚寅廣州失守，金吾怏怏歸耕，風雨之夕，忽夢騎此馬酣戰如曩時，覺而爲詩弔焉，屬予和之。

張侯十六勇無敵，錦衣玉貌烏孫識。千金買得大宛騮，騎出沙場人辟易。揮鞭曾躍三重河，勢如天邊紫電過。羌兒萬箭射不得，死生可託征蓬婆。一朝汗血用忽竭，君恩難報徒嗚咽。玉勒金羈委草萊，龍鬐鳳臆埋冰雪。英雄無命自古傷，駑駘壽比騏驎長。嗟子功名終不偶，歸耕海上淚浪浪。髀里肉生悲老大，虛擬封侯如拾芥。霸陵醉尉時相侵，榆次博徒嘗見賣。秋宵木葉飄寒庭，苣衣肉酪心不平。彎弓欲射天山月，拔劍難斬被頭星。長夜悠悠何時旦，君父仇讎不可緩。夢中忽在白龍堆，追風千里飛龍媒。細看乃是舊乘駿，玉花朱鬣氣雄哉。初交衝破沮渠陣，橫行踏倒赫連臺。雙瞳黃金蹄碧玉，閒向長城窟中浴。圍人乃是諸降王，日餵焉支花百束。陰風吹帳雪紛紛，魂去魄來瀚海濆。死葬黃沙猶戀主，生爲紅粉更依君。騄駬良驥感一顧，赤兔當年殉呂布。願君努力更臨戎，厲鬼還能相夾輔。（屈大均《翁山詩外》卷四）

廣州陷，屈大均賦《天濠街婦　有序》詩云：

庚寅冬，廣州城破，天濠街有婦繦負幼子，以長繩繫腰接於樹，赴池而死。事定，人引繩出之，顏色如生。

妾身不隨波，豈必長繩繫。所慮黃口兒，一去無根蒂。（屈大均《翁山詩外》卷十一）

又有《雙刃操　有序》騷體詩，序云：

有謝氏婦者，番禺市橋人，小名玉華，同邑曹世興之妻也。世興卒，謝氏誓不再嫁，爲其父所逼，以刀自刎。家人亟救之，謝氏左手探喉，右手引刀再割而暝。凡二日不仆，色如玉。理其裝匳，則殯殮之衣皆具，乃與世興合葬焉。有某氏者，南海蘭石人，夫梁。庚寅冬，聞城將陷，某氏誓決一死。其夫曰：「卿死，吾亦不忍獨生。」某氏因取二小刀，一與夫，一自佩。久之，兵至蘭石，其夫被殺，某氏殮夫既畢，即取所佩刀自割。姑驚哭，視其喉未斷，欲取奇藥敷之，某氏亟再割以死。二事相類，予合而以琴寫之。（屈大均《翁山詩外》卷十五）

本年屈大均作《死庵銘》。（屈大均《翁山文外》卷十一）

本年廣州再陷，明廣州四衛指揮羽鳳麒死難，後庚辰年陳恭尹賦《羽都督殉節詩　諱鳳麒，字冲漢，明廣州四衛指揮，死庚寅之難》詩云：

金方爲教本堅剛，受命先朝衛五羊。生死只知城下士，姓名不憚羽林郎。血流大地終成碧，骨化飛塵久亦香。世祿幾家能矢報，爲君歌此問蒼蒼。（陳恭尹《獨漉堂詩集》卷八）

羽鳳麒（？～一六五〇），本名騰龍，字衝漢。廣州人。崇禎時襲官指揮。永曆元年（一六四七）授都督同知。四年，清兵圍穗，守正南門。城陷，自縊殉國。家凡百口，無一遁逃，皆被俘。同死者有撒之浮、馬承祖，人稱“教門三忠”。（阮元《廣東通志》卷二八五）

本年金堡（釋澹歸）被劾下昭獄，時張鳴鳳受密旨，欲殺堡於古廟中。馬吉翔更嗾其黨以生棒撲之，諸刑並施。瞿式耜七疏救之，廷外諸將交疏，乃下法司定罪。後減死戍清浪。王夫之亦將去，堡書詩示之。堡既戍清浪，會清兵至，道阻，押解走竄，遂入桂林，瞿式耜迎居小東皋，欲留充書記，堡辭之，寓茅坪草庵。（《西南紀事》卷七）

本年及明年連年災荒，康熙十一年（一六七二）米價騰貴，郭凌霄均捐棺掩骸，樂善好施，全活甚眾。

郭凌霄，字士鵬，號虛年，始興人。任南海司訓，年七十卒於官。著有《善過格》、《壽世金丹》、《成人指南》、《儒修懿矩》等。（民國《始興縣志》卷十二、阮元《廣東通志》卷三〇四）

本年清平南王尚可喜、靖南王耿仲明，帥師南下，駐紮北郭外，連營十里。明巡撫杜永和不克帆海，乃堅壁固守，三面拒敵，惟南門通海運。令婦女不許出城，男子往來印臂為號。方顥愷（釋成鷲）父國驊以母在不忍遽去，遣顥愷兄弟先還鄉。圍城八月餘，日夕攻守，炮聲如雷。城中有掌兵柄者范某，逾垣納款致炮臺失守，清兵據險薄城。國驊知不可守，泣別老母，先六日冒險還鄉。十月初二日廣州城再陷，以拒命故，屠焉。男子之在城者，靡有孑遺。婦稚悉為俘擄，監管取贖。七日止殺。國驊入城，幸眷屬無恙。揭榜國門，責輸軍餉二千餘金。國驊還里，經營二月餘，眷屬復得完聚。既歸，家徒四壁，設席黌塾，令顥愷兄弟學為農圃。顥愷日與鄉里惡少交遊，橫行市井。出遇不平，奮臂而起，鋤強扶弱，敬賢疾惡，慨然以任俠自許。（釋成鷲《紀夢編年》）

本年釋函昰送梁殿華北上，慾至遼東訪釋函可，賦《梁同生書辭北上賦此寄別兼訊祖心弟》詩。（釋函昰《瞎堂詩集》卷七）

本年釋函可四十歲生日，於遼東賦《生日四首》詩云：

憶當論死際，又過兩年期。白日存吾分，寒風任爾吹。到邊仍說法，有客尚投詩。且自歡茲會，明冬不可知。

未了黃沙債，償他止一身。便從今日死，已是舊朝人。乞食真慚粟，看書若有神。無端思故事，數點淚沾巾。

四十未爲老，顛危自古稀。虛生成底事，到死不知非。弟妹徒相憶，家鄉那得歸。從來無片紙，辜負雁南飛。

百歲已將半，爲僧十二年。殘軀委冰雪，雙眼借人天。只有心方寸，還餘詩幾篇。時時吾笑我，不改舊時顛。（釋函可《千山詩集》卷六）

本年釋今無十七歲，受《壇經》，聞貓聲而大悟。（釋今無《光宣臺集》卷首釋古雲《海幢阿字無禪師行狀》）

本年釋今無與釋今漸同遊釋函昰之門，學性命之學，又同學書、學詩。（釋今無《光宣臺集》卷六《送頓修監寺棲賢序》）

釋今漸（一六三一～？），字頓修。浙江湖州府歸安縣人。俗姓茅氏，鹿門先生裔孫。明桂王永曆五年（一六五一）入雷峰時，年始二十，求見天然老人，出世之念益堅。受具後，與山品嵒公縛茅雷峰山麓，閉關逾二載。老人以法器期之，昇掌記室，多所指授。頃從入棲賢，刀耕火種，剪除蕪穢，與大衆作苦。以母老歸養苕霅間，種茶自給。後再遊廣州，遇樂說和尚（釋今辯）主法長慶，遂留住會下。未知所終。

任守埒於本年成貢生。

任守埒，字貞卿。歸善人。順治七年（一六五〇）選貢不仕，輒與知交作文酒宴。著有《書經解義》等。（乾隆《歸善縣志》卷十四）

鍾子元於本年成貢生。

鍾子元，字水垣。永安（今紫金）人。家貧力學。順治七年（一六五〇）歲貢。曾任大埔訓導等職。（《永安次志》、《永安三志》）

張昌奇生。

張昌奇（一六五〇～一六七七），字魁士。東莞人。康熙十四年（一六七五）舉人。苦學能文。有膽識，曾面斥酷吏。著有《易經約旨》、《堪輿纂要》。（《東莞張氏族譜》卷一）

劉起振生。

劉起振（一六五〇、一六五六～一七五〇、一七五五），字穎之，號拔庵。海陽人。乾隆元年（一七三六）進士，選翰林院庶吉士，時年八十。告歸，賜檢討。十六年（一七五一），帝南巡，以九十六高齡接駕，賜貂皮荷包等，加翰林侍讀銜。享年百餘歲。事見朱彭壽《清代人物大事紀年》）

韓寅光生。

韓寅光（一六五〇～一七二三），字伯虎，號頤齋。博羅人。康熙二十年（一六八一）舉人，歷官象山知縣，兼篆奉化。著有《易經管見》及詩文八卷。（乾隆《博羅縣志》卷十二）

施煇然戰死。

施煇然（？～一六五〇），番禺人。焜然弟。以副總兵爲太子太師王化澄軍前昭勇將軍。永曆四年（一六五〇）分守廣州西城，城陷，巷戰死。（阮元《廣東通志》卷二八五）

清世祖順治八年　明昭宗永曆五年　明韓王定武六年　辛卯　一六五一年

正月，永曆帝走廣南（今越南）。清兵取肇慶，盡得廣東要地。正月朔，永曆帝駐蹕南寧。（徐鼒《小腆紀年》卷十七）

春，陳恭尹築几樓於西樵之寒瀑洞。（陳恭尹《初遊集 小序》："辛卯春築几樓於寒瀑洞。"）

正月，茅坪庵主僧私度亡將，騎兵數百大索庵內外三日，釋性因（釋澹歸）幾不免，竟絕糧。時創傷雖合，然手扶人肩始能行。一月僅得五飯，故恒饑。靈田莫方伯子十五歲，其母遣人請其教之。

釋性因（釋澹歸）三遊臨溪洞。（《越秀集》）

初一日，釋函可賦《辛卯元旦》詩云：

雞聲雲集禮金僊，一搭袈裟淚獨漣。六載雪山餘業在，五家燈火極邊傳。疎星落落天將曙，宿霧重重日漸圓。自有瓣香人不識，萬年逢祝海東偏。

又賦《元旦有感二首》詩云：

老眼未曾看曆日，如何歲歲在龍蛇。相逢知友休相問，不是賢人亦自嗟。舊臘堅冰仍帀地，枯枝殘雪尚開花。新愁又是從頭起，安得春風到海涯。

寥落家家惜曉春，朔風仍自覺孤身。恒河流水還生滅，冷磧飛沙無故新。西極龍顏心咫尺，南天馬鬣夢悲辛。眼看鯨海波濤細，猶可殘生見世人。（釋函可《千山詩集》卷九）

二月朔，孫可望遣賀九儀帶兵至南寧，假稱護駕，殺首相嚴起恒，餘臣星散。（《小腆紀年》卷十七）李如月劾可望擅殺功臣，被害。

李如月，東莞人。官御史，隨永曆帝駐貴州安龍，劾孫可望擅殺功臣，被可望殺害。（《明史》卷二七九）

孫可望殺嚴起恒。郭之奇自思州趨召，未至三十里，值可望發兵迎蹕至南寧，入貴州。時可望兵威張甚，以之奇曾抗疏力爭，言可望不當封秦王，乃密旨留之奇於外。（《家傳》）後之奇遁播雷州、廉州間，遙領科命而已。（《明清史料》）

郭之奇拜東閣大學士。

三月，郭之奇至欽州之龍門。（《家傳》）

夏，大雨，釋函昰賦《辛卯夏日大雨戲示諸衲》詩云：

一回風雨便淋漓，數十殘僧面面窺。大地江山同逆旅，不妨權且作船居。（釋函昰《瞎堂詩集》卷十七）

四月，郭之奇至雷州樂民。（《家傳》）

五月，同參僧釋真乘來訪釋函可，得其本師釋道獨示劄，知丁亥博羅之役十不存一，兩弟、一姊一妹皆殉難之訊，因號剩人。相對三月，持其詩歸。（釋函可《普濟語錄》三、《千山詩集》顧夢遊序）釋函可有《得博羅信三首》詩云：

八年不見羅浮信，闔邑驚聞一聚塵。共向故君辭世上，獨留病弟哭江濱。白山黑水愁孤衲，國破家亡老逐臣。縱使生還心更苦，皇天何處問原因。

莫怨穹蒼太不仁，萬方此日總成塵。恩深累代心何憾，命盡全家淚又新。殘日沉山猶望旦，落花辭樹永無春。尋思最苦身仍在，黯黯風沙愁殺人。

長邊獨立淚潛然，點點田衣濺血鮮。半壁山河愁處盡，一家骨肉夢中圓。古榕堤上生秋草，浮碇岡頭斷曉煙。見說華臺雲片片，殘枝猶有夜啼鵑。（釋函可《瞎堂詩集》卷十）

又賦《接笑峰師己丑二月劄　時辛卯五月也》詩云：

三年一紙到關東，江月邊雲萬里同。研淚題詩連夜寄，不知何日達南中。（釋函可《瞎堂詩集》卷十五）

初三日，流賊襲占興寧城。

初四日，彭邦瓊與諸生李開陽等率各圍鄉勇合力攻賊。

彭邦瓊，興寧人。諸生。康熙十九年（一六八○）庚申，興寧令王綸部修邑乘，採補人物。胡曦《梅水匯靈集》卷二有傳。

初五日早，復奪城。

秋，清廷於廣東首次舉行鄉試，督學馳檄遠近，嚴令士子皆赴考，不至者以叛逆罪處之，梁佩蘭、方顥愷（釋成鷲）等不赴。（阮元《廣東通志》卷二八三《程可則小傳》，釋成鷲《紀夢編年》）

陳恭尹之閩。（陳恭尹《初遊集　小序》："辛卯春築几樓於寒瀑洞。其秋之閩。"）

張穆於惠州逢曹子介，有《惠城逢曹子介能始先生季子也感其艱難出死詩以贈之　辛卯　陳本　粵東詩海卷六十　東莞詩錄卷二十四》詩贈之。（張穆《鐵橋集補遺》卷一、清抄本《鐵橋山人遺詩》）

七月，特勑郭之奇督師閩粵，兼制江浙等處恢剿軍務，監催勳鎮官義兵馬，綜理糧餉，賜上方寶劍，便宜行事，太子少保，禮、兵部尚書，東閣大學士。（《家傳》）之奇上疏言師首重閩廣策應。（《耆舊集》三三）

九月，永曆帝自南寧出奔。十月次新寧。（《小腆紀年》卷十七）

舟山之役清軍以炮破城，明魯王親屬與百官皆殉難。

同月，釋道忞與靈巖繼起禪師同時開法天台，同遭白簡（彈劾），至明年春仲質獄東甌谿山，險遠辛苦，歸來即事作詩三十韻。①

十月初四日，釋函可與諸公同集普濟寺話別，賦《癸巳冬四日諸公同集普濟話別》詩云：

去年十月遼陽道，芒鞋蘸雪踏枯草。今年十月將出門，北風吹髮凍逾早。蕭條古廟城南隅，鐘皷不鳴鳥驚噪。何人連袂叩荒扃，各出詩篇鬪天巧。吏部文章足起衰，祁連千仞欣獨造。毛錐如鐵面如冰，時復掀髯發長嘯。學士前身金粟是，相逢彈指霧煙掃。興來墨汁自淋漓，明月一傾大栲栳。豫章宿將舊登壇，萬金散盡呼蒼昊。唾壺崩碎聲載塗，三郎瘦削偏靜好。布衲拋殘不耐寒，枯桐一撥鳳凰叫。盧江高士雪滿胸，六朝蕩滌存真藻。夢里花深聽鵁鶄，冰池獨宿鴛鴦老。浙東公子神復清，屍露雙跟頂破帽。寫就黃庭不換鵝，向影閒吟孤自悼。更有青門種瓜人，五色不生形半槁。主人為我張素筵，氍毹重疊燒龍腦。又汲參泉煮木雞，粵橙漳橘恣一飽。眾音喧咽坐莫倫，雖無旨酒情潦倒。請翻

---

① 釋道忞《布水臺集》卷三《辛卯九月予與靈喦儲偓禪師俱以弘法嬰難至明年春仲質獄東甌谿山險遠辛苦歸來即事賦感漫成三十韻》。

二十一青編，如斯良會古來少。冷山寥落邏娑單，夜郎儋耳徒遼
邈。妙喜衡陽電白洪，安得詩人共圍繞。杯冷歌殘聲黯悽，明看
孤杖淩霜曉。亦知此別春必來，寂寂三冬守空窖。（釋函可《千
山詩集》卷五）

十一月朔，郭之奇巡督田西、後田、草塘諸閘。時清兵入雷
州，移攻木內閘，連戰十餘天，大勝。（《家傳》、馮奉初撰傳）

初二日，釋函可賦《雪中歌　仲冬二日作》詩云：

天傾地沸雲嘈嘈，林木摧壓風怒號。雪勢欲競浮圖高，恍如
錢塘八月潮。又如百群仙鶴剪羽毛，佇立骨戰身飄颻。竟欲乘之
上遊遨，足跨銀海步玉霄，玉蟾真人手親招。直向梅花村底去，
千樹紛紛落如雨。（釋函可《千山詩集》卷五）

十二月，郭之奇之龍門，至牙山。（《家傳》）

除夕，釋函昰賦《辛卯除夕》詩云：

青山迢遞海門東，目斷長年一夜中。人在水雲閒歲月，夢隨
梅柳入春風。半龕燈火光無際，萬里關河望欲窮。去住獨憐寒雁
影，此心不繫與誰同。（釋函昰《瞎堂詩集》卷十）

釋函可賦《辛卯歲除》詩云：

遼東何以送殘年，自汲寒泉莫昔賢。子慶掛冠甘永邁，幼安
坐榻久將穿。幸餘坑爐分僧鉢，不少山膢問法筵。誰道西來真有
意，漫拈白拂豎空煙。

又賦《除夕懷諸子》詩云：

亦是尋常朝復夕，何當茲夕倍愁予。莫將爆竹驚窮鬼，只合
燒桐煮白魚。朔雪自能填客夢，春風無望到吾廬。可憐年盡寒難
盡，土榻斜眠枕破書。（釋函可《千山詩集》卷十一）

本年薛始亨屏竄山林，絕意聞達，棄去諸生試，事浮屠藝
蔬，以賣文自給，足不復入城市。（薛始亨《南枝堂稿》卷首
《黃士俊序》、《劉客生序》）始亨作《山隄精舍記》。始亨於丙戌
（一六四六）年避兵亂，由廣州歸順德龍江鄉，居三年母没，又
三年（即本年）始築山隄精舍，作文以記之，時年三十五歲。

（薛始亨《蒯緱館十一草・山陰精舍記》）始亨賦《詠懷　十五首，辛卯歲隱支丘作也》五古詩。（薛始亨《南枝堂稿》）

始亨又賦《辛卯亂後重尋白沙先生故居》詩云：

高衢牢落亂離情，三畝儒宮野草生。火後壁經蝌蚪缺，鋤殘筆塚蠨蛸鳴。黃雲脫屣留芳躅，白髮峨冠想濯纓。世去百年居又近，自傷遲暮道無成。（薛始亨《南枝堂稿》）

本年廣州五羊門改五仙門，陳子升賦《五羊門　辛卯改五羊門爲五仙門，感舊而賦》詩云：

船維五羊驛，車發五羊門。曾建雙龍闕，何來萬馬屯。五羊原是仙來處，自從羊去仙亦去。仙人遨遊朝玉京，幾時重到五羊城。（陳子升《中洲草堂遺集》卷七）

本年張穆訪釋函可弟韓宗錄於鵝城（惠州城）。歸後，宗錄隱於山，與鎮將黃應傑不愜，摭陰事，被殺。（《鐵橋集》頁三一、《粵東遺民錄》卷二）穆遊龍川，有《雷江懷阿名》、《龍川水際有石人擐甲雄峙稱將軍石詩以表之》、《雷江贈別朱子長》、《霍山古循之仙洞雷江東去數十里望之如奇雲巫進士隱居其下皆稱泉石之勝詩以先訂》二首等五律詩。（《鐵橋集》、《鐵橋集補遺》頁九）

本年錢澄之在粵作詩九題，收其《藏山閣文存》卷十三《失路吟》。

本年湖南反清義軍入乳源，欲起用余可選。

余可選（？～一六五一），乳源人。順治八年（一六五一）反清義軍入乳源，欲起用之，不從被執，途中投崖自盡。（阮元《廣東通志》卷二八九）

本年明安定侯馬寶攻城，莫之儆捐穀助軍糧，城賴以全。

莫之儆（？～一六五二），陽山人。順治八年（一六五一），南明安定侯馬寶攻城，之儆捐穀助軍糧，城賴以全。次年，南明軍再次攻城，之儆率兵助守。歷時二旬，援兵不至，城陷巷戰，之儆被執，觸石自殺。（阮元《廣東通志》卷三〇三）

　　本年嶺南底定，文宗李頤馳檄遠近，歲例校士，士子一名不到，以叛逆罪罪之，永謝場屋，方顒愷（釋成鷲）毅然不赴。未幾場後，計不赴考數十百人，不可勝誅。榜列姓名，除諸生籍，且令學校諸生作《西山採薇文》以送之。顒愷獲倖免，殊有矜色，誇示同黨，自稱忠孝男子。（釋成鷲《紀夢編年》）

　　本年釋函昰作《落齒吟》云：“食筍忽落齒，方知非壯年。”《喜訶衍還山》云：“乍別驚予瘦。”《病》四首云：“茶爲傷脾少。”蓋和尚年來遭世變，體氣漸衰矣。有《九日掃老父塔》詩（釋函昰《瞎堂詩集》卷七），本淨公當卒於庚寅、辛卯間。清平南王尚可喜折柬相邀，以病辭不見，勉出，以賓主見，禮意殷隆。次日，不辭而退。（釋今辯《行狀》）子琮於本年落髮受具，法名今摩。琮妻亦落髮受具。

　　本年釋函可寓遼東普濟寺，成《普濟語錄》。（《普濟語錄》左懋泰序）釋函可賦《辛卯寓普濟作八歌》七古詩八首。（釋函可《千山詩集》卷五）遺顧夢遊書。（釋函可《千山詩集》顧夢遊序）

　　初度，賦《辛卯生日》詩云：

冷山流遞幾經年，此日看身益惘然。瓶鉢無心隨積雪，松楸有恨抱終天。裂裾欲續西征記，破帽長歌正氣篇。自笑出家餘習在，人間斯道只如線。（釋函可《千山詩集》卷十）

　　本年釋今種（屈大均）學禪，既而又學玄。（《佚文二輯·髻人說》）林夢錫有《曾訶衍屈一靈在訪》詩。（《海雲禪藻集》卷四）

　　林夢錫，字葉玄。番禺人。諸生。禮釋函昰爲居士，山名今舒，字舍予。（阮元《廣東通志》卷三二八）

　　本年徐壯行因功授本邑守備，任職八年。

　　徐壯行，龍川人。官江防參將。順治八年（一六五一），因功授本邑守備，任職八年。（《龍川縣志》）

　　本年康衡授廣州永安門把總。

康衡（？～一六五二），字伯孚。番禺人。順治八年（一六五一）由行伍授廣州永安門把總。次年，討花山，戰死。（同治《番禺縣志》卷四三）

尹治進於本年中舉人。

尹治進，字右民。東莞人。父鉽，貢生，明末殉節。事母至孝。順治八年（一六五一）舉人，官内閣中書。康熙元年（一六六二）遷海，請以邑中蜆塘繒門水利捐與青衿，以曠地閑田給予移民。著有《觀瀾閣詩文》。張其淦《東莞詩録》卷二五有傳。

盧肅於本年中舉人。

盧肅，字昇卿。東莞人。順治八年（一六五一）舉人。遊瓊州（今海南）遇風，受驚死。著有《鄰山堂詩集》。宣統《東莞縣志》卷六五有傳。

祁文友於本年中舉人。

祁文友，字蘭尚，號珊棠，以"滿江新水長魚蝦"得"祁魚蝦"之名。東莞人。順治八年（一六五一）舉人，十五年（一六五八）進士，任廬江縣令，後官工部主事。康熙八年（一六六九）任江南鄉試副主考。著有《出門草》、《渡江集》、《秋暑吟》諸集。溫汝能《粵東詩海》卷六一有傳。

劉振國於本年中舉人。

劉振國，字勷君。順德人。雲漢父。順治八年（一六五一）舉人。初授真定司理，改補西和令。著有《隴吟》、《旅吟》諸集。事見黄登《嶺南五朝詩選》卷七。

尹彬於本年中舉人。

尹彬（一六二八～一六八六），原名高魁，字式公。東莞人。順治八年（一六五一）舉人。十三年（一六七四）兵燹，邑城勒助兵餉，主持調停，士民得安。（宣統《東莞縣志》卷六五）

胡天寵於本年中舉人。

胡天寵，字衢陟。順德人。順治八年（一六五一）舉人。再上公車即脱爲名場，雲遊齊魯晋楚。著有《香眉堂集》、《約草》、

《旅草》、《寄草》、《方外吟》、《紀遊》、《漫言》。黃登《嶺南五朝詩選》卷四有傳。

何宗昌於本年中舉人。

何宗昌，字穆文。保昌人。順治八年（一六五一）舉人，程鄉教諭。卒日，士林悲思。翰林李士淳、進士蕭翱材作文吊之。阮元《廣東通志》卷三九四有傳。

譚志道於本年中舉人。

譚志道，字岸選。東莞人。順治八年（一六五一）舉人，授福建永福令。康熙十三年（一六七四）甲寅，山賊圍城，時已去任，以士民請，復嬰城固守五旬，侄黃璣死於陣。旋遭閩變，耿精忠欲授以官，堅拒不受。反正後大吏咨請敍用，以老疾乞休，卒。著有《讀易本義》。阮元《廣東通志》卷二八六有傳。

陳昌翰於本年中舉人。

陳昌翰，字扶上。番禺人。順治八年（一六五一）舉人，授靖安令，署南昌知府。時明寧獻王孫朱貞吉變姓名爲來相如，昌翰因僧雪浪、阿字今無與密交，至多方以成其志，人鮮知者。著有《五穗山房詩草》。凌揚藻《國朝嶺海詩鈔》卷一有傳。

譚德馨於本年中舉人。

譚德馨，字紹元，一字又庵。新會人。順治八年（一六五一）舉人。早慧能文，事繼母尤謹。著有《又庵詩集》。言良鈺《續岡州遺稿》卷一有傳。

劉天維於本年中舉人。

劉天維，字卓爾。東莞人。順治八年（一六五一）舉人，授江南望江令。蒞任五載，頌聲大起。尋以足疾致仕。年七十餘卒。張其淦《東莞詩錄》卷二五有傳。

區簡臣於本年中舉人。

區簡臣，字藚徵。高明人。順治八年（一六五一）舉人，授湖廣江華知縣。（《高明縣志》）

盧弘孝於本年中舉人。

盧弘孝，字述公。東莞人。順治八年（一六五一）舉人。康熙九年（一六七〇）官東莞教諭，遷江西盧陵知縣。（宣統《東莞縣志》卷六五）

李國棟於本年中舉人。

李國棟，字兆樑。澄海人。順治八年（一六五一）舉人。任知縣，政寬民化。康熙十四年（一六七五）乞歸，蔬食布衣。著有《鋤雲山房文集》。（乾隆《潮州府志》卷二九）

何麟運於本年中舉人。

何麟運，號玉書。新安人。順治八年（一六五一）舉人。任高州府茂名縣教諭，升循州學正，官至兵部督補司務。（康熙《新安縣志》）

林銘璽於本年中舉人。

林銘璽（？～一六五二），號玉書。普寧人。順治八年（一六五一）舉人。翌年郝尚久舉兵反清，招之不赴。脅以兵，集鄉勇抗拒，被殺。（乾隆《潮州府志》卷二八）

羅孫耀於本年中舉人。

羅孫耀，字乃遠，號澹峰、三松處士。順德人。順治八年（一六五一）舉人。任曲江教諭。十五年登進士，任貴州都勻推官。後辭官回鄉，隱居石湖別業二十年，與陳恭尹、劉雲漢等詠詩結社。晚年流連山水，不通權貴，人稱石湖處士。（《順德縣志》）

黃仙春於本年中舉人。

黃仙春，字理卿。潮陽人。順治八年（一六五一）舉人，授浙江龍泉知縣。在任九月，引疾歸。八十四歲卒。（乾隆《潮州府志》卷三〇）

譚良泰於本年中舉人。

譚良泰，字來祉。高明人。順治八年（一六五一）舉人，授石泉知縣，縣內稱治。著有《二蓮軒詩集》。（《高明縣志》）

熊祥於本年成貢生。

熊祥，東莞人。飛十五世孫。順治八年（一六五一）恩貢生。張其淦《東莞詩録》卷二五有傳。

何崐於本年成貢生。

何崐，程鄉（今梅州）人。明諸生。清順治八年（一六五一）貢生。胡曦《梅水匯靈集》卷二有傳。

葉廣祚於本年成貢生。

葉廣祚，新興人。順治八年（一六五一）貢生。著有《史參》、《詩參》、《荔譜參》、《茶山月令》、《採艾篇》等。余祖明《廣東歷代詩鈔》卷十一有傳。

陳傑於本年成貢生。

陳傑，字俊士。和平人。幼歲能文，通五經。連平州屢試冠軍。順治八年（一六五一）歲貢生，授陽春縣訓導，升清遠教諭。後棄官歸。（《和平縣志》）

陳潮珍於本年成貢生。

陳潮珍，號冰秋。高要人。順治八年（一六五一）恩貢生。得新書輒限時熟讀，一生以朱子理學課生徒。（宣統《高要縣志》卷十八）

徐幼學於本年成貢生。

徐幼學，字鴻勳。博羅人。順治八年（一六五一）拔貢，授高明教諭，勤於課士。以侍母告歸。人高其學行，從遊者眾。（民國《博羅縣志》卷七）

徐啟隆於本年成貢生。

徐啟隆，五華人。順治八年（一六五一）歲貢。明末學者多背叛程朱理學而談論佛道，而啟隆恪守理學，深受縣令黃景明器重，從學者眾。性格剛介，終未入仕。（《長樂縣志》）

陳其大於本年成副榜。

陳其大，東莞人。龥曾孫。順治八年（一六五一）副榜。製造天文儀器，訂正律吕。著有《成經》。（阮元《廣東通志》二七五）

陳阿平生。（《陳獻孟家傳》，載陳伯陶輯《陳獻孟遺詩》卷首）

陳阿平（一六五一~一七二一），字獻孟，號雲士，又號鉢山居士，晚號愚溪。東莞人。象明孫。娶陝西人郭青霞女不字爲妻。與屈大均、陳恭尹、梁佩蘭唱和。隱居不仕，曾東遊淮海。雅慕羅浮，每歲必一遊。晚年慕佛老，年七十一卒。著有《鉢山堂集》十九卷、《愚溪詩略》、《開平縣志》。陳伯陶輯《陳獻孟遺詩》。宣統《東莞縣志》卷六七有傳。

譚煒然卒。

譚煒然（？~一六五一），字孔彰。曲江人。每試必奪冠。粵撫軍李棲鳳駐節韶州，延爲座客，書信啓劄多出其手。順治八年始得恩選，未幾卒。（《韶州府志》卷三二）

清世祖順治九年　明昭宗永曆六年　明韓王定武七年　壬辰　一六五二年

正月，孫可望遣兵迎駕。二月，明永曆帝至貴州安隆所，改名安龍府（今貴州安龍）。五月至七月，西寧王李定國連取靖州、寶慶、全州、桂林，明勢復稍振。十一月，永曆帝密敕定國入衛，時孫可望有僭竊意。（《小腆紀年》卷十八）

春，陳恭尹自閩之江西，登匡廬，作詩寄蔡薩。（陳恭尹《初遊集　小序》：“壬辰春，自閩而之匡廬。”）恭尹賦《寄蔡艮若》詩云：

朝起望山路，雜花虧蔽之。日莫有來人，而非心所思。子行亦不遠，曰歸何乃遲。清溪日澣濯，猶恐衣裳緇。

又賦《發閩中向匡廬寄蔡艮若》五律。（陳恭尹《獨漉堂詩集》卷一）

程可則與同年生陳彩、梁雲扶旅北京廣州會館，雖古瓦荒垣，猶得與武人分廬而處。（程可則《海日堂集》卷六《重修廣州會館碑記》）

正月初一日元旦，釋函可被喇嘛潦藏葛浪、耶舍葛浪、索勒葛浪、僧錄司掌印釋行深、遼陽僧綱寬、道藏主釋慧遠、廣濟監院釋玄賦、接引監院釋祖遠、慈航監院釋寂亮、大寧監院釋師慧、永安監院釋祖道等啟請主法席，結制南塔。（釋函可《普濟語錄》卷首請啟，末署順治九年三月朔日）

釋函可賦《壬辰元旦》詩云：

起起今年恰在辰，罪夫幸不是賢人。堂前鐘皷龍天會，被底冰霜骨肉親。兩點尚餘隔歲淚，五更曾夢度江春。龍庭色色還依舊，獨有閒愁一片新。

又賦《元旦大雪同甦築賦》七律、《南塔結制》七律。（釋函可《千山詩集》卷十一）

釋函昰於嶺南賦《壬辰元旦》詩云：

山門瑞氣入初年，龍象齊瞻古殿前。曙色漸回春樹影，雲衣常帶篆爐煙。依微村岸行人少，寂寞川原歸雁連。舉額但祈戎馬息，林泉無事日安禪。

又賦《初春》七律。

十七日，釋函昰又賦《正月十七日》詩云：

此日干戈傳海岸，一年憂樂問田間。園林雨過春猶淺，里社燈殘人尚閒。鳥語忽聞山客去，鐘聲初歇暮潮還。江城遠近胡笳起，嫩綠重雲早閉關。（釋函昰《瞎堂詩集》卷十）

二月，大雪初晴，釋函可同雪公初遊千山。釋函可《千山詩集》卷十三《同雪公遊千頂紀事十首 有小序》。序云：

余出塞五年，始遊千頂。時大雪初晴，由大安過祖越，入龍泉，與山中耆宿團圞二十日，蓋壬辰春二月也。

三月初一日，釋函可始開法南塔。（釋函可《千山詩集》卷十三《元旦哭喇嘛二首 有引》云：余初出塞，乞食南塔，喇嘛見而驚曰：“師胡爲乎來哉？”即解身上所披覆余，自此衣帽贈貽不輟。壬辰春，率諸耆舊强余開法南塔。南塔畏地也，前此無掛搭者。自余至，雲水奔流，龍象蹴踏，始三月朔。）

四月，釋今育①至瀋，釋函可聞其弟韓宗騄遭戮訊，有詩紀之（《普濟語録》三、《千山詩集》卷十一）。釋函昰有《懷剩人弟瀋陽》。（釋函昰《瞎堂詩集》卷十）

五月，釋函可之父文恪公諱日，設供拈香禮拜，有語録。（《普濟語録》三）

秋，劉湘客至廣州訪薛始亨，於鄉落間見之（據其小傳，時薛始亨當在順德之龍江），後九月重陽時爲其集作序。（薛始亨《南枝堂稿》卷首《劉客生序》）

陳恭尹泛彭蠡而下，止於杭州西湖，有《西湖》七律、《西湖雜興　四首》五律，識釋大汕。（陳恭尹《獨漉堂詩集》卷一《初遊集小序》：“壬辰春，自閩而之匡廬。及秋，泛彭蠡而下，止於杭之西湖。”釋大汕《離六堂集》卷二《贈陳元孝》）

七月十五日，釋函可於南塔開法。（釋函可《千山詩集》卷十三《元旦哭喇嘛二首有引》云：“壬辰春，率諸耆舊强余開法南塔。南塔畏地也，前此無掛搭者。自余至，雲水奔流，龍象蹴踏，始三月朔，至七月望，凡百維護，外魔不侵，喇嘛之力也。”）

八月，郭之奇泊欽州海島馬鞍山，舟覆，三妾二女没於珠澳。（《内文集·清明悼亡詩序》、《家傳》）之奇賦《壬辰避地馬鞍山治一枝未就茲春聞儆復於前址搆棲感賦十律》、《晚眺得初月有懷二首》（以上五律）、《移居蓬羅七絶　有序》七首、《傷懷五絶》七絶五首。（郭之奇《宛在堂詩·所思十三集》）

十五日，釋函昰賦《中秋同諸子坐月》詩云：

古殿蒼茫對月明，青山獨有老僧清。風吹不散長天色，蟲響暗連落葉聲。萬里山河雙眼净，三秋林壑幾人情。鬚眉共照寒溪

---

①　釋今育，字尸林。孤身凡三往返於塞下從釋函可，後欲重修釋函可所創廣州東郊黄花堂，釋今無爲作《爲屍林募修黄花堂引》。（釋今無《光宣臺集》卷六）

水，何事悲歡卻並生。（釋函昰《瞎堂詩集》卷十）

二十二日，謝元汴賦《後生德　壬辰八月二十二事也　時脫豪賈之難》詩云：

天之於吾何爲乎，坑葬英雄斬義仁。天之於世何爲乎，崇蘊薑蛾朋頑罳。仲尼之檀何如桓魋之斧，犢華既死方罔津。天下無一人知己，殺我成我何不辰。熊貔食魄鴞食魂，菉葹不噬噬蘭筍。嗟德之生以正己，不惟正己物以淳。不能使世之皆曾史而無盜蹠兮，雖德之生已不倫。（謝元汴《霜山草堂詩集》）

冬，程可則與王石谷相見於邵無盡山齋，別時繪《寒林歸騎圖》爲贈。（程可則《海日堂集》卷五《寄虞山王石谷》二首第一首下小注）

伍瑞隆賦《效白樂天體賦四絕爲贈陳正子父》七絕詩四首，序云：

陳正子父□懷才抱節，貞廉而愛民，實賢官也。壬辰冬之變，事出意外，陳父母冤陷縲絏，幾於不白，頃蒙天恩鑒雪，遂得生還，通邑稱快。予效白樂天體賦四絕爲贈，庶幾口碑之一斑耳。（《中國古代書畫圖目》十三冊三二頁）

十月，釋函可再遊千山，復遊甘泉，取道孤山，入龍泉，因有大寧之役，兩宿而去。（《千山詩集》十三《同雪公遊千頂紀事》）

十一月十三日，程可則作《十一月十三日　壬辰》詩。（程可則《海日堂集》卷五）

十二月，釋澹歸甫進戒，從釋今墮出嶺，爲廬山長住計，過彭蠡，涉揚子江，僑寓晉陵。（《越秀集》）釋函昰有《送止言澹歸先入匡山》詩云：

曾憶紫霄峰上話，十年留滯海門東。空山背日寒猶在，春草無人綠未窮。覆甕悔教黃葉去，移茅定在白雲中。撐持賴爾難兄弟，相送河橋念朔風。（釋函昰《瞎堂詩集》卷十）

釋今墮（？～一六五九），字止言。番禺黎氏子。原名啟明，字始（晦）生，遂球族人。明亡，遂球遇難，乃盡散家產，遣散父老，於永曆三年（一六四九），入雷峰寺出家，受具爲訶林監院。後入閩，省觀長慶釋道獨，歸雷峰。時釋澹歸登具，相隨數載。順治十六年己亥冬月示寂。事見徐作霖、黃蠡《海雲禪藻集》卷二。

除夕，釋函昰賦《壬辰除夕》詩云：

萬里津梁歸此夕，幾人心事付初年。初年猶是近村寺，此夕竟同寒戍天。夢裏雲山應不改，客中歲月已徒然。何堪更憶匡廬舊，暮梵晨鐘古木邊。（釋函昰《瞎堂詩集》卷十）

除夕夜，羅萬傑賦《壬辰除夜　有引》五絶詩，序云：

歲行盡矣，空山闃寂，四十忽過，學道無成，偶讀子美守歲詩云：“四十明朝過，飛騰暮景斜”，不覺惻然，因用爲韻，成詩十絶。（溫廷敬《潮州詩萃》甲編卷一一）

本年薛始亨有《故都憲袁公爲藩中伴讀戲贈》詩。都憲袁公指袁彭年。（薛始亨《南枝堂稿·絶句》）

本年黎延祖賦《壬辰寄謝陳伯璣先生選刻忠潘遺詩　壬辰作》詩云：

古道誰於今日然，碑陰碩友記吾先。交因陳實生前重，書識揚雄死後傳。恨魄猶隨南詔鳥，吟魂應慰北邙煙。鶗鴂感激知何用，四壁無藏自可憐。（溫汝能《粵東詩海》卷六一）

本年方顥愷（釋成鷲）要駕如故，忤逆不可枚舉。（釋成鷲《紀夢編年》）

本年釋今無十九歲，隨釋函昰入廬山，中途寒疾垂死，夢神人勉其出世，並授藥粒，從此思如泉湧，貫通三教。（釋今無《光宣臺集》卷首釋古雲《海幢阿字無禪師行狀》）

本年釋性因（釋澹歸）棄莫氏館穀，下東粵，禮雷峰海雲寺天然函昰和尚受具足戒，改法名今釋，字澹歸，以字行。在廚親滌碗器，隆冬龜手，不廢勞勤，碗具破缺，典衣償之。釋函昰知爲法器。會王邦畿亦在雷峰，釋澹歸爲序其《耳鳴集》。（釋澹歸

《徧行堂集》卷之八《王説作詩集序》）

本年釋今種（屈大均）爲飄然遠遊之舉，以城市不可幅巾出入，於是自首至足，無一不僧。（《佚文二輯・髻人説》）

程可則於本年中會元，以磨勘被黜。（史洪權《嶺南三大家年譜》）

陳彩於本年中進士。

陳彩，字美公（一説字叔亮，號美公）。南海人（一説順德人）。順治九年（一六五二）進士，選宏文院庶吉士，轉秘書院編修。十二年（一六五五）乙未，分校禮闈，所取士如顧豹文、徐元珙、王士正輩皆海內名彦。外轉江右憲副。尋補湖北鹽道，遷蘇、松、常三郡參政。著有《鳴笑軒集》。阮元《廣東通志》卷二八六有傳。

陳賓王於本年中舉人。

陳賓王，字牧芷。南海人。順治九年（一六五二）舉人。黃登《嶺南五朝詩選》卷七有傳。子宗德，字閲孝，一字崧涯。茂才。著有《古歡堂鉢草》、《評定席珍堂詩集》。黃登《嶺南五朝詩選》卷九有傳。

翁起鼇於本年成貢生。

翁起鼇，永安（今紫金）人。順治九年（一六五三）歲貢，任河源訓導，升恩平教諭。（《永安三志》）

唐世炫於本年成貢生。

唐世炫，字九望。惠來人。順治九年（一六五二）歲貢。授高州訓導，遷封川教諭，卒於官。（乾隆《潮州府志》卷二九、雍正《惠來縣志》卷一四）

蔡鴻於本年成貢生。

蔡鴻，龍川人。順治九年（一六五二）貢生，授南雄府教授。（《龍川縣志》）

清世祖順治十年　明昭宗永曆七年 明韓王定武八年　癸巳　一六五三年

粵大饑。正月朔，明永曆帝幸貴州安龍府。（《小腆紀年》卷十八）

春，程可則自北京還里，其父儽六十甲子初周，戚友欲稱觴爲壽，以哀經辭。（程可則《海日堂集》卷七《先府君行述》）

程儽，字匪凡。南海人。府學生，於書無所不讀，文似柳州，詩似淵明、樂天，閒爲丹青花鳥。冀鼎孳至粵，甚稱之。子可則，有詩名。汪兆鏞《嶺南畫徵略》卷三有傳。

釋函可應顯律師邀入駐蹕十餘日，遂由向陽三登千山。過一月四遊，大雪如初遊。（釋函可《千山詩集》卷十三《同雪公遊千頂紀事》）

正月初一日，釋函昰賦《癸巳元旦》詩云：

漸老應憐海外身，一年寒熱又隨人。分明昨夜春光早，卻訝今朝曙氣新。草木知時先坼甲，杯盤獻歲久非辛。東風便送歸鴻去，雲影潮聲亦自真。（釋函昰《瞎堂詩集》卷十）

初七人日，郭之奇自號三士道人，賦《人日自號三士道人有序》七律詩，序云：

癸巳人日，自號三士道人。何言乎？三士，余出身縣進士，選館爲庶吉士，歷官大學士。所求乎？臣未能一敫。問其次，至於三職。思其名，可不同良士之矍矍乎？曰三士，何言乎道人？今之自標者，曰漁父，曰牧子，曰耕夫，曰樵叟，同曰道人也。予從同，同可不道人乎？若有人兮山之巔，水之湄，身在江湖，心懸魏闕，進憂退憂，獨善兼善，展如之人也，可以爲士矣。我生不辰，有志未逮，未聞巢由之買山，竊愧陽裏之入海，我不敢知。曰不降不辱之民，我則異是，我亦不敢知。曰避地避人之士，人可同斯。觀世觀生，終未忘乎素履。思山思隰，獨永歎於滄洲云爾。

同日，之奇又賦《人日立春浮雲蔽日使人愁歎而問春》詩云：

珠島新煙百道屯，青陽已至莫逡巡。寒光入水宜銷散，旅緒如雲自屈伸。老去浮生終愧我，春來幽事強撩人。梅花柳色今何在，辜負東風亦此身。

又賦《聽讀書有感》七律。（郭之奇《宛在堂詩·所思十三集》）

二月十五日，之奇移居蓬羅山。（《所思集》）

二十二日，新泰侯郝尚久與恢剿總兵蔡元①督同副將蔡俊、蔡傑等舉潮州反正歸明，元遣參將管萬賫奏至之奇行營。（郭之奇《爲全潮恢正疏》）

潮鎮總兵郝尚久反正歸明，謝元汴、李士淳、羅萬傑、賴其肖陰相聯結回應。尚久敗，元汴奉母避地豐順，後遂不復出，康熙七年（一六六八）卒。萬傑盡散諸勇，痛哭入山，林居三十年，後卒。士淳歸里，終身不復出，年八十一卒。其肖不知所終。（溫廷敬《明季潮州忠逸傳》卷二、卷三）

三月初三日，郭之奇賦《禊日春雨初宿西月微明思從中來漫成九絶》五絶。

之奇又賦《四怨三愁五情詩　有序》五絶十二首、《春山八事》（五古八首）、《春夢　有序》五古、《賦得芳草無行徑》、《賦得空山正落花》、《賦得虛牖風驚夢》、《賦得空牀月厭人》、《煙色翠痕》、《鳥啼花落》、《賦得鳥啼春未足》、《賦得花落夢無聊》、《春未足應有餘春鳥啼何事》、《夢無聊猶可尋夢花落堪思》（以上五律）、《暮春山課即事書懷十二絶》六言絶句、《春去》、《雨後》、《一鳥》、《所遇》（以上五律）。（郭之奇《宛在堂詩·所思十三集》）

---

①　蔡元，字完赤。海陽（今潮州）人。與吳六奇善。清初依潮鎮郝尚久。順治七年（一六五〇）爲郭之奇所勸，歸永曆朝，授後軍都督同知，加太子少保。是年秋復附清，與耿繼茂、吳六奇等會兵圍郝尚久於潮州。向六奇獻策，請駐兵韓江東岸爲犄角，築蔡家圍寨。康熙三年（一六六四）遷海，流民多依寨自保，煙火萬餘家。累遷辰州常德總兵，罷歸。年七十七卒。（乾隆《潮州府志》卷二九）

清明日，屈大均賦《清明展先府君墓》四首。（屈大均《翁山詩外》卷五）

十七日，釋函可於釋道獨誕辰設供，有語録。（釋函可《普濟語録》三）

十九日，明崇禎皇帝殉社稷十週年忌日，釋道忞爲賦《癸巳三月十九之作》七律五首。（釋道忞《布水臺集》卷二）

夏，釋函昰賦《夏日與劉見顒王入聞阿字無方白庵須識諸子小坐山亭》詩云：

古木森森直似春，茅簷土屋自爲親。從來隱几幾忘我，今日空山喜見人。頓入鐘聲一覺里，悟將雲影百年身。相期更有千峯在，莫雨朝晞應未貧。（釋函昰《瞎堂詩集》卷十）

四月初一日，郭之奇賦《四月一日日已夏而候猶春戲作勸春光一篇》雜言詩。

之奇又賦《松風夢》、《蓬蘿行》、《山花落》（以上雜言）。

五月初四日，郭之奇賦《颶風行　樂府》詩云：

五月四日，海氛又惡。田門未高，屈聞將落。今古蕭條逐逝流，雲風震蕩奔遥壑。一自神州涽洞來，腥塵十載遍人廓。鬼神含恨復含悽，天水相遭遂相虐。每疑康回憑怒前，或是巨鰲戴山卻。人言龍伯罷綸歸，我畏鴟龜曳衡躍。自朝及晡，其勢愈搏。羲和倦馳，豐隆既蠖。吾不知萍欝之胡從兮，時與飛廉而偕作。吾但憂巢處之莫支兮，安知海潮之驟躍。狂波十丈自東騰，綠島迷冥青岫淪。已聞鹽户眾爲魚，復道水軍同化雀。五絲續命事如何，滿月經營心不樂。所畏羣生似轉蓬，豈向浮居同敗籜。枕畔啾啾中夜聲，眼中颯颯前秋魄。前秋今夏何相絡，海水天風那可度。吾又安能問水濱，海水自強人自弱。何時蹄跡去中原，居人慎莫鄰蛟鰐。吾亦因之謝海若，胡爲實逼處此以與海若爭此涯角水風之大橐。

十三日，之奇又賦《五月十三□□去廉因作廉□逃一篇且願有事於廉者瞻前顧後相留意於斯言　樂府》長篇樂府詩。

之奇又賦《□無人四首 ［一］樂府》、《重葺山居九絕有序》七絕十首、《天涯》、《心遠》、《不厭》、《望海》、《忽憶》（以上七絕）、《除草》五律。

六月初一日，之奇賦《季夏朔天大雷電以雨》詩云：

簷光無間歇，一望總同雲。山海情初合，龍螭勢幾分。奔濤交霹靂，驟雨失氤氲。不覿空谷容，安知物象紛。

之奇又賦《連雨未息即見漫成》、《山居》、《雨餘望初月》、《步屧》、《荒圃》、《新霽》、《朝思》（以上五律）、《蓬樓 有序》、《山水之閒 有序》、《空山十有 有序》十首（以上四言）。（郭之奇《宛在堂詩‧所思十三集》）

初六日，釋澹歸燈下作五言長詩示長子世鎬。（釋澹歸《徧行堂集》詩之一《癸巳六月六日燈下作詩示世鎬誦》）至昆陵，遣舊蒼頭於閏六月初九日焚其夫人方氏靈座。（《越秀集》）

閏六月，李定國攻肇慶，敗績，退駐柳州。（《小腆紀年》卷十八）

初九日，定國出師廣州，攻肇慶。（《行在陽秋》）

敕諭再至，改郭之奇督師爲視師，之奇有詩二首紀其事。（《所思集》）

秋，嶺海流氛孔亟，釋函昰侍智母師太入匡廬，釋今無、釋今漸同行，臨行有《癸巳秋將之匡山寄別廣州諸子》詩云：

臨岐不作別離情，望里煙霞足此生。聞鶴已傷行路意，畏人猶諱買山名。十年瘴海餘秋色，千里雲帆入雁聲。寒夜紫霄深雪處，論交先寄石羊城。（釋函昰《瞎堂詩集》卷十一）

釋函昰途中有《病留淩江寺》、《韶陽道中病起》、《道中被詰》、《阻風宿險處》諸詩（釋函昰《瞎堂詩集》卷七）。抵廬山，住歸宗寺。又有予袁彭年《與袁特丘 予將之匡廬》詩云：

梧桐葉墜噪棲鴉，楚客逢僧話轉賒。雲外峽橋猶有路，煙中霜樹已無家。遠公林下風初動，王粲樓頭日未斜。信我定寬陶令酒，何年丹壑醉流霞。（釋函昰《瞎堂詩集》卷十）

秋，陳恭尹自杭州赴蘇州，遊覽虎丘，賦名作《虎丘題壁》七律詩。（陳永正《嶺南歷代詩選》三〇六頁）

七月，釋函昰自雷峰入匡廬。釋今種（屈大均）亦入匡廬，士煌有《送一靈禪師之匡廬》詩（屈士煌《屈泰士遺詩》），程可則亦有《送靈上人之廬山》詩。

至廬山，釋函昰有《匡山懷剩人弟》詩云：

歸臥廬峯憶舊因，夜深誰共侍瓶巾。千株松栢前朝樹，萬里關河羇旅人。明月未殘竹影寺，黃雲長蔽雁門津。艱難閱盡頭先白，兄弟遙看淚欲頻。

又有《禮金輪峯舍利塔》七律詩云：

層崖疊嶂擁金輪，辛苦誰憐負鐵人。寺是右軍開晋室，塔傳竺土肇西秦。雲霞縹緲諸天儼，日月升沉百代新。稽首長空餘涕淚，感恩徒有刹塵身。

初七日，釋函昰賦《秋夕奉懷長慶老人　詩成次日，即接老人書，師弟相感如此，不可不識》詩云：

一別雲山歲月虛，問安猶記朔風初。曾爲弟子恩非薄，仰事吾師愧有餘。月上禪西幢影亂，燈明方丈履聲徐。金輪捧足何年事，泥首長空掩敝廬。（釋函昰《瞎堂詩集》卷十一）

十四日，郭之奇賦《七月十四立秋雨後望月二首》詩云：

天涯秋色自堪愁，搖落余心尚可求。細挹炎光千嶂雨，漸噓爽氣萬波流。每依雲樹同猿鳥，漫擬星槎共女牛。不是羇人多遠意，三年窮海愧淹留。

雨後秋來色倍新，行雲萬里爲何人。頗疑物象時綱密，更使空華日布勻。幾疊幽山光抱玉，無邊碧海氣吹銀。稍需金鏡浮天漢，自有冰心出世塵。

之奇又賦《村人日以道士作佛事感歎有作》、《湛露》、《斜暉》、《勅諭再至改督爲視漫賦二章》（以上七律）、《天漢篇　有序》七古、《釋愁五章　有序》五古。（郭之奇《宛在堂詩·所思十三集》）

二十二日，釋函昰賦《癸巳七月二十二日口占》詩云：

瘴海棲遲十二秋，避兵長傍蓼花洲。無端一夜西風急，又報
笳聲到市頭。

釋函昰又賦《江帆》七絕。

九月初九日，釋函昰賦《九日與諸子晚眺》詩云：

夕陽斜映菊花開，一上峯頭萬木哀。與子更窮千里目，百年
能得幾登臺。

釋函昰又賦《望羅浮》、《送秋》、《題畫雁四首》、《泊虔州》
七絕。（釋函昰《瞎堂詩集》卷十七）

九月，薛始亨過訪陳子升，二人相談至夜，始亨有詩紀之。[①]

同月，瓊州圓通院建成，後釋今無爲作《瓊州圓通院記》。
（釋今無《光宣臺集》卷七）

初九日，郭之奇賦《九日曉對》詩云：

獨坐看秋秋可同，秋心或在有無中。前山聚靄光如抹，遠樹
流煙色似通。但許孤峯迎露白，安知萬葉染霜紅。南州炎德時相
假，蕭瑟何須畏曉空。

之奇又賦《是午同德陽殿下張騰夫宮詹治登高之酌》七律。
（郭之奇《宛在堂詩·所思十三集》）

同日，釋函昰賦《九日悼梁同庵》詩悼梁殿華：

吳山越水共茫茫，會盡因緣亦自傷。半榻寒燈風雨舊，一簾
秋色夢魂長。故鄉望斷空千里，折柬開殘但八行。曠劫不忘師弟
子，只今無奈菊花香。（釋函昰《瞎堂詩集》卷十一）

冬，麥氏被掠投江死，後屈大均賦《三湧操　有序》詩云：

香山小欖鄉有諸生黃肇揚者，其妻麥，癸巳冬被掠，憤罵赴水。兵捉其
髮，繫樓檻間。麥乘間斷髮，又赴水，身沒，復湧出，作憤罵狀。兵射之，
既帶矢沉。又湧出，兵又射。如是者三，乃死。

① 陳子升《中洲草堂遺集》卷末附薛始亨《癸巳九月與喬生先生夜話見其
壁間畫像乃一年前梁生所寫撫今追昔有少壯之殊爱賦二詩以贈因書其上》詩二
首。另見薛始亨《南枝堂稿》卷末。

入水不肯沉，罵奴猶未畢。身輕乘文魚，三躍江中出。佳人一赫怒，波濤爲羨溢。髐箭雖紛紛，難損芝蘭質。去爲湘妃娣，魂烈知無匹。（屈大均《翁山詩外》卷十五）

十月，郭之奇至防水練水軍。（《家傳》）

初四日，釋函可與左懋泰諸人同集普濟話別，有詩紀之。（釋函可《千山詩集》卷五）

十二日，郭之奇賦《初冬十二至防水見黄花喜吟》詩云：

黄花正可對幽人，卜築從兹遂有鄰。已詔寒山同氣色，孤宜水竹共精神。秋回彌見風霜遠，客至翻驚物候新。寂寂陶潛藏此意，東籬千載未生塵。

之奇又賦《爲張將子畫新眉致詞　姬與將子俱吴人，尚未垂髫》七律。（郭之奇《宛在堂詩·所思十三集》）

十二月，釋函可生辰，上堂，有語録。（釋函可《普濟語録》三）

十八日立春，郭之奇賦《十八日立春小酌》詩云：

東望望春春果來，陽和取次倩人催。遥思故嶺梅千樹，漫許前山酒一杯。眼際煙光同護惜，意中風景嘿滋培。稍需秀句寰區滿，何必椒花寸管裁。

除夕，之奇又賦《除夕晚眺二首》詩云：

水色迷茫切太虚，春風初拂轉瀟疏。憑他翠竹時相舞，賴爾青山日自如。萬里煙光歸大壑，一泓清影付幽居。天涯雲物今如此，不是羈人眼倦舒。

日月相窮引歲除，古今元會復何如。時光有意同消息，物象何心自卷舒。舉目新亭依故國，傷心流水向歸墟。獨憐千載逢新甲，尚許三冬一夜餘。（郭之奇《宛在堂詩·所思十三集》）

本年明西寧王李定國軍至新會，屈大均賦《李六烈婦　有序》詩云：

六處女者，皆李氏，番禺茭塘都弘福鄉人。癸巳，晉王帥師至新會，茭塘諸鄉治戰船應之。晉王敗績，敵攻弘福，六女登樓皆縊。

小姑彈寶瑟，大姊織流黃。獨立朝霞裏，雙流白日光。何曾窺宋玉，不肯作王嬙。一代紅顏盡，高樓恨未央。

雙燕歸何處，樓臺久不春。雲疑飛髻女，月是弄珠人。玉佩捐湘浦，羅衣絕塞塵。琵琶彈馬上，嗟彼去和親。

又賦《許二烈女　有序》五律二首，序云：

二處女者，皆許氏，番禺潭山鄉人。父明宗，某縣知縣。癸巳，晉王帥師至，敵以潭山鄉與晉王交通，攻之，二處女從母某氏及庶母某氏投井死。（屈大均《翁山詩外》卷五）

又賦《菜人哀》七古，序云：

歲大饑，人自賣身爲肉於市，曰"菜人"。有贅某家者，其婦忽持錢三千與夫，使速歸，已含淚而去。夫跡之，已斷手臂懸市中矣。（屈大均《翁山詩外》卷十五）

本年屈大均又賦《登石門懷慧遠尊者》（屈大均《翁山詩外》卷二）、《望五老峰》、《開先樓作》、《五老峰背觀三疊泉》二首、《雨過坐三峽橋望石人峰流水》、《玉川門精舍春日》、《開先寺古梅》（《翁山詩外》卷六）、《三峽澗》（《翁山詩外》卷八）、《登廬山作》二首、《觀黃巖瀑布》、《遊簡寂觀　陸修靜故居》、《獅子峰》、《天池》、《康王谷觀谷簾泉》、《歸宗寺》（《翁山詩外》卷十一）、《廬山道中》（《翁山詩外》卷十五）、《三疊泉》、《采蓮號子》、《石人峰下作》、《石門有懷》、《山中寄周青士》、《兩過三峽橋上作》三首、《玉川門作》、《秋日廬山作寄繆天自》（《翁山詩外》卷十六）、《青玉峽》、《三疊泉操》（《翁山詩外》卷十七）、《虎溪冬夜》（《道援堂集》卷六）。

本年王邦畿賦《癸巳歲》五律詩八首（王邦畿《耳鳴集》卷六）、《雜詞　癸巳》七律八首（《耳鳴集》卷十）。

本年陳恭尹自杭州至蘇州，因歷江甯（今南京）、甯國，道陽羨，還杭州。冬，南歸。（陳恭尹《獨漉堂詩集》卷一《初遊集　小序》："癸巳訪舊於姑蘇，因歷金陵、宛陵，道陽羨，還杭州。其冬，買舟南歸。"）恭尹《過金陵不泊》詩云：

故都殘照在，一望尚崢嶸。山擁吳雲峻，天連楚水準。到秋禾黍意，爲客古今情。高寢長松外，遺臣怯近城。（陳恭尹《獨漉堂詩集》卷一）

本年海陽城陷於清軍，辜蘭凰恐受辱，自經。

辜蘭凰（？～一六五三），海陽（今潮安）人。明副都御史朝薦女，適同邑貢生夏含曜。能詩。著有《嘯尋庵集》、《易解集》。明桂王永曆七年（一六五三）清靖南王耿繼茂等討郝尚久，縱兵屠城，蘭凰恐受侮辱，自縊死。（《潮州志·藝文志》）

本年歲復大祲，方顒愷（釋成鷲）至是始萌悔心。一日侍立講席，其父國驊援引晉人周處改過激之。顒愷頓改前非，立取家藏書籍，移置座側，日與古人爲友，攻苦逾年，經學淹貫。（釋成鷲《紀夢編年》）

本年釋今白薙染登具。

釋今白，字大牛。番禺人。族姓謝，原名凌霄。諸生。永曆七年（一六五三）薙染登具。十年，值雷峰建置梵刹，發願行募，沿門持缽十餘載，叢林規制次第具舉，所至之地方便接引者甚眾。一夕行乞，即次端坐而逝。事見宣統《番禺縣續志》卷二七。

本年釋今全脫白受具。

釋今全，字目無。番禺人。族姓許。永曆七年（一六五三）脫白受具，繼釋今應爲監院。當雷峰建置之始，會典直歲有功。事見《海雲禪藻集》卷二。

本年釋今穮出世。

釋今穮，字聞者。番禺人。族姓蘇。永曆七年（一六五三）出世，十二年（一六五八）登具，執侍丈室三十餘年。釋函昰居棲賢，往來省覲。事見徐作霖、黃蠹《海雲禪藻集》卷二。

本年邱恭娘作《官梅閣題壁》，其辭曰：

妾趙家婦，居潮州城。命薄罹難，號死未遑。旅次殘魂，哀音恨句，庶祈靈於雁使，早合鏡於鸞班。血灑官亭，見者憐之。

離家心已稀，愁眉生怕送殘暉。天涯破鏡知誰在，塞外悲鴻去不歸。望到故山心化石，聽來杜宇淚沾衣。五更畫角城頭月，吹落旗亭促馬飛。（溫汝能《粵東詩海》卷九六）

邱恭娘，潮州人。順治十年（一六五三）潮州城陷被俘，至官梅閣前，作題壁詩。事見《粵東詩海》卷九六。

本年趙璣姊作《和題壁元韻》，其辭曰：

順治癸巳城陷，姊出走，至官梅閣前，見嫂詩，遂和之。

分明筆仗影依稀，驚陣啼鴉散夕暉。去國元同千古恨，抱琴應共九泉歸。才高柳絮餘香潯，命薄桃花卸舞衣。淚眼相逢何日事，一聲鼕鼓各魂飛。（溫汝能《粵東詩海》卷九六）

趙璣姊，潮州人。邱恭娘小姑。順治十年（一六五三）癸巳城陷，出走至官梅閣前，見嫂恭娘詩，遂和之。事見《粵東詩海》卷九六。

本年崔汝昌以明經授樂昌教諭。

崔汝昌，號積長。龍川人。順治十年（一六五三）以明經授樂昌教諭。（《龍川縣志》）

畢太淳於本年成貢生。

畢太淳，花縣人。順治十年（一六五三）貢生，官至南寧府推官。（光緒《花縣志》卷三）

曾晁於本年成貢生。

曾晁，字璿經，號崛昒。從化人。順治十年（一六五三）貢生，惟舌耕糊口。（清《從化縣志》）

曾光世於本年成貢生。

曾光世，字暉倩，號東園。從化人。晁長子。順治十年（一六五三）貢生。廣究群書，學問淵博，凡以典故問者，無有不知，知無不盡言，致四方受業者畢至。性剛直，樂道安貧。（清《從化縣志》）

魏珊於本年成貢生。

魏珊，字偉器。龍川人。少有聲庠序，不干謁公門。順治十

年（一六五三）復貢，以明經教授生徒，名士多出其門。享年八十七。（《龍川縣志》）

吳文煒於本年補諸生。（汪兆鏞《嶺南畫徵略》卷三）

方殿元於本年補諸生，作《入學日口占》詩云：

二八童心壯，時時有不平。未能投筆去，翻作魯諸生。（方殿元《九穀集》卷三）

李航生。

李航（一六五三～一七〇八），字東苑，字虛舟，號石帆。香山（今中山）小欖人。康熙四十二年（一七〇三）貢生。著有《鶴柴小草詩集》。（光緒《香山縣志》）

詹星斗生。

詹星斗（一六五三～一七五四），惠來人。品行端方，屢次考試不第。八十七歲始補弟子員。乾隆十七年（一七五二）壽百歲，請旌，加國子監學正銜。百有二歲卒。（乾隆《潮州府志》卷三〇）

清世祖順治十一年　明昭宗永曆八年　明韓王定武九年　甲午 一六五四年

正月朔，明永曆帝於貴州安龍府以吳貞毓爲大學士。二月，明西寧王李定國下高州，又連下雷、廉二府。四月，下羅定、新興、石城、電白、陽江、陽春等縣。六月，攻梧州。十月，圍廣州，十一月鄭成功遣兵援定國於廣東。十二月攻新會，清兵援廣州，定國敗走，攻肇慶不克。（《小腆紀年》卷十八）

年初，方殿元應禮部試，往來於齊魯鄭衛吳越之間，見民之奸僞而困窮者幾遍天下，有感於治平之學，取古人治天下之道變通於今，晝度夜思，五年而得《昇平二十書》。（方殿元《九谷集》卷五）

春，陳恭尹歸自吳越，仍止西樵。夏，僦居新塘，就婚於湛氏。（陳恭尹《獨漉堂詩集》卷一《初遊集 小序》："甲午春，還抵西樵。"《增江前集 小序》：甲午春，予歸自吳越，首夏僦居新塘，始有室焉。）

陳衍虞移居楓山，賦《春憶 八首》。（陳衍虞《蓮山詩集》卷十一）

左懋泰、李呈祥爲釋函可撰有語録序。（釋函可《普濟語録》卷首）釋函可五遊千山，至香巖寺，緣諸公辟荒欲爲釋道獨、釋函昰藏錫於此。（釋函可《千山詩集》卷十三《同雪公遊千頂紀事十首 有小序》）。

正月初一日，釋今嚴賦《甲午元旦》詩云：

萬井烽煙里，偏逢淑景明。不知天地意，徒有古今情。池柳侵寒色，山禽變野聲。遥懷匡嶽頂，晴雪衲衣輕。（徐作霖、黃蠡《海雲禪藻集》卷二）

郭之奇賦《甲午元日書懷二首》詩云：

紫氣東來日在南，南溟咫尺望天涵。七年爲政方逾一，四海同風不待三。卜世何人休鼎問，考時非我孰今擔。自收國爐歸成旅，豈向身餘較履簪。

詩書吾道未全孤，忠孝人間豈半塗。得失經心憑塞馬，是非合眼付莊蝴。干戈歷亂惟躬省，簡册銷磨倩口誅。縱使今豪逾古哲，一時千載詎堪誣。

之奇又賦《防築初成即事有感》、《添懷》、《拭恨》（以上七律）。

二月，釋澹歸爲文祭明故督師瞿式耜。旋至琴川，駐錫貫清堂。（《越秀集》）遊虞山，謁豁堂晶和尚於三峰。（釋澹歸《徧行堂續集》卷九《書隱求齋頌古前》）

十五日，郭之奇賦《花朝獨對二首》詩云：

一般清影照書窗，草碧花紅亦自雙。雨色潛教初月破，風光欲使片春降。已勞蒼帝鋪煙景，尚許幽人踞水邦。走覓南鄰無可訴，此中真意獨盈腔。

天涯春緒寄幽巖，撲面風光近遠涵。花片隨泥黏雨屐，草煙隔水上春衫。怒蛙有氣如爭奮，好鳥無聲或避讒。頗怪深林諸燕子，雕梁何處祇喃喃。

之奇又賦《將子中丞寓邕除夕詩兼傳捷報用韻答之》、《再和人日同潘宮詹共酌之韻》（以上七律）、《偕伴往安樂窩諸洲散步二首》五律、《感桃李花落盡戲爲新句》、《喜橘柚花盛開再成》（以上七古）、《落花行二首　樂府》七言。

三月，郭之奇賦《暮春即事十二絕》、《無題三絕　爲孀姬守志不終，緇衣繡領，始通天潢子，繼歸沙吒利，感而賦之》（以上七絕）。（郭之奇《宛在堂詩·所思十三集》）

初三日，郭之奇舟次龍門，有詩。之奇賦《三月三日龍門舟次》詩云：

三月三日春氣足，春浮海外無拘束。千艫百葦載春流，春山春水爲誰綠。自居涯角四經春，滿懷春事曠堪屬。清明上巳漫從時，洗舊淘新未免俗。無花無酒對煙風，遠望高歌盡一曲。豈知歌盡出春愁，一寸柔腸春斷續。春初春仲又春三，九十春光如轉燭。春光於世獨何求，久客依人多忤觸。人生有情空自毒，春去春回那可贖。我亦欲東與春歸，安能居此爲春促。（郭之奇《宛在堂詩·徂東十四集》）

之奇得晉文淵閣大學士、太子太保之命，作《晉文淵閣及太子太保愧感有述三首》七律詩。（郭之奇《宛在堂詩·徂東十四集》）《家傳》系晉太子太保加文淵閣事於九年乙未二月，與集異。

十三日，之奇由牙山之雷州，有《季春十三繇牙山之雷海聞西師已下高涼》詩云：

三山咫尺望中臨，一往遙應彼岸尋。高廣安知天海際，虛無獨見水雲陰。宗風萬里飛前浪，祖楫中流趁夙心。此去乘桴人共喜，繇來作楫汝當任。

十七日晚，抵樂民所，有《十七晚抵樂民是夜宿所內舊棲淒然有述》詩云：

三年回首夢中求，物是人非滿舊愁。城郭淒深春寂寂，風煙黯淡日悠悠。此時再識依樑燕，到處頻驚望月牛。誰爲所思終不見，卻教海角恨長留。

二十一日，之奇又賦《二十一立夏》詩云：

春去天涯似客行，征人一倍遠愁生。斗魁玉柄東南異，溟海薰風曉夜迎。遂有三時繩太皞，已賒旬日待朱明。細看物候如環轉，何用年年動別情。（郭之奇《宛在堂詩・徂東十四集》）

同日，孫可望於貴州安龍殺大學士吳貞毓等十八人。（《南略》、《安龍紀事》及《小腆紀年》）

四月，陳恭尹僦居新塘，就婚於湛氏。（陳恭尹《獨漉堂詩集》卷一《增江前集 小序》：甲午春，予歸自吳越，首夏僦居新塘，始有室焉。）

初八日浴佛節，釋函昰再禮廬山歸宗寺後金輪峰舍利塔，有《甲午四月八日再禮金輪峯舍利塔》詩云：

二十年來話未圓，今朝重禮宰波前。心懸海外煙霞幻，足履雲中色相捐。徧界不曾藏面目，一峯何處論中邊。此生定遂終焉願，坐斷群巒獨晏然。

五月，郭之奇賦《十八忠節吟三首　有序》七律詩悼被孫可望所殺十八人，序云：

仲夏，齎奏人回，傳行畿三月念一十八忠授命之事。聞信而於乎有哀，不第爲二九流連也。哀國步之斯頻流離，之子悲瑣尾而歌蒙茸。曾晨星之幾見，而一摘於辛卯春仲，再摘於甲午春。三人之云亡，邦家殄瘁，譬彼壞木疾用無枝。誰貪天禍？誰生厲階？是可憂也，亦可畏也。予之合憂畏而潸然出涕，迸淚幽吟，志其名，書其爵，以寵其亡，亦以永其事也。十八人者，大學士吳公貞毓自盡；理少楊鍾，祿少蔡縮，簡討蔣乾昌、李元開，吏科徐極、御史周允吉、李頎、胡士瑞，樞曹趙賡禹、朱東旦，中書任斗墟、易士佳，署正朱議㵾，侍衛鄭允元，俱殺；刑科張鑴，內監張福祿、全爲國，俱磔。（郭之奇《宛在堂詩・徂東十四

集》）

五月初五日，釋函昰有《須識以端陽入嶺訂予九月還山霜露已降消息渺然病中多感紀之以詩》云：

到海定知三夏盡，歸山曾約北風初。夜寒病骨應愁汝，秋杪長途每繫予。解語好教窗外鳥，忘懷只有案頭書。一杯蘆蕧何人進，坐候晨鐘霜月餘。（釋函昰《瞎堂詩集》卷十一）

六月，李定國攻梧州不克。（《陽秋》）郭之奇作六賢祠，祀寇準、蘇軾、蘇轍、李綱、趙鼎、胡銓，爲《六賢祠成詩以志之六賢者寇蘇蘇李趙胡》詩云：

詩云景行止，不朽立三爾。我觀宋室賢，投荒接踵肩。未能召寇老，安得天下好。海角求二蘇，眉山草木枯。中興失李趙，炎興孰建紹。南朝一丈夫，終歸忠簡胡。悠悠五百歲，此日明開繼。千載一堂孚，聞風誰與俱。

之奇又作《東征頌百韻》四言詩。

立秋前三日，之奇由樂民之高涼，有《立秋前三日縣樂民之高涼》七言古詩、《螢火二首》五律。（郭之奇《宛在堂詩·徂東十四集》）

夏秋之交，高儼過訪張穆東溪草堂，泛舟東莞東湖共飲，並有詩送歸。（《鐵橋集》頁三五《泛舟》，頁三四《送高望公還山》七律詩）

秋，釋函昰移居棲賢寺，愛其山水幽勝，居頹垣敗瓦之下，晏如也。爲智母師太卜庵紫霄峰下，顏曰"慈氏"，作《棲賢山居》十首（釋函昰《瞎堂詩集》卷七），刻有《棲賢語錄》行世。（《語錄》陸世楷序）

後釋函可賦和詩《和棲賢山居韻　有小序》五律二十首　，序云：阿字出《棲賢山居》詩十韻，並其托鉢九江時所和。予讀之數過，不翅身在三峽橋頭，聽水聲洶湧，因而和之。從頭至尾，復從尾至首，迴環重疊，音有盡而情無盡也。（釋函可《千山詩集》卷七）

秋，王應華賦《甲午秋日爲仲振大侄》詩云：

何處孤亭傍水成，壺中小隱萬緣輕。雙懸日月光蓬島，四望雲山接蜃瀛。柯爛尚看棋子落，曲終猶聽鳳笙鳴。最憐楚客人皆醉，一任清狂笑語並。

幽居豈敢謝人群，野老閑來廣異聞。道合每從方外得，清樽時共綠陰分。池邊習習聞芳芷，天畔遙遙見禁氛。涼雨欲過襟袖冷，朝來爽氣爲逢君。（《東莞歷代書畫選》原跡影印件）

七月初一日，郭之奇抵高涼，有《初秋朔抵高涼秋郊曠望》詩云：

銷愁依曠野，所見亦芸芸。耳目來幽緒，水山出大文。新禾翻碧浪，平楚入蒼雲。兵氣林巒外，秋容變夕氳。（郭之奇《宛在堂詩·徂東十四集》）

初七日，區懷年賦《甲午七夕小酌溪上草堂》詩云：

門倚溪陰野釣收，藕花含影露香浮。孤村淡月迷烏鵲，斜漢涼風倩女牛。方狎雅盟消永夜，轉宜蔬酌對高秋。褰衣欲附星槎上，醉擁仙人十二樓。（區懷年《超玄堂藏稿》）

自恣（十六）後三日，釋函昰有與今無書。（《語錄》）十）本年釋函昰閱藏。（《瞎堂詩集》卷十四《退院》十四首）

八月，釋函可復偕李呈祥六遊千山，霜葉滿山如錦，前數遊所未及也。（釋函可《千山詩集》卷十三《同雪公遊千山紀事十首 有小序》）

中秋，郭之奇在高涼，賦《中秋雨宿古月流新獨對有感作秋月篇》詩云：

中秋雨洗月如玉，玉露還將寒兔浴。萬載冰輪物外懸，九霄清氣誰相束。太虛仙子御風行，剪霧裁雲那敢觸。流華掩映落人間，輕鮮若霜迷遠矚。高涼征客意有余，倚欄獨坐思斷續。未許金樽照月浮，虛勞霓羽動秋曲。嬋娟久對色如銀，桂子微搖空似綠。月趁秋來秋載月，開顏寫素爲余告。了然不覺沁心魂，秋月於人俱有欲。秋願光輝月願明，人願秋月光明足。千年永繼八衢燈，四海同瞻不夜燭。

又賦《高涼秋意》長篇騷體詩、《擬滅胡歌三絕》七絕。（郭之奇《宛在堂詩·徂東十四集》）

中秋無月，釋函昰賦《中秋無月二首　甲午》詩云：

去年此夕海雲開，此夕今年山霧來。若使月明照潭水，恐驚飛雁一徘徊。

清光不欲動人懷，黯澹秋山只自諧。卻憶榕橋寒月後，幾人形影在天涯。（釋函昰《瞎堂詩集》卷一七）

十七日，張穆遊槎城，有《中秋後二日槎城同諸子登逍遙巘》五古。（張穆《鐵橋集》）

二十八日，郭之奇道經大墟，有《仲秋二十八大墟道中念五節再期感吟二律》七律詩。（郭之奇《宛在堂詩·徂東十四集》）

九月，郝浴以參吳三桂遣戍來潘，謁釋函可於高麗館，一接談徹三晝夜，粹白瀟灑，不聞隻字落禪。（郝浴《塔碑銘》）浴有詩贈釋函可。李祖以論嚴治逃人之弊案，安置尚陽堡。（《清史稿·李祖傳》）

黃士俊爲薛始亨集撰序。（薛始亨《南枝堂稿》卷首《黃士俊序》）

九月初九日，郭之奇至陽江，重九日登高之會九人，值暮雨，作《陽江重陽九日之會九人暮雨催秋作九秋篇》七古。

之奇又賦《霜降晚眺》七古。

十五日，之奇發鼉江，之百宜，有《十五發鼉江之百宜喜諸山不染腥塵而有作》詩云：

飛煙處處網寒山，幽客臨風乍浣顏。所恃林巒多鬱碓，始教泉石並深閒。千峯爽氣相廻薄，一片秋光自往還。便合從茲招隱士，淹留寧假桂枝攀。

又有《將至百宜晚眺有述》、《見蓮塘書寄連近城樞督》（以上七律）。

二十八日，立冬，之奇有《念八立冬作秋懷詩三首》五古詩。

　　晦日，之奇在五節百宜山中作《季秋晦日暫厝五節百宜山中作秋招詩五首》五古詩。（郭之奇《宛在堂詩·徂東十四集》）

　　冬，爲釋元來八十冥壽，釋函昰奉釋道獨召命入信州之博山掃塔，釋道獨自閩往，釋道盛自浙往，釋明盂①自吴往，釋函昰經理博山，讓釋道盛主席，衆稱有禮。（釋今無《光宣臺集》卷十二《天老和尚七十示生頌》）

　　十月，李定國圍廣州。（《小腆紀年》）郭之奇賦《五羊秋》詩云：

　　五羊秋，二□愁。倚鞍悲落日，解笠歎枯丘。囂佗豈是尋常物，陵律空貽萬載羞。

　　又賦《五羊冬》詩云：

　　五羊冬，萬□空。秀山明復旦，珠海蕩腥風。假□何須奔塞北，真人已自駕雲中。

　　初九日，釋函昰病起，賦《十月九日病起》詩云：

　　白草紛披孤磴出，青鳥啐啄敗垣寒。野人病起若初到，舊處經行作夢看。亂葉拚將流水去，千峰忍見夕陽殘。龐眉石上知誰世，細雨斜風衹自歎。

　　又有《山中病起人境初涉而茅屋待結遠人未歸悵然興懷書寄阿字》七律。（釋函昰《瞎堂詩集》卷十一）

　　月杪，李定國所統明軍克高明，郭之奇賦《王師以季秋晦拔高明冀露布遂達行畿十絶》七絶詩。

_____

　　①　明盂（一五九九～一六六五），俗姓丁，字愚菴，號三宜，世稱三宜明盂禪師。浙江錢塘人。八歲時，與群童嬉戲，獨喜歌梵唄。年十四斷葷食，喜習定。二十三歲，投真寂院出家，後參謁雲門湛然圓澄，天啟三年（一六二三）得承印記，並囑以曹洞宗事。崇禎八年（一六三五）出住龍門，次住化山，十六年繼席顯聖寺。十七年（一六四四），李自成攻克北京，煤山（北京景山）事起，明思宗自縊，東南罹難，輾轉於戎馬之間，多所拯濟。清康熙四年十月示寂，世壽六十七，法臘四十五。〔續燈正統卷三十九、正源略集卷三、五燈會元續略卷二、增訂佛祖道影卷三（虛雲）〕《佛光電子大辭典》三二八一頁）

十一月初六日，之奇發自廉江百宜，有《仲冬六日發百宜二首》詩云：

野色虛無判，飛煙近遠同。旌旗霄漢裏，人馬畫圖中。久對霜林碧，徐看曉岫紅。光華隨望出，紫氣日來東。

行邁終何止，徂東意日歸。義將私愛割，思入故園飛。鳥道殊荒寂，松聲出翠微。離心雖此際，不可淚征衣。

經開平，馬上有《開平馬上》詩云：

老驥安能伏，祖鞭亦未疲。長驅因此日，同軌庶其時。情在東山什，心餘左道思。從軍將有述，倚馬或相宜。

十一日，之奇抵新會南關，會李定國之師，有《十一日抵會邑南關同王師攻圍》詩云：

三旬猶逆命，萬馬扼□亢。魚釜終須鑠，螳車莫漫當。攻心明上策，耀德豈多戕。且復收冬令，何難定水方。

十三日冬至日，之奇與胡衛國率諸文武，設龍位，行十二拜禮，有《十三長至西寧藩臣恭設龍位行五拜三叩禮臣同胡衛國率諸文武行十二拜恭紀》詩云：

拜稽同上國，尊攘賴賢王。望闕思龍袞，飛雲動鳥章。閉關三日後，化逆兩階旁。百倍看兵氣，齊茲仰帝光。

十二月初六日，李定國之師攻新會，十四日敗，之奇有《致敗　有序》五律詩二首。

又賦《聞閩師數百艘至澳門喜其來而悲其晚》五律。（郭之奇《宛在堂詩·徂東十四集》）

屈大均賦《四孝烈　有序》七古詩，序云：

歲之甲午，西寧王帥師攻新會，城閉八閱月，糧盡，守將屠居人以食。有莫氏者，諸生林應雛之妻，姑將就烹，莫叩頭請代，姑得釋而莫死。李氏者，兵欲食其夫，哭拜曰：“吾夫五十無子，請食我。”兵殺之，以首還其夫，使葬焉。梁氏女者，其父諸生學謙，女年十一，代父，亦死。諸生吳師讓妻黃氏，亦代夫死。是爲新會四孝烈。（屈大均《翁山詩外》卷四）

又有《弔莫節婦　有序》五律二首，序云：

新會莫氏婦者，美而寡，守志不嫁。甲午，晉王兵圍新會，婦之家人皆登陴拒守，敵窺其室無人，抽刀脅之。婦力拒不得，以首觸牆，血流被體。敵怒，殺之，置首糞盎。事平，其姊夫見，將收瘞之，首重不可舉，嘆曰："姨，禮義人也，生與我未嘗相見，今雖死，英魂不爽如此。"出告婦之兄。兄舉之，應手而起。（屈大均《翁山詩外》卷五）

二十七日，郭之奇由百宜移居石城縣（今廉江）石井，有《念七日縣百宜移居石井》詩云：

側身依鳥道，即見有鴻濛。蘿薜心安處，煙霞俗在中。稍聞羣澗瀝，漸許一林通。歎息人間世，猶留物外風。

除夕日，之奇賦《除日立春》詩云：

年芳推舊色，物象予朝暾。春及徒生望，地偏孰與言。時來皆歲德，身在總君恩。遮莫千山裏，亦云我位存。（郭之奇《宛在堂詩·徂東十四集》）

本年郭之奇於本年得詩百二十六首。（饒宗頤《郭之奇年譜》）

本年明虎賁將軍王興營文村。（《家傳》）

本年王興攻文村，陳王道率鄉勇三百人抵禦。

陳王道，台山人。順治十一年（一六五四）王興攻文村，率鄉勇三百人禦之。興誘之，錮居北泥，欲降之，罵不休。興屠文村，聞此口占遺恨之詩，自縊死。（《新寧縣志》）

本年張穆賦《聞茶山故宅復爲賊毀　甲午，陳本，《東莞詩錄》卷二四》詩云：

家同萍梗定何時，空負柴桑掩柳絲。未雨拙鳩憐有婦，在陰鳴鶴已無兒。道從得喪知深淺，夢亦艱難出亂離。已向有生明幻影，求心時作牧牛詞。（清抄本《鐵橋山人遺詩》）

本年西寧王李定國帥師次於新會，起黃公輔長孫確監軍。冬，師退，公輔與孫確居虎賁將軍王興軍中，是時永曆帝駐貴州安龍。（黃貞元《春溥先生年譜》）

本年聞李定國連下廣東數州縣，屈士煠、士煌間道赴軍。至則定國撤兵還黔，乃入化州西山。未幾，靖氛將軍鄧耀迎至龍門，爲恢復之計。（屈大均《翁山文外》卷七《伯兄白園先生墓表》、《仲兄鐵井先生墓表》）

本年黎景義賦《春日社集得吾字　甲午年》詩云：

披拂春風興不孤，二毛相視歎霜顱。每從醉裏忘斯世，還就吟時認故吾。笑語何妨咸曰好，棲遲應使盡名愚。慚余半百年偏少，遮莫香山復繪圖。（黎景義《二九居集選》卷三）

本年陳奇奉母避亂。

陳奇，字伯平。陽江人。少孤，食餼廩庠，試輒冠軍。順治十一年（一六五四）奉母避亂，值海寇掠其所，遂隱居逃禪，捨詩絕書館爲石覺寺。著有《易經旨》、《四書説》。（《陽江志》卷三〇）

本年方顥愷（釋成鷲）館於家廟之寢室，羅致群書，杜門謝客。晝夜稽古，不臥不坐。自春迄秋，忽然有悟。一日，請於其父方國驊，求爲人師，硯耕以養。國驊疑之，試以講義，出入經史，老生弗若之也。（釋成鷲《紀夢編年》）

本年趙子方以釋函可艱於步，率諸公爲覓一小騾。（釋函可《千山詩集》卷七《悼騾》）釋函可作《遊香巖寺時諸老重建謀迎空老人同麗大師》詩。（釋函可《千山詩集》卷十一）

本年釋函昰歸隱廬山，先命釋澹歸度嶺，乞緣江左；及返，釋函昰主廬山棲賢，釋澹歸充書記。而博山嗣法，頗有煩言，釋澹歸以書記上書釋道盛。釋道盛得書，咎其越俎，釋澹歸不爲動。（釋成鷲《咸鷲堂文集》卷六《舵石翁傳》）

本年釋今無與釋今漸同侍釋函昰入匡山，釋今漸有三吳之役別釋今無，釋今無時伏枕歸宗，唯辦此事，雖甫別，恬如也。（釋今無《光宣臺集》卷六《送頓修監寺棲賢序》）

本年釋今無受廬山棲賢寺代監寺事，僅十餘日，走江州。（釋今無《光宣臺集》卷十《廬山棲賢寺詩文彙集跋》）

本年釋今無、釋見一爲棲賢行化九江，日則拜街，釋見一作副，乞米以充，同寓一小樓，夜爲風雨擊去，僅餘四五椽，下則炊爨，風雨濕衣，火煙薰眼，至極不可忍。後作《壽見一》詩追憶之。（釋今無《阿字無禪師光宣臺集》卷二一）

本年釋今無拜街於九江，見公爲副，後賦《賀雷峰新監院見公》詩云：

斑鬢怡怡笑口開，無邊功德鼻收來。《楞嚴》稱鼻功德有八百，見公鼻大，故云。牛頭八百堪擔米，雲蓋千年亦撥灰。且把金針藏繡帶，好敲銀鉋鬧香臺。六衢赤腳同辛苦，夢到江城是幾回。予甲午歲拜街於九江，見公爲副。（釋今無《光宣臺集》卷二十）

李逢祥於本年中舉人第三。

李逢祥，字端其。五華人。順治十三年（一六五四）登賢書第三（一作甲子科第十八名舉人，甲午中第三名經魁）。康熙十三年（一六七四），潮州動亂，曾在廣東五華縣河東鎮寨頂巷禦敵寇有功，纂康熙二年《長樂縣志》。（《長樂縣志》）

麥吉臨於本年中舉人。

麥吉臨，字懿質，一字長人。順德人。順治十一年（一六五四）舉人，任河源縣司鐸。著有《龍渚草堂集》。黃登《嶺南五朝詩選》卷十一有傳。

侯作霖於本年中舉人。

侯作霖，字雨人。梅州人。順治十一年（一六五四）舉人，官番禺、高要教諭。清朝鄉科自其始。張煜南、張鴻南《梅水詩傳》卷九有傳。

殷嶽於本年中舉人。

殷嶽，字昂卿。東莞人。順治十一年（一六五四）舉人。康熙間當事率師捕盜，群小恣誣指，嶽詣軍門力陳其冤，得釋者衆。張其淦《東莞詩錄》卷二五有傳。

戴有終於本年中舉人。

戴有終，字謙士。東莞人。順治十一年（一六五四）舉人。

張其淦《東莞詩録》卷二五有傳。

方華標於本年中舉人。

方華標（一六二八～一七〇三），字峻客，號蓮峰。東莞人。父漱涵爲名諸生。華標弱冠中順治十一年（一六五四）舉人，歷嘉祥、畢節知縣。以親老歸，年八十二卒。著有《紀遊草》。子震煒、侄震焖，皆登賢書。張其淦《東莞詩録》卷二六有傳。

李作楫於本年中舉人。

李作楫（一六三二～一六九七），字濟巨，號白川。東莞人。生覺子。順治十一年（一六五四）舉人，十八年（一六六一）進士，官江南溧水知縣，歷雲南大理府、鶴慶府知府。著有《藏公堂集》。（宣統《東莞縣志》卷六五）

趙鳴玉於本年中舉人。

趙鳴玉，字藹君。順德人。順治十一年（一六五四）舉人，十八年（一六六一）進士，官南漳縣知縣，尋致仕。事見温汝能《粵東詩海》卷六二。

方殿元本年中舉人，吳文煒奪童試冠軍。（吕永光《梁佩蘭年譜簡編》）

吳中龍於本年中舉人。後方殿元爲作《吳元躍過訪　吳年十三同舉於鄉》詩。（方殿元《九谷集》卷三）

吳中龍（一六四一～一六八九），字元躍。曲江人。順治十一年（一六五四）舉人。性謹厚，與物無所忤。康熙二十八年（一六八九）入京得授順天東安知縣，不數日罹疾卒於北京，年僅四十九。事見廖燕《二十七松文集》卷六《誥授文林郎東安縣知縣吳君墓誌銘》。

莊會於本年中舉人。

莊會，字魯庵。惠来人。順治十一年（一六五四）舉人。編父遺文，以垂後世。（乾隆《潮州府志》卷二九）

鄒興相於本年中舉人。

鄒興相，字子璋。博羅人。順治十一年（一六五四）舉人。

授清河縣令，以勞卒於官，百姓巷哭。（乾隆《博羅縣志》卷十二）

陳雋蕙於本年中舉人。

陳雋蕙，字仲芝，號瑶竿。新安（今深圳）人。順治十一年（一六五四）以《詩經》中舉人，順治十八年（一六六一）進士，授河南衛輝府汲縣縣令，潔己愛民。（康熙《新安縣志》）

陳虞化於本年中舉人。

陳虞化，字陛思，號浴堂。東莞人。順治十一年（一六五四）舉人，授安徽太和縣令，親自審案，杖斃三名勾結胥吏、多次作奸犯科之惡棍。康熙初以目疾告歸。（宣統《東莞縣志》卷六五）

鄭匡夏於本年中舉人。

鄭匡夏，字彤石。揭陽人。順治十一年（一六五四）舉人。生平好引掖後學，又喜談時事，切中利害，才識爲時人所重。能詩，著有《元白草》。善書法。（乾隆《潮州府志》卷二九、《潮州志·藝文志》）

袁學源於本年中舉人。

袁學源，字容卿。東莞人。順治十一年（一六五四）舉人，任廣東羅定州學正。嘗應聘批改鄉試卷，拔選人才。（宣統《東莞縣志》卷六五）

潘嘉穗於本年成貢生。

潘嘉穗，新興人。順治十一年（一六五四）拔貢生。康熙五年（一六六六）副榜，任程鄉縣教諭。爲文出入經史，自成家法。余祖明《廣東歷代詩鈔》卷十一有傳。

歐陽霖雨於本年成貢生。

歐陽霖雨，保昌（今南雄）人。篤志力學，有氣節。順治十一年（一六五四）貢生，廷試第二。任儋州訓導，署樂會教諭，升興寧教諭。吳三桂反清，康熙十五年（一六七六）惠州失守，不屈，送印篆繳藩司。事平，謝官告歸。（《南雄府志》卷十四）

鄭作霖於本年成貢生。

鄭作霖，歸善（今惠州）人。順治十一年（一六五四）拔貢，官吉水知縣。爲官清廉敢幹，爲民請命。歸日，行李蕭條，百姓拜泣遮道。（乾隆《歸善縣志》卷十四、光緒《惠州府志》卷三二）

黃鯤翔於本年成貢生。

黃鯤翔，字鵬翼。高明人。順治十一年（一六五四）歲貢，歷任萬州訓導、廣州教授、安肅縣丞。著有《燕遊草》、《東山集》、《番山集》。（《高明縣志》列傳）

謝鑠於本年成貢生。

謝鑠，字碧岩。英德人。順治十一年（一六五四）拔貢。康熙十三年（一六七四）任大冶縣令。值黃金龍起義，與守道各兵一同進剿，生擒首領等人。（《湖廣通志》、《韶州府志》卷七、《英德縣志》卷九）

清世祖順治十二年　明昭宗永曆九年　明韓王定武十年　乙未一六五五年

正月朔，永曆帝駐蹕安龍府。二月，李定國自高州退入南寧。（《小腆紀年》卷十八）清頒布實施禁海令、遷海令。（龍鳴《清初儒臣陳璸在臺灣》一六頁）

春，釋函是侍其師釋道獨入高泉。（釋今無《光宣臺集》卷十二《天老和尚七十示生序》）

正月初一日，郭之奇作《乙未元日賦得東望望春春可憐二首》詩云：

東望望春春可憐，君恩猶許傍林泉。薇山枉憶黃虞代，桃水應忘魏晉年。日月爲余光早到，風雲出此氣彌添。春容無數飛前壑，心遠方知有地偏。

東望望春春可憐，春風近遠爲春傳。真成獨賞餘茲地，忽漫相逢是一天。古意長留青樹色，韶光乍起綠蘿煙。榛苓滿目人何在，欲頌椒花倍黯然。

初七日，之奇又賦《人日讀高達夫杜子美寄酬之什》詩云：

人日空思寄草堂，梅花柳色共茫茫。舉頭見日日何處，在水從人人一方。散帙尋詩追凤韻，開塵拂劍守餘光。東西南北今如此，漫許新州作故鄉。

又賦《作稽古篇諸論斷五絕》七絕。（郭之奇《宛在堂詩·徂東十四集》）

夏，釋今漸自晉陵返，未兩月移棲賢，披荆棘，誅茅草，其師釋函昰猶荷鋤先，十日一眾皆病。無食，釋今無行乞江舟，釋今漸乞溢城，又別。別五月歸，同侍杖履之信州。（釋今無《光宣臺集》卷六《送頓修監寺棲賢序》）

四月，釋函昰至饒州萬年山，其徒釋澹歸亦自棲賢往，仍充書記。冬歸嶺南。（《越秀集》）釋函昰有《萬年山居》詩云：

夏日生涯易到秋，陰森松竹倚山樓。懷高霄漢從風雨，倦倚匡牀聽鶺鴒。三藏豈須歸白馬，五千何用覓青牛。柴門寂寞烽煙外，不信人間有許由。

又賦《四月雨中即事》詩云：

風雨飄搖茅舍敬，日長寒竈午炊移。山中乞士方離院，江上歸帆已過時。播穀預占今歲早，種瓜須記去年遲。商量浩浩成何語，羞聽黃鶯啼短籬。（釋函昰《瞎堂詩集》卷十一）

五月，廣州知府王庭調任府江，治裝西行，檢笥見梁朝鐘遺稿，因爲之序。（王庭《喻圍集序》）

七月，香巖新像成，釋函可七遊千山。釋函可《千山詩集》卷十三《同雪公遊千頂紀事十首　有小序》云：“迨乙未七月，香巖新像成，送入山，然止香巖，諸未及也。”

釋今無欲往瀋陽訊其師叔釋函可，其本師釋函昰賦《送阿字之瀋陽訊剩人弟》詩云：

羅浮匡嶽十年外，吳水燕山萬里餘。鴻雁影分沙磧暮，鶺鴒聲急朔風初。牧羝地識蘇卿雪，洗馬池深刺史廬。海外干戈煙塞遠，關心雲樹正躊躇。

釋函昰又賦《阿字臨行口占示之》詩云：

萬里傳持白紙書，往來無伴莫躊躇。父翁消息全憑汝，兄弟天涯欲慰予。雲水不教沾一滴，衲衣珍重更無餘。仙歌日待遼陽鶴，早晚溪橋認舊廬。

又賦《初秋書懷》七律：

兀兀山堂意漸降，飄飄秋葉送寒窗。三年遊子傳臨粵聞見一入嶺，萬里征人已渡江。阿字往瀋陽。入北定瞻新帝闕，回南猶是舊蠻邦。關門自此無防閑，夜夜胡笳到石幢。（釋函昰《瞎堂詩集》卷十一）

初七日，郭之奇賦《七夕產一男弗育內子抱屙予亦伏枕成三絕》詩云：

支離海角四經秋，屈指桑弧或在眸。豈意天河填夜鵲，已從人世失朝蝣。

梁鴻五噫漫淒其，操白人今命若絲。猿叫風前聲欲斷，鵑啼春後血空吹。

殘燈無焰夢回時，五夜蟲聲莫助悲。尚有盈腔真感慨，未應海角便顛迷。

（郭之奇《宛在堂詩·徂東十四集》）

八月，釋函昰還泊南康城（今江西星子縣），抵棲賢。（釋澹歸《徧行堂集》）釋函昰賦《棲賢懷古》詩云：

谷口白雲何處入，堂前深草易生悲。讀書高仰名公跡，拭淚徒銷濁世疑。煙雨屢更殊未定，溪山長峙不堪思。相看更莫論千古，他日興懷正此時。（釋函昰《瞎堂詩集》卷十一）

赤崑至，釋函可又偕八遊千山，遇雨大安道上（釋函可《千山詩集》卷十三《同雪公遊千頂紀事十首 有小序》），有《同赤公遊千山途中遇雨》、《重入千山寄木公》詩。（釋函可《千山詩集》卷十五）

初九日，夫人張氏卒，郭之奇有《悼內四絕　內子以八月九日卒，張騰夫宮端冢女也。宮端竟日臨池，內子頗得其傳》詩云：

> 出自名門自得師，頗通文史步羲之。祇緣黑褪時相擾，那許黃庭日共隨。

> 棲棲獨向首陽薇，井臼心勞眉案稀。四德安能誇盡美，兩年或可誦無非。

> 羅袂無聲風似裁，香奩有意月依臺。風風月月皆愁思，死死生生作恨灰。

> 空庭久對獨傷心，林葉蕭蕭變曉陰。轉眼欺人絲出鬢，當前失伴淚沾襟。（郭之奇《宛在堂詩·徂東十四集》）

十五日，釋今無賦《中秋泊濟寧》五律。

又賦《曉發楊村》、《同寓諸夜入藍田》、《過豐潤縣》、《過山海關》五首（以上五律）。（釋今無《光宣臺集》卷十七）

十月十四日，釋今無賦《本師誕日　時宿三岔河下，白雪沒腰，黃沙極目，不飯已二日夜矣》詩云：

> 師定念遊子，遙知父母心。望雲天際遠，曝日石門深。香影浮堦砌，猿聲徹埜林。無窮長跪祝，惟有此微忱。

又賦《宿沙嶺遣寓諸先入牛莊》、《宿三岔河》（以上五律）。（釋今無《光宣臺集》卷十七）

二十八日，郭之奇賦《孟冬二十八迅雷雨雹自朝及午歌以紀之》七言歌行。

除夕，郭之奇有《乙未除夕爲稽古諸傳未竣漫吟五律》七言律詩。（郭之奇《宛在堂詩·徂東十四集》）

區懷年賦《乙未除夕》詩云：

> 華髮荏居諸，寒更四壁虛。獨憐分歲酒，誰換紀祥書。橘碗喧童稚，松棚照井閭。晚農方授稼，殘臘又經除。（區懷年《超玄堂藏稿》）

本年郭之奇賦《中興一旅文武遺臣欲盡制乙未聞感歎有作》詩云：

七載空思鹿野芩，九天誰聽鶴皋音。周家八士季爲馬，魯國元侯伯是禽。幾見蘷龍堪再命，漫言羆虎未全任。何時一網收麟鳳，蝣羽鶺梁莫浪歆。（郭之奇《宛在堂詩·所思十三集》）

本年陳恭尹與蔡隆訪何絳於順德羊額鄉，遂結廬讀書焉。（陳恭尹《獨漉堂詩集》卷一《增江前集 小序》："甲午春，予歸自吳越，首夏僦居新塘，始有室焉。新塘，增江入海之口也，虎門在其南，黃灣在其西，外舅如珩湛君之家在焉，予往者復室逃生之所也。明年乙未，與蔡子艮若就何子不偕之鄉，結茆荷池之上，讀書稽古，倦則放舟仰臥荷香中，致足樂也。"（温肅《陳獨漉先生年譜》）

本年張穆遊龍川，作十二開《雜畫》册頁。（《廣東畫人録》頁十九，廣東博物館藏本）

本年陳彩分校禮闈，所取士如顧豹文、徐元珙、王士禎輩皆海內名彥。（阮元《廣東通志》卷二八六）

本年陳衍虞進北京與會試，雖未登第，卻廣結各地文士，創建京社、晉社、偶社，出其順治九年至十一年所作舊稿《爾爾草》遍示京中社友，彙其此時詩成《北征草》。京華歸後同人拉授冷官，於歲末出任番禺縣教諭，一任八載，後集其此期詩爲《禺山草》。（曾楚楠《蓮山詩集點注·前言》）衍虞於都門晤楊可祥，後作《楊可祥以外艱解貴縣之任道出羊城送之還閩》詩。（陳衍虞《蓮山詩集》卷十一）

本年廣州知府王庭遷官粵西副使，程可則代人作《廣州太守王公去思碑　代》。（程可則《海日堂集》卷六）

本年朱梁任饒平營千總。

朱梁，海陽人。順治十二年（一六五五）任饒平營千總，擢大埔城守備，以功升遊擊。康熙十五年（一六七六）以恢復龍門縣加副將銜，調廉州營遊擊。（乾隆《潮州府志》卷二九）

本年方顥愷（釋成鷟）爲館師，受諸生禮。鄰館宿儒，皆以年少忽之。東家知人，禮敬弗衰。鄉有大會，角力賭勝。祠內巨

鐘重數百斤，懸絕而僕地，眾共舉之弗勝。顓愷出而觀之，攘臂
而起，擎巨鐘若挈瓶然，眾皆驚以爲神。自是日與市人狎習，學
業漸荒矣，而師資軌范，終始肅然。二時講肄，未嘗愆期。（釋
成鷲《紀夢編年》）

　　本年釋道丘（棲壑）七十誕辰，王應華爲作《祝棲壑老和尚
七十初度》詩。（釋成鷲《鼎湖山志》卷六）

　　本年釋函昰俗子釋今摩來遊匡廬。釋函昰爲其從弟曾起霖登
具於棲賢，法名今音，字梵音。（《海雲禪藻集》）

　　釋今音（？～一六六一），字梵音。番禺人。族姓曾，原名
起霖，字湛師。諸生。釋函昰從弟。平生放達任俠，一夕豪飲，
與友人訣，入廬山脫白。嶺上遇釋道獨，返粵，爲其落髮，永曆
九年（一六五五）於棲賢登具。十二年（一六五八），隨釋函昰
還雷峰。十五年，遊羅浮，坐化華首臺寺。著有《古鏡遺稿》一
卷。事見宣統《番禺縣續志》卷二七。

　　本年釋函可駐蹕金塔寺。刻語錄成，有《恥若作麼定元刻新
錄回》詩（釋函可《千山詩集》卷十二），恥若、作麼似爲釋今
羞、釋今何，釋函可之書記，丁酉編剩人詩刻之，並作識語。魏
琯以論窩藏逃人瘦斃事遣戍來瀋。邢昉卒，釋函可作《哭邢孟
貞》七律。（釋函可《千山詩集》卷十二）釋函可初度日，自賦
《乙未生日四首》詩云：

　　清曉拈將一瓣香，低頭欲祝意茫茫。閩天片笠風濤惡，嶺海
豐碑草木荒。出世既違千劫願，生人空斷九迴腸。卻慚歲歲當茲
日，猶把餘骸抵冷霜。

　　黃雲稠疊日沉沉，剩水殘山一點心。編簡零灰留種在，門牆
片瓦感恩深。梅花夜夜飄荒戍，雁羽年年向舊岑。每到余生寒不
盡，幾回搔首一孤吟。

　　孤身自昔沉於今，塵夢醒來更不禁。骨化僅餘歌嘯習，劫灰
難了友朋心。百年金石歸浮沫，四海龍蛇尚好音。幾個難飛寒雁
影，夜深長與繞空林。

是我何妨白晝過，匝天花雨亦蹉跎。江河易返春無腳，烏鵲難飛雄有羅。努力煙雲兼短褐，關心天地況長戈。亦知自古林林恨，一一酬他淚點多。（釋函可《千山詩集》卷十二）

本年釋今無前往沈陽途中賦《登九江鎖江樓》、《泊山東界口》詩。

本年釋今種（屈大均）返粵，住羅浮，程可則有《送靈上人歸羅浮》詩。（程可則《海日堂集》卷三）

本年釋今種（屈大均）賦詩如下：《黍珠菴晚眺》（《翁山詩外》卷五）、《明月寺》（《翁山詩外》卷八）、《自冲虛觀入錦屏峰》、《鰷雲母峰上大小石樓》、《暮自瑤石臺與具公荷薪歸》（《翁山詩外》卷十）、《夜上飛雲頂》（《翁山詩外》卷十六）。

胡景曾於本年中進士。

胡景曾，字嵩孩，一字沂庵。順德人。孝廉天寵子。順治十二年（一六五五）進士，官至湖廣武昌府知府。著有《率草》、《北征》、《如黔》、《衡嶽》各稿。子禹祁，著有《燕香亭》諸稿。黃登《嶺南五朝詩選》卷十一有傳。

秦興岐於本年成貢生。（乾隆《番禺縣志》卷十五）

秦興岐，字觀文，一字桐柯。番禺人。順治十二年（一六五五）拔貢，授彭澤知縣，在任六年，年三十三卒於官。民留其柩不得歸，遂葬諸彭澤。著有《率草堂詩文集》。凌揚藻《國朝嶺海詩鈔》卷一有傳。

曾同登於本年成貢生。

曾同登，字誕先，號閬樓。龍川人。順治十二年（一六五五）府貢，曾任高要縣教諭。學優行洽，性至孝。終年八十六。（《龍川縣志》）

胡方生。

胡方（一六五五～一六二八），字大靈（錄）。新會人。居金竹崗，學者稱金竹先生。康熙時番禺學貢生。與釋成鷲友善。惠士奇視學粵東，極稱許之，曾薦之於朝。雍正六年（一六二八）

卒，年七十四。注《易》及四子書，多所發明。著有《鴻桷堂詩集》五卷、《鴻桷堂文鈔》，注《易》、《四書》。《鴻桷堂集》卷首有李文藻撰傳。

莫玖生。

莫玖（一六五五～一七三五），海康人。康熙十九年（一六八○）離鄉，先投柬埔寨，後入越南，在沿海荒涼地帶聚眾開墾，建立河仙城，成爲南圻重要港口。與子天賜相繼任廣南王總兵。越南人以漢文所撰《大南實錄》記其事。（王增權《越南河仙的開拓者和捍衛者》、《海康文史》一九八九年第二期）

清世祖順治十三年　明昭宗永曆十年　明韓王定武十一年　丙申 一六五六年

李定國敗孫可望於田州，進屯安龍。三月，李定國奉明永曆帝由安南衛西奔雲南。帝進定國爲晉王，劉文秀爲蜀王，改昆明爲滇都。（《小腆紀年》卷十八）

春，釋道丘（樓壑）七十一誕辰，伍瑞隆爲作《祝樓老和尚七十有一》詩云：

我歲乙酉夏，師年丙戌春。所爭九個月，同作七旬人。老宦曾何補，名僧自有真。鼎湖山月白，爲照刦灰塵。（釋成鷲《鼎湖山志》卷六）

陳恭尹寓梁槤家之寒塘，臥病兩月。（陳恭尹《獨漉堂詩集》卷一《增江前集 小序》）

正月初七日，郭之奇賦《賦得元日到人日未有不陰時二首》詩云：

寒雲已作歲華局，何事重陰彎屢停。萬木浮煙歸窈岫，千峯衛碧下前汀。頗疑囊括收天地，漫擬桑扶見日星。勉浴虞淵真我事，肯教溟海聚羣腥。

支離海角氛塵際，偃蹇山幽臥病余。自向菁華窺物象，每從殘缺度居諸。生憎柳絮先春舞，不分梅花與歲除。古往今來雖過隙，赤文綠字豈全虛。

初十日，之奇又賦《初十立春此日光華四滿彌增就日之思》詩云：

春腳潛行何處尋，羲和振轡燿蒼林。九閭盡出三陽色，萬象齊開復旦心。豈有堯天仍十日，且依禹曆數分陰。東方斗柄從茲揭，皥帝龍車合遠臨。

又賦《潤玉圃　有序》七律。（郭之奇《宛在堂詩·徂東十四集》）

元夜，龍川城大雪，張穆有《龍川元夜飲褚邑令衙齋》七絕二首。（《鐵橋集》頁三十至頁三一）

三月，李定國奏郭之奇數年拮据苦心承嘉賴之敕。（《家傳》）《徂東集》有詩三首。

左懋泰卒，釋函可作《哭左吏部大來》八首、《雨中同諸老衲爲左公持誦經咒》、《爲左氏諸孤托缽》（以上七律）（釋函可《千山詩集》卷十二）、《送大來先生葬六首》五絕（釋函可《千山詩集》卷十四）、《重哭左吏部八首》七絕（釋函可《千山詩集》卷十六）。

暮春三月，釋函可住文殊寺，其騾暴亡，作《悼騾三首　有引》五律詩三首，序云：

大方趙子憐予艱於步，率諸公爲覓一小騾。牛頭馬身，四蹄如鐵。初不受駕馭，既甚馴，乘予出入三年矣。丙申暮春，寄食友人，得飽芻豆，忽暴亡。予爲詩三章悼騾，亦自悼也。（釋函可《千山詩集》卷七）

釋函可又作《呈騾》詩。（釋函可《千山詩集》卷十六）

夏，程可則服其繼母劉氏之服既，漫遊章貢，冬十一月南歸。（程可則《海日堂集》卷七《先府君行述》）

南明某臣抗疏忤權死，屈士煌賦《過高同寺天直墓道　丙申夏公抗疏忤權死》詩云：

宿草何須哭，生初耿至今。名完千載後，事了一生心。勁節懸霜氣，寒楸落日陰。斯人不可作，惆悵少知音。（屈士煌《屈

泰士遺詩》）

四月，釋函可九遊千朵蓮花山（千山），顯律師開戒香巘，遂隨入山。

五月，釋赤喦偕季開生入山，拉釋函可同行（此次爲其十遊），以馬疲止向陽。釋函可賦《偕天中清臣赤巖遊千山因老馬不前獨回》詩云：

相期連彎陟崔嵬，巖雨初晴蕨正肥。匹馬似將人共瘦，片雲不與鶴爭飛。遥看濃霧知題壁，獨傍殘陽欲掩扉。有石有松收拾遍，並攜空翠滿囊歸。（釋函可《千山詩集》卷十二）

釋函昰《見懷》詩懷釋今無有“望歸空記出門時”句。（釋今無《光宣臺集》卷十二《雷峰天老和尚七十示生頌》）

初六日，郭之奇之下川，賦《仲夏六日之下川三首》七律詩三首。（郭之奇《宛在堂詩·徂東十四集》）

閏五月初十日，之奇賦《自閏月五日作潮熱聯五日未已奮筆驅之》詩云：

男兒一病豈終疲，拔劍披衣立暴吹。顧影雖憐身命薄，雄心亦令鬼神癡。百年去半無多戀，千載孤舟總獨持。未獲諸魔空齒切，敢勞夢帝助魂離。

自閏月初五日，病潮熱，爲《集雅詩二十首　有序》詩，取古今清節能言之士二十人各以詠之。又有《閱戰國策有感而言》十首。（郭之奇《宛在堂詩·徂東十四集》）

六月，程可則與楚人屠夢破相見於淩江，後爲夢破作《屠夢破詠懷詩小序》。（程可則《海日堂集》卷六）

秋，可則將遊武彝不果，止虔州四閲月，因得交鮑子韶。（程可則《海日堂集》卷六《書鮑子韶畫像後》）

陳恭尹與蔡薩、何絳遊陽春。（陳恭尹《獨漉堂詩集》卷一《增江前集　小序》）

釋道獨撰《華嚴寶鏡》成，釋今種（屈大均）爲作跋。（《華嚴寶鏡》跋）

八月，郭之奇拔高明，會諸水師同之雷、廉。（《家傳》）有詩曰《瞻雲集》。

清廣東布政使曹溶入粵。（《清史稿》卷四八四《曹溶傳》，程可則《海日堂集》卷首《曹溶序》，曹溶《靜惕堂詩集》卷十八）

雪公堅志入千山，釋函可以廿三日由瀋出門爲十一遊，行百二十里，宿泖水，次過遼陽，宿駐蹕，次向陽，過七嶺，浣熱泉，宿祖越，因登仙人臺絕頂。後釋今無至，作紀事七律詩十首補記之。（釋函可《千山詩集》卷十三同《雪公遊千頂紀事十首有小序》）

仲秋初六日，郭之奇自塞門解纜，有詩。時粵省具陷，明僅存雷、廉海中之淩海將軍陳奇策、馮應驋、文村之虎賁將軍王興、龍門之靖氛將軍鄧耀耳。之奇往來海上，委蛇觀變。（《忠逸傳》）

陳奇策（？～一六五九），南海（一作台山）人。永曆元年（一六四七）清兵陷廣州，奇策率師抵抗，與各地義軍聯合作戰。清提督派員招降，斬使拒降，擊敵虎門、羊山寺間，拜淩海將軍。七年（一六五三）春，李定國克肇慶，分攻四會、廣寧，並克之。奇策率舟師應援，清軍以戈船扼大路峽口，奇策攻之，斬敵千餘，退還下川，定國解去。明年五月，定國復至，下高、廉、雷州三府。九月圍新會，奇策率舟師先大軍襲擊，斬敵將於江門，焚其大艦數十，又擒其副將，定國大喜，使爲水師都統，屯江門柵。會清援軍至，定國戰敗，奇策仍還下川。後與欽州龍門島之鄧耀合兵。因與耀不合，往依廣國公賀九儀於南寧。敵犯雲南，九儀退援滇南，奇策仍返上思，入十萬山。十三年（一六五九）兵敗被執死。屈大均《皇明四朝成仁錄》卷十二有傳。

九月初九重陽日，郭之奇泊東汕頭，集有詩。十六日，大會水陸師。東海之眾，觀者如堵，有詩。（饒宗頤《郭之奇年譜》）

冬，釋函昰之母智母師太以苦寒返粵，遣其妹來機①、釋今再隨行，並送以詩，創大日庵於雷峰居之。（《瞎堂詩集》卷八、《光宣臺集·智母師太塔銘》）釋函昰有《送來機奉母還嶺南兼寄社中諸子》詩云：

青青竹筍春船遠，白白山雲谷日舒。我母畏寒歸嶺海，而師好靜滯匡廬。四依清苦爲狗道，三業精勤勝讀書。珍重故園搖落後，十年楊柳夢魂餘。（釋函昰《瞎堂詩集》卷十一）

釋今無至沈陽，釋函可作《喜阿字至》七律（釋函可《千山詩集》卷十二）、《棲賢先專普雨來及閩而返今冬阿字始至戲成二絕》諸詩。（釋函可《千山詩集》卷十六）釋今無亦有《到遼陽呈剩師叔》詩云：

深雪夜行盡，嚴風畫復吹。尺書欣已達，稽首竟無辭。欲話匡山苦，徒令老大悲。未堪供棒喝，不是汾州兒。

釋今無於遼陽，有懷其師弟釋今漸之作《遼陽懷頓修》五律七首。（釋今無《光宣臺集》卷十七）另有《遼陽懷足兩師》七律。（釋今無《光宣臺集》卷二十）

十月初四日，郭之奇之樂民。其詩序曰：“自辛卯孟夏，甲午春，合此日而三至矣。”有《詔使至樂民喜聞季春幸滇之詩》（三首）、《幸田頌》（《瞎雲集》）。視犚、雷營。（《家傳》）之奇詩第十五集曰《稽古》，凡百首，具本年作。之奇於石井山中，築潤石圃（《徂東集》）。

十月十四日，釋函昰初度，賦《丙申生日》詩云：

窮年兀兀似憨癡，鳥道虛空舉向誰。伯玉知非先一臘，香林走作未移時。寒溪石上吟何已，空谷人來未可知。白日降心唯此道，千松巖月意遲遲。（釋函昰《瞎堂詩集》卷十一）

冬至日，王邦畿重遊明永曆朝故都肇慶，賦《丙申長至重遊

---

① 釋來機，番禺人。釋函昰季妹。六十初度，釋今無爲賦《壽來機師太六十初度》七絕二首。（釋今無《光宣臺集》卷二五）

端水》詩云：

山川形勝稱靈地，父老能言出聖人。赤鯉釣來猶尚火，寒梅摘去不知春。微陽天氣初生子，太歲星躔又紀申。日暮高歌巖頂上，魯戈何自挽紅輪。（王邦畿《耳鳴集》卷七）

歲將暮，梁以壯賦《丙申歲將暮家有一豕鬻之市人可以過歲聞夜暴死》詩云：

一豕極微值，難留過歲貧。空勞妻子事，不是井田人。作脯同牛誤，爲雲化水頻。浮生休計較，吾道未全迍。

歲暮，以壯賦《歲暮》詩云：

五十此歲暮，蕭條不易過。租因淫雨失，債爲酒賒多。寒月澹四壁，古琴鳴一歌。妻兒豈忘俗，其奈懶人何。（梁以壯《蘭舫前集》卷三）

歲杪，釋函可賦《歲暮同阿字得寒字四首》詩云：

經歲無人趣，驚看臘又殘。霜添窗紙厚，風使衲衣單。徹骨寒無路，捫心淚有端。一從汝到後，更益我辛酸。

總是冰霜地，非關我獨寒。一身蹲雪底，雙眼向雲端。索句從朝起，燒泉到夜闌。此時兼此地，猶得共團圞。

細看生何用，平生厭素飧。淚將一歲盡，事向五更攢。海靜三山穩，雲高五老寒。情知強言笑，圖使我心歡。

抖搜十年恨，全傾大海寬。看人忙不了，於我竟無干。爆竹何曾響，蠹魚依舊寒。春風遲亦到，且莫發長歎。（釋函可《千山詩集》卷七）

歲晏，釋今無於千山賦《歲晏　時寓千山》詩云：

歲去無新緒，尋常只舊愁。淚堪流塞下，老莫到江州。夢繞深更後，泉探第六幽。樓賢有招隱泉，陸羽品天下第六。天山前日雪，猶在樹枝頭。

又賦《雪》五律十首、《且過庵　剩師叔所構，取得過且過意也》五律。

臘月二十三，釋今無又賦《小除　丙申》詩云：

一年餘五日，萬慮到三更。道力消難盡，詩情感又生。風當牕破入，燈向語殘明。多少天涯客，那堪共此情。

總是心有事，非關歲序頻。持身方欲死，何處復懷人。往念駢殘臘，新愁屬蚤春。但知吾道在，不必問高旻。（釋今無《光宣臺集》卷十七）

除夕，釋函可賦《丙申除夕和棲賢辛卯除夕韻》詩云：

只因生長在遼東，誰是無鄉老此中。今夜盡勾積歲念，明朝須發向西風。哭猶有淚情非至，吟到無題詩亦窮。細看此來真寂寞，眼前還得幾人同。（釋函可《千山詩集》卷十三）

釋今無賦《除夕和本師辛卯韻　時在遼陽駐蹕山》詩云：

懷師又在大關東，朔氣山光一夜中。殘夢不離三峽寺，閒情偏逐五更風。年來善病心如死，日抱寒愁道未窮。幸喜燒冰依佛眼，燈花還與幾人同。（釋今無《光宣臺集》卷二十）

本年黃公輔有《八十一自述》詩。（黃公輔《北燕巖集》卷四）

本年張穆有《雷江重過南山寺同何虯仲徐駿公》、《訪蘇存晦山居》、《晉江》等五律詩。（《鐵橋集》、《補遺》）穆至廣州，有《拱北樓》七律詩。（《鐵橋遺詩》、《鐵橋集補遺》、清抄本《鐵橋山人遺詩》）

本年屈士燝、士煌在龍門島鄧耀軍中，會明永曆帝有詔使至，言定國進封晉王，扈從入滇，中外義聲大振，於是諸人夜草表，趣士煌先齎表入賀。士燝稍留治裝。士煌入永曆朝，授兵部司務，試職方司主事，士燝從交平特摩州入，既至，授禮部儀制清吏司主事。（屈大均《翁山文外》卷七《伯兄白園先生墓表》、《仲兄鐵井先生墓表》）

本年釋今種（屈大均）賦《趙陳二烈女》詩云：

二烈女，一曰趙金娘，高要人，其父名星還。丙申，女年及笄，賊至，罵賊，引簪刺吭而死。一曰陳氏者，高明人，其父名昌第。女年十六，許字譚氏子。甲午，滇兵至，脅以白刃，女痛罵求死，兵不忍殺之。女以頭觸石碎腦，血濺兵，兵怒，乃殺焉。弔曰：

魯女倚柱吟，憂國無人知。妾身逢喪亂，志節聊自持。羅敷
雖靡匹，秋胡寧爲期。吁嗟爾元憝，安知禮義歸。猛虎尚可馴，
神鸞終不移。抽吾玭瑁簪，可以刺熊羆。天道故禍淫，氣矜吾不
爲。珠沉靡點辱，玉碎餘光輝。對君刎繡頸，去去從湘妃。（屈
大均《翁山詩外》卷二）

大均爲永曆帝填《鵲踏枝》詞。（陳永正《嶺南歷代詞選》
六五頁）

本年方殿元年十九鄉試，爲王庭薦。（方殿元《九谷集》卷
四《哀王言遠夫子 並序》）

本年方顓愷（釋成鷲）復治農圃以養父母。饑飽勞役，寒暑
不時，得虐疾於夏畦，猶荷鋤力作也。復出求館席，得蒙童數
輩，誓改前轍，屈志以事行墨。（釋成鷲《紀夢編年》）

本年釋道獨住廣州海幢寺，選釋今種（屈大均）爲侍者。
（《華嚴寶鏡》跋）

本年釋函昰於棲賢，遣釋今無之沈陽訊釋函可，送之以《送
阿字之瀋陽訊剩人弟》詩（釋函昰《瞎堂詩集》卷十一）。釋今
無年二十二，奉其師釋函昰命出山海關，探望其師叔釋函可。
（釋今無《光宣臺集》卷六《送頓修監寺棲賢序》、卷九《與王
子京》）途經山海關，填《滿庭芳·出山海關》詞。（陳永正
《嶺南歷代詞選》九一頁）

本年釋函可住文殊寺。季開生以諫江南採購疏，遣戍尚陽
堡。開生有《初呈剩師》、《喜剩師至》、《剩師吊孫西庵先生之
墓先生諱蕡字仲衍洪武流之遼左後竟坐藍黨誅於流地葬安
山》詩。

本年釋函可四十六初度，有《自壽》詩云：

投荒三十八，又已八年過。罪過隨年長，閒情近日多。懷人
添雪夢，得句上山歌。且自加飡好，愁顏意奈何。（釋函可《千
山詩集》卷七）

又賦《丙申生日二首》七律。（釋函可《千山詩集》卷十二）

本年釋澹歸寓錫東莞。（《續集》六《查母陳太安人傳》）

本年釋今鏡入廬山棲賢谷，賦《百合詩　並序》七律詩四首，序云：

百合花，卉本之清標者也。予昔在廣，於友人亭榭間見之，云致自羅浮百花澗中。丙申入廬山棲賢谷，破寺茅齋，蓬蒿沒人，荒陂石壁間，茲花殊夥。折之瓶盂，把玩朝夕，得其性情，明其分量，委其標致。夫其敷於炎夏，榮於酷暑，則其剛方也；榛蕪錯之，翹然獨秀，則其孤往也；靜夜而芳烈，沉陰而潔鮮，則其冥行也；色悴於日中，氣斂於景側，則其知時也。若夫名未通於三百，芳不著於楚辭，愚謂見遺夫古人，而不知善藏其用也。噫，一物之微，有足多者，感而賦之，貽諸同好焉。　（徐作霖、黃蠡《海雲禪藻集》卷二）

本年陳龍光由東莞歲貢授樂昌訓導。

陳龍光，字雲夫。番禺人。順治十三年（一六五六）由東莞歲貢生授授樂昌訓導，復補歸善。以母喪，去官歸鄉。起補吳川，康熙六年（一六六七）兼權縣事。（同治《番禺縣志》卷四三）

陳龍光於本年成貢生。

陳龍光，字爲雨。興寧人。順治十三年（一六五六）貢生。官新會訓導，修馬山白沙祠。著有《燕遊草》、《岡州遊草》、《五愛園林詩草》。胡曦《梅水匯靈集》卷二有傳。

歐維於本年成貢生。

歐維，新興人。順治十三年（一六五六）貢生。余祖明《廣東歷代詩鈔》卷十一有傳。

王汝梅於本年成貢生。

王汝梅，字和子。東莞厚街人。順治十三年（一六五六）貢生，官山西壽陽知縣。歸以教書授徒爲業。（宣統《東莞縣志》卷六五）

梁晨棟於本年成貢生。

梁晨棟，字啟垣。高明人。順治十三年（一六五六）選貢，授海南文昌訓導，升羅定學正。卒於任。著有《小草集》。（《廣東通志》）

蔡隆卒，年三十。（陳恭尹《獨漉堂文集》卷十《蔡艮若墓誌銘》）

釋今鏡圓寂。

釋今鏡（一六三一？～一六五六、一六五九），字臺設。三水人。族姓李。年十七，隨母出世，求釋函昰薙髮，執侍丈室，自小持船至訶林、雷峰、棲賢諸刹。永曆十年（一六五六）坐化。事見《海雲禪藻集》卷二。

釋今白圓寂，釋函昰賦《悼大牛》詩云：

之子解塵網，相將十五年。五年予在匡，十年歸佛山。適值分衛時，相見江流間。爲眾忘疲勞，精神澤臕顏。轉盼曾幾何，鬚鬢蚤已斑。客春中深寒，半月不得眠。願言病既瘳，長揖陌與阡。欲返爾形神，侍我巾瓶前。彊飯始兩旬，輒聞隨人緣。菩提薩埵心，豈肯圖自安。憶我入丹山，再覩陽雁翩。偶逢舊山人，方知竟淹然。生死安可逃，形魄傷雲煙。覺海空茫茫，靜觀徒往旋。誰當諳水脈，安流汎晴川。（釋函昰《瞎堂詩集》卷七）

清世祖順治十四年　明昭宗永曆十一年　明韓王定武十二年　丁酉　一六五七年

正月朔，明永曆帝駐蹕滇都。（《小腆紀傳》卷十九）本年至順治十七年，清順治帝頗耽禪悅佛。（饒宗頤《清初僧道忞及其布水臺集》）

春，伍瑞隆作《祝棲老和尚七十有一》詩，向鼎湖山慶雲寺開山祖釋道丘祝壽。（釋成鷲《鼎湖山志》卷六）

張穆識萬泰。（張穆《鐵橋集》頁八《送萬履安孝廉還四明山》）

正月，陳恭尹葬父邦彥及母彭氏於增城之九龍山。秋，恭尹與何絳遊澳門。（陳恭尹《獨漉堂詩集》卷一《增江前集》小序）

查繼佐入粵，過番禺雷峰，晤同學釋澹歸，時廣南方絜庵欲晤，不可得，密訪繼佐。翌日，釋澹歸至，繼佐請弈，方半局，而絜庵踵門，覺，逾垣避，賦《半弈》詩索和。繼佐歸鄉後，奉和《弈罷》、《罷弈》二詩寄雷峰。（《查東山先生年譜》）

釋今嚴賦《丁酉初春登滕王閣》七律五首詩。（徐作霖、黃蠡《海雲禪藻集》卷二）

初一日，釋函可賦《丁酉元旦》詩云：

自信分明兩道眉，瓣香拈起更何辭。死經萬後生方重，春到邊來遠不遲。屬國寧堪九歲待，衡陽無復五年移。還家自是兒孫事，誰道今年未可知。（釋函可《千山詩集》卷十三）

人日（初七），釋今嵓作《丁酉人日柬梁芝五》詩寄梁佩蘭。（徐作霖、黃蠡《海雲禪藻集》卷二）

釋今嵓，字山品。番禺人。族姓李。母奉佛甚謹，世亂，先遣其子依釋函昰，自與其女依釋函昰妹來機。永曆元年（一六四七），同脫白。居雷峰，與釋今漸閉關三年，出侍釋道獨。十二年（一六五五）度嶺，遊天台，住靈隱。禮繼起禪師，付以大法，嗣臨濟宗。事見《海雲禪藻集》卷二。

同日，龔鼎孳同張登子、鄧漢儀遊海幢寺訪釋澹歸。稍後有《和別澹公》詩二首。後又與曹溶等三遊海幢寺，釋道獨送至山門，珍重道別。（龔鼎孳《定山堂詩集》卷二五《人日同張登子鄧孝威遊海幢寺訪澹歸上人》、《三遊海幢寺》）

龔鼎孳、袁亦文、曹溶飲於廣州五羊觀。（龔鼎孳《定山堂詩集》卷十一《春日袁亦文招同秋嶽飲五羊觀》，卷二五《和秋嶽遊五羊觀四首同程周量作》）鼎孳受錢謙益修書相托，以流通憨山《夢遊全集》爲念。搜輯釋德清（憨山）全集事畢，即歸吳。溶偕至佛山，同張登子飲於鄺日晉齋中，溶有詩《贈鄺無傲二首》。數年後鼎孳見日晉於京城，爲日晉詩集題辭。①

鄺日晉，字無傲，一字檗庵。南海人。官總兵。廣州破，張家玉起兵東莞，日晉率所部應，旋隸家玉部曲，戰數有功，晉都督同知。國亡，不復仕。禮釋道獨爲僧，與釋函昰及其首座釋今無交遊。年五十一，釋今無賦詩爲壽。陳伯陶《勝朝粵東遺民錄》卷一有傳。

龔鼎孳自佛山乘舟往肇慶，復下北江至曹溪，禮六祖及憨山（釋德清）肉身，有《寄王園長先生》詩二首寄王應華。（龔鼎孳《定山堂詩集》卷二五）

二月，求得端州釋道丘所藏憨山原稿，曹溶、錢黍谷出資繕寫，由海幢同人及皈依華首士子合力秉筆，數日而畢。釋澹歸爲文紀其事。（釋德清《夢遊集》卷一《錄夢遊全集小紀》）釋澹歸仍寓錫東莞。（《續集》六《查母陳太安人傳》）

同月，郭之奇恩晉明少保、武英殿大學士。（《家傳》）之奇有《恩晉少保及武英殿疏辭自述詩》）

十五日，龔鼎孳度大庾嶺，遂往歸吳中。（龔鼎孳《定山堂詩集》卷二五《寄王園長先生》、《過嶺集》諸詩）

伍瑞隆自香山至廣州會晤曹溶。（曹溶《靜惕堂詩集》卷三二《伍鐵山自香山來晤賦贈》）

三月，釋函可與釋今無十二遊千山，有《憶暮春同阿字諸子遊千山》詩云：

到處青山盡有名，大家抖卻舊鄉情。溪邊覓路花千樹，驢背迎人鳥一聲。石頂松風憑管領，峰頭詩句任交橫。於今竹杖蕭蕭去，又向何山踏雪行。（《千山詩集》卷十三）

閏五月二十三日巳時，陳璸生於海康縣東湖村（今雷州附城

---

① 龔鼎孳《定山堂詩集》卷十一《秋嶽偕至佛山同張登子飲鄺無傲齋中》，卷二五《佛山過訪鄺無傲和秋嶽韻》，《定山堂古文小品》卷下，曹溶《靜惕堂詩集》卷三二。

鎮南田村）。（鄧碧泉《陳璸詩文集》附《陳璸生平活動簡表》）

　　陳璸（一六五六～一七一八），字文煥，號眉川。海康人。康熙三十三年（一六九四）進士，歷官古田知縣、臺灣知縣、台廈兵備道，官至福建巡撫、閩浙總督。五十七年冬病卒於官，享年六十有三。追授禮部尚書，賜國葬，謚清端。與明代邱濬、海瑞並稱嶺南三大清官。《清史稿》卷二七七、《清代七百名人傳》有傳。

　　清明，釋今無陪其師叔釋函可寓南塔寺，賦《清明　時寓瀋陽南塔寺》詩云：

　　西南天一方，風沙慘日色。欲陟彼高處，支離自不力。滿道飛紙錢，我且將安適。塞上小兒女，哭聲一何極。哭聲不可聞，哭辭人不識。抱書上牀眠，眠去省太息。（釋今無《光宣臺集》卷十五）

　　釋今無又賦《宿南塔》、《燈下讀梁同庵上剩師叔書因傷白庵石師》、《贈郝侍御雪海》、《塞下逢江東陳十一柱江》、《丁酉生日宿瀋陽南塔寺》二首等（以上五律）。（釋今無《光宣臺集》卷十七）

　　夏，方顥愷（釋成鷟）有妻室。（釋成鷟《紀夢編年》）

　　秋，萬泰歸寧波，張穆有詩送行，泰和韻留別。（張穆《鐵橋集》頁八《送萬履安孝廉還四明山》）至博羅，與萬泰、嚴煒、陳子升、薛始亨共飲，撰《醉賦》。[①]

　　釋今種（屈大均）北上，訪釋函可於塞外，張穆畫馬並詩送行，釋今種（屈大均）有詩奉酬，陳子升、岑徵亦有詩送之。（《鐵橋集》頁二四至二五《送翁山道人度嶺北訪瀋陽剩和尚》五古，《翁山詩外》卷三《張二丈畫馬送予出塞詩以酬之》，陳子

---

　　① 檀萃《楚庭稗珠錄》卷四《粵珥》上《張鐵橋》條云："有《鐵橋山人稿》、《醉賦》，鄞縣萬泰履安、常熟嚴煒伯玉、南海陳子升喬生、順德薛始亨與焉。"

升《中洲草堂遺集》卷七《送一靈上人出塞尋祖心禪師》七古、卷八《寄一靈上人》五古，岑徵《選選樓遺詩・別一靈上人》）譚庸有《送翁山之江南》（温汝能《粤東詩海》卷六十）。

　　譚庸，字非庸。新會人。諸生。性皎潔方廉。遭國變，時懷悲憤。年五十餘卒於廣州，陳恭尹爲文祭之。

　　曹溶左遷北還，張穆同行，有《送別曹方伯》五律二首、《陪曹秋嶽方伯遊曹溪》五古、《過峽山》五律、《英山採石》五古、《歸舟望峽山》七律、《夜登峽山飛來寺》五古詩，《中秋宿湞陽峽》五律似穆本年作。（《鐵橋集》頁十八至二十、頁四三、頁四五、《遺詩》頁十二。《清史稿・文苑傳》）溶有《別周量》、《別喬生》二詩。

　　梁佩蘭中解元，與程可則過訪陳子升，子升有《程周量梁芝五二子同過　二子會試、鄉試各第一》詩云：

嚴城旅食笑孤身，結駟同來第一人。近市久知齊晏子，登壇何有漢韓信。官街鼓響迎秋急，卜肆簾垂過雨新。歌罷無車終不出，媿君風雅爲扶輪。（陳子升《中洲草堂遺集》卷一四）

　　夏末，釋今無賦《宿千山龍泉寺》詩云：

五更風雨密，孤枕暗鐘煩。白日愁爲客，青山不定身。澗響蟲聲雜，腮虛花氣新。何當一夜夢，兩渡白門津。

　　又賦《夜》五律。（釋今無《光宣臺集》卷十七）

　　七月，釋今無賦《初秋夜懷山中諸兄弟》詩云：

黑水沙邊路，終宵對月明。我無青嶂夢，誰有向秋情。塞草不成綠，孤松亦作聲。幾多舊朋好，何處話平生。

　　又賦《無題》五律。（釋今無《光宣臺集》卷十七）

　　初秋，薛始亨爲陳子升《中洲草堂詩集》作序，論及粤詩源流史。（陳子升《中洲草堂遺集》卷首附薛始亨《中洲草堂詩刻序》）

　　八月，屈士爆充雲南同考官。弟士煜死難。（《白園墓表》、《鉄井墓表》）

初十日，方颛恺（釋成鷲）館於順德梁氏，晨起受食。食中有小筍魚二，熟陳俎上。舉箸頃，熟視二魚，忽鱗甲聳動，嗅之微有腥氣，腹大作悶，盡吐宿食而出，胸次灑然，向來滯膺之物，如冷水蕩去，洞然具見真實，悟緣從此始也，夙業亦已頓除。（釋成鷲《紀夢編年》）

九月，孫可望叛，移師犯滇，李定國、劉文秀奉命討之。（《行在陽秋》卷下）郭之奇有《雷海秋興》八首寄慨。

初九日重陽，釋今無自瀋南行，釋今無賦《丁酉九日南還別剩師叔》詩云：

雁磧寒沙白，雲峰埜燒紅。風聲皆向北，人意未離東。錫振邊塵落，書緘血淚空。依依看寸晷，愁聽暮天鐘。（釋今無《光宣臺集》卷十七）

釋函可有《九日送阿字》詩云：

經歲團圞淚未收，菊花重惹一番愁。來將白紙尋黃土，去挾新篇返舊丘。太乙峰頭頻悵望，姑蘇臺上莫淹留。而師若問寒邊事，休話寒邊雨雪稠。

又有《重送阿字》七律（釋函可《千山詩集》卷十三）、《阿字行後作七首》五古（釋函可《千山詩集》卷四）。

重陽後二日，釋函可有《與玉成書》。（《語錄》附錄）

釋今無南還途中賦《將渡遼海先題牛莊寺》三首、《宿海州城聞砧》、《曉發牛莊》、《遼海舟中》六首（以上五律）（釋今無《光宣臺集》卷十七）、《遼海舟中》五絕三十八首（釋今無《光宣臺集》卷二三）。

冬，順德江村司孫巡檢捕斬爲害鄉里二十多年之巨盜黃仲淩，諸紳仕父老請薛始亨作序賀之，始亨作《賀江村司孫巡檢除巨盜序》。（薛始亨《蒯緱館十一草·序》）

十月，釋函可住金塔寺，賦《住金塔寺十四首 丁酉十月作》詩五古。（釋函可《千山詩集》卷四）

十四日，釋函昰誕生日，釋今無賦《遼海舟中》九首，其七

《七　時十月十四日作本師誕日也》詩云：

石梁不可見，夜夢獨迢迢。山好連三楚，雲寒尚六朝。師年愁里過，客淚海中搖。淺薄供馳逐，那堪慰寂寥。

又賦《過菊花島》五律二首。（釋今無《光宣臺集》卷十七）《寄別恥若師瀋陽》三首、《出山海關》、《遼海望醫巫閭》、《過李將軍墓》（以上七絕）。（釋今無《光宣臺集》卷二三）

十一月，孫可望正式公開降清，清封其爲義王，爲道永曆朝虛實。（《行在陽秋》卷下）

程可則北行。（程可則《海日堂集》卷七《先府君行述》）

郭之奇自樂民之龍門，過龍頭沙望莞頭，有詩。（《瞻雲集》）

十二月，明軍復取南寧。（《小腆紀年》）

釋函可生日，賦《丁酉生日二首》詩云：

重復生身一十年，嶺梅江月總生前。如何只説前生話，不分關河白雪天。

總是刑餘更莫嫌，嚼窮冰雪味真甜。每因生日知年近，又得浮生一歲添。（釋函可《千山詩集》卷十七）

釋今無繼續南行，賦詩如下：《達淮上》、《無終山下作》、《曉發露臺》、《過壓鳳》橋、《遊盤山》、《遊盤山中盤寺尋普化禪師塔》、《鑿龍池　有序》、《淨業庵　五峰八石，淨業首境也》、《宿上方寺》、《雲罩寺　盤山絕頂也》（以上五律）。（釋今無《光宣臺集》卷十七）

殘冬，釋今嚴賦《殘冬歸宗閲毘尼憶阿公時阿公出瀋陽之千山》七律詩三首。（徐作霖、黃蠡《海雲禪藻集》卷二）

除夕，郭之奇於龍門有詩。（饒宗頤《郭之奇年譜》）

本年永曆帝幸雲南，黃公輔遣人致書延平王鄭成功。議以閩粵水師由鎮江復南都，會四方勤王師以迎帝。以未受督師命，難以統衆，特遣孫確進蠟表於雲南，潛取海道龍門（欽州海中島也），由交南陸路入滇。永曆帝於本年上弘光帝廟號曰安宗，上隆武帝廟號曰紹宗。（黃貞元《春溥先生年譜》）

　　本年查繼佐至粵，訪求釋澹歸，得與黎遂球二子延祖、彭祖相見。①

　　本年朱彝尊在粵訪張家珍、高儼，有《贈張五家珍》、《贈高儼》詩。（《曝書堂集》卷三）彝尊在廣州客舍與萬泰、嚴煒、陳子升、薛始亨聚飲，醉後有詩賦之。（《曝書堂集》卷三《羊城客舍同萬泰嚴煒陳子升薛始亨醉賦》）彝尊在廣州，與陳子升同過光孝寺，有詩紀之。（《曝書堂集》卷三《同陳五子升過光孝寺》）彝尊至東莞，贈詩張穆，穆賦詩酬答。（《曝書亭集》卷三《贈張山人（穆）》、朱彝尊《明詩綜》卷八一下張穆《酬客》，並見《粵東詩海》卷六〇，《東莞詩錄》卷二四、《補遺》頁八）

　　本年張穆至廣州見布政使曹溶，旋返東莞，溶有詩送別，並託買莞香，穆有詩和答，又爲畫《倦圃圖》，題五律詩三首。（《靜惕堂集》卷十八《送張穆之東還兼託購香》，《鐵橋集》頁十二至十三《莞香答和曹秋嶽方伯》、《題倦圃》。《鐵橋遺詩》頁十二）穆畫《羅浮圖》及竹雀扇以貽溶，溶有詩答謝並題以詩。（《靜惕堂集》卷十八《張山人畫羅浮圖見貽賦答四首》，又《答張山人二首》、又《題張山人竹雀扇》。朱彝尊《南車集·奉酬曹（溶）見贈原韻三首》，有“官舍羅浮遠，披圖見白雲”句注云：“時張山人穆之以所畫《羅浮圖》見示。”）穆又賦《浙西童伯旃俞右衡丁震生張道柯過集簡玄升江皋小築林下分韻　丁酉，陳本》詩云：

　　蒸烈應長夏，赤日懷清陰。美哉林下人，水木娛孤心。幽竹陰修綠，重湖開素襟。選石招勝友，羅軒列尊罍。高談一何綺，雅趣同徽音。微風拂柔枝，魚戲波天深。良逢惜萬里，仰嘆高飛禽。（容庚本《鐵橋集》）

　　———————————

　　① 查繼佐《明兵部職方司員外郎贈資政大夫兵部尚書謚忠潘美周黎公傳》：“余丁酉至東粵，科臣金堡時爲僧雷峰，偕二子見余，感能文克家，以揚公之名者。”（黎遂球《蓮鬚閣集》卷首）

本年李定國扈從明永曆帝入雲南，進封晉王。屈士燝使士煌爲諸公賚表先行。（《白園墓表》）既至闕廷，士煌引宋陳亮故事，上書陳三大計、六要務，且極言孫可望之惡，留中不下。伯兄繼至，上書言利害更切，授禮部儀制司主事。而士煌得職兵部司務，試職方司主事。（《鐵井墓表》）

本年朱彝尊至粵，有《東莞客舍屈五過談羅浮之勝因道阻不得遊悵然有懷三首》（朱彝尊《曝書亭集》三）。時釋今種（屈大均）住東莞篁村之介庵，彝尊與之交最契，歸則持其詩遍傳吳中，名大起。（《遺民錄》、《採薇續詠》、《嶺南畫徵略》、《宣統番禺志》）

本年薛始亨賦《彭伯時[1]畫山水歌　並序》七言歌行詩，序云：

> 番禺彭伯時，名滋。爲人博古嗜酒，遺落世事。性簡傲，工畫而不肯輕爲人作。貴有力者百方求之，終不能得。甚者侵其田以要之，曰：“若作畫即歸汝陽。”伯時罵之，卒棄其田。所居五仙觀側，與余比鄰，晚相得最歡，風月晨夕，無不從也。爲余作畫凡十餘幅，經亂屛竄，僅存其四。他書籍奇玩盡失矣，此畫猶存，豈非天哉？伯時己卯生，畫皆年六十餘時筆也。崇禎癸未與余別，今十有五年。聞其兩目不能見物，然尚健飯。予亦掩關，無由相訪。偶曝畫，次追念生平，聊作長歌寄懷云爾。（薛始亨《南枝堂稿》）

本年梁以壯五十一歲，賦《五十一》詩云：

> 水向東流似此生，萬端心事與誰評。文章死後方能定，閱歷危多已不驚。發奮減成迂拙想，蹉跎添得老狂名。莫言六十頻頻至，幾日須教眼復明。（梁以壯《蘭陽前集》卷七）

本年清兵平潮州，李俊芳投軍征戰。

李俊芳，揭陽人。未讀書，倜儻有奇氣。力鑿山築塘，以資

---

① 彭滋，字伯時。番禺人。薛始亨友。昔年與始亨曾比鄰居於五仙觀側。爲始亨作畫十餘幅，亂後僅存四幅。始亨偶曝其畫，追憶往事，遂作長歌以寄懷。

灌溉，瘠土變良田。順治十四年（一六五七），清兵平潮州，投軍征戰。潮平，不願受職，終歸務農。（乾隆《潮州府志》卷二九）

本年釋函是在棲賢。（釋函昰《瞎堂詩集》）

本年釋今種（屈大均）賦《送家舍人》（《翁山詩外》卷二）、《送鐵井子》（《翁山詩外》卷五）、《悵望爲家禮部兄貢士兵部兄泰士作》（《翁山詩外》卷十）、《篁村逢朱十》（《明詩綜》八二）。

本年釋今羞、釋今何編剩人和尚詩三卷刻之，有釋函可自序。釋函可作《寄關起泉》。（釋函可《千山詩集》卷四）有其師兄釋函昰書。（郝浴《塔碑銘》）

本年釋今印落髮受具。

釋今印，字海發。順德人。族姓梁，原名瓊，字之佩，更名海發。諸生。永曆十一年（一六五七）鄉試不舉，出嶺至匡廬，皈釋函昰落髮受具。十二年（一六五八），隨師還粵。頃復返廬山掌記室，遣參諸方。至楚黃見天章和尚，付以大法，命居西堂。光緒《廣州府志》卷一四一有傳。

本年釋今四受具。

釋今四，字人依。新會人。族姓張，原名聖睿。諸生。年三十餘，出世禮樅堂禪師薙染。永曆十一年（一六五七），皈釋道獨受具，充記室，出爲海幢典客。及釋今覯分座棲賢，以監院副之。後以母老歸養，竟坐化於象嶺下。事見《海雲禪藻集》卷三。

毛定周於本年中舉人第二。

毛定周，字中庵。香山人。順治十四年（一六五七）舉人第二。令丹徒，有政績。著有諸集，爲海盜失去。父溶，字孟深。邑諸生。五歲母沒，父元鈺病足，視寢膳不出戶者數載。善事繼母，撫育繼母遺腹生弟尤篤。著有《敬義堂集》十卷。黃登《嶺南五朝詩選》卷九有傳。

葉夢稷於本年中舉人。

葉夢稷，號瞻何。新會人。順治十四年（一六五七）舉人。崇尚正學，有白沙之風。著有《中庸辯訛》一卷。阮元《廣東通志》卷二八六有傳。

溫士英於本年中舉人。

溫士英，字千甫。東莞人。順治十四年（一六五七）舉人。張其淦《東莞詩録》卷二五有傳。

鄧奇於本年中舉人。

鄧奇，字挺庸，號蘧若。東莞人。順治十四年（一六五七）舉人，選河南原武令。曾招募流民墾荒數百頃，恢復茶山社學。張其淦《東莞詩録》卷二六有傳。

張朝紳於本年中舉人。

張朝紳，字偉行，號元沙。東莞人。家玉叔父。順治十四年（一六五七）舉人，康熙三年（一六六四）進士，任山東高密令。年八十四卒。著有《醉古洞詩文稿》。事見張其淦《東莞詩録》卷二五。

何惟藻於本年中舉人。（阮元《廣東通志》卷七八《選舉表》十六）

何惟藻，字雪神。南海人。順治十四年（一六五七）舉人，官濮陽令。著有《平陵草》、《爭笑軒集》。陳融《讀嶺南人詩絶句》卷五有傳。父其美，字二遊。著有《天柱草》、《緒山堂集》。黃登《嶺南五朝詩選》卷七有傳。惟藻子逢，字瞿又。諸生。著有《余軌集》。溫汝能《粵東詩海》卷六九有傳。

方應禱於本年中舉人。

方應禱，字維城。惠來人。順治十四年（一六五七）舉人，康熙十九年（一六八〇）官四川南川知縣。家居二十年，建祖祠、修族譜。年八十六卒。（雍正《惠來縣志》卷十四）

李象豐於本年中舉人。

李象豐，字焌生。南海人。順治十四年（一六五七）舉人。

工山水畫。著有《仲堂詩鈔》。（阮元《廣東通志》卷七六）

沈龍震於本年中舉人。

沈龍震，字雷默，號鷗亭。陸豐人。順治十四年（一六五七）舉人，山西夏縣令。公餘手不釋卷。著有《南安治譜》、《讀書符》、《分國左傳》、《二十一史纂》。（《陸豐縣志》）

陳偉於本年中舉人。

陳偉，字如人。陽江人。家貧而苦讀不輟。順治十四年（一六五七）舉人。官河北南皮令，卓有政績。輯有《古今紀略》。（《陽江志》卷三〇）

陳龍震於本年中舉人。

陳龍震，海豐人。順治十四年（一六五七）舉人。山西夏縣令。（《惠州府志》）

甄苊於本年中舉人。

甄苊，字龍水。開平人。順治十四年（一六五七）舉人，化州學正，設立學校。康熙間首纂《開平縣志》。卒於官。（《廣東通志·列傳》）

蔡廷甲於本年中舉人。

蔡廷甲，字採亮，號東野。東莞人。順治十四年（一六五七）舉人，治山東冠縣。政暇，親爲諸生授課。（宣統《東莞縣志》卷六五）

顏翼卿於本年中舉人。

顏翼卿，字端儀。五華人。順治十四年（一六五七）舉人。曾替族人減免租稅。（《長樂縣志》）

曾夢禧於本年成貢生。

曾夢禧，五華人。順治十四年（一六五七）歲貢，博學，有恩德於鄉里。爲人謙恭，喜周恤窮苦。後官潮州府訓導。（《長樂縣志》）

何鞏道於本年補諸生。

何鞏道（一六四二～一六七五、一六七六），字皇圖，號樾巢。香山人。吾驥子，準道弟。永曆十一年（一六五七）諸生，蔭錦衣衛指揮使。值鼎革之交，時懷復國之思。後因匡復無望，困頓流離十餘載，徜徉自廢。屢欲逃禪以隱，以母在未果。方在盛年，族人恐其株連，使人夜殺於道。著有《樾巢詩集》。陳伯陶編《勝朝粵東遺民錄》卷二有傳。

陳遇夫生。

陳遇夫（一六五七～一七二七），字廷際，一字交甫，號澤農。新寧人。康熙二十九年（一六九〇）解元（一說十五年舉人）。雍正元年（一七二三）詔舉賢良方正，邑令姜朝俊薦之，力辭。生平究白沙之學。重訂楊起元輯《白沙語錄》，又著《白沙年譜》一卷、《白沙門人錄》一卷、《正學續》四卷、《史見》一卷、《迂言百則》一卷、《海角蓬書》。年七十一卒。另著有《涉需堂詩集》上下卷。子瀚，康熙五十三年（一七一四）省元。父子領解，爲時稱頌。國史館《清史列傳》卷六七有傳。

清世祖順治十五年　明昭宗永曆十二年　明韓王定武十三年　戊戌　一六五八年

正月朔，永曆帝居滇都。（《小腆紀年》卷十九）五月，清兵入黔。十二月，清兵入雲南，李定國敗走。永曆帝離滇都，出奔永昌（今雲南保山）。（《行在陽秋》卷下、《歷代通鑑輯覽》卷一二〇）

春，陳恭尹既襄葬事，賦《留別諸同人》七律，與何絳出厓門，賦《厓門謁三忠祠》七律，渡銅鼓洋，訪諸遺臣於海外。八月，同適湖南，逾大庾嶺，取道宜春，至昭潭度歲。（陳恭尹《獨漉堂詩集》卷一《增江前集》小序、《中游集序》）

釋函昰自江西廬山棲賢寺還雷峰，釋今摩、釋今音、釋今印同行。（《刻牟子辨惑序》）釋函昰有《還嶺南道中得阿字長安書》詩云：

多病已拚匡嶽去，因人復向海門歸。聚船南貢江橋在，布穀

春疇山日遶。萬里音書添旅思，三旬風雨想征衣。馳馳未可酬風
穴，白日紅塵泥帝畿。

又賦《初還雷峯示諸子》詩云：

七賢遠別成何事，三老重來信有因。若與交臂新交臂，吾猶
昔人非昔人。老榕垂蔭酬初地，弱柳沿溪似舊津。再禮慈雲深自
省，肯教狼藉故園春。（釋函昰《瞎堂詩集》卷十一）

釋今種（屈大均）入金陵，顧夢遊有《送一靈師之遼陽兼柬
剩和尚》五律詩（《顧與治詩集》卷五）、錢澄之有《送一靈出
關尋剩公》五律二首（《田間詩集》卷五）、范鳳翼有《送一靈
師之遼陽兼柬剩公》詩送其入遼訪釋函可（《遺民詩》卷一）。

釋今種（屈大均）至北京，求崇禎帝死社稷所在，宿故中官
吳家，問宮中遺事。旋以事走濟南，示李氏家藏翔鳳御琴觀之。
留濟逾月，值楊正經至，握手若平生好。（《翁山文鈔》卷二《御
琴記》）識王士禛，極賞其詩，選爲百篇，謂爲唐宋以來詩僧無
及者。（《池北偶談》卷十二）釋今種（屈大均）東出榆關，周
覽遼東西名勝，訪釋函可不得達，吊袁崇煥廢壘而還。（《道援堂
詩集》毛奇齡序）

查繼佐晤尹治進及張家珍。初繼佐爲張家玉撰傳，間有繁
疑，及見二人，爲述其實，繼佐喜曰：“吾前傳庶不誣也。”後繼
佐入潮州。（《查東山先生年譜》）

明節使漳平伯周鶴城、職方郎許作庵由龍門之閩，册賜姓延
平郡王鄭成功，兼敕會師恢粵。郭之奇有《周許二人承入直之召
挑選所部隨行有詩》。（《瞻雲集》）

早春，區懷年賦《戊戌早春》詩云：

緑藻沿溪蕩暖煙，忽驚衰鬢度華年。風聲厭檻循梅事，露處
愁荒島嶼天。蘭畹舊香迷匼匝，果橋新市曠秋千。孤騫物外歌黃
雀，晦影蓬蒿啄野田。（區懷年《超玄堂藏稿》）

正月初一日，釋函可賦《戊戌元旦》詩云：

一莖白髮荷皇仁，況值年年帝里春。千頂曙光雲外出，二陵

王氣雪邊新。放流久已成鄉土，老大無拘只病身。是處有山容我
住，桃花翻笑洞中人。（釋函可《千山詩集》卷十三）

釋今無自沈陽南行至北京，賦《戊戌長安元日同陳中翰忝生
諸公作》詩云：

未忘玄徼夢，又度玉京春。曙色千門動，鄉愁萬里新。金鐘
開紫闕，玉珮點朝臣。借問桃源裏，黃冠幾隱淪。

釋今無於燕都，於王黙庵相見於吳太僕家中，握手如故。
（釋今無《光宣臺集》卷二）

初七日人日，釋今無賦《人日與諸子登觀星臺》詩云：

百尺懸梯上，千門映日開。山標天壽翠，江湧月明來。古戍
流殘霧，寒笳落早梅。璿璣看秘密，因憶古人才。

新歲登臨望，亭亭欲近天。帝城金鳳闕，春氣碧山煙。曠野
連三晉，黃雲出九邊。客心消未得，懷抱只凄然。

釋今無又賦《初春送姚巨六鄧立人歸循州》、《再遊燕山》、
《登秘魔崖》、《長安逢韓掌邦①時韓子擬出遼陽訪剩師叔》、《燕
臺秋日》二首、《時得本師和尚歸粵信》二首、《送韓子入秦》、
《哭秋山》二首、《哭臺設闍黎》（以上五律）。（釋今無《光宣臺
集》卷十七）

三月十九日，明崇禎皇帝殉社稷十五周年忌日，釋道忞爲作
《戊戌暮春十九之作》七絕五首。（釋道忞《布水臺集》卷四）在
其《天童弘覺忞禪師語録》卷十一，亦有釋道忞於此日上香祭祀
崇禎帝之記録。

夏，朱彝尊經彭澤時有《舟次彭澤悼萬孝廉泰》詩。

夏，釋今無登北京天壽山，一宿明成祖長陵，五年後於新會
厓門賦《宿厓門》詩云：

---

① 韓宗禮，字掌邦。博羅人。釋函可族弟。從楚江入匡廬，謁棲賢，訪釋
函可不遇。遇釋今無出塞謁釋函可，布袋中有二詩，即其托寄。陳融《讀嶺南人
詩絶句》卷四有傳。

又隨鷁首下雲端，柔櫓輕風破急湍。月色每因浮海得，松聲依舊故宮寒。五年尚憶長陵役　戊戌夏登天壽，一宿長陵，今又五年矣，萬里還當大宋看。此意莫教今夜夢，慈元原不是長安。（釋今無《光宣臺集》卷二十）

四月，朱彝尊將歸。薛始亨未能親送之，有《與朱錫鬯》書一封並詩二首送之。冬，朱彝尊歸至秀水。①

屈士燝掌儀制司印。（《白園墓表》）

五月，清兵分三路入黔，會師於貴陽，貴州平。（《歷代通鑑輯覽》卷一二〇）

釋今種（屈大均）在薊門。（《翁山詩外》卷五《戊戌五月日食》）

六月，郭之奇入上恩州。（《家傳》）由龍門解纜，自大直登陸至那洞，至思州，均有詩。

魏禮入粵，客梁佩蘭家。（《魏季子文集》卷二《舟抵章貢與芝五述別》）

秋，梁佩蘭偕湛鳳光、魏禮北上，途中有《雨中望峽》、《經英德山水水清石激瞻眺彌日》詩（《六瑩堂集》卷二），禮有《進峽》、《出峽》、《經英德山水》五古詩（《魏季子文集》卷二）。至贛州與佩蘭、鳳光別，佩蘭有《贈魏和公詩》、禮有《贛州別湛用喈梁芝五之京師》五律詩（《魏季子文集》卷四）。

湛鳳光，字用喋。增城人。若水族孫。幼穎敏。康熙三年（一六六四）舉人，謁選授深澤知縣，以勞瘁卒於官。搜其篋，不足以葬，士民出資治喪。著有《雙峰詩集》。

八月，陳恭尹復逾大庾嶺，取道宜春，度歲於昭潭，而滇黔路絕。（陳恭尹《獨漉堂詩集》卷一《中游集 小序》：“予之初遊也，志不期歸。念二人之窀穸未卜，五世之宗祧無托，乃黽勉畢

---

① 《朱竹垞先生年譜》、朱彝尊《曝書亭集》卷四、薛始亨《蒴緶館十一草·與朱錫鬯》、《南枝堂稿·五律·送朱錫鬯還秀水兼訊其令叔子葆》。

婚，雖家寄增江而心未嘗不在萬里外也。丁酉春，既襄葬事。戊戌仲秋，復逾大庾嶺，取道宜春，度歲於昭潭，而滇黔路絕。"）

九月，張穆訪釋澹歸於東莞篁村芥庵，留宿柚堂，有詩紀之。（《鐵橋集》頁四十《過澹歸和尚柚堂》，《鐵橋遺詩》頁十三《宿柚堂》）穆與釋澹歸相識，蓋始於本年，其信佛法，皈心釋道獨約於本年。（《鐵橋集》卷首釋澹歸序）

初九日，釋今無賦《九日留別吳太僕春坪》詩云：

自憐重九日，握別素心人。未飲茱萸露，先聆白雪音。潘花飛遠瀑，衛玉映長林。自此起相憶，寒雲萬里深。

少小事空寂，難爲人世間。三年攜策出，萬里逐鴻還。白雪關門樹，黃雲塞上山。征途多感嘆，幸一識韓顏。

釋今無又賦《留別陳路若》、《將出長安作》、《邯鄲道中》、《泊掛劍墳》、《分水龍王廟》、《臨嶂山湖》、《哭無方闍黎》、《漂母祠》、《宿鄭元白樓卻贈》二首、《雨花臺逢馮大》四首、《望五老峰殘雪》、《井陘道中》、《偕露庭松山諸子尋西山精舍》、《再過亂落星》、《酬徐秀才棲賢韻》二首、《壽黃子》、《壽監寺旋兄》（以上五律）。（釋今無《光宣臺集》卷十七）

冬，張穆作《馬圖》軸。（《書畫錄》頁五五，題識："戊戌冬日寫於東溪草堂，鐵橋道人。"）

釋今種（屈大均）渡三岔河，東出榆關，週覽遼名勝，北抵粟末，過挹婁、朵顏諸處，弔袁崇煥廢壘，未尋到釋函可而返。流連於齊魯吳越之間，識湯來賀。冬，客廣陵。（杜濬《變雅堂集》卷四，《翁山詩外》卷十四《夢衣行》）

十二月，雲南陷，永曆帝至永昌，屈士燝、士煌急行至楚雄，追不及，流落山寺中。（屈大均《翁山文外》卷七《伯兄白園先生墓表》、《仲兄鐵井先生墓表》）

郭之奇抵貴州安隆。（《家傳》）

歲暮，薛始亨有《戊戌歲暮》詩。（薛始亨《南枝堂稿》）

小除，釋函是賦《戊戌小除示澹書記》詩云：

我年五十一，適汝四十五。面目各老大，法身無遮護。七年
小除夕，喜共今年度。緣聚且有時，況復無上道。道在憂彌深，
空憂愧無補。愛爾性忱摯，懼爾性疏稿。我歸自棲賢，晤別猶草
草。載庵一月談，投機恨不蚤。屈曲有深言，直捷無行路。暗明
絕暗明，回互不回互。十地豈其儔，萬法從茲掃。一喝雙耳聾，
一踢全身倒。釋子非百丈，山僧非馬祖。荷擔莫遲回，須記四十
五。（釋函昰《瞎堂詩集》卷三）

　　本年蠟表至雲南，永曆帝召見黃公輔長孫確，進公輔兵部尚
書，總督水陸義旅，賜上方寶劍便宜行事，授確兵備副使，赴任
粵西，帝遣使者由故道至虎賁營，時公輔居虎賁將軍王興軍中
也。公輔奉命集師，會平夷（張名振）、虎賁（王興）兩將軍議
大舉，由海道會延平王鄭成功，趨金陵，而事機蓋已泄，清平南
王尚可喜差人督公輔來省自明，公輔復書拒之，公輔孫確與石以
是事被執至廣州。（黃貞元《春溥先生年譜》）

　　本年屈士燡轉員外郎，以孫可望平，屈士燡、士煌晉階一
級，覃恩有差。（屈大均《翁山文外》卷七《伯兄白園先生墓
表》、《仲兄鐵井先生墓表》）

　　本年張穆至新會，有《圭峰望崖門》五古詩。（《鐵橋集》
頁十五，《鐵橋遺詩》頁十二至十三題作《林荃澔招遊圭峰》）

　　本年郭之奇《稽古篇》五十五卷成。

　　本年陸菜入粵，梁佩蘭有《南海神廟書事答陸義山並次原
韻》。（呂永光《梁佩蘭年譜簡編》）

　　本年馮安叔作《過宗球李親故居有感　戊戌舊作，原有引》。
（康熙《順德縣志》卷十二）

　　馮安叔，順德人。崇禎布衣。事見康熙《順德縣志》卷
十二。

　　本年新城王士禛有七言長詩贈程可則（《帶經堂集》卷四
《漁洋詩四　戊戌稿·贈程五周量》），又有《郊園見梅懷周量》
五律。

本年釋道獨六十初度，其首座釋函昰賦《祝本師空老人六十初度二首》詩云：

薰風動寰海，慈日滿高林。道在人天重，機停歲月深。千年松鶴骨，萬壑水雲心。賴有群生願，羅浮花氣森。

未遂西山志，難忘塵刹恩。大悲勞父母，得力愧兒孫。庚子春風正，珊瑚海日溫。願同龍象祝，歲歲法庭尊。

又賦《聞雲南報因酬汪居士是日海幢老人六十初度澹歸侍坐》詩云：

十載汪居士，相看各皓然。見聞成異代，悲喜但隨緣。幸有吾師在，還生子弟憐。入河歸壽海，吾道至今傳。（釋函昰《瞎堂詩集》卷八）

本年雷峰大雄寶殿落成。隆興寺改名海雲寺當爲本年。是時，釋函昰立按雲堂策勵後學，朝夕下堂勘驗。刻有《雷峰語錄》行世。釋函昰因小病掩室閱藏，至《牟子辯惑》，命侍僧發梓，並爲之敍。遣釋今嚴赴嘉興請藏。讀其師釋道獨《心經直說》，因乞流通，並爲之跋。（《瞎堂詩集》三、《海雲禪藻集》、《徧行堂集》）

本年釋函可住金塔寺。吳兆騫以科場案遣戍至瀋，有《奉贈函公五十韻》。（吳兆騫《秋笳集》卷七）

本年釋今無自遼東渡海南歸。（釋今無《光宣臺集》卷首釋古雲《海幢阿字無禪師行狀》）

本年釋今種（屈大均）作《御琴記》、《先聖林廟記》文（《翁山文鈔》卷二）。賦詩如下：《孤琴吟》（《翁山詩外》卷一）、《過大梁作》、《過涿州》、《與諸公別於西陵》、《答譚非庸》（《翁山詩外》卷二）、《黍谷》、《出永平作》、《出塞作》、《擬渡三岔河有寄》、《燕京述哀》七首（《翁山詩外》卷五）、《朵顏》、《寒食》、《邯鄲道中》、《信都》、《真定道中》、《豫讓橋》、《永平》、《日食》、《過夷門》、《魯連臺》（《翁山詩外》卷六）、《燕中春日作》（《翁山詩外》卷七）《過徐州作》、《柬戴生》、《黃

河舟中作》、《舟泊宿遷作》、《鄆城》、《保定客舍》、《鄗邑》、
《過晉太尉劉琨墓》、《舟次河西務》、《塞上曲》六首、《寄瀋陽
剩憚師》二首、《尸上人將出渝關贈之》、《弔袁督師》、《寧陵道
中贈梵公》、《贈楊太常正經》（《翁山詩外》卷八）、《紫蒙》
（《翁山詩外》卷十）、《諸公餞予玉河亭子賦別》、《登岱》二首
（《翁山詩外》卷十一）、《魯宮》二首、《武侯故里　在沂州》、
《山海關》（《翁山詩外》卷十三）、《泰嶽》二首、《夢衣行》八
首（《翁山詩外》卷十四）、《遼東曲》三首（《翁山詩外》卷十
六）、《言從浮嶠直抵榆將訪剩大師不果賦懷》（清鄧漢儀輯《詩
觀二集》卷一）、《寄剩禪師》二首（《道援堂集》卷七）。大均
填詞有：《多麗》、《春日燕京書所見》（《翁山詩外》卷十八）、
《行香子》、《都門春遊作》、《番女八拍》（《翁山詩外》卷十
九）。

　　本年釋澹歸至東莞篁溪。時張安國與釋自逢創芥庵於篁溪
（本名篁村），爲釋函昰法筵；徐兆魁次子彭齡亦以國變不仕而隱
此，釋澹歸居芥庵，與安國、彭齡遊。張、徐欲爲釋澹歸謀三年
閉關計，會安國得廢苑於篁溪，因竹爲徑，據水作亭，圍以玫
瑰，池以蓮花，既成，釋澹歸取山海救民之語，名曰“救庵”，
並作詩三首。邑中遺老如李覺斯、洪穆霱、簡知遇、陳調等，俱
與唱和。（《越秀集》）

　　徐彭齡，東莞人。兆魁次子。恩貢。國變，隱篁溪，與釋澹
歸遊。釋澹歸回丹霞，書問不絕。聞彭齡卒，爲文祭之。祁正
《三朝東莞遺民錄》卷下有傳。

　　本年釋今儆薙落受具。

　　羅孫燿於本年中進士。

　　羅孫燿（一作燿孫），字乃遠。順德人。順治十五年（一六
五八）進士，官貴州都勻司李。早歲歸隱，構石湖別業，與陳恭
尹等結社其中。著有《石湖集》。溫汝能《粵東詩海》卷六一
有傳。

翁如麟於本年中進士。

翁如麟，字兆文，號萊山。海陽人。順治十五年（一六五八）進士，官湖廣新田知縣。事見翁耀東《潮州文概》卷四。

陳應乾於本年中進士。

陳應乾，字履吉。東莞人。父秉良，任碭山令而應乾生。順治十五年（一六五八）進士，官湖廣宜章令。中忌者，解組歸，隱居道家山，吟詠自樂。與邑人莫夢呂、鍾兆晉友善，爲文酒之會。張其淦《東莞詩錄》卷二五有傳。

蕭翔材於本年中進士。（阮元《廣東通志》卷七七《選舉表》十五）

蕭翔材，字匪棘，號右溪。大埔人。順治十五年（一六五八）進士，巴陵知縣。著有《詠史》、《筵音集》、《松存軒詩文集》。陳融《讀嶺南人詩絕句》卷五有傳。

謝元瀛於本年中進士。

謝元瀛，字定夫。饒平人。順治十五年（一六五八）進士，授浙江石門令，爲邑百姓請減夫役徵用，豁免荒年糧賦，百姓德之。引疾歸。石門人爲祠祀之。（乾隆《潮州府志》卷二九）

夏雲於本年成貢生。

夏雲，字文石。清遠人。父九疇，善詩文，隱於峽山。雲鳳慧，人稱神童。年十五善屬文，補邑弟子員。順治十五年（一六五八）歲貢。工於詩，與邑人結禺山詩社，時有驚人之句。然屢試不第，以歲薦終。受聘修邑志，有功於文獻。撰有《二禺志》、《清遠縣志》，並輯有《邵太學（謁）遺集》，俱佚。（《廣東通志》、《獨漉堂文集》、《清遠縣志》）

徐大節於本年成貢生。

徐大節，字象貞。和平人。順治十五年（一六五八）貢生。性簡樸，勤學問，博經史。授廣府訓導，升南海教諭。（《和平縣志》）

淩相旌於本年成貢生。

凌相祉，永安（今紫金）人。順治十五年（一六五八）歲
貢，曾任新安訓導。（《永安三志》）

劉清生。

劉清（一六五八～一七五六），香山（今中山）人。享年九
十九。事見朱彭壽《清代人物大事紀年》。

黃氏生。

黃氏（一六五八～一七六〇），翁源人。楊棋日妻。忠厚善
良，終身勤勞儉樸。享壽百三歲。（《翁源縣志》卷十二）

釋道丘圓寂。後薛始亨賦《頂湖山棲壑律師道場　師戌戌入
滅》詩云：

雲根寒徹水泠泠，開士嚴居雪滿扃。上品蓮臺皈淨土，六時
禪誦入青冥。老猿解學跏趺坐，慧鳥能持般若經。葬石自從成幻
化，晝間花院響風鈴。（薛始亨《南枝堂稿》）

清世祖順治十六年　明昭宗永曆十三年　明韓王定武十四年　己亥　一六五九年

正月初三日，清兵入滇都（今雲南昆明）。閏二月，永曆帝
走騰越州（今雲南騰衝）。越二月入緬甸。五月止於者梗。初四
日，緬王遣使迎帝。初八日，緬王羈帝於孟坑城內。（《行在陽
秋》卷下，《小腆紀年》卷十九）七月，明延平王鄭成功攻瓜州，
九月攻崇明，進圍南京，旋退入海。

春，查繼佐在潮州，與真社諸子倡和，錄別詩一卷。初夏，
負粵中奇石五度嶺以歸。（《查東山先生年譜》）後將在粵所作詩
編成《粵遊雜詠》一卷行世。①

陳恭尹與何絳自湘溯漢。（陳恭尹《獨漉堂詩集》卷一《中
游集》小序云：“明年乃登南嶽，泛洞庭，順流江漢之間。其秋
憩蕪關，遇海舶之亂，輕舟濟江，歷中都，治寒衣於汴梁。北度

①　《粵遊雜詠》列於查繼佐《東山遺集》中，前爲繼佐所著之《釣業》。

黄河，徘徊太行之下。冬中南還，自鄭州、信陽至雲夢登舟，度歲於漢口。”）

釋今種（屈大均）遇鍾淵映於洞庭湖西，愛其詩麗則，與之爲友。（薛熙《翁山文鈔》五《鍾廣漢墓誌銘》）

正月，釋今種（屈大均）作《東莞張文烈公行狀》。（原署“永曆十三年正月”。《遺民録附録》）

初七日，黄公輔以憂卒於文村王興軍中，時年八十四歲。（《廣州府志》、道光《新會縣志》，馮奉初《明季督師兵部尚書黄公輔傳》，黄佛頤《明督師兵部尚書黄公公輔傳》）

二月，釋通琇應清帝召至京。（超琦《玉林通琇年譜》）

三月，張穆作《人馬圖》軸。（孔繁藻藏本，題識：“己亥季春，張穆寫。”）

郭之奇至龍州。（《瞻雲集》）之奇以行幾路絶，由思忠（屬南寧）至上石西州（太平府屬，西至銅柱）二十餘日，越數日入南交之文淵州。（《家傳》）清軍入滇，音信隔絶。海上諸部亦漸靡。之奇與光澤王朱儼鐵、總兵楊祥亡命交趾，才數里，入文淵州，州官僦舍居之。（《忠逸傳》）

十九日，釋今種（屈大均）在金陵，與林古度①、王潢、方文、楊大鬱、洪仲、湯燕生諸遺民，集潢之南陂草堂，爲崇禎帝設萍藻之薦。（《翁山佚文·送凌子歸秣陵序》）

閏三月，釋道忞奉清順治帝詔至北京，作詩多首頌聖。（釋道忞《布水臺集》卷四《上賜御畫山水圖 有序》）

夏，釋今無還抵雷峰，釋函昰有《喜阿字歸自瀋陽》詩。（釋函昰《瞎堂詩集》卷十一）

四月，釋澹歸嘔血。（《越秀集》）

---

① 林古度，閩人。有妾吳娟娟，字麋仙、眉生，號群玉山人。吳川人。初隸金陵樂籍，爲南曲中人，工詩畫，曾繪水仙圖，閩中林古度見而賞之，爲作《水仙賦》，遂委身焉。著有《萍居集》。陳融《讀嶺南人詩絶句》卷十五有傳。

五月，郭之奇移文淵舊州。（《家傳》）

明延平王鄭成功、兵部侍郎張煌言復會師大舉北上，舟師再入長江以援滇。

初八日，釋今無呈偈，釋函昰有《喜阿侍者呈偈用韻示此》。（《瞎堂詩集》十一）

六月，釋行森被召入京。

十七日，鄭成功攻瓜洲，克之。

二十四日，成功克鎮江，直薄南京近郊。（《小腆紀年》卷十九）

立秋日，王邦畿賦《己亥立秋》詩云：

年來樹木摧應盡，衰落何因別蚤秋。近海好風初及岸，遠山微月漸生樓。吟詩不厭吟千遍，飲酒何妨飲百甌。惆悵一年今又半，漁竿辜負蓼花洲。（王邦畿《耳鳴集》卷七）

秋，陳恭尹與何絳憩蕪湖，歷皖北，抵汴梁。（《獨漉堂詩集》卷一《中遊集序》）

梁佩蘭會試落第，南歸，作《舟發闓水至饒陽道中作》八首、《自饒陽過鄱湖口號》。（《清秘述聞》）

陳子升賦《己亥秋日有寄》詩云：

秋鴻翼陣起滇池，上相初隆劍履時。身奉至尊爲手足，心惟不二有熊羆。長江北振靈鼉鼓，馳道西揚翠鳳旗。會見收京求鼎實，嶠梅辛苦一南枝。

秋入疎槐想漢宮，遙遙天上集鵷鴻。青山色在離愁遠，玉漏聲微曙夢通。七聖何曾迷大塊，五丁元自出蠶叢。功高微管先江左，還遣車書萬國同。（陳子升《中洲草堂遺集》卷一二）

七月，張煌言徇江南北府州縣，下二十九城。金陵議降。二十三日，鄭成功以輕敵敗績於江寧，遂退入海。瓜洲、鎮江皆復歸清。（《小腆紀年》卷十九）

初三日，郭之奇作《百日殊方詩》。是月上旬，有《文淵官騎象來謁詢問天朝捷音》、《憶新會之北三十二牙同沒於虜感作》、

《喜傳磨盤之捷兼聞緬國助兵感吟》三絶。之奇雖居夷，猶念念不忘君困。

初七日，明虎賁將軍王興及其全家自焚於新甯文村。（黃貞元《春溥先生年譜》）陶天球賦《輓王虎賁》詩云：

> 野火春燒萬木空，茫茫泉路哭英雄。三千膚髮干戈裏，一代君臣草莽中。天命否來無妙算，將軍亡後有威風。滔滔遠逝崖門水，今古東流恨未窮。（顧嗣協《增岡州遺稿》）

陶天球，字大治，一字昭輯。新會人。明末諸生，蔭錦衣千戶。少奇慧，善隸工詩，與弟琳俱以博洽稱，鄺露嘗贈以詩。國亡後不仕，愴懷君國，嘗作詩挽虎賁將軍王興。著有《世烈堂集》。事見清顧嗣協《增岡州遺稿》。

十四日夜，王邦畿賦《己亥八月十四夜望月書懷》詩云：

> 經年別夢到於今，猶隔清光一夜心。金殿桂香攀不遠，玉樓人影望偏沉。有期思比無期切，既見情如未見深。翹首中天已如晝，不妨飲醉大聲吟。（王邦畿《耳鳴集》卷七）

十五日，李士淳賦《己亥中秋偕社中諸子登元魁塔會被飲文昌閣笙歌備奏群英咸集賦以紀之》七律詩十首。（郭壽華《嶺東先賢詩抄》第二集）

同時士淳又作《登塔記》。

九月，釋道忞至京，清順治帝召見之。（釋道忞《北遊集》）

冬，釋今種（屈大均）至會稽，謁禹廟，王韡延館其家，供資料，使其撰成《皇明四朝成仁錄》。

陳恭尹於鄭州遇人禦象十三，應其十二歲時夢，由此知明永曆朝已近淪亡，復明之夢成夢幻泡影矣。（陳恭尹《獨漉堂詩集》卷一《中遊集》小序：“始予十二，丁母夫人艱於錦岩。苫次夜夢，有大象十餘頭，乘舟過吾門者，象上有人羊裘而操琵琶，宿昔所未睹也。旦以白先公，先公曰：“異夢也，其必有徵。”是行也，於鄭州道中，遇象十三，自南而北，雨雪初晴，其人皆披裘，坐象背而絃歌。十八年前夢中所見也。詢其自來，乃滇池所獲。予之飄泊於此，命也夫。蓋自是無復遠遊之志矣。"）

十月，番禺雷峰鑿石得泉，味甘且多，釋函昰命名"冬泉"，作詩志之。（釋函昰《瞎堂詩集》卷十一《冬泉 有引》）釋今嚴亦有《冬泉》詩云：

每當秋盡海潮上，直至秋來又未清。四衆殷勤將拜祝，一泓甘冽自然成。不徒引去供煎茗，尚有餘波可濯纓。無限高人同賦詠，與他流播此芳名。（徐作霖、黃蠡《海雲禪藻集》卷二）

釋古易亦賦《冬泉》詩云：

卜泉曾見問幽林，鑿破雲根噴雪深。清冽已流千古潤，徘徊遍想昔年心。潮來亦許寒聲應，月過何妨倒影侵。自是不愁詩思渴，因君吟到夕陽沉。（徐作霖、黃蠡《海雲禪藻集》卷三）

十一月，陳恭尹與何絳南還，至漢口度歲。（陳恭尹《獨漉堂詩集》卷一《中游集》序）

釋函可住金塔寺。忽一日曰："我十日必去。"衆環跽，乞留肉身，哀懇再三，乃默然。

二十七日，端坐而逝，世壽四十又九，坐夏二十。郝浴拊其背哭之，雙目忽張，淚介於面。（釋函昰《塔銘》、郝浴《塔碑銘》）

冬至日，釋函昰賦《己亥冬至》詩云：

嶺外再逢長至日，煙裊風輕散縷愁。豈無海市堪舒眼，不是匡廬莫上樓。戎馬鄉關今日淚，溪山松菊百年秋。管灰紋線人間世，衰變從教雪滿頭。（釋函昰《瞎堂詩集》卷十一）

十二月，釋澹歸復還載庵；每入丈室，釋函昰接以本分，鉗錘雖有啟發，未能灑然。（《咸陟堂集》六《舵石翁傳》）

初四日，龕釋函可肉身詣千山龍泉寺。（釋函昰《塔銘》、郝浴《塔碑銘》）

歲暮，陳子升賦《己亥歲暮 仲冬金吾姪亡》詩云：

尚平遊嶽定何年，飲蠟群中戲拍肩。雙鬢欲霑梅嶠雪，孤懷悽斷竹林煙。衡門細雨淹三徑，欹案隆寒對一編。吟傍槁梧看臘

盡，此心潛發在花前。（陳子升《中洲草堂遺集》卷一二）

臘月二十三日，王邦畿賦《己亥小除立春》詩云：

重雲漠漠雨霏霏，爐火初紅影共依。病婦卜云今日起，穉兒師放讀書歸。沿堤綠淺春光蚤，近海寒深酒力微。門徑不須勞再掩，貴人車馬到應稀。（王邦畿《耳鳴集》卷七）

本年永曆帝奔緬甸，屈士燝、士煌東歸。（屈大均《翁山文外》卷七《伯兄白圍先生墓表》、《仲兄鐵井先生墓表》）

本年張穆遊澳門，登望洋臺，有《澳門覽海》五古、《番刀》五律、《同劉良倩何雅伯登三臺巘》七古等詩。（《鐵橋集》）

本年郭之奇手抄《周易》，撮其義爲歌，又爲《讀易詩》四首。之奇居夷，得詩三百六十首，定爲《陋吟集》，其自序存《潮州耆舊集》三十四。又有詩十二首，編入《瞻雲集》。（饒宗頤《郭之奇年譜》）

本年許龍受撫討鄭成功。

許龍，字慶達。澄海人。嘯聚鄉里，獨佔海上魚鹽之利，家資數十萬。海盜出入，屢爲所撓截。順治十六年（一六五九）受撫討鄭成功，加都督銜。康熙三年（一六六四）遷界，徙程鄉數年，召入旗籍。（乾隆《潮州府志》卷二九）

本年釋今種受菩薩戒於釋道盛，得法號大均，應爲其後屈大均之名之由來。（汪宗衍《屈大均年譜》）

本年釋今種（屈大均）遊鄧尉，王猷定有《贈翁山上人》五律七首、《送翁山玄墓探梅》七絕二首。遊鄧尉識杜濬，濬有《復屈翁山書》（杜濬《變雅堂集》四）。先是魏畊以蠟丸裹書致鄭成功，謂海道甚易，乘南風三日可直抵京口。畊遂隨張煌言抵蕪湖，下附近州縣。金陵且議降，旋以師驕懈爲敵所乘。時釋今種（屈大均）在南京，與畊摯，嘗與其謀焉。釋今種（屈大均）持釋道盛書訪錢謙益，謙益爲書告毛晉曰：“羅浮一靈上座，眞方袍平叔，其詩深爲于皇所歎，果非時流所及也。”並爲作《羅浮鐘上人詩集序》。于皇姓杜名濬，湖北黃岡人，明遺民。（錢謙益《牧齋尺牘》中）釋今種（屈大均）住金陵靈谷寺，謁孝陵。時至諸寺據上座説佛法，朱彝尊有《寄屈五金陵》詩（朱彝尊《曝書亭集》卷四），周篔、徐善、朱彝鑒並有同作。彝尊又有《過筱公西溪精舍懷羅浮屈五》，與朱一是、屠爌、屠焯、李鏡、周篔、繆永謀、鄭玥、沈進、李斯年、李良年、李符聯句。王士禎有《寄廬山靈道人越中》七律詩，並與程可則往還，賦《戲爲周量題畫短歌》七古、《與周量過訪苕文夜雨共宿》、《答別御史大夫龔公兼呈苕文公勅禹疏秋厓周量聖秋石潭紫來黃湄諸君》七律、《留別周量》五律。（王士禎《帶經堂集》卷五《漁洋詩五己亥稿》）旋至山陰，祁理孫、班孫留居寓山園。

　　本年釋今種（屈大均）作《孝陵恭謁記》文（《翁山文外》卷一）。賦詩如下：《贈朱士稚》（《翁山詩外》卷一）、《秣陵》二首（《翁山詩外》卷五）、《攝山秋夕作》（《詩觀初集》卷八）、《木末亭拜方正學先生像》、《寄龔柴丈》、《靈谷探梅》三首、《吉祥寺古梅》五首、《靈巖春日與李侍御灌溪遊覽作》、《橫塘寄徐昭法》、《訪錢牧齋宗伯芙蓉莊作》、《五人墓作》（《翁山詩外》卷六）、《胥口逢梅里諸子》、《題翁子東洞庭山館》、《從洞庭還柬瞿止》、《姑蘇秋夕與余丈廣霞坐京兆杜子寓樓》、《春湖曲》、《消夏灣》、《木瀆》、《冒雪同郭皋旭入鄧尉山中探梅》二首（《翁山詩外》卷七）、《同諸子探梅玄墓》四首、《望太湖山色作》、《漁洋探梅歸自東西橫塘作》、《具區山中作》、《靈谷寺》（《翁山詩外》卷八）、《登支硎山懷桐岑子　山乃支道林飛昇之所》、《寄繆天自》，《琴臺》、《寄獨漉子》、《昆湖同毛子晋作》、《鍾山》二首（《翁山詩外》卷十）、《過吳不官草堂賦贈》（《翁山詩外》卷十三）、《玄墓》（《翁山詩外》卷十四）、《席上吟贈林茂之八十翁》（《翁山詩外》卷十五）、《光福山中鼓琴爲曾仲子作操》（《翁山詩外》卷十七）。填詞有：《一剪梅》、《胥口看梅》（《翁山詩外》卷十八）、《念奴嬌·秣陵懷古》（陳永正《嶺南歷代詞選》六三頁）。

本年釋今無賦《南海神祠》、《浴日亭》、《登西臺》、《送頓修還棲賢隨省親苔上》、《掃先師翁塔大雨賦此》、《送祖印遊靖安》、《題波羅廟達奚司空》、《送記汝入棲賢》、《送陳牧止遊篁山》、《聞見一病癒戲成》、《頓修省覲苔上痛堪家難事後返棲賢久未入嶺詩以速之》、《托鉢佛山》二首、《寄凌髭放》、《壽張母》、《頓修自髻水丁家難後掩關匡廬復歸雷峰即以是日入侍寮詩以誌喜》、《聞凌髭放脫白丹霞此寄》二首、《入肇慶峽（以上五律）。（釋今無《阿字無禪師光宣臺集》卷一七）

本年釋今龍參釋函昰於雷峰，爲典客，隨入丹霞。（《高雷文獻專輯》）

釋今龍，字枯吟。茂名人。少年脫白，禮釋石波受具。永曆十三年（一六五九），參釋函昰於雷峰，爲典客，隨入丹霞。會釋今覷分座怡山，奉命以監寺輔行。釋今覷退院，從福州往參天童，釋道忞付以大法。尋示寂天童。著有《語錄、詩稿》。事見高雷旅港同鄉會編《高雷文獻專輯》。

本年釋古汝登具。

釋古汝，字似石。瓊山（今屬海南）人。十歲衣緇，永曆十三年（一六五九）登具。隨釋函昰杖屨特久。事見徐作霖、黃蠡《海雲禪藻集》卷二。

黃易於本年中進士。

黃易（？～一六七四），字子參（友），號蒼潭。海豐人。順治十六年（一六五九）進士，官福建歸化知縣。康熙十三年耿精忠之變，微服間道乞援於贛。復走粵，而粵亂更甚。復棄家奔贛走閩，卒於三山旅舍。吳道鎔《廣東文徵作者攷》卷七有傳。

釋今墮圓寂。

清世祖順治十七年　明昭宗永曆十四年　明韓王定武十五年　庚子　一六六〇年

正月朔，永曆帝駐緬甸之者梗。帝在緬甸孟坑城外。（《小腆

紀年》卷二十）

　　春，陳恭尹與何絳初自漢口溯衡、郴，下韓瀧，三月抵家，仍寓新塘。自此後二年，何絳、何衡、梁梿、陶璜、陳恭尹五人掩關於新塘，人稱北田五子，絳自此不復出遊。（陳恭尹《獨漉堂詩集》卷一《中遊集》小序云："庚子春初，溯衡郴，下韓瀧，三月抵家。"卷二《增江後集》小序云："庚子春，余歸自楚南，其夏與何、梁、陶諸子掩關於新塘者二年。"）

　　何衡（？～一六八六），字左王，一字友大，號羅峰。順德人。好學能文詞，隱居教讀，舉動循禮。與弟絳及梁梿、陶璜、陳恭尹五人掩關於北田新塘，人稱北田五子。有攜母與居而遊於外，母死，衡主理其喪。里病疫者多死，徑至其家爲經紀。康熙二十五年（一六八六）辛。朱慶瀾《廣東通志稿》有傳。

　　清平南王尚可喜遣廣州水師遊擊劉躍門等諸將進攻踞於龍門島之明靖氛將軍鄧耀，耀敗走交趾界，爲安南俘獲。後耀自安南走粵西，入土司，爲所縛，不屈死。（《元功垂范》）

　　程可則應閣試，授內閣撰文中書，尋改內秘書院。（張維屏《國朝詩人徵略》初編卷二）

　　正月初一日，陳子升賦《庚子元日》詩云：

　　煙霞深處捧春王，漫就農人較雨暘。一日又看添馬齒，十年曾是入鴛行。嫣紅欲醉桃開戶，微綠含滋柳向塘。薦罷辛盤願何事，太階平後慰高堂。（陳子升《中洲草堂遺集》卷一二）

　　元旦，陳恭尹賦《庚子元旦毛子霞招同何不偕登黃鶴樓》詩云：

　　君子羈心積此晨，鶴樓斟酌歲華新。城頭江漢一千里，座上羅浮兩個人。細草暗催行處綠，落梅飛盡隔年春。誰堪天下無窮路，來伴微生易老身。（陳恭尹《獨漉堂詩集》卷一《中遊集》）

　　三月，郭之奇自安南文淵往上禄，移啼雞山。

　　十九日，釋今種（屈大均）與明遺民仍集南陔草堂祭明崇禎帝。（《翁山佚文·送凌子歸秣陵序》）

　　夏，陳恭尹有《夏夜同梁藥亭朱竹庵》。（呂永光《梁佩蘭年譜簡編》）

　　四月，郭之奇泛海抵先安之冒山（在交州東南海中）。

　　五月，之奇泊板則，上築村中，絕糧。（饒宗頤《郭之奇年譜》）

　　釋道忞自北京奉旨南還，作《還山留別別山普應禪師　有序》七律二首，詩序有“歲在己亥涼秋九月，予奉詔來京，住萬善方丈八閱月，於禪師行藏至悉也。今庚子夏五，得請還山”句，可徵其在京行止。（釋道忞《布水臺集》卷四）

　　仲夏，魏禮、曾燦自江西入粵。（魏際端《魏伯子文集》卷七《庚子仲夏送季弟之廣》、《送曾子止山入廣偕予季弟》）禮入粵，居梁佩蘭家。

　　秋，梁佩蘭、陳恭尹、何絳、魏禮、陶璜遊宿靈洲山寺，各吟詩紀其事，並寄語王邦畿、王鳴雷。邦畿有詩酬答。①

　　初秋，張穆、岑梵則、王邦畿、陳子升、梁槤、何絳、梁觀、陳恭尹、梁佩蘭集高儼廣州西園客舍，穆有《西濠夜月》七絕二首、《西郊②同岑梵則王說作陳喬生梁藥亭陳元孝集高望公客齋賦》七律詩紀之。（張穆《鐵橋集》）

　　梁觀，字顯若，號虛齋。南海人。士濟子。貢生。國變後不復仕進，隱居西樵，後移居順德，築西山草堂，吟詠其中。與陳恭尹交最契。善清談，嘗棕笠道衣策杖山遊。著有《虛齋集》。陳伯陶《勝朝粵東遺民錄》卷一有傳。

　　岑梵則，未詳其名，釋函昰《瞎堂詩集》卷七有《過藍田訪

----

①　梁佩蘭《六瑩堂集》卷八《宿靈洲山寺同魏和公何不偕陳元孝陶苦子家器圃因寄王說作東村》，陳恭尹《獨漉堂詩集》卷二《同何不偕梁器圃魏和公梁藥亭陶苦子宿靈洲山寺東王說作王大雁》，魏禮《魏季子文集》卷五《晚遊靈洲寺同何不偕梁器圃梁芝五陳元孝陶苦子》，王邦畿《耳鳴集》卷八《七律二·訓和公芝五宿靈洲寺見懷病中》。

②　西郊即今廣州西村一帶，與泮塘、南岸相鄰。

岑梵則》，王邦畿《耳鳴集》有《訪岑梵則書事》詩，考藍田在南海扶南堡，則爲南海人。同集諸人皆一時遺逸，敘列在前，蓋老輩也。事見汪宗衍、黃莎莉撰《張穆年譜》。

七月，程可則即遣使歸迎其父仙。（程可則《海日堂集》卷七《先府君行述》）

八月末，釋一機自序其《塗鴉集·書問》。（釋一機《塗鴉集》卷首）

九月，郭之奇之禄州，旋寓板山，又之那突。（《家傳》）

十一日，張穆、張雛隱、何絳、陳恭尹、陶璜、高儼、林梧集於梁佩蘭西園草堂。秋夜，佩蘭與陳子升、王邦畿、梁梿唱和。（呂永光《梁佩蘭年譜簡編》）

林梧，字叔吾，東莞人。洊子。諸生。康熙十七年（一六七八）戊午與陳恭尹以非罪同下獄中。既得脫，更名樅。屈大均《翁山文外》卷五有《林叔吾更名説》。

晦日，釋今種（屈大均）與朱彝尊同寓杭州酒樓。（朱墨林、馮登《曝書亭外集》卷八《題杭州酒樓壁》）

冬，釋今種（屈大均）謁禹陵，館於王豐家。豐以所藏袁崇焕疏稿及余大成、程本直訟冤諸疏稿授大均，採入袁崇焕傳中。（《翁山文鈔》卷十三《王予安哀辭》）

十月，謝元汴賦《予卜居大田自癸巳今庚子夏羊城歸七月至於十月率病偶一日午畢循塍行鄰犬有見而吠者感而賦之》詩云：

七祀空山客，如羆不出匡。一慚寧不忍，羣吠果何妨。將勿怪頭換，幸非同穀亡。灶觚存紀載，終老白雲鄉。（謝元汴《霜山草堂詩集》）

初十日，蘇州徐增題薛始亨詩文。（薛始亨《南枝堂稿》卷首載徐增評語）

亥子（己亥、庚子，即順治十六、十七年）之交，程可則服官禁庭，寓正陽門之東偏。（程可則《海日堂集》卷六《重修廣州會館碑記》）

　　本年李士淳《庚子偕大歲和尚與傅司馬等重登元魁塔文昌閣再賦十律》七律詩十首。（郭壽華《嶺東先賢詩抄》第二集）

　　本年曾燦客東莞，與張穆定交，飲於東溪草堂。穆酒酣耳熱，輒道少壯時事，擊劍起舞，燦爲作詩序。（曾燦《六松堂集》卷十二《張穆之詩序》、卷十三《題張鐵橋像後》）董暘返山陰，穆有《山陰董無休劉語石過東溪草堂遺〈遊草〉賦謝》五律。（《鐵橋集》）

　　本年郭之奇至班夷山，爲交人所阻，泊涼臺村，自涼臺村抵木簰，自木簰抵黃約尤艱苦。自黃約穿山至馬爹，人跡幾斷；自馬爹抵萬宣，行海坪數十里；自萬宣涉水則漢地矣。自羅洞至松林、江坪，漢夷雜居之地也。所至殆非人境，結茅以處，猶賦詩不輟。（《忠逸傳》）之奇於本年得詩百六十五首，定爲《巢居集》。

　　本年釋今種（屈大均）初客秀水，與朱彝尊、杜濬、俞汝言遊放鶴洲，彝尊有《同杜濬俞汝言屈大均三處士放鶴洲探梅分韻》（朱彝尊《曝書亭集》四）。遊天台、雁蕩、沃州諸山，王士禛有《寄一靈道人》七絕詩（王士禛《帶經堂集》卷八《漁洋詩八 庚子稿》）。復至秀水，彝尊有《屈五來自白下期作山陰之遊》詩（朱彝尊《曝書亭集》四），周篔有《送屈五之山陰兼訊祁六》、《屈五約遊山陰作》（《採山堂集》卷五）。彝尊先至，有《同王二猷定登種山懷古招屈大均》。復抵山陰，祁理孫、祁班孫相留居於山園讀書。祁氏富藏書，足不下樓者五月。（汪宗衍《屈大均年譜》）朱彝尊有《寓山訪屈五》（《曝書亭集》卷四）。時魏畊亦客祁氏。李斯年有《懷一公客山陰》、《寄朱竹垞兼與一公雪竇》詩。（《尋壑外言》卷一）

　　本年釋今種（屈大均）識黃生於揚州，典裘沽酒，高詠唱和，旁若無人，生有《贈一靈上人》、《雪夜懷一公》詩。（《一本堂詩稿》卷六）遊歷揚州，追思南明往事，黯然填《揚州慢》詞。（陳永正《嶺南歷代詞選》六六頁）

　　本年釋今種（釋大均）賦詩如下：《贈山陰祁七》（《翁山詩外》卷二）、《答姜十三送遊天台之作》、《綠水曲》、《題山陰祁五祁六藏書樓》、《春日懷白華園》、《寄薛二》、《客山陰贈二祁子》（《翁山詩外》卷四）、《題西子祠》、《懷山陰祁六》（《翁山詩外》卷五）、《與客遊陽明洞》、《入雲門作》、《范蠡宅作》（《翁山詩外》卷六）、《自白下至檇李與諸子約遊山陰》、《禹廟》、《寄王丈予安》、《登香爐峰》、《經鑄浦》、《耶溪夜遊》、《憶天台有寄》、《別王于一往雁蕩》、《戲贈朱十》、《寄廖天自》、《若耶溪新築作》、《寄山陰張杉》、《築蘿》、《登娥避峰》、《白門秋望》、《西越中寄無可大師》、《平湖逢馬培原給諫時給諫被沙門服》（《翁山詩外》卷十一）、《若耶》（《翁山詩外》卷十四）、《鏡湖曲》二首、《耶溪》二首、《夜宿觀山作》二首（《翁山詩外》卷十五）、《湖上》（《翁山詩外》卷十六）、《雲門山中作》（《道援堂集》卷六）。

　　本年新城王士禛有《江上懷汪程劉三子兼寄家兄西樵二首》七絕詩（王士禛《帶經堂集》卷七《漁洋詩七　庚子稿》），第一首首句云：“佛壯談詩登秘閣　周量小字，時聞舍人之命”，由此句可知程可則小字佛壯。

　　本年薛始亨賦《遊江門深入雲潭寄答邑宰翁念吾　庚子》詩云：

　　曾聞紫水溯關闉，千尺流波欲問津。嶺半若爲舒嘯處，風前誰念舞雩人。官衙靜掩高懸榻，客路涼生折角巾。今日弦歌比鄒魯，豈勞盂蕍訪州民。（薛始亨《南枝堂稿》）

　　本年方顳愷（釋成鷲）越陌度阡，旁求聲氣。聞鄰境蘇氏有高尚老人：一爲岸庵居士，一爲碧溪臥叟，以之爲師。（釋成鷲《紀夢編年》）

　　本年釋函昰賦《送漸監院還棲賢　庚子》詩送今漸還廬山棲賢寺：

　　匡廬曾悔別離去，相送潮頭歸思同。殘月漸隨孤棹遠，青山

只在白雲中。爲留高樹邀巢鶴，想到清秋聽夜鴻。賴有楊岐芳躅
在，肯教寥寂舊家風。（釋函昰《瞎堂詩集》卷十一）

本年釋函昰聞其法弟釋函可訃，趨東莞芥庵謁其師釋道獨，
相向啞然。乞作塔銘，釋道獨曰：“非公莫銘若弟也。”旋還雷峰
撰塔銘，並有詩《哭千山剩人法弟三首》七律哭之。

本年釋函昰爲釋今覞、釋今辯落髮受具。釋今辯還雷峰受
具。（《剩人和尚塔銘》、《瞎堂詩集》卷十一、《徧行堂續集》八
《石鑒禪師塔銘》、《海雲禪藻集》）

本年丘象升撫黎海南，釋今無賦《平黎曲》五古長詩送之，
序云：

順治庚子，太史丘公曙戒出判撫黎，試諸生者也。客中無事，亦效矍作
下里之音，用貽曙戒。（釋今無《光宣臺集》卷十五）

本年釋澹歸於寶安梢潭夜渡，時孝廉尹治進持制藝一篇見
示。既別，舟中蒸熱，百千蚊子圍繞，目不交睫，偶憶其題，不
覺本來面目爲之看破。（《越秀集》）

本年釋今邡落染受具。

釋今邡，字姜山。新會莫氏子。原名微，字思微。諸生。少
與湯晉、族弟莫以寅結方外遊，嘗過江寧冀賢齋居賦詩。永曆十
四年（一六六〇）落染受具。康熙七年（一六六八）爲雷峰監
院。後居福州長慶坐化。事見《海雲禪藻集》卷二。

本年釋今沼登具，作《出家日自嘲》七律（兩首）：

蹉跎到此竟何爲，纔撇塵緣萬事宜。已覺形容除俗態，任教
顛倒落僧祇。眼昏且喜經文大，鬢禿如藏臘序卑。四十披緇誰謂
老，只應精猛事吾師。

故交屈指復誰存，似我餘灰尚足論。於世已慚微友道，入山
偏覺謬師恩。時擎粥缽煙村外，閒放梭團水石根。從此名山高頂
上，一憑筋力恣孤騫。（徐作霖、黃蠡《海雲禪藻集》卷三）

本年釋古鍵年甫十八，出家雷峰寺。

本年莫松齡授英德縣訓導

莫松齡，字礪伯。連州人。與齊孫。早年以明經入太學。順治十七年（一六六〇）授英德縣訓導，振興學校，人材蔚起。康熙五年（一六六六）遷曲江縣教諭。秩滿，升懷遠縣知縣，蒞位三載，明敏勤慎。時遇漕河堤崩，奉命修築，著有勞績。（乾隆《連州志》卷七）

本年吳文煒赴鄉試擬元，以後場語疵不錄。（汪兆鏞《嶺南畫徵略》卷三）

關應弼於本年中舉人第六。

關應弼，字君簡，一字待庵。南海人。順治十七年（一六六〇）舉人第六。兩上公車不第，遂杜門著述。著有《雙桂園大小題》、《四書五經講義》、《雙桂園文集、詩集》四十餘卷。事見黃登《嶺南五朝詩選》卷九。

翟蒙孔於本年中舉人。

翟蒙孔，字五吉。東莞人。順治十七年（一六六〇）舉人。官至江南宣城知縣，多惠政。著有《深愧堂詩稿》。事見溫汝能《粵東詩海》卷六二。

劉連輝於本年中舉人。

劉連輝，字月子、閱此。東莞人。順治十七年（一六六〇）舉人。康熙三十一年（一六九二）官湖廣新寧令，歷官七年歸。著有《圓沙草堂詩文、詞稿》。事見黃登《嶺南五朝詩選》卷十一。

袁必得於本年中舉人。

袁必得，字四其。東莞人。順治十七年（一六六〇）舉人，官廣東南雄教授，講學天峰書院。康熙二十一年（一六八二）任廣西鄉試分校官。升江西信豐知縣，未赴歸里。著有《休園詩文集》。（宣統《東莞縣志》卷六五、《茶山鄉志》卷四）

袁良樻於本年中舉人。

袁良樻，字諭公。東莞人。順治十七年（一六六〇）舉人，官武進知縣。事見張其淦《東莞詩錄》卷二六。

楊有聲於本年中舉人。

楊有聲，字比雷。高明人。順治十七年（一六六○）舉人，官海南瓊山訓導。（道光《高明縣志》）

陳廷瑄於本年中舉人。

陳廷瑄，字諤子，號仰劬。東莞人。順治十七年（一六六○）舉人，官山東即墨縣令。庫金被劫兩千兩，督府責令償還一半，士民踴躍捐助。辭官歸，喜談詩論道。（宣統《東莞縣志》卷六五）

胡瓚於本年中舉人。

胡瓚，字剛麓。惠來人。少好讀書，經離亂弗輟。順治十七年（一六六○）舉人，授浙江知縣。抵任三月，即致仕歸，士民拈香相送。獨居林下十餘年，以書史課子孫。著有《抽簪紀略》。卒年七十一。（雍正《惠來縣志》卷一四、《潮州志·藝文志》）

徐斯夬於本年中舉人。

徐斯夬，字和郎，號孚庵。龍川人。性穎敏，博覽群書。順治十七年（一六六○）由撥貢中舉人，授四川樂至知縣，潔己愛民。攝篆安嶽，免茶稅八百餘兩，督撫以廉能交薦擢秩，四載卒於官。（《龍川縣志》）

李雲揚於本年成貢生。

李雲揚，字爾摶，一字懿庵。新會人。順治十七年（一六六○）歲貢，官高要、陽江、韶州府訓導。事見言良鈺《續岡州遺稿》卷一。

吳晉於本年成貢生。

吳晉，字康侯，號霍雲。龍川人。順治十七年（一六六○）府貢，官程鄉訓導。暫委掌縣事，典童試，所拔皆名俊。卒於官。（《龍川縣志》）

黃以敬於本年成貢生。

黃以敬，花縣人。順治十七年（一六六○）歲貢生，官肇慶府陽江縣儒學訓導。（光緒《重刊花縣志》、民國《重修花縣志》

卷八）

秦嗣美於本年成副榜貢生。

秦嗣美，番禺人。清順治十七年（一六六〇）副榜貢生。康熙二十二年（一六八三）官韶州府學教授，二十六年董修《韶州府志》。（《韶州府志》卷二九、《番禺縣志》卷十九）

清世祖順治十八年　明昭宗永曆十五年　明韓王定武十六年　辛丑　一六六一年

正月朔，明永曆帝在緬甸之者梗。鄭成功奉明永曆正朔驅除荷蘭人於臺灣。十二月初一日，原明山海關總兵官、後降清被清封平西王之吳三桂率清兵至緬甸；初三日，緬人執永曆帝送於清軍陣前。正月朔，清順治皇帝崩，玄燁繼位，是爲清聖祖，以明年爲康熙元年。（《小腆紀年》卷二十）

春，郭之奇自編詩共十八集，自丁卯（天啟七年，一六二七）秋至本年春凡三十五載，得詩二千八百四十首，賦三篇，箴四首，詞十四首，琴操三闋，總曰《宛在堂集》。

釋今種（釋大均）客會稽，渡江至杭，旋避地桐廬，自娘子嶺歷漢皇墩，跣行至嚴子陵祠，遊東西釣臺。（《翁山文外》十《書西臺石文》）至秀水，訪徐嘉炎於南州草堂，時正撰《道援堂詩集》。（徐嘉炎《翁山詩集序》）

程可則父仙挈家北發。（程可則《海日堂集》卷七《先府君行述》）

正月初春，釋函昰出海幢，賦《辛丑初春出海幢適同學從長慶來談及剩人殊增存歿之感》詩云：

會日愈驚離日遠，怡山轉見白雲邊。干戈不限三千里，鬚鬢徒嗟十六年。雁影久虛寒磧外，棣華重綻煖春前。鶯溪立雪幾人在，相對珠江只惘然。（釋函昰《瞎堂詩集》卷十一）

魏禮訪張穆之東溪草堂，禮贈詩二首。（《魏季子集》卷四《過張穆之東溪草堂卻贈二首》五律）

　　十五日上元夜，張穆過曾燦客寓，而魏禮明發海南，穆有贈行詩（《鐵橋集》頁八至九《元夜過曾青藜客窗值魏和公明發朱厓》），並與燦等分韻唱和（《魏季子集》卷四《上元夜張穆之見過同王克之温静甫曾青藜任道爰分韻得人字時余有海南之役》五律詩），禮亦有贈別穆之絕句（《魏季子集》卷六《別張穆之》）。

　　魏禮在粵，有《紀王電輝義死詩》五古詩，王電輝，即王興。（魏禮《魏季子文集》卷二）禮宿何絳、陳恭尹、梁樏、陶璜寓樓，有《宿何不偕陳元孝梁器圃陶苦子寓樓》五律詩。（《魏季子集》卷四）

　　二月，釋今種（釋大均）與朱彝尊、祁班孫會葬朱士稚於大禹陵旁。（《翁山文集》卷三《董匡傳》、《曝書亭集》卷七）

　　三月初二日，釋今種（釋大均）與董匡諸同志名流三十餘人修禊蘭亭。（《翁山文集》卷三《董匡傳》）

　　初四日，魏禮將入瓊，與陳恭尹別，有《將別陳元孝既作詩不能自已又賦時季春四日》五古詩。① （魏禮《魏季子文集》卷二）

　　二十六日，釋今無航海入瓊州。（釋今無《光宣臺集》卷十八《白衣庵新居》五律詩五首小序②）釋函昰賦《懷阿字掌孟崖州》詩云：

　　絕塞驅馳經兩夏，珠崖跋涉又當春。鶺原多難空勞汝，茅屋深移更累人。蕩蕩薰風車轍遠，條條細柳草堂新。興懷豈盡傷離別，白拂微言清晝貧。（釋函昰《瞎堂詩集》卷十一）

　　釋今嚴亦賦《春日送阿公往朱厓》詩云：

---

　　① 同時魏禮亦有《將之海南過東莞留別曾止山》五古三首、《曉發陽春道上念伯兄叔兄》五古。（魏禮《魏季子文集》卷二）

　　② 小序云：余辛丑三月二十六日航海入瓊州，住長生庵，至七月六日移居白衣，諸善信於竹林空處爲搆茅一椽，蓋住長生時既畏刀兵之苦，復爲僧徒搆難，幾有負金之變，覺後始移茆下，漫賦，共成五章。

共憐芳草綠空階，爲愛溪山動遠懷。孤錫已曾跨紫塞，片帆今又到朱厓。暫於此日無多事，留向他年話亦佳。早晚若逢剋髦輩，與他摩頂侍空齋。（徐作霖、黃蠡《海雲禪藻集》卷二）

釋今無南行赴瓊途中賦詩如下：《初發瓊州道中恭懷本師》、《天堂驛》、《陽春道中》、《陽春縣》、《曉發》、《車上》二首、《羅蛋》、《電白縣》、《熱泉》、《經化城庵見憨大師遺筆》、《三橋贈別王太初》、《贈張三》、《苦竹驛》、《徐聞縣》、《譚兒子以檳榔皮製鞋遺余謝之》（以上五律）。（釋今無《光宣臺集》卷十八）

夏，魏禮自粵入瓊，陳恭尹有《珠崖歌送魏和公》詩（《獨漉堂詩集》卷二），薛始亨有《送魏和公之瓊南　前一日別談蘧懷》詩（薛始亨《南枝堂稿・五律》）。至瓊，與釋今無相見於一破寺前，釋今無有《贈魏和公　有小序》詩云：

和公，虔州佳士也。己亥遊匡埠，從故人宋未有知余還自塞外，山屐相尋，余時已買舟歸粵。及明年，和公作仙城遊，亦未謀面。乃今春，余杖錫海外，未閱月而和公亦琴劍至，止得握手城隈破寺，一見懼甚，因五十六字誌之，即以貽和公。

天涯傾蓋樂何如，況復神交三載餘。説劍崆峒跨斗氣，摘文禹穴得新詩。風流久託寰中賞，磊落曾尋物外廬。擊筑高謌彈鋏好，王門原可曳長裾。（釋今無《光宣臺集》卷二十）

禮亦有原詩《自海門乘月過阿字茅亭①》（《魏季子文集》卷五）

四月，清廷上順治帝尊號，程可則奉詔走青齊。（程可則《海日堂集》卷七《先府君行述》）

釋道獨由海幢返芥庵。（《長慶語録》附釋函昰《行狀》、錢謙益《塔志銘》）

---

①　魏禮前往海南途中作《海南道中》五古詩三十首。同時禮亦有《將之海南過東莞留別曾止山》五古三首、《曉發陽春道上念伯兄叔兄》五古。（魏禮《魏季子文集》卷二）

六月十五日，海南島兵變大起，釋今無賦《子夜詩　有小序》詩云：

子夜詩者，紀事也。瓊州守土鐵騎步軍共二千人，缺糧十八越月，於順治辛丑午日相率爲亂，統帥莫禁，剽略四鄉，流離枕籍，凡二十餘日，給三月糧不弭也。司李姚君繼庵力爲招撫，既歸，帥復不敢問。至六月望，禍階既成，丑謀亦決，子夜以炮爲號，瓊島若裂，挺戟若插鄧林之標，奔風似流廣孤之水，大夢方回，死所靡卜，未暇京觀之痛，實愴離索之情，啜其泣矣，發之以聲，曰子夜詩云。

皚皚孤城月照人，角吹一夜起煙塵。廿年將帥恩非薄，百隊貔貅氣欲伸。馬踏官街驚睡犬，刀臨屋角泣靈神。黃金死士君聞否，方信馮驩用處真。

街南街北盡喧聲，黑纛城頭繞月行。炮火驚心先入耳，犀紋堅甲耀新兵。明明大將星辰墜，寂寂銀河殺氣升。誰念客遊當此際，此情惟有道能勝。

聞道量沙是阿瞞，令人特地憶芳魂。梟雄竊國雖無取，廟算成功亦足論。珠玉衛生非在樸　鄒長倩遺公孫弘滿樸，生靈有淚直須吞。可憐踏盡青青草，愁殺王孫望海門。

斗印黃金掌上懸，將軍自有出機先。九頭蝟結終成暴，三晷環才寔仗賢。旆轉星邊光欲沒，風臨澤上德應全　聞索糧後，復索免死牌，乃解兵。忘懷我可隨時劫，只爲生民一愴然。

已成垂蹇到瓊南，況復刀兵劫正酣。酸鼻霜戈公豕突，愁人壯歲失雞談。折衝不用追風馬，弭禍無過白玉簪。若是王明今廣燭，天威咫尺或能嚴。

戒旦雞聲動遠空，企予東望海雲紅。驚魂稍定三更後，芳餌爭傳十月中。瓊師缺十八月糧，衆軍欲足十月乃解，聞帥以三月許之。螺角正停皆秣馬，炮聲纔動盡彎弓。入雲帥府轅門壯，魚爛愁看一霎風。魚爛土崩，聞炮聲，府門前後俱倒。

二十二日午後，釋今無賦《舉稚雞　有序》詩云：

瓊城之變，自六月望至十八日乃定，二十二午後有稚雞爲鷹所摰，失口下予庭除，悼惶悲鳴，憐而舉之，食以撮粟，感而作五十六字，且囑諸同好和焉。

墜羽虛彎怯未伸，相憐此際覺情真。回看六日悲同汝，幸得餘生復仗人。日料且分檀越米，年光難逐老僧春。處宗未必長爲吏，禪几吟窗可話頻。（釋今無《光宣臺集》卷二十）

秋，釋今種（屈大均）將南歸番禺，韓畾從平湖至秀水操琴爲別（《翁山文外》卷一四《韓石畊哀辭》），朱彝尊有《寒夜集燈公房聽韓七山人彈琴兼送屈五還羅浮》詩（朱彝尊《曝書亭集》五），曹溶有《送一公還羅浮》詩（《靜惕堂集》卷三三），汪琬有《送屈生還羅浮》（汪琬《鈍翁前後類稿》卷五），毛奇齡有《法駕導引·送一苓和尚還羅浮》詞（毛奇齡《毛西河合集》詞三）。

七月，緬酋於賭咒河殺永曆帝從官沐天波等，帝左右僅存眷屬二十五人。（《小腆紀年》卷二十）

郭之奇移居板及。之奇《巢居集》收詩八十五首，均在被執前作。長子天禎附家報，勸之奇歸，之奇責之。（《家傳》）

程可則與其父相見於臨清道上。（程可則《海日堂集》卷七《先府君行述》）

七月，釋今無賦《白衣庵新居　有序》詩云：

余辛丑三月二十六日航海入瓊州，住長生庵，至七月六日移居白衣，諸善信於竹林空處爲搆茅一椽，蓋住長生時既畏刀兵之苦，復爲僧徒搆難，幾有負金之變，覺後始移茆下，漫賦，共成五章。

自來無此長，出郭愈多歡。不是風塵苦，焉知水石難。小牀依草穩，片月到襟寒。尚得餘今日，幽情或未闌。

城內無多事，朝朝怯馬蹄。門依堞影暗，首爲主人低。細語心常動，粗餐意倍迷。檳榔圖一醉，便夢玉淵西。

豈敢求安住，深知厭此身。一瓢供軟輞，兩眼足酸辛。月色真難得，人情豈易論。秋風莫輕觸，髮際漸如銀。

已窮投食計，又乞買茆錢。意怫西風苦，情深鄉月懸。竹聲喧枕畔，椰葉到庵前。亦是浮生事，焚香莫論禪。

敢云效古昔，亦負客中春。賤極似成傲，愁多不爲貧。嗒然
堪喪我，竟欲屬何人。所喜門前石，長吟不見嗔。

釋今無又賦《遊潭口放舟》、《泊邕陽》、《潭口尋仙洞》（二
首）、《送人還五羊》、《別吳特公》、《別洪培自》。（以上五律）
（釋今無《光宣臺集》卷十八）

初七日，黎景義賦《辛丑七夕》詩云：

雪霜短髮感先秋，雲漢微茫萬里愁。但見夢中皆失鹿，那知
天上有牽牛。歸來早賦慚彭澤，乞巧成文讓柳州。搖落祇今悲已
甚，盍攜藜杖醉鄉遊。（黎景義《二九居集選》卷三）

釋道獨召釋函昰曰：“瘡疾延綿，殊可厭惡，吾旦夕掉臂
矣。”釋函昰泣懇住世，群生可念。獨曰：“吾道有汝，重擔可
卸，復何戀耶？”

二十二日，釋道獨端坐而逝，年六十二。[①]（虛雲和尚《佛祖
道影·七十世怡山空隱宗寶禪師》）

八月，釋函昰奉釋道獨塔於羅浮山華首臺之南，並手次行
狀。（《長慶語録》附釋函昰《行狀》、錢謙益《塔志銘》）

釋今無在瓊州（今海南），友人招遊古朱厓名勝浮沙，有
《浮沙》七言古詩。（釋今無《光宣臺集》卷十六）

釋今無又賦《宿馮孝廉載賡敏來齋齋中植雞冠花數本一莖徑
可尺餘諸公同賦限紅字》、《伏波祠　符離侯路博德、新息侯馬
援》、《鍾秀才秉三以奇楠香墜贈別詩以謝》、《喻耕三夜訪宿茅
亭》、《壽譚兌子且言別》、《別趙庭宜　庭宜世職也，新脫於
難》、《瓊州留別己虛》（以上七律）。（釋今無《光宣臺集》卷二
十）

初四日，郭之奇與光澤王朱儼鐵、總兵楊祥，爲交夷韋永福
誘執，獻於清兩廣之使（《明清史料》）。時次子天褆被夷人毆擊
幾斃，獨與義子天祉就道。途中作《八月四日作紀事二首》

---

① 《須知簿》言三月十七日忌辰，七月二十二日誕辰。可能正好弄反也。

詩云：

十載艱虞爲主恩，居夷避世兩堪論。一時平地氛塵滿，幾疊幽山霧雨翻。曉澗哀泉添熱血，暮煙衰草送歸魂。到頭苦節今方盡，莫向秋風灑淚痕。

成仁取義憶前賢，異代同心幾自鞭。血比萇弘新化碧，魂依望帝久爲鵑。曾無尺寸酬高厚，惟有孤丹照簡篇。萬卷詩書隨一炬，千秋霜管俟他年。

郭天禔，字屯園。之奇次子。著有《溪堂詩集》。陳融《讀嶺南人詩絕句》卷五有傳。

初七日午，之奇出南關，賦《初七午出南關》詩云：

灰心一片久難鎔，茅嶺三秋萬葉封。漢將看鳶徒自苦，越人捧翟誤相逢。祇爲斷髮依文體，豈意殘膚出貫胸。舉目關河來故國，從茲取義亦從容。

十四日，之奇至太平，賦《十四日至太平卻望》詩云：

閒云潭影共斜暉，孤堞遙遙傍紫微。鵠面猶存形貌改，虎冠初去禁條稀。舊弁某，坐鎮兼太守。百室殘黎，時掛密網。未知南雁來何往，且看東流去日歸。倒極愁心翻若喜，霜翎懶向紀干飛。

廿一日，之奇至邕江（南寧），賦《念一早舟至邕江》詩云：

頗疑風景昔今殊，舉目邕江綠似濡。干木踰垣非已甚，子卿持節未全誣。詩書此日宜高閣，青汗他年豈異圖。但許故墟歌麥秀，敢勞新粟潤薇枯。

九月初七日，之奇一行過烏蠻灘，謁伏波祠，賦《季秋七日過烏蠻灘謁伏波祠》詩云：

諒爲烈士古如今，立柱微償裹革心。石勢遙分茅嶺斷，波聲長帶武陵深。每思東漢飄餘爽，應令南夷變好音。舉目烏蠻添曉瀨，楚冠相向倍沾襟。（郭之奇《宛在堂詩·內文十九集》）

初九日，釋今無賦《九日高文斗招同諸公登浮粟》詩云：

野色秋光滿，亭高客望先。酒香茶盞緩，日煖菊花鮮。身世存微慮，山河帶暮煙。不因佳節序，難得到名泉。

釋今無又賦《別李暘谷　暘谷爲龍泉令，以事謫海外》、《別
王九如》二首。（以上五律）（釋今無《光宣臺集》卷十八）、
《遊金粟泉　在瓊州北城外，蘇公謫處也》七律。（釋今無《光宣
臺集》卷二十）

初九日，郭之奇泊潯州，賦《九日泊潯州望登高者有述》
詩云：

滿目幽花蔽綠蘿，空餘雪鬢影清波。祇憐孟帽因風落，長使
陶樽負菊多。千澗甫從潯水合，重陽已向客舟過。未知此日東流
意，今古浮沉事若何。

十三日，之奇泊藤縣，賦《十三晚泊藤縣對岸》詩云：

獨坐冥思夜稍清，澄潭返映入舟明。照來山月愁中影，流去
煙波夢裏聲。悔著僧衣遲一步，欲求仙路轉多程。已知始誤難終
誤，未及無生愧有生。

十五日，之奇抵蒼梧（梧州），賦《十五晚抵蒼梧　有序》
詩云：

此日扁舟不繫之所，乃當年千葦列侍之川也。廻思昔者待罪邦禮，錦簀
初成，漢儀粗備，自六飛西駕，孤臣望岐，由寅歷丑，一紀於茲。曾日月之
幾何，而物換人非，溪山且不可復識矣。況此水上接楚江，古聖帝化跡，飄
紗千里，極目九疑留悲。下洞波之木葉，泣湘子於綠雲。歌騷澤畔，兼憶三
閭披髮行吟之處，搴芳遺遠，長無絕兮終古。其爲感憤，獨蒼水而已哉！

蒼流潊沉去胡窮，梧葉紛紛盡染紅。帝跡銷沉留恨竹，楚雲
飄紗動悲楓。遙思水殿鵷行處，漫憶煙樓蜃氣中。此日孤城風景
異，故原秋草但征蓬。

廿二日，之奇抵端水，有《念二晚至端水宵望達旦》詩云：

故國山河入望寒，新亭風景自漫漫。江樓月放深宵眼，星洞
雲浮五夜冠。寒樹依微霜乍染，秋潮轉盛露加繁。心隨流水悠悠
去，愁對商颷動曉瀾。（郭之奇《宛在堂詩·內文十九集》）

既抵肇慶，清兩廣總督禮遇有加，之奇不爲少屈。旋咨回桂
林。（《家傳》）

之奇於天寧寺羈所附《晤連近城樞督於天寧寺 解纜時，枉和予《紀事詩》爲別，依前韻奉答》詩云：

當年一劍兩承恩，此日孤樽許細論。物換星移空想歇，雲搖雨散各飛翻。已教牛斗收衝氣，毋使蛟龍得去魂。舉目江頭秋浪濶，更添別淚染朝痕。

二十八日，之奇賦《念八日復往西粵夜泊桂林村》詩云：

羈人何事轉匆匆，隨意輕舠送遠篷。山色已經秋刻露，星光猶使夜玲瓏。清谿錯認漁竿客，流水孤宜鶴髮翁。萬象虛明歸一葉，始知身世盡遊空。

又賦《泊德慶得黃花一盆舟次聊當勝友》七律。（郭之奇《宛在堂詩・内文十九集》）

十月，陳恭尹始遊羅浮。（陳恭尹《獨漉堂詩集》卷二《增江後集 小序》："辛丑之冬，始爲羅浮之遊。"卷四《登大士巗紀事》）

釋古檜作《辛丑初冬與海發似石諸同學宿羅浮黃龍洞》。（徐作霖、黃蠹《海雲禪藻集》卷三）

釋古檜（一六三五～？），字會木，番禺許氏子。永曆六年（一六五二）入雷峰禮釋函昰。七年，堅求出世。十年（一六五六），抵匡廬。十二年，釋函昰還自棲賢，留守丈室。十三年，趨還雷峰登具，復返廬山。自是遍遊諸方。既歸，爲一衆募食。比歸休雷峰，任典客二十七年。臨涅口稱觀世音名號，隨順而化。著有《夢餘草》一卷。阮元《廣東通志》卷三二八有傳。

釋今無自瓊州（今海南）抵雷峰，釋函昰付囑大法並示偈，立爲首座。（《海雲禪藻集》）

釋今無 歸自瓊州，賦《寄答足兩 有序》詩云：

辛丑初冬，予歸自瓊州，聞足兩以九月請藏入嘉興，復還棲賢，得留別詩劄，喜恙新愈，賦答。

車聲纔歇接離緘，舊緒新愁兩不堪。添鉢三秋憐海外，馱經萬里憶江南。芳菲藥碗聞初覆，妙密鴻詞且莫參。匡阜易深漂麥

僻，好開懷抱笑高杉。（釋今無《光宣臺集》二十）

李永茂之弟充茂舍仁化丹霞山，釋澹歸闢爲別傳寺，充監院之職。（王漢章《澹歸大師年譜稿》）後以曲江會龍庵、仁化準提閣、始興新庵、南雄龍護園，合爲丹霞四下院。（姜伯勤《石濂大汕與澳門禪史》四九九頁）

時張穆居東湖，去芥庵一水間，常過釋澹歸夜話留宿有《宿柚堂》詩。（《鐵橋集》）

同參道友釋傳檀爲釋一機序其《塗鴉集·書問》。（釋一機《塗鴉集》卷首）

釋傳檀，字越度。四會人。慶雲寺僧。事見溫汝能《粵東詩海》九八。

初五日，郭之奇賦《孟冬五日晤璞山上人於梧水》詩云：

人間誰與問同羣，天外孤容共白雲。寒菊終留秋後色，霜楓久醉日餘曛。擬從象教通玄指，漫許龍威出大文。抱璞千年何氏子，傳衣此日又逢君。

初七日，之奇賦《初七午發蒼梧上灘即目》詩云：

波光野色暮煙同，梧桂應從灝影通。千里目遮重嶺外，九廻腸斷百灘中。離家去國人何往，擘浪分流水未窮。身世飄零今若此，漫勞一葦載雙蓬。

十五日，之奇自上馬灘至昭平，賦《十五晚上馬灘至昭平》詩云：

誰策奔湍似馬驪，吳門疋練是耶非。白頭浪卷千山影，青鬢苔浮萬石衣。趨赴東南來恐後，漂流今古去如歸。每疑周穆瑤池罷，騄駬追風破夕暉。

二十日，至平樂，賦《念日泊平樂雨舟述懷》詩云：

寒雨霏霏傍夕多，涼風颯颯起霜蘿。千山好我誰攜手，一水從人每在阿。有意奔泉添夜壑，無心亂石鼓朝渦。扁舟更灑千行淚，並作東流萬里波。

廿三日，至陽朔，有《念三日抵陽朔雨湍添瀨感而有述》

詩云：

羈客從人敢自安，孤舟作伴祇驚湍。雲垂百仞臨流壁，雨破千層沸石灘。窈窱初驚龍虎睡，殊峯夙費鬼神剜。疲篙日向狂波砥，在水仍歌行路難。

又賦《西粵石峯篇》七古長詩。（郭之奇《宛在堂詩·內文十九集》）

二十五日，夕，郭之奇賦《念五夕過星屏村奇峯幻岫得雲雨而增異》詩云：

雨增山色倍迷冥，灑霧揮嵐出翠屏。誰遣巨靈千手擘，遙分西土萬峯青。闐風雜揉劃幽壁，懸圃依稀刷化扃。誤疑子晋吹笙過，錯認湘娥采杜停。霓裳颯遝浮真影，雲髻瀟疏動遠馨。自從觸斗於天象，忽漫傾河落地星。留與人間呈幻詭，偶當涯角露精靈。望夫石上石如刺，廻雁峯頭峯似鈿。割盡九廻腸寸寸，添成萬點淚零零。垂乳多端憑掛搭，含霞隨處想瓏玲。胡帝胡天圖莫就，爲雲爲雨夢難醒。安知此日乘槎者，欲寫山心不但形。

二十六日，之奇賦《念六晚過南亭再成》詩云：

舟近獨憐谿上石，舟遠遙憐石上雲。雲爲情性石爲骨，散此奇峯質與文。造物何年初造此，千峯百峯置水濆。斜飛潭影分波面，直上空霄插漢紋。西偏借此當鴻寶，地角於斯澳小羣。自從禹跡銷沉盡，遙對湘娥泣舜君。慕類哀禽林外少，呼寒啼狖穴中紛。亦緣僻處成孤立，選勝標佳未許聞。在阿獨使人歌歎，出世長辭物厭欣。寄言招隱攀幽者，早同叢桂共氤氳。

二十七日，之奇賦《念七早望煙景全收奇峯亦漸豁矣》詩云：

山心知我好靈奇，幻景齊歸風雨時。始至相看猶偃蹇，稍深忘倦共迷離。此時坐對煙谿上，殊形詭意爭來向。崢嶸列岫假神工，突兀孤峯憑鬼匠。須臾影國變疑城，雲收霧卷碧霄清。五夜微霜林外白，寒空曉日數峯生。奔湍稍定峯漸豁，水色山光同洗抹。倦眼初逢物象新，大鈞仍許陰陽割。割去天邊剩目形，眾山皆醉我獨醒。微吟漫倚扁篷立，筆落還摇萬點青。

二十八日，之奇又賦《念八日過鬬鷄山惡其名之鄙也而不敢易》詩云：

岧嶤相對俯清窪，鵠舉鴻冥天路遐。但使聞聲能起舞，何須鬬檄每交加。晨昏幾帶金烏色，晦朔猶留玉兔華 左峯圓孔，望如滿月。此日標名非我事，任他觜距向時誇。

十一月初一日冬至日，之奇午移桂城，寄城隍廟，有詩如下：《將抵桂城千峯疊送萬堞遥臨泊舟漫述》、《一日長至朔風加厲》、《是午移寄城隍廟暮眺有感》。（以上七律）

初九日，清諸當事集廟中詢避地始末，詩以代供，其《九日諸當事公集廟中詢避地始末詩以代供》詩云：

明室孤臣抱苦忠，十年逋播此微躬。苞桑無地堪休否，歌麥何人許共同。稽古漫留洪範在 避地著《稽古篇》百卷，生今那得皁冠終。便教扶去我安適，誰念西山薇盡空。（郭之奇《宛在堂詩·内文十九集》）

某日，清諸當道集廟中，詢入交始末，曰："汝何願？"之奇應之曰："余何願哉？余登籍三十四年，身爲大臣，尺寸未立，生有餘愧，死有餘責，流放誅殛，引頭以俟，早一日則一日之賜也。余何願哉？"（《家傳》）

十二月，吴三桂兵入緬境。緬酋獻明永曆帝於清軍陣前。（《行在陽秋》卷下，《小腆紀年》卷二十）

初臘，郭之奇賦《初臘代人送友之燕》詩云：

金臺目斷曉林坰，天下心傷送客亭。别袂初牽梅片白，離鞭遥拂柳條青。風江幾處征帆出，雲嶺千重去羽冥。龍塞袛今皆内壤，燕然莫用古碑銘。（郭之奇《宛在堂詩·内文十九集》）

初十日，陳恭尹偕梁槤、麥時及僧九人觀日於羅浮山飛雲頂。（《獨漉堂文集》卷三《羅浮紀遊詩序》、卷五《羅浮絶頂觀日記》）

十七日，郭之奇賦《十七日立春寒山寂對微陽未舒詩以俟之》詩云：

寒山微吐色，呼春入舊年。三分匀麵粉，一撚掃眉煙。汗漫流空碧，迷茫動窈玄。霞棲霜氣入，龍隱霧光纏。將夕倍清迥，空華斷復聯。松陰飛翠纛，草甲潤苔錢。月洞如堪倚，星巖似可穿。羈人憑遠眺，東望久蒼然。寸心千里外，雙眼數峯前。春懷不敢後，山意廼能先。相看兩無厭，相對轉幽偏。竚俟陽和滿，采芳盡石泉。（郭之奇《宛在堂詩·內文十九集》）

歲暮，新城王士禎賦《歲暮懷人絕句三十二首》（王士禎《帶經堂集》卷十二《漁洋詩十二 辛丑稿》），其中第五首首句云："南海翩翩程舍人 可則"。

除夕，郭之奇羈館，讀《老》、《莊》，賦《羈館除夕讀老莊合刻漫賦十章》詩云：

霜鬢明朝又幾年，春光入歲久相聯。眼中得喪人徒爾，夢裏乘除世偶然。吹萬不同天可問，混三爲一古堪詮。且從齊物園中意，徐探猶龍柱下篇。

故鄉今夜且遙思，羈館何須歎遠而。蝶夢春來應易入，牛刀歲久莫輕遺。天心猶籥容千古，物象爲芻競一時。此夕身依年共得，人間世與臘空移。

千年玄卷薪傳在，一夜青燈火續明。莊假寓言終有物，老惟常道自無名。帝王所化人心跡，天地之根我性情。眾妙門歸虛館白，寄身於此復何驚。

多言莫令守中焚，玄牝綿綿用不勤。殘歲初收虛室景，新華已觸暮山雲。此身骨志均強弱，萬物光塵失銳紛。前後相隨惟是夕，推陳出舊古今分。

芻狗何傷造化仁，雲鵬曷避野埃塵。門中門在無應有，身外身存幻亦真。金玉滿堂誰氏子，肌膚似雪藐始人。此年此物俱除盡，樗樹匏樽世莫嗔。

悲生於累累由心，累絕心灰外孰侵。蜩鷽方嗤雲路遠，菌蛄寧惜歲華沉。遊無窮者隨天地，行有待焉出古今。常有常無何處往，除年除夜細相尋。

由有其身患始來，寄於人世爾毋猜。以今執古應知紀，就臘
迎春豈用媒。天物芸芸依歲復，谷冰渙渙仰時開。愚心似我宜昏
悶，南郭當年共稿灰。

將除玄覽對熒熒，恍惚之中那可形。自古及今成逆旅，惟星
與象在空庭。豈因晦朔誇朝菌，不用春秋羨楚冥。盡闢天門從此
夜，和光隨地繞陽扃。

擬將情累向時除，盡遣聰明絕羨餘。五夜青燈忠作伴，千言
玄囿道歸虛。粃塵堯舜終何似，壽夭彭殤亦自如。贏得春秋從上
古，始知元運費居諸。

惜吾不及古人儔，爲是爲非許熟酬。然也非然然自得，可乎
是可可宜求。榮枯一指晨昏異，禍福千門歲月流。除夕盡除凶悔
事，天長地久復何憂。（郭之奇《宛在堂詩·內文十九集》）

本年陳子升賦《辛丑拜墓作》五古詩二首。（陳子升《中洲
草堂遺集》卷五）

本年屈士燝、士煌歸抵番禺。歸後士煌有《歸自滇中呈故園
同社》詩，王邦畿有《贈屈賣士儀部泰士職方》詩。（屈大均
《翁山文外》卷七《伯兄白園先生墓表》、《仲兄鐵井先生墓表》，
《屈泰士遺詩》，王邦畿《耳鳴集》卷八《七律二》）

本年方國驊賦《銅鼓歌》七古長歌，首句云：

辛丑二年駕黃龍，撫摩河伯鞭驅風。（溫汝能《粵東詩海》
卷五七）

本年方殿元至北京，欲上《昇平二十書》，值順治帝崩，不
果。（方殿元《九谷集》卷五）

本年實行海禁，趙若愷被擄走，冒險救走同囚一室之盧某。

趙若愷，字祥客。東莞人。兄若恂卒，無子，爲嫂擇嗣，並
割田地以贍養。順治十八年（一六六一），實行海禁，強迫江南、
浙江、福建、廣東沿海居民分別內遷三十里至五十里，不許商、
漁船下海，史稱遷界。時若愷被擄走，冒險救走同囚一室之盧

某。（宣統《東莞縣志》卷六六）

本年胡之賓隨本縣知縣裘秉鈁遷建學宮，任建學首事。

胡之賓，乳源人。邑庠生員。順治十八年（一六六一）隨本縣知縣裘秉鈁遷建學宮，任建學首事。康熙二年（一六六三）參與編修縣志和《裘邑侯新政紀略》。縣志録存其文一篇，詩二首。（康熙《乳源縣志》卷一一）

本年前釋函昰著有《金剛正法眼》，釋道獨作序。（《長慶語録》）釋函昰繼主華首臺寺法席，刻有《華首語録》行世。（《語録》一陸世楷《語録序》）釋今嚴請藏經歸。（《番禺縣續志》釋澹歸《雷峰海雲寺碑記》）釋函昰賦《辛丑聞雁》詩，痛悼明永曆朝行將覆亡：

塞雁何時至，今秋不欲聞。天高江水渺，地闊嶺雲分。澹影寒塘靜，疎林落葉紛。一聲隨淚下，繚亂不成云。（釋函昰《瞎堂詩集》卷八）

釋今沼圓寂，釋函昰賦《悼鐵機二首》詩云：

年高見少亡，事苦心彌傷。人固無長在，子尤未易忘。森森雲樹密，濯濯海天長。試問身前後，悲歌時欲狂。

誠求未易達，誰度他人心。父母憂從昔，乾坤慘自今。晨參疑在列，夕步似微吟。此恨終予世，山高共海深。（釋函昰《瞎堂詩集》卷八）

本年迎釋函可肉身龕至大安。（郝浴《塔碑銘》）釋函昰有詩憶及釋函可。（釋函昰《瞎堂詩集》十一《辛丑初春出海幢適同學從長慶來談及剩人殊增存歿之感》）

本年釋今無遊瓊南，得交瓊南令天壤王伯子，後爲伯子所畫《瓊南山水圖》作跋。（釋今無《光宣臺集》卷十《王伯子瓊南山水圖跋》）

本年釋今種（釋大均）作文：《書西臺石》（《翁山文外》卷十）、《韓石井哀辭》（《翁山文外》卷十四）；賦詩有：《送朱十》、《別王二丈予安》、《梅市別祁四丈季超》、《桐君山作》、

《還故山作》、《將歸省母留別諸友人》八首、《送魏石畊》（《翁山詩外》卷三）、《將歸東粵省母留別王二丈竇祁四丈駿佳》、《會稽春暮酬南海陳五給諫懷予塞上之作兼寄西樵道士薛二》、《登秦望山寄酬廬山無可大師》（《翁山詩外》卷四）、《遊會稽山懷古並酬陶生見贈　辛丑①》、《西溪訪錢煉師》（《翁山詩外》卷八）、《與客題冷泉亭》、《答伍鍊客》、《懷朱十》、《懷西嶽》、《登任公子釣臺作》、《送客尋魏處士畊》、《贈秦尊師》、《若耶溪新築作》、《寄蕭山張杉》、《渡江同諸公玩月段橋》、《喜王于一寓千峰閣》、《韓劭》、《吊王于一》（《翁山詩外》　卷十五）、《嚴子陵》（《翁山詩外》　卷十六）、《西湖曲》、《南屏寺逢孫宇臺》、《與五弟登子陵釣臺作》二首、《子陵》二首、《又寄朱十》（《明詩綜》八二）；填詞有：《風入松》、《西湖春日》（《翁山詩外》卷十九）。

本年釋今二受具。

釋今二，字一有。新會人。族姓陳。諸生。見釋函昰即皈命，永曆十五年（一六六一）受具，往來匡廬、丹霞。卒於清遠。事見《海雲禪藻集》卷二。

本年釋今荃薙染受具，作《祝髮詩》。（徐作霖、黃蠡《海雲禪藻集》卷二）

釋今荃，字具五。番禺人。釋今從弟。崇禎十二年（一六三九）舉人。原名龍子，姓李，字田叔。兄弟皆從釋函昰講學課藝。因其父釋二嚴（李云龍）出世長往，亦退隱山林。永曆十五年（一六六一），薙染受具。事見宣統《番禺縣續志》卷二七。

本年釋古電登具。

釋古電，字非影。新會李氏子。幼隨母出世，依釋函昰，永曆十五年（一六六一）登具。老人住丹霞，行募江右。康熙十年（一六七一）住歸宗，復行募吳越。比還雷峰，屬典庫藏。居棲

① 原注“己丑”，然大均此年未出嶺，當爲“辛丑”之誤。

賢，獨肩常住。世壽五十五，示寂棲賢。著有《石窗草》。光緒
《廣州府志》卷一四一有傳。

本年釋今讀至雷峰，依天然禪師會下。

釋今讀（？～一六六七），字離言。福建漳州人。明桂王永
曆十五年（一六六一）至雷峰，依天然禪師會下，尋典賓客。後
入丹霞。康熙六年（一六六七）丁未年初圓寂。天然有詩悼之。

本年釋澹歸書行書綠綺臺歌，今藏四川省博物院。

本年釋道忞作《世祖章皇帝哀詞 有序》七律十首悼清順治
帝。（釋道忞《布水臺集》卷五）

本年崔廷芳授鎮平縣訓導。

崔廷芳，番禺人。順治十八年（一六六一），授鎮平縣訓導。
康熙間，調儋州學正。（阮元《廣東通志》卷五五）

黎翼之於本年中進士。

黎翼之，字鵬客。新會人。順治十八年（一六六一）進士。
歸隱不仕。著有《翠竹山堂集》。事見黃登《嶺南五朝詩選》
卷十。

湛上錫於本年中進士。

湛上錫，字袞卿，一字亦山。河源人。繒長子。鄉闈兩中副
車，以明經授順德司訓。順治十八年（一六六一）進士。子浩，
康熙二十六年（一六八七）丁卯鄉薦。事見黃登《嶺南五朝詩
選》卷九。

廖觀於本年中進士。

廖觀，字出潛。龍門人。順治十八年（一六六一）進士。深
究心性之學，闡發陳白沙宗旨。卒年五十九。阮元《廣東通志》
卷二八六有傳。

蘇楫汝於本年中進士。

蘇楫汝，字延遜，一字用濟。新會人。順治十四年（一六五
七）丁酉舉人，十八年（一六六一）進士，官太康縣尹、中書舍
人。著有《梅岡集》。張維屏《國朝詩人徵略》初編卷六有傳。

子標，著有《蘭室集》。言良鈺《續岡州遺稿》卷三有傳。

佘象斗於本年中進士。

佘象斗，字公輔，號齊樞。順德人。順治十八年（一六六一）進士，授刑部主事，以母老歸。康熙十一年（一六七二）壬子、二十六年（一六八七）丁卯兩修邑志。年八十仍相與賦詩。著有《韻府群玉》、《嘯園詩稿》。吳道鎔《廣東文徵作者攷》卷七有傳。弟映斗，字劍君。陳融《讀嶺南人詩絕句》卷五有傳。

馬仁於本年中進士。

馬仁，河源人。順治十八年（一六六一）進士。（《河源縣志》）

李應甲於本年中進士。

李應甲，字鳳山。潮陽人。順治十八年（一六六一）進士，授山東利津知縣，遷中書舍人，卒於官。著有《博學古齋集》。（乾隆《潮州府志》卷二九）

莫夢呂於本年中進士。

莫夢呂，字曰載。東莞人。順治十八年（一六六一）進士。有文名。（宣統《東莞縣志》卷六五）

劉焢於本年中舉人。

劉焢，新安人。順治十八年（一六六一）以《易經》中鄉試。（《新安縣志》）

毛翊於本年成貢生。

毛翊，字運九。和平人。順治十八年（一六六一）歲貢，授文昌訓導。（《和平縣志》）

廖燕於本年補諸生。

李象元生。

李象元（一六六一～一七四六），字伯猷，號惕齋。澄海人。康熙三十年（一六九一）進士，官翰林院檢討。著有《賜書堂集》。子端，雍正元年（一七二三）進士，選庶吉士，散館，改中行評博，以保薦授荊溪縣。吳道鎔《廣東文徵作者攷》卷七有傳。

張家珍卒。岑徵賦《哭大金吾張璩子》詩云：

平陵歌歇主恩深，袋繫金魚掌羽林。半壁天南誰合爐，十年湘澤獨行吟。吳門未遂吹蕭願，黃土先摧裹革心。惆悵知音人已遠，斷腸誰識伯牙琴。

黃雲漠漠暗羅浮，垂老空餘舐犢牛。寶劍陸離難在佩，蕙蘭萎絕不禁秋。悲涼薤露成新曲，曾否泉臺遇故侯。寂寞王孫猶旅食，客途從此斷西州。（《選選樓遺詩》）

釋今音圓寂。

清聖祖康熙元年　明昭宗永曆十六年　明韓王定武十七年　壬寅 一六六二年

正月十三日，清吳三桂以明永曆帝還滇都。四月十五日，以弓弦縊殺帝於雲南昆明郊外。明帝雖崩，臺灣鄭氏仍奉永曆正朔。（《小腆紀年》卷二十）二月，副都統科爾坤、兵部侍郎介山至粵推行遷界令，沿海之欽州、合浦、石城、遂溪、海康、徐聞、吳川、茂名、電白、陽江等二十四州縣居民均內遷五十里。（龍鳴《清初儒臣陳璸在臺灣》一七頁）

春，郭之奇在羈，賦《定〈道德經〉爲六十四章漫書所得八首　有序》詩。又賦《檃括〈南華經〉詞旨述內篇六言七章》詩、《讀南華外篇述以四言十五章》詩、《讀南華雜篇述以五言十一章》詩。（郭之奇《宛在堂詩·內文十九集》）

釋函昰再至新會暇園說法，有語錄，並作《暇園留題》七律詩。（釋函昰《瞎堂詩集》卷十二）

釋今無掃其先師翁釋道獨墓塔，賦《壬寅春掃先師翁塔》詩云：

江門覓路拜高岑，瞻仰嵯峨春暮陰。谿雨欲來山氣斂，泉臺長掩法源深。煙開孤白啼歸鶴，土釀新紅出遠林。舊日繞牀孫漸老，一盤茶味薦微忱。

去年浮海上辭書，回首風煙幾日餘。芳草無情空滿地，浮雲有淚獨沾裾。山光十里銀盛雪，泉影千年井覷驢。便擬種松三萬本，青青長蔭祖庭迂。（釋今無《光宣臺集》卷二十）

正月，釋澹歸與侯公言將軍別於端州，有詩送之。後作《遇侯公言總戎於梅關口占為別　有跋》，旋入丹霞。（釋澹歸《徧行堂集》詩之十一）

初一日，梁以壯賦《壬寅客邸都門元旦作》詩云：

又逢初景笑王孫，燕市深居似在村。鹿夢已非垂老事，駿臺空憶古人魂。半時䶊狗心那定，九局棋枰日易昏。疏懶詎思韓愈愛，不勞騎馬一書門。（梁以壯《蘭扄前集》卷七）

陳子升賦《壬寅元日》詩云：

漫拂峩冠向曙煙，頹簪猶得拜高天。鯤溟見擊三千里，鴈塞聞歸十九年。米汁從今齋繡佛，露盤依舊捧銅仙。閒吟欲製將雛曲，且奏邨燈社鼓前。（陳子升《中洲草堂遺集》卷一四）

郭之奇賦《壬寅元日二首》詩云：

能為歲始即春王，萬物來賓各處陽。尚許微明隨地出，安知四大與天方。廢興豈盡由强弱，新舊還須問歙張。大象無形寧可見，初元初日且休忙。

初日初元事若何，懷新憶舊幾蹉跎。風光有意仍舒泰，歲序何心枉折磨。沖氣為和由一始，陽春布德以三多。不窺戶牖知天下，眼際浮雲莫問他。

之奇又賦《初春即事二首》七律二首。

初四，之奇賦《初二至初四三夜皆火》詩云：

桂城紅焰舞煙樓，時向龍泉映斗牛。曲突空懷薪徙意，炎岡每抱玉焚愁。祝融盡攘三春德，神灶難依四國謀。頗怪蒼生皆赤子，誰同黔首日焦頭。

初六日，之奇又賦《初五夜城外火初六午城中復火》詩云：

燎原何事倚春城，誰使炎炎日夜明。上客何功徒爛額，自他有耀獨關情。夏餘爐在疇相合，陳後灰然爇並京。寄語青陽休泄泄，時膏速向曉雲行。

初七日，之奇賦《人日將旦得微雪四律》詩云：

人日天花細，春風曉樹忙。未能成六出，何苦閉三陽。玉艷流虛牖，珠塵散窈閶。誰知寒意厚，轉令客懷傷。

人日多陰日，春寒較臘寒。西郊愁雨密，南土畏霜繁。誰繳青丘矢，遙從碧落端。長教義彎失，使世盡漫漫。

窗前鳥數聲，畫角起春城。未轉頭皆夢，一開眼自明。露桃墻角見，風柳砌中迎。人日人皆有，韶華那可爭。

昨夜青山老，今朝緣鬢霜。白頭羞綵勝，點額念梅粧。日蔽長安杳，人離粵嶠長。花前催思發，鴈後使心忙。

之奇又賦《廟墻外桃花盛開漫望有述四首》四首、《微雨催春飛紅片片四首》（以上五律）、《筮邵子數得雷山小過五爻　有序》、《雨次遙望彼穠削色詩以歎之》（以上五古）。（郭之奇《宛在堂詩‧內文十九集》）

同日，程可則父仙病卒於京師正寢，享年七十。（《海日堂集》卷一《余城西一廛欷飄搖久矣壬寅秋北歸金子公詢解金復焉用妥先旐聊志慚謝》，卷二《寄酬介長褐舍人》序，卷七《先府君行述》）

初八日，郭之奇又賦《初八夜微雨初九晨夕絲絲不斷》詩云：

細雨浥韶光，絲絲天外颸。抽添生意急，點注化工忙。入夜無聲遠，行春有腳長。曉風扶氣力，雲岫幾蒼茫。煙漬還流碧，寒深欲墜霜。遙從他樹杪，飛入我庭廊。潤草開微嫩，經花出暗芳。因依多裊娜，瀟灑異輕狂。慰帖幽人意，牽連久客腸。洗心依淡泊，誰肯賦淒涼。

初十日，之奇又賦《初十日絲雨有加》詩云：

竟日千絲裊，爲春一片菲。誰拈條緒出，每向甲勾微。物色初牽惹，時光久渴饑。輕寒重洗發，新潤且幾希。小徑思紅軟，荒郊任綠肥。山臨招翠滴，花遠惜香違。飄泊從羈旅，周遮覓艷妃。如分還自合，已散復相歸。漸至黃昏刻，全銷碧落暉。金刀難獨剪，玉漏轉同飛。將使六街月，愁看孤客幃。瀟瀟清夜濕，惟許夢魂依。

十二日夜，之奇又賦《十二夜中宵風雨如晦夢回口占》詩云：

厭見魚龍舞，愁從蛺蝶翩。笙歌歸篴管，雲幕掩鞦韆。雖遇良宵景，應知樂事偏。張鼇誰共賞，立馬自相傳。萬戶銷星彩，千門避火延。齋場臨瓦礫，法鼓競喧闐。碧落方虛冷，勾芒或徙遷。人間俱寂寞，羈館合沉綿。難貰烘春酒，兼無買月錢。不須燈久照，翻畏影侵眠。夢入華胥遠，神依疑闕旋。忽疑開九闔，猶許揖羣仙。長跽爲天問，支頤令我還。驚魂回枕上，風雨正瀟然。

十五日早，之奇又賦《十五早半雨半雪及暮陰寒特甚》詩云：

寒意重添設，陽和盡取回。無人吹煖谷，何處想春臺。苦值三陰壓，時招六出來。雨絲仍是雪，霜片總非梅。所歎鶯難至，安知蟄蚑開。暗風穿薄紙，微火變餘灰。暮色催嚴冷，燈花溫暈煤。空聞街鼓競，誰許踏歌陪。守白生虛室，觀玄出道胎。窗前盈紫氣，門外任青苔。

元夜，之奇又賦《元夕遭雨憶昔有懷》詩云：

千輝傳里巷，萬耀影蓬萊。重憶昇平在，猶思景物回。瑤池雲散白，鼇禁火浮埃。銀樹朝天出，金枝匝地開。笙簧君子宴，騷雅謫仙才。寶馬排煙入，綺筵向夕催。詩成花競綵，歌動月依臺。霞灩平鋪錦，霜華久破醅。更約同聲侶，相攜素手來。緩步尋初柳，微吟動落梅。珠簾分玉面，羅袖染香煤。行處芳氳滿，歸時素影陪。長留今古意，擬付一元栽。豈料星毬隱，翻驚雪鬢隤。虹橋空際落，蓮炬望中煨。轉盼銷陳跡，淒涼失故盃。良宵風雨漫，五夜夢魂猜。偶值傳柑節，徒增泛梗哀。天心如我倦，春色使人灰。耳畔聞簫鼓，方禳歲首災。

十五日，之奇又賦《元夕三五非雨即風天上人間應同寂寂》詩云：

嫦娥真老大，叢桂久參差。百道流蘇掩，千重密幕遮。羞觀鼇背綵，懶放兔身華。虛府長淒寂，人間自遠避。星毬依氍毹，簫管雜悲笳。慘淡漁陽撾，迷離羯鼓誇。餘聲空促耳，煙景漫催花。困雨挑粧暈，欹風柳帶斜。闌珊燈火散，淒斷暗香賒。忍睡銷良夜，恐煩春夢譁。

之奇又賦《取桃花一枝插瓶酬以二十韻》、《煦日微昭青春奮遽見乎前山》（以上五言排律）、《握中上人語録漫題三首》、《春風欲半李花盡白聊取一枝爲桃增艷二首》、《瓶花已悴不忍遽擲詩以送之》（以上七律）。（郭之奇《宛在堂詩·内文十九集》）

二月，梁佩蘭以生計困乏，典當珍藏之六瑩古琴。（《耳鳴集·七律二·和梁芝五琴六瑩典人十七月幾不歸癸卯牛女夕得金贖還喜賦之作》）魏禮自海南歸廣州。徐乾學入粤。佩蘭與魏禮、湛用喈再過訪留宿程可則戴山草堂分賦，禮有《宿戴山草堂留別程周量》五古詩四首。（《魏季子文集》詩卷二）佩蘭招同魏禮、徐乾學、王鳴雷、高儼、湛鳳光、程可則、何絳、梁槤、陳恭尹、陶璜集六瑩堂分賦。（吕永光《梁佩蘭年譜簡編》）

十五日，郭之奇賦《花朝》詩云：

歌騷玩易誦黄庭，遲日幽窗自窈冥。春盛平分煙圃緑，雨深遙送霧峯青。尸居每作龍雷意，開卷時聞芷杜馨。憂患幾何身世假，敢持孤憤傍玄扃。（郭之奇《宛在堂詩·内文十九集》）

十八日，釋今無奉其本師釋函昰之命主持海幢。（釋今無

《光宣臺集》卷九《復本師和尚》）

三月，程可則扶父柩南歸，秋末至粵①，梁佩蘭、王鳴雷、陶璜、朱竹庵往吊。（《海日堂集》卷四《初歸福山草堂乘王東村梁藥亭陶苦子朱竹庵過訪留宿分賦》）

曲江縣知縣淩作聖築亭於韶州芙蓉山之玉井泉側，顏曰"品泉"，命廖燕爲記。（廖燕《品泉亭記》）

釋函昰出主海幢寺法席，有語録。（《光宣臺集》五《復海幢放生社序》、《語録》一）

釋今覤奉釋函昰之命，入吳閶門，爲釋道獨乞塔銘於錢謙益，釋今無有詩贈之。（釋今無《光宣臺集》卷十五《壬寅春三月石鑑覤弟奉師命入閶門爲先師翁乞塔銘於錢牧齋先生賦此爲贈》七古詩）

初三日，郭之奇又賦《褉日風望》詩云：

回首新亭失故吟，桂山煙景足朝陰。王孫草上初來蝶，少女枝頭未定禽。愁向緑皋春蕩漾，漫依玄圃日棲尋。細推物意同人意，錯認時心盡古心。

之奇又賦《原直上人抵桂甘雨隨瓢羈館漫贈二作》七律二首。

寒食日，之奇又賦《寒食風雨思古漫懷》詩云：

寒食瀟瀟想介推，君榮何故使身萎。貪天恥見終須怨，旌地如聞更足悲。三復龍蛇陰雨動，千年神鬼黑風吹。棉山草樹今非古，滿目殘春憶舊枝。

清明日，之奇又賦《清明悼亡二首　有序》詩云：

予自己丑秋鱺江解纜，遭時多故，未能合嚴殯於慈丘。四尺有待，兩涕終垂，由是泛泛東西。壬辰秋，五節没於珠溪。乙未秋，内子喪於石井，並一子弗育。己亥秋，閬兒没於文淵。庚子冬，辰女殤於禄平。諸櫬分置一

---

① 《海日堂集》卷一《余城西一塵歘飄摇久矣壬寅秋北歸金子公詢解金復焉用妥先旐聊志慚謝》，卷二《寄酬介長褐舍人》序，卷七《先府君行述》。

方，各未歸淺土。雖魂氣無不之，而山川絶阻。死而有知，不知其聚怨何所也！今予且羈繫此地，自冬徂春，雨露既濡，淒淒默默，能不黯然四望而魂銷乎！退之有云："致爾無辜皆我罪，百年慚痛淚闌干。"予之明發有懷，固百身莫贖，而令前後妻妾四、大小兒女五飄隕若此，其慚痛爲何如乎！

死別生羈倍黯然，桂江榕浦共朝煙。松楸在目三千里，戈戟藏身十四年。故國方誅駝馬料，荒塋孰掛鬼神錢。眼看數日殘春了，五月書郵竟絶傳。

晦晦明明此日天，生生死死孰相憐。余身久作青編汗，諸髑誰分白打錢。絶壤魂迷風雨外，故丘目斷水雲邊。腸廻九曲千輪轉，淚浥三春萬點漣。

又賦《長日》、《二十立夏下旬猶春月也作留春詩十首》、《辭春送月》、《百年一事》（以上七律）。（郭之奇《宛在堂詩·内文十九集》）

二十四日，釋澹歸抵丹霞山，有詩志喜。（釋澹歸既得丹霞，建別傳寺，後遂卓錫於此，自充監院。所撰《丹霞山新建山門記》、《丹霞施田碑記》之一、之二、《丹霞營建圖略記》、《丹霞大悲閣記》、《兜率閣記》、《準提閣記》諸作，述締構區畫事甚詳，以陸世楷①之助爲多。世楷爲釋澹歸中表，官南雄知府，後世楷又建龍護園爲丹霞下院。釋澹歸又有《喜得丹霞山賦贈李鑒湖山主》七言古。）

夏，郭之奇讀《易》，爲《矯志詩二首》四言、《勵志詩二首》四言。（郭之奇《宛在堂詩·内文十九集》）

四月，之奇賦《初夏驟炁借陰庭樹》詩云：

積晦徐開曉象逢，初離復睹繼明杠。新炎猛鋭旋炁户，餘濕倉浪久冒窗。庭樹風來龍送影，前山雲過馬摇鬃。青春不肯人間住，愁對閒啼鳥一雙。

---

① 陸世楷，浙江人。拔貢。順治十三年（一六五六）任南雄知府。直至康熙十四年（一六七五）才由遼東人姚昌印接任。（阮元《廣東通志》卷四八）

　　之奇又賦《往事》、《一時》、《餘思》、《讀易有所思》、《筮易有所疑》、《戲作諺語言桂民》、《長夏自慰》（以上七律）、《長窮》、《遇坎》、《闔戶》、《目雲》、《介石》、《分暉》、《滌燥》、《乘涼》、《可畏》、《庭樹》、《無用》（以上五古）。（郭之奇《宛在堂詩・內文十九集》）

　　同月，釋函昰得釋今覝淩江報，賦《初夏得石鑑淩江報》詩云：

　　兩旬風雨到庾關，一紙音書達故山。聞道干戈前路遠，定隨鴻雁早秋還。三吳煙水十年夢，五老雲峯幾日閒。懷抱自深明月裏，清光無計夜鐘殘。（釋函昰《瞎堂詩集》卷十二）

　　十五日，吳三桂弒明帝，郭之奇聞之，作《滇雲歎三首》詩云：

　　日落風飄萬里雲，天陰雨墜百城氛。金戈鐵馬威靈怒，白骨青燐怨恨紛。哭野安知夷夏鬼，戰場誰繼古今文。沉沉羃羃傷魂處，姓滅名銷那可聞。

　　春去秋回散碧苔，霜淒月苦聚寒堆。六詔河山重作爐，昆明池水又浮灰。鬼妻鬼馬何須問，胡帝胡天莫漫猜。萇血從茲如可化，國殤猶許穀魂來。

　　滿目愁看霧若氛，經旬每畏日沉雲。鵬飛海外初求友，羊觸藩中久散羣。痛飲黃龍人何在，傷心白馬客誰云。五城萬里銷魂轍，朔雁悲號那可聞。（郭之奇《宛在堂詩・內文十九集》）

　　陳子升賦《述哀》詩云：

　　心摧媧後石，淚盡蜀山鵑。自恨無容地，誰還共戴天。飛塵金齒路，沈日點蒼煙。願挽烏號射，欃槍會應弦。

　　黃竹歌殘雪，蒼梧泣斷雲。三年曾克鬼，諸□乃無□。逐日還何及，呼天竟不聞。定知圖籙祕，哀痛爲斯文。

　　列聖恒如在，孤臣尚苟生。生年從萬曆，往恨積崇禎。流落捐軀免，傳聞洗耳驚。將來紀年月，良史正含情。

雲沈六詔外，天遠七盤西。不義爲彭寵，休屠無日磾。難期大樹賞，空使具茨迷。他日還鐘簴，如何慰鼓鼙。（陳子升《中洲草堂遺集》卷八）

十九日，釋今覯渡嶺北上，後釋函昰賦《聞石鑑四月十九日度嶺計此時應到棲賢》詩云：

扁舟一葉向溢城，此日雲峯眼底明。高樹鶴疑新箬笠，隔橋人喚舊時名。茅房五月谷風冷，松徑三更溪月生。興洽頓忘千里外，懷深併起故山情。（釋函昰《瞎堂詩集》卷十二）

二十四日，釋今無作《復海幢放生社序》。（釋今無《光宣臺集》卷五）

五月，鄭成功卒於臺灣，年三十九，子經嗣。（《小腆紀年》卷二十）

釋澹歸行化南雄。（至樂樓藏手寫墨跡《重送侯公言》詩注）

初一日，郭之奇賦《五月一日》詩云：

湘水流今古，騷魂日夜黏。楚人悲未歇，越客恨初添。舊絕腸如縷，新抽緒若薇。五絲何處續，眾艾苦相嫌。芳汀有杜若，眼際未容覘。採贈人雙隔，時哉自遠潛。宿芷餘香一，新芙百艷兼。如何心所愛，終與世俱淹。夢思以達素，揮手意遥拈。且收傷泪淚，一反故居恬。

初五日，之奇賦《五日》詩云：

地近相思水，愁添今古流。所思在何許，古之失意儔。湘娥目眇眇，楚臣恨悠悠。頗疑洞庭葉，先飛天地秋。江楓湛千里，渚竹變雙眸。春心傷夏日，朱野動炎颷。浴蘭成我潔，分艾與時求。一薰雖可畏，百鍊豈能柔。持此慨慷懷，於今果孰酬。始怨人胡往，其亦知我憂。

之奇又賦《旱虐如焚靡瞻有述》五古、《環桂皆山》七言排律、《黃臥庵新守蒼梧因羽寄懷兼示謝子星源》、《來往禽》（以上七古）。

初六日，張穆作《枯木駿馬圖》軸。（香港藝術館藏本，題識："壬寅長至寫，張穆"）

夏至日，郭之奇賦《夏至日喜雨漫吟》詩云：

昨夜天河浪幾掀，朝來玉女傾洗盆。雲生石路離離黑，霧壓峯頭冉冉憛。採蕷怨女持筐返，徂隰悲農繞樹喧。解顔相勸逢耕侶，不憚泥濡探水痕。歡呼遠入幽人耳，蘿薜蕭森氣染門。雖無尺地沾時澤，亦許蒼涼出廢園。我有餘心寄碧蒹，未秋得露倚流翻。因茲偶際天地解，遇雨之吉豈徒言。

之奇又賦《感張平子四愁詩而有作》、《觀生》、《迎薰有所思》、《瓶蓮數朵朝開暮落然餘芳則依依一室矣》（以上七古）、《諸奚續採菡萏助華增艷感而再賦三律》七律、《望白雲在天忽然有感而賦此》、《夏月困於炎煙情含而光鬱也感而賦之》、《聞人言某池荷花之盛雖不能至心竊往之》、《廣温飛卿蓮浦謠》（以上七古）、《伏夜苦暑神遊四景意可清涼》（七律四首）、《白雲歌》七古。（郭之奇《宛在堂詩·内文十九集》）

六月，李定國病卒於緬境内。（《小腆紀年》卷二十）後人世祀其於漢王祠内，其餘部及隨永曆帝入緬者後裔至今猶存，號稱果敢人，淪爲緬甸一習漢俗、操漢語之西南官話之少數民族，可稱爲永失故國之"亞細亞孤兒"。

十九日巳時，塔釋函可肉身於瓔珞峰西麓下。（郝浴《塔碑銘》）先是，啓龕入塔，釋函可肉身挺然端坐，舉體赤色，忽兩淚交流，四衆驚疑。（《語録今辯序》）

二十日，釋函昰以其母智母師太病，趨雷峰侍藥。（《語録》十《與丹霞澹歸監院書》）

立秋前數日，郭之奇賦《立秋前數日再採菡萏插净瓶續華留艷》詩云：

將秋思荷滿，恐招涼露侵。遠艷勞幽夢，微芬與細尋。採贈人何往，風流美至今。取助淒清室，如蘭即此心。並蒂宜偕處，同苔豈異岑。爾神真我契，攜手共窗陰。

又賦《創雁窮猿》、《謂麟言鳳》（以上五古）。

二十三日，郭之奇賦《念三日西時立秋晚對感歎》詩云：

忽值西來爽，薄暮灑幽窗。輕煙團桂影，細靄拂灘江。百年衰變感，自疑蓬鬢雙。颯颯同人世，悲涼滿血腔。

秋，釋今種（釋大均）歸里，遷居沙亭，復本姓屈，仍名大均，蓄髮歸儒。（《翁山詩外》卷五《北遊初歸奉母還歸沙亭》、《翁山佚文》卷二《髻人説》）

程可則一至廬山棲賢寺，後作《棲賢詩文彙集跋》。（程可則《海日堂集》卷六）

七月，郭之奇賦《初秋遣悲二首》詩云：

死生猶未息，時序豈能停。長嬴收遠馭，西顥啟高局。商颸及萬彙，肅氣走前汀。曾是汰繁冗，何以護芳馨。且看雲白處，山容次第醒。要惟成舊德，亦豈重陰刑。

中心自搖落，物象迺從之。觀生曾有日，幽感忽因時。青靄炎猶重，白雲遠尚疑。曉山光翊翊，芳草暮離離。將歸憑此送，蕭瑟轉相宜。悲哉古盡然，旅人胡歎噫。

之奇又賦《古今人多作留春詩而莫有留夏者感而賦之》、《人靜秋相倚》、《忽疑中有人》、《雲白青山外》、《悲哉此氣生》（以上五古）。（郭之奇《宛在堂詩·内文十九集》）

同月，張穆作《獨駿圖》。（香港藝術館藏本，題識：“壬寅秋七月寫，張穆”）

初七日，郭之奇於獄中賦《羈館七夕》詩云：

雙星此夕又何如，不管人間羈怨多。祇爲秋期貪速聚，苦催日馭向飛梭。填烏橋上雲初合，廻雁峯頭月早過。竟無巧意銷愁縷，惟有灰心溢淚河。盧婦金堂棲海燕，班姬長信拋紈扇。人間惆悵天不知，天上纏綿人不見。槎客誤從長悵津，君平錯解相思瑱。坐對駕機嬌不語，可憐不是陽臺女。擬將機石付媧皇，補盡人間離缺所。多離少會離合禧，已缺難圓缺更悲。綴玉垂珠非我時，陳瓜列果復奚爲。

十四日，之奇賦《十四午烈日方中忽下小雹既廼繼以陰雨》詩云：

萬點瀟疏拂瓦鳴，忽疑眼際變陰明。中元神鬼入炎城，颯颯風前歎息聲。蒼梧雲色愁千里，春去秋來煙若水。草芳何意法王孫，楓赤偏能驚帝子。舉頭北望見虞山，可有雙娥在竹間。君看雨後千千淚，使人空憶斷腸班。

十五日，之奇賦《中元節有感》詩云：

鈸鼓嘵嘵化楮衣，人心泉意兩淒其。雨後風前雲樹色，晨昏幾作晦明吹。朝團碧葉幽光渺，夜結青燐暗影窺。蟲沙何日非人變，猿鶴千年動我思。布奠傾觴誰氏子，涓涓哭望想天涯。尚有精魂殊地隔，其歿其存家未知。始知病死何須哭，死而得祭何足悲。君看南北紛紛者，人鬼推遷盡易居。

之奇又賦《秋風歎一章感庭中古木也》、《白露曉對》、《擘山行　桂城西北有巨石盤峯，狀如虎踞，或云虎能齧馬，遂以萬斧擘之》（以上七古）。（郭之奇《宛在堂詩·內文十九集》）

二十日辰時，釋函昰之母智母函福師太圓寂，世壽七十九，僧臘二十。　（釋今無《光宣臺集》卷十《大日庵智母師太塔銘》）。

八月十五日中秋節，釋函昰於其母曾住之大日庵賦《中秋大日庵喪次　去年經理華首老人後事，亦在斯時》詩云：

淒然今夕是何夕，依舊去秋煢獨身。仰看忉利空無際，回望雙林淚轉新。愁極卻憐知己在　阿首座、離侍者、鐵書記侍坐，夜深偏憶故山真　懷棲賢舊隱並石鑑、姜山諸子。誰攜拄杖從金井，曾見賓鴻到海瀕。（釋函昰《瞎堂詩集》卷十二）

同日，屈大均、張穆、岑梵則、陳子升、王邦畿、高儼、龐嘉鬐、梁佩蘭、梁觀、屈士煌、陳恭尹諸同人宴集廣州西郊草堂，大均述甲申三月崇禎皇帝彈翔鳳琴，七弦無故忽斷，及楊正經賜琴事，欷歔感歎，一座罷酒。① 子升《崇禎皇帝御琴歌　有序》詩云：

　　道人屈大均自山東回，言濟南李攀龍之後其家藏百琴，中一琴名翔鳳，乃烈皇帝所常彈者。甲申三月，七絃無故自斷，遂兆國變。中官私攜此琴，流遷於此。又朱秀才彝尊曾言有楊正經者，善琴，烈皇帝召見，官以太常，賜以一琴，自國變後結廬與琴偕隱，作西方、風木二操，懷思先帝，其人今尚存云。壬寅中秋，二三同志集於西郊，聞道人之言，並述楊太常之事，咸欷歔感慨，謂宜作歌以識之，臣陳子升含毫稽首，長歌先成。

　　夏后嶧陽桐不貢，周王岐山久無鳳。鳳去桐枯未足愁，哀絃萬古堪悲慟。悲慟兮如何，先皇琴兮小臣歌。小臣生在南邊鄙，身比爨桐心不死。莫提長劍定三關，聊抱孤琴遊萬里。瞻孝陵兮聆高廟之景鐘，望煤山兮泣烈皇之遺弓。韜金戈於漠北，繙碧簡於山東。山東濟南李家名，家藏百琴傾百城。百琴一一囊且匣，出匣開囊一琴使人驚。鍾山玉暉九寡珥，古來稀有此光晶。腹中鑴文翔鳳名，龍脣鳳沼文相生。曾經烈皇親手撫，真龍手中翔鳳舞。甲申三月便殿中，七絃自斷琴心苦。八音遏密兆此時，四海傷心惜明主。嗚呼烈皇御極十七載，祖宗全盛金甌在。外圖政教務嚴明，內覽詩書備文采。上有君兮下無臣，宮絃張兮商絃改。聞有能琴楊太常，烈皇禮之如師襄。承恩別有一琴賜，得與翔鳳相迴翔。一自烈皇登遐去，太常抱琴山澤藏。終身感恩成樂章，恭貯賜琴居草堂。虞帝薰風寂蒲阪，皇英瑤瑟怨瀟湘。天下臣民如寡鵠，長卿莫奏鳳求凰。神京既不守，寶器將何依。絃歌鄒魯

────────────

　　① 　陳子升、陳恭尹皆有七古長歌紀之（《獨漉堂詩集》卷二《崇禎皇帝御琴歌》）。陳恭尹有《西郊宴集同岑梵則張穆之家中洲王說作高望公龐祖如梁藥亭梁顥若屈泰士屈翁山時翁山歸自塞上》（《獨漉堂詩集》卷二）、陳子升有《秋日西郊宴集時屈道人歸自遼陽》七律（《中洲草堂遺集》卷一三）、高儼有《秋日西郊宴集》（《獨善堂集》）、張穆有《西郊社集同岑梵則王說作柬屈翁山高望公諸子宴集時屈道人歸自遼陽》（《鐵橋集》）。

近，毋乃鳳凰飛。將軍披鐵鎧，文士拂金徽。共苦兵戈際，誰知
律呂微。烈皇安兮琴肅肅，臣不及鈞天侍宴調絲竹。烈皇怒兮琴
轟轟，臣願得揮雲撥霧揚天聲。但願見舞階格苗之干羽，不羨彼
登樓下鳳之瑤笙。臣拜御琴長加額，歸告當年碎琴客。安得普天
知此音，中和樂奏無兵革。（陳子升《中洲草堂遺集》卷七）

同日，郭之奇於桂林獄中賦《中秋夜羈窗望月》詩云：

一片清光流遠色，千般愁照止窗陰。窗外何人能翫月，頗疑
窗月爲誰臨。庭樹搖風長颯颯，寒娟浥露轉沉沉。可憐此夜徘徊
月，比似千年情倍深。千年月色終如古，此夜人心獨異今。若道
山河仍舊彩，且從關笛聽新音。玉堆久絕征人望，金屋空存漢女
心。並作淒涼羈客緒，不可高歌不忍吟。

之奇又賦《娟影臨榻五夜披衣痛歌待旦得五言二十韻》五
古、《或繪形瀛洲中而隱名姓思深哉詩以寵之》四言。（郭之奇
《宛在堂詩·內文十九集》）

十九日，郭之奇殉國於桂林。就義之時，慷慨從容，面無改
色。自被執至授命，計羈居三百七十五日。日惟賦詩見志，凡二
百七十五首，其著君、懷國、憂世、傷民，每寄託於山川雲物間
（《家傳》）。之奇被執送廣西，兩司以下官多先生門卜士，委曲諭
降，不屈，飲酒賦詩而已。後子天禔與莆田門人薛英舒扶柩歸。
（馮奉初《墓誌》、《小腆紀年》卷二十，饒宗頤《郭之奇年譜》）

九月初五日，釋函昰賦《重陽前二日陳小安入雷峯遂有丹霞
之約》詩云：

異代何人許共尋，秋風回首幾霑襟。維摩且喜不曾病，惠遠
終慙未入林。黃花莫問當年酒，白髮難爲後日心。更欲訂君同長
老，天然覿面海雲深　丹霞有長老峰、天然巖。（釋函昰《瞎堂
詩集》卷十二）

二十八日，釋今無作《復澹歸大師》書。從此書可知釋今覿
於本年七月初四抵闉門，不僅向錢謙益爲釋道獨乞作塔志銘，且

有請藏之舉，且言其將於八月末與藏經俱回。

　　冬夜，岑梵則、王邦畿、王鳴雷集梁佩蘭寓齋燒燭論詩。
（呂永光《梁佩蘭年譜簡編》）

　　十月，錢謙益爲陳子升詩文集《中洲集》作序。（陳子升
《中洲草堂遺集》卷首）

　　十一月，明監國魯王殂於臺灣。（《小腆紀年》卷二十）

　　尚可喜所捐粤北路橋落成，士庶咸欲勒石，乃請廖燕作記，
因撰《重開滇陽大廟清遠三峽路橋記》，俾鐫於峽之東石壁。
（《文集》卷三）

　　十二日，程可則邀集張穆等於佛山蕺庵賦詩。（《鐵橋集》頁
四六《冬至後一日集程内翰蕺庵同諸子賦》）

　　本年張穆賦《西郊社集同岑梵則王説作東屈翁山高望公諸子
　　康熙元年壬寅，容本據墨蹟》詩云：

　　　西郭林泉異昔遊，蕭蕭禾黍不勝秋。路廻野渚循紺殿，海引
　　明鯱結十洲。佳節漫從戎馬過，餘生願傍法雲休。巖棲得共桃花
　　隱，滿載山光上小舟。（容庚校《鐵橋集》）

　　本年薛始亨爲其友梁廷最撰墓誌銘。廷最卒於十八年前（崇
禎十七年甲申，一六四四）。始亨應廷最子攻請爲作墓誌銘。（薛
始亨《蒯緱館十一草·碑誌·梁克頹墓誌銘》）

　　本年清廷詔遷香山、東莞、番禺、新會、順德五邑沿海之民
徙入内地五十里，黎彭祖爲作《徙民吟》七古詩。（陳恭尹、黎
延祖《番禺黎氏存詩彙選》）

　　本年釋今種（釋大均）南歸，至桐江南岸富春山之麓，拜謝
翶墓。南歸省母，還歸沙亭，還俗復歸儒，復故姓屈氏，仍名大
均，字翁山，人稱羅浮道人。親友投贈之作有：陳子升《屈道人
歌》（《中州草堂遺集》卷七）、王邦畿《寄翁山子》（《耳鳴集》
七言律二）、陳恭尹《翁山見過》二首（《獨漉堂詩集》卷二）、
薛始亨《翁山見過》（《南枝堂稿》）、謝楸《濠上偶晤屈翁山》

（《粤東詩海》卷十）。

謝楸，字惟秉，僧名今楸，字鄴門。番禺人。明諸生。與方國驊交最密。國變後，國驊不仕，楸亦甘隱。國驊子顥愷（釋成鷟）有詩贈之。後禮釋函昰於雷峰，名今楸，字鄴門。與諸法侶相酬和。卒，釋古檜挽以詩。著有《螺室詩集》、《箕山草堂詩稿》。陳伯陶《勝朝粤東遺民錄》卷一有傳。

本年釋今種（屈大均）交魏禮，時魏禮自海南歸廣州。（《魏昭士文集》卷三《屈翁山五十序》）

本年釋今種（屈大均）作《歸儒說》（《翁山文鈔》卷五）、《粤謝翺墓表》文（《翁山文鈔》卷六）；賦詩：《有所思》（《翁山詩外》卷三）、《謁謝皋羽墓》三首（《翁山詩外》卷五）、《北遊初歸奉家慈還居沙亭作》六首、《家園示弟妹》二首、《題許劍亭》、《秋郊社集作》（《翁山詩外》卷六）。聞永曆帝崩，填《河傳》詞痛悼。（陳永正《嶺南歷代詞選》八五頁）

本年釋今種（釋大均、屈大均）遊澳門普濟禪院。（趙立人《屈大均澳門之行》，《嶺嶠春秋嶺南文化論集》（四）之下，第七六〇至七六三頁）

本年陳恭尹寓順德羊額鄉，至戊申，凡七年。（《獨漉堂詩集》卷二《增江後集 小序》：“自壬寅至戊申，則掩關羊額爲多，蓋二何子之家在焉，而梁、陶則所居近也。其時室有糟糠之妻，膝唯孩提之子，家累蕭然，可以經年不出，亦可終年不歸。”）

本年陳衍虞昇任廣西平樂知縣。始到任，值富川、恭城瑤衆劫掠至平樂，衍虞率鄉勇擊之，俘賊首十五人，民情始安。後巡撫督師駐平樂八月，衍虞以平樂地脊人稀，乃捐資供給，詳請七縣協濟，不以擾民。（曾楚楠《蓮山詩集點注·前言》）

本年陳瑻於南園種苦瓜五十餘本，作《苦瓜解》詩，其小序云：“壬寅，予南園種苦瓜五十餘本，茂葉騰空，時引微涼，予數避暑其下。……”（鄧碧泉《陳瑻詩文集》卷二）

本年新城王士禎送程可則歸里，賦《送周量歸南海》。（王士

禎《帶經堂集》卷十三《漁洋詩十三　壬寅稿》）

　　本年王邦畿賦《秋懷　一作〈天柱詞〉》七律詩八首，序云：

　　歲紀壬寅，權歸白帝。金烏落羽，桂樹不華。暗露成聲，明河莫挽。痛仙人之長往，憂蓬島之雲頹。以此感懷，於焉不寐。如何永歎，遂有長篇。（王邦畿《耳鳴集》卷九）

　　本年謝楷遭遷海。

　　謝楷，字儀世。番禺人。王暖村錫遠謂其晚遭遷海，羈棲異地，遂乃皈心空王，既返初服，世情愈澹。著有《涼煙草》。凌揚藻《國朝嶺海詩鈔》卷四有傳。

　　本年遷界，陳應駬與同志盡力賑濟移民。

　　陳應駬，字晉吉，號白瞻。東莞人。秉良子。康熙元年（一六六二）遷界，與同志盡力賑濟移民，救活貧民頗多。（宣統《東莞縣志》卷六五）

　　本年釋函昰付釋今覲大法，並示偈。（《海雲禪藻集》）

　　釋函昰賦《諸子邀遊厓門詩以謝之　壬寅》詩云：

　　孤情不欲向厓門，興廢誰將世外論。鬱勃定知埋古殿，蒼茫何處弔忠魂。露濡荒塚青山冷，風撼洪溟白晝昏。祚移時去無今昔，千古難忘是感恩。（釋函昰《瞎堂詩集》卷十一）

　　本年澳門蓮峰廟重修。（姜伯勤《石濂大汕與澳門禪史》四八七頁）

　　黎應時於本年成貢生。

　　黎應時，字時可。歸善人。康熙元年（一六六二）歲貢。年八十，猶讀書不輟。光緒《惠州府志》卷二十五有傳。

　　曾光傳於本年成貢生。

　　曾光傳，字暉倩，號東園。從化人。晃次子。順治十年（一六五三）貢生。廣究群書，學問淵博，凡以典故問者，無有不知，知無不盡言，致四方受業者畢至。性剛直，樂道安貧。（清《從化縣志》）

　　文如璧生。

文如璧（一六六二～一七二二），順德人。善製瓦脊人物，以其名開陶瓷店，歷久有名。（《廣東石灣陶器》）

盧作梁生。

盧作梁（一六六二～一七〇〇），字秋蓼，號陟山。東莞人。康熙廩生。著有《陟山堂集》。（《粵東詞鈔》）

張文成生。

張文成（一六六二～一七三〇），字譽侯，號毓庵。東莞人。雍正七年（一七三〇）貢生。（宣統《東莞縣志》卷六六）

張揆紫生。

張揆紫（一六六二～一七五五），字映金，號道峰。東莞人。乾隆九年（一七四四）舉人。二十六年欽賜翰林院檢討。家居授徒，以布衣蔬食終身。（宣統《東莞縣志》卷六八）

李成憲卒。

清聖祖康熙二年　明韓王定武十八年　癸卯　一六六三年

正月初一日元旦，釋今無於海幢寺升座說法。（釋今無《阿字無禪師光宣臺集》卷一）

早春二月，陳子升賦《癸卯早春口占呈友人》詩云：

今年豈謂去年非，漠漠慈顏認舊闈。眷屬不離居士室，勞生元息丈人機。邨僮警夜當風語，汀鴈嫌泥帶雪飛。三陟自知吟更苦，早春憐爾遠遊歸。（陳子升《中洲草堂遺集》卷十四）

二月，釋澹歸至廣州，釋函昰有送其行化五羊詩。（釋函昰《瞎堂詩集》卷十二）值顧炎武之甥徐乾學遊嶺南獲晤，朝夕談論甚歡。（《徧行堂續集》二《送徐健庵太史赴闕序》）

十五日花朝，張穆寫《春柳三馬圖》軸。（廣州市美術館藏本，題識：“癸卯花朝似冲翁老先生，羅浮張穆。”《廣州市美術館藏書畫選集》，《藝苑掇英》第十六期頁十一）

三月，穆寫《枝頭小鳥圖》軸。（鄭德坤《木扉藏畫》，題識：“癸卯春三月寫，張穆。”）

　　廖燕讀書於芙蓉山麓彭彤輔之緑匣山房，友人某養有二鳩，
甚馴而善鳴。未幾，逸其一，其配於籠中立斃焉。燕義之，因爲
賦《義鳩行》，又率友人躬荷鋤瘞鳩於芙蓉山麓，壘土爲小塋，
傍樹棠梨爲記，復取武溪貞石題其上曰：“千古義鳩之塚”，且爲
之作《義鳩塚銘並序》。（《文集》卷六）

　　初三日上巳節，燕與釋慈雨入山採筍，見一竹如管大小，屈
曲而長，異之，因令童折歸，作簫，簫成，音絶佳，燕因作《曲
簫銘》。（《文集》卷六）

　　夏，梁佩蘭同程可則、丘象升、王鳴雷、程可則等往珠江南
岸之海幢寺訪釋今無、釋澹歸。（《海日堂集》卷二《同丘曙戒王
震生梁藥亭過海幢寺訪阿字丹霞二師》）釋今無賦《丘太史曙戒
過訪海幢將歸風雨大作留同王震生程周量梁蘭友梁芝五澹歸夜話
分賦》七古長詩。（釋今無《光宣臺集》卷十五）

　　佩蘭同可則遊海珠寺。

　　初夏，佩蘭與可則、陳恭尹郊行。

　　四月，佩蘭招同可則、張宸、丘象升、汪漢翀、王邦畿遊五
羊觀。（吕永光《梁佩蘭年譜簡編》）

　　初四夜，佩蘭與恭尹、邦畿、可則、王鳴雷定遊海幢寺。
（王邦畿《耳鳴集》卷八《浴佛前四夜與周量芝五震生元孝訂遊
海幢寺先東阿首座分得城字》）

　　初八日浴佛節，釋今無於海幢寺升座説法。

　　十五日結夏，釋今無於海幢寺升座説法。

　　五月初一日，釋今無於海幢寺升座説法。

　　六月朔，釋今無於海幢寺升座説法。（釋今無《阿字無禪師
光宣臺集》卷一）

　　秋，陳恭尹、徐乾學、魏禮、王鳴雷、高儼、湛鳳光、何
絳、梁槤、陶璜集梁佩蘭六瑩堂，分韻。（《獨漉堂詩集》卷十三
《唱和集》五《同寧都魏和公崑山徐原一同里王震生高望公湛用
喈程周量何不偕梁器圃陶苦子集梁佩蘭六瑩堂分韻得真字》）

梁佩蘭赴北京，王邦畿有《送梁芝五北上》詩（王邦畿《耳鳴集》卷八），何絳有《送梁佩蘭北上》詩（何絳《不去廬集》卷六）。

七月朔，釋今無於海幢寺升座説法。

十五日中元節解夏，釋今無於海幢寺升座説法。（釋今無《阿字無禪師光宣臺集》卷一）

初七日，梁佩蘭贖回所典當已十七個月之六瑩古琴，喜而賦詩。（《六瑩堂初集》卷八《琴六瑩典人十七月幾不歸癸卯牛女夕得金贖還喜賦》）王邦畿有《和梁芝五琴六瑩典人十七月幾不歸癸卯牛女夕得金贖還喜賦之作》詩賀之（《耳鳴集》卷八），陳子升寄詩相詢（《中洲草堂遺集》卷十四）。是日，同程可則、王鳴雷、朱竹庵、高儼、湛鳳光、何絳、梁槤、陶璜等唱和（《海日堂集》卷四《七夕同震生藥亭竹庵苦子峿上作》）。

八月十五夜，王邦畿賦《八月十五夜玩月》詩云：

幾宵風雨暗江城，月到圓時天便晴。勝事於人難得料，秋光入樹易成聲。千尋丹桂生空碧，一顆明珠出太清。雲鬢嫦娥曾不改，急將靈藥學長生。

當頭明月任人看，此夜嫦娥也不寒。寶塔佛空金世界，霓裳人倚玉欄杆。山河有影魂魄，冰雪成靈入肺肝。萬里管絃專一夕，鳴雞三疊未曾闌。（王邦畿《耳鳴集》卷八）

九月初九日，梁佩蘭同王邦畿、陳恭尹賦詠六瑩堂前所開一朵梅花。

長至日，釋今無於海幢寺升座説法。（釋今無《阿字無禪師光宣臺集》卷一）

冬，魏禮歸寧都，有《別王説作》五律（《魏季子文集》卷四），陳恭尹、王邦畿亦有詩贈別（《獨漉堂詩集》卷三《送魏和公歸寧都》、《耳鳴集》卷八《送魏和公 有序》）。禮另有《留別北田諸子》五古長詩一首（《魏季子文集》卷二）。

十一月，張穆寫《古槎蒼鷹圖》軸。①

十二月初八臘八日，釋今無於海幢寺升座説法。

除夕日，釋今無於海幢寺升座説法。是夕大眾請茶話。（釋今無《阿字無禪師光宣臺集》卷一）

本年屈大均奉母入瀧州避難，寓從弟之姻林氏館。（《翁山詩外》卷五《奉母入瀧州避難寓從弟之姻林氏館有賦》二首）

本年大均賦詩：《送妹》二首（《翁山詩外》卷二）、《有鳥篇》二首（《翁山詩外》卷五）。

本年王履詳遷居汕頭。

王履詳，澄海人。康熙二年（一六六三）遷居汕頭，課徒講學。樂善好施，其地堤堰坍塌已久，捐資修築。（乾隆《潮州府志》卷二九）

本年疍民作亂，韓應奎往説之。

韓應奎，字子先。番禺人。以忠厚爲鄉里推重。年九十餘卒。有司榜其門曰“善行可風”。（同治《番禺縣志》卷五十）

本年方顓愷（釋成鷲）辭梁氏，歸鄉里，設帳於家廟之寢室，從之遊者皆族中紈綺子弟，顓愷教督嚴憚。未期月，子弟出入皆知揖讓，粗通文義，學爲制科業，稍能破除世俗塵腐之習。（釋成鷲《紀夢編年》）

本年釋函昰促居雷峰，旋徙芥庵。因釋今無、釋今覟輩請益唯識，謂宜本《楞伽》，遂撰《楞伽心印》四卷，釋今無撰緣起。（《楞伽心印自述》、釋今無《緣起》）

本年釋今無始與丘象升相見於廣州，後爲作《送丘太史曙戒還闕改除序》。（釋今無《光宣臺集》卷六）

本年釋大汕始長住廣州，至十二年重回江南。釋大汕《離六堂集》卷三《贈田中丞綸霞先生》詩云：

---

① 《神州國光集》十一期，題識云：“癸卯仲冬，寫於珠江精舍。羅浮張穆”。

我昔行蹤週五嶽，踏碎蓮華絕寥廓。十年飽臥粵山春，門掩松風沉寂寞。

本年釋大成立石，劉餘謨撰《傳洞上正宗二十八世攝山棲霞覺浪大禪師塔銘　並序》，以覺浪道盛爲洞上正宗二十八世，釋大汕即爲二十九世。（《天界覺浪盛禪師全錄》，載明嘉興藏）

本年釋道忞早已十分痛恨繼起和尚①之遺民派立場，借機攻擊，出版《杜逆説》、《反正錄》攻擊繼起，甚至對遺民熊魚山擊一猛掌。（姜伯勤《石濂大汕與澳門禪史》五六六頁）

黃修永於本年中舉人。

黃修永，字慎公。南海人。康熙二年（一六六三）舉人。著有《念昔堂稿》。事見溫汝能《粵東詩海》卷六五。

麥振秀於本年中舉人。

麥振秀，字毓子。東莞人。康熙二年（一六六三）舉人，任廣東儋州學正。（宣統《東莞縣志》卷六六）

楊之茂於本年中舉人。

楊之茂，字百年。澄海人。康熙二年（一六六三）舉人。晚年著述，有《庸訓》、《度歲草》、《霖湖集》等。（乾隆《潮州府

---

① 釋弘儲（一六〇五～一六七二），俗姓李，字繼起，號退翁。明末清初臨濟宗僧。江南通州（江蘇南通）人。幼遭家難，育於祖母。天啟年中入鄉校，然絕意功名，潛心佛法，好禪道，參究有得。年二十五，依漢月法藏（一五七三～一六三五）出家，苦修有年，終得其法。後開法於常州夫椒山祥符寺，又歷蘇州靈岩山崇報寺、堯峰山寶雲寺、虎丘山雲岩寺、秀州（浙江嘉興）之金粟廣慧寺等諸名刹。通内外百家之學，能詩書，器度恢宏，威儀凜然，見者莫不傾服。滿清入主後，每寄懷故國，思謀匡複，吳、越間義師屢興，師實左右之。曾被逮捕，自忖必死，後以義士力救得免。每年值國難日，必素服揮淚禮拜，二十八年如一日，人謂以忠孝作佛事者指此。座下龍象數百，得法者七十餘人。康熙十一年九月示寂，世壽六十八。建塔堯峰山，稱大光明藏。有語錄百卷及詩文偈頌等。又其師法藏曾撰《五宗源》一書，申論禪宗傳承之事。雍正年中，清世宗作書駁斥五宗源，並貶黜法藏之門徒，師之著作於此時多被焚毀，今大半不傳，僅遺存有南嶽繼起和尚語錄十卷、南嶽勒古一卷、靈岩記略一卷等。（《五燈全書》卷六十九、《正源略集》卷五、《佛光大辭典》一九二五頁）

志》卷二九）

李華豔於本年中舉人。

李華豔，字兆協。澄海人。康熙二年（一六六三）舉人。父母早死於亂，終身不與宴會。宗族昆弟賴以糊口者數十戶。（乾隆《潮州府志》卷二九）

陳應中於本年中舉人。

陳應中，字麗酉。東莞人。康熙二年（一六六三）舉人，授永年知縣，累官山東道御史，稽查刑部，執法不避權貴。二十九年（一六九〇）監督順天鄉試。病歸，卒於南京舟中。（阮元《廣東通志》卷二八六）

林浤於本年中舉人。

林浤，字深甫。海陽（今潮州）人。幼力學，曾入程鄉陰那山鍵戶讀書。康熙二年（一六六三）舉人。輯林大欽詩文集，八年進京赴考，謀序於桐城方孝標。十三年（一六七四）攜子侄避劉進忠亂於陰那山，吟詠見志。（乾隆《潮州府志》卷二九）

周夢龍於本年中舉人。

周夢龍，字卜飛。三水人。康熙二年（一六六三）舉人，任北直隸靈壽知縣，有政聲。歸，講學書院，續修縣志。著有《秋水集》。（嘉慶《三水縣志》）

徐斯連於本年中舉人。

徐斯連，龍川人。康熙二年（一六六三）鄉貢，任江南鹽城縣知縣，充康熙二十年（一六八一）鄉試文武同考官。（《龍川縣志》）

鄭毅於本年中武舉人。

鄭毅，新安（今深圳）人。康熙二年（一六六三）中鄉試武科，授官英德縣城守。（康熙《新安縣志》）

譚振國於本年中武舉人。

譚振國，字代工。高明人。康熙二年（一六六三）武舉人，任嶺西兵備道中軍守備。三藩之亂時負責督運軍需至廣西潯州

府。時肇慶府禄步等地動亂，奉命領兵回，與水師會合進剿，數日平息。（道光《高明縣志》）

　　唐氏生。

　　唐氏（一六六三～？），始興人。訓導鄧林妻。年九十三，猶康強健飯。（民國《始興縣志》卷十四）

　　鄧莫右生。

　　鄧莫右（一六六三～一七三一），字作聘。三水人。雍正元年（一七二三）舉人。不仕授徒。著有《四書貫珠》等。（嘉慶《三水縣志》）

清聖祖康熙三年　甲辰　一六六四年

　　春，梁佩蘭應會試，落第。將遊吳越，方殿元賦詩送別。（《九谷集》卷三《京中別梁藥亭》）陳恭尹有《春夜同王說作王東村程周量宿六瑩堂懷主人梁藥亭》詩。（陳恭尹《獨漉堂詩集》卷三）

　　張穆寫《寒柯憩馬圖》軸。（《何氏至樂樓藏明遺民書畫》頁一六一，題識：“甲辰春日，爲爾榮老翁。張穆）

　　清平南王家廟大佛寺成（尹元進《元功垂范》卷下），釋真修、釋大韶經管建寺。從本年至十一年（一六七二）年釋大汕曾被請住大佛寺。（姜伯勤《石濂大汕與澳門禪史》六〇、六一頁）

　　釋真修，字實行。江西南昌人。主法西禪、長壽寺。平南王請監修曹溪、飛來諸勝，不辭雲水。入涅，竟成肉身，曾供曹溪，與六祖、憨山並傳不朽。黃登《嶺南五朝詩選》下帙卷二有傳。

　　釋大韶，字範成。番禺人。郭棐孫。少年出家，禮净業若禪師，祝髮即參方，受覺和尚付拂，永住蒲澗古寺。著有《蒲澗隨記稿》，未刻。黃登《嶺南五朝詩選》下帙卷二有傳。

　　春日，釋今無賦《甲辰春日贈雄州太守孝山》詩贈南雄知府陸世楷云：

搴帷百里頌賢明，鎖鑰雄關德澤馨。綸綍恩光三殿下，梅花
閒夢十年清。青門望在朝端重，白社論心世慮輕。早晚借君臨十
部，江威先擁玉麟行。（釋今無《光宣臺集》卷二〇）

正月初一日元旦，釋今無升座説法。（釋今無《光宣臺集》
卷一）

三月初八日，張穆寫《白鷹圖》軸。（霍寶材藏本，題識云：
"甲辰清明前一日寫，爲□翁老年臺。張穆。"並見《廣東文物》
第二册第一八八項）

釋今覿領衆廬山棲賢寺，釋今偖偕行，釋函昰、張穆有詩送
行。（張穆《鐵橋集》頁二五《送石鑒記汝二師赴棲賢》七絶二
首，釋函昰《瞎堂詩集》卷十二，徐作霖、黃蠡《海雲禪藻集》
卷一）

釋今偖（一六一八？～一六九〇），字記汝。新會人。番禺
諸生。俗姓潘，名楫清，字水因。與陳子升、黎延祖及楊大進
（釋今覿石鑒）遊，將應鄉試，適以憂解。服闋，棄諸生登具。
永曆十五年（一六六一）爲雷峰典客，後隨杖住丹霞，充記室，
再從釋函昰住歸宗。愛香山鳳凰峰，結茅憩焉。過霪雨瀑漲，數
日後生還。孤居十餘年，參究之暇，間疏韻譜，累數十卷。康熙
二十四年（一六八五），釋函昰入涅，復返雷峰。二十九年還古
岡，忽示微疾，作書訣別，擲筆端坐而逝，年約七十三。著有
《借峰詩稿》、《嶺南花逸》、《韻譜》。同治《番禺縣志》卷四九
有傳。

釋函昰賦《送石鑑覿西堂領衆棲賢》詩云：

憶別匡廬又七年，湖光山月待人圓。栽松未了何生願，插草
遥看後日緣。拄杖已傳庚嶺信，深山知有石頭禪。煙霞到老真成
僻，爲寄退心峽澗邊。

又賦《送記汝典客隨石西堂之棲賢》詩云：

借汝筼溪一日別，酬予金井十年情。懷高深谷饒雲水，誼重
連牀老弟兄。霜葉滿山人外色，雪花投澗枕邊聲。箭鋒試向鍼芒

柱，千里幢鈴夢裏生。

釋今無亦有《送西堂石鑑覞弟領眾住棲賢》詩云：

五葉天風吹欲落，銀河之瀉咽噴薄。鯨鯢走陸化作魚，江西駒兒產頭角。鞭風不踏紫陌塵，要使吼聲喧五嶽。嗟吁大道時賢卑，至人不作使世疑。浴霧已看文彩就，當頭一喝成鵬飛。如今分座龍象擁，高橫玉麈深天機。海波月起雁聲來，坐念送君心遲遲。棲賢我昔誅茅者，隨師拾栗寒溪湄。紫藤錦石不入眼，區區心跡今云疲。吾師買馬先買骨，粃糠如絮已粘泥。衢頭鐘動市人叢，曇花豈得生其中。不須呵我心先折，況復飄飄凌高風。玉淵之水神龍藏，高崖灼爍驪珠光。霞明雪淨塵垢掃，追還九代軒琅琅。入山卻比謝安出，一絲九鼎懸穹蒼。吾生雅負素餐恥，譬如春夢不能起。今日私心十倍歡，所能言者其粗耳。尋常離別自有情，流光聖箭蚩英聲。悲歡在手不能用，眼看落葉堆高坪。此山困厄數百載，杉松檜栢猶未改。九曲澄淳天上來，五老芙蓉日飛蓋。石梁跨躡斷世心，幽人一入神踽踽。所期萬礎繞千人，一丘一壑吾無取。君但嚴持寶鏡行，呶呶之物安足語。（釋今無《光宣臺集》卷十六）

釋今離亦有《送石鑒西堂領眾棲賢》詩云：

柳栗橫挑別海濱，百千龍象逐行塵。名山恰遂棲遲志，祖席全憑辦道身。吐棄名言成玉屑，斬新條令鬪荊榛。聞風定見如川至，多結茅茨莫厭貧。（徐作霖、黃蠡《海雲禪藻集》卷二）

釋今離（？～一六七三），字即覺。新會人。俗姓黃，原名尚源。諸生。傳江門白沙之學，學者多宗之。易代後棄諸生，讀《法華經》，有省。明桂王永曆二年（一六四八）從天然禪師受具，居雷峰。頃充華首、棲賢監院，再領雷峰監院。清聖祖康熙十二年（一六七三）示寂廬山。光緒《廣州府志》卷一四一有傳。

釋今如亦有《送石西堂領眾棲賢》詩送釋今覞：

入山誰不羨名林，君獨緣深念更殷。已許衲僧同築屋，更搜

居士舊遺文。石人峰送階前雪，五老門深嶺上雲。此後不須愁寂寞，彌天花雨日紛紛。（徐作霖、黃蠡《海雲禪藻集》卷二）

釋今如（？—一六七四），字真佛。新會人。俗姓黃，角子今（上草頭下黽）父。諸生。明桂王永曆七年（一六五三）皈天然老人出世登具。事見《海雲禪藻集》卷二。

釋今沼亦有《送石鑒大師住棲賢》詩送釋今覯：

本師疇昔幽棲地，杖拂親承出庾關。側聽道聲喧法窟，共推骨相稱奇山。钁頭有法提應俊，茅屋隨時結豈難。千七百人看滿會，肯令庸質老南蠻。（徐作霖、黃蠡《海雲禪藻集》卷三）

釋今摩亦有《送石鑒法兄領眾棲賢》詩送釋今覯：

十年叢席未成林，分座能忘豎草心。滿院松杉堂構在，一家巖壑隱居深。風晴磐石看雲起，月湧長溪共雪吟。勝事每慚予在後，枯藤絕壁好相尋。（徐作霖、黃蠡《海雲禪藻集》卷一）

夏，羅學製從潯城（廣州）解官，始與釋今無相見。後釋今無作《采箬庵記》。（釋今無《光宣臺集》卷七）

四月初三日，釋澹歸行化英州，念此日爲汪漢翀生日，作《此日說爲汪漢翀水部初度》。（釋澹歸《徧行堂集》文之一）釋今無亦有《壽汪水部漢翀》五律二首，其二首聯云：金盤浮玉液，五日得先霑　誕後五日爲浴佛，故云。（釋今無《光宣臺集》卷十八）

初八日浴佛節，釋函昰付囑其俗子釋今摩大法，並以竹簡刻銘付之。（《海雲禪藻集》）釋今無亦賦《訶衍弟以甲辰浴佛日受老人付授誌喜》詩祝賀：

三十年前早誕生，指天今又屬羅云。擊開寺竹原龍種，呼起神鵰突洞雲。內紹步移非幹蠱，再參智過始超群。船頭愧殺秕糠我，東去西之暫任君。（釋今無《光宣臺集》卷二十）

初八日，釋今無於海幢寺陞座說法。

十六日結夏，釋今無升座說法。

五月初一日，釋今無於廣州珠江河南海幢寺升座說法。

六月初一朔日，釋今無升座説法。

初四日，海幢寺淨業堂成，阿彌陀佛上座，衆弟子設供，請普説，釋今無陞座説法。

十七日，陶門蕭氏法名傳釐，就海幢寺設供請普説，釋今無陞座説法。

閏六月朔，釋今無於廣州珠江河南海幢寺升座説法。（以上釋今無《光宣臺集》卷一）

秋，程可則守制期滿，起復入京（《海日堂集》卷四《甲辰秋免喪赴都留別羊城諸親友》五首七律詩），何絳送其度嶺（《海日堂集》卷四《送何不偕歸粤》，自注云："甲辰秋，不偕送予度嶺"）。陳恭尹有《送程周量起復入都》詩（《獨漉堂詩集》卷三《增江後集》）。

七月初秋，梁佩蘭至江西饒州，乘船入鄱陽湖，賦《舟發閶水至饒陽道中作》八首。（陳永正《嶺南歷代詩選》三四二頁）

十五日中元節解夏，釋今無於廣州珠江河南海幢寺升座説法。（釋今無《光宣臺集》卷一）

中秋前五日，釋今無爲釋函昰撰《楞伽心印緣起》。（《光宣臺集》卷十作《楞伽心印跋》）

九月初九重陽日，新城王士禛送程可則進北京，賦《九日送程周量之京因寄家兄》七律。（王士禛《帶經堂集》卷十六《漁洋詩十六 甲辰稿》）

冬，釋弘贊在犙於南海麻奢鄉建鼎湖慶雲寺下寺寶象林瑞塔寺。（《鼎湖山志》卷三《第二代在犙和尚傳》二八七至二八八頁）《鼎湖山志》卷五《諸方分化耆宿》云：際端長老分化於南海湖峰庵。（《鼎湖山志》四一〇頁）

冬至日，海幢寺結華嚴長期，釋今無陞座説法。（釋今無《光宣臺集》卷一）

十二月初四日，釋元默生。

釋元默（一六六三～一七三七），字敏言，號葆庵。南海馮

氏子。學年出家。至天童，與天嶽和尚叩擊相授，遂傳正法，爲
釋道忞釋孫、臨濟宗三十三世，歸隱訶林，雍正間爲方丈。乾隆
二年四月二十四日示寂。善詩能文，與督學惠士奇爲方外交。付
法弟子一人，即後爲主持之圓德。《光孝寺志》卷六有傳。

小除夕，陳子升賦《甲辰小除夕作》詩云：

零落黃門欻白頭，幾年萍梗泛滄洲。結交悔作四公子，學佛
思隨五比丘。穸室煙深歸衸竈，金銀雲起去登樓。明春未得避喧
計，空負曉林黃栗罍。（陳子升《中洲草堂遺集》卷一四）

除夕，何鞏道賦《甲辰守歲》詩云：

搖落天涯七尺身，臘殘猶作旅途人。百年有盡青山老，十日
無歸白髮新。銀燭影寒風寂歷，野梅香冷雪逡巡。含情未盡杯中
酒，海國辰雞已報春。（何鞏道《樾巢詩集》）

本年陸萊遊粵，訪張穆之東溪草堂，有詩見贈。（陸萊《雅
坪山房集·贈東官張穆之》）

本年沙亭屈氏族人重修南海神祠，屈大均有《南海神祠碑》
（《翁山文鈔》三），輯《嶺南詩選》前後集（屈大均《廣東新
語》十二）。

本年梁佩蘭結交顧貞觀。（呂永光《梁佩蘭年譜簡編》）

本年廖燕讀書於芙蓉山麓彭彤輔之綠匪山房。（趙貞信《廖
柴舟先生年譜》）

本年陳衍虞以“由單（即交納賦稅之憑證單據）遲限”被
謫。翌年閏六月十六日新官到任，衍虞始得去官（《蓮山詩集》
卷七《閏六月十六日得替移居茅室適逢立秋》二律）。在平樂三
年，有“陳佛子”之號。其間所作詩後彙爲《西音草》。（曾楚
楠《蓮山詩集點注·前言》）

本年以海氛作難，當事者建議徙海濱之民於内地，陳遇夫之
鄉新寧遂以近海遷，先世重器盡委林莽，惟負藏書數簏以行。
（陳遇夫《涉需堂文集·荻園藏書記》）

本年遷海界，陳善卿負母攜弟，寄居郡城。

陳善卿，澄海人。性孝友。康熙三年（一六六四）遷海界負母攜弟，寄居郡城，勤力耕作以養。雍正二年（一七二四）以老農之勤勞儉樸、身無過失者舉，授八品頂戴。四年歲饑，五年疫作，捐賑濟藥，存活者眾。卒年九十一。（乾隆《潮州府志》卷三〇）

本年試禮部，溧陽人馬章民薦。後見大喜，指方殿元對策曰：“吾平生頗以文章自負，今得子，亦如廬陵得眉山矣。”（方殿元《九谷集》卷四《哀溧陽馬章民夫子 並序》）

本年方顥愷（釋成鷟）從兄殿元成進士，其伯延至家塾。顥愷既居西席已，揖伯言曰：“今而後師矣，幸毋以家人視我。”乃兀坐終日，授經講義，如嚴師保，子弟不率，鞭撻從之，不少寬假。伯父母聞撻責聲，心生不忍，叩門請貸，閉戶不納。居二年，子弟出入，恂恂乎鄒魯也。（釋成鷟《紀夢編年》）

本年南雄守陸世楷集甲辰倡和，釋澹歸所作較之沈融谷減三之二，二子不欲使釋澹歸附庸而儼然大國自處也，迺取其同者，合爲一編，而別集融谷詩，命曰“粵遊草”，亦斷自甲辰而止。後釋澹歸爲作《沈融谷〈粵遊草〉序》。（釋澹歸《徧行堂集》文之六）

本年釋古正登具受戒。

釋古正，字輪潔。湖州府歸安縣人，姓茅。弱冠爲諸生，文詞贍美，頓修漸公從兄。未出家前已聞天然老人洞風傾注，遂挈其子智攝徒步來皈。清聖祖康熙三年（一六六四）受具，即典記室。歷居歸宗、丹霞、雷峰諸山，不改典籍之役。性沈毅有道念，每遇林谷幽邃之地，獨往危坐，人莫知其所向。終於海幢院中。

本年李覺斯賦《甲辰生朝》詩云：

半爲石隱半頑民，兵燹叢中剩此身。豈不憂時常獨憤，今能免世必須貧。江山有恨空懷古，歲月無情祇送人。八十年來成底事，頭顱寧不愧君親。（鄧淳《寶安詩正》卷一）

本年鄧熙載率丁壯數十人救援鄰鄉，皆戰死。

鄧熙載（？～一六六四），字舜良。惠來人。潮州亂，集結鄉勇衛家園。（乾隆《潮州府志》卷二八）

本年遷海界，翁一琪捐蔡店炕田寮安插遷界之流離者。

翁一琪，字紫垣。惠來人。順治間林學賢、羅英圍惠來城，一琪拆屋木爲柵，罄家資募丁壯捍衛，惠城得保全。康熙三年（一六六四）遷海界，捐蔡店炕田寮安插遷界之流離者。年八十五卒。（乾隆《潮州府志》卷三〇）

方殿元於本年中進士。

楊鍾嶽於本年中進士。

楊鍾嶽，字（號）大山。澄海人（一說揭陽人）。康熙三年（一六六四）進士①，由翰林遷職方司郎中，督學福建，升參議。著有《騫華堂集》。事見翁耀東《潮州文概》卷四。

王佳賓於本年中武進士。

王佳賓，字用鑰，號訥庵。番禺人。康熙三年（一六六四）武進士。官廣州右衛守備。著有《怡志堂詩》二卷。事見溫汝能《粵東詩海》卷六六。

區國龍於本年成貢生。

區國龍，字引伯，號黄石。鬱南人。事母至孝。康熙三年（一六六四）獲薦明經。怡情於泉石詩文。著有《黄石集》。（郝玉麟《廣東通志》）

姚子蕁於本年成貢生。

姚子蕁，歸善（今惠州）人。康熙三年（一六六四）歲貢。著有《喚作樓集》。（乾隆《歸善縣志》卷十、光緒《惠州府志》卷二二）

崔魁文於本年成貢生。

崔魁文（一六六四～？），字升良。番禺人。雍正元年（一七二三）受知於惠士奇，補南海縣學諸生，是年舉於鄉。著有《古

---

① 一說順治十八年（一六六一）進士。

文粹》、《一山詩集》。（同治《番禺縣志》卷四四）

清聖祖康熙四年　乙巳　一六六五年

秋，清廷有汰僧之議。

春，程可則免喪還京師，乃得與陳正言、劉振國、黎化中、何志訟武人於刑部、都察院，於是重有廣州會館。爲之鳩工重修，約費銀三百四十有奇，凡三閱月而館稍還舊規，於是冬十一月攜婦子入住。（程可則《海日堂集》卷六《重修廣州會館碑記》）

春日，李覺斯惠詩及粟，釋函昰賦《春日李司寇惠詩及粟卻酬》詩云：

風雨瀟瀟春正深，落花流水共誰吟。青山不到人間眼，白首偏憐世外心。飽讀新詞能永日，饑餐脫粟臥長林。懶殘未必無知己，怪石蒼松豈自今。（釋函昰《瞎堂詩集》卷十二）

釋函昰又賦《乙巳春送石西堂領衆棲賢》詩云：

春水薰風向七賢，到時日永綠疇添。山中賴有天人范，火種刀耕紹別傳。（《瞎堂詩集》卷一八）

春日，信山居士相訪於海幢寺，出明殉節大臣瞿式耜《拘囚詩》手蹟相示，釋今無爲作《瞿稼軒先生拘囚詩手蹟跋》，有“讀稼軒先生將絶之詩，顧盼人主，涕泣河山，鬼哭神號，酸風楚雨，未免有情，則鐵佛也須出汗”之評。（釋今無《光宣臺集》卷十）

屈大均北上赴金陵，梁佩蘭、陳子升、陳恭尹爲其餞行，各賦《羅浮蝴蝶歌》贈之。① 大均經湖南零陵，填《瀟湘神》三首

---

① 陳子升有《羅浮蝴蝶歌送屈翁山之金陵同梁芝五陳元孝席上賦》（陳子升《中洲草堂遺集》七）、陳恭尹有《贈別屈翁山》二首（陳恭尹《獨漉堂詩集》卷二）、《送屈翁山》、《羅浮蝴蝶歌送屈翁山》、《送屈翁山之金陵》（陳恭尹《獨漉堂詩集》卷三），薛始亨有《送屈子》四首（《南枝堂稿》）。屈大均有《贈別羊城諸子》二首（《翁山詩外》卷一）。別後，陳恭尹又有《雨夜懷屈翁山》（陳恭尹《獨漉堂詩集》卷二），薛始亨有《懷翁山》（薛始亨《南枝堂稿》）。

詞（陳永正《嶺南歷代詞選》六九頁）。至金陵，賦《贈金陵李
子　有序》五律詩三首，序云：

李子嘗爲予言，家本唐衛公之後，元末有祖妣吳太君者，望東南有天子
氣，因自三原徙居於濠，使其四子應高皇帝召募。凡攻城掠地，四子受太君
成算，往輒有功。高皇帝既渡江，太君命仲子電求隸嘗（常）將軍麾下。
采石之役，元將蠻子海牙方盛兵待我，電請曰："敵乘險踞高，仰攻不易，
請爲將軍出間道以乘其覺。"嘗（常）將軍壯之。電號"黑扁"，善没水，
於是没入水寨，潛易元軍衣服，混陣（神）士中。比嘗（常）將軍先登，
被鉤，海牙將下石。電給曰："速擊而上，傳首卻敵，善策也。"海牙未決，
嘗（常）將軍因騰而上，與電合斫殺數百人。元軍亂，遂克采石。嘗（常）
將軍笑握其手曰："黑扁乃能爾爾。"其三子皆有戰勳，高皇帝俱授以指揮
使，命繪吳太君像，以四翅冠冠之，謂其能教四令子以成功云。李子早習韜
鈐，長身善射，嘗思奮發有爲，纘其先烈。崇禎癸未中武進士第一人。是時
賊氛甚逼，天子欲召問戰禦之策，爲奸臣所沮，官未拜而京師遽陷。李子詭
時含辱，有漢都尉之心焉。乙巳春，歸隱金陵，方治黄白之術。予過而憫其
窮苦也，爲詩以激揚意氣，並述其先世遺烈焉。（屈大均《翁山詩外》
卷五）

岑徵得明名將戚繼光劍，賦《戚將軍劍歌》詩云：

定遠將軍三尺鐵，曾殲日本安閩浙。鋒鍔猶沾馬汗塵，斑文
尚漬倭酋血。劍成嘉靖歲丙寅，今我得之乙巳春。光芒復如新出
冶，百年神物當逢人。引杯夜飲看不足，牀頭作雪照書讀。有時
當空試一揮，星月無光野鬼哭。公孫法絶復誰知，以意作法但舞
之。赤日慘澹霜花下，晴雲不動陰風吹。臨流磨洗增顏色，世間
肉眼誰能識。蒼頭無賴試鋒鋩，白麵腐儒窮價值。吁嗟爾自離戚
公，徒勞夜夜氣如虹。八十餘年混斤斧，沉埋遠過豐獄中。春秋
滿百歸余手，徑作今年新鑄就。悲歌太息撫寒光，斗酒爲君初上
壽。不見肅皇神武靖夷氛，定遠威名獨絶羣。此日莫邪乘運出，
不知誰是戚將軍。（岑徵《選選樓遺詩》）

正月，李覺斯賦《自燕都別孫魯山同年三十載矣亂離之後資
訊杳然乙巳孟春買舟見訪喜出意外奈有惠潮之遊匆匆解纜未得盡

歡許以春明歸舟再晤意少慰也詩以紀之》詩云：

分手燕臺幾歲時，中原回首遂如斯。頻年惜別情何限，特地遙臨遇亦奇。共對今宵思昔日，卻憐樂極轉生悲。相逢不忍輕相別，還訂春明後會期。（鄧淳《寶安詩正》卷一）

初一日元旦，釋今無陞座說法。（釋今無《光宣臺集》卷二）

清明日，陳恭尹賦《乙巳清明日擬杜七歌》七律詩七首。（陳恭尹《獨漉堂詩集》卷二）

三月，釋今覿病癒，入廬山棲賢，釋今無賦《乙巳三月石弟病癒入棲賢詩再送之》詩云：

又買江頭上水船，春風逐日岸花鮮。纔拋藥盌身誇健，爲愛名山力便全。荒草久嗟迷古砌，鐮刀新刃讓先鞭。嶺南首刹成何用，豈及山中櫓斷泉。（釋今無《光宣臺集》卷二十）

四月初八日，釋今無於珠江河南海幢寺陞座說法。

十五日結夏，釋今無陞座說法。（釋今無《光宣臺集》卷二）

釋今無得寒熱病，力疾賦《觀音菩薩讚　並序應機禪人請》。（釋今無《光宣臺集》卷十一）

五月朔，釋今無陞座說法。（釋今無《光宣臺集》卷二）

秋，清廷於本年秋有汰僧之議。釋今無有上天然和尚兩書論此事（釋今無《光宣臺集》卷九），從此書可見當時風聲之緊急，寺僧之驚惶，釋函昰亦有《尹恒復中翰遣公郎兼中持書入山時沙汰寬旨賦此酬之》等詩　。（釋函昰《瞎堂詩集》卷十二）時釋函昰住東莞篁溪之芥庵，並撰有語錄。（《語錄》一）

釋今無亦賦《相江嘆　有序》五律詩十首，序云：

嘆，何嘆也？康熙四年秋有汰僧之議，予自海幢解衆，後上丹霞，江中孤槳，望九成之高峻，想南華之祖席，感而成聲。（釋今無《光宣臺集》卷十八）

秋，屈大均在南京，田登有《乙巳秋同屈翁山登周處臺》。（田登《埋照集》卷一）

七月初七日，陳衍虞賦《乙巳七夕暴雨》詩云：

誰瀉天河逐晚風，茫茫何處問靈蹤。而今仙禁嚴江海，恐到星橋景不同。（陳衍虞《蓮山詩集》卷十八）

十六日解夏，釋今無於海幢寺陞座説法。（釋今無《光宣臺集》卷二）

中秋前五日，寶安李覺斯爲李雲龍（二嚴和尚）題《募刻泡庵詩引》。（李雲龍《嘯樓詩集》卷首）

九月，梁佩蘭、陳恭尹同遊釋澹歸僧寮，遇彭孫遹。（彭孫遹《松桂堂全集》卷四十二《南往集》二《秋杪坐澹歸池上寮同陳元孝梁芝五》五古）

釋澹歸與釋今無別於胥江口，抱病還山，有酬阿字五言近體一首。（《越秀集》）

屈大均旋至嘉興，識林之枚（《翁山文外》卷二《錦石山樵詩集序》），晤鐘淵映（《翁山文外》卷五《鍾廣漢墓誌銘》）。遊吳門，逢杜恒燦。（《翁山文外》卷五《吳門逢京兆杜子賦贈》二首）

九月十四日，釋今無送釋澹歸至三水，後賦《和澹歸韻九首有序》七律詩，序云：

乙巳九月十四，予送澹歸還丹霞，至三水而別。澹歸一路北行，得詩九首。予還海幢，遲二日，隨以近事牽連，復上丹霞，途中亦得十章，相見時各出所作，彼此屬和，路分上下，事同懷抱，歸垄次之，亦足以見塤篪之響也。（釋今無《光宣臺集》卷二十）

冬，針對清廷汰僧令，釋函昰賦《乙巳冬聞沙汰之令》詩云：

山犬不驚松户舊，寒花猶遶竹籬新。袈裟有詔從初服，雲水無私歸道人。牛火漫煨餘涕在，鶴形還對一經貧。甕頭黃葉須收拾，莫漫恩光誤早春。（釋函昰《瞎堂詩集》卷十二）

十一月，屈大均與孫默握別於錢塘，遂攜杜恒燦入陝西，賦《吳門逢京兆杜子賦贈》二首、《同杜子入秦初發滁陽作》詩云：

天曉滁陽望，蒼茫大野開。風威肅人馬，煙色慘墩臺。慷慨無衣賦，艱虞不世才。平生一匕首，爲子入秦來。

廿七日，大均從南京渡江，沿途賦詩如下：《中都》二首、《鳳陽》二首、《具茨》、《硤石道中》、《閿鄉道中呈杜子》、《登潼關懷遠樓》（以上五律）。（屈大均《翁山文外》卷五）

十二月初八臘八日，三水縣知縣王默菴①護法入山設供請普說，釋今無陞座說法。（釋今無《光宣臺集》卷二）

歲暮，屈大均抵陝西三原縣，出城南寓城西慶善寺。（《翁山文外》卷一《宗周遊記》，卷十五《與孫默無言》）

大均又賦《登慶善寺閣　三原城西》詩云：

駐馬鄠原下，天晴眺寺樓。池陽城對出，清峪水中流。賈酒乘春興，聽歌散暮愁。梅關千萬里，歸及雁橫秋。（屈大均《道援堂詩集》卷六）

除日，釋今無於海幢寺升座說法。（釋今無《光宣臺集》卷二）

本年大均賦詩：《西嶽祠》、《桃林坪》、《渭川》、《渡渭》、《望三塗》、《首山》、《巢父墓》、《潁橋謁潁考叔祠墓作》、《贈金陵李子》四首、《渡江》、《李驃騎置酒長干招同陳氏兄弟送予與杜子遊太華即事賦》四首、《臨淮道中》、《郟縣道中》二首、《姑蘇秋夕與余丈廣霞坐京兆杜子寓樓》、《和杜二雪中入潼谷作》（《翁山詩外》卷八）、《夷齊廟》七首、《郟縣經故督師孫白谷先生戰處》（《翁山詩外》卷十）、《黃河》（《翁山詩外》卷十一）、《虎丘中秋作》六首（《翁山詩外》卷十五）；填詞：《念奴嬌·潼關感舊》、《過秦樓·入潼關作》（《翁山詩外》卷十八）。

本年李覺斯八十一初度，釋函昰賦《曉湘李大司寇八十一初度》詩云：

今古齊觀劫外春，朱簾高捲彩筵新。霜威尚見前朝老，雪鬢

---

①　王于宣，四川內江人。舉人。康熙四年（一六六五）任三水知縣。（阮元《廣東通志》卷四六）

長看後代人。黑白且圖良友對，敲推贏得野僧鄰。桃花流水從通塞，穩臥鍾山松栢身。（釋函昰《瞎堂詩集》卷十二）

釋今無亦賦《壽曉湘李大司寇八十一一百韻》長篇五言排律詩。（釋今無《光宣臺集》卷十五）

本年程可則在京有詩寄梁佩蘭等同社詩友。（吕永光《梁佩蘭年譜簡編》）

本年東莞縣修縣志，丁洸爲繪圖，墨筆山水，設色花鳥，均高秀。（汪兆鏞《嶺南畫徵略》卷三）

丁洸，東莞人。事見汪兆鏞《嶺南畫徵略》卷三。

本年彭孫遹至粤，有長歌贈張穆，並題畫册絶句三首。[①]（《南往集》卷一《贈張穆之水墨翎毛歌》七言歌行、《題張山人畫册》七言絶句三首，並見《投贈集》頁六）

本年連縣知縣黃以候贈范端昂以"經術醇儒"匾額。

范端昂，字吕南。三水人。自開建學候選州同，畢生主要從事研經、講學和著作。曾於英德三山、陽山通儒鄉、連州金龜山等處講學。康熙四年（一六六五）連縣知縣黃以候贈以"經術醇儒"之匾額。著述頗豐，有《粤中見聞》、《香盦詩泒》、《盦詩泒》、《盦泒續補》等。（《廣東通志·藝文略》、《三水縣志》）

本年謝元韶南渡廣南（今越南南部）。

謝元韶，字煥碧。程鄉人。年十九，出家投報資寺，乃曠圓和尚門徒。越南太宗皇帝乙巳十七年（一六六五），從商舶南來，卓錫歸寧府，建十塔彌陀寺，廣開象教。尋往順化（今承天府）富春山，造國恩寺，築普同塔。尋奉英宗命，如廣東延請釋大汕及法像、法器。還，奉敕賜住持河中寺。臨病授筆作偈曰："寂寂鏡無影，明明珠不容。堂堂物非物，寥寥空勿空。"書罷端然而示寂，法臘八十一歲。顯宗賜謚行端禪師。（《大南列傳·謝元

---

① 此詩並見彭孫遹《松桂堂全集》卷四十一《南往集》一，此集收孫遹入粤詩二十三題。

韶傳》）

本年廖燕讀書於芙蓉山麓彭彤輔之綠匪山房。（趙貞信《廖柴舟先生年譜》）

本年釋函昰奉其俗母智母師太荼毗，靈骨窆羅浮山葫蘆嶺之原，琢石建塔，命釋今無爲塔銘。（釋今無《光宣臺集》卷十《大日庵智母師太塔銘》）

本年釋今無蓋至金陵，遇釋函可好友姚叔采諸伯仲，叔采出釋函可《秋噦》詩真筆，釋今無爲作《姚叔采藏剩和尚秋噦真筆跋》。（釋今無《光宣臺集》卷十）

本年海幢鑄慈氏，後釋今無賦《解虎監院六十一》詩云：

慈氏初成祝願回，十年辛苦共城隈。事師似此方言德，及物其如只有才。玉鏡天高侵短鬢，金風人健樂春臺。擔頭狼狽還牽引，且對芳辰意暫開。海幢鑄慈氏，乙巳歲也。解虎以勞失血，嘿祝而愈，故首句言之。（釋今無《光宣臺集》卷二十）

本年釋今鷟受具。

釋今鷟（？～一六八五？），字慧則。番禺人。釋今辯仲兄。諸生。原名向高，隱居教授生徒自給。釋今辯侍棲賢，作書招之脫白。康熙四年（一六六五）受具，充丹霞化主，頃侍釋函昰於歸宗。十四年（一六七五），歸雷峰，典客六年。時福州長慶叢席久虛，紳士懇釋函昰主法，遣其入閩。會釋函昰退休凈成，遂留長慶守待。至釋函昰入寂後，歸雷峰坐蛻。事見《海雲禪藻集》卷三。

本年釋今回在雷峰落髮受具。受具後賦《受具後作》詩云：

不那勞生與世違，名山新著比丘衣。風霜古殿聽鐘起，鳥雀柴門乞食歸。病骨漸蘇依好友，禪心無恙得忘機。寄書故舊無勞問，猶有僧閒學采薇。（徐作霖、黃蠡《海雲禪藻集》卷二）

釋今回，字更涉。東莞人。禮部侍郎王應華仲子，原名鴻遠，字方之。邑諸生。幼敏悟超群，貫穿百氏。其父與天然禪師爲法喜之交，回少聞道妙。清聖祖康熙四年（一六六五）在雷峰落髮受具，執侍左右，隨師住丹霞，尋升記室。凡有劄記，經師指授，皆能暢發其意。勇於求道，將有證入。一日過溪，褰裳就涉，至中流遇江水暴漲，漂沒巉石之下。禪師震悼不能已，人謂更涉之字，若懸讖云。

本年釋古通受具。

釋古通，字循圓。順德人。族姓梁，原名國楨，字友夏。諸生。世亂隱居。聞雷峰道風高峻，求為薙髮。康熙四年（一六六五）受具。初典書疏，未幾出充雷峰下院主。釋函昰令還本山訓課沙彌，雖耄不倦。坐蛻山中。光緒《廣州府志》卷一四一有傳。

羅士吉於本年中舉人。

羅士吉，雲浮人。附籍入學。康熙四年（一六六五）舉人，任博野知縣。（《東安縣志》卷三）

清聖祖康熙五年　丙午　一六六六年

正月，屈大均在三原慶善寺。入城，謁唐李衛公（靖）祠。復遊北城，拜王端毅祠。（屈大均《翁山文外》卷一《宗周遊記》）

初一日，陳恭尹賦《丙午歲旦漫題》詩云：

鵲噪鶯鳴在四鄰，鬢毛羞與歲爭新。山妻漉酒相娛老，稚子牽衣出拜人。道不偶時聊自放，詩非繇命莫教貧。可能更得閑無事，三十六回春草春。（陳恭尹《獨漉堂詩集》卷二）

釋函昰亦賦《丙午元日》詩云：

炎洲孤嶼阿蘭若，臘轉霜殘又到春。梅柳喜迎初歲景，幢鈴長繞去年人。光天寶炬隨潮遠，帀地祥雲捧日新。百尺倚空煙水闊，洪崖何處石磷磷。（釋函昰《瞎堂詩集》卷一二）

元旦，釋今無於海幢寺升座說法。（釋今無《光宣臺集》卷二）

人日（初七），屈大均賦《三原人日作》詩云：

春水流漸滿，雙渠接瓠中。橋橫清岭闊，城倚仲山雄。遊女驕人日，新粧儼漢宮。藏梅猶凍雪，著柳已光風。（屈大均《翁山詩外》卷四）

十三日，海幢寺彌勒佛開光安座，優婆塞弟子王應爵，法名古成，就本寺設供請普說。釋今無禮佛畢，拈筆打圓相說法。（釋今無《光宣臺集》卷二）

十五日元夕，屈大均觀燈城南。晤貴州死節張耀諸子，得其死事本末，載入《皇明四朝成仁錄》卷三。

二月，大均至涇陽，觀會於漢桃洞，又觀會於北城。至溫氏館，遇王弘撰，聞其注李于鱗《華山記》。

弘撰邀作華山之遊。是夕連牀相與談太華（西嶽華山）、羅浮之勝至夜分。明日，同出北郭，飲於宋蘭之館，過魯橋，拜涇陽死節王徵祠，識其子永春，同遊杏灣觀杏。（《翁山文外》卷一《宗周遊記》、《翁山文鈔》卷一《贈王永春序》、《四朝成仁錄》卷四）大均有《涇陽訪王大春》詩云：

之子復何事，涇陽方灌園。三峰開瓠口，二水出寒門。薇蕨先公節，尊人葵心先生癸未冬遇闖賊之難，不食七日死。桑麻鄭子村。鄭子真谷口村也。相過秋色好，清絕似仙源。（屈大均《翁山詩外》卷五）

初七日，釋澹歸書《墨跡卷》，黃子靜藏。

三月，廖燕作《綠匪山房記》（《文集》卷三）。綠匪山房在曲江縣西南三里芙蓉山之麓，武溪之涯，古仁壽臺之南偏，爲彭彤輔宦遊歸來後所築之休閑處，燕數年來讀書於此。（《文集》卷三《芥堂記》）山房左近多竹，燕嘗有《綠匪山房即事》五律。（廖燕《二十七松堂集》卷九）然燕雖素以愛竹聞，居之甚樂，而未免時若有幽思遐慕之情，則因燕有志爲雄傑士，不肯樂山林之樂也。

初六日，屈大均偕王弘撰從故道復往華陰。初八日至弘撰家普里獨鶴亭，弘撰命其子宜輔導大均上太華，弘撰送至醉溪而別。自峪口至華頂，凡三日。居於西峰范述古之復庵，凡八日。

作《登華山記》。十九日於巨靈掌上痛哭明崇禎帝，風雪滿天，大風拔木。（《翁山文外》十五《與孫典言書》）大均賦《上千尺峽百尺峽至溫神洞宿》、《西峰訪范復庵不值留贈》（跋云：復庵名述古，襄陽人。崇禎朝東宮伴讀。甲申之變，走華山爲道士）、《西峰下窺水簾洞作》、《華頂放歌同王伯佐》、《王允塞招飲竹林精舍醉賦》、《長春石室　有序》（《翁山詩外》卷三）、《古丈夫洞草堂歌　並序》（以上七古）（《翁山詩外》卷四）、《西嶽祠》、《桃林坪》、《車箱潭》、《雲臺峰》、《歷千尺峽百尺峽諸嶮至嶽頂》二首、《青牛臺訪彭荆山》、《大雪西峰作》、《太華作》二首（以上五律）（《翁山詩外》卷五）、《華山作》七律、《雪晴嶽頂眺望》七律（《翁山詩外》卷九）。

　　大均又賦《華嶽百韻》云：

　　至道生元氣，神山結混茫。靈胡開華嶽，少皞主秋方。肅殺清天地，明禋恪帝王。軒遊受圖籙，虞狩會衣裳。萬壑懸河漢，三峰壓雍梁。冠危司寇立，鼎聳紫微妨。井鬼精相接，嵩衡影在望。輪牙千仞闢，峪口一夫防。垂峽天如練，橫谿石作航。樹陰交茂密，泉響擊砰磅。太素芙蓉發，真源玉井藏。雲霞天四塞，渾沌帝中央。千葉擎珠闕，三花滴玉漿。蔽虧秦日月，照映漢旄常。疊巘森堂奧，攢霄亂劍鋩。潼關收虎踞，沙苑放龍驤。表里金城擁，縱橫錦幔張。我來凌百二，仙舉出陰陽。霧入張超市，風窺玉女房。胸襟披早爽，吟詠寫清商。踴躍牛心谷，徘徊古栢行。一天通箭括，九地出車箱。鑿翠成飛棧，嵌空作曲堂。鞠躬遇搦嶺，垂足度懸崗。自汲憑雙綆，人騎向一梁。竇中穿窅窱，陂上躡毫芒。慘澹愁春靄，淒寒怨曉霜。屬厓頻甁耳，沿澗幾回腸。贔屭扶天柱，滂沱哭帝閽。小心恒惴惴，高視每洋洋。但使玄都達，安知玉趾傷。歌翻風浩浩，渴挹露瀼瀼。壁笑飛猿墜，龕憐白鹿翔。憑虛驚禦寇，履險藐瞿塘。舞袖迴高掌，琴聲挑玉姜。蓬壺雖自引，溝壑未曾忘。八極聞揮斥，群真凜拜颺。懷柔思哲后，宰割試封疆。金主驂煙至，甄蕭向日妝。霓旌互摩蕩，

鸞節其趨鏘。光彩紛離合，忠誠一贊襄。神京鐘鼓在，王母簡書
將。遺璧傳龍死，搴蘋吊國殤。爲旒師蠹蠹，如帶恨湯湯。寤寐
宗周久，經營陝服長。商顏猶繞霤，渭汭且浮觴。禾黍哀何及，
干戈命靡嘗。西昏逢昧谷，東旦想扶桑。勢蹴中條裂，流傾星宿
黃。真形含菡萏，盛德見圭璋。秉矩三公穆，生華庶物昌。萬巒
朝落雁，半榻臥修羊。鬱鬱莎羅木，陰陰黿畫廊。香爐氛靈霸
，金撅色輝煌。奧府長司命，中華此扼肮。嵲陵接風雨，蒲阪列屏
障。瀑布瓴長建，桃林甲莫當。逡巡還六國，約法待三章。昔我
明高帝，興基邁古皇。齋心恭默後，飛夢削成傍。聖藻輝巖岫，
文思格昊蒼。蕚收迎羽葆，白虎奏笙簧。社首遲封禪，華胥享樂
康。天威瞻咫尺，仙樂聽鏗鏘。繞指潛幽草，攀髯墮大荒。壺公
暫肥遯，箕子久佯狂。戰陣存棋石，機衡運算場。瑤臺何偓促，
姣服自芬芳。蹻捷時爭鳥，超騰或射狼。鈞梯窮上下，博箭賭興
亡。有母悲三北，無人繼一匡。季龍偷玉版，交甫失明璫。丹筍
乾雲直，青柯拂雨涼。坪前三輔小，谿底四州强。太白皆孫幹，
岷峨是女牆。終南相倚伏，雷首乍低昂。霰雪秋頻冷，芝苓夜有
光。雲英堪沐髮，石馬欲施韁。絕頂誰盤礴，明星獨頡頏。丈夫
臨乳洞，童子執油囊。不死何須藥，無生自有鄉。淵明難止酒，
弘景早休糧。姑射真冰雪，神堯亦粃糠。洗盆通渤海，御道跨欃
槍。同澤紛毛女，承旇儼鳳凰。波濤奔楚鄧，蠛蠓化氐羌。豐鎬
勞經緯，崑崙賴紀綱。孤根標不止，變態浩難量。赤縣今淪没，
黃巾昨擾攘。鼇咍坤軸動，狐嘯盜兵倡。發憤吾安往，飄零道不
祥。思從柟檜麓，永解蕙蘭纕。構宇仙人硲，移家天子鄣。犁溝
種瑤草，劈石佐神香。鶉首天方醉，蛾眉世不揚。將軍松落落，
太上水泱泱。但自調干羽，何煩缺斧斨。聰明歸峻極，瞀力養方
剛。申甫鍾何晚，桓文履未臧。希夷不蟬蛻，更掃讀書牀。（《翁
山詩外》卷十一）

　　四月朔，屈大均下山，仍主王弘撰之砥齋，觀郭宗昌《華山
廟碑》拓本。時與王弘嘉、宜輔、羽人彭荆山遊宴芙蓉閣、黃神

洞、大上方之下漱園、北古口之山蓀亭諸處。弘嘉以大均愛華山古丈夫洞，爲書"古丈夫洞草堂"相贈，弘撰贈以序，宜輔爲詩以贈。（《翁山文外》卷一《宗周遊記》、卷十五《與孫無言》、《翁山文鈔》卷二《登華記》、《翁山佚文·壽王山史序》、《翁山詩外》卷四《古丈夫洞草堂歌序》）

初八日浴佛節，釋今無於海幢寺升座説法。

十五日結夏，弟子梁定與，法名古元，設供請普説，釋今無陞座説法。

五月，彭孫遹歸，釋今無賦《荔枝行送彭進士駿孫歸海鹽》七古長詩送行。（釋今無《光宣臺集》卷十六）

初一日，釋今無陞座説法。（釋今無《光宣臺集》卷二）

初二日，屈大均偕王弘撰、宜輔父子入西安，與宜輔往觀碑林，與李因篤、李楷、杜恒燦、王弘撰父子等置酒高會。時有十五國客，大均與顏光敏以詩盛稱於諸公，一座屬目。先是傳大均《登華》長律至西安，因篤見而驚服，即再拜訂交，謂今日始得一勁敵。（《翁山文外》卷一《宗周遊記》）

大均又識沈荃，荃見其《華嶽詩》，歎爲曠世奇男子。（《翁山文外》卷一《宗周遊記》）大均賦《西安別沈太史　有序》五言排律詩，序云：

太史聞予登華嶽賦詩至數千言，歎爲曠世奇男子。相見西安，情意甚歡，浹旬而予往代州，太史亦還京邑。知己難別，辭旨纏綿，因並述其先人道學，以爲贈云。（《翁山詩外》卷十一）

大均乃與李因篤尋未央宮故址，過吊忠泉、薦福寺、慈恩寺（大雁塔）、杜子美祠諸處，其《杜曲謁杜子美先生祠》詩云：

城南韋杜潏川濱，工部千秋廟貌新。一代悲歌成國史，二南風化在騷人。少陵原上花含日，皇子陂前鳥弄春。稷契平生空自許，誰知詞客有經綸。（《翁山詩外》卷九）

同至富平縣韓家村李因篤家，登堂拜母，歡喜如歸。與濟寧劉大來、田而鈺、子庸上秦王翦墓飲酒，因篤與諸田皆賦詩見

贈，大均爲贈因篤，進以宋張載之學。（《翁山文外》卷一《宗周遊記》）

六月，大均偕因篤自富平同至代州，客副將陳上年尚友齋，識顧炎武，炎武有《屈山人大均自關中至》七律、《出雁門關屈趙二生相送至此有賦》。（顧炎武《顧亭林詩集》卷四）大均賦《送顧寧人》詩云：

雁門北接常山路，爾去登臨勝概多。天上三關横朔漠，雲中八水會渾河。飄零且覓藏書洞，慷慨休聽出塞歌。我欲金箱圖五嶽，相從先向曲陽過。（《翁山詩外》卷九）

大均又賦《丙午夏日將同李天生之雁門道過蒲城飲米侍御園亭即事有賦》七古詩（《翁山詩外》卷四）、《初至雁門贈陳祺公使君》二首、《陪陳使君遊雁門山水》二首、《送田丈自代返秦將登華嶽》二首（以上五律）。（《翁山詩外》卷五）

同月，張穆移家東安（今雲浮），築石鱗山房，有留別同里諸公詩。陳恭尹、屈大均、釋今無均有贈詩題詠。[1]

初一日，釋今無於海幢寺陞座説法。（釋今無《光宣臺集》卷二）

秋，張穆作《古木奔馬圖》軸。（《紐約佳士得拍賣中國畫目録》一九九〇年五月三十一日，題識云："丙午秋月爲端翁詞長寫。張穆)

屈大均至秦武安君白起、唐晉王李可用祠瞻拜，於其墓前晝射獵，夜讀書，有出塞詩數十章，自謂頗得高、岑氣格。（屈大均《翁山文鈔》卷三《唐晉祠記》、《翁山詩外》卷五《唐晉王祠墓》三首）大均《武安君廟》詩云：

往日多奇陣，飛揚教射夫。守真如處女，出即掃林胡。伏臘

---

① 《鐵橋集》頁四二《移居石鱗山留別同里諸公》，《獨漉堂詩集》卷二《張穆之畫鷹馬歌》、卷三《送張穆之移家東安》，《翁山詩外》卷六《題張二丈山房》、卷七《題張氏石鱗山房三首 在東安城東》，釋今無《光宣臺集》卷十八《張穆之買瀧水山移家索贈》五律。

三關淚，兼併百戰圖。代州祠畔月，英爽颯虛無。（《翁山詩外》卷五）

七月，釋澹歸爲張穆作詩稿序。（張穆《鐵橋集》卷首釋澹歸《鐵橋道人稿序》）

十五日解夏，釋今無於海幢陞座說法。（釋今無《光宣臺集》卷二）

八月初六日，屈大均同陳某遊五臺山。（屈大均《翁山文外》卷一《自代東入京記》、《翁山詩外》卷五《同陳子遊五臺作》三首）

九月初九日，大均有《九日》詩云：

西風吹白雁，天半落秋聲。感此無衣客，登高賦不成。并門橫大漠，淶水繞長城。惜別那能醉，樽中酒自清。

又賦《九日集陳大夫署中》五律。（《翁山詩外》卷五）

冬，梁佩蘭赴北京，途中訪顧貞觀於昌州客舍。（梁佩蘭《六瑩堂初集》卷六《訪顧梁汾昌州客舍贈別》三首）

釋今無賦《築堤詩》五律詩九首，序云：

予以壬寅首衆海幢，四事荒弛，歲增月補，閱四年而大雄殿成。時提督將軍常公、參府吳公爲覓寺後田三十七畝，又明年冬，鑿渠作堤，蜿蜒周遭幾及二百丈，欲堤上栽竹，渠下插柳，池沼波瀾，亭臺蔽輝，徐而治之，城市山林，無難無妨，不獨使王舍城邊，蔚有青蔥祇樹也，因賦築堤詩。

又賦《（缺題） 海幢基趾即予少年賣餅地也》詩云：

餅賣當年地，禪棲此日心。長林飛翡翠，短褐接華簪。蟪蛄驚絃落，龍蛇噴霧深。不須神拔樹，吾種亦成陰。（釋今無《光宣臺集》卷十八）

十月十六日夕，雷峰海雲寺被掠。翌日作法會，諸公擬募田爲放生之費，釋函昰乞書册首詩有"半載耕鋤一夕盡"句。釋函昰《瞎堂詩集》卷十八《法會諸公擬募田爲放生之費乞書册首時丙午十月十七日先夕本寺被掠故首句及之》詩云：

半載耕鋤一夕盡，又謀結社買生田。從他盜殺尋常事，一味同人作勝緣。

十八日，弟子方古木、古弘、古暶爲其母譚氏法名今境祝壽，就海幢寺設供，請普說。釋今無陞座說法。（釋今無《光宣臺集》卷二）

十二月，陳子升賦《丙午臘月羊城對雪》詩云：

怪得年來事事殊，嶺南飛雪舊時無。雲凝不見三山黛，天漏爭盛合浦珠。野寺一僧燒榾柮，官街羣馬從氈毹。衝寒便欲還山間，糝到溪梅第幾株。（陳子升《中洲草堂遺乙型集》卷十三）

初八臘八日，釋今無於海幢寺陞座說法。（釋今無《光宣臺集》卷二）

十六日，釋函昰由海雲啟程，受釋澹歸請入丹霞山別傳寺主法席，釋澹歸請作《丹霞詩》，因隨足力所及遊覽山中諸勝，成十二律。（釋函昰《瞎堂詩集》卷十二）

釋澹歸迎釋函昰入別傳寺主法席。釋函昰極稱丹霞景物奇美，成十二律，名《丹霞詩》。命能詩諸衲隨意屬和。其詩分寫諸景，成一時之勝，釋今無作《丹霞詩序》（釋今無《光宣臺集》卷六），諸衲如釋今帾、釋今壁、釋今辯、釋今儆、釋今龍、釋今回、釋今鷟、釋今䑓、釋古汝等所作詩俱載《丹霞山志》及《海雲禪藻集》中。釋今無又賦《本師天老人入丹霞寄示一律依韻恭答二章》詩云：

未得隨師集雁班，喜聞安樂住青山。白雲萬里歸平陸，紫氣千層護上關。匹練且扶懸磴直　聞老人登海山門，命侍僧以布界山，扶之而上，一身敢愛避人間。明年一幅鎌刀頌，持獻峰頭慰道顏。

登臨曠見御仙班，親到方知大好山。枚乘筆頭勞七發，南公腳下起三關。吟詩僧聽泉巖響　諸子侍老人上丹霞，雖平日不作詩者亦有詩，閱世人誰幾日閒。頑子塵勞師莫念，自將白髮護頹顏　無近年頭白過半。（釋今無《光宣臺集》卷二十）

已而釋澹歸病作，垂危，釋函昰親至榻前，握手訣曰：“汝前所得，到此用不著，只恁麼去，許爾再來。”聞語病中返照，大生慚憤，正觀萬念俱息，忽冷汗交流，礙膺之物與病俱失；從此入室，師資契合，頓忘前所得者。釋函昰乃印可。（《咸陟堂集》六《舵石翁傳》）

歲暮，屈大均訪傅山於太原。（《翁山詩外》卷七《過太原傅丈青主宅賦贈》二首）又賦《歲暮送李天生出雁門》詩云：

雄關高柳北，鴻雁出其中。天井開旬注，長城接大同。青苔餘戰骨，白草失離宮。歲暮多風雪，愁君一轉蓬。（屈大均《翁山詩外》卷四）

先是，榆林王壯猷世爲邊將，乙酉（弘光元年，順治二年，一六四五）建義旗抗清，戰敗不降而死，餘一女落侯家。及長，欲得才士爲配，於是自固原啟行凡三千里至代與屈大均成婚。大均以昔古丈夫與毛女玉姜當秦亡，同棲華嶽，因字王女曰華姜，自號華夫，華姜好馳馬習射，琴棊詩畫無不善，伉儷甚篤。① 大均有《述婚》五律詩四首。（《翁山詩外》卷五）

屈大均於陝西關中詢蒲城華陰宗人得西屈族祖姑韓安人《遺詩》，手錄以歸，並序之（《翁山文外》二《西屈族祖姑韓安人遺詩序》）。晤毛會建（《翁山詩外》六《答毛會霞》二首）。又晤張杉於臨汾（《西河合集》七律詩四）。

大均送李因篤、顧炎武往塞外墾耕，至雁門而別，爲十日之飲。（《顧亭林詩集箋注》十三）

除夕，釋函昰賦《丙午除夕》詩云：

朔風吹雁落人間，塞北江南夢欲殘。萬里溪山看臘盡，數峯松竹到春寒。佛燈自照夕陽外，僧笠誰從鳥道寬。一夜石泉流不住，曉鐘依舊出雲端。（釋函昰《瞎堂詩集》卷十二）

---

① 《翁山文外》卷三《繼室王氏孺人行略》、《獨漉堂文集》卷十《王氏華姜墓誌銘》）。李因篤有《屈五翁山新婚即事》二首、《秋夕同諸子小集翁山齋中即事相調》二首、《寄翁山》、《小至雪中同翁山自雁門還郡》、《柬翁山》諸詩（《受祺堂詩集》卷九、卷十），陳恭尹有《屈翁山薄遊代州鎮將趙君妻以姊子本秦人也讀其白母書詩以紀懷》詩（陳恭尹《獨漉堂詩集》卷三）。

　　除日，釋今無升座説法於海幢。（釋今無《光宣臺集》卷二）

　　本年屈大均作文：《宗周遊記》（《翁山文外》卷一）、《古丈夫洞草堂記》、《西屈族祖姑韓安人遺詩序》（《翁山文外》卷二）、《送李天生歸陝西序》、《書慈聖天慶宮記後》（《翁山文外》卷四）、《與孫無言書》兩通（《翁山文外》卷十五）、《贈王永春序》（《翁山文鈔》卷一）、《唐晋王祠記》、《登華記》（《翁山文外》卷二）。賦詩：《題雲臺峰》二首（《翁山詩外》卷二）、《題王丈華陰書閣》、《贈張文谷孝廉》、《布政張公挽歌》（《翁山詩外》卷三）、《題衛叔卿博臺》（《翁山詩外》卷四）、《玉女峰觀洗頭盆作》、《題王山史獨鶴亭》、《飲王氏漱園醉賦》、《丙午夏日將同李天生之雁門道過蒲城飲米侍御園亭即事有賦》、《田三丈席上歌》、《繁峙道中贈趙侯蒼篆》（《翁山詩外》卷五）、《答天生》、《述昏》四首、《同陳子遊物五臺作》二首、《唐晋王祠墓》三首、《晋祠》二首、《將遊五臺宿繁峙客舍作》、《三原題杜子草堂》、《答王六惠葛巾》、《送魯人劉六茹入華山兼寄彭范二道者》、《慰劉六茹病》、《別王十二杜五之作》、《流曲訪張孝廉文谷　流曲在富平》、《涇陽訪王大春》、《攜姬遊華山賦贈》、《詠唐晋王》、《頻陽紀夢作》三首、《忻口》、《席上賦得梅花爲陳正子壽》二首、《答毛子霞》二首、《過太原傅丈青渚（主）宅賦贈》二首（《翁山詩外》卷七）、《臺懷》（《翁山詩外》卷八）、《塞上逢李武曾》（《翁山詩外》卷十）、《送顧寧人》、《華山作》、《雪晴嶽頂眺望》、《杜曲謁杜子美先生祠》、《送張子之山西》、《望晋恭王園》、《章臺》、《西來》、《華陰贈藺生》、《和劉六茹登華》二首、《華嶽百韻》（《翁山詩外》卷十一）、《西安別沈太史　有序》、《題王三丈手蓉閣》（《翁山詩外》卷十四）、《題箕山石上》、《贈長安田十五》、《醉溪》（《翁山詩外》卷十五）、《華山頂諸水》二首、《簡華陰子》、《華陰二蓮歌》十首、《代夢姬》二首、《寄王山史》、《杏灣》、《樂遊原上尋終南隱者不遇》、《南霍山道中》、《華遊口號》二首、《華山下二泉》、《春日仙寒草堂作》（《翁山詩外》卷十六）、《登慶善寺閣　三原城西》（《道援堂詩集》卷六）、《送寧人先生之雲中兼柬曹侍郎》（清沈岱瞻纂《同志贈言》，見《亭林遺書彙輯》附錄）。填詞：《念奴嬌·潼關感舊》（《翁山詩外》卷十八）、《滿庭芳·蒲城惜別》、《百字令·柏林寺內有唐晉王祠吊之》、《過秦樓·入潼關作》、《柳梢青·三原春日作》、《憶漢月·華山玉井作》、《酒泉子·三原元夕》二首（《翁山詩外》卷十九）。

本年梁佩蘭、陳恭尹、陳子升於里居間相唱酬。（《中州草堂遺集》卷首梁佩蘭序）

本年新城王士禛賦《周量近耽弈甚以詩調之並示湘北檢討》七絕婉勸程可則，又賦《送隱巘道人之五臺繹堂周量苕文湘北同作二首》五律詩。（王士禛《帶經堂集》卷十九《漁洋詩十九 丙午稿》）

本年饑，陳大績減價糶穀千五百石。

陳大績，字乃慶。歸善（今惠州）人。諸生。篤友愛，好施與。康熙五年（一六六六）饑，減價糶穀千五百石。二十一年饑，捐五六百石，按戶散鄉里。三十六、三十七年大饑，斗穀銀二錢，家已無廩儲，猶採糶遠方以賑之。知縣陳哲旌以"尚義先聲"。（乾隆《歸善縣志》卷十四）

本年碧江梁氏復延方顥愷（釋成鷲）居師席。顥愷時方以道學自任，復館二年，所講求者皆濂洛關閩之學。（釋成鷲《紀夢編年》）

本年海幢寺始建殿宇。（《番禺縣續志》三十六王令《鼎建海幢寺碑記》）釋池月[1]、釋今無得官方資助建成大雄寶殿。該殿寬三十五米、高七點五米。還在其右角建地藏閣，並鑄幽冥大鐵

---

[1] 釋今無《光宣臺集》卷六有《池月耆舊五十又一壽序》云："海幢之爲海幢，視池月則爲前矛，爲始基經營規畫，揮汗盈石。予繼先人席，幸得棲遲，歲增月補，行將韙之。"又《光宣臺集》卷十八有《壽池月五十又一》五律詩，其下隔一首詩即《己酉端陽前五日喜汝得侍者歸自陵陽吉水因作四十字》五律。

鐘。次年又大興土木建藏經閣、天王殿、韋馱殿、伽藍殿等。而藏經閣比大雄寶殿更雄偉，閣寬四十五米，碧瓦朱甍，侵霄爍漢，蔚爲壯觀。後相繼建成叢觀、西禪、鏡空、松雪、悟閑、畫禪等堂宇及其他僧舍、亭、宮等二十三座建築。將早期所建佛堂、准提堂改成客堂，環以回廊。（《廣州市志》）

本年釋今從薙染。

袁良牧於本年中亞元。

袁良牧，連平人。康熙五年（一六六六）中亞元，授湖廣衡山知縣。任內省刑薄賦，士民愛戴。致政，士民遮道攀送。（《連平州志》）

趙德於本年中舉人。

趙德，字劬圓。順德人。宋商王後。康熙五年（一六六六）舉人，初授猗氏令，遷鄧州刺史。年甫六十，以老乞休。著有集六卷。事見黃登《嶺南五朝詩選》卷九。

熊夢龍於本年中舉人。

熊夢龍，字願述。興寧人。康熙五年（一六六六）舉人，官遷安知縣。受于成龍賞識。事見胡曦《梅水匯靈集》卷二。

湯命夔於本年中舉人。

湯命夔，本姓梅。新寧人。康熙五年（一六六六）舉人，官貴州新貴知縣。尋致仕，教授於鄉以終。吳道鎔《廣東文徵作者攷》卷七有傳。

黎同吉於本年中舉人。

黎同吉，歸善（今惠州）人。康熙五年（一六六六）舉人，官四川中江知縣。卒於官。著有《資治通鑑節要》。（阮元《廣東通志》卷二九一）

張士演生。

張士演（一六六六～一六八七），字濟遇，號易徒。東莞人。康熙四十四年（一七〇一）舉人。官山東濰縣令。卒於任。有詩傳世。（宣統《東莞縣志》卷六七）

清聖祖康熙六年 丁未 一六六七年

春，東安縣知縣韓允嘉有七律詩見贈，張穆和答。（《鐵橋集》頁三九《瀧邑韓侯蝸石承詩見贈和答》有"春滿河陽花競妍"句）

屈大均偕富平田子、清宛二陳子遊白仁巇。（《翁山文外》卷一《遊白仁巇記》）

梁佩蘭應會試，落第。（《清秘述聞》）在京交王士禎、汪琬、劉體仁、李天馥、錢芳標。佩蘭與程可則同遊西山（今北京香山），士禎有《送周量同梁芝五遊西山》七古詩送之，後士禎又賦《同沈繹堂程周量題項參政倦鳥亭圖是戴務旃畫三首》五律詩。（王士禎《帶經堂集》卷二十《漁洋詩二十 丁未稿》）

釋函是於丹霞賦詩多首：《春日登山門石閣》、《送澹歸行化五羊》、《寄海幢首座》、《寄雷峯諸衲》、《春雨》、《子規》、《對花》、《種桐》、《南雄陸太守孝山書至卻寄》、《贈陸亦樵》（以上七律）

釋函是又賦《悼離言》詩云：

夢里猶驚久病身，老榕窗北已無人。難留去影思曾住，想見新苔長舊痕。生死豈惟千里隔，合離深恨一冬頻 離言病篤，時適予上丹霞，開春便得訃音。道情盡日傷流水，誰向長江問古津。（釋函是《瞎堂詩集》卷十二）

正月初一日，張穆居石鱗山，有詩遣興。（張穆《鐵橋集》頁四二《山中元日》）

同日，釋函是與諸禪侶於丹霞遊江，賦《丁未元日與諸衲泛舟江上》詩云：

梵王宮在碧峯頭，初日迎春瑞氣浮。香散紫霞歸洞壑，鐘搖松響出江流。欲看金闕參差影，共泛晴川汗漫舟。回首畫圖丹嶂外，何人乘興晚悠悠。（釋函是《瞎堂詩集》卷十二）

海幢丁未元日，釋今無陞座説法。（釋今無《光宣臺集》卷

三）

人日，屈大均在雁門，梁佩蘭有《寄懷屈翁山客雁門》二首。（梁佩蘭《六瑩堂集》卷二）大均亦有《初春代州作》詩云：

二峪冰猶壯，三關草欲薰。積陰開白日，春色散黃雲。帳小爭人合，沙平獵馬分。武皇諸樂府，遺響在羅裙。（《翁山詩外》卷五）

十五日上元夜，釋函昰賦《元夕》詩云：

山中歲月無新舊，攬景隨人樂事仍。泉落石聲調玉管，月移雲影暗春燈。早鳥喚林千嶂綠，夜猿啼雨一江澄。人間物序憂遲暮，只有閒情屬老僧。（釋函昰《瞎堂詩集》卷十二）

夏，朱彝尊過雁門（朱彝尊《曝書亭集》三一《與顧寧人書》），屈大均送至靈武。

四月，釋今無訪李貞於寶安，時謝長文亦往依貞，別，釋今無賦《贈李定夫》詩贈之：

予與定夫別三年所矣。丁未四月一遊寶水，訪定夫不值，明日定夫覓我筐村，亦不值。及暮而遇諸塗，定夫科頭跣足，渥丹其顏，磊落之氣不少衰，相與愀然今昔者久之，別歸，以詩和之。

三年草草別離中，兩地茫茫別緒同。城角暮雲堪著地，天涯高興忽凌空。多情老友能相向　時謝伯子以八十依於定夫，故云，閱世新詩自易工。此別車塵飄十丈，磬聲又隔海門東。（釋今無《光宣臺集》卷二十）

初八浴佛日，釋今無陞座，眾禮畢。師云：“移南山，掛北斗，滄溟見底癡龍走。釋迦老子不下生，分付子湖莫畜狗。孟嘗門下客三千，要撒珍珠便一斗。”良久云：“雖然如是，不及淨名杜口。”下座。

十六日結夏，釋今無陞座說法。

六月，釋函昰賦《棲賢舍利塔　有序》詩云：

康熙六年丁未夏六月，在家門人古薪唐鬱文從燕邸南還，過匡山棲賢，持西堂石鑑覘子書，報本夏四月初旬於石橋之西麓下得舍利無數，極大如豆，極小如菽，皆五色瑩徹。玻璃瓶載以瓦函，函上小石刻"皇宋咸平庚子歲建此舍利塔"十二字。因無佛世尊字，疑爲諸祖、善知識闍維所獲。向傳佛舍利有五色光燦，鐵椎，上下俱陷，餘即不及。迺大慧禪師親見，真凈文公與佛無異，此爲不可辨識。余謂辨在石刻單寫舍利塔字，若諸祖及善知識，則應寫某禪師舍利，此爲佛無疑也。蓋耶舍尊者自西晉負鐵金輪至，明天啟間歸宗半偈因修塔愾出舍利，此在宋咸平之後。然耶舍來匡山，曾駐錫數載，安知無隨身供養，別請作塔者。又鐵輪阿育王建八萬四千塔，役使鬼神一日一夜，分置國土。按神州所造，入八萬四千數，惟十九處。而道俗興福分建，亦何能測量。且佛法東流，神僧攜來，其不及書載，殆無紀極。神異出興，應有時節。殘碑斷碣，經兵火荒蕪，終難埋沒。今棲賢適當其運，宜盡誠莊嚴新塔，仍奉藏其中。函昰謹稽首載緣起，並作詩以頌。詩曰：

　　佛性甚光明，能破一切暗。佛性甚堅利，能斷一切物。流被千百骸，結成五色珠。表此堅光體，法化無有二。念我遺教者，睹珠如佛在。一粒細如菽，供養福無異。況聚千萬珠，瞻仰發凮慧。極果攝微因，感應通心臂。佛是已成佛，我是未成佛。果即在因中，當念無終始。我以此一心，供養諸如來。獲睹佛真身，朝暮常頂禮。金輪觸神光，三十年於此。今復聞棲賢，古塔示瑰異。將建窣堵坡，作詩寄千里。佛身不可讚，我讚非言句。願佛鑑我心，與佛身無極。遂我今日願，心光澤營衛。有理必有事，本舉末自至。廣及諸未來，學佛到佛地。（釋函昰《瞎堂詩集》卷三）

　　月朔，釋今無陞座説法。

　　七月十六日既望解夏，釋今無上堂説法。（釋今無《光宣臺集》卷三）

　　同日，釋今無賦《歡喜歌》七古長詩，序云：

　　七月既望，歡喜日也。匡山佛舍利泉湧而出，歡喜音也。予雅欲爇銅範金爲丈六之塔，有菰蘆弟子者，於是日來滿我莊嚴之願，歡喜事也。遂作《歡喜歌》以貽之。（釋今無《光宣臺集》卷十六）

釋今無又賦《送吼萬維那慧均典客請佛舍利於棲賢》四首、《喜吼萬慧均二公從匡廬奉佛舍利還》四首。（以上七絕）（釋今無《光宣臺集》卷二四）

秋，梁佩蘭南歸，程可則有《雨中懷梁藥亭》詩送之（《海日堂集》卷一）。舟至北江，遇方殿元北上（《九谷集》卷四《北江遇梁藥亭歸舟風急流使不得停棹悵然賦此》）。抵里，何鞏道有《問梁藥亭下第》詩（《粵東詩海》卷六二）。

陳上年所任雁門兵備道裁缺，屈大均有《送別祺公先生》五首（《翁山詩外》卷六）。李因篤攜家返秦，大均有《送李天生歸陝西序》（《翁山文外》卷二）、《送天生》詩三首（《翁山詩外》卷六）、《再送天生攜家自代返秦》三首（《翁山詩外》卷五）。

秋，通政谷電非統師海上，襥襪間有異光纏繞，後釋今無爲賦《瑞光歌爲谷電非作》七古長歌，序云：

電非谷通政之入粵也，龍驤鳳翥，令名籍籍，予於常大將軍玉帳中數數談心，遂成法喜。丁未秋，統師海上，笑語落重溟，鬚眉照碧漢，電非甚壯也。忽一夜，襥襪間有異光纏繞，久而不散，觸之鏗然作金玉聲，疑佛舍利慶企福庇，八閩鄭子野臣爲作記，歸以眎余。電非將出海時，與予同作水陸會，然十萬燈，佛事莊嚴，一時稱最。余曰：「此乃子之真誠感應，冥孚以金蓮赫奕之光結而爲襥襪之異。」爲作瑞光歌以貽之，且祖其行。（釋今無《光宣臺集》卷十六）

八月朔，屈大均自代州東門經易州、涿州入北京（《翁山文外》卷一《自代東入京記》）。途經陰山，填《滿江紅·陰山道中》（陳永正《嶺南歷代詞選》七六頁）。視鍾淵映病，淵映已先兩月卒，銘其墓返。（《翁山文鈔》五《鍾廣漢墓誌銘》）

中秋前五日，釋函昰遊丹霞山，宿片鱗巖，賦《中秋前五日與諸衲宿片鱗巖》詩云：

偶共尋涼過露臺，追歡更上片鱗隈。依巖掛屋千峯頂，繞壁橫空一徑開。夜靜鐘聲從地起，月寒秋色自天來。休將此夕疑他

夕，幾轉幽懷到劫灰。（釋函昰《瞎堂詩集》卷十二）

秋杪，張穆返東莞，時知縣鄭向解組北上，邑人集詩書畫冊，穆賦七律詩。

九月，何仁隆六十一生日，穆寫《竹枝小鳥圖》冊頁爲壽。（番禺汪氏藏本，題識："鐵橋張穆寫"）

屈大均自京返代，決意南歸。程可則有《送屈翁山歸里》六首（程可則《海日堂集》卷三），大均亦有《將從雁代返嶺南留別程周量》五律詩八首。（屈大均《翁山詩外》卷五）

初九日重陽，釋函昰賦《九日》詩云：

年年此日在高山，更不登臨但倚欄。百歲定知黃菊在，一瓢且對白雲寒。雁辭玉塞空秋草，犬吠霜鐘起夜壇。底事暫隨吟望處，風流不與夕陽殘。（釋函昰《瞎堂詩集》卷十二）

同日頃，釋今無作《許母胡太孺人六十又一壽言》。（釋今無《光宣臺集》卷五）

冬，陳遇夫年十一，始學爲時文。〈陳遇夫《涉需堂文集·涉需堂書義序》，由此可推知遇夫當生於順治十四年（一六五七），年七十一卒，當卒於雍正五年（一七二七）〉

十月，張穆復寫《垂柳繫馬圖》贈行。（《鐵橋集》頁三七，《廣東書畫錄》頁五五，詩後附識："丁未秋杪，還自瀧水小詩感別，張穆具草。"又題圖云："丁未孟冬寫，鐵橋張穆"）

冬至，釋今無升座說法。

除日，釋今無於海幢寺上堂說法。（釋今無《光宣臺集》卷三）

本年釋澹歸有送張穆還瀧水詩。①

本年博羅知縣胡大定移官河南鄧州，張穆繪畫二葉贈行。

①　《徧行堂集》卷三七《送張穆之還瀧水》，並見《投贈集》頁二。本年秋自瀧水返東莞，陳融《顒園詩話》云："丁未自廣州起歸丹霞，戊申（一六六八）元旦始付法偈。"知此詩於本年作。

（廣州市美術館藏《胡邑侯移官去思册》，一爲《小鳥竹枝圖》，題識："鐵橋道人。"一爲《枯樹獨驥圖》，題識："丁未孟冬，寫於萬軸堂，羅浮張穆。"是册尚有釋今無、釋今覯、陳恭尹、高儼諸人皆不書上款。唯唐鬱文、釋古亳稱之爲正翁。）

　釋古亳，字月旋，海幢解虎錫公之子。齠齔從頂湖棲壑和尚落髮受具。遷住海幢，執侍阿字今無大師丈室，尋爲典客。父子皆以勤勞著，敏慧出群，氣宇軒豁，人樂與之遊，雖貴遊傲誕，能以理調伏。工水墨蘭石，每踞地灑水學習。惜早蛻不能究道，爲可悼也。清徐作霖、黄蠡等《海雲禪藻集》有傳。

　本年釋今無《羅浮書院碑記　代》言及大定事，明言其於康熙九年（一六七〇）擢雲南鄧川州牧，乾隆《博羅縣志》卷五《秩官》亦言大定"陞雲南鄧川知州"，與汪宗衍《張穆年譜》所言於康熙六年十月擢河南鄧州炯然有異，汪譜所言有誤。（釋今無《光宣臺集》卷七）釋今無又作《送博羅胡正庵明府晋秩雲南鄧川牧歸覲隴州序》。（釋今無《光宣臺集》卷六）

　本年屈大均作文：《自代東入京記》（《翁山文外》卷一）、《遊白仁巖記》、《鍾廣漢墓誌銘》（《翁山文外》卷五）、《王予安先生哀辭》（《翁山文鈔》卷十）。賦詩：《寄贈高博羅》（《翁山詩外》卷三）、《茶窩口》（《翁山詩外》卷五）、《廣昌》、《浮圖峪》、《紫荊關》、《平城》、《將從雁代返嶺南留別程周量》八首、《贈別顏修來》二首、《平刑》二首、《武靈王墓》、《別阮亭》三首、《別錫鬯》（《翁山詩外》卷六）、《重賦梅花爲陳伯子壽》（《翁山詩外》卷八）、《紫荊關道中》（《翁山詩外》卷十）、《重過易水》、《燕臺秋日別繆天自之雁門》（《翁山詩外》卷十一）、《涿州曲中贈朱十》（《翁山詩外》卷十六）、《攜晁四美人出雁門關送錫鬯至廣武》（《道援堂詩集》卷七）。填詞：《唐多令·閱秀水朱竹垞寄静憐》（《翁山詩外》卷十八）。

　本年廖麒徵參修縣志。

　廖麒徵，字生明，號朔浴。龍門人。性和厚，恤貧周急。晚年

以貢熱任廉州府訓導。卒年八十七。（咸豐《龍門縣志》卷十三）

本年釋函昰六十歲，賦《青松篇》詩云：

我年已六十，黃花開未殘。落木風初勁，澄江月正寒。所與
共千峰，青松當露溥。霜重百卉枯，蔥鬱猶可觀。桃李競芳晨，
斂容若盤桓。而非黜繁華，意在三春前。而非樂枯稿，庭葩無久
鮮。拳曲蔭崇臺，廊落宇宙寬。揮杯就清影，頗覺形骸安。遠近
呼良朋，坐久生夕煙。此樂不可說，說樂豈其天。歲月忽自知，
俯仰良欣然。我樂與他樂，不離松樹邊。各各起奇情，安得不忘
年。（釋函昰《瞎堂詩集》卷三）

本年釋今再建無著庵於廣州小南門之麗水坊。（《番禺縣續
志》王令《鼎建無著庵碑記》）

本年釋澹歸赴廣州，旋歸丹霞山。時南雄米貴，許文趾兩饋
白米，釋澹歸以日啖不滿五合，殆足半年糧，作詩謝之。又祖秀
庭饋白米一盤，作薄粥之用；其孫殿臣繼饋白米一盤，師以爲異
數，亦作虞美人詞謝之。（《徧行堂續集》十六）有送張穆還瀧水
詩。（《鐵橋投贈集》）

曾榮科於本年（一說於康熙三年）中進士。

曾榮科，字玉峰。興寧人。康熙六年（一六六七）進士，官
昆山知縣。著有《玉峰刪稿》一卷、《曾玉峰先生文存》。事見胡
曦《梅水匯靈集》卷二。

馮應魁於本年成貢生。

馮應魁，始興人。康熙六年（一六六七）歲貢，任徐聞司
訓。署理縣事一年，政簡刑清。（民國《始興縣志》卷十二）

清聖祖康熙七年　戊申　一六六八年

本年山東巡撫周有德升兩廣總督，漸寬遷海令，默許展界復
鄉。（龍鳴《清初儒臣陳璸在臺灣》一八頁）

春，釋澹歸至南雄。（《越秀集》）

元旦，釋函昰付釋澹歸、釋今壁大法並示偈。釋今壁與釋澹

歸同日付囑，作《酬澹歸法兄見贈之作　時同付囑》七律。（徐
作霖、黃蠡《海雲禪藻集》卷一）

　　釋今壁（？～一六七一、一六六八），字仞千。東莞（一作
寶安）溫氏子。弱冠出世鼎湖。聞釋函昰倡道雷峰，徒步歸之。
屢呈所見不契，尋於丹霞侍寮一言之下知解盡脫。康熙七年（一
六六八）元旦，與釋澹歸同日付囑，爲天然函昰第五法嗣。三十
四年（一六九五）冬，分座海雲任西堂。未幾示寂。著有《西堂
語錄》。光緒《廣州府志》卷一四一有傳。

　　元日，釋今無陞座，眾禮畢。驀豎拂子云：“若向者里會得我
此國土民豐物阜、家富人饒，不特此國土如是，他國土亦如是，乃
至十方無量他國土亦如是。一切聖法財，一切功德聚，皆從今日
生，無有不生者。”復豎拂子云：“看看觀音菩薩，放下手中鯉魚，
原來是鎮州大蘿蔔。”下座。（釋今無《光宣臺集》卷三）

　　初四日，方爾止恭謁孝陵，賦感懷詩，後屈大均賦《奉題方
爾止戊申年正月初四日恭謁孝陵感懷詩後》詩云：

　　亦有春秋在，書王未敢傳。可憐正月淚，重灑戊申年。白髮
陪官使，青山拂御筵。威靈空想像，拜手玉衣前。（屈大均《翁
山詩外》卷六）

　　人日，屈大均於雁門，梁佩蘭有《寄懷屈翁山客雁門》二
首。（梁佩蘭《六瑩堂集》二）

　　三月，顧炎武以萊州黃培詩獄牽連，下濟南府獄。李因篤走
燕中急告諸友，屈大均亦至。因篤有《夏日芝麓先生招同伯紫翁
山諸君夜飲西院別後追憶前遊奉寄五十韻》、《夏日過紀高士伯紫
齋中留飲同翁山三十韻》。（《受祺堂詩集》卷十、卷十三，《亭
林詩集》卷四）

　　屈大均、何絳於程可則寓齋識李良年，歡宴累月。[1]

---

[1]　《秋錦山房集》卷三《宿程農部周量寓齋憶戊申之歲同屈翁山何不偕於
此歡宴累月忽忽二載作詩呈農部需便寄二子》。

大均返代州，欲從代州返回嶺南。①

三月晦日，新城王士禛賦《三月晦日公勖召同曰緝玉虬茗文周量玉隨翼蒼湘北子端集河樓得絶句六首》（王士禛《帶經堂集》卷二十一《漁洋詩二十一 戊申稿》），其二尾注云："順治乙未春曾與諸公宴集此樓"。

夏，陳恭尹夫人湛氏卒。（《獨漉堂詩集》卷二《增江後集小序》、《獨漉堂文集》卷十三《祭室人湛氏文》）屈大均賦《陳恭人輓詩　恭人湛氏，前金吾陳恭尹之配》五古詩五首。（屈大均《翁山詩外》卷一）

釋今無賦《戊申夏日喜張百庵中秘過訪卻贈即送還朝》五律詩三首。（釋今無《光宣臺集》卷十八）

四月十六日結夏，釋今無於海幢上堂説法。

六月初一日，釋今無上堂説法。（釋今無《光宣臺集》卷三）

秋，屈大均女阿雁生，字曰代飛。甫四十七日，王華姜繦褓以出雁門，歷云中、上谷，逾軍都關。至京，欲少淹留，以候春暖，華姜不可，於是買舟從天津南下。至濟寧，復捨舟而陸。雪深泥滑，二騾駕大車，匍匐不前，大均數下騎推車。歲逼小除乃渡江，止秦淮而休。（《王氏行略》）

秋，平湖趙佃遊粵，爲同鄉釋澹歸詩集作序。（釋澹歸《徧行堂集》卷首）

七月，大水，程可則葺北京廣州會館圮毀，費銀百五十有奇。（程可則《海日堂集》卷六《重修廣州會館碑記》）

立秋日，悟止尼年近八十圓寂，後釋今無爲作《悟止尼像讚梁君相居士請》云：

一串珠，一聲佛，修行有二十年之緣，世壽近八十秋乃畢。德山頂頭，登沙彌戒之壇；海幢寺邊，進菩薩戒之上。於戊申立秋之時，月落星橫，神光蕩漾。不在他處馳求，總在此中迴向。

---

① 《翁山詩外》卷五《將從雁代返嶺南留別程周量》。

一念净而無塵，五福備而不享。正好留與孝子慈孫，永在北堂供養。（釋今無《光宣臺集》卷十二）

解夏（十五日），釋函昰付釋今辯大法。（徐作霖、黄蠡《海雲禪藻集》卷一）

十六日，海幢七月解制陞座，釋今無陞座，眾禮畢。豎佛子云："還見麼，向者里見得虛空著線還悟麼？向者里悟得，雖新亦故。大眾既知如是簡易俊快，昨晚燈燭輝煌時、梵磬交響時，錯過多少。不惟於者里錯過，且從四月十六日直至九十日中，亦錯過多少。且道正當今日七月十六日，還有承當者麼？分明一幅瀟湘境，莫認衡陽歸雁圖。"下座。

八月，釋今無作《丹霞天老和尚古詩序》。（釋今無《光宣臺集》卷五）

初二日，屈大均攜家北行，至昌平州，謁長陵以下諸陵，遂入京。（屈大均《翁山文外》卷一《自代東入京記》）旋買舟直沽，至濟寧，乃捨舟而陸，逼歲除，渡江至秦淮。（屈大均《翁山文外》卷一《繼室王孺人行略》）

十六日，張穆寫設色《馬猴圖》軸。（《廣東書畫録》頁五五，題識云："戊申中秋後一日，鐵橋張穆。"）

九月，釋澹歸自螺川歸，時丹霞下院龍護園已將落成。（《越秀集》）

九日重陽，謝元汴招同宜興史樵巖、仁和宋右侯、慈溪馮子重、史伯仁、陳克裴集韓祠登高，陳衍虞賦《戊申九日謝霜崖同年招同宜興史樵巖仁和宋右侯慈溪馮子重史伯仁家克裴集韓祠登高 二首》（陳衍虞《蓮山詩集》卷十三）。

秋杪，李慧庵約張穆諸人遊廣州白雲山蒲澗，有詩紀之。（《鐵橋集》頁三六《秋杪李慧庵招遊廣州蒲澗同胡約庵吳錦雯兩司理沈甸華朱公是李方水伍仲樞諸友》）

冬，程可則族子應卿來就可則京師，言滁濤文學已即世。後可則爲作《新安程滁濤文學誄辭》。（程可則《海日堂集》卷七）

　　釋函昰囑釋今覞代往福州長慶寺①，臨別示詩。釋函昰《瞎堂詩集》卷十二有《戊申冬日屬西堂石鑑代主長慶臨別示此》詩云：

　　十年未弛吾師擔，三請深慚居士心　林孔石有劄促余。多爾逆撐曹洞水，爲余雄據大潙岑。先宗斷續寧論後，古道淩夷直賴今。千里臨風無別語，罋頭黃葉慎知音。

　　釋函昰又賦《石長老入閩已有別句臨行再書扇頭二首》七律。（釋函昰《瞎堂詩集》卷十二）

　　釋今無賦《送石鑑覞弟領衆住怡山》七古長詩。又賦《戊申冬舟過英州阻風追憶行役之難因賦北風篇》詩云：

　　一年辛苦事，欲暫息舟中。買船上水撐逆浪，不吹南風吹北風。北風怒號船頭裂，北風怒號牽枝折。出門便得羈旅愁，人生那可輕離別。我聞灩澦堆難平，巴字猿聲不可聽。少年未肯尋常老，山川雖險心猶橫。又憶當時瀚海歸，寒沙萬里無征衣。黑海海水與天瀾，心知入水終難活。不道悲涼雪窖來，卻含鬱抑無人說。即使鞭驢走幽薊，易水流澌風透袂。冷人莫過五更霜，懸鶉已見三年敝。北風北風於我親，八歲流離已苦辛。至今所歷三十載，日夜徬徨驅心神。人生學道存安逸，吾道蕭蕭悲白日。君不見德宗懶瓚呼不起，縱有北風吹何益。（釋今無《光宣臺集》卷十六）

　　南雄太守陸世楷同闔郡諸宰官招入華林，釋函昰賦《南雄陸太守同闔郡諸宰官招入華林》詩云：

　　宰官招我下重關，柳栗橫肩自去還。愛聽三車遲近院，曾先五馬入深山。風流況有宗雷竝，雲外偏宜皎貫閒。願見久忘朱戶

---

① 長慶寺又名西禪寺，位於福州西郊怡山，爲福建五大禪林之一。據《三山志》記載，南朝梁方王霸渡江入閩，宿棲怡山練丹修仙，每遇饑荒歲月，便金運米食貧者，後得道成仙。唐貞元間觀察使李若，在其居住處修建冲虛觀。唐咸通八年（八六七）觀察使李景溫捨大安禪師來居首開法席，定名爲清禪寺，住僧三千人，後改延壽寺。五代後唐長興年間，閩王王延鈞更名長慶寺。

貴，麻衣高座鬢毛斑。（釋函昰《瞎堂詩集》卷十三）

　　時龍護園落成，爲丹霞下院，釋函昰賦《龍護園》詩云：

　　太守新修別院深，遥分衹樹落城陰。官閒喜傍煙霞蹟，僧僻慙牽纓冕心。定化絃歌成佛國，已將鐘梵入名林。谿壇曾見聞樺者，空谷寧愁金玉音。（釋函昰《瞎堂詩集》卷十三）

　　未幾還丹霞，有《還山留別陸太守》詩云：

　　真成一日堪千載，太守高懷豈偶然。揆蹟直深塵劫外，論心須憶古皇前。香花已見當年事，雲水還期後日禪。歸棹未應愁此別，石門遥望夕陽邊。

　　又有《歸舟晚望》七律。（釋函昰《瞎堂詩集》卷十三、《海雲禪藻集·今端傳》）

　　十月孟冬，釋己虛自公行年六十又一，張穆之爲作《始旦圖》，祝其如始旦之升而未既也。釋今無爲作壽序。（釋今無《光宣臺集》卷六《己虛師六十又一壽序》）

　　十四日，釋函昰六十又一示生，作《六十一詩十四首　有引》七律自賀（釋函昰《瞎堂詩集》卷十二），釋今無至丹霞撰序並詩奉祝（釋今無《光宣臺集》卷三、卷六、卷二四），釋澹歸作解連環詞爲壽（吳天任《澹歸禪師年譜》）。釋今無賦《戊申初冬望前一日本師天然老和尚六十又一示生人天胥慶華梵交響恭賦律言敬致末祝》五言排律詩云：

　　五葉回春綠，雙輪導暝流。寶壇高宿將，芳軌正中區。盛世材偏美，名山跡屢投。圓音通十域，至德仰千秋。洞水天潢濬，宗風地軸留。一麟孤玉角，四海集金彪。慧刃回煙水，神針貫斗牛。選官江右近，遊岳尚平羞。聖諦凋人爵，囂塵惜馬頭。閱人懸至鑑，據座得真吼。性相融相攝，行藏自可求。坐深喧鬪蟻，機潤覺鳴鳩。逗月苔煙少，藏鶯雪樹稠。沿流拋楚玉，礱石轉吳鈎。雷震山常響，花明筆盡收。急湍抽蚌腹，傑石駕龍樓。道泰澆風隱，巖高瑞氣浮。絳霞騰翡翠，白塵傲王侯。初地稱韶石，重來即鄧州。鳳林存眼目，狐徑鏟戈矛。力勁迴瀾柱，風嚴狎水鷗。入城卑俗降，及室弛心偷。白石饒清露，彤雲護緑籌。松枝生珀軟，栢葉應機抽。憑檻知無際，扶筇豈有侔。靈峯猶隱隱，貝葉自颼颼。側仰孚慈力，群趨慶鶴儔。披珠慚異掌，飲乳咽乾喉。一偈稱難盡，三回匝未休。梅花呈曙色，此意獨悠悠。（釋今無《光宣臺集》卷二四）

同日，於丹霞爲天然老和尚祝壽陞座，釋今無陞座説法。（釋今無《光宣臺集》卷三）又爲釋函昰作《丹霞天老和尚六十又一示生頌》云

巖巖泰山，既温且哲。機圓道擴，獅吼獸裂。鳌剔厖倫，辟咡英傑。金簇弸彪，出我舊楔。（其一）

妙道耿光，正不貴盛。我師振之，厥宗是慶。靡朕靡兆，聾賢瞽聖。袖滿摩尼，握輪寶鏡。（其二）

雷震於嶽，四海知還。非煙溪流，若月松間。博大盛備，易仰難攀。啟我後人，春滿嵩山。（其三）（釋今無《光宣臺集》卷十二）

歲暮，釋函昰賦《歲暮》詩云：

就隱丹峯幾臘殘，昨隨人去四旬還。夕寒鶴自歸松頂，月落雲仍到竹關。萬里客鄉知歲盡，一天風雨待春閒。孤懷淼淼誰堪共，獨拄桄榔吟上山。（釋函昰《瞎堂詩集》卷十三、《海雲禪藻集·今端傳》）

除夕日，羅萬傑賦《戊申除夕示諸道友》詩云：

空驚華髮逐年陳，又遇寒巖一度春。屋角梅花香入座，尊前栢葉味宜人。家風好共安冷澹，歲月何須判舊新。榾柮滿爐消永夜，夢魂不到鱷江濱。（羅萬傑《瞻六堂集》卷上）

同日，釋今無賦《姚梅長陵陽江左遊三年戊申除夕始還海幢度歲後乃歸豐湖喜從望外因賦五十六字》詩云：

喜見征塵拂草廬，三年無計覓雙魚。消殘舊夢看春入，讀罷新詩便歲除。九子雲煙吟興濶，五陵霜雪世情疎。鵝湖夜月能明否，歸去還當重寄予。（釋今無《光宣臺集》卷二十）

　　除日，釋今無於海幢陞座，眾禮畢。師云："不可去而去謂之歲除，不可來而來謂之元旦。不可去而去，無有去相；不可來而來，無有來名。是海幢拄杖子，孟八郎嫌他性躁，黑李四怪彼頇瞞。大鵬展翅，橫蓋十州；神魚乘風，直搏九萬。豈知昨夜阿修王法戰不勝，躲在藕絲孔中沒有一點氣力。大眾還知麼？普天春色來茲地，只要時人著眼看。"下座。（釋今無《光宣臺集》卷三）

　　本年頃沈昀訪張穆之東溪草堂，留宿，以詩見贈，穆亦有詩送其回寧波。（曾燦《過日集》卷三沈昀《宿張穆之東溪草堂》，《鐵橋集》頁四八《送沈朗思還東海》）

　　本年屈大均作文：《自代北入京記》（《翁山文外》卷一）。賦詩：《橐駝行》（《翁山詩外》卷二）、《沙河》四首（《翁山詩外》卷五）、《昌平道中》二首、《銀錢山》、《金山》、《居庸》四首、《岔道》、《龍虎臺》、《八達嶺》、《宣府作》二首、《烏金》、《雲州秋望》、《答阮亭》、《武安君廟》、《答杜子》、《保定重別陳少參》三首、《留別陳正子》（《道援堂集》卷四）、《將從潞河南還賦別劉吏部》、《天津夜泊》、《寄何子》、《送楊職方使安南》、《送陳氏兄弟還清苑》四首、《送別祺公先生》五首、《愁》、《贈內》、《別倪生》、《西苑》、《經鞏華城》、《沙河悵望》、《天壽》八首（《翁山詩外》卷十）、《西山口攢宮　三首》、《金山口恭謁天下大師墓》、《平臺　在天壽東山口內一里，成祖嘗駐蹕焉。嘉靖十五年，命作亭於上，名曰"聖蹟"，十七年四月，駕幸平臺，祀成祖於亭中》、《宣府道中》、《宣府弔古》、《望雲州》、《弔寧武周將軍》、《岔道》、《題雞鳴驛》、《詠葛稚川贈內》、《居庸》、《賦得明年四十髮蒼蒼》、《陽方口》（《翁山詩外》卷十一）、《銀山》、《留別傅應州》（《翁山詩外》卷十三）、《遼宮詞》（《翁山詩外》卷十四）、《黑圪塔》（《翁山詩外》卷十五）、《別傅應州》四首、《山陰作》、《別胡使君》二首、《雲州贈俞右吉》、《枳兒嶺》、《雁門七夕即事》六首、《豹突泉》、

《沙河》、《上都》五首（《翁山詩外》卷一三）。填詞：《應州道中》、《意難忘·自宣府將出塞作》、《滿江紅·山陰道》（《翁山詩外》卷一八）。

本年王煒撰《屈翁山紀行序》（王煒《鴻逸堂集》），方文有《題屈翁山詩集》二首（《嵞山續集》卷三）。

廖燕《二十松堂集》卷八《漁夢堂集題詞》："余棄制舉業而專攻詩古文詞，歷三十載於茲，今已五十有五。"則燕之棄舉業專攻詩古文詞當在本年後。

本年陳恭尹移家西歸，賦《移家西歸留別湛克正克茂外弟兼柬同人　二首》七律詩。（陳恭尹《獨漉堂詩集》卷三）

本年廣東巡撫王來任病卒，陳遇夫後爲立《王巡撫小傳》。（陳遇夫《涉需堂文集》）

遼陽鐵嶺王來任巡撫東粵，疏解海禁，存者皆歸故里。（陳遇夫《涉需堂文集·荻園藏書記》）

本年胡方祖父之詩文被盜焚劫盡失。（胡方《鴻桷堂文鈔·先祖父家傳》）

本年新城王士禛賦《大司馬龔公招同劉公勳吳玉隨梁曰緝汪茗文程周量陳子端李湘北陳其年集城南餞送董玉虯御史赴隴右分用杜公秦州詩韻得間字天字》五律二首。（王士禛《帶經堂集》卷二十一《漁洋詩二十一　戊申稿》）

本年劉開隆充十三都練總。

劉開隆，海陽人。起振父。世業儒。以明清之際潮亂失學。康熙七年（一六六八）縣令點充十三都練總。（乾隆《潮州府志》卷三〇）

本年福州士紳林孔石請釋函昰主長慶法席，卻之。釋函昰手書《法華經》七卷，並作書後。（《語錄》十二）

本年釋函昰主法丹霞，以三月時間撰《首楞嚴直指》，釋澹歸爲撰《首楞嚴直指序》。（《徧行堂集》續集卷二）

本年釋今無撰《丹霞天老和尚古詩序》（釋今無《光宣臺

集》卷五），王邦畿嘗爲釋函昰刻詩曰《似詩》，釋函昰自爲序。此書原刻本未見，釋函昰示寂後，釋今竁編爲《瞎堂詩集》二十卷。釋函昰撰《首楞嚴直指》一卷，三月而成。

釋今竁（一六四一、一六四二～一七〇一），字雪木。東莞尹氏子。永曆十五年（一六六一）受具。自釋函昰康熙二十四年（一六八五）還雷峰，時已付屬。隨釋函昰七住道場。釋函昰示寂後，依釋今辯。釋今辯示寂長慶，則依鼓山。晚自長慶歸丹霞。四十年（一七〇一）訪舊雷峰，暫憩海幢，遘寒疾而終，僧臘四十一，世壽六十。著有《懷淨土詩》十六首。光緒《廣州府志》卷一四一有傳。

本年釋今無掃塔羅浮山華首臺，過寶積寺，觀覽梁大同時所鑄瑞像頂相。寺主欲易爲爐，釋今無固止之，願續全身，因時方建海幢寺大殿，顧力不及。（釋今無《光宣臺集》卷七《羅浮寶積寺瑞像記》）

本年謝長文八十一，往訪釋今無，釋今無賦《謝伯子過宿以詩見投時伯子年已八十一四壁已窮友生難仗予欲以一老僧期之不可爲布其意而和之》詩云：

往時噩夢已西東，八十年來一霎風。愧我有言如水石，豈君無意任癡聾。丹砂駐老難求世，野火當秋易及蓬。珍重此情無可說，一天風雨畫堂中。（釋今無《光宣臺集》卷二十）

本年平湖趙佃遊粵東，過南雄守陸世楷郡齊，世楷出釋澹歸舵石稿一編示之，爲作《舵石翁詩集序》。（釋澹歸《徧行堂集》卷首）

本年釋澹歸曾往泰和亦庵中千和尚處，欲於此見藥地和尚方以智，未遇。又欲於來年請藏途中拜見藥地。（《徧行堂集》卷二二《與藥地和尚》）

本年釋真樸主持南華寺。

釋真樸，字雪梄、載庵，俗姓徐。福建漳州人。舉人。法性寺僧，木陳弟子。木陳《北遊集》爲其編次。康熙七年（一六六八）主持南華寺。後住曹溪，十年，重修《曹溪通志》。能文善詩，亦精書道。事見乾隆《歸善縣志》卷三、陳融《讀嶺南人詩絕句》卷十六有傳。

姚夢鯉生。

姚夢鯉（一六六八～一七四三），字錦江，號省軒。東莞人。雍正二年（一七二四）進士。八年官浙江淳安縣令，問疾苦，革陋規，減耗羨。以母老辭官，先後主持寶安、瑞溪等書院。著有《示兒集》。（宣統《東莞縣志》卷六八）

梁鐸貴生。

梁鐸貴（一六六八～一七四二），字金瑞，號廈宰。化州人。梁家廣交天下名士及陰陽先生，鐸貴從小受堪輿燻陶，稍長，系統研究陰陽學，遊歷名山大川，名聲大噪。著有堪輿理論和詩章不下百篇。（梁瑞《羅江流韻》）

王邦畿卒，梁佩蘭作《挽王說作》五首、魏禮作《悼王說作》七律。（《魏季子文集》卷五）

清聖祖康熙八年　己酉　一六六九年

清廷允許部分復界。（姜伯勤《石濂大汕與澳門禪史》四一一頁）**奉天貢士劉秉權任廣東巡撫**。（阮元《廣東通志》卷四三）

春，李符於南京遇屈大均偕妻王華姜歸羅浮，符有《杏花村遇屈翁山攜妻子將還東粵》詩二首。（《香草居集》卷一）

易弘歸故園，後作《重修朝雲亭記》。（易弘《雲華閣詩略附錄》）其中言"悲夫，予生於世二十年矣"，由此可推知易弘當生於一六五〇年。

易弘（一六五〇～一七二二），字渭遠，號秋河，亦號雲華子。原籍新會，後歸鶴山。吳興祚任兩廣總督，遊海幢寺，見壁間詩延至幕中。興祚遷瀋陽，邀之行，五嶽登其四。後寓端州法輪寺，以著述自娛。卒於寺。著有《雲華閣詩略》六卷、《坡亭詞鈔》。

　　釋函昰過桐子山、泐山，作《桐子山》詩云：

　　桐山早歲已知名，今日親從鳥道行。一縷雲根逾嶺路，半空人語隔溪聲。新栽綠樹埋煙重，舊引紅泉落澗清。此去數程江岸近，不教人作武陵行。

　　又賦《春日再過泐山》詩云：

　　西浦春畦生野煙，北山疎雨過遊船。一條舊路依層砌，無數新陰異去年。近接紫霞迴峻嶺，遠臨芳樹帶長川。高臺日暮天風起，水逝雲寒思渺然。（釋函昰《瞎堂詩集》卷十三）

　　又作《丹霞山居十二首》五律（釋函昰《瞎堂詩集》卷八）、《送唐樸非北上兼寄程民部周量二首》（釋函昰《瞎堂詩集》卷十三）。

　　正月初一日，釋今無於海幢寺陞座，眾禮畢。師卓拄杖一下云：“萬吉千祥，動地放光。”復卓一下云：“千祥萬吉，深深密密。”良久云：“呵呵，金鈎本曲，玉線原直，若是紺宮紫殿，一回現丈六金身，一任橫拈豎弄。直得銀麟入水，排白浪以千尋；碧樹當春，吐紅葩於十丈。其或未然，元正啟祚，萬物咸新，海幢且與你人事相見。”下座。（釋今無《光宣臺集》卷三）

　　初七，屈大均在金陵秦淮，寓萬竹園。復至嘉興，訪徐嘉炎，下榻嘉炎齋中（《屈翁山詩集》卷首徐嘉炎序），嘉炎有《屈翁山自太原攜内子王華姜歸粵省母》（《抱經齋詩集》卷七）。晤朱彝尊，言歸自雁門，將築室南海之濱，題曰九歌草堂，先以名其詩集，彝尊爲作《九歌草堂詩集序》（朱彝尊《曝書亭集》卷三六），陳維崧有《念奴嬌·讀屈翁山詩有作》（陳維崧《迦陵詞集》卷十八），方文有《初春送屈翁山返番禺》、《再送翁山》、《同屈翁山飲周郇雨齋留宿》（《嵞山續集》卷四），又有《錢香靈屈翁山鄒訏士寧山同古白上人見過小飲因至晏家橋看罌粟得七絕句》（《嵞山續集》卷五），汪洪度有《訪屈翁山不值》（《息廬詩》）。

二月，王隼由雄州入晉安，陳恭尹有《寄送蒲衣自丹霞之福州》詩（《獨漉堂詩集》卷三）。

釋今無遍遊羅浮諸勝，賦《羅浮紅鳥》七絶詩十六首，序云：

> 百花洞口，五色文禽，久騰麗聞，尚未艷覩。己酉仲春，披歷四百峰頭，窮其夐絶，乃翩翩紅衣，實愜雅懷，晨夕登眺，景趣良佳，賦紅鳥詩，掇拾得十六章，若非遼東白豕，則作武陵溪水一片桃花瓣也。（釋今無《光宣臺集》卷二五）

二十七日夜，程可則夢與項犀水接談甚悉，臨別贈可則異書一卷，可則賦詩紀夢傷懷。（程可則《海日堂集》卷三《哭項犀水副使》四首第二首詩下小注）

三月，丹霞山僧贈廖燕萬年松大小凡十七株，顏色淨綠，蒼然可愛。燕以英石蓄之以供佛，因作《萬年松供佛贊》。（《文集》卷六）

初三日上巳，釋函昰賦《上巳寄南康太守廖昆湖》詩云：

> 沈寥春色近何如，花落寒梢影自疎。藉草遠過江浦岸，燒畬還課北山鉏。波光幾歲搖高嶺，雲氣從朝覆敝廬。此日獨懷彭蠡守，袖中存有故人書。（釋函昰《瞎堂詩集》卷十三）。

寒食日，釋函昰賦《寒食》詩云：

> 年來底事覺荒唐，無數春懷掩上方。萬竈寒煙逢禁火，千條弱柳送殘陽。岸高臨水蒼波遠，日永看雲紫陌長。處處古埏封白紙，陰森松栢去人忙。

又賦《清明》詩云：

> 近臣賜火何年事，淺綠深紅過此生。已看細雨連三月，卻聽啼鵑正五更。侯門盡醉當花落，馬背餘醒拂柳輕。撫景不堪愁蝶夢，因人空切住山情。

又賦《春望》七律。

釋古詮圓寂，釋函昰又賦《悼言全監寺華首》詩云：

> 離家已是五年餘，總向殘山守舊廬。離亂寺田空有稅，往來

贏稚不成鋤。出門自負干寒暑，掩室貧炊數麥蔬。肺病兩冬猶未釋，伯仁由我痛何如。（釋函昰《瞎堂詩集》卷十三）。

釋古詮（？～一六六九），黃姓，字言全。番禺人。少負凤慧，力學好古，操行端方，兄弟皆為鄉閭所重。素聞天然老人以宗門事接引後學，束身來皈，求薙染受具。執待勤謹，老人愛其誠樸，念華首為空隱老和尚犍椎地，非高行衲僧不與茲選，特命詮領院事。至則剔薙芟穢，斂租輸稅，頗殫心力。以疲勞咯血，病蛻於華首。老人有詩悼之。徐作霖、黃蠡《海雲禪藻集》卷二有傳。

四月初八日浴佛節，釋今無升座説法。

十六日結夏，釋今無陞座，眾禮畢。師拈拂子云：“東一西二南三北四，四至分明，安居便是。文殊自文殊，文喜自文喜。從頭數一回，莫忘自家底。為甚麼？昨夜太上老君騎一頭青驢走向阿閦佛國，遇著一幹不尷不尬的衲子説道：‘要向者僧伽藍前三月安居，一頭撞著，滾落雲端，原來是一張白紙。’參！”下座。（釋今無《光宣臺集》卷三）

五月，釋今無賦《己酉夏五月本師天老人二詩送澹西堂下海幢兼寄示無次韻恭和》詩云：

石尤風只逆歸船，日日殘春送曉天。近角自吹寒月外，閒心空照夜燈前。且欣好友同三夏，不覺離師又八年。老去踉蹌無善計，當時錯許杖頭邊。

楚璞無因惹刖愁，眼穿層縠笑神州。能言此道霜消鬢，不見閒時月滿樓。泥絮豈堪支古調，雲林何用夢滄洲。三巖松栢年年綠，一任流澌滑石頭。

又賦《己酉夏五月海幢抽竝頭蘭兩枝適澹歸西堂至自丹霞有詩亦引其意作二律即以誌喜》七律。（釋今無《光宣臺集》卷二一）

初一日，釋今無賦《己酉端陽前五日喜汝得侍者歸自陵陽吉水因作四十字》詩云：

添鉢過雙縣，懷人逾半年。癡成卑佛力，窮更累官錢。雪影沉湖月，花春散嶺煙。一經人世路，方信有先鞭。（釋今無《光宣臺集》卷十八）

秋，張穆返自瀧山，作設色《八駿圖》卷。（《頌齋書畫錄》頁四題識："己酉秋，余返自瀧山珠水……鐵橋道人張穆。"）

王隼歸廬山，寄詩梁佩蘭、陳恭尹，佩蘭有詩答之（《六瑩堂初集》卷八《答王蒲衣匡廬見寄》），隼作《己酉仲春繇雄州入晉安秋歸廬嶽紀途中經歷寄梁藥亭先輩陳元孝金吾一百韻》五古詩（王隼《大樗堂初集》卷五）。

秋，海瑞後裔廷芳中舉，釋今無爲賦《海紫三秋捷　紫三入泮時年尚少，予適遊瓊海，早奇之》詩云：

風節名臣世系長，乾坤元氣此時昌。十年先許操文筆，九日真能折桂香。影入斗牛滄海動，賦歸金馬紫薇光。幾多道侶相期甚，總被青雲出岫忙。（釋今無《光宣臺集》卷二一）

七月，釋今無書《己酉初秋馮容庵歸毗陵頻行爲命法名曰笛字橫吹示此偈》云：

珍重一枝無孔笛，橫吹好似洞流聲。袈裟未入盧能手，鬚髮仍留龐蘊名。此去水雲千里潤，他時瓢笠幾年情。榕橋容易輕分袂，秋月泠泠徹夜明。（釋今無《光宣臺集》卷十二）

初七日，釋函昰賦《李別駕入覲回署適當誕日作詩寄之》詩云：

萬里朝天歸早秋，西風昨夜報山樓。去時憶別愁青黛，回日逢生尚黑頭。楊柳舊煙仍繫馬，梧桐新月照牽牛　時值七夕。王程鞅掌年方壯，共喜恩榮發艷謳。

又賦《七夕驟雨》詩云：

西風初動暮山寒，萬樹濃陰綠未殘。星漢自高虛夜色，鵲橋無路暗雲端。人間驟雨應遺恨，天上新涼欲盡歡。景候不殊人事別，新詩攜向佛燈看。（釋函昰《瞎堂詩集》卷十三）

十六日解夏，釋今無陞座，眾禮畢。師云："超聲越色，一任物我當前；探月捫星，萬派風雷落後。無心會得離婁，眼里著釘；有時頓忘卞和，手中是玉。所以古人道：'欲識佛性義，當觀時節因緣。'時節若至，其理自彰。即今是十方賢聖自恣之時，與世俗相因追先悼往之時，其理在甚麼處？若向者里施一棒一喝以相發揮，如水上推車，了不能達。大眾還知麼？古殿苔生後，重巖月照時。寒猿啼古木，清切少人知。"下座。（釋今無《光宣臺集》卷三）

八月，屈大均抵番禺故里，奉母還居沙亭，陳子升有《屈翁山歸自雁門有贈》（陳子升《中洲草堂遺集》卷十五），陳恭尹有《屈翁山歸自雁門相見有詩》（《嶺南三大家詩選》卷十九）。側室梁氏文姞來歸（《屈氏家譜》十一）。

九月重九前四日，釋今無作《示韓天生明府偈》云：

己酉重九前四日，天生大士以《金剛錄》見示，乃其知道川禪師而作者。予捧閱間喜其詮釋超拔，作五十六字以贈。贈者尚不止此，然一滴投巨壑，知天生不以多少目、不以文韻觀耳。

蓮性重開覺世香，金剛譜出舌頭長。分天不見青虛骨，裂地空騰碧玉光。鳳閣聲名歸寶鏡，麟山事業契空王。掃開白社延君入，賓主憑誰漫度量。

九日，釋今無作《己酉九日送誰庵入丹霞偈》四則。（釋今無《光宣臺集》卷十二）

重陽後八日，釋今無賦《己酉重陽後八日予將托鉢於惠先寄黃端四》詩云：

十年叨藉法交懽，玉管長收黍谷寒。盡起龍文高海氣，排來米勢動星壇。黃金許士羞彈鋏，白璧持身獨正冠。松栢有根那用祝，鉢盂東去意猶難。（釋今無《光宣臺集》卷二十）

秋杪，張穆還東安，爲甥孫聖宜繪《滾塵圖》卷。（《頌齋書畫錄》頁五六題識："……己酉秋杪鐵橋穆識。"並見《鐵橋集》頁二七）

十月，廖燕乘舟過迴龍山，題詩云："乾坤留勝跡，萬古未名聞。龍虎文章秘，江山混沌分。臨流生險怪，絕筆畫煙雲。題品從今始，後遊應記文。"（《二十七松堂集》卷八《題迴龍山詩跋》、卷九《題迴龍山詩》、《曲江縣志》卷四）

小除後三日，屈大均偕母移家東莞，次年王鳴雷賦《聞屈翁山小除後三日移家東湖》詩、釋大汕賦《贈屈翁山》五古（《離六堂集》卷二）、《寄屈翁山　二首》五律（《離六堂集》卷六五）。（《粵東詩海》卷五八、汪宗衍《屈大均年譜》、姜伯勤《石濂大汕與澳門禪史》一八七頁）

除夕日，羅萬傑賦《己酉除夕》詩云：

老來漸覺萬緣輕，㡧帳布衾夢易成。雨涴爐煙蒸永夜，風搖燭影嫵深更。流光暗逐閒中過，華髮俱從愁里生。擬待明朝天氣煖，探梅山塈杖藜行。（羅萬傑《瞻六堂集》卷上）

除日，釋今無升座説法。（釋今無《光宣臺集》卷三）

本年屈大均作文：《高大令文集序》（《翁山文鈔》卷四）。賦詩：《人日秦淮上值孟王生辰賦贈》二首（《翁山詩外》卷五）、《呈周櫟園》三首（《翁山詩外》卷六）、《寄姚六康》、《贈余鴻客》、《送王汾仲還新安因訪石埭姚明府》二首、《奉題方爾止戊申年正月初四日恭謁孝陵感懷詩後》、《秣陵感懷》二首（《翁山詩外》卷十）、《舊京感懷》七律二首、《歸至江東東方丈爾止》（《翁山詩外》卷十一）、《從塞上偕内子南還賦贈》三十七首、《湖口舟中贈内》四首、《與華姜宿紅梅驛》（《翁山詩外》卷十五）。

本年梁佩蘭交釋大汕，屈大均南歸。（吕永光《梁佩蘭年譜簡編》）釋大汕以屈大均、梁佩蘭爲護法，入住廣州新城西橫街之清平南王尚可喜家廟大佛寺（獅子林），説法五年。（潘耒《救狂後語》別録梁佩蘭《梁藥亭復書》）

本年麥郊與屈大均相見又別，作《別屈翁山次原韻時翁山方赴雁門挈家還里》詩。（温汝能輯《粵東詩海》卷五五）

麥郊，新會人。生活於明末清初。事見温汝能《粵東詩海》

卷五五。

　　本年程可則以戶部主事分校北闈，晉員外郎督理右翼倉務，公慎稱職。（張維屏《國朝詩人徵略》初編卷二）

　　本年陳衍虞集其康熙四年（一六六五）至本年間詩爲《耕煙草》。後又將其歸家後之《還山紀事》合爲《還山詩》，於十年（一六七一）刊出。（曾楚楠《蓮山詩集點注·前言》）

　　本年廢以策論試士，復用八股舊式，而陳遇夫之文體尚平淺，膚詞弱調，罕有發明。間從其先父篋中得明闈墨，喜其真切，過目成誦，尤喜讀古文辭。（陳遇夫《涉需堂文集·涉需堂書義序》）

　　本年方顓愷（釋成鷲）館佛山建武陳金吾家。鄰人馮氏有子孫，思得嚴師督責，聞顓愷名，齎贄以請。顓愷應聘至，端居師席，以儒行爲務。及門士初畏憚之，久之，起敬生信。（釋成鷲《紀夢編年》）

　　本年釋函昰有《贈角子》詩。角子名今䑓，付囑大法當在本年間。又作《詔復濱海遷民故業》三首。（釋函昰《瞎堂詩集》卷八）

　　本年彭雲客分闈時，與釋今無有佛道之契，後釋今無爲作《送彭雲客明府歸閶門序》。（釋今無《光宣臺集》卷五）

　　本年釋澹歸前往江西青原山探望無可大師（藥地禪師）方以智，賦《青原山贈藥地禪師》七律。（釋澹歸《徧行堂集》卷三七）釋澹歸於青原小住，爲李元鼎《青原山觀瀑小記》作跋。（釋澹歸《徧行堂集》卷十七《書李梅公青原觀瀑記後》）

　　本年釋古證登比丘。

　　釋古證（？～一七〇〇），字竟清。廣西梧州人，姓陳氏。遇姜山邠公（釋今邠）行募粵西，班荊與語，灑然異之，導以生死夢幻，因求出世。攜歸雷峰，見龍象如林，其志益篤，復還，挈一子一女並求落髮，女度爲尼，依無著庵。證詣丹霞出世，清聖祖康熙八年（一六六九）始登比丘，久之，遷雷峰典客。其爲人好作佛事，而緣多不就，發光濃默，以柔忍攝衆。三十九年（一七〇〇），終於本山。子柱峰爲丹霞行僧，先證卒。

盧澐於本年中解元。

盧澐，字叔遠。東莞增步人。瑛田孫，上銘子。康熙八年（一六六九）解元。事母至孝，善楷書。事見黃登《嶺南五朝詩選》卷七。子作樑，字秋蓼。康熙間廩生。卒年三十九。著有《陟山堂偶存》。盧挺撰傳。

林世榕於本年中舉人。

林世榕，字可符（一字可亭）。海陽人。康熙八年（一六六九）舉人。二十七年（一六八八）戊辰當謁選，以大母年髦不忍離。後官陝西藍田令。四十三年（一七〇四）甲申清聖祖西巡，協辦御膳，蒙賜人參東魚。著有《歸厚錄》、《論文瓦注草》。子元擴，兵馬司副指揮。阮元《廣東通志》卷二九五有傳。

鄧嶙公於本年中舉人。

鄧嶙公，字嶽視。東莞人。康熙八年（一六六九）舉人。事見張其淦《東莞詩錄》卷二八。

莫雲翹於本年中舉人。

莫雲翹，字奡卿。東莞人。康熙八年（一六六九）舉人。孝子。事見張其淦《東莞詩錄》卷三一。

佘錫祚於本年中舉人。

佘錫祚，字允賢。東莞人。象斗長子。康熙八年（一六六九）舉人。十二年癸丑揀選知縣，改授德慶學正。著有《杞亭集》。事見黃登《嶺南五朝詩選》卷十。

楊儒經於本年中舉人。

楊儒經，字繪夫。海陽（今潮安）人。康熙八年（一六六九）舉人，授內閣中書。四十年（一七〇一）修北堤，親蒞工地，不避風日。（乾隆《潮州府志》卷二九）

陳君恩於本年中舉人。

陳君恩，海豐人。康熙八年（一六六九）舉人，授江浦知

縣。（《惠州府志》）

陳燕明於本年中舉人。

陳燕明，字晉公。東莞人。志敬曾孫。康熙八年（一六六九）舉人，授完縣知縣，革除浮稅。旗軍郭禿子奪民妻藏京師，燕明請南城兵馬司置之以法。七十三歲時請歸。巡撫挽留，卒於任。（宣統《東莞縣志》卷六六）

姚奪標於本年中舉人。

姚奪標，字欽會。潮陽人。康熙八年（一六六九）舉人。授陝西武功知縣。清除積欠賦役，招集流亡百姓，折獄明允。致仕歸，邑人遮留不絕。（乾隆《潮州府志》卷二八）

黃銓於本年中舉人。

黃銓，海豐人。康熙八年（一六六九）舉人。官番禺教諭。（《惠州府志》）

海廷芳於本年中舉人。

海廷芳，字紫三。瓊山（今屬海南）人。高祖瑞。康熙八年（一六六九）舉人。釋今無爲賦詩祝其中舉。（阮元《廣東通志》卷七八）

何鑒於本年中經元。

何鑒，字公衡，號五峰。香山（今中山）人。入學補廩皆第一，鄉薦第二。康熙八年（一六六九）中經元。選欽州學正，辭不赴。杜門課子，詩酒自娛。初，鑒之九世逸山祖以十三鄉寇亂，由本鄉泰寧里移家省城仙湖街，至鑒乃遷回小欖，卜居羅涌瀛洲里。順治五年（一六四八）粵始行鄉試，十四年（一六五七）何之遴始登鄉薦，翌年戊戌會試擬元。事見何天衢《欖溪何氏詩徵》卷二。

何灝於本年中經元。

何灝，字東川，號尼坡。香山（今中山）人。鑒仲子。康熙八年（一六六九）中經元，官欽州學正。南塘漁父開湖心詩社，而灝與焉。著有《尼坡詩草》。事見何天衢《欖溪何氏詩徵》

卷二。

　　馮録於於本年中武舉人。

　　馮録，字禦公。南海人。珏子。康熙八年（一六六九）中武舉人。著有《隨詠篇》、《四書辨音》。事見黃登《嶺南五朝詩選》卷九。

　　卓麟臣於本年中武舉人。

　　卓麟臣，五華人。康熙八年（一六六九）中武舉人。十三年（一六七四）亂賊圍困水寨，麟臣領鄉勇保護，使水寨安然無恙，後官千總，升守備。十九年（一六八〇）升黃岡都司，五年後辭職歸家。（《長樂縣志》）

　　吳文煒於本年中副榜。文煒以得失有命，乃去名之文與火，易名爲韋，改字儀漢爲山帶。事見汪兆鏞《嶺南畫徵略》卷三。

　　劉談於本年成副貢生。

　　劉談，茂名人。康熙八年（一六六九）副貢。晚年精研理學。後爲仁化、感恩教官。著有《元關偶啟》等書，編寫《雍正續修茂名志》。（光緒《茂名縣志》）

　　蔡之基生。

　　蔡之基（一六六九～一七六二），字崇職。惠來人。監生。隱居鍵戶課子侄，謝絕交往。乾隆二十六年（一七六一）冬，捐資修三橋，親冒嚴寒，扶杖督工，工竣逾月而歿，年九十四。（乾隆《潮州府志》卷三〇）

清聖祖康熙九年　庚戌　一六七〇年

　　本年奉天生員周有德任兩廣總督。（阮元《廣東通志》卷四三）

　　春，釋澹歸至肇慶（《越秀集》），程可則有詩寄之。（程可則《海日堂詩集》四《寄丹霞大師》）

　　春夜，釋函昰賦《庚戌春夜夢坐棲賢橋聽泉山月朗甚獨步成詩覺起索火書之僅記後二語因足成截句以志一時情景》詩云：

金井橋邊夜月深，何人夢裡聽寒吟。洪泉萬古流無盡，孤負嫦娥一片心。

又賦《前詩既成風雨擁窗就枕未能再題一首》七絕。（釋函昰《瞎堂詩集》卷一八）

初春，釋函昰遊黃沙坑，賦《初春與諸衲遊黃沙坑》詩云：

春遊老覺步行難，弟子肩輿過遠山。石壁舊坡須數轉，野田新屋只三間。犢窺僧背常偷菜，犬逐人行先到關。自是大家新歲聚，一年唯有此時閒。（釋函昰《瞎堂詩集》卷一三）

正月初一日，釋函昰賦《庚戌元旦書懷》詩云：

出世已經三十年，紅帔白髮拜金仙。身閒在世豈容易，夢覺隨人只倒顛。夜雪曉風思煨盆，松濤溪管羨高眠。未來人事應難料，又報鐘聲上法筵。（釋函昰《瞎堂詩集》卷一三）

羅萬傑賦《庚戌元日》詩云：

山林別是一家春，野老忘機歲月頻。細雨輕風新節物，寬衣博帶舊時人。桃花迎露開偏早，竹葉輕霜釀獨醇。笑挈胡床傍樹影，臥看巖色翠嶙峋。

又賦《春朝即事》七律。（羅萬傑《瞻六堂集》卷上）

海幢庚戌元日陞座，釋今無陞座，眾禮畢。師云："磨金磚，撒玉屑，大家眼裡有天池，虛空架屋連日月。雲從龍，風從虎，剖出洪濛見今古。"驀豎拂子云："大眾還見麼？釋迦老子在拂子頭上大轉法輪，爭怪得山僧？若有人問如何是海幢新年頭佛法，但對他道：'九年春色常如此，濃澹微分碧樹中。"下座。（釋今無《光宣臺集》卷三）

初七人日，屈大均於沙亭，寓廬湫隘，尹源進方治園林，遂相邀移家東莞，館於其家。

十一日赴焉，掃除未畢。（鄔慶時《屈大均年譜》）

十五日，羅萬傑賦《燈夕即事》詩云：

冷落園扉晚不關，茗煙迥出竹林間。煨殘黃獨僧初定，踏遍青苔客未還。燈影終嫌霜月澹，花枝應怯冷風頑。每嫌村鼓連宵鬧，不許山齋夢獨聞。

萬傑又賦《春日感作》詩云：

梅花落盡滿荒園，曉看簷前積雨痕。暖氣不生枯木葉，春風空到竹籬門。息心終自依禪侶　謂雪樵和尚，避地還須治隱淪　指磐湖。痛哭太平耕種日，夜來雞犬靜無喧。（羅萬傑《瞻六堂集》卷上）

同日，羅萬傑賦《庚戌燈夕即事》詩云：

小村風土占年華，春入垣墻處處花。簫鼓聲寒幽客夢，秋千影靜野人家。林煙淡淡燈餘焰，香霧霏霏月半斜。行樂忘敲山砦柝，醉吟驚醒樹頭鴉。（溫廷敬《潮州詩萃》甲編卷一一）

二十七日，屈大均妻王華姜以小產中風一夕卒，年二十五，十一月葬於番禺涌口石坑山先塋之兆。陳子升有《爲屈翁山悼妻華姜王氏》（陳子升《中洲草堂遺集》卷十四），陳恭尹有《王華姜哀辭》（陳恭尹《獨漉堂詩集》卷三），從兄士煌有《王孺人傳》（《翁山文外》卷十三），從弟士熺有《悼氏王夫人》（《廣東文選》卷三四），王鳴雷有《聞屈翁山小除後三日移家東湖》、《輓王華姜詩》（溫汝能《粤東詩海》卷五八），黄生有《挽屈翁山內子王華姜十絕句》（《一木堂詩稿》卷十一），吴盛藻有《爲屈華夫挽王華姜》十一首（《天門集》卷三）、何準道賦《輓屈妻王華姜》七古長詩。（清何天衢《欖溪何氏詩徵》卷一）

大均亦賦《哭內子王華姜》五古十三首（《翁山詩外》卷一）、《汪虞部以啞嘛酒惠奠華姜賦謝　啞嘛酒即蘆酒》七古（《翁山詩外》卷三）、《哭華姜一百首》七言絕句。（《翁山詩外》卷十三）

華姜卒，大均以其媵陳氏爲側室。（《翁山文外》卷八《亡媵陳氏墓誌銘》）

上元日，釋函昰刻《丹霞語錄》，南雄知府陸世楷（法名今亙）爲作序。（《天然昰禪師語錄》卷首）

二月，程可則於北京治廣州會館左廡三間，又費銀百一十有

奇。（程可則《海日堂集》卷六《重修廣州會館碑記》）

　　夏，張穆作《鷹》軸。（《頌齋書畫錄》頁五六，題識：“庚戌夏，張穆）

　　夏，周有德遊海幢，釋今無賦《庚戌夏彝初司馬周公下臨海幢賦謝》詩云：

　　　雲林海色晝生涼，喜接台星近上方。百粵尊親歸幕府，三朝才望屬奎章。金臺遠映丹心起，寶殿長留墨汁香。何幸山門逢盛事，天南草木被榮光。

　　　猿鶴忻承語意溫，始知軒冕道尤尊。朱旗閃日屯雲影，碧玉行杯照水痕。天祿千秋高太乙，甘棠一樹蔭祇園。華封願祝心無限，象闕頻沾聖代恩。

　　巡撫劉秉權招話署中，釋今無賦《夏日劉撫軍大中丞招話署中》詩云：

　　　風雲高擁栢臺森，草野趨承此日心。望重廟廊尊節鉞，神閒水石愜山林。東南五嶺看春早，北極三秋入夢深。欲捧金瓶酬下問，靈鵝玉羽破飛瀋。（釋今無《光宣臺集》卷二一）

　　五月，張穆作《水仙圖》冊葉。（《廣東文物》卷二，題識：“庚戌五月寫，張穆”）

　　七月，兩廣總督周有德（彝初）北歸，釋函昰賦《康熙庚戌孟秋制府周彝初持服北歸道出韶石訂入山不果賦詩三首奉束兼以爲別》詩云：

　　　奉命臨南越，含哀返薊門。雙旌發穗水，千騎指相原。布地初成果，論因知有源　公施造樓至閣初成。途中應計日，遥禮法王尊。

　　　孝治興朝重，覃恩守制還　公丁艱疏入，奉詔奪情，再請方許終制。哀音聯北雁，遺愛見南蠻。願深樓至後，心許懶殘閒。渺渺江雲暮，停舟何處灣。

　　　節鉞王臣貴，靈山囑自今。斷腸縈子舍，翹首望祇林。雲影藏龍淺，天花積雨深。他年重奉詔，應記入山心。

又賦《雲從大士隨制府還北口占寄別》五律。（釋函昰《瞎堂詩集》卷八）

釋今無賦《送周彝初司馬請制還朝》詩云：

中樞仗節返京畿，忠孝雙全八座希。已見籌邊留舊政，還從攀栢濕征衣。秋聲玉帳迎鴻雁，雲路天香溢翠微。師表人倫稱盛事，蒼生霖雨望多違。

欲從父老效攀轅，獵獵旌旗出海門。綠樹暖分寒谷律，卿雲高擁北溟鯤。五兵中外侵華鬢，一夕楓宸對密言。悵望碧波鏡吹遠，疎鐘明月戀孤村。（釋今無《光宣臺集》卷二一）

冬，淮揚間雪花如掌，冒辟疆與鄧漢儀、散木、嵋雪、石霞諸子坐湘中樓烹茶炙麚，浮大白，觀董思翁（其昌）書。臘盡，從長安（北京）攜龔鼎孳及程可則所贈辟疆子穀梁《移居》詩二十四章歸，一夕垂和殆盡。後可則作《歲寒倡和詩引》。（程可則《海日堂集》卷六）

十月十四晚參，釋今無以拂子擊案云："大眾還會麼？向者里會得，許你是箇活捉生擒。"復擊案云："看看白狗變作銀麒麟，雪獅走入黃金窟。參！"

除日，釋今無於海幢升座說法。（釋今無《光宣臺集》卷三）

本年屈大均作文：《繼室王氏孺人行略》（《翁山文外》卷三）、《哀華姜詩跋》（《翁山文外》卷九）、《以荔子薦華姜文》、《葬華姜文》（《翁山文外》十三）。賦詩：《陳恭人挽詩》五首、《汪虞部以咂嘛酒惠奠華姜賦謝　咂嘛酒即蘆酒》（《翁山詩外》卷三）、《春山草堂感懷》五律十七首、《題尹銓部蘭陔別業》三首（《翁山詩外》卷七）、《廣州荔支詞》五十四首、《荔支詞》十六首（《翁山詩外》卷十五）。填詞：《高陽臺》（《翁山詩外》卷十八）。又有《女冠子·人日有憶》、《女冠子·望月》、《生查子·望遠行》、《人月圓》，皆憶王華姜之作。

本年程可則侄恒新以應試都門，蒙其四叔可則下榻論文，凡四閱寒暑。（程可則《海日堂集》卷末跋）

本年禮闈主司志在起復，所取多奇肆之文。（陳遇夫《涉需堂文集·涉需堂書義序》）

本年地師興國曾清我至，遷李象元之曾祖一穴，時象元方十歲。（李象元《賜書堂集·地師曾清我墓誌銘　並序》）

本年陳璸十五歲，始至省城廣州應鄉試。（龍鳴《清初儒臣陳璸在臺灣》五頁）

本年樂偉任廣東前營千總。

樂偉（？～一六七九），字玉明。龍川人。出身行伍。康熙九年（一六七〇）任廣東前營千總，升香山協右營守備。十八年十二月初十夜，海寇突犯，奮力抗擊，溺水而死。（《龍川縣志》）

本年釋函昰刻《楞伽心印》四卷。爲釋今竟受具，爲字曰與安，使掌書記，錢塘陸麗京[①]也，並贈以《贈與安竟書記　與安即錢塘陸麗京也，擅岐黃之術，兼通三學》詩云：

脫卻黃冠著錦斕，還丹誤服得童顏。真人未必居蓬島，藥草終須到雪山。剩有君臣紹洞上，更無文字到人間。才華洗盡看南斗，莫學黃龍在泖潭。（釋函昰《瞎堂詩集》卷十三）

海雲都寺釋今湛與在社諸公啟，乞釋函昰撰《海雲寺放生社置田碑》（《番禺縣續志》三六）。本年間重建韶州城會龍下院，釋函昰有《得澹歸病即愈之訊時會龍擬新構走筆寄之》詩（釋函昰《瞎堂詩集》卷八、《徧行堂續集》五《重建會龍下院疏》）。

本年釋今無與釋今育闊別十一載後重逢，賦《贈尸林》詩云：

予與尸林育子從關東、從遼海入幽薊而歸五嶺，越歲，聞剩師叔之訃，尸林復出關。千山塔事既竣，三年墓側，萬里淒涼，今十一年矣，復歸相見。世外人樸訥無文，而此心依依，生死不變，豈世間之情所及？其爲感予，作此誌喜。

頻死同歸後，分攜又十年。死生俱有託，去住尚依然。風雪

---

① 釋今無《光宣臺集》卷八有《復陸麗京》書信。

千山淚，辛勤一衲煙。但持吾道在，即是答先賢。（釋今無《光宣臺集》卷一八）

本年寒夜，釋今無夢其師叔釋函可，賦《千山剩人和尚塔於大安十年矣無哭章庚戌寒夜夢出關門醒而情思繾綣追惟舊境綴之以詞》七律詩八首。（釋今無《光宣臺集》卷二一）

本年釋澹歸復填詞。（釋澹歸《徧行堂集緣起》）

曾華蓋於本年中進士。

曾華蓋，字文垣、乃人，一字喟義。海陽人。康熙九年（一六七〇）進士，官壽昌令，入爲吏部員外郎。年七十卒，私謚文靖。著有《鴻跡》、《猿聲》、《楚遊》、《微車》諸草。事見溫汝能《粵東詩海》卷六六。

佘雲祚於本年中進士。

佘雲祚，字善將。順德人。象斗侄。康熙九年（一六七〇）進士，初授湖廣藍山縣，即歸隱。著有《柱史閣初集》。事見黃登《嶺南五朝詩選》卷十。

張經於本年中進士。

張經，字虛舟，一字稼村。惠來人。康熙九年（一六七〇）進士。端直有義行，曾於康熙二年赴省試，拾金二十五餅，候失主還之。著有《稼村篁吟詩集》、《秋聲文集》、《禹貢注》。陳珏《古瀛詩苑》卷二有傳。

侯殿禎於本年中進士。（阮元《廣東通志》卷七七《選舉表》十五）

侯殿禎，字鎬士。海陽人。康熙九年（一六七〇）進士，官中書舍人。陳珏《古瀛詩苑》卷二有傳。

黎日升於本年中進士。

黎日升，字雲章。電白人。康熙九年（一六七〇）進士，初授雲南縣（今雲南祥雲）知縣，因喪親去官，後改任建德知縣，調京師任文選司主事，升考功司郎中。三十七年（一六九八）辭歸。崇祀鄉賢。（道光《電白縣志》）

陳家萃於本年中武進士。（阮元《廣東通志》卷七七《選舉表》十五）

陳家萃，字松嶽。東莞人。康熙九年（一六七〇）武進士，官燕山右衛守備，有政績。補宣府前衛，因該地未設州縣，行處理政務事。革除宿弊，判獄公允。（宣統《東莞縣志》卷六六）

陳俊章於本年成貢生。

陳俊章，羅定州東安縣人。康熙九年（一六七〇）貢生，選吳川縣教諭。

蘇雲鵬於本年成貢生。

蘇雲鵬，字上九。陽江人。康熙九年（一六七〇）貢生。秉性倜儻，不事生產而酷愛文史，每典衣購之。著有《漪園石社詩稿》。（《陽江志》卷三〇）

林紹鶚於本年成貢生。

林紹鶚，字雲立。惠來人。康熙九年（一六七〇）歲貢生，授開平訓導。著有《時弋草》。（乾隆《潮州府志》卷二九）

羅宗祥於本年成貢生。

羅宗祥，長寧（今新豐）人。康熙九年（一六七〇）歲貢生。經廷試，授四會訓導，任教十五年。（《長寧縣志》卷七）

高式震於本年成貢生。

高式震，石城（今廉江）人。康熙九年（一六七〇）貢生。沉靜好學，博通經史。著有《詩文六集》。六十餘歲卒。（光緒《石城縣志》）

何吾騶卒，陳子升賦《挽何司寇》詩云：

漢署星沈紫水濱，岡州難問老成人。萬錢憶會鳴鐘里，五殺俄悲相杵鄰。棗下歌傳真厭世，橘中棋散竟藏身。承家更有玄成嗣，喬木他年念世臣。（陳子升《中洲草堂遺集》卷一四）

清聖祖康熙十年　辛亥　一六七一年

春，張穆作《鷹圖》軸。（廣州市美術館藏本，題識云："辛亥春寫，張穆"）

釋澹歸出清遠峽抵珠江。（《徧行堂續集》三《王憲長詩序》）

正月，方顓愷（釋成鷟）父國驊病卒。顓愷辭館，執喪讀禮於家。（釋成鷟《紀夢編年》）

元日，釋今無升座説法。（釋今無《光宣臺集》卷三）

十三日，釋今無作《復遼陽定原師及遼瀋海蓋四城諸師》書云：

某自金塔掛帆而歸，回首天山，瞻望龍堆，翹企於京邸者二年，揮涕於嶺海十有一年矣。顧某與剩師叔雪窖相尋，甚於師資，於京邸則有繾綣之悰，於嶺海則有死生之隔，夢寐神摇，握腕永歎，每想謦咳，不禁淫淫交下，恨不即匹馬臨關掃大安之塔，與諸兄弟把臂道故者。蓋自壬寅便匡徒住刹，儼然有祖禰之累，計今十稔役於叢林，然幸法門規畫漸次有緒，亦依稀得遂初心，不惟於義須首出關，且與先師叔別時許有後約，故先師叔送歸詩其末云"何日淩空錫更飛"，蓋亦有相期之意也。古人寶劍掛墳，情鍾心腑，況道義如山，誰謂吾先師叔真死耶？先師叔氣宇如玉，不可一世，其於宗門最上爪牙，如握金剛，如懷寶錯，以衝斗之氣，發奇偉之才，以忠孝之心，行佛祖之道，一段光明，烜赫不替。而諸兄弟得承事親近，大河而東其浸潤培植，使諸檀護皆成信種，此真千載一時之遇，大安頂上何異靈峰？願諸兄弟守舊日之風規，效昔時之模范，則同堂之師友依然未散。若黄口説法，識昏魚魯，丑混龍蛇，則當遠之離之。雖道人事之作平等觀，而大法不可兒戲，又當揀別。聞有匪人欲爲先師叔燒香者，先師叔視華岱等於輕塵，豈以苟得爲喜？當亦不以絶傳爲憂，祈諸兄弟切止之。況諸兄弟豐標嶽峙，猶未至於鐘沉鼓寂，何暇借他人鼻孔出氣耶？諸兄弟以爲然否？接引寺興禄來，細問，知諸兄弟皆强健，振宇兄猶住向陽，慶光兄在金塔未老，而吾兄與恥若兄則學問日新，聞十兄亦住甘泉大安塔前，崑璞兄有監寺之勞，明空、法空二兄於牛莊更加新創，其餘皆一一記問。今興祿回，暫附此劄，祈定原兄將此紙遍爲致意，譚家庵越方兄亦一傳及爲幸。各寄語録一冊，亦祈分送。不出二三年後，决親來面晤，且某來時捧世尊舍利，當建塔留於大安峰頭，爲關外四城之福。別久，有不能記憶法號者，俱乞道意，總以相見時傾積抱也。臨楮不盡願言。辛亥正月十三。（釋今無《光宣臺集》卷九）

二月，屈大均居東莞，編所爲悼亡詩及海内四十餘人哀王華姜古今體詩及序、傳、疏、墓誌銘爲《悼儷集》，刻成，焚告華姜。（《翁山文外》十三《焚悼儷集文》、《屈氏家譜》十一）黃生有《題悼儷集》詩（《一木堂詩稿》卷八）。故人吳盛藻爲雷州守，大均思求升斗以養親。

董俞自桂入粵歸華亭，梁佩蘭、陳恭尹有詩送其歸里。（《六瑩堂初集》卷三《送董蒼水歸雲間》，《獨漉堂詩集》卷三《贈別董蒼水》）

四月，屈大均赴雷州，吳盛藻有《喜翁山至雷陽》詩（《天門集》卷三），大均有《別稚女》詩云：

憐渠纔四歲，無母已期年。多食春生病，長啼夜不眠。撫摩惟乳媼，嬉戲只香田。那得無離別，朝朝置膝前。（《道援堂詩集》卷六，二首之一）

初八浴佛日示眾，釋今無云：“住不可思議變三昧，喚作釋迦老子，從睹史多天降生皇宮，出迦毘羅國説法度生，一週佛事即於不可思議薰不可思議，變三昧，與釋迦老子洗冤滌屈，控飛輪於日下，約香象於雲衢，鐵做金剛，坥和土地，打破閻浮提，没有者箇消息。諸兄弟，還信得及麼？”良久云：“苦雨瀟瀟獨閉門，蒼苔濕徑流微月。參！”

十四日晚參，師豎拂子云：“者里是得道之徑門，者里亦是失道之坑塹。是虎解吼，非龍不變。南泉變作普州人，且道著便不著便？”良久以拂子擊案一下。

十五日結夏，釋今無上堂説法。

小盡晚參，釋今無豎拂子云：“切忌道著道著即頭角生，即今頭角已生了還見麼？尋常欲與諸兄弟通箇消息，不避觸諱犯忌。且道通箇甚麼消息？可惜可惜。”（釋今無《光宣臺集》卷三）

五月，華姜所生稚女阿雁以食積疳患瘰殤，年四歲。（《翁山文鈔》外八《四殤塚志》、十三《哭稚女阿雁文》）

初五日端午，張穆作《牧牛圖》冊八葉。（廣州市美術館藏本，題識云：“辛亥端午寫，張穆”）

同日，釋今無手書《與棲賢大眾》信劄。（釋今無《光宣臺集》卷九）

十四日晚參，釋今無云：“此事動亦如是，靜亦如是；粗亦如是，細亦如是；不可以智知，不可以識識。直饒如是，猶是‘重重煙霧海門寒，不是漁人棲泊處。’且道如何是‘漁人棲泊處’？”良久云：“金沙撥轉夜船頭，秦人不識桃源水。參！”

二十九晚參，師云：“此道一升一降，一抑一揚，如龍蟠滄海，虎嘯空山，當其昇騰，則雲雷互至；當其淵伏，則語嘿交息。雪山老子亦不奈他何，唯有趙州古佛向驢胃中過夏沒有氣息。不知不覺又是六月初一，且道此人易得親近？還是難得親近？大眾不妨疑著。”（釋今無《光宣臺集》卷三）

六月二十日，釋今無作《丹霞老和尚楷書後跋》云：

丹霞老人禪悅暇間作字。今年六十有四，而喜書此小幅，精到健媚，殆煙雲泉石之致，爲慧光渾融所用，道韻深穩，非小技雕蟲可能彷彿者。宜其月滿千峰，鐘鳴獨院，法雲深處一座巋然，而能使霜顱螺頂之侶胸中如灑，計此丰神，當與趙州、南陽間法臘而指庭樹也。覯承禪人代依石持來索跋，拜閱之餘，輒增私喜。時辛亥六月望後五日。（釋今無《光宣臺集》卷十）

秋，陳子升賦《辛亥秋遇沈從弱於石埭遂往白門相期歸路訪其安慶家居兼取藥地和尚近耗明年歸舟經過乘風不及登岸爲之悵然》詩云：

去歲曾相約，春江草閣中。擬聞清嘯足，兼與老禪通。破浪浮揚子，看山失皖公。無由登彼岸，人世易西東。（陳子升《中洲草堂遺集》卷十一）

子升抵青原，不遇藥地和尚（方以智），後逝去。（　姜伯勤《石濂大汕與澳門禪史》一四一頁）

七月，屈大均自雷州歸，撫華姜所生稚女阿雁棺而哭。遣人持華姜所遺衣笄往華陰，囑友王宜輔爲石函瘞於華山明星、玉女之峰，乞王弘撰書碣曰："有明處士屈華夫先生之配王華姜孺人衣笄塚。"（《翁山文外》八《華姜衣笄塚銘》）大均賦《哭稚女雁》七絕詩十九首。（屈大均《翁山詩外》卷十三）

二十九日晚參，釋今無下海幢寺法喜堂說法。（釋今無《光宣臺集》卷三）

八月，屈大均、陳恭尹、梁佩蘭、林梧、淩天杓、高維檜泛舟東莞東湖，宴於尹源進蘭陔別墅①。

十五日夜，屈大均賦《辛亥中秋夕作》詩云：

去年月比今年好，嬌女如花在繈褓。手持一物笑當門，柚子燈紅如瑪瑙。前年月比去年明，内子新歸自鎬京。畫舸朝維楊柳岸，香車暮入鳳凰城。盤中果愛甘蕉美，檻外花憐抹麗清。稚子爭圍秦弄玉，慈姑似見計飛瓊。今年月色如冰凍，獨坐簾前抱哀痛。吳宮紫玉遂成煙，巫岫朝雲元是夢。幽魂不返月支香，仙蛻已藏毛女洞。淚落黃泉知不知，黃泉少見月明時。難將一片天邊月，長照黃泉冰雪姿。黃泉母子應相見，見此月明淚如霰。人間月似白玉盤，地下月如白團扇。團扇光輝乍有無，愁君失路一身

———————

①　梁佩蘭有《秋日同陳元孝屈翁山林叔吾淩天杓載酒泛舟東湖高西涯明府後至焉是夜宴於尹瀾柱詮部宅》詩（《六瑩堂集》卷三），陳恭尹有《同梁藥亭屈翁山淩天杓泛舟東湖承高西涯邑侯垂訪談宴逮夜赴湖主人尹瀾柱詮部之招即事賦贈》（《獨漉堂詩集》卷十三、《唱和集》五），屈大均亦有詩（《翁山詩外》卷三《東湖篇贈高明府》）。

孤。夜深環佩歸宜數，莫向黃泉空望夫。（屈大均《翁山詩外》卷三）

海幢寺大殿落成。

中秋後七日（二十二日），廣東巡撫劉秉權宿海幢，言及羅浮寶積寺瑞像，囑釋今無將相請至海幢。（釋今無《光宣臺集》卷七）

九月，屈大均從弟士熹暴卒，越十四日訃至，大均驚慟欲絕，不及歸而哭諸廟。（《翁山文外》十三《哭從弟孚士文》）亦有《哭從弟孚士》五律詩五首。（《翁山詩外》卷五）

十五日，釋今無詣羅浮寶積寺請歸羅浮寶積寺瑞像，秉權出府金三百兩，十一月朔日新像鑄成，釋今無於同日作《羅浮寶積寺瑞像記》。（釋今無《光宣臺集》卷七）

秋冬之際，何鞏道賦《歸鄉七首　並序》七律詩，序云：

癸卯之秋，甫聞海禁，出走彼都，負薪行歌，五更寒燠。戊申嘉平奉命放歸，趨者若狂，僕猶淹滯。茲幸辛亥秋冬之交，始得徐理一棹，重展先山，半里飢煙，萬家衰草，悵桑麻之非舊，泣草木之如新，烏鳥情深，皐魚淚落。若夫鄉虛祭酒，野乏招魂。洛邑之民，二三厥德；若敖之鬼，億萬其身。樂土爲墟，勝遊如夢，遂成永感，輒復孤吟，雖不如宋玉悲秋之詞，聊以發王粲思歸之歎云爾。（何鞏道《越巢詩集》）

冬，釋函昰應匡山歸宗寺請往住持，諸衲子相留，請畢丹霞創造之局。釋函昰卒行，幾至絕裾，作《初住歸宗四首》詩云：

東晋開先代有人，復生松轉劫前春。遙思八十年來事，艱鉅難辭是此身。寺重興八十年，予始忝主方丈。

吾師設利在金輪，四十年前話轉新。不道無禪誰獨念，祖翁田地久生塵。予自丙子禮金輪塔，便有三十年不出山之約。

嶺南獨獠自丹霞，柳栗橫挑千里賖。多少兒孫憐老大，不知何地是吾家。余受歸宗請，諸子相留，至於絕裾。

最是堪傷法運衰，門庭通顯作生涯。欲持一勺鸞溪水，灑向諸方熱面皮。（釋函昰《瞎堂詩集》卷十八）

釋函昰撰有語録。（《語録》一、《咸陟堂文集・舵石翁傳》）

十一月初一日，傳曹洞正宗三十五世海幢嗣祖沙門釋今無盥手作《羅浮寶積寺瑞像記》。（釋今無《光宣臺集》卷七）

冬至早參，釋今無豎拂子云："忙的自忙，閒的自閒，海幢拂子不與焉；長的自長，消的自消，海幢拂子不與焉；歲去自去，來自來，海幢拂子不與焉。且道拂子有甚麽奇特？大眾，者里不是你和會處。"

十二月初八日，合省紳衿耆碩於本寺新大殿設千佛懺飯，十方僧請師登座普説，釋今無陞座説法。（釋今無《光宣臺集》卷三）

二十三日小除，屈大均迎繼室黎緑眉。（《翁山文外》卷三《繼室黎氏孺人行略》）

本年屈大均作文：《華姜衣笄塚銘》（《翁山文外》卷八）、《哭從弟孚士文》、《辛亥人日祭王華姜文》、《焚悼儷集文》、《哭稚女阿雁文》（《翁山文外》卷十三）。賦詩：《送陳中洲》二首（《翁山詩外》卷一）、《贈青霞子》（《翁山詩外》卷三）、《辛亥中秋夕作》、《雷陽郡齋醉中走筆呈吳使君》、《東湖篇贈高明府》、《送陳五黄門訪藥地禪師》二首（《翁山詩外》卷五）、《哭從弟孚士》五首、《喜陳元孝舉第三子》（《翁山詩外》卷六）、《別稚女》二首（《翁山詩外》卷七）、《哭稚女雁》十九首（《翁山詩外》卷十五）。填詞：《鳳凰臺上憶吹簫》、《春草碧・傷稚女阿雁》（《翁山詩外》卷十八）。

本年頃，王令至粵，張穆爲繪《八駿圖》，並有《答畫冊帖》。（《古雪堂文集》卷四《答山人張穆之畫冊帖》）

本年在東莞梁佩蘭與郭青霞、盧鬳遊。

郭青霞（一六三〇～？），陝西人。明末遊擊，隨孫傳庭與李自成搏戰，傳庭死，乃絕意仕進。好治《易》、《參同契》、黄白術。流寓東莞，以女嫁莞人陳阿平，遂家焉。事見汪宗衍、黄莎莉《張穆年譜》康熙十三年條。

本年陳子升之青原，訪釋大智（方以智）、熊魚山（《中洲草堂遺集》卷首李模《爲陳黃門六十壽序》），子升賦《之青原訪藥地禪師留別諸子》詩云：

敢將孤寂動行塵，每念交遊訪鳳因。求性浪過知命歲，出門羞說在家人。深燈閉院空山曉，寒樹移舟遠岸春。獨領衆心前禮足，一時緇白勸行頻。

一嶺分江亂石欹，半空飛霿下流澌。名山兀兀看僧在，心地懸懸不自知。手劃到如經字讀，頭巾行即戒香披。舟程一發欣相見，雲際松寮月上時。（陳子升《中洲草堂遺集》卷十四）。

陳恭尹有《送陳中洲之青原訪藥地禪師》、《寄青原藥地禪師》（《獨漉堂詩集》卷三），屈大均亦有《送陳中洲》二首送之（《翁山詩外》卷一）。

本年釋大（弘）智（字無可，號藥地和尚，俗名方以智）被傳至廣州受審，卒於自贛押解至穗途中，是爲名聞遐邇之"粵案"。（任道斌《方以智年譜》）後釋大汕賦《挽藥地和尚　有引》五古詩。（釋大汕《離六堂集》卷二）陳子升作《哭藥地和尚》悼之（陳子升《中洲草堂遺集》卷十四）。釋元覺亦賦《送陳喬生之青原訪藥地禪師》詩云：

黃門才子久知歸，古寺尋僧願不違。世事已將雲影滅，道心先向瀑泉飛。舟鋪臥簟灘聲滿，葉盡寒山野燒微。從此石房休自掩，夜禪深雪到人稀。（黃登《嶺南五朝詩選》卷一三）

釋澹歸亦填《風流子·挽藥地和尚》詞以示悼念。（釋澹歸《徧行堂集》卷四四）

本年李繩遠初來粵（《尋壑外言》卷五《補黃村農生壙志》），陳恭尹爲其《秀攬亭詩》作序（《尋壑外言》卷首陳恭尹序）。甲午至乙未（順治十一至十二年，一六五四至次年），李繩遠再遊粵，舉其父柩歸（《尋壑外言》卷五《補黃村農生壙志》），賦詩十七首，存其《尋壑外言》卷一。

本年程可則陞兵部職方郎中，奉命往山西，勘問總兵趙良

棟，白其冤。（張維屏《國朝詩人徵略》初編卷二）

本年新城王士禎賦《大宗伯龔公招同荔裳愚山顧庵繹堂湟溱西樵伯紫鐵夫穀梁集黑龍潭分得下字》五古長詩、《程湟溱席上同荔裳愚山顧庵繹堂西樵送蔡竹濤之太原兼寄潘次耕》五古長詩、《堂湟溱時愚山遊嵩洛》五古（王士禎《帶經堂集》卷二十三《漁洋續詩一 辛亥稿》）。其中湟溱爲程可則號。

本年前後海寇蜂起，鄉里舉莊春馨爲首領，領鄉兵，立寨柵，以保家園。

莊春馨，字弢士。海陽人。諸生。有幹略。（乾隆《潮州府志》卷二九）

本年釋函昰在丹霞作《初春與諸衲遊黃沙坑》（釋函昰《瞎堂詩集》卷十三），諸僧以力耕爲食。釋函昰又有《送依石下山兼訂復來》詩（釋函昰《瞎堂詩集》卷八）。

本年釋今無爲釋今錫作《監院解虎六十又一壽序》。（釋今無《光宣臺集卷五）

本年釋古鍵登具。

釋古鍵（一六五二～一六九七），字鐵關。順德胡氏子。康熙九年（一六七〇）出世雷峰，十年登具。至海幢，爲釋今無留掌記室，尋典賓客。三十六年（一六九七）復居雷峰掩關，有比丘刺指血求書《華嚴經》，鍵繕寫精勤，過勞得咯血之病致蛻。光緒《廣州府志》卷一四一有傳。

本年釋古住奉釋今覞返廣州，居雷峰。

釋古住，字正十。湖廣黃梅人。行腳至棲賢，參石鑒今覞禪師，留侍。二六時中，勤參懇證。會天然禪師分座怡山，與枯吟龍公內外調護，叢席再振。泊石公退歸匡嶽，翩然相從。清聖祖康熙十年（一六七一），奉石公返廣州，居雷峰。未幾以行乞參詢往來各山，後傷師資迅逝，機緣未契，怏怏成病。返匡廬住靜，溘然奄化。

本年釋今湛六十，釋今無賦《壽旋庵都寺六十》祝壽：

百歲是人皆草草，惟君六十事堪稱。盡將私槖成叢席，結束孤心禮上乘。月照夜濤秋葉静，潮歸傑閣海門平。鋪成白玉黄金地，不與燕然共勒銘。（釋今無《光宣臺集》卷二十）

本年彭鏜任澄邁訓導。

彭鏜，字述古。連山人。歲貢生。康熙十年（一六七一）任澄邁訓導。卒年八十餘歲。（康熙《連山縣志》卷六）

陳阿平於本年補諸生。

胡方於本年補諸生。（胡方《鴻桷堂集》附録《崇祀鄉賢録》）

清聖祖康熙十一年　壬子　一六七二年

春，黄德熺賦《壬子春羊踶嶺庵重葺落成》詩云：

一徑紆廻最上峯，四時嵐氣幻山容。盡芟榛莽栽棠樹，且息疲勞聽晚鐘。施茗衲僧敲石火，窺人林鳥數遊蹤。帝鄉子舍含情處，天際雲横野色濃。（乾隆《海豐縣志》卷九）

屈大均在東莞，寓萬家洲（租）（今東莞萬江）。（屈大均《翁山文外》十六《陋巷賦》）

大均賦《壬子春日弄雛軒作》五律詩八首。（《翁山詩外》卷五）

正月元旦早參，釋今無云："人人都説今朝是新歲之始，昨日是舊歲之終。終者，終今朝之始；始者，始昨日之終。爲甚麼趙州略彴橋在觀音院里東語西話時，總没有者箇消息?"驀豎拂子云："白龍一吸滄溟竭，鱸魚鰍鱔且向牛跡中自在過節。"（釋今無《光宣臺集》卷四）

初四日，釋函昰登歸宗寺後金輪峰，禮如來舍利塔，因過釋道獨掩關處，有《題金輪峯塔院四首　有引》詩云：

予初主歸宗之明年正月四日，登金輪峰禮如來舍利塔，因過先師掩關處，棟宇傾落，茆簷頹圮。念水木之根源，傷典型之凋謝，思停波靡，敢以身先，尊古人坐斷之風，息後學狂奔之習，正惟此日，殆將終焉，俟之後緣，聊題四絕。

日懸午塔無中影，峯繞群巒見獨尊。恩大莫酬塵剎夢，數間茆屋護柴門。

當年曾憶掩關人，今日空憐守塔身。背面煙霞無透路，紙窗寒坐舊時春。

第一峯頭徹底貧，重來且莫辨疎親。簷楹星月年年繞，不信塵中堅密身。

吾猶昔人非昔人，欲話難酬曠劫春。葉落歸根他日事，只今誰與續前因。（釋函昰《瞎堂詩集》卷十八）

釋函昰又賦《初春陪廖使君曾文學遊玉簾泉病中寄阿首座》諸詩（釋函昰《瞎堂詩集》卷十三），並有《歸歸宗山籟一百四首　有序》五律（釋函昰《瞎堂詩集》卷九）。

二月十六日，釋今無因四十大誕，方大林居士昆仲到山設供，請師陞座，兼爲其尊人八十一偕祝普說，師陞座說法。（釋今無《光宣臺集》卷四）

三月，釋今無賦《贈黃恬庵》詩云：

壬子三月入雷峰，恬庵黃子適至，出《吉祥草》諸詩，索贈，口占貽之草花之句，蓋及之也。

勞人廿載息風塵，投老荷衣樂此身。石井倒窺山影入，心經閒誦竹林春。草花白髮人稱瑞，鬢腳紅侵眼有神。尚掛牀頭舊遊劍，寒光能自割迷津。（釋今無《光宣臺集》卷二二）

四月，釋澹歸至天峰，遂休夏龍護，體中不佳，即拈一二則語頌之。積日而多，命門人錄出，是爲《頌古》，並作《頌古自題》。（釋澹歸《徧行堂文集》卷首）

初八日，釋今無作《壬子浴佛日棲賢舍利入塔大小二顆同放寶光石鑑覷公寄書索頌比丘今無見聞隨喜敬載筆颺言頌曰》：

玉毫旋青螺，本耀黃金界。覺海亦渾噩，淵澄絕澎湃。洪飈忽憑陵，怒鬣奔萬沠。束鯨作纖鱗，局根結椎髻。朦朧失瓊瑤，鹵莽胃蕭艾。得失既淴歘，矜厭亦瑣碎。靈爽無停抽，悾恞滋劣

隘。紫磨標至論，煩襟豁天籟。厥角墮見聞，了義超宿債。妙會
窒天倪，滑識失常態。持壤歸崇丘，仰屋惜疲憊。他增俟他除，
自縛還自解。雙樹寂無言，舍利呈光怪。理異則我殊，境變道乃
大。赤腳走日光，不作日光會。舉身騰青冥，亦不事兼帶。劃電
叱江黿，靡或滯行邁。本際絕換移，如披綠沉鎧。緬維金輪峯，
七瓶掛雲外。三峽橫石梁，萬粒如泉沛。閗入窣堵波，雙光破幽
昧。初如衡山月，霜暈羅松檜。漸如玉燕歸，一殿流沉瀣。半頃
軟琉璃，鱗鱗震華岱。水碧決濃芬，金膏潤凡內。覿公實精敏，
被襟無宿痗。致身事三寶，懿德自靄靄。如來豈私我，海濱絕光
采。起立捧雙眸，或通或仍礙。（釋今無《光宣臺集》卷一二）

　　同日浴佛日早參，釋今無說法。

　　十四晚參，師舉："僧問趙州云：'狗子還有佛性也無？'趙
州云：'無。'僧云：'一切蠢動含靈皆有佛性，爲甚麼狗子獨無
佛性？'趙州云：'爲他有業識性在。'趙州雖則到處拈一朵彩雲，
遮卻仙人眼睛，殊不知賊身久已敗露。大眾，還有向秤錘裏討汁
吃底麼？趙州狗子佛性無，扶桑枝上掛葫蘆。若向含元殿裏覓，
大家腳下失皇都。好箇現在公案。參！"

　　三十晚參，師云："菖蒲利劍斫不開，艾虎哮吼驚不起。江
邊士女競駢闐，大家有眼見不見？大眾，且道見箇甚麼？蛟龍吐
氣結蜃樓，切忌撞著他的露柱。"（釋今無《光宣臺集》卷四）

　　二十六日，張穆寫設色《柳坡憩馬圖》軸。（香港藝術館藏
本，題識："壬子長至。張穆。"）

　　小盡晚參，師云："不覺又是一月盡，此事茫茫無處向。山
門石柱解懷胎，三更產箇蠻和尚。眼若流星，牙如利劍。何故如
是奇特？說道打鼓普請。時聞板聲，解歸食飯。大眾，不妨
疑著。"

　　六月十四晚參，師云："向上一著，千聖不傳。古人又道：
'向上一著，千聖不然。'一句恨他舌頭太短，一句衲子氣宇如
王。原無肯路，且道衲子尋常日用、屙屎送尿時，瞌睡撞著露柱

時，爲甚麼總没者箇消息？若是伶俐衲僧，切忌向屙屎送尿時、瞌睡撞著露柱時認取，不妨冷眼一看去。”

小盡晚參，釋今無上堂説法。（釋今無《光宣臺集》卷四）

秋，陳恭尹溺於扶胥口，幸得脱，手稿盡没。（陳恭尹《獨漉堂集》卷末子贛跋）

七月三十日晚參，釋今無以拂子一拂云：“黄鶴來無信，青猿出有時。此中真消息，千古絶人知。大衆，且道是甚麼消息？若不作佛法會，夏末秋初，何不向萬里無寸草處去？若作佛法會，聽事不真，唤鐘作甕。”（釋今無《光宣臺集》卷四）

閏七月，屈大均從端州、新興、陽春、電白、陽江、化州、遂溪遊高、雷、廉、欽諸州。（《翁山詩外》六《端州感懷》）鄧漢儀輯《天下名家詩觀》，採大均詩十九首。（《天下名家詩觀》八）

十四晚參，師云：“釋迦挽不前，彌勒推不起。聲響兩俱沉，猶隔萬餘里。南泉禪師水牯牛，隨分納些子。若在伶俐衲僧，亦終不肯説有恁麼事。參！”（釋今無《光宣臺集》卷四）

九月，張穆寫《鴉樹繫馬圖》軸。（香港藝術館藏本，題識：“壬子秋九月寫，張穆。”）

十四晚參，釋今無豎拂子云：“一年催一年，一月緊一月。此事正茫茫，一條乾屎橛。乾屎橛，爲君説，三腳蝦蟆吞卻月。參！”（釋今無《光宣臺集》卷四）

冬，梁佩蘭赴北京，屈大均作《送梁藥亭北上》詩。（《翁山詩外》卷二）

梁佩蘭應聘往陽春縣修志，何絳作《送梁藥亭春州修志》。（《不去盧集》卷七）

釋今無賦《壬子冬日買小舟入肆水訪蘇我月明府時署中産靈芝三本》詩云：

三年治績蔚炎州，如月高明碧漢流。馴雉繞庭尊曩史，靈芝呈瑞見天麻。洗除塵滓人難似，稟得純和道易求。況有董帷驚太乙，還從經術傲中牟。

照耀煙霞秋月清，每逢白社起深情。臨風幾度孤吟況，棹雪今爲一夜行。漢代歌聲傳玉管，熙朝神器壯金莖。遥知紫府耕鋤客，亦羨人間有此名。（釋今無《光宣臺集》卷二二）

十一月十四日晚參，釋今無以拂子拂一下云："一片閑田地，往來人不識。方將欲識時，遍地生荆棘。大衆閑田地，且置作麽生？説箇識底道理。"良久云："棲鴻欲泊樹無枝，霜天落卻三更月。"（釋今無《光宣臺集》卷四）

十二月，徐釚《本事詩》刻成，選録屈大均詩二首，梁佩蘭詩一首。

十四日晚參，釋今無上堂説法。

除夕日晚參，釋今無上堂説法。（釋今無《光宣臺集》卷四）

本年頃，張穆寫《馬圖》。（《廣東畫人録》頁一〇九，廣東省博物館藏本）

本年屈大均作文：《陋巷賦》（《翁山文外》卷十六）。賦詩：《清明展墓作》（《翁山詩外》卷一）、《高州大水》（《翁山詩外》卷三）、《那旦道中》、《伏波射潮歌》（《翁山詩外》卷四）、《壬子春日弄雛軒作》八首（《翁山詩外》卷五）、《春日喜從弟無極至東莞賦贈》二首（《翁山詩外》卷六）、《贈郭皋旭》八首、《送陳明敬遊吴因訪秀州諸子》二首、《端州感懷》二首、《七星巖》、《入新興江路》、《太平驛》、《次觀珠塘同郭子作》、《黄泥灣道中》、《陽春道中》四首、《東安舟中》、《石城旅店》、《雷女》、《端州道中》三首（《翁山詩外》卷七）、《河頭舟中》、《宿那鳥塘田家》、《自五藍經熱水山八十里至大牙宿》、《題電白熱水山》四首、《經陽江電白邊界感賦》二首、《次魚洞》、《高涼遇歐陽先輩賦贈》二首、《贈吴使君》六首、《化州道中寄時子》、《途中遇雨作》、《化州道中》、《遂溪道中》、《次沙瀓》、《次閘口》、《廉州雜詩》十四首、《高廉雷三郡旅中寄懷道香樓内子》十五首、《欽州》、《汪學博攜飲羅湖　湖在雷州城西》三首、《雷陽作》、《陽江道上逢盧子（升卿）①歸自瓊州賦贈》十首、《贈電白令》（《翁山詩外》卷十）、《悵望爲家禮部兄貢士兵部兄泰士作》、《熱水泉》、《陽春道中》（《翁山詩外》卷十一）、《冼夫人》（《翁山詩外》卷十五）、《雷陽曲》九首、《初秋有憶》、《採珠曲》六首、《五藍詞》、《後高涼曲》九首、《留別弄稚軒》二首、《弄稚軒有贈》四首、《苔》（《翁山詩外》卷十六）、《題陽春白水之山》、《思鄉水》、《雷女織葛歌》、《花燕謠》（《翁山詩外》卷十七）。

本年程翔壬子科膺特典首選入都至都門，時程可則爲兵科職方正郎，才名籍甚，恭儉下人。爲翔築館授餐，聘爲長子燕思之師。逾年，可則出守桂林。（程可則《海日堂集》卷首程翔序）

本年李象元父檢討公修李氏族譜，繪瓜蔓圖，世代秩然，間有傳疑，無他本可徵。（李象元《賜書堂集·重修李氏族譜序》）

本年新城王士禎賦《定興道中感懷寄繹堂湘北子端周量千仞匪莪季角頌嘉諸子》、《嘉陵舟中懷李容齋陳説巘葉訒庵程湟溱》七絶，均涉程可則。（王士禎《帶經堂集》卷二四《漁洋續詩二壬子稿》）

本年方顒愷（釋成鷲）期月改練。家有大母，耄且耄矣。老母善病，無以爲養，權復舊館往應佛山之請。（釋成鷲《紀夢編年》）

本年釋函昰主歸宗，時負笈稱盛，並應釋今覿請，至棲賢説法，有語録。（《語録》一）釋今遇謁釋函昰於歸宗，一見契合，遂結茅於寺後，旦夕入室，針芥相投。（《咸陟堂文集》卷六《澤萌遇禪師傳》）

釋今遇（一六二八～一七〇一），字澤萌。松江華亭縣人。孫氏子。三歲不納腥葷。年十九，依雲棲會下尊宿落髮。閱二

歲，禮洞下三宜和尚受具，發足參方，往來天童之門。後度父母出家，遂入匡廬。時天然和尚主法歸宗，一見契合，旦夕入室，鍼砭相投。後返雷峰，乃受付囑。康熙二十五年（一六八六）丙寅主席丹霞山別傳寺，三十四年（一六九五）乙亥冬，釋成鷟曾往依之，相見握手如平生歡。四十年（一七〇一）辛巳夏，退席廬山棲賢寺，赴福州長慶請。是秋南還，掃塔丹霞，道經廣州。冬月暫入番禺雷峰海雲寺，臘月三十日示寂。示寂時留偈曰："七十四年前，提起有千句。七十四年後，算來無一語。欲向汝說禪，禪是閒傢具。欲向汝說教，教是葛藤樹。不如合取口，免致反相累。有緣再會時，重新爲汝舉。"釋成鷟《咸陟堂文集》卷六有《澤萌遇禪師傳》。

　　本年釋今無作《雷峰都寺旋庵湛公六十一壽序》爲今湛祝壽。（釋今無《光宣臺集》卷五）

　　本年張翩然闈中擬元，以卷汙黜，撤棘後主司招相見，以乞憐非道，竟不往。（阮元《廣東通志》卷二八六）

　　張翩然，字叔軒。新會人。事母甚得歡心，母終，慟哭幾絕，遂得肺病。康熙十一年（一六七二）壬子闈中擬元，以卷汙黜，撤棘後主司招相見，以乞憐非道，竟不往。講學於家，教人以居敬慎獨爲主。著有《經書要旨》。阮元《廣東通志》卷二八六有傳。

　　黃士龍於本年中舉人。

　　黃士龍（？～一六八八），字非潛。番禺人。學倫子。康熙十一年（一六七二）舉人，授四川蒼溪令。卒於官署。著有《北山堂集》。先是，花山隸屬番禺，與從化交界，明末盜寇流毒，劫掠鄉村，鄉民流亡失業將五十年。士龍於康熙二十二年（一六八三）上條陳，倡設建縣獲允。二十五年割南海、番禺鄉村圖甲創立縣治，調三水知縣王永名來知縣事，並擬名花縣。二十六年，首刊《花縣志》，爲作序。事見溫汝能《粵東詩海》卷六六。

　　陳保定於本年中舉人。

　　陳保定，字而靜，號德山。高要人。康熙十一年（一六七二）舉人，官湖廣郴州知州。著有《川遊偶集》。事見溫汝能《粵東詩海》補遺卷四。

　　李師錫於本年中舉人。

　　李師錫，南海人。康熙十一年（一六七二）舉人，官從化教諭。吳道鎔《廣東文徵作者攷》卷七有傳。

　　王義淳於本年中舉人。

　　王義淳，字宜友。東莞篁村人。康熙十一年（一六七二）舉人，官湖北南漳知縣，有政績。（宣統《東莞縣志》卷六六）

　　李斌於本年中舉人。

　　李斌，字盛堂。歸善人。康熙十一年（一六七二）舉人，官潮陽教諭。以昌黎祠爲書院，增學舍五十餘間。升山東城武知縣，務寬大。著有《養和齋詩鈔》。（乾隆《歸善縣志》卷十四）

　　李龍翔於本年中舉人。

　　李龍翔，字禦升，號澤齋。香山人。康熙十一年（一六七二）舉人，官安徽建平知縣，革除溺女陳規。次年聘修縣志。（乾隆《香山縣志》）

　　張庚於本年中舉人。

　　張庚，陸豐人。康熙十一年（一六七二）舉人，官江南青浦知縣，多美政。謝事後卒於青浦。（《陸豐縣志》）

　　唐培於本年中舉人。

　　唐培，字冠林。惠來人。世炫子。康熙十一年（一六七二）舉人。當謁選，以繼母年老不忍離。母卒服除，乃謁選，授陝西兩當縣令，未赴任而卒。（乾隆《潮州府志》卷二九）

　　李賡梧於本年成貢生。

　　李賡梧，五華人。康熙十一年（一六七二）歲貢。因受賊牽連而入獄，縣令黃景門爲平反。後不入公門，卻爲縣鄉人排憂解難。（《長樂縣志》）

　　吳承晉於本年成貢生。

吴承晉，字來庶，號勖修。東莞人。康熙十一年（一六七二）歲貢生，龍門訓導。（宣統《東莞縣志》卷六六）

方華楨於本年中副榜。

方華楨，字周客，號（字）浮山。東莞人。康熙十一年（一六七二）副榜，官翁源縣訓導。著有《四書補義》、《易經補義》。事見張其淦《東莞詩錄》卷三一。

黎之綱於本年中副榜。

黎之綱，字豈公。東莞人。康熙十一年（一六七二）副榜，官海康縣教諭。力請官府禁挖東莞石山，以防東江堤崩潰。著有《羅經解易》、《卦變圖說》。（宣統《東莞縣志》卷六六）

陳廷光生。

陳廷光（一六七二～一七五七），又名晦洲，字篤序，人稱贊皇先生。饒平人。康熙三十二年（一六九三）由鄉薦授河北贊皇知縣，署理獲鹿、阜平縣事，多善政。雍正四年（一七二六）因開倉賑飢民事爲總督所劾，落職歸。家鄉隆都河堤連年沖決，捐銀六千六百九十兩，以貝灰築堤四千餘丈。（乾隆《潮州府志》卷二八）

張景德生。

張景德（一六七二～一七五四），字集美，號悅耕。東莞人。任邊甲坊約正，正直無私。樂於耕耘，曾不惜工本，修築陂頭，使農田增産。（《東莞張氏族譜》卷三）

清聖祖康熙十二年　癸丑　一六七三年

清廷議撤三藩兵衛。七月，吳三桂、尚可喜、耿精忠先後假意疏請撤藩，皆許之。十一月，吳三桂殺雲南巡撫朱國治，遂以所部反清，以蓄髮復明朝衣冠號召天下。

春，梁佩蘭會試落第，尋離京，作《出京口號寄程周量》四首（梁佩蘭《六瑩堂初集》卷九），顧大申有《金臺行送梁藥亭孝廉歸南海》、《題畫送梁藥亭下第歸粵》詩（顧大申《堪齋詩存》卷七）。佩蘭將離京南歸，有詩及書劄贈李良年，並爲其書扇面、素綾。時良年將入秦，佩蘭與訂花田荔枝之約。

海幢癸丑元旦早參，釋今無云：“渡江春色入芳叢，天上金輪出海東。惟有此中收拾得，蓮花千瓣夜燈紅。”豎拂子云：“腳頭三尺地，萬里碧波通。”

二十八日，鵝湖善女人姚門胡氏在於本寺捐資塑大悲菩薩像一尊，建閣三間，供奉其中，即以是日開光，禮大悲懺，請釋今無拈香。釋今無禮拜，起云：“大悲千手眼，那箇是正眼？霜毫蘸墨花，不深亦不淺。數年來摹得一座法身，一箇善女人卻解圓滿。懺雲起處，蓮花生於淨觀之中；鉢水擎來，寶月耀於碧空之外。”便提起筆云：“今日依稀舊光彩，河山萬朵不曾新。”（釋今無《光宣臺集》卷四）

二月，釋今無賦《癸丑仲春梅長道兄潔誠撥置家緣入海幢將一月修建大悲寶懺深念衆生以無明業垢妄造種種能一念回光可以薄宿愆而植新種用是懇禱上及父母下逮親串凡在梅公相敬相愛之中則以真誠感格仰求拯拔夫捨資財作佛事人或不少捨資財而能潔身潔念則甚少也能潔身潔念時或不少能深知一念回光可以消殞業垢又能擴充其量上及父母下逮親串此非自信之篤其能如是乎夫家以理解恃聰明不信有此懺業消垢之事然念念騰騰豈他人哉此固不足與俗人言也梅兄當自信之耳》詩云：

十里香花結勝因，海幢今復見斯人。月明起處咒雲淨，梵唄高時海色新。好福已瞻諸佛頂，真誠猶自拔諸親。團圞共話齊眉老，從此長留鶴嶺春。（釋今無《光宣臺集》卷二三）

同月，釋今無作《姚梅長行樂贊》云：

歲在癸丑，月在仲春，姚子梅長爲其孟光氏攜淨供入海幢，作大悲懺法。功德之光充於內齋，肅之誠發於外。布袍道巾，譙笑於崇蘭嘉樹之間；心胸落落，髣髴十八高賢之一。此丰姿之秀整，而天倫之最樂者也。合江樓頭梅長，殆如白鶴之峯，使人舉眼便見聲華文藻。壇坫自高，氣之所礴，世豈有不可爲之事？投轄傾尊，雖老而愈壯。而閱歷之久，細霧濕衣，覺芳英之難揜；閒花落地，悟靈夢已多時，此又其濯滌洗劇之所造也。誦鶺鴒之詩，急兄弟之難。一畝之宮，舍愛子以棲遲；簣石之瞻，典他人而代負。此又其比德於昔賢，天經地義，非紙上三毛所得而摹擬也。（釋今無《光宣臺集》卷十二）

十四日晚參，釋今無云："即此見聞非見聞，無餘聲色可呈君。"以拂子擊案一下云："者箇豈不是聲？"復以拂子一拂云："者箇豈不是色？若作聲色會，便全體墮在聲色之中；若不作聲色會，亦全體墮在聲色之中。既全體墮在聲色之中，作麼生說箇無餘的道理？"驀豎拂子云："張公食酒李公顛，仰臥南山看北斗。"（釋今無《光宣臺集》卷四）

十五日，張穆仿元趙孟頫《畫馬圖》。（《廣東省博物館藏畫集》頁九八，題識："癸丑花朝，仿松雪先生筆。張穆。"）

十六日，釋今無四十一大誕，承省會諸紳衿、各山耆宿龍象到海幢寺恭祝，請普說。釋今無下法堂說法。（釋今無《光宣臺集》卷四）

三月，廖燕之友鮮于友石挐舟來訪燕，于燕別已十三年，告燕將遊洞庭，燕作序送之。（《文集》卷四《送鮮于友石遊洞庭序》）

同月寒食，釋今無十一遊羅浮，僅四日歸，賦《十一遊羅浮詩　有小序》詩云：

癸丑三月，予以海幢山門畢工，神氣虛耗，厭極人事，思就養羅浮，且當寒食掃塔之日，遂乘輿入山，登眺之樂悠然灑灑，纔四夕吟弄煙云，忽二天使一等侍衛顧公、二等侍衛米公至五羊，少保尚公、中丞劉公遣役追予還，相陪入山，未三鼓而肩輿、戒路、冰車、鐵馳之聲已宛雜於谷風洞響間矣，始信閒福未易消受，僅得十四首以紀茲遊耳。

十載登臨興，年年自不同。霞光明掛樹，山氣暗攻中。雨驟催溪漲，峰晴被霧籠。暝心歸物外，誰是解談空。

久得歸山意，真難說與人。野燒圍嶺背，耕犢破山唇。異草難求號，仙花只耐春。暫時高處望，又見下方塵。

古木圍林密，煙村此結茅。棘門杉葉縛，人面雨痕膠。箭鏃塗生藥，花枝掛勁矛。長將仙洞樹，斫盡炙山庖。

據樹吾忘我，過橋影待人。突雲欺袖入，側帽閃風頻。高鳥晴啼爽，長藤綠掛春。氣微忻厭念，無力辨誰真。

　　予欲復梅花莊，已縛茅三間，種梅數千本。

尚有梅村地，爲橡可耦耕。身閒仙易得，心苦事難成。大屋懸長鐸，低茅縛直繩。兩般生趣味，一笑問溪聲。

已近朱明洞，仙爐在此間。更誰生白羽，只有換紅顏。大藥非凡寶，真心本至閒。徘徊遲語嘿，日影已銜山。

絮薄輕難煖，山重靜更寒。映花松戶小，得月夜樓寬。石咽聞溪響，峰奇徙榻看。風爐長不斷，沸水炙頻乾。

洞隱千尋磴，泉飛百道簾。亂藤愁力盡，急響覺神添。樹曲盤無壤，厓稜洗去尖。幾多青靄色，還向下方潛。

　　寶積寺

異錫穿山骨，芳膏迸石流。藥苗香不到，風力冷全收。足下雲生嶺，窗間樹掛猴。未能成一宿，五負此林丘。

易引孤笻去，難名異鳥啼。晴嵐初放嶺，曲樹已吞溪。蟻穴藏青靄，蜂房貼紫坭。且將蝴蝶夢，先寄石樓西。

薇老還能食，花奇可插瓶。潭心龍氣黑，僧面嶽形青。山大猱居密，鸞多羽族靈。洞天深寂寂，星月大柴扃。

巉沿峻壁還，尋溪意未閒。日光先透石，樹勢欲爭山。花是仙源異，頭從玉塞班。廿年辛苦意，凄折對松關。

斜陽明谷口，金色忽離披。病久骨先弱，乍閒意便宜。窗窺人上嶺，枕聽鳥呼兒。更欲探奇去，捫苔讀古碑。

又逐晨雞去，相將甲馬還。去如愁故國，忙亦累名山。雲勢宜長夜，峰皺失舊顏。溪光兼樹影，疑惑不能刪。（釋今無《光宣臺集》卷十九）

釋今無十一遊羅浮，賦《從泊頭登岸入山喜尹瀾柱銓部挐舟而來次韻二章》詩云：

此間何事最相宜，不到仙山總未奇。萬里高懷浮海得，三峰天路看雲移。易尋藥草供方術，難得秋光愜夢思。丰采文章高宇內，卻從丹井訂幽期。

松杉萬壑靄參差，目對飛雲引興奇。歸洞古龍霞自擁，啼人仙鳥語頻移。山公喜赴扁舟約，杜甫還吟補闕詩。廊廟山林齊一致，碧蘿千尺已成絲。

釋今無又賦《遊華首臺兼遊諸勝次韻二章》詩云：

仙飆吹面碧潭涼，鶴破溪雲見下方。鳥踏花枝迎客落，麝眠山徑襲人香。杯浮嫩茗波無影，尹詮部出遊山，具木盃注茗，曲水代觴。石裂新巖蜜有漿。語笑分明霏玉屑，麻衣簪弁總相忘。

已將芳號許羅浮，勝躡先緣一併收。上界占星開紫府，人間清馨重丹丘。五湖歸夢添吟興，三逕爲園識此秋。玉女峰前饒更望，真慚歌板臥紅樓。

釋今無又賦《螺浮甫出山即入惠陽承留別一律相訂半句度中秋於尹瀾柱銓部園亭予維舟石龍以俟並次元韻》、《山中口占呈張尹二公二章》（以上七律）。（釋今無《光宣臺集》卷二三）

夏，張穆自書所作近體詩十二題，二十首爲一冊凡十二葉。（《頌齋書畫錄》五六至五八頁，末葉題識："《詠水仙》，癸丑長夏，張穆書)

釋今無賦《癸丑夏日承方邵村侍禦同諸公見訪艖司向公有入社之興阻以公政遥贈三律琬琰風致群公步而和之時水部汪漢老同王震生諸公亦棹扁舟而來半江遇風亦不果聚》詩云：

野寺雲山一水分，山光如水水連雲。江帆晴引烏臺興，蓮沼香浮綠綺文。物外逍遥周柱史，詩懷高逸鮑參軍。相期此日非生客，帝里聲名蚤已聞。

高賢異地復同群，五色肝腸映曉雲。風雅自和鸞玉響，威儀人識鳳凰文。不嫌淨社長無酒，久屬名場舊冠軍。千古東林傳勝事，招提誰更續遺聞。

扁舟有客阻珠濆，翻似迢遥五嶽雲。一度佳遊遲尚子，滿堂名輩少完文。清齋定值花間興，酒陣爭降鏡裏軍。偏得寄題詩句

好，臨風吟抱隔江聞。（釋今無《光宣臺集》卷二三）

四月，程可則出任桂林知府（汪懋麟《百尺梧桐閣集》卷三《送程職方守桂林序》），李良年致書問候梁佩蘭、屈大均（《秋錦山房外集》卷一《與程周量》）。梁佩蘭、陳恭尹均有詩送可則赴任（《六瑩堂初集》卷四《送程湟溱職方出守桂林》、《獨漉堂詩集》卷三《程周量出守桂林作此寄之》）。

郝浴自銀川冒暑裝香塔下，爲釋函可撰塔碑銘。（郝浴《塔碑銘》）

釋今無賦《壽任厥迪》詩云：

癸丑夏四月，厥迪任子五十一歲，稱其母太夫人八十一之觴同是月也，爲寄此詩，以致頌意。

老萊袖舞壽筵風，正值瑤池奏樂中。子孝母慈和德美，藥靈人壽與仙同。洞天門起羅浮月，福地橋通鶴嶺鐘。始識綺羅春富貴，仙花如錦照山紅。（釋今無《光宣臺集》卷二三）

同月，釋大汕因田雯（綸霞）邀北上赴京，數年間於嵩山校刻成覺浪道盛之《傳燈正宗》。（姜伯勤《石濂大汕與澳門禪史》第八九頁）沿途作詩成集，突然崛起於詩壇。（梁佩蘭《離六堂詩序》、姜伯勤《石濂大汕與澳門禪史》一八四頁）

初八浴佛日早參，釋今無豎拂子云：“月生一鐵輪，天子寰中敕。月生二豐干，騎牛入鬧市。月生三蟭螟，睫里巨鰲翻。東海易填挑朔雪，北山難鑿怨愚公。迦毘藍園誕悉達，溫涼二水走九龍。眼騰碧落身騰空，一枕同圓此夢中。金鐘撞碎玉簾櫳，還與此時同不同。”放拂子云：“可知禮也。”

三十日晚參，釋今無說法。

五月十四晚參，師拈拂子云：“也有人向豎起拂子處卜度，也有人向未豎起拂子已前處卜度。向豎起處卜度，有一分親切；向未豎起已前處卜度，亦有一分親切。既總有一分親切，爲甚麼當人不肯受用？”良久云：“不是同床睡，焉知被底穿？”

小盡晚參，師云：“明朝六月朔，此事沒著摸。若待有商量，如兔求兔角。若待没商量，又似秦時轆。秦時轆前殿，新修四天王。忽然將一座白雲山性燥腳踢，爲甚麼海幢碟子卻成了七塊？盡珠海之人如夢相似。”（釋今無《光宣臺集》卷四）

六月二十九日，釋澹歸在丹霞山別傳寺，值藏入見，自説悔過，則釋澹歸在寺整頓戒律，整飭寺内秩序。（澳門普濟禪院藏《澹歸和尚墨跡》、姜伯勤《石濂大汕與澳門禪史》四九七頁）

秋，釋今無賦《秋日喜螺浮張給諫見訪即訂四百峰之遊率贈》詩云：

多君訪我度江來，共話名山去路催。十一遊時慚羽翰。今歲春杪奉陪滿洲二天使少保尚公、中丞劉公登飛雲頂，困於風雨，爲第十一遊也。三秋去日愛宗雷。錦帆珠浦驅朝浪，玉律金風動蚤灰。泛泛一鷗無所著，元從物外事登臺。

仙儔未許問流年，偶就鵷行道尚全。省披文章師陸贄，天門星宿照張騫。丹砂自養甘霖料，青瑣難聞覽眺船。蚤晚楓宸歸獻替，遥知聖澤贊名賢。（釋今無《光宣臺集》卷二三）

七月初二日，釋澹歸作省城諸書。

初三，諭知客增設兩序知眾一員。晚高念祖到。

初四，高念祖入見釋澹歸於丹霞山別傳寺，送壽儀一封，還前銀，書一併璧之，以謝州府。

初五，送還念祖。念其長貧，糊口四方，釋澹歸送銀三兩周濟。（澳門普濟禪院藏釋澹歸日記，即澳門普濟禪院藏《澹歸和尚墨跡》、姜伯勤《石濂大汕與澳門禪史》四九七頁）

十一日，爲龍護作緣字。

十四日，釋澹歸爲地處江西吉安青原山至嶺南交通要道上之南雄龍護園書乞米乞油册。（澳門普濟禪院藏釋澹歸日記，即澳門普濟禪院藏《澹歸和尚墨跡》、姜伯勤《石濂大汕與澳門禪史》四九八頁）釋澹歸《徧行堂集》卷十文部《疏》中有《龍護園乞米引》、《龍護園乞油引》、《徧行堂集續集》卷五又有《龍護園乞供眾米疏》。

二十五日，送册書於陸孝山……秋嶽書當另寫。別朱葵日、劉初炳、陸鶴田三公，即托秋嶽勸請也。並以綾二匹，供寫寄之須。

二十六日，廬山棲賢寺方丈石鑒今覯來，海幢擔尚未發完。蓮池庵送食六盤。作劉撫臺書，送孝山看過，另作秋嶽書，作遲學憲書，並書綾字，留寄石刻一部，又寄秋嶽、葵日、初炳雞田綾字、山刻。了任崧翰綾，並雷峰二紙。黎束橋區。

次日，請棲賢齋。釋澹歸中表陸孝山（世楷）送歸宗書並軸二，齋儀八兩。又送釋澹歸禮四包，壽儀十二兩。受布八端，參三兩。其壽儀送回兩次，仍遣來，固請，不容更璧，然益加愧矣。朱廉齋以二單束，訂明日同釋今覯齋，是早海幢人俱在。（澳門普濟禪院藏釋澹歸日記，即澳門普濟禪院藏《澹歸和尚墨跡》）

小盡晚參，釋今無云："平生蕭索意，最是怯秋來。一夏已云盡，誰將眼目開。開底道理即且置，且道甚麼處是眼目？"良久云："大眾尋常痾屎食飯，切不可特地去也。"（釋今無《光宣臺集》卷四）

八月初三日，釋澹歸之別傳寺直歲石吼有信，釋今無並其當家師俱有信。知徐糧道寄人參四兩，繭綢一端，當作書謝之。

初六，得歸宗寺釋函昰兩劄來催，爲其病甚，與海幢寺釋今無速出料理，即作一字與海幢，一字與石吼。（澳門普濟禪院藏釋澹歸日記，即澳門普濟禪院藏《澹歸和尚墨跡》）《徧行堂集》卷二一《與海幢阿字無和尚》云："歸宗二請，初五日到山，老人初十日登舟，弟在龍護料理。"

同日，釋澹歸得歸宗寺兩函，以釋函昰病甚，催其與釋今無速往料理。二十四日，釋澹歸爲周曲江（韓瑞）作詩序。（《丹霞日記》）

初九日，釋澹歸請原丹霞山主南陽李充茂（號鑒湖）齋。（澳門普濟禪院藏釋澹歸日記，即澳門普濟禪院藏《澹歸和尚墨

跡》）充茂與其兄永茂（字孝源）於順治十八年（一六六一）舍
丹霞山予釋澹歸建寺。

同月，張穆在廣州，寫《水牛圖》軸。（《明清廣東名家山水
畫展》，題識：“癸丑仲秋寫於珠江精舍。羅浮張穆。”今藏香港
藝術館）

中秋，釋今無出山，賦《從羅浮下山與張給諫相訂度中秋於
尹瀾柱園亭張公以行止不果予獨泛舟泊南海神祠上浴日亭同四藏
自顯自堅鐵關諸子賞月》詩云：

月明萬頃軟琉璃，況復中秋色更宜。光怪盡隨星漢上，襟期
只有水雲知。羞看歲去逢佳節，每嘆心違過此時。獨步古松蒼莽
際，輕衫微覺暗風吹。

戰月吟魂夜獨醒，十年不到此孤亭。倒浮下界山沈海，直寄
高空意入冥。乍出洞天簫管寂，忽當洪渤露華泠。官舟未許遲清
話，狂簡何人慰鶴形。（釋今無《光宣臺集》卷二三）

釋今無又賦《壽寓諸》詩云：

寓諸從予出塞，當黃沙黑水，漫無棲泊，南遊五指，鋒刃危
疑，笑木偶之梗泛，與鬼籙而長淪，孤騫之味，亦甚苦矣。今入
羅浮，回驚噩夢，未成好景，歲云邁矣，食蔗流年，鞭駒易逝，
於其四十有一之生辰，爰賦此詩，不獨為寓諸憮然已也，汝其
勉之。

死生雁蹟共相依，南北煙霜願不違。幸有青山分浪跡，更無
紅日照征衣。投林倦鳥聲偏好，入袋猢猻體漸肥。一念坐圓千劫
月，老人峰下倚柴扉。

又賦《贈九十四老人》、《予與陳梅臣別久矣喜得相見贈以詩
時癸丑中秋也》、《癸丑秋八月喜文斗金吾從漢陽來相見偕李潛石
秀才分賦》（以上七律）。（釋今無《光宣臺集》卷二三）

十七日，釋澹歸了諸紙，並大林賀詞及寄首座，送任憲副
一幅。

二十五日，釋澹歸為會龍作乞米引，《徧行堂集》卷十有

《會龍修造錢糧引》。會龍即會龍庵，院主名青來。

二十九日，書周曲江詩序。《徧行堂集》卷八有《周退庵詩序》。周退庵①官曲江知縣。（澳門普濟禪院藏釋澹歸日記，即澳門普濟禪院藏《澹歸和尚墨跡》，姜伯勤《石濂大汕與澳門禪史》五〇一頁）

九月初十日，釋澹歸禮懺已畢，夜爲施良作孝山書，一具覺非送壽果於南雄也，璧李鑒湖《遵生八箋》。

十一日，遣覺非往南雄。午後深殖自南雄歸，得孝山答書，並寄人參三兩，冬米一包。（澳門普濟禪院藏釋澹歸日記，即澳門普濟禪院藏《澹歸和尚墨跡》）

十二日，釋大汕嶺旋抵越，與湖上二三子由錢塘門過藕花村，沿隄一路水光山色，鳥韻松濤，突目千峰，層匝不已，作《飛來峰》七古詩。（釋大汕《離六堂集》卷三）

十五日，……周曲江送程儀二十兩，紫菜二包，了諸扇紙。

十六日早，釋澹歸解維，二十日到龍護園。二十一日晤陸世楷。（《丹霞日記》）

二十日午刻，釋澹歸至龍護園，院主他出，張寶譚、楊肯堂來見，發數行，令船戶寄回山中。（澳門普濟禪院藏釋澹歸日記，即澳門普濟禪院藏《澹歸和尚墨跡》）《徧行堂集》卷二九有《與張寶譚善友》。

二十一日，晤陸孝山，出過朱廉齋明府，值朱子蓉訪姚紹嗣別駕不會，即來答拜。坐話未久。孝山至，別去，宋右侯、胡濟遠至，子蓉至。張寶譚邀午齋。廉齋來，不值而去。孝山送程，受白米二包，姚韶嗣程，受二包。

二十二日，釋澹歸訪高保昌、丁聖襄、袁四其、鄭魯城、宋拯石、王君甫、金璿海，具會李驛官、宋右侯，不值。復看龍護

---

① 周韓瑞，福建莆田人。舉人。康熙七年（一六六八）任曲江知縣，十四年（一六七五）山東何廷球接任。

園監修阮弱生、胡濟遠，具會高保昌，答拜李驛官、鄭魯城、金司獄、譚方蘧。朱子蓉來，司獄朱弘遠來，釋澹歸不在，即開船往省，留茶筍二封而去。晚刻，深源自山中至，得釋今辯（樂説）書，並副寺、知客書，知葉御題物，尚未到庫，因先應此金來。又仁化縣牌，催領度牒，猶是康熙四年所報之名，今部文才到，未知納銀與否，又一囉嗦事，且俟暁孝山一詢的實再處爾。（澳門普濟禪院藏釋澹歸日記，即澳門普濟禪院藏《澹歸和尚墨跡》）

二十七日子時，陳璸長子居隆生。璸又應童子試，縣尊余振翰、府尊吳盛藻俱拔列前茅，大加器重。（鄧碧泉《陳璸詩文集》附《陳璸生平活動簡表》）

二十九日，……釋澹歸作歸宗三答書。

三十日，作南安二書，山中三劄。（澳門普濟禪院藏釋澹歸日記，即澳門普濟禪院藏《澹歸和尚墨跡》）

同日晚，釋今無因度嶺入匡山省候天然函昰老和尚，晚參示眾。釋今無云：“未有常行而不住，未有常住而不行。古人説道：‘諸佛行處我不行，諸佛住處我不住。’既是衲僧家，爲甚麼不向諸佛行處行？不向諸佛住處住？既不向諸佛行處行，不向諸佛住處住，又向甚麼處行住？大眾，還知麼？萬里江山圍不密，一條椰栗跨荆蠻。”（釋今無《光宣臺集》卷四）

釋今無趁便遊幽燕。其《壽劉焕之總戎　時焕之統兵鎮連州，予從金陵還》詩有“癸丑秋纔深，余果遊幽燕”句。（釋今無《光宣臺集》卷十五）

冬，屈大均自粵北入湘從吳三桂軍（《翁山詩外》卷五《度臘嶺》），過乳源，訪周翀於梅花山（《翁山文鈔》卷四《高士傳》），經清遠、英州而至樂昌，賦詩如下：《過清遠諸灘》、《冬日英州山中》、《滇陽舟中》、《度臘嶺》、《任囂城》、《度騎田作》、《乳源出水巖采雪花贈高士周孝廉翀》、《梅花遶）水》、《過瀧》（四首）、《樂昌水漲》（以上五律）。（屈大均《翁山詩

外》卷五）

十月初七日，釋澹歸題二大士贊。

初十，更寫六幅。

十二日，釋澹歸送李覺岸詩扇。

十八日，書冊頁。

二十六日，化主山崖別去，送程儀詩扇。

二十八日，午刻赴朱廉齋明府午飯。作徐浩存、嚴提督、劉煥之、黎方回書。羅愛玉來。

二十九日，遣送羅愛玉劄，受詩扇，陳季長、汪漢翀、解虎、開雲書。又爲雷峰作傅竹君書。又作教授書，副寺、知客、侍者書。寫兩詩寄華、鄧二家。

十一月初一日，作盛仲來書。金陵二客來見，各一扇，俱持扇索書。

初二日，釋澹歸午請棲賢齋，以一詩壽丁聖襄。

初三日，棲賢度嶺，拜丁聖襄壽。韓天生子來扶天生櫬還淄川。仲常以高念東少司寇《金剛大義》索序。釋澹歸囑仲常搜其文集，請作一書寄之。

初四日，作韓天生挽詩並序，作高念東《金剛大義序》，作蓮池庵造關帝像引，深值（殖）、開宗雇船。（澳門普濟禪院藏釋澹歸日記，即澳門普濟禪院藏《澹歸和尚墨跡》）《徧行堂集》卷十有《蓮池庵造伽藍引》。

初五日，書《金剛大義序》、韓天生挽詩兩橫卷，作數行，留院主處。令候韓仲常來取，即付之。石覺與礦源公來見，送禮四包，受《山居詩》一冊。未刻，深值自南安回，已得船，用價七兩一錢一分，一切在內，欲明早即行。雇夫須明日，聽其遲也。發柴銀四兩與下院。（澳門普濟禪院藏釋澹歸日記，即澳門普濟禪院藏《澹歸和尚墨跡》）《徧行堂集》卷八有《金剛大義序》。

十八日，趙國子來，了諸紙。

二十二日，遣送池儀伯禮、戴怡濤扇，即自往送之。還丘函五字，繳朱廉齋四聯。

二十三日，方回香柚百枚，求題匾也。

二十四日早，首座同藩臬過嶺，融如來，送湖錦一肭，香儀二兩。譚方蘐香儀二兩。遣石吼問弱生借物，僅得五兩，不滿三十金之數。爲另易一票與之。南雄知府陸世楷（孝山）來，以二十金爲惠，並問請藏事。日自出五十金，令方蘐之嘉興，此舉甚快。

二十七日，請棲賢齋。作惠州及海幢雷峰劄。

二十八日，戴怡濤有書，寄綾二幅，爲雷州吳觀莊太守、高州黃長茀太守索書。王仲威有書，寄銀八兩索書，綾六幅……

三十日，別棲賢，還歸宗……謁方丈……觀歸宗地盤，此固大道場地，然非有十萬金緣因循，二十年工夫，五百眾驅使，未易住此也。晚入方丈茶。（澳門普濟禪院藏釋澹歸日記，即澳門普濟禪院藏《澹歸和尚墨跡》）

釋澹歸別棲賢，還歸宗謁釋函昰。（《丹霞日記》）時清平南王尚可喜鎮粵二十餘年，請歸老遼東，彙其平生戰跡，囑尹源進爲撰年譜，源進轉付釋澹歸爲之，書成二卷，名《元功垂范》。其後釋澹歸有《上平南王書》（《徧園集·丹霞澹歸釋禪師塔銘》），請更正書中對明稱謂，平南卒允所請。陸升初見釋澹歸書愛之，求爲手書以贈。亦有題所上平南啓後二則（《徧行堂續集》九、八），又有《升初以幅綾索書所上平南王啓》詩（《徧行堂續集》十四）。釋澹歸六十生辰，釋函昰有《丹霞澹長老六十初度》詩爲壽：

如來壽量付何人，湧出因緣劫外春。只少六年稱弟子，卻於五位定君臣。臨機輸汝棒能疾，得意愬予道未親。且喜分身還集處，端然寶塔露全身。（釋函昰《瞎堂詩集》十四）。

歲杪，釋今無從嶺南萬里入京師，尋故人蕭副戎柔以於德水，詰朝，王子淑莘相訪，爲其所作《五百羅漢記》作跋。（釋

今無《光宣臺集》卷十《王淑荦〈五百羅漢記〉跋》）

本年至明年春釋今無往北京途中賦詩如下：《泊虔州》、《十八灘》、《萬安道中》、《贈蕭孟舫　時與宋方伯艾石、佟憲長奎庵遊其負青樓》、《贈胡敬濟》、《出鳳陽界》、《過桃城》、《嶧山下作》、《章橋遇雪》、《戲贈掌鞭　北路趕驢馬夫，客人尊之，號曰"掌鞭"》、《雪》、《高唐道中》、《入茌平》、《渡黃河》、《再過嶧山》、《諸子不善騎驢每易失足作此嘲之》、《出東平》、《東平遇雪》、《北月》（五首）、《雪》、《壽溫泗源尊人》、《壽蕭澹如方伯》（二首）（以上七律）。（釋今無《光宣臺集》卷二三）

本年張穆寫《鍾馗出獵圖》軸。（《明清畫家印鑒》頁二九九，葉遐庵藏本）

本年屈大均賦詩：《堂上行》（《翁山詩外》卷三）、《過清遠諸灘》（《翁山詩外》卷五）、《冬日英州山中》、《奉贈高士周以濂先生》（《翁山詩外》卷六）。

本年梁佩蘭途經寧都，過訪彭士望，魏禮有書致之。（魏禮《魏季子文集》卷九《答梁藥亭》）佩蘭在北京寓慈仁寺，交顧大申、閔亥生。（梁佩蘭《六瑩堂初集》卷四《贈顧見山水部》、《贈閔東皋》）

本年香山（今中山）大尹聘修邑乘，劉相三列賓筵。

劉相（一五九九～一六九五），字良倩，號彭。香山人。諸生。工古文辭，才名藉甚。康熙十二年（一六七二）邑大尹聘修邑乘，三列賓筵。壽九十九。余祖明《廣東歷代詩鈔》卷二有傳。

本年程可則出知桂林府，會檄撒藩部，歸京師。百務紛拏，可則以敏幹稱。尋卒於任。（張維屏《國朝詩人徵略》初編卷二）陳恭尹賦《程周量出守桂林作此寄之》七古長詩。（陳恭尹《獨漉堂詩集》卷三）

本年風狂，浮橋圮，陳衍虞後賦《刺史吳公見末有鳳城十詠

刻之長箋去今十年近偶檢得戲疊其韻潮人詠潮事言或非誣然村謳
巷謠殊愧詩史》五律詩十首，小題爲：《韓麓橡花》、《金山松
樹》、《鳳臺時雨》、《鼉渡秋風》、《湖嶺晴巒》、《浮橋春漲》
（跋云："癸丑風狂，橋圮"）、《校場觀射》、《塔院維丹》、《北閣
佛燈》、《西濠漁筏》。

　　本年至康熙十五年丙辰（一六七六）四年間，陳遇夫之薄弱
夙習鏟削殆盡，文風一變爲厚實矣。是時閩滇不靖，盜賊充斥，
尚藩猶鎮粵廣潮二郡，在處有兵，征役孔繁，而遇夫適有家難，
不試數年。（陳遇夫《涉需堂文集·涉需堂書義序》）

　　本年州守延石光祖修郡志。

　　石光祖，字翼子。連州人。時值兵亂，身負母，攜二弟跋涉
崎嶇，脫離險境。康熙十二年（一六七三），州守延修郡志。弟
超祖、揚祖，皆教育成才，兄弟三人參加廷對，人稱"石家三
鳳"。（乾隆《連州志》卷七）

　　本年李繩遠自粵歸嘉興。[1]（李繩遠《尋壑外言》卷五《補
黃村農生壙志》）

　　本年林間挺曾參與縣志編修。

　　林間挺，吳川人。歲貢。立義塚，收埋無主孤骨。曾參與康
熙十二年（一六七三）及二十六年縣志編修。（《吳川縣志》）

　　本年方顥愷（釋成鷟）父國驊已歸窀穸。一日得向所受於碧
溪臥叟者，三復研究，始悟不傳之秘。是時海內多故，思出其技
一試之。偶從東家席上遇一異人，來自燕京，眾皆稱爲張仙者。
（釋成鷟《紀夢編年》）

　　本年釋函昰主歸宗，釋澹歸出匡廬省覲。（《咸陟堂文集·舵
石翁傳》）

　　本年釋今無請藏入北，過山東，登泰山，聞變，駐錫蕭府。

---

　　①　李繩遠此次入粵作詩十題，存其《尋壑外言》卷三。

（釋今無《光宣臺集》卷首釋古雲《海幢阿字無禪師行狀》、卷十二《雷峰天老和尚七十示生頌》）釋今無於本年第十一次入羅浮山，作《募建羅浮寶積寺瑞像殿序》。[①]（釋今無《光宣臺集》卷六）

本年郭楨由府學撥貢任東莞教諭。

郭楨，始興人。立志遠大，博學經史。遠赴蘇吳求學，與江左文士馳騁上下。回歸故里後，雄冠一時。康熙十二年（一六七三）由府學撥貢，任東莞教諭。（民國《始興縣志》卷一二）

龔章於本年中進士。

龔章（一六三七～？），字惕持，號含五。歸善人。順治十七年（一六六〇）解元，康熙十二年（一六七三）進士，官翰林院編修（一說檢討），典江南康熙二十六年（一六八七）丁卯鄉試。尋告歸，杜門著述，著有《晦齋集》、《綱鑒捷錄》。吳道鎔《廣東文徵作者考》卷七有傳。

任清漣於本年中進士。

任清漣，字秋浦。新會人。南海籍。康熙十二年（一六七三）進士，官清河知縣。潛心性理，爲學務實踐，嘗至吳從其族父坦齋先生遊。與方蒙章友善，有“廣南二彥”之目。事見淩揚藻《國朝嶺海詩鈔》卷二。子榛，字肇楚。附貢生。著有《菘園詩草》。淩揚藻《國朝嶺海詩鈔》卷四有傳。榛弟椅。言良鈺《續岡州遺稿》卷二有傳。

陳芳胄於本年中進士。

陳芳胄，海豐人。康熙十二年（一六七三）進士，官中書。生平載籍極博，著述甚富。（《惠州府志》）

徐上字於本年中進士。

徐上字，字平山。海陽（今潮安）人。康熙十二年（一六七

[①]　又於《募建羅浮寶積寺瑞像殿序》言：“今歲癸丑，復至山中，爲十度入羅浮，寄想之意不少變。”

三）進士，授四川峨眉知縣，集生徒講學興文。豪右不供差役，偏累貧戶，爲編糧均役，民以爲德。（乾隆《潮州府志》卷二八）

謝簡捷於本年中進士。

謝簡捷，字子茅。海陽（今潮安）人，揭陽籍。康熙十二年（一六七三）進士。時潮州總兵劉進忠反清，清兵圍潮，簡捷暗進攻戰策，家爲進忠抄没。進忠敗，始授內閣中書。著有《戒心旅吟》、《南還雜詠》。（乾隆《潮州府志》卷二九）

朱國材於本年成貢生。

朱國材，字篤甫，號回古。南海人。早年與兄國臣及文士數十人於廣州鎮海樓結社吟詠，稱浩社。康熙十二年（一六七三）歲貢生，廷試，旨擢一等第一名，選開建縣訓導，卒於官。著有《四古遺稿》。事見朱次琦、朱宗琦《朱氏傳芳集》卷正。

張鉅生。

張鉅（一六七三～一七二九），字此大，號西林。東莞人。康熙四十七年（一七〇八）舉人，授興寧教諭，清廉正直，遵守師道。（宣統《東莞縣志》卷六七）

程可則卒。

梁梿卒。（《獨漉堂文集》卷十《梁寒塘墓誌銘》）張穆賦《輓梁器圃》詩悼之：

半生饒負水雲情，豈信貞松亦早傾。不謂隔天還隔世，卻能無累學無生。詩如獨鶴含霜潔，墨剩柔翰翦水橫。惆悵茂陵書固在，不知何日索相呈。（張穆《鐵橋集》）

釋今離圓寂。

清聖祖康熙十三年　甲寅　一六七四年

吳三桂改國號爲周，自雲貴率兵三十萬至湖廣，迭下常德、澧州、岳州、長沙、襄陽諸處。吳之茂以四川、孫延齡以廣西、耿精忠以福建、蔡禄以河北彰德、王輔臣以陝西應之，起兵反清。分掠江西諸省。臺灣鄭經亦率兵入閩漳、泉州二府，仍奉明朝正朔，稱明永曆二十八年。潮州鎮總兵劉進忠擁兵反清，至十六年始敗没。

春，屈大均從軍於楚，與吳三桂言兵事，旋建義始安，以廣西按察司副司，監督安遠大將軍孫延齡軍於桂林，賦《從軍曲》。（《黎氏行畧》、《白園墓表》）有《甲寅軍中集》（《禁書總目》）。繼室黎氏産一女，攜家口躲藏於東莞，後走佛山（《黎氏行畧》）。

釋今無從歷下還金陵，印南藏經。（釋金無《光宣臺集》卷十《〈北斗經〉後跋》）

釋澹歸與其本師釋函昰遊玉簾泉，有齊天樂詞記之，釋函昰亦有《新春偕澹長老遊玉簾泉》詩（釋函昰《瞎堂詩集》卷十四），釋函昰時主歸宗，賦《甲寅春日廖昆湖太守解組歸里適予有移茅之役不獲出祖詩以送之》詩云：

政成得請還鄉去，正值桃源花發時。五老清風吹滿袖，三山遲日照龐眉。金輪難買陶潛醉，予將去鸞溪。珠海誰呈宗炳詩。海幢無子請藏北行。自笑水雲情未瞥，一條柳栗送君遲。（釋函昰《瞎堂詩集》卷十四）

釋澹歸還丹霞，俯順衆請，繼釋函昰充丹霞西堂匡徒，四方聞風，瓶笠雲集，堂室幾不能容。概以本分接人，一味真實，野狐禪輒斥去之，一時會下多真參實究之士。（《咸陟堂文集》六《舵石翁傳》）時耿精忠應吳三桂自福建攻江西，南康戒嚴。贛粵邊境之南、韶賦斂既亟，轉輸頻繁，民生益困，觀釋澹歸與王仲錫書，可見當時概況。（《徧行堂續集》十一）

正月，屈大均至衡陽，從軍於湖廣，轉徙於武陵、長沙、岳陽、桂陽等地。（《翁山文外》卷三《繼室黎氏孺人行略》）

人日天霽，廖燕同謝小謝、李長湖燕集於李非庵之雲在堂，出新詩畫册評閱，燕爲賦《甲寅人日同謝小謝李長湖讌集李非庵雲在堂兼出新詩畫册評閱有賦》五古詩一首（《二十七松堂集》卷十）。

二月，遲學道歲考陳璸入府庠弟子員。（鄧碧泉《陳璸詩文

集》附《陳瓃生平活動簡表》）

　　同月，釋今無等登泰山，賦《甲寅春二月與蜜在慧均四藏自顯超漢鐵關洞開瓶出法敵不息漪文始十靖一掛雲諸子從燕臺南歸取道泰安登岱嶽所經勝槩矢口詠歌共得五言近體十二章以誌一時》十二首、《送黃迂父明府之任故城》（以上五律）。（釋今無《光宣臺集》卷十九）

　　釋今無又賦《遊趵突泉》詩云：

　　甲寅二月，從燕臺聞亂南歸，過歷下，趵突泉在濟南府城北，同艾石方伯往觀焉。碧池之中，水花三股，有如煎沸，高可數尺，池底皆綠荇文絲，澄徹燭眉髮。有郭給諫號仲木謂予曰：“三泉眼皆有鐵牌三道，牌上書靈符。”郭曾親以手探之，郭年九十矣，符邊皆碎石，圓如彈，黑如鐵，郭得數枚，贈予一枚。

　　靈泉終古響麟麟，薊北天南惜問津。活火帶風燒地軸，銀潢抽雪噴珠輪。三花已見朝元氣，九轉誰知造化神。無限紅霞侵碧茝，鶴歸疑是武陵春。

　　鐵牌三面壓靈符，泉底無風竇自呼。龍虎豈當翻逆浪，乾坤原自有銅壺。方流何處尋溫玉，直上分明散雪珠。久倚石欄衣更冷，感時心事滿江湖。（釋今無《光宣臺集》卷二三）

　　三月初三日上巳節，有曹溪僧冒雨來贈廖燕雪竹三莖，長丈餘，種之即活，並授燕移植澆洗之法甚詳，燕悉以荷葉香箋記之。（《文集》卷三《韻軒種竹記》）燕家藏黃庭堅（山谷）真跡手卷一幅，爲鼠竊去，燕惋惜不置。越數日忽得之臥榻下，惟首腹殘缺數字。因重加裝潢。適友至，遂出此與之同閱於碧桃花下。時春雨初霽，微風過而花落卷上，燕喜甚，急呼酒賞之。（《文集》卷八《黃山谷墨蹟跋》）

　　四月，陳瓃科考補增生。（鄧碧泉《陳瓃詩文集》附《陳瓃生平活動簡表》）

　　初夏，梁憲賦《甲寅初夏》詩云：

　　雨餘天氣涼，野色滿林塘。獨去不知遠，徐行惜眾芳。春歸

蜂蝶懶，愁與歲時長。天下正戎馬，伊人水一方。（梁憲《梁無
悶集》）

秋，梁憲過訪張穆，有詩見贈。憲五十生日，穆壽以七律詩
並畫石以贈，憲有詩奉答。（《鐵橋集》頁五三，《無悶集·過張
穆之東溪草堂》、《答張穆之先輩》）

釋今無賦《甲寅秋予以乞經從燕臺南歸留滯白門頓弟在吳門
專侍至之住數日去陵陽訂其復至白首天涯易散難聚不已之情未欲
遽遠且天老人住山無力世亂難安相與共依座下此什送之並似六康
居士念予亦一編戶民也》詩云：

　　暫問陵陽路，冬初復待君。青山同學道，白首惜離群。將母
心先拙，扶師力欲分。干戈看鼎沸，俱是異鄉人。

　　江影搖孤錫，峰陰載一船。貧窶悲孝子，流落見烽煙。路向
鴒原合　頓弟、四弟在陵陽，情還雁翅連。花城詢長者，相望欲
潸然。

又賦《在江寧送姚德超歸韓江》五律（釋今無《光宣臺集》
卷十九）、《甲寅秋日予客金陵景尚道兄出宰栗陽正欲趨賀忽有王
師入鎮予隨之歸嶺欲乞路費於知己用寄此什》七律（釋今無《光
宣臺集》卷二三）。

秋，梁憲五十初度，賦《遊仙詩贈葉金吾猶龍　時五十初
度》五古詩二首、《甲寅秋犬馬之齒五十洪水部藥倩貽我以詩依
韻賦答》二首、《答衛菉園》、《甲寅秋麥盛際返自晉陽過我齋頭
別之次日寄我以詩兼惠儀物走筆賦答》三首（以上五律）。（以上
梁憲《梁無悶集》）

查容訪梁佩蘭六瑩堂，歸海寧，梁佩蘭、張穆、屈大均、陳
恭尹以詩送之。（呂永光《梁佩蘭年譜簡編》）

釋大汕禮祖少林，經登封縣，尋石淙山，作《石淙》五古
詩。（釋大汕《離六堂集》卷二）途中可能遇陶璜、屈大均，賦
《他鄉送客　與陶苦子屈翁山諸君分賦》五律。（《離六堂集》卷
七五）

七月，釋函昰退院住棲賢，卜隱紫霄峰下之净成，未誅茅而耿精忠據福建攻江西各屬，乃自三峽寺避亂入嶺，作《退院詩十四首　有引》七律。

又賦《生日前一日聞南康戒嚴》、《入嶺道中寄訶衍角子澤萌廣慈作金圓湛》（以上七律）。（釋函昰《瞎堂詩集》卷十四）

釋今無賦《先博山老祖於天啟甲子書予賤名留從容庵壁間已五十年矣佛生老上座於甲寅七月歸之於予作此謝之》詩云：

多時共住不知名，七十霜螺尚閱經。從此壁間無點畫，擡頭空瀾眼尤清。（釋今無《光宣臺集》卷二五）

初四日，釋今無賦《七月四日諸公集塔下喜雨之作》詩云：

蓬萊水淺餤陽天，欲乞真經紙上傳。社有蓮花慚慧遠，人多元亮只清泉。片雲入座秋生袂，一雨傾盤玉滿川。當宁憂民應誌喜，秋登還是太平年。（釋今無《光宣臺集》卷二三）

八月，釋今無賦《白海棠予素未之見甲寅八月寓金陵入高座寺一見之復從徐公輔江城閣一見偶作是詩》詩云：

月魂波影共微茫，冷澹迎秋意倍涼。煙水已空金谷圃，冰霜獨重白雲鄉。笛中梅瓣原無色，世上臙脂豈耐芳。羅綺紅樓千種態，一回夢破歇諸狂。

琢月磨冰絶點埃，無端卻下謫仙臺。何曾富貴能收拾，止有煙雲共往來。雪屋未寒先欲冷，玉簪凋罷始當開。鉛華洗盡無工力，漫對江城意莫裁。（釋今無《光宣臺集》卷二三）

中秋，張穆與郭青霞宴集東湖，有七律詩紀之。（《鐵橋集》頁四七《中秋同鄒儀生張禹公郭青霞諸公酌湖上》）

同日，釋今無賦《甲寅中秋予以乞經留滯長干與諸公偕宿湌云鍊師道院卻贈》詩云：

與君同姓復同年，我在風塵君在天。丹熟易尋騎鶴侶，途窮難乞造經錢。龍沙遠識開靈府，地脈真人駐紫煙。客里感秋秋色冷，殷勤得遇大羅仙。（釋今無《光宣臺集》卷二三）

梁憲賦《甲寅中秋日同鄒儀生張禹公集飲郭先生館登水明樓

時翁山別出期菊里元孝不至校書小梧泣訴贖身》詩云：

水明樓外柳陰森，高士棲遲不厭尋。海内干戈方擾日，天涯兄弟此登臨。月華空照當筵酒，羌笛誰吹塞上音。徙倚危欄西北望，悲風凛凛起寒林。

東湖幾度共相期，把臂清秋每恨遲。萬樹芙蓉迷渡口，一船簫鼓出江湄。交遊散落音書杳，蹤跡飄零劍佩知。起舞夜深添意氣，尊前猶自惜蛾眉。（梁憲《梁無悶集》）

九月，衛淇五十一壽，張穆畫《羅浮洞天福地圖》册葉爲壽，並繫以七律詩。（《鐵橋集》頁四三，番禺汪氏舊藏。詩末識："菉園先生五十又一，繪《羅浮洞天福地圖》爲壽，並詩請正。甲寅菊月張穆具稿。"）

衛淇（一六二三—?），字菉園。東莞人。明僉事。曾從張家玉軍中，後隱不出。著有《自攜稿》。事見《廣東通志·藝文略》。

釋今無賦《甲寅九月杪予從江寧入句曲晤林明府僅人因得接黍谷錢中丞之歡同寓崇明寺暢談捧腹已成三日夕之樂十月朔二鼓別歸鄰院而宿夜夢與中丞憑高俯視見有攬綿花者夢中幻境其花蒙茸如海風撼浪予謂中丞曰可共作攬綿花詩何如中丞諾之予遂先成二句曰卻似白雲生谷口還如瀉水置平川及旦林紫君相過因與中丞同早飯王大席陳南浦俱在焉飯後相與步城頭攬郭外秋色而憑高之意遂憶夢中因語中丞中丞索予續成欲和同遊者各屬一章即以此爲相逢剪拂投贈之雅什也》詩云：

寒衣夢里欲裝綿，新絮茸茸攬暮天。卻似白雲生谷口，還如瀉水置平川。憑高喜接中丞武，引玉先投野衲箋。若不吟詩慶相遇，沾泥心事笑枯禪。

又賦《甲寅杪秋予客句曲崇明寺大席道兄頻惠佳食且促膝談心甚感知己賦此用贈》、《陳南浦道兄爲予圖華陽秋色繪成即歸金閶賦謝》、《甲寅九月張南邨攜其所選風懷訪友江上限韻索送予旅人也亦見采及》、《贈李子先》（二首）（以上七律）。（釋今無

《光宣臺集》卷二三）

九日重陽，廖燕在廣州，田崑山副戎飲燕酒，燕醉後作贈姬碧玉詩，書於扇巾襟帶中，並爲文記其事。此詩文不見於今集。此詩後爲好事者綴襲成帖，燕晚年見之，頗難爲情，因跋其後。（《文集》卷八《九日帖自跋》）

重九日，釋今無賦《九日登高座寺》詩云：

已知秋色滿江關，此意憑高益莫刪。世亂恰當爲客苦，山空愈覺背人閒。秦淮萬戶晴煙裏，高坐孤亭落照間。事事頓令華鬢改，菊花應亦笑衰顏。（釋今無《光宣臺集》卷二三）

十月，張穆寫《叢竹圖》扇面。（《明清廣東名家山水畫展》頁第一六項，題識："甲寅孟冬，似仁甫道兄，張穆"）

十一月，釋今無走句曲，乞合尖之緣於林僅人明府，掛搭縣之崇明寺。崇明，句曲祝聖刹也。得《北斗墨書全藏經》一册，永存海幢。後作《〈北斗經〉後跋》。

本年屈大均作文：《浮湘記》（《翁山文鈔》卷一）。賦詩：《從軍行》（《翁山詩外》卷二）、《度騎田作》（《翁山詩外》卷五）、《煙霞峰尋李鄭侯故居》、《望桂宮》三首、《望回雁峰》、《天嶽》、《湘陰作》、《黃陵悵望》、《從大小鷓鴣諸灘上郴州題蓮子精舍》（《翁山詩外》卷六）、《風門山》、《八尺洪》、《耒陽觀諸葛武侯碑》、《郴江口》、《南嶽》四首、《岳廟》二首、《賈太傅故宅》、《題招屈亭》、《夜憩江樓》、《浮湘》十五首、《人日衡陽道中》、《南嶽頂觀日》、《拜三閭大夫墓》、《長沙》、《湖中有懷》二首、《出湖作》二首、《次沅江作》、《自排山經熊羆嶺至祁陽作》、《自零陵至興安道中》（《翁山詩外》卷八）、《次沅江縣》、《黔陽》（《翁山詩外》卷十）、《白鶴嶺懷屈仙作　並序》、《永州曉望》、《望嶽》二首、《長沙秋望》、《與諸將登大甌山作》、《浮湘作》二首、《湘中曲》（《翁山詩外》卷十四）、《湘中》、《秋夕黃陵作》、《湘江舟中》二首、《湘江聞竹枝》、《合江亭作》（《翁山詩外》卷十六）。填詞：《瀟湘神·零陵作》三首。

（《翁山詩外》卷十八）

本年大均又賦《三烈魂操　有序》詩云：

三烈魂者，一曰韓氏女。初，廣州有周生者市得一丹縠衣，置於牀側。夜將寢，搴帷忽見少女，驚問之。女曰：「毋近我，非人也。」生懼，趨出。比曉，率閭里來觀，初聞其聲，嬌啼幽怨，若近若遠。久之，形漸見，姿首綽約，陰氣籠之，若在輕塵。謂觀者曰：「妾乃博羅韓氏處女也。城陷被執，賊見犯，不從，觸刃而死。衣平生所著，故魂附而來耳。」眾乃火其衣而祭之。予聞，哀之以辭曰：

彼綃者衣兮，水之不能濡，美人之血紅如荼兮。彼衣者綃兮，火之不能爇，美人之心皎如雪兮。毋留我綃兮，吾魂與之而東飄兮。毋留我衣兮，吾魂與之而西飛兮。噫嘻烈兮，不自言之，而誰之知兮。

一曰湛氏女，年及笄，許字吳生。丙戌，廣州不守，女投井死。生欲迎其喪歸，族人不許。有李氏子者，持正告生，生乃得迎其喪。一夕月明，李氏子見一好女身被濕衣，前拜曰：「妾增城湛氏女，父字翼卿。非君執議，遊魂將無所依，請賦詩以志妾之死。」言畢而滅。予聞，撫琴爲之操曰：

嗚呼噫嘻，井之陰陰兮，美人以其魂嫁猶不沉兮。匪一日之沉兮，何以得君子百年之心兮。謝君之友兮，以禮而合幽明之瑟琴兮。

一曰蘇氏婦。歲甲寅，廣州有請覘仙者，有自署蘇氏者來。問其誰，書曰：「妾廣州繡花街人，父字明宇。妾年十七，爲汪季子妻。庚寅城破，奴殺吾夫。吾以几擊奴，奴破額，因礫我死。」歌曰：

擊奴擊奴，奴雖不死已碎顱，腦血可以濺吾夫。纖纖女手有霹靂，泰山難與秋毫敵。丈夫何必是荊軻，死爲鬼雄隨所擊。

（《翁山詩外》卷十五）

本年陳恭尹初刻《獨漉堂賦》一卷，詩六卷。（《獨漉堂詩集》卷首陳恭尹自序，《清代禁書知見錄》）

本年王士禎《感舊集》刻成，錄屈大均詩四十六首、梁佩蘭詩十首、陳恭尹詩十八首。（王士禎《感舊集》卷首自序）。集中小傳屈大均仍用僧名今鍾，字騷餘。

　　本年黃易於福建開化縣知縣任遭耿精忠之變，微服間道乞援於贛。復走粵，而粵亂更甚。復棄家奔贛走閩，以孤憤勞瘁，卒於旅舍。（吳道鎔《廣東文徵作者攷》卷七）

　　本年潮州鎮總兵劉進忠擁兵反清，至十六年夏六月始平。此數年間，陳衍虞攜家避亂，疲於奔命。郡城鐵巷之故宅被兵據四載，並席捲所有。亂平，旗兵將領又移駐，經衍虞力爭，方得後三椽以居。後因將此期詩輯爲《逃雨草》。（曾楚楠《蓮山詩集點注·前言》）衍虞與釋雪帷爲方外交。鎮將叛，城禁嚴惢，衍虞夜出城，潛住雪公淨室半月，方逃入山。後作《福普庵感舊》七律詩。（陳衍虞《蓮山詩集》卷十五）

　　本年潮州亂，婦女被掠者，楊朝斗爲傾資贖還，鄉里稱焉。

　　楊朝斗，饒平人。諸生。與同里陳堯叟善，堯叟卒，貧無以殮，經紀其事。（乾隆《潮州府志》卷二九）

　　本年劉進忠亂，軍卒不擾佘士俊門。

　　佘士俊，字伯慎。澄海人。歲貢。敦行自好，義聲動鄉里。康熙十三年（一六七四）劉進忠亂，軍卒不擾其門。富家患劫者，皆密以金托，亂平如數付還。能詩文。著有《筆樵文集》、《近體詩集》。（乾隆《潮州府志》卷二九）

　　本年鄒祝耀隨軍征討劉進忠。

　　鄒祝耀，揭陽人。幼孤，兄嫂撫字之。年十五從軍。康熙十三年（一六七四）隨軍征討劉進忠，奮勇殺敵而功多。以兄嫂病，辭官不就，集丁壯保鄉里。（乾隆《潮州府志》卷二九）

　　本年桑浦山賊劫持童稚爲票，程國楫糾鄉勇直搗其巢，賊遁，出所擄童稚，送之還家。

　　程國楫，字濟生。海陽（今潮安）人。諸生。（乾隆《潮州府志》卷二九）

　　本年海寇掠黃岡，吳六奇統兵剿寇，延鄭士鑣入幕府。

　　鄭士鑣，字金奏。饒平人。幼有文名。康熙十三年（一六七

六），海寇掠黃岡，吳六奇統兵剿寇，延入幕府，軍機每出其策。後竟以諸生終。（乾隆《潮州府志》卷二九）

本年趙公性母吳氏壽百〇三歲，公性奉詔回籍侍養。

趙公性，番禺人。崇禎舉人，知平南縣。（阮元《廣東通志》卷三〇七）

本年清廷有徙置三藩之議，方顥愷（釋成鷲）移席佛山李氏之館。未幾滇黔拒命，閩粵繼之。先是黨中之任俠者，至是奮臂而起。顥愷固知其不濟也，力勸止之，眾皆咷爲懦怯。拱手謝之，閉戶不出。（釋成鷲《紀夢編年》）

本年釋今無還金陵，江以南聞其名，道風益播。（釋今無《光宣臺集》卷首釋古雲《海幢阿字無禪師行狀》）

本年釋今無乞藏經於金陵，頻過憨山德清故所薙髮地西林，後爲作《募新西林序》。（釋今無《光宣臺集》卷七）

本年頃釋今無於白門爲其所契先師叔釋函可作《剩人和尚像讚》云：

充軍十三年，入寂十四載。七坐大道場，宗風遍寰海。散花雨於走馬之場，磨寶鏡於牧羝之壝。忌十成而不語，象王有瞌睡之機。攢五位而俱到，獅子得搏人之力。嘯聲未畢，脫去如煙。鬚髮皆長，入上三年。塔於千山，兀坐儼然。某也執侍，曾立冰天。更欲疋馬臨關，繞塔三匝。爲風鶴所警，只延望於幽燕。今歸白門，得觀此像，吮墨用贊，和淚以研。謹收拾殘魂，以俟後之有緣。（釋今無《光宣臺集》卷十一）

本年釋澹歸編其所著爲《徧行堂集》四十八卷，所作起於順治九年壬辰（一六五二），迄於本年，編入此集。（釋澹歸《徧行堂集》卷首《徧行堂集緣起》、《越秀集》）釋澹歸之《徧行堂集》續集收入本年至康熙十九年（一六八〇）間之詩文。（姜伯勤《石濂大汕與澳門禪史》五〇四頁）

本年屈大均從軍湖廣，釋大汕賦《秋水詞寄懷屈翁山客楚》騷體詩懷之。（釋大汕《離六堂集》卷一，姜伯勤《石濂大汕與

澳門禪史》一八七頁）

本年方殿元宰江寧。（方殿元《九谷集》卷四《白雲山歌並序》）

本年黃勝被委爲電白營把總。

黃勝（？～一六八一），電白人。康熙十三年（一六七四）委爲電白營把總。二十年冬，迎戰海寇，遇伏陣亡。（道光《電白縣志》）

陳銓於本年成貢生。

陳銓，字次臣，號南溪。興寧人。康熙十三年（一六七四）貢生。性至孝，母年九十，與弟鐸膝下瞻依。初官陽春教諭。五載，丁內艱歸。服闋，補官從化教諭，年七十七，卒於官。著有《四書擬旨》十卷、《詩經擬旨》十二卷、《南溪詩文集》。祖龍光。子文浩，乾隆間孝廉。事見胡曦《梅水匯靈集》卷二。

馮彙於本年成貢生。

馮彙，新興人。康熙十三年（一六七四）貢生。兩修邑志。事見佘祖明《廣東歷代詩鈔》卷十一。

馮江於本年成貢生。

馮江，新興人。康熙十三年（一六七四）貢生，五十年（一七一一）舉人。曾兩修邑志。著有《桔園四書》。（《新興縣人物志稿》）

衛思孝於本年成貢生。

衛思孝，新安人。康熙十三年（一六七四）貢生，官授韶州府樂昌儒學教諭。（康熙《新安縣志》）

鄔行素於本年成貢生。

鄔行素，字介夫。番禺人。康熙十三年（一六七四）歲貢生，朝考第一，補長寧訓導。工書法，以博士終。（同治《番禺縣志》卷四三）

徐擴祖於本年成貢生。

徐擴祖，龍川人。榮祖弟。康熙十三年（一六七四）貢生，

官廣州府學訓導。（《龍川縣志》）

釋今如圓寂。釋函昰有《挽真佛》詩云：

有子傳燈心已安，蓮華臺上足盤桓。玉淵步月溪聲舊，錦石登山屐齒乾。放老豈虞調衆拙，避人寧計買山難。訃音正值移茅日，憶昔嗟今眉欲攢。（釋函昰《瞎堂詩集》卷十三）

清聖祖康熙十四年　乙卯　一六七五年

吳三桂分兵攻高州、廣州，下廉州。

春夏，釋大汕於京師馮涿州金魚池齋臨摹庫本人物畫，其中當有李公麟、陳洪綬原跡。（姜伯勤《石濂大汕與澳門禪史》三五七頁）

正月，屈大均伯兄士燝卒，年四十九，後大均爲撰《伯兄白園先生墓表》。（《翁山文外》卷七）

初七人日，釋函昰初還番禺雷峰，賦《乙卯人日酬樊月藏孝廉並寄大願文學　時予初還雷峰》詩云：

匡廬歸棹逢人日，是處宗雷在眼中。蓮漏久虛潮上月，蓬門重啟雁回風。四方戎馬留村寺，十載家山倚竹筇　可想言外。存没未應停笑語　無限感慨，喜君兄弟信能通。（釋函昰《瞎堂詩集》卷十四）

釋今無賦《乙卯人日泊皖城同葵軒總戎紫君文學登近江寺得春字》詩云：

登臨此日正宜春，萬里鯨波絕點塵。銅柱舊營高細柳，玉壺新月照歸人。旌旗閃日遮龍藏，鸂鶒犇雲逸鳳津。劍閣燕然誰屬筆，千秋大業始圖麟。（釋今無《光宣臺集》卷二三）

二月花朝節（十五日），梁憲賦《壽鄒儀生》詩云：

乙卯二月花朝節，自起湖頭看花發。欲持春酒壽故人，理棹東湖妨道滑。題詩達寄去仙城，春酒故人請自傾。春光爛漫珠江上，好聽春鶯喚友聲。憶昔合湧同爲客，慷慨高歌相擊楫。事去踉蹌患難餘，廿載別來頭各白。君爲幕府坐上賓，我入羅浮作野

人。東湖邂近重相見，出拜妻兒情倍親。姚菊里、張禹公，相對
經旬志念同。隱顯此心皆不就，幾回揮涕灑東風。悵望美人天一
方，煙波浩渺湘水長。荊榛滿道蛇虺怒，山鬼群呼白晝黃。我欲
從之雙劍短，短髮麻衣不掩骭。感此重歌行路難，四體無由生羽
翰。因君降辰作長歌，不覺言長感慨多。愛君祝君長壽考，早際
風雲佩玉珂。（梁憲《梁無悶集》）

　　三月十四日，釋今無歸自金陵，於海幢寺晚參，師云：“有
一箇人在密室中不移一步，於此一著子，不露針尖消息；有一箇
人在十字街頭橫衝直撞，於此一著子，亦不露針尖消息。且道此
人誰親誰疎，誰得誰失？若識得此人，行者無關旅之勞，坐者有
宴安之樂。”豎起拂子云：“大眾，識得此人麼？三年剝老秋霜
日，一鏡猶涵海月光。參！”

　　十五日，釋今無率十八僧自金陵請藏經歸寺，蒙平南王闔省
文武宰官紳衿延禪僧四十眾奉誦全藏長期，祝國庇民，釋今無陞
座説法，卓拄杖一下云：“者拄杖子與大眾相別三年，當其風雪
戒途、雞聲凤駕時，不説有離相；今日烽煙萬里，間道而歸，與
大眾團圝聚首，不説有合相。既無離相，又無合相，則一道平
沈、一道平沈，則三乘十二分教，揭頓漸之兩途，融半滿之真
諦，時刻在大眾顝頂頭上名句文身，一時具足，流布人間，充斥
國土，長留歲劫，照耀古今。是經所在之處，則爲有佛，直得天
魔合掌，外道皈心，天龍八部，吉祥擁護。經中云：有大經卷在
微塵中，若有破塵，其經便現大眾。還知此經來處麼？阿上座最
初發腳時，只謂上廬山省覲天然老和尚，及抵中途，遂爲宋艾石
方伯力請入都，便挈十八眾，犯齊魯之風霜，瞻幽燕之日月，饑
飡小米，渴嚼凍梨。其中種種思惟，種種做作，只見微塵，不見
有經。忽而八方鼎沸，四海羽書，顛躓南還，由歷下渡黃河。其
中亦種種思惟，種種造作，只見微塵，不見有經。大眾且道來往
思惟，做作與一道平沈，有動相無動相，有則萬法俱剩，無亦一
句難融，正要你在者里枰錘上沒甚麼汁。及至金陵，因方氏昆玉

發勝因於前，藏主密公繼心膂於後，合金陵縉紳、孝秀、宰官、長者，一時川滙雲臻，見聞隨喜，百日裝潢，不見有破卻微塵之相，此經頓爾現前，疾若轉丸，快等風雨，究竟底成。又承總戎葵軒張公置之軍牙大纛之間，加意護衛，遂得歸至羊城，以此功德，上祝藩王以暨闔省護法，祈劫運昇平，五谷豐登。今日新都監寺與闔寺頭首知事，恭敬圍繞，散諸幡花，且道與顙頂頭上名句文身，有異合相，無異合相？”驀卓拄杖云：“大眾，還見麼？八部龍神一時在阿上座拄杖頭上，合掌同聲讚道：一乘妙義，甚爲難值。”又卓一卓云：“以字依稀八字同，三年辛苦兩河風。分明十八孤僧力，請得真文至此中。不妨作一場話欛。”

三月三十日晚參，釋今無說法。（釋今無《光宣臺集》卷四）

五月，廖燕與友約爲野外之飲，呼童攜酒負檻，布席於草阜軒廠處。繼而大雨，雷電交迅，眾爭持蓋伏，燕獨浮白不顧。旋虹起雨消，荷香拂鼻，眾皆樂甚，曰：“此遊不可無詩。”遂共擬題分韻，各賦詩一首，燕並爲文記其事。（《文集》卷三《山中集飲記》）

同月，釋今無賦《乙卯五月素敷謁選赴都相晤於九成臺畔四十字贈行相喜相勉之私非四十字能盡然素敷隨事躬省栽培德行雖得時向榮以慰北堂之懽又能端愨克慎不墮青云之志只在回光返照中耳》詩云：

道結蓮花社，情連中表親。有才堪入世，期汝豈同人。捧檄原高志，求官莫爲貧。詩書敦至德，努力扇清芬。（釋今無《光宣臺集》卷十九）

六月小盡晚參，釋今無說法海幢。

七月小盡晚參，釋今無說法。（釋今無《光宣臺集》卷四）

八月初六日，陳璸父觀寧卒。（鄧碧泉《陳璸詩文集》附《陳璸生平活動簡表》）

三十晚參，釋今無云：“纔過中秋節，倏忽又半月。芙蓉夾岸開，菊花連夜發。修造頗忙忙，搬磚又搬石。惟有拄杖頭，鎮日常懂悦。伶俐衲僧家，只須窺半橛。爲甚麼月窺半橛？"良久云："直饒得坐披衣平地上，也是平地上遭跌。"（釋今無《光宣臺集》卷四）

重九前五日，釋今無賦《重九前五日奉陪吳采臣糧憲入雷峰謁天老人》詩云：

官閒喜與野人同，欲叩真機訪遠公。江臥愛當中夜月，山行恰值九秋風。寒鷗映水微微白，短蓼迎船歃歃紅。棒喝醒人今莫醒，此時沉醉即英雄。（釋今無《光宣臺集》卷二三）

九月小盡晚參，釋今無云："騎虎頭，踞虎尾，第一句下明宗旨。東海龍王與阿修羅鬥額，爲甚麼碟子擲落地，盞子卻成七片？參！"（釋今無《光宣臺集》卷四）

十月小雪日，釋今無賦《乙卯小雪夢也與趙鐵源典闈從敝院還遂抱恙欲不果花田之遊予適亦感風寒夢也成二詩因以索和　時夢也被盜竊去衣物》詩云：

繞潭霜菊正相宜，好景依人不暫離。何事維摩稱臥病，亦同衰禿及秋悲。遠懷覽勝情終急，短杖迎江步已遲。況復笳聲傳海國，幾人文酒得追隨。

開懷畢竟是登臨，客里奇書且莫淫。肢篋舟藏看轉壑，爐煙累息見初心。禪關欲破修鯨夢，爾雅欣同小雪吟。他日南朝天監寺，與君長坐對楓林。

又賦《鐵源趙典闈見訪奉贈一律同入花田攜二章見贈用予原韻即於花田疊訓其意》七律二首。（釋今無《光宣臺集》卷二三）

十一月劉秉權生日，釋今無賦《壽劉煥之總戎　時煥之統兵鎮連州，予從金陵還》五古詩，有"仲冬乃君誕，昂首祝斗躔。"（釋今無《光宣臺集》卷十五）

十四日晚參，釋今無云："一眾人口里不說禪，心里不參禪，悠悠忽忽，過日不愁，是非不多，不怕習氣不厚。古人云：初終後夜，何不純淨去？從今日以至盡未來際，時時純淨，刻刻純净，只是不肯體認此事，不是學而難至者。你若能純净，則身心有日進之功，叢林有修行之士，是非自然消除，作事亦自有味。經中道：'止止不須説，我法妙難思。'此便是純净的樣子，纔得汝肯時，口是禍門，孟八郎又恁麽去也？"（釋今無《光宣臺集》卷四）

歲暮，釋函是於番禺雷峰海雲寺賦《海雲歲暮》詩云：

老病空驚歲月深，白雲終古戀高岑。近人漸失溪山意。慙愧，慙愧。，薄海猶存貧賤心。猶較些子。戎馬百年成往事。後之視今。，川原此夕惜寒襟。且須著眼。香爐猿鶴勞相待，空谷誰憐隔歲音。（《瞎堂詩集》十四）。

本年陳子升賦《閣夜》七律詩（陳永正《嶺南歷代詩選》二六九頁），又賦《詠懷古跡　乙卯》七律詩五首。（陳子升《中洲草堂遺集》卷一四）

本年彭士望入粤，與張穆相識於廣州，士望有詩見贈。（何絳《不去盧集》卷首，彭士望《贈北田五子序》云："乙卯，予入粤，見陳元孝、陶苦子，與語晨夕。"彭士望《恥躬堂詩鈔》卷十四《贈張穆之》）穆有詩送士望還易堂。（《鐵橋集》頁五五《彭躬庵先生還易堂寄曾青藜魏和公諸友》）士望入粤，與陳恭尹訂交。（《獨漉堂集》卷首彭士望序，《恥躬堂文鈔》卷六《獨漉堂詩集序》）

本年屈大均監軍桂林，督安遠大將軍孫延齡軍，有《乙卯軍中集》。大均納側室劉武姑。（《翁山詩外》卷一《贈劉氏武姑》云："攜來西粤又三年"。《屈門四碩人墓誌銘》："武姑，昭平人。"蓋客廣西時娶）

本年大均作文：《靈渠銘》（《翁山文外》卷十一）。賦詩：《夜上灘江作》（《翁山詩外》卷二）、《松上蘭》、《石公種松歌》（《翁山詩外》卷三）、《烏蠻大灘謁伏波將軍祠代景大夫作》（《翁山詩外》卷四）、《泉州道中》（《翁山詩外》卷六）、《靈渠》、《靈川道中眺望建陵諸峰》、《虞山望虞帝祠》、《建陵秋

望》、《野宿荔浦作》、《宿平南縣村中作》、《夜上橫州作》、《自
五屯所至永安州舟中作》五首、《宿高田》、《自滑山至駱家道
中》、《陽朔》、《生日同諸將郊行作》、《昭江夜行作》、《陽朔道
中》、《暇日出癸水門眺望》二首、《風洞寺晚眺》二首、《歲暮
客建陵作》四首、《舟入灘江贈內》（《翁山詩外》卷八）、《寶積
山謁諸葛忠武侯祠》二首、《出伏波門遊於伏波山之下有巖俯臨
灘水王副戎行館在焉題以贈之》、《代景大夫舟自五屯所至永安州
之作》十三首、《代景大夫歲暮客建陵作》十四首、《容州詠綠珠
遺事》六首、《可惜》三首、《永安州道中作》（《翁山詩外》卷
十）、《綠珠井》二首（《翁山詩外》卷十一）、《上釣絲灘歌》
（《翁山詩外》卷十四）、《烏蠻灘謠　灘在橫州之東百餘里，漢
伏波將軍馬援所治》、《軍行曲》十首（《翁山詩外》卷十六）、
《軍夜》、《嚴關》二首、《留人石詛祝辭》（《翁山詩外》卷十
七）、《可惜　乙卯作》五律詩三首。（屈大均《翁山詩外》卷
八）填詞：《鳳蕭吟·綠珠》。（《翁山詩外》卷十九）

　　本年鑒湖吳某嘗仕於朝，以忤權貴見斥，遂拂袖歸，築室於
鑒湖之西山，又於所居之南構亭曰“隱樂”，亭成，馳書數千里
求廖燕爲記，燕因作《隱樂亭記》。（《文集》卷三）

　　本年王志賓捐米三百石餉平寇軍。

　　王志賓，陽江人。明季諸生。好義勇爲。順治初，土匪橫
行，捐資築小障禦匪。康熙十四年（一六七五）捐米三百石餉平
寇軍。（《陽江志》卷三〇）

　　本年羅文舉被提升爲梧肇鎮標中軍守備，在截擊吳三桂軍時
陣亡。十六年追贈懷遠將軍。

　　羅文舉（？～一六七五），雲浮人。由行伍任肇協把總，以
勇敢聞名，升開建千總。（《東安縣志》卷三）

　　本年鄺天寵任長寧縣訓導。

　　鄺天寵，字賚侯，號從事。河源人。由郡廩入國學，康熙十
四年（一六七五）任長寧縣訓導，教士子，建學堂。在任九載，

告老還鄉。（《河源縣志》）

本年方顥愷（釋成鷟）祖母邱太孺人棄世，顥愷以塚孫承重居廬，守制一如前喪。（釋成鷟《紀夢編年》）

本年釋函昰在雷峰，作詩多首：《酬謝鄞門許二芟二文學》、《偶成》、《話月堂紀夢》、《勉樂說還丹霞》、《與諸衲赴大石李村荔枝之約》、《喜澤萌來自開先並示塵異時塵異偶患癘①》、《寄南康倫宣明太守》、《彭飛雲刺史入海雲偶談往事感而成詩即以爲贈》、《方樓岡入海雲》、《遲紫霄人不至》、《雪木歸自博山見予海雲聞其母謝世辭還省墓因示以詩》（以上七律）。（《瞎堂詩集》十四）

本年釋今無回廣州海幢寺，建持福堂。（釋今無《光宣臺集》卷首釋古云《海幢阿字無禪師行狀》）後釋今無爲賦《持福堂成移植刺桐樹　有序》七律六首。（釋今無《光宣臺集》卷二三）

本年釋澹歸在丹霞山別傳寺。（《越秀集》）

鄭偉全於本年中亞魁。

鄭偉全，字駿卿。龍川人。少失怙，事母至孝。康熙十四年（一六七五）亞魁，授浙江松陽知縣，居官清廉。歸養，兩袖清風。教授生徒以供甘旨，後進多出其門。（《龍川縣志》）

謝周錫於本年中舉人。

謝周錫，字聘璋，號叟拙。博羅人。康熙十四年（一六七五）舉人，官順德、萬州、揭陽、潮州教諭。五十二年（一七一三）大水，捐米百石。五十七年擢宰上饒，數月以老辭官歸。著有《尚志齋稿（詩文集）》。事見黃登《嶺南五朝詩選》卷十。

---

① 澤萌即釋今遇，塵異即釋今但。　釋今但，字塵異。新安（今寶安）人。年十三出家丹霞。禮天然爲師，爲天然和尚第九法嗣。初掩關羅浮山華首臺，天然送以詩。後爲主持，住山五十餘年。學通內外，遊者必訪焉。性至孝，嘗於邑之篁村海口建孝順庵，迎其母歸養，母因是歸依三寶。康熙四十二年（一七○三）受海幢寺請，主持佛法。清世宗雍正十年（一七三二）又於芥庵鑄鐵塔一座，以供世尊舍利。逝後其徒建塔於華首臺之西谿。所著有《羅浮名峰圖說》。

　　莫象年於本年中舉人。

　　莫象年，字休賢，一字緯蒼，號克肖。新會人。性至孝，愛異母兩弟若同產。其仲圭年嘗赴恩平縣試，緣族逋糧被橫縶，仲娶在即，象年請代，令兩釋之。康熙十四年（一六七五）舉人，選直隸平鄉知縣，多善政。丁內外艱，起擢工部屯田司主事。辛卯，充貴州鄉試副考官。遷至戶部山東司郎中。引年歸里，閉戶講學。卒年六十八。潘楳元、譚瑩《廣州先賢傳》卷續有傳。

　　蕭桐青於本年中舉人。

　　蕭桐青，字君蔭。香山（今中山）人。康熙十四年（一六七五）舉人。事見余祖明《廣東歷代詩鈔》二。

　　陳金閶於本年中舉人。

　　陳金閶，字崑圃。曲江人。康熙十四年（一六七五）舉人，官直隸肅寧知縣。郡志、邑志皆其手編。著有《啟賢堂詩集》。事見吳道鎔《廣東文徵作者攷》卷七。

　　鄭際泰於本年中舉人。

　　鄭際泰，字德道，號珠江。順德人。康熙十四年（一六七五）舉人，登十五年進士，選庶吉士，授編修，官至吏科給事中。事見溫汝能《粵東詩海》卷六六。

　　吳筵於本年中舉人。（阮元《廣東通志》卷七八《選舉表》十六）

　　吳筵，字希獎。番禺人。康熙十四年（一六七五）舉人。著有《解繆軒稿》。陳融《讀嶺南人詩絕句》卷六有傳。

　　區俊於本年中舉人。

　　區俊，字义伯。高明人。康熙十四年（一六七五）舉人。博通經史，尤深於《易》。任萬州學正。（道光《高明縣志》）

　　鄧繼禹於本年中舉人。

　　鄧繼禹，字龍彥。東莞人。康熙十四年（一六七五）舉人，官四川新津令，都察院經歷，督通州糧餉。卒於任。（宣統《東莞縣志》卷六六）

　　莫弘濟於本年中舉人。

　　莫弘濟，字汝航。東莞麻涌人。康熙十四年（一六七五）舉人。官安徽蒙城縣令，盡心政務，變民陋習。調四川井研知縣，妥善處理内江縣民與楚人爭田案。以大理寺右評事告歸。（宣統《東莞縣志》卷六六、《東莞詩録》卷三一）

　　謝文禧於本年中舉人。

　　謝文禧，字昊相，號澹園。高明人。康熙十四年（一六七五）中舉，任四川中江知縣，值兵燹後地荒民稀，乃招徠墾殖，贈送牛種，民賴以蘇。又增建學校，禮聘名師。升雲南賓川知州，潔己愛民，捐捧買地，爲貧死者作墓地。卒於任，民建祠祀之。（《廣東通志》、《高明縣志》列傳）

　　梁善長於本年中武舉人。

　　梁善長，字元叔。番禺人。康熙十四年（一六七五）武舉人。著有《倚桂堂集》。事見温汝能《粤東詩海》卷六六。外孫女史印玉，道咸間人。江西安樂縣知縣史致祥女。兩世皆以能詩稱。幼承家教，亦好爲詩。喜臨《靈飛經》。性端謹。以道光三十年（一八五〇）歸廣西補用知縣石永康。歸後能得翁姑歡心，相夫訓子，備極慈勤。同治十二年（一八七三）卒。冼玉清《廣東女子藝文考》有傳。

　　譚鴻儒於本年中武舉人。

　　譚鴻儒，字笑占。高明人。康熙十四年（一六七五）武舉人。選官期至，辭不赴任。三十年（一六九一）辛未、五十七年（一七一八）戊戌饑荒，捐穀賑濟。（道光《高明縣志》）

　　劉嘉彦於本年成貢生。

　　鄧嘉彦，增城人。康熙十四年（一六七五）由廣州府學生員援例貢太學，揀選潮州府程鄉縣學訓導，又攝鎮平、平遠二學。回鄉後築室梅莊，人稱梅野居士。著有《梅野集》。（《增城縣志》卷二〇）

　　馬仁右於本年成貢生。

馬仁右，字天閬，一字半樓，南海人。康熙十四年（一六七五）貢生，官訓導。著有《半樓匯草》、《北行草》。事見黃登《嶺南五朝詩選》卷九。

湯蘭芳於本年成貢生。

湯蘭芳，花縣人。康熙十四年（一六七五）歲貢生，官文昌縣訓導。（民國《重修花縣志》卷八）

溫安海生。

溫安海（一六七五～一七五九），號忝庵。嘉應（今梅縣）人。康熙三十八年（一六九九）武舉人，三十九年連捷武進士，誥封通議大夫。（光緒《嘉應州志》、《梅縣文史》二二輯）

譚璉生。

譚璉（一六七五～一七二六），字作兼，號榕川。東莞大寧人。必售子。康熙五十四年（一七一二）進士，授四川灌縣令。起補三台。雍正四年（一七二六）分校鄉闈，三年以疾卒於官，年五十二。子紘，乾隆二十五年（一七六〇）進士，官甘肅鎮原知縣。事見張其淦《東莞詩錄》卷三五。

何鞏道被仇家所殺，張穆賦《哭何公子皇圖》詩云：

破浪東浮一葉來，無媒干策獨徘徊。連城到處難酬價，天柱何期竟見摧。奇句定教山鬼泣，雄姿輒使世人猜。乾坤正啟明良日，淚灑秋風不盡哀。（張穆《鐵橋集》）

清聖祖康熙十五年　丙辰　一六七六年

正月，吳三桂兵逼肇慶。尚之信陰通三桂，劫其父可喜於二月二十一日以廣東反清，旋密疏願立功贖罪。十月，可喜卒於粵。福建耿精忠復降於清。

春，順德六貞女沉江，後陳恭尹賦《過六貞女墓　小序》詩云：

順德龍津李氏處女也。丙辰春，粵東大亂，有強暴謀脅致之。六女懼不免，夜以酒相酌，一夕同赴水死。比曉出之，明妝儼然，臂約紅羅，兩兩相結。其家合而葬之龜山之陰，當事者立石，表之曰“六貞女墓”。

昆岡生玉總無瑕，列女貞魂是一家。一夕便成千古事，孤墳空與後人嗟。乘鸞合上三珠樹，化雪應爲六出花。處子立名青史少，曹娥江水在天涯。（陳恭尹《獨漉堂詩集》卷四）

正月，屈大均在桂林。（《翁山詩外》卷十五《桂林送遠曲》）

張穆作《丙辰初春漫賦》七律五首。（張穆《鐵橋集》頁五八）

同月，提督嚴自明討劉進忠失利，收潰兵回省，抵惠來，吳恭至軍門阻潰兵入城。

吳恭，本姓蟻，字雲城。澄海人。康熙間任惠來守備。十五年（一六七六）正月，提督嚴自明討劉進忠失利，收潰兵回省，抵惠來，恭至軍門阻潰兵入城，令千總周輔閉城門登陴巡緝。是夜，潰兵於城外大噪劫掠，而城中獲免。海盜起，民不聊生。二十五年，恭統兵大敗海盜洪魅老，惠來始靖。（乾隆《潮州府志》卷二九）

元旦早參，釋今無云：“九鳳齊飛刷羽毛，祥光疊疊彩雲高。不知春色憑誰見，門外千層映碧濤。今日又是新年第一箇祝願，願天下太平，士民樂業，轉法輪於寶地，耀佛日於金繩。更有一箇祝願，又願箇什麼？”呵呵大笑云：“和風滿戶，瑞草盈門；山靜小年，身心適泰。”驀豎拂子云：“分明有腳陽春好，只在英靈猛利中。”

小盡晚參，師云：“舉一不得，舉二放過。一著落在第二，春雷未動，社舞先休，海嶽震驚，野老頻蹙。且道古佛堂中如何遣日？腳底綿綿密密地，與人迎送鼻頭低。”（釋今無《光宣臺集》卷四）

二月，臺灣明鄭錦兵下東莞。（鈕琇《觚賸》卷八《粵觚》下）

張穆至廣州，袖詩一帙，訪釋今無於河南海幢寺。十二月，

釋今無爲作《鐵橋詩序》。（釋今無《光宣臺集》卷七）

　釋今無講《圓覺經》。二月遭亂，杜門半載。（釋今無《光宣臺集》卷首釋古雲《海幢阿字無禪師行狀》）

　陳恭尹自新塘攜家西還，寓羊額鄉。（《獨漉堂詩集》卷二《增江後集 小序》：“丙辰春，乃挈家而西。”卷四《江村集 小序》：“二月挈家西還，僦居羊額甫定，而廣州變，與東西連和。”）

　屈大均謝桂林監軍，經湖南臨武入粵。（《翁山詩外》卷八《水東夜雨作》三首）大均知吳三桂無意立明後、有僭竊之意，謝事歸，至佛山。（《黎氏行畧》、《白園墓表》）

　吳三桂兵侵廣東，尚之信叛清應之。萑苻遍地，到處殺掠，雷峰、海幢、韶州、仁化，均遭剽劫。釋函昰已還雷峰，有《秋興八首　丙辰海雲作》七律寄慨（釋函昰《瞎堂詩集》卷十四）。釋澹歸作《上本師天然昰和尚》（《徧行堂續集》十），以丹霞險阻，賊未敢攻，請至避亂，並有《丙辰二月之事海幢有詩寄懷題此奉答》詩（《徧行堂續集》十三），可見當時亂象。又有《與周問公文學書》、《與陳伯恭諸文學》（《徧行堂續集》十二），言丹霞雖未被劫，而仁化則遭蹂躪，初謂仁陽可保，乃亦不免也。

　二十一日，釋今無賦《遇盜　丙辰二月二十一日也》詩云：

　烽火消鄉落，僧糧斷月中。有魂依草綠，無淚濺花紅。大難身經慣，浮生意久空。坐深霖雨夜，瀟灑入洪濛。

　白刃驚禪窟，清風掃晚煙。長貧原至計，不死荷皇天。塚響鵂鶹夜，魂消海蛋船。從今更無物，即是未生前。

　鐘鼓分明歇，香煙亦斷燒。南塘忽有興，蕭寺遂無聊。竹徑因時塞，腰支減食消。安禪難制毒，豺虎下青霄。（釋今無《光宣臺集》卷十九）

　三月，嶺南反覆衣冠，方顗愷（釋成鷲）從縲絏經中見作隨喜，自幸本來面目得全，生全歸見先人於地下也。（釋成鷲《紀

夢編年》）

十三日，釋大汕招同諸公雅集長壽禪林，陳恭尹賦《修禊後十日石濂禪師招同諸公雅集長壽禪林即事賦》詩云：

真妄非二途，愚智各有適。同此聞見中，心目異喧寂。西郊亦人境，靜者得幽僻。交錯引翠條，蕭疏布林石。春事滿高窗，鳥聲在簷隙。悠然古招提，曠若新開闢。嘉招及令序，竟日隨飛錫。論詩陋休遠，析理兼玄易。既喪我於吾，焉知主爲客。欲別聞清鐘，溪山暮雲碧。（陳恭尹《獨漉堂詩集》卷四）

四月，屈大均返沙亭，黎氏所生女歿。（《黎氏行畧》）

小盡晚參，釋今無説法。（釋今無《光宣臺集》卷四）

五月十二日，颶風壞屋廬者不計其里數，釋今無賦《颶風歌丙辰五月十二日壞屋廬者不計其里數》詩云：

天定喜兮天或怒，蚩蚩那得識其故。珠江千頃軟琉璃，招招利涉人爭渡。陰霾倏忽收日月，天地慘澹失雲路。風師河伯皆顛狂，各驅部類迯奮強。雨龍帶海朝玉皇，滙撮天河添霆霧。風輪旋轉更飆猛，拉折地軸破天綱。六鰲縮項項膚裂，三山箕碎沉岌嶪。鄧林一夜盡飛空，狄號猿啼聲間切。可憐數里散窮簷，大塊噫氣一時咽。兵來賊去多苦辛，亦喜蹤跡頓磨滅。海幢寺向珠水湄，香燈寥落草離離。賊過仲春如水洗，愁來九夏復風吹。颶風吹兮捲水入，珠璣百斛侵人濕。轟雷不救屋宇傾，空園只抱瓜芋泣。行僧粗莽難守饑，持鉢不得心魂疲。食指三千徒落落，冷黔數座苦漓漓。豆苗枯瘦禾苗死，欲走咫尺阻亂離。分同黎庶遭劫運，事事不敢怨瘡痍。更願還吹十日風，白骨撐拄償天公。（釋今無《光宣臺集》卷十六）

十四晚參，釋今無云："牛頭没，馬頭出，仁者見之謂之仁，智者見之謂之智。孟八郎既種蘇得粟，胡張三又喚鐘作甕。金佛不度鑪，木佛不度火。且道真佛在甚麼處？"豎起拂子云："切不得向者里坐，若向者里坐，打折你驢腰。"（釋今無《光宣臺集》卷四）

二十八日，李象元之祖父鄉卒，享壽六十四。（李象元《賜書堂集·清處士直義李公墓志》）象元之祖父鄉辭世，其父左右就養，雖食貧而庭闈怡然。（李象元《賜書堂集·祖妣李母楊太孺人行略》）

五月三十晚參，釋今無云：“兩人扶一杖，兩箇不相像。一杖扶兩人，誰像誰不像？明朝六月朔，眉毛橫眼上。你若二六時中忘失了他，如泥似土；你若顧采他，亦如坭似土。且道顧采他與忘失他，畢竟作何形段？”良久云：“大蟲裹紙帽，好笑又驚人。”（釋今無《光宣臺集》卷四）

六月初四日，屈大均側室黎氏卒於佛山，年三十一歲。十三日葬於番禺涌口石坑山先塋之原。（《黎氏行畧》）大均隱羅浮山，購古今異書，仿趙明誠、李清照翻書鬥茶事，丹黃粉黛，掩映一堂。性愛客，交道日廣，天下鴻儒莫不聞風畢集，往來詩章贈答不可勝紀。當時有文選樓，大均居此，日事著述，隨撰隨刻，日不暇給。（《屈氏家譜》十一）子明德生，側室陳氏出。（《四殤塚志》）

張穆度嶺北遊，高儼有詩贈行。（凌揚藻《國朝嶺海詩鈔》卷二高儼《送張穆之度嶺北遊》）

穆遊黃山、白嶽，日行數十里。（錢澄之《田間文集》卷十五《張穆遊草序》、曾燦《六松堂集》卷十三《題張鐵橋遺象後》）

小盡晚參，釋今無舉古人云：“難難難遺情，難情盡圓明。一顆寒方便，遺情猶不是。更除方便太無端，大眾情字不必説。作麼生説箇遣底道理？若是祖師門下，當人二六時中，吃茶吃飯，無不具遣的道理；屙屎撒尿，迎賓送客，亦無不具遣底道理；乃至粗言細語，喜怒哀樂，亦無不具遣底道理。所謂止恐不是玉，是玉也太奇。又説妙於不知，知即變卻，故知佛法無多久長難得。若於者里一回惘錯，便全體皆情。事物當前，擾亂不止，一切路頭，不得清楚。若替你説箇遣字，又是更除方便太

煞，無端多了一重口業。”（釋今無《光宣臺集》卷四）

秋，張穆出山，今存詩三首。（汪士鉉《黃山志續集》卷五《宿文殊院　丙辰》、《擾龍松》、《出山》。釋蒼霞輯《雲嶺志》卷三載《出山》題作《出山憩雲嶺》，“輕”作“宜”、“遠”作“恰”、“高”作“深”、“停”作“傍”）

穆宿雷溪後塘寺，作墨竹於屏風上。（釋大涵《雁黃布衲黃山遊草》卷一《觀鐵橋先生墨竹》七絕四首）汪士鉉有題贈鐵橋畫馬詩四首。（《粟亭詩集》卷三《題張鐵橋九馬圖》、卷四《贈粵東張鐵橋畫馬》三首）

七月初三日，廖燕乘舟過仁化江口之掛榜山，題詩一首，醉後復將炭蘸酒爲銘於山上。（《文集》卷六《掛榜山銘》，詩今不存）

十四日晚參，釋今無云：“此事無有言説，若有言説，一夏中已説了也；若無言説，解夏後亦合説箇甚麼？昨日侍者寮呈幾則頌古，内有一則“舟（依下文，此字應爲“丹”）霞燒木佛，院主鬚眉落”公案，我説道：‘古今叢林商量，皆道丹霞地步高，做到無佛見、無法見、無垢淨之見田地，故敢燒了木佛。院主尚有佛見、法見、垢淨之見，故招得鬚眉墮落。衲僧家放下便行，一絲不掛，掀翻踢倒，正是與他合轍。者樣見解，三生六十劫，未夢見在我對。’他説道：‘有如來禪，有祖師禪，此中大有原故。若道是同好，喫三十痛棒；若道是別好，快買草鞋。’”驀豎拂子云：“大眾，還識如來禪麼？下坡不走，快便難逢。”又豎拂子云：“大眾，還識祖師禪麼？任你思量，由你卜度，三十年後，要此話大行。”

三十日晚參，師云：“釋迦老子四十九年讚歎般若，不曾遇著一箇；達磨九年直指，所遇盡是生盲。於今末法時代，慧力劣弱，説甚麼讚歎？甚麼直指？不見道‘無處減些子，有處添些子’？昔日趙州有箇僧問：‘學人乍入叢林，乞師指示。’州云：‘汝聞溫溪聲麼？’其僧忽然有醒。趙州也是慷他人之慨，將社肉做人情。今時人心不古，法立弊生。若是有氣息衲子欲求此事，但心不懷詐，異不敗事亂眾，自然觸著、磕著。"（釋今無《光宣臺集》卷四）

八月，寶林樵叟樸於廣州華林寺爲張穆作《鐵橋集題詞》，穆寫《黃山畫冊》十四葉。（《翁山詩外》卷十六《題鐵橋翁黃山畫冊》）梁憲有《壽張穆之》七律一首，似本年作。（梁憲《無悶集》）

同月，釋今無於光宣臺上爲其法弟釋澹歸作《徧行堂文集序》。（釋澹歸《徧行堂集》卷首）

中秋，舟次雄州，廖燕與眾集宿海會庵，燕作詩。（《二十七松堂集》卷九《丙辰中秋舟次雄州集海會庵有作》）是時三藩之亂正熾，粵已陷戰亂，故詩尾聯及之。

九月，燕寓橫浦寶界寺，無事學書，幾壁皆黑。偶翻亂書堆，得疏紙長丈餘。因撤去紅簽，戲書一帖。以從軍時所書，故名之曰《從軍帖》。（《文集》卷八《從軍帖自跋》）此時燕學書最篤。（《文集》卷五《上某郡守書》）蓋燕此次自七月外出，由仁化而南雄、橫浦，已過兩月，至重陽則度梅嶺關而入江西矣。（《二十七松堂集》卷十《九日度梅關 時在某軍中》、《從軍帖自跋》）

冬，同門釋今錫病亟，爲姚水真求釋澹歸序其所藏六十初度僧伽詩冊，以償宿諾，釋澹歸數病未暇，至此終爲序之。（《徧行堂續集》三《姚子水真六十初度僧伽詩冊序》）

冬杪既望，釋今無爲張穆作《鐵橋詩序》。

小除日序，釋今無於光宣臺上作《龔升璐容安詩序》。（釋今無《光宣臺集》卷七）

除夕前，廖燕已歸來。（《二十七松堂集》卷十《丙辰除夕》詩二首）

除夕，釋函昰賦《除夕曉堂梅花再放》詩云：

嶺表梅花不見臘，今年寒盡數枝開。誰憐海國僧歸後，只是自憐。故遣廬山春信來。亦只自遣。就下似臨三峽水，因高疑傍七賢臺。暗香處處應無別，欲剝黃柑擬雪杯。擬不得。釋函昰《瞎堂詩集》卷十四）

　　除夕晚參，釋今無云：“參學之士易於求福而難於真實發心，易於真實發心而難於久長，既得久長而難於不爲得意、彿意、順境、逆境之所退轉。所以云：‘能爲萬象主，不逐四時凋。’又云：‘如當臺明鏡，胡來胡現，漢來漢現。胡漢來時尚闖得過，胡漢俱不來，鏡在什麼處？一年三百六十日，用著他不須慰勞，不須扶植，自然虛靈寂妙，心廣體胖。大眾，一歲中於此勤劬血汗，原是爲自己衣線下事作真實求福，亦時時具當臺鑑照以操縱一切，胡漢入大行願海中步步光明，今晚不妨即借者箇消息還供大眾。無有慰勞之人，亦無受慰勞之者，與大眾同向此中度歲。”久立。“珍重！”（釋今無《光宣臺集》卷四）

　　本年嶺南潮與高涼兵連禍結，戰苦雲深，羽檄紛馳，殆無停晷，釋今無作《鄽息影詩序》。（釋今無《光宣臺集》卷七）

　　本年屈大均作文：《繼室黎氏孺人行略》（《翁山文外》卷三）。賦詩：《偶從風洞眺望始安山水賦呈秦使君》（《翁山詩外》卷一）、《沙亭作》五首（《翁山詩外》卷八）、《移家返沙亭賦贈家泰士兄》二首、《水東夜雨作》三首、《昭江春望代景子》二首（《翁山詩外》卷十）、《代景子將歸寄內之作》、《送人度梅嶺》、《送曹郡丞》、《代景子昭江村舍寄懷某中丞之作》二首、《留別建陵孟太守》二首、《荊南歸興》（《翁山詩外》卷十一）、《復歸沙亭棟從兄泰士》三首（《翁山詩外》卷十五）。填詞：《彩雲歸》（《翁山詩外》卷十五）。

　　本年順德陳村有李姓六女，居廬相比，年皆及笄。吳三桂兵至，其弁聞女美，欲掠以獻。女知不免，一夕相約赴水死，合葬之。有司及士夫皆稱爲“六貞女”，廖燕以爲按諡法應稱烈，因作“吊六烈女”詩及《烈女不當獨稱貞辨》。（《二十七松堂集》卷九、《文集》卷二）

本年廖燕之友黄遥於民間得宋韶人余靖《武溪集》刻本，録副藏於家，原本爲某顯宦取去。《武溪集》明版於清初毀於火，此帙爲僅存者矣。（《文集》卷八《書重刻武溪集後》）

去年入粤之南昌彭士望與陳恭尹交，恭尹出父文集《雪聲集》囑爲敘，士望乃爲作敘，載於集首。（《陳岩野先生集》卷首彭士望《敘》）

本年頃方殿元遭憂去江寧知縣官。（方殿元《九谷集》卷四《白雲山歌　並序》）

前時榖商泊鹽步墟，本年亂後始移去，後胡方賦《鹽步墟》五律。（胡方《鴻桷堂詩集》卷三）

本年何絳賦《作客惠陽寄居窮巷中有小室方不盈丈僅足讀書臨帖無隙地可以栽花種竹獨闢西牖稍能坐觀西湖之勝旅中少暇賦詩自娱二日以來遂成四章》詩云：

席門掛深巷，草屋亦參差。雖非菀荚牆，風雨僅蔽之。酬世本無具，豈容妄自欺。寄食量非美，庶可免寒饑。寸心苟不安，富貴亦胡爲。

敝廬既非廣，隙地不盈尋。四時乏花果，閒日來一禽。雖無灌木陰，密雲有時陰。俯仰茅茨下，隨事稱予心。豈無桐與絲，此曲貴知音。

淵明生大晋，鴻冥鼎革間。棄官歸栗里，漉酒開襟顔。悠然賦新詩，無僞真自還。饑來常乞食，懷抱何幽閒。雖自甘愚賤，此士難追攀。

六十未云至，五十已有餘。耳順豈我能，知命亦非余。爲吏固不敢，躬耕氣力虛。開窗讀史冊，往事多欷歔。韓仇錐既誤，荆卿劍亦疏。願言逐誇父，虞淵追日居。（何絳《不去廬集》卷四）

本年吳三桂兵犯南雄，王廷耀遇害。

王廷耀（？～一六七六），曲江人。行伍出身，歷官南雄守備。康熙十五年（一六七六）吳三桂部將犯南雄，率鄉勇捍禦，

遇害。（阮元《廣東通志》卷二八九）

本年釋函昰在雷峰。鄺日晋捨磊園作禪林，請主法，題以詩。龐嘉釐招遊弼唐之亦庵，嘉釐捨爲净社也，亦有詩紀之。（釋函昰《瞎堂詩集》卷十四《磊園舍作禪林招予主社感而留題》、《龐若雲招遊亦庵有懷梁同庵》）

本年釋澹歸刻《徧行堂前集》（《越秀集》），致兩書劄求海幢釋今無作序。釋澹歸度嶺請藏時，將刻集事托同門釋今辯料理，並有書致之（《徧行堂續集》十），蓋全集與釋澹歸離丹霞後乃刻成。此次刻集費用，蓋多由友好資助，有《公絢募刻徧行堂集賦謝詩》（《徧行堂續集》十四），又有《與劉焕之總戎劄》（《徧行堂續集》十二）。

本年釋大汕刻《傳燈正宗》，休夏於雪苑中五臺間，賦《次贈田天波》七律詩二首。（釋大汕《離六堂集》卷八）

本年釋古奘被僧收養。

釋古奘，字願來，小字拾影，號影堂。新會人。俗姓湯。吴三桂兵入粤，湯氏遇害者三十餘口。古奘方在繈褓，婢負逃出，置草坡上。僧唯一偶見其影，拾養之，名拾影。四歲能賦白蓮詩，長參角子（釋今蘤）禪師。初，角子（一作釋今無）夢唐僧陳玄奘入室，明日古奘來，參語甚合，付衣缽，改名古奘，應夢也。著有《虚堂詩集》、《蠡餘集》。

本年潘楳元擢廣州府儒學教授。

潘楳元，字浣先，番禺人。由順德縣學增廣生員。順治初年，總督李率泰薦授廣西北流縣儒學教諭。康熙十五年（一六七六），擢廣州府儒學教授。曾師事天然函昰和尚，法名今暨，字亞目。著有《廣州鄉賢傳》四卷。羅學鵬《廣東文獻》卷二有傳。

文超靈於本年中進士。

文超靈，字捷（一作挺）叔，號誠齋。東莞涌頭人。康熙十五年（一六七六）進士，任江南宜興縣知縣。嘗修東、新二邑志。事見張其淦《東莞詩錄》卷三一。

劉祖啟於本年成貢生。

劉祖啟（一六三一、一六三七～一七〇一），字顯之。東莞石碣人。鴻漸孫。康熙十五年（一六七六）貢生，二十九年（一六九〇）舉人。經學淹貫，受業者數百人，工詩。陳恭尹序其詩，傾倒備至。與劉連輝編修《東莞縣志》。著有《四書存俟》、《易經存俟》、《留樨（稚）堂集》。事見張其淦《東莞詩錄》卷三〇。

莫宏齡於本年成貢生。

莫宏齡，字等叔。連州人。學問廣博，才思敏捷，工詩文。與兄松齡俱蜚聲學舍。康熙十五年（一四六七）歲貢廷試。三十年（一六九一）授文昌縣訓導，在任六年，士風大變。今存詩一首，文二篇。（乾隆《連州志》卷七）

陳英猷生。

陳英猷（一六七六～一七五二），字式霜，號石泉，自署疊石山人，人稱疊石先生。潮陽人。淹貫經史，旁及釋道諸子，嗜兵書陣法，尤精《易》。晚年築室疊石山，終日危坐，匝月不出。以諸生卒於家。著有《演周易》。（乾隆《潮州府志》卷二八）

韓海生。

韓海（一六七六～一七二九），字偉五（緯玉），號（字）橋村。番禺人。與梁佩蘭、汪後來、羅天尺交好。嗜遊，至羅浮登飛雲絕頂。雍正元年（一七二三）舉人，年近五十。十一年（一七三三）進士。官封川教諭。會舉博學鴻詞，辭不赴，疾作數日而卒，年六十。著有《東皋詩文集》二十卷。國史館《清史列傳》卷七一有傳。族兄嘉謀，字旅庵。隱士。師事天然函昰，法名古咸，字無物。著有《復初集》。（同治《番禺縣志》卷四四）

釋古行圓寂。

釋古行（？～一六七六），字克躬。順德人。世亂有出世志，以親老，服養至歿，即入雷峰脫白受具，行慕吳楚閩越。康熙十五年（一六七六），嶺外阻梗，行毅然請往，至凈成坐化。光緒《廣州府志》卷一四一有傳。

釋開詗圓寂。

清聖祖康熙十六年　丁巳　一六七七年

夏，廣東尚之信復降清。（陳恭尹《獨漉堂詩集》卷四《江村集 小序》："丁巳夏，廣州復通於北。"）廣西孫延齡被刺而亡。

春，廖燕集陳金閩別業，棋酒之暇，金閩制"秧針"、"麥浪"等十六題請廖燕與王西涯作七律如題。數題巧甚，西涯爲之，而燕則未作。（《二十七松堂集》卷十《寄懷陳崑圃制題作詩課兼東王西涯詩序》）

釋今無賦《丁巳春喜湯惕庵道兄兩賢郎貫人碩人至自閩中即別之楚》詩云：

長年懷好友，不意見雙珠。離亂移鄉井，辛勤結草間。琴書供少壯，丘壑老吾徒。別去蒼茫際，家聲起大儒。（釋今無《光宣臺集》卷十九）

夏，雅集長壽寺紀勝堂，釋大汕與吳綺[①]、香嵒、公采、余懷、高澹遊、徐松之諸公分賦，得"今日良宴會"，即用爲韻，釋大汕賦《丁巳夏雅集紀勝堂與吳園次太守香嵒明府公采孝廉余澹心高澹遊徐松之諸公分賦得今日良宴會即用爲韻　五首》詩。（釋大汕《離六堂集》卷二）

余懷，字無懷，號澹心。福建莆田人。明遺民。布衣。

四月二十四日，清廷命鎮南大將軍莽依圖自江西贛州進兵廣東，二十九日抵南安。

五月初二日，清軍抵韶州。尚之信聞信，即於初四日復降清，全粵又歸清。（廖燕《二十七松堂集》卷六《蟒將軍傳》

---

①　吳綺後著有《嶺南風物記》。

等）

初二日，廖燕率其妻鄧孺人及二女避亂南岸陳某家。一日忽傳寇至，鄧孺人以足疾得先趨寓土圍圍樓，陳某則全家被擒。在土圍內住隙地如斗大，百物雜陳，人畜喧填，穢氣蒸為癘痍，至十月二十日鄧孺人遂以病卒。（《文集》卷四《丁戊詩自序》、卷六《亡妻鄧孺人墓表》）燕有《橫溪行》，記當時避難情景甚悉。（《二十七松堂集》卷十）

初五日，方顥愷（釋成鷲）聞變而起，左手握髮，右持并剪斷髮為僧。同時相約披髮入山者，故人陶璜也。時未有師也，寄跡於南海弼唐之亦庵。（釋成鷲《紀夢編年》）釋成鷲賦《祝髮呈本師》詩云：

男兒愛身及膚髮，平生一毛不敢拔。蹉跎四十一回春，參差兩鬢同雞肋。蒙師為我操慧刀，頭上不與留纖毫。一朝四大輕鴻毛，昔日縫掖今方袍。縫掖翁、方袍子，本來面目應相似。鏡中見影不見形，莫道昨非今乃是。請辭大眾入山去，山月松風供穩睡。但願慧刀時在側，不令鬚眉長埽地。（釋成鷲《咸陟堂詩集》卷二）

季夏望前五日，秣陵張綎於西林方丈為釋大汕作《厂翁詩集序》。（釋大汕《離六堂集》卷首）

八月，屈大均至番禺西坑村，訪得華孝女墓銘之。（《翁山文鈔》五《孝女華氏墓誌銘》）

同月，海雲寺都寺釋今湛病篤，釋今無賦《雷峰山寮口占》五律詩六首，序云：

丁巳秋八月，都寺旋庵湛公病篤，予自海幢還山，與其永訣，不自覺其悲而成聲也。（釋今無《光宣臺集》卷十九）

中秋後三夕，釋函昰賦《中秋後三夕與諸子翫月感賦》詩云：

連宵忍見天河淨，風散重霾缺亦明。落落河山人北望，悠悠關塞雁南征。傷今聊作昔年興，感往偏憐此夕情　的是當時智次。

珍重庭前寒魄影，蘭亭樂事惝然生。今昔同慨。（釋函昰《瞎堂詩集》卷十四）

　　九月初九日，釋函昰賦《丁巳九日海雲書懷》詩云：

近海寒花亦未開，故山佳節幾登臺。千里如見。最憐千里同秋色，不共高林倒茗杯。他年共此，只作尋常。落日亭亭江路邈，長天迥迥雁聲哀。逼真現前。淹留每恨無成計，勝事空嗟歲月來。（釋函昰《瞎堂詩集》卷十四）

　　十月十四日，釋函昰七十歲生日，釋成鷲爲其祝壽，賦《天然和尚七十頌》七古詩。（釋成鷲《咸陟堂詩集》卷之二）釋今無爲作《雷峯天老和尚七十示生頌　有序》云：

流霞沆瀣，洞大地之靈芽。石腦金丹，奉雲中之壽佛。吾本師天然老和尚，大智獨圓，神珠並朗。現爪牙於獅座，洞徹心胸。談半滿於龍宮，聲齊妙諦。繼日者月，萬古流輝。弘道人者，一時莫匹。久稱標表人天，深能融渾魔佛。丹梯千尺，神鼎失其孤高。白水一盂，浮山折其苦辣。今歲丁巳孟冬，壽邁古稀，四眾瞻雲，唄梵胥慶。今無舞忻，不能仰讚一詞，僅追憶執侍已來中間離合之躔，與老人行住之因，成示生頌十首。他日年齊寶掌，韻越南陽，回視曩緣，不妨作太古觀耳。

菩提月滿萬山秋，卓卓金針映碧流。誰向風幡酬妙義，飄零竄子未曾收。今無十七歲時，珠衣未繫，傭倩爲齪，老人方坐菩提樹舉唱宗乘，因投座下，問法風幡，慶睹法會之盛。此己丑春事也。

蕨藜栗棘恣鉗錘，嚼碎崑崙事未奇。七日貓兒方大叫，雷峯松栢影參差。庚、辛、壬，廣州烽火而雲林無事，某於此歲月醉象術馴，取裁無所。辛秋而後，頑石可鞭，猩唇欲轉，學隨鹵莽，悄畏趙州，不足以當一大噱也。

嶺路梅花江右村，棹深湖月總無痕。金輪倒射歸宗影，日午群峯正閉門。癸巳秋，嶺海流氛孔亟，老人拂衣故山，匡嶽雲霞嘉遯，尤快吟徹庚闕、吉、贛、豫章、蠡湖之月，然後掩室歸宗。白雪盈門，黃獨香火，南公聞蟻，烏巢吹布，道力既深，山川增勝。至甲午秋始移居棲賢，今無執侍，竊謂於諸子獨深。

浴龍池上合同堂，四代兒孫起大方。玉線錦縫綿密處，吾宗調奏別宮商。甲午冬，爲博山老祖八十壽，博下兒孫會於祖山。長慶師翁自閩往，天界浪和尚自浙往，三宜盂和尚自吴往，吾老人自棲賢往。入高會之堂奥，見高會之規矩。老人經理博山，讓浪和尚主席，隨長慶師翁退住高泉。諸方聞吾家遜讓之風，稱爲有禮，兩山耆宿亦云如再睹老祖之教紹云。

五老峯前一句齊，氣吞湖海萬山低。冰天不見人歸處，鴨绿波翻入虎溪。冰天絶城，丹梯莫上，哮吼獅子，道邁寰中。而以義烈之氣蹈子卿之蹟，即非友于，能不成繫？今無一言許以馳驅，孤笠下棲賢，騫征而往者，此丙申夏仲老人《見懷詩》有云“望歸空記出門時”，實一時可愕之事也。

帝城宫闕望慈雲，獨立燕然數夕曛。北去南來看塞雁，峯頭獅象愧成群。今無與千山師叔處大窖中，風沙慘黯，或長嘯高歌，或流涕覆面，一以憂患餘生，一以冰霜殘殼，情諧水乳，鱉應黿鳴。於其將歸，師叔强留，無日留之可也。然斯時不南，即前日之不北耳。遂義消情嶽，歸燕京，中間恭懷，南北可寫。

鯨鯢吹海绿波深，十石沉香爇此心。恰似老人趺坐處，瓊山月色可誰尋。南人未南而北，復南矣。思南遊，然南之遇風波，宵小與甲兵、盜賊不亞於黄沙黑水豺虎、鵂鶹，此瓊山仙島罕有多至者，玄虚無著吾宗，豈取坐至者耶？可以切喻。

鸞溪還復振獅蹤，日繞簾泉十萬松。卻爲北行瞻泰岱，慈風吹遍玉芙蓉。老人出世鸞溪。三入鸞溪，乃主法席。壬、癸之交，負笈稱盛。今無亦以癸丑冬趨省鸞溪，乃爲宋方伯拉入都門，中途阻亂，遂上泰岱，因恨不久住鸞溪，爲此虚役也。

高涵海月挹秋光，萬頃鴻濛坐渺茫。只有太平豐盛事，不須野老歎維桑。甲寅劫風震蕩矣。古德云：“國家興盛，野老嚬蹙。”老人從匡廬間道歸雷峯，而福座所臨，處處桃花，武陵可泛，道人無事外之理，當不許野老歎維桑。諸子欲以匡雲爲海雲，老人曰“否。”今無又似五千退席，不敢置喙耳。

蒼生演劫見金仙，鶴語松濤集曉煙。一粒火齊焜耀處，道山鐘鼓自年年。南陽趙州，古稱壽者。吾師正演大宗，玉振金聲，福智超越，所以云喻者，蓋今無及後昆之卑智慶企之私耳。（釋今無《光宣臺集》卷十二）

十一月，釋函昰書《雷峰海雲寺放生社置田碑》刻石。（《番禺縣續志》三六）

朔日，釋澹歸出丹霞赴南韶。（《徧行堂續集》十三《南韶雜詩》題下注）

十二月，廖燕病起。此次不惟患痢，且患疥。（《文集》卷五《復劉漢臣》書）燕賦《丁巳臘月病起陳滄洲》詩謝之。（《二十七松堂集》卷十）

初九日，釋今無爲王仲錫觀察賦《賦得孔雀開屏》詩云：

丁巳臘之十一日爲仲錫王觀察覽揆。先二日遊海幢，予院中久籠一孔雀，飲啄隨時，氄毳已極，數月來，漸麗其尾。是雀也，昂首見公，爲之三前三卻，忽開屏相向，意若忻舞。觀察德惠於海幢，不可枚舉，豈誠動昆蟲，而此雀竊知之耶？故爲賦孔雀開屏詩。

白業馨香佛國來，靈禽屏向壽峰開。飛泉漫説流銀汞，跨鶴真疑到玉臺。結社半生虛草屩，盟鷗萬里見真才。人間幻事公窺盡，歲歲祇園韻莫裁。（釋今無《光宣臺集》卷二三）

本年張穆與劉獻廷相晤於蘇州。（劉獻廷《廣陽詩集》卷上《贈張鐵橋先生》）顧雲臣爲作畫象。後吳綺爲作《張鐵橋顧雲臣合畫像册題詞》。（吳綺《林蕙堂全集》卷十）

本年屈大均訪黎延祖、彭祖於番禺板橋鄉芍園，瞻拜黎遂球畫像，有記，言："所撰《皇明四朝成仁録》，載公事頗詳。"（《翁山文鈔》二《黎太僕公畫像記》）。《翁山詩略》付刻。（汪宗衍《屈大均年譜》）

黎延祖，字方回，小名長雄。番禺人。遂球長子。崇禎貢生，以父蔭錦衣衛千户。與陳恭尹等遊。國變後禮釋函昰於雷峰，名今延，字達公，號禺海遺民。晚歸耕羅浮。著有《瓜圃小草》。同治《番禺縣志》卷四二有傳。

本年屈大均作文：《黎太僕公畫像記》（《翁山文鈔》卷二）、《孝女華氏墓誌銘》（《翁山文鈔》卷五）。賦詩：《初正沙亭作》五首、《人日酒》（《翁山詩外》卷七）。填詞：《漁家傲·清明掃二配墓》（《翁山詩外》卷十八）。

本年廖燕就塾水竹軒，與黃遥絳帳隔鄰，作《丁巳就塾水竹軒西與黃遥絳帳隔鄰賦詩相慰兼以解嘲寄陳崑圃》七律。燕平生爲塾師頗久，此次當爲初次。此年滇變，韶州城近郭廬舍林木毀伐殆盡，而以芙蓉山之殘損最甚，山中庵寺悉成懷瓦頹垣，僧無歸處，請燕撰《募建廬庵疏》（《文集》卷八）。燕友嚴某有盂，款制奇古，蓋荔根生成者，以爲飲觥，頗韻，因變遺失，既而復得，喜甚，請燕爲銘（《文集》卷六《荔根盂銘序》）。明兵部尚書李長祥因亂流離嶺表而卒，燕作書越督請歸其柩金陵（《文集》卷五《上吴制府乞移李研齋柩歸金陵》）。燕本年妻死女亡，孑然一身。

本年陳阿平寓潮州，久病垂死，二十年後又至潮，作《潮州得内子書感賦》。（陳阿平《陳獻孟遺詩》）

本年黄岡陳大章至嶺南，後彙其本年至甲子詩爲《軥輈集》一，載其《玉照亭詩鈔》卷一，其中涉粤詩達三十餘題。

本年祖大受叛，李豔新不從，被囚。

李豔新，字啟中。豐新弟。官高州教諭。康熙十六年（一六七七）祖大受叛，豔新不從，被囚。大受敗，朝廷以其執臣節，復其官。（同治《番禺縣志》卷四二）

本年温其玉招募五百精壯隨大將軍傅宏出征柳、潯，授官梧州守備。

温其玉，五華人。爲人慷慨有武略。康熙十六年（一六七七）募五百精壯隨大將軍傅宏出征柳、潯，授官梧州守備。後因屬官連累辭職歸家，曾保護鄉民。（《長樂縣志》）

本年林廷燏以潮鎮中營千總隨軍征云貴。

林廷燏（？～一六七八），字和一。海陽（今潮安）人。康熙十六年（一六七七）以潮鎮中營千總隨軍征雲貴，以功授中營守備。翌年進軍南寧，連捷於石門、草壩、曲靖。至雲南，中箭死。贈都司。（乾隆《潮州府志》卷二八）

本年釋函昰返廬山，釋今無盡禮，津遣無缺。（釋今無《光宣臺集》卷首釋古雲《海幢阿字無禪師行狀》）。

自去春仁化遭劫，丹霞雖倖免，亦苦窮匱。且三藩之亂以來各地時有風鶴之警，觀釋澹歸與姚嗣昭太守求貸書，可知寇亂不止一次，除去年二月外，還有臘月之變。（《徧行堂續集》十一）昔釋函昰主丹霞法席時，疏釋《首楞嚴直指》，三月而成。此時，囑釋澹歸爲序，釋澹歸並請以定本寄丹霞，即與同門釋今辯校閱發寫，謀付剞劂。是時釋澹歸已決意退院，請釋今辯繼主丹霞首座，釋今辯堅辭，故在《上本師天然昰和尚劄》中並及之。（《徧行堂續集》十）釋澹歸於諸衲中以詩文鳴，其詩用韻以用洪武正韻爲主（《徧行堂續集》十一《與陳長卿太史》書）。是時釋澹歸在丹霞退院。（《越秀集》）

　　釋今湛圓寂，釋函昰賦《悼旋庵湛都寺六首　有引》五律詩，序云：

　　旋庵三十年殫力叢林，若緇若素，皆識其純一而非勉然，此老朽所不能去心，而與大衆同其嗟歎者也。若夫承事師長，體悉心曲，雖千里之遙，一事之細，極曲折艱難而無難色，則老朽所獨知，而未嘗與大衆言及者也。永訣逾月，未有一悼語，蓋情之塞不能出諸映也。頃讀阿長老詩，乃用韻一申其意，因示諸子，使知弟子之得於其師真非偶然，即以慰旋庵於中後陰，當無所憾云。（釋函昰《瞎堂詩集》卷八）

　　又賦《悼旋庵湛都寺》詩云：

　　頹齡歎逝苦低垂，至性從今更有誰　論存事後。伏臘定先同列覺，艱難猶畏老僧知。嘗因高誼添身累，祇恐勞人卻病遲。回首西風成隔世，不堪揮涕憶當時。（釋函昰《瞎堂詩集》卷十四）

　　本年釋今辯四十初度，釋今無賦《樂説弟四十初度》七律。（釋今無《光宣臺集》卷二三）

　　本年釋大汕滯留金陵，在此前後，往棲霞山禮釋道盛塔，巡禮太湖釋大燈駐錫地洞庭山，梁佩蘭避三藩之亂鄉居，賦《寄懷石翁　六首》五律。（梁佩蘭《離六堂集》卷六）

　　本年清廷禁止在寺院演戲、斂錢、酬神賽會。而在嶺南曲藝不斷，長壽寺更動輒有數十日之盛大昆曲表演。（姜伯勤《石濂大汕與澳門禪史》二四八頁）

　　本年謝宏標因功授榮禄大夫。

謝宏標，雲浮人。任恩平千總、順德守備。（《東安縣志》三）

汪後來生。

汪後來（一六七七、一六七八～一七四七），字白岸，號鹿岡。番禺人。康熙四十一年（一七〇二）武舉人。署佛山千總，倡汾江詩社。曾訪黃葵村（河澂）、梁藥亭（佩蘭）六瑩堂，與羅履先（天尺）較多交往。喜出入佛門，與名僧釋成鷟善，多往還酬答。擅詩善畫，尤長於畫馬。著有《王右丞詩箋》二卷、《書史》一卷、《鹿岡詩集》四卷、《杜詩矩》、《汾江社詩選》二卷。清張維屏《國朝詩人徵略》初編卷十八有傳。

張文遇生。

張文遇（一六七七～一七五一），字拔，號拔冲、北河。東莞人。康熙貢生。善詩文，工楷書。曾捐資修文昌宮，疏浚河道。（宣統《東莞縣志》卷六六）

清聖祖康熙十七年　戊午　一六七八年

七月，吳三桂稱帝於衡州，改元昭武。八月病卒，孫世璠繼立。（《清史稿・吳三桂傳》）清廷詔開博學鴻儒科，中外官各舉所知徵詣闕下。

春，釋澹歸上釋函昰劄，言已決意出嶺，以丹霞席托釋今辯。（《徧行堂續集》十）

陳恭尹移居龍江。（陳恭尹《獨漉堂詩集》卷四《江村集 小序》：“戊午春，余移居龍江。”）

釋函昰欲往廬山，作詩留別：《又酬社中諸子》、《又示各山》、《將還廬山留別社中諸子二首》、《佛山遇嚴玉寰提督奉召入京卻贈》、《泊彈子磯　嚴公招余同舟》、《舟次別嚴公》（以上七律）。（釋函昰《瞎堂詩集》卷十四）

元旦，釋澹歸在岳廟關祠間，聒耳無寐。（《徧行堂續集》十三《南韶雜詩》注）

二月，屈大均子明洪生，梁氏文姑出。女明洙生，劉氏武姑出。（《翁山文鈔》七《字八子説》）從弟大灼卒。（《鐵井墓表》）

三月，釋今覬圓寂。（《海雲禪藻集》）釋函昰賦《哭石鑑覬子》詩云：

八旬萬里望寒原，倚杖山堂笑語溫。欲啟蔣生當日徑，俄招宋玉百年魂。孤松日暮憐歸鶴，斷壑春深泣夜猿。從此掩關忘歲月，不知誰是我兒孫。（釋函昰《瞎堂詩集》卷十四）

閏三月，釋函昰抵棲賢。（《徧行堂續集》八《棲賢石鑒覬禪師塔銘》）

二十四日，釋大汕於蘇州爲陳維崧（其年）傳神寫照，作小像《迦陵填詞圖》。時釋大汕駐錫廣州長壽寺。同年釋大汕又於吳門寫《維摩示疾圖》。（姜伯勤《石濂大汕與澳門禪史》二七七、二九三頁）

夏，張穆在歙縣，過江注若米舫，閱其《黃山圖》，爲題詩一首。穆有題江注《黃山圖》，款署戊午夏日，過允凝先生若米舫，閱《黃山圖》率賦就正。詩佚。若米舫在歙縣邑城內南隅。（汪宗衍、黃莎莉《張穆年譜》）

釋澹歸與傅子奇遇於淩江。（《徧行堂續集》一《不平平説贈傅子奇》）

五月初一日申刻，釋函昰睡起，賦《五月一日申刻睡起有感》詩云：

閉門睡足申初起，峯轉斜陽到竹扉。萬里干戈餘此日，五年江海待忘機。黃葉不教流水去，白雲終向故山歸。獨憐跋涉同行者，失我三人淚滿衣。（釋函昰《瞎堂詩集》卷十四）

六月，釋函昰上巢雲，賦《戊午歸自嶺外以中夏上巢雲》詩云：

山堂九夏無人到，策杖尋僧問石源。田盡樹連迷虎徑，雲深溪斷見松門。當窗湖水浮衾枕，隔岫禪聲入夢魂。徙倚忽思珠海

日，不知身已在高原。（釋函昰《瞎堂詩集》卷十四）

二十五日，釋澹歸度梅關，別釋今辯於南安。（《徧行堂續集》十四《六月廿有五日度梅關》、《與樂說辯弟別於南安》）

秋，陳恭尹因曾爲尚之信延攬而下獄，至明年春始解。（《獨漉堂文集》卷四《壽晉江潘正甫序》、陳恭尹《獨漉堂詩集》卷四《江村集小序》："戊午春，余移居龍江。其秋而罹無妄之災，下於理者二百餘日。己未春，事始解。"）恭尹於獄中賦《獄中雜記》五律二十六首。

恭尹又賦《獄中送郭清霞兼寄李相如》詩云：

輕風驅行雲，中天日雷電。霖潦在康衢，積陰暗城縣。良朋當遠適，冒雨來相見。未言先慰藉，恐我泣如霰。拜送圜土中，握手情戀戀。鳳鳥覽德輝，高飛使人羨。雛雉集山梁，色舉何其善。嗟哉雲中鵠，今作泥巢燕。江頭路幾許，不獲銜杯餞。況聞故人返，萬里期言宴。如何二紀別，良晤乖一旦。九州不盈掌，日月雙丸轉。流萍合有時，鬢髮將無變。因君謝故人，努力千秋傳。

又賦《獄中值林叔吾生日贈之》詩云：

我生長於君，爲日百五十。何期來獄門，初度亦相及。來時秋未徂，不覺春風入。魚沫尚相濡，蟲鳴已離墊。衰柳落復生，燕雛去還集。眷言南冠士，不作岐途泣。醉則相和歌，昏猶把書立。吾道豈云非，高天意難執。匪兕率柙中，皎駒孰維縶。幸非修名累，漸爾沈憂戢。五嶽路未遙，故山芝可拾。相期保百齡，懷哉荷簑笠。（陳恭尹《獨漉堂詩集》卷四）

屈大均亦避地。（《陳氏墓誌》）清開博學鴻儒科，大均不應。鄧漢儀輯《天下名家詩觀》二集，採大均詩八首。大均撰《廣東新語》二十八卷成。（鄔慶時《屈大均年譜》）

秋日，釋函昰於廬山賦詩如下：《秋蟬四首　有引》、《與塵異論及姜山慨然有作》、《秋日遊白鹿洞時督學邵公太守倫公重修書院賦呈倫公二首》、《遊凌雲留贈主人》、《遊玉川門留贈主

人》、《題三疊泉二首　有引》（以上七律）。（釋函昰《瞎堂詩集》卷一五）

七月初七七夕日，釋澹歸抵南昌，候蕭孟昉於郡署，守風鄱陽湖，並有詩。（《徧行堂續集》十四《七夕抵南昌》、《候孟昉於郡署之寓》）

十九日，釋澹歸已出嶺北行，過匡山棲賢，爲文祭釋今覞，其後爲撰塔銘，編其遺集爲《直林堂集》。（《徧行堂續集》卷八《棲賢石鑒覞禪師塔銘》、卷五《祭棲賢石鑒覞禪師》、卷十四《悼棲賢石鑒覞兄》）

三十日，釋函昰賦《讀石鑑遺詩　戊午七月三十日》詩云：

讀罷遺詩意惘然，中間離合總堪憐。瀝乾熱血難尋夢，欲趁餘生直上天。幾回後事悲前事，安得今年是去年。顧我掩關慙已晚，閒情休更落中邊。（釋函昰《瞎堂詩集》卷十四）

八月二十三日，釋澹歸至嘉興。

九月二十三日，釋澹歸往平湖，同人相助得五十金，湊集路費所餘，以一百〇七兩請得正藏經；至續藏則尚須四十金，送回丹霞盤費，亦須四十金，正在籌措中。（《徧行堂續集》十《與樂說辯和尚剳》）陸世楷、曹溶聞釋澹歸至嘉興，先後過訪，有《陸孝山太守聞予至郡即自當湖來會》（四首）、《舟次嘉禾曹侍郎秋嶽過訪卻柬》。（《徧行堂續集》十四）

冬，釋函昰賦《還廬山與塵異第一次對雪二首》詩云：

五年相失忽如昨，黯淡千峯暝色移。嚴冷投人偏欲近，潔清於世肯相期。翠竹且教凌後夜，青松不敢傲當時。毋忘白首輕寒意，擁被爲君賦雪詩。

君看五老與天齊，錯落群巒影漸低。地軸壓沉茅屋在，星辰無恙野雲迷。青青草樹難爲色，白白津梁易上泥。一夜紅爐銷不盡，曉疑明月滿峯西。

又賦《淨成閱工口占》、《許明府逸林見過夜話次早陪上淨成有詩見投率筆奉答》（以上七律）。（釋函昰《瞎堂詩集》卷十

五）

　　冬，釋大汕自蘇州一帶返粵，被迎住長壽庵（釋大汕稱之爲
長壽禪院、長壽院）任主持，自稱五嶽行腳嗣法沙門大汕，由平
南王府撥歸白雲山田産及清遠峽山飛來寺及該寺田産田租七千餘
石供養，屈大均有力焉。（姜伯勤《石濂大汕與澳門禪史》六九
至七一頁、二二一頁，潘耒《救狂砭語・與梁藥亭庶常書》）大
均、梁佩蘭賦詩相賀。（屈大均《翁山詩外》卷十《長壽院外眺
望作》、卷七《贈某上人》，梁佩蘭《六瑩堂集》卷六《石翁入
住長壽禪院賦贈》）

　　十月初三，陸鶴田召釋澹歸茶集陸園桂山堂，因得歷覽諸
勝，有《陸園詩並序》紀之。（《徧行堂續集》十三）同月，訪
釋大音於東湖，登報本塔。（《徧行堂續集》五《重建東湖報本塔
記》）

　　十一月十八日，隨行侍者病卒，釋澹歸以三寶事滯留當湖，
遣大集洲都寺宣之。（《徧行堂續集》七《遺告智筼苲侍者靈龕
偈》）過筧橋，蕭瑞郊聞之，亟來相見，歡喜之狀溢於眉端。
（《徧行堂續集》七《贈蕭瑞郊偈後自注》）

　　十二月，按察使司帶管學政王某科考陳璸一等一名食餼。
（鄧碧泉《陳璸詩文集》附《陳璸生平活動簡表》）

　　本年張穆與劉獻廷相晤於杭州，獻廷贈之以詩，並爲題畫
冊。（劉獻廷《廣陽詩集》卷上《贈張鐵橋先生》、《題鐵橋先生
畫冊四首》）

　　本年屈大均作文：《廣東新語》自序。賦詩：《大兒》、《贈
劉氏武姑》、《贈梁氏文姑》（《翁山詩外》卷二）。填詞：《雙頭
蓮》（《翁山詩外》卷九）。

　　今明年間，新會瀧水有梁華典、華胄兄弟爲大盜，官兵將行
剿，鄉人有玉石俱焚之憂，有梁壯士隻身入兩寨智殺兩盜首，後
胡方爲賦《梁壯士》五律。（胡方《鴻桷堂詩集》卷五）

　　本年廖燕爲人授館爲塾師，訓二三童子外，兀然無一事可

作，輒以詩爲工課，塗乙縱橫，几壁爲黑，久之，積而成帙，燕因録而題之曰《丁戊詩》，並自爲序（《文集》卷四《丁戊詩自序》）。此爲燕最早編成之詩集。

本年姚緒祖以舉人授内閣中書。

姚緒祖，字燕思。歸善人。康熙十七年（一六七八）以舉人授内閣中書。著有《方山詩草》等。事見乾隆《歸善縣志》卷三有傳。

本年李翹楚由歲貢任南雄訓導。

李翹楚，字俊生。高明人。康熙十七年（一六七八）由歲貢任南雄訓導，課士甚勤。升教諭，再任十餘年。卒年九十四。（道光《高明縣志》）

本年丹霞山別傳寺主釋澹歸出嶺往嘉興請藏。初，釋澹歸曾遺書約廖燕同出嶺表，別有所圖。燕亦欲一覽中原，以敞胸中奇偉，因大肆其筆墨以成一代之文，會以事不果行。後聞澹歸未出嶺而病，養靜龍護園，燕先作書問候且及保攝之法（《文集》卷五《與澹歸和尚書》）。燕於十數年前即聞釋澹歸名，後屢有書往還。燕得釋澹歸獎譽，名聲大震。（趙貞信《廖柴舟先生年譜》）

本年釋函昰還廬山，泊彈子磯，遇提督嚴自明奉召入京，召同舟，作《舟次別嚴公》詩，有“共載江流兩月閑”句（釋函昰《瞎堂詩集》卷十四）。築山樓於紫霄之净成（釋函昰《瞎堂詩集》卷十五《净成閣工口占》）。其俗子釋今摩五十初度，釋函昰賦《訶衍摩靜主五十初度》詩云：

五十年前事，能無墮悄然。視生如汝否，掩室占誰先。竹密棲雲煖，山高見月圓。風光猶未晚，汩汩念時賢。（釋函昰《瞎堂詩集》卷八）

本年釋今再建無著庵落成。（《番禺縣續志·鼎建無著庵碑記》）

本年釋今無始發諸衲募藏閣。（釋今無《光宣臺集》卷首釋古雲《海幢阿字無禪師行狀》）

年來以三藩之亂，粵北、贛、湘俱遭兵燹，骸骨遍野。釋澹歸親率僧眾，乘小舟備器具，到處檢埋白骨，使不失所。（《徧行堂續集》卷五《檢白骨疏》、卷十一《寄徐浩存方伯》）釋澹歸起程赴嘉興請藏，以丹霞院事付同門今辯主持。觀其致釋今無剳，疑先經南雄，因病小住。釋澹歸行後，釋今辯雖勉強攝丹霞院事，仍懷退意，擬請釋函昰重來主持，釋澹歸又致《與丹霞樂說辯和尚》書，勸其勉任茲艱。釋澹歸出嶺後，有《有與棲賢角子蘢》書（《徧行堂續集》十），述此行請經。而以棲賢爲江右窮刹，乃爲《與戴怡濤憲副》書，請其捐廉救助。時有指釋澹歸居積多財，師有《與王梅符居士》剳辯其誣。（《徧行堂續集》十一）旋過當湖，故諸舊好，紛來敍敍。（《徧行堂續集》三）時沈仲方編《遺民錄》，列釋澹歸其中，有致《答沈仲方文學》書，請即削去。（《徧行堂續集》十三）虞紹遠持未出家前舊借券五紙，凡值七百金，盡還師，作《負心說贈虞紹遠》贈之。（《徧行堂續集》一）釋澹歸適朱氏女自杭至平湖欲見，以其悖逆無行而拒見。是時丘貞臣躊躇於出處、華夷之間，釋澹歸爲《與丘貞臣明府》書論其事。（《徧行堂續集》十二）

本年粵東變亂，釋成鷲暫假館於故人陶璜之別業，依山而居。山名小漫者，因漫溪而得名。同時避亂擇里買鄰，惟弼唐爲安土。梁佩蘭爲首倡，釋成鷲亦與焉。買地十餘畝，環溪卜築，匝以箐篁，森然有山水之趣。佩蘭顧而樂之，遂名其地爲漫溪，自號漫溪翁焉。璜家有餘貲，別買地於山之陽，去漫溪煙火相望耳。結屋數椽，以待避亂之客，名小漫山。居半載，大病幾死，李祈年憐釋成鷲貧病，移榻就之，投以藥石，越月乃瘳。（釋成鷲《紀夢編年》）釋成鷲有《贈謝鄴門五十一詩》七古長詩。（釋成鷲《咸陟堂詩集》卷二）

葉光龍於本年中舉人。

葉光龍，字戴山。元龍弟。康熙十七年（一六七八）舉人，任北京順天府香河令。事見黃登《嶺南五朝詩選》卷九。

盧挺於本年中舉人。

盧挺，字松士。東莞人。康熙十七年（一六七八）舉人，署歸善教諭，以瓊州府教授致仕。著有《樸園詩集》等。(《粵東名儒言行録》卷二三)

馮鏸於本年中舉人。

馮鏸，字爾公。南海人。珧子。康熙十七年（一六七八）舉人。著有《鶴夢堂集》。事見黄登《嶺南五朝詩選》十一。

鍾冠斗於本年中舉人。

鍾冠斗，字履嘉。東莞良平人。康熙十七年（一六七八）舉人，官儋州學正。事見張其淦《東莞詩録》卷三一。

袁崇景於本年中舉人。

袁崇景，字士求。東莞石碣人。康熙十七年（一六七八）舉人。少攻《尚書》，復治《春秋》。事見張其淦《東莞詩録》卷三一。

楊瓚於本年中舉人。

楊瓚，字鳴廣（度），號毅。香山（今中山）人。康熙十七年（一六七八）舉人，官宣平縣知縣，有德政。事見余祖明《廣東歷代詩鈔》卷二。

葉聰於本年中舉人。

葉聰，字子欽。東莞人。康熙十七年（一六七八）舉人，官三水教諭，以國子監學録歸。(宣統《東莞縣志》卷六六)

徐斯適於本年中舉人。

徐斯適，字即三，號平川。龍川人。斯連弟。才思敏捷，富著作。康熙十七年（一六七八）領鄉薦，授江西清江縣知縣。任職十年，士民感德，弦歌以誦之。升淮安府河務同知，有功河道。歸田後嘯傲林泉，不入城市。上言當事，悉中機宜。有所咨謀，親往就焉。終年八十三歲。(《龍川縣志》)

戴珮於本年中經魁。

戴珮，字鷺序。始興人。力學能文。康熙十七年（一六七八）經魁。歷任韶州教授、四川平山縣令，後升户部江南主事，卒於官。父元勳，連山縣訓導，晚年常與童稚爲戲，卒年九十三。（民國《始興縣志》卷一二）

楊州弼於本年成貢生。

楊州弼，字元賚，號今是行者。揭陽人。康熙十七年（一六七八）貢生。甲寅盗起，舉辦團練剿匪，斬千餘賊。事見翁耀東《潮州文概》卷四。

吳韶宗於本年成貢生。

吳韶宗，字學可。潮陽人。康熙十七年（一六七八）貢生，官清遠訓導。事見吳道鎔《廣東文徵作者攷》卷七。

朱衣於本年成貢生。

朱衣，字卓元。博羅人。康熙十七年（一六七八）歲貢生，連任潮瓊教官。（乾隆《博羅縣志》卷十二）

羅澄於本年成貢生。

羅澄，字一源。龍川人。康熙十七年（一六七八）貢生，官茂名縣訓導。享壽八十。（《龍川縣志》）

黃英焕於本年成貢生。

黃英焕，字未文。和平人。康熙十七年（一六七八）歲貢，授鎮平縣教諭。（《和平縣志》）

衛金章於本年中副榜。

衛金章，字立組，一字茶源。東莞茶山人。康熙十七年（一六七八）中副榜，二十年任惠州府訓導，參修《惠州府志》。歷官連州學正、廣州府教授。著有《傍蘇樓稿》、《廣東道學諸儒録》、《茶園詩稿》等。事見黃登《嶺南五朝詩選》卷九。

錢長青生。

錢長青（一六七八～？），饒平人。至老力學不倦。以小楷不工，屢困科場。至乾隆十九年（一七五四），以七十七歲高齡，猶應童子試。以教授生徒爲業，誨人不倦。及卒，門人私諡曰“韜瑾先生”。著有《四書講義》、《通鑑略》。（乾隆《潮州府志》

卷二八、《潮州志·藝文志》）

謝得功陣亡。

謝得功（？～一六七八），鬱南人。與孿弟君默以勇力聞名。出身行伍，康熙初任羅定協把總，奉調剿吳三桂，拔千總，十七年（一六七八）陣亡。（阮元《廣東通志》）

清聖祖康熙十八年　己未　一六七九年

清廷試博學鴻詞，彭孫遹、陳維崧、徐嘉炎、陸菜、汪楫、朱彝尊、汪琬取一等，潘耒、黃玉堅、嚴繩孫取二等。山西太原陽曲傅山（青主）被强擡至北京，望見大清門（原明大明門）①淚涔涔下，誓死不應試，後歸鄉業醫爲生。

春，陳恭尹獄事解，凡在獄二百餘日。（《獨漉堂集·江村集序》：“己未春，事始解。四年之間，虛名爲累。”）恭尹於獄中賦《獄中雜紀　二十六首》五律詩。（陳恭尹《獨漉堂詩集》卷四）

廖燕僦居於城東隅，茆數椽，簷低於眉。一巷深入，兩牆夾身而臂不得轉，所見無非小者。屋側有古井狹淺。井邊有圃雛稍展，然多瓦礫。巷口數家，爲樵汲藝圃與拾糞賣菜傭所居。門前有古槐頗怪。旁有小石墩數塊，客至則坐其下談笑。客多市井雜豎，所談皆米鹽菜豉。故燕此時所作多小品。（《文集》卷四《小品自序》）

釋函昰賦《春日口占呈郡中諸公》詩云：

紅桃碧柳到窗前，倦倚繩牀聽杜鵑。曾歷興衰如昨夢，漸忘名字自今年。少延生客調山惰，故縱高談放老顚。被物修名官占盡，獨留一壑忞吾眠。

又賦《詠木蘭花》七律。（釋函昰《瞎堂詩集》卷十五）

釋澹歸赴雲間，曾晤陸世楷，春初旋與相別。（釋澹歸《徧行堂續集》十一《與陸孝山書》）

_____

① 民國時改稱中華門，一九五四年拆除，後於原址建毛主席紀念堂。

正月初七人日，韶州城忽霽，廖燕樂甚，約友人爲韻遊。於是遂與黃少涯、陳牧霞、劉心竹及弟佛民、武夷山道士古心挈檻攜琴，越溪陟巒，至城東南二十里之紫微巘息焉。紫微巘洞屋軒敞，可容數百人，爲宋朱翌居韶州時遇父老指示始得遊之勝地。即由古心彈《猗蘭操》及《遇仙吟》。琴罷，乃把酒命筆，人賦一篇，而燕爲序。（《文集》卷四《人日遊紫微巘聽彈琴詩序》）

二月初九日，釋函是在棲賢作《二月初九日山樓豎棟示諸子》等詩。（《瞎堂詩集》十五）

三月二十五日，釋澹歸書行書軸《辛稼軒贈海隆歸吳》，張菊生藏。

孟夏，釋澹歸過金閶，爲徐伯充題所藏三十七年前筆跡。（《徧行堂續集》九《題徐伯充所藏墨跡》）

四月初四日，釋澹歸遣釋大集將嘉興請得藏經，奉回丹霞。時釋大集欲遊西湖，以藏事不得往。（《徧行堂續集》十二《與蕭柔以參戎》、七《觀世音菩薩贊》自注）

端午，釋澹歸無錢買角黍，與侍者竟難嘗節物滋味。尋患感冒，至五月末始愈，兩腳發腫，迄未消退。（《徧行堂續集》十《與丹霞樂説和尚劄》、十四《南園口號》詩自注）

五月十四日，張穆作設色《古樹蒼鷹》軸。（崇宜齋藏本，題識："己未長至過訪季青道兄不值，留墨一笑。張穆"）

六月十六日，南郊亭僧釋月波重修六景橋成，請廖燕爲記。燕以與僧爲舊識，曾同住拈花精舍；而此橋適在蓮花峰下，爲丁巳歲清將額楚率兵三千破吳三桂軍數萬之處，不可不記，爰於六月既望作《重修六景橋碑記》。（《文集》卷三）

秋，屈大均於南京再逢李符，符作詞《豐樂樓》送其北行。（《香草居集》卷七）

證十禪友自浙來半塘，出釋今覨遺墨求題，釋澹歸爲題之。（《徧行堂續集》九《題石鑒和尚遺墨後》）時賀天士來訪話舊，師欲隱林屋，天士欲隱惠山，有二老往來之約，師作詩爲券。

（《徧行堂續集》十五《賀天士自丹陽來訪》）

梁佩蘭不赴己未科會試，同屈修、劉裔炫遊陽春崆峒巘（道光《陽春縣志》卷十四劉裔炫《遊崆峒巘記》），作《銅石巘訪劉仙遺跡用壁間韻》、《登陽春城樓》諸詩。（《六瑩堂初集》卷八）

屈修，字修古，號本庵，又號鵝潭。番禺人。能詩善畫。著有《鵝潭集》、《自得堂集》。黃登《嶺南五朝詩選》卷九有傳。

秋初，暑正盛，廖燕息鋤豆瓜篷蔭，取酒就石砰上飲，微醺，意頗佳，書得一紙，名之曰《灌園帖》，欲留以俟時兒長時學之。（《文集》卷八《灌園帖自跋》）

八月，屈大均一家至漢陽，陳氏西姨患毒熱病死，年三十四，葬大別山北梅子山。（《陳氏墓誌》）

初七日，釋函昰賦《曩在海雲偶得一天風雨沉山閣之句時塵異諸子侍坐命作對語塵異以萬古雲煙鎖石門應予心異之己未八月初七入雙鏡樓忽憶前事正當斯時因用舊句足成一律以識夢中之境始信人之心願原非虛設也》詩云：

淹留江海惜精魂，且喜今朝獲旦昏。嵐影鶴聲新耳目，竹林牛火舊寒暄。一天風雨沉山閣，萬古雲煙鎖石門。起視仒知成浩劫，六朝人物想應存。（釋函昰《瞎堂詩集》卷十五）

十五日，移居净成，作《中秋雙鏡樓與諸子玩月》七律詩，首句云：“雲裏高樓結構成”。（釋函昰《瞎堂詩集》卷十五）

二十八日，塞北地震，釋大汕賦《地震行》七古詩云：“噫吁嘻嗟乎！戊申六月二十六，江南海立山奔曾經有。己未八月二十八，塞北天搖地震從來無。”（釋大汕《離六堂集》卷十一）

九月，釋成鷲至故人李方水之弟蒼水之循州長樂官舍，解裝後相與墾地栽花，移梅種石爲樂。（釋成鷲《紀夢編年》）

屈大均賦《哀殤》詩云：

母魄藏梅子，兒魂在上河。荊吳千里隔，風雨兩秋過。夢以黃泉好，情當白首多。高堂知此信，霑灑更如何。己未秋七月，喪姬人陳氏於漢陽。九月至金陵，而陳氏所生子阿遂年甫三齡，以失母亦死。梅子山在大別之尾，上河在金陵江東門外，二墳相望，杳然千里。傷哉。

　　無母誰憐汝，酸嗁絕乳時。提攜勞二妾，喪亂苦孤兒。大別魂來抱，長干骨未持。歸舟多涕淚，總爲兩墳悲。（屈大均《翁山詩外》卷八）

　　初五，屈大均生日在九江舟中。行至舊京金陵，四歲子明德以食積痁，死於揚子江舟中，葬於上新河之上。（《翁山文外》卷八《四殤塚志銘》）大均痛甚，撫琴爲操，以寫其哀，名曰"黃鵠"。（《翁山詩外》卷八《哀殤》、卷十五《黃鵠操 有序》）

　　釋函昰患足疾，初九日重陽病起，賦《九日病起登雙鏡樓二首》詩云：

　　重陽再見此登臨，久病翻憐少壯心。黃葉已尋幽澗落，白雲猶閉獨峯深。多餐籬菊寧辭老，細看茱萸又到今。寂寞湖山窣里盡，秋風高頂幾成吟。

　　萬里秋深松栢哀，幾人於此重徘徊。入簾西日四山暮，極目長天獨雁來。宿草曾經春露早，寒林已見朔風催。川原一往成今昔，誰向峯頭數劫灰。（釋函昰《瞎堂詩集》卷十五）

　　屈大均客遊陪京，當暑，解衣裾，杜濬見大均懷之三十一年"永曆通寶"錢，取少陵"留得一錢者"句賦詩贈大均，大均爲長篇以答，亦名之曰《一錢行》。（《翁山文外》五《一錢說》）

　　冬，大均遊揚州，汪士鉉有《己未冬日登平山堂作同屈翁山曾青藜余生生閔檀林》、《屈翁山招話空翠閣》（《詩觀三集》卷三），《曾青藜屈翁山集梅旅限韻》（《過日集》卷十一），又有《紅橋同屈翁山閔賓連余生生野步》（《栗亭詩集》卷四）。

　　大雪，釋成鷲夜臥一室，雪珠如撒鹽，遍滿帷幄。回念家有老母，衣不掩體，遠遊子能擁被自溫乎？撤去衣絮曰："不可使吾母獨寒。"從此思歸之念，日焉戚戚矣。（釋成鷲《紀夢編年》）

　　十月二十五日，釋大汕寫《墨竹圖》於竹浪齋菩提樹下。

（釋大汕《墨竹圖》款識）

二十八日，陳恭尹賦《登大士岩紀事　小序》詩云：

己未孟冬二十有八日己未，賽神於大士岩，有五色鳥數雙止於林端，鳴聲清好。此鳥唯羅浮有之，志稱異人至山，則五色鳥翔集。記予辛丑歲同梁器圃、麥叔夏入羅浮，浹旬三見之，正此月也。去今十九年，器圃已爲古人。茲余復與叔夏同見靈物遠來，豈有意耶？漫作長句紀之。是日同登者何中木、佟天閣、二子贇、勵，凡六人。

寒來未試登山腳，積雨初消好行樂。大士岩前一揖餘，四望風光殊不惡。川原百里辨纖毫，渚稻皆收野岸高。人家小梅日皦皦，疏林赤葉風颸颸。龍江水繞山根出，諸峰秀美真無匹。上懸峭壁下崎岩，森若文人多氣骨。何來五色羅浮禽，飛鳴下上好其音。洞天福地不棲息，得無有意來相尋。朱明洞口華臺寺，十九年前山里事。出山如送入山迎，三人見者今餘二。豈有他奇副昔聞，巔毛種種日爭新。臨高且共命尊酒，不使仙禽笑妄人。（陳恭尹《獨漉堂詩集》卷四）

十一月，釋澹歸病滯下，謝楚畹過而問診，其證小腹急痛，先服六一散，次出末藥投之，遂愈，作《積而能散說贈謝楚畹》與之。（《徧行堂續集》一）

張穆作《鷹石圖》軸。（《頌齋書畫錄》頁五八，題識：“己未至節寫於南溪。羅浮張穆”）穆薄遊吳越有詩寄懷江注，注有詩答之（《湖上草·答張鐵橋吳門寄懷》，《江注詩集·湖上草》爲己未遊杭州時作）。

十一日，釋函昰賦《己未仲冬十一日計塵異當以此時度嶺率題長句一章》詩云：

常思吾老及人老，歸省情知許出山。去日自辭星子石，計程應到庚公關。法門有子皆他子，膝下承顏憶別顏。相見定難期久暫，海瀕江岸水潺潺。（釋函昰《瞎堂詩集》卷十五）

長至前二日，洪穆霄爲李雲龍作《募刻泡庵詩引跋》。（李雲龍《嘯樓詩集》卷首）

歲晏，釋函昰賦《己未歲晏》詩云：

山中今又度殘年，七十加三貧病連。同學已歸黃土盡，及門多在白雲邊。客來到處攢齋料，工去逢人借賞錢。舊事不堪更提起，生涯只有日高眠。（釋函昰《瞎堂詩集》卷十五）

除夕日，釋古邈作《己未除夕》七律詩（徐作霖、黃蠡《海雲禪藻集》卷二）。

本年張穆寫《桃花小鳥圖》扇面。（香港中文大學文物館藏扇面拓本，題識："己未□月，作於虎丘。張穆"）

本年屈大均訪王撝於太倉（《蘆中集》卷九《屈翁山招同薛孝穆飲古丈夫草堂》）。大均與郭青霞各從東莞攜家渡嶺至於漢陽（《翁山文鈔》卷五《亡妾梁氏墓誌銘》、卷一《郭不字哀辭》、《翁山文外》卷八《亡媵陳氏墓誌銘》）。陳恭尹有詩送之（《獨漉堂詩集》卷三《送屈翁山之金陵》）。大均妻女與青霞妻及其女不字日夕相見，不字時鼓琴，相與吟詩誦《莊子》、南宋詞。黃樓當前，晴川橫渡，江山秀色，隱映眉黛。（《翁山文鈔》卷十《郭不字哀辭》）過江西時，欲入翠微山與易堂諸子講習，不果。（《魏昭士文集》三《翁山文外序》）大均有《廣陵篇贈別吳鹿園》七古詩，吳苑有《酬屈翁山廣陵篇見贈之作》（吳苑《北黟山人詩集》卷三），另有《次韻答贈屈翁山即送之金陵》詩（《詩觀三集》卷六）。吳嘉紀有《送屈翁山之白門》二首（吳嘉紀《陋軒集》卷五）。

本年大均作文：《大別山禹廟碑》（《翁山文鈔》卷三）、《壽鄧先生序》（《翁山文外》卷二）、《一錢說》（《翁山文外》卷五）、《自作衣冠盅誌銘》、《亡媵陳氏墓誌銘》、《學易圖銘》（《翁山文外》卷十一）。賦詩：《答陳宛平》（《翁山詩外》卷二）、《廣陵篇贈別吳鹿園》（《翁山詩外》卷三）、《題周梨莊戴笠圖》、《懷二配》（《翁山詩外》卷七）、《重至白門宿余鴻客山堂作》、《五十》、《有懷富平李孔德》八首（《翁山詩外》卷八）、《將度梅關賦贈南雄朱參軍》（《翁山詩外》卷十）、《初至漢陽賦

贈王別駕》、《漢口過羅以獻鏡堂作》、《晴川閣作》、《黃鶴樓
作》、《漢口》、《夏口》、《吳閶臥病有作》三首、《黃鶴樓》、
《贈漢陽羅生》、《婁上別王鹿田》、《泖口跨塘橋弔黃門陳臥子先
生》、《送丁子同兄觀察之贛南任》、《贈南康倫太守》、《答星子
令》、《浮家往金陵作》二首（《翁山詩外》卷十六）。

　　本年陳恭尹有《朱廉齋以張穆之畫册索題爲作磨癢馬歌贈其
象郡之行》詩。（《獨漉堂詩集》卷四）

　　廖燕於丁巳歲冬其妻鄧孺人亡後，不知於去年何時續弦，本
年已舉一子，名曰時兒，深欲以己之不合時爲鑒（《文集》卷
五）。燕以所居多菜圃，嘗親自澆灌（集中卷九有《種菜》詩八
首），有暇以書爲課，遇樹根草葉苔階竹墅即書之，不獨紙也。
（趙貞信《廖柴舟先生年譜》）

　　本年謝衷寅作《四子書》，文字雄渾樸茂。

　　謝衷寅，字斯亮。陸豐人。（《陸豐縣志》）

　　本年遼東李煦任韶州知府，後爲釋澹歸《徧行堂集》作序。
（釋澹歸《徧行堂集》卷首）

　　本年釋成鷲病少瘥，釋元覺因入雲門掃文偃祖師塔，道經小
漫山過釋成鷲。釋成鷲述前願，乞爲弟子。乃受法名，名曰光
鷲，字曰跡删。（釋成鷲《紀夢編年》）

　　本年釋成鷲禮羅浮山石洞禪院釋元覺爲師，派名光鷲，字即
山。（釋成鷲《鼎湖山志》）

　　本年釋大汕返粵，被請住長壽寺。（姜伯勤《石濂大汕與澳
門禪史》一八九頁）

　　佘志貞於本年中進士。

　　佘志貞（？～一七〇三），原名艷雪，號嵋洲（一説字湄
州）。海陽（一説澄海）人。康熙十八年（一六七九）進士，選
庶吉士，授編修，歷官左、右贊善、侍講，官至侍讀學士。在史
館二十餘年。四十八年（一七〇九）奉祀西嶽，歸卒於京。著有
《螭蚴（剩）草》。事見溫汝能《粵東詩海》補遺卷五。

姚天植於本年成貢生。

姚天植，字宗臣。歸善人。康熙十八年（一六七九）歲貢。事見《惠州西湖志》卷九。

何仁隆卒，年七十四。（《順德羊額何氏族譜》）

清聖祖康熙十九年　庚申　一六八〇年

八月，清廷賜尚之信死，尚氏平南王府兩代治粵凡三十年，至此終結。鄭經退守臺灣。

春，張穆至鄧尉探梅，逢汪森，遂主其家，別後，森有詩寄懷。（汪森《小方壺存稿》卷十二《寄屈翁山》云：“最惜庚申間，鄧尉梅紛披。聞欲訪華門，忽忽值臨歧 郭子皋旭爲余言。欣逢鐵橋叟，下榻曾淹遲。”卷三《鐵橋道人歌寄張丈穆之》）

釋函昰賦《庚申初春得塵異去冬書》詩云：

一程書信隔年還，細讀猶能慰老顏。寶鏡自傳寒月夜，寂光常照老梅關。重經古道疑來日，乍聽新潮別故山。想到板橋回望處，幾多人倚石闌干。（釋函昰《瞎堂詩集》卷十五）

釋澹歸自雲間扶病至平湖，訪陸世楷於其南園，以病甚，假榻杜門。（《越秀集》、《徧行堂續集》十四《南園口號》自注）

正月十六日，王摭兄弟招同屈大均等諸子集養善齋，分賦。（《翁山詩外》卷一《正月既望太倉王虹友兄弟招同諸子集善學齋有賦》）

二十一日，釋函昰賦《正月二十一日》詩云：

心閒性僻多幽趣，幾許天真總著忙。退院七年成後座，歸人三月滯南方。更買鄰山樵徑斷，多培修竹引泉長。若無愁病虛廊下，古木森森春草芳。（釋函昰《瞎堂詩集》卷十五）

二月，大均至松江，張帶三招同顏光敏宴集賦詩，旋返金陵。（《翁山詩外》卷八）盛符升有《春夜同顏修來屈翁山諸君集紫蓋山房分賦》。（《誠齋詩集》）

廖燕閱《韶州府志》，因釋澹歸間有“韶有山水而無人”之

歉，燕大不以爲然。（《文集》卷八《書韶州府志名勝志後》）

仲春，張穆寫《枝頭小鳥》軸。（《廣東名家書畫選集》圖十八，題識：“庚申仲春，鐵橋道人寫”）穆同汪森自吳門過苕溪，別後森有詩寄意。（汪森《小方壺存稿》卷八《同鐵橋自吳門過苕溪別後寄意五此次前韻》）

初四日，屈大均賦《松江春日張帶三老丈招同修來先生讌集分得九佳燈下同賦明日既返棹金陵書此並以爲別求正時庚申二月四日》詩云：

勝日簪裾會，吳淞水一涯。鶯知公子意，花落美人懷。芝草方逃漢，鱸魚不上淮。季鷹賢父子，白髮更相偕。（鄧秋枚《風雨樓扇粹》、《翁山詩外》補遺）

四月，張穆重晤錢澄之於吳門，蓋別三十一年矣。澄之序其《遊草》，並題小影，又跋《雜論》。（《田間文集》卷十五《張穆之遊草序》、卷二十《題張穆之小影》、《張穆之雜論跋》）

廖燕睹友敗壁上寄題字茫茫如隔世，因憶當時人惟圃主與燕猶得復臨，觸詠愈健，遂於醉後漫題數行於舊題後以記之。（《文集》卷三《題壁記》）

六月，汪士鈜邀屈大均爲黃山之遊，行至蕪湖，以暑熱返。（《翁山文外》十五《復汪扶晨書》、《翁山詩外》三《寄汪扶晨》）次女明涇生於南京，劉氏武姞出。（《翁山詩外》卷十《度嶺贈閨人》）

孟夏，魏世傚客金陵，以先輩禮見屈大均，爲撰《屈翁山先生五十序》。（《魏昭士文集》卷三）

十九日，釋大汕過梁藥亭六瑩堂，觀鬬蟋蟀，喜其物小義大，感而賦《鬬蟋蟀賦》。（釋大汕《離六堂集》卷一）

秋，屈大均度嶺返粤。（《梁氏壙志》）

方殿元有《晚登江樓感懷兼寄梁藥亭陳元孝陶苦子》，梁佩蘭過訪殿元，殿元等集六瑩堂唱和。（呂永光《梁佩蘭年譜簡編》）

七月晦日，釋函昰賦《偶得辛丑八月上華首臺作不覺潸然復用原韻成詩聊寫懷抱時庚申七月晦日也》詩云：

舊事荒涼不記年，殘篇收拾倍悽然。西風葉墮梧桐後，山月寒生霜露先。數歷艱危餘老病，不堪紹續托林泉。難忘涓滴成孤負，虛願何曾到眼邊。（釋函昰《瞎堂詩集》卷十五）

八月，釋成鷲至西寧，主翠林僧舍。（釋成鷲《紀夢編年》）釋成鷲賦《抵西寧宿翠林庵與秋霜本源二師鄉人泛雲中夜話》詩云：

閒雲西竝片颼飛，路入東林爲蕨薇。曲徑日斜行子至，隔山齋罷老僧歸。班荊有客同鄉水，洗鉢何人話翠微。今夜無絃彈得好，月輪剛照十三徽。

又賦《將入下城信宿翠林麗卯君以詩見招用韻次答》七律。（釋成鷲《咸陟堂詩集》卷一一）

張穆至嘉興，訪釋澹歸，乞題畫象冊。（《徧行堂續集》卷八《題張穆之真冊》）

同月，黃居石被殺害。

黃居石（？～一六八〇），字圯仙，一字慎闇。新會人。布衣。鼎革，隱居江門水南村，博學尚志，於數學尤深。與名僧石鑒相交甚篤。康熙十九年（一六八〇）八月被殺害。著有《自知集》。清陳伯陶編《勝朝粵東遺民錄》卷三有傳。

初九日，釋澹歸示寂平湖。前一日，遍發嶺南道俗書，及諸遺念；囑侍者茶毗，收遺骸投於江流。侍者求偈示別，師舉筆書曰：“入俗入僧，幾番下火。如今兩腳捎空，依舊一場懡㦬。莫把是非來辯我，刀刀只砍無花果。”擲筆端坐而逝。（《徧行堂續集》七、《咸陟堂集》六《舵石翁傳》）

後其師釋函昰賦《哭澹歸》詩云：

人生莫不死，既死安可傷。形役一百年，終歸無何鄉。況已六十七，詎足論短長。所傷法運衰，死者皆賢良。法眼在一時，歲月多荒唐。波旬入人心，善觀其向方。狂者中以名，狷者與世忘。忘世非佳士，狥名豈道望。名反以利終，菽林雜蘭芳。斯人向予言，相對生悲涼。已矣無真人，少壯猶茫茫。掩户坐晨夕，淚血沾巾裳。（釋函昰《瞎堂詩集》卷七）

又賦《哭澹歸釋子二首》、《澹歸靈骨入塔》（以上七律）。（釋函昰《瞎堂詩集》卷十五）

中秋，南康太守倫宣明拜訪，釋函昰賦《中秋倫太守見過》詩云：

宦海波濤覺後驚，人間如夢信空名。東林不滿陶公意，遠路殊深揚子情。萬里秋風催錦瑟，千門寒月駐霓旌。豪華易盡心難盡，誰向鍾山悟此生。

釋函昰又有《秋興八首》、《聞雁》七律詩。（釋函昰《瞎堂詩集》卷十五）

閏八月初八日，釋函昰賦《培牡丹　閏八月初八日》詩云：

名花遜牡丹，色香皆第一。珍重花開時，灌溉先秋日。沃土培根株，塵垒非所擇。香臭本殊途，忻厭互施設。用厭以爲忻，即臭成香潔。物理無美惡，人心有同别。君子道豈常，仁智分畛域。萬類同一花，芳穢待時節。忘穢得花情，愛花因人熱。隨世呼馬牛，倒想何能及。但看春明林，我心終匪石。（釋函昰《瞎堂詩集》卷七）

十五日，釋函昰賦《閏中秋翫月　是歲中秋無月》詩云：

閏亦中秋月，胡爲此較妍。雲盡當空媚，桂影無正偏。因閏識從來，翳中體恒然。休更懷宿昔，爾乃矜目前。萬古清光偏，明暗分後先。暗先難爲明，明後誰獨憐。且盡今夜歡，夜夜青霄寒。顧影成陰霾，遮莫疑當時。（釋函昰《瞎堂詩集》卷七）

同日，屈大均舟次贛州（《翁山詩外》卷九《閏八月十五日舟次贛州》，《魏昭士文集》卷三《翁山文外序》），賦《贛州弔丙戌忠節諸公》詩云：

城南殺氣似黄埃，三十年間黯不開。腐肉猶香章貢水，忠魂多在鬱孤臺。三宫未得憑天險，十里徒然設地雷。秋色豈堪重眺

望，乾坤處處白龍堆。（《翁山詩外》卷九）

九月，釋成鷲抵下城。初五，生日在韶州舟中。歸，寓居東莞。（釋成鷲《紀夢編年》）

同月，張穆晤曾燦於吳門，爲鐵橋題四象後（《六松堂詩文集》卷十三《題張鐵橋象後》）。穆將還嶺南，曹溶過方庵送別贈以詩（《静惕堂詩集》卷二四《張穆之將還嶺南過方庵送別二首》）。穆與屈大均同客江南，有送行詩三首（《翁山詩外》卷一《送鐵橋道人》三首）。秋杪，穆言歸，由新安江行，有留別同人七律詩，汪森次韻和作（《小方壺存稿》卷八《送張鐵橋由新安江歸東莞次留別韻》）。

冬，釋成鷲還翠林過歲。（釋成鷲《紀夢編年》）

釋函昰有詩如下：《塵異廣慈呈對雪詩用韻和之》、《牙痛諸子入候時正大雪命西軒圍爐分賦》、《夭鳳》（以上七律）。（釋函昰《瞎堂詩集》卷十五）

長至日，釋成鷲賦《長至日與諸公集翠林寺晚過香雪庵分賦》詩云：

沉沉鐘鼓動微陽，山寺逢君即故鄉。未滿百年常苦短，纔添一線便爲長。林間留客環深翠，雪里尋僧得妙香。何用吹灰發天籟，笛中無孔有宫商。（釋成鷲《咸陟堂詩集》卷十一）

同日，釋大汕於長壽庵竹浪齋完成《維摩示疾圖》，題《維摩示疾圖》贈象翁大士，跋後自稱“嗣洞上正宗三十四代沙門大汕盥手敬書並圖畫”。（釋大汕《維摩示疾圖》題記）

十一月二十八日，廖燕持澹歸和尚絶筆不禁涕淚交橫，仰天大哭。（廖燕《哭澹歸和尚文》）

十二月，屈大均返沙亭，在新汀開九歌草堂以居，釋成鷲有《屈翁山歸自金陵予將赴瀧水賦贈》（釋成鷲《咸陟堂初集》卷二）、黄河澄有《屈翁山歸自金陵喜而賦贈》（黄河澄《葵村詩集》）。

黄河澄，字葵之。新會人。諸生。少遭喪亂，年十二始入學，潦倒名場，清貧終老。嘗與陳恭尹、梁佩蘭、吳文煒、方殿元等往還，多有唱酬。著有《葵村集（詩）》。

十五日，屈大均賦《立春日作　庚申十二月望》五律詩三首。（《翁山詩外》卷八）

冬杪，釋函昰賦《冬杪示諸子》詩云：

歷盡秋冬又逼春，廻風舞雪萬峯新。自從多病方知老，久謝閒名懶見人。厭亂忍聞當世務，早眠猶得住山身。去留但聽諸來者，第一同居莫厭貧。（釋函昰《瞎堂詩集》卷十五）

除夕，釋函昰賦《庚申除夕》詩云：

白頭只合老青山，山事如今且未閒。明日又歸三峽寺，千峯林下水潺潺。（釋函昰《瞎堂詩集》卷十八）

釋成鷲賦《翠林除夕即事》詩云：

推倒虞淵赤羽烏，晚堂鐘鼓報年徂。邨童爆竹驚憨犬，野鼠偷燈嫁小姑。寒綻水田三尺線，坐深簀雨一團蒲。山中自了無庚甲，夜夜胡床火滿爐。

去臘郡齋今野寺，半生萍梗似蘧廬。住山未覺寒將盡，爲客方知歲易除。野老索償文字債，鄉僧勸習佛陀書。明年得遂投閒計，土面灰頭學運鋤。（釋成鷲《咸陟堂詩集》卷十一）

本年屈大均在秣陵，日於虎踞、雞鳴、錦衣倉諸處嬉遊，識藍漣。大均借《易疏》於黃虞稷千頃堂，撰《翁山易外》七十一卷。

本年大均作文：《翁山易外自序》（原書卷首，《翁山文鈔》卷一）、《臥蓼軒記》（《翁山文外》卷一）、《復汪于鼎書》（《翁山文外》卷十五）、《答汪栗亭書》（《翁山文鈔》卷九）。賦詩：《正月既望太倉王虹友兄弟招同諸子集善學齋中有賦》、《蔡璣先觀行堂成有賦》、《題吳氏一硯齋》、《送汪扶晨歸歙葬親》、《寄汪扶晨》（《翁山詩外》卷五）、《過黃俞邰藏書樓作》、《讀李畊客龔天石新詞作》、《送孫丈歸黃山》兩首、《集張帶三先生草堂分賦》、《夜坐蔡五玉得齋作》、《初夏集蔡氏園池作》、《秦淮觀

水漲作》、《題怒吳樓　在天門山，祀漢壽亭侯》三首、《蔡五攜
尊過江東門寓軒》（《翁山詩外》卷八）、《哀殤》二首、《湖口守
風作》廿三首、《立春日作》三首（原注：庚申十二月望）、《貧
居作》十六首、《采石題太白祠》四首（《翁山詩外》卷十）、
《天門山》、《蝦磯謁靈澤夫人廟　夫人，孫權之妹，漢昭烈皇帝
后也。昭烈崩，問至，自沉蝦磯》二首、《馳驅》、《從沔鄂將歸
先寄故園諸子》二首、《姑孰道中遇施虹玉返新安　時聞其親患
病》、《贈姑孰楊太守》、《贈王當塗　華陰人》、《歸越書懷代景
大夫作》、《經羅紫山望拜文信國墓》、《萬安縣道中》、《寧都魏
叔子季子隱金精山詩以寄之》、《上十八灘》二首、《下十八灘》
二首、《閏八月十五夕舟次贛州》、《贛州弔丙戌忠節諸公》、《贈
南安某別駕》、《度梅關作》二首、《度嶺贈閩人》六首、《韶陽
舟中作》、《九日與客登潮泉山觀潮泉作　有序》、《自韶陽南下三
峽作》二首、《憶代姬》二首、《五十生日在九江舟中五十又一生
日在韶州舟中有賦》、《讀史答陶苦子》、《過梁氏園亭作》二首、
《贈林孟陽①新築》二首、《送方即山之西寧》、《贈蔡平叔②姻
家》、《贈友姪陳贛新婚》、《贈友姪林貽燕③兄弟》、《賦爲白下禪
師壽》三首、《送藍生還閩》、《廣州弔古》三首、《再至東莞感
舊作》、《王生訪予東莞贈之》、《白華園作》三十四首（《翁山詩
外》卷十四）、《送汪扶晨奉吳山大師靈龕返葬黃山　有序》六首
（《翁山詩外》卷十六）、《金陵送藍子》、《寄新安汪扶晨》四首、
《泊舟石鐘山下作》三首、《小孤》四首、《綠珠》、《寄答新安黃
黃生》四首、《第五泉》二首、《贈馮律天》四首、《浮江作》、
《讀東都賦有作》、《天門》二首、《自萬安上十八灘號子》十四

①　林楊，字孟易。東莞人。洊子。與弟杞（字仲己）、梧（字叔吾）稱三
林。陳恭尹亦有詩稱之。
②　蔡均，字平叔。東莞白市人。屈大均次女明涇適東莞蔡鎏，殆均之子。
輯有《東莞詩集》。
③　林貽燕，林梧侄，蓋林楊子。

首、《自贛上南安川路甚曲未至南康縣已有三十六灣舟人稱爲湘江灣云》四首。填詞：《定風波·送李廣文①之新興任》（《翁山詩外》卷十九）。

本年梁佩蘭、陳恭尹、何絳、陶璜、方殿元、吳文煒、黄河澂等重修蘭湖白蓮詩社。（《獨漉堂詩集》卷四《江村集小序》云：“庚申而後，乃稍得晏然，復理詩書，有同人唱酬之樂。”）

本年廖燕之《二十七松堂文初集》刻成。（趙貞信《廖柴舟先生年譜》）

今明年間，陳遇夫始出就試省闈，兩見黜。（陳遇夫《涉需堂文集·涉需堂書義序》）

本年李象元進庠，祖母楊氏謂其父曰：“勉教汝子，汝父所期於汝子者頗厚。”（李象元《賜書堂集·祖妣李母楊太孺人行略》）

本年胡方應歲考，中一等第二名，補廩。（胡方《鴻桷堂集》附録《崇祀鄉賢録》）

本年黄河圖與釋大汕一見如故，後隨大汕有潮州、越南之行。（姜伯勤《石濂大汕與澳門禪史》二一七頁）

本年李潤香征剿海陵島海盜。

李潤香，字岐山。東莞人。順治初屢立戰功，官水師副將。先後打敗珠江口抗清義軍及番禺周玉、李榮義軍，擢驃騎將軍。（嘉慶《廣東通志》卷二八六）

本年釋函昰在净成付釋今攝大法並示偈。（《海雲禪藻集》）

本年釋函昰作《放言》六首，有“富來架屋連雲棧，轉眼春糧不夏謀。佛殿勉裝過歲易，工錢賒落待誰酬”之句。（釋函昰《瞎堂詩集》卷十五）又有《庚申除夕》詩，有“明日又歸三峽寺”句（釋函昰《瞎堂詩集》卷十八），三峽寺指棲賢寺，在紫霄下，時往來其間也。

---

① 李嗣鈺，字方水。博羅人。歲貢生。康熙十九年（一六八〇）新興縣學訓導。

本年釋成鷲復歸小漫山。冬還翠林過歲。去翠林里許，有梅坪山，遍界皆梅花，落英如糝雪，冷香逼人。中有高僧湛慈諒公居焉。釋成鷲聞其名久矣，一見傾蓋如平生。自幸得遇良導，請求依止，緊辭不納。三請三卻，釋成鷲心已折之矣。厥後湛公出世，住持鼎湖，爲第三世主人。西寧諸山，多善知識，稱爲僧海。釋成鷲嘗與往來，盤桓數月，從前夙習，銷磨減半矣。（釋成鷲《紀夢編年》）

本年釋弘贊七十壽，梁憲賦《壽在慘和尚》詩云：

七十殊稀古，如師不計年。觀河無異見，交臂任推遷。定水長相照，冰壺自湛然。閒來時宴坐，花雨滿巖前。（梁憲《梁無悶集》）

本年釋大汕寫《維摩詰經相圖》，有其自題畫卷題記，其人物畫之南北宗論，彌足珍貴。（蘇州靈巖寺藏）

本年林桂官都司。

林桂，字斐日。番禺人。康熙十九年（一六八〇）官都司。從平南將軍賴塔征雲南，升左營遊擊。一生征戰，兩廣、西南之亂得以平息。官至左翼鎮兵官都督僉事。以老乞歸，年八十餘卒於家。（凌揚藻《林都督傳略》、《清史稿》卷二五九）

本年鄭國勳由府學歲貢任饒平訓導。

鄭國勳，永安（今紫金）人。康熙十九年（一六八〇）由府學歲貢任饒平訓導。今存詩一首。（《永安三志》）

本年陳法乾任封川教諭。（阮元《廣東通志》卷五一《職官表》四二）

陳法乾，字六一。番禺人。明經。初授封川學博，轉潮州郡學。著有《仙石堂詩略》。黃登《嶺南五朝詩選》卷九有傳。

本年黃裒裳由歲貢任新安教諭。

黃裒裳，石城（今廉江）人。康熙十九年（一六八〇）由歲貢任新安教諭，升福建安縣知縣。（光緒《石城縣志》）

朱陳於本年成貢生。

朱陳，惠來人。康熙十九年（一六八〇）歲貢。精醫術。
（雍正《惠來縣志》卷十四）

陳天眷於本年成貢生。

陳天眷，字睿夫。澄海人。康熙十九年（一六八〇）歲貢。
性耿介，恥于謁，終年閉戶。治《尚書》，尤精於理學。（乾隆
《潮州府志》卷二八）

李苑芝中炮卒。

李苑芝（一六四五～一六八〇），新興人。地方多故，破千
金家產，募壯士，衛鄉里。康熙十九年（一六八〇）賊犯逕口，
縱火焚村，率眾擊之，賊驚走，十餘村民得救。窮追，中炮而
卒，年三十六。（陳在謙《七十二峰堂文勺》）

清聖祖康熙二十年　辛酉　一六八一年

鄭經卒，子克塽立，繼領所眾於臺灣，仍奉明永曆正朔不
改。清兵入雲南昆明，周吳世璠敗，自焚死，雲南平。十二月，
吳興祚任兩廣總督①，興祚有幕賓萬樹（紅友），著《詞律》，又
撰《珊瑚球》、《舞霓裳》、《藐仙姑》、《罵東風》等昆曲小劇。

春，韓純玉有題張穆畫馬詩。（《蓮廬集·題張鐵橋畫馬》）

正月初一日元旦，釋今無示眾，有"收拾絲綸返一洲"句。
（釋今無《光宣臺集》卷首釋古雲《海幢阿字無禪師行狀》）

釋成鷲有《翠林元旦》詩云：

雲裏開門四望低，早鶯啼遍亂峰西。遠鐘出郭仍歸寺，宿雨
添泉盡赴谿。心樹漸枯同古桂，鬢花潛長逐新薰。春來莫道無筋
力，一日還應灌百畦。（釋成鷲《咸陟堂詩集》卷十一）

人日（初七），梁佩蘭、屈大均人日得白鸚鵡詩，陳恭尹等
夜集梁佩蘭城西草堂作詩，連月不寐，屈大均賦《和藥亭人日得

---

① 吳興祚，號留村。漢軍正紅旗人。督粵極有惠政。愛才，頗與明遺民如
屈大均、陳恭尹等交遊。

白鸚鵡之作》詩云：

來自西洋白者稀，炎天冰雪積毛衣。黃花頂上開難已　頂上有
黃毛，客至毛輒開，成蓮花形，謂之"開花"。玉粒籠中啄不肥。皎潔應爲
高士得，疏狂每恨昔人非。謂禰處士。一從佳節逢人日，飛向君前
更不飛。（《翁山詩外》卷九）

廖燕作《南山石壁跋》（《文集》卷八）。南山在英州城南二
里，高九十餘丈，周圍九百五十餘丈。溪巖佳絕，題詠甚多。集
中有《遊英州南山》五律（卷九），當作於是時。

十五日夜，釋函昰賦《辛酉元夜吟》詩云：

世上真如夢，興來聞一吟。明燈過午夜，獨坐擁寒襟。大澤
龍蛇蟄，高峯霜雪深。嶧陽有孤樹，鑿下亦成音。（釋函昰《瞎
堂詩集》卷八）

二月，張穆寫《八駿圖》卷。（廣州市美術館藏本，題識：
"辛酉花朝寫，羅浮張穆。"）

初四日，釋函昰賦《簡殘峽得悼旋庵作　二月初四日》
詩云：

誼重難爲繼後塵，道衰聊與數前因。非關今日方知汝，卻憶
當時尚有人。海寺再來曾四夏，湖山歸去又三春。淒涼偶撿殘章
句，舊恨隨聲雙淚頻。（釋函昰《瞎堂詩集》卷十五）

二十六夜，廖燕夢至一處，見一碑甚巨，題曰"靈瀧寺石
樞"。燕私念此題名奇甚，"石樞"二字不知作何解。忽一老僧扶
杖從後拍其肩笑問："記此石否？可爲銘。"且稱燕爲道友，復有
後語。燕愕然，因爲之銘。燕生平不言夢，以夢爲荒唐恍惚事。
獨此夢異甚，且能記憶。燕以僧稱己爲道友，疑前身或爲靈瀧
寺①之僧也。（《文集》卷六《靈瀧寺石樞銘》）

---

①　疑爲靈樹寺，靈樹爲唐末五代南漢名刹，知聖如敏禪師住持，寂後禪位
文偃，偈曰："人天眼目，堂中上座。"後文偃移錫雲門，靈樹中落。宋後易名建
峰、建封。明代湮沒，清初別傳寺開山祖師澹歸意欲修復未果。

三月，梁憲賦《春暮遣懷　辛酉》詩云：

搔首春光暮，浮生幾度中。鶗鴂啼不斷，芳草恨無窮。豈爲年華惜，誰將幽意通。佳期長恐晚，莫與美人同。（梁憲《梁無悶集》）

五月，屈大均子明道以痢疾殤，年九歲。（《翁山文外》卷八《四殤塚志銘》）大均援琴爲《後黃鵠操　有序》騷體詩，序云：

辛酉夏，予長兒桂以患痢而没，其母故黎氏孺人綠眉也。綠眉生有美才，能詩，年長，擇耦不嫁。華姜既没，予以禮求爲繼室，事吾母夫人，備極色養，和柔端静，吾母以爲賢，没後而阿桂鞠育於吾母。年及七齡，從予自楚至吴，往返數千餘里，能言其山川、風土，讀書、歌詩作吴儂語，音綿蠻清婉，以媚其祖母。祖母憐愛，有加於諸孫，方以爲晨昏娱笑之具。皇天降毒，一旦又使夭殤。死其身，以死其母綠眉也。嗚呼痛哉！至是，而綠眉真死矣。昔也華姜亡，而其女阿雁從之；繼也姬人陳氏亡，其子阿遂亦從之。今阿桂也，於患難流離，十死一生之餘，又復追從其母綠眉於六年之前也。嗚呼！母終而其子皆旋亡，豈皆以予爲不德而不能有其子乎？予自姬人陳没，嘗爲《黃鵠》之操，以寫其悲。今而又不能已於過情也，亦姑援琴爲《後黃鵠》之操云爾。（《翁山詩外》卷十五）

大均又賦《哭亡兒明道　辛酉》五律詩十三首。（《翁山詩外》卷八）

六月十三日，釋成鷲歸廣州，禮其師釋元覺於華林之丈室，稟受十戒。次早，奉命先入羅浮墾除，以待師至。歸別老母，囑平生知交陶璜、羅賓王等十二人，人任一月，代其養母，俾不至於饑寒。釋成鷲《留別詩》云："底事累君良不淺，未應還索贈行詩"，蓋以此也。既別，荷擔負耒以往。問渡江干，指白水而盟之曰："此去大事不明，生恩不報，誓不復過此河！"投石而後登舟，自斷老死深山！（釋成鷲《紀夢編年》）

十八日，屈大均賦《六月十八日作》詩云：

兒亡今一月，魂夢未曾離。淚落人爭問，神傷自不知。才因妻子减，情以死生移。蕭颯秋將至，蘭摧剩一枝。

平生無一善，天意自如斯。老亦因哀樂，貧多損孝慈。鷗鶊

頻取子，風雨未安枝。辛苦惟生計，無成值此時。（屈大均《翁山詩外》卷八）

秋，邵遠平任廣東鄉試主考官，與梁佩蘭互有贈答。（呂永光《梁佩蘭年譜簡編》）

梁憲賦《三吳山愚翁先生晚喜禪學辛酉秋緜閩人粵訪金撫軍攜其小照坐立二圖及海內諸公題贊出以相示予曰立坐者人得見而題之矣其不立不坐者將何居先生笑而不答因作四言三章而括以七絕書之卷末求質正焉》詩云：

巍巍獨立，爲世之則。用舍行藏，神龍莫測。

凝然內照，靜觀其妙。其妙爲何，不言而笑。

立觀其體，坐觀其用。坐立俱忘，天真自動。

披拂春風尺幅中，十年想像總難工。今朝識得先生面，不用長康處處逢。（梁憲《梁無悶集》）

七月，釋今無以省廬山棲賢寺，附舟至梅關，宿痾並作。（釋今無《光宣臺集》卷首釋古雲《海幢阿字無禪師行狀》）

屈大均爲張穆題《角鷹圖》（《翁山詩外》卷三《題鐵橋丈畫鷹》有句云：“鐵橋老人七十五，畫馬畫鷹力如虎”），又有《題鐵橋翁黃山畫册》七絕十五首（《翁山詩外》卷十六）。

梁憲賦《初秋月夜泛舟訪用彌大師》詩云：

柳岸茅堂西郭東，蘆花秋水月明中。乘潮有客來初夜，坐石何人對晚風。一笑維舟荷葉裏，隔鄰呼酒寺門通。木樨香遍渾無悶，歌罷滄浪便轉篷。（梁憲《梁無悶集》）

八月十五日，釋函昰賦《辛酉中秋》詩云：

秋空雲散碧霄澄，萬里江山倚太清。此夜月高人盡賞，誰家香冷夢初成。光輝不作悲歡色，今昔偏從寒照生。惟有雁翎斜度急，一行倒影入河明。

又賦《秋思二首》七律。（釋函昰《瞎堂詩集》卷十五）、《山居十首　紫霄淨成作》七律。（釋函昰《瞎堂詩集》卷十六）

九月，釋今無還海幢寺。

二十二日辰時，釋今無圓寂，世壽四十九，僧臘三十。（釋今無《光宣臺集》卷首釋古雲《海幢阿字無禪師行狀》）。明年二月，其本師釋函昰有《哭阿字無子二首》詩云：

珠江絕袂幾傷神，千里歸山尚早春。離合分明今日事，行藏誰定剎塵身。失群鴻雁高飛急，背水將軍轉戰頻。力盡勢窮還法運，一條直路出風塵。

法界何曾有短長，長生路上見參商。餘年頻送春花落，掩室都忘秋葉黃。萬里寒空人寂寂，千峯殘月曉蒼蒼。箜篌妙指無宵晝，卻教門庭事更忙。（釋函昰《瞎堂詩集》卷十六）

初八日，釋函昰賦《重陽先一日文日送白菊命行者和茗稍覺後時戲作》

明朝九日應無事，撫景書懷定有詩。且趁此時風日麗，不妨先赴菊花期。堂僧喜供霜英早，行者慵烹玉液遲。更待登高人興發，茗杯山果共追隨。

初九日，有《辛酉九日》詩云：

蕭條人事逢佳節，雲淨天高景倍生。落帽幾人羞短髮，繁霜空自對寒英。愁飄紅葉減山色，愛聳青松聽鶴聲。歲歲茱萸看不盡，江帆溪月此時情。（釋函昰《瞎堂詩集》卷十六）

秋杪，釋函昰賦《秋杪偶成》詩云：

老去臨秋歎往年，羅浮丹岫草芊芊。餐英自惜籬花晚，落蕊空憐梅藥先。指點風光還景物，悠揚空闊對山川。退心一往成宵旦，半掩柴關萬壑前。

又賦《秋杪夜坐》詩云：

滾滾江流無盡期，關關林鳥欲何為。餘生總是艱難日，勝事難追少壯時。賴有黃花留歲月，無勞萱草解憂疑。退心一往憑誰問，坐落寒更山月移。（釋函昰《瞎堂詩集》卷十六）

九秋，釋元覺胃病殊劇，釋成鷲兼程遄歸。釋元覺伏枕經旬矣，自知時至，夜呼釋成鷲立近榻旁，歷序平生出世因緣，蒲團上入悟消息，話至三鼓，詰問住山操履，釋成鷲舉前悟以對。師曰：“未也。”乃舉靈雲桃公案，征驗見地云：“自從一見桃花後，直至於今永不疑。且道如何是靈雲不疑處？”釋成鷲應聲：“可笑靈雲不作家，眼花錯認是桃花。原來咫尺天台路，滿地殘紅總是它。”乃首肯，黎明促行，請留侍藥石，不許。陶璜代爲之請，亦堅不許。二十三日，釋成鷲銜恤還山。

十月朔，釋元覺晨起沐浴，處分華林常住，安慰大眾已，索筆自題遺像，懸之座間，端坐而逝。

初三日，訃至羅浮。釋成鷲聞變倉皇跣足緣山越澗，失足不測，跛躄不能舉步，緩程至廣州，時已首七。大眾公推，承主法席。追憶師前囑，堅辭而退。冬月，天寒雪冱，釋成鷲獨居洞中，形影相弔。回念其師未葬，老母待養。二恩未報，常戚戚不去諸懷。冬至，夜坐山閣，萬山俱寂，忽聞牆外人聲潛起，視之，暴客數十輩排闥而入。釋成鷲從北牖出，登逃庵石，端坐其上，視其欲爲。暴客就灶，向火炊黍一飽，席捲破絮而去，惘然失望。（釋成鷲《紀夢編年》）

同月，王隼作《六瑩堂集》序。（王隼《六瑩堂集》序）

同月，陳恭尹、梁無技、歐陽儁、劉漢水過宿梁佩蘭之六瑩堂分賦。時始刻《六瑩堂初集》古樂府。是書刻成，朱茂珣、屈大均、陳恭尹、王隼作序①。

梁無技，字王顧，號南樵。番禺人。佩蘭族侄。貢生。年十一能詩，以詠風箏知名，尹源進集廣州才俊爲詩會，請梁佩蘭、陳恭尹評次，無技得第一，以此負詩名。王士禎稱無技、王隼爲“嶺南二妙”。掌越（粵）秀書院，士望歸之。年八十卒。著有《唐詩截句英華》、《南樵初、二集》。同治《番禺縣志》卷四三有傳。子文冠，字弋雲。優貢生。在續五子中，風力稍讓許遂。陳融《讀嶺南人詩絕句》卷五有傳。妹郢，能詩。著有《浣花亭

_____

① 《獨漉堂詩集》卷十三、《唱和集》五《冬日寓梁藥亭六瑩堂始刻日作古樂府梁王顧自車陂至是夜歐陽偉人劉漢水過宿分賦得燈字》。

集》。冼玉清《廣東女子藝文考》有傳。

歐陽儁，字偉人。番禺人。著有《梅花亭集》。溫汝能《粵東詩海》卷六二有傳。

同月，釋函昰賦《初冬示玉泉侍者》詩云：

不信吾宗竟陸沉，梅花初綻雪霜侵。庚辰已辦終焉計，甲午還尋夙昔心。雙樹尚零金椰淚，孤桐難續嶧陽音。乘桴浮海誰從我，俯仰雲霄可自任。

又賦《净成上老父供阻雪十日二首》七律二首。（釋函昰《瞎堂詩集》卷十六）

十二月，張穆爲公叔作《龍媒圖》卷。（廣州市美術館藏本，題識：“辛酉臘月爲公叔世兄作《龍媒圖》卷，得七十體□，張穆）

二十六日，梁憲賦《臘月廿六日立春高別駕招飲分賦》詩云：

臘裏逢春至，南方得氣先。羅浮梅萬樹，香入使君筵。教出新聲曲，歌來子夜前。主人纔顧處，已換指間絃。（梁憲《梁無悶集》）

冬底，梁佩蘭北行赴京。（《六瑩堂集》卷五《寄延兒二首》序云：“予自辛酉冬底入京，迨明年壬戌二月始至都下。”《六瑩堂集》卷首陳恭尹序）

歲暮，釋函昰賦《歲晏》詩云：

歲晏今年似去年，朔風吹斷雁行偏。關心岐路知多日，斫額長空歎暮天。白首豈堪同壯志，青春終欲遜時賢。簷前積雪千峯曉，一盞寒燈夜不眠。（釋函昰《瞎堂詩集》卷十六）

本年屈大均館於五羊耿參藩署中（《翁山文外》二《周秋駕六十壽序》）。髮漸斑白而稀，齒且日小（《佚文二輯·齒人説》）。子明洪四歲，夜見太白大於群星，以爲細月，大均聞之失笑，爲作《細月歌》（《翁山詩外》卷四《細月歌序》）。張杉遊粵，寄大均所爲詩，請毛奇齡爲之序（毛奇齡《毛西河合集》序五《屈翁山詩序》）。大均頻夢其先父，賦《頻夢先嚴有作》詩云：

> 夜夜懷明發，先公夢寐勞。兒孤從少小，淚已盡莪蒿。
>
> 多難憑吾父，提攜在夢中。此身能老大，不敢恨途窮。
>
> 膚髮今如此，那能不辱親。夢中長痛哭，慚愧白華身。
>
> 五旬今有二，多父一年餘　先嚴以五十一歲終。不死如聞道，應
> 能續易書。（《翁山詩外》卷一二）

本年大均作文：《醫人說》（《翁山文鈔》卷二）、《六瑩堂詩集序》、《周秋駕六十壽序》（《翁山文外》卷二）。賦詩：《送梁藥亭北上》二首（《翁山詩外》卷二）、《題鐵橋丈畫鷹》（《翁山詩外》卷三）、《細月歌》（《翁山詩外》卷四）、《哭亡兒明道辛酉》十三首（《翁山詩外》卷八）、《六月十八日作》二首、《送賀子返維揚兼寄宋子》二首、《蟬》、《夜坐有懷二姑》、《示洪兒》二首、《寂寞》、《爲浙東周秋駕壽並送其行》二首、《授經耿參藩署中值其生辰詩以爲壽》（《翁山詩外》卷十）、《贈丁秋水》、《贈邵湛生　時與邵君同授經》、《賦答楚人陳子山》二首、《又答其弟仲夔》（《翁山詩外》卷十四）、《送張南士返越州因感舊遊有作》十三首（《翁山詩外》卷十五）、《題鐵橋翁黃山畫册》十五首（《翁山詩外》卷十六）、《後黃鵠操》十五首（《翁山詩外》卷十七）。

本年梁佩蘭、陳恭尹皆有詩送廣東提學道陳肇昌任滿還都。（《六瑩堂二集》卷六《贈陳省齋學使二十韻》、《獨漉堂詩集》卷九《唱和集》一《送陳學憲復命還都便道歸武昌省觀》）

本年張杉遊粵，屈大均、陳恭尹、梁佩蘭皆有詩贈行。（《翁山詩外》卷十五《送張南士返越州因懷舊遊》十三首，《六瑩堂二集》卷五《送張南士歸四明》三首，《獨漉堂詩集》卷三《增江後集》二）

本年薛起蛟作《辛酉屏居山中張君慈長爲予作獨立小影殊肖偶涼賦此致謝》。（溫汝能《粵東詩海》卷七一）

薛起蛟（一六五五～一七五二），字年山，一字炎洲，又字
焰萬。順德人。始亨弟。諸生。中明經科，與兄始亨並有文名，
人呼小薛。年九十，猶喜讀書。著有《木末山房稿》。事見康熙
《順德縣志》卷六。

本年歲旱，方文振主持興修水利。

方文振，字德臣。普寧人。諸生。康熙二十年（一六八一）
歲旱，審度地勢，尋擇水源，捐資募夫浚溝，自太公山暗徑引流
五里許，灌溉田三千餘畝。（乾隆《潮州府志》卷二九）

本年災荒，李攀龍借貸大批糧食予鄉民，不求償還。

李攀龍，化州人。樂善好施。卒年八十六。（《化州縣志》卷
九）

本年釋函昰在净成，作《眼昏》七律詩，有“去年齒痛疑生
盡，今日偷生眼又昏。”（釋函昰《瞎堂詩集》卷十五）又賦
《孝子吟》詩云：

我有一孝子，不幸先我死。子死父爲癡，父死當誰理。今年
七十四，建立猶未已。法界如轉環，誰起復誰止。努力且向前，
有事如無事。無事即坐禪，有事隨時處。處到沒遮闌，兩腳捎空
去。生死與涅槃，大衆留不住。違順爭目前，身後還歸汝。順亦
汝心生，違亦汝心起。生起即爲因，形影相依倚。法空汝不空，
有無成妄計。先佛曾有言，慎莫信汝意。（釋函昰《瞎堂詩集》
卷七）

本年衛金章任惠州府訓導。（阮元《廣東通志》卷四九《職
官表》四十）

衛金章，字立組。西寧人。與屈大均有交往。

本年葉元龍任連山教諭。（阮元《廣東通志》卷四六《職官
表》三七）

葉元龍，字禦六。東莞人。康熙十年（一六七一）貢生。任
連山教諭，轉惠州教授，累官廣西灌陽知縣。著有《榴實堂草》。
黃登《嶺南五朝詩選》卷九有傳。

本年劉士課任陽春訓導。（阮元《廣東通志》卷五一《職官表》四二）

劉士課，字漢生。新會人。明經，授陽春訓導。著有《海山子詩集》。黃登《嶺南五朝詩選》卷十一有傳。

本年楊溥名由廩生捐貢，任新寧教諭。

楊溥名，字遍德。高明人。康熙二十年（一六八一）由廩生捐貢，任新寧教諭，課士有方，捐款修學宮，後任徐聞教諭。辭官後年逾八旬，猶好學不倦。著有《浣花溪詩集》。（道光《高明縣志》）

顏建勳於本年中舉人。

顏建勳，字尚仁，一字紫巘。南海人。康熙二十年（一六八一）舉人。著有《自怡草》。事見黃登《嶺南五朝詩選》卷九。

陳用行於本年中舉人。

陳用行，字卜騰，一字鳳軒。順德人。康熙二十年（一六八一）舉人，任福建歸化令。著有《都行小紀》。事見黃登《嶺南五朝詩選》卷九。

龐之兗於本年中舉人。

龐之兗，字東侶。康熙二十年（一六八一）舉人。著有《雪香堂詩稿》。事見黃登《嶺南五朝詩選》卷七。

陳王猷於本年中舉人。

陳王猷（一六六三～一七三〇），字良可，一字（號）硯村。海陽人。衍虞孫。年十九，於康熙二十年（一六八一）中舉人。歷曲江、連州學官，遷肇慶府教授。著有《蓬亭詩文集》。事見凌揚藻《國朝嶺海詩鈔》卷三。

左必蕃於本年中舉人。

左必蕃，字同汾，號界園。順德人。康熙二十年（一六八一）舉人，直隸知縣、左副都御史。康熙五十年（一七一一）主江南鄉試，揚州鹽商賄賂考官，使中舉者多爲鹽商子弟，考生上書告發，主考必蕃被革職，直接受賄者趙晉等三人被殺，時人撰

聯曰：“左丘明二目無珠，趙子龍一身是膽。”（民國《順德縣續志》）

馮泮泗於本年中舉人。

馮泮泗，電白人。康熙二十年（一六八一）舉人，任博羅教諭。（道光《電白縣志》）

李假山於本年中舉人。

李假山，字瑤嶽。台山人。康熙二十年（一六八一）舉人，任山西陽曲知縣，禮士愛民。三十八年（一六九九）復任浙江寧海。（《新寧縣志》）

李朝鼎於本年中舉人。

李朝鼎，由新會入籍雲浮。康熙二十年（一六八一）舉人，二十四年中式登榜，以翰林院檢討致仕。工文賦，入詞館，修邑志。（《東安縣志》）

巫玗於本年中舉人。

巫玗，字雷柱。龍川人。康熙二十年（一六八一）舉人。與妻路氏合德好施，並享高壽。（《龍川縣志》）

陳廷閣於本年中舉人。

陳廷閣，澄海人。康熙二十年（一六八一）舉人。借貸者不能償還，盡焚其券。（乾隆《潮州府志》卷二九）

植璧於本年中舉人。

植璧，字觀隆，號其亮。東莞人。家貧，二十歲始入學。康熙二十年（一六八一）舉人。應廣西巡撫郝溶聘請，主持桂林書院。著有《四書隨筆》等。（宣統《東莞縣志》卷六六）

廖蔚文於本年中舉人。

廖蔚文，字君豹。龍門人。康熙二十年（一六八一）舉人，官廣西懷遠知縣，在任六載，政聲卓著。著有《飲霧草》。（咸豐《龍門縣志》卷十三）

陳嘉謨於本年成貢生。

陳嘉謨，字孔彰。英德人。康熙二十年（一六八一）拔貢。

學富品端，設帳授徒，足不履市。精讀四子書，著撰成帙。時大學士田從典蒞英德，創近聖書齋，單騎詣廬，敦請主講，以老辭，薦其徒張鼎臣，卒年七十四。（《韶州府志》卷七）

長壽寺僧釋寄生示寂，塔全身於寺。（鈕琇《觚賸》卷七《粵觚》上《不昧堂》）

清聖祖康熙二十一年　壬戌　一六八二年

清廷殺耿精忠，三藩平。命原明鄭氏降將施瑯武力攻打仍奉明永曆正朔之臺灣。（龍鳴《清初儒臣陳璸在臺灣》一九頁）

春，陳衍虞於鐵巷古居築“鍛圃”，後於“鍛圃”廳事後續建“種墨亭”，故晚年詩集冠名爲《鍛圃草》，嗣後又將《逃雨草》、《鍛圃草》合爲《還山續詩》刊印。衍虞賦《鍛圃草草告成詩以落之　三首》五古詩。（陳衍虞《蓮山詩集》卷三）

清兵入羅浮山搜捕嘯聚，群盜星散。上命嚴督，大索不置，責居民以獻俘。居民懼罪，不得已，鹹無罪者以應之。釋成鷲脫身出走，僅免於難。回首洞天，竟成畏途，悵然而返。歸語人曰：“語云‘天下名山僧占多’，大不然也，兵與賊各占其半耳！”由是思得無賊無兵無名之地而往焉。客有從海南來者，盛稱瓊崖鄉國之勝，遂倏然有浮海之志。（釋成鷲《紀夢編年》）

釋成鷲賦詩如下：《寄下城麗卯君時予將有朱崖之行》、《歸自羅浮過鐵城諸子述洞天之勝》、《題曹茂才新築》、《歸韋涌宿月衣庵與謝鄞門話別》、《別弟》、《宿月衣庵留別家山諸子》、《贈羅戒軒爲子湛娶婦》（以上七律）。（釋成鷲《咸陟堂詩集》卷一一）

正月，廖燕之《小品》刻成，作《小品自序》。（《文集》卷四）

同月，釋函昰賦《早春周贊皇郡丞攜二子並呂胡兩文學見訪》詩云：

因緣今現宰官身，須憶然燈共記人。不信三生逢石上，何期千里到溪濱。陪歡嘉客豐年玉，接武賢郎聖世珍。情洽豈辭歸馬晚，雲山從此往來頻。

又賦《寄雪悟禪師》、《春日送許逸林明府行取入京》（以上七律）。（釋函昰《瞎堂詩集》卷十六）

初六日，屈大均子明泳生，劉氏武姑出。（《翁山文鈔》卷五、卷七《字八子說》，《翁山詩外》卷七《壬戌人日前一日予得一子名曰泰先是辛酉除夕有友人爲予筮的泰謂必生子故以泰爲名》二首，泰即明泳）黃太夫人年七十九，大均賦《堂上行》。（《翁山詩外》卷三）友人孔君將往樂昌署縣，大均書"武溪亭"匾贈之，使懸之瀧口，並囑其疏鑿六瀧以利舟楫。孔邀大均同行。（《翁山文外》卷九《書藍公澍冊子》）

顧炎武卒，大均爲詩哭之。（《翁山詩外》卷十《哭顧寧人徵君炎武》七律四首）其《哭顧亭林處士》詩云：

雁門相送後，秋色滿邊城。白日惟知暮，寒天詎肯明。纔分南北路，便有死生情。皓首悲難待，黃河忽已清　甲子河清。（《翁山詩外》卷八）

初七日，屈大均賦《壬戌人日作》詩云：

何曾一日得爲人，五十三年未見春。人日休爲人日酒，年年人日總傷神。

閏人生日是今朝，花落蘭房久寂寥。十二年來罷人日，淚珠爲酒滴妖嬈。

江山雖好恨無人，不用鶯聲換好春。人日與誰還燕飲，英雄一一作青燐。（《翁山詩外》卷一三）

二月，梁佩蘭抵北京（《六瑩堂初集》卷五《寄延兒二首序》），尋會試落第，在京作《贈于子先學使》（《六瑩堂二集》卷三），送于覺世赴任廣東提學道。

王又旦招同梁佩蘭、郭裹圖、梅庚、周在浚、方中德宴集唱和。

釋函昰賦《二月醉梅》詩云：

二月尋梅樹樹空，一株臺畔最玲瓏。開經雨雪香猶在，看到晴明色較濃。向人不欲全舒白，止酒何妨稍著紅。花信過時難入俗，疑醒疑醉付東風。（釋函昰《瞎堂詩集》卷十六）

春末，宋犖約梁佩蘭、蔣景祁、錢柏齡、宋至同往豐臺看芍藥。佩蘭、景祁先至，不遇柏齡，至。後各依犖韻作詩酬答。

北京結詩社，公推梁佩蘭、朱彝尊、方中德主壇坫，聲名大震。①

清明日，屈大均賦《壬戌清明作》詩云：

朝作輕寒暮作陰，愁中不覺已春深。落花有淚因風雨，啼鳥無情自古今。故國江山徒夢寐，中華人物又銷沉。龍蛇四海歸無所，寒食年年愴客心。（《翁山詩外》卷九）

四月，梁佩蘭作《珠湖草堂歌送吳萬子歸秦郵》贈吳世傑。

汪楫奉使琉球王國（今日本沖繩），梁佩蘭、王士禛、嚴繩孫、沈涵、汪懋麟等皆有詩送之。②

五月，張穆爲弟以鈺寫《蘭石扇面》。（番禺何曼庵藏本，題識：“壬戌蒲節似以鈺家弟正。兄穆。”）

盛夏，王士禛招同梁佩蘭、蔣景祁、馮廷櫆等宴集唱和。

夏秋間，釋函昰因病掩關净成，賦詩如下：《掩關净成玉泉入候未見而返次日呈詩即用其韻答之》、《虔州郡丞董昭時南康郡丞周贊皇都閫徐質美見訪因病掩關不得出迂走筆以謝》、《偶作》、《劉別駕莘叟入山　劉從都中初歸，以潞紬見惠，予臥病，弗獲展待》（以上七律）。（釋函昰《瞎堂詩集》卷十六）

----

① 《六瑩堂二集》附方正玉《哀詞》：“歲壬戌，金臺舉社事，推公與朱竹垞同家君（方中德）主壇坫，一時風雅稱盛。公每有所作，爭相鈔誦，傳筒交道路”。

② 《六瑩堂二集》卷三《送汪舟次檢討出使琉球》，王士禛《帶經堂集》卷三十七《漁洋續詩十五 壬戌稿》有《送汪舟次太史林石來舍人奉使琉球六首》，嚴繩孫《秋水集》卷六《送汪悔齋同年奉使琉球》，沈涵《賜硯齋詩存》卷二《送同館汪舟次使琉球》二首，汪懋麟《百尺梧桐閣集》卷三《送兄舟次册封琉球序》。

　　七月，廖燕弟佛民於其居北隅面南築室成，額曰"芥堂"，請燕爲記。此堂幽僻軒敞，旁多隙地，可池可野，燕亦得飲讀其中，欣然樂之。堂西有九成臺，即宋蘇東坡銘之者。(《文集》卷三《芥堂記》)

　　初七日，釋函昰賦《秋夕關中》詩云：

　　萬里河山夜不收，西風初報井梧秋。江豚吹浪雲歸嶽，社燕辭巢月滿樓。光景不殊今昔異，道心如醉水天浮。關中消息堪長嘯，嘯指潯陽沙際鷗。(釋函昰《瞎堂詩集》卷十六)

　　既望（十六）日，黃聖年作《序李煙客詩稿》。（李雲龍《嘯樓詩集》卷首)

　　二十日夜三更，釋函昰賦《紀夢　有引》詩云：

　　壬戌七月二十日夜三更夢慈雲閣上堂，閣下有樓，失其名，所呈法語有"綠鴨江三十萬"句，前後皆忘，法侶中數人屈指如某某他年皆同來此云，覺後紀之以詩。

　　無端身在碧龍穹，俗氣懃登法座隆。綠鴨江昇三十萬，慈雲閣上最高空。梵音直透青霄外，衣袖逍遙白日中。龍象幾人還有約，他年無負與心同。

　　又賦《紀夢詩成後再賦一章》詩云：

　　寄跡塵寰豈異塵，因隨流布幻中真。癡心尚有無窮願，業運徒遷有限身。夢去總皆天上事，病來難戀眼前人。但知法界無由入，盡此餘生且莫陳。(釋函昰《瞎堂詩集》卷十六)

　　二十九日，釋函昰賦《關中七月念九日早起》詩云：

　　蟋蛄切切動秋聲，積雨今朝喜暫晴。宿霧頓捐初日净，曉煙如洗萬峯明。鶴離松頂驚巢鳥，僧踏溪頭向郡城。閒倚南樓一長嘯，不知身世欲何成。(釋函昰《瞎堂詩集》卷十六)

　　八月，梁佩蘭作《送龔含五太史歸里》三首送龔章歸粵(《六瑩堂二集》卷二)。在北京永光寺寓齋同朱載震、宋至分韻。(《六瑩堂二集》卷三《永光寺寓齋同朱悔人宋山言醉後放歌限鹽字韻》，宋至《緯蕭草堂詩》卷一《秋夜同藥亭悔人賦限鹽字

韻》）

中秋日，釋函昰賦《中秋病起與諸子玩月二首》詩云：

萬里湖光夜氣清，病餘秋色倍分明。青山皓潔看同世，碧漢孤懸最有情。掩映雲中紆短景，悠揚空外霽長更。今宵且喜群英共，不信蘿庵夢幾生。

百年幾度共中秋，回首悲歡付海鷗。蟾桂不停烏鵲影，川原高舉白雲頭。寒空遠鑑千峰衲，暖席橫吹萬戶侯。莫倚清貧傲當世，一般晴霽入雙眸。（釋函昰《瞎堂詩集》卷十六）

九月，梁佩蘭作《送宋山言歸商丘》贈宋至。在京有詩送徐乾學、徐嘉炎。

梁佩蘭將離京，詩別丘象升（《六瑩堂二集》卷三《賦得白雲草堂歌贈丘曙戒大理》），王士禛有五古詩送行（《帶經堂集》卷三十七《漁洋續詩十五　壬戌稿·雨中較湟潒遺集簡梁藥亭　藥亭將遊吳郡》）。佩蘭經魯入吳。

釋成鷲友吳謂遠官瓊，過與別。聞其行也，欣然請從，許之。結伴而南，乘雙輪車，行半月而抵徐聞，佇觀大海，目曠神怡。未幾登舟掛帆遄發，身在舟中，眩暈不能自主。舟在海中蕩漾，一無所見。口占《渡海歌》，有"天空海闊無復他，眼前有景不得歌"之句，此河伯之所以望洋而嘆出。半日維舟，停車旅泊，身尚搖搖如在舟中。初至海外，歷覽風土，秋刈冬耕，新苗遍野，雕題黑齒，異俗殊音。始焉異之，久而安之，忘此身之在異域矣。（釋成鷲《紀夢編年》）

初九日重陽，釋成鷲賦《九日發汾水》詩云：

紙鳶夾岸走兒郎，正好登高又別鄉。南地授衣逢九月，西風移棹過重陽。遠書到日愁無雁，衰鬢經秋漸有霜。家在羅浮歸不得，年年空負菊花黃。

釋成鷲又賦《登靈山寺汲泉試茗》、《江上秋曉》、《經舊戰場望海懷泰山道士》、《宿憚長驛即事》、《梅彔道中》、《宿梅彔江上有懷》、《自英利抵徐聞一逕迂廻延袤百里萬木翕蔚百卉錯繡身入其中如處翠幰從林隙見日已及亭午道俗殊情匪欣則怖古稱仙源邈邈人境隔絕武陵之後未曾有也詩以紀勝》、《會同客夜寄山中諸子》（以上七律）。（釋成鷲《咸陟堂詩集》卷十二）

重陽日，釋函昰與釋今但登雙鏡樓，賦《九日同塵異登雙鏡樓》詩云：

瑟瑟西風萬竅號，危樓盼望意如何。百年擔荷歸吾黨，一日承歡喜爾曹。髮白不妨人共棄，眼青未許嶽爭高。蕭條草木秋將晚，珍重鳴陰出九皋。（釋函昰《瞎堂詩集》卷十六）

秋杪，釋函昰病起，賦《秋杪病起得嶺南耗》詩云：

山齋深掩避新寒，爐火初紅夕照殘。坐聽天風知雁急，病餘鶴骨見衣寬。五嶺招魂無宋玉，千峯臥雪有袁安。百情未盡悲何極，自覺年來夢已刪。（釋函昰《瞎堂詩集》卷十六）

冬，釋函昰雪中上淨成，賦《雪中上淨成》詩云：

一病沉沉夏復秋，已將身世等蜉蝣。盤空未盡千峯勢，坐石重看三峽流。恩大難酬塵刹願，道衰徒負幾人憂。波波揭揭成何事，冒雪還應到上頭。（釋函昰《瞎堂詩集》卷十六）

釋成鷲假館於海南島會同郭外，檳榔匝屋，椰子垂簷，人則寡歡，出無可語，歲聿云暮，風景淒其，觸目興懷，有望雲陟屺之感。（釋成鷲《紀夢編年》）

梁憲賦《南園懷古　小序》五律、七律詩各二首，序云：

洪武初，孫典籍蕡、王給諫佐、黃別駕哲、李學博德、趙布衣介五先生結社南園，築抗風軒，日夕唱和。今大忠祠，其故址也。蓋五先生歷於元季之離亂，而幸際昇平，出處徘徊，感時歌詠，雖爲吾粵騷壇之倡，而縈懷憂長，亦有足悲者。壬戌冬，番禺李侯徵修邑志，予與事焉。侯於祠左建復其軒，祀五先生，使無忘一時風雅之盛，各爲詩以紀之。是冬，侯試士於祠，即以《南園懷古》命題賦詩，誠嘉會也。大忠祠者何祀？宋厓門盡節名臣：文公天祥、張公世傑、陸公秀夫也。（梁憲《梁無悶集》）

冬至日，釋函昰賦《長至書懷》詩云：

短景纔添一縷長，北風吹雪限津梁。寒江想見歸帆影，落日徒嗟去雁行。慮重自知成老態，道孤誰信爲人忙。朝煙夕霧終何極，舉目雲山謾度量。

除夕，釋函昰賦《壬戌除夕》詩云：

雪月霜風歲歲同，溪南山北有無中。目前祇是勞生事，夢後誰論造化功。送臘梅花寒已徹，迎春椒葉氣初融。人間此夕忙如市，依舊明朝日出東。（釋函昰《瞎堂詩集》卷十六）

同日，梁佩蘭在江寧巡撫余國柱府中同魏坤、吳屺瞻守歲分賦。（《六瑩堂二集》卷五《壬戌除夕余開府幕中同魏禹平吳屺瞻分賦》）

同日，釋成鷟於海南賦《珠崖除夕與吳謂遠廣文守歲有懷山中諸子》詩云：

燭邊吟苦縣更催，晝盡爐頭欲冷灰。馬齒一年隨臘去，鷄聲半夜送春來。孤衾笑就青氊宿，明鏡愁緣白髮開。今夕故山應共訝，歲殘不見寄書回。（釋成鷟《咸陟堂詩集》卷十二）

除夕日夜守歲，梁憲賦《壬戌修志南園不得還里同三楚何天目潘亞目諸子圍爐守歲是夕聞雷有感》詩云：

臘殘同作客，除夕忽聞雷。震厲電光閃，橫空風雨來。春歸似覺早，天意固將回。静寂觀元化，氤氳上酒盃。（梁憲《梁無悶集》）

本年屈大均作文：《書藍公漪册子》（《翁山文外》卷三）、《永安五烈傳》（《翁山佚文輯》中）。賦詩：《稚子》三首、《贈孔令》二首、《小兒小女》、《壬戌清明作》（《翁山詩外》卷十一）、《稚子》（《翁山詩外》卷十四）、《壬戌人日作》（《翁山詩外》卷十五）、《始興江口》（《翁山詩外》卷十六）、《銀瓶灘口號》、《英德舟中與孔君奕》、《宿乳源道中》、《二禺》、《自清遠上三峽口號》二首（《翁山詩外》卷一四）。

本年黎綸芳任連州羅定訓導。

黎綸芳，字西齋。歸善人。貢生。康熙二十一年（一六八二）任連州羅定訓導。事見溫汝能《粵東詩海》卷六九。

本年勞翀授廣寧教諭。

勞翀，字景雲。南海人。貢生。性孝友，邃理學。康熙二十一年（一六八二）壬戌授廣寧教諭①，擢高州府教授。知府鄭良重其學行，已繕薦牘，適以憂去。服闋，補韶州，復丁內艱歸。再補瓊州，未幾，卒於官。著有《他山集》、《遺安堂稿》。子仁，任乳源教諭。鄧淳《粵東名儒言行錄》卷二三有傳。

本年李長倩任興寧教諭。（阮元《廣東通志》卷五七《職官表》四八）

李長倩，字紫村。南海人。明經，授興寧教諭。黃登《嶺南五朝詩選》卷十有傳。

本年梁儒宗奉賜八品修職郎。

梁儒宗，南海泮塘人。崇禎間見天下將亂，棄舉子業，隱居不仕，與弟儒定、儒琛自相師友，躬耕隴畝，以詩書自娛，享年百有三，儒定百歲，儒琛九十七，人以泮塘三老呼之。所居有靈芝橋、百歲里。（《廣州府志》卷一三八）

本年釋函昰在淨成因病掩關，作《雪中上淨成》、《壽倫太守》、《謝君章郡丞入山》、《長至書懷》、《壬戌除夕》等詩多首。（釋函昰《瞎堂詩集》卷十六）

冼國幹於本年中進士。（阮元《廣東通志》卷七七《選舉表》十五）

冼國幹，字三山。南海人。康熙八年（一六六九）舉人，二十一年（一六八二）進士，官湖州知府。陳融《讀嶺南人詩絕句》卷六有傳。

清聖祖康熙二十二年　癸亥　一六八三年

七月，鄭克塽以全臺灣降清，綿延一線之明朝永曆正朔於其三十七年全絕。清開海禁。（《清史稿·邦交志》七）

---

①　一說康熙二十年（一六八一）由貢生授廣寧教諭。

春，梁佩蘭客吳門，訪高簡，有詩送高兆還閩。（《六瑩堂二集》卷三《送高固齋還閩》）

梁憲送陳阿平，賦《癸亥春送陳獻孟赴佟静公之招由楚入都取道遊西嶽訪咸陽祁爾嘉明府》詩云：

母老諸弟少，遠遊非所宜。躊躕悵離別，慷慨爲深知。到處言須謹，逢時勉自期。天涯見芳草，莫厭故鄉思。

送子上河梁，天風吹大荒。春潮浮萬國，秋雨度三湘。意趣川嶽外，行忘關塞長。高歌過易水，揮手入咸陽。（梁憲《梁無悶集》）

釋成鷲出望，緩步行吟。邂逅中諸生馮合溪，一見相悦，約偕瀏覽多異嶺之靈泉，訪釋玄達。入門見主，恍如舊識，拉與酌靈泉，扣石磬，探香巖，攀躋海潮岸洞。具載《遊山記》中。心賞海潮之奇，欲托跡焉。釋成鷲與合溪乃鳩工選材，得栴檀於山中，雕塑寶陀大士金相，踞獅子座，俯視滄海。合溪挽釋成鷲居之，心許之矣，草鞋竹杖，未肯休心，躍躍請行，志欲還里禮師圓具。（釋成鷲《紀夢編年》）釋成鷲賦《石鐘鼓歌　並引》詩云：

多異一山，爲會同絶勝，中饒怪石，有聲，有響，有形，有象，未遇知音，視等頑石，埋没榛莽，自開闢至今。禪者玄達渡嶺南歸，結菴其下已二十載，朝夕扣擊，聲振山谷。癸亥春，予偶來遊，拉往觀聽，三石兀然，或頫或仰，應手有聲，聲如靈壁。盤桓久之，風雨交作，下山薄暮，因述問答機緣，作爲此歌。

山菴有鐘復有鼓，厥聲可聞不可覩。我來欲借一回看，問取靈泉老菴主。主人手執須彌椎，共上千峰萬峰去。分明三片頑石頭，覿面相逢能解語。噌吰鏜鞳盈虛空，老樹作風山作雨。風從何起雨何來，萬籟消聲自終古。鐘未鳴，鼓未響，燈籠觸露柱。鐘乍鳴，鼓乍響，狸奴與白牯。鐘不鳴，鼓不響，木人逢石女。千里相逢休錯舉，扣石三聲君自取。（釋成鷲《咸陟堂詩集》卷二）

正月初一日，釋成鷲賦《癸亥珠崝元旦漫興》詩云：

不寐頻看斗柄移，客星何事滯天涯。西窗尚秉除年燭，隔座聞收去歲棋。海日未生雞早報，春風初度鳥先知。自來絕島饒雲物，乘興佳遊孰可期。

又賦《贈多異山玄達師》、《點頭石》、《周茂才二有築室山中談經受徒從之遊者皆邑名士書舍鱗集振鐸篝燈絡誦達旦予遊山還時日已西夕留宿齋中覩其規模怳若叢席北方學者未嘗有也因賦以贈》、《訪馮昌孝居士禪室士呈所見云從谿山因緣悟入示此》、《重遊多異嶺贈靈泉達公》、《募修海潮巗》、《喜王君祈至自粵》、《題檳榔圖寄山中諸子》、《謝馮合谿惠黃犢》、《送成其超還里》（以上七律）。（釋成鷲《咸陟堂詩集》卷十二）

釋今辯賦《癸亥初春與諸同學遊三昧澗分得吟字》詩云：

輕風晴日蕩寒陰，共拂春衣向碧岑。擲石傍村童子戲，逢人覓路麥苗深。漏天界斷三峰影，曲澗縈紆一杖尋。不覺山鐘催日暮，歸途猶得共長吟。（徐作霖、黃蠡《海雲禪藻集》卷一）

四月，梁佩蘭會查慎行於吳門（《敬業堂詩集》卷四《遄歸集》癸亥詩《吳門喜晤梁藥亭》）。詩別郭襄圖、魏坤，還粵（《六瑩堂二集》卷三《留別郭皋旭次原韻》、《留別魏禹平》）。途經贛州程可則舊遊題詩處，和其韻。釋大汕有《梁藥亭孝廉北歸賦慰》詩（《潮行近草》）。

初十日，潘楳元招同梁佩蘭、陳恭尹、王世楨、汪煜、查嗣瑮、徐令、林梧（樷）、王完趙集其視蒼樓，送春（《獨漉堂詩集》卷九《四月十日潘亞目招同王礎塵汪寓昭查德尹徐序仔梁藥亭林叔吾王紫孍集視蒼樓送春分得八庚》，自注：“時汪、查、徐將歸”）。佩蘭有詩送煜、嗣瑮返浙江。

恭尹亦有《贈汪寓昭》七古送煜、《送查德尹》七古送嗣瑮。（陳恭尹《獨漉堂詩集》卷九）

陳恭尹亦有《次答聞一老僧　年九十餘，善琴能畫》詩送老僧釋聞一：

行腳輕千里，高年近百春。雖云方外士，猶是老成人。水筆隨山笠，孤琴伴獨身。曹溪親到後，何者是埃塵。

釋聞一，年九十餘，善琴能畫。說法曹溪。事見汪兆鏞《嶺南畫徵略》卷十一。

長至前五日，舉第三子，屈大均賦《癸亥長至前五日舉第三子有作》詩云：

一陽初欲動，碩果早知之。夢葉先長至，呱聞及子時。生梯須女早，取火屬人遲。受易商瞿似，他年或五兒。

彌月當冬仲，歡聞墮地聲。雷先三日復，龍以一陽生。亞歲逢佳節，高堂與小名。雙珠多一顆，掌上有光榮。（《翁山詩外》卷八）

五月，釋大汕自五羊發舟，賦《五羊發舟》。（釋大汕《潮行近草》）

六月，釋大汕經水路抵海陽。（釋大汕《潮行近草·達潮陽宿金山下》）

釋大汕潮州行途中有白社活動，賦《海陽畢公招同白社諸公雅集鳳棲山》。（釋大汕《離六堂集》卷九）

閏六月初七，屈大均讀書臥蓼軒。（《翁山文外》五《為翁生更名說》）

夏至十月，釋大汕作《潮行近草》詩多首。

立秋日，釋成鷲賦《立秋》詩云：

當時秋盡別家園，莫怪逢秋便愴魂。海外涼風生白髮，眼前歸計在青門。雲容漸薄呈山態，井幹新飄見月痕。殘暑未消心早冷，不知人世有寒溫。

又賦《山行日暮宿龍樓山莊》、《送王君祈還里》（以上七律）。（釋成鷲《咸陟堂詩集》卷十二）

七月，釋大汕與潮州總兵馬三奇、藍公漪等言及黃河潰決之患。（《黃河行 小引》）

初七日，潮州知府江東林杭學於秋輝堂為釋大汕作《潮行近

草序》。（釋大汕《潮行近草》卷首）

八月十五日，釋成鷲賦《客夜中秋懷吳謂遠廣文在郡未返》詩云：

首蓿先生久不歸，西風吹葉擁柴扉。海蟾過雨當中見，皋鶴淩秋獨自飛。遠水一鐙青入榻，隔花微露白侵衣。郡齋今夜吟詩否，只恐當筵和者稀。

釋成鷲又賦《珠崖秋夜懷羅浮舊隱》、《送周生攜兒歸省》（以上七律）。（釋成鷲《咸陟堂詩集》卷十二）

秋梢，吳綺應粵督吳興祚之邀遊粵，住釋大汕於長壽寺所建之招隱堂。（吳綺《林蕙堂全集》卷三《韓公吉觀察嶺雲集序》云：“余以癸亥秋杪，始至羊城。”《嶺南五朝詩選·前集》卷八吳綺小傳：“癸亥應留村大司馬之約，策杖羅浮。”）

屈大均築三閭書院於廣州城南，爲詩求張穆繪三閭大夫屈原像奉祀。（《翁山詩外》卷二《求二橋山人畫三閭大夫像》）大均聞臺灣降清，有《感事》七律四首。（《翁山詩外》卷十）

九月初五日，屈大均五十四歲，作詩自壽。其詩《五十四歲自壽歌》云：

西樵七十有二峰，東樵四百三十二。峰峰吾皆居一年，不覺年今五十四。明年又復居西樵，一年一峰吹玉簫。但教七十二峰遍，便與仙人上紫霄。（《翁山詩外》卷四）

十月，三韓馬三奇爲釋大汕作《潮行近草序》。（釋大汕《潮行近草》卷首）

張穆卒於東莞，汪森有詩輓之（《小方壺存稿》卷十《客有自粵東歸者還余所寄張鐵橋手書知其歿在癸亥冬十月也追憶不勝慨然作長句輓之》），陳阿平有詩哭之（《陳獻孟遺詩·哭張穆之》），上官周有詩追懷（徐世昌《晚晴簃詩彙》卷七八載上官周《過小石樓有懷張穆之》）。

同月，釋大汕至友、吳興祚同譜及客吳琦至廣州。（姜伯勤《石濂大汕與澳門禪史》二四七頁）

十一月，屈大均至端州，爲兩廣總督吳興祚祝嘏，當面泣辭其疏薦，以全其心系明室之晚節。（《翁山詩外》卷十《兩廣督府祝嘏詞》）

初五日，梁佩蘭招同吳綺、陳恭尹、曹燕懷、吳源起、柯崇樸集其六瑩堂分賦。①

十九日，吳綺、吳源起、曹燕懷、陳恭尹、蔡鴻達、繆其器、柯崇樸分韻賦詩於肇慶七星巖上。次日，屈大均、梁佩蘭、吳壽謙繼之屬和，並以其事題名於星巖玉屏峰石壁②。

韓作棟宴請梁佩蘭、吳綺諸人於肇慶（吳綺《林蕙堂全集》卷十九《登七星巖》、《端州道中望峽口積雪》七律），佩蘭即席賦詩贈作棟、綺。

長至前五日，屈大均第三子明治生，梁氏文姑出。（《翁山文鈔》卷五《亡妾梁氏壙志銘》、卷七《字八子説》）

十二月，釋成鷲又賦《海外苦寒》詩云：

漫説朱崖地軸偏，臘時依舊大寒天。檳榔落盡風中實，榆莢拋殘雪後錢。天外片雲虛白日，爐邊宿火度除年。旁人冷暖休相問，自紉金鍼綴水田。（釋成鷲《咸陟堂詩集》卷十二）

釋成鷲又賦《題海潮寺壁 予聞多異東巖，亦名海潮，故漫及之》七絶。（釋成鷲《咸陟堂詩集》卷十六）

---

① 《獨漉堂詩集》卷九《冬至後一日同吳園次曹石間吳隼庵柯寅匏集梁藥亭六瑩堂分得齊字》七律、吳綺《林蕙堂全集》卷十九《至後一日梁藥亭招集六瑩堂分得八庚》七律。吳綺《林蕙堂全集》卷十五收綺在粵詩二十餘題，卷十九收綺在粵詩五十餘題。

② 拓本云：“康熙癸亥仲冬十有九日，江都吳綺（園次）、秀水吳源起（准庵）、海鹽曹燕懷、順德陳恭尹（元孝）、嘉善蔡鴻達（去聞）、嘉興繆其器（受茲）、嘉善柯崇樸（寓匏）凡七人，分韻賦詩於星巖之上。翌日，南海梁佩蘭（藥亭）、番禺屈大均（翁山）、江都吳壽潛（彤本）凡三人繼至屬和。晋庵主，主僧寂隆真際出《石室志》，請共商訂，觀察州韓公作棟公吉因授諸梓。嘉會難常，盛事不朽，題名石壁，與此山並存爾。”《翁山詩外》卷四《七星巖摩崖題名歌》，《獨漉堂詩集·江村集·端州七星巖題名歌》）

除夕日，釋函昰賦《癸亥除夕》詩云：

一歲光陰餘此夕，千門梅柳接新年。人心寂寞同山水，世故推遷有後先。知見欲留徒歎逝，身名如幻惜生前。縱觀衰變誰堪覺，獨抱寒襟問古仙。（釋函昰《瞎堂詩集》卷十六）

本年屈大均作文：《羅①母黃太君壽序》（《翁山文外》卷二）、《爲翁山更名說》（《翁山文外》卷五）、《題周子畫像》（《翁山文外》卷十）、《題周子畫像》（《翁山文外》卷十）、《贈梁學博序》（《翁山文鈔》卷一）。賦詩：《壽母》（《翁山詩外》卷二）、《垂老》二首、《贈別查德尹》、《查君來自黔中贈之》（《翁山詩外》卷四）、《家園示弟》二首（《翁山詩外》卷八）、《上端州作》二首、《題靈山寺》二首、《靈山寺聽泉》、《嘉魚》三首、《端州天靈寺菩提樹》、《癸亥長至前五日舉第三子有作》、《七星巖下作》三首、《端州道中望峽口積雪》二首、《瀝湖舟泛》、《玉屏峰頂看梅》（《翁山詩外》卷十一）、《感事》四首、《鴛鴦蓮》二首、《上兩廣制府》、《閱江樓晚眺》（《翁山詩外》卷十三）。填詞：《寶鼎現·壽制府大司馬吳公》（《翁山詩外》卷十八）。

本年廖燕至廣州上書吳興祚制府，獻所刻《文集》求見。數日不得命，因再上書請移李研齋樞歸金陵，亦未得報。（《文集》卷五《上吳制府書》、《上吳制府乞移李研齋樞歸金陵書》）燕與嶺南三大家中之屈大均、梁佩蘭不相往來，惟於卷七《答客問》中一提及大均，而與陳恭尹相交似頗深。恭尹評燕之《羅桂庵詩集序》曰"人真妙人，文真妙文"（《文集》卷四），評《書邑志學校後》曰"柴舟凡文皆然，雖欲不推爲古文中第一手不可"（《文集》卷八）。

本年爲應修《一統志》之功令，潮州知府林杭學乃主持重修《潮州府志》，因延陳衍虞主操筆政，越十六月而竣事，於康熙二

---

① 羅璟，字元公。南海人。有子名璟。

十三年（一六八四）季夏刊行。（曾楚楠《蓮山詩集點注·前言》）

本年至康熙二十五年（一六八六），萬樹作兩廣總督吳興祚幕賓，與釋大汕多有來往，釋大汕有《行路難·與萬鴻友分賦》。（釋大汕《離六堂集》卷四、姜伯勤《石濂大汕與澳門禪史》八三頁）

本年彭演乞歸。

彭演（？～一七一四），字出泉。日貞（夢陽）孫。番禺人。曾仕蒼梧道。隨征雲南，授迤西道。康熙二十二年（一六八三）乞歸。坐事，戍閩；還，年八十二。康熙五十三年卒於家。著有《獄中草》、《閩行吟》、《南征草》、《復園紀事》。（同治《番禺縣志》卷四三）

本年釋大汕寫《松林策杖圖》。（姜伯勤《石濂大汕與澳門禪史》六〇八頁）

本年李嗣鈺任連州訓導。（阮元《廣東通志》卷四六《職官表》三七）

李嗣鈺，字礪侯。博羅人。明經。連州司鐸，升化州掌教。著有《桂陽課士錄》、《一敬亭全稿》。黃登《嶺南五朝詩選》卷十有傳。

李惟揚生。

李惟揚（一六八三～一七五六），原名修先，號嵩臺。陽春人。幼習文尚武。康熙五十年（一七一一）武科解元。翌年京都會試登武進士，殿試一甲二名榜眼及第，欽賜殿前侍衛，授狼山遊擊。雍正元年（一七二三）升涿州參將，擢浙閩督標中軍副將，調福建延平城守副將。乾隆元年（一七三六）改任福建澎湖水師副將，累遷廣東左、右翼鎮總兵。十五年告老歸。工吟詠。著有《嵩臺詩集》。（《陽春縣志》卷十）

徐夢鳳生。

徐夢鳳（一六八三～一七三一），字肇典。潮陽人。家貧，少刻苦，貫通經史，爲文雄深雅健。康熙五十三年（一七一四）舉人，雍正八年（一七三一）進士，授廣西修仁縣令，甫九月卒於官，年四十八。篋中敝衣數領外，唯書數十卷，士民集資葬之。（乾隆《潮州府志》卷二九）

清聖祖康熙二十三年　甲子　一六八四年

本年清廷開海禁，明年設粵海關於廣州外城五仙門內，係由舊鹽政署改建。（梁廷枏《粵海關志》卷七《設官》）

春，朱林修自金陵來，袖《青溪別業圖》示廖燕，請爲作記，燕因作《青溪別業記》。林修得英石大小各一，絕寶異之，客至則出賞鑒品題，世遂稱朱氏二石，林修請燕爲記，因作《朱氏二石記》。（《文集》卷三）

釋古易作《移居　甲子春作》（三首）五律（徐作霖、黃蠡《海雲禪藻集》卷三）。

釋古易，字別行。番禺崔氏子。族本儒家，與從父釋今攝（廣慈）同師釋函昰。終養後，挈其婦與一女一子相繼稟具。初爲雷峰殿主，遷典客，尋掌書記。有咯血病，雅善調攝，得幾中壽。尊禮釋今湛，恩如父子。子相繼爲雷峰殿主。阮元《廣東通志》卷三二八有傳。次子傳多，字味囉。童年剃落，侍釋今無，受具後爲雷峰殿主。著有《小山詩稿》。徐作霖、黃蠡《海雲禪藻集》卷三有傳。

正月初七人日，釋成鷲結束將歸，欲周覽海南，買舟具車，挈二侍子釋大機、釋大遷隨行，初至樂會，晤王約庵。抵萬州，尋華封洞。至龍池精舍，主人敬客款洽。主人知釋成鷲所欲，請築室以俟再來。嘉其志，贈之以詩。南行數日，將至陵水。入境訪釋雙照，夜宿尖嶺山庵。庵主釋守愚，張燈款客，問客來意，告以故。釋守愚鼓掌大笑，釋成鷲訊之。告曰："雙照出身梨園，今返其鄉，復爲梨園長。"釋成鷲聞而大慚，遊興索然矣。（釋成鷲《紀夢編年》）釋成鷲賦《寓龍池菴日顯師以風雅相質贈此以

《廣其志》七古詩。（釋成鷲《咸陟堂詩集》卷二）

初七日，釋成鷲賦《甲子人日將遊東山留別吳謂遠廣文》詩云：

違山久似辭巢鶴，渡海深慙陷井黿。北顧未忘遵舊路，南行先上踏春車。草鞵分得儒官俸，箬笠簪殘野寺花。揮手不須悵離索，市城雲壑各生涯。

釋成鷲又賦《發嘉積渡口》、《萬州道中作》、《遊龍池菴贈慧朗師》、《約慧朗師築室池上爲終老計》、《贈棋僧守愚》、《留別馮合豀》、《題懷素千文帖留別王晋予》、《留別吳謂遠廣文》、《留別陳次伯用前韻》、《留別鄭昭菴廣文》、《留別海外諸師》（以上七律）。（釋成鷲《咸陟堂詩集》卷十二）

十五日元夜，釋大汕、吳綺、吳觀莊、宋眉庵、徐鳳池、顧辛峰、錢目天、季偉公（煌）、彤本、武登諸公雅集長壽寺招隱堂，分得秋字，釋大汕賦《甲子元夜吳園次同觀莊宋眉庵徐鳳池顧辛峰錢目天季偉公彤本武登諸公雅集招隱堂分得秋字》七律詩，後又賦《越臺詩會分賦珠江春泛　同用七陽》、《寄懷吳門高澹遊》。（釋大汕《離六堂集》卷九，吳綺《林蕙堂全集》卷十九《元夜徐鳳池顧辛峰鄭愚公黃位北偕家觀莊武登同集石濂上人招隱堂分得回字》、《珠江春泛》七律）

二月早春，宴集三閭書院，屈大均即事賦　《早春讌集三閭書院即事　甲子》詩云：

海岸猶餘積雪光，春寒絶不似炎方。鶯聲亦有江南好，梅藥從無塞北香。五柳春秋空甲子，三閭歌舞是東皇。嘉辰宴會良難得，且共銜杯到夕陽。（《翁山詩外》卷十）

三閭書院在沙亭石坑涌之東（《翁山文鈔》二《屈沱記》），大均建之，與二三同道稱《詩》說《易》其中，嘗以其詩賦樂府梓之爲《三閭書院倡和集》。歲時有事，俾子弟弦而歌之，以樂神聽。（《翁山文外》二《嶺南唱和集序》、《翁山文鈔》二《三閭書院倡和集序》）大均賦《甲子初春賦得今歲花前五十五　白

樂天》五律詩四首。（《翁山詩外》卷八）

　　立春前三日，廖燕撰《舊居改爲家祠堂記》。（《文集》卷三）

　　立春日，釋成鷲賦《甲子立春日奉觀音大士登海潮巘夜宿巘中謾賦一章》詩云：

　　天空海濶巘岫迥，雲開月落鐘磬冷。夜長燭短光搖搖，不見孤僧見孤影。普陀老子丈六身，伽黎瓔珞金光炳。天龍擁出萬山中，師王踞坐群峰頂。一朝頑石爭點頭，萬古江山關靈境。笑殺羅浮老古錐，鐵鉢分身遥赴請。蒲團坐破草鞵穿，留與人間成話柄。無端踏上最高峰，側耳潮音發深省。長伸兩腳得安眠，直到紅輪出東嶺。無手人撾毒鼓鳴，無耳石人心自領。借問下方聞未聞，昨宵誰夢還誰醒。（釋成鷲《咸陟堂詩集》卷二）

　　二月初一日，釋大汕、王永譽將軍同吳綺諸公過集離六堂，分賦，釋大汕賦《二月朔王孝揚將軍同吳園次諸公過集離六堂分賦》七律詩、《送季偉公之循州營購奉其先人歸葬》。（釋大汕《離六堂集》卷九）

　　十五花朝日，吳綺集海內詞人於廣州西禪寺①，結粵臺詩社。梁憲《無悶集·花朝社集西禪寺》詩小序云：

　　甲子花朝，吳興太守吳園次入粵，集海內詞人於西禪寺結粵臺詩社。至期，則宴序分題。屈大均《翁山詩外》卷八亦有《花朝社集西禪寺》

　　三月十三日，釋函昰於廬山棲賢賦《吾生　甲子三月十三棲賢作》詩云：

　　吾生豈不樂，人事轉參差。所願殊未酬，覷睰紆歲時。舉世無真人，將以遲初機。愚昧寡所見，異同爲是非。道衰絕儔輩，相對强言辭。懼以小人心，翻成愛見悲。久割三界因，戀戀欲何

---

　　①　西禪寺又名西禪龜峰寺或靈峰寺，因殿后石形如龜，故名。故址在今廣州西華路太保直街廣州市第四中學內。

爲。先德不可負，後死安可期。垂垂衰病年，飲淚豈自知。綢繆
苦不早，歎息貽來茲。（釋函昰《瞎堂詩集》卷七）

清和浴佛日（四月初八），豐南吳綺爲釋大汕作《潮行近草
序》。（釋大汕《潮行近草》卷首）

仲夏（五月），釋當人爲釋大汕出嶺遍採諸方書集，臨行釋
大汕爲賦《甲子仲夏當人法姪爲余出嶺遍採諸方書集臨行賦送》
五古詩。（釋大汕《離六堂集》卷二）

初四日，梁佩蘭爲吳興祚書“偶值放衙閑嘯詠，何妨掛笏對
雲山”楹聯，至今猶存廣東省博物館。

六月，曲江重修風度樓成，請廖燕爲記。

七月，燕作《重修風度樓記》。（《文集》卷三）

二十日，釋成鷲歸里，請聞雲睿公老人登壇授具，從此得爲
大僧。受戒後，專心律部，不違經論。至臘乃理文人舊業，或著
述以輔正教。（釋成鷲《紀夢編年》）

秋，王又旦入粤主鄉試，屈大均、陳恭尹、梁佩蘭爲其《烏
絲紅袖圖》題詩。（屈大均《翁山詩外》卷十四《題王給諫烏絲
紅袖圖 王，郃陽人》七絕四首、《獨漉堂詩集》卷九《題烏絲紅
袖圖爲王黃湄給諫 三首》七絕、《六瑩堂二集》卷八《題王黃湄
給諫烏絲紅袖圖》五首）

七月十九日，廖燕偶有事至邑治西南二十里之水澗，適某友
繼至，雖均性樂丘壑，然皆不爲斯遊來者。因話溪山之勝，遂呼
小艇載酒，沿流往復，興酣，捉筆向石壁留題，灑墨雜進，觸景
成詩，凡得詩二十一首。澗上有橋，以其近黃屋村，遂以“黃
屋”爲名，燕爲改題曰“詩石橋”，明日作《遊詩石橋題名記》
（《文集》卷三）。另有《題詩石橋》五絕三首。

八月十三日，吳綺將還廣陵，約過佛山話別，艤舟賦送，釋
大汕賦《八月十三園次吳使君將還廣陵約過佛山話別艤舟賦送》
七律詩。（釋大汕《離六堂集》卷九）

八九月間，納蘭性德寄書邀梁佩蘭赴京共選北宋、南宋諸家

詞，並寄《點絳唇·寄南海梁藥亭》詞一首。

九月初五日，屈大均五十五歲，賦《五十五歲生日有作》詩云：

五十五秋前，無聞愧昔賢。將過稱艾日，未及象著年。學易徒爲爾，知非尚未然。杖家吾不敢，親在即神仙。《埤雅》：“五十象艾，六十象著。”

皇天眷老親，八十一年人。孺慕今方始，兒啼日以新。松枝宜晚歲，萱草更長春。爲壽吾何敢，劬勞念此辰。（《翁山詩外》卷七）

初九日，釋函昰賦《甲子九日》詩云：

今年登眺昔年人，九日溪山氣轉新。病後豈教超有力，定中不信但無身。風吹雲散碧霄净，日照霜明萬象真。無影樹棲鴻雁盡，蘆花寒水自粼粼。（釋函昰《瞎堂詩集》卷十六）

重陽後四日，蔣伊招同屈大均、潘楳元、陳恭尹登城北諸峰望全粵形勝。還，飲酒賦詩於越王臺，時有復建鎮海樓之議，恭尹有《甲子重陽後四日蔣莘田大參招同潘亞目屈翁山登城北諸峰望全粵形勝還飲酒粵王臺上時有建復鎮海樓之意即事賦呈》七古長詩。（陳恭尹《獨漉堂詩集》卷四）

王又旦來粵典鄉試，試事甫竣，與蔣伊、屈大均導上羅浮，造其絕巘，至二山分合之處，求所謂鐵橋、大小石樓者一一觀之。（《翁山詩外》卷二《登羅浮絕頂奉同蔣王二大夫》）。至西寧，訪知縣張溶，遊燕子巖、大峒、龍井諸勝，大均有《舟入羅旁之水將訪西寧張明府有作》五律詩四首、《龍井　龍井在西寧治東三里半山之中，大僅尺許，深五寸，滲出沙底，不盈不竭，味甘以冽，真坎之水也。張令作亭以覆之，屬予爲詩》五律二首。（《翁山詩外》卷八）

屈大均等至端州，爲粵督吳興祚祝壽，載嘉魚歸春山草堂，朱彝尊有《送少詹王先生士禛代祀南海兼懷梁孝廉佩蘭屈處士大均陳處士恭尹》（朱彝尊《曝書亭集》十二），大均有《後嘉魚

詩　甲子》五律詩十二首（《翁山詩外》卷八）、《自端州載嘉魚歸春山草堂》五律二首（《翁山詩外》卷八）。

陳恭尹亦有《嘉魚　二首》詩云：

嘉魚潛石穴，終歲氣常寒。本欲承珠露，寧知上玉盤。有無通雅詠，咫尺隔風湍。未必名爲累，隆冬澤易乾。

嘉魚吾舊識，高價市人爭。似鯽身微削，如鯪鬣乍生。細肪凝石乳，兼味著霜橙。未入宵來饌，吟詩久不成。（陳恭尹《獨漉堂詩集》卷四）

冬，梁憲賦《甲子冬浙東宋嵋莽招同顧伊人洪藥倩薛炎州潘亞目陳元孝尹爾任陳獻孟集飲南園分韻》詩云：

南園長日對梅花，好似林逋處士家。豈有高人能醉酒，同來此地酌流霞。閒階忽覩軒車至，逸韻偏令野興賒。坐久寒塘新月上，六窗如水映蒹葭。（張其淦《東莞詩錄》卷二二）

十一月，王士禛奉使至粵祭南海（《漁洋先生自撰年譜》：“康熙二十三年甲子……十一月，奉命祭告南海”），朱彝尊囑其代致意屈大均、梁佩蘭、陳恭尹（《曝書亭集》卷十二《送少詹王先生士禛代祀南海兼懷梁孝廉佩蘭屈處士大均陳處士恭尹》）。

梁佩蘭赴京（《六瑩堂二集》卷二《贈成容若侍中》）。在京與朱彝尊等爲侯開國《鳳阿山房圖》題詩。

十二月十三日，爲屈大均母黃太夫人八十一大壽，賓朋畢集，比以太夫人年高，戀晨昏定省，不復遠出。大均母大壽，陳恭尹爲作《屈母黃太夫人八十有一序》（《獨漉堂文集》卷四）。

除夕日，大均賦《甲子歲除作》詩云：

欲寒先作霧，將暖更吹風。歲盡從今夜，春來自故宮。草猶含蕙綠，花已破桃紅。臘酒琉璃盞，殷勤入掌中。

白首荷簑笠，居然農丈人。野功休晏歲，山事起初春。雨氣橫林半，煙光出水濱。鶯聲那不早，開我笑顏新。

歲除無一事，堪酌送愁杯。花以明燈喜，春因爆竹催。山寒多夜雨，地薄易冬雷。命隻悲何益，尊前正有梅。（《翁山詩外》

卷八）

　　本年大均作文：《于子詩集序》（《翁山文外》卷二）、《書羅浮詩後》（《翁山文外》卷九）、《童子雅歌序》、《三閭書院倡和集序》（《翁山文鈔》卷一）、《書朱母沈孺人墓誌後》（《翁山文鈔》卷八）。賦詩：《遊羅浮作》、《遊黃龍洞》、《冲虚觀》、《宿寶積寺》（《翁山詩外》卷一）、《采藥西寧承張大令使君命其姪孫豫表陪探燕子巖大峒龍井諸勝》、《贈王給諫》（《翁山詩外》卷二）、《梅花村》、《登羅浮絶頂奉同蔣王二大夫作　蔣少恭莘甲、王給諫黄湄》、《老樹歌爲蔣少參壽》（《翁山詩外》卷四）、《賦得蝴蝶繭贈王黄門幼華》、《五十五歲生日有作》二首（《翁山詩外》卷七）、《羅浮雜詠》四首、《甲子初春賦得今歲花前五十五　白樂天》（《翁山詩外》卷八）、《舟入羅旁之水將訪西寧張明府有作》四首、《龍井　龍井在西寧治東三里半山之中，大僅尺許，深五寸，滲出沙底，不盈不竭，味甘以冽，真坎之水也。張令作亭以覆之，屬予爲詩》二首、《哭顧亭林處士》、《聞藍子談武夷折筍隱屏之勝有作》、《寄贈武進陳古民丈》、《後嘉魚詩　甲子》十二首、《聞雁》、《自端州載嘉魚歸春山草堂》二首、《黄岡》八首、《甲子歲除作》三首、《早春讌集三閭書院即事　甲子》、《答洪丈藥倩過飲之作》（《翁山詩外》卷十一）、《至西寧下城峒奉訪龐卯君五丈》、《兩粤督府祝嘏詞》四首、《重至都虚觀作》二首、《再賦老樹篇爲少參公壽》、《舟經晉康奉訪州使君有作》、《題陳獻孟城南新居》四首、《至西寧賦贈張大令》（《翁山詩外》卷十三）、《羅定山歌》二首（《翁山詩外》卷十四）、《廣州竹枝詞》七首（《翁山詩外》卷十六）、《題西寧張邑侯山響亭》二首、《貧居口占》五首、《題王給諫烏絲紅袖圖　王，郃陽人》四首、《題五詩人圖　秦人孫豹人、王幼華，吴人吴賓賢、郝山漁、汪舟次》、《亞姑井謡》（《翁山詩外》卷十七）。填詞：《拂霓裳·從西寧使君乞白鷴》、《一叢花·題西寧長春寺》、《百字令·甲子元日試桃杯杯以匏爲之是魏里柯寓匏所貽》、《訴衷情・近西寧山中》（《翁山詩外》卷十九）。

　　本年陳恭尹始卜小禺山舍。（陳恭尹《獨漉堂詩集》卷四
《江村集 小序》：“甲子始卜小禺山舍。”）

　　本年吳震方遊粵（《晚樹樓詩稿》卷一《甲子春孟予將適粵
東省留村族叔次孟舉叔祖送行兼寄梁藥亭韻》），吳之振有《送家
青壇遊粵東兼寄梁藥亭孝廉》（《黃葉村莊詩集》卷六），梁佩蘭
作《次韻答吳孟舉》（梁佩蘭《六瑩堂二集》卷二）。

　　本年徐釚來廣州（《南州草堂集》卷十），屈大均、陳恭尹、
梁佩蘭爲其題詩。①

　　本年寧都魏禮與其子世侁、甥盧孝則至韶，往訪廖燕，並以
《文集》相贈。後有《與魏和公先生書》（《文集》卷五）燕自讀
魏文後，益欲至寧都登翠微峰一覽其勝，後其友杭簡夫將往遊，
燕作序送之（《文集》卷四《送杭簡夫遊翠微峰序》），然卒未得
往。今燕集中之文頗多魏氏父子之評語，每卷首均列“寧都魏禮
和公閱”一行。清康熙帝於本年詔天下郡縣有司計量域內山川關
津橋梁古跡驛遞，俱令圖畫詳記成書以聞。廣東督糧道蔣伊至韶
歷勘畢，復置酒筆峰山亭以極目焉。同席諸人將爲詩賦以歌其
事，廖燕亦在座，因序之。（《文集》卷四《陪蔣觀察讌筆峰山亭
序》）

　　本年吳綺自羊城經耒陽返江南，綺賦《留別厂翁和尚即次見
送原韻》留別釋大汕。（張慧劍《明清江蘇文人年表》）綺爲釋
大汕《潮行近草》作序。（吳綺《林蕙堂全集》卷三）

　　本年葉韜捐金四百餘兩，助修楊桃嶺山道。

　　葉韜，字際妍。陸豐人。好善樂施。（《陸豐縣志》）

　　本年許啟鐸捐修廣濟橋。

　　許啟鐸，澄海人。康熙二十三年（一六八四）捐修廣濟橋，

_____

　　① 《翁山詩外》卷八《題徐太史楓江漁父圖》、《獨漉堂詩集》卷九《題楓
江漁父圖爲徐虹亭 二首》七絕、《六瑩堂二集》卷四《題徐虹亭楓江漁父圖》。

二十五年創建冠山考亭書院。（乾隆《潮州府志》卷三〇）

　　本年何會隆請縣令于學清丈田畝，歷四載而完成。

　　何會隆，字允豫，號疆理。高明人。任廣西懷集縣典史，多善政。（道光《高明縣志》）

　　本年盧文傑授澄海知縣。

　　盧文傑，澄海人。居羅定。以東安縣諸生入貢。康熙二十三年（一六八四）授澄海知縣，聘修邑志。旋選為饒平訓導，未赴任卒。（嘉慶《澄海縣志》卷十九）

　　本年釋函昰在廬山淨成作《送許太守浣月歸養》等詩多首。（釋函昰《瞎堂詩集》卷十六）

　　本年釋成鷟於海南歸途中賦詩如下：《歸途口占》、《雨後宿琉璃菴》、《訪化州李廣文蒼水齋中話舊》、《與李蒼水何古錢放舟羅江登立石磯晚過黃茂才山莊同賦》、《贈周勝濂校尉》、《歸途寄李蒼水何古錢》、《送十洲師還南嶽》、《寄丹徒毛中菴明府》（以上七律）。（釋成鷟《咸陟堂詩集》卷十二）

　　龐翹菁於本年中舉人。

　　龐翹菁，字西年。南海人。康熙二十三年（一六八四）舉人。著有《大尊堂詩稿》。事見黃登《嶺南五朝詩選》卷十一。

　　鄧廷喆於本年中舉人。

　　鄧廷喆（一六五七～一七三四、一七三〇），字宣人，號蓼伊。東莞人。奇子。康熙二十三年（一六八四）舉人。四十九年考授中書，為官四十餘年。五十八年（一七一九）充安南正使，賜一品服。雍正元年（一七二三）詔舉賢能，蒙褒賜。後告老歸，里居八年卒。著有《蓼園詩草》、《皇華詩略》。事見溫汝能《粵東詩海》補遺卷五。

　　劉世重於本年中舉人。

　　劉世重，字仰山。香山（今中山）人。康熙二十三年（一六八四）舉人，官行唐知縣。著有《振綺堂集》、《東溪詩選》。事見溫汝能《粵東詩海》卷六六。

王宗佑於本年中舉人。

王宗佑，樂會人。康熙二十三年（一六八四）舉人，四十五年（一七○六）授四川溫江令。著有《觀瀾齋文選》、《歷朝詩鈔略》。阮元《廣東通志》卷三○二有傳。

戴大成於本年中舉人。

戴大成，字淵展。新會人。康熙二十三年（一六八四）舉人，官直隸深澤知縣。事見言良鈺《續岡州遺稿》卷一。

石娥嘯於本年中舉人。

石娥嘯，字鐵霽。興寧人。康熙二十三年（一六八四）舉人，官香山教諭，旋應同考粵西之聘。著有《靜山堂類書》、《小匡廬詩文鈔》。事見余祖明《廣東歷代詩鈔》卷二。

袁兆祥於本年中舉人。

袁兆祥，字金葉，號履亭。東莞人。康熙二十三年（一六八四）舉人，官河南輝縣知縣。築百泉精舍，招集士紳講學。年八十二卒。事見張其淦《東莞詩錄》卷三二。

溫槐應於本年中舉人。（阮元《廣東通志》卷七八《選舉表》十六）

溫槐應，字聲友。東莞人。康熙二十三年（一六八四）舉人。陳融《讀嶺南人詩絕句》卷五有傳。

許開邦於本年中舉人。

許開邦，海豐人。康熙二十三年（一六八四）舉人，官祥符知縣。（光緒《嘉應州志》）

陸鳳寵於本年中舉人。

陸鳳寵，字云舒，號秋銕。高要人。康熙二十三年（一六八四）舉人，四十五年（一七○六）進士，官定南、長寧知縣。晚年講學閱江樓。著有《鵝湖家學全集》。（宣統《高要縣志》卷十八）

董步聞於本年中舉人。

董步聞，字友灝。保昌（今南雄）人。康熙二十三年（一六八四）舉人。部銓已下，因父年邁，未赴。四十六年（一七〇七）服闋赴選，授直隸慶都令。步聞下車，痛除積弊，貸廩勸耕，免徵比三年，刑清政簡，票不入鄉，與民休息。又捐俸建義學，訓習英俊，復置田五十畝爲修火資。五十四年（一七一五）行取戶部山東司主事，卒於官。（《南雄府志》卷十四）

葉鳳翔於本年中武舉人。

葉鳳翔，字丹峰。梅縣人。康熙二十三年（一六八四）武舉人。（光緒《嘉應州志》）

劉家賓於本年成貢生。（雍正《東莞縣志》卷八《選舉》四）

劉家賓，字尚客，號寶溪。東莞人。康熙二十三年（一六八四）歲貢，高明訓導，署德慶州學正。博學善詩。著有《自吟草》、《續夢吟》，易宏選爲二卷，曰《寶溪詩選》，並序之。張其淦《東莞詩錄》卷三一有傳。

方苞於本年成貢生。

方苞，字克培。東莞人。燦新子。康熙二十三年（一六八四）貢生，官江蘇華亭縣令。（宣統《東莞縣志》卷六五）

李繼熙於本年成貢生。

李繼熙，字式穆。東莞人。作楫長子。康熙二十三年（一六八四）貢生。四十年（一七〇一）由內閣中書遷太常寺博士。（宣統《東莞縣志》卷六五）

鄒慶春於本年成貢生。

鄒慶春，字豫來。海陽（今潮州）人。康熙二十三年（一六八四）歲貢生。博學能文，履潔情清。順治間知府吳潁重修《潮州府志》，與其事，甚得力，潁深器重之。（乾隆《潮州府志》卷二九）

譚錫蕃於本年成貢生。

譚錫蕃，字接斯。高明人。康熙二十三年（一六八四）歲貢生，任浙江昌化縣訓導，訓士有方。參修縣志。卒年八十三。

（道光《高明縣志》）

羅顥於本年成副貢生。

羅顥，字顥甫。南海佛山人。少喜任俠，長乃折節讀書。領康熙二十三年（一六八四）副貢生，任石城教諭，授徒數百。著有《四書講説》、《四方草堂集》、《天文歲鈔》等。（《佛山忠義鄉志》卷十四）

謝元介生。

謝元介（一六八四～一七四一），字作大。番禺人。雍正二年（一七二四）舉人，居廣州城之東山，喜填詞，善詩。家貧，設館於莊有恭家，有恭兄弟皆師事之。十三年，充福建鄉試同考官。乾隆六年卒，年五十八。著有《東麓詩文集》。（同治《番禺縣志》卷四四）

清聖祖康熙二十四年　乙丑　一六八五年

春，梁佩蘭會試下第（《清秘述聞》），以《送沈客子還平湖》贈沈季友，爲顧貞觀《竹爐新詠》題詩。

葉燮入粵訪梁佩蘭，時佩蘭北上應試不即歸，秋梢，燮悵然返吳江，陶璜、釋大汕送以詩。

王士禎入粵，詢《蓮鬚閣集》，欲重爲刊刻，未果。嗣後遂球子延祖勉力刻成《蓮鬚閣集》二十六卷，僅全集十分之一。①

士禎奉使至粵，與屈大均、陳恭尹、黃與堅、高層雲、王隼、梁無技、張遠、程燕思、釋月濤、釋南柄等同遊廣州諸名勝，有《與元孝翁山蒲衣方回王顧諸子集光孝寺》、《同庭表稷園元孝蒲衣翁山遊海幢寺遂至海珠寺》（王士禎《帶經堂集》五二）、《別嵩孩元孝翁山蒲衣方回》詩（王士禎《帶經堂集》五

---

① 黎延祖《蓮鬚閣集題識》："乙丑濟南王阮亭先生奉命入粵，首詢《蓮鬚閣集》，欲重鋟諸帙，以輶軒迅發，未果。茲勉刻什之一以公同好。"（黎遂球《蓮鬚閣集》卷首）

七），陳恭尹有《同王阮亭宮詹黃忍庵太史高稷園廷評張超然屈
翁山兩處士五羊訪古作》四首：《菩提樹》、《五仙觀》、《海珠
石》、《菖蒲澗》詩（陳恭尹《獨漉堂詩集》卷九）。

正月，釋函昰賦《乙丑初春即事》詩云：

守拙匡徒五十年，未嘗俯仰向人前。訪予攜手談松下，送客
扶筇揖澗邊。老臥千峯忘貴賤，病移深谷廢周旋。自知有過隨雲
水，不敢逡巡累後賢。（釋函昰《瞎堂詩集》卷十六）

初一日，屈大均賦《乙丑元日作　是日立春，有微雨》
詩云：

易逢元日暖，難得歲朝春。雨色含山淺，煙光映水新。筐開
花勝小，盤出菜絲勻。卻笑夭桃朵，顏紅不及人。

初七日，高層雲、張遠訪屈大均，大均賦《人日承高廷評張
處士見過有作》詩云：

蓬蒿誰枉駕，君問讀書牀。正可求三益，何須在一方。天因
人日暖，春以酒杯長。得似斜川否，開年第一觴。

又賦《哭蔡二西》八首、《奉酬高廷評諼苑》七首、《奉酬
張超然處士》六首（以上五律）。（《翁山詩外》卷八）

暮春，釋大汕同王士禎、黃與堅、高層雲暨陳恭尹、張遠諸
公過集長壽寺懷古樓，① 有次夕對月賦詩之約，陰雨不果，悵然
作《乙丑暮春阮亭王宮詹忍庵黃太史諼園高大理暨陳元孝張超然
諸公過集懷古樓有次夕對月賦詩之約陰雨不果悵然有作》五律詩
（釋大汕《離六堂集》卷七）。士禎爲長壽寺題“紅樓映海三更
月，石瀨通江兩度潮”。（樊封《南海百詠續編》卷二《長壽寺》
條）又賦《詠長壽寺英石贈石公》五律。（王士禎《南海集》卷
下）

———————————

① 長壽寺有景觀十二：離六堂、懷古樓、繪空軒、雲半閣、半帆、木末、
月步、招隱、響泉廊、老榕團、澂心亭、尺木橋，陳恭尹《獨漉堂集》中《唱和
集》一一詠之。

三月初四日，勞書升憲副約同黃與堅、高層雲、陳恭尹遊白雲山麓蒲澗寺。（《帶經堂集》卷五十二《漁洋文十四・廣州遊覽小志》）

四月，王士禎奉使至粵祭南海事竣北還，陳恭尹有《扶胥歌送王阮亭宮詹祭告南海事竣還都兼呈徐健庵彭羨門王黃湄朱竹垞諸公》詩云：

扶胥之口水所歸，青山浮出如無依。長波際天不可極，白日夜半揚其暉。東風吹上木棉樹，片片盡作紅霞飛。南海之神綏冕古，瓊樓玉殿開朱扉。前駕赤虯後文螭，左驅天吳右馮夷。虹蜺架道雨師灑，蛟龍夾轂瞻旄麾。九重秩禮來南紀，誰持玉節漁洋子。天上連宵動使星，世間久矣傳詩史。歸舟暫泊珠江南，問奇訪古多所探。都將十載相思夢，並作江城半月談。唐詩三變猶堪把，明詩三變風斯下。落落乾坤得數公，盡掃榛蕪歸大雅。羨門子、竹垞生，與君意氣遙相傾。徐公淵博能下士，黃湄慷慨多秦聲。我抱區區君所察，來時更枉群公劄。山陽叔夜懶何堪，吳下阿蒙目猶刮。送君有作兼群公，鳳凰今已飛梧桐。和鳴律呂賴公等，且放野鶴閑雲中。（陳恭尹《獨漉堂詩集》卷四）

屈大均有《喜王阮亭宮詹至粵即送其行》五律詩十首。（《翁山詩外》卷七）

初九日，粵督吳興祚招屈大均與王士禎、黃與堅飲於端州石室巖。（《帶經堂集》卷七六《遊端州七星巖記》）

時興祚、士禎欲疏薦，大均婉謝曰："家有老母，況所著《詩外》、《文外》、《文鈔》、《廣東新語》、《廣東文集》、《十八代詩選》、《李杜詩選》、《今文箋》、《今詩箋》、《翁山六選》諸書未竟，余之筆硯未可輟也。"（《翁山詩外》卷首黃廷章序）程化龍有《王阮亭先生招同屈翁山叔燕思遊閱江樓》。（《詩觀三集》五）大均有《吳制府招同諸公遊七星巖有作》詩云：

峰峰開石室，一一作雲根。樹有飛梁勢，厓多瀑布痕。花來頻送酒，月上更開尊。謝傅風流甚，娛賓有笑言。

乳多晴更滴，處處濕人衣。石氣含雲冷，花光出水肥。漁樵元得性，簪組亦忘機。向夕聞笳吹，山公醉未歸。（《翁山詩外》卷七）

五月二十三日，梁佩蘭同姜宸英、顧貞觀、吳雯宴集於納蘭性德齋中，同詠庭中夜合花（《通志堂集》卷四《夜合花》、《湛園詩稿·夜合花·容若齋頭同梁汾藥亭天章》）。次日，性德臥病，三十日卒。佩蘭等有詩文挽之。（《通志堂集》卷十九《附錄》）

佩蘭在京期間，時同姜宸英、高層雲、譚瑄、汪楫、孫致彌、王原、湯右曾、龔翔麟、查嗣瑮等集於朱彝尊古藤書屋分賦。

八月，林杭學會省，時值生日，釋大汕賦《乙丑八月林潮州會省時值生日賦詩以壽　二首》七律詩、《秋懷　八首》。（釋大汕《離六堂集》卷九）

釋函昰自廬山還粵，沿途賦詩如下：《樟樹舟中》、《過贛州關》、《舟抵南安二首》、《度大庾嶺二首》、《還海雲》（以上七律）。（釋函昰《瞎堂詩集》卷十六）

釋函昰似歸來不久即病，病中賦《病中書懷二首》詩云：

老來病苦惟能忍，一念空知爲後人。到底還他三昧力，此時誰問百年身。西風未墮井梧葉，沼水猶停菱荇春。天上人間何所有，青霄白石月輪新。

休將貧病擬袁安，雪未填門見亦難。楓葉滿山山色麗，鶴翎投樹樹聲寒。清溪老我聽潮上，白眼看人到夕殘。道者孤懷渾似雪，天風一夜響琅玕。（釋函昰《瞎堂詩集》卷十六）

初五日，釋函昰賦《八月初五日示諸子》詩云：

連年衰病意遲遲，短景蕭條卻爲誰。戶外已驚黃葉墜，床頭休問菊花期。安身有策非今日，抱道尋僧惜往時。不是叮嚀長別日，黃雲青靄好相思。（釋函昰《瞎堂詩集》卷一六）

中秋後一日，釋大汕和贈曹燕懷兼送歸里，賦《中秋後一日

和贈曹石閭先生兼送歸里》詩。（釋大汕《離六堂集》卷九）

下浣，韶州知府唐宗堯募捐重建曲江風度樓，於四隅易木柱爲石柱，凡兩閱月而成，廖燕與陳崑圃、吳元躍、黃遥等均董其事。（《曲江縣志》卷八《輿地志》六何嘉元《重修風度橋記》）

二十七日酉時，釋函昰年七十八歲，終於丈室，親書偈別衆曰：“生也如是，死也如是。是如是不是亦如是，是不是亦如是。星宿經天，霜風匝地，汝諸人到者里大須仔細。七十八年老道翁，飜轉面來是我是你。信手拈來，猶較些子。”（釋今辯《本師天然昰和尚行狀》）

釋函昰圓寂，其徒釋今毬爲作《輓本師天老人　並序》（三首）（徐作霖、黃蠡《海云禪藻集》卷三）。

九月，梁佩蘭欲南歸。

初五日，屈大均於韶州舟中過生日，賦《五十生日在九江舟中五十又一生日在韶州舟中有賦》詩云：

兩年生日舟中度，笑共妻孥倒綠樽。五嶽未歸非子女，三公不易是鷄豚。匡廬雨過晴川闊，韶石雲開玉闕尊。五十正當而慕日，白頭喜共北堂存。（《翁山詩外》卷九）

初十日，姜宸英、朱彝尊、陸嘉淑、魏坤、張雲章、朱載震、陳曾藝、湯右曾、查慎行、俞兆曾於北京長椿寺宴集餞別梁佩蘭，席上聯句。（《曝書亭集》卷十二《重九後一日雨中集長椿寺》）

季秋之望，陳恭尹往端州，作《菊賦》。①

朱彝尊招同湯右曾、查慎行夜集古藤書屋再餞梁佩蘭，聯句。（《曝書亭集》卷十二《古藤書屋再餞梁孝廉》）

户部尚書余國柱招同陸元輔、陸嘉淑、魏坤餞送梁佩蘭，席上作詩酬答，佩蘭離京，有《留別余大司農陸翼王冰修魏禹平諸

---

① 《獨漉堂詩集》卷一《菊賦小序》云：“乙丑季秋之望，予將發端州之棹，視園菊得初開者二本，挈以登舟，感而爲賦。”

同學次司農送行韻》（《六瑩堂二集》卷七），朱彝尊、姜宸英、
尹源進、查慎行、陳大章皆有詩送之。①

佩蘭至揚州，與吳綺、卓爾堪賦詩送故明太常呂潛歸蜀葬
母。應宋實穎之倡，爲曹寅題《楝樹圖》。至蘇州，詩別王武，
爲蔡方炳母作祝壽詩。

秋末，佩蘭抵廣州，與尹源進、王鳴雷、衞淇遊蒲澗濂泉寺
分賦。冬夜，佩蘭同尹源進、陳恭尹、王鳴雷、林梧、陶璜宴於
西郊差山堂，分韻賦詩。（呂永光《梁佩蘭年譜簡編》）

蔣伊擢任河南督學，屈大均、陳恭尹有詩贈行（《翁山詩外》
卷十《奉送蔣少參督學中州》，《獨漉堂詩集》卷九《送蔣莘田
大參之任河南提學 五首》七絕）。

十月初六日，廖燕攜伴往遊去邑治西南六十里之九子巘。此
巘幽深洞敞，可容數百人，然志乘俱不載。是日，燕情與景會，
幻出奇觀，不禁歎賞久之，因檗窠書“九子巘”三大字並識一詩
以遺後之覽勝者。（《文集》卷八《自跋遊九子巘詩》）

十一月，屈大均自端州歸沙亭。女說生，丘氏辟寒出。（《翁
山文外》卷八《四殤塚志銘》，卷一四《殤女說哀辭》）冬至惠
州。（《翁山文外》七《胡烈婦墓誌銘》）

冬至，屈大均贈張遠《至日同超然作》詩云：

至日孤舟上，家人憶拜冬。驚寒因酒薄，耐暖且衣重。草綠
添江色，花黃減岸容。薰爐微著火，雪事話吳淞。（《翁山詩外》
卷八）

十二月初五日，大均父澹足公忌日，大均賦《先君澹足公忌

---

　　①　朱彝尊《曝書亭集》卷十二《送梁孝廉佩蘭歸南海》、姜宸英《葦間詩
集》卷三《梁藥亭孝廉將還嶺南枉過不值因有此贈》、《東莞詩錄》卷二五尹源
進《秋杪送梁藥亭南歸步余大司農韻》、查慎行《敬業堂詩集》卷六《再送梁藥
亭次大冶司農原韻》、陳大章《玉鏡臺詩鈔·鞹鞃集》卷三《次司農公韻送梁藥
亭還嶺南》七律二首。余大司農指余國柱，錢實甫《清代職官表·部院大臣年
表》云余國柱康熙二十三至二十六年任戶部尚書。

日作　十二月五日》詩云：

早孤無祿甚，三十七年哀。不仕空承志，非時敢見才。貧憐三世食，老恨五男催。歲歲當殘臘，嗚嗚哭草萊。

墓木成圍久，婆娑自弱年。夢魂多雨夜，悽愴更霜天。畫像平時設，遺衣忌日懸。父書難再讀，最是教忠篇。（《翁山詩外》卷八）

初六日，大均從兄士煌卒，年五十六歲。（《鐵井墓表》）大均於明年初賦《哭從兄泰士》五律詩八首。

大均又賦《送泰士兄葬》詩云：

峨峨千尺松，崩向此雲峰。白日無饑鳳，黃泉有老龍。名留高士在，墓待故人封。痛哭辭煙樹，歸時已下春。（《翁山詩外》卷八）

十三日，大均母八旬有二生辰，大均賦《乙丑臘月十三日恭遇慈大人八十二歲生日喜賦》五律詩八首。（《翁山詩外》卷八）

除夕，大均賦《乙丑歲除作》詩云：

年光微雨後，春發大寒初。花片沾雲濕，松聲入水虛。酒因慈母飲，詩爲小兒書。不記誰家臘，聞鶯識歲除。

又見蘼蕪草，春芽出土膏。歲華愁里失，人事夢中勞。雪以乾風小，泉因細雨高。年年此除夕，努力是醇醪。

年年生一口，婚嫁尚無期。蚌蛤三珠日，鳴鳩七子時。孝衰吾豈敢，忠養汝何遲。阿婦殷勤道，威姑百歲姿　予有三男四女矣。

燈花因守歲，一倍照愁思。學易偏多過，加年只益悲。寒消陰雨後，春轉曉風時。辛苦青盲客，皇天不肯知。

稚子眠難早，喧喧到曉鐘。煖嫌燈火少，寒恨水雲重。鶯語催元日，雞聲送大冬。明朝書甲子，又見淚光濃。（《翁山詩外》卷八）

本年大均作文：《無悶堂文集序》（《翁山文外》卷二）、《張子詩集序》、《寒香齋詩集序》、《于夫人詩序》、《黃元祥先生七十又一壽序》、《仲兄鐵井先生墓表》（《翁山文外》卷七）、《胡烈婦墓表》、《禿頌並序》（《翁山文外》卷十二）、《王漁洋尚來志序》、《琴説贈詹丈大生》、《琴説贈詹丈大生》（《翁山輯佚文》卷一）。賦詩：《菩提壇》（《翁山詩外》卷二）、《五仙觀》、《舟上西江值大水有作》二首（《翁山詩外》卷四）、《上峽》、《蕉布行》、《七星巖磨厓題名歌》、《端州訪硯歌和諸公》、《喜王阮亭宮詹至粵即送其行》十首、《送高廷評》二首（《翁山詩外》卷七）、《望爛柯山》、《頂湖山》、《吳制府招同諸公遊七星巖有作》二首、《新婚詩爲獻孟作》四首、《立夏前二日留春》（《翁山詩外》卷八）、《乙丑元日作　是日立春，有微雨》、《人日承高廷評張處士見過有作》、《哭蔡二西》八首、《奉酬高廷評諗苑》、《奉酬張超然處士》六首、《送嚴止峰》、《張桐君餉我杭州宮扇賦此答之》二首、《送琴客詹大生丈》、《寄徐孝先》、《寄施贊伯》、《至日同超然作》、《生女》三首、《飲武夷茶作》、《先君澹足公忌日作　十二月五日》二首、《乙丑臘月十三日恭遇慈大人八十二歲生日喜賦》八首、《奉送蔣少參督學中州》（《翁山詩外》卷十一）。

　　去年冬至本年，王士禎將其主要在粵所作別爲《南海集》，編入《帶經堂續集》中（程哲《帶經堂集目錄　第四編·蠶尾詩集》卷首識）。士禎另作有《廣州遊覽小志》，計有小題《光孝寺》、《六榕寺》、《五羊觀》、《海幢寺》、《海珠寺》、《越秀山》、《蒲澗寺》、《長壽庵》和《南園三忠祠》（《帶經堂集》卷五十二《漁洋文十四　小志》）。

　　自康熙十八年至本年，釋大汕將長壽庵改建爲蘇州式園林，令王士禎贊嘆不已。（王士禎《廣州遊覽小志·長壽庵》）

　　本年釋澹歸之《徧行堂續集》刻成，卷三有《廖夢麒詩序》，卷十三有《答贈廖夢麒詩》，燕見之，作書與丹霞別傳寺主持、釋澹歸師弟釋今辯曰：“《徧行堂集》內有與燕剳兩首，誤刻“廖夢醒”爲“廖夢麟”，“麟”是祖諱，尤不宜也。昨閱《續集》，又誤刻“夢麒”，豈燕直作此物觀耶？其如出非其時何！且後人

竟不知"夢麟""夢麒"爲何人，幸付剖劂改正。今則並易爲柴舟矣。"（《文集》卷五《與樂説和尚書》）

本年黎龍若任香山教諭。（阮元《廣東通志》卷四五《職官表》三六）

黎龍若，字迥雲，一字梧洲。南海人。任香山學教諭。著有《研露軒詩集》、《綠竹堂辭賦文集》。黃登《嶺南五朝詩選》卷十有傳。

陳似源於本年中進士。

陳似源，字崑霞。東莞北栅人。阿平侄。父襆傑，字萬谷。康熙間諸生。值遷海，散財以周族黨之失所者。似源中康熙二十四年①（一六八五）進士，選庶吉士，五十年（一七一一）授編修，纂修《一統志》。五十四年，告假歸。雍正時卒，壽七十三。著有《敬業堂集》等。子之遇，進士，知縣；廷槐、應槐，舉人。宣統《東莞縣志》卷六七有傳。

朱順昌於本年成貢生。

朱順昌，字宏矩，又字叔劉，號北渚。南海人。康熙二十四年（一六八五）貢生，選清遠縣教諭。內艱。起復補文昌縣教諭，升高州府教授，與釋成鷲來往頗密。著有《文昌縣志》、《朱氏顯觀房世系全圖》、《江邨雜詠》、《清署吟》、《北行草》、《海外集》、《古循閑囈》、《南遊紀行》等。事見朱次琦、朱宗琦《朱氏傳芳集》卷正。

區嘉元於本年成貢生。

區嘉元，字子起。高明人。康熙二十四年（一六八五）拔貢生，任靈山、龍川教諭。孝友力學，首輔黃士俊題其讀書處曰"山天堂"，並以幼女嫁之。曾同修縣志。（光緒《高明縣志》）

朱徵綸於本年成貢生。

朱徵綸，新安人。康熙二十四年（一六八五）貢監，廉州府

---

① 一説四十八年（一七〇九）進士。

合浦教諭。（康熙《新安縣志》）

陳萬盛生。

陳萬盛（一六八五～一七五二），海陽人。享年六十七。事見朱彭壽《清代人物大事紀年》。

方煜卒。

方煜（？～一六八五），字檀之。惠來人。淹貫經史百家。屢困場屋，而不以得失爲意。教授生徒，多爲名士。應康熙二十四年（一六八五）歲薦，赴京廷試，未試而卒。（雍正《惠來縣志》卷十四）

清聖祖康熙二十五年　丙寅　一六八六年

春，屈大均賦《獨酌　時丙寅春五十七歲》詩云：

歲月無多嘆逝川，七旬更待十三年。忘憂卻在難忘處，學道還如未學前。黃鳥竹間催獨酌，白鷗花下伴閒眠。藏書不少名山葉，兒女他時各一編。

正月初一日，屈大均賦《丙寅元日作》五律詩五首。（《翁山詩外》卷八）

十七日，屈大均女說殤。（《翁山文外》卷八《四殤塚志銘》、卷十四《殤女說哀辭》）大均賦《哭殤女悅》五律詩五首。（《翁山詩外》卷八）

二月十六日，大均叔父澹翁（屈驤）病起，大均同黎氏及諸從兄弟小集澹翁園林分賦。（《翁山詩外》十一《奉和澹翁六叔父開春病起之作》六首、《花朝後一日同黎氏及諸從兄弟小集澹翁家叔園林分賦》）

三月，何絳賦《丙寅春三月葉端五招飲後山壽燕亭》詩云：

城中大小山有六，無如此山快人目。蒼松百尺夾廣路，嫋嫋青蘿掛高木。路窮忽見有人家，依然雞犬與桑麻。此間男女並耕作，群羊曝日眠野花。石門中斷對西湖，湖光山色時時殊。六橋掩映垂楊里，朝云暮草啼鷓鴣。主人亭上開瑤席，重費金錢宴賓客。四時之味置兩頭，笑倚胡床飛玉液。酒酣興發洞簫起，座客新聲清入耳。林木忽動雲不流，藍采秦青何足比。須臾賭酒齊彎弓，羽箭交加射春風。老夫雖乏猿臂技，觀之亦覺壯心雄。吁嗟此城十載前，作客向人曾談天。心醉名山未暇上，往來瞻望空留連。今日登山成白頭，世間萬事一墟丘。酌再酌，馬腦盤光大白浮。誰爲爲奴誰王侯，會須一醉忘千憂。諸君切莫倚少壯，年光似電不可留。（何絳《不去廬集》卷五）

初四日，牡丹盛開，鎮粵將軍王永譽招屈大均同張梯、梁佩蘭、張遠、陳阿平、陳恭尹雅集倚劍堂，分韻賦詩。（陳恭尹《獨漉堂詩集》卷四《上巳後一日王孝揚將軍招同屈翁山陳元孝方鶴洲幕府雅集時牡丹盛開分賦得鹽字》，卷九《上巳後一日王孝揚將軍招同張桐君梁藥亭屈翁山張超然家讌孟集倚劍堂時牡丹盛開即事分賦》七律、《又得五歌》七律）大均賦《王將軍府中牡丹盛開有賦》五律詩二首（《翁山詩外》卷八）、《丙寅春日承王大將軍招同諸公雅集分得蕭字　時牡丹盛開》七律（《翁山詩外》卷十）。

四月初六日，釋函昰之徒塔其師釋函昰全身於丹霞對岸佛日山麓，釋今辯爲撰《行狀》。（釋今辯《本師天然昰和尚行狀》）

閏四月，屈大均側室梁氏文姞卒，年三十四歲，時大均客郡城，聞病歸沙亭，梁氏文姞先一日卒，六月葬於涌口之石坑山。（《翁山文鈔》卷五《亡妾梁氏壙志銘》，《屈氏四碩人墓誌銘（拓本）》）大均賦《哭侍妾梁氏文姞》五律詩十首、《悼梁氏文姞》五律四首。（《翁山詩外》卷八）

粵督吳興祚以茭塘黃女官沙（番禺茭塘司）之田三十七畝惠屈大均，大均自耕之。（《翁山文外》十《耕辭》、《祝倉囷辭》，《翁山詩外》卷八《大司馬吳公惠田賦此奉答》五律二首）

伏日，梁佩蘭同陳恭尹、王世楨、張梯、朱研、周文康、林梧、董克灝、王完趙集於潘楳元視蒼樓分韻賦詩，陳恭尹《獨漉堂詩集》卷四《伏日同王礎塵張桐君朱子成周文康梁藥亭林叔吾董克灌王紫巘集潘亞目視蒼樓分賦因寄董無休》詩云：

池連深樹暑皆消，酒得良朋興更遥。片席領風來極浦，斷虹將雨下青霄。樓名趙尉高相望，山有安期坐可招。三十年前同賦客，白頭書劄到今朝　時克灌奉其尊人無休書至。

秋，屈大均爲汪沇作《嘉蓮詩》二章，刻入《翁山詩外》，爲汪沇、野逸、巘夫、不庵、谷口、賓連、汪士鈜、中江、吳綺、雨平諸君所賞，以之刻箋，流傳白下，謂在諸君百餘篇《嘉蓮》之上，以玉杯祝之。沇則以黎美周"牡丹狀頭"相比，鄭超宗（元勳）賚以金罍二器，稱大均爲"嘉蓮榜眼"，大均爲賦《玉杯篇》二章，以與《嘉蓮》詩相表里。（《翁山文鈔》九《復汪右湘書》，《翁山佚文輯》中《復汪栗亭書》、《復汪右湘書》、《翁山詩外》卷十）大均賦《嘉蓮詩爲汪右湘作》詩云：

絕憐花亦有鴛鴦，化出芙蕖兩朵香。心苦但知含一意，影寒不肯作雙房。玉顏紅白多因藕，羅襪沉浮欲渡湘。知是主人能好色，故將連理媚金塘。

不知一朵還雙朵，但是芙蓉即並頭。生作鴛鴦那有恨，開成荳蔲似含愁。絲絲但在泥中藕，片片從飄水上秋。寄語池塘題賦客，休教折向采蓮舟。

又賦《玉杯篇　有序》七律二首，序云：

汪栗亭自歙縣貽書，屬予爲其族父右湘作《嘉蓮》詩二章。右湘見詩嘆賞，以爲在所徵同人百餘篇之上，謂昔黎美周以《黃牡丹》詩稱"牡丹狀元"，鄭超宗賚以金罍二器，今屈子亦可稱"嘉蓮榜眼"。因以一玉杯自所居黃山之下阮溪四千餘里貽予爲壽，予無以報之，亦爲之賦《玉杯》二章云爾。（《翁山詩外》卷十）

屈大均應定安（今屬海南）知縣張文豹、教諭梁廷佐之聘，纂修《定安縣志》八卷。編刻《翁山詩外》十五卷。刻《翁山文外》十六卷，張遠、甘京等有《題辭》，魏世傚有《序》。劉茂溶、陳肇昌助大均纂修《廣東文集》三百餘卷，後以卷帙浩繁，拔其尤者爲《廣東文選》四十卷。（《翁山文外》二《廣東

文選自序》）

梁廷佐，字彥騰，號疊石。順德人。明經。康熙二十二年（一六八三）教諭惠來，二十四年任定安教諭。著有《鐸惠迂言》、《定陽訓則》、《浣硏集》。黃登《嶺南五朝詩選》卷十有傳。

秋杪，陳恭尹爲釋大汕題《賣卜圖》。（《離六堂集》卷首附《賣卜圖》題款"丙寅秋杪恭尹)

冬，陳恭尹移家定居小禺山舍。（《獨漉堂詩集》卷四《江村集 小序》："甲子始卜小禺山舍，丙寅冬遂定居焉。"卷五《小禺初集 小序》："小禺，番、禺二山間一丘也。予中年倦於遊而食指日繁，取資於筆墨，遂不能不與人世往來。干戈之際，又往往以不出見人積爲疑謗。歲甲子始卜居茲丘之陽，丙寅之冬遂移家焉，今不覺十餘年矣。"）

陳璸讀書雷州府學啟聖祠，作《壓邪》詩，序云："丙寅冬，予讀書府學啟聖祠，每二鼓後風颯颯若有厲聲，作此壓之。"（鄧碧泉《陳璸詩文集》卷二）

十月初二日，蘇大捷生。

蘇大捷（一六八六～一七四七），東莞人。享年六十二歲。事見朱彭壽《清代人物大事紀年》。

廖燕客歸，兀坐二十七松堂，時或無聊，不得已借筆墨以宣積鬱。燕之家人促其起，起仍無事可作，因仍作詩。燕既以作詩爲消遣，同人亦競效之，遂成常課。既多，因選而刻之，燕因作題詞。（《文集》卷八《二十七松堂詩課選刻題詞》）

本年屈大均作文：《翁山詩外自序》、《翁山文外自序》（均見原書卷首）、《廣東文集自序》（《廣東新語》、乾隆《番禺縣志》）、《四殤塚志銘》（《翁山文外》卷八）、《耕辭》（《翁山文外》卷十）、《祝倉困辭》、《王惠潛先生哀辭》（《翁山文外》卷十四）、《吳端潛先生哀辭》、《屈門梁氏壙志銘》（《翁山文鈔》卷五）。賦詩：《丙寅元日作》五首、《哭從兄泰士》八首、《送

泰士兄葬》、《哭殤女悦》五首、《兒明洪生日示之》四首、《王
將軍府中牡丹盛開有賦》二首、《西洋郭丈贈我珊瑚筆架賦此答
之》二首、《哭侍妾梁氏文姞》十首、《大司馬吳公惠田賦此奉
答》二首、《送吳四會之任漢州》二首、《送黃太史》五首、《悼
梁氏文姞》四首（《翁山詩外》卷八）、《奉和澹翁六叔父開春病
起之作　用原韻》六首（《翁山詩外》卷一〇）、《花朝後一日同
黎子及諸從兄弟小集澹翁家叔園林分賦》、《獨酌　時丙寅春五十
七歲》、《賦贈番禺孔明府》、《丙寅春日承王大將軍招同諸公雅集
分得蕭字　時牡丹盛開》、《賦贈廣州劉静庵太守》、《壽西洋郭
丈①》、《季秋之五日承諸族父過賞菊梅分賦》、《嘉蓮詩爲汪右湘
作》二首、《四雛操》（《翁山詩外》卷一七）。

　　本年張遠離粵，陳恭尹賦《送張超然　閩人，時寓吳門》
詩云：

　　相送已云再，風花今仲春。重尋來日路，又老一年人。楚水
趨吳遠，閩山與越鄰。便歸何不可，詩卷未常貧。（陳恭尹《獨
漉堂詩集》卷五）

　　陳恭尹之《獨漉堂集》中有《江村集》，收録一六七六年至
本年間十年之詩作。（姜伯勤《石濂大汕與澳門禪史》一九四頁）

　　本年海陽知縣金一鳳主修《海陽縣志》。至康熙二十七年
（一六八八）又修成增訂本。陳衍虞兩予其事，後又撰《海陽縣
志序》弁其卷端。（曾楚楠《蓮山詩集點注·前言》）

　　本年蔣景祁《瑶華集》刻成，於嶺南詞人獨選梁佩蘭《山花
子》詞三首。（《瑶華集》卷三）

　　李繼燕於本年成貢生。

　　李繼燕，字駿詒，號參里。東莞人。作楫次子。九齡通《春
秋》。康熙二十五年（一六八六）貢生，官遂溪教諭，阽吳江令。
以病乞休，歸次江西卒，年五十。未仕時，築榴花亭，藏書萬

―――――――――――

　　①　詩後自注曰："丈新生子。丈生日爲端陽之七日。"

卷，日鍵戶其中，甲乙丹黃，無間寒暑。著有《榻（拓）花亭詞稿》。事見張其淦《東莞詩錄》卷三二。

譚必售於本年成貢生。

譚必售，字在京。東莞大寧人。康熙二十五年（一六八六）貢生①，授饒平縣教諭。子璉，進士，任四川灌縣令。事見張其淦《東莞詩錄》卷三二。

方震煒於本年成貢生。

方震煒，字漢章，號海巘。東莞珊美人。華樺子。康熙二十五年（一六八六）貢生，翌年丁卯副榜，三十二年（一六九三）舉人，授江南南陵知縣，丁內艱，起補福建惠安縣，尋以憂歸。事見張其淦《東莞詩錄》卷三二。

李必彩於本年成貢生。

李必彩，字士掀。歸善人。康熙二十五年（一六八六）恩（歲）貢生。急公好義，分產濟貧。事見乾隆《歸善縣志》卷三。

何璿於本年成貢生。

何璿，字叔渾，號衡石。番禺人。康熙二十五年（一六八六）選拔貢生，入國子監肄業，考授州同，改選長樂教諭，保升知縣。（《番禺縣續志》卷二四）

侯汝耕於本年成貢生。

侯汝耕，字書田。梅縣人。康熙二十五年（一六八六）拔貢。能詩文，尤工書法。爲義學師，講學不收學金。著有《唾餘文集》、《巢枝樓詩集》。（《梅縣歷代鄉賢事略》）

吳日炎生。

吳日炎（一六八六～?），字升谷、敬存。揭陽人。七歲能文，年十四，中康熙三十八年（一六九九）舉人，授湖南鄞縣知縣，雍正六年（一七二八）內遷刑部主事，擢員外郎。著有《浣雪堂稿》、《半秋堂詩集》等。（乾隆《揭陽縣志》卷六）

① 一作康熙二十三年（一六八四）貢生。

韓奕亨生。

韓奕亨（一六八六～一七六一），字潔齋。博羅人。庠生。謹自奉約，濟人利物。雍正初大饑，設粥賑濟，又倡捐社倉。（乾隆《博羅縣志》卷十二）

羅天尺生。

羅天尺（一六八六、一六六八～一七六六、一七六二?），字履先，號石湖。順德人。康熙六十年（一七二一），應學使惠士奇試，與何夢瑤、蘇珥、陳海六①等數十人同被拔。士奇手錄其賦、詩示諸生，名大起。乾隆元年（一七三六）舉博學鴻詞，以親老不就。是年秋，中舉人，一上春官，即歸奉母，隱居石湖，結南香詩社，講藝於晚成堂。雍正時修《一統志》，與勞孝輿同纂《粵乘》。年七十七卒於家。與勞孝輿、何夢瑤交密。著有《五山志林》、《瘦鶴山房詩鈔》六卷。《清史稿》卷四八五有傳。弟天俊，字雨三，號賁園。諸生。寓番禺河南遊魚洲（鰲洲），工詩。著有《賁園草》。溫汝能《粵東詩海》卷八〇有傳。族叔旭堂和尚，海幢寺僧。能詩善畫，翁張憲曾有七律詩為壽。（《嶺海名勝記》卷六）

釋靜會傳修生。

靜會傳修（一六八六～一七八〇），密因古如傳法弟子。潮州開元寺僧。

何衡卒。（魏禮《魏季子文集》卷九有《唁何左王不偕》，"不偕"為何絳字，應為衍文。左王為何衡字。此尺牘末署"乙卯八月禮自"，則衡應卒於康熙十四年乙卯歲（一六七五），陳恭尹《獨漉堂文集》卷十《何左王墓誌銘》）

————————

① 陳龜山，字海六，以字行。順德人。舉優貢。羅天尺（石湖）於乾隆四年（一七三九）己未計偕至京，惠士奇序其詩，有語及之。雍正元年（一七二三）癸卯拔貢時，龜山與石湖、西池、古儕皆與試，皆不取。後龜山選饒平訓導，仍屢赴鄉闈，竟不售。羅元煥《粵臺徵雅錄》有傳。

尹源進卒。（宣統《東莞縣志·人物略》尹源進傳）

釋弘贊圓寂。

釋今攝圓寂。

清聖祖康熙二十六年　丁卯　一六八七年

春，嚴繩孫來粵（《法性禪院倡和詩》卷首序云：“歲丁卯，宮允藕漁嚴公來粵，太史藥亭梁公相拉見過，樂其清净，因題匾曰‘華嚴香海’，嚴公書之”），與梁佩蘭、屈大均、陳恭尹、吴文煒等交遊唱酬①，梁佩蘭以名花丫蘭贈之②。

王宜輔來遊番禺，乘船三十五里至沙亭謁屈大均並拜屈母。（《翁山佚文》卷一《壽王山史先生序》）

正月初一日，屈大均賦《丁卯元日作奉和澹園六叔用來韻》詩云：

一冬喧暖望寒來，元日陰陰雨不開。春色未隨芳草轉，年光已被絳桃催。能吟椒藥餘中婦，喜弄鶯雛有老萊。兒女鳲鳩方六七，堂前争得是花梅。

正喜乾冬又濕年，定知穀貴欲耕田。鶯花縱好非春色，雨雪偏多是朔天。親在敢言身老大，時來尚覺命屯邅。蒼蒼客鬢多情甚，解爲愁人一倍妍。

初七日，大均又賦《人日雙檜堂社集與諸從分得高字》詩云：

檜樹陰陰廟貌高，相將人日事抽毫。白頭寶勝分雲髻，新歲椒花剩玉醪。已暖風光全在柳，猶寒雨色半含桃。湘纍辭賦吾家事，風雅能兼望汝曹。（《翁山詩外》卷十）

---

①　嚴繩孫《秋水集》卷七《誧梁藥亭次余南歸見送之作並簡别陳元孝屈翁山吴山帶諸子》七律四首。繩孫此次來粵，作詩二十餘題，具載其《秋水集》卷七。

②　《秋水集》卷七《粵臺春日雜成短句》十八首。其十四首有句云：“紫莖綠葉滿天涯，唯有丫蘭此最誇。”

同日，屈大均追哭何衡，賦《人日追哭孟王　是日孟王生辰》詩云：

年年人勝節，憶汝罷銜觴。淚向生前盡，情於死後長。鏡留秦地月，衣滅漢宮香。屈指從庚戌，悲思十八霜。（《翁山詩外》卷八）

十二日，大均又賦《正月十二日集黃氏齋聽羅丈彈雛神操作》詩云：

鶯聲已比去年長，花氣猶含昨夜香。忽把瑶琴彈雛女，盡驚羅襪濕春陽。三城且莫喧歌管，四座都遲命羽觴。幾處輕寒銷火樹，祇須明月助燈光。（《翁山詩外》卷十）

大均又賦《丁卯初春作》五律四首。（《翁山詩外》卷八）

花朝前二日（二月十三日），屈大均賦《花朝前二日小集澹翁園林觀落紅有作限塘字》詩云：

一夕花流滿曲塘，半沾泥滓尚紅粧。子鵑血灑朝煙濕　謂杜鵑花，巫女魂飄暮雨香　謂蜀茶。已落祇堪貽下女，未開猶可待東皇。啼鶯莫向尊前怨，春事明朝定未央。（《翁山詩外》卷十）

三月，釋成鷲掩關謝客，就所居西偏粗營一室，僅可經行蔽風雨耳。社中良友陶璜、羅賓王、霍西牛、胡大靈輩十有二人，相邀逐月給薪水，逾門而至。關中默坐，觀心靜驗前悟，日修大慈懺法，持念六字洪名，或行般若三昧。久之，得大自在大休歇大受用處。一日定中，聞鄰人舂聲，桶子猛然打破而悟脫。坐關三年，訊諸外人，三年中兇咎無有也。（釋成鷲《紀夢編年》）

六月，廣州知府劉茂溶聘屈大均修《廣州府志》。（《翁山文外》卷二《福州府烈女烈婦傳序》、三《女官傳序》、十三《慰妹婿李生文》）

秋，嚴繩孫攜綠端硯還歸無錫，梁佩蘭、屈大均、陳恭尹皆有詩送之。① 屈大均賦《綠端硯爲嚴藕漁宮允作》五律詩五首。

又賦《送嚴藕漁宮允還梁溪》五律八首（《翁山詩外》卷七）、《奉和嚴藕漁宮允蒙恩予假南還述懷之作次元韻》七律四首（《翁山詩外》卷十）。

陳恭尹賦《爲嚴藕漁宮允題綠端硯五首》詩云：

似是花磚漬古苔，碧雲何意下嵩臺。曹家舊瓦誇銅雀，飛作鴛鴦入夢來。

五色曾聞鍊女皇，至今調綠用玄黃。一從補後星辰穩，天地精華萃此方。

端溪雛眼最精熒，龍尾金光帶列星。別向人前開寶匣，倚天元自有青萍。

漢武淩雲思欲飛，相如詞賦有光輝。仙人掌上分餘瀝，滴露研朱對綠衣。

巧匠何年琢翠屏，一泓秋水在閑庭。岣嶁綠字遙相待，細寫文章入汗青。（陳恭尹《獨漉堂詩集》卷五）

薛起蛟與纂《順德縣志》稿成，將付梓，送梁佩蘭閱之，甚稱許。

秋，屈大均賦《龐祖如以張喬美人畫蘭見贈詩以答之　有序》五律詩六首，序云：

友人龐子祖如有張喬《美人畫蘭》一幅，上有陳文忠公桐君所題詩。詩曰："谷風吹我襟，起坐彈鳴琴。難將公子意，寫入美人心。"公嘗於南園五先生抗風軒集名流十有二人開社，喬每侍公，弄筆墨賦詩，有《送黎孝廉美周》詩云："春雨潮頭百尺高，錦帆那惜掛江皋。輕輕燕子能相逐，怕見西飛是伯勞。"又有《送李山人煙客》詩云："子夜微歌特底忙，奈何花月是離觴。春江千折牽遊舸，若箇津頭柳線長。"又云："香作飛塵玉作

---

① 《六瑩堂二集》卷七《送嚴藕漁歸錫山次予假原韻時嚴客在粵》四首、卷八《送嚴藕漁予假南還次原韻》四首、《綠端硯爲嚴藕漁賦》五首，《獨漉堂詩集》卷五《爲嚴藕漁宮允題綠端硯》五首、卷九《次和嚴藕漁宮允南歸述懷》四首、卷十《再次嚴藕漁宮允韻送之歸無錫》四首。

煙，輕寒微月養愁天。梅花本是江南弄，一疊關山倍可憐。"皆清婉多風，
得詩人比興之旨。喬既工於詩，復美顏色，歌舞妙絕一時，故爲諸名士大夫
所愛。每有讌集，喬必與。年二十有一，病垂危。彭孟陽文學以數百金贖
之，附於千金市駿骨之義。喬竟不起，孟陽葬之於白雲山麓梅花坳，送者數
十百人，下至緇黃，人詩一章、植花一本以表之，號曰"花塚"。祖如嘗至
其處，以爲可與花田相頡頏云。文忠忠臣，喬麗姝，其書與畫，世不多有。
祖如藏此四十餘年矣。丁卯秋，偶爲予言及其事，遂割愛相贈。蘭凡兩叢，
生石上，葉長者五，短者八九，花已開未開者有七，葉細花柔，宛有露笑煙
啼之致。蘭根旁有小印一，文曰"逢永"。逢永者，黃孝廉聖年，南園社中
十二人之一也。逢永嘗有《贈蘭妓》詩："試問蘭妃下蘭畹，青蘭何似紫蘭
佳。"蓋謂喬也。又有《九曜山房對梅贈歌者張喬》詩。而王說作過喬墓，
亦爲詩云："今人薄意氣，紅粉死多時。惆悵花林暮，荒涼白露滋。"其慨
嘆之若此。頃見湯建孟言其少時嘗見諸詩人挽張喬詩及喬傳墓誌，孟陽集爲
一編，載某人栽某花卉，而刻喬遺像其上，字畫精麗，殊可玩。壬戌秋，至
戴氏家，出美周先生手書觀之，則所錄喬詩三絕，乃喬送己及煙客之作，讀
之，怳然想見其爲人。嗟夫！文忠忠臣，美周亦忠臣也。喬一女子，而三詩
一畫，乃藉二公以傳，喬一何幸而得此。建孟亦有喬所畫蘭一幅，予謂建孟
盍題詩其上，並以贈。予將從戴氏乞取美周所書三詩，並陳中洲給諫之
跋，裝演爲一大軸，出入提攜，以爲吾忘憂蠲忿之一物焉。中洲者，文忠之
弟，亦南園社人之一。吾他日復修南園詩社，又將以此爲風雅嘉話矣。屬祖
如索詩爲報，因賦六章，以答其意。喬字二喬，廣州人。（《翁山詩外》
卷九）

七月，屈大均至永安爲知縣張進籙修《永安縣次志》十七
卷，寓於紫金書院。諸士夫日夕過從，以詩古文辭聞大均。甫半
月歸，諸士夫不忍相別，爲作亭於紫金山，以待大均明年來，名
之曰"翁山之亭"。（《翁山文外》卷一《入永安縣記》、《翁山亭
記》，卷二《永安縣次志序》）

秋分後三日，大均家具泥船三，船各十人，以九人執鉤鐮，
一人司爨，自石坑涌大均家出，歷一沙、二沙至七沙，至於茭塘
黃女官沙之田。凡四日獲始畢，納諸場，以二牛躪之。計一畝播
種十升，穀成得三石，使與佃人耕，則每畝僅得一石有半。（《翁

山佚文輯》上《穫記》）大均爲賦《刈稻　丁卯秋日》七律詩六首。（《翁山詩外》卷十）

八月二十日，梁佩蘭與陳恭尹、李某往沙亭，觀大均穫稻，以詩唱和。

九月，大均得汪士鋐書及嘉蓮墨。復書招遊羅浮，並索贈墨七笏及黃山詩七帙，使四兒三女各得其一。以《翁山詩外》一部千餘紙、《文外》一部三百餘紙奉寄。此外有《廣東新語》七百餘紙、《廣東文選》一千五百餘紙，皆刻成，因無資，未能刷印。《易外》千紙，謀梓未有端緒。老母黃本年八十四，請多集賢士大夫詩文圖畫，攜來爲稱壽之具。（《翁山佚文輯》中《答汪粟亭書》）

十七日，大均得第四子明渲，劉氏武姞出。（《翁山文鈔》卷七《字八子說》、《翁山詩外》卷九《舉第四子阿豫》）

冬，梁佩蘭北上赴京，釋大汕、陳恭尹賦詩、填詞送之。（《離六堂集》卷三《送梁藥亭解元會試》，《獨漉堂詩集》卷十五《送梁藥亭北上·調步蟾宮》）

陳阿平於端州遇尹源進長子尹崧（一作松），感舊作七律一首。（陳阿平《陳獻孟遺詩·予髫年與喬嶽同學見知其尊人瀾柱先生相得甚懽會先生起用入都予亦旅食建陵去秋聞訃悲愴丁卯冬遇喬嶽於端州感舊而作》）

尹崧，字喬嶽。東莞萬家租人。源進長子。康熙間附貢。歷官吏部司務。張其淦《東莞詩錄》卷二七有傳。

十月，屈大均纂《廣東文選》成，廣州知府劉茂溶助刻並序之，時居於廣州城南木排頭珠江義學樓上，時人稱之爲文選樓。（《廣東文選》卷首劉茂溶序末署“康熙二十六年歲次丁卯十月既望知廣州府事梅川劉茂溶謹序。”）

十一月，大均以自買沙頭地一區於本鄉思賢里社之東，獻十一至十四世祖，俾諸父兄卜曰爲祠，先議祠名曰壽昌。大均甃居沙梨園，未有寧宇。（《屈氏家譜》卷十一）。

　　仲冬，雪苑李方廣於吳門邸舍爲釋大汕作《厂翁燕遊詩序》。
（釋大汕《離六堂集》卷首）

　　二十日，廖燕合葬其父母於曲江西南八里之芙洲嶺，自爲墓
銘。（《文集》卷六《先府君墓誌銘》）

　　十二月十三日，屈大均賦　《丁卯臘月十三日恭逢家慈大人
八十有四壽日喜賦五章》詩云：

　　歲歲嘉平月，詩稱壽母篇。麻姑將九十，桃子定三千。養恨
芝薇薄，居愁市井偏。多金辭仲子，未是許身年。

　　八十還餘四，生年值甲辰。詎知王氏臘，猶是漢皇人。膝下
頭皆白，堂前綵自新。多孫爭杖屨，扶過杏花鄰。

　　忠養無窮日，難終孝子身。三千王母歲，六十老萊春。竹筍
冬方苗，梅葩臘已新。爐紅燒雉熟，持作早餐頻。

　　內則時時讀，中言子法多。味調魚子醬，香入燕兒窠。未恨
清貧甚，徒嗟少壯過。萊衣無所有，日夕一漁簑。

　　有子黔婁似，生涯老更貧。多慚難絕俗，所幸未違親。作苦
成無養，爲高致不仁。遊盤今不敢，且保白華身。（《翁山詩外》
卷九）

　　本年大均作文：《入永安縣記》（《翁山文外》卷一）、《翁山
亭記》、《永安縣次志序　代》、《廣東文選自序》（《翁山文外》
卷二）、《廣東文選序　代》、《黃太史文集序》、《福州府烈女烈
婦傳序》、《錦石山樵詩集序》、《某公壽序》、《三都義學記》
（《翁山文外》卷六）、《蠟石枕銘》四首（《翁山文外》卷十
一）、《甘泉井銘》、《告四世祖文》（《翁山文外》卷十三）、《慰
妹倩李生文》、《辭清遠劉明府請修志啟》（《翁山文外》卷十
五）、《獲記》（《翁山佚文輯》卷下）、《場記》、《壽王山史先生
序》、《答汪栗亭書》（《翁山文鈔》卷九）。賦詩：《贈陽春令》
（《翁山詩外》卷二）、《送湯氏兄弟歸建昌省其尊人惕庵先生時
先生八十餘矣》二首（《翁山詩外》卷七）、《綠端硯爲嚴藕漁宮
允作》、《贈黎大》二首、《送嚴藕漁宮允還梁溪》八首、《送徐

道冲》二首、《宿檳榔塘》、《舟入永安縣作》二首、《入秋鄉江作》二首、《次義容江口作》、《自藍塘至秋鄉江口作》、《望永安縣諸山》、《自林田至橋田作》、《宿寬清溪作》、《度鹿母嶂作》、《觀神江諸水作》、《度大小蚺蛇嶺作》、《下田渴瀧》、《白溪》、《苦竹派道中》、《贈永安張明府》二首、《答梁陳李三子見過沙亭觀穫之作》、《人日追哭孟王　是日孟王生辰》（《翁山詩外》卷八）、《丁卯初春作》四首、《舉第四子阿豫》七首（《翁山詩外》卷九）、《賦贈賈新會》、《爲番禺孔使君母陳太夫人壽》二首、《龐祖如以張喬美人畫蘭見贈詩以答之　有序》六首、《丁卯臘月十三日恭逢家慈大人八十有四壽日喜賦五章》、《丁卯元日作奉和澹園六叔用來韻》二首、《人日雙檜堂社集與諸從分得高字》、《正月十二日集黃氏齋聽羅丈彈雛神操作》、《奉和嚴藕漁宮允蒙恩予假南還述懷之作次元韻》四首、《花朝前二日小集澹翁園林觀落紅有作限塘字》、《望羅浮》二首、《永安紫金山眺望有作》二首、《刈稻　丁卯秋日》六首、《壽廣州太守劉公》、《贈龐祖如》三首、《哭周處士篔谷》四首。（《翁山詩外》卷十五）

　　本年閻若璩著《尚書古文疏徵》第四卷成，用太史公藏之名山例，錄四本，一寄屈大均藏於羅浮，一寄王弘撰藏於華山，其餘二藏黃虞稷之千頃堂與徐乾學之傳是樓。

　　本年曲江知縣聞喜秦熙祚撰修《曲江縣志》，以廖燕及其友陳金閶及黃遥等爲分修。韶州知府唐宗堯亦撰修《韶州府志》。分修八人：舉人陳金閶　貢生李式準、蔡侯綬　生員劉復餘、譚士昌、黃遥、廖燕生、蔡邦基。燕在此二志中所撰著今不可知，然在燕集中有《韶州府圖説》（卷三），當爲韶志撰，有《曲江建置沿革總説》、《城池圖説》、《山川圖説》、《關津橋梁圖説》、《古跡圖説》（卷三），當爲《曲志》撰。《韶》、《曲》二志收載燕詩文頗多，然無一出於今集之外，唯文字頗多不同，當由燕晚年潤色訂正之故。

　　本年廣州河南海幢寺之藏經閣被毀。此閣爲主持釋今無所建，壯麗甲東南，因居某大吏衙門之右，適某官未終任而去，故或疑由此閣在白虎方之故，因拆毀之。廖燕以未終任而去者均爲貪婪不堪之人，去得其宜，適足示白虎之靈，不宜拆毀之。又因或云自此閣毀後，來官者皆潔己愛民，故亦可云毀之有功。（《文集》卷六《記拆海幢寺藏經樓》）

本年潘耒首次來粵。（潘耒《遂初堂集》卷七《江嶺遊草起丁卯夏盡戊辰夏》）

本年韋昌詒纂修邑志，士論重之。

韋昌詒，字燕及。樂會人。歲貢。康熙二十六年（一六八七）纂修邑志，士論重之。事見鄔魯《廣東通志稿》。

本年陳龍光參與修《潮陽縣志》。

陳龍光，字遠心。惠來人。國英子。幼有詩名，爲文下筆立就。絕意舉業，吟詠自適。著有《慎餘草》。（乾隆《潮州府志》卷二九）

本年釋今辯以其本師釋函昰書狀請廣東布政使湯來賀撰塔志銘。後天然和尚肉身遷回羅浮山，建塔於黃牛逕下。（釋函昰《瞎堂詩集》卷首湯來賀《天然昰和尚塔志銘》）

本年釋大汕往北京作燕遊，亦省母，次年南返，歸途賦《御河舟中憶姑蘇錢塘塘並懷白社諸公》七律。（釋大汕《離六堂集》卷三《贈田中丞綸霞先生》、卷八）

楊元復於本年中解元。

楊元復（？～一七〇六），字震元。高要人。童試、廩生課業均第一。康熙二十六年（一六八七）鄉試，大書“解元”二字於座右，榜發果第一。四次會考不第。知縣鈕琇請講學於明倫堂，學者尊崇，稱長軒先生。四十五年（一七〇六）任江蘇丹徒知縣，未幾卒。大學士張玉書贈款歸葬，太史李象元銘其墓。（道光《高明縣志》）

李象元於本年中解額第二名。（李象元《賜書堂集·祖妣李母楊太孺人行略》）

梁夢劍於本年中舉人。

梁夢劍，海陽人。康熙二十六年（一六八七）舉人，授建寧令。時巨賊寧毅流劫江閩，以計誘擒之。著有《蓼處堂詩集》。阮元《廣東通志》卷二九五有傳。

湛浩於本年中舉人。

湛浩，字仲宣，號天池。河源人。康熙二十六年（一六八七）舉人，任江南碭山令，旋改調清江縣令。事見黃登《嶺南五朝詩選》卷九。

張長美於本年中舉人。

張長美，字唯子、中孫，號濂山。東莞英溪人。康熙二十六年（一六八七）舉人，出宰貴溪，愛民禮士，鳴琴大治。以親老告養歸。事見張其淦《東莞詩錄》卷二九。

張鍾於本年中舉人。

張鍾，字茂千，號印屏。東莞篁村人。康熙二十六年（一六八七）舉人，授貴州綏陽令。事見張其淦《東莞詩錄》卷三二。

張樹駿於本年中舉人。

張樹駿（一六四三～一七〇八），字淑資（似），號寸耕。東莞堂夏（今塘廈）人。康熙二十六年（一六八七）舉人，任浙江樂清知縣。以疾卒於官。事見張其淦《東莞詩錄》卷三二。

溫可拔於本年中舉人。（阮元《廣東通志》七八《選舉表》十六）

溫可拔，字卓岸。德慶人。康熙二十六年（一六八七）舉人，官內閣中書。著有《青雲集》。陳融《讀嶺南人詩絕句》卷五有傳。

吳朝陽於本年中舉人。

吳朝陽，海豐人。康熙二十六年（一六八七）舉人，官陝西清澗知縣。（《惠州府志》）

何多藝於本年中舉人。

何多藝，字槐周。連平人。康熙二十六年（一六八七）舉

人。詩文卓越。（《連平州志》）

韓夢麟於本年中舉人。

韓夢麟，字振子。博羅人。康熙二十六年（一六八七）舉人，授揭陽教諭，捐薪俸助士人膏火。丁母憂歸，起補儋州學正，以老不赴。雍正四、五年（一七二六、一七二七）兩年大水，均散粥賑濟飢民。（民國《博羅縣志》卷七）

溫時夏於本年中舉人。

溫時夏，字餘友。東莞人。康熙二十六年（一六八七）舉人。勇於任事，曾修文廟，疏浚河道，建造東關青雲橋、上清塔、金鰲塔。授博羅教諭，制定教規數十條，嚴教諸生。（宣統《東莞縣志》卷六六）

黃天佑於本年中舉人。

黃天佑，字忝岩。澄海人。康熙二十六年（一六八七）舉人，授陝西某縣令。（嘉慶《澄海縣志》卷十九）

鍾銘紀於本年中武舉人。

鍾銘紀，五華人。康熙二十六年（一六八七）武舉人，敕封文林郎。雍正四、五兩年（一七二六、一七二七）饑荒，銘紀將所存稻穀數千石，每石減價一千文糶出，使附近貧民免於餓死。時又捐銀修建黃源橋、福壽庵。子濤、沛皆為知縣，有惠政。（《長樂縣志》、《五華縣志》、乾隆《嘉應州志》）

伍邵於本年中鄉試副車，授明經。

伍邵，字德高，一字次爽。新會人。康熙二十六年（一六八七）中鄉試副車，授明經。著有《獨樹堂稿》。事見黃登《嶺南五朝詩選》卷七。

王如龍於本年成貢生。

王如龍，字潛夫，號亦陶。東莞厚街人。康熙二十六年（一六八七）貢生。後遊覽山水，不知所終。著有《繼書堂文集》、《羅浮詩草》、《易經精言》等。

方文德於本年中副榜。

方文德，字覺尚。東莞人。有神童之稱。康熙二十六年（一六八七）副榜。供奉寡母，不願爲官。卒年二十七。（宣統《東莞縣志》卷六六）

清聖祖康熙二十七年　戊辰　一六八八年

春，張雲翮觀察嶺南，下車即到沙亭訪屈大均於三閒書院，並與徐渭六、何東濱、程虞三、程相音、周南美同行。（《翁山文外》二《嶺南唱和集序》）

梁佩蘭抵京，招同陳大章、陸嘉淑、郭襄圖、魏坤飲荔枝酒。[①]

遂安毛際可爲釋大汕作《厂翁燕遊詩序》。（釋大汕《離六堂集》卷十）

正月初一日，屈大均賦《戊辰元日作》詩云：

憶昔先皇帝，元年此戊辰。久無王正月，徒有漢遺臣。草野私哀痛，漁樵愧隱淪。千秋殉宗社，血淚更何人。

雞鳴肅冠服，北面拜威皇。弓劍長如在，陵園不敢忘。元年猶此日，正朔更何方。有限遺臣庶，哀思淚幾行。

昔日煤山事，重華野死同。諸臣多槀葬，二女亦攢宮。國破非明主，人亡豈狡童。元年誰復憶，拜手五雲中。

鼎湖龍去久，四十又三年。神聖偏亡國，憂勤未格天。書王多史法，報主有詩篇。元祀從今始，春秋在一肩。

一元過六十，復自戊辰開。王氣今年轉，天心昨夜迴。暖風初拂柳，春色早驚梅。好爲流鶯盡，深深栢葉杯。

元日晴明甚，寒消昧爽時。花添開歲事，鶯速立春期。一室衣冠獨，中華故老誰。崇禎多野史，散佚有餘悲　初三日立春。

稚子唐巾小，雙雙作漢裝。未能懷故國，亦解問先皇。玉几

---

① 《玉照亭詩鈔・輶軒集》卷四《梁藥亭來自嶺南招飲荔枝酒同陸辛齋郭皋旭魏禹平分賦》七絕二首，自注："戊辰"。

瞻天際，雲旗想帝鄉。戊辰年再遇，光復意何長。

　　明年吾六十，得作伏波無。益壯先神智，全歸後髮膚。風雲須慘淡，天地久荒蕪。此日先皇淚，威靈鑒一夫。

　　斑斑吾鬢髮，已老是姿年。欲飲無吳酒，長吟只楚篇。南風吹水淡，朔雪化雲鮮。採十難爲養，今春早種田。

　　夭桃三四蘂，色向歲朝新。白首偏憐汝，紅粧莫笑人。琴邊那有恨，酒外更無春。兒女爭花勝，先簪折角巾。（《翁山詩外》卷九）

　　初十日，陳恭尹舟泊肇慶，江南無錫王士禎適自開建至，其子完趨招同李滄水，過集高層雲所寓華嚴精舍，縱飲達夜，恭尹即事賦《戊辰正月十日舟泊端州王礎塵自開建適至令子紫㿞招同李蒼水過集高雲客所寓華嚴精舍縱飲達夜即事成歌》詩云：

　　正月溪山餘暖氣，炎方別自爲天地。乘興挐舟入峽來，故人恰自康州至。客中無地可爲歡，高君況在郊南寺。落落乾坤數老翁，天涯想見俱憔悴。賢郎高燕爲客開，李生後至初揮杯。登樓曠望見原野，定山數點青崔嵬。園桃一樹紅如火，折向瓶中如笑我。東風只自戀新枝，何處林間尋碩果。年當壯盛好努力，白髮生來無一可。且燒高燭佛燈前，狂歌縱飲開新年。東南之美略已具，人間此會非徒然，爲君白眼望青天。（陳恭尹《獨漉堂詩集》卷五）

　　二月，查慎行以其岳父陸嘉淑抱疾，扶侍南歸，梁佩蘭以紫玉端研贈行。①

　　花朝（十五日），屈大均側室陸氏墨西、石氏香東來歸。（屈大均《翁山詩外》卷十《贈墨西》七律八首、《贈香東》七律八首，次《丁卯秋刈稻詩》後。《贈香東》詩序云：“予得姬人陸女，字之曰墨西。越數日，復得東官石氏女，使之司香，而字之

---

① 《敬業堂詩集》卷九《春帆集》自注：“盡戊辰一年”。小序云：“戊辰二月，以外舅陸翁抱疾，扶侍南歸。”是集有《梁藥亭以端溪紫玉硯贈行》。

日香東。"詩有"花朝全節遣車迎"句。）大均後賦《布水村
姬人陸氏墨西所生地，在高要境》五律詩三首。（《翁山詩外》卷
九）

十九日，梁佩蘭應會試（《清實錄・聖祖實錄》，《清秘述
聞》卷三）。榜發，得魁本房，中會試第十名（《六瑩堂集》卷
首張尚瑗序，《梁藥亭碑記》，《六瑩堂二集》附方正玉《哀
詞》）。當日，在客寓與方正玉等談論禰衡、岑牟與王維《鬱輪
袍》之事，聞捷音，色不爲動，曰："老而成名，歸得肆力於
《丘》、《索》足矣。"

三月二十六日，佩蘭應殿試。二十八日讀卷。二十九日傳
臚，中二甲第三十七名，賜進士出身，有《登第後作》詩。拜見
徐乾學，有《上徐健庵夫子》十二首。

春末，查慎行寄詩賀梁佩蘭登科（《敬業堂詩集》卷九《春
帆集》有《京城西南豐臺芍藥最盛余未嘗一寓目也本年與唐實君
有約同賞復匆匆出都長途春杪省記前言時實君已捷南宮矣作詩以
寄兼示梁藥亭鄭禹門王後張張寄亭呂山瀏徐虞門孫愷似王令詒陸
冠周湯西崖吳元朗陳鍾夔錢朗行皆同年進士也》）。釋大汕亦有詩
賀佩蘭（《離六堂集》卷二《喜梁藥亭先生舉進士》三首）。

夏，陳恭尹識連雙河（《獨漉堂文集》卷三《程周量集
序》），並與何絳分別有詩寄懷梁佩蘭（《獨漉堂詩集》卷十《寄
懷梁藥亭》三首、《不去廬集》卷八《寄梁藥亭太史》四首）。

蔣景祁招同方紘長、正玉、戚緩耳、陳鏡庵、葉藩、黃庭、
陳弓冶、陳枋，與梁佩蘭宴集於寓齋分賦。

五月十一日，選授梁佩蘭等三十四人爲翰林院庶吉士（《清
實錄・聖祖實錄》卷一三五），翰林館中公推佩蘭爲館長（《六瑩
堂集》卷首張尚瑗序）。

二十六日，湖北布政使葉映榴自刎殉節，明年康熙帝南巡，
賜諡忠節。後陳遇夫爲立《葉忠節公小傳》。（陳遇夫《涉需堂文
集》）

　　秋，梁佩蘭決意南歸，約陳大章同遊漢上。（《玉照亭詩鈔·
輶軒集》卷四，自注"戊辰"，有《藥亭歸計已決約結伴同至漢
上有詩見示疊韻奉答》七律詩，其前《九日和陸辛齋》詩後列
《藥亭元衡西崖南季書源宏蘧蕉飲偶集小寓時南季治行有日予將
請急南還諸君亦多謀歸計共疊前韻》七律，《六瑩堂二集》卷三
《送陳仲藥歸松湖》）

　　七月　，潘耒離粵，有《酬別陳元孝》二首、《贈屈翁山》
二首。（《遂初堂集》卷七《江嶺遊草》，自注："起丁卯夏，盡
戊辰夏"，《江嶺遊草》中涉粵詩達三十八題）陳恭尹有《贈別
潘稼堂檢討　二首》七律詩二首（《獨漉堂詩集》卷五）、屈大
均有《送潘次耕太史》七律詩四首回贈。（《翁山詩外》卷十）

　　八月十五日，釋一機與程禹門書。（釋一機《塗鴉集》）

　　九月初五日，屈大均賦《五十九歲生日作》詩云：

　　紫髯雖滿鏡，終奈二毛何。白日從他暮，朱顏且自酡。楚丘
神智少，萊子笑啼多。明歲杖鄉得，居然六十皤。（《翁山詩外》
卷九）

　　冬，陳恭尹與連雙河同寓端州，選程可則詩文編爲《海日堂
集》十卷，三水知縣程翔捐俸助梓。（《獨漉堂詩集》卷三《程
周量集序》，《海日堂集》卷首程翔序）

　　梁佩蘭詩送黃與堅予假還吳，陳恭尹亦有《贈別黃忍庵太史
四首》五律詩送之。（陳恭尹《獨漉堂詩集》卷四）

　　深冬，佩蘭以詩贈沈廷文、史申義。（呂永光《梁佩蘭年譜
簡編》）

　　十一月，何絳賦《戊辰仲冬作客新會主人邀余爲長夜飲命女
伶文僊佐觴歌若連瑣笑能傾人細視其微往往有不悅之色余問何姓
云某鄉良家某姓子顧盼唏噓不能自抑余亦爲之罷酒嗟乎三四十年
來故家巨室負才卓立者流落不偶不知凡幾多人矣有心之士自悲悲
人日且不足豈止一文僊已哉作詩二截並貼同志或有感余言而和之
幸郵示我》詩云：

燈前隱隱見啼痕，學得新妝懶倚門。欲語又驚鸚鵡在，寸心不敢向人言。

斜抱琵琶漫訴愁，兒家舊族是嘉州。踈鐙忽暗清絃變，司馬青衫淚遍流。（何絳《不去廬集》卷一二）

同月，屈大均與姬人香東、兒明洪至端州，客淩氏家。（《翁山文外》卷十四《淩君哀辭》）

十二月二十三日小除夕，大均賦《小除夕譙集張紫閣觀察署中同用杜少陵秋興第五首韻》詩云：

小除後二夕，大均賦《小除後二夕與姬人香者兒明洪飲寓樓上有賦》詩云：

越俗團年席，吳風守歲盤。頻乘金盞暖，莫弄玉琴寒。稚妾爲香史，嬌兒作酒官。半酣歌一曲，婉變有餘歡。（《翁山詩外》卷九）

本年大均刻《翁山易外》成，張雲翮爲作序。（《翁山易外》卷首原序）何礴遊番禺，來見大均。（《翁山文鈔》六《何母彭孺人墓表》）大均與富平程相音歷穗石洞、訶林，出西郊，訪黃登南軒。（《翁山詩外》九）

黃登，字俊昇，一字積庵。番禺人。國亡隱居不出。築南軒亦非亭，與鄺日晉、陶璜、羅謙相往還，時稱高士。晚築黃村探梅詩社，延梁佩蘭衡之，輯《嶺南詩選》前後集四十卷、《歷代嘉言》十餘卷，又著有《見草詩草》，屈大均爲序。陳伯陶《勝朝粵東遺民錄》卷一有傳。塚子學錦，字美公。國學候選。著有《琴書堂草》。第五弟學元，字翰公。年將廿五，作賦玉樓。黃登《嶺南五朝詩選》卷八有傳。

本年屈大均訪王佳賓鐵爐古巷園亭，又遊香山鄭文學草堂。（《翁山詩外》卷九）

本年大均作文：《有明處士孺朗施君墓誌銘》（《翁山文外》卷八）、《施母邵氏孺人墓誌銘》、《復吳綺園書》第一通（《翁山文外》卷十五）、《何節母彭孺人墓表》（《翁山文鈔》卷六）。賦

詩：《奉答張觀察枉顧沙亭村舍之作用韻》（《翁山詩外》卷四）、
《戊辰元日作》十首（《翁山詩外》卷九）、《新年》三首、《送徐
司業》四首、《奉寄定安胡朝翰先生　名輝祖》四首、《送王將
軍》四首、《一春》四首、《過黃積庵南軒賦贈》二首、《香山過
鄭文學草堂賦贈》五首、《香山過茄頭村作》二首、《春日過訪王
用綸園亭作》二首、《任秋浦解河清令歸養詩以贈之》二首、《壽
鄭母何太夫人兼呈令子太史》二首、《送高固齋》二首、《過黃氏
南軒作》、《布水村　姬人陸氏墨西所生地，在高要境》三首、
《攜公新棲仙掌峰詩以贈之　峰在七星巖西》四首、《答汪晉賢》
四首、《壽張觀察》六首、《酒濁》、《五十九歲生日作》、《壽黃
參軍》、《哥某方伯　杭州人》、《野花》、《汲靈山寺泉作》二首、
《經高要諸村墟作》六首、《木芙蓉》、《老至》三首、《白菊》、
《贈王生》、《題關中程氏臨流圖》、《霧重》二首、《贈陳山人》、
《聞人談曹州之勝》、《奉陪富平程相音歷穗石洞訶林出西郊作》
四首、《答贈程虞三》四首、《喜徐謂六同何東濱程虞三程相音周
南美枉顧沙亭之作》三首、《喜周南美同諸子枉顧沙亭》三首、
《不仕》、《答吳東巖》二首、《賦得養親惟小園爲吳綺園題所居
梅莊》、《爲吳楞香綺園母唐太夫人壽》二首、《古爵篇　古爵高
二尺許，商、周宗廟器，汪於鼎先君所寶，既失復得，故爲賦
之》、《留別館主人凌君》二首、《冬至同兒明洪在西江舟中有
作》、《艖船》二首、《冬日作》、《含愁》、《送方六》、《贈王仲
子新婚》、《小除後二夕與姬人香者兒明洪飲寓樓上有賦》、《寄吳
綺園》二首、《廣利墟》、《蕷》、《汪扶晨得予所寄詩外賦詩志喜
予感其知己之深亦賦二章答之》、《奉和張觀察長至前一日端州曠
怡樓晚眺》、《奉和張觀察惜分堂落成喜予見過之作即席次諸公
韻》、《送潘次耕太史》四首、《送孫少參》、《贈何東濱處士》六
首、《羊城秋日有作》、《贈施少府》、《以東莞香根贈查二德尹有
賦》、《送德尹之東莞》、《壽李番禺》、《爲族父國子先生七十又
一壽作》三首、《小除夕譙集張紫閣觀察署中同用杜少陵秋興第

五首韻》、《走筆奉答湖州徐蘋村司業見贈之作用元韻》（《翁山詩外》卷十三）。填詞：《玉蝴蝶》（《翁山詩外》卷十九）。

　　本年雲南蕭絅若客仁化已近三載，嘗往來滇江蓉驛間，偶於會龍館壁見廖燕詩，喜而與燕定交。絅若寓居金陵，曾官仁和，足跡幾遍天下，詩古文詞皆手自抄輯，雖旅夜，燈火不少休，下筆千言立就，居身制行咸以聖賢爲法，著有《冶山堂文集》，將北歸，請燕爲序。（《文集》卷四《冶山堂文集序》）絅若曾有詩贈燕，燕亦以詩酬之（《二十七松堂集》卷九《酬蕭絅若見贈》）。燕與絅若情意既孚，言談尤洽，自與之別，甚覺少可談者，故後復作《與絅若》書（《文集》卷五）。

　　本年陳璜買宅郡城內西門設館，時與諸徒遍覽名勝。（鄧碧泉《陳璜詩文集》附《陳璜生平活動簡表》）

　　本年釋成鷲始圖別住，結庵於南海馬山之陽，與暮岡諸子爲蓮社遊。同遊者皆貫通三教，博極群書。結社年餘，釋閑雲建法幢於佛山之仁壽禪寺①，招釋成鷲往，受職書記，未幾首眾立僧。（釋成鷲《紀夢編年》）

　　楊之徐於本年中進士。

　　楊之徐，字慎齋。大埔人。康熙二十七年（一六八八）進士，官河南光山知縣。著有《企南軒編年錄》。事見翁耀東《潮

---

　　①　佛山仁壽寺爲佛山清代四大叢林之一，今位於佛山禪城區祖廟路五號，與佛山祖廟相隔僅數百米，爲佛山市佛教協會所在地。始建於清順治十三年（一六五六），由密宗縱堂大和尚在觀音堂鋪佛山涌邊創建。玉琳通琇禪師於清康熙八年（一六六九）主持募捐並重修山門。至道光年間，因仁壽寺僧糧久乏，法運式微，廣州華林寺住持仁機（祇園）大和尚至佛山募化重修仁壽寺。咸豐元年（一八五一）工程完畢。寺院規模更勝從前，前至佛山涌將軍橋頭，後達文華里尾，左鄰鎮南街，右連三官街。寺內除四座主大殿外，亦有後殿、左右偏殿、龍華堂、方丈室、齋堂、客室以及僧舍九十九間、花園一個，花園內有彩虹橋兩座。一九三五年由佛山佛教密宗弟子李佩弦等捐資在園中興建一座七層樓閣式如意寶塔，塔內供有十多尊瓷佛，其中綠度母佛像是由石灣陶塑名藝人潘玉書手塑，一九三八年由中國佛學會會長虛雲大和尚主持開光儀式，此時園內還建有碑記紀念亭，仁壽寺此時至鼎盛時期。

州文概》卷四。

清聖祖康熙二十八年　己巳　一六八九年

兩廣總督吳興祚因鼓鑄不實，降官使用，石琳繼任。

春，梁佩蘭在京與王煐訂交①，以詩送陳大章假歸。

正月初一日，屈大均賦《己巳元日作》詩云：

六十年華又一新，鶯花偏爲白頭春。齊歸小玉焚香女，迭侍黃金闥賦人。桂酒香清難學釀，鱘魚子美易垂綸。休躭著述當紅藥，盡把韶光與四鄰。

水仙白白映桃紅，總與仙人玉貌同。百萬珠從王母擲，三千花向歲星叢。琴書膝下蘭芝女，歌舞堂前翡翠童。一一瑤筐争寶勝，黃鶯紫燕髻鬟中。

萊衣宮錦漢蒲桃，髻側芙蓉映二毛。親在未應稱老大，家貧那敢失清高。雙雙花影隨龍杖，一一鶯聲動玉醪。堂上九旬看漸近，遊仙且莫作盧敖。

流年荏苒恨無聞，六十還嗟未策勳。好學只應師衛武，與齡安敢望周文。心同蕙草寒抽雪，夢似梅花暖作雲。報答春光惟有醉，一杯先去勸東君。

六十齊頭鬢未華，枯楊日夕吐春芽。老須人作辟寒玉，愁待君爲含笑花。樂府自矜三婦艷，離騷誰奪一人葩。馬融經史慚親講，未許諸生擁絳紗。

賀正蘭已有餘馨，人勝同簪出畫屏。左氏二嬌初共織，劉殷七孺未分經。林中細草冰含綠，屋外寒山雪半青。沙路盤廻疏竹裏，何人知有子雲亭。（《翁山詩外》卷十）

大均自端州回。（《翁山文外》十四《凌君哀辭》）

仲春，陳恭尹、王世楨、季煌、陶璜、黃河澂、釋大汕登鎮

---

① 《嶺南三大家詩選》卷首王煐序云："（藥亭）先生以戊辰進士授庶常，而予亦旋出守嶺南之循州，遂得訂交於京邸。"

海樓，約爲長律紀其勝。①

二月，吳中龍入京赴選，廖燕作《送吳元躍候銓都門》詩送之。（《二十七松堂集》卷九）

黄學道科考陳璸領貢，奉例免赴部廷試，府尊孔衍梅首録璸入雷陽書院肄業。（鄧碧泉《陳璸詩文集》附《陳璸生平活動簡表》）

三月三十日，梁佩蘭與查慎行、吳卜雄於朱彝尊槐樹斜街新寓會飲作詩。（《敬業堂詩集》卷十《獨吟集》，自注："起己巳正月，盡九月。"是集有《三月晦日飲朱十表兄槐樹斜街新寓同梁藥亭吳震一作三首》）

閏三月，廖燕在肇慶舟中食新荔，吟五律一首。（《二十七松堂集》卷九《己巳閏三月端州舟中食新荔》）

夏，陶璜卒，釋成鷲爲《致亡友陶握山書》哀之。（釋成鷲《咸陟堂文集》卷之十四）

周丙曾至粵，欲詣屈大均，有言"先生盛暑著牛衣襖，狂怪不可近"，居二載，不與通半刺。（周丙曾《道援堂集序》）

初夏，梁佩蘭請假南歸，訪史申義、萬夫兄弟②。查慎行有《次韻送梁藥亭庶常請假歸南海》詩（《敬業堂詩集》卷十《獨吟集》），湯右曾有《送梁藥亭歸南海》詩送之（《懷清堂集》卷三）。至揚州，交孔尚任（《湖海集》卷六《喜晤梁藥亭庶常兼寄茅與唐》二首、卷十三《與梁藥亭庶常》）。佩蘭又與宗元鼎、張韻、陳翼、金受宣、戴衣聞同遊揚州李氏園林（《六瑩堂二集》

---

① 《離六堂集》卷五《登鎮海樓一百韻同王礎塵季偉公陶苦子陳元孝黄葵村諸公作》。陳恭尹作《鎮海樓賦》，其小序云："己巳仲春，予偕諸同人登焉，相約爲長律以記其勝。屬以他事小阻，而諸公詩成，或百韻，數十韻。予無以加焉，乃爲之賦云爾。"（《獨漉堂文集》卷一）

② 《六瑩堂二集》卷三《送史萬夫歸維揚仍次前韻》，其序云："予以己巳初夏乞假南歸，訪萬夫於邗上。"《過江集》卷一《喜梁藥亭來京》。史萬夫，名不詳，申義弟。

卷五《夏日宗定九張諧石陳鶴山全受宣招同戴衣聞遊李氏園林》）。

四月，女阿端殤，屈大均自廣州歸沙亭。（《翁山文外》八《幼女阿端壙志銘》）欲移居雁翅城中與王佳賓結鄰，而廿五日佳賓遽卒，大均聞訃，冒暑自沙亭三十餘里奔至，撫棺而哭，爲著行狀。（《翁山文外》三《誥封定遠將軍王君行狀》）大均近刻《四書補注兼攷》，方經始兩論。新刻《騷屑》。（《翁山文外》十五《復汪扶晨書》）

二十六日，王煐至惠州任事，後時往廣州與屈大均、陳恭尹、梁佩蘭過從吟詠。①

五月初二日，吳綺與同人集克敏堂，送梁佩蘭歸南海，孔尚任還京師，張南村入九華山修志，席上分賦。②

初三日，吳綺於林蕙堂集同人與梁佩蘭、孔尚任、張南村餞別（《湖海集》卷六《將北歸邗上諸子於端陽前二日集林蕙堂餞別同梁藥亭庶常張南村處士席上賦答》）。尚任致書佩蘭爲別。

佩蘭至江寧府，客於余國柱新齋，賦詩贈之。③

秋，屈大均再至端州（《翁山文外》十四《凌君哀辭》），七夕歸（《翁山詩外》九《七夕歸自端州有作》四首）。

初秋，李雲龍（二嚴和尚）侄孫騰輝作《搜集嘯樓遺稿序》。

七月，梁佩蘭至杭州，七夕往觀錢塘江。當月乘舟由富春江經富陽至桐廬，吊嚴子陵釣臺，復由蘭溪入贛，經十八灘入粵，

---

① 《憶雪樓詩集》卷上《己巳四月二十日至惠州任事用東坡初到惠州韻》，卷下《贈陳處士》有"記得己巳登君堂，敬看七尺形昂藏"句，知王煐交陳恭尹於本年。

② 《林蕙堂全集》卷二十《五月二日同人集克敏堂送藥亭歸海南東塘還朝南村入九華山修志分得十二文與會者十五人》。

③ 《六瑩堂二集》卷八《余佺廬司農新齋落成自題四絕屬客酬唱余應和之》（四首）。

沿途均有詩紀之。①

陳子升、屈大均有詩詞賀梁佩蘭南歸。（《中洲草堂遺集》卷五《贈梁芝五》，《翁山詩外》卷十九《桂枝香・賀梁太史給假南還》詞）

桂月（八月）上浣（初十），三水知縣、程可則之侄程翔爲可則之《海日堂集》作序。前次曹溶、龔鼎孳、王庭、錢朝鼎、施閏章、王士禛、汪琬、朱彝尊、陳恭尹所爲序，均不列年月。（程可則《海日堂集》卷首）

中秋，釋成鷲歸住其本師釋元覺影堂，何絳作《己巳中秋喜跡删公歸住其先師離和尚影堂》（何絳《不去廬集》卷六）。

九月初五日，屈大均六十生日撰《江山風月福人歌自壽》（《翁山詩外》卷四），長子明洪有《家君八泉翁壽日恭賦》二首（《嶺海詩鈔》卷六），王世楨作《少萊子歌爲屈翁山壽》，陳恭尹作《續王礎塵少萊子歌爲屈翁山壽》（《獨漉堂詩集》卷五《小禺初集》），王煒作《臥龍松歌寄屈翁山先生》（《水香閣遺詩》），汪士鈜有《少萊子歌爲屈翁山太夫人九十壽》（《栗亭詩集》卷三），汪沆作《寄壽屈翁山先生即次來詩原韻》、《採菊行寄屈翁山先生》（汪士鈜《新都風雅》）。士鈜、沆、吳綺囑山僧師古畫黃山册子，沆以銀卮，汪洪度、吳綺、洪禹平、待臣兄弟均以詩爲大均壽。（《翁山詩外》卷十）屈大均賦《汪子栗亭右湘吳子綺園囑山僧師古畫黃山册子寄予爲六十壽詩以酬之》四首、《汪右湘以銀卮爲壽詩以酬之》二首、《奉答汪于鼎贈予六十歲之作》三首、《答吳綺園長歌爲予六十壽之作》（以上七律）。（屈大均《翁山詩外》卷十）

九月初九日，陳恭尹賦《己巳九日鎮海樓作》詩云：

自我移居到南郭，登高三上三城北。城隅傑閣五層開，六合

---

① 《六瑩堂二集》卷五《錢塘江上七夕》、《江口發舟示鳳娘》、《富陽縣》、《桐廬縣》、《釣臺》、《蘭溪》、《十八灘上作》。

分明在胸臆。二江洋洋趨向東，五嶺氣與珠厓通。青天四垂海波立，煙雲變幻生長風。故人相約酬佳節，歌舞岡前高宴列。東西南北一萍蓬，永嘯長吟各雄傑。仙人亭館石爲臺，文窗四啟無纖埃。木棉古樹垂百仞，清陰覆地秋聲來。座邊埤堄連天起，萬疊青青皆秀嶠。龍盤虎踞勢未殊，爲霸爲王皆有以。昔人歌舞尚留名，今人歌舞不成聲。廣武城頭發浩歎，千秋阮藉稱狂生。君不見高皇用武平方國，百粵懷柔獨文德。斯樓結構自初年，其廢其興豈人力。雕甍刻桷此重新，地轉天旋多氣色。爲君釃酒興何極，半酣起舞忘頭白。倚天長劍又何人，側身四望乾坤窄。（陳恭尹《獨漉堂詩集》卷五）

十二月十三日，大均賦《己巳臘月十三日家慈大人八十有六生日恭賦》詩云：

八旬有六老親年，杖國嬰兒在膝前。孝子身終須大耋，貧家養薄只荒田。諸孫酒饌爭擎案，三婦衣裙競上箋。乞取桃花向王母，更分長壽小銀錢。

麻姑白髮七朝身，帶閏參差已九旬。門下三千釀酒客，堂前六十弄雛人。紛紛鬌髻敎扶手，一一酥醪要入唇。孩笑未知吾老大，萊妻少艾亦忘貧。

家貧謀食計元疏，日日妻孥作白魚。養志已成高尚士，娛親更著外家書。白頭多事惟調藥，青歲無才枉斷裾。漢代孫嵩吾得似，康寧有母百齡餘　　白魚即蠹魚也。（《翁山詩外》卷十）

晦，大均賦《己巳臘盡作》詩云：

懶服蕪菁子，從敎蒜髮新。壽須歸老母，聞莫讓仙人。病去桃花喜，貧來燕子嗔。歲寒無雨雪，爭得見陽春。

煙深知有雨，春色一何遲。歲暮無窮事，梅花自不知。愁過高臥日，貧到白頭時。臘酒鄰家熟，無錢愧玉巵。（《翁山詩外》卷九）

除夕，大均又賦《己巳歲除作》七律三首。（《翁山詩外》卷十）陳恭尹亦有《次和王惠州子千己巳歲除雜感韻四首》七律

詩四首。（陳恭尹《獨漉堂詩集》卷十）

　　本年屈大均賦《張餘庵先生年六十有九七十有七八十八十有四時皆生一子今己巳八十有五矣詩以壽之》詩云：

　　老蚌偏於珠子宜，七旬生到九旬時。張蒼日日餐香乳，方朔年年娶小姬。幾樹白華芳子舍，一群雛鳳引原枝。真仙咫尺須瞻拜，肉角峨峨復秀眉。（《翁山詩外》卷十）

　　本年大均作文：《嶺南唱和集序》（《翁山文外》卷二）、《誥封定遠將軍王君行狀》（《翁山文外》卷三）、《殤女阿端壙志銘》（《翁山文外》卷七）、《二汪子哀辭》（《翁山文外》卷十四）、《淩君哀辭》、《復汪扶晨書》（《翁山文外》卷十五）、《復王不庵書》、《復吳綺園》、《虛止亭銘》、《郭不字哀辭》（《翁山文鈔》卷十）。賦詩：《鎮海樓》（《翁山詩外》卷四）、《江山風月福人歌自壽》、《王不庵作臥龍松歌爲予壽詩以酬之》、《黃山五松歌》、《黃山僧述古畫黃山諸松見寄詩以酬之》、《江邊獨酌有作》（《翁山詩外》卷七）、《哭王用檜》四首、《送鮑子韶》、《立秋後五日作》二首、《舟宿黃樀涌作》、《夕陽》、《不眠》、《上西江作》、《江行》二首、《芭蕉》三首、《答鄒清士贈硯》、《爲程母陳太夫人壽》、《七夕歸自端州有作》四首、《張樀江上晚望》、《天南四首爲香東侍者作》四首、《秋日集汪氏寓齋同用支字》、《空山》、《送朱君之貴州》、《贈王山史》、《賦得失學從兒嬾》、《賦得長貧任婦愁》、《送羅君》兩首、《沙口》、《九月初十夕》、《黃落》二首、《西園》四首、《一春》、《十口》、《初轉》、《病中即事》二首、《不寐》三首、《江上早行》二首、《送季子之惠陽》、《菊》四首、《賦得失學從愚子》、《非狂》、《海味》、《拾禾》、《結網》、《澳門》六首、《秋海棠》、《己巳臘盡作》二首、《己巳元日作》六首（《翁山詩外》卷十一）、《又贈香東》二首、《壽張侯提督》、《玉杯篇》二首有序、《菉猗亭次張觀察韻》、《奉和張紫閣觀察己巳元日書懷之作次韻》、《遠公貽我蓮種賦此答之》、《送程相音返關中爲尊人樸庵先生壽》二首、《寄富平李子德》二首、《寄華陰王山史》二首、《寄華陰王伯佐　是山史之子》二首、《大樹軒詩爲吳副戎作》、《張餘庵先生年六十有九七十有七八十八十有四時皆生一子今己巳八十有五矣詩以壽之》、《自蒲澗入濂泉寺作》、《送姜克猶歸山陰》二首、《贈黃叟逸閭》、《贈小妓鳳求》、《南城眺望有作》、《汪子栗亭右湘吳子綺園屬山僧師古畫黃山册子寄予爲六十壽詩以酬之》四首、《汪右湘以銀卮爲壽詩以酬之》二首、《奉答汪于鼎贈予六十歲之作》三首、《答吳綺園長歌爲予六十壽之作》、《答洪雨平待臣兄弟見壽之作》、《答黃扶孟》二首、《喜謝修五歸自高涼》、《寄懷施虹玉》、《寄懷閔賓連　君撰《黃山志》、《答修五見贈香杯》、《呈武番禺》、《從澹翁乞蘭》、《爲張憲使壽》、《姬人新製琴囊贈以詩》、《白鵞潭眺望》五首、《賦得六旬猶健亦天憐　白樂天句》二首、《過馬佐領克起粤秀山房賦贈》二首、《示羅》二首、《食菊》三首、《己巳臘月十三日家慈大人八十有六生日恭賦》三首、《己巳歲除作》三首、《春日廣州西郊遠公禪院登樓悵望有作》（《翁山詩外》卷十三）。填詞：《賣花聲·題鎮海樓》（《翁山詩外》卷十八）、《桂枝香·賀梁太史給假南還》（《翁山詩外》卷十九）。

　　本年梁佩蘭由廣州城西移居仙湖。[1]

　　本年鄧漢儀輯《天下名家詩觀》三集，卷二採屈大均詩二十首。

　　本年水災，淹没者浮屍沿河，汪舜忠悉收葬之。

　　汪舜忠，惠來人。爲人仗義疏財，有客經其村落，比雞粟款留。康熙二十八年（一六九〇）水災，淹没者浮屍沿河，悉收葬之。三十六年（一六九七）歲饑，捐粟煮粥賑濟飢民。（雍正

　　① 《六瑩堂二集》附方正玉《哀詞》：“（藥亭先生）通籍而後，屢空晏如。予告歸田，築室於仙湖，擁書百城。”《六瑩堂集·佚文·復潘稼堂書》：“比假歸里，卜居仙湖。”

《惠來縣志》卷十四）

本年釋今但重修華首臺寺。（《須知簿》第一冊）

庾兊於本年成貢生。

庾兊，字辰六。樓子。康熙二十八年（一六八九）歲薦。黃登《嶺南五朝詩選》卷九有傳。

黎學成於本年成貢生。

黎學成，永安（今紫金）人。康熙二十八年（一六八九）廩貢，順德訓導。（《永安三志》）

清聖祖康熙二十九年　庚午　一六九〇年

春，高孝本入粵訪梁佩蘭。

正月初一日，屈大均賦《庚午元日作》七律詩六首，末首云：

庚午重爲墮地人，愁逢烈帝第三春。生從十五無君父，罪有三千是子臣。一日雞豚猶逮母，平生犬馬未逮親。早孤少得先公教，報答慈威恨不辰　庚午，崇禎三年。（《翁山詩外》卷十）

初二日夜，吳文煒、陳元基、周大樽、曾秩長宿梁佩蘭湖嶼舍宅話舊，分韻賦詩。（《乳峰堂集》卷三《己巳小除後三夕同吳山帶陳王屋曾秩長宿梁藥亭庶常湖嶼話舊分得十蒸》。湖嶼即梁佩蘭新齋仙湖六瑩堂）

陳元基，字王屋。子升子。

曾秩長，茂才。梁佩蘭甥。

周大樽，名軞，以字行，一字冷泉。南海人。康熙四十一年（一七〇二）舉人。居石門山中，以文行著於庠序。與屈大均、陳恭尹、梁佩蘭友善。嘗訪吳中山水殆遍，之越遊富春，之楚遊衡嶽，數歲不歸。著有《乳峰堂集》。張維屏《國朝詩人徵略》初編卷十八有傳。

五月，前粵督吳興祚招同諸公陪京卿張雲翮宴集城西長壽禪

院釋大汕離六堂，賦詩以行，遊順德、三水、增城諸邑，屈大均
賦《庚午仲夏承大司馬吳公招同諸公奉陪京卿張公讌集城西禪院
次張西元韻四首並以送行》五律詩。（《翁山詩外》卷九）陳恭
尹賦《大司馬留村吳公招同茹瓊山子蒼張惠來時公劉將軍季翼新
安王我占山陰婁子恩同里屈翁山奉陪京卿紫閣張公集石公離六堂
即席次張公韻送之入都　四首》五律詩（陳恭尹《獨漉堂詩集》
卷十）、《送吳制軍至三水因紀昔遊作百韻贈別》長詩。（陳恭尹
《獨漉堂集》二三八至二三九頁）

　　七月，釋函可弟子釋今又與同社集諸因緣，重梓釋函可語録
六卷於廣州黃華寺，釋今辯撰序。（《語録今辯序》）

　　九月初五日，屈大均六十一歲生日，賦《庚午季秋六十有一
歲生日作》詩云：

　　婆娑膝下舞衣回，老子還童作少萊。尊母九旬顏並駐，烈皇
三祀曆重開。予生崇禎三年。芝華總作西王養，荳綠全充侍女才。鴻
鵠翩翩需羽翼，商顏莫使子房來。

　　六十嬰孩九十親，殷勤阿母與長春。生兒幸匪神仙子，養老
歡餘潔白身。朔雁偏知霜信早，涼蟬更得露華新。還遲四日方重
九，且掇秋英滿飲醇。

　　年來益作古沉冥，亦學鯨魚吸巨溟。地有醉鄉留老大，天生
酒德與仙靈。江城遠映魚雲白，海閣高含蜃氣青。童稚滿前爭上
盞，二豪在側似螟蛉。

　　夢寐羲皇獨旦人，弱年時已作遺民。先生何許知元亮，男子
其誰是富春。初度只今忘甲子，嘉名在昔愛庚寅。楚丘方少多神
智，未欲人稱踰六旬。（《翁山詩外》卷十）

　　初九日重陽，陳恭尹賦《庚午九日歌和礎兄》詩云：

　　前年九日登高回，月入南斗光徘徊。今年九日西風急，昨夜
斗中月仍入。上天垂象每若斯，安用樽前百憂集。斗杓如柄挹銀
河，酌河爲酒未言多。今年九日且已過，明年九日當如何，請酌

大斗還高歌。（陳恭尹《獨漉堂詩集》卷五）

　　冬，屈大均至惠州，客於知府王煥齋中。（《翁山詩外》卷
十）

　　屈大均、陳恭尹、梁佩蘭皆有詩送吳興祚還都。（《翁山詩
外》卷九《奉送吳大司馬還京》四首、《獨漉堂詩集》卷十《唱
和集·江邊行獻大司馬制府吳公》、卷十一《唱和集·庚午冬夜
羊城宴集聯句十二韻》詩、《六瑩堂二集》卷二《吳留村制軍北
歸詩以送之》，吳興祚有和詩）大均賦《前制府吳公以生日往羅
浮山賦此寄壽》詩云：

　　浮丘已作謝公墩，復把羅浮當漆園。蝴蝶未過仙客洞，梅花
先向美人村。八年節鉞宣猷苦，一日壺觴養拙尊。好著稚川篇內
外，曜真天里得真源。

　　生朝競望老人峰，天壽還應格九重。且復浮沉珠海日，何妨
上下玉淵龍。心開瀑布三千鏡，夢落芙蓉四百鍾。賭墅只今須太
傅，肯教巖壑得從容。（《翁山詩外》卷十）

　　吉安朱渠自羊城至韶，寓廖燕友陳牧霞別業。燕偶過其處，
一見歡甚，遂呼酒暢飲達旦。醉後，渠出所著《荷亭文集》，請
燕爲序。燕與渠相過從，輒痛飲至醉，醉則以詩文相唱和，酒墨
淋漓滿几席。見者指二人爲狂，燕與渠獨相視而不言。（《文集》
卷四《荷亭文集序》）燕既爲渠序集，渠亦爲燕作《二十七松堂
集序》焉。

　　初冬十月，廖燕喜晤鄭思宣，相與快談數夕。因思宣將歸
閩，燕賦詩贈行。（《二十七松堂集》卷九《庚午初冬喜晤鄭思宣
快談數夕情見乎詞時因歸閩賦此贈別》）

　　初冬，屈大均賦《庚午初冬同諸子出廣州北郊飲於尚氏墓堂
感懷往事有作》五言長詩。（《翁山詩外》卷十一）

　　十二月十三日，屈大均母八十有七生日第五子阿需生，陸氏
墨西出。（《翁山文鈔》卷七《字八子說》）大均喜賦《庚午臘月
丙寅舉第五子阿需值慈大人八十有七生日喜賦》七律詩四首。

（《翁山詩外》卷十）陳恭尹亦和《屈翁山六十一舉第五子阿需值其母八十七壽賦詩索和次韻四首》七律詩四首。（陳恭尹《獨漉堂詩集》卷十一）

十五日，釋大汕招同諸公會長壽寺，陳恭尹賦《臘月望日石濂大師招同張桐君吳子祥鮑子韶季偉公黃位北李方水黃葵村黃攝之同用庚字》詩云：

不受年催獨有僧，禪房猶得聚同聲。菩提別是盧能樹，車馬依然陸賈城。水際鶴當紅葉立，石邊人繞紫梅行。臘殘歲事家家有，愧不從容共月明。（陳恭尹《獨漉堂詩集》卷十）

二十九日，吳文煒、陳元基、周大樽、曾秩長、釋敏言宿梁佩蘭湖嶼話舊，分賦。（《六瑩堂二集》卷五《小除吳山帶陳臣張周大樽曾秩長過宿》，《嶺南五朝詩選·後集》卷十一吳文煒《庚午小除與周大樽陳王屋敏言上人宿梁藥亭庶常湖嶼話舊得四豪》）

除夕，屈大均賦《內子季劉以歲除生日承王君礎塵賦詩見貺率次元韻奉答》詩云：

令嫻生向歲除時，正值瑤林雪滿枝。早得雙珠歸鳳掌，長描五嶽在蛾眉。千金未作編蒲笑，一日從無采葛思。與妾糟糠俱不厭，典釵方取酒盈卮。

能生梁女惟西粵，解配徐卿必季劉。螺黛香分鸜鵒硯，牛衣暖作驪駓裘。桑林莫祝甍雙繭，梅上休饑子七鳩。歲歲壽杯連守歲，先春一日勝先秋。梁氏綠珠生博白，季劉生昭平，故云西粵。（《翁山詩外》卷十）

本年屈大均、陳恭尹、梁佩蘭等修復浮丘詩社。[1]（《翁山詩外》卷四《修復浮丘詩社有作》）大均賦《羅浮對雪歌　庚午》詩云：

嶠南自古無大雪，況復羅浮火洞穴。山人不識冰與霜，白露

---

[1]　浮丘在廣州城西，與海珠、海印並稱羊城三石。一九四九年後開航道時海珠、海印二石均被炸毀，今唯存海珠區和海印大橋之名。

少凝陰道絕。今年季冬太苦寒，雪花三尺如玉盤。麻姑玉女盡頭白，四百縞素失峰巒。天氣忽將南作北，層冰峨峨路四塞。浮碇岡頭似白山，長白山也，羅陽溪口成勒勒。千株萬株松欲摧，梅花凍死無一開。北風慘吹籠葱裂，猿狄僵臥吟且哀。辟寒有方得仙客，斫取龍鱗薪琥珀。地爐燒出日輪紅，天井迸來雲箭白。咫尺空濛接海津，光搖宮闕失金銀。玉作越王烽火樹，瑶華飛滿珊瑚身。天雞夜半凍不叫，曜靈忍失朱明照。久傷烏羽墜重光，安得燭龍銜一爝。欲挽羲車力士無，窮陰苦逼歲華徂。麑裘不暖難宵夜，坐擁瑶琴影太弧。（《翁山詩外》卷四）

本年王煐築子日亭於羅浮山落成，屈大均、陳恭尹、梁佩蘭皆有詩紀之。①

本年屈大均作文：《林處士七十壽序》（《翁山文外》卷二）、《老萊子傳》（《翁山文外》卷三）、《屈沱記》（《翁山文鈔》卷一）、《惠州府儒學先師廟碑　代》（《翁山文鈔》卷三）、《張桐君詩集序》（《翁山佚文輯》下）。賦詩：《惠州王太守入羅浮尋梅花村不得用子瞻松風亭下梅花詩原韻有作予爲和之》、《水仙嘆》（《翁山詩外》卷四）、《琵琶行贈蒲衣子》、《廣陵老僧聞一以畫扇見貽詩以答之　聞一善琴》、《修復浮丘詩社有作》、《次和惠州王子千太守初入羅浮宿沖虛觀用東坡同子過遊羅浮韻並以爲壽》、《王太守作見日亭成詩以美之》、《羅浮對雪歌　庚午》、《魚缸　有序》、《送英德陸明府》（《翁山詩外》卷八）、《立春作》八首（《翁山詩外》卷九）、《汪栗亭復以紫霞茶見寄》、《望洋臺》、《豫兒》二首、《奉答蕭山周子見懷之作》二首、《庚午仲夏承大司馬吳公招同諸公奉陪京卿張公譿集城西禪院次張西元韻四首並以送行》四首、《爲梁疊石學博節母馮太孺人壽》二首、

①　《憶雪樓詩集》卷下《憶子日亭》自注：“在羅浮絕頂，余庚午歲遊山後創建，近爲颶風所欹，復捐金易石亭。”《翁山詩外》卷四《王太守作見日亭成詩以美之》、《獨漉堂詩集·小萊初集·聞王惠州紫銓築子日亭於羅浮絕頂歌以寄之》、《六瑩堂二集》卷三《惠州王紫銓太守築羅浮子日亭落成作歌寄之》。

《奉懷湯巖夫王鹿田兩處士》二首、《送李南申英三同李方伯之任湖廣》二首、《重陽後一日承見堂枉顧花下分得六魚》、《示姬人》三首（《翁山詩外》卷十一）、《庚午元日》六首、《過林子本茅①草堂奉答見贈之作》二首、《杜鵑花》、《三水舟中》、《代呈某觀察》、《集梁季子齋分賦得魚字》、《席上賦得甘灘鱛魚限魚字》二首、《壽龔給諫母蘇太夫人》、《答姚叔煙》二首、《贈增城冉明府》、《贈前松溪張明府　時在增城幕》、《重至何仙姑壇作》五首、《增城萬壽寺乞取丫蘭之作》二首、《送李浣廬使君之湖北方伯任》二首、《庚午季秋六十有一歲生日作》四首、《奉和惠州王太守除夕雜感次韻》二首、《送人歸吳興拜母》、《前制府吳公以生日往羅浮山賦此寄壽》二首、《陳守戎招飲同王陳二君分賦》、《庚午臘月丙寅舉第五子阿需值慈大人八十有七生日喜賦》四首、《送王礎塵之贛州》二首、《內子季劉以歲除生日承王君礎塵賦詩見貺率次元韻奉答》二首（《翁山詩外》卷十三）、《奉題惠州王子千太守羅浮紀遊詩後並以爲贈》、《示兒明洪》二首（《翁山詩外》卷十四）、《將上惠陽舟中望羅浮即事呈王太守》十四首、《胥江過玉鏡臺感賦》（《翁山詩外》卷十六）。填詞：《春從天上來・爲前制府大司馬吳公壽》、《桂枝香・歲庚午予年六十有一臘月三十日恭遇慈大人生辰適第五兒阿需以是日舉喜而有作》（《翁山詩外》卷十九）。

　　本年梁佩蘭參選卷二之陳維崧《迦陵詞全集》刻成。（《迦陵詞全集》附康熙二十九年庚午仲冬長至前一日任璣序）

　　本年有客來自豫章，憩掛角寺，以果餌易得廖燕丙辰（康熙十五年，一六七六）九月所書之《從軍帖》於小沙彌，歸以視燕，燕視之恍如隔世。此帖計詩十三首，凡二百七十六字，自丙辰至是已十五年，因跋其後。（《文集》卷八《從軍帖自跋》）

　　本年雷州知府孔翕庵始興義學，請陳璸爲師，蔣洞思郡伯繼

---

①　林璿，字本茅。番禺人。太學生。著有《松坡堂詩稿》。

之，璸掌教義館三年。（鄧碧泉《陳璸詩文集》附《陳璸生平活動簡表》）

本年陳遇夫過廬山，值大雪尺餘，不得休息。（陳遇夫《涉需堂文集·遊廬山記》）遇夫出都門，過金陵，傾懷資以易之，得四百餘卷。（陳遇夫《涉需堂文集·荻園藏書記》）

本年新城王士禛有《答陳元孝寄懷之作》。（《帶經堂集》卷五十三《蠶尾詩一》）

本年釋成鷲主社席，激濁揚清，不遺餘力。無如直道難容，辭而去之。南遊鐵城（香山），鐵城諸公邀留共住，結社於城東之河泊高氏園林，顏曰東林，堂曰望遠。同時入社三十餘人，社中諸賢，若蕭、若鄭、若毛、若高、若方、若繆，仿東林故事，以丹徒令毛中庵爲壇坫長。（釋成鷲《紀夢編年》）釋成鷲賦《初住東林周太尊繆西冷過宿》詩云：

君不見日光西沒月東出，大地晴陰是何物。良辰美景無二三，風雨晦明常六七。白雪多從腦後生，青山半向塵中失。人生能得幾多時，知己燈邊頻促膝。我慣香山三十年，我住東林纔半日。半日閒人半日忙，送往迎來非一一。黃昏客散掩荊扉，水亭月上風蕭瑟。周生繆生興獨高，出門畏與時流匹。孤城吹角巷無人，自抱衾裯到蓬蓽。相逢大笑腐儒禪，解道非心亦非佛。殷勤留客話深宵，手撥寒灰煨榾柮。一更明月二更云，半夜雨聲喧蟋蟀。微雲細雨眼前過，依舊孤光生白室。底事明明舉似君，淨似琉璃黑如漆。坐到天明捲幔看，君不見月光西沒日東出。（釋成鷲《咸陟堂詩集》卷三）

釋成鷲前後居東林庵七年。（章文欽《澳門與中華傳統文化中的航海保護神》，載《澳門媽祖論文集》一九九頁）

本年朱圭（上如）刻釋大汕行跡圖中之負薪、觀象、吟哦、雅集、論道、北行、長嘯等圖。（姜伯勤《石濂大汕與澳門禪史》三八四頁）

本年黃道珪以舉人知山東邱縣。

黄道珪，海豐人。康熙二十九年（一六九〇）以舉人知山東邱縣。以勞卒於官。（《海豐縣志》、《惠州府志》）

陳遇夫於本年中解元。本年遇夫北上，明年南旋。（陳遇夫《涉需堂文集·涉需堂書義序》）

許雲於本年中舉人。

許雲，字飛黄，一字秋嵐。新會人。壯圖塚子。康熙二十九年（一六九〇）舉人，揀選知縣。著有《四書稿》、《北遊草》。事見黄登《嶺南五朝詩選》卷十一。

劉與可於本年中舉人。

劉與可，字弘客，一字蘇友。新會人。康熙二十九年（一六九〇）舉人。著有《又同堂初集》。事見黄登《嶺南五朝詩選》卷十一。

葉湑於本年中舉人。

葉湑，字豹圍。惠來人。康熙二十九年（一六九〇）舉人。除授徒館穀外，無其他收入。（雍正《惠來縣志》卷十四）

陳琳於本年中舉人。

陳琳，字季璋，號玉山。惠來人。康熙二十九年（一六九〇）舉人①，授湖北安遠知縣。著有《眺春草》，參修《惠來縣志》。年八十八卒。兄鐘，字千石。少孤，事母孝。篤愛胞弟琳。家無巨細，獨任其勞，使琳得肆力於學。（雍正《惠來縣志》卷十四）

黄樞於本年中舉人。

黄樞，字元泰。南海人。康熙二十九年（一六九〇）舉人，授雲南禄豐縣知縣，在職五年歸。卒年八十六。（《廣州府志》卷一二八）

曾文正於本年中舉人。

曾文正，字其昭。海陽（今潮安）人。康熙二十九年（一六

---

① 一作康熙二十九年進士。

九〇）舉人。家貧，課徒爲業。大鑒鄉堤潰，上莆、龍溪、南桂三都連年水患不息，文正合紳眾陳於當事，親督三都鄉民各輸工料，壘石禦水，水患以除，士民德之。（乾隆《潮州府志》卷二九）

黎式儀於本年中舉人。

黎式儀，電白人。康熙二十九年（一六九〇）舉人，任大名知縣，不取民間一錢。捐俸修學宮，創書院，置田養士。在任十四年，士民愛戴，崇祀名宦。（道光《電白縣志》）

麥棐於本年中武舉人。

麥棐，字澤先。新安人。康熙二十九年（一六九〇）武舉人，翌年連捷武進士。官四川成都軍民衛，升江南提標、後營遊擊，調署松江、衢州協鎮。（《新安縣志》）

蕭欽相於本年成貢生。

蕭欽相，香山（今中山）人。康熙二十九年（一六九〇）貢生。事見黃韶昌等《香山詩略》卷三。

陳遇夫門人何溶於本年補諸生。（《正學續張集》何溶後跋）

釋今帾圓寂。

清聖祖康熙三十年　辛未　一六九一年

春，駐防參領王之蛟發起重修廣州東門外東皋關壯繆侯廟（即俗稱之關帝廟），勒碑以紀其事，又鑄鐘鼎，請屈大均、梁佩蘭、陳恭尹各撰銘文。復於廟旁修別業，結東皋詩社，請大均、恭尹、佩蘭主之。（樊封《南海百詠續編》、《番禺縣續志·金石略》）

正月初一日，屈大均賦《辛未元日作》七律詩六首。（《翁山詩外》卷十）

初六日，大均賦《辛未元正六日立春值次兒泰十歲生日作》詩云：

犬子好生辰，開年氣色新。能先人一日，即得汝三春。外傳殷勤就，中經次第親。九齡分我百，帝與十回辛。

　　當年占得泰，生果值三陽。綵合而翁舞，甘分祖母嘗。春先人日暖，日向立春長。示爾辛盤頌，應追筆墨香。

　　次日，王華姜忌日，屈大均賦《人日》詩云：

　　年年此人日，人恨一人無。燭滅迷魂夢，香薰暗畫圖。病教明鏡失，貧使玉琴孤。不盡秦嘉意，依依一繡襦。（《翁山詩外》卷九）

　　二月花朝日，梁佩蘭招同陳恭尹、王隼、陳阿平、林祝萬、姚非熊、梁無技等集於六瑩堂，送姚東膠歸樅陽，即席分賦。（《獨漉堂詩集》卷十三《花朝梁藥亭招集六瑩堂送姚東膠歸桐城同王蒲衣姚非熊》，《六瑩堂二集》卷四《花朝招姚東膠陳元孝王蒲衣陳獻孟林祝萬姚非熊佺王顧既兒靈鞠雅集六瑩堂即席分韻送東膠歸樅陽》）

　　林祝萬，字石床。能畫。

　　姚非熊，字兆渭，號非漁。嘉善人。拔貢。

　　屈大均賦《花朝讌集湯氏園亭作》詩云：

　　緋桃掩映畫橋東，春到花朝影盡紅。作暖池塘初有雨，吹寒楊柳只多風。流鶯一一笙歌裏，戲蝶紛紛士女中。但使主人能愛客，名園易與辟疆同。（《翁山詩外》卷十）

　　花朝後五日（二十日），梁佩蘭同陳恭尹、屈修、吳文煒、李方水訪釋大汕於其長壽寺離六堂，恭尹賦《花朝後五日同梁藥亭屈本庵吳山帶李方水集石公離六堂即事書懷　二首》詩云：

　　春半花猶未，農時雨不來。言尋方丈約，笑爲老僧開。古井人爭水，空池鶴印苔。隱憂慚素飽，鐘罷且徘徊。

　　西疇延夕照，籬落見層層。塔影千年寺，琴聲百歲僧。風枝翻弱絮，香蕊結垂藤。妙法離言說，南宗此一燈。時有琴僧百歲在坐。（陳恭尹《獨漉堂詩集》卷五）

　　三月初三日，王隼之女瑤湘與李仁新婚，屈大均、陳恭尹、梁佩蘭、林梧、吳文煒、梁無技往隼漈廬宴集，即席分賦以賀。①
黎延祖爲作《辛未花朝贈李孝先新婚》詩（陳恭尹《番禺黎氏詩
彙選》）。

王瑶湘，號逍遥居士。番禺人。隼女，李仁妻。少好讀書，
能度曲，知得家學。早寡，愛讀《莊子》，稱逍遥居士，梁佩蘭
甚稱其學。著有《逍遥樓詩》。

李仁，字孝先。四會人。恕子。太學生。早卒。著有《借堂
偶編》。王隼女瑶湘，能詩。隼愛仁才，以女妻之。温汝能《粵
東詩海》卷六九有傳。

陳恭尹賦《李孝先就婚西村即事贈詩勉之　二首》詩云：

百曲西村水，三春合卺杯。夭桃花路近，連理樹門開。擇對
元難偶，題詩自得媒。尊君風義在，朋舊總能來。

故人有才女，之子産燕京。萬里各南北，一朝爲弟兄。高門
曾列戟，靈櫬望歸旌。燕爾今方始，無忘楚國行。（陳恭尹《獨
漉堂詩集》卷五）

夏，梁佩蘭、屈大均、陳恭尹、林梧等集於六瑩堂，以詩送
王世楨歸無錫。（《六瑩堂二集》卷七《送王磎塵歸昆陵次原韻》
二首，《東莞詩録》卷二十九林梧《六瑩堂集送王磎塵分賦》）

方正玉來粵。時屈大均、陳恭尹、梁佩蘭等粵中諸子及宦遊
於粵者，往復作詩會，推梁佩蘭秉筆論次。（《六瑩堂二集》附方
正玉《哀詞》）

四月十七日，廣州河南金花廟前新築地基告成。（《六瑩堂
集·佚文·金花廟前新築地基碑記》）

———————————

① 《翁山詩外》卷九《辛未上巳宴集王蒲衣漈廬分得春字》二首，自注云：
"時會送李孝先就婚於蒲衣。"《六瑩堂二集》卷五《上巳日宴集西山草堂同屈翁
山陳元孝林叔吾吳山帶侄王顧李孝先就婚於蒲衣之漈廬分得風字》、《嶺南三大
家詩選》卷二十二陳恭尹《辛未上巳同梁藥亭屈翁山林叔吾吳山帶送李孝先就婚
於王蒲衣漈廬寓至西山草堂即事贈詩且勉之》、《獨漉堂詩集》卷十一《上巳日
宴集西山草堂分得青字二首》、《李孝先就婚西村即事贈詩勉之》二首。

　　五月，屈大均賦《仲夏燕集黃氏柳橋精舍同用弧字》詩云：

　　鳴蟬一一在高梧，含吐涼飔響不孤。煙水人同鳧藻得，風流地似柳橋無。酒因伏日調冰液，花爲炎天隱玉壺。瓜李且爲河朔會，秋深行欲挽天弧。（《翁山詩外》卷十）

　　二十五日，梁佩蘭仿歐陽詢體爲撰碑記。（《六瑩堂集·佚文·金花廟前新築地基碑記》）

　　立秋後一日，屈大均《立秋後一日崔氏樓雨望》詩云：

　　秋來一日即霜天，細雨生寒盡作煙。海氣不分平野外，山光如在夕陽前。穿簾乍入蕭蕭葉，繞樹長嘶咽咽蟬。樓好欲當明月立，催人何處暮鐘傳。

　　又賦《壽南雄太守母夫人》七律。

　　七月初七日，屈大均賦《七夕詠牛女》詩云：

　　蛾眉光出絳河分，掩映明霞織女裙。不作蟾蜍飛入月，長勞烏鵲結成雲。花鍼處處抽紅縷，香粉家家散紫芬。未夕黃姑牛罷飲，橋邊卻扇笑氤氳。

　　銀潢高泛海人槎，喜見天孫渡羽車。詒鳳無緣求務女，牽牛有幸勝匏瓜。月中易得西王藥，雲外難尋帝子家。二七佳期秋及早，仙靈故事最芬葩。

　　服罷瑤箱向夕閒，合歡應不減人間。生離但得如河鼓，死育寧辭作破環。百合香薰經歲夢，九光燈照隔秋顏。心悲蘭夜難爲永，未曙扶曦已可攀。《淮南子》："月似破環。"

　　浣紗終歲苦參商，又涉明河萬里長。未許客星窺織作，頻從南斗得津梁。冰開七子團團鏡，露浥雙鸞片片裳。手爪昭回助雲漢，定知天肯報文章。《天官書》："南斗雲，漢津梁。"

　　東西河水只分流，割斷雲潢作御溝。職與婺星皆寡宿，生爲天媛更離愁。鴛鴦有愧雙青鳥，瞻兔無情一白頭。婉孌未終初日上，明年含睇又涼秋。

　　閏七月初七日，大均又賦《閏七夕再詠牛女》七律詩五首。（《翁山詩外》卷十）陳恭尹亦有《閏七夕次和王惠州子千二首》

詩云：

盈虛天道本如斯，重駕星橋豈所思。百歲幾回逢此夕，一秋翻遣再相離。機絲世上無餘巧，瓜果階前漫有期。開府清新徒作賦，賴君爲補閏秋詩。

只道南山賦殷雷，誰言天上也相催。都將烏鵲年年事，欲共蟾蜍月月來。三匝漸看依樹繞，一鈎直似學眉裁。星辰聚合尋常有，兒女西風莫浪猜。（陳恭尹《獨漉堂詩集》卷十一）

二十九日，韶州知府陳廷策、惠州知府王煐招同屈大均、陳恭尹、梁佩蘭、廖燇集於廣州行署，議爲張九齡、余靖刻印文集。①

廖燇，字南暐，一字雪矓。南海西樵山人。著有《自娛堂集》、《北遊草》。黃登《嶺南五朝詩選》卷九有傳。

八月初八日夜，王煐招同梁佩蘭、屈大均、陳恭尹、廖燇、陳廷策、遲維城集於廣州行署詠月，大均賦《八月初八夕詠月》詩云：

蛾眉今夕夜光成，未到中秋鏡半明。花逐露華香共落，酒和雲漢影同傾。玉娥弓向天狼觳，珠母胎從顧兔生。稍待團圓還與賞，抽毫更寫仲宣情。

片霞斜映絳河妍，一半秋光死魄邊。心似玉鈎猶自曲，影同紈扇更誰圓。瑤臺未合雌雄鏡，錦瑟休張五十弦。寒露欲來衣待寄，離情悽斷綠尊前。（《翁山詩外》卷十）

恭尹賦《八月八夜王子千招同陳韶州毅齋遲靈山屏萬梁藥亭廖南暐屈翁山集廣州行署詠月》詩云：

高會仍同趙尉樓，上弦新月近中秋。半輪似欲依華轂，破鏡

唯能照白頭。銀漢欹斜初雁過，金風蕭瑟暮雲收。更憐一片如輕舫，明夕隨君到惠州。（陳恭尹《獨漉堂詩集》卷十一）

九月初五日，屈大均賦《六十二歲生日作》詩云：

未到重陽暑氣消，黃花已似客蕭條。催人蟋蟀悲遲暮，失路驊騮嘆沉寥。不覺杜鄉加二歲，豈堪高臥遽三朝。奇齡尚待慈親與，得見河清即子喬。

荏苒流光奈晚何，六旬有二恨蹉跎。艱難反國非重耳，矍鑠臨軍豈伏波。野鹿鳴麑多美草，田鳧傍母只寒河。閨庭思甚無餘事，日取蘭陔入詠歌。二公是時皆六十有二。

六十人流未有聞，又添時節兩秋分。絮巾尚擁遼東雪，毛扇終揮薊北雲。白恨蘆花同縞髮，紅憎楓葉似羅裙。仙成詎忍忘人世，鸞鶴翩翩不作群。（《翁山詩外》卷十）

二十五日，陳恭尹六十一歲生日，屈大均賦詩爲壽。（《翁山詩外》卷又八《元孝六十又一生日賦以爲壽》）

初九日重陽，屈大均賦《九日承王驃騎邀集東皋有賦》詩云：

東皋亦似蘭亭會，上巳何如九日觴。菊爲將軍開紫笑，梅因逸少吐紅香。三江水到魚珠闊，二嶠雲連雁翅長。南武自來天府地，英雄衰白一霓裳。

謝公棋墅此松林，化碧痕餘秋草深。散帶且揮桓氏彈，和歌休愴雍門琴。弓開更奮雙猿勢，箭落時驚一雁心。暮擁黃雲歸路暝，野風吹帽影蕭森。謝公謂陳文忠公也。

越王臺枕玉山平，並騎登高結束輕。戲馬風流還九日，射雕人地且三城。將歸麗句雄笳鼓，未醉香醇困步兵。笑插黃花憂未遍，教添紫菊向長纓。（《翁山詩外》卷十）

冬，釋成鷲與同詩社到白雲山探梅，賦《北山探梅與社中諸子訂買山之約》七律詩、《廣州江樓阻雪答家峻山峋山》、《夜泊遇雪》、《同住東林有厭清苦者相繼辭去時值小除與諸子守歲示此以堅其志》。（釋成鷲《咸陟堂詩集》卷之十三）

十二月二十九日夜，梁佩蘭與屈修泛舟珠江。（呂永光《梁佩蘭年譜簡編》）

除夕，梁佩蘭代人負債，索者以他事語之，可抵其債且得餘資度歲，佩蘭以其事不直而拒之。（《六瑩堂二集》附方正玉《哀詞》）陳恭尹賦《次和王礎塵辛未歲除八首》七律詩。（陳恭尹《獨漉堂詩集》卷十一）

本年屈大均遇羽翱於廣州濠畔之市，列其父鳳麒於《四朝成仁録·後廣州死難諸臣傳》中。（《翁山文外》六《明死事都督同知羽公墓碑》）何絳亦有《哀明死事都督冲漢羽公》詩云：

裹瘡陣戰捍危城，國破爲臣敢獨生。怪得珠江江上水，至今猶作怒濤聲。

軍敗群僚入海居，惟君殉難一家俘。當時多少文臣在，記得寒窗讀史無。

虛塚雖留世已殊，千山日澹草荒蕪。最憐三月墳邊樹，杜宇聲聲帶血呼。（何絳《不去廬集》卷一二）

本年定安縣諸生爲教諭梁廷佐母馮氏建生祠，以報其置田育士之德，落成，至者千有餘人，囑屈大均題其額曰：“食德”。（鈕琇《觚賸續編》二）

本年大均作文：《藏髮賦》（《翁山文外》卷十六）、《關壯繆侯廟鐘銘》（《翁山文鈔》卷十）。賦詩：《辛未元正六日立春値次兒泰十歲生日作》二首、《人日》、《諸兒》二首（《翁山詩外》卷九）、《送林赤見之懷集授經》二首、《送汪楷士還歙爲其尊人七十壽》二首、《辛未上巳讌集王蒲衣濼廬分得春字　時會送李孝先就婚於蒲衣》二首、《哭汪右湘》三首、《過何明府城隅客居賦贈》、《送陳子楚遊》、《奉送吴大司馬還京》四首、《爲連山劉明府壽》、《賦呈韶州陳太守》四首、《送陶子北征》、《汪扶晨六十有贈》四首、《扶晨屢以紫霞茶見寄賦以答之》、《壽光軒作》、《題呂紀梅雀圖》、《喜侃士病癒贈之》六首、《喜羅君又持扶晨書至》、《白雲泉》、《元孝六十又一生日賦以爲壽》六首、《奉題惠陽王郡侯署中憶雪樓》四首、《爲順德徐明府壽》、《舟次小塘》二首、《舟入橫槎水作》、《爛柯山作》、《送李君還秦兼寄懷其舅孔德太史》四首、《林叔吾六十生日賦以贈之》六首、《辛未元日作》六首《花朝讌集湯氏園亭作》、《仲夏燕集黃氏柳橋精舍同用弧字》、《立秋後一日崔氏樓雨望》、《壽南雄太守母夫人》、《七夕詠牛女》五首、《閏七夕再詠牛女》五首、《八月初八夕詠月》二首、《六十二歲生日作》三首、《九日承王驃騎邀集東皋有賦》、《寄答王仲昭》、《奉答方譽子枉顧草堂留贈之作次原韻》二首、《奉和龔蘅圃駕部偕諸公遊光孝寺出城訪長壽精舍之作次原韻》二首、《送時君之京謁選》、《木棉頭即事》、《布水村題姬人舊居》、《寄懷毛翰林大可》二首（《翁山詩外》卷十一）。填詞：《鳳樓吟·贈李孝先新婚》、《山亭宴》（《翁山詩外》卷十九）。

　　本年梁佩蘭爲《南海縣志》作序。（康熙《南海縣志》卷首梁佩蘭序）

　　本年廖燕曾醉臥於陳牧霞之別業，贈牧霞詩，牧霞請燕爲其別業題額，時匆匆未暇。去冬朱渠至，因爲顏曰："醉榻"，並作《醉榻解》。燕時過其處，與牧霞、渠輒浮白共臥，以"醉榻"之名爲不虛，爲作《醉榻解自跋》。（《文集》卷八）燕至廣州，得交會稽包湛野。時湛野年六十八，雖居逆旅，仍汲汲著述不少休，因出所著《春秋厄言》請燕爲序。（日本文久二年刻本《二十七松堂集》卷三、民國十七年韶州印本卷四《春秋厄言序》）

　　本年新城王士禎賦《聞越王臺重建七層樓（應爲五層樓，即粵秀山鎮海樓）寄陳元孝屈翁山梁藥亭》五律。（《帶經堂集》卷五十四《蠶尾詩二》）

　　本年岑徵賦《送吳謂遠廣文還會學署　辛未年作》詩云：

去歲乘春返五羊，又逢春信別家鄉。青氈九載人猶少，白髮中旬日正長。旅食舊煩分苜蓿，留題曾記滿宮牆。相思有夢頻來往，水驛山程路不忘。（岑徵《選選樓遺詩》）

本年邑大饑，楊公俊削米價賑民。

楊公俊，字丕頤，號應山。陽春人。弱冠補諸生。康熙初，軍徵紛繁，民多怨聲，獨倡照稅均攤，民力以蘇。三十年（一六九一）辛未邑大饑，削米價賑民。嘗與同志捐金建尊經閣及飛雲樓。著有《我聞軒稿》。（《陽春縣志》卷十）

本年胡標由行伍隨從原連平州守備楊嘉瑞征臺灣，破廈門有功。

胡標，字顯臣。連平人。康熙三十年（一六九一），由行伍隨從原連平州守備楊嘉瑞征臺灣，破廈門有功，總督姚啟聖、提督施琅會提議功加副將，援屯田之例，赴上蔡墾荒二千多畝。後用江西南安營副將，管參將事。在任二十六年，兵民和輯。康熙五十七年（一七一八）告老回籍，封驍騎將軍。（《連平州志》）

本年釋今辯以其本師釋函昰所著《語錄》附《梅、雪詩》、《首楞嚴直指》、《楞伽心印》三種，同請入《嘉興藏》。又以其師叔釋函可所著《語錄》入嘉興藏。（《海雲禪藻集》、《嘉興藏目錄》）

本年釋大汕《離六堂集》刊刻。（姜伯勤《石濂大汕與澳門禪史》一二四頁）

李象元於本年中進士。

蔡開隆生。

蔡開隆（一六九一～一七三九），字忠之，號景峰。海陽（今潮安）人。揭陽縣學生。雍正元年（一七二三）以文行兼優貢太學肄業。以親老歸里，益肆力古文辭。乾隆元年（一七三六）舉人，四年會試下第歸，卒於途，年四十九。（乾隆《潮州府志》卷二九）

高儼卒。

清聖祖康熙三十一年　壬申　一六九二年

春，釋成鷲首次前往澳門。（章文欽《澳門與中華傳統文化

中的航海保護神》，載《澳門媽祖論文集》一九九頁）

正月，梁佩蘭招同王煐、陳廷策、屈大均、陳恭尹、黃河澄等雅集六瑩堂，出六瑩琴相示，屈大均、陳恭尹、黃河澄有詩記之。（《翁山詩外》卷四《初春六瑩堂雅集主人梁庶常出六瑩琴相示歌以紀之》、《獨漉堂詩集》卷九《梁藥亭招集六瑩堂觀六瑩古琴同諸公作歌》七古、《粵東詩海》卷七一《春日同王陳二使君暨諸公集梁太史六瑩堂觀琴作》）

初一日，釋成鷲賦《壬申元旦謾興示諸子》詩云：

一夜春風洗病顏，乾坤容我老癡頑。新知如故花邊日，暫別能來雨後山。竹逕有風朝罷掃，松門無客晚休關。等閒指出閒生理，慎勿將心更覓閒。（釋成鷲《咸陟堂詩集》卷一三）

同日日食，屈大均賦《壬申元日作》七律詩六首。（《翁山詩外》卷十）

十五日上元節，月食。[1]

十七日，釋大汕邀屈大均、梁佩蘭、龔翔麟、王煐、陳廷策、方正玉、朱漢源、陳子升、季煌、陳恭尹、廖焯、黃河澄、黃河圖、王世楨、沈上籛集長壽寺離六堂，分韻賦詩。[2] 大均賦《上元後二夕惠州韶州兩使君暨諸公同集長壽精藍分得一先韻》詩云：

光含佛火百輪妍，三五猶餘兩夕圓。上客玉毫崔液賦，使君金鏡謝莊篇。觴飛不記紅牙筋，鉤戲爭探白腹錢。催放銀花無數

---

[1] 《翁山詩外》卷十一《上元後二夕惠州韶州二使君暨諸公同集長壽精藍分得一先韻》七律二首，其二詩後自注。

[2] 《六瑩堂二集》卷七《上元後二夕長壽石公邀同龔蘅圃王紫詮陳毅庵方鶴洲朱漢源陳生洲季偉公陳元孝屈翁山廖南焯黃葵之攜之社集離六堂分韻》七律二首、《獨漉堂詩集》卷十三《上元後二夕長壽精舍雅集同王惠州陳韶州兩使君梁藥亭廖南焯王礎塵沈上籛方葆宇陳生洲黃葵村分得來字》七律二首、《翁山詩外》卷十一《上元後二夕惠州韶州二使君暨諸公同集長壽精藍分得一先韻》七律二首。王煐《憶雪樓詩集》卷上《上元後二夕長壽精舍分賦得一東》，詩次壬申。

樹，炎炎春色結丹煙。

南油滿注百枝燃，火裏春生不夜天。露冕雙臨光乍合，冰輪兩食影仍圓。竹林荒宴惟須達，蓮社風流可是禪。玉漏休催歸騎散，看燈未盡簡文箋。先一月十六月食，是月十五又月食。[①]（屈大均《翁山詩外》卷十）

黃河圖（？～一七〇三），字攝之。新會人。河澂弟。

大均又賦《自中宿上韶陽道中有作》十首、《至韶陽呈陳使君》二首、《惠浣堂成賦謝惠州王使君　惠浣者，以使君守惠州兼惠草堂資，如浣花故事也》二首、《題白鶴峰蘇文忠公祠贈用公》三首（以上七律）。（《翁山詩外》卷十）

清明日，陳恭尹賦《壬申清明即事次杜韻同王礎塵　二首》詩云：

故阡松柏有新煙，欲上江鄉兩槳船。老去登臨知幾度，時來醒醉且隨緣。扶筇得得身能健，插柳依依態可憐。兩月又過真倏爾，一尊相對各陶然。春城市肆猶爭米，薄俗窮民不要錢。且喜今朝晴最好，登秋豈獨慶豐年。

久無消息嶺雲東，有藥休教為已聾。北塞堅冰猶在野，南州新草漫連空。百年飲恨孤兒在，三月傷心萬國同。老淚只應鐫楚竹，招魂空自賦江楓。金陵佳氣松楸裏，銅柱高標指顧中。莫向春光怨遲暮，與君同是白頭翁。（陳恭尹《獨漉堂詩集》卷五）

四月十九日，廖燕在樂昌。（《二十七松堂集》卷十有《壬申初夏至樂昌晤羅仲山話舊》五古詩，《文集》卷五《與朱藕男書》、《與章偉人書》）燕赴樂昌，系應知縣田若琬之招，寓於古竹院寺，與羅仲山住處甚近。（《文集》卷五《與羅仲山》二書）燕在樂昌縣署中似任閑職（《文集》卷五《與朱藕男書》）。是時

----

①　據汪宗衍推證，屈大均與釋大汕交惡自本年至甲戌（一六九四）這三年間。二者交惡後，大均撰《屈翁山與石濂書》、《屈翁山復石濂書》與《花怪》，具見潘耒之《救狂後語》。（姜伯勤《石濂大汕與澳門禪史》九〇頁）。

番禺王隼取詞曲之佳者譜入琵琶，著《琵琶楔子》，請燕撰題詞。
燕既撰成（《文集》卷八），因託朱渠轉交。

六月，梁佩蘭以詩送龔翔麟任滿還朝，爲廣東巡撫朱宏祚
《清忠堂奏疏・文告・告示》作序。　（呂永光《梁佩蘭年譜簡
編》）

秋，王隼刊印《嶺南三大家詩選》二十四卷，是時廖燕已聞
將有此事，而頗不以爲然，欲朱渠勸阻之。（《文集》卷八）

八月，屈大均賦《後割肉詩爲汪孝婦作　有序》五古長詩，
序云：

> 汪孝婦者，姓吳氏，歙人，歸汪嵩如。歲甲寅，寇躪徽州，嵩如時客他
> 縣。其父履生遘病，方逃竄山谷，無從得醫。吳憂恐不知所爲，夜倉皇割左
> 臂肉，和血濡縷雜羹湯以進，浹日而愈。吳處士嘉紀爲作《割肉》詩，有
> 曰：“兒行遠服賈，家中爻危篤。門外十萬賊，殺人滿巖谷。父病乃膈食，
> 兼旬絕五穀。搶攘救者誰，新婦起躑躅。仰告頭上天，俛視臂上肉。肉隨利
> 刃下，自糜作羹湯。忍痛釜鬵際，天角東南明。上堂先進湯，須臾再進羹。
> 羹湯甫霑唇，翁曰胸懷闊。不知病何往，從此復啖啜。果餌恣所歡，美炙無
> 緣設。鄰人上牆間，行路爭傳說。賊眾得聞之，傳令整行列。毋驚孝婦里，
> 兵馬去躄躠。”寇既平，嵩如行賈揚州。吳獨居，織作、汫㳽紃如故，時緘
> 書重相警勉。無何，嵩如訃聞，吳絕粒食，不欲生。旋以堂上舅姑及兩孤爲
> 慮，强就食飲。櫬歸，自擎一器，匍伏迎奠，則羹右臂肉也，蓋自傷不能以
> 活其翁者活其夫云。辛未，吳年五十，子天與、天長乞海內詞人稱詩以壽，
> 欲得吳處士其人者爲之先倡。不佞大均與吳處士交好。處士泰州人，字野
> 人，高節能文，人以其言爲重。大均向讀處士《割肉》詩，異之，以孝婦
> 古之賢媛也。壬申秋八月，吳小叔于鼎文冶以孝婦事自刊江郵至，始知孝婦
> 爲于鼎文冶之嫂。于鼎文冶亦吾友也，乞予詩爲壽。予雖不文，豈可以不繼
> 響野人而更表揚之？於是以野人所作爲《前割肉》詩，而大均爲《後割肉》
> 詩。（《翁山詩外》卷二）

九月，王隼選編屈大均與梁佩蘭、陳恭尹詩爲《嶺南三大家
詩選》二十四卷，人各八卷，王煐爲序刊行。（《嶺南三大家詩
選》卷首王煐序）

初五日，屈大均賦《生日示姬人》詩云：

玉貌先生豈有求，莫愁天遣慰窮愁。更教竹葉無離手，自可蘆花不上頭。共命鴛鴦爭一日，同心桃李媚三秋。弄雛人愛將雛甚，烏子多生逐鳳遊。姬生辰先予一日。

蕭晨休嘆歲寒催，朔雪炎天未易來。梅蕊故當重九發，菊花偏向小春開。豈如桃好多根蘖，長與松高在草萊。擣藥殷勤蟾兔似，女君相逐上瑤臺。（《翁山詩外》卷十）

又賦《生日客韶陽作》七絕七首。（《翁山詩外》卷十四）

冬，梁佩蘭以詩送方正玉歸桐城。（呂永光《梁佩蘭年譜簡編》）

廖燕往遊泐溪石室，作古風一首。（《二十七松堂集》卷十《遊泐溪石室》）燕遊罷歸來，即作書與羅仲山（《文集》卷五《與羅仲山》一），後又有書與羅仲山（《文集》卷五《與羅仲山》二）。

釋大汕集眾演戲。席辦，忽謂眾曰：“上將召我矣。”（潘耒《再與長壽石濂書》）

除夕，梁佩蘭同王煐、屈大均、陳恭尹、吳文煒、季煌宴集，同詠橄欖。（呂永光《梁佩蘭年譜簡編》）

屈大均與釋大汕往還酬唱，見於記載，止於本年。（汪宗衍《屈大均年譜》）

本年大均賦詩：《後割肉詩爲汪孝婦作　有序》（《詩外》卷二）、《寄贈歙人汪伯子四十》二首、《汪仲子持令兄栗亭及諸君書自歙至廣州相問於其歸也爲詩二章送之兼寄諸君》二首、《夕向訶林承二三禪人留宿風幡堂即事賦贈得風字》、《自胥江上峽至韶陽作》三十二首、《過尹爾復園亭贈之》、《復上韶陽述懷呈使君》六首、《惠陽娛江亭作》、《贈羅顥甫五十又一生日》四首、《慰蒲衣》四首、《自公房作》、《贈劉顯之生日》、《慰林仲子喪明》二首、《慰獻孟》二首、《懷吳客》、《朱太史竹姹至五羊苦不得見詩以寄之》、《贈從化郭邑侯　新鄉人》二首、《韶陽恭謁

虞帝廟有賦》六首、《九日舟經清遠峽登高有作》四首（《詩外》
卷十）、《自滇陽至穗城江行有作》九首、《壬申元日作》六首
（《詩外》卷十一）、《上元後二夕惠州韶州兩使君暨諸公同集長
壽精藍分得一先韻》二首、《自中宿上韶陽道中有作》十首、《至
韶陽呈陳使君》二首、《惠浣堂成賦謝惠州王使君　惠浣者，以
使君守惠州兼惠草堂資，如浣花故事也》二首、《題白鶴峰蘇文
忠公祠贈用公》三首、《生日示姬人》二首、《秋日自廣至韶江行
有作》五十三首（《詩外》卷十五）、《戲示墨西》四首、《生日
客韶陽作》七首、《韶陽吊古》三首（《詩外》卷十六）。填詞：
《洞仙歌·長壽禪室瓶花》、《東風第一枝·壬申臘月廿九日立春
值內子季劉生辰賦贈》（《詩外》卷十六）。

　　本年陳維崧編《今詩篋衍集》成，選錄屈大均詩廿六首、陳
恭尹四首、梁佩蘭詩三首。（陳維崧《今詩篋衍集》）

　　本年梁佩蘭爲楊鍾嶽編《寨華堂文集》並爲序。（楊鍾嶽
《寨華堂文集》卷首）

　　本年陳瓚典西門館，退居東湖。（鄧碧泉《陳瓚詩文集》附
《陳瓚生平活動簡表》）

　　本年中書舍人李彥瑁典試肇郡，或強陳金玉應考，大書陶淵
明《歸去來辭》於試卷，時人以奇士目之。

　　陳金玉，字兩式。新興人。質直好學，不慕名利。工詩能
文，博識秦漢古器及唐宋字畫。（《新興縣人物志稿》）

　　本年釋成鷲遊澳門，賦《遊墺門宿普濟禪院贈雲勝師》
詩云：

　　珠林遙隔水雲村，百里尋僧日欲昏。行逐鮫人趁番市，漸聞
鴃舌雜華言。山鐘近接三巴寺，海氣晴分十字門。到處不妨吾道
在，島夷今識法王尊。

　　又賦《墺門阻風》詩云：

　　絕徼到來曾幾日，故山回首已千重。歸從舊路常憂雨，去逐
春潮卻滯風。拜浪江豚隨上下，忘機鷗鳥自西東。偶來識得居夷

叟，浮海乘桴興不窮。（釋成鷲《咸陟堂詩集》卷一三）

本年釋成鷲又賦詩如下：《送李廣文方水掌教筠城兼寄潘明經圓子》、《楊孝廉明度出宰宣平其昆玉江度叟度送至官舍歸途遍歷西湖天台諸勝輒有題詠出以示予賦此以致欣賞之意因寄宣平明府》三首、《泊端州》、《曉發長江寺》、《龍山國恩寺謁盧祖影堂》、《題盧祖父母墓》、《歸舟夜泊峒口》、《宿佛逕菴贈邁往師懷開山故人》、《贈平山菴主兼貽譚氏諸阮》（以上七律）。（釋成鷲《咸陟堂詩集》卷一三）

本年原何維柏天山草堂改建爲是岸精舍落成，唐化鵬賦《奉贈遠公移錫是岸精舍》七律、黃從英賦《奉贈遠公移錫是岸精舍》七絕二首。（陳景鏛《海珠古詩錄》一四八頁）

唐化鵬，字海門。新會人。康熙諸生。詩長於五言。著有《思翁堂集》。

黃從英，字少屏。番禺人。約生活於康熙時。著有《觀古堂集》。

本年釋大汕作《清長壽頭陀大汕松風亭子軸》圖一幅，周養庵舊藏，現藏北京文物管理委員會。（《藝林月刊》第六九期，一九三五年九月）

鄺永鍇於本年中舉人。

鄺永鍇，號則亭。河源人。康熙三十一年（一六九二）舉人，初授開平教諭，後歷任安徽和州同知、含山等三縣知縣、太平府同知。爲官清廉，卒後無資購棺。著有《篤輝堂稿》。（《河源縣志》）

潘嘉璧於本年成貢生。

潘嘉璧，新興人。康熙三十一年（一六九二）貢生。著有《爐鳴草》、《笑鳴草》、《蠅笑集》、《印譜參微》。事見余祖明《廣東歷代詩鈔》卷十一。

任鰲於本年成貢生。

任鰲，字介仲。歸善（今惠州）人。康熙三十一年（一六九

二）歲貢生。三十三年大水，備舟以濟，存活甚眾。著有《北遊草》。（乾隆《歸善縣志》卷十四）

駱萬護於本年成貢生。

駱萬護，字布叔，號裕洲。龍川人。康熙三十一年（一六九二）貢生。少失怙，孝事繼母，友愛繼母弟，父遺產悉讓之。學問淵博，與修邑志，舉動端方，人服嚴正。（《龍川縣志》）

清聖祖康熙三十二年　癸酉　一六九三年

春，梁佩蘭、陳恭尹爲吳文煒輯録訂刻《金茆山堂集》，佩蘭作《金茅山堂集序》，王煐爲刻之。（《六瑩堂集·佚文·金茆山堂集序》，《獨漉堂文集》卷三《吳山帶詩序》）

毛際可在粵。①

春夜，廖燕與友人集於高要縣之羚羊峽，在古刹中聽泉，有五律一首。（《二十七松堂集》卷九《癸酉春夜集羚羊峽古刹聽泉》）

正月初一日，釋成鷲賦《癸酉元旦書懷》詩云：

衰衰兩九三百六，看看五十七年春。青陽有主身爲客，白髮無情老近人。欲買北山虛舊約，偶尋東墅得佳儔。風光不厭頻流轉，一度移居一度新。（釋成鷲《咸陟堂詩集》卷一三）

屈大均賦《癸酉元日作》詩云：

天雞隱隱起空中，海日初燒混沌紅。氣象新從三朔出，光華長與一人同。歡將壽爵歌難已，老向高臺舞更工。無限春暉在芳草，青青先到白頭翁。草名。

平明拜手御爐煙，史筆恭陳上帝前。虎視誰書秦正月，龍興自紀漢元年。老人星在無長夜，尊母臺臨即洞天。王命早從慈氏識，功成方作曜真仙。

---

① 《憶雪樓詩集》卷首毛際可序云：“余與寶坻王南區先生聞聲相慕有年矣。癸酉春晤於端州，遂同泛舟羚山寺。”

初風飄柳拂窗紗，最早鶯聲是我家。萱草天生長命草，桃花人作合歡花。紛紛子女爭珠黍，一一衣裳鬭月華。喧暖開春纔一日，宣文已兩醉流霞。

龍馬精神母氣傳，六旬多四益貞堅。方圓已盡義皇卦，五十須加孔父年。膏潤梅花嫌雪少，光浮梧葉喜霞鮮。胎禽子和松間滿，老鳳飛聲接上天。

春來容易玉顏酡，未恨長貧老薛蘿。方朔細君遺肉少，淵明稚子與梨多。夭桃有口元知笑，翠羽無心亦解歌。早晚榆錢憑買酒，五銖難復奈愁何。

先師未曙禮簪裾，繞膝童蒙告有餘。商氏教兒先大易，伏公傳女更尚書。三春弦誦開元吉，一代文章接太初。異日儒林知有傳，未應辭賦比相如。（《翁山詩外》卷之又一〇）

初七人日，大均賦《癸酉人日作》詩云：

無心作人日，只爲箇人無。光采存魂夢，丹青失畫圖。酒沾黃土盡，花供素瓶孤。廿四年來恨，空悲子母烏。（《翁山詩外》卷九）

陳恭尹賦《癸酉人日偕王礎塵王新侯王立安過石公精舍惠州王使君紫詮挈其諸孫已先在同登懷古樓即事作》詩云：

獻歲酬酢勞，郊坰未曾出。今與良朋偕，方知值人日。東風動高懷，幽事期禪室。歡然集童冠，不暇計六七。長文抱著車，荀或幼在膝。入林鐘乍鳴，清梵磬未畢。隔籬辨主賓，近牖聞琴瑟。石徑絕纖埃，板橋度殘蓙。登樓一舒眺，日月飛何疾。萬古浩茫茫，天步無停蹕。石門猶漢壘，香浦非前率。隴畝半青黃，滄波一洄潏。寒花采玉蘭，圍樹攀霜橘。老大習酸辛，稚子甘崖蜜。聊爲虎溪笑，且試玄卿筆。即事非古今，至道忘儒佛。詢知吏爲隱，亦有民名逸。冀留金石篇，來者爲可述。（陳恭尹《獨漉堂詩集》卷六）

二月，朱彝尊攜其子昆田、友沈名蓀奉使至粵。（陳恭尹《獨漉堂詩集》卷六《別朱竹垞三十六年矣癸酉二月復會於廣州

三日別去送之以詩》）

初八日，彝尊與屈大均、梁佩蘭、陳恭尹同遊五羊觀（五仙觀）、五層樓（鎮海樓）、訶林（光孝寺），在光孝寺觀唐釋貫休所畫羅漢。彝尊有《同屈五大均過五羊觀》、《嶺海將歸梁吉士佩蘭載酒邀同屈大均陳恭尹吳韋王隼陳元基梁無技季煌燕集五層樓席上分得會字》（朱彝尊《曝書亭集》卷十六），陳恭尹有《同朱竹垞梁藥亭屈翁山集訶林南公房觀唐貫休畫羅漢歌》（陳恭尹《獨漉堂詩集》卷六）。

三日後（十一日），彝尊等別去，佩蘭設宴五層樓，邀同大均、恭尹、吳文煒、王隼、梁無技、陳元基、季煌爲其餞行①，佩蘭復以羅浮山蝴蝶繭二枚贈行②，有《送竹垞》詩（梁佩蘭《六瑩堂二集》卷八）。屈大均《送朱竹姹》詩云：

情同楊柳但依依，乍見那堪即送歸。白首相知誰得似，夢魂從此更交飛。

重來此地莫相違，各已浮生近古希。二十五年還待汝，白頭未肯嫁斜暉。予與君別二十五年矣。（《翁山詩外》十四）

朱彝尊於歸舟中賦《嶺外歸舟雜詩》七絕，懷念釋澹歸。（《曝書亭集》卷十六）

三月，廖燕與周象九遊英州之潮水崖。（《文集》卷三《遊潮水崖記》）

四月，梁佩蘭、陳恭尹、吳文煒、季煌赴惠州訪知府王煐，遊代泛亭以賞西湖。（《獨漉堂文集》卷三《代泛亭詩序》）

初三日，廖燕與秣陵方巢、廣陵周鼎、英德蕭某同往遊碧落洞。（《文集》卷三《遊碧落洞記》、卷六《紀續碧落洞詩始末》）

────────────

① 《曝書亭集》卷十六《嶺海將歸梁吉士佩蘭載酒邀同屈大均陳恭尹吳韋王隼陳元基梁無技季煌宴集五層樓席上分得會字》，臨別大均有句云：“二十五年還待汝，白頭未忍嫁斜暉。”自注：“予與君別二十五年矣。”

② 《曝書亭集》卷十六《梁吉士以羅浮蝴蝶繭二枚贈行曲江道中一蝶先出蓬底聯句成三十韻》。

《二十七松堂集》卷十有《題碧落洞煉丹古跡》五絶一首、《碧落洞》七古一首，當均爲此遊所作。

初八日，屈大均母黃太夫人卒，年九十歲。（《翁山文鈔》卷一《先太夫人祔葬記》，《翁山詩外》卷九《述哀》詩注）

清和月（四月）望前，武林毛際可爲釋大汕作《繪空詞序》。（釋大汕《離六堂集》卷十一）

五月，王世楨卒，屈大均衰經哭之。十二月喪歸江南，復往送之。（《獨漉堂文集》卷十《王君墓誌銘》、十二《王礎塵行狀》，《翁山文鈔》卷五《王礎塵衣冠塚志銘》）陳恭尹有《哭王礎塵　十首》七絶詩。（陳恭尹《獨漉堂詩集》卷六）

六月二十五日，屈大均母祔葬於寶珠峰澹足公墓側，大均與兩弟廬於墓側。（《翁山文鈔》卷一《先太夫人祔葬記》，《翁山詩外》卷九《述哀》詩注）

大均六子明瀟生，陸氏墨西出。（《翁山文鈔》卷七《子八子説》）

秋，梁佩蘭、陳恭尹於五層樓送黃與堅歸太倉，毛際可歸嚴州，季煌歸杭州，釋大汕亦有詩送季煌。[①]

韶州知府陳廷策代理廣州知府，偕廖燕同赴廣州，舟次英德。（《文集》卷五《與友人論郡侯陳公入祀名宦書》）

七月初七日，釋成鷟賦《初秋七日集容塵軒分賦》詩云：

一軒秋色净無塵，幕府烹葵召野人。躋等不知賓禮密，過中多感主情真。閒題麗句酬仙侶，笑指靈槎憶漢臣。翹首客星何處所，晚來風雨暗天津。（釋成鷟《咸陟堂詩集》卷一三）

八月十二日，羊城大風雨，闈中試物盡爲風雨所壞，廖燕爲作五絶二首。（《文集》卷一《癸酉八月十二日大風雨有作》）

---

① 《六瑩堂二集》卷八《送季偉公歸錢塘》四首，《獨漉堂詩集》卷六《鎮海樓同梁藥亭送黃忍庵歸太倉毛會侯歸嚴州季偉公歸杭州分得都字》，《離六堂集》卷六《留別季偉公》二首、卷九《答別季偉公》。《憶雪樓詩集》卷下《送季偉公扶櫬歸錢塘兼赴王大將軍長安之約》，詩次癸酉。

十五日，釋成鷟賦《中秋夜與諸子歸舟泊港口翫月分賦》詩云：

海氣連云送落暉，遠尋漁火宿漁磯。四圍夜色涼衾枕，一暈寒光浸衲衣。異地同舟非偶偶，中秋見月亦稀稀。明年此夕重來否，多恐還山各掩扉。

釋成鷟又賦《送楊勉齋北上公車》、《病中荅人》（以上七律）。（釋成鷟《咸陟堂詩集》卷一三）

九月初九重陽日，廖燕登鎮海樓作詩。（《二十七松堂集》卷九《九日登鎮海樓》）燕此次至穗，似因欲爲某邑修志，不意志局未開而主持者卒，遂致頓告失望，故《與陳牧霞書》、《與黃少涯書》及之。（《文集》卷五）

十一月，吳文煒、楊錫震中舉人後赴京會試，梁佩蘭、陳恭尹有詩贈行。（《獨漉堂文集》卷十二《吳山帶行狀》、《獨漉堂詩集》卷九《送吳山帶北上》，《六瑩堂二集》卷三《送吳山帶北上》）

楊錫震，字寶生，號勉庵。香山（今中山）人。康熙三十二年（一六九三）舉人。著有《露香閣稿》。事見凌揚藻《國朝嶺海詩鈔》卷四。

臘月，廖燕客英德，友姚彙吉往訪，燕贈以七古詩。（《二十七松堂集》卷十《癸百臘月姚彙吉見訪英州旅寓賦贈》）

除夕，陳恭尹賦《除夕詠橄欖同王紫詮使君梁藥亭屈翁山吳山帶季偉公作　四首》詩云：

嘉果防中酒，華筵列幾枚。色迎青帝近，甘自隔年回。弱蒂因鹽落，微香奪茗開。深宵人不遠，相勸盡餘杯。

正有文園渴，生津爾所優。添將牙後慧，藏作掌中鈎。蒼玉春王佩，丁香漢署求。明朝期獻歲，一一記更籌。

果中推異品，地遠乃名夷。歲歲無爲賞，青青欲贈誰。車箱歸北客，花實又南枝。消盡人間毒，漁翁只自知。

事後思忠讜，嘉名比直臣。病從苦口利，寒到盡頭春。作彈

驅群癘，堆盤雜五辛。諫書稀聖世，笑爾美芹人。（陳恭尹《獨
漉堂詩集》卷六）

本年屈大均作文：《遷葬仲母文》（《文外》卷十三）、《先太
夫人祔葬記》（《文鈔》卷一）。賦詩：《送朱上舍》（《詩外》卷
四）、《哭王處士》、《送季子扶兩尊人靈柩歸葬錢唐》、《題錢子
濯足圖》、《篔亭爲颶風所摧》、《癸酉人日作》、《贈蔬隱丈兼爲
其七十又一壽》、《除夕詠感暨和王使君　八首》（《詩外》卷
九）、《哀述》十首、《束詹丈》、《颶風大作墓上亭倖免毀傷有
賦》二首、《癸酉秋懷》十五首、《送王處士靈柩歸祔錫山先塋》
四首（《詩外》卷十）、《癸酉元日作》六首（《詩外》卷十二）、
《題朱太史小長蘆圖》（《詩外》卷十六）、《送朱竹垞》二首、
《以事偶憩單家口占奉答　單家善釀》二首、《屢得友朋書劄感
賦》十首。填詞：《賣陂塘·奉陪王太守俞別駕佟大令雨中泛西
湖作起句同用張翥》、《洞仙歌·爲惠陽別駕俞君題揮翰圖有美人
十三》（《詩外》卷十九）。

本年連山縣令劉允元聘鄧光衡修縣志。

鄧光衡，連山人。增貢生。康熙三十二年（一六九三），連
山縣令劉允元聘修縣志。著有《博異集》。父邦棟，廉州訓導。
（清《連山鄉土志·耆舊篇》）

本年釋成鷲賦詩如下：《開元寺探泉》、《過何太占南塘》、
《宿何赤木西園》、《泊江門》、《過白沙先生祠故址》、《訪楊敏叔
不遇時敏叔歸崖門故宅》、《登玉臺寺呈雪玻長老》、《歸舟過大悅
滘訪屈無悶無極二子》、《客西園贈陳東崖》（以上七律）。（釋成
鷲《咸陟堂詩集》卷一三）

本年陳璸三十八歲，第六次應鄉試，得中廣東第三十四名舉
人。（龍鳴《清初儒臣陳璸在臺灣》五頁）

本年楊潮捐資築田頭壩，修水閘。

楊潮，字爾海。海陽（今潮州）人。鍾嶽子。多義舉善行。
康熙間督修南桂堤最有成效。雍正四年（一七二六）海陽水患，

捐米散賑。（乾隆《潮州府志》卷二九）

　　陳鶚薦於本年中解元。

　　陳鶚薦，字飛仲。程鄉（今梅州）人。康熙三十二年（一六九三）解元，三十九年（一七〇〇）進士，翰林院檢討（一作庶吉士）。著有《一經堂文集（稿）》。事見張煜南、張鴻南《梅水詩傳》卷一。

　　李琛於本年中舉人。

　　李琛，字少遊。嘉應州（今梅縣）人。康熙三十二年（一六九三）舉人，官井陘知縣，徵授刑部主事。著有《一草廬集》。吳道鎔《廣東文徵作者攷》卷七有傳。

　　謝禹翱於本年中舉人。

　　謝禹翱，字躍三，一字石洲。番禺人，連州籍。康熙三十二年（一六九三）舉人①，官大名清豐知縣。著有《頓邱宦草》。事見凌揚藻《國朝嶺海詩鈔》卷四。

　　林貽熊於本年中舉人。

　　林貽熊，字赤見，號樗（杶）圍。東莞水北人。樅子。康熙三十二年（一六九三）舉人，知山西長治縣，調河南臨潁，賑濟八月，活民萬數，擢陳州知州。與屈大均、梁佩蘭、陳恭尹遊，詩學甚深。著有《行素堂詩稿（集）》。事見張其淦《東莞詩錄》卷三三。

　　梁子豹於本年中舉人。

　　梁子豹，字不野。三水人。康熙三十二年（一六九三）舉人，知廣西富川縣，民立去思碑。（嘉慶《三水縣志》）

　　溫鎮於本年中武舉人。

　　溫鎮，字伯振。梅縣人。康熙三十二年（一六九三）武舉人。少年喪父失母，刻苦勵志，苦學武術，孔武過人。樂於濟困扶危，人皆稱道。（光緒《嘉應州志》）

　　陳儒素於本年成貢生。

①　一作康熙三十五年（一六九六）舉人。

陳儒素，字必芳。長寧（今新豐）人。康熙三十二年（一六九三）歲貢生。生平惟教授生徒。（《長寧縣志》）

羅世舉於本年成副貢生。

羅世舉（？～一七二〇），字臣廉（廉臣），一字小澹（淡），號棱崖居士。履先父。順德人。康熙三十二年（一六九三）副貢生。久滯都中，館於檢討鄭際泰，相得甚歡。以母老歸里。五十九年（一七二〇）授安定教諭，至端州得疾，歸家卒。著有《鐵驅集》。事見陳融《讀嶺南人詩絕句》卷五。

謝啟祚生。

謝啟祚（一六九三～一七九八），字立山。高要人。壯年為生員，連科赴鄉試，皆落榜。九十四歲時與番禺十五歲童子劉彬華老少同榜，破格獲翰林檢討銜。百二歲時子孫半百，獲編修銜，並受乾隆帝御書匾、聯。終年百〇五歲。（《兩般秋雨庵隨筆》卷三）

陳衍虞卒。衍虞卒前不久作《昌化外翰林婿維象卒於官哭以六章》七絕詩。（陳衍虞《蓮山詩集》卷十八）

清聖祖康熙三十三年　甲戌　一六九四年

春，徐璈有《波羅浴日亭懷吳虎泉兼柬梁鬱洲先輩》詩。高士奇有詩寄梁佩蘭。（呂永光《梁佩蘭年譜簡編》）

釋成鷲偕諸衲子遊鼎湖，雨中晚泊，賦《甲戌春偕諸子遊鼎湖雨中晚泊》七律二首，又賦《三入天湖呈契和尚》詩呈契如和尚。（釋成鷲《咸陟堂詩集》卷之十三）釋成鷲又賦《初入鼎湖賦事》詩云：

羚羊峽束牂牁注，群峰闓闢如門戶。霧蒸霞蔚慶雲深，龍降虎伏師王踞。相聞邃古軒轅翁，此地曾來開鼓鑄。范成神鼎即登遐，留與空王作常住。雲頂老人手眼高，開闢恰當無佛處。一區金地萬山中，丹梯鎖斷紅塵路。鐘磬出林天籟空，松杉匝地秋聲聚。礛轉羊腸過九廻，石橫虹影凡三度。芒鞋踏破嶺頭雲，鐵鉢

饒探石中乳。隔山隱隱有人聲，舉頭乍與孤僧遇。手攜杖笠摘茶
回，相呼相喚同歸去。白犬林間不吠人，玄豹山中方澤霧。三堂
寂歷四門開，百萬人天擁調禦。孤峰頂上鐵浮屠，多寶莊嚴萬德
具。七層六面面一燈，燈燈相暎交回互。天花天樂下香臺，設利
流輝遍瞻部。夜來寶鏡出匣光，高掛東山無影樹。一時龍象斫額
看，爭向指中尋顧兔。無端笑倒老瞿曇，直下金輪行七步。大家
稽首大法王，不辨龍蛇與緇素。歸堂坐愛月孤明，板響鐘鳴天又
曙。起來卻與老僧期，策杖前峰觀瀑布。水簾朝捲風雨生，石髮
晴梳魚蛤露。坐久不知雲出門，百衲驚寒毛髮豎。山窮水盡悄無
人，側耳如聞隔谿語。絕壁聞聲不可尋，斷崖欲度難飛渡。攀藤
直上最高峰，始會蒲團好安措。半閒雲住半閒僧，品字柴頭三概
芋。山僧久擬謝塵綠，是處真堪送衰暮。自信貧兒免盜憎，薄福
不消神鬼護。但須半把茅蓋頭，誓不因人求解悟。歸來舉似阿闍
黎，多謝山中好鹽醋。願將骨董換空拳，拚與人張雜貨舖。（釋
成鷲《咸陟堂詩集》卷三）

　　春夏之際，薛熙入粵，寓居屈氏騷聖樓，刻所撰《秦楚之際
遊記》二卷，屈大均、陳恭尹、王煐序，大均評識之。①

　　閏夏，屈大均、梁佩蘭、陳恭尹、王煐、陶元淳、薛熙同遊
釋大汕主持之長壽禪寺。②

————————

　　① 《蘆中集》卷九《送孝穆赴乳源幕疊前韻》詩注云：“向寓屈氏騷聖
樓”。《秦楚之際遊記》卷首王煐序云：“去月予自惠之廣州時，積雨稍霽，過屈
君翁山所居，而陳君元孝偕一客在座，曰吳門薛君孝穆也。予往在京師，因嘗讀
其文，慕其才，相揖而坐，縱談甚適，因相約爲城西精舍之遊。明日薛君偕翁
山、元孝先至，頃之梁君藥亭、陶君子師一時皆會於石公澱心亭上……康熙甲戌
閏夏寶坻王煐序”。
　　② 《秦楚之際遊記》卷首王煐序云：“去月予自惠之廣州時，積雨稍霽，過
屈君翁山所居，而陳君元孝偕一客在座，曰吳門薛君孝穆也。予往在京師，因嘗
讀其文，慕其才，相揖而坐，縱談甚適，因相約爲城西精舍之遊。明日薛君偕翁
山、元孝先至，頃之梁君藥亭、陶君子師一時皆會於石公澱心亭上……康熙甲戌
閏夏寶坻王煐序。”大均與大汕絕交應始于本年。

閏五月，廣州長壽庵塔釋寄生之龕被洪水入侵，意將茶毗，見夢於釋大汕，以法體不壞爲言，啟龕而視，莊容儼若，乃於長壽西偏建不昧堂，迎供肉身。（鈕琇《觚賸》卷七《粤觚》上《不昧堂》）

八月，王揆來廣州，與屈大均、梁佩蘭、陳恭尹等遊（《蘆中集》卷九注："起甲戌五月盡十二月"）。大均招同王揆、薛熙飲於古丈夫草堂（《蘆中集》卷九《屈翁山招同薛孝穆飲古丈夫洞草堂》）。十二月歸，佩蘭贈以青花端硯，並與恭尹賦詩贈行。[①] 黎延祖賦《送王虹友還姑蘇　並序》詩云：

王子虹友久住都門，道義聲氣海內所宗。甲戌初冬入粤，承攜令兄阮亭先生遠函往及。茲度嶺還里，賦此志別，兼寄阮亭、顒庵兩少司農。

仙驛橫江一舸開，丹山碧水探奇回。雨藏芳樹窣吳苑，雲蹴春濤別漢臺。畫省許通薛蘿字，紅亭應泛棣花杯。中朝計相歸江左，喜共三農詠草萊。（陳恭尹等《番禺黎氏詩彙選》）

屈大均編《翁山文鈔》，囑薛熙加以評次。[②] 大均於忠養堂左窗下序東吳王譽昌所爲《天崇宫詞》。（《翁山佚文輯》中）

初四日，安南國專使兩員陳添官、吳資官（閩籍）至，三請釋大汕南行説法其國。臘底告行於當路縉紳、白社知己。（釋大汕《海外紀事》卷一）

九月二十六日，廖燕五十一初度，燕之友攜酒就燕處稱觴。適《二十七松堂集》刻成，燕因取以爲壽。是日菊花大放，香氣盈庭，於是飲酒樂甚。（《文集》卷四《五十一初度自序》）

---

① 《獨漉堂詩集》卷六《送王虹友歸太倉》，《六瑩堂二集》卷三《送王虹友還吳門》。王揆《蘆中集》卷九《答陳元孝贈別次原韻》、《梁藥亭太史以詩送行賦答》。《留別屈翁山》有"嶺南臘月盡，桃李皆華滋。歸帆掛江滸，行矣增淒其"句，知其歸在十二月。

② 《翁山文鈔》卷首薛熙序，《獨漉堂文集》卷二《翁山文鈔序》："薛子孝穆選而評之，請舉予説以相質。"

十月，陳恭尹葬王世楨衣冠於羅浮山，以書招屈大均往會，大均銘之。（《翁山文鈔》卷五《王礎塵衣冠塚誌銘》）藍漣來粵，大均序其《嶺南遊稿》。（《翁山文外》卷二《嶺南遊稿序》）大均長子明洪補博羅縣學生員。（《屈氏家譜》十一）

初八日夜，王煐招諸同人集寓齋，送薛熙赴乳源（《憶雪樓詩集》卷下《小春八夜招諸同人集寓齋送薛孝穆赴乳源幕用家虹友韻》，詩次甲戌）。陳恭尹病足，不能送，有《夜坐又次諸公韻送孝穆》、《送薛孝穆之乳源》詩。（《獨漉堂詩集》卷十二，自注云："時病足，不能出送。"）

本年屈大均作文：《嶺南遊稿序》（《文外》卷二）、《秦楚之際遊記序》（《文鈔》卷二）、《沙子遊草序》、《薛孺人丁氏墓誌銘》、《王楚塵衣冠塚誌銘》、《天崇宮詞序》（《文鈔》卷五）。賦詩：《少穀》二首（《詩外》卷四）、《溝壑行》、《食蕨》二首、《初十夕》（《詩外》卷六）、《春感》四首、《春草》、《雨夜作》、《苦雨》五首（《詩外》卷九）、《賣董華亭手卷》、《賣墨與硯不售感賦》（《詩外》卷十二）。

本年廖燕之三兒、四兒並殤，其《與黃少涯書》、《與范雪村書》（《文集》卷五）、《有慟》詩（《二十七松堂集》卷十）及之。

本年韶州大饑，協鎮孫清首倡捐穀賑濟，全活甚衆。（《文集》卷六《韶協鎮孫公傳》）某日，清單騎訪廖燕，見燕所居淺狹，詢知旁屋爲燕家故業而出質，遂與代爲贖歸。燕喜甚，仍題此屋名爲二十七松堂，賦《贖屋行》（《二十七松堂集》卷十《贖屋行謝孫都尉廉西查副戎維勳暨義助諸公》），又賦《喜二十七松堂新成》七律（《二十七松堂集》卷九）。

本年饑，林崇榮出米賑濟。

林崇榮，字本盛。歸善人。諸生。四歲喪父，勤學敦行，助族人婚娶。康熙三十三年（一六九四）、雍正四年（一七二六）

饑，出米賑濟。疫死無歸者，給以棺木。（乾隆《歸善縣志》卷十四）

本年李象元任史職。（李象元《賜書堂集·地師曾清我墓誌銘 並序》）

李文高於本年中進士。

李文高，字三何，一字次白。康熙三十三年（一六九四）進士。歸里，設帳嶺南書院，及門數百人。著有《伻鹿堂小草》。事見黃登《嶺南五朝詩選》卷十一。

張德桂於本年中進士。

張德桂，字兼蘭。從化人。雲從子。康熙三十三年（一六九四）進士，官至副都御史。著有《天文管見》六十卷、《玉堂文集》三十卷、《介節堂草》二十卷。阮元《廣東通志》卷二八六有傳。

陳瑱於本年中進士。同年回籍候選，作《邑人陳瑱上劉府尊文》、《募修堤岸後跋》。

尹元達於本年成貢生。

尹元達，字中吉。東莞人。康熙三十三年（一六九四）貢生。五十歲始改武習文，所作精深。九十歲任開平訓導。（宣統《東莞縣志》卷六七）

劉元佰於本年成貢生。

劉元佰，字次侯。普寧人。康熙三十三年（一六九四）歲貢生。卒年九十二。（宣統《東莞縣志》卷六七）

釋今身圓寂。

釋今身（？～一六九四），字非身。新會人。諸生。族姓劉，原名彥梅。康熙七年（一六六八）棄諸生，登具丹霞，侍釋函昰於廬山歸宗寺。晚隱蒼梧龍化七寺。三十三年（一六九四）示寂。徐作霖、黃蠡《海雲禪藻集》卷三有傳。

清聖祖康熙三十四年　乙亥　一六九五年

春，王煐遷任川南觀察。①

元日（正月初一），陳恭尹賦詩送釋大汕赴安南説法，梁佩蘭亦有七言古風詩送行。② 釋大汕先以優伶一隊，號祥雪班，送越南順化"阮主時代"之顯宗阮福周（明王，一六九二～一七二五）。（潘耒《救狂後語》載《再與石濂書》）釋大汕此次前往越南南部順化、會安傳法，時越南黎氏王朝實已分裂爲北部之鄭氏與南部之阮氏。（姜伯勤《石濂大汕與澳門禪史》四〇一頁）

十五日夜，釋大汕率百餘人登舟於廣州西濠，海船則候於黃埔。

次日平明達黃埔，登海船。過午開船，經番禺、東莞，經澳門出海南行。（釋大汕《海外紀事》卷一、《離六堂集》附詩餘《渡江雲·安南書聘》）

二十八日，釋大汕至越南順化。三鼓，住禪林寺，釋大汕有《上王啟》及《禪林即事詩》，有"大鑒當年庾嶺回，於今吾道又南開"句。當日見阮王福周。（釋大汕《海外紀事》卷一）

二月，屈大均長子明洪十八歲，大均賦《長兒明洪十八歲生日口占示之》詩云：

二月三朝春未中，文昌生日汝相同。年今二九非初學，及早成章慰乃翁。

志學已多三歲矣，成童又過二年來。文章莫與而翁似，一代聰明要自開。

翁山山上八泉流，第一甘泉居上頭。汝字甘泉冠諸弟，要從文簡遡尼丘。

---

① 《憶雪樓詩集》卷下《留別嶺南諸同人》："今茲乙亥春，除書到遐陬。量移之夜郎，境當西南隅。"

② 《六瑩堂二集》卷三《送石公之安南》、《獨漉堂詩集》卷十二《乙亥元日送石公泛海之交趾説法》七律。

母難茲辰淚滿衣，九齡失恃愴慈威。劬勞總賴詩書報，仁孝休令奉養連。（《翁山詩外》卷十四）

初三日，阮王爲釋大汕於禪林寺起蓋一新方丈室。

三月十三日，釋大汕之後船至順化港。（釋大汕《海外紀事》卷一）

夏，劉世重赴京謁選，往六瑩堂別梁佩蘭。①

屈大均手定《翁山文鈔》十卷付梓，題"男明洪、明泳編，常熟薛熙評"，湯晉、薛起蛟並有評識，陳恭尹、薛熙爲作序。（《獨漉堂文集》卷二）

湯晉，字建孟。新會人。從陳子壯學，絕意仕清，偕莫以寓縱遊吳越齊魯。歸，與陳恭尹、屈大均友善。後出家爲僧，法名今惺。生平著述甚富，後皆散佚。弟建叔，工吟詠，角巾道袍，嘯傲人間，亦年逾七十卒。陳伯陶《勝朝粤東遺民録》卷三有傳。

四月，釋大汕於安南傳戒五場，受其傳戒者累計二千餘人。（釋大汕《海外紀事》卷一）

初七日，屈大均側室劉氏武姞卒，年四十一歲。（《屈氏四碩人墓誌銘（拓本）》）大均賦《悼昭平夫人季劉》七律詩四首。（《翁山詩外》卷之又十）

五月端午，梁佩蘭招屈大均、陳恭尹、王煐、廖焯、吳文煒、王隼、藍漣泛舟珠江觀競渡。②

十七日，屈大均葬側室劉氏於石坑山王氏華姜墓之右。（《屈

---

① 《東溪詩選・一路吟・將謁選入都集六瑩堂留別梁藥亭太史》有"九夏入積陽，長景回南陸"句。釋成鷲《咸駕堂文集》卷二《送劉東溪謁詮序》云："乙亥之夏，詮次當及，計偕北上，啟行有日矣。"

② 《憶雪樓詩集》卷下《午日梁藥亭先輩招同屈翁山陳元孝廖南煒吳山帶王蒲衣藍採飲諸子泛舟珠江觀競渡即席分韻得一先》詩有"初泛珠江廳採蓮，尊前屈指七經年。"自注云："己巳四月至郡後即赴會城，適逢無中諸子約觀競渡。"自己巳至乙亥恰七年。

氏四碩人墓誌銘（拓本）》）大均將遠遊不歸，不能多攜畫像，合王氏華姜、黎氏綠眉、梁氏文姑、劉氏武姑四人爲一而畫之，作《四一畫象》，置之巾箱，出入展視，歿則以之殉。（《翁山文外》十六《四一畫象賦》）

六月二十八日，釋大汕及其隨員離開順化，將午，抵河中寺。（釋大汕《海外紀事》卷一）

三十日，與阮王遊圭峰永和寺。（釋大汕《海外紀事》卷一）

七月，廣陵周鼎爲廖燕治裝作嶺外名勝遊，燕因作壽序贈之，以侑觴且識別也。（《文集》卷四《周象九五十壽序》）

釋成鷲居東林五歷寒暑。（釋成鷲《紀夢編年》）久住香山東林，不堪煩劇，借地於南海麗氏之園林，賦《借園雜詠》五律詩三十首，序云：

久住東林，不堪煩劇，且念老母，未忍遠離，遂尋舊隱，借地於南海麗氏之園林，暫寄跡焉。隨事遣興，得詩三十首。（釋成鷲《咸陟堂詩集》卷七）

初一日，釋大汕辭明王，訪三臺寺。

初二日，抵會安，住彌陀寺，擬自此上洋艚返國。（釋大汕《海外紀事》卷一）

十八日，釋成鷲母誕辰，傾貲竭力，大興佛事，法事圓滿，別母出方。（釋成鷲《紀夢編年》）

三十日，釋大汕鳴鑼啟碇，但天氣不佳，被風阻於岣嶁山，因病回住彌陀寺。（釋大汕《海外紀事》卷一）

九月初三日，釋成鷲適有丹霞之約，遂別東林，買舟而往。是月之望，乃抵丹霞。謁主人釋今遇，一見歡然。其徒九譯梵公，後得法於匡廬，繼席海雲，改號圓音。主人破格，以客禮禮釋成鷲。（釋成鷲《紀夢編年》）

前往丹霞途中，釋成鷲賦詩如下：《將入丹霞留別同學》、《舟發汾水時同舟汝得豁大無我而卓諸師皆入丹霞舟中分賦》、《舟中雨況》、《過湞陽峽》、《曉過英州》、《謁憨祖肉身》、《曹溪

謁祖》（以上七律）。（釋成鷲《咸陟堂詩集》卷一三）

至丹霞，釋成鷲賦《呈澤萌和尚》詩呈釋今遇：

片雲閒逐斷篷飛，路轉寒山入翠微。十八破家人已老，一聲長嘯客方歸。別峰相見誰招手，絕頂頻登獨振衣。萬境總閒留不住，住來惟愛蕨芽肥。

偶來原不爲登臨，借得閒房慰夙心。雲水隨緣無去住，煙霞投分有高深。林閒度歲如增劫，夢里還家當陸沉。珍重海螺吹一曲，孤峰翹首待知音。

雲深山路失高低，足快身輕定不迷。占斷雲根晞白髮，望窮山色上丹梯。空生卻被巖花笑，莊叟難將物論齊。長老峰頭相見後，鉢囊高掛不須攜。

林光亭午日當中，定出無心笑嬾融。片石似雲爭遠近，雙松連影失雷同。南車直指千峰北，西水長流萬派東。從此丹霞無別客，不妨識得主人翁。（釋成鷲《咸陟堂詩集》卷一三）

又賦《丹霞十二詠》七律十四首（釋成鷲《咸陟堂詩集》卷一三）、《初入丹霞與九譯禪友夜話》、《登海螺巘謁澹歸禪師塔》、《送九譯禪友還里葬母兼訂重來之約》（以上七古）。（釋成鷲《咸陟堂詩集》卷三）

初四日，屈大均姬人墨西生日，大均賦《姬人墨西氏生日賦以贈之》七律詩四首。

初五日，大均生日在病中，賦《乙亥生日病中作》七律詩六首。（《翁山詩外》卷之又十）大均於父母塚旁自作生壙，遺命兒明洪等：以幅巾、深衣、大帶、方舄殮之，棺周以松香融液而槨之，三日即葬，而書其碣曰：'明之遺民。'墓前有亭則書曰："孝子仁人求吾友，羅威唐頌是吾師。"（《翁山文外》八《翁山屈子生壙自志》）

同日，陳恭尹生日，賦《乙亥生日歸錦岩先祠許伯玉喬梓載酒相餉同潘子登梁巨川盧俊斯集飲即事》詩云：

老矣猶堪斗百篇，生初長記在親前。黃花又值三三月，白首

今逾八八年。古岫石林元壁立，新祠風木尚蕭然。勞君載酒能相飼，且爲停杯一問天。（陳恭尹《獨漉堂詩集》卷六）

十月十五日夜，雨，釋大汕抵天姥寺，賦七律二詩。留住八月。（釋大汕《海外紀事》卷五）

十一月，梁佩蘭訪順德教諭鄒景福，盤桓近一月。（廣州美術館藏梁佩蘭手書卷軸《乙亥仲冬余客鳳城寓於鄒羽四廣文中山官舍屢過鹿門道兄滄浪洞盤桓將及彌月將歸江郡賦截句六首奉贈書以爲別》）

鄒景福，字羽四。雷州人。康熙三十三年（一六九四）任順德教諭。

仲冬，王煐將至川南，自省旋郡再登署樓。（姜伯勤《石濂大汕與澳門禪史》二○五頁）

十一月，釋大汕回中國途中遇風，折回順化。（《胡適的日記》一九六二年二月五日）

十二月臘八日，釋今遇登壇授戒，稟受比邱菩薩者三十三人。釋成鷲以羯磨闍黎客也，而師位加之。（釋成鷲《紀夢編年》）

除夜，陳恭尹與袁景星、陳廷策、史申義、藍漣等集王煐寓齋守歲並觀劇，恭尹因夜禁先歸。[1]

除夕，釋成鷲於丹霞賦《丹霞除夕與諸子守歲》詩云：

閒心到處不須安，借得巖居學嬾殘。擁被早爲蟣蝨計，廢書留作蠹魚餐。梅妻夢裏將春信，鼠婦燈邊語夜闌。大地一時人盡老，獨留孤影在蒲團。（釋成鷲《咸陟堂詩集》卷一三）

本年屈大均爲王煐作《田盤紀遊序》、《憶雪樓詩集序》，又

---

[1]　陳恭尹《獨漉堂詩集》卷十三《乙亥除夕同袁密山史蕉隱藍公漣集王紫詮使君寓齋次東坡元旦立春韻三首時余以夜禁先歸》詩云：東風恰與歲朝回，徹夜江城爆竹催。莫笑當歌卻酹去，青春非爲老人來。東西南北偶然同，細酌春醪報歲功。鄉夢自分千里外，客心先醉一杯中。燭殘綺席未知寒，夜禁嚴城苦不寬。只隔禺山盈尺地，自邀春色向南端。

作長歌以贈行。①

　　本年大均作文：《翁山屈子生壙自志》（《文外》卷八）、《四一畫像賦》（《文外》卷十六）、《字八子説》（《文鈔》卷七）、《屈門四碩人墓誌銘》（拓本《文外》）。賦詩：《送王立安還寶坻》（《詩外》卷二）、《贈佟聲遠》、《杜鵑峰作》（《詩外》卷四）、《賦爲王紫詮使君壽兼送遷任川南》、《合江樓讌集次蘇長公韻　王使君出寶坻家釀飲客》、《銀河曲》、《草書歌贈藍公漪》、《王觀察招食嘉魚率賦兼以爲別》三首、《題華不亭　爲佟聲遠作》、《病起》、《過黎氏山館作》、《七夕前三日粟園小集分賦得東字朝字》二首、《以相思子餽相思與公漪聲遠分賦得思字》二首、《麽鳳還　聲遠之夫人以綠毛麽鳳貺予，幼子明渲持至家中，幾爲貓兒所害，幸姬人救之。今以麽鳳還聲遠，賦詩四章送之，名“麽鳳還”，時七月牛女夕也》四首、《代泛亭坐月次白真人韻》、《林下》、《秋日學書作》二首、《奉寄桂林汪別駕晋賢》五首、《送汪君復往桂林》二首、《修墓》十二首（《詩外》卷九）、《於兩大人塚旁作予生壙書示兒輩》七首、《暮春村行》四首、《乙亥生日病中作》六首（《詩外》卷十二）、《悼昭平夫人季劉》四首、《題馬參領樂田圖》、《姬人墨西氏生日賦以贈之》四首、《黃華》、《長兒明洪十八歲生日口占示之》四首、《送聲遠往杭州》五首、《西蜀費錫璜數枉書來自稱私淑弟子賦以答之》、《九月望後梅已數花先黃菊而發喜賦》、《秋夕作》、《題畫》、《夢裏》三首、《送王觀察之官蜀中　二十四首》（《詩外》卷十六）。

　　本年陳璸募捐修築東洋堤岸，有《邑人陳璸重修堤岸序》文存。（鄧碧泉《陳璸詩文集》附《陳璸生平活動簡表》）

――――――――

　　① 《憶雪樓詩集》卷下《乙亥除夜同袁通政休庵史吉士蕉飲陳太史元敷蔣別駕玉樹周明府漢威布衣陳元孝陳武威吳右文藍採飲守歲會城寓齋觀劇達曙次秦少遊王仲至蘇長公元日立春韻三首以丙子立春亦在元日子時也》，陳恭尹《獨漉堂詩集》卷十三《乙亥除夕同袁密山史蕉飲藍公漪集王紫詮使君寓齋次東坡元旦立春韻時余以夜禁先歸》三首。

本年釋大汕居安南一載傳經授法，後著《海外紀事》。釋大汕在安南傳法期間，曾有潑墨之作。在其寫給越南國王三兄信中云：“近日客窗病越，潑墨做得一幅《蒼松疊嶂圖》。”（釋大汕《海外紀事》卷四）

麥爲儀生。

麥爲儀（一六九五～一七六二），字鳳來，綽號劏狗六爹。吳川人。乾隆歲貢。傳世詩對甚工雅，而性詼諧無所懼。（《吳川文史》）

黃有覲生。

黃有覲（一六九五～一七四九），字光復，號豫溪。始興人。十五歲中秀才，乾隆元年（一七三六）鄉試中式，四年成進士。十三年入京揀選知縣，尋病故。（新編《始興縣志》）

姚桝卒。

姚桝（？～一六九五），字孟榮。歸善人。子蓉子。諸生。事見《惠州西湖志》卷五。

清聖祖康熙三十五年　丙子　一六九六年

春，李象元請假歸省。（李象元《賜書堂集·祖妣李母楊太孺人行略》）

春月，象元念母年高，促駕歸省，都中巨卿名賢欣然慕其盛，咸歌詠以送之。（李象元《賜書堂集》附錄陳廷敬《程鄉呈潤李封翁京旋贈別集序》）

史申義、萬夫兄弟歸揚州，梁佩蘭、陳恭尹、王煐有詩贈行。①

―――――――

①　《六瑩堂二集》卷三《送史蕉飲太史歸維揚用顧書宣編修原韻》、《又次原韻》、《送史萬夫歸維揚仍用前韻》，《獨漉堂詩集》卷九《唱和集·贈別史蕉飲吉士次其僧字詩二十九韻》，《憶雪樓詩集》卷下《送史蕉飲庶常偕弟萬夫遊羅浮時欲由惠入閩取道還維揚即赴都銷假用己巳除夕以蕉飲次余前韻見也》，詩次丙子。

正月初一日元旦，孫清招廖燕賞紅梅，燕爲賦七古一首。（《二十七松堂集》卷十《丙子元旦孫廉西將軍招賞紅梅》）

釋成鷲賦《丹霞元旦》詩云：

天外三更來鶴神，老翁白髮參差新。明知昨日有今日，同是一人非兩人。海印乍生虛室白，谷風不動明窗塵。興來策杖入雲去，極目莽蒼何處春。（釋成鷲《咸陟堂詩集》卷一三）

惠州王焕使君、韶州陳廷策使君親治湯藥，屈大均病得以瘳。（《翁山詩外》卷九）

天津佟聲遠愛屈大均第四子明渲①特甚，求養爲己子，大均病中賦詩六章，敬以托之：

三春問病少交親，君是新人即故人。一日相知成肺腑，兩家敦好勝婚姻。心傷舐犢犁牛老，肯代將雛鳳鳥仁。童稚憐伊今失恃，更令樛木結慈因。

吾兒招弟已雙珍，上有三兄玉樹親。得托君侯成父子，即令昆友盡天人。桐花香好棲麼鳳，荷葉高宜覆綠蘋。況爾黃裳能逮下，自應鯊羽有餘春。

今歲尸鳩應七子，昔年老蚌每雙珠。如君艷艷多三婦，不日啾啾即九雛。蘿附喬松絲宛轉，萍依青水葉紛敷。定知恩愛長加膝，看似親生一丈夫。

淵明曠達但長吟，有子賢愚不繫心。婚嫁難完須大耋，妻孥若棄即長林。黃頭幼稚君能託，綠髓仙真我欲尋。根向太山如久結，孤生竹篠自森森。

病涉冬春已半年，彌留不死任皇天。已教隱几同枯木，便合遺衣化亂煙。松勢每憂巢欲覆，鶴聲安望子能傳。蠢茲豚犬無知識，亞次相依或象賢。

---

①　屈明渲，字湧泉。番禺人。初，新會令佟鎦弟聲遠隨任，無子，與屈大均爲詩友，愛明渲，欲以爲子。會大均病篤，許之，遂爲天津佟氏養子，改名佟湜。後居天津生子宗茂。（《翁山家譜》）

君池不獨美芙荷，十二茨菰一乳多。鯤鯉吹花争日暖，鴛鴦喋藻樂春和。將予黄口持香餌，逐爾紅妝向影娥。孩笑喧喧同兩妹，熊羆催下錦雲窠。（《翁山詩外》卷之又一〇）

大均病中柬陳恭尹詩云：

病已知難愈，踟蹰已委形。黔婁誰作誄，貞曜汝題銘。咫尺將魂爽，羅浮入杳冥。見曹瞞發塚，教近錦雲屏。（《翁山詩外》卷之又八《病中柬元孝》）。

恭尹次和之。（陳恭尹《獨漉堂詩集》卷十三《次翁山病中見柬》）

初七日，大均賦《人日榆林王夫人生辰追悼之》二首。

二十五日，陳廷策解任入覲，欲薦廖燕於朝，力邀北上，自廣州發舟。（曾璟《廖燕傳》，《二十七松堂集》卷五《家信與兒瀛》）

晦日（二十九日），王煐招同屈大均、袁景星、史申義、王原、梁佩蘭、藍漪、史萬夫、于廷弼、廖焯、岑徵、吳韋、王隼、梁無技、林貽熊、陳阿平、曾秩長、黄漢人集廣州城南官齋中，分韻賦詩。（《獨漉堂詩集》卷九《丙子正月晦日袁密山通政史蕉飲梁藥亭兩吉士王令詒明府王紫詮使君招同藍公澫史萬夫於南溟廖南暐岑金紀屈翁山吳山帶王蒲衣梁王顧林赤見家獻孟曾秩長黄漢人集使君寓齋分賦》、《六瑩堂二集》卷二《城南公宴詩並序》）

二月十一日，陳廷策、廖燕抵南昌，十三日，廷策分路北上，留盤費三十金與燕，同薛某至蘇州，即暫住其家。後改寓圓通寺，有《移寓圓通寺》五古詩，繼被織造李公送寓報本庵，有《丙子夏自圓通寺移寓報本庵贈鶴州上人》五古詩。燕在蘇雖頗不乏資斧，但既病疥，更苦破腹。（曾璟《廖燕傳》，《二十七松堂集》卷五《家信與兒瀛》，兩詩見卷十）是時至吳門，訪金聖歎故居而莫知其處，因作五古詩吊之（《二十七松堂集》卷十《吊金聖歎先生》），並撰《金聖歎先生傳》（《文集》卷六）。

　　夏，李錄予奉使祭南海，事畢還都，梁佩蘭、陳恭尹各有詩贈行。①

　　四月，陳遇夫客居五羊城，淹留十月，作《丙子夏日書事》五古長詩一首。（陳遇夫《涉需堂詩集》卷下）

　　釋成鷲家報兇訃，始知其母於去年臘月二十日見背，即望空痛哭，褫衣絶食，跣足下山。（釋成鷲《紀夢編年》）

　　蒲月（五月），大越國王阮福周爲釋大汕撰《本師〈海外紀事〉敘》。（釋大汕《海外紀事》卷首）

　　廖燕遊虎丘，曾作五古題壁（《二十七松堂集》卷十《虎丘題壁》），然似頗憾其小，故與其子瀛書曰："虎丘山僅一土阜，一覽可盡。"（《文集》卷五《家信與兒瀛》）

　　王煐招同梁佩蘭、袁景星、廖煇、屈大均、陳恭尹、黃漢人等宴集於城西別業。②

　　袁景星歸廣西平樂，梁佩蘭、屈大均、陳恭尹、王煐皆有詩贈別。③

　　十六日，屈大均卒。④

　　仲夏（五月）望後二日，王煐招同梁佩蘭、李錄予、袁景

——————————

　　① 《六瑩堂二集》卷七《送李山公宮詹奉使祭告南海還朝》，《獨漉堂詩集·唱和集·又疊閑字韻四首送李宮詹山公歸都門》詩。

　　② 岑徵《選選樓集》有《王紫詮觀察招同袁休庵通政梁藥亭太史暨廖陳黃諸子宴集城西別業余不及赴觀察以公宴詩見示屬和賦此答之》。

　　③ 《六瑩堂二集》卷八《送袁休庵歸昭江》六首，《翁山詩外》卷十五《送袁休庵通政》十二首，《獨漉堂詩集》卷七《送袁密山歸平樂》三首，《憶雪樓詩集》卷下《送袁密山通政歸平樂》，詩次丙子。

　　④ 大均《臨危詩》云："丙子歲之朝，占壽於古哲。乃得邵華夫，其年六十七。我今適同之，命也數以畢。所恨成仁書，未曾終撰述。嗚呼忠義公，精神同泯汨。後來作傳者，列我遺民一。生死累友人，川南自週恤。獨漉題銘旌，志節表而出。華跌存後人，始終定無失。林屋營發塚，俾近冲虛側。"臨終日，叱婦人退去曰："君子不死於婦人之手。"呼長子明洪近榻曰："曾子云：'吾得正而斃焉。'斯已矣。"命扶枕，問正負者三，答曰："正。"遂閉目逝，私謚孝覺。葬寶珠岡澹足公墓穴下坤艮向。（《屈氏家譜》十一）

星、梁漣遊靈洲寶陀寺，留宿於釋敏言僧舍，分韻賦詩。陳恭尹因事未赴。[①]

六月，釋成鷲葬其母，躬自負土築墳，既封而樹之，復痛哭別去，復還丹霞。執心喪禮。二時粥飯，食不下咽，漸成關隔，不納水穀。（釋成鷲《紀夢編年》）

同月，釋大汕回廣州。（《胡適的日記》一九六二年二月五日）

秋，釋成鷲賦《丹霞秋況》詩云：

獨住孤峰計未成，暫時安穩閉柴荆。移床就瀑晴還雨，倚杖看雲陟亦平。山意送寒催老景，禪心兼懶入詩情。從拋筆墨煙霞外，何暇緘書寄友生。

跳丸躑躅去匆匆，借得巖居任歲窮。山與太虛分樹色，石嫌孤立倩煙籠。高柯墜果驚寒露，病鶴移巢避朔風。久住不知秋已老，卻緣身在桂花叢。

釋成鷲又賦《寄山中諸子》七律。（釋成鷲《咸陟堂詩集》卷一三）

初秋，釋大汕自安南歸廣州。（釋大汕《海外紀事》）以從越南阮王處所得佈施重修廣州長壽寺、澳門普濟禪院。（章憎命《澳門掌故》（二八），《澳門日報》一九五九年十月二十七日）其時，廣州西郊長壽寺、大佛寺、白雲山蒲澗寺[②]、清遠峽山飛來寺及澳門普濟禪院，成爲大汕之五大叢林。（姜伯勤《石濂大

① 《憶雪樓詩集》卷二《丙子仲夏望後二日招同李宮詹山公袁通政密山梁吉士藥亭陳處士恭尹藍山人採飲遊靈洲寶陀院月下分韻限二蕭疊韻四首》，《六瑩堂二集》卷七《王紫詮觀察招同李山公宮詹袁休庵通政藍採飲山人遊靈洲寶陀寺留宿敏言上人精舍限韻九首》。《憶雪樓詩集》卷下《丙子仲夏余將入蜀屈翁山病劇貽詩六首道訣別之意情詞悽切不忍多讀數日後遂已長逝卜葬有期因次其韻挽之》詩有“悲悼從今夏，追歡記去秋。詩篇能細序，草決許荒求”句，自注云：“翁山去秋爲余作《田盤紀遊》、《憶雪樓詩集》二序，又賦長歌贈行。草書入妙，數索書之。”大均爲焕贈行之作頗多，可知二人情篤。

② 一說彌勒寺。

汕與澳門禪史》三九八頁）

七月，廖燕聞陳廷策卒於京師，即南返（《文集》卷五《與王也癩書》）。其抵粵已在八月，故《與周象九》第二書有"滿擬躬謝，奈賤恙尚未痊可……菊花前後當圖晤悉"之語。（《文集》卷五）

八月，梁佩蘭、陳恭尹送王原離任歸京。（《六瑩堂二集》卷二《王令詒歸雲間即北赴銓補賦六章爲別》、《獨漉堂詩集·小禺三集·送王令詒赴都補官》）

樊澤達、劉曾主廣東鄉試。

九月二十五日，陳恭尹生日賦《丙子生日歸錦岩先祠次去年韻》

老作書魚鑽簡篇，傷心長是小春前。祠開梓里才期月，歸對籬花已二年。昧谷日斜難卻返，昆池灰冷不重燃。生前生後何窮事，淚灑西風罔極天。（陳恭尹《獨漉堂詩集》卷六）

初九日，釋成鷲賦《九日與丹霞諸子登海螺峰絕頂同賦用咸韻》詩云：

共攜短策與長鑱，采得茱萸手自緘。山路細通多寶塔，秋風先到七斤衫。蟬聲斷續吟紅葉，鶴語差池下碧杉。歲歲重陽得如此，終身不擬別螺巖。

又賦《秋夜》、《早起》、《招隱》、《螺峰晚望》（以上七律）。（釋成鷲《咸陟堂詩集》卷一三）

十月既望，宜賓樊澤達爲釋大汕作離六堂詩集序。（釋大汕《離六堂集》卷首）

冬前一夕，陳遇夫抵廬山下，登東林寺，後作《遊廬山記》。（陳遇夫《涉需堂文集》）

二十六日，吳文煒卒於良鄉旅舍中，享年六十一歲。（《獨漉堂文集》卷十《吳山帶行狀》，汪兆鏞《嶺南畫徵略》卷三）

十一月初一日，趙執信來廣州，爲王煐《憶雪樓詩集》撰序

（《憶雪樓詩集》卷首趙執信序末署“康熙丙子年十一月朔日青州同學弟趙執信撰”）。梁佩蘭與陳恭尹、樊澤達、劉曾、王煐、趙執信、王隼等雨中泛舟小港橋。（《飴山詩集》卷八《樊檢討昆來招同劉郎中行齋梁吉士藥亭及南村元孝雨中泛舟小港橋》）

　　佟聲遠招同梁佩蘭、陳恭尹、王煐、樊澤達、趙執信等集於粟園看早梅，分賦。①

　　王煐招同樊澤達、劉曾暨梁佩蘭、陳恭尹、王隼等白社諸子集長壽寺，分韻賦詩。（《海外紀事》卷六《冬日紫銓王大參招樊太史劉銓部暨白社諸公過集小院分賦得七陽》五律，《獨漉堂詩集》卷十三《唱和集》五《王川南招陪樊檢討昆來劉銓部省庵集長壽石公精舍分得二冬》五律、《嶺南五朝詩選》第一帙卷十二劉曾《王紫銓觀察招同樊昆來梁藥亭太史陳元孝王蒲衣處士雅集長壽寺拈韻石濂上人方丈得隅字》五律）

　　釋大汕近從安南返回，趙執信與之往還，頗有題贈，賦《長壽庵贈石濂上人　近浮海歸自安南》五律、《石公刻所著海外紀遊集未竟余因以觀海詩屬之復有此贈》五古長詩、《酬石上人惠日南藤杖因以爲別》七古。（趙執信《因園集》卷五）

　　黃登於廣州東郊去縣治三十里之黃村闢探梅詩社，花時約名流飲酒賦詩其下，延梁佩蘭衡之，梁無技、釋成鷲皆預焉。登選編《嶺南五朝詩選》，錄梁佩蘭詩百一十四首。梁佩蘭、陳恭尹、王士禛、袁景星、魯超、佟聲遠、劉茂溶、秦桂、歐陽僆、李長鼎爲作序。（《嶺南五朝詩選》卷首諸序）

　　李長鼎，字元公。長華弟。著有《雙柳堂草》。黃登《嶺南五朝詩選》卷十有傳。

---

① 《六瑩堂二集》卷七《佟聲遠粟園看早梅同趙秋谷中允王紫詮觀察陳元孝處士賦》，《獨漉堂詩集·唱和集·佟聲遠招同王紫詮使君樊昆來翰檢趙秋谷宮贊梁藥亭吉士胡□□雅集粟園看新梅分賦五律得八庚》、《七律得九佳》，屈向邦《粵東詩話》卷二云：“粟園，在宋三忠、明南園五先生祠側”。

　　本年王煐《憶雪樓詩集》刊行，屈大均、梁佩蘭、陳恭尹、朱彝尊、趙執信、毛際可、王原、陶元淳、江□爲序。（《憶雪樓詩集》扉頁有“康熙三十五年王氏貞久堂刻本”字樣）

　　本年初至五月十六日屈大均卒前賦詩：《臨危詩》（《翁山詩外》卷二）、《病起作》四首（《翁山詩外》卷九）、《人日榆林王夫人生辰追悼之》二首、《秭歸》、《弱年》、《蟬》、《病中奉柬王南區使君兼送之任川南》六首、《病中柬元孝》、《病中再送紫翁王使之任川南》六首（《翁山詩外》卷十二）、《佟聲遠友兄愛予第四兒明渲特甚求養爲己子病中賦詩六章敬以託之》六首、《送袁休庵通政》十二首（《翁山詩外》卷十五）。

　　本年胡方居何氏園林，賦《傷園菊　歲在丙子余居何氏園林遍地栽菊雖蕪穢不治灌慨無功而皆弱植自持叢不茂而猶青花不繁而尚綴將秋去客風塵及歸過半已謝睹餘英之蕭索若惋恨於愆期短歌三闋代攄長歌》七絶三首。（胡方《鴻桷堂詩集》卷五）

　　本年樊澤達主試廣東後遊羅浮，陳阿平爲導遊，作五古長詩《奉題樊崑來夫子遊羅浮詩後》。（陳阿平《陳獻孟遺詩》）

　　本年東莞大饑，羅復晉倡捐，全活無算。

　　羅復晉，字巨錫，號荔山。東莞城西人。哲子。康熙三十五年（一六九六）東莞大饑，倡捐，全活無算，援例授翰林孔目，擢戶部主事，歷官至郎中。繼母卒守制，起補郎中，清甘肅錢糧。出知撫州，攝臨江，具有善政。著有《藝蘭畹詩》、《羅浮吟草》、《積貯筌蹄》。民國《東莞縣志》卷六七有傳。子士瓚，字邕三，號雲峰。弱冠補弟子員，雍正間援例貢成均，補正藍旗教習，分發江南，署高淳縣，尋以憂去。服闋，補南匯縣，調沭陽縣，罷歸。年七十卒。著有《雲峰吟草》。張其淦《東莞詩録》卷三六有傳。

　　本年至明年大饑，吳文奎設廠煮粥，三年不斷，數萬飢民困而得活。

　　吳文奎，號木齋。海豐人。少以孝聞，長蜚聲藝苑，例授州
同。康熙四十八年（一七〇九）海嘯，田禾淹没，貸穀物及種
子，待收成後，即焚毁債券。（《海豐縣志》）

　　本年歲饑，陳棟出穀賑濟。

　　陳棟，博羅人。性友愛，善治生。康熙三十五年（一六九
六）、五十二年（一七一三），分别歲饑，出穀賑濟，鄉里咸稱善
人。（民國《博羅縣志》卷七）

　　本年釋大汕自廣南歸穗，以攜回資金重修普濟禪院後，澳門
普濟禪院《西天東土歷代祖師菩薩蓮座》以釋大汕爲本寺“太祖
太老和尚”。（姜伯勤《石濂大汕與澳門禪史》四〇一頁）

　　毛殿揚於本年中進士。

　　毛殿揚，字石亭。博羅人。康熙三十五年（一六九六）進
士，授詔安令，調臺灣諸羅。升知府，因不欲仕進，遂告歸。
（民國《博羅縣志》卷七）

　　許遂於本年中舉人。

　　許遂，字揚雲，一字壽山，號（一作字）真吾。番禺人。康
熙三十五年（一六九六）舉人。官清河知縣，曾蠲免貧民欠賦。
後坐事去職。巡撫薦應鴻博，未赴。著有《真吾閣前後集》。張
維屏《國朝詩人徵略》初編卷十七有傳。

　　鍾文英於本年中舉人。

　　鍾文英，字修五，晚號晦叟。增城人。康熙三十五年（一六
九六）舉人，授浙江龍泉知縣。丁内艱，貧不能歸。服闋補井陘
令，擢中書舍人。著有《閩越遊草》、《井陘正續集》、《劍川
集》。阮元《廣東通志》卷二八六有傳。

　　鄧士楫於本年中舉人。

　　鄧士楫，字濟卿，號蘆峰。東莞人。康熙三十五年（一六九
六）舉人，授河南臨潁令，卒於官。事見張其淦《東莞詩録》卷
三三。

陳璸之徒及好友陳元起本年中舉人。

陳元起，字貞臣。海康人。官永福知縣，在任八年，爲官清廉。嘉慶《海康縣志》卷六有傳。

屈嘉遠於本年中舉人。

屈嘉遠，番禺人。士煌子。康熙三十五年（一六九六）舉人，官知鄞縣事。著作今存《介堂詩稿》一卷，收於《番禺屈氏家集》中。事見同治《番禺縣志》卷十二。

李嘉元於本年中舉人。

李嘉元，程鄉（今梅州）人。象元弟。康熙三十五年（一六九六）舉人，檢選四川南充知縣。事見李象元《賜書堂集・明處士永傳李公墓誌》。

鄧正蒙於本年中舉人。

鄧正蒙，字聖涵。番禺人。康熙三十五年（一六九六）舉人，官山西懷仁知縣。著有《禺山集》。（同治《番禺縣志》卷四三）

盧元復於本年中舉人。

盧元復，字瓊夏。東莞人。康熙三十五年（一六九六）舉人，官四川平武知縣，有政聲。雍正初曾任四川鄉試考官。（宣統《東莞縣志》卷六七）

李之秀於本年中舉人。

李之秀，字挺萃。東莞人。康熙三十五年（一六九六）舉人，官新城知縣，有政聲。（宣統《東莞縣志》卷六七）

何多學於本年中舉人。

何多學，字灘舟。連平人。康熙三十五年（一六九六）舉人，官江西南康知縣。五十三年（一七一五）秋闈，解首即出其門下。丁內憂服除，補山東堂邑令。後升武定州牧。（宣統《東莞縣志》卷六七）

黃遥於本年中舉人。

　　黄遥，字少涯。曲江人。康熙三十五年（一六九六）舉人。著有《梅癖》、《諡法通》、《竹窗雜記》、《見亭集》。（廖燕《二十七松堂集》、歐樾華《韶州府志》卷三二、歐樾華《曲江縣志》卷十四）

　　曾鳳舉於本年中舉人。

　　曾鳳舉，字翔千，號雲衢。從化人。康熙三十五年（一六九六）舉人，授湖廣京山令。甫至，即置蟊魁於法，然後勤課士。民困苦，力請上憲豁其役。家居手不釋卷。著有《四書、易經、詩經講義、綱鑒纂》、《四樂山房文稿》、《詩稿》、《京山政略》、《德蔚堂雜著》。（清《從化縣志》）

　　關鳳喈於本年成貢生。

　　關鳳喈，字宣文，號夒石。南海人。康熙三十五年（一六九六）貢生。官內閣中書舍人。著有《桐齋詩集》。事見朱次琦、朱宗琦《朱氏傳芳集》卷外。

　　陳繼齡於本年成貢生。

　　陳繼齡，字壽之。東莞人。應騆子。康熙三十五年（一六九六）貢生。官定安訓導。捐俸買田，租穀爲學子費用。（宣統《東莞縣志》卷六五）

　　曾衍宗於本年成貢生。

　　曾衍宗，字行萬。五華人。康熙三十五年（一六九六）歲貢。四十八年（一七〇九）大饑荒，出穀六百石幫助賑災。（《長樂縣志》）

　　李鐸於本年成副貢生。

　　李鐸，字子將。香山（今中山）人。康熙三十五年（一六九六）副貢生。著有《秋湘堂詩集》。事見黃韶昌、劉熽芬《香山詩略》卷三。

　　黄廉於本年赴禮部考選，得肄業成均，祭酒陸宗楷器重之。是歲試北闈不遇，即遍遊齊、魯、吳、越、荆、楚諸勝。

黄廉，字從清，一字南浦。順德人。太學生。康熙三十五年（一六九六）赴禮部考選，得肄業成均，祭酒陸宗楷器重之。是歲試北闈不遇，即遍遊齊、魯、吳、越、荊、楚諸勝。著有《綠秀軒詩草》。事見凌揚藻《國朝嶺海詩鈔》卷六。

陳世和生。

陳世和（一六九六～一七三三），字聖取，號（一說字）時一。順德人。恭尹孫，孝廉勵子。雍正元年（一七二三）拔貢生。初署鹽課大使，改龍遊縣丞，卒於官。著有《介亭詩鈔》、《拾餘子草》。頗受學使惠士奇賞識，爲“惠門八子”之一。凌揚藻《國朝嶺海詩鈔》卷六有傳。

清聖祖康熙三十六年　丁丑　一六九七年

本年蘭臺副相熊蔚懷都憲祭南海神，釋大汕賦《熊都憲奉命誥祭南海神祠禮成還朝賦此贈別》七律。（釋大汕《離六堂集》卷三）

春，廖燕之門人葛子儀將有都門之遊，請燕書一帳眉，爲臥遊清玩，燕錄自作之《山居》詩五首贈之，並跋其後。（《文集》卷八《自跋帳眉山居詩》）燕之《山居》詩今存《二十七松堂集》卷九計有五律二首，七律三十首。

粵向無牡丹，雖移植亦不作花。協鎮孫清於去年春自中州移栽於韶州，至本年花開更茂，招廖燕同賞，燕爲賦五古詩以志異。（《二十七松堂集》卷十《韶都尉孫廉西先生邀賞牡丹有賦並序》）

黃遙所藏之宋余靖《武溪集》抄本，廖燕懼其久而復失，取而乞梓於陳廷策。及廷策卒，廷策門客新安程德基始代釀金襄厥事。本年刻成，其板藏於余襄公（靖）祠。燕爲作書後。（《文集》卷八《書重刻武溪集後》）

梁佩蘭、陳恭尹詩送樊澤達、劉曾還朝。①

正月，梁佩蘭作《元日》、《人日》詩（《六瑩堂二集》卷七），陳恭尹次韻和之。②

二月，趙執信歸山東，梁佩蘭、陳恭尹與其以詩贈答。③

早春，周在浚來廣州，與梁佩蘭、陳恭尹唱和答贈。④

三月十八日及閏三月十八日，梁佩蘭年六十九歲時其妾碧桃、緋桃各生一子，取名宮、肅。黃登來賀，互贈以詩。（《六瑩堂二集》卷六《丁丑三月十八日舉一子閏三月十八日復舉一子老友黃積庵過予湯餅之會以詩見貽次韻答之》二首）

春末，王煐離粵赴任川南觀察，陳恭尹、周大樽賦詩多首送之（《獨漉堂詩集》卷七《題憶雪樓江山無盡圖送紫詮王使君之官川南次留別原韻》、《唱和集》有《五日泛舟珠江餞王紫詮使君觀察川南》，《乳峰堂集》卷三《送王南區使君之任川南四首》），梁佩蘭贈紫霄卿雲之硯（《憶雪樓詩集》卷下《梁藥亭庶常以所藏紫霄卿雲之硯見貽喜而作銘兼謝以詩》）。黃寬賦詩送煐。（黃寬《自然堂遺詩》卷二《送惠陽王使君之任川南》）

黃寬，字鶴堂。番禺人。生順治、康熙之際，晦跡遠名。住

___

① 《六瑩堂二集》卷二《送劉省庵銓部主試還朝》四首、卷三《送樊崑來太史主試還朝》，《獨漉堂詩集》卷六《答劉考功省庵》、《贈樊崑來太史》、卷七《送樊檢討崑來還都》，陳阿平《陳獻孟遺詩·奉送樊崑萊夫子復命還朝 九首》，劉曾有《奉別陳元孝處士》、《奉別梁藥亭翰林》、《奉別石濂和尚》五言長詩（《嶺南五朝詩選·前集》卷十二）。

② 《獨漉堂詩集》卷十三《元日次梁藥亭韻》、《人日次梁藥亭韻兼簡川南長壽》詩。

③ 《六瑩堂二集》卷二《送趙秋谷太史歸山左》四首，《獨漉堂詩集》卷六《送趙秋谷之潮州》、卷七《趙秋谷自潮州至即歸其鄉詩以送之》，趙執信《飴山詩集》卷八《讀藥亭吉士見贈詩戲答》。

④ 《六瑩堂二集》卷三《送周梨莊歸江南次留別原韻》、卷四《題周梨莊廬山托缽圖次陸義山學士韻》、卷七《早春次答周梨莊枉顧仙湖見贈之作》二首、《周梨莊雨中見束次韻》，《獨漉堂詩集》卷十三、《唱和集》五有《次答周雪客》。

羅浮冲虛觀，不泥於服金辟穀，惟寢饋於詩。惠州知府王瑛、陳恭尹深相推挹，嘗親送入羅浮冲虛觀，爲四百峰主。既而退居穗城之西城。著有《自然堂遺詩》三卷，經亂無存，裔孫植生上舍以重金購得抄本，未及校刻，遽歿。子文藻重刻行世。陳融《讀嶺南人詩絶句》卷十七有傳。

夏，釋成鷲再客澳門普濟禪院，賦《丁丑夏客墺門島普濟禪院贈劍平師》、《寓普濟禪院寄東林諸子》、《三巴寺》、《望海樓》、《青洲島》、《海鏡石》、《島門秋雨與諸子同賦》二首（以上七律）。（釋成鷲《咸陟堂詩集》卷之十四）

秋，梁佩蘭同年、高州知府鄭梁以父喪回籍，佩蘭贈以詩，梁有《寒村南行雜録》五十九首，卷首題："番禺屈大均翁山 戴曾 竇坻王煐紫詮删定 南海梁佩蘭藥亭 戴晟"。

重陽五日，鄭梁之徒武進錢安世於高涼郡署之西齋爲梁之《高州詩集》作序。（鄭梁《寒村高州詩集》卷首，《寒村高州詩集》分上下兩卷，上卷收詩五十五首，下卷收詩九十六首，多詠嶺南風物）

冬，周鼎自英州遺廖燕英石一片。適燕葺二十七松堂，遂取此石嵌之壁間，如疏窗式，因呼爲英石窗，作《英石窗歌》，並將歌書寄周鼎。（《二十七松堂集》卷十《英石窗歌寄酬廣陵周象九 有序》）

陳璸募修雷陽義學。（鄧碧泉《陳璸詩文集》附《陳璸生平活動簡表》）

陳遇夫得別墅於東山之麓，破屋數間而已，而岩壑幽峭，命之曰待霞、待雪、待嘯、待籟、待爽，合名之曰待園。（陳遇夫《涉需堂文集·待園記》）

十二月，熊一瀟有《丁丑季冬述懷奉别石濂老和尚》七言長詩贈釋大汕。（黄登《嶺南五朝詩選》卷一五）

除夕，釋成鷲賦《寓雙照菴除夕與笑溪師同賦》詩云：

三更殘臘五更春，當局旁觀總一身。半榻平分賓主地，孤燈雙照往來人。修成白業家全富，買得青山道不貧。何事天津橋上客，水邊燒紙送窮神。（釋成鷲《咸陟堂詩集》卷一四）

本年陳恭尹賦《送李竹君廣文之官香山》詩云：

半日風帆到有餘，江城原亦是山居。似過別墅之鄰邑，卻借閑官讀父書。尊人著《天山草堂》。李下蹊成垂蔭遠，蓮峰秋好著花初。交君三世今頭白，重見南溟化巨魚。令祖銓部公成進士於崇禎庚辰，予時十歲見之，今去庚辰三年耳，以此相期。（陳恭尹《獨漉堂詩集》卷七）

本年屈仲師作《丁丑中秋》七律。（屈仲師《醉鄉詩稿》卷三）

屈仲師，番禺人。著有《醉鄉詩稿》六卷，收於《番禺屈氏家集》。

本年當地大災，陳軫煮粥以救災民。

陳軫，字兆昜。化州人。少時習儒置業以養親。康熙初，流寇常越境剽掠騷擾圩鎮，招集流亡捕寇，地方藉以安寧。卒年八十一。（《化州縣志》）

本年饑荒，彭龍文將賣田銀二百二十兩買米賑災，又捐錢二百吊爲本鄉積貯藏。

彭龍文，字煥君。東莞人。（宣統《東莞縣志》卷六七）

本年饑荒，曾琦煮粥賑飢。

曾琦，字以行。龍川人。孝友篤實，恤寡惜貧。鄉人之不能養葬婚娶者，常捐資相助。享年八十四。（《龍川縣志》）

本年饑荒，鍾孚助穀千石救濟貧困。

鍾孚，字耀乾。五華人。早年種田打柴致富。生平注重法紀倫理，和睦鄉人，好善樂施。康熙三十六年（一六九七）饑荒，助穀千石救濟貧困。惠州太守李遙谷賜區讚揚。次子銘紀爲康熙二十六年（一六八七）武舉人，孫濤、沛皆任知縣，以廉潔受鄉

人讚譽。（《五華縣志》、《長樂縣志》）

本年丁厝圍堤潰決，田廬淹没，蔡之賓倡眾修築，身董其役，終竣工。

蔡之賓，澄海人。淳學好義，族黨咸蒙其惠。（乾隆《潮州府志》卷三〇）

本年釋成鷲棲遲客次，病苦無聊。釋今遇退席丹霞，復還匡廬主席棲賢。聞釋成鷲再至，書入丹霞，招其度嶺，釋成鷲以憂病不克往。以病不能隨眾作務，群譏爲頑牛。大笑下山，寄居於山麓之錦巖寒梅古寺，歲云暮矣。（釋成鷲《紀夢編年》）釋成鷲賦《頑牛歌》詩云：

嶺之南，嶺之北，兩片閒田明歷歷。祖翁付與好兒孫，各服先疇食舊德。春而稼，夏而穡，秉耒躬耕憑眾力。養成一隊水牯牛，觡角駑奴爭奉職。鼻孔任穿牽，皮膚聽鞭策。長欓犁破隴頭雲，洗腳歸來日西夕。主人顧盼無重輕，芻牧隨時暫休息。把火照牛牛尾多，或寢或吒或反側。中有頑牛頑可憐，豐骨稜稜雙眼白。鼻孔撩天奈若何，全身渾是頑皮韃。不穿繩、不拽索，散誕谿山忘軌則。牧人一見輒生嗔，嬾惰無成交遍謫。頑牛仰首鳴，主人須委悉。我從山中來，未嘗慣形役。辜負主人恩，豢養無功績。雖無功、微有益，頑不犯苗稼，頑不饕飲食，頑能教兒孫，牽犁還負軛。真頑無干戈，真頑無柴柵，真頑無愛憎，真頑無揀擇，真頑無疏親，真頑無主客。真頑無有亦無無，無無亦無頑叵測。要議真頑頑不頑，問取虛空須點額。東郊春草青，西谿秋水碧。隨分納些些，一去如遺跡。殷勤揮手別同牢，歸臥家山枕頑石。嶺南嶺北誰知音，出格相看須破格。一所欄圈半把茅，付與頑牛作家宅。寬不寬、窄不窄，渴飲饑餐隨所適。此是頑牛得意時，頭角四蹄非所惜。（釋成鷲《咸陟堂詩集》卷三）

本年釋成鷲又賦詩如下：《舟發仁陽》、《雪壟梅花西乾山同賦》、《仙牛嶺作》、《青龍山作》、《泥湖山贈石珍師》、《登青龍

絶頂有懷羅浮》、《山中即事》、《蒲竹山阻雨贈方照静主》、《雨
中宿香山寺與僧話舊》、《送孫禹尚還京》、《送羅山甫入京》、
《贈萬欲曙》、《宿寒梅寺》、《宿水南梁茂才齋中》、《謝馬校尉國
祥有施》、《贈錦巖主人》、《寓錦石巖寄丹霞諸子》四首、《寓寒
梅古寺苔淩稚圭明經見寄來韻》、《錦石新晴望遠有感》、《寓錦石
寒梅寺有懷羅戒軒胡大靈》、《挽李檻霄先輩》三首（以上七律）
（釋成鷟《咸陟堂詩集》卷一三）

本年周在浚爲釋大汕《離六堂詩集》作序。（釋大汕《離六
堂集》卷首）

本年藍鳴高一日夜走二百四十里至海豐爲周俊文辯冤。

藍鳴高，字生鳳。普寧人。諸生。設義塾集鄉子弟教之。康
熙三十六年（一六九七），一日夜走二百四十里至海豐爲周俊文
辯冤，俊文終獲釋。四十二年（一七〇三），又爲普寧人張元士
鳴冤。（乾隆《潮州府志》卷二九）

劉雲漢於本年中進士。

劉雲漢，字倬之，一字五峰。順德人。康熙三十六年（一六
九七）進士。著有《北遊草》、《清白堂集》。事見黃登《嶺南五
朝詩選》卷十。

梁學源於本年中進士。

梁學源，字克祖。順德人。少時做木工，工餘發奮讀書。康
熙三十六年（一六九七）進士。除安福令，謝病歸。延主粵秀書
院席，以講學終。著有《梁壺洲集》、《宦遊囊剩雜記》。吳道鎔
《廣東文徵作者考》卷七有傳。

錢士峰於本年中進士。（阮元《廣東通志》卷七七《選舉
表》十五）

錢士峰，改姓謝，字特軒。饒平人。康熙三十六年（一六九
七）進士，授安徽來安知縣，遷知滁州。著有《尚書解題》、《綱
鑒輯略》、《蝸廬里集》、《退思小集》。（《潮州志·藝文志》）

李林於本年中進士。

李林，號韶石。翁源人。博學工詩文。康熙三十六年（一六九七）進士，授翰林檢討，奉命參修三朝國史及《大清一統志》。四十四年（一七〇五）御試詞臣第一，才名溢京師。次年任會試同考官。未幾請歸，杜門著述。著有《偶吟草》等。（《韶州府志》卷三四）

張鉽於本年成貢生。

張鉽，字六亞，號松庵。東莞篁村人。年十三，試陳道臺觀風冠軍。旋補邑庠。康熙三十六年（一六九七）拔貢生。廷試後潦倒場屋，遂以詩酒陶情。性孝友。服官期至，未仕而終。事見張其淦《東莞詩録》卷三三。

何清於本年成貢生。

何清，香山人。康熙三十六年（一六九七）拔貢生，普寧縣教諭。父五峰公，康熙八年（一六六九）己酉經元，欽州學正。子朝玉，字錫球，號北窗。附貢生。何天衢《欖溪何氏詩徵》卷三有傳。

李魁元於本年成貢生。

李魁元，字豸峰。從化人。康熙三十六年（一六九七）貢生，敘選教諭入都，歷名山大川，皆有題詠，匯曰《北遊草》。工隸篆行草。著有《四書衍注》、《易經衍注》。（清《從化縣志》）

釋今足圓寂。

釋今足（？～一六九七），字一麟。高要人。陸姓。諸生。出世雷峰，康熙十六年（一六七七）受具，次日即奉命棲賢，遂腰包度嶺。走吴越秦晋，所過大剎無不遍參。三十六年（一六九七）募緣返粤歸省墓田，偶病而終。子爲諸生，女度爲尼。徐作霖、黄蠡《海雲禪藻集》卷三有傳。

清聖祖康熙三十七年　戊寅　一六九八年

春，廖燕諸友集二十七松堂訂期作詩課，燕作五律詩。（《二十七松堂集》卷九《戊寅春集二十七松堂訂期作詩課》）

正月初一日，陳恭尹賦《丙子生日歸錦岩先祠次去年韻》詩云：

老作書魚鑽簡篇，傷心長是小春前。祠開梓里才期月，歸對籬花已二年。昧谷日斜難卻返，昆池灰冷不重燃。生前生後何窮事，淚灑西風罔極天。（陳恭尹《獨漉堂詩集》卷六）

釋成鷲賦《元日漫興用前韻》詩云：

縱然有曆不知春，是處堪容嬾惰身。饑饉田園豐稔食，亂離時節太平人。鳩巢舊樹因藏拙，鳥下生臺未厭貧。歲序任遷僧任老，頭顱添雪倍精神。（釋成鷲《咸陟堂詩集》卷一四）

開春三日，釋成鷲擬適仁化，遍遊邑境山川，由扶溪抵長江，尋訪西乾、香山、仙牛、蒲竹諸蘭若，求一可隱之地、可語之人，弗一遇也。由是浩然有歸志，乃返錦巖。居無何，侍兒容子肺病垂危，堅請還里就醫。釋成鷲恐不測，許之。買舟而返佛山。（釋成鷲《紀夢編年》）釋成鷲賦《宿西乾山白雲精舍與則己師夜話》詩云：

則公愛山有奇癖，不住仙城住韶石。橫擔柳椊入西乾，山色谿聲明歷歷。白云虛左待師來，丹嶂重開憑道力。大刀闊斧運如風，短鍤長欃銛似戟。夾道蒼松帶雪刪，當門古桂移根植。多年泉石鎖煙霞，一朝雲樹生顏色。去冬寄我袖中書，春風有約遙相憶。遠遊未辦草鞵錢，開年早蠟登山屐。屐聲踏破扶谿雲，欲往山南忘山北。啼鶯出谷花滿林，覿面相逢忘主客。主人愛客客且留，新月初弦在今夕。不須欸曲話寒溫，默坐蒲團共禪寂。則公則公何快哉，月落茅簷燈照壁。人生適意能幾何，不忍坐到東方白。（釋成鷲《咸陟堂詩集》卷四）

梁佩蘭新居落成，同日其子娶婦，陳恭尹有詩賀之。

早春，周在浚來廣州，往仙湖訪佩蘭重敘舊誼，互有贈答，在浚尋離粵。（呂永光《梁佩蘭年譜簡編》）

三月，廖燕赴高州，有《高涼道中聞子規》及《曉發於高涼道中》詩。（《二十七松堂集》卷九）至高州時已初夏，茂名知縣錢以塏請燕與萬管村、包子韜同遊城西荔枝園，且飲且啖荔枝。燕作七古詠其事，以塏和之。（《二十七松堂集》卷一《茂名錢明府閣行招同萬管村包子韜遊城西荔枝園附錢明府和韻》）

夏，燕至廣州，甬東王也癡出《意園圖》二十四幅請燕作序，爲作《意園圖序》。（《文集》卷四）《意園圖》每幅均有也癡自題詩，燕覽其字畫體勢雖脫胎於顏魯公，而變化生動，結構遒勁，似爲過之，喜其書法能兼畫意，爲得古人不傳之秘，爲作《意園圖帖跋》。（《文集》卷八）

釋成鷲入鼎湖安居。時釋契如元渠主席，委修山志。志成，辭返香山東林庵。居東林一年，無可述者。（釋成鷲《紀夢編年》）有《呈鼎湖契和尚》詩云：

我生不出空劫先，高談闊論燃燈前。我生不逢竺土仙，拈花微笑闖法筵。我生不居兜率天，揚眉吐氣彌勒邊。無端打落五濁世，低頭折節誠可憐。年過六十不稱意，住山未了還入塵。鼎湖主人知我嬾，招我直上孤峰巔。孤峰白雲自舒卷，此身歸宿終茫然。自從入室領顧鑒，方知落處無中偏。頑金鈍鐵出爐鞴，昔爲骨髓今如綿。大哉大人大機用，智珠擎出圓又圓。蓮池淨土雲頂律，博山鐘板天童禪。一家共唱無生曲，鐵笛無孔琴無絃。小乘從旁發大笑，笑翁未了住世緣。願翁壽、億千年，眾生度盡成正覺，容我湖山高處眠。（釋成鷲《咸陟堂詩集》卷四）

釋成鷲初歸東林，賦《初歸東林過容塵軒分賦》詩云：

錦水潮生掛席回，春城處處百花開。柳營細雨酣詩戰，鈴閣清風遞茗杯。漸老不堪成久別，此身難得去還來。主人愛客容踈

放，莫怪頻頻謁上臺。（釋成鷲《咸陟堂詩集》卷一四）

四月二十四日，梁佩蘭元配何氏卒，享年六十六。（《梁佩蘭碑記》）

秋，徐釚再來廣州。重陽日，梁佩蘭、陳恭尹、王隼、姚人鵞雅集光孝寺風幡堂分賦。釚以他故未至，爲其拈"燕"字韻，明日始成。①

時徐逢吉亦在粵，與梁佩蘭、陳恭尹唱酬。（六瑩堂二集）卷八《徐紫凝和予十九秋詩題二截句於卷尾見貽次韻答之》四首）

七月，陳恭尹賦《中元前後約過徐虹亭寓齋夜話連阻暴雨比晴則無月矣夜坐賦柬》詩云：

咫尺相期話月明，幾宵頻負寺鐘鳴。雷驅星漢迷天路，雨走江湖滿郡城。暑氣暗銷三伏候，豪吟長和五更聲。晴來已是銀蟾缺，擊柝重門不易行。（陳恭尹《獨漉堂詩集》卷六）

八月，鈕琇至長壽寺不昧堂瞻禮釋寄生肉身，見其修髯皓齒，結趺冥坐，無異定中僧也。（鈕琇《觚賸》卷七《粵觚》上《不昧堂》）

同月，釋今摩圓寂。（《廬山今摩墓塔銘》拓本）

九月，梁佩蘭、陳恭尹爲岑徵《選選樓集》作序。（岑徵《選選樓集》卷首）

初九日，陳恭尹賦《九日小集風幡堂同姚敦仁梁藥亭王蒲衣遲徐虹亭不至分得燈字》詩云：

————————

① 《六瑩堂二集》卷七《九日同陳元孝姚敦仁王蒲衣暨遠公雅集訶林風幡堂遲徐虹亭不至分得江字》，《獨漉堂詩集》卷八《九日小集風幡堂同姚敦仁梁藥亭王蒲衣遲徐虹亭不至分得燈字》，《南州草堂續集》卷二《九日梁藥亭陳元孝王蒲衣諸公雅集光孝寺訶林余以他阻未至諸公仍爲余拈韻得燕字明日足成之》。《六瑩堂二集》卷六《十九秋詩》、《後十九秋詩》、《獨漉堂詩集》卷六《十九秋詩》，《南州草堂續集》卷二《十九秋詩》，陳、徐皆爲和梁之作。《南州草堂續集》卷二《梁藥亭太史出十九秋詩索和成題二絶句歸》，《六瑩堂二集》卷八《徐虹亭和予十九秋詩復作二截句見贈次韻奉答》四首，《徐紫凝和予十九秋詩題二截句於卷尾見貽次韻答之》四首。

茗宴風前快不勝，江城佳節況良朋。言尋西土千年樹，還問南宗第一燈。金塔繡深微辨字，石幢身老已無棱。清觴擬待陶公醉，繞徑黃花開未能。（陳恭尹《獨漉堂詩集》卷六）

十五日，制府懸示酉時月食三分，戴乾象更正之，謂月食在戌，至亥復圓，屆時果然。

戴乾象，字璣衡，號少衡。番禺人。世業農，精堪輿、星曆，農人常往求雨晴。年七十三卒於家。著有《戴氏家藏通書》、《堪輿指要》、《陽宅明鑒》等。（《番禺縣續志》卷二四）

十月，徐釚歸松陵，梁佩蘭、陳恭尹有詩贈之。（《六瑩堂二集》卷八《送徐虹亭太史歸松陵》八首，《獨漉堂詩集》卷六《送徐虹亭歸吳江因東嚴藕漁朱竹垞彭美門潘稼堂》）

冬至日，佩蘭、恭尹、岑徵、吳韺、周大樽集六瑩堂分賦。①

吳韺，字承雲。南海人。文煒族子。諸生。曾赴康熙三十八年（一六九九）鄉試，不第。詩學文煒。著有《白圍集》。溫汝能《粵東詩海》卷七四有傳。

小除後，梁佩蘭、陳恭尹、王隼、廖燁、王聖隆、秦欽文及諸家子弟集東林寺嘯公方丈處，重修詩社，分賦。陳恭尹《獨漉堂詩集》卷六《小除後同廖南熚梁藥亭王蒲衣王也變秦欽文暨諸家子弟集東林嘯公方丈處重修社事分得能字》詩云：

柳眼朝來已漸增，小橋流水不曾冰。百年短褐衝殘臘，半日閑身對定僧。疏磬出林風斷續，寒雲依岫晚崚嶒。淵明未得陶然醉，即事成詩似未能。

本年李象元假滿赴補。（李象元《賜書堂集·祖妣李母楊太孺人行略》）

本年釋今薶自棲賢移丹霞，繼主海幢。

釋今薶，字角子。新會人。族姓黃，釋今如子。幼年隨父出

---

① 陳恭尹《至日遙和梁藥亭夜集之作同用東韻》詩，《六瑩堂二集》卷七《冬至岑霍山吳承雲周大樽過六瑩堂分賦》，周大樽《六瑩堂至日同作》。

家，九歲成僧，不數年遂悟大乘，爲釋函昰第七法嗣。後住柳溪，復徙棲賢，繼釋今覸主法席。康熙三十七年（一六九八）自棲賢移丹霞，繼主海幢。著有《語錄》行世。事見陳世英等《丹霞山志》卷十。

本年以後釋大汕正式管轄澳門普濟禪院。（姜伯勤《石濂大汕與澳門禪史》三九七頁）

鄒濤於本年成貢生。

鄒濤，字慕山，一字嵋史。興寧人。康熙二十六年（一六八七）與修《惠州府志》。三十七年（一六九八）貢生。嘗與海鹽查繼佐互爲酬唱。著有《詩經韻讀》、《四書問字》、《耕餘雜記》、《如蘭集》、《知古集》、《古今名將錄》九卷。事見胡曦《梅水彙靈集》卷二。

陳桂於本年成貢生。

陳桂，字叔芬。東莞人。康熙三十七年（一六九八）貢生。爲人寬厚，注重禮儀，博學能文，育人甚眾。（宣統《東莞縣志》卷六七）

勞孝輿生。

勞孝輿（一六九八～一七四七），字阮齋，號巨峰。南海人。少好遊，渡瓊，登羅浮絕頂，浮江觀衡嶽。雍正八年（一七三〇）詔修《一統志》，與纂《粵乘》。孝輿受知學使惠士奇，與何夢瑤、羅天尺、蘇珥齊名，世稱“惠門四君子”。雍正十三年（一七三五）拔貢生。乾隆元年（一七三六），召試博學宏辭，未用。以拔貢生廷試第五，出爲黔中令。戊午（三年）夏，入黔之上遊，治古州屯務，足繭萬山中。將去，民攀轅曰：“公勞苦以衣食我！”皆泣下。歷錦屏、龍泉、畢節、鎮遠諸邑，皆有績。歲丁卯（十二年），卒於官，享年五十。著有《春秋詩話》五卷、《讀杜識餘》五卷、《阮齋文鈔》四卷、《阮齋詩鈔》六卷。《清史稿》卷四八五有傳。

清聖祖康熙三十八年　己卯　一六九九年

春，陶煊來廣州，以其大父汝鼎文集贈陳恭尹，並請其作傳。（《獨漉堂詩集》卷八《陶奉長以大父仲調檢討文集見貽且請作傳次其來韻》）

孟春，甬江仇兆鼇於端州旅次爲釋大汕《海外紀事》作序。（釋大汕《海外紀事》卷首）

立春日，陳恭尹賦《立春日送黃蒲園謁選都門》詩云：

初年車馬發河干，椒酒猶餘膝下歡。豈爲榮親須就祿，卻緣行志在能官。迎春彩仗舟前出，新綠江山雪下看。京國舊多交好在，雲司吟和共登壇。

又賦《立春日送徐藝初御史歸吳門》詩云：

東風此別未驚魂，絳仗迎春騎吹繁。幾處早花明水郭，一帆新綠去江村。每因聲氣思疇囊，願得雍容接晤言。驄馬暫留知不可，六龍巡狩正南轅。（陳恭尹《獨漉堂詩集》卷八）

驚蟄後三日，長沙陶煊爲釋大汕《離六堂集》作序。（釋大汕《離六堂集》卷首）又有《過長壽寺贈石濂禪師》七言古詩。（黃登《嶺南五朝詩選》卷十三）

釋成鷲先有宿命之通，自斷本年三月二十七日無常至矣。輕裝歸里，先入郡門，過平生故人，與之永訣，聞者笑之。最後過別梁佩蘭。甫至門而病發，不能入室。肩輿問渡，速還東林。病日有加，自知不起。延至三月誕辰，頰下忽生大瘡，痛苦殊常，醫者視之，指爲牙癰，七日必死。自計前期，適當其會，致書留別東林諸子，書偈遺囑徒眾。作《病中垂訓》二十則。至廿七日，晨起沐浴，息念待盡，仿佛有人撫摩患處者三，瘡癰忽潰，膿血交流，沾衣盈席，視患處泯然無跡矣。病起自笑。（釋成鷲《紀夢編年》）

釋成鷲賦《自春迄夏抱疴東林承豫章熊劍文惠藥得差賦此致

謝兼送其行》詩云：

　醫王用藥如用兵，多多益善還益精。先生得此作良相，嶺南嶺北咸知名。一壺高掛門如市，鬧中静註軒岐經。雷公炮製得真訣，坎離既濟丹初成。大丹皎皎如秋月，小丹熠熠如流星。青囊藥裹留不住，光芒飛出香山城。香山城外東林叟，聞人説項心怦怦。一朝奇窮得奇病，閉門忍痛聲咿嚶。醫王過我良不偶，恍有神物通精靈。刀圭入口生羽翼，相將禦風歸太清。先生勸我且住世，假我大藥希遐齡。金匱神劑益氣飲，藥爐旦夕蚯蚓鳴。參苓持贈不足惜，一諾爲重千金輕。沉屙兩月如隔世，艱難萬死方一生。自笑小乘衰相具，致累大人囊橐傾。投桃報李非所喻，天荒地老難爲情。憶昔東林開社日，主賓相得如膠青。蹉跎十戴老將至，谿上不聞三笑聲。兩年病苦同寒食，十日霖雨天冥冥。冷煙不續香廚火，孤影獨對虛堂燈。兒童菜色不忍見，病夫骨立中屏營。笑謂兒曹且安隱，老夫病起初學行。行將走遍四天下，縱橫八極如掌平。熊先生、熊先生，四海之内皆弟兄。君如天上風，我作水中萍。天風披拂無遠邇，萍水聚散何時停。願得杏林蘭若長相近，吾道不患無居亭。（釋成鷲《咸陟堂詩集》卷四）

　　清明日，陳恭尹賦《清明日同霍禹洲家大斌舟入高峽泊閱江樓下即事作》詩云：

　東風乘興好西行，三月牂牁水尚清。峽上篙痕穿石細，樓前山色極天横。花當令節千枝放，酒酹長江百感生。五十年前龍見處，白頭重説與諸卿。（陳恭尹《獨漉堂詩集》卷八）

　　夏，潘耒再入粤。（潘耒《遂初堂集》卷十三《楚粤遊草下起己卯夏盡庚辰夏》，《楚粤遊草下》中涉粤詩達四十餘題）

　　四月二十一日，廖燕與晋江蔡雪髯同遊丹霞，至二十六日歸，在山四日。歸之日即撰《丹霞山遊記》。（《文集》卷三）

　　六月，劉世重招同梁佩蘭、陳恭尹、吳潆、陳憲泛舟半塘，賦詩，用八"庚"。①

陳憲，字宕侯。順德人。布衣。能詩。著有《修此堂集》、《出嶺吟》、《遊山草》等。溫汝能《粵東詩海》卷七四有傳。

夏梢，楊錫震招同梁佩蘭、陳恭尹、毛端士、楊良於訶林（光孝寺）風幡堂，席上飲酒賦詩。②

秋，李象元奉命任山東副主考，座下有客爲畫像，眉目略似而神氣未肖，時年三十有九。（李象元《賜書堂集》卷首《李簡討像贊》）

七月，潘耒與梁佩蘭、陳恭尹等交遊唱酬。（潘耒《法性禪院倡和詩序》）

初秋日，梁佩蘭招陳恭尹、沈彤、陳治、潘耒、張尚瑗、毛端士、吳濚、林鳳岡、楊錫震、徐逢吉、羅浮山、司旭、陳阿平、釋達津、釋願光宴集於六瑩堂，分賦。（《獨漉堂詩集》卷八《初秋日梁藥亭招同沈詹山大令家山農隱君潘稼堂檢討張損持吉士毛行九司馬吳晉濤少尹林桐叔少府楊勉齋孝廉徐紫凝羅浮山司紅遲家獻孟諸文學遠布心月二上人雅集六瑩堂分得阡字》，《遂初堂詩文集》卷十三《六瑩堂宴集分韻得用字》、《蘭湖詩選》卷十一《梁太史六瑩堂雅集同潘稼堂張損持二太史陳元孝獻孟林桐叔諸公分賦得相字》）

林鳳岡，字桐叔，號（一字）石嶽。東莞人。少博學，負雋才。康熙初，從傅將軍定廣西，以功官梧州同知。內艱，服闋赴都，與紅蘭、古香二殿下結詩社。旋丁外艱，遂絕意仕進，與梁佩蘭、陳恭尹輩晨夕唱酬。著有《石嶽詩文集》。溫汝能《粵東

---

① 《六瑩堂二集》卷六《夏日劉仰山招同陳元孝吳晉濤諸子泛舟半塘遲沈耘石不至用八庚韻》二首，《獨漉堂詩集》卷八《劉仰山招同吳玉濤梁藥亭家宕侯雨中泛舟半塘遲沈虹石不至同用八庚　二首》五律。

② 《六瑩堂二集》卷六《杪夏楊勉庵招同毛匏村楊止庵明府陳元孝雅集訶林風幡堂次匏村韻》二首，《獨漉堂詩集》卷八《夏杪楊寶生孝廉招同毛行九司馬楊止庵大令梁藥亭太史飲於風幡堂次行九韻　二首》。

詩海》卷補有傳。

釋達津，字遠布，光孝寺僧。以詩名，與梁佩蘭、陳恭尹等結社唱酬。陳融《讀嶺南人詩絕句》卷十六有傳。

釋願光，字心月。遠布和尚法嗣，光孝寺僧，住法性禪院。嘗與梁佩蘭、陳恭尹、周大樽諸詞人結社於蘭湖，輯《蘭湖唱和集》。著有《蘭湖稿》（《蘭湖詩選》）。事見《粵東詩海》卷九八。

閏七月初二日，釋大汕招同陳恭尹、毛端士、張尚瑗、吳灝、楊錫震、司旭、黃蘭偶等雅集長壽寺離六堂，分賦。①

初八日，梁佩蘭同沈彪、潘耒、張尚瑗、陳都、毛端士、吳灝、楊錫震、姚東明、司旭、陳阿平、釋達津、釋願光雅集於法性寺蒼卜樓，分賦。陳恭尹未及赴，補和。②

八月，晉陵毛端士爲釋大汕《海外紀事》③作《序》。

中澣，豐南吳壽潛於粵藩之拂霞堂西軒爲釋大汕作《離六堂集序》。（釋大汕《離六堂近稿》卷首）

十四日，梁佩蘭同陳恭尹、毛端士、司旭、張尚瑗集於廣州

---

① 《獨漉堂詩集》卷八《閏七月二日長壽石公招同毛匏村司馬張損持吉士吳晉濤少尹楊勉齋孝廉唐海門黃蘭偶司紅暹諸文學雅集離六堂次毛韻二首》五律。

② 《法性禪院倡和詩》卷一錄諸人唱和詩。梁佩蘭《己卯閏七夕後一日集西郊遠公蒼卜樓分得石字》，《六瑩堂二集》卷二詩題爲《閏七夕後一日集蒼卜樓同潘稼堂張損持分賦得石字》，陳恭尹《獨漉堂詩集》卷八《閏七夕後一日遠公招同潘稼堂張損持梁藥亭毛行九余未及赴諸公分韻見及得心字》，沈彪分得"石"字、"窺"各一首，潘耒分得"片"字，張尚瑗分得"孤"字，陳都分得"色"字，毛端士分得"池"字，吳灝分得"月"字，楊錫震分得"雲"字，姚東明分得"清"字，司旭分得"皓"字，陳阿平分得"相"字，釋達津分得"照"字，釋願光分得"禪"字。潘耒《遂初堂詩集》卷十三有《楚粵遊草下‧閏七夕後一日集法性禪院分詠得片字》五古長詩。

③ 《海外紀事》收錄了一六九五年春至次年秋凡一年半之間，釋大汕於越南順化、會安傳法說禪的記錄。

城南聯句。①

九月初四日，陳恭尹賦《重陽前五日高中含司馬招同劉卓崖主考屈四會鳳山張廣寧鶴洲楊陽春止庵錢茂名蕉山張翁源泰亭高東莞菉園田英德克五雅集雲半閣時闈事初竣》詩云：

使車高蓋總能來，雲裏軒窗俯粵臺。秋水滿前人自照，碧天無際雁初回。酒邊赤葉迎風醉，閣後黃花傍節開。白首疏狂虛授簡，愧無詩句可追陪。（陳恭尹《獨漉堂詩集》卷八）

十二日，潘耒因索賄僅得三等而與釋大汕交惡，舉報其通洋，刻《救狂砭語》攻之（《遂初堂別集·救狂砭語》），又致書梁佩蘭攻訐釋大汕，佩蘭復書婉謝。② 耒又結交羅鑒。③

中旬，梁佩蘭與陳恭尹遊肇慶，歸而佩蘭患腹瘡，臥床四十日，幾度告危。

田從典調遷還朝，佩蘭有《送田克五明府榮擢還朝》詩送之。（《六瑩堂二集》卷七）

十月，陳璸經五年等待，被特授爲福建古田知縣。璸蒞任一年，邑中五色雲見。辛巳（康熙四十年，一七〇一）春，邑中生白雀。（鄧碧泉《陳璸詩文集》附《陳璸生平活動簡表》）

本年陳璸在寄子書中言：“人生在世，何苦因功名二字，致有骨肉分離之慘耶？”（陳璸《寄子書·康熙三十八年》）

本年廖燕賦《辭諸生詩》（《二十七松堂集》卷九），作《辭諸生説》（《文集》卷三），棄諸生不爲。曲江知縣葉芳自去年卸任，本年歸浙，某君請燕爲代撰《送邑侯葉澹園歸浙序》（《文

---

① 《六瑩堂集·補佚》有《己卯八月十四日五羊城南聯句同毛匏村司紅暹陳元孝張損持同拈十三職韻》詩，《獨漉堂詩集》卷八《己卯八月十四日五羊城南聯句同毛匏村司紅暹梁藥亭張損持同拈十三職韻》。

② 潘耒《遂初堂別集》卷四有《致粵東當事書》、《與梁藥亭庶常書》與《答鼓山爲霖和尚書》，均屬連篇累牘攻擊釋大汕之作。

③ 羅鑒，字瑞仁。順德人。起渠子。盡讀宋五子書，道義自持。潘耒至粵攻釋大汕，鑒復暢以仁義之旨，文筆兀奡。耒見之，遂深相結納。著有《閱歷隨書》。阮元《廣東通志》卷二八七有傳。

集》卷四）。本年韶州協鎮孫清以非罪罷官（《文集》卷六《韶協鎮孫公傳》）。

本年李象元典試山東，中式者六十七人，識拔多名士。（阮元《廣東通志》卷三五〇列傳引《嘉應州志》）

本年吳江徐釚爲釋大汕《離六堂集》作序。（釋大汕《離六堂集》卷首）

本年潘耒以《初次考夷劄》質疑釋大汕所行，釋大汕反駁云：“古人茶坊酒肆爲佛事，柳巷花街作道場，此是登地菩薩。已得三昧，自在事事無障礙界。”（《救狂砭語》，第一七七頁）

本年周承權與邑之吳麟徵、吳顯庸、周承宣，在知縣周振聲主持下首編《茂名縣志》。

周承權，茂名人。邑紳士。著有《歷代帝王世紀》、《五經蠡測》、《環竹居文集》等。（光緒《茂名縣志》）

洪晨孚於本年中解元。

洪晨孚，字古愚。海豐人。康熙三十八年（一六九九）解元，四十五年（一七〇六）進士，官翰林院檢討、戶部主事、松陽知縣。事見梁善長《廣東詩粹》卷十二。

梁澤於本年中舉人。

梁澤（一六七二～一七六八），字珩白，一字採山。順德人。梃孫。康熙三十八年（一六九九）舉人，官海鹽知縣。乾隆二十四年（一七五九）重燕鹿鳴。三十三年（一七六八）卒，年九十有六。著有《取斯堂集》。張維屏《國朝詩人徵略》初編卷十八有傳。

陳勵於本年中舉人。

陳勵（一六六五～？），字士皆。順德人。恭尹次子。康熙三十八年（一六九九）舉人。十四五歲即能爲古文、詩歌。著有《東軒詩略》，梁佩蘭爲作序。溫汝能《粵東詩海》卷七三有傳。

劉信烈於本年中舉人。

劉信烈（一六六八～一七四九），字（號）直庵，一字乾可。

香山人。康熙三十八年（一六九九）舉人，官山東夏津知縣。以討准噶爾用兵西北，奉檄運糧軍前，邊塞風沙能作壯語，足稱健者。謝病後，棲心禪寂，精研内典。先是，謁選都門日，曾受戒於報國寺僧明心。著有《歸來吟》、《運米詩集》。張維屏《國朝詩人徵略》初編卷十八有傳。子翰長，字墨莊。太學生。著有《慎獨堂集》。黃紹昌、劉爔芬《香山詩略》卷四有傳。女玉貞，武定知縣鄭必達室。著有《劉媛詩草》。冼玉清《廣東女子藝文考》有傳。

關孫謀於本年中舉人。

關孫謀，字若垂，一字阮溪。高明籍，南海人。捷先孫、毓穗季子。康熙三十八年（一六九九）舉人。著有《古文鈔》、《阮溪草》、《世外金陳二先生全稿》。事見黃登《嶺南五朝詩選》卷十。

李德柄於本年中舉人。

李德柄，字宗謙。順德人。明經德林弟。康熙三十八年（一六九九）舉人，官高陽知縣。著有《北遊詩草》。事見凌揚藻《國朝嶺海詩鈔》卷四。

張顯遇與兄成遇同中舉人。

張顯遇，字德常，一字表微。新會人。康熙三十八年（一六九九）舉人，官英山知縣。著有《坳園詩草》。事見言良鈺《續岡州遺稿》卷一。

區錫於本年中舉人。

區錫，字元夫。番禺人。康熙三十八年（一六九九）舉人，授直隸元城知縣。卒於官。（同治《番禺縣志》卷四三）

鄧正吉於本年中舉人。

鄧正吉，又名貞吉，字起元，號自庵。從化人。康熙三十八年（一六九九）舉人，授山西廣靈，以賢能調定襄知縣。（《從化縣志》）

劉注於本年中舉人。

劉注，字力謙。澄海人。康熙三十八年（一六九九）舉人，授湖北江陵知縣、平谷縣令。（乾隆《潮州府志》卷二八）

楊進修於本年中舉人。

楊進修，字詣將。高明人。康熙三十八年（一六九九）舉人，授湄潭知縣，多德政。任滿歸里，立祠象鼻山以祀。（《廣東通志》）

陳天銓於本年中舉人。

陳天銓，海豐人。康熙三十八年（一六九九）舉人，授海寧知縣。（《惠州府志》）

詹成樑於本年中舉人。

詹成樑，字次玉。普寧人。康熙三十八年（一六九九）舉人，授福建松溪知縣。五十六年（一七一七）充同考官，能得士。旋乞歸。（乾隆《潮州府志》卷二九）

岑徵卒。（何絳《不去廬集》卷二《與圓音師書》）

清聖祖康熙三十九年　庚辰　一七〇〇年

正月初三日，陳恭尹賦《正月三日過潘子登所寓江樓龔渭臣載酒與潘木公諸君雅集賦潮平兩岸闊分得涯字》詩云：

千檣不動水漣漪，共上江樓好賦詩。塵世百齡希暇日，滄波開歲是閑時。漸鋪浦溆平如練，益覺乾坤未有涯。破浪搏風年少事，白頭唯有一銜巵。

又賦《次韻答龔渭臣》詩云：

七十餘生漸有涯，長繩何計繫奔曦。猶能鼓枻滄浪外，不厭逢君唱和遲。海鳥化來知大翼，鬚眉漸覺愧男兒。東風共醉屠蘇酒，俯仰江樓極二儀。

初八日，陳恭尹賦《正月六日將歸錦岩泊舟潘子登寓樓下新月甚佳因留宿三日兩登斯樓亦一快也》詩云：

偶爾停舟快不勝，江樓今夕又同登。故園歸去逢人日，新月何期對好朋。竹榻朗吟茶宴罷，低窗高掩浪紋升。頻年衰疾希行

往，如此良宵得未曾。（陳恭尹《獨漉堂詩集》卷八）

二十四日，陳璸至福建浦城縣，作《古田縣條陳八事》、《條陳古田編審事宜十議》。遵旨由陸路走建陽縣，拜瞻朱子考亭書院，見一路荒榛，頹垣敗址，二月三十日作《題修建寧府建陽縣朱子祠疏》折奏。（鄧碧泉《陳璸詩文集》附《陳璸生平活動簡表》，鄧碧泉《陳璸詩文集》卷一）

廣東提學道左峴奉命往修永定河，陳恭尹有《送左襄南試竣還都奉命視河》（《獨漉堂詩集》卷八《小禺後集》），梁佩蘭有《送左我庵學使時往修永定河》詩送之（《六瑩堂二集》卷七）。

二月既望，釋成鷲飯後經行，腰脊間恍如有物蠕蠕欲動，俄若戈矛刺入右腎，痛絕僕地。自春迄夏，堅臥百日。時有好義任俠之士曰熊劍文者，精岐黃術，素未謀面，聞其病，過而診焉，日服二劑，漸覺輕減，無可酬其值者，賦詩謝之。（釋成鷲《紀夢編年》）

四月初十日，陳恭尹賦絕筆詩《送左襄南督學試竣還都奉命視河》詩云：

我聞丹山赤水之洞天，地脈暗與蓬瀛連。蓬萊一枝乃獨往，直到天池鵬化之南邊。倏然乃與羅浮結，七洞四明如隔絕。寧知共在斗牛間，天上分星總揚越。四明狂客賀季真，青蓮一見號仙人。知人自有傳心法，能使汾陽屈者伸。唐代功臣獨居首，誰知活自書生手。君今相士特南來，知人肯落前賢後。天閑新進渥窪多，更命旌旗理九河。都將吉甫清風頌，和入河渠瓠子歌。著書七十羅浮老，汗竹爲書頻削稿。方候公閑細評論，如何鷁首催前導。病中相送不成章，口授兒曹寫數行。遲君賜歸鑒湖一曲水，來問天台萬仞之石梁。（陳恭尹《獨漉堂詩集》卷八《小禺後集補序》陳贛云：“先子（陳恭尹）自編目錄，自《初遊》至《詩餘》諸集，始戊子《拜恩》迄戊寅《小除》，皆經手定。唯己卯庚辰未編，至庚辰四月初十作《送左督學》詩，是爲絕筆。”）

十二日，陳恭尹病卒，享年七十，葬於番禺鹿步司祥雲嶺，梁佩蘭應其子贛請，爲作行狀（《獨漉堂集》附《陳恭尹行狀》）。恭尹卒，釋成鷲作《會祭陳獨漉文》。（釋成鷲《咸陟堂文集》卷之十二）

六月二十八日，王士禎得御書賜"帶經堂"匾額，遂取杜甫"細雨荷鋤立，江猿吟翠屏"句，囑禹之鼎繪荷鋤圖小照。其後，復請梁佩蘭作歌紀其事（《六瑩堂二集》卷四《題漁洋山人荷鋤圖 並序》）。

秋，釋成鷲病起，支策能行，遽返故里，養屙弼唐之亦庵。（釋成鷲《紀夢編年》）

七月，廖燕作《退筆藏銘》，於銘前仿《春秋》筆法。（《文集》卷六）

初冬，梁佩蘭發舟東江赴錢以塏遊羅浮山之約。（《六瑩堂二集》卷七《初冬舟發東江赴錢蔗山明府羅浮之約先此奉柬》）

九月二十一日，古田知縣陳璸出門往鄉間徵糧。

十月二十四日回衙，徵銀三千兩。（龍鳴《清初儒臣陳璸在臺灣》一三頁）

十一月，梁佩蘭遊羅浮，陳阿平導遊，盤桓吟詠約十日，其後阿平爲遊羅浮詩作序。（《六瑩堂集·補佚·題陳獻孟遊羅浮詩序》）

十三日冬至，梁佩蘭同鄭汝愷、陳阿平登東莞缽盂山。（《六瑩堂二集》卷七《至日同鄭邁公陳獻孟登缽山分賦》）

鄭汝愷，字邁公。東莞人。康熙歲貢。張其淦《東莞詩錄》卷三三有傳。

本年陳遇夫北遊歸，卜改東籬故里而重新之。（陳遇夫《涉需堂文集·莎亭記》）

本年釋大汕刊布《惜蛾草》駁詰潘耒之《救狂砭語》。（姜伯勤《石濂大汕與澳門禪史》）

張成遇於本年中進士。

張成遇，字德士，號阿一。番禺人。康熙三十九年（一七

○○）進士，官庶吉士。事見朱彭壽《清代人物大事紀年》。

任用中於本年成貢生。

任用中，花縣人。康熙三十九年（一七○○）歲貢，官浙江象山教授，遷桂林府桂縣知縣。（光緒《花縣志》卷三）

陳國光於本年成貢生。

陳國光，字賓王，號近五。香山人。康熙三十九年（一七○○）歲貢。十歲通五經章句，然棘闈凡十三戰不售。講學邑城，遠方才俊咸遊其門。（乾隆《香山縣志》）

劉濤生。

劉濤（一七○○～一七六八），字鼎文，號象山。香山（今中山）人。享年六十九歲。事見朱彭壽《清代人物大事紀年》。

王隼卒。（《番禺縣志》王隼本傳）

清聖祖康熙四十年　辛巳　一七○一年

春，釋成鷲居亦庵，春雨滯淫，庵宇上漏下濕，不可久居。出遇故人，語其事，贈以金，爲重修計。庵主釋志存，昔釋成鷲戒徒，淨行不謹，常繩之以法，不聽，恐其久居，鳩工庀材，事將集矣，乃賂其鄉無賴子弟，托爲形家之言，遂一笑而止。辭亦庵，借地於龐氏之梅園。（釋成鷲《紀夢編年》）

孫琮有《屈翁山贈黃山閔賓連蓮花峰篇遊黃山偶憶之倚松一吟如見其人也》五古。（孫琮遊黃山在康熙辛巳春，見《山曉閣詩》卷六《入黃山掃蘗庵和尚墓》詩）

春初，釋古昱圓寂。

釋古昱（一六五○、一六四九～一七○一），字融虛。其先高州（一作信宜）人，族姓曾，徙居惠州。出世閩之上杭，得戒於江西。初依釋慧弓，慕海幢道風盛，往參釋今無，由副堂晉維那。釋今無歿，遷住石龍。旋復返海幢典客。後隱居雷峰，司藏鑰。康熙三十九年（一七○○）夏病，至四十年春初示寂。世壽五十二。著有遺詩五卷。事見《海雲禪藻集》卷三。

六月望日，釋成鷲爲釋一機《塗鴉集·書問》作跋。（釋一機《塗鴉集·書問》卷末）

秋，廖燕重遊曹溪祖亭，賦七律。（《二十七松堂集》卷九《辛巳秋日重遊曹溪祖亭》）原韶州知府陳廷策已卒六年，韶人請入祀名宦，燕與翁源李林爲之倡，燕某友責燕不應假朝廷名器以報私恩，而止此事，燕作書與之辯。（《文集》卷五《與友人論郡侯陳公入祀名宦書》）翁源知縣張拱極致書索讀燕之時藝，燕覆以棄舉子業已二十餘載，平日所作已捐棄殆盡。（《文集》卷五《復翁源張泰亭明府書及附來書》）

七月，福建巡撫梅鋗以陳璸廉能具奏。

九月，陳璸被調任臺灣府臺灣縣知縣。

冬，璸縱獄囚三百餘人還家度歲，此期璸作《條陳臺灣縣事宜》。（鄧碧泉《陳璸詩文集》附《陳璸生平活動簡表》、鄧碧泉《陳璸詩文集》卷一）

十一月十二日，周大樽等約梁佩蘭遊靈洲。①

卓爾堪《遺民詩》初刻本十二卷約刻於本年，卷七採屈大均詩百二十七首。後廣爲十六卷本，其詩仍載卷七。（《遺民詩》）

十二月三十日，釋今遇圓寂於番禺雷峰海雲寺。（釋成鷲《咸陟堂文集》卷六《澤萌遇禪師傳》）

楊震青生。

楊震青（一七〇一～？），字東萊。南海人。留寓河南瑤溪葉汝階家。棄舉業，肆力經史子集，尤究韻語。號騷壇宿將。年七

①　周大樽《乳峰堂集》卷六《夜會即事》序曰："辛巳十一月十二日，僕與曾子靈谷、謝子靈湫侵晨鼓棹，暫別鵝潭，凌雪高吟。遂沿香浦，望石門而弔古；不掛蒲帆，指鬱水而衝煙。徑投草屋，盤桓累夕，繚繞寒塘。值望舒之既圓，會伊人之初返，因訂靈洲之遊。言尋雪嶺，詎必因僧？擬放蘭橈，於焉始志。"所謂"伊人"，殆指梁佩蘭。次《夜會即事》詩前有《與傑萬承雲柔文三洲步月柬鬱洲先生靈峰山寺》、《赴柴翁靈洲約日暮不至》二詩，所稱鬱洲先生、柴翁，即梁佩蘭。

十一仍日與諸子放吟山水。著有《盧溪詩鈔》。（陳景錯《海珠古詩録》一六四頁）

清聖祖康熙四十一年　壬午　一七〇二年

本年安南順化阮福周派黃辰、興徹往廣州，餽兩廣總督官銀五萬兩請封，未被接受。（越南黎貴惇《撫邊雜録》卷五）

正月，陳璸於福州司院間辦理調往臺灣任知縣之文諜。（龍鳴《清初儒臣陳璸在臺灣》三二頁）

初一日，釋成鷲賦《元旦掩室示諸子時年六十六》詩云：

行年未到六十六，慎勿笑人指爪曲。而今而後吾免夫，從此餘生易知足。去歲新年忙鹿鹿，今歲新年快幽獨。一間茅屋一箇僧，一炷旃檀一寸燭。一聲清磬一卷經，一碟黃虀一椀粥。造物於我良厚哉，同住同來受清福。自誇有褐不須裘，何須得隴更望蜀。當今大人不重賢，當今小人不信天。當今學人不學律，當今禪人不會禪。時來移氣復移體，自謂古佛堪齊肩。門庭喧喧炙手熱，盲龜跛鱉爭垂涎。我欲爲此自不難，面麗有血囊無錢。汝曹腳跟未點地，二者居一隨經權。若云不能免俗聊復爾，不忍盡棄其學而學焉。（釋成鷲《咸陟堂詩集》卷四）

初三日，釋成鷲聞釋今遇訃，愴然於懷。時釋成鷲養屙亦庵，弗獲親往，遣侍子致奠，録其行狀以歸。（釋成鷲《咸陟堂文集》卷六《澤萌遇禪師傳》）

閏六月，廖燕之友某以山水手卷請燕題詩，適燕方中酒，不能作，因録舊作《山居》詩以塞責而跋其後。（《文集》卷八《題山水手卷跋》）

秋，釋大汕舟入端溪，賦《十九秋　有引》七律十九首。（釋大汕《離六堂近稿》）

陳璸登臺灣府城臺北赤嵌樓，賦《登紅毛樓》七律詩。（《全臺詩·陳璸卷》臺灣文學館二〇〇四版）作《條陳臺灣縣事宜》，提出治台十二條，前四條涉文廟、社學、季考、鄉飲等文化教育

建設。（龍鳴《清初儒臣陳瑸在臺灣》一二一頁）

七月，番禺知縣姚丙坤之嗣母李貞靜卒，年六十五，廖燕至番禺，丙坤請燕撰鐫墓之文，燕爲作《李節婦墓表》。其後又爲作《李節婦傳》。（《文集》卷六）

八月中秋，鄭武始識劉匯。

鄭武，字友杜，號蒙莊。東莞白沙人。瑜子。康熙間附貢。著有《寄夢堂集》。張其淦《東莞詩錄》卷三〇有傳。

劉匯（？～一七〇二），字涵萬。東莞人。康熙間布衣。康熙四十一年（一七〇二）壬午中秋，鄭武始識匯，知其能爲五七言詩。次年癸未秋，匯歿。張其淦《東莞詩錄》卷三〇有傳。

九月初十日，釋成鷲受請於省會珠江之南大通煙雨寶光古寺。寺爲南漢劉晟替釋達岸[①]建，至萬曆間毀。康熙時有善士蕭泰恒者，禱祖師得異夢，慨然興復，泰恒卒，將廢墮，子孫請釋成鷲住持，性不耐城郭，勉應其請。入院後，古剎久荒，日督徒眾耕鋤樹藝，補葺破漏。（釋成鷲《紀夢編年》）

釋成鷲初住廣州大通寺，羅戒軒、黃河澄、霍西牛、陳臣張過宿同賦詩，釋成鷲賦《壬午重陽後一日初住大通古寺羅戒軒黃葵村霍西牛陳臣張過宿同賦同葵村韻》五律二首。（釋成鷲《咸陟集詩集》卷之八）其《初住大通寄華林法屬》詩云：

偶尋江介宿荒菴，回首城中見盍眉。煙雨有時迷穗石，風波無路阻鵝潭。木鷄老去慵司曉，白鴈秋來早向南。家在華林歸未

---

① 釋達岸，名志清，姓梁氏。新州人。幼聰慧，九歲從師受《孝經》，過目成誦。歸語其母曰：“《孝經》何如佛經？《孝經》不過顯親揚名，佛經可超生死。”遂懷出家志。十二白慧濤坐下爲弟子。披剃後，發願參方，先向雲門受文偃戒。尋至曹溪謁慧能像，後抵興王府，住法性寺。後主偶遊幸見之，召與語，賜玉環、銀鉢、錦瀾袈裟。一日渡城河西，阻風，登南岸，愛其地僻，奏請移居。後主爲發帑藏，建寶光寺，使駐錫焉。圓寂時靈光燭一室，久之乃散。梁廷枏《南漢書》卷十七有傳。

得，欲酬恩遇媿同參。（釋成鷲《咸陟集詩集》卷一四）

十一月，廖燕自羊城歸，適翁源知縣張拱極至郡公事，即出吏部侍郎吳韓所與拱極與韶州知府臧興祖之二書示燕，燕捧讀之餘感愧交集，因急錄而歸藏之。吳韓兩書附《文集》卷五《謝吳少宰書》後。

周大樽編《法性禪院倡和詩》刻成，輯錄梁佩蘭主衡之蘭湖白蓮詩社數年來所唱和之詩。（《法性禪院倡和詩》卷首釋願光序）

清廷詔敕久在外之庶吉士赴翰林館供職。

十二月，梁佩蘭離粵赴京（《六瑩堂集》張尚瑗序），釋成鷲有《送梁太史還史館》七律詩（《咸陟堂詩集》卷十四）。

釋成鷲又賦《和社中諸子詠一莖二色紅白蓮花》七律。

十八日，釋成鷲賦《小除前五日立春》詩云：

視曆始知今歲閏，閉門先得隔年春。蹉跎大盡無多日，取次小除纔半旬。野老焚香祠太乙，村童布席待庚申。誰家臘里吹陽律，凍谷寒消斗柄寅。（釋成鷲《咸陟堂詩集》卷十四）

除夕前一日，釋成鷲賦《除夕前一日楊式公舟次大通阻風信宿同賦》詩云：

借問汾江路，經旬幾往還。客途逢爆竹，歸思在斕斒。煙雨雲籠寺，風濤雪簸山。留君連夕話，詩興正相關。（釋成鷲《咸陟集詩集》卷八）

除夕，釋大汕賦《除夕吟》，有“剔盡壬午燈，吟成癸未賦。”（釋大汕《離六堂近稿》）

本年御試尚書房詞臣，詩題欽定甲乙，李象元作《賦得梅須遜雪三分白》取列第一。（李象元《賜書堂詩集》）

本年陳璸在臺灣知縣任發布《禁米貴示》。（龍鳴《清初儒臣陳璸在臺灣》一一五頁）

本年劉田從征連陽八排瑤，以功拔把總。

劉田，字世正。保昌（今南雄）人。雍正五年升千總，防守

信宜縣界，升高州守備，旋調瓊州委署、儋州遊擊。乾隆元年（一七三六）誥授武德將軍。（《南雄府志》卷十四）

本年李潤林被薦爲督學，未任而終。

李潤林，字悦生，號陶岡。陽春人。諸生。生性耿介，三十餘年未嘗私謁官署。畢生授徒課生，晚年譽爲嶺表文豪。著有《四書、詩經要領》、《性理録》等。（《陽春縣志》卷十）

本年釋大汕於廣州，廣東按察使許嗣興對其施以笞刑，逐至江西贛州，至於山寺，約一年，又復興起，四十三年（一七〇四），被江西巡撫李基和再予驅逐，明年死於常州途次。（鄧之誠《清詩紀事初編》卷三、《骨董瑣記》，陳荆和《十七世紀廣南之新史料》）釋大汕之《離六堂近稿》刻於本年。（姜伯勤《石濂大汕與澳門禪史》一二四頁）

李夢元於本年中解元。

李夢元，從化人。捷雲季子。康熙四十一年（一七〇二）解元，官福建惠安知縣。（清《從化縣志》）

周大樽於本年中舉人。

葉適於本年中舉人。

葉適，字顧吾，號西邨。歸善人。挺英子。康熙四十一年（一七〇二）舉人，官海陽教諭。輯《國朝詩采》，著有《西邨詩集》。張維屏《國朝詩人徵略》初編卷十八有傳。

張禮於本年中舉人。

張禮，字建周，號墊門。東莞篁村人。弱冠弟子員，康熙四十一年（一七〇二）舉人，出宰蜀之井研縣，雍正四年（一七二六）丙午充同考試官，調署犍爲及仁壽，以丁外憂歸。事見張其淦《東莞詩録》卷三三。

黎天性於本年中舉人。

黎天性，字理具，一字存齋。東莞棠梨涌人。康熙四十一年（一七〇二）舉人。日與陳璟、張濟遇、陳佩遠、陳禮三相唱和。著有《雙桂堂集》。弟國綸，字政具。康熙五十二年（一七一三）

癸巳舉人。兄弟齊名。事見張其淦《東莞詩録》卷三三。

李奇材於本年中舉人。

李奇材，字鼎正。東莞人。康熙四十一年（一七〇二）舉人，官崖州學正。事見張其淦《東莞詩録》卷三三。

李皆春於本年中舉人。

李皆春，字迷卉，號敬軒。東莞人。康熙四十一年（一七〇二）舉人。事見張其淦《東莞詩録》卷三三。

梁金震於本年中舉人。

梁金震，字允大。香山（今中山）人。康熙四十一年（一七〇二）舉人，官貴州安化知縣。著有《緑筠詩集》。事見黄韶昌、劉燸芬《香山詩略》卷三。

湛宴於本年中舉人。

湛宴，字文安，號蔚林。增城人。康熙四十一年（一七〇二）舉人。好學深思，無時不尋究其祖文簡（若水）之旨。一生安貧樂道，門徒多爲知名人士。雍正元年（一七二三）赴選，得任直隸永平府遷安知縣。年九十尚能書小楷。著有《蔚林稿》。（《增城縣志》卷二十）

林遇春於本年中舉人。

林遇春，字文常，號西山。連平人。康熙四十一年（一七〇二）舉人，序選知縣，後改授教職，任廣州府南海縣教諭。雍正元年（一七二三）奉調粤西同考，後升瓊州府儒學教授。（《連平州志》）

林膺颺於本年中舉人。

林膺颺，字颺尹。梅縣人。康熙四十一年（一七〇二）舉人，任江西建昌令，升刑部廣西司主事。（《梅縣歷代鄉賢事略》）

陸宸箴於本年中巍科。

陸宸箴，字二思。饒平人。崇禎十五年（一六四二）舉人。明亡，隱居十餘年。後起用爲北直隸淶水知縣，九載告歸。康熙四十一年（一七〇二）中巍科。年八十一卒。著有《觀古閣留花吟》等。事見陳融《讀嶺南人詩絕句》卷五。

汪後來年二十五，於本年中武舉人。

陳正夏於本年成貢生。

陳正夏，字子寅。澄海人。康熙四十一年（一七〇二）例貢。窮經史，有文名，尤篤於實行。年八十四卒。（乾隆《潮州府志》卷三十）

張振堂本年中副榜。

張振堂，名河圖，字太初。南海人。康熙四十一年（一七〇二）中副榜。著有《振堂詩集》。昔人有爲西園詩社以續浮丘遺響者，至震堂復集十二人，各取一字以名堂，即西園十二堂吟社。省堂諸子繼起，亦仿之，爲後十二堂云。事見羅元焕《粵臺徵雅録》。

馮成修生。

馮成修（一七〇二～一七九六），字遜求，號潛齋，又號（一説字）達夫。南海人。乾隆四年（一七三九）進士，改翰林院庶吉士，散館授吏部主事，遷員外郎。十五年（一七五〇）充福建鄉試副考官，尋遷郎中。十八年充四川鄉試正考官。二十四年（一七五九）督學貴州。年六十一告歸不出。授經里中。六十年（一七九五）重宴鹿鳴。逾年卒，享年九十五。著有《養正要規》、《學庸集要》。事見朱彭壽《清代人物大事紀年》、國史館《清史列傳》卷六七有傳。

清聖祖康熙四十二年　癸未　一七〇三年

本年翁嵩年爲廣東提學道。（阮元《廣東通志》卷四三《職官表》三四）

春，梁佩蘭抵京，史申義有《喜梁藥亭來京》詩。（《過江集》卷一）

何絳等來訪釋成鷲於大通煙雨禪寺，釋成鷲賦《春日雙桂天公偕何孟門過訪歸後唱和見寄用韻賦答》詩云：

囊中剩有錢，頻買渡江船。共載孟門叟，遥衝古渡煙。溪廻松影直，林静鳥聲圓。即此堪留語，何須杜撰禪。

古道寂還寂，真風微更微。不因來杖履，終擬掩柴扉。閒身乘化往，冷眼見花飛。識得華亭老，長歌懷釣磯。

又賦《和何孟門韻》五律二首。（釋成鷲《咸陟堂詩集》卷八）

正月初一元旦，李象元蒙御賜松花緑石墨研一方，特恭撰銘文刊於研上。（李象元《賜書堂集·恭撰御賜松花緑石墨研銘》）

元日，梁佩蘭至吴城。（吕永光《梁佩蘭年譜簡編》）

同日，釋成鷲賦《癸未元日李遠霞過宿夜話》詩云：

熟客乍驚生面目，青春微换白髭髯。新年佛法休相管，今夜詩題且共拈。風引濤聲來茗椀，燈移人影出筠簾。明朝孤棹乘潮去，有興重來定不嫌。

又賦《送雙桂天公》七律。

十五日，釋成鷲賦《元夕賦得“暗塵隨馬去”　社題》詩云：

爲看鰲山跨錦韉，飛埃紅霧雜連錢。鄰虛冉冉隨銜勒，野馬紛紛逐管絃。弱質半依韓國樹，微軀願執祖生鞭。時人要識元規否，去住和光卻黯然。（釋成鷲《咸陟堂詩集》卷一四）

三月十八日，清康熙帝五十大壽，群臣獻祝頌詩文，梁佩蘭有《恭頌萬壽詩》十二首。（《六瑩堂二集》卷六）

四月，例值翰林館散館考試。

二十日，庶吉士梁佩蘭等三十人，以不習滿文被革庶吉士，有諭歸進士班用。佩蘭不肯就選縣令，亦不請留内閣中書（《清實録·聖祖實録》卷二一二，《六瑩堂集》卷首張尚瑗序）。

　　梁佩蘭在京重晤王煐①。博爾都時邀佩蘭至其白燕樓唱和。
佩蘭與岳端結交。

　　五月，廖燕之友曾傑重過二十七松堂，燕出吳韓所與臧興
祖、張拱極二函示之，傑跋其後（附《謝吳少宰書》後）。燕至
仁化，陳石峰出《粵閩記異》相示，燕爲作跋（《文集》卷八
《粵閩記異跋》）。

　　梁佩蘭與王士禎遊。立秋前二日（六月二十四日），佩蘭復
同張尚瑗、狄億集於王士禎信古堂分賦。②

　　同月，臺灣知縣陳璸公斷歐允婚案。（龍鳴《清初儒臣陳璸
在臺灣》九五頁）

　　二十八日晨，陳璸往關帝廟、媽祖廟等地祭祀祈雨。

　　六月八日，陳璸報告知府衛臺揆、巡道王之麟，再往鯽魚潭
祈雨迎水，賦祈雨七律詩一首。

　　十二日，大雨透田。

　　十六日，璸率坊老僧眾宰豬殺羊，往各廟謝神。（龍鳴《清
初儒臣陳璸在臺灣》一〇五頁）

　　秋，陳遇夫易其東籬故向而南之，築室二十餘堵而結茅於西
之小丘。（陳遇夫《涉需堂文集·莎亭記》）

　　七月，何絳賦《癸未始秋得丹霞願來大師書並惠木樨餞作此
答之》詩云：

　　雲月未常殊，黐山各自居。懷師不可見，獨坐對窗虛。杖履
別來久，道心日以疏。不緣新雁至，安得入秋書。

　　河干從別後，兩度隔秋霜。不是憐聾俗，音書誰寄將。如何
瓊玖贈，忽覺木樨香。自匪承當者，空慙負晦堂。（何絳《不去

　　①　《六瑩堂二集》附王煐《判詞》云：「今別忽七年，復於燕臺旅邸得讀
公詩，接席傾篋，長嘯高吟。」王煐自康熙三十六年春調任川南觀察離粵已七年。
　　②　《六瑩堂二集》卷二《立秋前二日同張損持狄向濤小集漁洋先生信古堂
用清波收潦日華林鳴籟初爲韻時余將歸嶺南》十首。據《漁洋山人自撰年譜》，
康熙四十一年壬午四月初六日賜其御書「信古堂」匾額。

廬集》卷八）

八月十五夜，廖燕之次子湘卒，年甫十九。（《文集》卷四
《祭亡兒湘文》）

梁佩蘭詩名傾動京師，識與不識者皆爭欲求見。其詩未脱
稿，輒已傳誦遠方。達官貴人置酒爭歌，延其至別業，使他客不
得見，以矜誇獨得名士。

中秋後五夜，釋成鷲賦《新築落成夢一老僧修眉皓項趺坐門
楣上云入定五千年矣夢中訝其不經贈之以詩實奇夢也醒而記之時
癸未中秋後五夜》詩云：

僧老門高誰佔先，相聞趺坐五千年。彌勒下生猶不起，蒲團
鐵鑄也應穿。（釋成鷲《咸陟堂詩集》卷一七）

九月朔日，梁佩蘭同沈用濟自潞河乘舟南還（《六瑩堂二集》
卷六《癸未九月朔同沈大方舟自潞河買舟南還分賦》），史申義有
《送藥亭回粵東》詩（《過江集》卷二）。金鋌送至都門（《六瑩
堂二集》卷六《南歸道出潞河金絲五出送流連信宿於其還自都門
賦此志別》二首）。

金鋌，字絲五，一字連城，祖籍廣東，移居江蘇吳縣。貢
生，官宣城訓導。工詩，著有《蘊亭詩稿》等。

九月初九日重陽，梁佩蘭抵天津。（《六瑩堂二集》卷四《對
菊歌》、卷七《津門九日飲狄向濤舟中同沈方舟賦》二首）復由
南運河入山東，經德州、臨清、東昌、濟寧、嶧縣臺兒莊至江蘇
揚州，沿途均有詩紀之（《六瑩堂二集》卷六《次德州作》、《東
昌道中》、《泊濟州》，卷七《臺莊夜泊》，卷八《南歸雜吟》二
十三首、《次臨清作》二首）。

秋末，張虎文邀廖燕遊丹霞山，值燕病不能往。未幾，虎文
遊丹霞歸，以《遊丹霞》詩示燕，中有懷燕句云“何事相如多病
酒，巘邊少卻幾行詩”，蓋歎燕之不得同遊也。燕爲作《遊丹霞
詩跋》（《文集》卷八）。

　　梁佩蘭留揚州，訪知府左必蕃，交費錫璜①、釋原濟（《六瑩堂二集》卷七《贈石濤道人》）。與卓爾堪、張印宣等宴集於平山堂。（《六瑩堂二集》卷二《將歸南海留別廣陵卓子任張印宣蕭徵義諸子》）

　　冬，臺灣知縣陳璸建成明倫堂，有捐俸三百兩買杉木，議修文廟。興工，調赴燕京之令下，繼任知縣王士俊成此功。（龍鳴《清初儒臣陳璸在臺灣》一二二頁）

　　十二月，梁佩蘭離揚州南歸，由運河下長江，遊北顧山；沿長江經儀徵而上，遊南京；復入安徽，歷牛渚、蕪湖、泥汊港、樅陽，東流而入江西，過馬當山、小孤山、彭澤縣，至九江。沿途吊古抒懷，遊賞吟詠，時已近歲除。（《六瑩堂二集》卷八《江行雜詠》三十五首）

　　刑部湖廣清吏司郎中張雄爲陳璸撰《邑侯陳公功德碑》。（鄧碧泉《陳璸詩文集》附錄）

　　陳璸作《重修學宮記》，內召銓曹，士民吁留，格於例，不果。（鄧碧泉《陳璸詩文集》附《陳璸生平活動簡表》）十五里子民爲璸立功德碑。（龍鳴《清初儒臣陳璸在臺灣》一二六頁）

　　本年陳璸忙於政務，百忙中，在其書信中關心家鄉雷州海康及其鄰居。〈陳璸《寄子書》康熙四十二年（一七〇三）臺灣縣署中寄〉又發布《重禁米粟出水示》。（龍鳴《清初儒臣陳璸在臺灣》一一五頁）

　　本年胡方年四十九，擬遊山東，作《遊山左別詩》七律八首，其第一首頷聯云："五十近年身苦病，七千餘里路爲傭"。（胡方《鴻桷堂詩集》卷四）

　　本年釋成鷲日增治大通寺，修築垣壁，苫覆寮舍，可蔽風

────────────

　　①　《掣鯨堂詩集》七古一《沈方舟偕梁藥亭太史自都來揚出途中倡和詩見示即送其入嶺南》、《奉和梁藥亭前輩》，五律二《詠羅浮應梁藥亭》，七絕一《梁藥亭招遊員氏園》。

雨。漫書一絶揭於殿楹，番禺令姚丙坤過寺見而悦之，捐俸就前故址寺後隙地，撤去茅茨，易以椽瓦，成屋三間。工竣，釋成鷲紀之以詩，有“意外茅茨换瓦椽”之句，姚顔之爲“意外堂”。（釋成鷲《紀夢編年》）釋成鷲賦《新築落成口占遣興》詩云：

林間高枕已多年，意外茅茨换瓦椽。依舊雲山還靦面，從前煙雨不歸天。看來形影原非我，認取虚空未是禪。細語謹防風領去，隔江吹入市城邊。

本年黄河圖卒，釋成鷲賦《挽黄攝之》詩云：

柳坡渡口熟黄梅，正好嘗酸去不回。月落恰當花落候，鐘聲還被鼓聲催。身隨白業歸鄉井，頭戴黄冠上夜臺。净埽庭前曬經石，遲君於此曝龍腮。（釋成鷲《咸陟堂詩集》卷一五）

本年頃釋大汕作詩四絶恭進越南阮王。（《大南實録前編》）

李世卿生。

李世卿（一七〇三～一七八八），五華人。静波長子。貢生。性寬仁，樂助人。乾隆四十九年（一七八四）饋送五百金供魏成漢赴京匯選貢生。翌年八十二歲，夫婦齊眉，五代同堂，帝賜千叟宴，兩廣總督孫士毅旌“慶霑國瑞”匾。子焜時官百色同知。（《五華縣志》卷八）

張允省生。

張允省（一七〇三～一七八四），字日三，號質齋。東莞人。雍正二年（一七二四）庠生。善草書，登門求書者不絶。（《東莞張氏族譜》卷三）

清聖祖康熙四十三年　甲申　一七〇四年

春，梁佩蘭遊廬山，復過鄱陽湖，順贛江南下，度嶺還粤。（《六瑩堂二集》卷首梁佩蘭子僧述、沂題識云：“（先君）甲申自北歸，與武林沈方舟世兄同舟，倡和之餘，檢録成帙”。）

方正玉來訪，佩蘭與談家事，告以家境拮据，家食六七十

人，年僅入穀百一斛，恐其詩文不能付梓，正玉好言慰之。（《六瑩堂二集》附方正玉撰《哀詞》）

黃夢麟遊粵，佩蘭有詩贈之。（《六瑩堂二集》卷七《黃豹齋夫子入粵有見懷佳什錢蔗山方鶴洲暨諸同人皆有和章余自北歸恭次原韻奉答》）

廣州知府朱國寧邀梁佩蘭、黃夢麟、翁嵩年、張蒼巘、顧永年、方正玉、錢以塏、馬怡齋、陳阿平集其官署右西圃，諸子各次韻題其《仙山雲海圖》。（《六瑩堂二集》卷四《仙山雲海圖歌和朱德懷太守韻賦贈》）

佩蘭交樊庶。（《六瑩堂二集》附錄樊庶《評詞》）

初春，陳璸捐金留府庫爲文廟工費資而去。（《重修臺灣府志》卷二《規制志·學校》）

正月，陳璸奉吏部命進燕京候選，知府衛臺揆及父老送之舟上，舟出鹿耳門，遇風折桅遇險，風將船吹回港口，璸賦詩云："孟浪舟行悔起初，無端一擲葬江魚。爲思生計死歸語，危坐翻披性理書。"（龍鳴《清初儒臣陳璸在臺灣》一二九頁）

十八日，陳璸等在廈門上岸，友任重含怒而去。二十五日抵達福州，住進福建巡撫梅鋗之衙門，一住達二十天。（龍鳴《清初儒臣陳璸在臺灣》一三二、一三三頁）

五月初二日，陳遇夫四十有八，作《莎亭記》。（陳遇夫《涉需堂文集》）

九月十一日，翁嵩年五十八壽辰，梁佩蘭有詩和之。（《六瑩堂二集》卷七《壽學使翁羅軒同門》，《碑傳集補》卷十七張廷敬《奉直大夫原任廣東學政按察使司僉事翁公墓誌銘》）

錢以塏調任山西隰州知州，佩蘭爲其《嶺海見聞》作序。（錢以塏《嶺海見聞》卷首梁佩蘭序云："蔗山使君之爲見聞錄也，其宰茂名，三年報政，得諸茂之見聞也；調繁東莞，四年報政，得諸莞之見聞也。"以塏自康熙三十九年（一七〇〇）至四十二年任東莞知縣，至本年離粵。）

　　本年李象元始得福建上杭官田花樹下原譜校正一二。（李象
元《賜書堂集·重修李氏族譜序》）

　　本年清康熙帝西巡，藍田令林世榕協辦御膳，蒙賜人參東
魚。（阮元《廣東通志》卷二九五）

　　本年陳璸同鄉黃千總於北京得病，借璸三十兩銀爲川資，黃
歸家將借資還璸子，璸寫信讓子從中拿一二兩爲鄰居製衣。（龍
鳴《清初儒臣陳璸在臺灣》九一、九二頁）

　　鄭琦於本年成貢生。

　　鄭琦，新會人。康熙四十三年（一七〇四）貢生。著有《滌
雪堂詩集》。事見言良鈺《續岡州遺稿》卷二。

　　胡方於本年成貢生。（胡方《鴻桷堂集》附録《崇祀鄉賢
録》）

　　吕其瀾於本年成貢生。（嘉慶《增城縣志》卷十四《人物》
二）

　　吕其瀾，字淡觀。增城人。康熙四十三年（一七〇四）貢
生。少失怙，母趙氏訓督甚嚴，遂奮志力學，尤究心宋五子之
書。著有《東川草堂集》。阮元《廣東通志》卷二八六有傳。

　　潘文因生。

　　潘文因（一七〇四～一八〇〇），字徵君，號仰松。順德人。
任封州司馬。好讀書，識大義。著有《深柳集》。事見羅雲山
《廣東文獻》卷二六。

　　魏成漢生。

　　魏成漢（一七〇四～一七八五），字雲卓，號星垣。五華人。
十九歲爲縣學生員。雍正十三年（一七三五）拔貢，廷試一等一
名。歷任湖北房縣、湖南安鄉、雲南昆明等地知縣，升雲南蒙
化、四川成都知府，官至松茂道署道，前後三十八年，爲官清
廉。乾隆三十八年（一七七三）辭歸家鄉。著有《兩經要義》、
《五經傳説鈔》、《浮萍詩草》等。（乾隆《嘉應州志》）

清聖祖康熙四十四年　乙酉　一七○五年

三月二十九日，梁佩蘭病卒（《梁佩蘭碑記》）。廖燿、方正玉等友人私謚爲“文介先生”。（《六瑩堂二集》附方正玉撰《哀詞》云：“公，天下之文人也。不絶於世，不汙於世，其柳下惠之介歟？敢抒中心之誠，請於南畇父執與吾黨人士，共稱之曰‘文介先生’”）

方正玉、梁無技、陳阿平、羅植三等，皆有挽佩蘭之作。（梁無技《南樵二集》卷十《挽家藥亭叔文》，《東莞詩録》卷二十八陳阿平《哭徐仲内梁藥亭兩先生》，《粤東詩海》卷七十二羅植三《挽梁藥亭先輩》）

羅植三，字曉園。南海人。生活在康熙時期，梁佩蘭、陳阿平亟稱其詩。著有《涵青堂集》。陳融《讀嶺南人詩絶句》卷五有傳。

梁佩蘭卒，釋成鷟《挽梁藥亭太史》七律詩。（釋成鷟《咸陟堂詩集》卷之十五）

沈用濟在粤選編《嶺南三大家詩》，適王源來粤，爲作《屈翁山詩集》序。（王源《居業堂文集》卷十四《屈翁山詩集》云：“乙酉來南越，適錢塘沈子方舟選《嶺南三大家詩》，翁山也，陳高士元孝、梁太史藥亭也。”）

五月，陳璸自臺灣知縣任調補北京刑部雲南清吏司主事，作《刑曹呈稿》。（鄧碧泉《陳璸詩文集》附《陳璸生平活動簡表》）

七月初七日，廖燕卒，享年六十二歲。適大興王源遊粤，燕子瀛持《二十七松堂集》往謁，源誌燕墓而不禁潸然淚下，以爲無人能知其心也。（《二十七松堂集》卷首《廖處士墓誌銘》）

八月十四日，楊仲興生。

楊仲興（一七○五～？），字直庭，號訒庵、闇安。嘉應州（今梅州）人。雍正八年（一七三○）進士，授福建清流知縣。後任江西興安知縣，累遷至湖北按察使。復奪職，改刑部郎中，以疾歸。著有《性學錄》、《讀史提要》、《觀察紀略》、《四餘偶錄》、《文集》等。事見朱彭壽《清代人物大事紀年》。國史館《清史列傳》卷七一有傳。

方正玉與梁佩蘭之子僧述、沂輯錄佩蘭康熙二十年後之詩，編次爲《六瑩堂二集》八卷，廖焯校閱，翁嵩年訂正。

十二月，翁嵩年與白章、姚炳坤、李夔龍、齊溥等分俸付刻，合《六瑩堂初集》以行，嵩年、正玉爲作序。（《六瑩堂二集》卷首翁嵩年、方正玉序，廖焯、梁僧述、沂題識，白章、姚炳坤、李夔龍、齊溥《評詞》）

朱宗元於本年中舉人。

朱宗元，字輿嗣，號厚齋。康熙四十四年（一七〇五）舉人，選崖州學正，卒於官。事見朱次琦、朱宗琦《朱氏傳芳集》卷正。

洪世忠於本年中舉人。

洪世忠，字沃是，一字次野，號懶夫。東莞登雲坊人。弱冠中康熙四十四年（一七〇五）舉人，考授中書，念母病，乞改茂名教諭。在任五年，高人士愛之。年六十卒。子如綸，孫文彙，皆登賢書。事見張其淦《東莞詩錄》卷三三。

王成高於本年中舉人。

王成高，字嶽峻。澄海人。康熙四十四年（一七〇五）舉人，授儋州教授。卒於官。（嘉慶《澄海縣志》卷十八）

方聲亮於本年中舉人。

方聲亮，字學虞。普寧人。康熙四十四年（一七〇五）舉人，授湖南武陵知縣。工詩文。著有《澹寧堂詩文集》。（《潮州志·藝文志》）

陳文博於本年中舉人。

陳文博，字錫曉。番禺人。康熙四十四年（一七〇五）舉人，授欽州學正，遷南雄教授，秩滿，舉知縣，以年老辭歸。卒年八十二。著有《景堂集》。（同治《番禺縣志》卷四三）

林紹炳於本年中舉人。

林紹炳，海豐人。康熙四十四年（一七〇五）舉人，授陝西綏德州同知。（《惠州府志》）

黎之瑞於本年中舉人。

黎之瑞，字時亮。東莞人。康熙四十四年（一七〇五）舉人，授歸善教諭，教學有方，不索取束脩。著有《塘溪集》。（宣統《東莞縣志》卷六七）

畢廷宣於本年成貢生。

畢廷宣，花縣人。康熙四十四年（一七〇五）歲貢生，授連州府學訓導、連山縣學教諭。（民國《重修花縣志》卷八）

關毓穗於本年中副榜。

關毓穗，字甫田。揭陽人。捷先子。康熙四十四年（一七〇五）副榜。著有《醉翁集》。黃登《嶺南五朝詩選》卷八有傳。

張樹錦生。

張樹錦（一七〇五～一七四一），字月傳，號紫濤。東莞人。國學生。好學工文，精楷草書。著有《道航詩草》。（《東莞張氏族譜》）

清聖祖康熙四十五年　丙戌　一七〇六年

正月，陳璸陞刑部山西司員外郎，從五品。（鄧碧泉《陳璸詩文集》附《陳璸生平活動簡表》）

初一日，釋成鷲賦《丙戌元日漫興時年七十起用杜句》詩云：

人生七十古來稀，兩角羸牛好放歸。借地斷醨騎馬客，留雲居守釣魚磯。掀翻熱局成冰冷，收拾饞心入細微。卻恐風光易流轉，鏁窗籠鶴未教飛。

人生七十古來稀，戰勝多年未覺肥。革帶經旬三易孔，柴形延日數添衣。久無侍子煨萊菔，近有鄰翁送蕨薇。春事漸多人事少，商量焚硯學忘機。

人生七十古來稀，拋擲流光與願違。短晝未能忘菌枕，長年不覺有柴扉。城中好友將閒贈，江上虛舟載夢歸。君自不來予不往，東風隨地見芳菲。

人生七十古來稀，緊繫匏瓜泯是非。碻嘴閒花愸我老，井頭遺李待誰饞。霓裳嬾就三台舞，玉匣重緘太古徽。倚杖柴門看雲物，一聲啼鳥又斜暉。（釋成鷲《咸陟堂詩集》卷十五）

七月，陳璸以司員隨欽差梅鋗往湖北、廣東查辦土司田舜年一案，年底返京。（龍鳴《清初儒臣陳璸在臺灣》一三八頁）

本年陳璸魚肚中寄信與子，言其族人甚窮，讓其子多加接濟，不必斤斤計較，"效婦人口吻也"。（陳璸·寄子書·康熙四十五年（一七〇六）都中寄）

本年海寇擾舟山，陳勇至軍門談方略。

陳勇，字之俊。澄海人。有才略，爲船工，往來閩浙，得縱觀海上形勢。康熙四十五年（一七〇六），海寇擾舟山，至軍門談方略，請得健卒二百往剿，以破寇功授百夫長。歷任溫州遊擊、福建烽火營參將。雍正二年（一七二四）召對稱旨，遷福州副將。累官至海壇鎮總兵。雍正十二年（一七三四）歸，卒於家，年七十七。（乾隆《潮州府志》卷二九）

何深於本年中進士。

何深（一六七八～？），字頃波。連平人。康熙三十五（一六九六）舉人，四十五年（一七〇六）進士，官扶溝、高苑、長沙知縣。著有《晴窗》、《出塞》等集。張維屏《國朝詩人徵略》初編卷十九有傳。

陸逢寵於本年中進士。

陸逢寵，字雲舒，號秋鐵。高要人。康熙四十五年（一七〇六）進士，官江西定南知縣。著有《鵝湖家塾詩文集》。事見溫汝能《粵東詩海》補遺卷四。

吳有功於本年成貢生。

吳有功，字勳士。澄海人。康熙四十五年（一七〇六）歲

頁。著有《綱鑒纂要》、《格言録》等。（乾隆《潮州府志》卷二九）

莫天賜生。

莫天賜（一七〇六～一七八〇），本名琮，字士麟，號樹德軒。海康人。康熙四十五年（一七〇六）生於柬埔寨隴奇，後轉居越南河仙，父玖死後襲父職，升爲"欽差都督琮德侯"，進一步開拓河仙，曾興建"孔子廟"、"招英閣"，辦"義學"。有詩集《河仙十詠》傳世。（王增權《越南河仙的開拓者和捍衛者》、《海康文史》一九八九年第二期）

清聖祖康熙四十六年　丁亥　一七〇七年

春，西蜀會麼居士劉臨題釋成鷲《咸陟堂詩集》。（釋成鷲《咸陟堂詩集》卷首）

正月，陳璸陞兵部車駕司郎中，正五品。（鄧碧泉《陳璸詩文集》附《陳璸生平活動簡表》）

初一日，釋成鷲賦《丁亥元旦示徒》詩云：

生恨不生空劫邊，親見藏海生紅蓮。此身豈有八萬四千歲，過現當來在眼前。半生枉學道，問著總茫然。學道不學儒，學道不學仙。學道不學律，學道不學禪。學道不學魔與外，學道不學聖與賢。止學自家真面目，孃胎透脫金剛圈。也不參究，也不攀緣。也不入保社，也不赴經筵。一口無底鉢，一個破蒲團。盡人與我皆有分，饑來喫飯困來眠。此是新年新佛法，珍重逢人莫浪傳。（釋成鷲《咸陟堂詩集》卷五）

三月二十一日，釋成鷲生日，賦《丁亥生日自首》詩云：

山窮水盡日西暮，老景無多罪無數。文逋筆債積如林，多半引年兼譽墓。乖張名實點清虛，破犯初篇成妄語。自甘拔舌入泥犂，不免刀山還劍樹。此身九死一可生，賴有羞慚及疑懼。同是世閒無智人，四大假合成幻身。遭逢賢劫佛住世，使我得作伽藍民。不耕不織不凍餒，無禮無義無尊親。白毫一分人天供，饕饕虚消不自重。何況重添糞上花，製錦徵詩耀徒眾。一時舉國走若狂，狸奴白牯胡廝閧。頭會箕斂通賢愚，香花得錢鐃鈸送。舍曰欲之爲之辭，高坐道場説春夢。世間壽者悉如斯，自稱等覺原等癡。小人之癡癡到骨，大人癡在毛與皮。學道年過七十一，靦顔空腹爲人師。身口意業懺不净，虚生浪死徒增悲。不須説著母難日，人命無常知未知。（釋成鷲《咸陟堂詩集》卷五）

六月，陳璸大病，月餘後痊癒。（龍鳴《清初儒臣陳璸在臺灣》一四〇頁）

二十三日，璸於北京作《丁亥都中寄回家信》。（鄧碧泉《陳璸詩文集》卷三）

冬，陳遇夫與雲間張恒同寓珠江大佛寺①，盤桓兩月。（陳遇夫《涉需堂集》卷首張恒原序）

汪後來署佛山千總戍西江，作《示僕阿四　有序》，其小序云：“亡兄禺山爲漳州別駕，戊辰以罪竄烏喇，阿四隨之。既返，以兩姪留吳楚。阿四復出經營，力奉還粵。丁亥冬，予之戍西江也，阿四偕焉。井爨之暇，於原上耕牧以供客饌。東谷過而勞之，贈字曰西原。予不能恝然也，乃示以詩。”

又賦《之官汾江呈胡叔通》詩云：

前枕青溪後綠楊，茅營新駐百夫防。寒鴉幾點山銜日，戍鼓一聲衣帶霜。親老豈能辭薄俸，官微且免滯殊方。怪君年少亦投筆，肯傍烽煙宿瘴鄉。（汪後來《鹿岡詩集》卷二）

十月朔日，中州禮山李來章爲釋成鷲《咸陟堂詩集》撰序。（釋成鷲《咸陟堂詩集》卷首）

本年雲間張恒採錄儒書，至五羊，陳遇夫間過訪而壯其志。

---

① 廣州大佛寺坐落於今廣州市越秀區惠福東路惠新中街二十一號（北京路西側、廣州百貨大樓正南方）。始建於南漢，名新藏寺，爲南漢王劉龑上應天上二十八宿而建。明代擴建爲龍藏寺，後改爲巡按公署。清順治元年（一六四四）公署毀於火。平南王尚可喜於康熙二年（一六六三）春自捐王俸，仿京師官廟制式兼具嶺南地方風格重建殿宇，今仍存。

（陳遇夫《正學續》卷首自敘）

本年張家玉繼母錢氏九十壽，陳阿平爲賦《張文烈公繼母錢太夫人九十壽詩》七言律。（陳阿平《陳獻孟遺詩》）

本年蘇浣倡修城隍廟。

蘇浣，陽江人。監生，選州佐。樂善好施。康熙四十六年（一七○七），倡修城隍廟。四十九年葺大成殿，並重修濂溪書院。（《陽江志》卷三○）

李德濯生。

李德濯（一七○七～一七六○），字匯川。東莞人。捐官江西金溪縣丞，廉潔愛民。乾隆二十五年（一七六○）回粵辦軍務。（宣統《東莞縣志》卷六九）

清聖祖康熙四十七年　戊子　一七○八年

正月，李象元重修其先祖法行墓，作《明處士永傳李公墓志》。（李象元《賜書堂集》）

二月二十九日，陳璸於北京作《戊子都中寄回家信》。（鄧碧泉《陳璸詩文集》卷三）

四月十五日，考放天下試官御拔置璸第二名。（鄧碧泉《陳璸詩文集》附《陳璸生平活動簡表》）

六月十二日，璸在京又作《戊子都中寄回家信》。（鄧碧泉《陳璸詩文集》卷三）

十二月，釋函昰百一誕辰，大作法會，屈仲師作《戊子臘入雷峰寺影堂新成奉瞎堂充（應爲先）和尚金身時瞎堂百一生辰大作法會以祝冥壽寺僧乞時紀事》七言律詩三首、《臘月望夕同願來上人雷峰夜話》七言律詩。（屈仲師《醉鄉詩稿》卷第四）

屈嘉錫，字仲師。番禺人。諸生。溫汝能《粵東詩海》卷七二有傳。

初十日，釋成鷟年七十二歲，住大通之七年後，時方鼎湖虛席，主法無人，入院據室。居位未幾，目擊頹風，痛心疾首，奮

臂大呼，領衆巡寮，掀翻窠臼，私造飲食、爐釜一空，衆皆目其爲破灶墮居。（釋成鷲《紀夢編年》）

梁佩蘭門人故舊以《六瑩堂初集》收録未盡，與其子僧述、沂補輯厘正付刻，合《六瑩堂二集》以行，張尚瑗爲作序。（吕永光《梁佩蘭年譜簡編》）

李恒煱於本年中舉人。

李恒煱，字用明。舊程鄉（清改嘉應州，今梅州）人。康熙四十七年（一七〇八）舉人。事父梗朝夕惟謹。爲文迴不猶人，尤工繪事。事見胡曦《梅水彙靈集》卷二。

許日熾於本年中舉人。

許日熾，字魯常，號何有老人。海陽人。康熙四十七年（一七〇八）舉人，五十四年（一七一五）進士，初宰夏縣，尋升解州，守澤州、太平，官至左江道，時安南黎氏式微，提督譚行義意將有事於安南，督撫下道府議之，日熾言之侃侃，事得寢。以老乞休，年七十四卒於家。著有《從事邊籌集》。阮元《廣東通志》卷二九五有傳。

楊屏於本年中舉人。

楊屏，字翰遠。香山（今中山）翠微人。康熙四十七年（一七〇八）舉人，官昌化縣教諭，昇直隸固安縣知縣。著有《缶鳴集》。事見黄韶昌、劉熽芬《香山詩略》卷三。

方留耕於本年中舉人。

方留耕（？～一七〇九），字安齋。惠來人。煜子。父赴廷試，卒於歸途。謹事老祖父，友愛兄弟。教授生徒，多遊學校。康熙四十七年（一七〇八）舉人。翌年病卒。（乾隆《潮州府志》卷二九）

李尚達於本年中舉人。

李尚達，初名若澍，字湛師。番禺市橋人。昴英二十世孫。康熙四十七年（一七〇八）舉人。乾隆四年（一七四〇）授山西興縣知縣。任職三年，謝歸。年七十二卒。（同治《番禺縣志》

卷四三）

李斯犄於本年中舉人。

李斯犄，字涵芬。電白人。康熙四十七年（一七〇八）舉人。於鄉設義塾，教授生徒三十年。（光緒《高州府志》）

何多聞於本年中舉人。

何多聞（？～一七二七），字世纘，號西山。連平人。康熙四十七年（一七〇八）舉人。候補中書，後改授教職，選廣州府連州學正。（《連平府志》）

鄭奇炎於本年中舉人。

鄭奇炎，字士奎。陸豐人。康熙四十七年（一七〇八）鄉薦，考授海陽縣教諭。歸里後以齒德俱尊，舉為鄉領正賓。（《陸豐縣志·附録》）

姚緒祖於本年中舉人。

姚緒祖，字燕思。歸善（今惠州）人。康熙四十七年（一七〇八）舉人，授內閣中書。著有《方山詩草》、《北征吟》。（乾隆《歸善縣志》卷一四）

梁為鵬於本年中舉人。

梁為鵬，字博斯。三水人。康熙四十七年（一七〇八）舉人，授內閣中書。康熙五十一年（一七一二）會試，南方九省人多額少，湖廣、兩廣五省考官欲請五省有別於江浙四省，為鵬毅然面奏，終獲採納。後九省南卷中，即分南左、南右以別。（嘉慶《三水縣志》）

張鐘於本年成貢生。

張鐘（？～一七二七），字大石。惠來人。灝子。康熙四十七年（一七〇八）恩貢。早慧，詩賦援筆立就。工書，真草兼善。著有《留硯堂集》，參修《潮陽縣志》。（乾隆《潮州府志》卷二九）

蕭立於本年成貢生。

蕭立，子志三。香山（今中山）人。康熙四十七年（一七〇八）貢生。事見黃韶昌、劉燏芬《香山詩略》卷三。

　　張用賓於本年成貢生。

　　張用賓（一六五一～一七二九），字淩霄、蕭苓，號耐辱。東莞人。十三歲時，父因莞香事，得罪尚藩被捕。前往申訴，父得釋放，又罷香役。與梁佩蘭結交，有文名。弱冠補弟子員，康熙四十七年（一七〇八）膺歲薦，選授合浦教諭，未赴卒。著有《十畝園詩稿、文集》、《五經解》。事見張其淦《東莞詩錄》卷三三。

　　林遇春於本年成貢生。

　　林遇春，石城（今廉江）人。康熙四十七年（一七〇八）恩貢生。貫通經史。著有《四書文》，士子多傳誦。（《光緒《石城縣志》》）

　　楊黼時生。

　　楊黼時（一七〇八～一七九五），字式哀，號遜亭。大埔人。之徐子，纘緒弟。雍正進士，授編修。典試山西，改黃梅知縣。乾隆六十年卒，壽八十八。余祖明《廣東歷代詩鈔》卷二有傳。

　　釋一機圓寂。

清聖祖康熙四十八年　己丑　一七〇九年

　　初春，南海胡品山欣然來遊，登門拜訪陳遇夫，約同探羅浮四百峰，遇夫愧謝未能，日與之摘園蔬，飯脫粟，登山觀海，暇則發篋陳書，證古今成敗得失，挑燈煮茗，促膝話舊。春半言歸，遇夫爲作《送胡品山歸南海序》志別。（陳遇夫《涉需堂文集》）

　　正月初三日，屈仲師作《正月三日偕社中諸子集光裕堂分賦》。（屈仲師《醉鄉詩稿》卷第四）

　　上元後二日（正月十七日），西蜀樊澤達爲釋成鷲《咸陟堂詩集》作序。（釋成鷲《咸陟堂詩集》卷首）

　　二月初六日，欽點陳璸會試同考官，錄取貢士二十三名，含後爲大學士之阿克敦。（龍鳴《清初儒臣陳璸在臺灣》一四〇頁）

　　十五日，璸旋差欽命四川全省提督學政，作《學政條約》。

到任滿九月，福建巡撫張伯行特章保薦。（鄧碧泉《陳璸詩文集》附《陳璸生平活動簡表》、鄧碧泉《陳璸詩文集》卷一）

三月初十日，鑛在京作《康熙四十八年己丑都中寄》。（鄧碧泉《陳璸詩文集》卷三）

夏，何蒲澗諸子於木侍亭開社，同事十三人。後胡方作《前己丑夏何蒲澗諸子於木侍亭開社同事一十三人至是重約修舉十一人先集唯許雁門（疑爲洲，名綏，字馨璽）吳雪明未至詩以趣之簡及老夫率爾賦答並寄許吳兩君》。（胡方《鴻桷堂詩集》卷三）

四月，陳璸將赴四川提學道任，路過前臺灣知府山西衛臺揆家，遣人代祭其墓，撰《祭中憲大夫衛公南村先生文》。（龍鳴《清初儒臣陳璸在臺灣》四九頁）

初三日，陳璸作《己丑都中寄》。（鄧碧泉《陳璸詩文集》卷三）

六月，四川學政陳璸到任，幾月之內，作《學政條約》、《邛州考棚諸生作文示》、《示武生作論策文示》。（龍鳴《清初儒臣陳璸在臺灣》一四一頁）

仲冬，胡方欲作梅花詩，纔得兩首，阻事而廢，後檢殘編作《梅花　己丑仲冬欲作梅花詩纔得兩首阻事而廢今檢殘編斷簡存之》七律二首。（胡方《鴻桷堂詩集》卷四）

本年河決，朱元祐捐鉅款築堤。

朱元祐，字昊春。化州人。貢生。康熙四十八年（一七〇九）河決，捐鉅款築堤。五十二年災荒，又出穀減糴。（《化州縣志》卷九）

本年釋成鷲住大通煙雨禪寺已七年，尋以交際之煩，捨而去之，入據雲頂之室。（釋成鷲《紀夢編年》）

梁迪於本年中進士。

梁迪，字道始，一字茂山。新會人。合浦學。康熙四十八年（一七〇九）進士，官內閣中書，出爲山西平陸、屯留知縣。年五十始通籍。著有《茂山堂集》。梁佩蘭序之。張維屏《國朝詩人徵略》初編卷二十有傳。

周鳳來於本年中進士。

周鳳來，字啟輝。海陽人。康熙四十八年（一七〇九）進士，官翰林院庶吉士，改雷州教授。事見朱彭壽《清代人物大事紀年》。

翁廷資於本年中進士。

翁廷資，字爾偕，號海莊。海陽（今潮安）人。康熙四十八年（一七〇九）進士，授四川渠縣知縣，旋以疾罷。雍正三年（一七二五）廣東學使惠士奇雅重其才，請補韶州府教授。繼告歸，知府龍爲霖延主韓山書院講席，士習文風，翕然一變。能詩文，人爭寶之。著有《韓山詩箋》、《棟花草》、《小署草》。（乾隆《潮州府志》卷二九、《潮州志·藝文志》）

謝國寶生。

謝國寶（一七〇九～一七八〇），字完卿，又名周書。平遠人。父佳季，精通醫學，尤擅長針灸。國寶十八歲考取秀才，三十九歲入選廩貢生。從小酷愛岐黃之業，長期研習其父良方秘卷，《内經》、《類經》、《景嶽全書》等醫學著作。其學以宗《内經》爲主，對明代醫學家張景嶽十分推崇。其醫術重溫補，慣用生、熟地、附桂，又善於涼攻。乾隆二十五年（一七六〇），寫成了醫學巨著《會經闡義》二十一卷。三十一年（一七六六），平遠縣知縣授予"功侔杏林"木制匾額一面，以表彰其醫績。（《梅州人物傳》）

清聖祖康熙四十九年　庚寅　一七一〇年

元旦後二日，陳阿平與來賓夫子率諸同人登粵秀山大觀亭，即事分賦。①

---

① 陳阿平《陳獻孟遺詩·庚寅元旦後二日來賓夫子率諸同人登粵秀山大觀亭即事分賦》。

正月十三日、十五日，陳璸在四川作《庚寅四川寄》（一）、《庚寅四川寄》（二）。（鄧碧泉《陳璸詩文集》卷三）隨即接到調往福建詔令。（龍鳴《清初儒臣陳璸在臺灣》一四九頁）

季春穀旦，廣東學政樊澤達爲釋成鷲所主之《鼎湖山志》作序。（釋成鷲《鼎湖山志》卷首）

四月，陳璸辦完交接手續登程，自成都先至重慶。（龍鳴《清初儒臣陳璸在臺灣》一四九頁）

榴月（五月）穀旦，分巡肇高廉羅道丁易序釋成鷲所主之《鼎湖山志》。（釋成鷲《鼎湖山志》卷首）

閏五月二十三，陳璸與幼子居誠乘船順長江東下，逢己生辰，賦《舟次逢初度》五律二首。（釋成鷲《鼎湖山志》卷首）

數日後，船抵九江，陳璸舍舟登岸，赴廬山遊覽，盤桓幾日，賦《登廬山》七律詩。（龍鳴《清初儒臣陳璸在臺灣》一五〇頁）

長至（夏至），陳遇夫自序其《迂言百則》。（陳遇夫《迂言百則》卷首）

六月，遇夫訪張恒邸中，相與訂先儒書，志同道合，樂數晨夕。（陳遇夫《涉需堂集》卷首張恒原序）

十四日夜，胡方取釋成鷲《咸陟堂集》中題和之，作《八影詩》五律八首。（胡方《鴻桷堂詩集》卷三）

十九日，陳璸奉旨調任福建按察使司僉事，分巡臺灣廈門兵備道，兼理學政，加一級，正四品，實爲廈門、臺灣、澎湖一帶最高長官，作《台廈條陳利弊四事》、《條陳經理海疆北路事宜》、《臺灣道革除官莊詳稿》。（鄧碧泉《陳璸詩文集》卷一）

秋，陳遇夫於羊城喜晤張存思，聚首及旬，又成遠別，後作《庚寅秋喜晤張存思於羊城聚首及旬又成遠別草率贈言》兩首七律詩以贈行。（陳遇夫《涉需堂詩集》卷上）

七月十五日，中元節陳璸自廈門開舡，寫有《家書》，十九日傍晚至鹿耳門，二十日抵台，二十一日上任視事。（鄧碧泉

《陳璸詩文集》附《陳璸生平活動簡表》、鄧碧泉《陳璸詩文集》
卷一）

閏七月二十日，陳遇夫初至羅浮，宿華首臺寺觀月，作《庚
寅閏七月二十日初至羅浮宿華首臺觀月》七律詩一首。（陳遇夫
《涉需堂詩集》卷上）

後遇夫由華首臺寺往冲虛觀，遇殘暑甚酷，啜茗麻姑村，作
《由華首臺往冲虛觀是日殘暑甚酷啜茗麻姑村》五古長詩。後又
作《晚至冲虛觀》七律、《華首臺夜雨》七律。（陳遇夫《涉需
堂詩集》卷下）

仲秋上浣，高要知縣孫毓珣爲釋成鷲所主《鼎湖山志》作
序。（釋成鷲《鼎湖山志》卷首）

小春（十月），雲間張恒於粵秀旅次爲陳遇夫《涉需堂集》
作序。（陳遇夫《涉需堂集》卷首張恒原序）

本年張恒緘書屢質，因得觀所集《道傳》、《儒林》二刻。
（陳遇夫《正學續》卷首自敘）

本年陳遇夫訂儒林録，得閱宋崔與之全集，集中有像，因作
《宋觀文殿大學士菊坡清獻崔公　庚寅歲訂儒林録得閱公全集集
中有公像》七律，後又作《明翰林檢討白沙文恭陳公　庚寅歲重
訂語録》、《明南尚書甘泉文簡湛公　庚寅秋舟過新塘》。（陳遇夫
《涉需堂詩集》卷下）

本年陳璸又作《全川六要諭》、《請禁販米出海稟督院啟》。
（龍鳴《清初儒臣陳璸在臺灣》一四一、一一五頁）

本年鍾濤任河南商邱縣丞。

鍾濤，字正波。五華人。監生。康熙四十九年（一七一○）
任河南商邱縣丞、江西湖口知縣，清廉善政，湖口人曾立“德
政”、“去思”兩碑紀念。家居時施贈石溪紙埠地租錢爲文武庠生
頭名之獎金。（《長樂縣志》、《五華縣志》）

方殿錦於本年成貢生。

方殿錦，字闇尚。東莞人。康熙四十九年（一七一○）貢

生。主持鄉約三十餘年，四鄰和睦。（宣統《東莞縣志》卷六七）

葉震瑞於本年成貢生。

葉震瑞，龍川人。康熙四十九年（一七一〇）貢生，官平遠縣訓導。（《龍川縣志》卷六七）

張鼎臣於本年成貢生。

張鼎臣，字偉弼。英德人。少師事陳嘉謨。康熙四十九年（一七一〇）貢生。性嚴正，學賅博。知縣田從典以嘉謨薦，延主近聖書齋講席凡二十餘年，邑之文風大振，前後中舉者七人。其弟鼎鄰、鼎鉉，姪又仁、又誠均相繼中舉，傳爲美談。（《韶州府志》卷七）

陳必捷於本年成貢生。

陳必捷，字月三。惠來人。十歲通文藝。康熙四十九年（一七一〇）歲貢生。著有詩集。（乾隆《潮州府志》卷二九）

蕭一彬於本年成貢生。

蕭一彬，字非野。香山人。康熙四十九年（一七一〇）歲貢。設館授徒凡六十年。著有《四書講義》、《書經要解》等。（乾隆《香山縣志》）

陳士琰生。

陳士琰（一七一〇～一七四八），字琬思，號溫圃。東莞人。乾隆五年（一七四〇）進士，授檢討。八年秋請假歸。父母卒，因悲傷過度而亡。（宣統《東莞縣志》卷六七）

清聖祖康熙五十年　辛卯　一七一一年

五月，台廈道陳璸親率道標千總臺灣人黃曾榮擒獲大海盜鄭盡心。（龍鳴《清初儒臣陳璸在臺灣》二三七頁）

七月十四日，陳璸作《康熙五十年七月十五寄》書。（鄧碧泉《陳璸詩文集》卷三）

十月初六，陳璸之三叔、任重、居柄、管童至台。（龍鳴《清初儒臣陳璸在臺灣》一六〇頁）

十一月十六日、十七日，璸於臺灣在台廈道任作《辛卯臺灣寄》書。（鄧碧泉《陳璸詩文集》卷三）

十二月十九日，梁佩蘭之子、孫、曾孫合葬佩蘭及其夫人何氏於廣州大北門外柯子嶺，立墓碑紀之。（呂永光《梁佩蘭年譜簡編》）

本年陳璸作《郡守衛公臺揆德政碑記》。（龍鳴《清初儒臣陳璸在臺灣》四九頁）璸於臺灣撥養廉、麻租一項，修築文廟圍墻，易竹籠以火磚。又建萬壽亭於永康里，前立午門，旁列朝房亭，後爲祝聖殿。（龍鳴《清初儒臣陳璸在臺灣》一六二頁）

本年陳遇夫重訂白沙門譜，感粵志失實，作《明布衣抱真子子長李公　辛卯重訂白沙門譜感粵志失實》。（陳遇夫《涉需堂詩集》卷下）

衛藹倫於本年中舉人。

衛藹倫，字荊輝，一字僑香。番禺人。少苦鈍，後學畫於趙裕子。康熙五十年（一七一一）舉人，官授中書，旋改潮陽教諭，以年老未就。著有《心喜集》、《僑香集》。事見黃韶昌等《香山詩略》卷三。

李卓揆於本年中舉人。

李卓揆，字鏡江。香山（今中山）人。康熙五十年（一七一一）舉人，歷垣曲、曲沃知縣，以母艱歸。服闋不復出。著有《深柳堂詩鈔》。事見凌揚藻《國朝嶺海詩鈔》卷五。

李正於本年中舉人。

李正，翁源人。康熙五十年（一七一一）舉人，任順德縣教諭。長子之蕃，康熙五十三年（一七一四）舉人，樂亭知縣。次子之蓉，康熙五十九年（一七二〇）舉人，德平知縣。（《翁源縣志》卷十二）

卓鳳詔於本年中舉人。

卓鳳詔，海豐人。康熙五十年（一七一一）舉人，任華亭知縣。（《惠州府志》）

封溉於本年中舉人。

封溉，字因沂。東莞人。康熙五十年（一七一一）舉人，官山東即墨縣令，有惠政。改任廣東連州學正，講授實學，振興文風。（宣統《東莞縣志》卷六七）

趙元鑣於本年成貢生。

趙元鑣，字宗發。潮陽人。康熙五十年（一七一一）歲貢。早孤，事母孝。以義熟師授徒四十餘年，多所成就。卒年八十。（乾隆《潮州府志》卷三十）

李奇於本年膺選拔。

李奇，字無炫。東莞人。康熙五十年（一七一一）選拔。[①]著有《二洲山堂詩稿》。事見張其淦《東莞詩録》卷三四。

清聖祖康熙五十一年　壬辰　一七一二年

夏，胡方賦《梅花四體詩》百餘首。[②]

六月，臺灣又逢大旱，時任台廈道之陳璸率眾再次求雨，作《媽祖廟求雨文》，賦兩首同韻七律詩，旋得雨謝神。（龍鳴《清初儒臣陳璸在臺灣》一〇五、一〇六頁）

秋，巡海戰艦遇颶風沉没，湯寬躍水救活士卒百餘。

湯寬（？～一七二九），字壽侯。潮陽人。由行伍署海門守備。遷廣海守備，累官潯州副將，調香山。雍正七年（一七二九）授福建金門鎮總兵，未任卒。（乾隆《潮州府志》卷二九）

冬，臺灣新建朱子祠在陳璸主持下動工。

本年陳璸等議修啟聖祠（文廟，即臺灣府學）等處，並於年

---

① 一説拔貢。

② 序云："壬辰夏，臥病日長，與家人索書遮眼，得歸宗天然老人《梅花詩》一帙，近體四種，種三十韻。閲畢復閑，輒又和之。因韻生聲，因聲生詞，雖或山盡水窮，人工足曲，然而天籟十八九矣。等之戲作，不入集中。初稿成於八日，今本則多有後來改定者，未足與七步、八叉爭敏捷也。"（胡方《鴻桷堂詩集》後附）

內開工。（龍鳴《清初儒臣陳璸在臺灣》一六二頁）

本年陳遇夫作《醉中作　壬辰舟中》七古長歌。（陳遇夫《涉需堂詩集》卷下）

本年何仍樫任南海縣訓導。（阮元《廣東通志》卷四五《職官表》三六）

何仍樫，字雨師，號赤木。香山人。電白縣歲貢生，官南海縣訓導。文廟旁爲旗兵居，宮墻內外，幾成牧馬之場，仍樫謁將軍，得示禁止。廟東隙地久爲旗員所踞，捐贖構講堂，進諸生課誦其中。著有《寫葉山房詩草》。時有何德强亦與其事。德强字文修，增貢生。何天衢《欖溪何氏詩徵》卷二有傳。

本年至明年，陽江疫病頻仍，斃殍遍野，陳都東施棺八百餘。

陳都東，陽江人。諸生。性和睦，尤喜施與。康熙五十一年（一七一二）、五十二年，邑中疫病頻仍，斃殍遍野，有貧不能殮者，泣叩其門無虛日，計施棺八百餘，助葬費百金以上。（《陽江志》卷三十）

本年林琮瑞以耆老賜冠帶。

林琮瑞，揭陽人。所居喬林村，山路崎嶇，力闢坦途二百餘丈，鋪以石，又建後埔橋三座，往來便之。年九十卒。（乾隆《潮州府志》卷三十）

林景拔於本年中進士。

林景拔，字彥楚，號荊崖。揭陽人。普寧籍。康熙五十年（一七一一）任翰林院庶吉士。未幾，乞歸。著有《荊崖詩文集》各三卷。私謚文清。事見翁耀東《潮州文概》卷四。

畢宗望於本年中武進士。

畢宗望，花縣人。康熙五十一年（一七一二）武進士，兵部觀政。（民國《重修花縣志》卷八）

朱元英於本年成貢生。

朱元英，字澄修，號嘯峰。康熙五十一年（一七一二）貢生。著有《鏤雲齋集》。事見朱次琦、朱宗琦《朱氏傳芳集》卷正。

沙祐於本年成貢生。

沙祐，字翊君，號二懷。龍川人。康熙五十一年（一七一二）貢生。少失怙，事母以孝聞。博極群書，言動不苟。以明經教授生徒，遠近從遊，多所成就。（《龍川縣志》）

丘元遂生。

丘元遂（一七一二～一七五五），字體乾，號健庵。大埔人。乾隆元年（一七三六）進士，選授文林郎，歷官江西建昌、德安知縣。九年任江西鄉試考官。（《客家名人錄》）

張仰岐生。

張仰岐（一七一二～一八七一），字學昌，號蘭畹。東莞人。武庠生。能勸人改過，施藥濟人。善草書，工吟詠。著有《蘭畹詩草》。（《東莞張氏族譜》卷九）

清聖祖康熙五十二年　癸巳　一七一三年

春，陳璸上書詳陳官莊之弊，力主永遠革除臺灣各員官莊。（龍鳴《清初儒臣陳璸在臺灣》一八五頁）

正月，陳璸作《重修臺灣孔子廟碑記》。（鄧碧泉《陳璸詩文集》卷一）

二十日早，璸作《癸巳臺灣寄》書。（鄧碧泉《陳璸詩文集》卷三）

仲春二月，朱子祠建成，祠正堂三楹，兩旁列齋舍六間，門樓一座，璸爲作《新建臺灣朱子（文公）祠（碑）記》、賦《朱子祠手植梅花》七律詩。（鄧碧泉《陳璸詩文集》卷一）

三月十八日，覃恩誥授璸奉政大夫。（鄧碧泉《陳璸詩文集》附《陳璸生平活動簡表》）

五月，陳璸在台任滿三年，璸開具履歷，撰寫總結，候調任。（龍鳴《清初儒臣陳璸在臺灣》一九七頁）

九月，朝廷允准陳璸連任台廈道。（龍鳴《清初儒臣陳璸在臺灣》一九八頁）

冬，陳璸又於朱子祠後建文昌閣，修文廟泮池，於文昌閣落成之日，賦《雕甍畫棟》七律詩贊之。（陳璸《新建文昌閣碑記》）

除夕，胡方五十九歲，作《五十九除夕》五古詩。（胡方《鴻桷堂集》卷一）

本年陳學典作《春日遊南巖》、《題種墨亭》、《鏡嶼池偶泛》、《漁父》、《晚泊》、《秋日郊遊》、《詠愁》、《春盡》、《莫春即事》、《與黃建卿別五年矣今秋相晤喜占》、《秋日雨後湖山即景》、《送黃建卿歸東海滘》、《落葉　八首》、《臘月送長兄之曲江署》、《秋日同叔淡軒倡可兄惺軒希盛希允希上游西湖山　二首》、《野望》、《和詠蛺蝶花　不事吟詠者年餘癸巳秋月因過閘川叔齋頭索吟此花因復作詩》。（陳學典《小蓬亭詩草》卷一）

陳學典，字潛涯。海陽人。衍虞孫，王獻次子。康熙五十九年（一七二〇）舉人，官甘肅金縣知縣。著有《小蓬亭詩草》。事見光緒《海陽縣志》卷三九。

本年海寧查嗣瑮典試廣東，有《重遊嶺南》、《廣州竹枝詞》等詩。（袁行雲《清人詩集序錄》第一冊五〇九頁）

本年汪後來爲返俗沙門朱大年作《賣石琉璃歌贈朱大年　有序》，其小序云：“朱大年由沙門歸俗，以琢石琉璃爲衣食，癸巳歲饑，不得酬其技，狼狽殊甚。予作歌示之，聊當棒喝云爾。”（汪後來《鹿岡詩集》卷二）

本年陳璸又逢大旱，陳璸作《台廈亢旸修省示》，提請各級官員對天有所敬畏。（龍鳴《清初儒臣陳璸在臺灣》一一四頁）又爲興學，作《重修府學碑記》、《新建文昌閣碑記》。（龍鳴《清初儒臣陳璸在臺灣》一六一頁）

本年饑荒，李國敏出糧賑濟。

李國敏，字修來。東莞人。繼熙長子。貢生。官河南唐縣知

縣。歸里，康熙五十二年（一七一三）饑荒，出糧賑濟。修築水南至石龍石路。（宣統《東莞縣志》卷六七）

本年歲歉，陳橋設粥賑饑。

陳橋，字景仰。始興人。康熙五十二年（一七一三）歲歉，橋設粥賑濟。後又倡建文昌閣、青雲樓，傾囊不吝，鄉里贊之。（民國《始興縣志》卷十二）

本年與康熙六十年（一七九五）饑荒，周焜捐資賑災，救活鄉民頗多，縣令送匾嘉獎。

周焜，五華人。樂善好施。（《昌樂縣志》三）

本年歲饑，鄭德純捐穀賑濟鄉里，不足則典衣物繼之。

鄭德純，番禺人。康熙五十二年（一七一三）歲饑，捐穀賑濟鄉里，不足則典衣物繼之。歿後鄉人追號之曰"惠庵"。（同治《番禺縣志》卷五十）

本年歲大饑，崔時成免租焚券，蠲免穀物數百石以賑。

崔時成，字禦生。番禺人。以歲貢爲大埔訓導。康熙五十二年（一七一三）歲大饑，免租焚券，蠲免穀物數百石以賑。（同治《番禺縣志》卷四三）

何春英（碑錄作陳春英）於本年中進士。

何春英，字友茲、華澄。澄海（一作海陽）人。康熙五十年（一七一一）解元，五十二年（一七一三）進士，選翰林院庶吉士，升檢討。五十六年充順天府鄉試同考官。事見朱彭壽《清代人物大事紀年》。

莊論於本年中進士。

莊論，海陽人。康熙五十二年（一七一三）恩科解元，同年連捷進士，選翰林院庶吉士。事見朱彭壽《清代人物大事紀年》。

蘇家詔於本年中特科舉人。

蘇家詔，字帝任，號恕軒。東莞蠔岡人。康熙五十二年（一七一三）特科舉人。事見張其淦《東莞詩錄》卷三四。

黎國綸於本年中舉人。

　　黎國綸，字政具。東莞人。康熙五十二年（一七一三）舉人。事見張其淦《東莞詩錄》卷三三。

　　莫之端於本年中舉人。

　　莫之端，字美方，一字實生。新會人。康熙五十二年（一七一三）舉人，官新寧、饒平教諭。事見言良鈺《續岡州遺稿》卷三。

　　張以載於本年中舉人。

　　張以載（一六八一～？），字渭起，號香園。東莞篁村人。康熙五十二年（一七一三）舉人。曾講學於六榕寺①，許揚雲、韓橋村輩皆其同門友。已而創峒山寺，染瘴終，年四十八。著有《龍峒山房草》。事見張其淦《東莞詩錄》卷三四。弟以曉，字能起，號少賤。康熙間諸生。博極群書。篤孝友。昆弟七人，日坐所居堂，縱談今古。與長兄香園皆以能文著，人稱二張爲二宋云。張其淦《東莞詩錄》卷三四有傳。

　　饒溶於本年中舉人。（阮元《廣東通志》卷七九《選舉表》十七）

　　饒溶，字克敦。大埔人。康熙五十二年（一七一三）舉人。著有《懷蓼詩文集》。余祖明《廣東歷代詩鈔》卷二有傳。

　　楊瓊於本年中舉人。

　　楊瓊，字履旋。梅縣人。康熙五十二年（一七一三）舉人，次年連登進士，兩任縣令。（《梅縣歷代鄉賢事略》）

　　林之煒於本年中舉人。

---

　　①　六榕寺位於今廣州市六榕路，靠近光孝寺。始建於梁大同三年（五三七），北宋初毀於火，端拱二年（九八九）重建，改名爲净慧寺。後蘇東坡來寺遊覽，見寺內有老榕六株，欣然題書“六榕”二字，後人遂稱爲“六榕寺”。素有“光孝以樹傳，净慧以塔顯”之稱，即言寺內有名塔爲千佛，因其塔身斑斕，又稱“花塔”。花塔高五十七米，十一角形，外九層，內十七層。塔東爲山門、彌勒殿、天王殿和韋馱殿，塔西爲大雄寶殿，供奉清康熙二年（一六六三）以黄銅精鑄之三尊大佛像，佛像高六米，重十噸，爲廣東現存最大之古代銅像。

林之煒，字彤友。東莞人。康熙五十二年（一七一三）舉人，官河南太康縣令。著有《豫遊治譜》。（宣統《東莞縣志》卷六七）

駱鳴鳳於本年中舉人。

駱鳴鳳，字宇岡。龍川人。康熙五十二年（一七一三）恩科鄉薦。性孝友，每得異味，必留以奉親，終身不衰。事兄真誠懇摯，析居後所得金，常昆季均分。啟迪門徒，循循善誘，日課以明文紀律，具恬淡之風、狷介之節。（《龍川縣志》）

梁學新於本年中舉人。

梁學新，號涵浦。高要人。康熙五十二年（一七一三）舉人。雍正八年（一七三〇）進士，選知貴州都勻、遵義縣，升遵義知府。（宣統《高要縣志》卷十八）

詹志遠於本年中舉人。

詹志遠，字靜夫。饒平人。素行重於鄉里。康熙五十二年（一七一三）舉人。六十年赴北京會試，至南昌，同年錢衡病重，遂返櫂護之歸里。雍正二年（一七二四）進士。選山西陵川知縣，有惠政。（乾隆《潮州府志》卷二九）

霍作明於本年中舉人。

霍作明，字良賓。三水人。康熙五十二年（一七一三）舉人。雍正十一年（一七三三）進士，選山西臨縣知縣，大學士張廷玉贈以"廉聲直比玉壺清"之句。有《大學》、《中庸》講義，著有《梧園稿》。（嘉慶《三水縣志》人物傳）

尹述宣於本年中副榜。

尹述宣，永安（今紫金）人。康熙五十二年（一七一三）副榜，曾任新會教諭。（《永安三志》）

莊有恭生。

莊有恭（一七一三、一七一四～一七六七、一七六八），字容可，號滋圃（甫）。番禺人。乾隆三年（一七三八）舉人，四年狀元，授修撰，累官至戶部侍郎，出撫江蘇，擢河督。坐事讁戌軍臺。途起湖北巡撫，調浙江，再調江蘇。尋以協辦大學士入京，復坐事訟繫半載，授福建巡撫，卒官，享年五十五。事見朱彭壽《清代人物大事紀年》，吳道鎔《廣東文徵作者考》卷八有傳。

黃氏生。

黃氏（一七一三～一八一六），化州人。李芳澤妻。以子發壁歲貢、恩賜舉人、國子監學正封孺人。五代同堂，壽百又四歲。（《化州縣志》卷十）

清聖祖康熙五十三年　甲午　一七一四年

秋，陳瀚中解元後，其父遇夫偕其北上，遇夫沿途有《甲午秋賦兒瀚發解攜之北上承衛茶源貽詩相贈賦謝》、《甲午冬舟自九江達漢口》（以上七律）、《除夕前一日至漢口旅舍度歲》五古，其首句言：“六上都門遊，未識漢陽路。”（陳遇夫《涉需堂詩集》卷下）

三月，陳璸主持之臺灣府學完工。（龍鳴《清初儒臣陳璸在臺灣》一六二頁）

七月十六日，璸於臺灣作《甲午臺灣寄》書云：“父字示二男知，男幸中乙榜矣。未成進士，志未可已。”（鄧碧泉《陳璸詩文集》卷三）

冬，陳遇夫與其子瀚復北上往未經之楚、豫，乃枉道過漢陽，遂涉蘄、黃、汝、潁、洹、漳、滎、澤、陳、許、鄭、衛、魏、趙、中山之遺都，西瞻荊襄，北望太行，足跡半天下矣。（陳遇夫《涉需堂文集・五畝園借詠記》）

李象元長男端因會試紆道上杭，謁始祖祠，訪族紳士。（李象元《賜書堂集・重修李氏族譜序》）象元作《送長男端入京會試紆道上杭訪祖族序》。（李象元《賜書堂集》）

陽月（十月），陳璸作《朱子學的》跋。（鄧碧泉《陳璸詩文集》卷一）

　　十二月，陳璸以四品台廈道升任從二品偏沅巡撫之詔旨下，
璸親治臺灣止於此，其卓越之政績被史家稱爲"海疆治行第一"。
（龍鳴《清初儒臣陳璸在臺灣》二〇一頁）

　　除夕，胡方作《除夕　甲午》七律詩。（胡方《鴻桷堂詩
集》卷四）

　　本年汪後來作《柬跡刪上人》七律詩寄釋成鷲，有"僦居村
落無人我，翻厭叢林有是非　時方自鼎湖退院"句。（《鹿岡詩
集》卷一）

　　本年蔣勳薦舉賢書，以超額落名。

　　蔣勳，字伊濯。保昌（今南雄）人。學業精勤。康熙五十三
年薦舉賢書，以超額落名。設帳授徒，知名之士多出其門。五十
九年貢士，雍正十年任增城訓導。年七十九卒。著有《知心集》。
（《南雄府志》卷十四）

　　本年釋成鷲住雲頂者六年，尋以在逆之緣，捨而去之，歸隱
鹿湖（即大通煙雨禪寺）之山。（釋成鷲《紀夢編年》）

　　本年黃萃芳選授新寧訓導。

　　黃萃芳，字超穎。化州人。二十一歲童子試第一，二十二歲
補弟子員。康熙五十三年（一七一四）選授新寧訓導，後歸隱鄉
里。（《化州縣志》卷九）

　　陳瀚於本年中解元。

　　陳瀚，字本深。新寧人。遇夫子。康熙五十三年（一七一
四）解元。性至孝。歲凶，出粟以賑。未仕卒。著有《觀海堂義
嶼門集》。

　　范元凱於本年中舉人。

　　范元凱，字于彥，號松軒。大埔人。瞻文仲子。十歲就學程
鄉，弱冠進泮，康熙五十三年（一七一四）舉人。門人饒鳴鎬守
南寧，聘主書院，時年六十四。二載而歸，至長樂，憩長子瑾光
書館，有友良於醫，望氣色而診脈，云宜速歸，至家終焉。著詩
文凡十餘卷。孫彪、曾孫引頤、皆登賢書。事見范元《松山叢

集》。

莊汝揚於本年中舉人。

莊汝揚，字瑞翰。海豐人。康熙五十三年（一七一四）舉人，翌年連捷進士，授吏部觀政。（《陸豐縣志》）

李沂廣於本年中舉人。

李沂廣，字什侯。東莞榜眼坊人。曹源弟。康熙五十三年（一七一四）舉人，官福建長汀知縣。雍正八年（一七三〇）參修縣志。著有《漱芳堂詩集》。（宣統《東莞縣志》卷六七）

余麟傑於本年中舉人。

余麟傑，茂名人。康熙五十三年（一七一四）舉人。善草書，爲文揮灑宕逸。太史仇兆鰲至粵，嘆爲嶺表奇才。（光緒《茂名縣志》）

陳廷燦於本年中舉人。

陳廷燦，字宗問。東莞人。康熙五十三年（一七一四）舉人，官山西興縣知縣。私訪命案，緝拿兇手，釋放無辜者眾。（宣統《東莞縣志》卷六七）

陳清傑於本年中舉人。

陳清傑，字適今。南海人。炎宗父。康熙五十三年（一七一四）舉人。博學善古文。著有《冰玉堂文集》、《西遊詩草》、《北遊漫鈔》。（冼氏《佛山忠義鄉志》卷十四）

陳錫書於本年中舉人。

陳錫書，潮陽人。爲諸生時，同學翁其勳被誣繫獄，力爲營救得釋。康熙五十三年（一七一四）舉人。雍正二年（一七二四）偕孝廉蘇巽上公車，至蘇州，巽病歿，爲經營殯殮，停之僧舍，始入北京。考畢集資鄉人，返蘇州，扶柩由海道還潮，多經風波之險，始得抵家。（乾隆《潮州府志》卷二九）

林式君於本年中舉人。

林式君，字朝衡。信宜人。康熙五十三年（一七一四）舉人。少喪父，不忍離母爲官。纂修縣志，稱公允。（光緒《信宜

縣志》）

梁正於本年中舉人。

梁正，字貞木。增城人。康熙五十三年（一七一四）舉人，聘爲掌義學教。乾隆二年（一七三七）任四川嘉定府威遠知縣，五年以年老乞休回鄉。（《增城縣志》卷二十）

梁松齡於本年中舉人。

梁松齡，三水人。康熙五十三年（一七一四）舉人，五十六年乙榜進士，授始興教諭，調定縣知縣。（嘉慶《三水縣志》）

陳天純於本年成貢生。

陳天純，字慧千。治學以六經爲本。康熙五十三年（一七一四）歲貢，授瓊州文昌教諭，多善教。（乾隆《潮州府志》卷二八）

傅相於本年成貢生。

傅相，博羅人。康熙五十三年（一七一四）歲貢，授儋州訓導、教諭。罷官後好善不倦，每遇兇歲，捐穀賑濟，築路造橋，置設義渡，閭里稱道。（乾隆《博羅縣志》卷十二）

淩浩生。

淩浩（一七一四～?），字滄洲，一字曉齋，號花農。祖籍江蘇常熟，占籍番禺。乾隆舉人，翌年中進士，授貴州玉屏知縣，升至銅仁知府，護理貴州西道，卒於任，春秋七十二。著有《滄洲詩賸》。余祖明《廣東歷代詩鈔》卷二有傳。

潘振承生。

潘振承（一七一四～一七八七），字遜賢，號文巖。番禺龍溪人。龍溪潘氏始祖。以商業起家，開同文行，並任廣州十三行總商，授候選指揮。鄉中善事知無不爲，首建能敬堂祖祠，乾隆間陸續建造漱珠、環珠、躍龍三橋，建書院招集名士教習子弟。（《龍溪潘氏族譜》）

清聖祖康熙五十四年　乙未　一七一五年

春，陳璸奉旨以兵部侍郎銜、都察院右副都御史，特授巡撫楚南偏沅等處地方提督軍務兼理糧餉，加三級。下車之日，衣冠簡素，馬後老僕三人，撰《撫楚諮訪利弊示》，以開言路。涖任五月，作《撫楚嚴禁重耗示》。（鄧碧泉《陳璸詩文集》卷一）

正月初二日，陳遇夫於北上途中作《正月二日題連城驛壁》七絕。（陳遇夫《涉需堂詩集》卷下）

季春穀旦，臺灣闔郡四坊、十五里坊耆鋪民人等同爲陳璸立《去思碑》。（鄧碧泉《陳璸詩文集》附錄）

三月二十三日，璸在臺灣。

四月初九日早，璸在廈門舟中作《乙未臺灣寄》書云：“父字寄長男知：自去歲十月間，差人自廣回，知男因病不能入場，甚系父心。……新官四月初五日到臺灣，本日即送印離任，初六日早登舟，初七日開出港，初八早到澎湖，初九早到廈門港，初十自廈門起程上省，約有十月之程可到長沙上任，並示男知。”（鄧碧泉《陳璸詩文集》卷三）

五月十五夜，陳阿平風雨不寐，偷兒竊其釜逾垣去，阿平作詩送之：

蕭蕭簷滴夜將徂，冒雨勞君至敝廚。豪士不嫌居士爨，持歸休笑范萊蕪。①

夏秋之間，洞庭湖水暴漲，陳璸在偏沅巡撫任，正商議災民賑濟及錢糧蠲免事，吏部公文至，言“陳璸著年終來京陛見”。

十月二十一日，璸自長沙啟程。

十一月三十日，璸至北京暢春園。（龍鳴《清初儒臣陳璸在臺灣》二一〇頁）

----

①　陳阿平《陳獻孟遺詩·乙未蒲月望夜風雨不寐偷兒竊其釜踰垣去詩以送之》。

次日，璸首次陛見康熙帝於暢春園。

十二月初四日，再次面見康熙帝，帝目之曰"苦行老僧"，稱爲"國家祥瑞"，曰："從古以來，陳璸乃天下第一清官。"寵賜御製七言詩章有"留犢從來漢史傳"句。

初五日，璸調任福建巡撫，

初九日，賜貂裘、御製文集一套、《淵鑒類函》、《佩文韻府》、《周易折中》、《朱子全書》等書籍。璸賦《賜貂皮褂恭紀》七律，又賦《陛見時瞻仰天顏蒙詢地方各事恭紀二首》七律。（龍鳴《清初儒臣陳璸在臺灣》二二三、二二四頁）

十三日，陳璸至北京海淀清河鎮辭駕，自北京起程。（鄧碧泉《陳璸詩文集》附《陳璸生平活動簡表》）

十四日，璸啟程前往福建。（龍鳴《清初儒臣陳璸在臺灣》二二六頁）

中旬，璸作《恭進紀恩詩六首》，其小敘云："……終則以年近新春策臣入閩之期，以援筆餞別寵臣行色之麗。"（鄧碧泉《陳璸詩文集》卷二）

本年休寧汪觀選刻《五大家詩》十七卷，選閻爾梅、杜濬、梁佩蘭詩各三卷，屈大均、陳恭尹詩各四卷。（呂永光《梁佩蘭年譜簡編》）

本年陳遇夫於北上、在京及南歸途中作《馮唐故里》（列於甲午後，又均爲北上時所作，故列於本年）、《鄭州道中》、《易水》、《都門雜詠　四首》、《信陵君》（以上七絕）、《歸舟即事十首》、《乙未初夏南歸積雨澇漲舟經七里灘作》二首（以上五律）、《江樓雜詠》七絕、《西江舟中觀畫因書所見》七古詩。（陳遇夫《涉需堂詩集》卷下）

本年胡方六十一歲，諸子賀壽，方作《答諸子賀六十一生日》五律。（胡方《鴻桷堂詩集》卷三）

本年韓海四十生朝，汪後來賦《韓橋村四十生朝戲柬》詩賀之：

短牆恰好面秋山，日出傭書日入還。一水也通漁欵乃，隔林多識鳥綿蠻。偶然咳唾成香艷，長惹招邀疊彎鐶。四十年來飢不死，乾坤於爾未偏慳。（汪後來《鹿岡詩集》卷一）

本年陳璸完成臺灣縣學學宮重建，將啟聖祠改順文廟方位，兩旁撤舊增新，增建名宦、鄉賢二祠，郡庫亦煥然易舊。（陳璸《重修臺灣縣學碑記》）

許登庸於本年中進士。

許登庸，揭陽人。國佐叔孫。康熙五十四年（一七一二）進士，官太原知縣。吳道鎔《廣東文徵作者攷》卷七有傳。

蔡國賓生。

蔡國賓（一七一五～一八一六），字殿客，一字慎齋。南海人。太學生。生康熙五十四年（一七一五）乙未，距嘉慶二十一年（一八一六）丙子年百有二歲，聞猶健飯粹容，操觚不倦，日為諸孫設詩課云。凌揚藻《國朝嶺海詩鈔》卷十二有傳。

鄧振翼生。

鄧振翼（一七一五～一七九九），字璣環。台山人。年十七，縣試冠軍。乾隆三十六年（一七七一）以明經薦，三十九年任信宜教諭。著有《五經輯義》、《四書輯義》。（清《新寧縣志》）

清聖祖康熙五十五年　丙申　一七一六年

正月二十四日，陳璸入閩境接印。

二月初二日，璸抵福建巡撫任。

五月，璸奏言防海之法。（連橫《臺灣通史》卷三《經營紀》）

十一日，鎮上奏修築東洋堤岸，作《題修雷陽堤岸疏》、《撫閩曉諭》。（鄧碧泉《陳璸詩文集》附《陳璸生平活動簡表》、鄧碧泉《陳璸詩文集》卷一）

九秋霜降後，釋成鷲足疾復作，養屙於湖山得我堂。坐臥山閣，抱膝呻吟，忽於痛苦中回光反照，童時、壯時、老時、衰時，種種人、物、事、因緣、苦樂，洞見現前。如鏡鑒形，如水照物，動靜全收，迅筆疾書，追述前事，題曰《紀夢編年》。

冬，釋成鷲《紀夢編年》脫稿，手錄一册，以貽後人，並跋之。（釋成鷲《紀夢編年》）

十月，陳璸上奏擬將結餘公費銀萬五千餘兩收存司庫，或交兵部撥充西師之費，或留抵本省兵餉，帝不允。（龍鳴《清初儒臣陳璸在臺灣》二三三頁）

璸約於本年作《重刻〈海忠介公備忘集〉敘》云：“歲丙申，余奉命撫八閩，始於書院群書中見有《海忠介公文集》，急持歸。書亦多缺，與舊本相參較補所未備軼者，僅十之一二，此先生之書之絶讀一大機也。”（鄧碧泉《陳璸詩文集》卷一）

本年陳璸次子居誠自鄉來閩省親，璸上奏修雷州東洋堤岸，帝允准，撥付銀二千四百兩。（龍鳴《清初儒臣陳璸在臺灣》二三三頁）

本年薛嘉茂修《鳳隴薛氏族譜彙集》。

薛嘉茂，揭陽人。康熙五十五年（一七一六）修《鳳隴薛氏族譜彙集》，於薛侃、俊、宗鎧事蹟，搜羅甚富。（《潮州志·藝文志》）

本年汪後來訪釋成鷲於鹿湖山，作《入鹿湖山訪跡删上人》詩云：

嵐開鬱水西，井底村名。出虹霓。野客幾曾到，山僧八十齊。雲含孤閣動，帆卷遠林低。笑指三生石，重來坐不迷。（汪後來《鹿岡詩集》卷二）

本年釋成鷲駐鹿湖者僅二年耳，遂以欣厭之人情，捨而去之，歸老於雲頂之得我堂中，年八十矣。周禮太卜氏占夢之法，其夢有三：因思感而致者曰致夢；思慮所不及者曰觭夢；無思無慮感於物而通者謂之咸陟之夢。念萬法惟心，無心而感物，物將從心以應之，咸陟之謂也。遂自名其堂曰“咸陟”，著述因而名焉。歲月既積，篇帙浩繁，匯爲編次：《楞嚴經直說》十卷；《道

德經直説》二卷；《鼎湖山志》八卷；爲文二十有七卷，爲詩十有五卷，詩文續集三卷，《鹿湖近草》二卷。（釋成鷲《紀夢編年》）

清聖祖康熙五十六年　丁酉　一七一七年

年初，陳璸會同閩浙總督滿保長途查勘東南沿海炮臺、營房等軍事設施。（龍鳴《清初儒臣陳璸在臺灣》二三七頁）

二月，璸兼攝閩浙總督、兵部尚書銜、都察院右都御史，覃恩誥授光禄大夫。（鄧碧泉《陳璸詩文集》附《陳璸生平活動簡表》）

仲春，廣西巡撫陳元龍爲釋成鷲所主《鼎湖山志》作序。（釋成鷲《鼎湖山志》卷首）

三月，釋成鷲復還大通，掩關謝客。（釋成鷲《丁酉年後紀夢續編》）

四月十二日，肇慶知府宋志益爲釋成鷲所主《鼎湖山志》作序。（釋成鷲《鼎湖山志》卷首）

五月，陳璸又作《丁酉在福撫任内奉旨巡海寄回》。（鄧碧泉《陳璸詩文集》卷三）

八月初六日，閩丁酉科鄉試，璸入闈監臨。（鄧碧泉《陳璸詩文集》附《陳璸生平活動簡表》）

十月十九日，潮鎮中營將戎某年七十一壽辰，李象元爲作《都督戎公七十壽序》。（李象元《賜書堂集》）

十二月，雷州東洋大堤仍未修成。

初四日，璸作《題將公費捐修堤岸疏》，帝後爲大堤凡撥銀七千九百二十四兩。（鄧碧泉《陳璸詩文集》卷一、龍鳴《清初儒臣陳璸在臺灣》二三四頁）

本年陳璸代表福建捐錢捐物，支持用兵西藏。（龍鳴《清初儒臣陳璸在臺灣》二四一頁）

本年長洲宋廣業選刻《羅浮山志會編》，録梁佩蘭文一篇、

詩數十首。（呂永光《梁佩蘭年譜簡編》）

本年汪後來賦《同劉湘南坐戍屋有懷曹敬亭總戎》詩云：

十載臥戈戴武弁，何時應覲明光殿。行邊細柳風離披，門外綠槐煙一片。轆轆寶劍挾馳驟，猛虎山中不敢吼。黃金百鍊竟何成，姓名已在他人後。繪圖欲寄李將軍，夢中漠漠東山雲。敲石斧冰寒徹骨，斥堠寥寥天各分。剩得狂歌白日餘，鴻濛吞吐小窗虛。坐上故人一相笑，代庖中府無斗儲。（汪後來《鹿岡詩集》卷二）

後來將赴潮州，來廣州大通寺與釋成鷲登話別，賦《將之潮陽過大通寺與跡刪上人謝靈湫話別》詩云：

山僧八十餘，健豈窮愁博。萬象入沉冥，祖臂展菅蒯。久拚混沌死，著論費鐫鑿。一喝海水乾，遙遙振林薄。蒼茫撥棹過，我與謝康樂。勸講誌公律，勿謂菩薩縛。道深鋒鍔歛，箓高且不著。時卻主持華林之請。念當遠別離，香積具瓢杓。居士發浩吟，鼓吹分丘壑。爲做柳公權，新樣元和腳。行將與可竹，並實淵材槖。乍破瘴江煙，漸遠秋城柝。心折韓昌黎，雄文能徙鱷。到日把相呈，何必今非昨。（汪後來《鹿岡詩集》卷三）

本年釋成鷲復有觸夢從咸陟而來者，續爲之紀。（釋成鷲《丁酉年後紀夢續編》）

本年梁澤選官海鹽知縣，至作《四無》詩揭於堂壁。四無者，無虧空、多取、侈用、戀官也。有德政。（朱慶瀾《廣東通志稿》）

高鵬飛於本年中亞元。

高鵬飛，字翌夫。陸豐人。其先本福建人。鵬飛博學能文，遊學東海，遂家於陸豐。康熙五十六年（一七一七）亞元。雍正八年（一七三〇）進士，任職於直隸保定府雄縣。（《陸豐縣志·附錄》）

陳居隆於本年中舉人。

陳居隆，海康人。璸長子。康熙五十六年（一七一七）四十四歲時中舉人。雍正元年（一七二三）舉孝廉方正，賜六品銜。五年會試，中明通第二，授刑部江西清吏司主事。尋辭官，回鄉奉母。居鄉數十年，奉母之餘，教授生徒。（《雷州府志》居隆本傳）

陳先聲於本年中舉人。

陳先聲，字惟豫。澄海人。能文，縣令聘修邑志。康熙五十六年（一七一七）舉人。雍正五年（一七二七）進士，授花縣教諭，繼調昌化。卒於官。（嘉慶《澄海縣志》卷十九）

楊高士於本年中舉人。

楊高士，字謙航，號實夫。程鄉（今梅縣）人。康熙五十六年（一七一七）舉人。官湖北松滋知縣，署漢陽府同知。著有《松滋遺集》。事見張煜南、張鴻南《梅水詩傳》卷一。

李志浩於本年中武舉人。

李志浩，字涵川。徐聞人。康熙五十六年（一七一七）武舉人。雍正元年（一七二三）恩科武進士。（新編《徐聞縣志·人物編》）

張衍載於本年成貢生。

張衍載，字又渠，號怡溪。東莞篁村人。年十三爲諸生。康熙五十六年（一七一七）貢生，初任樂昌司鐸，升河南南召縣，調山西清源，署文水縣，所至有聲。事見張其淦《東莞詩錄》卷三四。

清聖祖康熙五十七年　戊戌　一七一八年

正月十八日，陳璸題將衙門公費捐修築東洋堤岸。（鄧碧泉《陳璸詩文集》附《陳璸生平活動簡表》）

五月，海寧陳世倌於燕山旅舍爲陳遇夫所著《正學續》作《正學續弁言》。（陳遇夫《正學續》卷首）

六月，陳璸倏染病症，頭量目眩，體重驟降。

九月初三日，璸告病上奏，御批"閩撫居官甚優，操守廉潔，不必以病辭，著在任調理，照舊供職。”又批：“爾居官以來，一塵不染，真正清官，深爲可惜，還當節飲食慎起居，用心調理。”賜鹿肉條三十二束。二十五日，閩浙總督滿保代奏告病，奉旨賜好人參二觔。

十月初二日，璸回光返照，題明：“任內應得銀兩，請充兵餉。”奉旨將應得銀兩一萬三千餘兩，著存一萬兩以充兵餉，其余銀三千兩零給與璸子。

初三日辰時，璸卒於官舍，享年六十有三。（鄧碧泉《陳璸詩文集》附《陳璸生平活動簡表》）

十六日，璸長子居隆扶父喪自撫署啟程回鄉。（龍鳴《清初儒臣陳璸在臺灣》二四六頁）

十一月十七日，閩督滿保報明前閩撫事，奉旨稱獎惋惜，追授禮部尚書，賜謚清端。（鄧碧泉《陳璸詩文集》附《陳璸生平活動簡表》）

十二月十一日，清康熙帝親作《御祭福建巡撫陳璸文》、《御製福建巡撫陳璸碑文》。（鄧碧泉《陳璸詩文集》附錄）

除夕，汪後來賦《效賈閬仙除夕祭詩》云：

戊戌建□月，晦日初更中。宣武故將軍，稽首拜天公。點檢終歲吟，篇簡堆隆隆。造物怕嘲弄，而我咎自蒙。低抑尚謗讒，況乃極豪雄。卮酒祭非癡，日月勞磨礱。心血不肯銷，將化爲狂風。拔木與攪波，鬼怪驚盲聾。大者雷電取，小亦橫鷗鴻。習俗殊酸鹹，規規猶蟻蠓。收拾今無何，一氣散冥濛。思投崑崙渠，否則付祝融。庶幾絕葛藤，黯黮答虛空。如何昌歇嗜，折柬乞幽蓬。（汪後來《鹿岡詩集》卷四）

陳之遇於本年中進士。

陳之遇（一六九〇～一七三四），字聘莘，號静軒。東莞人。似源長子。康熙五十年（一七一一）中舉人，五十七年進士，授知江南安徽來安縣。雍正五年（一七二七），含山披災，救災有方。丁憂歸。八年，聘修《東莞縣志》，考核精當。十一年起補瓊州教授，卒於任，年四十五。宣統《東莞縣志》卷六七有傳。

翟張極於本年中進士。

翟張極，字敬生。東莞人。康熙五十七年（一七一八）進士，授廣西來賓知縣，多德政。得罪權貴，罷官。歸主持寶安、博羅義學。（宣統《東莞縣志》卷六七）

楊敬修於本年成貢生。

楊敬修，字日將。高明人。康熙五十七年（一七一八）歲貢。常讀小學《嘉言》、《善行》篇。著《小學後書》。（道光《高明縣志》）

蔡章於本年成副貢生。

蔡章，字闇斯。番禺人。康熙五十七年（一七一八）副貢，五十九年舉人，授徒廣州，從學者常以百數。（同治《番禺縣志》卷四三）

梁泉生。

梁泉（一七一八～一七七二），字崇簡，一字佩韋，又字弼亭，號栀蠟道人。順德人。乾隆三十年（一七六五）解元，三十四年會試，吟事被斥革。三十六年會試，得而復失。三十七年歸，至山東道卒，享年五十五。著有《弼亭制藝》。事見朱彭壽《清代人物大事紀年》、凌揚藻《國朝嶺海詩鈔》卷十有傳。

清聖祖康熙五十八年　己亥　一七一九年

本年鄧廷喆充安南（今越南）正使，賜一品服。（溫汝能《粵東詩海》補遺卷五）賦《奉命充冊封安南正使恭紀》有云："自顧微才慚漢節，願敷文教鞏金湯。"

本年及雍正元年（一七二三），黃廣玕連續捐資建陽洞圳下及苦徑石橋。

黃廣玕，字子玉。始興人。慷慨好義，隆冬時嘗施棉被。（民國《始興縣志》卷十二）

清聖祖康熙五十九年　庚子　一七二○年

夏，羅天尺過訪釋成鷲，酷愛天尺八分書，賦《舟過大通寺懷跡刪和尚》詩云：

白捲鵝潭閃夕陽，舊時煙雨贊公房。分明記得薰風永，高擁紅雲十八娘。予庚子夏過訪跡公，時值荔熟。

文字曰緣信有無，無師夙慧見真吾。八分一紙詩千首，合作琴聰與蜜殊。跡公酷愛予八分，謂得無師之智。（羅天尺《癭暈山房詩刪》卷十二）

陳學典於本年中舉人。

車騰芳於本年中舉人。

車騰芳，字圖南，號蓼洲。番禺人。康熙五十九年（一七二○）舉人。乾隆元年（一七三六），薦博學鴻詞，與里人許遂同徵，親老，辭不赴。知縣親臨其門，趣治裝，至京後期，即乞養歸。主邑講席二十餘年。後官海豐教諭，兼主講惠陽書院。梁國治爲惠潮道，時與過從。在官七年，乞休，卒年八十四。著有《螢照閣詩文集》十六卷。張維屛《國朝詩人徵略》初編卷二十一、國史館《清史列傳》卷七一有傳。

許雲、鳳毛兄弟於本年同中舉人。

許雲、許鳳毛，新會人。康熙五十九年（一七二○）同中舉人。著有《澄墨亭詩稿》、《歸院文集》。父壯圖，字受天。茂才。事見黃登《嶺南五朝詩選》卷八。

鍾先拔於本年中舉人。

鍾先拔，海豐人。康熙五十九年（一七二○）舉人。官六安州同。（《惠州府志》）

謝應魁於本年中舉人。

謝應魁，字乾山。程鄉（今梅州）人。康熙五十九年（一七二○）舉人，歷官趙州知州、保定府知府，居官廉潔。丁艱歸，惟牙籤數百軸耳。著有《學語草詩集》。事見張煜南、張鴻南

《梅水詩傳》卷九。

陳國是於本年中舉人。（阮元《廣東通志》卷七九《選舉表》十九）

陳國是，字伯肩。饒平人。康熙五十九年（一七二〇）舉人。陳珏《古瀛詩苑》卷二有傳。

黎紹芳於本年中舉人。

黎紹芳，字傳人。歸善人。康熙五十九年（一七二〇）舉人。黃登《嶺南五朝詩選》卷九有傳。

王客僧於本年中舉人。

王客僧，番禺人。隼子。康熙五十九年（一七二〇）舉人，官雲南知州。（同治《番禺縣志》卷四三）

陳疇九於本年中舉人。

陳疇九，海豐人。康熙五十九年（一七二〇）舉人，官長汀知縣。（《惠州府志》）

林聞譽於本年中舉人。

林聞譽，字體仁，號靜山。陽江人。康熙五十九年（一七二〇）舉人，次年進士。雍正元年（一七二三）官保定知縣，後升霸州知州。著有《唐人試帖注》、《花笑軒詩文集》、《排律雜著》等。（《陽江志》卷三〇）

歐鐘諧於本年中舉人。

歐鐘諧，字維汝。樂昌人。康熙五十九年（一七二〇）舉人，次年進士，授福建順昌縣令，政簡刑清。致仕歸里，官橐蕭然。著有《維汝文集》。（《樂昌縣志》卷十六）

藍修文於本年中舉人。

藍修文，永安（今紫金）人。康熙五十九年（一七二〇）恩科舉人，授湖北蘄水縣令。（《永安三志》）

蔡中孚於本年中舉人。

蔡中孚，字輔卿。海陽（今潮安）人，澄海籍。事親至孝。康熙五十九年（一七二〇）舉人。尋卒，巡道姚士琳爲置田贍其

家。著有《蔡中孚遺文》。（光緒《海陽縣志》卷三九）

顏希聖於本年中舉人。

顏希聖，字宜藥。連平人。康熙五十九年（一七二○）舉人。雍正元年（一七二三）進士，授翰林院庶吉士。後省親歸里，讀書養親，足不出戶。（《連平州志》）

李夢蓮於本年成貢生。

李夢蓮，字于載。東莞人。康熙五十九年（一七二○）貢生，官羅定訓導。因年老辭職，終年九十三。（宣統《東莞縣志》卷六七）

麥在田於本年中制科。

麥在田，字宗道。南海人。康熙五十九年（一七二○）制科，講學佛山心性書院。著有《易圍詩文集》、《古文端》。（陳氏《佛山忠義鄉志》卷八）

梁鳳來於本年中副貢。

梁鳳來，字兆周。高要人。康熙五十九年（一七二○）副貢，官增城教諭。事見黃登瀛《端溪文述·端溪詩述》卷六。

何宏彩生。

何宏彩（一七二○～一八一八），鬱南人。性醇厚，寡欲少言。以高壽於嘉慶元年（一七九六）、十五年（一八一○）兩次受獎賞，終年九十九。（郝玉麟《廣東通志》）

黃璧生。

黃璧（約一七二○～一七八○），字爾易，號小癡。澄海（今潮州）人。專工繪事。（乾隆《潮州府志》卷三○、《國朝畫徵續錄》、《歷代畫史彙編》）

清聖祖康熙六十年　辛丑　一七二一年

臺灣朱一貴起事，旋敗。惠士奇以編修任廣東學政。（阮元《廣東通志》卷四三）

二月，鄭基生。

鄭基（一七二一～一七七六），字築年。香山（今中山）人。享年五十六。事見朱彭壽《清代人物大事紀年》。

七月十一夜，大雨，胡方賦《辛丑七月十一夜大雨時閏六月已迫寒露不雨月餘》七律。（胡方《鴻桷堂集》卷四）

本年梁澤以交章保薦，行取主事，適丁內艱。（朱慶瀾《廣東通志稿》）

本年至明年吳門惠士奇督學廣東，崇尚經術，鄭養性獻所注《周禮》、《左氏》等書，士奇深許可。

鄭養性，字帥堂，號舜齋。揭陽人。性孝友，積學篤行。注《周禮》、《左氏》等書。阮元《廣東通志》卷二九五有傳。

本年頃屈仲師作《呈學院天牧惠士奇夫子》七律詩四首，其第一首首聯云：“卜居桑畝久閑閑，四十春秋尚掩關。”有此可大致推知仲師約生於一六八一年。（屈仲師《醉鄉詩稿》卷第四）

本年頃惠士奇至，目蘇李秀爲高涼曠代才。

蘇李秀，本姓李，字俊升。茂名人。家貧，刻苦自勵。舌耕所得，必歸奉父母。督學惠士奇至，目爲高涼曠代才，選拔應廷試。歸，閉門教授，學者稱霞滄先生。阮元《廣東通志》卷二九八有傳。

本年惠士奇督學廣東，倡經學，知縣羅秉琦聘方録主講席。

方録，字學掄。普寧人。少有文名，通經術。康熙六十年（一七二一）惠士奇督學廣東，倡經學，知縣羅秉琦聘主講席。年七十，以明經卒。（乾隆《潮州府志》卷二九）

本年大旱，戴尚周捐資賑濟鄉里。

戴尚周，字子文。保昌（今南雄）人。淳茂有古風，慷慨濟人。曾捐資鑿渠引水灌溉農田。又捐地建公館延師講學，士子多有成就。辛年九十。（《南雄府志》卷十四）

本年釋成鷲八十五歲，年高艱出，獨屢臨視胡方病，方賦《跡公年高艱出獨屢臨視余病昨夕偶憶同住弼唐時事今晨公適至》七絕云：

　　八十五年霜滿頭，遠公行步限溪流。卻於元亮破常例，屢過柴桑竟日留。（胡方《鴻桷堂詩集》卷五）

　　關上進於本年中進士。

　　關上進，字淩雲，號樵峰。南海人。康熙六十年（一七二一）進士，官翰林院檢討。預千叟筵。著有《木蘭軒集》。事見朱次琦、朱宗琦《朱氏傳芳集》卷正。弟上遷，字子喬。應弼仲子。茂才。與胞兄上進著有《歷試第一稿》，自著有《南軒詩草》。黃登《嶺南五朝詩選》卷九有傳。

　　楊纘緒於本年中進士。

　　楊纘緒，字式光，號節庵。大埔人。之徐五子。康熙六十年（一七二一）進士，選翰林庶吉士，官至陝西按察使。著作甚多。事見翁耀東《潮州文概》卷四。

　　李韡於本年成貢生。

　　李韡，字茂觀。香山（今中山）人。康熙六十年（一七二一）恩貢生。著有《茂觀詩集》。事見黃韶昌、劉燺芬《香山詩略》卷三。

　　鍾夢桂於本年成貢生。

　　鍾夢桂，字丹五，號桂月。東莞人。十歲時被賊擄走，三年後歸家，盡心服侍寡母。康熙六十年（一七二一）貢生。著有《易經訓纂》、《樂性堂稿》。（宣統《東莞縣志》卷六七）另東莞亦有鍾夢桂工詩善畫，爲同學畫扇題詩，曾戲冒老師韓珠船題款，珠船見之，亦難分辨。（《茶山鄉志》卷四）

　　陳阿平卒。（陳伯陶輯《陳獻孟遺詩》卷首《陳獻孟家傳》）

清聖祖康熙六十一年　壬寅　一七二二年

　　十一月十三日戌刻，康熙帝（清聖祖）崩，享年六十九，在位六十一年。二十日，皇四子胤禛御太和殿即皇帝位，是爲清世宗，以明年爲雍正元年。遷居養心殿，明清帝所居正宮乾清宮自此虛之。

三月，胡方賦《三月竟月寒　壬寅》五律詩二首。（胡方《鴻桷堂詩集》卷三）

孟秋，曲阿姜朝俊爲陳遇夫所著《正學續》作序。（陳遇夫《正學續》卷首）

小除後二夜，胡方賦《壬寅小除後二夜病似期至擬留別親友》七律、《哭鄭封本　老友淪亡唯跡公及君尚存今一歲之中相繼而逝》。（胡方《鴻桷堂詩集》卷四）

方去年至本年與學政惠士奇往還，賦《詠嚴子陵呈惠學使》、《答惠學使》、《送惠學使》三首七律。（胡方《鴻桷堂詩集》卷四）

李繼沅於本年成貢生。

李繼沅，字又初，號謙齋。東莞人。康熙六十一年（一七二二）歲貢生，官臨高訓導。事見張其淦《東莞詩録》卷三五。

淩攀於本年成貢生。（乾隆《番禺縣志》卷一五《人物》九）

淩攀，字蟬客，一字桂崖。番禺人。雍正癸卯恩貢，逾年卒。少從其季父輝（字輝閣）受焦氏《易》，以文行芳潔重時望。著有《鯉峰存稿》。淩揚藻《國朝嶺海詩鈔》卷五有傳。

劉文煊於本年成貢生。

劉文煊，龍川人。嘉謀子。康熙六十一年（一七二二）府貢生，官新寧訓導。九十一歲卒。（《龍川縣志》）

陳天生於本年成貢生。

陳天生，字祉典、子長。惠來人。康熙六十一年（一七二二）恩貢，官陽江教諭。著有《東村詩文集》。（雍正《惠來縣志》卷十四）

林適中生。

林適中（一七二二～一七九六），字樞先（光），號敬亭。和平人。乾隆十二年（一七四七）舉人，四十年（一七七五）任河南舞陽知縣，四十二年充河南鄉試同考官，署南陽府同知，授奉政大夫。享年七十五。事見朱彭壽《清代人物大事紀年》。

釋成鷲圓寂，世壽八十六歲。一說年九十始圓寂，蓋言成數耳。胡方《寄許雁洲先輩　名綬，字馨重》尾聯云："大通九十僧亡後，一處偏教飛夢魂　跡公外老成人，獨君耳。"（胡方《鴻桷堂詩集》卷四）

清世宗雍正元年　癸卯　一七二三年

本年李琯朗以母老辭博學鴻詞科。

李琯朗，字崇樸。順德人。雍正元年（一七二三），巡撫薦舉博學鴻詞科，以母老辭。著有《崇樸山書》八十二種、《貫珠詩文集》八卷、《一簣山房集》十卷。次子大作，字益之。諸生。復《海幢寺》五律。吳道鎔《廣東文徵作者考》卷七有傳。

本年李定簡舉孝廉，辭不就。

李定簡，字席珍。化州人。庠生。常捐金以周濟鄉鄰貧民。雍正元年（一七二三）舉孝廉，辭不就。（《化州縣志》卷九）

本年林振抱舉優行。

林振抱，字源長。普寧人。幼失怙，家貧，以授徒養母及諸弟。雍正元年（一七二三）舉優行，教諭李國敏贈句曰："每欲逃名虛國士，只知將母樂家人。"（乾隆《潮州府志》卷二九）

本年蔡同高受知於學使惠士奇，膺選至省。

蔡同高（？～一七二六），字世廣。海陽人，澄海籍。善書法，學顏魯公神似。雍正元年受知於學使惠士奇，膺選至省。四年卒。（嘉慶《澄海縣志》卷十九）

本年釋源子爲海幢寺僧。

釋源子，順德吳氏子。雍正初海幢寺僧，晚屏居小金山。（陳景鍇《海珠古詩錄》一四八頁）

本年釋天樹重修澳門普濟禪院普同塔。（《澳門普濟禪院普同塔志》）

本年澳門蓮峰廟擴建。（姜伯勤《石濂大汕與澳門禪史》四

八七頁）

本年蔡德泳以德行授八品頂戴。

蔡德泳，字啟敦。東莞人。有孝行，樂善好施，平日幫助貧者，遇災賑濟災民。（宣統《東莞縣志》卷六七）

丘軒昂於本年中進士。

丘軒昂，字元澍，號名亭。海陽人。雍正元年（一七二三）進士，以親老不仕。丁憂服闋，始任直隸深澤知縣。乾隆九年（一七四四）補河南鞏縣知縣，修二程祠堂。次年修《鞏縣志》。（乾隆《潮州府志》卷二八）

李端於本年中進士。

李端（？～一七二六），字山立。澄海人。象元子。雍正元年（一七二三）進士，選翰林院庶吉士，次年任荆溪知縣。在任三年，積勞卒於任。（乾隆《潮州府志》卷二九）

林天木於本年中進士。

林天木，字毓千。潮陽人。雍正元年（一七二三）進士，任安徽石埭知縣，升戶部員外郎，擢兵部職方司郎中。授御史，轉吏科給事中等。著有詩文等凡十卷。（乾隆《潮州府志》卷二八）

王朋於本年中武進士。

王朋，花縣人。雍正元年（一七二三）武進士，官直隸延慶衛守備。（民國《重修花縣志》卷八）

陳錢浩於本年中武進士。

陳錢浩，花縣人。雍正元年（一七二三）武進士，由侍衛授川北守備。以彈壓柳州苗人，擢黔彭都司，調補香山協都司，歷署左翼中營遊擊、海門參將，所至有聲。以病歸。（乾隆《潮州府志》卷二九）

謝仲坑於本年中解元。

謝仲坑（一七〇二～一七七八），字孔雲，號耳溪。陽春人。雍正元年（一七二三）解元，五年（一七二七）登明通進士。初任長寧教諭，升崖州學正。乾隆四年（一七三九）知湖南常寧縣，後調任平江、耒陽、衡陽、衡山、松滋、光化等知縣，道州、靖州、郴州等知州，永順府、荆州通判。任荆州時，鄰府宜昌辦歸州盜案，牽連荆州，仲坑查悉核實，乃州縣受當地豪紳重賄，串通竊賊，誣害良民，遂將此案申報監察御史與湖廣總督上達朝廷。乾隆派御史復查，冤案得以昭雪，貪官、奸人得以懲辦。擢常德府同知，歷任長沙、寶慶、永州、襄陽、宜昌、岳州、常德等府知府。三十七年護理衡永郴桂道，次年升驛鹽長寶道道臺。乾隆三十九年辭官歸。仲坑知平江時，因地制宜，發佈《勸種雜糧》令諭民，引進廣東紅薯，適逢湘境田旱大歉，唯平江紅薯豐收，民因建"謝侯祠"祀之。仲坑爲官四十六載，其執法嚴明，平反冤獄二百餘起，歸至廣州，行李餘篋，皆文史衣衲。後寓廣州越秀書院講學，卒於乾隆四十二年。著有《楚南紀略》、《山餘堂詩集》、《且溪文集》、《耳溪文稿》。（《陽春縣志》卷一〇、《新編陽春縣志·人物篇》）女方端，廣文劉世馨母。著有《小樓吟稿》。溫汝能《粵東詩海》卷九七有傳。

　　黎偉光於本年中舉人。

　　黎偉光，字樸園。順德人。雍正元年（一七二三）舉人，除揭陽教諭，擢四川射洪知縣，復改高要教諭。著有《冷香前後集》、《燕遊草》。吳道鎔《廣東文徵作者考》卷七有傳。

　　張俊興於本年中舉人。

　　張俊興，字渭擢，號容庵。東莞人。雍正元年（一七二三）舉人，初授文昌教諭，升清平知縣，改廉州府教授。乾隆二十二年（一七五七），族修譜牒，總其成。張其淦《東莞詩錄》卷三六有傳。

　　梁端正於本年中舉人。

　　梁端正，字石雲。南海人。雍正元年（一七二三）舉人，歷官山西寧晉、洪洞知縣。著有《芙蓉亭詩鈔》。

　　盧廣居於本年中舉人。

　　盧廣居（？～一七五一），字裕東。曲江人。雍正元年（一

七二三）舉人。乾隆八年（一七四三）授安徽泗州同知，擢知太
和縣，授潁州分府，署鳳陽知府。十六年以病歸，未幾卒。（歐
樾華《韶州府志》卷三二）

朱超玫於本年中舉人。

朱超玫，字佩一。和平人。雍正元年（一七二三）恩科舉
人，授遵義知縣，後掌教龍溪書院。著有《己巳新稿》、《梅花百
詠》。

劉宏學於本年中舉人。

劉宏學，字浩然，號梅圃。增城人。雍正元年（一七二三）
舉人。且商且讀，學卒有成，隱居教學。終年八十六。（《增城縣
志》卷二〇）

黃際鯤於本年中舉人。

黃際鯤，字扶萬。龍川人。雍正元年（一七二三）鄉薦。
（《龍川縣志》）

黃宗器於本年中舉人。

黃宗器，從化人。雍正元年（一七二三）舉人，官貴州定番
州知州。（清《從化縣志》）

梁覲於本年中舉人。

梁覲，字拜公。番禺人。雍正元年（一七二三）舉人。年七
十一官四川屏山知縣。告老歸，卒年七十八。（同知《番禺縣志》
卷四四）

屈明洪於本年成貢生。

屈明洪，字甘泉，一字鐵瓢。番禺人。博羅籍。大均長子。
雍正元年（一七二三）拔貢生，官惠來教諭。二年以選拔來京
師。凌揚藻《國朝嶺海詩鈔》卷六有傳。

吳孟旦於本年成貢生。

吳孟旦，字旭亭。番禺人。雍正元年（一七二三）拔貢生。
爲學使惠士奇知，與蘇珥、羅天尺、何夢瑤、謝仲垸遊，尤佩服
胡方，手錄其著述。士奇罷官，貧甚，所居質他氏。孟旦至吳，

贖還之。聞士奇訃，爲位哭，心喪三年。官仁化教諭，七十解組歸。卒年八十。阮元《廣東通志》卷二八七有傳。

鄧鳳於本年成貢生。

鄧鳳，字鳴嶽，號桐岡。東莞茶山人。廷喆長子。雍正元年（一七二三）拔貢生，督學惠士奇以國器目之。入都廷試，待父於京邸，日從名公卿遊。歸家二十餘年，不入城府。選長寧教諭，日與諸生講論不輟。張其淦《東莞詩録》卷三五有傳。

周炳於本年成貢生。

周炳，字蘧五，號榴村。東莞四頭人。曾任廣東學政惠士奇幕僚。雍正元年（一七二三）拔貢生，肄業太學。乾隆七年（一七四二）官澄邁教諭，創建社學。著有《紅豆山齋集》。張其淦《東莞詩録》卷三五有傳。

楊而和於本年成貢生。

楊而和，字大樂。香山人。雍正元年（一七二三）拔貢生，二年舉人。著有詩文集。黃紹昌、劉熽芬《香山詩略》卷四有傳。

黃士錩於本年成貢生。

黃士錩，字震宇。保昌（今南雄）人。雍正元年（一七二三）撥貢，乾隆元年（一七二三）鄉試中式。著有《四書貫珠》、《怡怡齋詩文》。（《南雄府志》卷十四）

黃夢桂於本年成貢生。

黃夢桂，字樞友。新安（今寶安）人。雍正元年（一七二三）拔貢，四年領鄉薦，掌教文岡書院十餘年。後任化州學正。（《新安縣志》）

曹懷於本年中鄉試副榜。

曹懷，字萬爲，別號柱峰。保昌（今南雄）人。雍正元年鄉試入副榜。乾隆十五年選授四會教諭。著有《四書詳説》、《十三經解》。（《南雄府志》卷十一、一九九一年《南雄縣志》）

林永魁生。

林永魁（一七二三～一八二〇），字德清。英德人。乾隆時由行伍任南雄城守營千總。從征安南、臺灣、湖北，以軍功賞守備頂戴。嘉慶初，粵督閱兵至南雄，委任盤查南雄穀倉及平定博羅民亂，以功保升安徽遊兵營守備，升壽春鎮標都司。十八年，以鎮壓白蓮教有功，升督標前營遊擊。六十八歲卒於任。（《韶州府志》卷三四）

韓日進生。

韓日進（一七二三～一七九二），字善科。番禺人。乾隆四十二年（一七七七）舉人，大挑二等，以教職補瓊州府定安訓導。勤於月課，探花張嶽崧爲其弟子。年七十卒於官，在職十六年。（同治《番禺縣志》卷四五）

清世宗雍正二年　甲辰　一七二四年

本年粵撫年希堯令梁岱繪《粵道形勝圖》獻於朝。

梁岱，新會人。善書畫，詩清麗。雍正二年（一七二四），粵撫年希堯令梁岱繪《粵道形勝圖》獻於朝。著有《曲江園詩稿》。汪兆鏞《嶺南畫徵略》卷三有傳。父素，字見行。耐貧嗜學，耽吟詠，工書畫，老於布衣。言良鈺《續岡州遺稿》卷三有傳。

本年李捷雲以子夢元官贈文林郎、惠安縣知縣。爲人磊落，淹貫經史，喜周人急。

李捷雲，字雲步。從化人。（清《從花縣志》）

本年林良銓由歲貢生保舉賢良方正。

林良銓，字朝京，號睡廬，又名衡公。平遠人。雍正二年（一七二四）由歲貢生保舉賢良方正科，歷任四川大竹、大邑、渠縣、成都知縣，升崇慶州知州，調滁州知州，以政績卓著，受乾隆帝召見賞賜。後升安徽淮安府、雲南楚雄府知府。著有《睡廬詩選》。（《梅州人物傳》）

衛廷璞於本年中進士。

衞廷璞，字嶽瞻。番禺人。雍正二年（一七二四）進士，選江南建平令。乾隆元年（一七三六），授禮部主事，擢員外郎，歷科道至太僕少卿。十一、十二年（一七四六、一七四七），瀛臺賜宴，命群臣聯賡柏梁體詩，詩成，賞賚有差。巡視中城、南城、天津漕船暨前後管局、掌銓，俱稱職。年七十二卒於家。著有《妄蟄草》。阮元《廣東通志》卷二八七有傳。弟廷珙（一作洪），字壯謀。諸生，有文名。嘗考《明史》所載得千百五十人，爲《文行集》二四卷，自爲序。吳道鎔《廣東文徵作者考》卷七有傳。

葉潔齊於本年中進士。

葉潔齊，字一泓。陸豐人。雍正二年（一七二四）進士，選山西嵐縣知縣。著有《家訓》、《族規》等。（《陸豐縣志》）

佘聖言於本年中進士。

佘聖言，海豐人。雍正二年（一七二四）進士，官宗人府主事。（《惠州府志》）

黎正於本年中進士。

黎正，字端伯，號建峰。石城（今廉江）人。雍正二年（一七二四）進士，官至戶部員外郎。爲官守正不阿，上官欲中傷之，遂謝病歸里，杜門讀書。六十歲卒。（光緒《石城縣志》）

王輔於本年中武進士。

王輔，花縣人。雍正二年（一七二四）武進士，官江北壽春鎮右營守備。（民國《重修花縣志》卷八）

詹良弼於本年中舉人。

詹良弼，字思凝。饒平人。雍正二年（一七二四）舉人，連捷進士。初爲刑部額外主事，歸爲廣郡學博兼粵秀書院副山長，尋擢直隸懷來縣尹。後復改就學博，仍補授廣郡兼粵秀書院副山長。羅元煥《粵臺徵雅錄》有傳。

陳紹夔於本年中舉人。

陳紹夔，字對颺。東莞人。雍正二年（一七二四）舉人。張其淦《東莞詩録》卷三五有傳。

葉公俊於本年中舉人。

葉公俊，海豐人。雍正二年（一七二四）舉人，官英德儒學。（《惠州府志》）

李鬱於本年中舉人。

李鬱，字策志。台山人。雍正二年（一七二四）舉人。邑令延爲甯陽義學掌教。乾隆三年（一七三八）聘修邑志。後擢龍川教諭，升頷陽知縣。（《新寧縣志》）

黄德星於本年中舉人。

黄德星，號聚東。陸豐人。雍正二年（一七二四）鄉薦，歷任廣西隆安、永福、雜容、懷遠、貴縣、蒼梧邑令，升授全州牧伯，署梧州府知府。（《陸豐縣志》）

詹雲翼於本年中舉人。

詹雲翼，饒平人。雍正二年（一七二四）鄉薦。父士翀，字尚雲。積德嗜學，廣購遺書，詳加註釋。子廣譽、豹略、春光、德瑩皆進士；德欽、德瑛、登高、實穎皆舉人。年八十卒。（乾隆《潮州府志》卷三〇）

李繼晟於本年成貢生。

李繼晟，字樹西，號野村。東莞人。雍正二年（一七二四）歲貢，惠來訓導。張其淦《東莞詩録》卷三五有傳。

朱翼於本年成貢生。

朱翼，惠來人。雍正二年（一七二四）歲薦，九年奉部檄補司訓。（雍正《惠來縣志》卷十四）

謝鍾興於本年成貢生。

謝鍾興，字卓言。高明人。雍正二年（一七二四）恩貢，任豐順教諭。時論謂其於豐順可與韓愈在潮州比美。（光緒《高明縣志》）

衛尺木於本年成貢生。

衛尺木，字殿枚。番禺人。諸生。雍正二年（一七四二）副

貢。專力於詩、古文、詞。教授鄉里，弟子多有成就。卒年四十五。（同治《番禺縣志》卷四四）

張攀桂生。

張攀桂（一七二四～一七五二），字式丹，號眠村。東莞人。增生。淡於功名，閉户焚香種花，詠詩飲酒，善書畫。刻東坡《赤壁賦》，刀法、筆法皆備。（《東莞張氏族譜》卷十一）

謝方端生。

謝方端（一七二四～一八一三），字小樓。陽春人。仲壎長女。幼喪母，隨父習文，過目成誦，尤工吟詠，時稱才女。夫早喪，晚年隨子劉世馨居於官署，慕名造訪者若鶩，均教授不倦。八十歲歸里時，送行滿道。卒於嘉慶十八年。著有《小樓吟稿》、《小樓詩鈔》。（《新編陽春縣志·人物篇》、《粵東詩海》卷九七）

清世宗雍正三年　乙巳　一七二五年

本年廣東官府設立廣州、高州、潮州、瓊州四造船廠，後李東紹作《軍功木料記》。（李東紹《軍功木料記》）

本年陳炳任文昌縣教諭。（阮元《廣東通志》卷五五《職官表》四六）

陳炳（一作鍋），新會人。合浦學附貢，官文昌訓導。言良鈺《續岡州遺稿》卷三有傳。

清世宗雍正四年　丙午　一七二六年

九月，羅天尺作《蛋女詩》。（　勞孝輿《阮齋詩鈔》卷五《題羅履先蛋女詩後卻寄並東蘇瑞一陳海六諸同學兼賀何報之家貽秩二子》二首其一）

本年歲荒，馬紹祖倡捐穀物賑災。

馬紹祖，字尚齡。潮陽人。例貢生。慷慨好施。雍正四年（一七二六）、乾隆十七年（一七五二）歲荒，皆倡捐穀物賑荒。又倡修新寨橋。（乾隆《潮州府志》卷二九）

本年起連年饑荒，李静波减榖價出糶，或施粥助貧民。

李静波，字展成，號潭。五華人。貢生。少讀書。後棄書至海豐經商致富，回鄉廣置產業，樂善好施。雍正初建社倉，首捐榖百餘石，任社正，公正廉潔。捐學田七十畝，以獎勵賢能。子南馨，武進士，官至福建水師提督，玨卿被譽爲鐵知縣，孫煌官知府。（《五華文史》第二輯）

本年歲饑，明年疫作，吳家璋食餓者，收遺骸。

吳家璋，字萃瓚。惠來人。監生。生平多義行。雍正八年（一七三〇）颶風破海舶，救漂海者，爲具裝遣歸里。（乾隆《潮州府志》卷二九）

本年大饑荒，鍾紹雲减價大半糶榖千餘石，並施米賑災。

鍾紹雲，五華人。以明經選爲司鐸，因年老而未就職。樂善好施，熱心公益事業，常捐資修橋鋪路。雍正四年（一七二六）大饑荒，减價大半糶榖千餘石，並施米賑災，受惠者甚眾。其子受其影響，亦樂善好施。（《長樂縣志》）

本年彭上拔任會同訓導。（阮元《廣東通志》卷五五）

彭上拔，字東樵。海豐人。雍正貢生，四年（一七二六）①任會同訓導。著有《鷹頂山房集》、《漫興編》、《海外編》等。溫汝能《粤東詩海》卷七七有傳。

黄之球於本年中舉人。

黄之球，字天玉，號侶石。東莞茶山人。雍正四年（一七二六）舉人，選知縣，隱居不仕。曾主講寶安、龍溪書院。張其淦《東莞詩錄》卷三六有傳。

葉焕於本年中舉人。

葉焕，字公章。東莞茶山人。雍正四年（一七二六）舉人，官鹽大使。著有《倚樓集》。張其淦《東莞詩錄》卷三六有傳。

吳沛於本年中舉人。

―――――――――

① 一作雍正三年（一七二五）以進士任會同訓導。

吴沛，新興人。雍正四年（一七二六）舉人，翌年連捷進士。（《新興縣人物志稿》）

歐堪善於本年中舉人。

歐堪善，字韶又，一字眉庵。樂昌人。雍正四年（一七二六）舉人，乾隆二年（一七三七）進士，除翰林院庶吉士，授編修，供職十餘年。因奉和乾隆帝詩，多有稱賞。擢監察御史，掌四川（一作江南）道，協理陝西道。十五年（一七五〇）分校順天鄉試，後視學貴州。還京，升刑科給事中，晋太僕寺少卿，與南雄給諫胡定齊名。晚年丁艱歸，舊疾時發，乃告休，主講韶陽書院、昌山書院。有《瀧涯詩集、文集》。（《韶州府志》卷三三）

羅澤於本年中舉人。

羅澤，字瑞仲。番禺人。充順德學生員。雍正四年（一七二六）舉人，潮州教諭。（同治《番禺縣志》卷四四）

徐廷芳於本年中舉人。

徐廷芳，字蘭先。和平人。雍正四年（一七二六）舉人，乾隆七年（一七四二）進士。爲諸生時掌教本邑五雲書院，邑人朱超玟、曾振登、毛際博曾從遊。授新寧教諭，肇慶、南雄教授，兼各書院山長。在端溪刊有勸學條約，在淩江刊有學規十則，生徒甚眾。後任扶風縣知縣，以年老歸，士民立"去思碑"。著有《逢原齋集》。（《和平縣志》）

詹士廣於本年中舉人。

詹士廣，字德岸。饒平人。雍正四年（一七二六）舉人，以養親不赴公車。家居十載，手不釋卷。後任湖南東安教諭，卒於官。（乾隆《潮州府志》卷二九）

李煜生。

李煜（一七二六～一八〇三），字永發。五華人。乾隆十九年（一七五四）以貢生任州同知，官至安徽太平府知府。嘉慶五年（一八〇〇）退休。（《長樂縣志》）

吳登三生。

吳登三（一七二六～一八一四），字希旦，號仰齋。龍川人。乾隆二十七年（一七六二）舉人。任山東濟寧州州同，兼攝嶧縣事，特授樂陵知縣，在任十三載。歸里，知縣傅錫山聘掌三台書院。（《龍川縣志》）

清世宗雍正五年 丁未 一七二七年

二月，諭內閣九卿於二十七日孔子誕辰齋一日。

本年陳高彥任曲江訓導。（阮元《廣東通志》卷四七《職官表》三八）

陳高彥，字四濱。新會人。挨貢生，官曲江訓導。著有《借閑亭小草》、《韶陽近草》。（余祖明《廣東歷代詩鈔》卷三）

本年何夢瑤賦《丁未紀事》五古長詩，詠述荒年棄兒事，爲一曲聲淚俱下之哀歌。（陳永正《嶺南歷代詩選》三六九頁）

本年修省志，陳懋繪疆輿圖。

陳懋，粵人。善畫，通地理。雍正五年（一七二七）修省志，懋繪疆輿圖。（雍正《廣東通志》卷首）

梁聯德於本年中進士。

梁聯德，字一惇，號恒峰。茂名人。雍郎長子。雍正五年（一七二七）進士，官江西興國知縣，調宜黃。年四十，以憂去官，遂不復仕。卒年七十六。著有《恒峰稿》。吳道鎔《廣東文徵作者考》卷七有傳。

趙奇芳於本年中進士。

趙奇芳，字仲儀。潮陽人。雍正五年（一七二七）進士，授戶部主事。外補福建汀州府同知，代理延平、汀州、邵武知府，性梗直，居官清白有節，調臺灣北路淡水同知，代行臺灣府事，對臺灣土著恩威兼施，台治以寧。（乾隆《潮州府志》卷二八）

王開於本年中武進士。

王開，花縣人。雍正五年（一七二七）武進士，官桐山營遊

擊。（民國《重修花縣志》卷八）

楊芳世於本年成貢生。

楊芳世，字馨甫。高明人。雍正五年（一七二七）歲貢，任四川長寧縣訓導。著有《四書講義》等。（光緒《高明縣志》）

清世宗雍正六年　戊申　一七二八年

八月，準浙江士子得照舊鄉會考試。（蔡冠洛《清代七百名人傳》附《清代大事年表》）

李文成於本年成貢生。

李文成，字尚金，號景蓮。東莞人。雍正六年（一七二八）貢生。張其淦《東莞詩錄》卷三六有傳。

伍暹於本年成貢生。

伍暹，字熊葉，號耐園。增城人。雍正六年（一七二八）歲貢生。乾隆八年（一七四三）任陽江訓導。著有《耐園稿》。（《增城縣志》卷二十）

黃定祥於本年成貢生。

黃定祥，字騰峰。和平人。雍正六年（一七二八）歲貢，授遂溪縣司訓，委署憲政。（《和平縣志》）

鄧大林生。

鄧大林（一七二八～一七九八），字震東，號筠亭。東莞茶山人。廷喆孫。雲鶴子。林蒲封婿。乾隆十八年（一七五三）舉人，二十六年（一七六一）進士。由庶吉士改戶部主事，擢員外郎。三十六年（一七七一）充順天鄉試同考官，明年秋晉禮部郎中，尋升廣西道御史，以母老乞歸。嘉慶元年（一七九六），欲以孝廉方正薦，堅辭不受。七十一卒於家。著有《三餘齋集》四卷。張其淦《東莞詩錄》卷三八有傳。兄弟三人皆登科。弟大業（一七二九～一八一〇）中乾隆三十年（一七六五）舉人，授澄海教諭。弟天經（一七三二～一八〇六），字敬敷，號斂軒，乾隆二十八年（一七六三）進士，授河南內鄉令。著有《倚雲樓》

四卷。妻林蘭雪，爲廣東三大才女之一。著有《小山樓詩草》，惜年二十五殞。

清世宗雍正七年　己酉　一七二九年

二月，命修闕里文廟。五月，下湖南曾静獄，剉已故浙江吕留良屍。（蔡冠洛《清代七百名人傳》附《清代大事年表》）**十二月，帝至國子監祭孔。**

三月初四日，署廣東巡撫傅泰向朝廷進貢莞香，計有東莞天然香山一座、東莞悠遠香結一個、東莞香結五個、東莞上品青香四盒、東莞頂選青香一盒。（東莞展覽館收藏傅泰《貢單》復製品）

五月二十八日壬申，雍正帝向廣東督撫發佈開豁疍户之上諭云：

聞粵東地方四民之外，另有一種名爲蜑户，即猺蠻之類。以船爲家，以捕魚爲業，通省河路俱有蜑船，生齒繁多不可數計。粵民視蜑户爲卑賤之流，不容登岸居住。蜑户亦不敢與平民抗衡，畏威隱忍，跼蹐舟中，終身不獲安居之樂，深可憫惻。蜑户本屬良民，無可輕賤擯棄之處，且彼輸納魚課與齊民一體，安得因地方積習强爲區别，而使之飄蕩靡寧乎！著該督撫等轉飭有司通行曉諭，凡無力之蜑户聽其在船自便，不必强令登岸；如有力能建造房屋及搭棚棲身者，准其在於近水村莊居住，與齊民一同編列甲户，以便稽查。勢豪土棍不得借端欺淩驅逐，並令有司勸諭蜑户開墾荒地，播種力田，共爲務本之人，以副朕一視同仁之至意。（《清世宗實録》卷八一）

本年知縣薩海以“仙隱耆英”旌梅一先廬。

梅一先，號蒴玉。鬱南人。隱居授學，淡泊晏如。雍正七年（一七二九）知縣薩海以“仙隱耆英”旌其廬。終年九十九。（郝玉麟《廣東通志》）

本年嚴大昌與陳份等纂修《順德縣志》。

嚴大昌，字而大。順德人。諸生。雍正中舉賢良，乾隆初舉鴻博，三院交辟，固辭不就。詔給六品冠帶。雍正七年（一七二九）與陳份等纂修《順德縣志》。著有《不窺園集》。凌揚藻《國朝嶺海詩鈔》卷七有傳。

本年黃鼎輔舉爲約正。

黃鼎輔，字肅之。揭陽人。貢生。雍正七年（一七二九）舉爲約正。卒年八十八。（乾隆《潮州府志》卷三〇）

鄧雲鶴於本年中舉人。

鄧雲鶴，字天翼，號紫峰。東莞茶山人。奇孫。廷喆次子。雍正七年（一七二九）舉人。年三十六卒。以長子大林貴，誥贈朝議大夫。次大業，舉人，官澄海教諭。次大經，進士，内鄉知縣。張其淦《東莞詩録》卷三六有傳。

陳進成於本年中舉人。

陳進成，字學山，號懋齋。南海人。雍正七年（一七二九）舉人，官山東滋陽知縣，改連州學正。著有《懋齋文集》、《晚香亭稿》。朱次琦、朱宗琦《朱氏傳芳集》卷外有傳。

李子雲於本年中舉人。

李子雲，字楚賓，一字蘇海。新會人。雍正七年（一七二九）舉人，任山西襄陵、翼城知縣。著有《蘇海吟稿》。言良鈺《續岡州遺稿》卷三有傳。

李仙枝於本年中舉人。

李仙枝，字若韓。香山人。雍正七年（一七二九）舉人。黃紹昌、劉芬熽《香山詩略》卷四有傳。父雋，字方青。諸生。事親色養備至，居喪盡禮。教人以知言爲先，自得爲本，躬行實踐爲究竟。著有《四書講義》五卷、《聖學蒙箋》二卷、《存齋文稿》六卷、《存齋詩删》二卷。阮元《廣東通志》卷二八七有傳。

區植仁於本年中舉人。

區植仁，字生府。香山人。雍正七年（一七二九）舉人，直

隸靈壽知縣，在任六載，清廉無私。（《高明縣志》）

　　方阡於本年中舉人。

　　方阡，字越明。東莞人。苞子。雍正七年（一七二九）舉人，官江西樂平知縣。乾隆二十二年（一七五七）往河南督修河務，題授滑縣令。（宣統《東莞縣志》卷六八）

　　盧伯藩於本年中舉人。

　　盧伯藩，連州人。雍正七年（一七二九）特恩舉人，翌年賜進士，授廣西武宣知縣。（乾隆《連州志》卷五）

　　巫榮於本年中舉人。

　　巫榮，字仁伯，號靜園。龍川人。雍正七年（一七二九）舉人，十一年（一七三三）進士，授浙江義烏知縣。後任河南西平知縣。（《龍川縣志》）

　　何茂荷於本年中舉人。

　　何茂荷，遂溪人。雍正七年（一七二九）舉人，尤勉勵後學。（道光《遂溪縣志》）

　　張奇徽於本年中舉人。

　　張奇徽，字德芳。番禺人。于魁曾孫。補連州籍生員。雍正七年（一七二九）舉人。年近八旬，赴選，次池州卒。（《番禺縣志》卷四四）

　　陸文明於本年中舉人。

　　陸文明，三水人。雍正七年（一七二九）舉人。乾隆十七年（一七五二）任楚南平江知縣。甫上任，革除徵漕積弊。兼任教諭，聽政之餘集諸生至署，講論不輟。任滿歸，建生祠祀之。居家，閉門讀書，足不踐市。（嘉慶《三水縣志》）

　　黃穆敖於本年中舉人。

　　黃穆敖，字云區，號丹溪。陸豐人。雍正七年（一七二九）中鄉科，任雷郡海康縣教諭，卒於官。（《陸豐縣志》）

　　潘憲勳於本年中武舉人。

　　潘憲勳，字華蒼，號鏡巖。順德人。雍正七年（一七二九）

武舉人，官江蘇太倉衛千總，署守備事，俸滿歸里，有詩名。羅元煥《粵臺徵雅錄》有傳。

吳俊常於本年成貢生。

吳俊常，字子庸。新會人。雍正七年（一七二九）拔貢生。未幾，卒於京邸。著有《讀史吟》、《遨遊草》、《閑居錄》。溫汝能《粵東詩海》卷七六有傳。

佘章文於本年成貢生。

佘章文，字香藩。澄海人。雍正七年（一七二九）拔貢生。工書畫，善築園亭。（嘉慶《澄海縣志》卷十九）

周文珍於本年成貢生。

周文珍，遂溪人。雍正七年（一七二九）拔貢生，任遂良書院山長，教督有方。精醫術，治病從不受謝。（道光《遂溪縣志》）

趙世成於本年成貢生。

趙世成，字仲勵，號吉士。潮陽人。雍正七年（一七二九）拔貢。著有《潮州鹽政論》。（《潮州志·藝文志》）

戴家駒於本年成貢生。

戴家駒，字逢伯，號良榮。保昌（今南雄）人。雍正七年（一七二九）拔貢。十三年（一七三五）中舉，累官至雲南馬龍州知州。辭官歸里後，閉門著述，數十年如一日。乾隆二十二年（一七五七），隨胡定往杭州迎駕，呈《五經管見》，得嘉獎。卒年七十五。著有《梅嶠書屋經傳、詩文集》二十七種、《蟋蟀吟》詩三集。（《南雄府志》）

李滋達於本年膺選拔。

李滋達，字曉人。樂昌人。博極群書。雍正七年（一七二九）選拔，廷試第一。歷署內鄉、滎陽等縣，政聲卓著。大府重之，題補羅山縣。卒於官，縣民以詩吊挽。（《樂昌縣志》卷十六）

趙黍於本年登副榜。

趙黍，字敦育，號黃山。東莞北街人。登雍正七年（一七二九）副榜。增城令管一清聘掌鳴皋義學，選授饒平教諭，延掌三饒書院，卒於任。張其淦《東莞詩錄》卷三六有傳。

陳莊生。

陳莊（一七二九～一八一九），字懷瑞，號慎齋。東莞人。青年從軍，任材官，擢前山把總、虎門千總。乾隆二十七年（一七六二）被薦入京，授藍翎侍衛。後歸虎門任都司，尋升遊擊，調守新安，後遷山東登州遊擊，駐膠州。四十三年（一七七八），從帝南巡有功，升吳淞參將，遷太湖副將，調狼山總兵。五十四年（一七八九），調溫州總兵，力戰海盜立功。明年回調虎門，調碣石總兵。轉署雷瓊軍防，任南澳總兵。五十九年（一七九四），年六十六，解甲歸田。宣統《東莞縣志》卷六九有傳。

顏希深生。

顏希深（一七二九～一七八〇），字若愚，號靜山，又號浚溪。連平人。貢生。歷任太原府同知、山東濟寧州知州、泰安知府。乾隆二十五年（一七六〇），主持纂修《泰安府志》三十卷，歷時僅一年即付刊。二十七年，升四川按察使，入朝觀見，調任江西按察使，擢福建布政使。三十二年（一七六七），調江西布政使，後因丁外艱守孝三年。三十八年（一七七三），奉旨前往京師，調四川參與攻打金川土司。四十二年（一七七七）擢湖南巡撫。旋回京任兵部侍郎。四十五年四月，出任貴州巡撫，後又調任雲南巡撫；七月，因積勞卒於任上，歸葬廣東長寧（今新豐）錫場鎮（今歸東源縣），終年五十一歲。著有《靜山奏議》及詩文集。（《連平州志》）

清世宗雍正八年　庚戌　一七三〇年

曲阜闕里文廟落成。

本年周熙仁與梁雍郎、劉談、黃金樹等入局續修茂名志。

周熙仁，茂名人。爲邑中名宿。（光緒《茂名縣志》）

本年知縣聘姚蕙父子同修縣志。

姚蕙，字蘭仲。增城人。生而魁梧奇偉，頗得呂其瀾器重，因授以學補諸生。歲試拔第一，遂選拔入太學，中康熙五十二年（一七一三）癸巳舉人，以親老不赴選，在家講學，有數百人跟其學習，且多是知名人士。有三子，第三子階尤有名。雍正八年（一七三〇）知縣聘其父子同修縣志。（《增城縣志》卷二十）

本年尹廷勳任高明教諭。（阮元《廣東通志》卷五一）

尹廷勳，字赤光。東莞萬家租人。雍正初以人材科辟舉，簡發陝西知縣，以母老改高明訓導。著有《陶齋詩集》、《國朝精華詩集》。張其淦《東莞詩錄》卷三六有傳。

本年林鹿鳴選發粵西署縣篆。

林鹿鳴，字芳士。海陽（今潮安）人。雍正八年（一七三〇）選發粵西署縣篆，兩月請改就教職，時人高其品。乾隆四年（一七三九）會試未售。年六十四卒於家。著有《鳳城詩草》。（乾隆《潮州府志》卷二九）

何夢瑤於本年中進士。

何夢瑤（一六九三～一七六四），字報之，一字贊調，號研農、西池。南海人。雍正八年（一七三〇）進士。官廣西岑溪知縣、奉天遼陽州知州。以博雅稱，凡天文、術數、樂律、演算法、醫學，無不究心。少與羅天尺、蘇珥結南香詩社。惠士奇視學廣東，與天尺、珥及勞孝輿、吳世忠①、陳世和、陳海六、吳秋②，有"惠門八子"之目。出宰粵西，民稱神君。將以博學鴻詞薦，辭不赴。晚年與杭世駿、耿國藩交契，酬唱極歡。生平富於著述，尤以詩名。著有《匊芳園文鈔》、《匊芳園詩鈔》七卷、

①　吳世忠，字仲坡，號南圃。南海人。文煒（虎泉）從子。少有謝庭蘭玉之譽，詩名早著，白燕堂社列之十一。中歲病目，喪一眸子，恬退以終。《羅元煥《粵臺徵雅錄》有傳。

②　吳秋，字始亭，號竺泉。番禺人。受業於婦翁胡金竹，稱高足。八人中年最少而早卒。羅元煥《粵臺徵雅錄》有傳。

《莊子故》、《皇極經世易知錄》、《醫砭》、《傷寒論》、《紺山醫案》、《算迪》、《三角輯要》、《近言》、《遺橙餘話》等。國史館《清史列傳》卷七一有傳。

林蒲封於本年中進士。

林蒲封，字桓次，號鰲洲。東莞人。貽熊次子。雍正八年（一七三〇）進士，改翰林院庶吉士，授編修。乾隆十年（一七四五），充會試同考官。十二、十五年，兩充順天鄉試同考官，升侍讀學士。尋提督江西學政，未到任卒。經術甚深，於天文、律呂，靡不究。編纂《皇朝文穎》，著有《讀史錄》十四卷，《鰲洲詩草、文稿詩餘》。國史館《清史列傳》七一有傳。女蘭雪，御史鄧大林配。著有《小山樓詩草》。溫汝能《粵東詩海》卷九六有傳。

廖貞於本年中進士。

廖貞，字廷幹。歸善人。雍正八年（一七三〇）進士，歷仕貴州平越、錦屏知縣，以外艱歸，年六十三卒。著有《擷秀樓詩》、《黔遊草》、《羅浮唾語》諸集。阮元《廣東通志》卷二九一有傳。

侯如樹於本年中進士。

侯如樹，字思幀。梅縣人。雍正八年（一七三〇）進士，任五華書院山長，教授有方，門生科舉及第甚眾，時稱得師。任大姣令，捐俸建水閘，興水利。（《梅縣歷代鄉賢事略》、光緒《嘉應州志》、《明清進士題名碑錄索引》）

黄士鑒於本年中進士。

黄士鑒，保昌（今南雄）人。雍正八年（一七三〇）進士，授雲南楚雄知縣，補湖南邵陽，調鄮縣，充同考官。（《南雄府志》卷十）

陳熹於本年成貢生。

陳熹，字少文。新會人。雍正八年（一七三〇）貢生，官東安訓導。著有《東亭集》。言良鈺《續岡州遺稿》卷三有傳。

譚必詔於本年成貢生。

譚必詔，字對廷。東莞大寧人。雍正八年（一七三○）貢生，授廣東西寧學訓導。以老歸，年八十卒。張其淦《東莞詩録》卷三六有傳。

余文烺於本年成貢生。

余文烺，字學省。海陽（今潮安）人。敦行力學，縣令張士璉聘主東隅義塾。歲饑，以寒儒倡賑。雍正八年（一七三○）貢生廷試第一，授河南舞陽令。未幾卒於官。（乾隆《潮州府志》卷二九）

陳輝宗於本年成貢生。

陳輝宗，字世光，號雙江。增城人。補弟子員。歷任邑宰皆聘爲義學師。閒眼畫山水花鳥，皆能體物盡致。雍正八年（一七三○）充貢，乾隆十年（一七四五）官肇慶府陽春學訓導，以年老不就。終年九十一。著有《體注訓説》、《鄰鶴亭集》。（《增城縣志》卷二○）

歐觀禄於本年成貢生。

歐觀禄，字爵斯，號愚夫。清遠人。十四補弟子員。雍正八年（一七三○）歲貢，官徐聞縣學訓導。歸里，邑侯聘修縣志。終年八十六。著有《律陶詩集》、《古直堂詩集》。（《清遠縣志》卷六）

黄廷挺於本年成貢生。

黄廷挺，字開九。博羅人。雍正八年（一七三○）歲貢。主講羅陽書院。（民國《博羅縣志》卷七）

劉太翰生。

劉太翰（一七三○～一八○一），號翰長，又號墨莊。信烈長子。香山人。國學生。著有《慎獨堂詩稿》等。（小欖鎮《劉氏族譜》）

劉傳炘生。

劉傳炘（一七三○～一八二二），化州人。監生。樂善好施。

（《化州縣志》卷十）

　　龔驂文生。

　　龔驂文（一七三〇～一八〇三），字熙上，號簡庵。高要人。乾隆二十八年（一七六三）進士，入翰林院爲庶吉士，授檢討。歷充郎中、御史、順天府丞、通政司副使、光禄寺卿、宗人府丞。曾以監察御史充《四庫全書·廣東通志》詳校官。（《廣東文徵作者考》、許乃濟《宗人府丞龔公墓表》、《清代職官年表》）

清世宗雍正九年　辛亥　一七三一年

曲阜孔林興修，次年完工。

伍天長於本年成貢生。

　　伍天長，字昂出，號衢庵。增城人。邑廪生。雍正九年（一七三一）歲貢。著有《四書纂輯》、《衢庵詩集》。（《增城縣志》卷二〇）

　　陳蕃生。

　　陳蕃（一七三一～一八二六），字梅林。潮陽人。泰年子。乾隆三十年（一七六五）拔貢，學使翁方綱稱其經學甚深。後以課徒爲業。嘉慶元年（一七九六）授四會教諭，倡建綏江書院。七年撰《經史析疑》，刊行於學署。任事十年，歸休。復著《經史餘聞》、《詩文集》。（嘉慶《潮陽縣志》）。

　　譚士璜生。

　　譚士璜（一七三一～一七九六），字豹昭。龍門人。乾隆三十三年（一七六八）旱，平糶賑濟，復捐穀二百石於社倉，存活甚眾。（咸豐《龍門縣志》卷十三）

清世宗雍正十年　壬子　一七三二年

清廷設軍機房，後改軍機處，主其事者權位等同宰相。

本年佘錫純任陽江教諭。（阮元《廣東通志》卷五一）

　　佘錫純，字允文，號兼五。順德人。象斗次子。歲貢。雍正十年（一七三二）任陽江教諭（一說訓導）。參與纂修《廣東通志》，復修《清遠縣志》。終年九十五歲。著有《雨（語）山堂詩文集》。溫汝能《粵東詩海》卷六六有傳。

本年陳作屏以貢生官惠州訓導。

陳作屏，字東薇。東莞人。雍正十年（一七三二）以貢生官惠州訓導，兩署教授。詳報東莞靖康鹽場鹽丁困境，增稅獲免。（宣統《東莞縣志》卷六七）

譚肇基於本年中舉人。

譚肇基，字祝泰，一字岐峰。新會人。雍正十年（一七三二）中舉人，明年成進士，歷浙江長興、慈溪、龍泉知縣，升工部都水司主事。著有《岐峰集》。言良鈺《續岡洲遺稿》卷三有傳。

藍欽奎於本年中舉人。

藍欽奎（一六八七～一七六五），字景先（光）。程鄉（今梅州）人。雍正十年（一七三二）中舉人，明年成進士，官戶部主事、山西廉憲、護理巡撫，以明允稱。引疾歸。赴千叟宴，賜壽杖、如意等十七件。張煜南、張鴻南《梅水詩傳》卷一有傳。

鍾獅於本年中舉人。

鍾獅，字作韶。番禺人。雍正十年（一七三二）中舉人，與許遂同舉鴻博。乾隆二年（一七三七）進士，知河南靈寶縣。著有《鐵橋詩集》二卷。阮元《廣東通志》二八六有傳。

王利見於本年中舉人。

王利見，澄海人。雍正十年（一七三二）舉人。乾隆初選授翁源縣學教諭，在官十年，勤於課士。（嘉慶《澄海縣志》卷十八）

王粵麟於本年中舉人。

王粵麟，興寧人。雍正十年（一七三二）舉人，貴州永寧知州。（一九八九年《興寧縣志》）

葉九開於本年中舉人。

葉九開，雲浮人。夢榮子。雍正十年（一七三二）舉人，乾隆二年（一七三七）恩科明德榜，授連平州學正，後補南海教諭。（《東安縣志・人物》卷三）

朱祖章於本年中舉人。

朱祖章，英德人。庠生。雍正十年（一七三二）舉人，任兩浙袁埔場鹽大使。（《佛岡廳志》）

彭名史於本年中舉人。

彭名史，海豐人。雍正十年（一七三二）舉人，任惠來教諭。（《惠州府志》）

黃瓚於本年中舉人。

黃瓚，字容齋。仁化人。雍正十年（一七三二）以《易經》中舉，乾隆十六年（一七五一）進士，授廣西北流知縣。後任陸川知縣，官至廣西鬱林州知州。（《韶州府志》卷三三、《仁化縣志》卷六）

蕭維藻於本年中舉人。

蕭維藻，號補溪。河源人。雍正十年（一七三二）舉人。乾隆二年（一七三七）明通貢士，授韶州府英德縣教諭。（《河源縣志》）

梁雍郎於本年中舉人。

梁雍郎，字衍邵，號節庵。茂名人。雍正十年（一七三二）舉人。會試兩中明通進士，授國子監學正。雍正八年參修郡邑志。（光緒《茂名縣志》）

蔡玉華於本年中舉人。

蔡玉華，海豐人。雍正十年（一七三二）舉人，官電白教諭。（《惠州府志》）

蔡位卿於本年中舉人。

蔡位卿，遂溪人。雍正十年（一七三二）舉人。從教於雷陽、遂良兩書院，教學嚴格。選東莞教諭，未任而卒。（道光《遂溪縣志》）

顏容輝於本年中舉人。

顏容輝，字羽千、德非。連平人。雍正十年（一七三二）舉人，翌年進士。出任四川綿州安縣知縣，改連山教諭，調欽州學正，十三年（一七三五）乙卯科廣西同考試官。（《連平州志》）

張照書生。

張照書（一七三二～一七八六），字集長，號乙亭。東莞人。乾隆二十四年（一七五九）舉人，歷任湖南平江、巴陵、沅江、城步知縣，有廉聲。歸里，拒收鄉人贈錢，以清苦終生。（宣統《東莞縣志》卷六八）

清世宗雍正十一年　癸丑　一七三三年

詔命京官三品以上、在外督撫學政體訪保薦博學鴻詞者，來京應試，優加錄用。本年廣東程鄉縣升格爲直隸嘉應州。

本年詹耿道赴府陳狀。

詹耿道，惠來人。諸生。惠來田園肥瘠不一，胥吏相沿作姦，重利剝民。雍正十一年（一七三三）赴府陳狀。府檄清釐稅畝，命董其事，編訂科則，輸者稱便。（乾隆《潮州府志》卷二九）

本年戴金鷗倡修文廟，逾期不成，續捐三百餘金，使竣工。

戴金鷗，字玉巢。化州人。好善樂施，賑饑濟困。卒年八十三。（《化州縣志》卷九）

何如潾於本年中進士。

何如潾，字建則。南海人。雍正十一年（一七三三）進士。初任山東冠氏令，調長清，後任河南新鄭令。所至多善政。解綬歸，開門教授。凤研經學，尤邃於四子書義。著有《四書講義自得錄》十卷、《續錄》一卷、《讀易日鈔》十二卷、詩一卷。阮元《廣東通志》卷二八七有傳。

胡定於本年中進士。

胡定，字敬醇、靜圍，號靜圍。保昌人。雍正十一年（一七三三）進士①，由翰林擢給事中，爲學首明道術，嘗作《釋氏論》兩千餘言，於浮屠之誕辯之最精。著有《雙柏廬詩文集》。凌揚藻《國朝嶺海詩鈔》卷七有傳。

李顯祖於本年中進士。

李顯祖，字坦之。番禺人。雍正十一年（一七三三）進士，授户部主事，外補四川合江令，在任十餘年，民愛之。調瀘州護理。（同治《番禺縣志》卷四四）

蘇文於本年中進士。

蘇文，字瞻如。三水人。雍正十一年（一七三三）進士。後應選爲陝西平涼府隆德縣知縣，抵京師，卒於旅舍。（嘉慶《三水縣志》）

邱玖華於本年中進士。

邱玖華，字石卿。梅縣人。雍正十一年（一七三三）進士，官至四川保寧知府。（《梅縣歷代鄉賢事略》）

郭日槐於本年中進士。

郭日槐，字條遠。三水人。雍正十一年（一七三三）進士，歷官浙江松陽知縣、浙東鄉試同考官。爲官清正、兩袖清風。後淡於仕途，辭官歸里。工於詩，著有《紹衣堂文稿》。（嘉慶《三水縣志》人物傳）

黄沄於本年中進士。

黄沄，字川秀，號省庵。龍川人。雍正十一年（一七三三）進士，官工部屯田司主事。（《龍川縣志》）

梁達才於本年中進士。

梁達才，字文振。恩平人。雍正十一年（一七三三）進士，官汶川、伊陽令，有惠政。殁於官。（清《恩平縣志》）

曾粵龍於本年中進士

曾粵龍，字雨田，號潛溪。博羅人。雍正十一年（一七三三）進士，欽點吏部主事，旋充會試同考官，居銓部，人不敢干

---

① 乾隆五十八年（一七九三）進士。

以私。丁艱歸里，主講羅陽書院，以勸學興文爲已任。（光緒《惠州府志》卷三三、民國《博羅縣志》卷七）

李東紹於本年成貢生。

李東紹（一六九九～一七六〇），字見南。信宜人。雍正十一年（一七三三）拔貢，官合浦教授（教諭）。著有《雪溪集》。吳道鎔《廣東文徵作者考》卷七有傳。

清世宗雍正十二年　甲寅　一七三四年

郭正嘉於本年成貢生。

郭正嘉，翁源人。好學上進，待人寬厚。雍正十二年（一七三四）拔貢，初任江西奉新縣丞，歷任四川保寧府經歷及萬縣、江安等縣知縣。勤瑾盡職，頗有政聲。後乞歸鄉里，優遊林下十餘年。乾隆三十年（一七五六），本縣知縣請其續修縣志，康熙二十五年（一六八六）以後七八十年翁源史事賴以傳世。（《韶州府志》卷三四、《翁源縣志》卷一二）

吳光禮生。

吳光禮（一七三四～一八〇〇），字德謙、溥淵。吳川人。六歲亡父，常依母膝詢父事，而母子對泣。三十歲母歿，悲慟至髮盡脱。以不能事父爲恨，推此心以事兄。爲人恭敬和厚，族中事由決之。二子懋清、懋基，皆舉人。（《吳川縣志》）

邵應郊生。

邵應郊（一七三四～一七六七），字焕廷。電白人。乾隆二十五年（一七六〇）以武進士授職侍衛清宮乾清門。後出任雲南提標遊擊署副將，出師普洱思茅，累立戰功。爲征伐緬甸軍前導，巡營時中敵鳥槍而卒。賜武義大夫，蔭其一子。（道光《電白縣志》）

張錫卿生。

張錫卿（一七三四～一八二三），字鉅。五華人。十七歲中秀才。因家貧，於金昌書舍設帳，學子來自各方，進士賴鵬冲即其徒。僅存殘本《香雪詩集》。（《五華文史》第五輯）